ROLAND HAYES INTERMEDIATE
SCHOOL 291
231 Palmetto Street
Brooklyn, NY 11221

11221

tarea
pg-52-58 y
com testa
la pregutas

Matematica

pg-

HOLT CIENCIAS Y TECNOLOGÍA

CIENCIAS BIOLÓGICAS

HOLT, RINEHART AND WINSTON

A Harcourt Classroom Education Company

Austin • New York • Orlando • Atlanta • San Francisco • Boston • Dallas • Toronto • London

Créditos del personal

Editorial

Robert W. Todd, Executive Editor
David F. Bowman, Managing Editor
Barbara Howell, Senior Editor
Charlotte Luongo, Annette Ratliff, Tracy Schagen, Laura Zapanta, Robin Goodman (Feature Articles)

ANNOTATED TEACHER'S EDITION

David Westerberg, Bill Burnside, Kelly Graham

ANCILLARIES

Jennifer Childers, Senior Editor
Erin Bao, Kristen Karns, Andrew Strickler, Clay Crenshaw, Wayne Duncan, Molly Frohlich, Amy James, Monique Mayer, Traci Maxwell

COPYEDITORS

Steve Oelenberger, Copyediting Supervisor
Brooke Fugitt, Tania Hannan, Denise Nowotny

EDITORIAL SUPPORT STAFF

Christy Bear, Jeanne Graham, Rose Segrest, Tanu'e White

EDITORIAL PERMISSIONS

Cathy Paré, Permissions Manager
Jan Harrington, Permissions Editor

Art, Design, and Photo

BOOK DESIGN

Richard Metzger, Art Director
Marc Cooper, Senior Designer
Sonya Mendeke, Designer
Alicia Sullivan (ATE), Cristina Bowerman (ATE), Eric Rupprath (Ancillaries)

IMAGE SERVICES

Elaine Tate, Art Buyer Supervisor
Kim Baker, Art Buyer

PHOTO RESEARCH

Tim Taylor, Senior Photo Researcher
Stephanie Friedman, Assistant Photo Researcher

PHOTO STUDIO

Sam Dudgeon, Senior Staff Photographer
Victoria Smith, Photo Specialist

DESIGN NEW MEDIA

Susan Michael, Art Director

DESIGN MEDIA

Joe Melomo, Art Director
Shawn McKinney, Designer

Production

Mimi Stockdell, Senior Production Manager
Beth Sample, Production Coordinator
Suzanne Brooks, Sara Carroll-Downs

Media Production

Kim A. Scott, Senior Production Manager
Nancy Hargis, Production Supervisor
Adriana Bardin, Production Coordinator

New Media

Jim Bruno, Senior Project Manager
Lydia Doty, Senior Project Manager
Jessica Bega, Project Manager
Armin Gutzmer, Manager Training and Technical Support
Cathy Kuhles, Nina Degollado

Design Implementation and Production

Mazer Corporation

Copyright © 2002 by Holt, Rinehart and Winston

All rights reserved. No part of this publication may be reproduced or transmitted in any form or by any means, electronic or mechanical, including photocopy, recording, or any information storage and retrieval system, without permission in writing from the publisher.

Requests for permission to make copies of any part of the work should be mailed to the following address: Permissions Department, Holt, Rinehart and Winston, 10801 N. MoPac Expressway, Austin, Texas 78759.

For permission to reprint copyrighted material, grateful acknowledgment is made to the following source: sciLINKS is owned and provided by the National Science Teachers Association. All rights reserved.

Printed in the United States of America
ISBN 0-03-064749-5

2 3 4 5 6 7 048 05 04 03 02 01

Reconocimientos

Chapter Writers

Katy Z. Allen
Science Writer and Former Biology Teacher
Wayland, Massachusetts

Linda Ruth Berg, Ph.D.
Adjunct Professor–Natural Sciences
St. Petersburg Junior College
St. Petersburg, Florida

Leila Dumas
Former Physics Teacher
LBJ Science Academy
Austin, Texas

Jennie Dusheck
Science Writer
Santa Cruz, California

Mark F. Taylor, Ph.D.
Associate Professor of Biology
Baylor University
Waco, Texas

Lab Writers

Diana Scheidle Bartos
Science Consultant and Educator
Diana Scheidle Bartos, L.L.C.
Lakewood, Colorado

Carl Benson
Technology Coordinator
Plains High School
Plains, Montana

Charlotte Blassingame
Science Teacher and Dept. Chair
White Station Middle School
Memphis, Tennessee

Marsha Carver
Science Teacher and Dept. Chair
McLean County High School
Calhoun, Kentucky

Kenneth E. Creese
Science Teacher
White Mountain Junior High School
Rock Springs, Wyoming

Linda Culp
Science Teacher and Dept. Chair
Thorndale High School
Thorndale, Texas

James Deaver
Science Teacher and Dept. Chair
West Point High School
West Point, Nebraska

Frank McKinney, Ph.D.
Professor of Geology
Appalachian State University
Boone, North Carolina

Alyson Mike
Science Teacher
East Valley Middle School
East Helena, Montana

C. Ford Morishita
Biology Teacher
Clackamas High School
Milwaukie, Oregon

Patricia Morrell, Ph.D.
Assistant Professor, School of Education
University of Portland
Portland, Oregon

Hilary C. Olson, Ph.D.
Research Associate
Institute for Geophysics
The University of Texas
Austin, Texas

James B. Pulley
Science Teacher
Liberty High School
Liberty, Missouri

Denice Lee Sandefur
Science Teacher
Nucla High School
Nucla, Colorado

Patti Soderberg
Science Writer
The BioQUEST Curriculum Consortium
Beloit College
Beloit, Wisconsin

Phillip Vavala
Science Teacher and Dept. Chair
Salesianum School
Wilmington, Delaware

Albert C. Wartski
Biology Teacher
Chapel Hill High School
Chapel Hill, North Carolina

Lynn Marie Wartski
Science Writer and Former Science Teacher
Hillsborough, North Carolina

Ivora D. Washington
Science Teacher
Hyattsville Middle School
Hyattsville, Maryland

Academic Reviewers

David M. Armstrong, Ph.D.
Professor of Biology
University of Colorado
Boulder, Colorado

Alissa Arp, Ph.D.
Director and Professor of Environmental Studies
Romberg Tiburon Center
San Francisco State University
Tiburon, California

Russell M. Brengelman
Professor of Physics
Morehead State University
Morehead, Kentucky

Linda K. Butler, Ph.D.
Lecturer of Biological Sciences
The University of Texas
Austin, Texas

Barry Chernoff, Ph.D.
Associate Curator and Head Division of Fishes
The Field Museum of Natural History
Chicago, Illinois

Donna Greenwood Crenshaw, Ph.D.
Research Associate
Department of Biology
Duke University
Durham, North Carolina

Hugh Crenshaw, Ph.D.
Assistant Professor of Zoology
Duke University
Durham, North Carolina

Joe W. Crim, Ph.D.
Professor of Biology
University of Georgia
Athens, Georgia

Andrew J. Davis, Ph.D.
Manager of ACE Science Center
Department of Physics
California Institute of Technology
Pasadena, California

Peter Demmin, Ed.D.
Former Science Teacher and Chair
Amherst Central High School
Amherst, New York

Gabriele F. Giuliani, Ph.D.
Professor of Physics
Purdue University
West Lafayette, Indiana

Joseph L. Graves, Jr., Ph.D.
Associate Professor of Life Sciences
Arizona State University West
Phoenix, Arizona

Laurie Jackson-Grusby, Ph.D.
Research Scientist and Doctoral Associate
Whitehead Institute for Biomedical Research
Massachusetts Institute of Technology
Cambridge, Massachusetts

William B. Guggino, Ph.D.
Professor of Physiology and Pediatrics
The Johns Hopkins University School of Medicine
Baltimore, Maryland

David Haig, Ph.D.
Assistant Professor of Biology
Department of Organismic and Evolutionary Biology
Harvard University
Cambridge, Massachusetts

John E. Hoover, Ph.D.
Associate Professor of Biology
Millersville University
Millersville, Pennsylvania

Joan E. N. Hudson, Ph.D.
Professor of Biology
Sam Houston State University
Huntsville, Texas

George M. Langford, Ph.D.
Professor of Biological Sciences
Dartmouth College
Hanover, New Hampshire

V. Patteson Lombardi, Ph.D.
Research Assistant Professor of Biology
Department of Biology
University of Oregon
Eugene, Oregon

William F. McComas, Ph.D.
Director of the Center to Advance Science Education
University of Southern California
Los Angeles, California

LaMoine L. Motz, Ph.D.
Coordinator of Science Education
Oakland County Schools
Waterford, Michigan

Reconocimientos (continuación)

Nancy Parker, Ph.D.
Associate Professor of Biology
Southern Illinois University
Edwardsville, Illinois

Barron S. Rector, Ph.D.
Associate Professor
Department of Rangeland Ecology and Management
Texas A&M University
College Station, Texas

John Rigden, Ph.D.
Director of Special Projects
American Institute of Physics
Colchester, Vermont

Miles R. Silman, Ph.D.
Assistant Professor of Biology
Wake Forest University
Winston-Salem, North Carolina

Robert G. Steen, Ph.D.
Manager, Rat Genome Project
Whitehead Institute–Center for Genome Research
Massachusetts Institute of Technology
Cambridge, Massachusetts

Jack B. Swift, Ph.D.
Professor of Physics
The University of Texas
Austin, Texas

Martin VanDyke, Ph.D.
Professor of Chemistry Emeritus
Front Range Community College
Westminister, Colorado

E. Peter Volpe, Ph.D.
Professor of Medical Genetics
Mercer University School of Medicine
Macon, Georgia

Harold K. Voris, Ph.D.
Curator and Head
Division of Amphibians and Reptiles
The Field Museum of Natural History
Chicago, Illinois

Peter Wetherwax, Ph.D.
Professor of Biology
Department of Education
University of Oregon
Eugene, Oregon

Mary Wicksten, Ph.D.
Professor of Biology
Texas A&M University
College Station, Texas

R. Stimson Wilcox, Ph.D.
Professor of Biology
Behavioral Ecology & Communication of Animals
Binghamton University
Binghamton, New York

Conrad Zapanta, Ph.D.
Research Engineer
Sulzer Carbomedics, Inc.
Austin, Texas

Safety Reviewer

Jack Gerlovich, Ph.D.
Associate Professor
School of Education
Drake University
Des Moines, Iowa

Teacher Reviewers

Barry L. Bishop
Science Teacher and Dept. Chair
San Rafael Junior High School
Ferron, Utah

Carol A. Bornhorst
Science Teacher and Dept. Chair
Bonita Vista Middle School
Chula Vista, California

Paul Boyle
Science Teacher
Perry Heights Middle School
Evansville, Indiana

Yvonne Brannum
Science Teacher and Dept. Chair
Hine Junior High School
Washington, D.C.

Gladys Cherniak
Science Teacher
St. Paul's Episcopal School
Mobile, Alabama

James Chin
Science Teacher
Frank A. Day Middle School
Newtonville, Massachusetts

Randy Christian
Science Teacher
Stovall Junior High School
Houston, Texas

Kenneth Creese
Science Teacher
White Mountain Junior High School
Rock Springs, Wyoming

Linda A. Culp
Science Teacher and Dept. Chair
Thorndale High School
Thorndale, Texas

Georgiann Delgadillo
Science Teacher
East Valley Continuous Curriculum School
Spokane, Washington

Alonda Droege
Biology Teacher
Evergreen High School
Seattle, Washington

Michael J. DuPré
Curriculum Specialist
Rush Henrietta Junior-Senior High School
Henrietta, New York

Rebecca Ferguson
Science Teacher
North Ridge Middle School
North Richland Hills, Texas

Susan Gorman
Science Teacher
North Ridge Middle School
North Richland Hills, Texas

Karma Houston-Hughes
Science Teacher
Kyrene Middle School
Tempe, Arizona

Kerry A. Johnson
Science Teacher
Isbell Middle School
Santa Paula, California

Martha R. Kisiah
Science Teacher
Fairview Middle School
Tallahassee, Florida

Kathy LaRoe
Science Teacher
East Valley Middle School
East Helena, Montana

Jane M. Lemons
Science Teacher
Western Rockingham Middle School
Madison, North Carolina

Scott Mandel, Ph.D.
Director and Educational Consultant
Teachers Helping Teachers
Los Angeles, California

Maurine O. Marchani
Science Teacher and Dept. Chair
Raymond Park Middle School
Indianapolis, Indiana

Jason P. Marsh
Biology Teacher
Montevideo High School and Montevideo Country School
Montevideo, Minnesota

Edith C. McAlanis
Science Teacher and Dept. Chair
Socorro Middle School
El Paso, Texas

Kevin McCurdy, Ph.D.
Science Teacher
Elmwood Junior High School
Rogers, Arkansas

Alyson Mike
Science Teacher
East Valley Middle School
East Helena, Montana

Gabriell DeBear Paye
Biology Teacher
West Roxbury High School
West Roxbury, Massachusetts

James B. Pulley
Former Science Teacher
Liberty High School
Liberty, Missouri

Terry J. Rakes
Science Teacher
Elmwood Junior High School
Rogers, Arkansas

Debra Sampson
Science Teacher
Booker T. Washington Middle School
Elgin, Texas

Charles Schindler
Curriculum Advisor
San Bernardino City Unified Schools
San Bernardino, California

Acknowledgments continue on page 690.

Contenido general

Unidad 1 — **El estudio de los seres vivos** 2
- **Capítulo 1** El mundo de las ciencias biológicas 4
- **Capítulo 2** ¡Está vivo! ¿O no...? 34
- **Capítulo 3** La luz y los seres vivos 52

Unidad 2 — **La célula** 76
- **Capítulo 4** La célula: unidad fundamental de la vida 78
- **Capítulo 5** La célula en acción 106

Unidad 3 — **Herencia, evolución y clasificación** 126
- **Capítulo 6** Herencia 128
- **Capítulo 7** Los genes y la tecnología genética 150
- **Capítulo 8** La evolución de los seres vivos 174
- **Capítulo 9** La historia de la vida en la Tierra 200
- **Capítulo 10** Clasificación 226

Unidad 4 — **Las plantas** 246
- **Capítulo 11** Introducción a las plantas 248
- **Capítulo 12** Procesos de las plantas 278

Unidad 5 — **Los animales** 300
- **Capítulo 13** Los animales y su conducta 302
- **Capítulo 14** Invertebrados 324
- **Capítulo 15** Peces, anfibios y reptiles 354
- **Capítulo 16** Aves y mamíferos 380

Unidad 6 — **La ecología** 412
- **Capítulo 17** Los ecosistemas de la Tierra 414
- **Capítulo 18** Problemas ambientales y soluciones 438

Unidad 7 — **Los sistemas del cuerpo humano** 460
- **Capítulo 19** La organización y estructura del cuerpo . . 462
- **Capítulo 20** Circulación y respiración 486
- **Capítulo 21** Comunicación y control 508
- **Capítulo 22** Reproducción y desarrollo 532

Experimentos 554

Contenido

Unidad 1 — El estudio de los seres vivos

Cronología 2

CAPÍTULO 1

El mundo de las ciencias biológicas 4

Sección 1 Preguntarse sobre la vida 6
Sección 2 Pensar como un cintífico de las ciencias biológicas 10
Sección 3 Herramientas de las ciencias biológicas .. 19

Resumen/Repaso del capítulo 28

Artículos
Profesiones: Zoólogo 32
Ciencia Ficción: "El pollo nostálgico" 33

Experimentos

- ¡La seguridad manda! 556
- ¿Tiene sentido? 560
- Hacer gráficas 562
- Una ventana a un mundo oculto 563

CAPÍTULO 2

¡Está vivo! ¿O no...? 34

Sección 1 Características de los seres vivos 36
Sección 2 Las necesidades básicas de la vida 40
Sección 3 La química de la vida 42

Resumen/Repaso del capítulo 46

Artículos
Debate científico: ¿Hay vida en Marte? 50
Ciencia Ficción: "Están hechos de carne" 51

Experimentos

- Carreras de cochinillas 564
- El dilema de la panadería "Rico Pan" 566

vi Contenido

CAPÍTULO 3

La luz y los seres vivos 52
- **Sección 1** El espectro electromagnético 54
- **Sección 2** Reflexión, absorción y dispersión 58
- **Sección 3** Refracción 65

Resumen/Repaso del capítulo 70

Artículos
- **Ciencia, Tecnología y Sociedad:**
  Las luciérnagas iluminan el camino 74
- **Ventana al medio ambiente:** Contaminación lumínica 75

Experimentos
- Mezclar colores 568

Unidad 2 ... La célula

Cronología 76

CAPÍTULO 4

La célula: unidad fundamental de la vida 78
- **Sección 1** Organización de la vida 80
- **Sección 2** El descubrimiento de las células 85
- **Sección 3** Células eucariotas: una mirada a su interior 92

Resumen/Repaso del capítulo 100

Artículos
- **A través de las ciencias:** En la lucha contra el cáncer usando sangre de cerdos y rayos láser 104
- **Salud:** Una muestra del futuro 105

Experimentos
- ¿Amibas del tamaño de un elefante? 570
- ¡Células vivas! 572
- ¿Cómo se llama esa parte? 573

Contenido **vii**

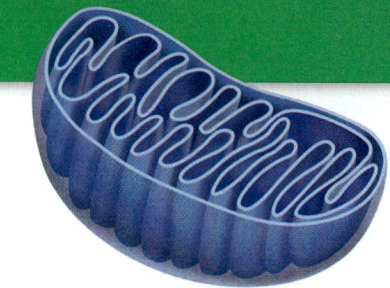

CAPÍTULO 5

La célula en acción 106
- **Sección 1** Intercambio con el medio ambiente ... 108
- **Sección 2** Energía celular 112
- **Sección 3** El ciclo celular 116

Resumen/Repaso del capítulo 120
Artículos
- **A través de las ciencias:** Noticias electrizantes sobre los microbios 124
- **Ciencia Ficción:** "Contagio" 125

Experimentos
- El misterio de las papas perfectas 574
- ¡Supervivencia! 576

Unidad 3 ··· **Herencia, evolución y clasificación**
Cronología 126

CAPÍTULO 6

Herencia 128
- **Sección 1** Mendel y los chícharos 130
- **Sección 2** Meiosis 138

Resumen/Repaso del capítulo 144
Artículos
- **Ciencia, Tecnología y Sociedad:** El mapa del genoma humano 148
- **Salud:** Ratas de laboratorio con alas 149

Experimentos
- Constructora de Bichos, S.A. 578
- Sigue la pista de los rasgos 580

CAPÍTULO 7

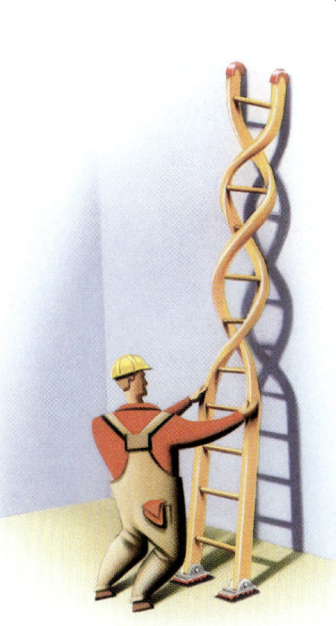

Los genes y la tecnología genética 150
Sección 1 ¿Cómo son los genes? 152
Sección 2 ¿Cómo trabaja el ADN? 160
Sección 3 Genética aplicada 165

Resumen/Repaso del capítulo 168
Artículos
Debate científico: El ADN sometido a juicio 172
Ciencia Ficción: "Moby James" 173

Experimentos
- Pares de bases 582

CAPÍTULO 8

La evolución de los seres vivos 174
Sección 1 Cambios a través del tiempo 176
Sección 2 ¿Cómo ocurre la evolución? 184
Sección 3 La selección natural en acción 190

Resumen/Repaso del capítulo 194
Artículos
Ventana al medio ambiente: Ahorros en el banco de semillas 198
Ciencia Ficción: "La lección de anatomía" 199

Experimentos
- Huellas misteriosas 584
- Malvaviscos ocultos 586
- Chocolates que sobreviven 587

Contenido **ix**

CAPÍTULO 9

La historia de la vida en la Tierra 200
- **Sección 1** Pruebas del pasado 202
- **Sección 2** Las eras de la escala del tiempo geológico 208
- **Sección 3** La evolución humana 214

Resumen/Repaso del capítulo 220
Artículos
- **A través de las ciencias:** Ventanas al pasado 224
- **Profesiones:** Paleobotánica 225

Experimentos
- La edad del registro fósil 588
- La vida media de un centavo 591

CAPÍTULO 10

Clasificación 226
- **Sección 1** Clasificación: División en grupos 228
- **Sección 2** Los seis reinos 234

Resumen/Repaso del capítulo 240
Artículos
- **Debate Científico:** Veo, veo... ¿Qué ves? 244
- **Curiosidades de la ciencia:** Vida en los labios de la langosta 245

Experimentos
- La isla de las formas 592
- Viaje de la nave espacial *Aventura* 594

Unidad 4 ... Las plantas

Cronología 246

CAPÍTULO 11

Introducción a las plantas 248

Sección 1 ¿Qué distingue a una planta? 250
Sección 2 Plantas sin semillas 254
Sección 3 Plantas con semillas 258
Sección 4 La estructura de las plantas con semillas 264

Resumen/Repaso del capítulo 272

Artículos
Ciencia, Tecnología y Sociedad:
 ¿Supercalabaza o Frankenfruta? 276
Profesiones: Etnobotánico 277

Experimentos

- ¡Hojas! 596
- Construye una flor 599
- Semillas viajeras 598

CAPÍTULO 12

Procesos de las plantas 278

Sección 1 La reproducción de las plantas con flores 280
Sección 2 Los detalles de la fabricación de la comida 284
Sección 3 Las respuestas de las plantas al medio ambiente 287
Sección 4 Crecimiento de las plantas 292

Resumen/Repaso del capítulo 294

Artículos
Curiosidades de la ciencia: Mostaza mutante 298
Ventana al medio ambiente: Un arco iris de algodón 299

Experimentos

- Las sobras de la fotosíntesis 600
- Plantas lloronas 602

Unidad 5 ··· Los animales

Cronología 300

CAPÍTULO 13

Los animales y su conducta 302
- **Sección 1** ¿Qué es un animal? 304
- **Sección 2** Conducta animal 308
- **Sección 3** La vida en grupo 314

Resumen/Repaso del capítulo 318

Artículos
- **Ventana al medio ambiente:** ¡No molestar! 322
- **Curiosidades de la ciencia:** Caníbales 323

Experimentos
- ¡Lombrices escurridizas! 604
- La tía Florecita y el abejorro 606

CAPÍTULO 14

Invertebrados 324
- **Sección 1** Invertebrados simples 326
- **Sección 2** Moluscos y anélidos 334
- **Sección 3** Artrópodos 339
- **Sección 4** Equinodermos 345

Resumen/Repaso del capítulo 348

Artículos
- **Curiosidades de la ciencia:** Osos de agua 352
- **Ventana al medio ambiente:** Calamar gigante 353

Experimentos
- Porosidad de los poríferos 608
- Travesuras de grillos 609

CAPÍTULO 15

Peces, anfibios y reptiles 354

Sección 1 ¿Qué son los vertebrados? 356
Sección 2 Peces 359
Sección 3 Anfibios 364
Sección 4 Reptiles 369

Resumen/Repaso del capítulo 374

Artículos
A través de las ciencias: Pez robot 378
Curiosidades de la ciencia: Cerebros calentitos
en agua fría 379

Experimentos

■ Manda a nadar a un pez tubo 612
■ De príncipe a rana 614

CAPÍTULO 16

Aves y mamíferos 380

Sección 1 Aves 382
Sección 2 Mamíferos 392

Resumen/Repaso del capítulo 406

Artículos
A través de las ciencias: La aerodinámica del vuelo 410
Curiosidades de la ciencia: Ratas-topo lampiñas ... 411

Experimentos

■ ¿No van al dentista? 616
■ Se solicitan mamíferos en Marte 617

Unidad 6 — La ecología

Cronología 412

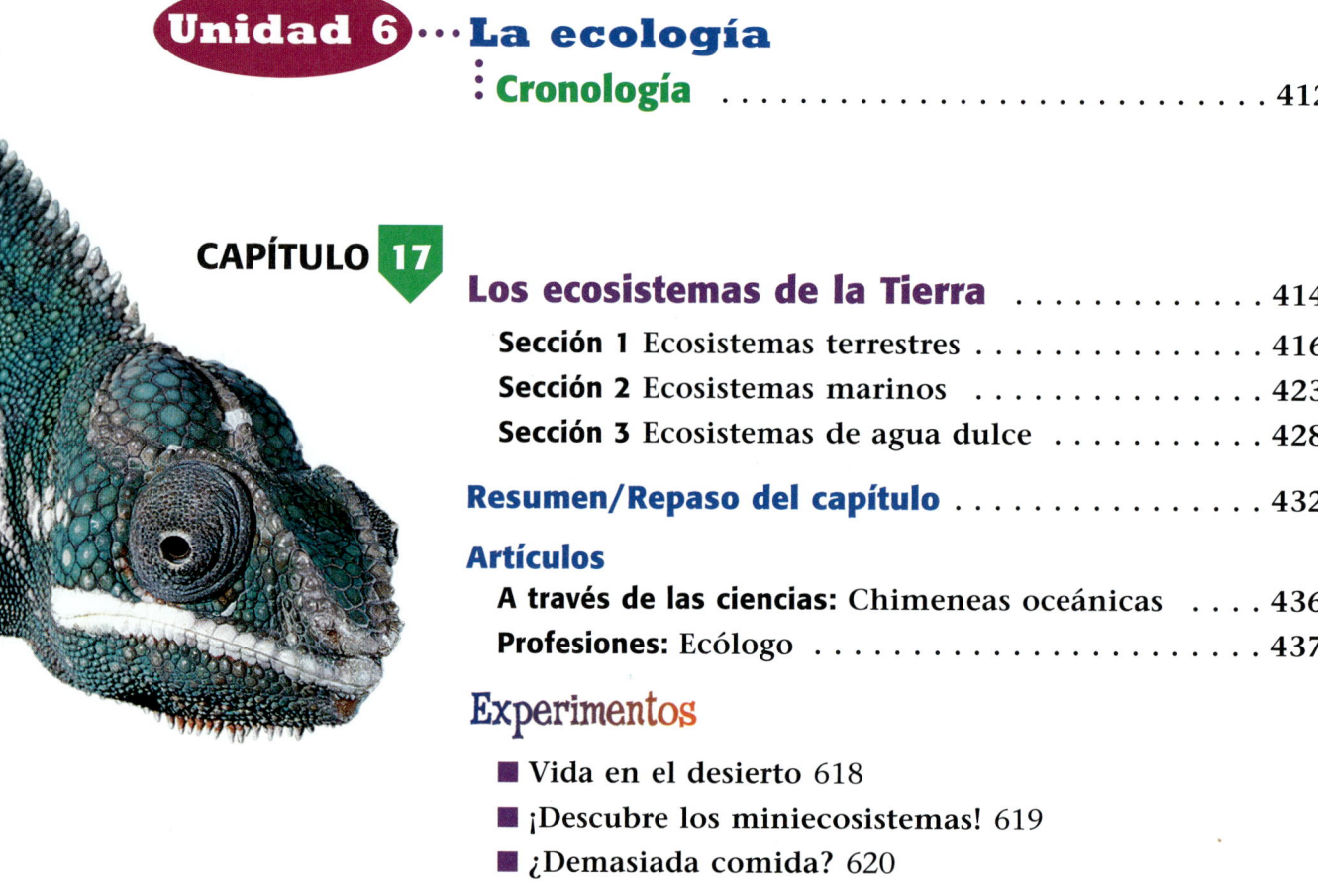

CAPÍTULO 17

Los ecosistemas de la Tierra 414

- **Sección 1** Ecosistemas terrestres 416
- **Sección 2** Ecosistemas marinos 423
- **Sección 3** Ecosistemas de agua dulce 428

Resumen/Repaso del capítulo 432

Artículos
- **A través de las ciencias:** Chimeneas oceánicas 436
- **Profesiones:** Ecólogo 437

Experimentos

- Vida en el desierto 618
- ¡Descubre los miniecosistemas! 619
- ¿Demasiada comida? 620

CAPÍTULO 18

Problemas ambientales y soluciones 438

- **Sección 1** Primero, las malas noticias 440
- **Sección 2** Y ahora, las buenas noticias: hay soluciones 447

Resumen/Repaso del capítulo 454

Artículos
- **Profesiones:** Bióloga 458
- **Debate Científico:** ¿Dónde vivirá el lobo? 459

Experimentos

- Biodiversidad: ¡vaya idea! 622
- Decisiones ambientales 624

Unidad 7 · Los sistemas del cuerpo humano

Cronología 460

CAPÍTULO 19

La organización y estructura del cuerpo ... 462

Sección 1 Organización del cuerpo 464
Sección 2 El sistema óseo 468
Sección 3 El sistema muscular 472
Sección 4 El sistema integumentario 476

Resumen/Repaso del capítulo 480

Artículos
   Ciencia, Tecnología y Sociedad: Piel fabricada 484
   ¡Lo encontré!: Derrames de aceite piloso 485

Experimentos
■ Los músculos en acción 626
■ Ver para creer 627

CAPÍTULO 20

Circulación y respiración 486

Sección 1 El sistema cardiovascular 488
Sección 2 El sistema linfático 496
Sección 3 El sistema respiratorio 498

Resumen/Repaso del capítulo 502

Artículos
   Curiosidades de la ciencia: Estornudos 506
   Salud: Cabras al rescate 507

Experimentos
■ Construye un pulmón 630
■ Dióxido de carbono en el aliento 631

CAPÍTULO 21

Comunicación y control 508
Sección 1 El sistema nervioso 510
Sección 2 La respuesta al medio ambiente 517
Sección 3 El sistema endocrino 522

Resumen/Repaso del capítulo 526

Artículos
Ciencia, Tecnología y Sociedad: Luz y lentes 530
¡Lo encontré!: El camino a la curación 531

Experimentos
- ¡Me pones nervioso! 632

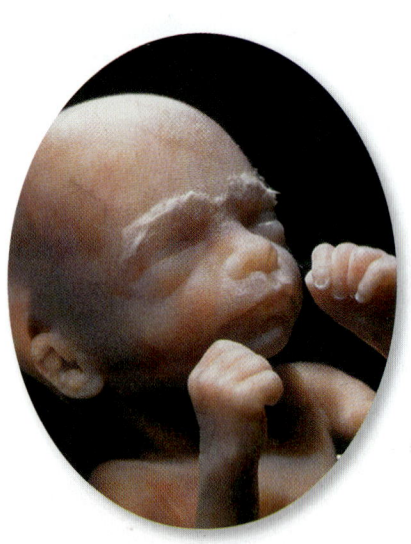

CAPÍTULO 22

Reproducción y desarrollo 532
Sección 1 Reproducción animal 534
Sección 2 Reproducción humana 538
Sección 3 Crecimiento y desarrollo 542

Resumen/Repaso del capítulo 548

Artículos
A través de las ciencias: Acné 552
Ciencia, Tecnología y Sociedad: La tecnología en sus primeras etapas 553

Experimentos
- ¡Un mundo seguro y agradable! 634
- ¡Oh, cuánto has crecido! 635

Experimentos 554

Autoevaluación: Respuestas .. 636

Apéndice 639
    Organizar conceptos 640
    Sistema Internacional de Unidades 641
    Escalas de temperatura 642
    Técnicas de medición 643
    Método científico 644
    Hacer tablas y gráficas 647
    Repaso de matemáticas 650
    Tabla periódica de los elementos 654
    Repaso de ciencias físicas 656
    Los seis reinos 658
    Cómo usar el microscopio 660

Glosario 662

Índice 674

Experimentos

Cuantos más experimentos realicemos, ¡mejor!
Revisa la sección "**Experimentos**" que se encuentra al final de este libro. Encontrarás interesantes experimentos que te permitirán experimentar la ciencia directamente. Pero, no se te olvide tomar en cuenta la seguridad. Lee la sección "¡La seguridad manda!" antes de cualquier experimento.

¡La seguridad manda! 556

CAPÍTULO 1
El mundo de las ciencias biológicas
¿Tiene sentido? 560
Hacer gráficas 562
Una ventana a un mundo oculto 563

CAPÍTULO 2
¡Está vivo! ¿O no...?
Carreras de cochinillas 564
El dilema de la panadería "Rico Pan" .. 566

CAPÍTULO 3
La luz y los seres vivos
Mezclar colores 568

CAPÍTULO 4
La célula: unidad fundamental de la vida
¿Amibas del tamaño de un elefante? .. 570
¡Células vivas! 572
¿Cómo se llama esa parte? 573

CAPÍTULO 5
La célula en acción
El misterio de las papas perfectas 574
¡Supervivencia! 576

CAPÍTULO 6
Herencia
Constructora de Bichos, S. A. 578
Sigue la pista de los rasgos 580

CAPÍTULO 7
Los genes y la tecnología genética
Pares de bases 582

CAPÍTULO 8
La evolución de los seres vivos
Huellas misteriosas 584
Malvaviscos ocultos 586
Chocolates que sobreviven 587

CAPÍTULO 9
La historia de la vida en la Tierra
La edad del registro fósil 588
La vida media de un centavo 591

CAPÍTULO 10
Clasificación
La isla de las formas 592
Viaje de la nave espacial *Aventura* 594

CAPÍTULO 11
Introducción a las plantas
¡Hojas! 596
Semillas viajeras 598
Construye una flor 599

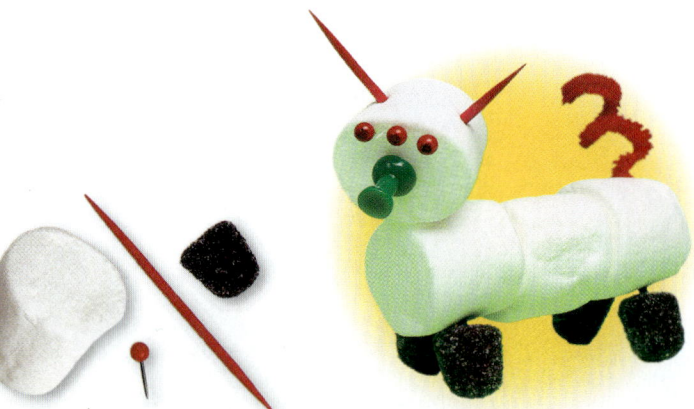

CAPÍTULO 12
Procesos de las plantas
Las sobras de la fotosíntesis 600
Plantas lloronas 602

CAPÍTULO 13
Los animales y su conducta
¡Lombrices escurridizas! 604
La tia Florecita y el abejorro 606

CAPÍTULO 14
Invertebrados
Porosidad de los poríferos 608
Travesuras de grillos 609

CAPÍTULO 15
Peces, anfibios y reptiles
Manda a nadar a un pez tubo 612
De princípe a rana 614

CAPÍTULO 16
Aves y mamíferos
¿No van al dentista? 616
Se solicitan mamíferos en Marte 617

CAPÍTULO 17
Los ecosistemas de la Tierra
Vida en el desierto 618
¡Descrubre los miniecosistemas! 619
¿Demasiada comida? 620

CAPÍTULO 18
Problemas ambientales y soluciones
Biodiversidad: ¡vaya idea! 622
Decisiones ambientales 624

CAPÍTULO 19
La organización y estructura del cuerpo
Los musculos en acción 626
Ver para creer 627

CAPÍTULO 20
Circulación y respiración
Construye un pulmón 630
Dióxido de carbono en el aliento 631

CAPÍTULO 21
Comunicación y control
¡Me pones nervioso! 632

CAPÍTULO 22
Reproducción y desarrollo
¡Un mundo seguro y agradable! 634
¡Oh, cuánto has crecido! 635

¡Ahora es el mejor momento para investigar!

La ciencia es un proceso en el que la investigación nos lleva a la información y entendimiento. La sección "**¡Investiga!**" al inicio de cada capítulo te permite entender el tema desde el punto de vista científico a través de experiencias prácticas.

Resuélvelo	5
¡Enciendan las luces!	35
Colores de la luz	53
¿De qué estás hecho?	79
Célula en acción	107
Combina prendas	129
Toma las huellas digitales de tus amigos	151
Cómo hacer un fósil	175
Cronología de la historia de la Tierra	201
Clasificación de zapatos	227
Galletas en peligro	249
Observa el crecimiento de las plantas	279
¡Vete de safari!	303
¡Clasifícalo!	325
Descifra el huevo revuelto	355
¡Volemos!	381
Un miniecosistema	415
Recicla papel	439
Demasiado frío para soportarlo	463
Ejercicio y corazón	487

¿Reaccionas rápido?	509
¿Qué tan grande es tu cuerpo?	533

Laboratorio

No todas las investigaciones de laboratorio son largas y complicadas.

Para llevar a cabo las secciones "**Laboratorio**" que se encuentran a lo largo de este libro, no se necesita mucho tiempo ni mucho equipo. Pero sólo porque son actividades rápidas, no dejes de seguir las pautas de seguridad.

Compruébalo	20
Cómo detectar el almidón	43
Leche dispersa	61
¿Son sabrosas las bacterias?	90
Difusión de canicas	108
A cara o cruz	136
Lisa o rugosa	142
Mutaciones	163
¿Se puede acabar la comida?	187
Las herramientas del Neandertal	218
Diagramas de evolución	231
Masa de musgo	255
Semillas sedientas	282
¿Abajo o arriba?	288
¿Qué tan largo es un minuto?	312
Telerañas pegajosas	342
Aceite y agua	363
El efecto Bernoulli	386
Conexiones alimenticias de una laguna	429
Ojo con la basura	452
Huesos en encurtido	469
Potencia en pares	473
¿Por qué ronca la gente?	501
A patadas	516
¿Dónde quedó la bolita?	520
La vida crece	547

¡MATEMÁTICAS!

Promedios	16
Aumento	19
Averiguar el área	24
Proporciones corporales	39
Relación de superficie a volumen	89
Multiplicación celular	116
¿Qué son las proporciones?	134
Genes y bases	155
Hacer una cadena humana alrededor del secoya gigante	237
Practica porcentajes	253
Inclinación de buen grado	287
Calamar veloz	334
Un montón de huesos	362
¡Hormigas para cenar!	398
Prepitación pluvial	422
Agotamiento del agua	443
El tiempo de un corredor	475
¡Que siga latiendo!	495
Hora de viajar	511
Cromo-combinación	535
Contar óvulos	539

Las ciencias y las matemáticas van una junto a la otra.

Las secciones "¡Matemáticas!" al margen de los capítulos te muestran muchas formas en que las matemáticas se aplican directamente a las ciencias y viceversa.

APLICA

¿Han aterrizado los extraterrestres?	13
¿Están vivas las computadoras?	39
¡Luces, cámara, acción!	63
Alimentar al paramecio-mascota	89
La isla de la fantasía	115
Gatos de orejas enroscadas	137
Pedigrees y cuadrículas de Punnett	164
¿Por qué no todos los perros son iguales?	189
¡Clasifícalo!	238
El jardín accidental	259
¿Pueden dar la hora los árboles?	290
Jet Lag	313
¿Son buenos vecinos los gusanos?	337
Indicadores ecológicos	367
Murciélagos y submarinos	400
Un viaje al Lago Superior	430
Globos en el aire	446
Circulación de la sangre	494
¿Pelea o vuelo?	523
Dos tipos de gemelos	540

Las ciencias son muy útiles en la vida real.

Es interesante aprender cómo la información científica se utiliza en la vida real. Compruébalo por ti mismo en las secciones "**Aplica**". También se te pedirá que apliques tus propios conocimientos. ¡Esta es una buena manera de aprender!

Contenido **xxi**

Conexiones

Una ciencia lleva a otra.
Puede ser que no te des cuenta al principio, pero las diferentes áreas de las ciencias están relacionadas unas con otras de muchas formas distintas. Cada sección **"Conexión"** explora un tema desde el punto de vista de otra disciplina científica. Así, las áreas de las ciencias se unen para mejorar tu entendimiento del mundo que te rodea.

oceanografía CONEXIÓN

Pez anticongelante 37

astronomía CONEXIÓN

Rayos gamma y el Sol 58

química CONEXIÓN

Credenciales celulares 82
Arrugado y dulce 137
¡Calambres! 474
Horrores hormonales 541

ciencias de la Tierra CONEXIÓN

Armósfera de oxígeno 115
La capa de ozono 162
El ciclo de las rocas 178
Las estaciones del Sol 289
Los marsupiales y los continentes en movimiento 397
La salud y el hoyo en la capa de ozono 442
Pulmones altaneros 499

ciencias del medio ambiente CONEXIÓN

Destrucción del ozono 210
Secoyas antiguas y extrañas 237
Animales y semillas 259
Arrecifes de corral dañados 331
Elefantes en peligro 403

a través de las ciencias CONEXIÓN

Migración magnética 313
Demasiado alto para ser escuchado . . . 521

física CONEXIÓN

Ojos de pez 360

Artículos

> **¡Artículos para todos!**
> Las ciencias y la tecnología nos afectan de distintas maneras. Los siguientes artículos te darán una idea de qué tan interesantes, extrañas, útiles o emocionantes son las ciencias y la tecnología. Al final de cada capítulo encontrarás dos artículos. Léelos y te sorprenderás de lo que aprendes.

Profesiones
Zoólogo 32
Paleobotánica 225
Etnobotánico 277
Ecólogo 437
Bióloga 458

A través de las ciencias
En la lucha contra el cáncer usando sangre de cerdos y rayos láser 104
Noticias electrizantes sobre los microbios 124
Ventanas al pasado 224
Pez robot 378
La aerodinámica del vuelo 410
Chimeneas oceánicas 436
Acné 552

Ciencia, tecnología y sociedad
Las luciérnagas iluminan el camino . . 74
El mapa del genoma humano 148
¿Supercalabaza o Frankenfruta? . . . 276
Piel fabricada 484
Luz y lentes 530
La tecnología en sus primeras etapas 553

Ventana al medio ambiente
Contaminación lumínica 75
Ahorros en el banco de semillas . . . 198
Un arco iris de algodón 299
¡No molestar! 322
Calamar gigante 353

¡Lo encontré!
Derrames de aceite piloso 485
El camino a la curación 531

Salud
Una muestra del futuro 105
Ratas de laboratorio con alas 149
Cabras al rescate 507

Debate científico
¿Hay vida en Marte? 50
El ADN sometido a juicio 172
Veo, veo... ¿Qué ves? 244
¿Dónde vivirá el lobo? 459

Ciencia ficción
"El pollo nostálgico" 33
"Están hechos de carne" 51
"Contagio" 125
"Moby James" 173
"La lección de anatomía" 199

Curiosidades de la ciencia
Vida en los labios de la langosta . . . 245
Mostaza mutante 298
Caníbales 323
Osos de agua 352
Cerebros calentitos en agua fría . . . 379
Ratas-topo lampiñas 411
Estornudos 506

UNIDAD 1

El estudio de los seres vivos

CRONOLOGÍA

Las ciencias biológicas son el estudio de los seres vivos, desde la bacteria más pequeña hasta el árbol más grande. En esta unidad, descubrirás en qué se parecen todos los seres vivos. Aprenderás sobre las herramientas que usan los científicos, así como a formular preguntas sobre lo que te rodea.

Los seres humanos siempre hemos buscado respuestas sobre la vida. Esta cronología incluye algunas de las personas que han estudiado los seres vivos.

2640 a.C.
Si Ling-Chi, emperatriz de China, observa los gusanos de seda de su jardín y desarrolla un proceso para cultivarlos y producir seda.

1944
Oswald T. Avery propone que el ADN es el material que contiene las propiedades genéticas de los organismos vivos.

1946
Se construye la primera computadora completamente eléctrica, ENIAC. Pesa 30 toneladas y ocupa 450 m².

1967
El Dr. Christian Barnard realiza con éxito el primer trasplante de corazón humano.

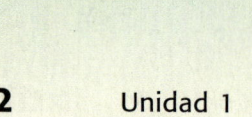

1970
Se inventan los discos flexibles para almacenar datos en las computadoras.

1010
El físico árabe Ibn al Haytham descubre que la visión es causada por la reflexión de la luz desde los objetos a los ojos.

1590
Zacharius Jansen construye el primer microscopio, el cual estaba compuesto por dos lentes y un tubo.

1685
Los adelantos en los microscopios permiten observar los glóbulos rojos por primera vez.

1914
Los estudios de George Washington Carver sobre la conservación de la agricultura y el suelo condujeron a la investigación sobre el cacahuate.

1934
Dorothy Crowfoot Hodgkin usa técnicas de rayos X para determinar la estructura de las proteínas.

1931
Se desarrolla el primer microscopio electrónico.

1983
Dian Fossey escribe *Gorilas en la bruma*, un libro sobre su investigación de los gorilas beringei de África y sus esfuerzos por protegerlos de los cazadores furtivos.

1984
Alec Jeffries desarrolla un proceso conocido como huellas de ADN.

1998
En China, los científicos descubren un fósil de dinosaurio con plumas.

El estudio de los seres vivos

CAPÍTULO 1
El mundo de las ciencias biológicas

Imagínate...

Vas caminando por el campo con unos compañeros y, de pronto, ¡te das cuenta de que hay ranas saltando por todos lados! Tus compañeros y tú se ponen a atraparlas con una red. Cuando sacas la primera rana de la red, descubres algo raro: parece que tiene las patas rotas. Miras la rana que tiene tu amiga y también parece estar herida. ¡Y así están todas las demás! Te acercas un poco más y ves que una de las ranas no tiene ojos. Un momento... Estas ranas no están heridas, ¡están deformes! ¿Serán ranas extraterrestres? ¿O una especie nueva?

Aunque parezca imposible, esto de verdad le sucedió a un grupo de estudiantes de Le Sueur, Minnesota, mientras visitaban una reserva natural. Casi la mitad de las ranas que reunieron estaban deformes. Los estudiantes y su maestra estaban impresionados por su descubrimiento. ¿Qué causaría esas deformidades? ¿Podría ser un extraño fenómeno natural o el resultado de la exposición de las ranas a alguna substancia química creada por los seres humanos? Los estudiantes reunieron más información sobre las ranas y les avisaron a los científicos locales sobre su hallazgo. Ahora, estudiantes y científicos de todo el país se han unido para resolver el misterio de las ranas raras.

Los estudiantes, como harían la mayoría de los científicos, comenzaron su investigación observando algo en la naturaleza y haciéndose preguntas sobre ello. En este capítulo aprenderás cómo las preguntas estimulan el estudio de las ciencias y cómo los científicos encuentran las respuestas.

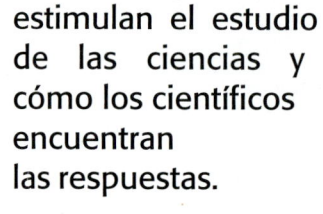

¿Tú qué piensas?

Usa tus conocimientos para responder a las siguientes preguntas en tu cuaderno de ciencias:

1. ¿Qué herramientas usan los científicos de las ciencias biológicas?
2. ¿Qué métodos siguen los científicos para estudiar las ciencias biológicas?
3. ¿Puede cualquiera ser un científico?

Resuélvelo

En esta actividad probarás tu habilidad para realizar algunas actividades que los científicos realizan: hacer observaciones y utilizarlas para resolver un acertijo.

Procedimiento

1. Dobla una **hoja cuadrada de papel** como se muestra en la siguiente figura. Primero, dobla el cuadrado por la mitad. Dóblalo de nuevo por la mitad. Después, dobla las esquinas de A hacia B y de A hacia C. Desdobla la hoja. Con unas **tijeras,** corta por los dobleces indicados por las líneas obscuras en la siguiente figura. Así, tendrás cinco figuras geométricas.

2. Observa el dibujo del pez que se muestra abajo. Trata de imaginar cómo ordenar las cinco figuras pequeñas para formar el pez. Prueba tu idea e inténtalo varias veces si es necesario. Pista: Es posible que tengas que darle vuelta a una o más figuras. Anota la solución en tu cuaderno de ciencias.

Análisis

3. ¿Pudiste ordenar correctamente las figuras sólo mediante la observación? ¿Qué observaciones te sirvieron de pista?

4. ¿De qué te sirvió poner a prueba tus ideas para resolver el acertijo?

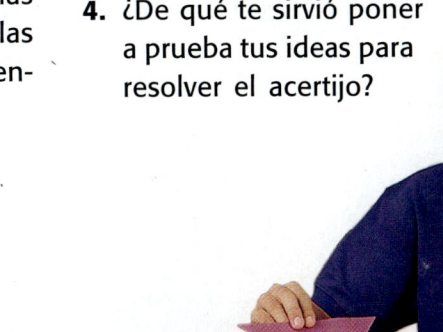

El mundo de las ciencias biológicas

Sección 1

Preguntarse sobre la vida

VOCABULARIO
ciencias biológicas

OBJETIVOS
- Explica la importancia de formular preguntas en las ciencias biológicas.
- Da tres razones del porqué las ciencias biológicas son beneficiosas para los seres vivos.

Es verano. Estás recostado sobre el pasto en el parque, observando tu entorno con indiferencia. Hay tres perros jugando a tu izquierda y un pajarito está posado en el árbol a tu derecha. Algunos abejorros vuelan aldredor de las flores cercanas mientras una hormiga se roba una miga de tu emparedado. De repente, se te ocurre una pregunta: "¿Por qué las hormigas no crecen tanto como las personas?" Luego se te ocurre otra pregunta: "¿Por qué los abejorros visitan las flores púrpuras y no las blancas?" Finalmente te preguntas: "¿Por qué no habrá perros azules?"

¡Felicidades! Has dado los primeros pasos para convertirte en un científico de las ciencias biológicas. ¿Cómo lo hiciste? Observaste el mundo viviente a tu alrededor y, por curiosidad, formulaste preguntas sobre tus observaciones. Después de todo, de eso se tratan las ciencias. Las **ciencias biológicas** son el estudio de los seres vivos.

Todo empieza con una pregunta

El mundo a tu alrededor está lleno de vida. En los estanques flotan algas unicelulares invisibles. Árboles de secoya gigantes parecen tocar el cielo. Ballenas de cuarenta toneladas nadan en los océanos. Dentro de tus intestinos hay bacterias diminutas alimentándose. ¿Habrías podido inventar todos los seres vivos u organismos que existen en la Tierra? Podrías hacer una infinidad de preguntas sobre cada organismo que ha existido, por ejemplo: "¿Cómo se alimenta?" "¿Dónde vive?" y "¿Por qué se comporta de una forma particular?"

En tu propio jardín Es fácil encontrar preguntas. Observa tu dormitorio, tu hogar y tu vecindario. ¿Qué preguntas sobre las ciencias biológicas se te ocurren? El muchacho de la izquierda no tuvo que ir muy lejos para darse cuenta de que tenía preguntas sobre algunos organismos muy conocidos. ¿Sabes la respuesta a alguna de ellas?

Recorrer el mundo Tu vecindario te puede dar una idea de algunas de las interrogantes que existen en el mundo. El mundo tiene muchos lugares diferentes para vivir, por ejemplo, desiertos, océanos, bosques, arrecifes de coral y charcas de marea. En casi todos los rincones de la Tierra encontrarás algún tipo de organismo vivo.

¿Cómo saben los pájaros a dónde ir cuando emigran?

¿Por qué las hojas cambian de color en el otoño?

¿Cómo emiten luz las luciérnagas?

¿Por qué algunas plantas comen insectos?

¿Por qué los dinosaurios se extinguieron?

Buscar respuestas

Cierra los ojos por un momento e imagínate a un científico de las ciencias biológicas. ¿Qué ves? ¿Es alguien en un laboratorio observando a través de un microscopio? ¿Qué personas de la **Figura 1** parecen científicos?

Figura 1 *Los científicos son personas que formulan diversos tipos de preguntas.*

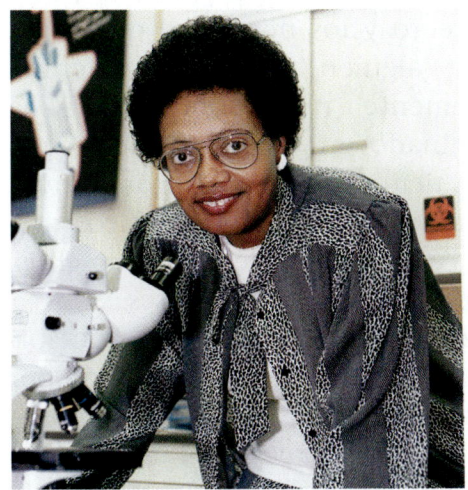

a Irene Duhart Long pregunta: "¿Cómo reacciona el cuerpo humano a un viaje espacial?"

b Geerat Vermeij, quien es ciego, pregunta: "¿Cómo han cambiado las conchas con el tiempo?"

c Irene Pepperberg pregunta: "¿Pueden los loros aprender un lenguaje?"

¿Quién? Si pensaste que todas las personas de la Figura 1 son científicos, acertaste. Cualquier persona puede investigar el mundo que nos rodea. Hombres y mujeres de distinta cultura y origen étnico pueden ser científicos.

¿Dónde? La investigación en el laboratorio es una parte importante de las ciencias biológicas, pero éstas también pueden estudiarse en muchos otros lugares. Los científicos llevan a cabo investigaciones en granjas, bosques, el fondo del mar e incluso en el espacio. Trabajan para empresas, hospitales, organismos gubernamentales y universidades. Muchos de ellos también son maestros.

¿Qué? La curiosidad de un científico es lo que determina qué investigará. Los científicos se especializan en diversas áreas de las ciencias biológicas. Estudian cómo funcionan y se comportan los organismos y cómo éstos interactúan entre ellos y con su medio ambiente. Estos científicos exploran cómo se reproducen los organismos y cómo transmiten características de una generación a otra. Algunos científicos de las ciencias biológicas investigan los orígenes de los organismos y cómo éstos cambian con el tiempo.

¿Te gustaría inventar una profesión que investigue los lagartos? Pasa a la página 32 para leer sobre alguien que lo hizo.

El mundo de las ciencias biológicas **7**

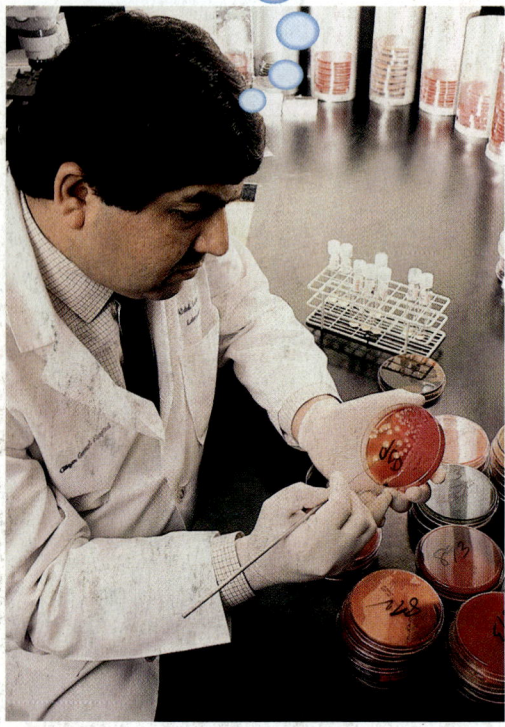

¿Cómo afectan ciertas substancias químicas al virus que causa el SIDA?

¿Por qué hay que preguntar por qué?

¿Cuál es el objetivo de formular todas estas preguntas? Los científicos encuentran respuestas interesantes pero, ¿en realidad importan estas respuestas? ¿Afectarán *tu* vida? ¡Por supuesto! Al estudiar las ciencias biológicas, verás cómo te afectan a ti y a lo que existe a tu alrededor.

Combatir enfermedades La poliomielitis es una enfermedad que afecta el cerebro y los nervios, y que causa parálisis. ¿Conoces a alguien que haya tenido poliomielitis? Probablemente no. El virus de la poliomielitis se ha eliminado en muchas regiones del mundo. Pero hace algún tiempo era mucho más común. En la década de 1950, antes de que los científicos descubrieran formas de prevenir el virus de la poliomielitis, éste infectó a 1 de cada 3,000 estadounidenses.

Hoy en día, los científicos siguen investigando formas de combatir enfermedades que nos han atacado por mucho tiempo, como la tuberculosis, así como también enfermedades que han aparecido recientemente, como el síndrome de inmunodeficiencia adquirida, o SIDA. El científico de la **Figura 2** trata de aprender más sobre el SIDA, enfermedad mortal para miles de personas cada año. Los científicos de las ciencias biológicas han descubierto cómo se transmite el virus del SIDA de una persona a otra y cómo afecta al cuerpo. Al aprender más sobre el SIDA, los científicos podrían encontrar una cura para esta enfermedad mortal.

Figura 2 *Abdul Lakhani estudia el SIDA para encontrar una cura para la enfermedad.*

Algunas enfermedades, como la fibrosis cística, son hereditarias, es decir, se transmiten de padres a hijos. Susumu Tonegawa, en la **Figura 3,** es uno de los muchos científicos del mundo que estudian el genoma humano. El genoma de un organismo es heredado de los padres. Es información contenida en las células de un organismo y controla las actividades de las células. Los errores en algunas partes del genoma de un organismo pueden provocar que éste nazca con ciertas enfermedades o que las desarrolle con el tiempo. Al aprender sobre el genoma humano, los científicos esperan encontrar formas de curar o prevenir enfermedades hereditarias.

¿Qué porción del genoma de una persona es responsable de ciertas enfermedades hereditarias?

Figura 3 *El trabajo de Susumu Tonegawa puede ayudar a combatir las enfermedades hereditarias.*

Proteger el medio ambiente ¿Conoces algunos problemas del medio ambiente? La mayoría se debe al mal uso y a la eliminación inadecuada de los recursos naturales por parte de las personas. El primer paso para solucionar los problemas de contaminación, deforestación y extinción de la vida silvestre es entender cómo afectamos el mundo que nos rodea.

¿Por qué hay que disminuir la contaminación del aire y del agua? La contaminación afecta nuestra salud y la de los animales y las plantas. La contaminación del agua podría ser una de las causas de las deformidades de las ranas observadas en Minnesota y en otros estados. La contaminación por petróleo en los océanos mata mamíferos marinos, aves y peces. Si encontramos formas de disminuir la cantidad de contaminación que producimos, haremos que nuestro mundo sea más saludable.

Cuando cortamos árboles para cultivar la tierra o para construir casas, alteramos y destruimos el hábitat de otras criaturas. Dale Miquelle, en la **Figura 4,** pertenece a un equipo de científicos rusos y estadounidenses que estudian el tigre siberiano. La caza y la deforestación han estado a punto de causar su extinción. Al aprender sobre las necesidades de los tigres, los científicos desarrollan un plan de conservación para asegurar su supervivencia.

Figura 4 *Para aprender cuánto territorio abarca un tigre siberiano, Dale Miquelle rastrea un tigre que tiene un collar radiotransmisor.*

REPASO

1. Describe las ciencias biológicas.
2. ¿Qué beneficios pueden aportar las ciencias biológicas a los seres vivos?
3. ¿Dónde trabajan los científicos de las ciencias biológicas? ¿Qué estudian?
4. ¿Estás de acuerdo con la siguiente afirmación? *Los conocimientos de los profesionales de las ciencias biológicas no son muy importantes.* Explica tu respuesta.
5. **Aplicar** Observa la escena de la derecha y haz cinco preguntas acerca de los organismos que ves. Averigua si alguno de tus compañeros o compañeras sabe las respuestas. Anota las preguntas y respuestas en tu cuaderno de ciencias.

El mundo de las ciencias biológicas

Sección 2

Pensar como un científico de las ciencias biológicas

VOCABULARIO
método científico   teoría
hipótesis   tecnología
factor
experimento controlado
variable

OBJETIVOS
- Describe el método científico.
- Evalúa los diseños de experimentos.
- Interpreta la información de tablas y gráficas.
- Explica cómo puede cambiar el conocimiento científico.

Sin importar dónde trabajen los científicos de las ciencias biológicas o qué preguntas traten de responder, todos tienen dos cosas en común: sienten curiosidad por la naturaleza y usan métodos similares para investigarla. Imagina que eres uno de los estudiantes que descubrieron las ranas deformes de las que hablamos al principio de este capítulo. Si quisieras investigar la causa de las deformidades, ¿por dónde comenzarías? En realidad, ya has dado el primer paso del método científico. Has observado y has hecho preguntas. ¿Qué sigue?

El método científico

La base de las investigaciones de la mayoría de los científicos es el método científico. El **método científico** es una serie de pasos que se utilizan para responder una pregunta o resolver un problema. La **Figura 5** resume los seis pasos que lo componen.

Las ciencias son un proceso creativo Después de leer los pasos del método científico, es posible que pienses que si sigues cada paso en orden encontrarás automáticamente la respuesta correcta a tu pregunta o problema. Pero muchas preguntas no se pueden responder tan fácilmente. Los científicos de las ciencias biológicas deben usar su imaginación para obtener explicaciones sobre lo que observaron y para diseñar experimentos que comprueben sus explicaciones. Para encontrar soluciones, a veces tienen que repetir los pasos del método científico o aplicarlos en un orden diferente. Además, no todas las preguntas necesitan otro experimento. A veces sólo se necesitan más observaciones para encontrar una respuesta y otras veces no se puede encontrar ninguna respuesta.

En las próximas páginas volverás a estudiar el misterio de las ranas raras para ver cómo se siguieron los seis pasos del método científico en una investigación real.

- **Haz una pregunta** basada en observaciones.

- **Formula una hipótesis** que sea una explicación posible de lo que has observado.

- **Comprueba la hipótesis** mediante experimentos.

- **Analiza los resultados** reunidos a partir de los experimentos.

- **Saca conclusiones** basadas en los resultados de tu experimento.

- **Comunícale los resultados** a otros científicos.

Figura 5 Los científicos generalmente usan el método científico para resolver problemas y responder preguntas.

Hacer una pregunta ¿Has observado alguna vez algo fuera de lo normal o que no tenga una explicación simple? Las observaciones suelen generar preguntas. Si eres un científico, las preguntas exigen respuestas. Esto a menudo implica observar más. Cuando los estudiantes de Le Sueur se dieron cuenta de que algo les pasaba a las ranas, decidieron que continuarían sus observaciones recopilando más información. Comenzaron a observar y anotar sus observaciones, como se muestra en la **Figura 6.** Contaron cuántas ranas deformes y cuántas normales habían atrapado. Describieron las deformidades y otras características de las ranas, como el color. También tomaron fotografías, hicieron mediciones y dieron una descripción precisa de cada rana.

Además de la información sobre las ranas, los estudiantes recopilaron información sobre los otros organismos del estanque. También le hicieron muchas pruebas al agua: midieron el nivel de acidez y anotaron cuidadosamente la información y las observaciones. Después de todo, eran científicos haciendo su trabajo.

Las observaciones pueden ser de varios tipos, por ejemplo, mediciones de longitud, volumen, temperatura, tiempo o velocidad. Pueden describir el volumen de un sonido o el color o forma de un organismo. Pueden indicar la cantidad de organismos de un área, su estado de salud o su patrón de comportamiento. El tipo de observaciones que los científicos pueden hacer es infinito. Pero sin importar lo que indiquen, las observaciones son útiles si se hacen y registran en forma precisa. Algunas de las herramientas que los científicos usan para observar se muestran en la **Figura 7.**

Figura 6 *Recopilar información fue el primer paso en la investigación de los estudiantes.*

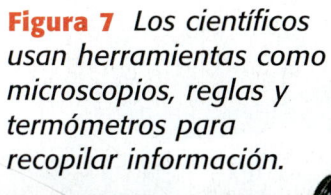

Figura 7 *Los científicos usan herramientas como microscopios, reglas y termómetros para recopilar información.*

El mundo de las ciencias biológicas

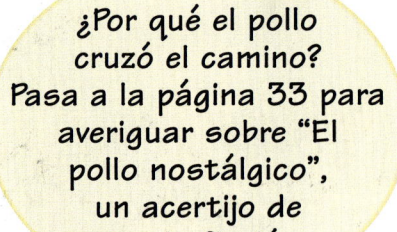

¿Por qué el pollo cruzó el camino? Pasa a la página 33 para averiguar sobre "El pollo nostálgico", un acertijo de ciencia ficción.

Formular una hipótesis Después de observar, los científicos formulan una o más hipótesis. Una **hipótesis** es una explicación o respuesta posible a una pregunta. Cuando los científicos formulan una hipótesis, piensan en forma lógica y creativa, y consideran lo que ya saben.

Una hipótesis debe ser comprobable mediante experimentos. Una hipótesis no es verificable si no se pueden reunir observaciones o información, o si no se puede diseñar un experimento para comprobarla. Sólo porque una hipótesis no sea comprobable no significa que no sea correcta. Sólo quiere decir que no hay forma de corroborarla o refutarla.

Es posible que diferentes científicos tengan diferentes hipótesis para un mismo problema. En el caso de las ranas, se formularon las hipótesis que ves abajo. ¿Cuál de las explicaciones será la correcta? Para averiguarlo, las hipótesis deben comprobarse.

Hipótesis 1: Las deformidades fueron causadas por uno o más contaminantes químicos del agua.

Hipótesis 2: Las deformidades fueron causadas por ataques de parásitos o de otras ranas.

Hipótesis 3: Las deformidades fueron causadas por una mayor exposición a los rayos ultravioleta del Sol.

✓ Autoevaluación

¿Cuál de las siguientes afirmaciones es una hipótesis?
1. Hay ranas deformes en los Estados Unidos y Canadá.
2. Los insecticidas y fertilizantes causaron las deformidades de las ranas.
3. Las ranas absorben fácilmente los contaminantes a través de la piel.

(Consulta la página 636 para comprobar tus respuestas.)

Predicciones

Antes de que los científicos puedan comprobar una hipótesis, deben hacer predicciones. Una predicción es una afirmación de causa y efecto que se usa para comprobar una hipótesis. Generalmente se expresan como: "Si…, entonces…" Por ejemplo, se formuló la siguiente predicción para la Hipótesis 3:

> **Hipótesis 3**
> Predicción: **Si** un aumento en la exposición a la luz ultravioleta causa las deformidades, **entonces** algunos huevos de ranas expuestos a la luz ultravioleta en el laboratorio se convertirán en ranas deformes.

Se puede hacer más de una predicción para cada hipótesis. Después de hacer las predicciones, los científicos pueden diseñar experimentos para determinar si alguna de las predicciones es verdadera y corrobora la hipótesis. En las próximas páginas verás cómo se comprobó la Hipótesis 3.

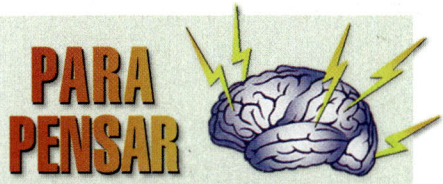

PARA PENSAR

Para cualquier conjunto de hechos hay una cantidad infinita de hipótesis que podrían explicarlos. Con respecto a este tema, el filósofo inglés William de Occam estableció un principio que se conoce como el "Principio de Occam", el cual establece que, casi siempre, la explicación más simple es la mejor.

APLICA

Vas caminando por un parque lleno de árboles con una amiga. De repente, llegan a un área pequeña donde todos los árboles están derribados en el suelo. ¿Qué sería lo que los tumbó o los hizo caer? Tu amiga piensa que fueron extraterrestres. ¿Se puede comprobar su hipótesis? Explica tu respuesta en el cuaderno de ciencias. ¿Qué otras hipótesis se te ocurren?

Comprobar la hipótesis Después de que los científicos hacen una predicción, comprueban la hipótesis. Tratan de diseñar experimentos que demuestren claramente si un factor en particular fue la causa del efecto que se observó. Un **factor** es cualquier cosa que influye en el resultado de un experimento. Los factores pueden ser cualquier cosa, desde la temperatura hasta el tipo de organismo que se estudia.

Los científicos se esfuerzan por realizar experimentos controlados. Un **experimento controlado** prueba sólo un factor a la vez. En este tipo de experimentos hay un grupo de control y uno o más grupos experimentales. Todos los factores para el grupo de control y los grupos experimentales son los mismos, excepto uno. El único factor diferente se llama **variable.** Debido a que la variable es el único factor diferente entre el grupo de control y los experimentales, los científicos pueden estar más seguros de que las variables son las causas de cualquier diferencia observada en el resultado del experimento. El diseño de un buen experimento requiere de mucha reflexión y planificación. Veamos cómo montar un experimento para comprobar la predicción de la Hipótesis 3: *Si un aumento en la exposición a la luz ultravioleta causa las deformidades, entonces algunos huevos de ranas expuestos a la luz ultravioleta en el laboratorio se convertirán en ranas deformes.*

La primera cosa que hay que identificar es la variable. En este caso, la variable es la cantidad de luz ultravioleta (UV) a la que se exponen las ranas. El único factor diferente entre el grupo de control y los experimentales es el tiempo que los huevos de rana están expuestos a la luz UV. Esto se muestra en la siguiente tabla.

Los otros factores, como el tipo de rana, la cantidad de huevos en cada acuario y la temperatura del agua, deben ser iguales tanto en el grupo de control como en los experimentales.

Diseño del experimento para comprobar el efecto de la luz UV en las ranas

Grupo	Factores			
	Tipo de rana	Número de huevos	Temperatura del agua	Variable: exposición a luz UV
#1 Control	rana leopardo	100	25°C	0 días
#2 Experimental	rana leopardo	100	25°C	15 días
#3 Experimental	rana leopardo	100	25°C	24 días

Como ves en la tabla, cada grupo del experimento contiene 100 huevos. ¿Para qué incluir tantos individuos en cada grupo? Los científicos siempre tratan de tener muchos individuos en el grupo de control y en el experimental. Mientras más organismos prueban, más seguros están de que las diferencias en el resultado de un experimento realmente se deben a las diferencias en la variable y no a las diferencias naturales entre los individuos. Repetir experimentos es otra forma en que los científicos corroboran sus conclusiones acerca de los efectos de una variable. Si un experimento produce los mismos resultados una y otra vez, los científicos pueden asegurarse del efecto que la variable produce en el resultado del experimento.

En la **Figura 8** se ilustra el experimento que se hizo para comprobar la predicción de la Hipótesis 3.

Figura 8 *Este experimento controlado se diseñó para averiguar si la luz UV provocó las deformidades de las ranas.*

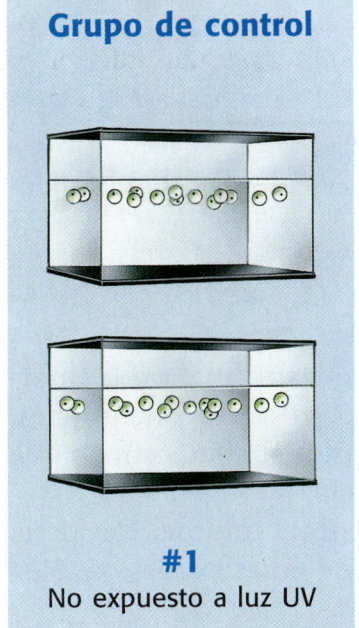
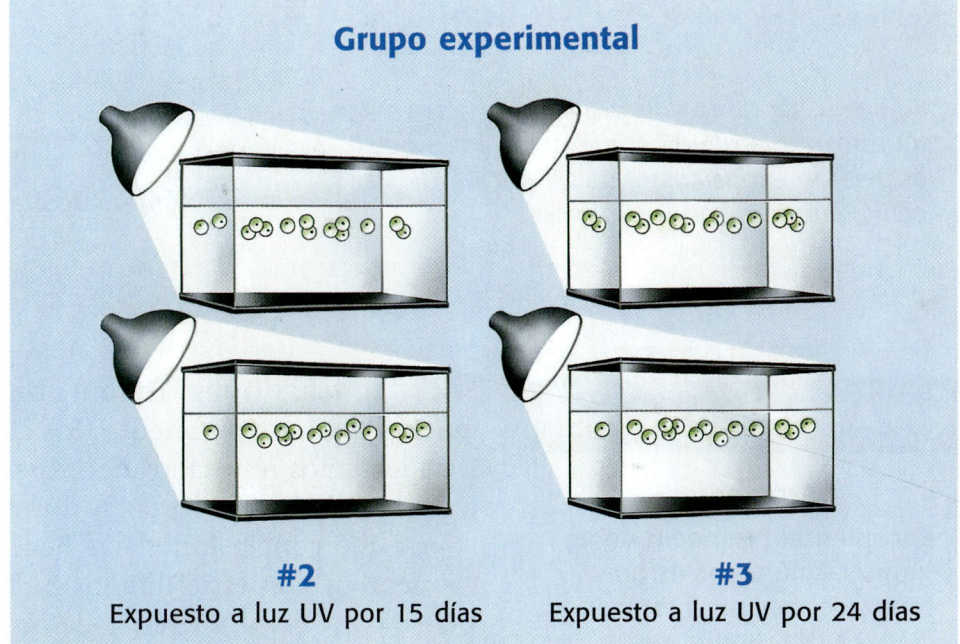

Autoevaluación

Enrique está probando los efectos de diferentes jabones antibacteriales en el desarrollo de bacterias. Utiliza varios frascos de la misma cepa de bacterias. ¿Cuál frasco es el grupo de control?

1. Al frasco A, Enrique le agrega dos gotas de Superjabón.
2. Al frasco B, le agrega dos gotas de Antiburbujas-B.
3. Al frasco C, no le agrega jabón.

(Consulta la página 636 para comprobar tu respuesta.)

El mundo de las ciencias biológicas

Analizar los resultados El trabajo de un científico no termina cuando se completa un experimento. Los científicos deben organizar la información obtenida para poder analizarla. La información se puede organizar de varias formas, por ejemplo en tablas, gráficas o diagramas. La información que se recopiló en el experimento de luz UV se muestra en la **Figura 9**.

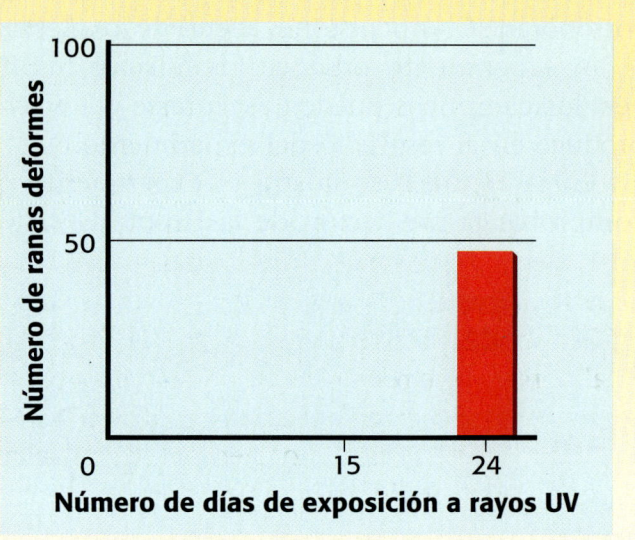

RESULTADOS DEL EXPERIMENTO

Grupo	Duración de exposición a luz UV	Número de ranas deformes
#1	0 días	0
#2	15 días	0
#3	24 días	47

Figura 9 *La tabla y la gráfica de barras muestran que algunos huevos de rana que estuvieron expuestos a luz UV por 24 días se convirtieron en ranas deformes.*

¡MATEMÁTICAS!

Promedios

Encontrar el promedio de un grupo de números es una forma de analizar información. La Dra. Brown descubrió que 3 semillas a 25°C brotaron en 8, 8 y 5 días. Para encontrar el promedio de días que las semillas tardaron en brotar, sumó 8, 8 y 5 y dividió la suma entre 3, la cantidad de sujetos (semillas) del grupo.

$$\frac{(8 + 8 + 5)}{3} = \frac{21}{3} = 7 \text{ días}$$

La Dra. Brown descubrió que 3 semillas a 30°C tardaron 6, 5 y 4 días en brotar. ¿Cuál es el promedio de días que se tardaron en brotar estas semillas?

Sacar conclusiones Después de organizar y analizar la información de un experimento, los científicos sacan conclusiones. Deciden si los resultados del experimento han demostrado que una predicción era correcta o incorrecta.

¿A qué conclusiones has llegado con la información de la **Figura 9**? ¿Demuestra que los huevos de ranas expuestos a luz UV se convierten en ranas deformes?

Los científicos que llevaron a cabo el experimento concluyeron que las pruebas corroboraron la Hipótesis 3. Efectivamente, la exposición a la luz UV en el laboratorio produjo deformidades. La información también demostró algo más: la cantidad de días que los huevos estuvieron expuestos a luz UV fue un factor importante en el desarrollo de las deformidades.

Cuando los científicos averiguan que una hipótesis no se ha corroborado con las pruebas, deben tratar de encontrar otra explicación para lo que observaron. Comprobar que una hipótesis es incorrecta es tan útil como corroborarla, porque, de cualquier manera, los científicos han aprendido algo. Y ése es el propósito del método científico en la investigación o en la búsqueda de la respuesta a una pregunta.

El experimento de la luz UV corroboró la hipótesis de que las deformidades de las ranas se deben a la exposición a la luz UV. ¿Significa esto que la luz UV definitivamente causó la deformidad de las ranas que vivían en el pantano de Minnesota? No, no es así. ¿Qué demuestra este experimento acerca de las otras dos hipótesis? ¿Comprueba que las deformidades no se debieron a parásitos u otra substancia del agua del estanque? No, no es así. Lo único que demuestra este experimento es que la luz UV puede ser la causa de las deformidades.

Las otras hipótesis no se han descartado y muchos científicos piensan que dos o más factores pueden estar involucrados. Algunos científicos incluso especulan que los diferentes tipos de deformidades podrían deberse a varios factores.

Un acertijo tan complejo como el misterio de las ranas generalmente no se resuelve con un sólo experimento. La búsqueda de una solución puede seguir por años o hasta décadas. Como ves, una investigación no siempre termina al encontrar una respuesta. A menudo, esa respuesta da origen a otra investigación.

Figura 10 *Este estudiante de ciencias está presentando los resultados de su investigación en una feria de ciencias.*

Comunicar los resultados En el mundo actual, los científicos forman parte de una comunidad global. Después de terminar sus investigaciones, hacen un informe y comunican sus resultados a otros científicos, como el estudiante de la **Figura 10**. Quizás otros científicos repitan los experimentos para ver si obtienen los mismos resultados. El informe también puede ayudarles a descubrir otras preguntas y respuestas. Es posible que otras respuestas fortalezcan las teorías científicas o demuestren que deben cambiarse. El paso desde las observaciones y preguntas a la comunicación de los resultados se muestra en la **Figura 11.**

Figura 11 *Las investigaciones científicas no siempre van de un paso al siguiente. A veces los pasos se pueden omitir y otras veces se deben repetir.*

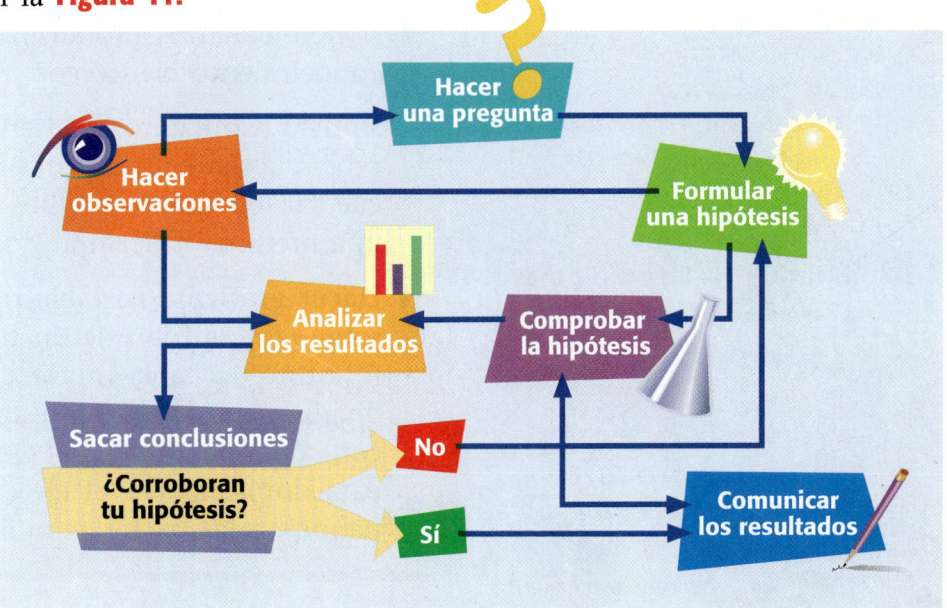

El mundo de las ciencias biológicas

El conocimiento científico cambia

Puede haber más de una predicción para una hipótesis. Cada vez que se comprueba que una predicción es verdadera, la hipótesis se fortalece. Una explicación que unifica varias hipótesis y observaciones corroboradas es una **teoría**.

A veces, cuando los científicos vuelven a examinar la información, llegan a conclusiones distintas. Otras veces, las observaciones posteriores demuestran que las conclusiones eran incorrectas, o que se necesita más investigación.

Nuevas tecnologías conducen a respuestas. La **tecnología** es el uso del conocimiento, las herramientas y los materiales para resolver problemas y realizar tareas. También les permite a los científicos obtener información que no estaba disponible antes. Por ejemplo, los científicos se han preguntado si los hombres de Neandertal son los ancestros de los seres humanos. Ni sus fósiles ni las técnicas de datación han dado suficiente información para responder la pregunta. Recientemente, se ha desarrollado la tecnología para comparar la información genética. El científico de la **Figura 12** la usa para buscar pruebas de que los hombres de Neandertal son nuestros ancestros.

Los científicos siempre formulan nuevas preguntas o se plantean preguntas antiguas desde un ángulo distinto. Al encontrar respuestas, el conocimiento científico sigue creciendo y cambiando.

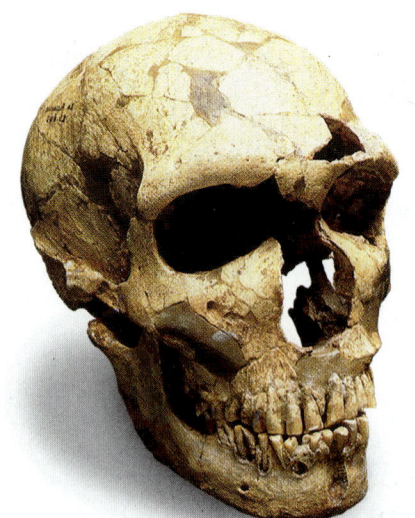

Figura 12 El Dr. Mark Stoneking usa técnicas modernas para averiguar si los hombres de Neandertal son nuestros ancestros.

REPASO

1. ¿Cuáles son los seis pasos básicos del método científico?

2. ¿Qué elementos producen el cambio y el desarrollo del conocimiento científico?

3. **Aplicar Conceptos** Diseña un experimento para comprobar la siguiente hipótesis: "La temperatura afecta la frecuencia en que los grillos cantan". Comienza haciendo una predicción del tipo: "Si…, entonces…".

4. **Hacer gráficas** La tabla de la izquierda da información sobre el desarrollo de un tipo de bacteria que vive en tu intestino. La tabla muestra cuánto tarda una bacteria en dividirse en dos. Traza esta información en una gráfica, con la temperatura en el eje de las x y el tiempo requerido para duplicarse en el eje de las y. ¿Qué temperatura les permite a las bacterias multiplicarse en menos tiempo?

Temperatura (°C)	Tiempo para duplicarse (min)
10	130
20	60
25	40
30	29
37	17
40	19
45	32
50	no hay crecimiento

Sección 3

Herramientas de las ciencias biológicas

VOCABULARIO
microscopio compuesto
microscopio electrónico
metro   área
volumen   masa
temperatura

OBJETIVOS
- Describe las herramientas que los científicos de las ciencias biológicas usan para observar.
- Explica cómo usan las computadoras estos científicos.
- Explica la importancia del Sistema Internacional de Unidades.

Los científicos de las ciencias biológicas usan herramientas que los ayudan a hacer observaciones y analizar información.

Herramientas para observar

Si miras una jarra de agua de estanque, es posible que veas suciedad y algunas criaturas nadando. Pero si examinas el agua con un microscopio o una lente de mano, de repente aparece una comunidad compleja de organismos.

Para observar en forma precisa los organismos y sus partes cuando son muy pequeños y no se pueden ver a simple vista, los científicos usan herramientas de aumento. El vidrio se ha usado para aumentar el tamaño de las imágenes por casi 3,000 años. Las herramientas de aumento que hoy en día están disponibles para un científico son, entre otras, las lentes de mano y los microscopios.

¡MATEMÁTICAS!

Aumento

Si usas un microscopio para observar un objeto que mide 0.2 mm bajo un aumento de 100×, ¿de qué tamaño se verá?

Microscopio compuesto Un tipo de microscopio que se usa comúnmente hoy en día es el microscopio compuesto, que se muestra en la **Figura 13**. El **microscopio compuesto** está formado por tres partes: un tubo con lentes, una platina y una luz. Los especímenes que se ven por un microscopio compuesto a veces están coloreados con tintes especiales para poder observarlos más claramente.

Los especímenes se ubican en la platina para que la luz los atraviese. Las lentes, que están en cada extremo del tubo, aumentan la imagen del espécimen, mostrándolo más grande de lo que es en realidad.

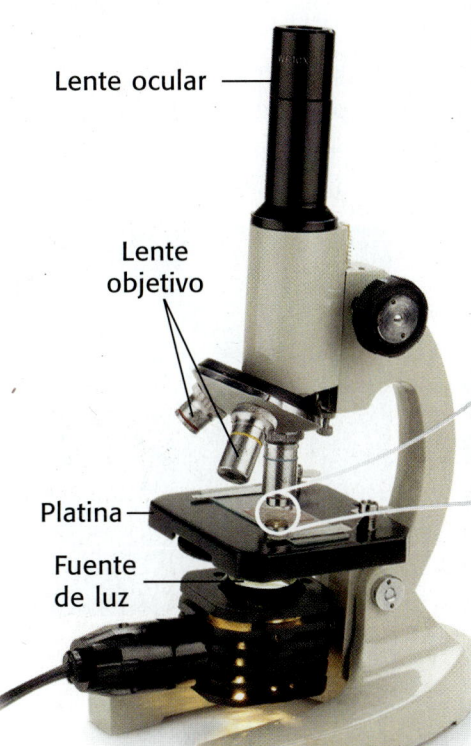

Lente ocular
Lente objetivo
Platina
Fuente de luz

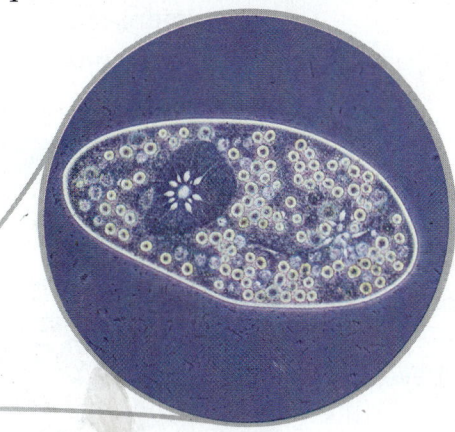

Figura 13 *Un microscopio compuesto puede producir una imagen 1,000 veces (1,000×) más grande que el espécimen real. Este paramecio se ha aumentado 200×.*

El mundo de las ciencias biológicas

Experimentos

¿Un mundo oculto a tu alrededor? Averigua de qué se trata en la página 563.

Microscopio electrónico Los **microscopios electrónicos** usan partículas diminutas de materia que se llaman electrones para producir imágenes aumentadas. El proceso que prepara los especímenes para ser observados mata a los especímenes vivos. Por eso, no se pueden examinar seres vivos con un microscopio electrónico. Hay dos tipos de microscopios electrónicos que se usan en las ciencias biológicas: el microscopio electrónico de transmisión y el microscopio electrónico de barrido.

Los microscopios electrónicos de transmisión pueden aumentar especímenes hasta 200,000 veces (200,000×) su tamaño real. El microscopio electrónico de barrido puede producir imágenes de hasta 100,000 veces su tamaño real. Las imágenes que producen los microscopios electrónicos son más nítidas y detalladas que las de los microscopios compuestos. En la **Figura 14** se muestran los tipos de microscopios electrónicos, junto con una descripción de su propósito especializado y un ejemplo de las imágenes que pueden producir.

Figura 14 *El microscopio electrónico de transmisión produce una imagen muy aumentada. El microscopio electrónico de barrido proporciona una vista clara de las características de la superficie.*

Microscopio electrónico de transmisión

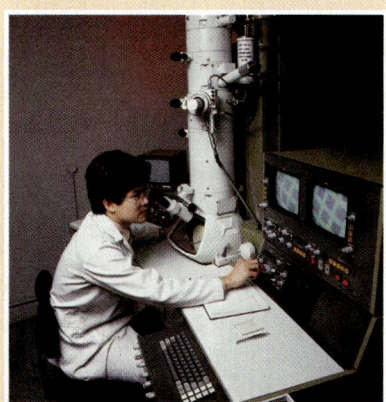

- Los electrones atraviesan el espécimen.
- Se produce una imagen plana.

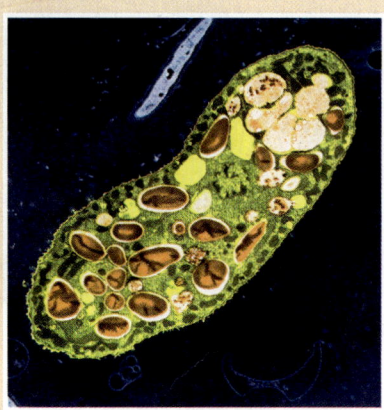

Paramecio (15,000×)

Microscopio electrónico de barrido

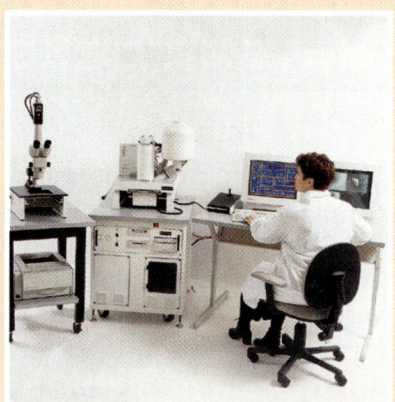

- Los electrones rebotan en la superficie del espécimen.
- Se produce una imagen tridimensional.

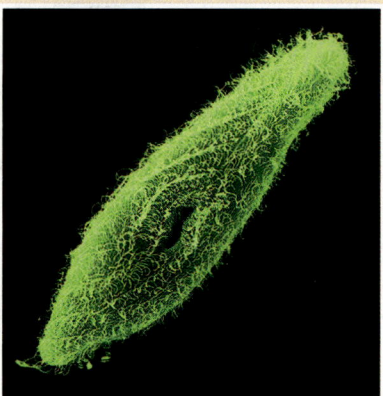

Paramecio (1500×)

Laboratorio

Compruébalo

Observa una de tus uñas. En el cuaderno de ciencias dibuja y describe lo que ves. Después, mira la uña con una lupa. ¿Cómo cambia lo que ves al observarlo a través de una lente de mano? Dibuja y describe cómo se ve la uña cuando su imagen aumenta de tamaño.

Observar estructuras internas Los científicos de las ciencias biológicas usan herramientas para ver las estructuras internas de los organismos. Estas herramientas les ayudan a ver el interior de los organismos y a entender la composición química de los materiales.

Los rayos X proporcionan imágenes de las estructuras internas del cuerpo como lo ilustra la **Figura 15.** También se han usado para ayudarles a los científicos a aprender acerca de la estructura de las proteínas.

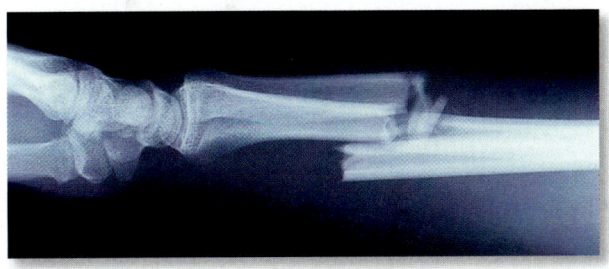

Figura 15 *Esta imagen de rayos X muestra un antebrazo quebrado.*

Las imágenes de tomografía computarizada y de resonancia magnética proporcionan imágenes más detalladas de los tejidos internos que los rayos X. En una imagen de tomografía computarizada como la de la **Figura 16,** los rayos X atraviesan el cuerpo en diferentes ángulos. Generalmente se inyecta un medio de contraste para destacar los tejidos. Las imágenes de resonancia magnética usan ráfagas pequeñas de un campo magnético y producen imágenes como la de la **Figura 17.** Con las imágenes de una tomografía computarizada o de una resonancia magnética se transfiere información a una computadora, la cual crea una imagen que un experto puede interpretar. Ambas sirven para estudiar el cerebro y el tejido espinal.

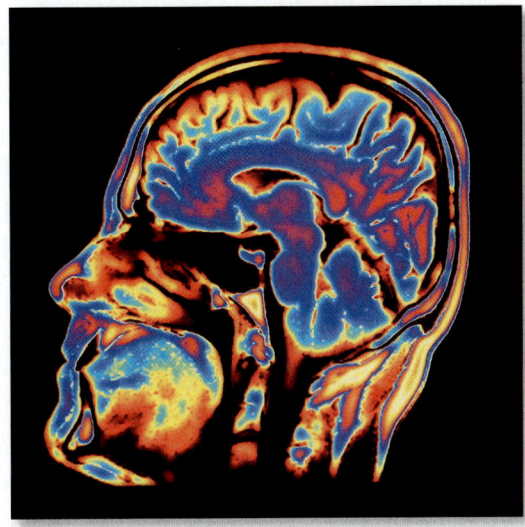

Figura 16 *Los tejidos internos del cerebro se muestran en esta imagen de tomografía computarizada.*

Computadoras

Desde que se construyó la primera computadora electrónica en 1946, los adelantos tecnológicos han producido computadoras más poderosas, las cuales pueden reunir, almacenar, organizar y analizar grandes cantidades de información. Hoy en día realizan miles de millones de cálculos en el mismo tiempo que las computadoras antiguas realizaban sólo miles. Con la ayuda de las computadoras, los científicos resuelven problemas que antes no podían resolver.

Las computadoras se pueden usar para crear gráficas y resolver problemas matemáticos complejos. Los científicos también usan computadoras para decidir si las diferencias en la información experimental son importantes. Además, las computadoras les facilitan la tarea de compartir información e ideas y preparar informes y artículos sobre su investigación.

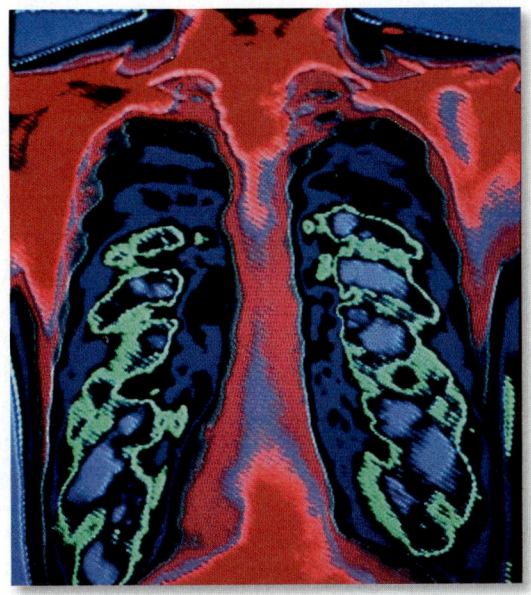

Figura 17 *Esta imagen, que muestra la circulación sanguínea por los pulmones, se obtuvo por imágenes de resonancia magnética.*

El mundo de las ciencias biológicas

Sistemas de medición

Hacer mediciones precisas y confiables es una herramienta importante de las ciencias. Hace cientos de años, cada país usaba un sistema de medición distinto. Cada sistema usaba diferentes patrones para comparar las propiedades de las cosas. Por ejemplo, en Inglaterra, el patrón para una pulgada era tres granos de cebada puestos uno al lado del otro. Incluso las medidas estandarizadas del sistema inglés moderno que se usan en los Estados Unidos, en algún momento se basaron en partes del cuerpo, como se muestra en la **Figura 18**. Estas medidas no eran muy confiables porque se basaban en objetos cuyo tamaño variaba.

A fines del siglo XVIII, la Academia Francesa de las Ciencias comenzó a desarrollar un sistema global de medidas, que ahora se llama Sistema Internacional de Unidades, o SI. Hoy en día, todos los científicos y casi todos los países usan este sistema. Las medidas del SI permiten compartir y comparar observaciones y resultados.

La siguiente tabla contiene las unidades del SI de uso común de longitud, volumen, masa y temperatura. Se usan prefijos junto a las unidades SI para convertirlas en unidades más grandes o más pequeñas. Por ejemplo, *kilo* indica 1,000 veces y *mili* indica 1/1,000 veces. El prefijo que se usa depende del tamaño del objeto que se va a medir. Todas las unidades se basan en el número 10, que facilita la conversión de una unidad a otra.

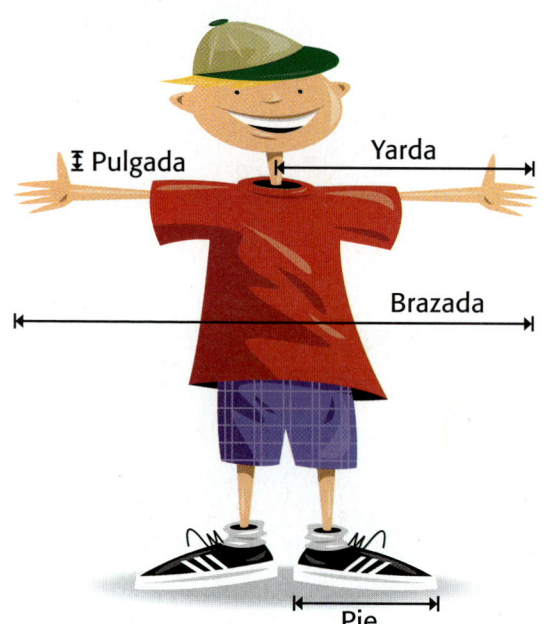

Figura 18 *El sistema inglés moderno se usa mucho en los Estados Unidos. Las unidades, que ahora están estandarizadas, se basaban originalmente en las partes del cuerpo humano.*

Unidades comunes del SI		
Longitud	**metro (m)**	
	kilómetro (km)	1 km = 1,000 m
	decímetro (dm)	1 dm = 0.1 m
	centímetro (cm)	1 cm = 0.01 m
	milímetro (mm)	1 mm = 0.001 m
	micrómetro (μm)	1 μm = 0.000001 m
	nanómetro (nm)	1 nm = 0.000000001 m
Volumen	**metro cúbico (m³)**	
	centímetro cúbico (cm³)	1 cm³ = 0.000001 m³
	litro (L)	1 L = 1 dm³ = 0.001 m³
	mililitro (mL)	1 mL = 0.001 L = 1 cm³
Masa	**kilogramo (kg)**	
	gramo (g)	1 g = 0.001 kg
	miligramo (mg)	1 mg = 0.000001 kg
Temperatura	**kelvin (K)**	
	Celsius (°C)	0°C = 273 K
		100°C = 373 K

Tamaños ¿Cuánto mide una lagartija? Para describir cuánto mide una lagartija pequeña, un científico probablemente usaría los centímetros (cm). La unidad básica de longitud del SI es el **metro** (m). Se agregan prefijos del SI a la unidad básica para expresar números muy grandes o muy pequeños. Por ejemplo, 1 kilómetro (km) es igual a 1,000 metros (m). Un metro es igual a 100 centímetros o 1,000 milímetros. Entonces, si divides 1 m en 1,000 partes, cada parte es igual a 1 mm. Esto significa que 1 mm es la milésima parte de un metro. Aunque suena muy pequeño, algunos organismos y estructuras son tan pequeños que se deben usar incluso unidades más pequeñas. Para describir la longitud de objetos microscópicos se usan los micrómetros (µm) o los nanómetros (nm). En la **Figura 20,** la escala compara los tamaños de diferentes organismos.

Figura 19 Este científico está midiendo la longitud de una lagartija con una regla métrica.

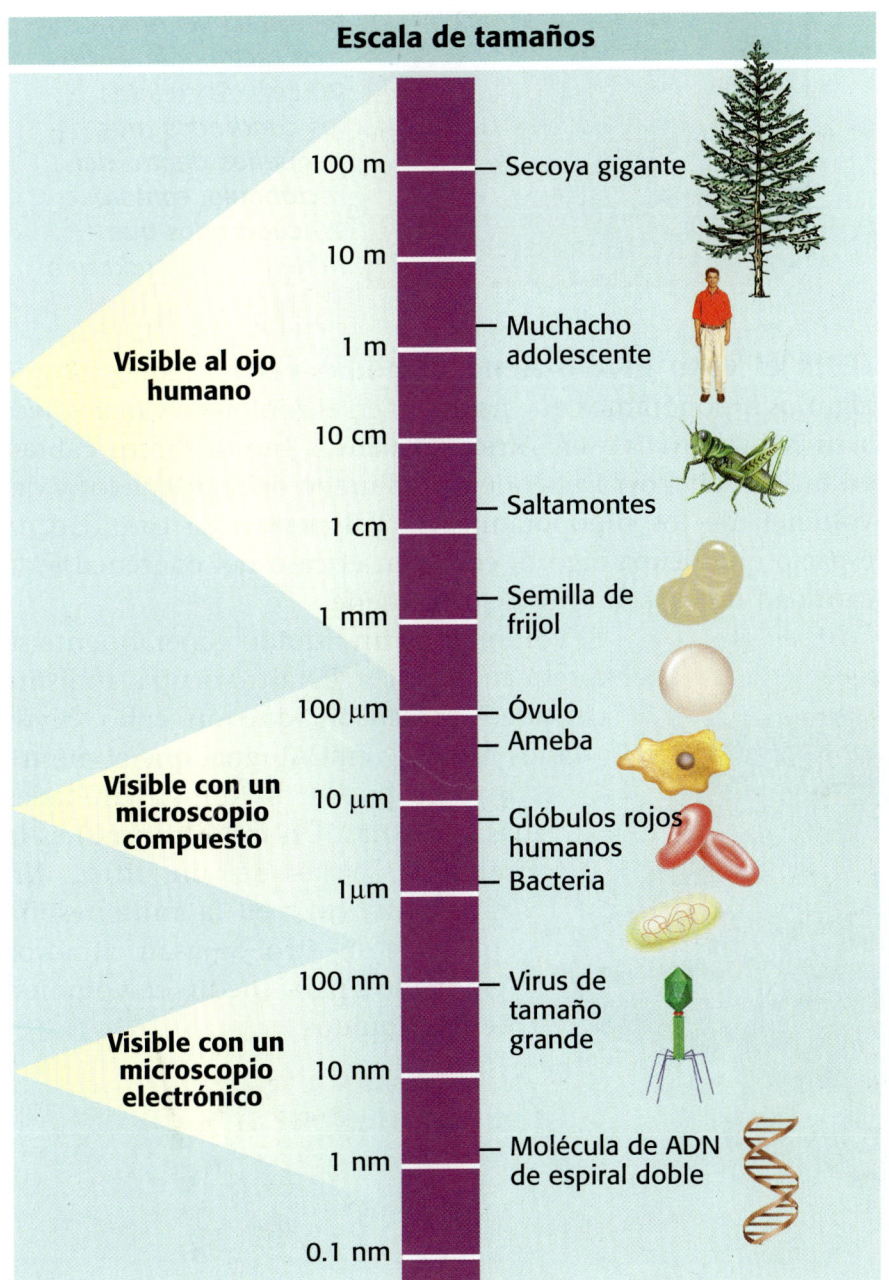

Figura 20 Esta escala compara organismos que se pueden ver a simple vista con organismos y estructuras microscópicas.

Explora

Mide el ancho de tu escritorio, pero no uses una regla ni una cinta métrica. Elige un objeto que usarás como medida, como un lápiz, tu mano o cualquier otra cosa. Averigua cuántas unidades mide el ancho de tu escritorio y compara tu medición con las de tus compañeros. En tu cuaderno de ciencias explica por qué es importante usar medidas estándar.

El mundo de las ciencias biológicas

¡MATEMÁTICAS!

Averiguar el área

Puedes usar la ecuación a la derecha para averiguar el área de cualquier superficie rectangular.

1. ¿Cuál es el área de un cuadrado con lados de 5 m?
2. ¿Cuál es el área de la parte superior de tu escritorio?
3. Un rectángulo tiene un área de 36 cm² y una longitud de 9 cm. ¿Cuál es su ancho?

Área ¿Qué cantidad de alfombra se necesitaría para cubrir el piso de tu salón de clases? Para responder esta pregunta es necesario averiguar el área del piso. El **área** es la medida de la superficie de un objeto.

Algunas cantidades, como el área, no se pueden expresar con una medida sino con dos o más medidas. Para calcular el área, mide el ancho y la longitud, y aplica esta ecuación:

$$\text{Área} = \text{longitud} \times \text{ancho}$$

Las unidades de área se llaman unidades cuadradas, como m², cm² y km². La **Figura 21** te ayudará a entender las unidades cuadradas.

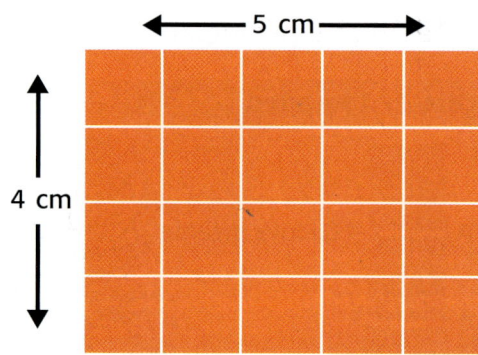

Figura 21 El área de este rectángulo es de 20 cm². Si cuentas los cuadrados más pequeños dentro del rectángulo, contarás 20 cuadrados que miden 1 cm² cada uno.

¿Está el vaso medio lleno o medio vacío? Imagina que algunos hipopótamos que nacieron en el zoológico van a volver a su hábitat nativo en África. ¿Cuántos hipopótamos cabrán en un contenedor? Depende del volumen del contenedor y del volumen de los hipopótamos. El **volumen** es la cantidad de espacio que ocupa algo o, como en el caso del contenedor, la cantidad de espacio que algo contiene.

El volumen de un líquido generalmente se expresa en litros (L). Un litro ocupa la misma cantidad de espacio que un cubo cuyos lados miden 1 cm. Al igual que el metro, el litro se puede dividir en unidades más pequeñas. Un mililitro (mL) es la milésima parte de un litro. Un microlitro (μL) es la millonésima parte de un litro. Se usan cilindros graduados para medir el volumen de los líquidos.

El volumen de un objeto sólido, como un contenedor, se expresa en metros cúbicos (m³). Los objetos más pequeños se pueden medir en centímetros cúbicos (cm³) o milímetros cúbicos (mm³). Un cm³ es igual a un mL. Para calcular el volumen de un cubo (o cualquier otra forma rectangular), multiplica la longitud por el ancho y por la altura. En la **Figura 22,** puedes tratar de calcular el volumen de un acuario.

Algunas cosas como los hipopótamos o las rocas tienen forma irregular. Si sólo multiplicaras su longitud, ancho y altura, no obtendrías una medida muy precisa de su volumen. Una forma de averiguar el volumen de un objeto de forma irregular es medir cuánto líquido desplaza.

La estudiante de la **Figura 23** está midiendo el volumen de una roca poniéndola en un cilindro graduado que contiene una cantidad de agua específica. La roca desplaza un poco de agua, lo que provoca que el nivel de agua suba. La estudiante puede averiguar el volumen de la roca restando el volumen del agua sola al volumen del agua con la roca. Luego, el volumen del agua en mililitros que desplazó la roca se debe convertir a cm³.

Figura 22 Para encontrar el volumen de este acuario, multiplica su longitud por su ancho y por su altura. ¿Qué volumen tiene?

Figura 23 Este cilindro graduado contiene 70 mL de agua. Después de agregar la roca, el nivel de agua subió a 80 mL. Debido a que la roca desplazó 10 mL de agua y debido a que 1 mL = 1 cm³, sabemos que el volumen de la roca es de 10 cm³.

El mundo de las ciencias biológicas

Un compromiso masivo La **masa** es la cantidad de materia de que está hecho un objeto. El kilogramo (kg) es la unidad básica de masa. La masa de un objeto muy grande, como un hipopótamo, se expresa en kilogramos (kg) o en toneladas métricas. Un kilogramo es igual a 1,000 g; por lo tanto, un gramo es la milésima parte de un kilogramo. Una tonelada métrica es igual a 1,000 kg. Se usan gramos para expresar la masa de objetos pequeños. Una manzana de tamaño mediano tiene una masa de unos 100 g. Como se muestra en la **Figura 24,** la masa se puede medir con una balanza.

Figura 24 *La masa de la manzana es igual a la masa de las pesas.*

Figura 25 *El agua se congela a 0°C y hierve a 100°C. La temperatura normal de tu cuerpo es de 37°C, que es igual a 98.6°F.*

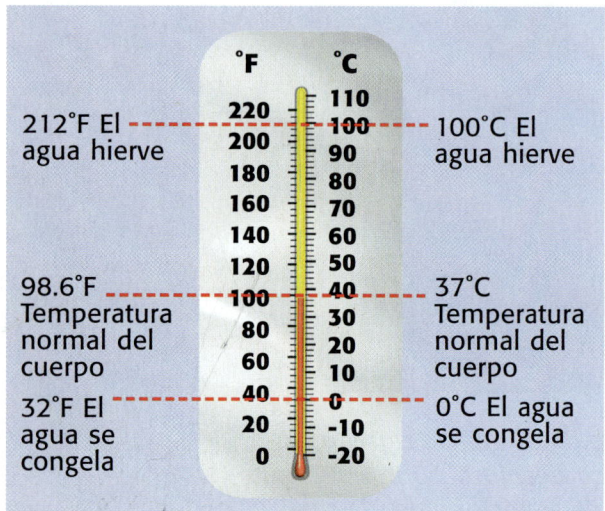

¿Está caliente? ¿Qué temperatura se necesita para eliminar las bacterias? Para responder esto, un científico mediría la temperatura a la que las bacterias mueren. La **temperatura** mide qué tan caliente (o frío) está algo. Aunque no te des cuenta, las moléculas que conforman la materia se mueven continuamente. Cuando se transfiere energía a estas moléculas, se mueven todavía más, lo cual hace que la temperatura aumente. De acuerdo con esto, la temperatura también se puede definir como una medida del promedio de energía que tienen las moléculas de una substancia.

Probablemente estás acostumbrado a describir la temperatura en grados Fahrenheit (°F). Los científicos por lo general usan grados celsius (°C), a pesar de que los grados kelvin son las unidades oficiales de temperatura del SI. Usaremos °C en este libro. El termómetro de la **Figura 25** muestra la relación entre °F y °C.

¡La seguridad manda!

Las ciencias biológicas son emocionantes, pero también pueden ser peligrosas. Así que, ¡no te arriesgues! Siempre sigue las instrucciones de tu maestro o maestra y no intentes saltarte pasos, ni siquiera cuando creas que no hay peligro.

Antes de comenzar un experimento, pídele permiso a tu maestro y lee los procedimientos de laboratorio atentamente. Presta atención a la información de seguridad y a los avisos de precaución. La siguiente tabla muestra los símbolos de seguridad que se utilizan en este libro. Apréndete estos símbolos y su significado. Lee la información de seguridad que comienza en la página 556. **¡Esto es muy importante!** Pregúntale a tu maestro o maestra si no estás seguro de lo que significa un símbolo.

Experimentos

Para no correr ningún riesgo, lee la información de seguridad que aparece en la página 556. **¡Debes hacer esto antes de realizar un experimento!**

SÍMBOLOS DE SEGURIDAD

- Protección de los ojos
- Protección de la ropa
- Protección de las manos
- Cuidado con el calor
- Cuidado con la electricidad
- Cuidado con los objetos punzantes
- Cuidado con las substancias químicas
- Seguridad de los animales
- Seguridad de las plantas

REPASO

1. ¿Cómo se relaciona la temperatura con la energía?
2. Si midieras la masa de una mosca, ¿qué unidad métrica sería más apropiada?
3. Menciona dos ventajas de usar el Sistema Internacional de Unidades.
4. **Comprender la tecnología** ¿Qué herramienta se usó para producir la imagen de la derecha? ¿Cómo lo sabes?

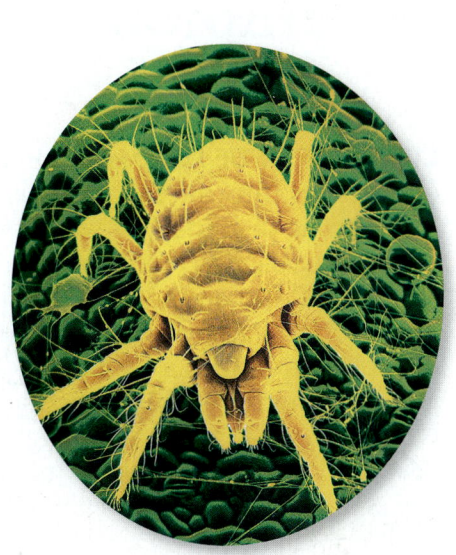

El mundo de las ciencias biológicas

Resumen del capítulo

SECCIÓN 1

Vocabulario
ciencias biológicas *(pág. 6)*

Notas de la sección
- Las ciencias biológicas son el estudio de los seres vivos. La observación de los organismos generalmente conduce a preguntas. Las preguntas estimulan el estudio de las ciencias biológicas.

- Todos podemos llegar a ser científicos de las ciencias biológicas. Estos científicos trabajan en muchos lugares diferentes e investigan una gran variedad de preguntas y problemas.

- Los científicos de las ciencias biológicas ayudan a prevenir y curar enfermedades y también a resolver problemas ambientales.

SECCIÓN 2

Vocabulario
método científico *(pág. 10)*
hipótesis *(pág. 12)*
factor *(pág. 14)*
experimento controlado *(pág. 14)*
variable *(pág. 14)*
teoría *(pág. 18)*
tecnología *(pág. 18)*

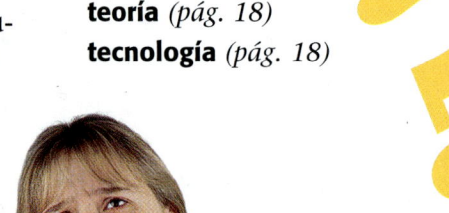

Notas de la sección
- El método científico es una serie de pasos que los científicos usan para responder una pregunta o resolver un problema.

- Los pasos del método científico no siempre se siguen en el mismo orden; a veces se omiten o se repiten.

- Los científicos realizan experimentos controlados para investigar los efectos de un factor a la vez.

- Los científicos deben observar cuidadosamente, registrar información en forma precisa y ser creativos en la búsqueda de respuestas y el diseño de experimentos.

- Una hipótesis es una explicación posible y comprobable de lo que se ha observado.

✓ Comprobar destrezas

Conceptos de matemáticas

CONVERSIÓN DE UNIDADES Imagina que escribes un informe sobre el *Empire State Building,* de la ciudad de Nueva York. Un libro de la biblioteca dice que la altura del edificio es de 381,000,000 micrómetros. Este es un número muy grande, así que probablemente querrás convertirlo a un número más manejable, en metros en lugar de micrómetros. Como ves en la tabla de la página 22, 1 µm = 0.000001 m. Para convertir micrómetros a metros, debes multiplicar por 0.000001.

$$381{,}000{,}000 \times 0.000001 = 381 \text{ m}$$

Comprensión visual

¿DE QUÉ TAMAÑO ES? Para repasar los tamaños de las cosas en función de lo que se observa con diferentes tipos de microscopios, pasa a las páginas 19 y 20. La escala de tamaños de la página 23 también te ayudará a visualizar los tamaños descritos con el sistema métrico.

¡SEGURIDAD ANTE TODO! Asegúrate de conocer y comprender los diferentes símbolos de seguridad de la página 27.

SECCIÓN 2

- Una teoría es una explicación que unifica un amplio rango de hipótesis y observaciones que han sido corroboradas por pruebas.

- El conocimiento científico cambia y crece constantemente con las preguntas que los científicos se hacen, las diferentes respuestas que obtienen y el uso de tecnologías que les permiten reunir información de formas novedosas.

Experimentos
¿Tiene sentido? *(pág. 560)*
Hacer gráficas *(pág. 562)*

SECCIÓN 3

Vocabulario
microscopio compuesto *(pág. 19)*
microscopio electrónico *(pág. 20)*
metro *(pág. 23)*
área *(pág. 24)*
volumen *(pág. 24)*
masa *(pág. 26)*
temperatura *(pág. 26)*

Notas de la sección

- Generalmente, los científicos usan microscopios compuestos y electrónicos para observar organismos o partes de organismos que no se pueden ver a simple vista debido a su tamaño.

- Los rayos X, las tomografías computarizadas y las imágenes de resonancia magnética se utilizan para ver las estructuras internas de los organismos.

- La información se recopila, almacena, organiza, analiza y comparte por medio de computadoras.

- El Sistema Internacional de Unidades (SI), es un sistema simple y confiable de medición que todos los científicos utilizan.

Experimentos
Una ventana a un mundo oculto *(pág. 563)*

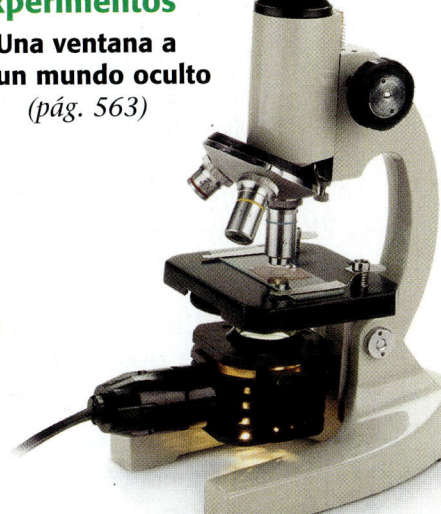

 VISITA: go.hrw.com

 **VISITA:** www.scilinks.org

Visita el sitio web de HRW para encontrar una serie de herramientas de aprendizaje relacionadas con este capítulo. Sólo tienes que escribir la palabra clave:

PALABRA CLAVE: HSTLIV

Visita el sitio web de la **Asociación Nacional de Maestros de Ciencias** *(National Science Teachers Association)* para encontrar recursos de Internet relacionados con este capítulo. Sólo escribe el **ENLACE DE CIENCIAS** para obtener más información sobre el tema:

TEMA: Ranas deformes	**ENLACE:** HSTL005
TEMA: Profesiones de las ciencias biológicas	**ENLACE:** HSTL010
TEMA: Herra mientas de las ciencias biológicas	**ENLACE:** HSTL015
TEMA: Unidades del SI	**ENLACE:** HSTL020

El mundo de las ciencias biológicas

Repaso del capítulo

UTILIZAR EL VOCABULARIO

Escoge el término correcto para completar las siguientes oraciones:

1. El conjunto de destrezas o pasos que los científicos siguen para responder preguntas es el ____.
   (experimento controlado o método científico)

2. Después de identificar un problema o hacer una pregunta, los científicos formulan una o más ____, que son posibles explicaciones de lo que se ha observado.
   (predicciones o hipótesis)

3. En un experimento controlado, la ____ es el factor diferente entre el ____ y el grupo experimental. (predicción, grupo variable o variable, grupo de control)

4. El ____ es la medida de la superficie de un objeto. (área o volumen)

5. Los científicos usan ____ para medir la masa de un objeto. (metros o gramos)

COMPRENDER CONCEPTOS

Opción múltiple

6. ¿Cuál de las siguientes *no* sería un área de estudio de las ciencias biológicas?
   a. investigar cómo interactúan los leones y las hienas
   b. medir la velocidad a la cual se divide una bacteria
   c. comparar la reproducción de plantas árticas con la de las plantas del desierto
   d. investigar cómo se forman los volcanes

7. Los pasos del método científico
   a. se deben usar en todas las investigaciones científicas.
   b. siempre se deben usar en el mismo orden.
   c. no siempre se usan en orden.
   d. comienzan con el desarrollo de una teoría.

8. En un experimento controlado
   a. se compara un grupo de control con uno o más grupos experimentales.
   b. hay por lo menos dos variables.
   c. todos los factores deben ser diferentes.
   d. no se necesita una variable.

9. Si una científica descubre que una hipótesis es errónea, generalmente ella
   a. tratará de encontrar otra explicación de lo que ha observado.
   b. dejará de estudiar ciencias.
   c. sentirá que no aprendió nada valioso.
   d. agregará una variable adicional a su experimento.

10. ¿Qué herramienta usaría un científico para obtener una imagen tridimensional de un organismo microscópico?
    a. una tomografía computarizada
    b. rayos X
    c. un microscopio electrónico de barrido
    d. una lente manual

11. El Sistema Internacional de Unidades
    a. se basa en un conjunto estandarizado de medidas.
    b. contiene unidades que se basan en el número 10.
    c. sólo sirve para medir longitudes.
    d. es un mecanismo para medir el volumen.

Respuesta breve

12. ¿Por qué las hipótesis tienen que ser comprobables?

13. ¿Qué es una predicción?

14. ¿Qué unidades del SI se pueden usar para medir el volumen? ¿Y la masa?

Organizar conceptos

15. Usa los siguientes términos para crear un mapa de ideas: observaciones, predicciones, preguntas, experimentos controlados, variable, hipótesis.

RAZONAMIENTO CRÍTICO Y RESOLUCIÓN DE PROBLEMAS

Escribe una o dos oraciones para responder a las siguientes preguntas:

16. En un experimento controlado, ¿por qué debe haber varios individuos en el grupo de control y en cada uno de los grupos experimentales?

17. Un científico que estudia ratones observa que el día que les da vitaminas con la comida, los ratones se mueven mejor en los laberintos. ¿Qué hipótesis formularías para explicar este fenómeno?

18. El volumen de un huevo con agua en un vaso graduado es de 200 mL. Después de retirar el huevo, el volumen del agua es de 125 mL. ¿Qué volumen tiene el huevo en cm^3?

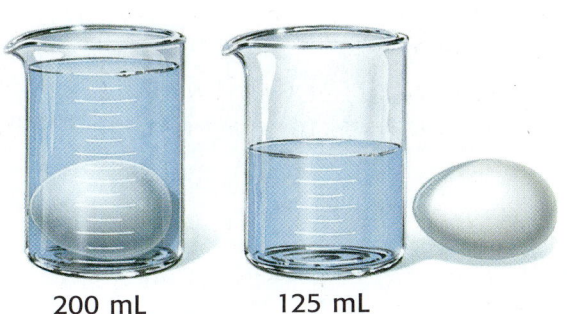

200 mL   125 mL

LAS MATEMÁTICAS EN LAS CIENCIAS

19. Si aumentas 1,000× la imagen de un organismo que mide 5 μm de largo, ¿qué longitud parecería tener el organismo en milímetros (mm)?

INTERPRETAR GRÁFICAS

Examina la siguiente ilustración de un experimento montado para comprobar esta predicción: *Si las abejas se sienten más atraídas a las flores amarillas que a las rojas,* **entonces** *las abejas visitarán las flores amarillas más a menudo que las flores rojas.*

11 visitas   3 visitas   11 visitas

2 visitas   9 visitas   4 visitas

20. ¿Cuántas visitas recibieron las flores amarillas en total? ¿Cuántas visitas recibieron las flores rojas en total?

21. ¿Cuál es el número promedio de visitas para las flores amarillas? ¿Cuál es el número promedio de visitas para las flores rojas?

22. ¿Por qué crees que este montaje sería una prueba no confiable de la predicción?

AHORA, ¿qué piensas?

Revisa tus respuestas a las preguntas de la página 5 que escribiste en el cuaderno de ciencias. ¿Han cambiado tus respuestas? Si es necesario, corrige tus respuestas basándote en lo que has aprendido en este capítulo.

PROFESIONES

ZOÓLOGO

Eric Pianka se interesó en los lagartos por primera vez cuando tenía 6 años. "Durante un viaje por el campo con mi familia, vi un gran lagarto verde en un parque que quedaba por el camino", explica Pianka. "Traté de atraparlo, pero lo único que pude agarrar fue la cola. En ese momento, supe que tenía que averiguar todo lo posible sobre su estilo de vida". Pianka es ahora un profesor de zoología mundialmente famoso de la Universidad de Texas, en Austin.

Una de las cosas que a Eric Pianka le gusta más de su trabajo es estar en un terreno virgen y ver cosas que pocas personas han visto. "¡He visitado muchísimos lugares! He pasado mucho tiempo investigando los desiertos del oeste de los Estados Unidos y también he estado en los desiertos del sur de África, India y Chile. Lo que más me interesa en la actualidad (y desde hace mucho tiempo) son los desiertos de Australia. No he tenido la oportunidad de investigar la zona amazónica del Brasil pero, ¡es mi meta para el futuro!"

La ecología de los lagartos del desierto

En sus investigaciones como zoólogo, Pianka se ha concentrado en la ecología de los lagartos del desierto. Va al desierto, reúne lagartos, los examina y los clasifica. Después, recopila información y la interpreta en libros o informes. Pianka nos dice: "Trato de responder preguntas como: ¿Por qué hay más lagartos en un lugar que en otro? ¿Cómo reaccionan entre ellos o con otras especies? ¿Cómo se han adaptado a su entorno?"

Recientemente, Pianka realizó un estudio sobre los efectos de los incendios forestales en la ecología y las diversas especies de lagartos. Espera que este trabajo muestre cómo las especies de lagartos se adaptaron a los grandes incendios que hace tiempo ocurrían regularmente en las áreas desérticas y que hoy en día son controlados por los seres humanos.

Aprender sobre la fauna silvestre

Pianka cree que con su investigación sobre los lagartos y otros animales puede ayudar a proteger el medio ambiente. "Todos me preguntan: '¿Por qué estudias lagartos?' Y yo les pregunto a ellos: '¿Por qué no?' El sentimiento general es que todo en la Tierra tiene que estar a disposición de los seres humanos. Observar cómo han vivido, muerto y evolucionado otras especies a través de millones de años nos permite entender mejor el mundo en que vivimos".

▶ *El* Crotaphytus collaris *vive en las regiones rocosas del sudoeste de los Estados Unidos.*

Zoólogo por un día

▶ Selecciona un animal común que viva en tu área y que se pueda observar fácilmente. Durante un par de horas, observa lo que come, lo que hace y a dónde va. Registra cuidadosamente todo lo que observes. ¿Descubriste algo que no sabías? Presenta tus descubrimientos a la clase.

Ciencia Ficción

"El pollo nostálgico"

de Edward D. Hoch

¿*Por qué el pollo cruzó el camino? Seguro sabes la respuesta a este acertijo, ¿cierto?* O quizá crees que la sabes. Pero "El pollo nostálgico", de Edward D. Hoch puede sorprenderte. Es posible que ese viejo pollo no sea exactamente lo que parece...

Verás, uno de los pollos de las Granjas de Investigación Tangaway se ha escapado, no sólo del gallinero, sino de la granja. Hizo un orificio en una cerca de alta seguridad y, después, cruzó una carretera de ocho vías para fugarse. Pero después de todo ese esfuerzo, ¡simplemente se detuvo! Se le encontró en un lote vacío al otro lado de la carretera de Tangaway, picoteando tranquilamente.

Se le pidió a Barnabus Rex, un especialista en resolver acertijos científicos, que trabajara en el misterio. Él está intrigado por la huída del pollo. ¿Por qué se habrá tomado el trabajo de hacer un orificio en la cerca de seguridad, arriesgar su vida en la autopista y después detenerse al llegar al otro lado?

La historia nos da algunas pistas. Al leerla, quizás puedas ver lo que ve el Sr. Rex. Si sabes algo sobre los pollos, podrías resolver el acertijo. Escápate a la *Antología Holt de Ciencia Ficción* y lee "El pollo nostálgico".

CAPÍTULO 2
¡Está vivo! ¿O no...?

Imagínate...

La cueva Movile, en Rumania, es uno de los lugares más aterradores y apestosos de la Tierra. Durante más de 5 millones de años, la cueva y sus habitantes han estado aislados del mundo exterior. Ahí viven algunos de los organismos más espeluznantes conocidos por el mundo científico. Escorpiones acuáticos venenosos rondan en pozos oscuros y respiran a través de tubos que les salen del estómago. Centípedos depredadores con antenas gigantes acechan a los insectos más pequeños y les inyectan una toxina paralizadora. Arañas feroces se mueven como relámpagos persiguiendo ciempiés, cochinillas ¡y hasta a sus propias crías!

Todos los seres vivos necesitan energía para realizar sus actividades. La mayoría la obtienen directa o indirectamente del Sol. Pero, ¿qué sucede con los habitantes de la cueva Movile, que jamás reciben la luz del Sol? En la cueva Movile, la energía proviene de organismos que no podemos ver. Estos microorganismos no se alimentan de otros insectos, sino de sulfuro de hidrógeno. Este compuesto químico abunda en la cueva y deja un horrible olor a huevos podridos en el aire. La energía que los microorganismos obtienen del sulfuro de hidrógeno les sirve de combustible para llevar a cabo sus procesos vitales.

Cuando los microorganismos son comidos por otros organismos, su energía se transfiere.

El uso de la energía es sólo una de las características de la vida. Sigue leyendo para averiguar qué tienen en común todos los organismos.

¿Tú qué piensas?

Usa tus conocimientos para responder a las siguientes preguntas en tu cuaderno de ciencias:

1. ¿Qué características comparten todos los seres vivos?
2. ¿Qué necesitan los organismos para vivir?

¡Enciendan las luces!

Reaccionar ante un cambio es una característica de todos los seres vivos. En esta actividad, trabajarás con un compañero para averiguar cómo responden los ojos a los cambios de luz.

Procedimiento

1. Observa los ojos de tu compañero o compañera en un salón con luz normal. Ubica la pupila, el área negra de la parte coloreada del ojo. La luz entra en el ojo a través de la pupila. Observa su tamaño.

2. Haz que tu compañero mantenga los ojos abiertos y que se los tape con la mano de modo que no les llegue la luz. Espera más o menos 1 minuto.

3. Dile a tu compañero o compañera que retire las manos rápidamente. Observa sus pupilas inmediatamente. Registra en tu cuaderno de ciencias lo que les pase.

4. Ahora, enciende una **linterna** y dirígela brevemente a los ojos de tu compañero o compañera. Registra en tu cuaderno de ciencias los efectos que esto tiene sobre sus pupilas. **Cuidado:** No utilices el Sol como fuente de luz.

5. Cambia de lugar con tu compañero o compañera y repite todo el procedimiento de modo que él o ella pueda observar cómo respondieron tus ojos a los cambios de luz.

Análisis

6. ¿Cómo respondieron los ojos de tu compañero o compañera a los cambios de luz?

7. ¿Cómo afectó tu visión el cambio en el tamaño de tus pupilas? ¿Qué puedes deducir respecto a por qué cambia el tamaño de la pupila?

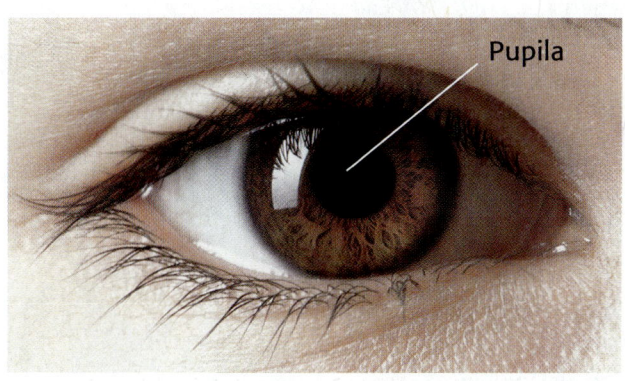

Pupila

Sección 1

Características de los seres vivos

VOCABULARIO
- célula
- estímulo
- homeostasis
- reproducción asexual
- reproducción sexual
- ADN
- herencia
- metabolismo

OBJETIVOS
- Enumera las características de los seres vivos.
- Distingue entre la reproducción asexual y la reproducción sexual.
- Define y describe la homeostasis.

Un día, notas algo raro en el pasto del patio. Es una cosa viscosa, de color amarillo y del tamaño de una moneda de diez centavos. ¿Será parte de una planta que se cayó de un árbol? ¿Estará vivo?

Aunque existe una cantidad impresionante de seres vivos en nuestro planeta, todos tienen ciertas cosas en común. ¿En qué se parecen un perro y un árbol? ¿En qué se parecen un pez y un hongo? Y, ¿en qué te pareces *tú* a una criatura viscosa (también conocida como moho viscoso)? Sigue leyendo para conocer las seis características que todos los organismos comparten.

Moho viscoso

1 Todos los seres vivos tienen células

Todos los seres vivos están compuestos de una o más células. Una **célula** es una estructura cubierta por una membrana que contiene todos los materiales esenciales para la vida. La membrana separa el contenido de la célula de su ambiente externo.

Muchos organismos, como los de la **Figura 1**, están compuestos de una sola célula. Otros, como los monos y los árboles de la **Figura 2** están compuestos de billones de células. La mayoría de las células son tan pequeñas que no pueden verse a simple vista.

Cada una realiza las funciones fundamentales de la vida. En un organismo con muchas células, éstas pueden realizar funciones específicas. Por ejemplo, las células nerviosas están especializadas en el transporte de señales y las células musculares están especializadas en realizar movimientos.

Figura 1 *Todos estos organismos están compuestos de una sola célula.*

Figura 2 *Estos organismos están compuestos de billones de células.*

2 Todos los seres vivos detectan y responden a los cambios

Todos los organismos tienen la capacidad de detectar los cambios del medio ambiente y de responder a los mismos. Cuando tus pupilas se exponen a la luz su respuesta es contraerse. Un cambio en el medio ambiente de un organismo que afecta su actividad se denomina **estímulo.**

Los estímulos pueden ser substancias químicas, la gravedad, la obscuridad, la luz, sonidos o sabores. Son factores que hacen que los organismos respondan de alguna manera. Un leve roce provoca una respuesta en la planta de la **Figura 3.**

> **Autoevaluación**
>
> ¿Es tu reloj despertador un estímulo? Explica. *(Consulta la página 636 para comprobar tu respuesta.)*

Homeostasis Aunque el medio ambiente externo cambie, los organismos deben mantener un medio ambiente interno estable para sobrevivir. Esto se debe a que los procesos vitales de un organismo comprenden distintos tipos de reacciones químicas que sólo pueden ocurrir en ambientes equilibrados. Mantener un medio ambiente interno estable se denomina **homeostasis**.

Tu cuerpo mantiene una temperatura de alrededor de 37° C. Cuando sientes calor, tu cuerpo responde mediante la transpiración. Cuando sientes frío, tus músculos se sacuden bruscamente con el objeto de generar calor y eso te hace tiritar. Ya sea transpirando o tiritando, tu cuerpo trata de volver a la normalidad.

Otro ejemplo de homeostasis es el proceso para mantener estable el nivel de azúcar en la sangre. Después de comer, el nivel de azúcar en la sangre se eleva. El cuerpo responde liberando un compuesto que elimina el azúcar de la sangre y la almacena en las células musculares y hepáticas (del hígado). Cuando has pasado un buen tiempo sin comer, tu nivel de azúcar sanguínea comienza a disminuir. Entonces, tu cuerpo produce otro compuesto que libera el azúcar de los músculos y el hígado.

Figura 3 *El roce de un insecto hace que la* Dionea muscípula *cierre sus hojas rápidamente.*

> **oceanografía**
> **CONEXIÓN**
>
> Los peces de las aguas heladas de la Antártida producen un anticongelante natural que los protege del congelamiento.

¡Está vivo! ¿O no...? **37**

3 Todos los seres vivos se reproducen

Todos los organismos producen otros semejantes a ellos. Esto se realiza por medio de la reproducción asexual o de la reproducción sexual. En la **reproducción asexual** un solo progenitor puede producir crías idénticas a sí mismo. La **Figura 4** muestra un organismo que se reproduce asexualmente. La mayoría de los organismos unicelulares se reproducen así. La **reproducción sexual** generalmente requiere dos progenitores, cuyas crías tendrán características de ambos. La mayoría de los animales y plantas se reproducen así. Los ositos de la **Figura 5** fueron producidos sexualmente por sus padres.

Figura 4 *La hidra es un animal que se reproduce asexualmente mediante la formación de brotes que luego se desprenden para crecer como nuevos individuos. ¿Puedes encontrar los brotes de esta hidra?*

Figura 5 *Como la mayoría de los animales, los osos producen crías mediante la reproducción sexual.*

4 Todos los seres vivos tienen ADN

Las células de los seres vivos contienen una molécula denominada **ADN** (**á**cido **d**esoxirribo **n**ucleico). El ADN tiene instrucciones para fabricar *proteínas*. Las proteínas participan en casi todas las actividades de las células de un organismo, y determinan muchas de sus características.

Cuando los organismos se reproducen, traspasan copias de ADN a sus crías. El traspaso de características de una generación a otra se denomina **herencia**. Las crías, como los niños de la **Figura 6,** se parecen a sus padres debido a la herencia.

Figura 6 *Los niños se parecen a sus padres debido a la herencia.*

5 Todos los seres vivos utilizan energía

Los organismos usan energía para realizar los procesos químicos de la vida, como la producción y descomposición de alimentos, la transferencia de material al interior y al exterior de las células y la producción de nuevas células. El **metabolismo** de un organismo es el conjunto de sus actividades químicas.

putadoras han sido programadas para aprender, es decir, para resolver problemas más rápida y eficientemente con el tiempo. ¿Crees que las computadoras lleguen a ser tan avanzadas que se les deba considerar como vivas? ¿Por qué?

Las computadoras realizan muchas funciones, como almacenar información y hacer cálculos complejos. Algunas com-

¡MATEMÁTICAS!

Proporciones corporales

Al crecer, tus proporciones corporales cambian. Cuando naciste, tu cabeza era el 25% de tu altura. ¿Qué porcentaje de tu altura es tu cabeza ahora? Para averiguarlo, mide tu estatura y el largo de tu cabeza. Luego, divide el largo de tu cabeza entre tu estatura. Finalmente, multiplica el resultado por 100 para calcular qué porcentaje de tu altura corresponde a tu cabeza.

6 Todos los seres vivos crecen y se desarrollan

Todos los seres vivos crecen durante ciertos períodos de su vida. Un organismo unicelular crece a medida que la célula crece. Los organismos que están compuestos de muchas células crecen al aumentar el número de células.

Además de aumentar en tamaño, los seres vivos también se desarrollan y cambian a medida que crecen. Al igual que los organismos de la **Figura 7,** tú también pasarás por muchas etapas en tu vida a medida que te conviertas en adulto.

Figura 7 Con el tiempo, las bellotas se convierten en plántulas que, a su vez, llegarán a ser robles.

REPASO

1. ¿Qué características de los seres vivos tiene un río? ¿Está vivo el río?
2. ¿Qué tiene que ver el pelaje de un oso con la homeostasis?
3. ¿Cómo se relaciona la reproducción con la herencia?
4. **Aplicar conceptos** Nombra algunos estímulos presentes en tu medio ambiente. ¿Cómo respondes a estos estímulos?

Explora

Imagínate que tienes la habilidad de crear un nuevo organismo. ¿Cómo sería ese organismo? ¿De qué manera presentaría todas las características de un ser vivo?

¡Está vivo! ¿O no...?

Sección 2

Las necesidades básicas de la vida

VOCABULARIO
productores
consumidores
descomponedores

OBJETIVOS
- Explica por qué los organismos necesitan alimento, agua, aire y un espacio en donde vivir.
- Analiza cómo los seres vivos obtienen lo que necesitan para vivir.

¿Sabías que tú tienes las mismas necesidades básicas que un árbol o un sapo? De hecho, casi todos los organismos tienen las mismas necesidades básicas: alimento, agua, aire y un espacio en donde vivir.

Alimento

Los seres vivos necesitan alimento. Los alimentos entregan la energía y las materias primas necesarias para que los organismos realicen sus procesos vitales y construyan y reparen células y partes del cuerpo. Sin embargo, no todos los organismos obtienen alimento de la misma manera. Los organismos se agrupan en tres categorías en función de la forma en que obtienen alimento.

Algunos organismos se denominan **productores,** ya que producen su propio alimento. Las plantas de la **Figura 8** son un ejemplo. Las plantas utilizan la energía del Sol para producir alimento a partir del agua y dióxido de carbono. Algunos productores obtienen energía y alimento a partir de productos químicos del medio ambiente.

Otros organismos se denominan **consumidores,** ya que se comen (consumen) otros organismos para obtener alimento. La salamandra de la **Figura 8** es un ejemplo de un consumidor. Obtiene la energía mediante el consumo de otros organismos.

Algunos consumidores son descomponedores. Los **descomponedores** obtienen su alimento mediante la descomposición de nutrientes provenientes de organismos muertos o desechos animales. El hongo de la **Figura 8** está absorbiendo nutrientes de plantas muertas.

Figura 8 *La salamandra y el hongo sobre el cual se arrastra son consumidores. Las plantas son productores.*

Agua

El cuerpo humano está compuesto en su mayoría de agua. Las células de todos los organismos están compuestas de aproximadamente 70 por ciento de agua. El metabolismo de los organismos depende del agua ya que la mayoría de las reacciones químicas que ocurren en ellos necesitan del agua para llevarse a cabo.

Los organismos se diferencian según la cantidad de agua que requieren y cómo la obtienen. Sin agua, podrías sobrevivir sólo 3 días. Obtienes agua de los líquidos y alimentos que consumes. La rata canguro del desierto la obtiene de sus alimentos.

40   Capítulo 2

Aire

El aire es una mezcla de gases, como oxígeno y dióxido de carbono. Los seres vivos necesitan oxígeno para vivir. El oxígeno se utiliza en la *respiración,* el proceso químico que libera energía de los alimentos. Los organismos que habitan sobre la tierra obtienen oxígeno del aire. Los que viven en agua dulce y salada obtienen oxígeno disuelto del agua o suben a la superficie para obtenerlo del aire. Otros, como la araña acuática de la **Figura 9,** llegan a grandes extremos para obtener oxígeno.

Además de oxígeno, las plantas verdes, las algas y algunas bacterias también requieren dióxido de carbono. Dichos organismos producen su alimento a partir del dióxido de carbono y el agua mediante la *fotosíntesis,* el proceso que convierte la energía del Sol en energía que se almacena en los alimentos.

Figura 9 *Esta araña se encierra en una burbuja de aire para obtener oxígeno debajo del agua.*

Un lugar donde vivir

Todos los organismos necesitan un espacio que tenga todo lo que requieren para vivir. Algunos organismos, como los elefantes, requieren de un espacio amplio. Otros, como las bacterias, pueden pasar toda su vida en un poro en la punta de tu nariz.

Como el espacio sobre la Tierra es limitado, muchas veces los organismos compiten con otros para obtener alimento y agua. Muchos animales, como la curruca de la **Figura 10,** reclaman un espacio y tratan de alejar a los demás animales. Las plantas también compiten entre sí para obtener espacio y acceso al agua y a la luz del Sol.

Figura 10 *El canto de una curruca es más que una bella melodía. La curruca canta un mensaje para alejar a las demás currucas y proteger así su hogar.*

REPASO

1. ¿Por qué se clasifica a los descomponedores como consumidores? ¿En qué se diferencian de los productores?
2. ¿Por qué la mayoría de las células están compuestas de un 70 por ciento de agua?
3. **Hacer deducciones** ¿Podría existir vida en la Tierra si el aire sólo contuviera oxígeno? Explica.
4. **Relacionar** ¿Cómo pueden una cueva, una hormiga y un lago satisfacer las necesidades de un organismo?

¿Hay vida en Marte? Averígualo en la página 50.

Sección 3

La química de la vida

VOCABULARIO
proteínas
enzimas
carbohidratos
lípidos
fosfolípidos
ácidos nucleicos
ATP

OBJETIVOS
- Compara los elementos químicos fundamentales de una célula.
- Explica la importancia del ATP.

Los seres vivos están compuestos de células, pero... ¿de qué están compuestas las células? Todo lo que existe está compuesto de pequeñas unidades denominadas *átomos*. Existen alrededor de 100 tipos de átomos que se combinan para crear todo lo que existe.

Una substancia compuesta de un solo tipo de átomo es un *elemento*. Cuando dos o más átomos se unen, forman una *molécula*. Una molécula puede estar compuesta de un solo elemento o de dos o más elementos distintos. Las moléculas de los seres vivos generalmente están compuestas de distintas combinaciones de seis elementos: carbono, hidrógeno, nitrógeno, oxígeno, fósforo y azufre.

Las proteínas, carbohidratos, lípidos, ácidos nucleicos y ATP son compuestos que se encuentran en las células.

Proteínas

Casi todos los procesos vitales de una célula requieren de las proteínas para llevarse a cabo. Después del agua, las proteínas son los materiales más abundantes en las células. Las **proteínas** son moléculas grandes que están compuestas de subunidades denominadas *aminoácidos*.

Los organismos descomponen las proteínas de los alimentos para proveer aminoácidos a sus células. Luego, estos aminoácidos se unen para formar nuevas proteínas. Algunas proteínas están compuestas de pocos aminoácidos, mientras que otras contienen más de 10,000.

Las proteínas cumplen muchas funciones distintas. Algunas forman estructuras fáciles de ver, como las de la **Figura 11,** mientras que otras funcionan a nivel celular. La proteína *hemoglobina,* que se encuentra en los glóbulos rojos, se une al oxígeno para distribuirlo por todo el cuerpo. Algunas proteínas protegen a las células de los materiales extraños. Las **enzimas** son proteínas que aceleran las reacciones químicas en las células. Las células las utilizan para fabricar los compuestos químicos que requieren y para descomponerlos con el fin de obtener energía.

Figura 11 *Las telarañas, las plumas y el cabello están compuestos de proteínas.*

Carbohidratos

Los **carbohidratos** son un grupo de compuestos formados por azúcares. Las células los utilizan como fuente de energía y para almacenarla. Cuando un organismo requiere energía, sus células descomponen carbohidratos para liberar la energía que está almacenada en ellos.

Existen dos tipos de carbohidratos: simples y complejos. Los carbohidratos simples están compuestos de una molécula de azúcar o de unas pocas moléculas de azúcar enlazadas. El azúcar de las frutas y el del cereal son carbohidratos simples.

Cuando un organismo obtiene más azúcar de la que necesita, el azúcar adicional puede almacenarse como carbohidratos complejos para ser utilizada en el futuro. Los carbohidratos complejos están compuestos de cientos o miles de moléculas de azúcar enlazadas. El cuerpo produce carbohidratos complejos y los almacena en el hígado. Sin embargo, las plantas producen los carbohidratos más complejos. *El almidón* es un carbohidrato complejo producido por las plantas. Como se muestra en la **Figura 12**, una planta de papa almacena el azúcar adicional como almidón. Cuando comes puré de papas o papas fritas, estás comiendo el almidón que la planta almacenó. Tu cuerpo puede descomponer este carbohidrato complejo y liberar la energía que contiene.

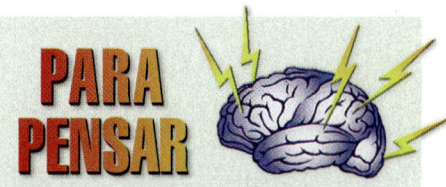

Los carbohidratos especiales que se unen a las proteínas de la superficie de los glóbulos rojos determinan tu tipo de sangre.

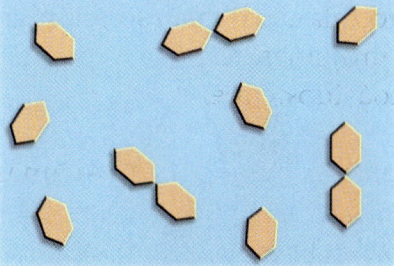

Azúcares

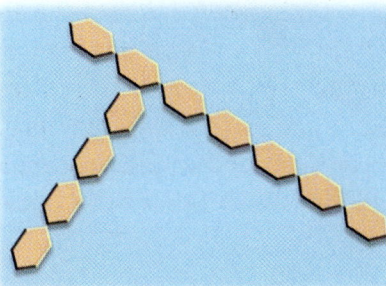

Almidón

Figura 12 *La mayoría de los azúcares son carbohidratos simples. El azúcar que se extrae de la planta de la papa se almacena en la papa en forma de almidón, un carbohidrato complejo*

Laboratorio

Cómo detectar el almidón

Cuando el **yodo** entra en contacto con el almidón, se vuelve negro. Utiliza esta característica para averiguar qué **muestra del alimento** que te dé tu maestro o maestra contiene almidón.

Cuidado: El yodo puede manchar la ropa. Usa guantes protectores, gafas de seguridad y un delantal.

¡Está vivo! ¿O no...?

Figura 13 *Estos son dos lípidos comunes utilizados en la cocina. La manteca proviene de la grasa de los animales, mientras que el aceite proviene del maíz.*

Lípidos

Los **lípidos** son compuestos que no se mezclan con agua. Cumplen funciones importantes en la célula, y algunos almacenan energía. Otro lípidos forman las membranas de las células.

Grasas y aceites Las grasas y los aceites son lípidos que almacenan energía. Cuando un organismo ha utilizado casi todos sus carbohidratos, puede obtener energía de sus lípidos. Las estructuras de las grasas y los aceites son casi idénticas, pero a temperatura ambiente, la mayoría de las grasas son sólidos y los aceites son líquidos. La mayoría de los lípidos almacenados en las plantas son aceites, mientras que la mayoría de los lípidos de los animales son grasas. Algunas de las fuentes de grasas y aceites que consumes aparecen en la **Figura 13**.

Fosfolípidos Todas las células están rodeadas por una *membrana celular*. Los **fosfolípidos** son moléculas que forman la mayor parte de la membrana celular. Cuando los fosfolípidos están en el agua, las colas se unen y las cabezas se orientan hacia el agua. La cabeza de la molécula de un fosfolípido es atraída por el agua, pero la cola no. La **Figura 14** muestra cómo las moléculas de fosfolípidos forman dos capas cuando están en el agua.

Experimentos

Las células de levadura obtienen energía del mismo modo que las demás células. Compruébalo en la página 566.

Figura 14 *El interior de la célula está rodeado por una membrana de moléculas de fosfolípidos.*

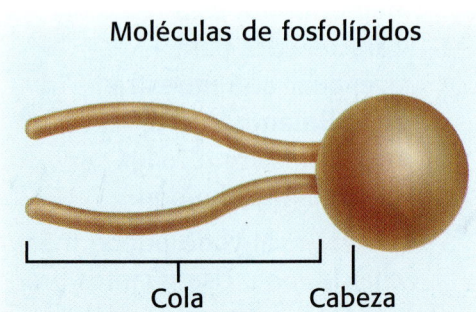

Moléculas de fosfolípidos

Cola   Cabeza

a *La cabeza de una molécula de fosfolípidos es atraída por el agua, pero la cola no.*

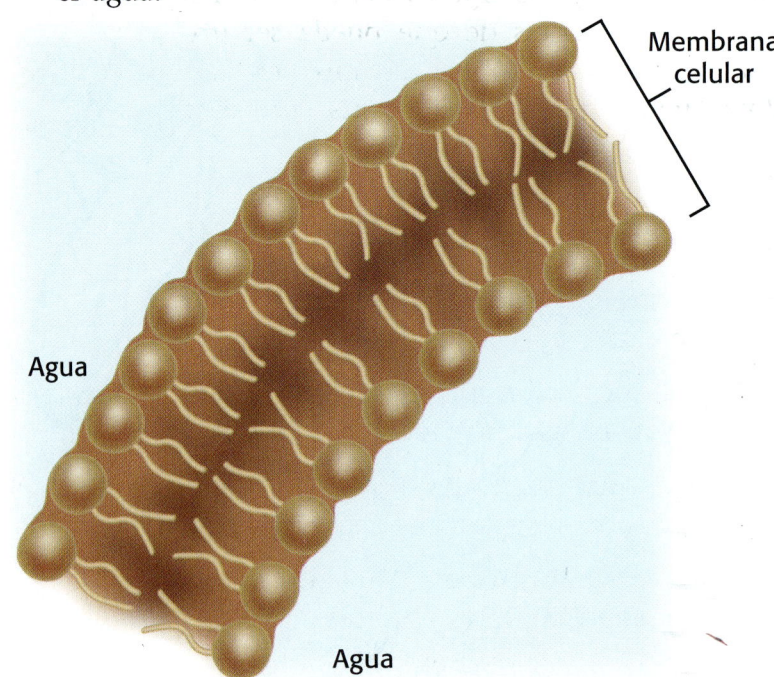

Membrana celular

Agua

Agua

b *Cuando las moléculas de fosfolípidos se unen en el agua, forman dos capas.*

Repaso del capítulo

UTILIZAR EL VOCABULARIO

Escoge el término correcto para completar las siguientes oraciones:

1. El proceso de mantener un ambiente interno estable se conoce como ____. (*metabolismo* u *homeostasis*)

2. Las crías se parecen a sus padres debido a ____. (*la herencia* o *el estímulo*)

3. Un ____ se alimenta de otros organismos. (*productor* o *consumidor*)

4. El almidón es un ____ que está compuesto de ____. (*carbohidrato/azúcares* o *ácido nucleico/nucleótidos*)

5. Las grasas y los aceites son ____ que almacenan energía en los organismos. (*proteínas* o *lípidos*)

COMPRENDER CONCEPTOS

Opción múltiple

6. Las células
   a. son las estructuras que contienen todos los materiales esenciales para la vida.
   b. están presentes en todos los organismos.
   c. a veces se especializan para realizar ciertas funciones.
   d. Todas las anteriores

7. ¿Cuál de las siguientes oraciones acerca de los seres vivos es verdadera?
   a. No pueden detectar los cambios en su ambiente externo.
   b. Se reproducen.
   c. No necesitan utilizar energía.
   b. Se reproducen en forma asexual.

8. Los organismos deben alimentarse porque
   a. el alimento es una fuente de energía.
   b. el alimento provee oxígeno a las células.
   c. los organismos nunca producen su propio alimento.
   d. Todas las anteriores

9. Un cambio en el medio ambiente de un organismo que afecta sus actividades es
   a. una respuesta.   c. el metabolismo.
   b. un estímulo.   d. un productor.

10. Los organismos almacenan energía en moléculas de
    a. ácidos nucleicos.   c. lípidos.
    b. fosfolípidos.   d. agua.

11. La molécula que contiene la información para producir proteínas es
    a. el ATP.
    b. un carbohidrato.
    c. el ADN.
    d. un fosfolípido.

12. Las subunidades de los ácidos nucleicos son los
    a. nucleótidos.   c. azúcares.
    b. aceites.   d. aminoácidos.

Respuesta breve

13. ¿Qué diferencia existe entre la reproducción asexual y la sexual?

14. Explica en una o dos oraciones por qué los seres vivos necesitan aire.

15. ¿Qué es el ATP y por qué es importante para las células?

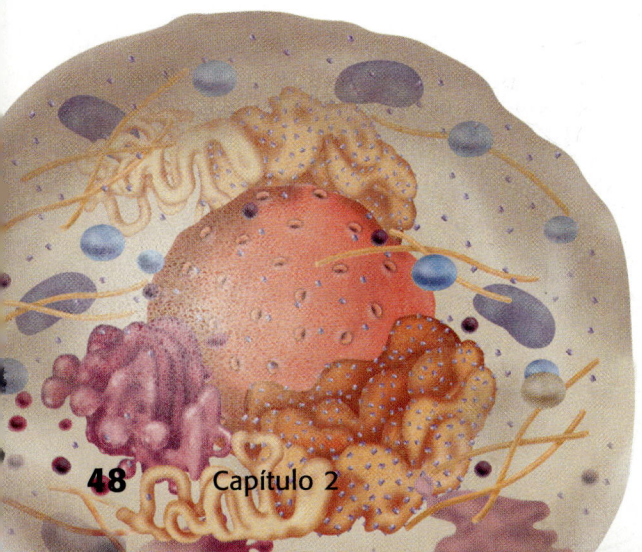

SECCIÓN 2

- Los organismos necesitan agua para mantener el metabolismo.

- Los organismos necesitan oxígeno para liberar la energía que contienen los alimentos. Las plantas, las algas y algunas bacterias también requieren dióxido de carbono.

- Los organismos deben vivir en lugares en donde puedan obtener lo que necesitan.

SECCIÓN 3

Vocabulario
proteínas *(pág. 42)*
enzimas *(pág. 42)*
carbohidratos *(pág. 43)*
lípidos *(pág. 44)*
fosfolípidos *(pág. 44)*
ácidos nucleicos *(pág. 45)*
ATP *(pág. 45)*

Notas de la sección

- Los compuestos más importantes para la vida son las proteínas, los carbohidratos, los lípidos, los ácidos nucleicos y el adenosin trifosfato (ATP).

- Las células utilizan los carbohidratos para almacenar energía. Los carbohidratos están compuestos de azúcares.

- Los lípidos, como la grasa y los aceites, almacenan energía. Los fosfolípidos son los lípidos que forman parte de las membranas celulares.

- Las proteínas están compuestas de aminoácidos y cumplen muchas funciones importantes. Las enzimas son proteínas que permiten que las reacciones químicas ocurran rápidamente.

- Los ácidos nucleicos están compuestos de nucleótidos. El ADN es un ácido nucleico que contiene la información para producir proteínas.

- Las células utilizan moléculas de ATP como combustible para realizar sus actividades.

Experimentos
El dilema de la panadería "Rico Pan" *(pág. 566)*

---

internet

 VISITA: go.hrw.com

Visita el sitio web de HRW para encontrar una serie de herramientas de aprendizaje relacionadas con este capítulo. Sólo tienes que escribir la palabra clave:

PALABRA CLAVE: HSTALV

 **VISITA:** www.scilinks.org

Visita el sitio web de la **Asociación Nacional de Maestros de Ciencias** (*National Science Teachers Association*) para encontrar recursos de Internet relacionados con este capítulo. Sólo escribe el **ENLACE DE CIENCIAS** para obtener más información sobre el tema:

TEMA: Las características de la los seres vivos	**ENLACE:** HSTL030
TEMA: Las necesidades de la vida	**ENLACE:** HSTL035
TEMA: La química de la vida	**ENLACE:** HSTL040
TEMA: ¿Hay vida en otros planetas?	**ENLACE:** HSTL045

¡Está vivo! ¿O no...?

Resumen del capítulo

SECCIÓN 1

Vocabulario
- **célula** *(pág. 36)*
- **estímulo** *(pág. 37)*
- **homeostasis** *(pág. 37)*
- **reproducción asexual** *(pág. 38)*
- **reproducción sexual** *(pág. 38)*
- **ADN** *(pág. 38)*
- **herencia** *(pág. 38)*
- **metabolismo** *(pág. 38)*

Notas de la sección
- Los seres vivos comparten las seis características de la vida.
- Los organismos están compuestos de una o más células. Las células son las unidades fundamentales de la vida.
- Los organismos detectan y responden a estímulos.
- Los organismos tratan de mantener su ambiente interno estable para no interrumpir las actividades químicas de sus células. Esto se denomina homeostasis.
- Los organismos se reproducen, en forma sexual o asexual, para procrear más organismos semejantes.
- Las crías se parecen a los padres. El traspaso de estas características se denomina herencia.
- Los organismos crecen y cambian durante su vida.
- Los organismos utilizan energía para llevar a cabo sus procesos químicos vitales. El metabolismo es el conjunto de estos procesos.

SECCIÓN 2

Experimentos
Carreras de cochinillas *(pág. 564)*

Vocabulario
- **productores** *(pág. 40)*
- **consumidores** *(pág. 40)*
- **descomponedores** *(pág. 40)*

Notas de la sección
- Los organismos deben alimentarse. Los productores fabrican su propio alimento, mientras que los consumidores se alimentan de otros organismos. Los descomponedores descomponen los nutrientes de los organismos muertos y de los desechos animales.

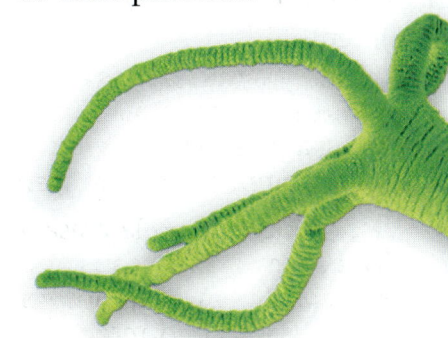

✔ Comprobar destrezas

Conceptos de matemáticas

¿QUÉ PORCENTAJE ES? En la sección ¡Matemáticas! de la página 39 calculaste el porcentaje de tu altura que ocupa a tu cabeza.

$$\frac{\text{largo de la cabeza}}{\text{altura total}} \times 100\% = \text{\% de la altura que ocupa la cabeza}$$

Si una mujer tiene una estatura de 160 cm y su cabeza mide 20 cm significa que su cabeza representa el 12.5 por ciento de su estatura.

$$\frac{20 \text{ cm}}{160 \text{ cm}} \times 100\% = 12.5\%$$

Comprensión visual

AZÚCAR Y ALMIDÓN En la página 43 puedes encontrar una ilustración del azúcar y el almidón. Los hexágonos de cada ilustración representan moléculas de azúcar. Las azúcares son carbohidratos simples compuestos de una o dos moléculas de azúcar. El almidón es un carbohidrato complejo compuesto de muchas moléculas enlazadas. Las ilustraciones te ayudan a visualizar las diferencias en la estructura de los carbohidratos simples y complejos.

Ácidos nucleicos

Los **ácidos nucleicos** son compuestos que contienen subunidades denominadas *nucleótidos*. Un ácido nucleico puede contener miles de nucleótidos. A menudo, los ácidos nucleicos se denominan los planos de la vida porque contienen toda la información necesaria para que una célula produzca todas sus proteínas.

El ADN es un ácido nucleico. Como ya sabes, una molécula de ADN es como un libro de recetas titulado *Cómo hacer proteínas*. Cuando la célula necesita producir una proteína, obtiene información del ADN para saber cómo enlazar los aminoácidos para obtener esa proteína. En las siguientes páginas aprenderás más sobre el ADN.

El combustible de las células

Otra molécula importante para las células es el ATP (adenosin trifosfato). El **ATP** es el combustible principal para todas las actividades de la célula que requieren energía.

Cuando las moléculas de los alimentos se descomponen, como los carbohidratos y las grasas, una porción de la energía liberada se transfiere a las moléculas de ATP, como se muestra en la **Figura 15**. La energía de los carbohidratos y los lípidos debe ser transferida al ATP antes de que pueda ser utilizada por las células como energía almacenada para realizar sus procesos vitales.

REPASO

1. ¿Cuáles son las subunidades de las proteínas? ¿del almidón? ¿del ADN?
2. ¿Qué tienen en común los carbohidratos, las grasas y los aceites?
3. ¿Son enzimas todas las proteínas? Explica tu respuesta.
4. **Hacer predicciones** ¿Qué ocurriría con el ATP de tus células si no comieras suficientes carbohidratos? ¿Cómo afectaría esto a tus células?

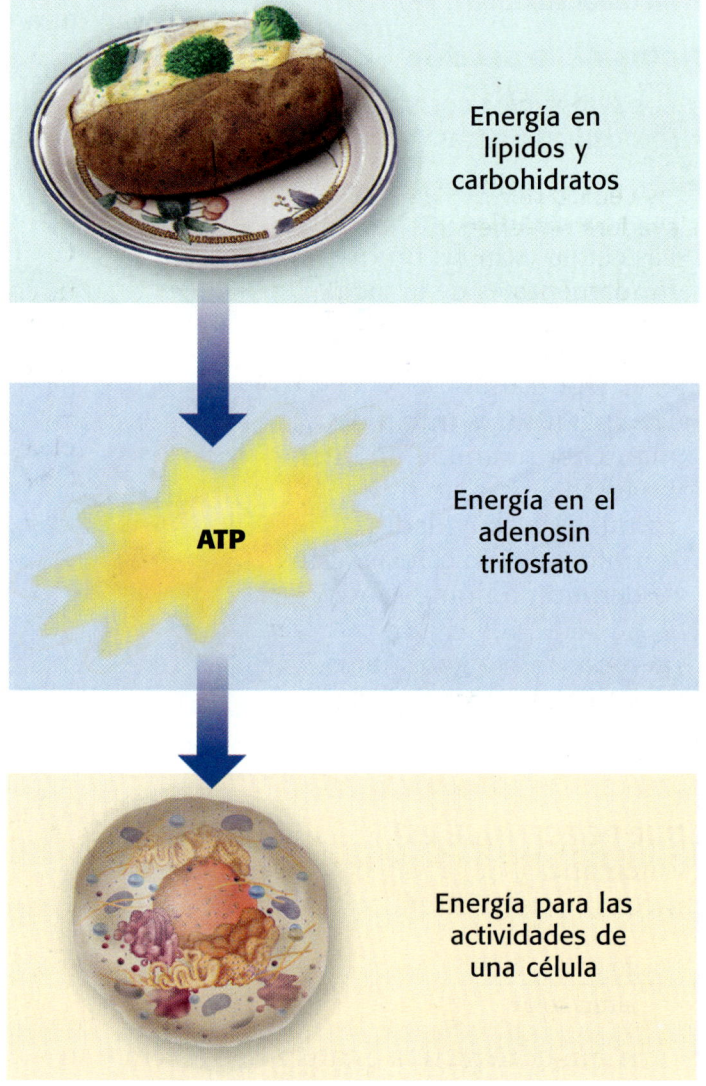

Figura 15 *La energía de los carbohidratos y los lípidos debe ser transferida a las moléculas de ATP antes de poder ser utilizada por las células.*

¡Está vivo! ¿O no...?

Organizar conceptos

16. Usa los siguientes términos para crear un mapa de ideas: célula, carbohidratos, proteína, enzimas, ADN, azúcares, lípidos, nucelótidos, aminoácidos, ácidos nucleicos.

RAZONAMIENTO CRÍTICO Y RESOLUCIÓN DE PROBLEMAS

Escribe una o dos oraciones para responder las siguientes preguntas:

17. El fuego puede moverse, crecer en tamaño y dar calor. ¿Está vivo? Explica.

18. Según lo que sabes acerca de los carbohidratos, los lípidos y las proteínas, ¿por qué es importante tener una dieta balanceada?

19. Un amigo te cuenta que el estímulo de la música hace que su pez nade más rápido. ¿Cómo podrías diseñar un experimento controlado para comprobar esa afirmación?

LAS MATEMÁTICAS EN LAS CIENCIAS

20. Un elefante tiene una masa de 3,900 kg. Si el 70 por ciento de su masa es agua, ¿cuántos kilogramos de agua contiene el elefante?

INTERPRETAR GRÁFICAS

Observa el siguiente dibujo que muestra la misma planta durante 3 días.

Día 1

Día 2

Día 3

21. ¿Qué hace la planta?

22. ¿Qué características de un ser vivo presenta la planta?

AHORA, ¿qué piensas?

Revisa tus respuestas a las preguntas de la página 5 que escribiste en el cuaderno de ciencias. ¿Han cambiado tus respuestas? Si es necesario, corrige tus respuestas basándote en lo que has aprendido en este capítulo.

¡Está vivo! ¿O no...?

DEBATE CIENTÍFICO

¿Hay vida en Marte?

A fines de 1996 los titulares decían: "Evidencia de vida en Marte". ¿Qué tipo de vida? ¿Serían extraterrestres? No exactamente, pero la historia detrás de los titulares no deja de ser fascinante.

Una nave espacial muy especial

En 1996, un grupo de investigadores encabezados por científicos de la Administración Nacional de Aeronáutica y el Espacio, NASA, estudiaron un meteorito denominado ALH84001 que tenía 3,800 millones de años. Los científicos concuerdan en que es un pedazo del planeta Marte del tamaño de una papa. También están de acuerdo en que cayó a la Tierra hace 13,000 años. Se descubrió en la Antártida en 1984 y, de acuerdo con el equipo de la NASA, trajo pruebas de que existió vida en Marte.

Restos de formas de vida

Sobre la superficie del ALH84001, los científicos encontraron *moléculas orgánicas* (moléculas de compuestos que contienen carbono). Dichas moléculas son similares a las que quedan después de que un ser vivo descompone substancias para obtener alimento. En

▲ *Se piensa que esta imagen de micrografía electrónica de una estructura tubular encontrada en el meteorito ALH84001 es una prueba de que hubo vida en Marte.*

el interior del meteorito, encontraron las mismas moléculas. Debido a que se encontraban esparcidas a través del meteorito, concluyeron que no correspondían a contaminantes de la Tierra. El equipo de la NASA cree que estos restos son una prueba de que organismos diminutos, similares a las bacterias, vivieron y murieron en Marte hace millones de años.

Agua sucia o polvo de estrellas. . .

Muchos científicos no creen que el ALH84001 contenga pruebas de que haya habido vida en Marte. Algunos sostienen que los compuestos orgánicos son contaminantes de las aguas de la Antártida que se infiltraron en el meteorito.

Otros dicen que las moléculas de carbonatos fueron creadas mediante procesos a temperaturas muy elevadas. Piensan que los compuestos se formaron durante la creación de las estrellas y permanecieron en Marte cuando éste se convirtió en planeta. Otros creen que se crearon durante la formación de las rocas en Marte. Sostienen que ninguna forma de vida podría existir a temperaturas tan elevadas.

El debate continúa

Los científicos siguen debatiendo sobre las pruebas que contiene el ALH84001. Buscan pruebas de vida biológica, como proteínas, ácidos nucleicos y paredes celulares. Otros buscan pruebas en el planeta mismo: esperan encontrar aguas subterráneas que podrían haber albergado vida, o reunir muestras de tierra y roca que prueben que Marte fue alguna vez un planeta con vida.

¡Piénsalo!

▶ Si fueras a Marte, ¿qué pruebas reunirías para probar que hubo vida en ese planeta? ¿Cómo podría el descubrimiento de ácidos nucleicos o de aminoácidos probar la existencia de vida en Marte?

Ciencia Ficción

"Están hechos de carne"

por Terry Bisson

Dos viajeros espaciales se encuentran a millones de años luz de su hogar. Visitan sectores desconocidos para encontrar señales de vida. Su misión es contactar, saludar y registrar a cualquier ser en este cuadrante del universo. Una vez que descubran un ser vivo, deben comunicarse con él.

Durante su misión se encuentran con una forma de vida distinta de las que han visto hasta ahora. Estos seres extraños pueden pensar y comunicarse. Incluso han fabricado algunas máquinas simples, de modo que no son sólo suciedad de un estanque.

No obstante, los exploradores no saben si deben agregar esta nueva especie a su lista de formas de vida desconocidas del universo. Las criaturas son demasiado extrañas. Además, al tener habilidades limitadas, es poco probable que puedan establecer contacto con otras formas de vida en otros lugares del universo.

Quizás sea mejor que los exploradores finjan que nunca se encontraron con estos seres. Sin embargo, la tarea oficial de los viajeros es contactar y darles la bienvenida a todas las formas de vida sin importar cómo sean ni de qué estén compuestas. ¿Podrán seguir adelante con su tarea oficial? ¿Quién les creerá si lo hacen?

Averígualo al leer el cuento corto de Terry Bisson, "Están hechos de carne". Esta historia se encuentra en la *Antología Holt de Ciencia Ficción*.

CAPÍTULO 3
La luz y los seres vivos

Los bebés que están siendo tratados con luces fluorescentes usan parches en los ojos, para protegerse del daño que causa la luz.

Increíble...¡pero cierto!

¿Qué pensarías si entraras en un hospital y vieras al bebé de la fotografía anterior? ¡Parece que estuviera en una cabina de bronceado! Sin embargo, no se está bronceando: es un tratamiento para una enfermedad llamada ictericia.

Esta enfermedad aparece en algunos bebés debido a una acumulación de bilirrubina (un pigmento de los glóbulos rojos sanos) en el flujo sanguíneo cuando los glóbulos rojos se descomponen. El exceso de bilirrubina se deposita en la piel, dándole un color amarillento. La ictericia no es peligrosa si se actúa rápidamente. Pero si no se trata, puede dañar el cerebro.

La mejor forma de eliminar el exceso de bilirrubina en la piel es con luces azules claras. Por eso, los hospitales ponen tubos fluorescentes azules especiales sobre las cunas de los recién nacidos que requieren tratamiento. A veces se equilibra la luz azul con luces de otros colores para que los doctores y enfermeras puedan asegurarse de que el bebé no esté azul por falta de oxígeno.

Una forma más conveniente de tratamiento es la "manta bili", una almohadilla suave hecha de materiales de fibra óptica conectados a una caja lumínica que produce una luz azul. Esta manta puede envolverse alrededor del bebé y hasta se puede tomar en brazos al recién nacido y abrigarlo durante el tratamiento.

El tratamiento con luz para los bebés que sufren de ictericia es sólo uno de los usos importantes de la luz. En este capítulo, aprenderás la naturaleza de la luz, cómo interactúan las ondas luminosas y otras formas en que la luz juega un papel importante en tu vida.

¡Investiga!

Colores de la luz

La luz azul se usa para tratar a los bebés con ictericia. Pero cuando un bebé está bajo luz azul, es difícil saber si se ve azul por falta de oxígeno o por el reflejo de la luz azul. Para resolver este problema, se mezcla la luz azul con otros colores de luces para producir luz blanca. Cuando esta luz blanca alumbra al bebé, los doctores y enfermeras saben su color verdadero. En esta actividad estudiarás dos tipos de luz blanca.

Procedimiento

1. Enciende un **foco incandescente.** Pon una **rejilla de difracción** frente a uno de tus ojos y observa el foco a través de ésta. Gira la rejilla hasta que veas colores a ambos lados de la luz. Con un **trozo de cinta** adhesiva marca la parte superior de la rejilla.

Papel con una ranura
Tubo de toallas de papel
Rejilla de difracción

¿Tú qué piensas?

Usa tus conocimientos para responder a las siguientes preguntas en tu cuaderno de ciencias:

1. ¿Qué son las ondas electromagnéticas?
2. ¿Qué determina el color de un objeto?
3. ¿Cómo se forma un arco iris?

2. Pega un trozo de **cartulina negra** a un extremo de un **tubo de toallas de papel** de modo que el papel cubra el orificio del tubo. Tu maestro o maestra cortará una ranura angosta en el centro de la cartulina.

3. Pega la rejilla en el extremo opuesto del tubo para que la parte superior de la rejilla se alinee verticalmente con la ranura. Has construido tu propio espectroscopio. Los espectroscopios se usan para dividir la luz en sus colores componentes. Cuando mires por el espectroscopio, verás la luz dividida a los lados del tubo.

4. Sostén el espectroscopio frente a uno de tus ojos y observa el foco eléctrico. Describe lo que ves.

5. Repite el paso 4 con un **foco fluorescente**. ¿Cómo se compara con lo que viste cuando miraste el foco incandescente?

Análisis

6. Tanto el foco eléctrico incandescente como el fluorescente producen luz blanca. ¿Qué aprendiste sobre la luz blanca con el espectroscopio?

La luz y los seres vivos

Sección 1

El espectro electromagnético

VOCABULARIO
onda
onda electromagnética
longitud de onda
frecuencia
espectro electromagnético

OBJETIVOS
- Explica cómo las ondas electromagnéticas se diferencian de las demás ondas.
- Describe la relación entre la longitud de onda y la frecuencia de una onda.
- Describe la relación entre la energía de una onda, su longitud de onda y su frecuencia.
- Identifica las formas en que la luz visible y la luz ultravioleta son útiles o perjudiciales.

Puedes ver los objetos a tu alrededor debido a que la luz se refleja en ellos. Sin embargo, si una abeja mira los mismos objetos los vería distintos, tal como se muestra en la **Figura 1.** Esto se debe a que las abejas pueden ver un tipo de luz que tú no puedes ver: la luz ultravioleta.

Quizás te parezca extraño llamar *luz* a algo que no puedes ver, ya que la luz con la cual estás familiarizado es la luz visible. Sin embargo, la luz ultravioleta es muy similar a la luz visible. Ambas son tipos de ondas electromagnéticas. En esta sección, aprenderás acerca de las ondas electromagnéticas y cómo se distinguen de los otros tipos de ondas. También aprenderás qué es lo que distingue a una onda electromágnetica de las demás.

Figura 1 Para ti, los pétalos de la flor a la derecha son de un color amarillo fuerte. Sin embargo, una abeja que observa la misma flor puede ver manchas ultravioleta que la dirigen hacia el centro de la flor.

Las ondas transportan energía

Cuando piensas en ondas, quizás te imaginas las olas del mar o de un lago. Sin embargo, existen distintos tipos de ondas. Por ejemplo, todo lo que oyes viaja a través de ondas sonoras, los sismos causan ondas sísmicas y la luz que te permite ver es una onda electromagnética. Una **onda** es una perturbación que transmite energía a través de la materia o el espacio.

Cuando una onda viaja, su energía puede mover materia. Por ejemplo, la energía de las olas en una laguna hace que el agua se mueva hacia arriba y hacia abajo. La energía de las olas también mueve cualquier objeto que esté flotando sobre la superficie del agua. Por ejemplo, los botes y los patos se mueven con las olas, pero no se mueven en la misma dirección que las olas.

Una onda transporta la energía desde su fuente, pero el material a través del que viaja no se mueve con la energía. Por ejemplo, las ondas sonoras viajan a través del aire, pero el aire no viaja con el sonido. Si fuera así, ¡sentirías un soplo de brisa cada vez que sonara el timbre del teléfono! La **Figura 2** ilustra cómo las ondas transportan energía pero no materia.

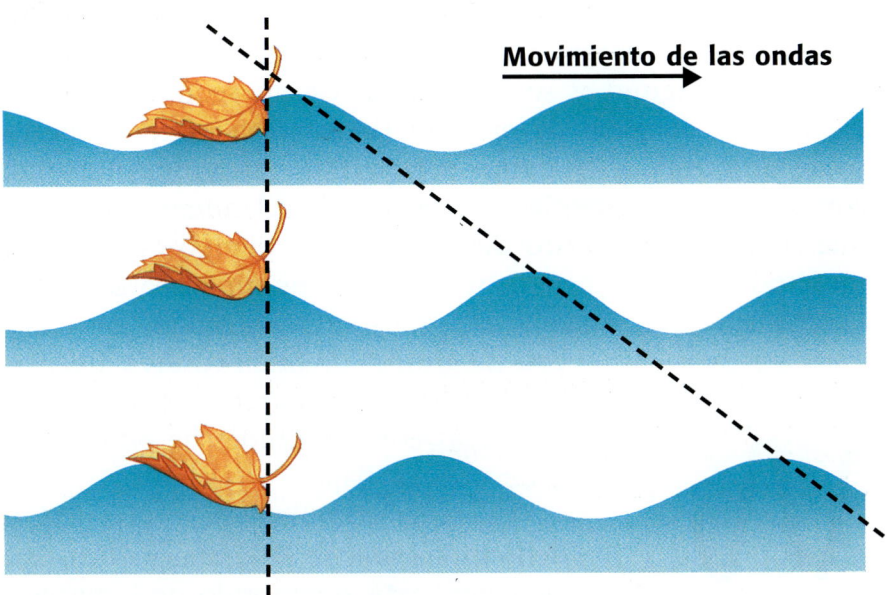

Figura 2 *La línea diagonal muestra el movimiento de una ola a medida que viaja a través de una laguna. La línea vertical muestra que la hoja que flota sobre la superficie no se mueve con la ola.*

Transferencia de energía a través de un medio Algunas ondas transfieren energía mediante la vibración de las partículas de un medio. Un *medio* es una substancia a través de la cual puede viajar una onda y puede ser un sólido, un líquido o un gas.

Cuando una partícula vibra, posee energía y puede transmitirla a la partícula de al lado. Ya que la energía fue es transferida a otra partícula, esa partícula vibra y transmite la energía a una tercera. Así, la energía se transmite a través de un medio. Las ondas que requieren un medio se denominan *ondas mecánicas*. Las olas del agua, las ondas sonoras y las ondas sísmicas son ejemplos de ondas mecánicas.

Transferencia de energía sin un medio Algunas ondas pueden transferir energía sin viajar a través de un medio. La luz visible es un ejemplo de una onda que no requiere de un medio. Otros ejemplos son las microondas, utilizadas en los hornos de microondas; las ondas de radio que transmiten señales de televisión y de radio; y los rayos X, utilizados por dentistas y doctores. Las ondas que no requieren un medio se denominan **ondas electromagnéticas** u ondas EM. Aunque las ondas electromagnéticas no requieren un medio, viajan a través de substancias como el aire, el agua y el vidrio; pero viajan más rápidamente a través del espacio vacío.

¡Noticia de último minuto! ¡Noticia de último minuto! Lee acerca de las luciérnagas que salvan a los seres humanos en la página 74.

La luz y los seres vivos

Ondas electromagnéticas

La luz viaja más rápido que cualquier otra cosa del universo. Pero, ¿sabías que todas las ondas electromagnéticas viajan más rápido que la luz? En el espacio casi vacío, la velocidad de la luz (y de todas las demás ondas electromagnéticas) es de aproximadamente 300,000,000 m/s. Las ondas electromagnéticas viajan más lento en el aire, el cristal y otros tipos de materia.

Todas las ondas electromagnéticas son esencialmente iguales. Sin embargo, están clasificadas en distintos grupos según su longitud y su frecuencia. Como se muestra en la **Figura 3**, la **longitud de onda** es la distancia entre un punto sobre una onda y el punto correspondiente sobre otra onda adyacente. La **frecuencia** de una onda es el número de ondas que se producen dentro de un lapso de tiempo definido. La longitud y la frecuencia de una onda determinan parcialmente la cantidad de energía que ésta transporta. En general, las ondas con longitudes de onda cortas y frecuencias elevadas transportan más energía que las ondas con longitudes de onda largas y frecuencias bajas.

La gama completa de ondas EM se denomina **espectro electromagnético.** Este espectro está organizado de longitudes de onda largas a cortas y de frecuencias bajas a elevadas. El diagrama muestra las distintas categorías de las ondas en el espectro electromagnético. Dos categorías de ondas EM que son esenciales para la vida en la Tierra son la luz visible y la luz ultravioleta.

Figura 3 *A una velocidad determinada, la frecuencia aumenta a medida que la longitud de onda disminuye. A la inversa, la frecuencia disminuye a medida que la longitud de onda aumenta.*

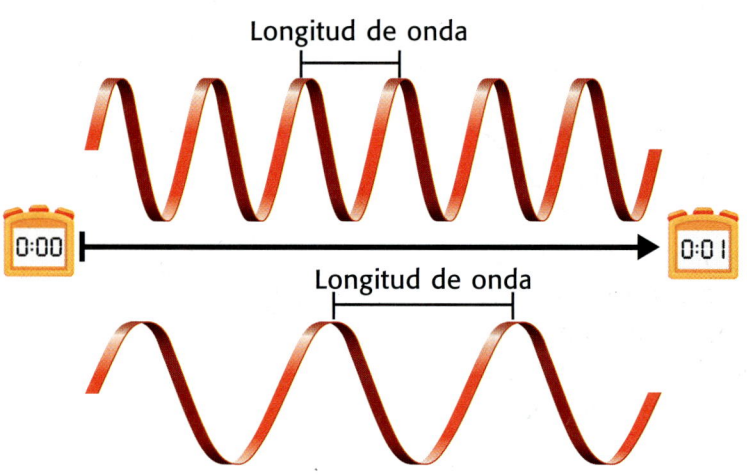

Espectro electromagnético

➡ **Disminuir longitud de onda** ➡
➡ **Aumentar frequencia** ➡

Ondas de radio
Todas las estaciones de radio y de televisión transmiten ondas de radio.

Microondas
A pesar de su nombre, las microondas tienen una longitud de onda relativamente larga.

Ondas infrarrojas
Infrarrojo significa "más abajo del rojo".

Luz visible La *luz visible* es la limitada gama de longitudes de onda y frecuencias del espectro magnético que puede ser vista por el ser humano. Podemos ver las longitudes de onda como colores distintos, tal como se muestra en la **Figura 4.** Vemos las longitudes de onda más largas como una luz roja y las longitudes de ondas más cortas como una luz violeta. Debido a que la luz violeta tiene la longitud de onda más corta, transporta la mayor cantidad de energía de las ondas de la luz visible. La luz azul transporta energía suficiente para descomponer la bilirrubina en la piel de un recién nacido.

La luz visible entrega la energía necesaria para las reacciones químicas denominadas fotosíntesis, el proceso mediante el cual las plantas producen su propio alimento. La fotosíntesis es importante debido a que el alimento producido por las plantas provee energía a casi todos los organismos vivos de la Tierra.

La gama de colores que compone la luz visible se denomina el *espectro visible*. Los colores de la luz visible son: **r**ojo, **n**aranja, **a**marillo, **v**erde, **a**zul, **í**ndigo y **v**ioleta. Cuando se combinan todos los colores de la luz visible, puedes ver la luz como una luz blanca. La luz del Sol y la luz de los focos incandescentes y fluorescentes son ejemplos de luz blanca.

Figura 4 *La luz blanca, al igual que la luz solar, es luz visible de distintas longitudes de onda combinadas. Puedes ver todos los colores de la luz visible en un arco iris.*

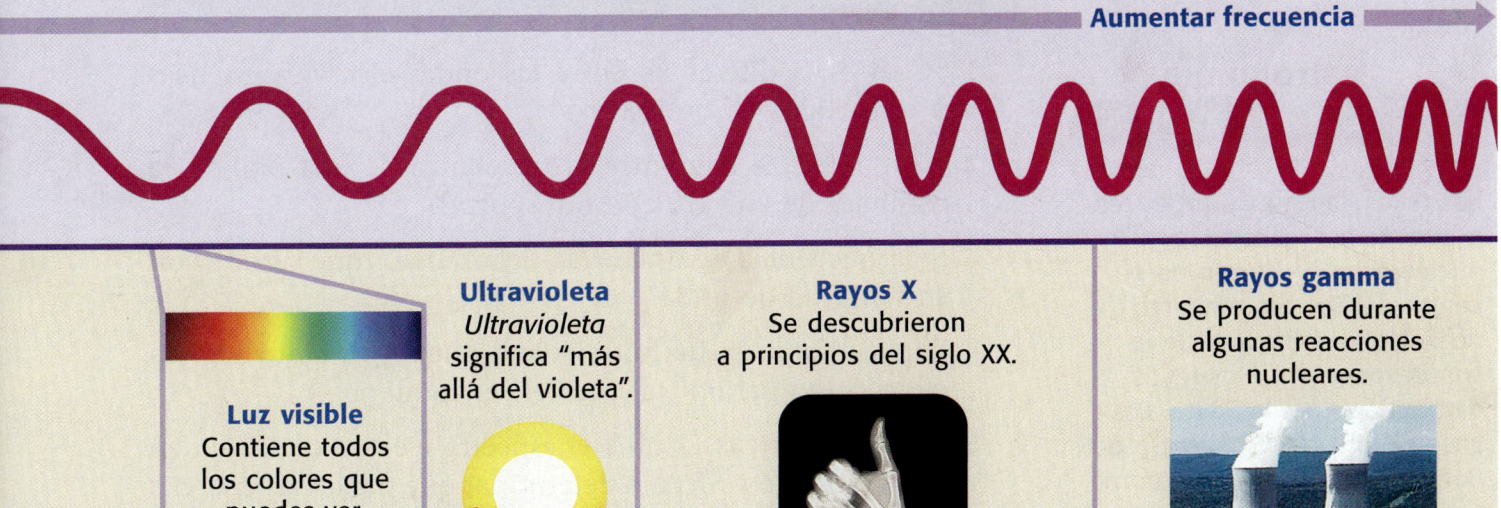

La luz y los seres vivos

Luz ultravioleta La *luz ultravioleta* es la categoría de las ondas electromagnéticas que se encuentra más allá de la luz visible. Aproximadamente el 10 por ciento de la energía solar llega en forma de luz ultravioleta. Las ondas ultravioletas tienen longitudes de onda más cortas y frecuencias más elevadas que las ondas de luz visible. Por lo tanto, las ondas ultravioleta transportan más energía que la luz visible. Esta gran cantidad de energía nos afecta tanto en forma positiva como negativa.

Desde el punto de vista positivo, la luz ultravioleta se utiliza para destruir bacterias en los alimentos y en los instrumentos quirúrgicos. Además, la exposición moderada a la luz ultravioleta es beneficiosa para tu cuerpo. Al exponernos a la luz ultravioleta, las células de la piel producen vitamina D, una substancia que les permite a los intestinos absorber el calcio. Sin calcio, tus dientes y tus huesos serían muy débiles.

Desde el punto de vista negativo, una sobreexposición a la luz ultravioleta puede causar quemaduras de sol, cáncer de piel, lesiones de los ojos y aparición de arrugas. Afortunadamente, gran parte de la luz ultravioleta proveniente del Sol no llega a la superficie de la Tierra. Sin embargo, debes protegerte de la luz ultravioleta que te alcanza. Para hacer esto, debes usar un bloqueador solar con un FPS alto (**f**actor de **p**rotección **s**olar) y utilizar anteojos de sol para bloquear la luz ultravioleta, tal como la persona en el lado derecho de la **Figura 5**. Necesitas esta protección incluso en los días nublados, ya que la luz ultravioleta puede atravesar las nubes.

Figura 5 *Las quemaduras de sol no sólo son dolorosas sino también pueden causar arrugas y cáncer en la piel.*

astronomía
CONEXIÓN

Los rayos gamma se producen mediante las reacciones nucleares que ocurren en el centro del Sol. Sin embargo, no debes preocuparte de la sobreexposición a los rayos gamma aquí en la Tierra. Los gases que rodean el centro del Sol absorben los rayos gamma y estos ni siquiera alcanzan la superficie de este astro.

REPASO

1. ¿Cuál es la diferencia entre las ondas electromagnéticas y otros tipos de ondas?
2. ¿Qué relación hay entre la frecuencia de una onda y la cantidad de energía que transporta?
3. Si la frecuencia de una onda disminuye, ¿qué sucede con su longitud de onda?
4. Explica cómo la luz ultravioleta puede ser tanto beneficiosa como perjudicial para el ser humano.
5. **Utilizar gráficas** Estudia el espectro electromagnético en las páginas 56 y 57 para determinar qué tiene más energía: la luz visible o las microondas. Explica tu respuesta.

Section 2: Reflexión, absorción y dispersión

VOCABULARIO
reflexión
ley de reflexión
absorción
dispersión
transmisión
pigmento

OBJETIVOS
- Compara la reflexión regular con la reflexión difusa.
- Describe la absorción y la dispersión de la luz.
- Explica cómo se determina el color de un objeto.
- Compara los colores primarios de la luz con las pigmentos primarios.

Caminas en la obscuridad y oyes algo que se mueve entre los arbustos. Diriges tu linterna hacia el sonido y puedes ver dos ojos que brillan. Al principio te asustas, pero después te das cuenta de que es sólo un gato. ¿Por qué será que los ojos de los gatos brillan en la noche? Los gatos tienen una capa especial de células en el fondo de sus ojos que refleja la luz. Dicha capa les permite ver mejor pues les da la capacidad de detectar la luz. Los cocodrilos, los venados y los tiburones también tienen este tipo de capa de reflexión en sus ojos. La reflexión es sólo una de las formas en que interactúan las ondas luminosas. En esta sección aprenderás los tres tipos de interacciones de las ondas luminosas: reflexión, absorción y dispersión.

Reflexión

La **reflexión** ocurre cuando la luz o cualquier otro tipo de onda rebota sobre un objeto. Cuando te ves en un espejo, en verdad estás viendo luz que ha sido reflejada dos veces: primero se ha reflejado en ti y luego en el espejo. La reflexión te permite ver objetos que no producen su propia luz. Cuando la luz alcanza un objeto, un poco de esa luz se refleja en él y tus ojos lo detectan. Si esa luz se refleja en ti y en los objetos que te rodean, ¿por qué no puedes ver tu reflejo en el muro? Para contestar esta pregunta, primero debes aprender la ley de la reflexión.

Figura 6 La ley de reflexión

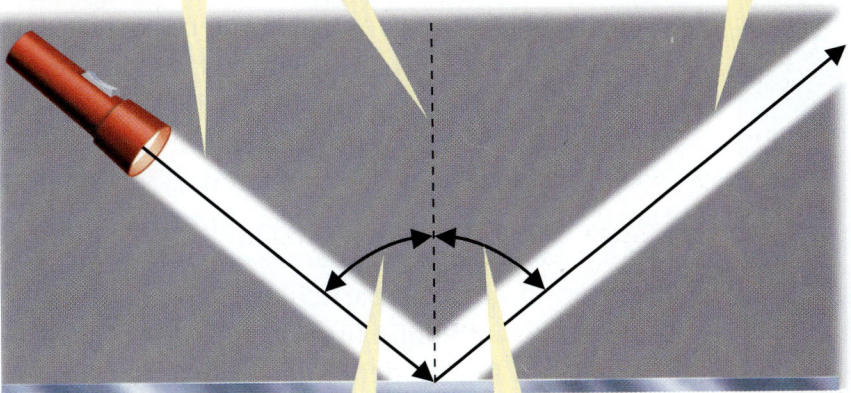

El haz de luz que se traslada hacia el espejo se denomina el *haz incidente*.

Una línea perpendicular a la superficie del espejo se denomina *normal*.

El haz de luz que se refleja en el espejo se denomina el *haz reflejado*.

El ángulo entre el haz incidente y el normal se denomina *ángulo de incidencia*.

El ángulo entre el haz reflejado y el normal se denomina *ángulo de reflexión*.

La ley de reflexión La luz rebota sobre los objetos de la misma manera que una pelota rebota en el suelo. Si tiras una pelota directamente hacia abajo rebotará directamente hacia arriba. Si la tiras en un ángulo, también rebotará en un ángulo. Esto es un ejemplo de la ley de la reflexión. La **ley de reflexión** sostiene que el ángulo de incidencia es igual al ángulo de reflexión. La incidencia es la caída de un haz de luz sobre una superficie. La **Figura 6** ilustra esta ley.

La luz y los seres vivos

Tipos de reflexión Volvamos a la pregunta inicial: "¿Por qué puedes ver tu reflexión en el espejo y no en un muro?" La respuesta se relaciona con lo lisa que sea la superficie sobre la cual se refleje la luz. Si la superficie es lisa, como un espejo o un metal pulido, el haz de luz podrá reflejarse en todos los puntos de la superficie en el mismo ángulo. Esto se conoce como la *reflexión regular*. Si la superficie es áspera, como la de un muro, los haces de luz se reflejan en él en distintos ángulos. Esto se conoce como *reflexión difusa*. La **Figura 7** ilustra la diferencia entre estos dos tipos de reflexión.

Figura 7 Reflexión regular y reflexión difusa

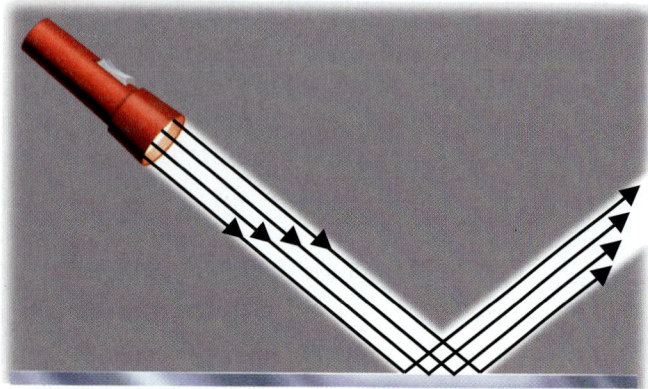

La **reflexión regular** ocurre cuando los haces de luz se reflejan en el mismo ángulo. Cuando tus ojos detectan los haces reflejados, puedes ver un reflejo en la superficie.

La **reflexión difusa** ocurre cuando los haces de luz se reflejan en distintos ángulos. No puedes ver una reflexión porque tus ojos no detectan toda la luz reflejada. La luz que tus ojos pueden detectar te permite ver la superficie.

Absorción y dispersión

Quizás te hayas dado cuenta de que cuando utilizas una linterna, los objetos que están más cercanos a ti se ven más brillantes que aquellos que están más lejos. La luz parece debilitarse mientras más se aleja de la linterna. Esto ocurre, en parte, porque el haz de luz se extiende y, en parte, por la absorción y la dispersión.

La **absorción** es la transferencia de energía transportada por las ondas luminosas a las partículas de materia. Cuando enciendes una linterna en el aire, las partículas del aire absorben un poco de la energía proveniente de la luz. Esto hace que la luz se debilite, como se muestra en la **Figura 8**. Mientras más lejos se traslade la luz de la linterna, más se absorbe en las partículas del aire. Por eso, la luz se debilita cuando viaja grandes distancias.

Figura 8 Un haz de luz se debilita debido a la absorción y a la dispersión.

60 Capítulo 3

La **dispersión** es la liberación de la energía de la luz por partículas de materia que han absorbido energía adicional. Cuando la luz se libera se dispersa en todas direcciones. La luz de una linterna se dispersa debido a las partículas de aire. La luz dispersa te permite ver objetos fuera del haz, pero como la luz del haz se dispersa, el haz se debilita.

La dispersión hace el cielo azul. La luz con longitudes de onda más cortas se dispersa más que la luz con longitudes de onda larga. La luz solar está compuesta de distintos colores, pero la luz azul (que tiene una longitud de onda muy corta) se dispersa más que cualquier otro color. De modo que cuando ves el cielo, puedes ver un fondo azul. Puedes aprender más de la dispersión al realizar el experimento a la izquierda.

Luz y color

¿Alguna vez te has preguntado qué es lo que le da a un objeto su color? Ya sabes que la luz blanca está compuesta de todos los colores de la luz. Sin embargo, cuando ves una fruta bajo la luz blanca, vez un color. Las fresas son rojas, los limones son verdes y los plátanos son amarillos. ¿Por qué no se ven blancos? Para responder a esta pregunta, primero debes aprender cómo interactúa la luz con la materia.

La luz y la materia
Cuando la luz alcanza cualquier forma de materia, puede interactuar con ella en tres formas distintas: se puede reflejar, absorber o transmitir. Ya has aprendido la reflexión y la absorción. **Transmisión** es el paso de luz a través de la materia. Puedes ver la transmisión de luz en todo momento. Toda la luz que llega a tus ojos es transmitida por el aire. La luz puede interactuar con la materia en distintas formas al mismo tiempo, como se muestra en la **Figura 9.**

Laboratorio

Leche dispersa

1. Llena una **botella transparente de 2 litros** con **agua**.
2. Apaga las luces y enciende una **linterna** a través del agua. Observa el agua de todas partes de la botella. Describe lo que ves en tu cuaderno de ciencias.
3. Agrega unas gotas de **leche** al agua y agita la botella para mezclarla.
4. Repite el paso 2. Describe cualquier cambio de color. Si no ves ningún tipo de cambio, agrega más leche hasta que veas algún cambio.
5. ¿En qué se asemeja la mezcla de agua y leche con las partículas de aire de la atmósfera? Escribe tu respuesta en tu cuaderno de ciencias.

Figura 9 *La luz se transmite, se refleja y se absorbe cuando alcanza el vidrio de una ventana.*

Puedes ver el vidrio y tu reflejo porque la luz se **refleja** en el vidrio.

Puedes ver los objetos de afuera porque la luz se **transmite** a través del vidrio.

El vidrio se siente tibio al tocarlo porque **absorbe** un poco de luz.

Los colores de los objetos ¿De qué manera determina el color de un objeto la interacción de la luz con la materia? Ya sabes que el color de la luz está determinado por la longitud de onda de la onda luminosa. El rojo tiene la longitud de onda más larga, el color violeta el más corto y los demás colores tienen longitudes intermedias.

El color de un objeto está determinado por el color de la luz que llega a los ojos. La luz puede alcanzar tus ojos después de rebotar de un objeto o después de haber sido transmitido a través de un objeto.

Cuando la luz blanca alcanza un objeto de color, algunos colores de la luz son absorbidos y otros reflejados. Solamente la luz reflejada alcanza tus ojos y puede ser detectada. Por ende, los colores de la luz que se reflejan por un objeto determinan el color que tú ves. Por ejemplo, si tu suéter refleja la luz azul y absorbe los demás colores, verás que el suéter es azul. Otro ejemplo se muestra en la **Figura 10**.

Figura 10 *Cuando la luz blanca brilla sobre una fresa, solamente se refleja la luz roja. Todos los demás colores de la luz son absorbidos. Por lo tanto, para ti la fresa es roja.*

Si los objetos verdes reflejan luz verde y los objetos rojos reflejan luz roja, ¿qué colores de luz se reflejan en la vaca que se muestra a la izquierda? Recuerda, la luz blanca contiene todos los colores de la luz. De modo que los objetos blancos, como el pelaje blanco de la vaca, aparecen blancos porque todos los colores de la luz se reflejan. Por otra parte, el negro es la ausencia de color. Cuando la luz brilla sobre un objeto negro, todos los colores son absorbidos.

✓ Autoevaluación

Si la luz azul brillara sobre una hoja de papel blanco, ¿de qué color se vería el papel? *(Consulta la página 636 para revisar tu respuesta.)*

Mezclar los colores de la luz

Para obtener una luz blanca, debes combinar todos los colores de la luz ¿verdad? Bueno, esa es una forma de obtenerla. También puedes obtener la luz blanca simplemente combinando tres colores de la luz: rojo, azul y verde, tal como se muestra en la **Figura 11**. De hecho estos tres colores pueden ser combinados en distintas proporciones para producir todos los colores de la luz visible. Por lo tanto, el rojo, el azul y el verde se denominan los colores primarios de la luz.

Cuando se combinan los colores de la luz, existen más longitudes de onda. Por ende, la combinación de los colores de la luz se denomina adición de colores. Cuando se combinan dos colores primarios, se produce un color secundario. Los colores secundarios son el cian (azul y verde), el magenta (azul y rojo) y el amarillo (rojo y verde). En la Figura 11, los colores secundarios aparecen entre los colores primarios.

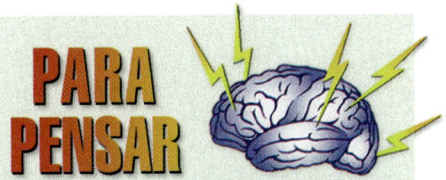

Los colores que ves en la televisión se producen por la adición de los colores primarios de la luz. Una pantalla de televisión está compuesta de pequeños puntos que emiten luz, denominadas píxel. Cada píxel puede emitir el rojo, el azul y el verde. Los colores emitidos por los píxel se combinan para producir los distintos colores que ves en la pantalla.

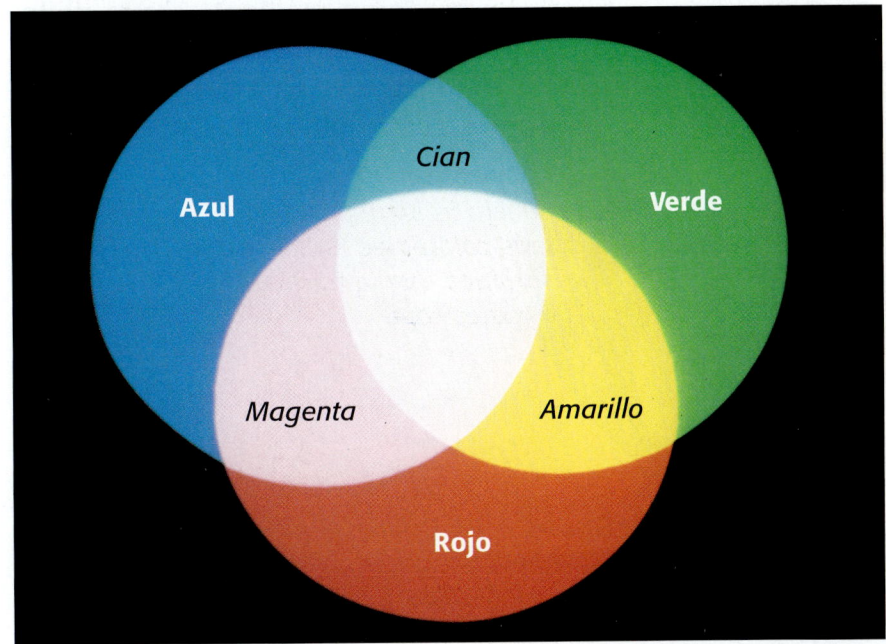

Figura 11 *Los colores primarios, escritos en negrilla, se combinan para producir la luz blanca. Los colores secundarios, escritos en cursiva, son el resultado de dos colores primarios que se combinan.*

Magdalena está encargada de las luces para la obra de teatro de la escuela. Ella ha revisado la sala del equipo y ha encontrado reflectores de luz que producen tres colores de luz distintos: rojo, azul y verde. Ella sabe que también necesitará reflectores de luz de color cian, magenta, amarillo y blanco. Sin embargo, no hay un presupuesto destinado para comprar proyectores de luz. ¿Qué puede hacer para obtener los colores que necesita?

La luz y los seres vivos

Mezclar los colores de los pigmentos

Los procesos para mezclar la pintura y los procesos para mezclar la luz son distintos porque la pintura contiene pigmentos. Por eso no se puede obtener blanco mezclando pintura roja, azul y verde. Un **pigmento** es un material que le da color a una substancia mediante la absorción de algunos colores de la luz y la reflexión de otros colores.

Los pigmentos le dan color a casi todo, mediante la reflexión y la absorción de la luz. La clorofila y la melanina son pigmentos. La clorofila le da el color verde a las plantas y la melanina le da color a tu piel.

Cada pigmento absorbe al menos un color de la luz. Cuando los mezclas, se absorben o sustraen más colores de la luz. La mezcla de colores de pigmentos se llama substracción de colores. Los *pigmentos primarios* son el amarillo, el cian y el magenta. Se pueden combinar para producir otro color. Todos los colores en este texto se obtuvieron mediante el uso de los pigmentos primarios y tinta negra. La tinta negra se utilizó para dar contraste a las imágenes. La **Figura 12** muestra cómo los cuatro pigmentos se combinan para producir colores distintos.

Figura 12 *El dibujo del globo de la izquierda se realizó superponiendo tintas de color cian, magenta, amarillo y negro.*

Cian

Magenta

Amarillo

Negro

Experimentos

¿Cuándo se parece la clase de ciencias a la de arte? Cuando utilizas pinturas para mezclar los colores en la página 568.

REPASO

1. Explica la diferencia entre la absorción y la dispersión.
2. Las plantas deben obtener la energía que requieren para vivir del Sol. ¿Por qué es una ventaja el hecho de que la células de las plantas contengan clorofila?
3. **Aplicar conceptos** Explica qué sucede con los distintos colores de la luz cuando la luz brilla sobre un objeto de color violeta.
4. **Hacer inferencias** Explica por qué puedes ver tu reflejo sobre una cuchara y no sobre un pedazo de tela.

Sección 3

Refracción

VOCABULARIO
- refracción
- lente
- lente convexa
- lente cóncava

OBJETIVOS
- Define *refracción*
- Explica cómo la refracción puede dividir la luz blanca en diferentes colores de luz.
- Describe las diferencias entre las lentes convexas y las lentes cóncavas.
- Identifica ejemplos de lentes que se usan en la vida cotidiana.

¿Conoces a alguien que use anteojos o lentes de contacto? ¿Los usas tú? Aproximadamente el 37 por ciento de las personas de los Estados Unidos usan anteojos o lentes de contacto para corregir problemas de la vista. Si examinas diferentes pares de anteojos, podrás ver diferencias entre las lentes dentro de los marcos. Por ejemplo, algunas lentes son más gruesas en el medio que en los bordes y otras son más delgadas en el medio que en los bordes.

Tus ojos tienen lentes también. Cuando ves algo, la luz que se produjo o se reflejó en un objeto, entra en tus ojos por la pupila, atraviesa la córnea y la lente y forma una imagen en la superficie posterior del ojo, la retina. ¿Por qué la córnea y el lente del ojo son importantes en la formación de imágenes en la retina? Para encontrar la respuesta, necesitas aprender cómo viaja la luz y lo que sucede cuando pasa de un tipo de materia a otro.

Los rayos muestran la ruta de las ondas luminosas

Como todas las ondas, las ondas luminosas viajan desde su fuente en todas direcciones. Si pudieras rastrear la ruta de una onda al alejarse de una fuente luminosa, descubrirías que la ruta es una línea recta. Como las ondas luminosas viajan en línea recta, puedes mostrar la ruta y dirección de una onda luminosa con una flecha llamada *rayo*. La **Figura 13** muestra algunos rayos provenientes de un foco.

Aunque las ondas luminosas normalmente viajan en línea recta, pueden cambiar de dirección al interactuar con la materia. Por ejemplo, las ondas luminosas cambian de dirección cuando se reflejan en un objeto. Las ondas luminosas también cambian de dirección y velocidad cuando pasan de un medio, como el aire, a otro, como el vidrio.

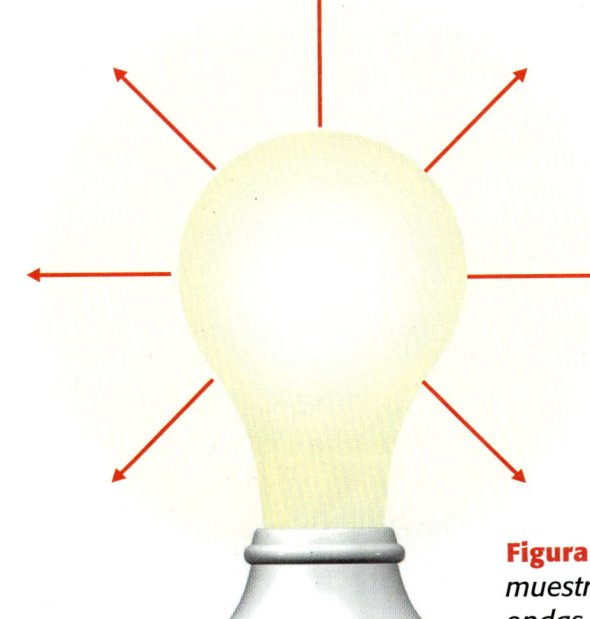

Figura 13 *Los rayos de este foco muestran la ruta y dirección de las ondas luminosas que produce el foco.*

La luz y los seres vivos **65**

Refracción

Refracción es la acción de curvarse una onda cuando pasa de un medio a otro en un ángulo. La refracción de ondas luminosas ocurre porque la velocidad de la luz varía según el material por el cual viajan las ondas. En un vacío (un lugar donde no hay materia) la luz viaja a 300,000,000 m/s, pero viaja más lento a través de la materia. Cuando una onda entra en un nuevo medio formando un ángulo, la parte de la onda que entra primero empieza a viajar a una velocidad diferente del resto de la onda. La **Figura 14** muestra cómo se curva un haz de luz por refracción.

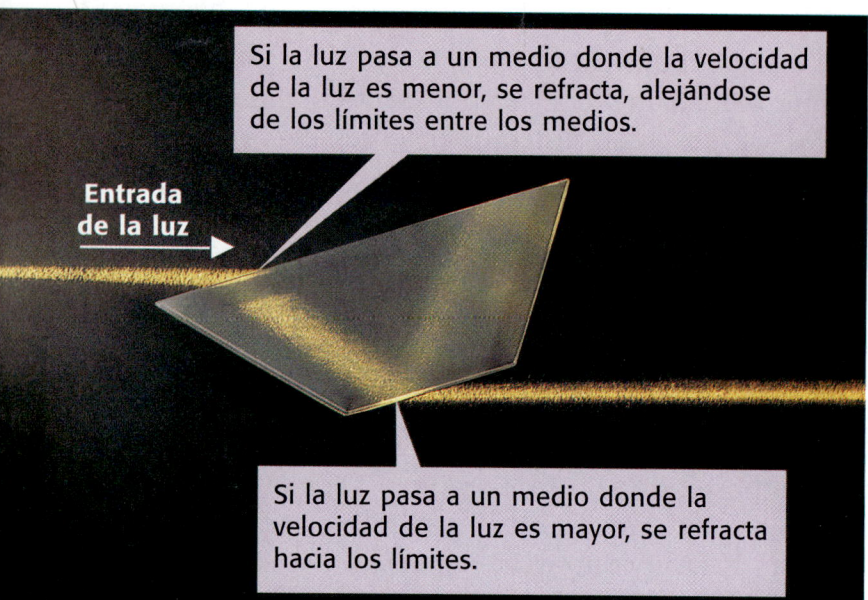

Si la luz pasa a un medio donde la velocidad de la luz es menor, se refracta, alejándose de los límites entre los medios.

Entrada de la luz

Si la luz pasa a un medio donde la velocidad de la luz es mayor, se refracta hacia los límites.

Figura 14 *La luz viaja más lentamente a través del vidrio que del aire. Entonces, la luz se refracta al pasar en ángulo desde el aire al vidrio o desde el vidrio al aire.*

Refracción y división de colores Cuando la luz se refracta, el grado en que la luz se curva depende de su longitud de onda. Las ondas luminosas que tienen longitudes de onda cortas se curvan más que las que tienen longitudes de onda largas. Ya has aprendido que la luz blanca está compuesta por todos los colores de la luz visible. También sabes que los diferentes colores corresponden a diferentes longitudes de onda. Por esta razón, la luz blanca se puede dividir en diferentes colores durante la refracción, como se ve en la **Figura 15**. La división de colores durante la refracción es parcialmente responsable de la formación de los arco iris. Los arco iris se forman cuando la luz solar se refracta en las gotas de agua.

Figura 15 *Un prisma es un trozo de vidrio que divide la luz blanca en los colores de la luz visible por refracción.*

La luz que pasa por un prisma se refracta dos veces: primero al entrar y después al salir.

La luz violeta, que tiene una longitud de onda corta, se refracta más que la luz roja, que tiene una longitud de onda larga.

Puedes ver los colores del arco iris cuando se divide la luz blanca por un prisma.

66 Capítulo 3

Las lentes refractan la luz

¿Qué tienen en común las cámaras, los binoculares, los telescopios, los proyectores y tus ojos? Todos tienen lentes. Una **lente** es un objeto curvo y transparente que refracta la luz. Las lentes se clasifican según su forma. Las lentes son convexas y cóncavas.

Lente convexa Una lente que es más gruesa en medio que en los bordes es una **lente convexa.** Cuando los rayos luminosos entran en una lente convexa, siempre se refractan hacia el centro. La cantidad de refracción depende de la curvatura de la lente, como se muestra en la **Figura 16.** Los rayos luminosos que pasan por el centro de un lente no se refractan.

Una lente convexa puede concentrar la luz que entra en ella. Por esta razón, las lentes convexas se usan en cámaras, telescopios, proyectores y en anteojos para las personas con hipermetropía. Tu ojo tiene una lente convexa que enfoca la luz cambiando su forma, como se muestra en la **Figura 17.**

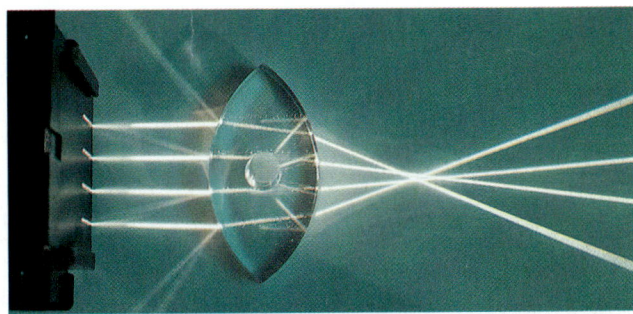
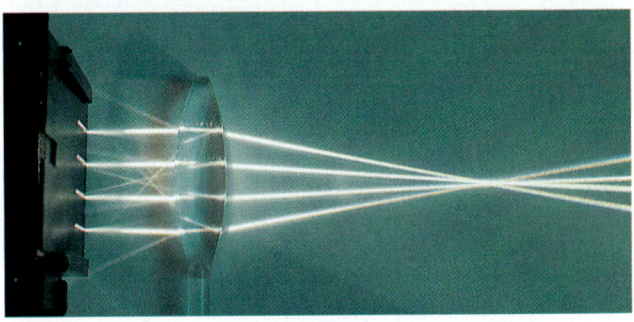

Figura 16 *La refracción de los rayos luminosos en una lente convexa depende de la curvatura de la lente.*

Figura 17 *Los rayos luminosos que entran se refractan en la córnea y las lentes. El tamaño de la pupila determina la cantidad de luz que entra al ojo. Los rayos luminosos convergen en la retina, formando una imagen.*

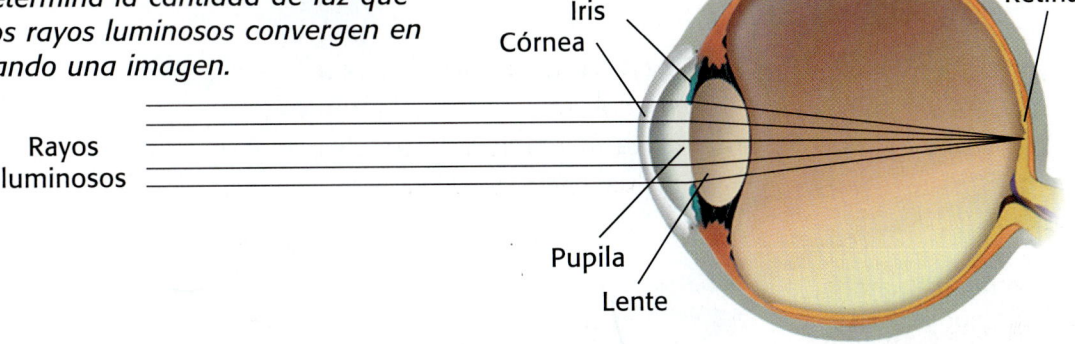

Lentes cóncavas Una **lente cóncava** es más delgada en el medio que en los bordes. Los rayos luminosos que atraviesan las lentes cóncavas siempre se curvan alejándose entre sí y acercándose a los bordes de las lentes, como se ve en la **Figura 18.** Las lentes cóncavas se usan generalmente en anteojos que corrigen la vista de las personas que tienen miopía. Las lentes cóncavas también se pueden usar en combinación con otras lentes en telescopios. La combinación de lentes ayuda a producir imágenes más nítidas de objetos distantes.

Figura 18 *La luz que atraviesa una lente cóncava se refracta hacia afuera.*

La luz y los seres vivos

Instrumentos ópticos

Los *instrumentos ópticos* son artefactos tecnológicos que usan espejos y lentes para ayudar a las personas a observar. Algunos de estos instrumentos ayudan a las personas a ver objetos que están muy lejos y otros ayudan a ver objetos que son muy pequeños. El instrumento óptico que probablemente conoces mejor es la cámara.

¡Sonríe! La forma en que funciona una cámara es similar a la forma en que funcionan los ojos. Una cámara tiene una lente que enfoca la luz y un orificio que permite la entrada de la luz. La principal diferencia entre una cámara y tus ojos es que la lente de una cámara se puede mover hacia adelante y atrás para enfocar la luz mientras que la lente de tu ojo cambia de forma cuando necesita enfocar. La **Figura 19** muestra las partes de una cámara y sus funciones.

Figura 19 *Las cámaras son útiles para registrar imágenes en forma permanente en fotografías.*

El *obturador* se abre y cierra para permitir que entre la luz en la cámara. La velocidad a la que se abre y cierra el obturador controla la cantidad de luz que entra en la cámara. Mientras más tiempo está abierto el obturador, más luz entra a la cámara.

La *lente* de una cámara es una lente convexa que enfoca la luz en la película. Mover las lentes hacia atrás y adelante enfoca la luz de los objetos a diferentes distancias.

La *película* está cubierta con substancias químicas que reaccionan cuando las golpea la luz. La luz enfocada por los lentes golpea la película para formar una imagen.

La *abertura* es un orificio que permite el ingreso de luz a la cámara. Mientras más grande sea la abertura, más luz entrará en la cámara.

✓ Autoevaluación

¿Qué partes del ojo humano corresponden a las siguientes partes de una cámara?
a. la abertura **b.** la lente **c.** la película
(Consulta la página 636 para comprobar tu respuesta.)

Telescopios Los astrónomos usan telescopios para estudiar los objetos del espacio, como la Luna, los planetas y las estrellas. Los telescopios se clasifican como refractores o reflectores. Los telescopios refractores usan lentes para capturar la luz y los reflectores usan espejos. La **Figura 20** ilustra cómo funcionan los telescopios refractores y reflectores simples.

Figura 20 *Tanto los telescopios refractores como los reflectores se usan para ver objetos lejanos.*

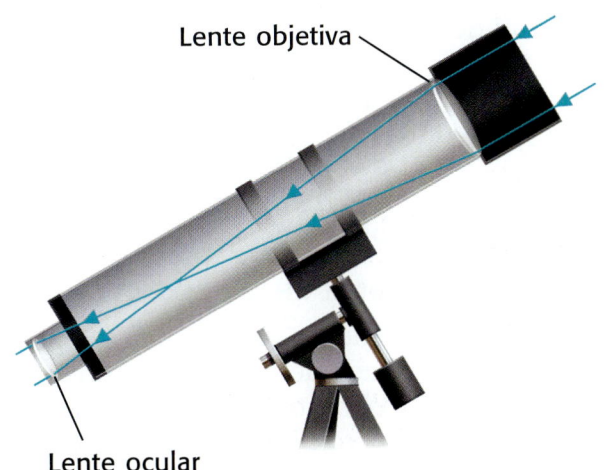

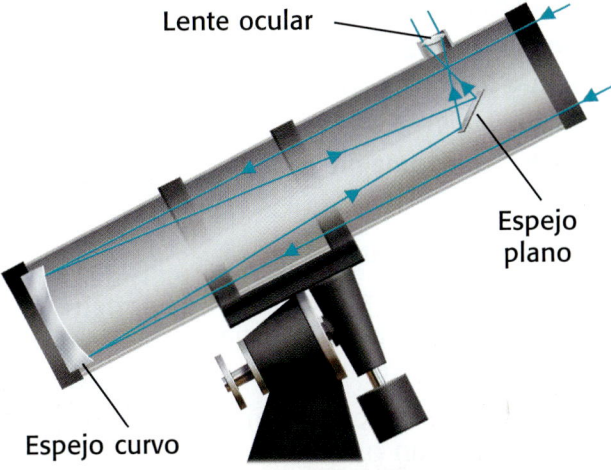

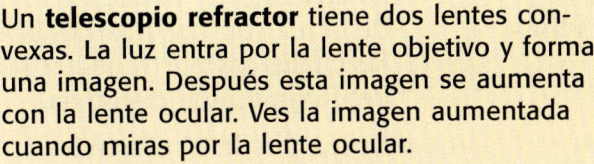

Un **telescopio refractor** tiene dos lentes convexas. La luz entra por la lente objetivo y forma una imagen. Después esta imagen se aumenta con la lente ocular. Ves la imagen aumentada cuando miras por la lente ocular.

Un **telescopio reflector** tiene un espejo curvo que captura y enfoca la luz para formar una imagen. La luz golpea un espejo plano que dirige la luz al lente ocular convexo, que aumenta la imagen.

Microscopios ópticos Los microscopios ópticos simples son similares a los telescopios refractores. Tienen dos lentes convexas: una lente objetiva, que está cerca del objeto que se estudia y una lente ocular, por la que tú miras. La diferencia entre los microscopios y los telescopios es que los primeros se usan para aumentar imágenes de objetos diminutos y cercanos y no imágenes de objetos grandes y lejanos. Los microscopios ópticos más complejos tienen varias lentes para un mayor aumento y para reducir la distorsión.

REPASO

1. ¿Qué es la refracción?
2. ¿Por qué puedes ver los colores del arco iris cuando la luz blanca se refracta a través de un prisma?
3. ¿En qué se diferencian las lentes convexas de las cóncavas?
4. **Comparar conceptos** Explica por qué un microscopio óptico simple es similar a un telescopio refractor.

La luz y los seres vivos

Resumen del capítulo

SECCIÓN 1

Vocabulario
- **onda** *(pág. 54)*
- **onda electromagnética** *(pág. 55)*
- **longitud de onda** *(pág. 56)*
- **frecuencia** *(pág. 56)*
- **espectro electromagnético** *(pág. 56)*

Notas de la sección
- Una onda es una perturbación que transmite energía por la materia o el espacio.
- Las ondas que necesitan un medio se llaman ondas mecánicas. Las que no necesitan un medio se llaman ondas electromagnéticas.
- Todas las ondas electromagnéticas viajan a la velocidad de la luz. Estas ondas se diferencian sólo en su longitud de onda y frecuencia.
- La frecuencia de una onda aumenta al disminuir su longitud de onda.
- La energía de una onda se determina por su longitud de onda y frecuencia.
- La serie de ondas electromagnéticas se llama espectro electromagnético.
- La luz visible es el rango de longitudes de onda que los humanos podemos ver. Las longitudes de onda se ven en colores diferentes.
- La radiación ultravioleta elimina bacterias y produce vitamina D en el cuerpo. La sobreexposición puede producir problemas de salud.

SECCIÓN 2

Vocabulario
- **reflexión** *(pág. 59)*
- **ley de reflexión** *(pág. 59)*
- **absorción** *(pág. 60)*
- **dispersión** *(pág. 61)*
- **transmisión** *(pág. 61)*
- **pigmento** *(pág. 64)*

Notas de la sección
- Puedes ver una imagen reflejada desde una superficie durante la reflexión regular pero no durante la reflexión difusa.
- La absorción y la dispersión de la luz son dos razones por las cuales los haces de luz se debilitan con la distancia.
- La luz puede interactuar con la materia por reflexión, absorción o transmisión.

✓ Comprobar destrezas

Comprensión visual

EL ESPECTRO ELECTROMAGNÉTICO Toda la serie de ondas electromagnéticas se llama espectro electromagnético. Las ondas electromagnéticas se ordenan desde las longitudes de onda largas a las cortas o desde la frecuencia baja a la alta en el espectro electromagnético. Estudia el diagrama en la parte inferior de las páginas 56 y 57 para repasar las categorías de las ondas electromagnéticas en el espectro electromagnético.

LUZ Y MATERIA La luz puede interactuar con la materia de tres formas diferentes: se puede reflejar, absorber o transmitir. Estas tres formas se ilustran en la Figura 9 de la página 61.

SECCIÓN 2

- El color de un objeto se determina por el color de la luz que refleja.
- Los colores primarios de la luz son el rojo, el azul y el verde. Todos los colores primarios de la luz se combinan por adición de color para producir la luz blanca.
- Los pigmentos les dan color a los objetos. Los pigmentos se combinan por substracción de color.
- Los pigmentos primarios son amarillo, azul obscuro y magenta, y se pueden combinar para producir cualquier otro color.

Experimentos
Mezclar colores (*pág. 568*)

SECCIÓN 3

Vocabulario
refracción (*pág. 66*)
lente (*pág. 67*)
lente convexa (*pág. 67*)
lente cóncava (*pág. 67*)

Notas de la sección
- Los haces de luz se curvan durante la refracción.
- La refracción depende de la longitud de onda de la luz. Por esto, la luz se puede separar en diferentes colores por refracción.
- Una lente es un objeto curvo y transparente que refracta la luz. Las lentes pueden ser convexas o cóncavas.
- Una lente convexa es más gruesa en el medio que en los bordes. Este tipo de lente puede concentrar la luz que entra en ella.
- Una lente cóncava es más delgada en el medio que en los bordes. La luz que pasa por una lente cóncava se curva hacia los bordes de la lente.
- Las cámaras, telescopios y microscopios son instrumentos ópticos que tienen lentes.

---

internet

 VISITA: go.hrw.com

Visita el sitio web de HRW para encontrar una serie de herramientas de aprendizaje relacionadas con este capítulo. Sólo tienes que escribir la palabra clave:

PALABRA CLAVE: HSTLLT

 **VISITA:** www.scilinks.org

Visita el sitio web de la **Asociación Nacional de Maestros de Ciencias** (*National Science Teachers Association*) para encontrar recursos de Internet relacionados con este capítulo. Sólo escribe el **ENLACE DE CIENCIAS** para obtener más información sobre el tema:

TEMA: El espectro electromagnético	**ENLACE:** HSTL705
TEMA: Luz ultravioleta	**ENLACE:** HSTL710
TEMA: Colores	**ENLACE:** HSTL715
TEMA: Lentes	**ENLACE:** HSTL720

La luz y los seres vivos

Repaso del capítulo

UTILIZAR EL VOCABULARIO

Escoge el término correcto para completar las siguientes oraciones:

1. Las lentes convexas enfocan la luz por __?__. *(reflexión o refracción)*

2. La luz viaja a través de un objeto durante __?__. *(la absorción o la transmisión)*

3. La distancia entre un punto de una onda y el punto correspondiente de una onda adyacente es la __?__. *(longitud de onda o frecuencia)*

4. Una lente que es más delgada en el medio que en los bordes es una __?__ *(lente convexa o lente cóncava)*

5. La luz visible es un tipo de __?__. *(onda electromagnética u onda mecánica)*

COMPRENDER CONCEPTOS

Opción múltiple

6. ¿De qué color es la luz que se produce cuando se agrega luz roja a una luz verde?
   a. azul obscuro
   b. azul
   c. amarillo
   d. blanco

7. Puedes verte en un espejo debido a la
   a. absorción.
   b. dispersión.
   c. reflexión regular.
   d. reflexión difusa.

8. Los prismas producen los arco iris por
   a. reflexión.
   b. refracción.
   c. absorción.
   d. dispersión.

9. Al aumentar la longitud de onda, la frecuencia
   a. disminuye.
   b. aumenta.
   c. permanece igual.
   d. aumenta y luego disminuye.

10. La refracción ocurre cuando una onda luminosa entra a un nuevo medio formando un ángulo porque
    a. la frecuencia cambia.
    b. la luz se convierte en una onda mecánica.
    c. la velocidad de la luz cambia según el medio.
    d. ninguna de las anteriores

11. Las ondas transfieren
    a. materia.
    b. energía.
    c. partículas.
    d. agua.

12. Un telescopio refractor simple tiene
    a. una lente convexa y una cóncava.
    b. un espejo y una lente cóncava.
    c. dos lentes convexas.
    d. dos lentes cóncavas.

Respuesta breve

13. Menciona dos formas en que las ondas electromagnéticas se diferencian entre ellas.

14. Describe la ley de la reflexión.

15. Describe la diferencia entre las lentes convexas y los cóncavas.

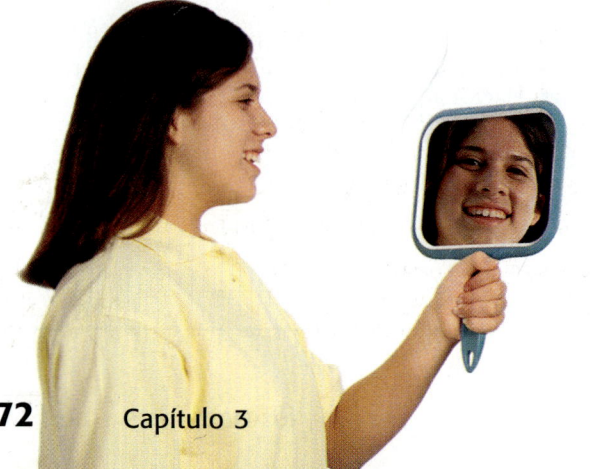

Organizar conceptos

16. Utiliza los siguientes términos para crear un mapa de ideas: luz, color, absorción, materia, reflexión, transmisión, dispersión.

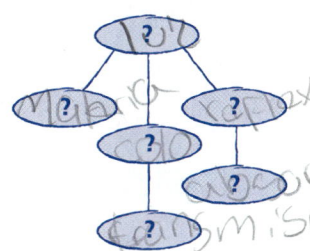

RAZONAMIENTO CRÍTICO Y RESOLUCIÓN DE PROBLEMAS

Escribe una o dos oraciones para responder las siguientes preguntas:

17. Las ondas de radio y los rayos gamma son tipos de ondas electromagnéticas. La exposición a las ondas de radio no afecta el cuerpo humano; en cambio, la exposición a los rayos gamma puede ser muy peligrosa. ¿Qué diferencia hay entre estos tipos de ondas electromagnéticas? ¿Por qué los rayos gamma son más peligrosos?

18. Si comparas la ropa que usas en verano con la que usas en invierno, observarás que la mayor parte de la ropa de verano es blanca o de colores claros pero la ropa de invierno es negra o de colores oscuros. Según tus conocimientos de cómo se determinan los colores de los objetos, trata de explicar esta tendencia.

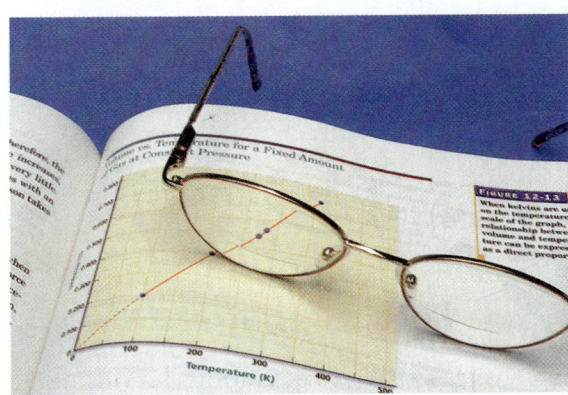

19. Algunas personas sufren de miopía e hipermetropía. Los anteojos que usan se llaman bifocales y contienen dos tipos diferentes de lentes. ¿Por qué se necesitan dos tipos de lentes?

INTERPRETAR GRÁFICAS

20. ¿Qué hay dentro de cada caja sorpresa? La única pista que tienes son los rayos luminosos que entran y salen de la caja.

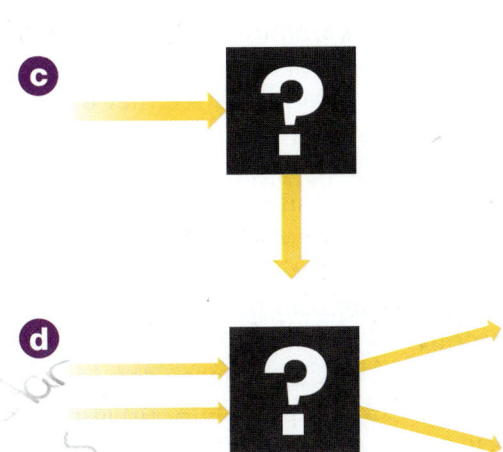

AHORA, ¿qué piensas?

Revisa tus respuestas a las preguntas de la página 53 que escribiste en el cuaderno de ciencias. ¿Han cambiado tus respuestas? Si es necesario, corrige tus respuestas basándote en lo que has aprendido en este capítulo.

La luz y los seres vivos

Ciencia, Tecnología y Sociedad

Las luciérnagas iluminan el camino

Del mismo modo que la luz de un faro advierte a los barcos del peligro, los científicos están utilizando la luz de una fuente poco común, las luciérnagas, para advertirles a los inspectores de alimentos la presencia de contaminación bacteriana peligrosa. Miles de personas mueren cada año por la contaminación bacteriana de la carne. Se está utilizando la luz de la luciérnagas para estudiar enfermedades, tratamientos de aguas residuales y la protección del medio ambiente.

La luz que guía la naturaleza

Muchos organismos emiten luz, como algunos peces, calamares, escarabajos y bacterias. Las luciérnagas usan esta luz para atraer una pareja. ¿Cómo usan la energía estos organismos para emitir luz?

Todos estos organismos usan una substancia llamada *luciferina* y una enzima llamada *luciferasa* para producir luz. La luciferasa utiliza la energía del *adenosin trifosfato* (ATP) para descomponer la luciferina y producir luz como brillo o destello. Las luciérnagas son focos muy efectivos. Casi el 100 por ciento de la energía que reciben del ATP se utiliza para producir luz. Esto es más del 10 por ciento de la energía que emite un foco eléctrico como luz; ¡el 90 por ciento restante es calor!

Cómo dominar la luz de la vida

¿Cómo han podido los científicos dominar la habilidad de la luciérnaga para producir luz y así detectar bacterias? Encontraron el gen responsable de la producción de luciferasa y se lo insertaron a un virus que se alimenta de bacterias. Este virus, que no daña al ser humano, se mezcla en la carne. Cuando el virus infecta las bacterias, les transfiere el gen, el cual se une a la maquinaria genética bacteriana. Estas bacterias comienzan a producir luciferasa y brillan en presencia de la luciferina.

▲ *Es probable que veas luciérnagas agrupadas alrededor de un árbol.*

Este proceso se está utilizando para encontrar numerosas bacterias peligrosas que contaminan los alimentos, como la *Salmonella* y la *E. coli* y que causan la muerte de miles de personas todos los años. La prueba no sólo es efectiva sino rápida. Antes de que los investigadores la desarrollaran, tardaban hasta 3 días en determinar si un alimento estaba contaminado por bacterias. ¡Para entonces el alimento ya estaba en el almacén!

¡Piénsalo!

▶ Las luciérnagas usan el ATP como fuente de energía para emitir luz. Las plantas usan la energía de la luz para producir ATP. Después, las plantas pueden usar el ATP como fuente de energía. Crea una hipótesis para explicar qué color de luz les da más energía a las plantas. Investiga y averigua si tu hipótesis es correcta.

VENTANA AL MEDIO AMBIENTE

Contaminación lumínica

Las ciudades se pueden ver desde lejos durante la noche. Las luces de las ventanas perfilan los edificios. Las luces de los estadios brillan como faros. ¡La vista es asombrosa!

Desgraciadamente, los astrónomos consideran estas luces una forma de contaminación. La contaminación lumínica reduce nuestra capacidad de ver más allá de la atmósfera. Los astrónomos están perdiendo la capacidad de ver el espacio a través de la atmósfera.

Resplandor de las ciudades

Hace veinte años, las estrellas se podían ver, hasta sobre las ciudades grandes. Aún están ahí, pero ahora están ocultas detrás de las luces de las ciudades. Este brillo, denominado resplandor de las ciudades, se produce cuando la luz se refleja en el polvo y otras partículas suspendidas en la atmósfera. Todos los lugares se ven afectados por la contaminación lumínica.

La contaminación lumínica proviene principalmente de luces exteriores como faros, semáforos y luces de estadios. Otras fuentes incluyen los incendios forestales y las combustiones de gas en yacimientos petrolíferos. Al agregar más partículas al aire, la contaminación del aire empeora las cosas, pues causa una mayor reflexión.

Una luz de esperanza

La contaminación lumínica tiene soluciones simples. De hecho, se puede eliminar en el mismo tiempo que demora apagar una luz. No es práctico apagar todas las luces de la ciudad, pero hay estrategias simples que pueden lograr cambios. Por ejemplo, el uso de luces exteriores cubiertas mantiene el ángulo de la luz hacia abajo, y esto evita que la mayor cantidad de luz alcance las partículas del cielo. Además, el uso de luces sensibles al

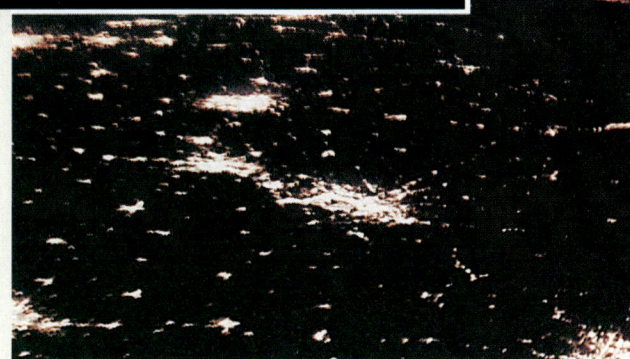

▲ Las luces de las ciudades se pueden ver desde el espacio, como se muestra en esta fotografía que se tomó desde el transbordador espacial Columbia. Las luces brillantes y descubiertas (recuadro) producen neblina luminosa en el cielo nocturno sobre la mayoría de las ciudades de los Estados Unidos.

movimiento y luces programadas ayuda a eliminar la luz innecesaria. Muchas de estas estrategias ahorran energía, y también dinero.

Los astrónomos esperan que la conciencia pública ayude a mejorar la visibilidad del cielo nocturno. Algunas ciudades, como Boston y Tucson, ya han hecho avances. Los científicos han pronosticado que si no nos preocupamos, la contaminación lumínica afectará a todos los observatorios de la Tierra en la próxima década.

Compruébalo

▶ Con el permiso de tus padres, sal en la noche y cuenta las estrellas que puedas ver. Luego, enciende una linterna o una luz de la terraza. ¿Cuántas estrellas ves? Compara tus resultados. ¿Cuánto se redujo tu visibilidad?

UNIDAD 2

CRONOLOGÍA
La célula

1620 — Los peregrinos establecen la colonia de Plymouth.

1665 — Robert Hooke descubre las células después de observar una muestra de corcho con un microscopio.

Las células están en todas partes. Aunque la mayoría de ellas no se pueden observar a simple vista, forman parte de todo organismo viviente. Tu cuerpo contiene billones de células.

En esta unidad, estudiarás las células y aprenderás a distinguir entre las células animales, las vegetales y las bacterianas. Aprenderás también las diferentes partes de una célula y sus funciones. Las células fueron descubiertas en 1665 y, desde entonces, hemos aprendido mucho sobre ellas y sobre la forma en que trabajan. Esta cronología muestra algunos de los descubrimientos que se han hecho a lo largo de la historia, pero todavía hay mucho que aprender sobre el fascinante mundo de las células.

1937 — El puente Golden Gate en San Francisco se abre por primera vez.

1873 — Anton Schneider observa y describe con precisión la mitosis.

1941 — George Beadle y Edward Tatum descubren que los genes controlan las reacciones químicas en las células al dirigir la síntesis de proteínas.

1952 — Martha Chase y Alfred Hershey demuestran que el ADN, que se encuentra en el núcleo de las células, es el material de la herencia.

1831
Robert Brown descubre el núcleo de una célula vegetal.

1838
Matthias Schleiden descubre que todos los tejidos de las plantas están formados por células.

1839
Theodor Schwann demuestra que todos los tejidos animales están formados por células.

1861
Empieza la Guerra Civil estadounidense.

1858
Rudolf Virchow determina que todas las células provienen de otras células.

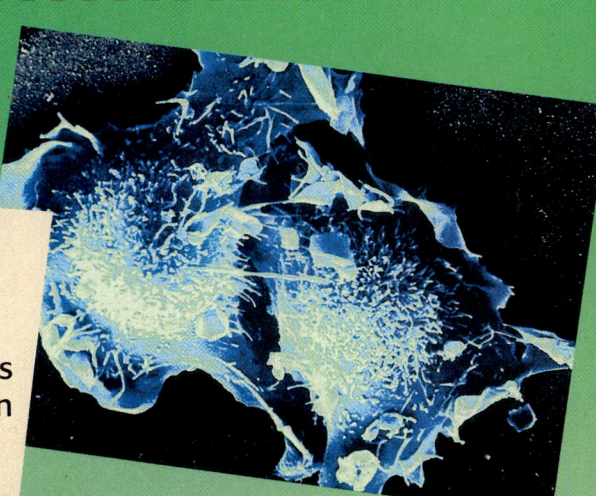

1971
Lynn Margulis propone una teoría sobre el origen de los organelos celulares.

1956
Se descubre que la síntesis de proteínas en la célula ocurre en los ribosomas.

1997
Una oveja llamada Dolly se convierte en el primer animal clonado a partir de una sola célula.

La célula 77

CAPÍTULO 4
La célula: unidad fundamental de la vida

¿Qué tal si...?

Imagínate esta escena de una película de horror: un muchacho se sienta a comer y se da cuenta de que su mamá hizo otra vez calabacitas. Como no tiene escapatoria, se come esas espantosas cosas verdes. Luego, descubre que, en lugar de ser digerida, una de las calabacitas se instaló dentro de su cuerpo, y lo peor de todo es que, ¡está viva! ¿No se te hace espantoso? ¿Qué tal que calabacita empezara a hacer cosas maravillosas por el muchacho, como por ejemplo darle la energía que él nunca había imaginado tener? Lynn Margulis, una científica, cree que algo parecido pasó con ciertos organismos unicelulares que vivieron hace más de mil millones de años y que crearon los tipos de células de las que estamos hechos.

Según la teoría de Margulis, hace alrededor de 1200 millones de años, algunas células más grandes empezaron a comerse a las células más chicas. Como los glóbulos blancos que se muestran en esta página, las células más grandes atrapaban a las células más chicas con prolongaciones de su cuerpo celular. Pero algunas de las células se resistían a ser digeridas. En realidad, la mayoría de ellas empezaron a sentirse muy bien en sus nuevos hogares. Las células más grandes también se beneficiaron de sus nuevos huéspedes, pues las células más chicas liberaban enormes cantidades de energía del alimento que ingerían las células grandes. Otros tipos de células pequeñas usaban la energía solar para crear suficiente comida para ellas y las más grandes. Se cree que las estructuras que producen energía en la mayoría de las células, inclusive las tuyas, descienden de estas células más chicas. En este capítulo, aprenderás más sobre las células y sus estructuras.

¿Tú qué piensas?

Usa tus conocimientos para responder las siguientes preguntas en tu cuaderno de ciencias:

1. ¿Qué son las células y dónde se encuentran?
2. ¿Por qué hay células y por qué son tan pequeñas?

¡Investiga!

¿De qué estás hecho?

Como ya sabes, todos los organismos vivientes están hechos de células. ¡Tú también! ¿Cómo son algunas de tus células? Haz esta actividad para descubrirlo.

Procedimiento

1. Durante este experimento usa lentes protectores, guantes y una bata. Pídele a tu maestra que ponga una gota de **azul de metileno en un portaobjetos de plástico**.
   Cuidado: No derrames este colorante sobre tu piel o ropa. Si esto sucede, lava la parte manchada de inmediato y avísale a tu maestra o maestro.

2. *Raspa* muy suavemente la parte interior de tu mejilla con el extremo romo de un **palillo.**

3. Revuelve el material que raspaste con la gota de colorante. **Cuidado:** ¡Ya no te metas ese palillo en la boca! Deséchalo como te lo indica la maestra.

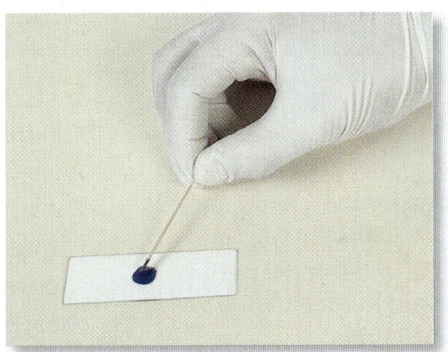

4. Coloca un **cubreobjetos de plástico** sobre la gota, como se muestra en la ilustración.

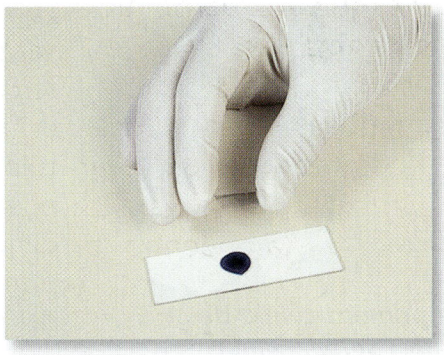

5. Coloca el portaobjetos en el **microscopio** y trata de encontrar las células. En tu cuaderno de ciencias, haz un dibujo de lo que ves.

Análisis

6. ¿Cómo son tus células? ¿Son todas iguales?
7. ¿Crees que todas las células de tu cuerpo son como éstas? Explica tu respuesta.

La célula: unidad fundamental de la vida

Sección 1

Organización de la vida

VOCABULARIO

tejido
órgano
sistemas
organismo
unicelular
multicelular
población
comunidad
ecosistema

OBJETIVOS

- Explica cómo está organizada la vida, desde una célula sencilla hasta un ecosistema.
- Describe la diferencia entre organismos unicelulares y multicelulares.

Imagínate que vas hacer un viaje a Marte. Debes empacar en tu maleta todo lo que necesitas para sobrevivir. ¿Qué empacarías? Para empezar, vas a necesitar comida, oxígeno y agua. Y esto es sólo el principio. Quizá vas a necesitar una maleta grande y bonita, ¿no? En realidad, tienes todo esto dentro de las células de tu cuerpo. La célula es más pequeña que el punto final de esta oración, pero tiene todo lo necesario para cumplir con todas las actividades de la vida.

Todo ser vivo tiene por lo menos una célula. Muchos organismos con vida están formados por una sola célula, mientras que otros tienen billones de ellas. Para que te des una idea de cómo es un ser vivo con casi 100 billones de células, ¡mírate al espejo!

Células: todo empieza con una célula

La mayoría de las células son muy pequeñas y no se pueden ver sin la ayuda de un microscopio, pero es posible que en tu refrigerador tengas una de las más grandes. ¿Quieres saber qué es? Observa la **Figura 1**. La primera célula de un pollo es amarilla con un puntito blanco y está rodeada por un fluido gelatinoso que se le conoce como la clara del huevo. El punto se divide una y otra vez hasta formar un pollito. La yema (de la primera célula) y la clara les dan los nutrientes a las células del pollito que se está formando. Igual que un pollo, tú empezaste siendo una sola célula. Observa la **Figura 2** y descubre algunas de las primeras etapas de tu desarrollo.

No todas tus células se ven y actúan igual. Tienes cerca de 200 tipos diferentes de células y cada uno realiza una función determinada. Hay células óseas, sanguíneas y cutáneas. Cuando alguien ve todas esas células juntas, te ve a ti.

Figura 1 *La primera célula de un pollo es una de las células más grandes del mundo.*

24 horas

40 horas

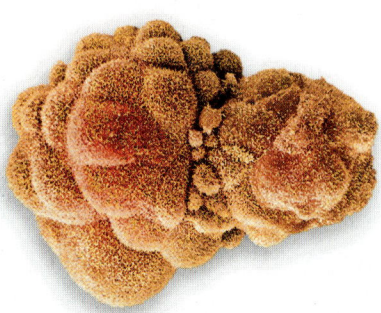
6 días

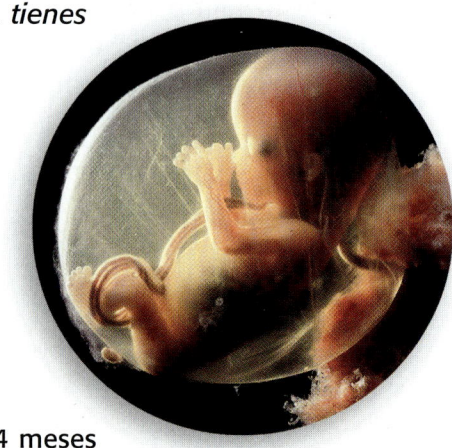
4 meses

Figura 2 *Empezaste como una célula, pero después de muchas divisiones, tienes alrededor de 100 billones de ellas.*

Tejidos: las células trabajan en equipo

Cuando observes de cerca tu ropa, vas a ver que los hilos han sido agrupados, o tejidos, para que la ropa pueda cumplir su función. De la misma forma, las células se agrupan para formar un tejido que tiene una tarea. Un **tejido** es un grupo de células que trabajan juntas para cumplir una función específica en el cuerpo. El material que está alrededor y entre las células también es parte del tejido. En la **Figura 3** se muestran algunos ejemplos de tejidos de tu cuerpo.

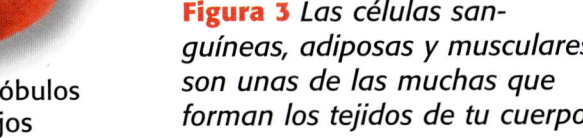

Células adiposas

Células musculares

Glóbulos rojos

Figura 3 *Las células sanguíneas, adiposas y musculares son unas de las muchas que forman los tejidos de tu cuerpo.*

Órganos: equipos que trabajan juntos

Cuando dos o más tejidos trabajan juntos para hacer una tarea específica, el grupo de tejidos recibe el nombre de **órgano.** Algunos órganos son el estómago, los intestinos, el corazón, los pulmones y la piel. Así es: hasta tu piel es un órgano, ya que contiene diferentes tipos de tejidos. Para conocerlos más de cerca, observa la **Figura 4.**

Las plantas también tienen varios tipos de tejidos que trabajan juntos. Una hoja es un órgano con tejidos que atrapan la energía de la luz para crear alimentos. Otros ejemplos de órganos vegetales son los tallos y las raíces.

PARA PENSAR

La parte que ves de la piel, el cabello y las uñas es tejido muerto. ¿No te parece raro que nos esforcemos tanto en hacer que nuestras células muertas se vean bonitas?

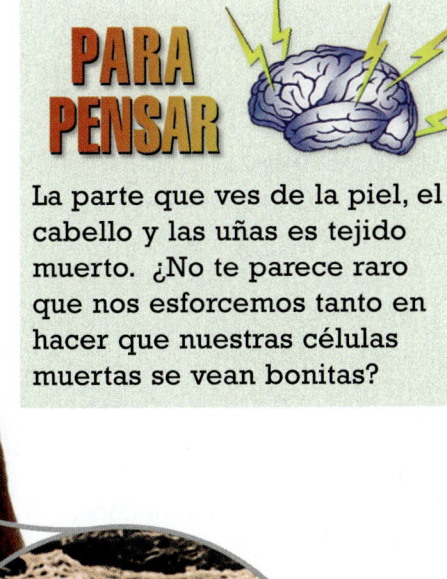

Figura 4 *La piel es el órgano más grande del cuerpo. La piel de una persona adulta tiene una masa de casi 4.5 kg.*

La célula: unidad fundamental de la vida

química
CONEXIÓN

Sobre las células de todo ser humano hay proteínas que actúan como tarjetas de identificación. Cuando a una persona se le hace un transplante de órgano, las células del nuevo órgano deben tener casi el mismo "código" que el anterior. Si las células son muy diferentes, el cuerpo del receptor rechazará el órgano.

Sistemas: una gran combinación

Los órganos trabajan en grupos para hacer tareas específicas. Estos grupos se llaman **sistemas.** Cada sistema realiza una tarea específica en el cuerpo. Por ejemplo, la tarea del aparato digestivo es descomponer la comida en partículas para que las células del cuerpo la utilicen. La tarea del sistema nervioso es transmitir información entre el cerebro y el resto del cuerpo. Entre los sistemas de las plantas están los sistemas de hojas, de raíces y de tallos, como se muestra en la **Figura 5.**

Tu cuerpo tiene varios sistemas. El aparato digestivo se muestra en la **Figura 6.** Cada órgano del aparato digestivo cumple una tarea. Un órgano determinado puede realizar su tarea gracias a los diferentes tejidos que tiene. Los órganos de un sistema dependen el uno del otro; si cualquier parte del sistema falla todo el sistema es afectado, y la falla de un sistema puede afectar otros sistemas. Imagínate qué pasaría si tu aparato digestivo dejara de convertir la comida en energía. ¡Ninguno de los otros sistemas tendría energía para funcionar!

Figura 5 Las plantas también tienen sistemas. Por ejemplo, el sistema de tallos incluye los tallos y las ramas.

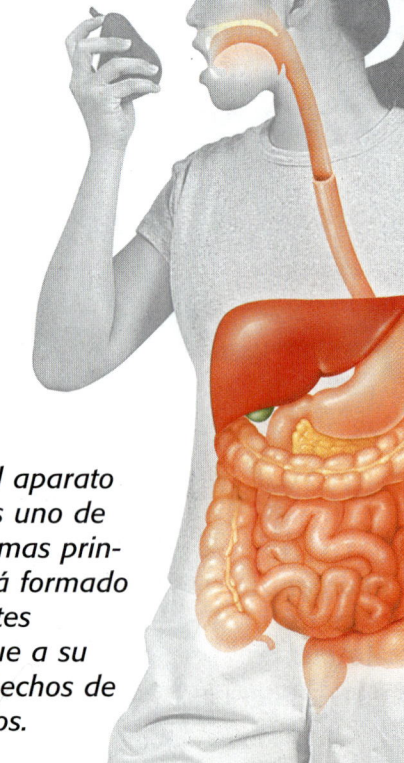

Figura 6 El aparato digestivo es uno de los 11 sistemas principales. Está formado por diferentes órganos, que a su vez están hechos de varios tejidos.

Explora

¿Cómo crees que se organiza una escuela? La tarea del sistema escolar es educar a los alumnos en todos los niveles. Las diversas escuelas (primaria, secundaria, preparatoria) son como los diferentes órganos de un sistema. Los grupos de maestros de cada escuela trabajan juntos para enseñarle a un grupo específico de estudiantes. Si consideráramos a cada grupo de maestros de una escuela como el tejido que cumple una función particular, ¿qué sería cada maestro? ¿Qué otros ejemplos puedes usar para representar las partes de un sistema? Explica tu respuesta.

Organismos: vida independiente

Un organismo es todo ser viviente que puede sobrevivir por su cuenta. Todos los organismos están hechos de por lo menos una célula. Si una célula vive por su cuenta, es un **organismo** unicelular. La mayoría de los organismos unicelulares son tan pequeños que necesitas un microscopio para verlos. En la **Figura 7** se muestran algunos tipos diferentes de organismos unicelulares.

Tú eres un **organismo** multicelular. Esto significa que sólo puedes existir como un grupo de células y que la mayoría de tus células sobreviven si siguen siendo parte de tu cuerpo. Cuando te caes en la calle y te raspas la rodilla, las células que dejaste en la calle no pueden vivir por su cuenta. La **Figura 8** muestra cómo tus células trabajan juntas para formar un organismo multicelular.

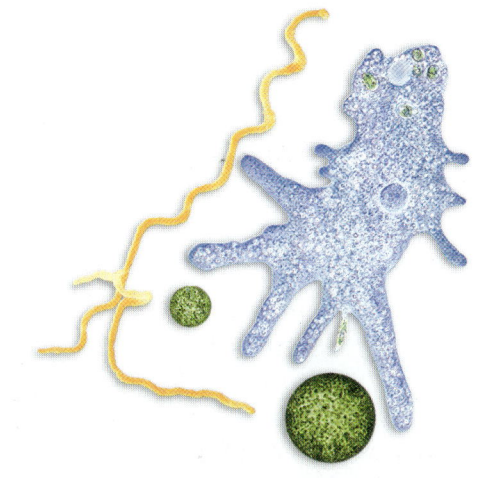

Figura 7 Los organismos unicelulares tienen una gran variedad de formas y tamaños.

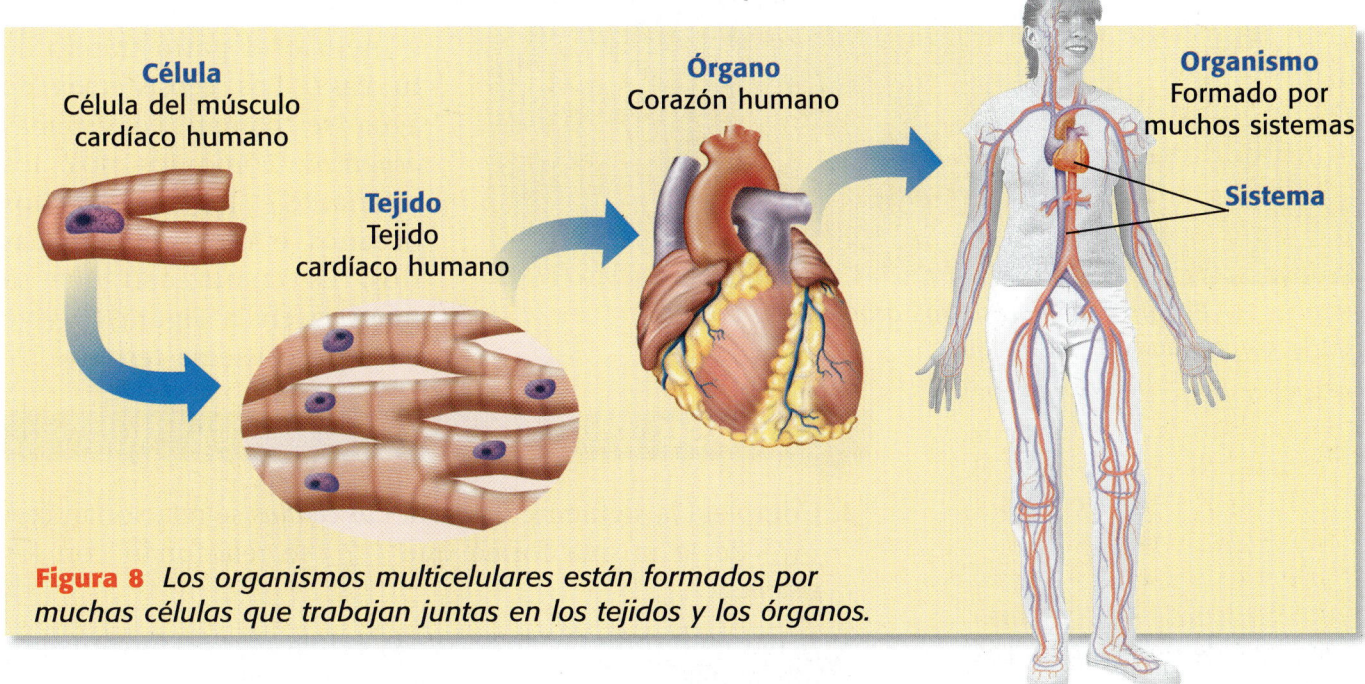

Figura 8 Los organismos multicelulares están formados por muchas células que trabajan juntas en los tejidos y los órganos.

El panorama

Aunque los organismos unicelulares y multicelulares pueden vivir por su cuenta, por lo general no viven solos. Los organismos interactúan con los demás en diferentes formas.

Poblaciones Un grupo de organismos del mismo tipo que viven en la misma área forman una **población.** Todas las catarinas que viven en el bosque, como las de la **Figura 9,** forman la población de catarinas de ese bosque. Todos los robles rojos forman la población de robles rojos del bosque.

Figura 9 Una población está formada por todos los individuos del mismo tipo que viven en la misma área.

La célula: unidad fundamental de la vida

Comunidades Dos o más poblaciones que viven en la misma área forman una **comunidad**. Las poblaciones de zorros, robles, lagartijas, flores y otros organismos de un bosque son parte de la comunidad de ese bosque, como se muestra en la **Figura 10**. El lugar donde vives es una comunidad que incluye a gente, perros, gatos y otros organismos que viven ahí.

Ecosistemas La comunidad y todas las cosas sin vida que la afectan, como el agua, la tierra, las rocas, la temperatura y la luz, forman un **ecosistema**. Los ecosistemas de tierra se llaman ecosistemas *terrestres,* como los bosques, los desiertos, las praderas e incluso el patio trasero de tu casa. Los ecosistemas de agua se llaman ecosistemas *acuáticos,* como los ríos, los estanques, los lagos, los océanos e incluso los acuarios. La comunidad que se muestra en la Figura 10 vive en un ecosistema terrestre.

Figura 10 *El zorro, las flores y los árboles son parte de la comunidad de un bosque.*

REPASO

1. Completa la siguiente oración: *Las células* se relacionan con __?__ de la misma forma que __?__ se relacionan con los *sistemas.*

2. ¿Cuál es la diferencia entre las células de los organismos unicelulares y las células de los organismos multicelulares?

3. **Aplicar conceptos** Usa la foto del acuario de la derecha para responder las siguientes preguntas:
   a. ¿Cuántas clases *diferentes* de organismos puedes ver?
   b. ¿Cuántas poblaciones identificas?
   c. ¿Cuántas comunidades puedes ver?

Sección 2

El descubrimiento de las células

VOCABULARIO
teoría celular
membrana celular
organelos
citoplasma
relación de superficie a volumen
núcleo
procariota
eucariota
bacterias

OBJETIVOS
- Enuncia las partes de la teoría celular.
- Explica por qué las células son tan pequeñas.
- Calcula la relación de superficie a volumen de una célula.
- Enuncia las ventajas de ser un organismo multicelular.
- Explica la diferencia entre células procariotas y células eucariotas.

La mayoría de las células son tan pequeñas que no se pueden observar a simple vista. ¿Cómo descubrimos que las células son la unidad básica de los organismos con vida? ¿Qué te hace pensar que un conejo, un árbol o una persona están hechos de pequeñas partes que no se puden ver? En realidad, la persona que descubrió las células lo hizo por accidente ya que las vio cuando ni siquiera las estaba buscando.

Primer encuentro con las células

En 1665, un científico inglés llamado Robert Hooke estaba buscando algo interesante que pudiera mostrarles a otros científicos en una reunión. Ya había construido un microscopio compuesto con varios juegos de lentes que le permitía observar objetos diminutos. Un día decidió observar un pedacito de corcho, el tejido suave que se encuentra en la corteza de los árboles como los de la **Figura 11.** Para su sorpresa, el corcho se veía como si tuviera cientos de cajitas, como un panal. A estas cajitas les puso el nombre de *células,* que en latín significa "cuartitos".

Aunque Hooke no se dio cuenta, estas cajas eran en realidad las capas exteriores de las células de corcho que se quedaron ahí al morir las células. Luego, observó laminillas de zanahorias, helechos y otras plantas y vio que también estaban hechos de células. Vio también que las células vivas estaban llenas de "jugo". En la **Figura 12** se muestra el microscopio de Hooke y los dibujos de las células de corcho.

Hooke también observó plumas de aves, escamas de peces y ojos de moscas, pero la mayor parte del tiempo la pasó observando plantas y hongos. Como las paredes celulares de las plantas y de los hongos son más fáciles de ver, Hooke pensó que sólo había células en esos tipos de organismos y no en los animales.

Figura 11 *El corcho es un material suave que se encuentra en algunos árboles. Las células de corcho fueron las primeras que se vieron con un microscopio.*

Figura 12 *Éste es el microscopio compuesto con el que Hooke vio las primeras células. Hooke hizo un dibujo de las células de corcho que vio por primera vez.*

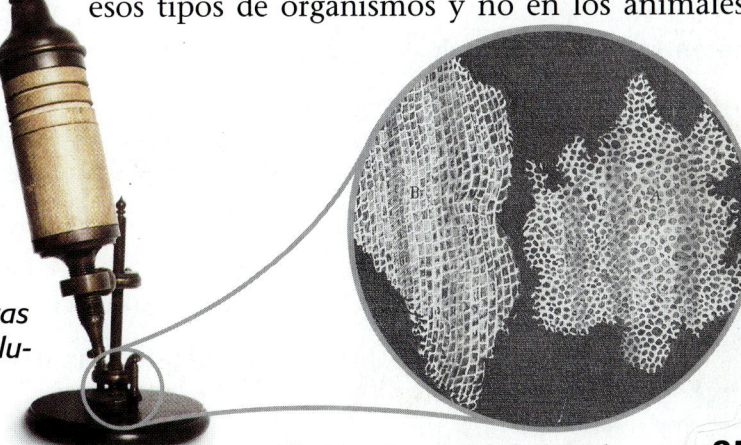

La célula: unidad fundamental de la vida

Las células en otras formas de vida

En 1673, un comerciante holandés llamado Anton van Leeuwenhoek usó un microscopio que había fabricado para observar espuma de un estanque, y vio algo parecido a lo que se muestra en la **Figura 13.** Se sorprendió de ver muchas criaturitas nadando en la lama pegajosa; les puso el nombre de *animálculos*, que significa "animalitos".

Leeuwenhoek, que aparece en la **Figura 14,** también observó la sangre y el sarro de los dientes. Observó que las células de la sangre de los peces, los pájaros y las ranas tienen forma de óvalo, y las de los humanos y de los perros son más planas. Fue el primero en ver las bacterias y descubrió que la levadura usada para hacer que el pan se esponje está formada por organismos unicelulares.

Figura 13 Leeuwenhoek vio organismos unicelulares parecidos a éstos, que se encuentran en la lama de los estanques.

"No me lavé los dientes a propósito en tres días. Luego tomé la substancia que se encontraba sobre los dientes; y la mezclé con saliva y agua de lluvia. También ahí encontré algunos animálculos vivos."

Figura 14
Anton van Leeuwenhoek

¿Animálculos del tamaño de un elefante? ¡Descúbrelo en el experimento de la pág. 570!

La teoría celular

Después de que Hooke vio las células de corcho, pasaron casi dos siglos para que se dieran cuenta de que las células están presentes en *todos* los seres vivos. Matthias Schleiden, un científico alemán, observó muchas laminillas de tejidos de plantas y leyó sobre lo que otros científicos habían visto con el microscopio. En 1838, llegó a la conclusión que todas las partes de las plantas están hechas de células.

El año siguiente, Theodor Schwann, un científico alemán que estudiaba los animales, afirmó que todos los tejidos animales estaban hechos de células. Escribió las primeras dos partes de lo que ahora se conoce como la **teoría celular:**

• Todos los organismos están compuestos de una o más células.

• La célula es la unidad fundamental de todos los organismos vivientes.

Casi 20 años después, en 1858, Rudolf Virchow, un médico alemán, vio que las células sólo se podían desarrollar de otras células. Entonces escribió la tercera parte de la teoría celular:

• Todas las células provienen de células preexistentes.

Similitudes entre las células

Las células tienen distintas formas, tamaños y funciones, pero todas tienen estas cosas en común:

Membrana celular Todas las células están rodeadas por una **membrana celular.** Esta membrana actúa como una barrera entre el interior de la célula y su medio ambiente. También controla el paso de los materiales dentro y fuera de la célula. La **Figura 15** muestra la parte exterior de una célula.

Figura 15 *La membrana celular guarda el contenido de toda la célula.*

Material hereditario Parte de la teoría celular establece que las células están hechas de células preexistentes. Cuando se forman nuevas células, reciben una copia del material hereditario de las células originales. Este material es el *ADN* (ácido desoxirribonucleico), que controla las actividades de una célula y contiene la información necesaria para que forme células nuevas.

Citoplasma y organelos Las células tienen substancias químicas y estructuras que les permiten comer, crecer y reproducirse, las cuales se llaman **organelos.** No todos los organelos son del mismo tipo. Algunos están rodeados de membranas, pero otros no. La célula de la **Figura 16** tiene organelos cubiertos por una membrana. Las substancias químicas y las estructuras de una célula están rodeadas por un fluido. Este fluido y casi todo lo que está en él se conoce comúnmente como **citoplasma.**

De tamaño pequeño La mayoría de las células son tan pequeñas que no se pueden ver a simple vista. Tú estás formado por 100 billones de células y para cubrir el punto de la letra *i* se necesitan unas 50.

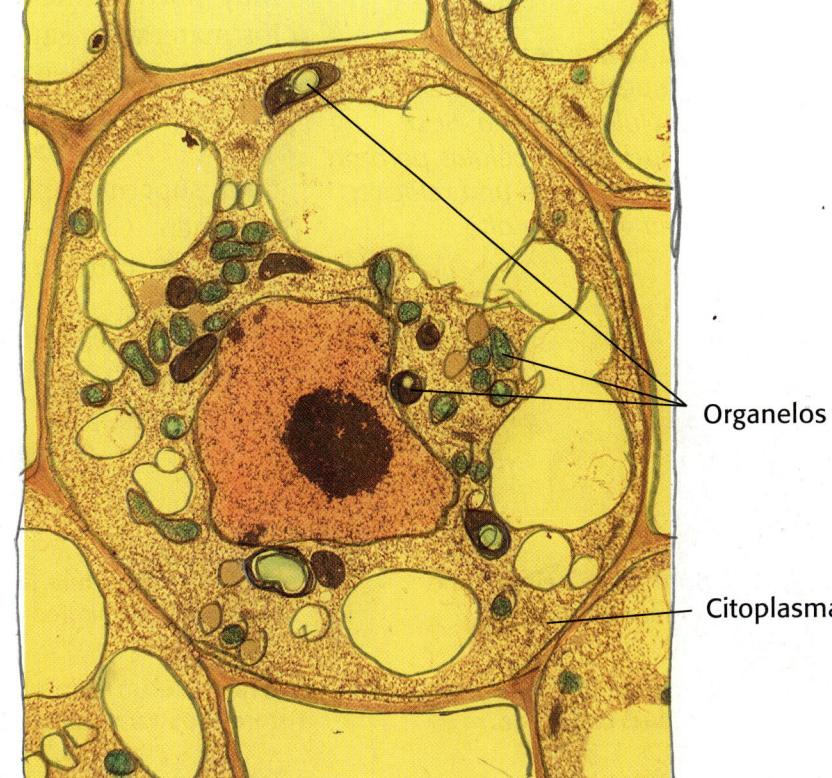

Figura 16 *Esta célula tiene muchos organelos, algunos de ellos rodeados por una membrana.*

✓ Autoevaluación

¿Por qué las células necesitan ADN? *(Consulta la página 636 para comprobar tu respuesta.)*

La célula: unidad fundamental de la vida

Amiba gigante se come la ciudad de Nueva York

Este no es un encabezado que vayas a leer en algún periódico. ¿Por qué no? Porque las amibas están formadas por una sola célula. Es más, la mayoría de las amibas sólo se pueden ver con un microscopio. Es por eso que cuando una célula crece, más materiales deben moverse hacia adentro y hacia afuera a través de la membrana celular. Entre más grande sea la célula, necesitará más comida y oxígeno, y producirá más desechos.

Para mantener estas demandas, una célula en crecimiento necesita un área más grande en donde pueda intercambiar desechos y nutrientes. Cuando el volumen de la célula aumenta, también crece su superficie exterior. Pero hay un problema: el volumen de una célula aumenta a una velocidad mayor que el área de su superficie. Por lo tanto, si una célula crece mucho, su superficie tendrá muy pocos orificios para permitir la entrada y salida de los materiales. Para que entiendas por qué el volumen de una célula aumenta más rápido que su superficie, observa la relación de superficie a volumen de las células de la **Figura 17**. La **relación de superficie a volumen** es el área de la superficie exterior de una célula en relación con su volumen. Como puedes ver, la relación de superficie a volumen disminuye cuando la célula aumenta.

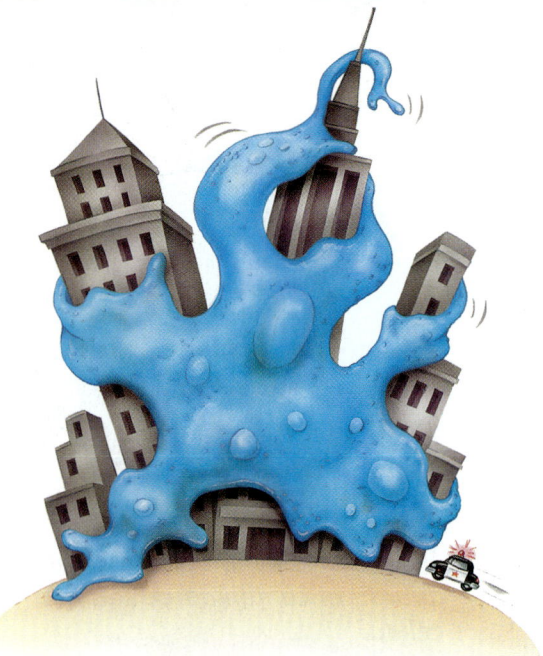

Figura 17 *La célula grande tiene una relación de superficie a volumen más baja que la célula pequeña. Si se aumenta el número de células pero no su tamaño, se mantiene una relación de superficie a volumen alta.*

Relación de superficie a volumen

Cada lado de esta célula tiene 1 unidad de largo.	Cada lado de esta célula tiene 2 unidades de largo.	Los lados de cada una de estas 8 células tienen 1 unidad de largo.
La superficie de un lado es de **1 unidad cuadrada.** ($1 \times 1 = 1$)	La superficie de un lado es de **4 unidades cuadradas.** ($2 \times 2 = 4$)	La superficie combinada de estas 8 células es de **48 unidades cúbicas.** (8×6 unidades cúbicas $= 48$)
La superficie de la célula es de **6 unidades cuadradas.** ($1 \times 1 \times 6 = 6$)	Esta célula tiene una superficie de **24 unidades cuadradas.** ($2 \times 2 \times 6 = 24$)	El volumen combinado de estas células es de **8 unidades cúbicas.** (8×1 unidad cúbica $= 8$)
El volumen de esta célula es de **1 unidad cúbica.** ($1 \times 1 \times 1 = 1$)	El volumen de esta célula más grande es de **8 unidades cúbicas.** ($2 \times 2 \times 2 = 8$)	La relación de superficie a volumen de estas células es 48:8 ó **6:1**.
La relación de superficie a volumen de esta célula es **6:1**.	La relación de superficie a volumen de esta célula es 24:8 ó **3:1**.	

Las ventajas de ser multicelular ¿Ahora entiendes por qué estás hecho de tantas células diminutas en lugar de tener sólo una o varias células grandes? Una sóla célula de tu tamaño y con tu forma tendría una relación de superficie a volumen demasiado baja. La célula no podría sobrevivir ya que su superficie sería tan pequeña que no permitiría la entrada de los materiales necesarios. Los organismos multicelulares crecen al producir células más pequeñas, no más grandes. Las células de un elefante son del mismo tamaño que las tuyas, sólo que él tiene más.

Además de tener la capacidad de crecer más, los organismos multicelulares pueden hacer muchas otras cosas ya que tienen diferentes tipos de células. Así como hay maestras que se especializan en enseñar, doctores y enfermeras que ayudan a enfermos y mecánicos que reparan coches, las células se especializan en realizar diferentes tareas. Una sóla célula no puede hacer todas las cosas que muchas células diferentes hacen. Al tener una gran variedad de células que se especializan en tareas específicas, los organismos multicelulares realizan más funciones que los unicelulares. Los diferentes tipos de células forman tejidos y órganos con varias funciones. Gracias a que el ser humano tiene células especializadas, como células óseas, musculares, oculares y cerebrales, puede sentarse, caminar, correr, ver una película, reflexionar sobre lo que ve y hacer otras cosas. Si te gusta hacer muchas cosas, entonces alégrate de no tener una sóla célula.

Figura 18 *Un elefante es más grande que un ser humano porque tiene más células y no porque sus células son más grandes.*

¡MATEMÁTICAS!

Relación de superficie a volumen

La forma de una célula afecta su relación de superficie a volumen. Examina estas células y responde las siguientes preguntas:

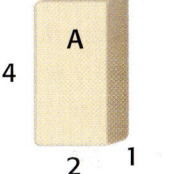
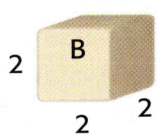

1. ¿Cuál es la superficie de la célula A y de la célula B?
2. ¿Cuál es el volumen de la célula A y de la célula B?
3. ¿Cuál de las dos células tiene la relación de superficie a volumen mayor?

Imagínate que eres el afortunado merecedor de un paramecio, un tipo de organismo unicelular. Para cuidar bien a tu nueva mascota, tienes que calcular cuánto necesitas para alimentarla. Las dimensiones de tu paramecio son aproximadamente 125 μm × 50 μm × 20 μm. Si siete moléculas de comida pueden entrar en cada micrómetro cuadrado de superficie cada minuto, ¿cuántas moléculas puede comer tu mascota en 1 minuto? Si tu mascota necesita para sobrevivir una molécula de comida por micrómetro cúbico de volumen cada minuto, ¿cuánta comida tendrías que darle por minuto?

La célula: unidad fundamental de la vida

Autoevaluación

1. Cuando una célula crece demasiado, ¿qué pasa con su relación de superficie a volumen?
2. ¿Qué tiene una célula eucariota que una procariota no tenga? *(Consulta la página 636 para comprobar tu respuesta.)*

Laboratorio

¿Son sabrosas las bacterias?

Un tipo de bacterias se encuentra en el yogurt, y... ¡son deliciosas! Con un **bastoncillo de algodón,** pon un pequeño punto de **yogurt** en un **portaobjetos.** Agrégale una gota de **agua** al yogurt y revuélvela con el bastoncillo. Ponle el **cubreobjetos** y examina la laminilla con un **microscopio compuesto.** Enfoca la muestra con el lente de corto alcance, luego con el de mediano alcance y por último con el de alto alcance. Dibuja lo que ves.

Los montones de células en forma de bastoncitos se llaman *Lactobacillus*. Estas bacterias se alimentan del azúcar de la leche (lactosa) y la convierten en ácido láctico. El ácido láctico hace que la leche se espese, ¡y de esta manera se forma el yogurt!

Dos tipos de células

Los diferentes tipos de células se dividen en dos grupos. Como ya sabes, todas las células tienen ADN. En un grupo, las células tienen un **núcleo,** que es un organelo cubierto con una membrana que guarda el ADN de las células. En el otro grupo, el ADN de las células no se guarda en un núcleo. Las células que no tienen un núcleo son **procariotas,** y las que sí lo tienen son **eucariotas.**

Células procariotas Las células procariotas (también conocidas como **bacterias**) son las más pequeñas del mundo. Se llaman *procariotas* porque no tienen un núcleo (*procariota* significa en griego "sin núcleo"). El ADN de una célula procariota es una molécula larga circular, en forma de liga.

Las bacterias no tienen organelos cubiertos por una membrana, sino pequeños organelos redondos llamados ribosomas. Estos organelos trabajan como pequeñas fábricas para sintetizar proteínas. La mayoría de las bacterias están cubiertas por una pared celular dura que cubre a una membrana celular más suave. Imagínate la membrana que presiona la pared como si fuera un globo que presiona la parte interior de una jarra de vidrio. Pero a diferencia del globo y la jarra, la membrana y la pared permiten que pasen las moléculas de comida y de desechos. La **Figura 19** muestra un esquema general de una célula procariota. Se cree que las bacterias fueron el primer tipo de células en la Tierra. Algunos científicos piensan que han existido desde hace unos 3800 millones de años. Se calcula que los fósiles más viejos alguna vez encontrados tienen cerca de 3500 millones de años.

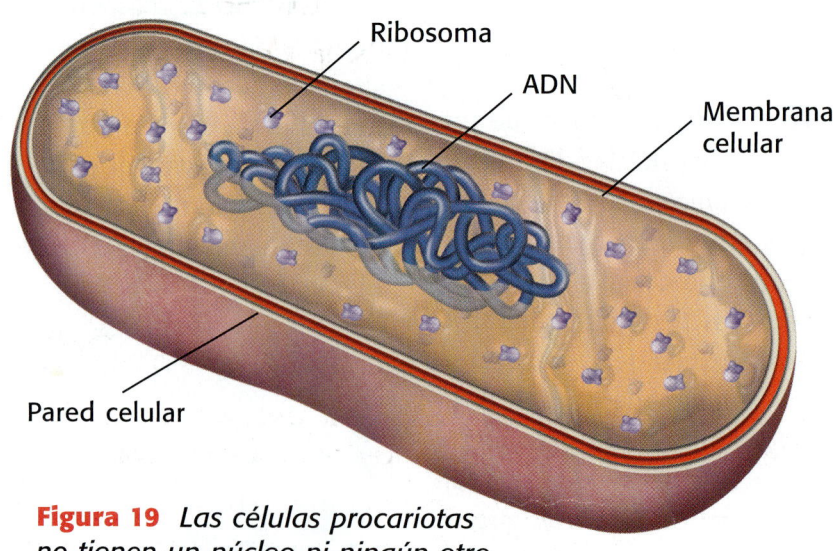

Figura 19 *Las células procariotas no tienen un núcleo ni ningún otro organelo cubierto con una membrana. El ADN circular se agrupa en el citoplasma.*

Células eucariotas Las células eucariotas son más complejas que las procariotas. Aunque son casi 10 veces más grandes que las procariotas, tienen una relación de superficie a volumen lo bastante alta para sobrevivir. La evidencia fósil sugiere que las células eucariotas aparecieron por primera vez hace 2 mil millones de años. Todos los organismos vivientes que no son bacterias están hechos de una o más células eucariotas, es decir, las plantas, los animales, los hongos y los protistas.

Las células eucariotas tienen un núcleo (*eucariota* significa en griego "núcleo verdadero") y otros organelos cubiertos con una membrana. Una ventaja de que las células se dividan en compartimientos es que permite que muchos procesos químicos ocurran al mismo tiempo. En la **Figura 20** se muestra el esquema de una célula eucariota.

Las células eucariotas tienen más ADN que las procariotas y éste se almacena en el núcleo. Las moléculas de ADN de las células eucariotas son lineales, en lugar de ser circulares. Todas las células eucariotas tienen una membrana celular y algunas de ellas tienen pared celular. Las que tienen pared celular se encuentran en plantas, hongos y algunos organismos unicelulares. Las paredes celulares de las eucariotas son químicamente diferentes de las paredes de las bacterias. La siguiente tabla resume las diferencias entre las células eucariotas y procariotas.

Figura 20 *Las células eucariotas tienen un núcleo y otros organelos.*

CÉLULAS PROCARIOTAS	CÉLULAS EUCARIOTAS
Sin núcleo	Núcleo
Organelos no cubiertas por membrana	Organelo cubierto por membrana
ADN circular	ADN lineal
Bacteria	Todas las demás células

a través de las ciencias
C O N E X I Ó N

¿Una nueva forma de curar las células enfermas? Consulta la página 104.

REPASO

1. ¿Cuáles son las tres partes de la teoría celular?
2. ¿En qué se parecen todas las células?
3. Menciona dos ventajas de ser un organismo multicelular.
4. Si un organismo unicelular tiene una pared celular, ribosomas y ADN circular, ¿es eucariota o procariota?
5. **Aplicar conceptos** ¿Cuál de las dos tiene una relación de superficie a volumen más alta, una pelota de tenis o una de baloncesto? Explica tu respuesta. ¿Qué se podría hacer para aumentar la relación de superficie a volumen de las dos?

Sección 3

Células eucariotas: una mirada a su interior

VOCABULARIO
pared celular
ribosomas
retículo endoplásmico
mitocondrias
cloroplasto
aparato de Golgi
vesículas
vacuola
lisosomas

OBJETIVOS
- Describe las partes de la célula eucariota.
- Explica las funciones de las partes de la célula eucariota.
- Describe las diferencias entre las células animales y las vegetales.

Mucho tiempo después del descubrimiento de las células, los científicos todavía no sabían de qué estaban formadas. Las células son tan pequeñas que los detalles de su estructura no se lograron ver hasta que se desarrollaron mejores microscopios y métodos de tinción. Hoy en día sabemos que las células son muy complejas, sobre todo las eucariotas. Todas sus partes, desde las estructuras que cubren las células hasta los organelos que se encuentran en su interior, realizan una tarea vital para la célula.

¿Cómo está cubierta?

Todas las células tienen envolturas que separan lo que está adentro de la célula de lo que está afuera. Una de esas envolturas, la membrana celular, rodea a todas las células. Algunas células tienen una envoltura adicional que cubre la membrana celular, llamada pared celular.

Membrana celular Todas las células están cubiertas con una membrana celular. La tarea de la membrana celular es mantener el citoplasma adentro, permitir la entrada de los nutrientes y la salida de los desechos, así como interactuar con elementos del exterior de la célula. En la **Figura 21,** se muestra una vista detallada de la membrana celular de una célula cortada por la mitad.

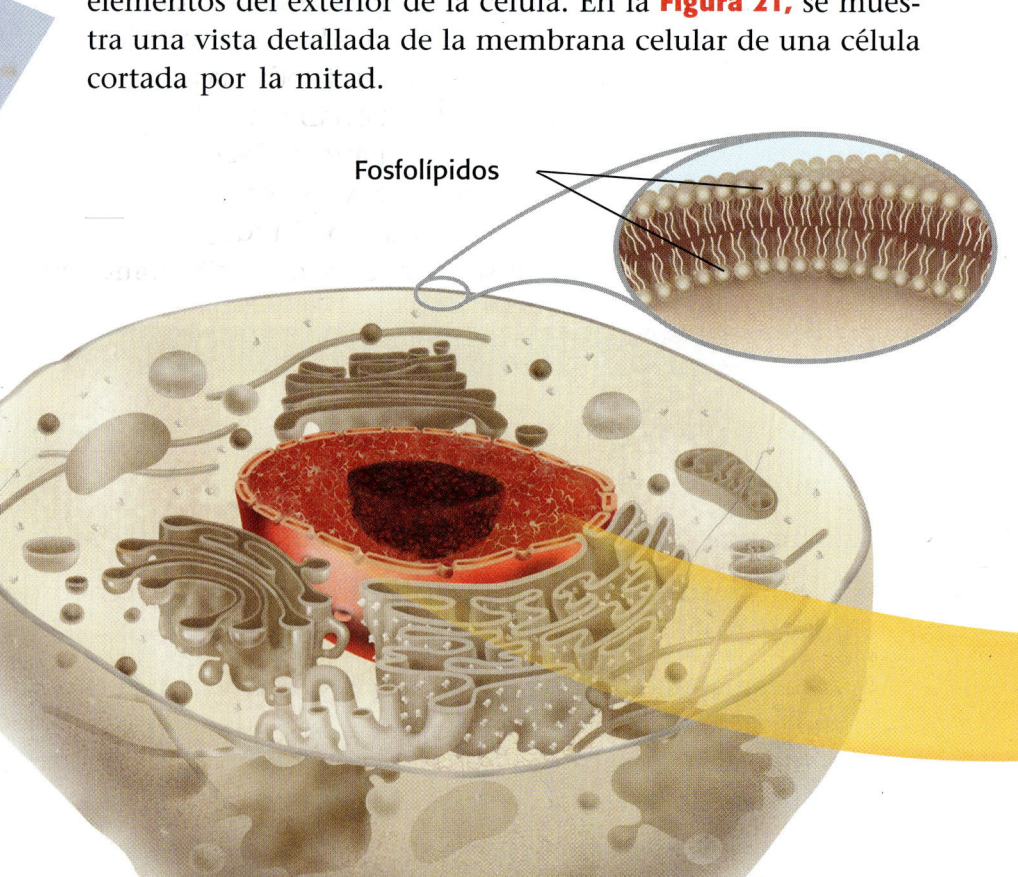

Fosfolípidos

Figura 21 La membrana celular rodea a todas las células. Las moléculas de fosfolípidos forman la membrana celular.

Pared celular Las células de las plantas y algas tienen una pared celular dura hecha de celulosa. La **pared celular** fortalece y ayuda a la membrana celular. Cuando entra o sale mucha agua de una célula vegetal, la pared celular impide que la membrana se rompa. La fuerza de mil millones de paredes celulares en las plantas permite que un árbol no se caiga y que sus ramas desafíen la gravedad. Cuando observas heno seco, palos y tablas de madera, estás viendo las paredes celulares de células vegetales muertas. Las células de hongos, como champiñones, hongos venenosos, moho y levaduras tienen células hechas de una substancia química parecida a la que se encuentra en las conchas de los insectos. La **Figura 22** muestra una célula vegetal típica y una imagen detallada de la pared celular.

La biblioteca de la célula

El organelo más grande y visible de una célula es el núcleo. La palabra *núcleo* significa "centro" o "nuez" (se ve como una nuez dentro de un dulce). Observa la **Figura 23;** el núcleo está cubierto con una membrana por la que pasan los materiales.

El núcleo también es conocido como el centro de control de la célula. Como sabes, almacena el ADN, que contiene la información genética de las células. Casi todas las reacciones químicas vitales para la célula se relacionan con algún tipo de proteína. A veces, se puede ver una mancha negra dentro del núcleo. Esta mancha se llama *nucléolo,* y es como una especie de núcleo pequeño dentro de un núcleo grande. El nucléolo almacena los materiales que se usan para crear ribosomas en el citoplasma.

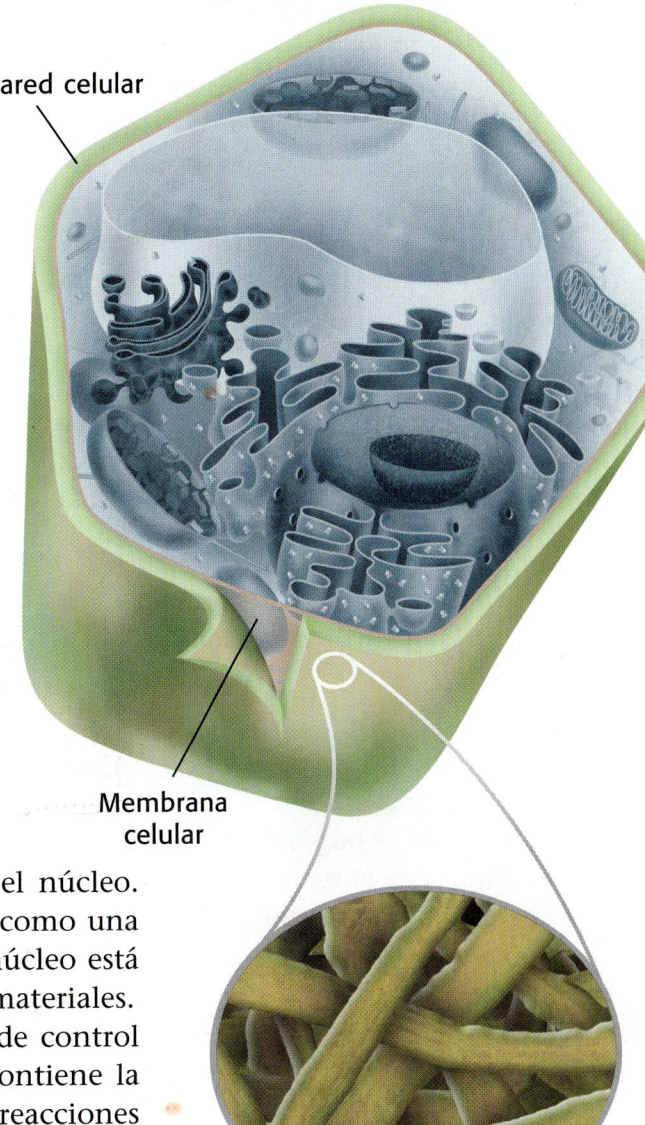

Figura 22 *La pared celular rodea la membrana celular. En las células vegetales, la pared celular está formada por fibras de celulosa.*

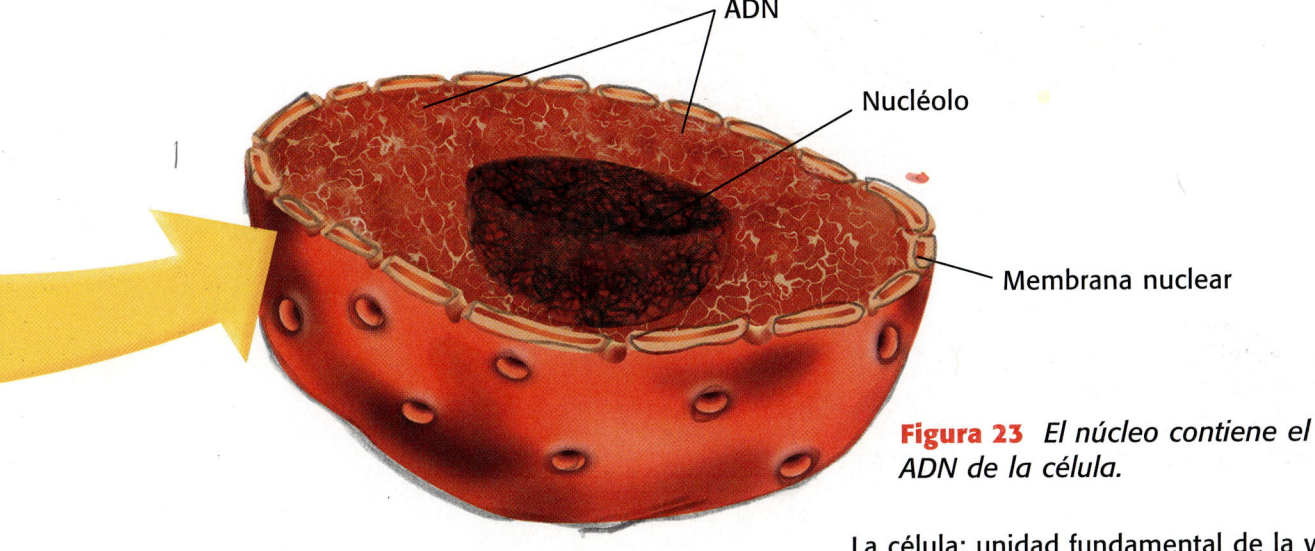

Figura 23 *El núcleo contiene el ADN de la célula.*

La célula: unidad fundamental de la vida

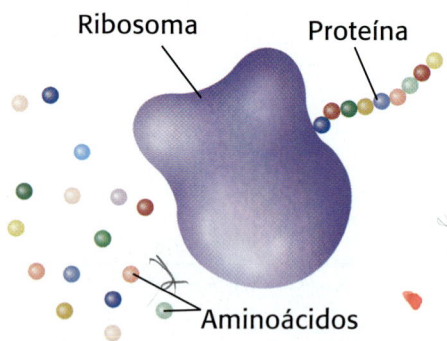

Figura 24 *Los aminoácidos se ensamblan en los ribosomas para sintetizar proteínas.*

Autoevaluación

¿Cuál es la diferencia entre una pared y una membrana celular? *(Consulta la página 636 comprobar tu respuesta.)*

Fábricas de proteína

Las proteínas, los "cimentos" de todas las células, están hechas de substanciaas químicas conocidas como *aminoácidos*. Estos aminoácidos se ensamblan para sintetizar proteínas en organelos muy pequeños llamados **ribosomas.** Los ribosomas son los organelos más pequeños, pero los más abundantes, y se muestran en la **Figura 24.** *Todas* las células tienen ribosomas porque todas necesitan proteínas para vivir. A diferencia de la mayoría de los organelos, los ribosomas no están cubiertos con una membrana.

El sistema de distribución de la célula

Las células eucariotas tienen un organelo llamado retículo endoplásmico, que se muestra en la **Figura 25.** El **retículo endoplásmico** o RE, es un compartimiento cubierto con una membrana que fabrica lípidos y otros materiales que se usan dentro y fuera de la célula. Procesa además los medicamentos y otras substancias químicas que pueden perjudicar la célula. El RE también es el sistema de distribución interno de una célula. Las substancias del RE se mueven de un lado a otro a través de muchos túbulos, de la misma manera en que los autos circulan por los túneles.

El RE tiene la forma de un costal aplanado o de una tela doblada sobre sí misma varias veces. Algunos están cubiertos con ribosomas, lo que hace que su superficie se vea áspera. Las proteínas sintetizadas en esos ribosomas entran al RE y luego se liberan para ser utilizadas en otra parte.

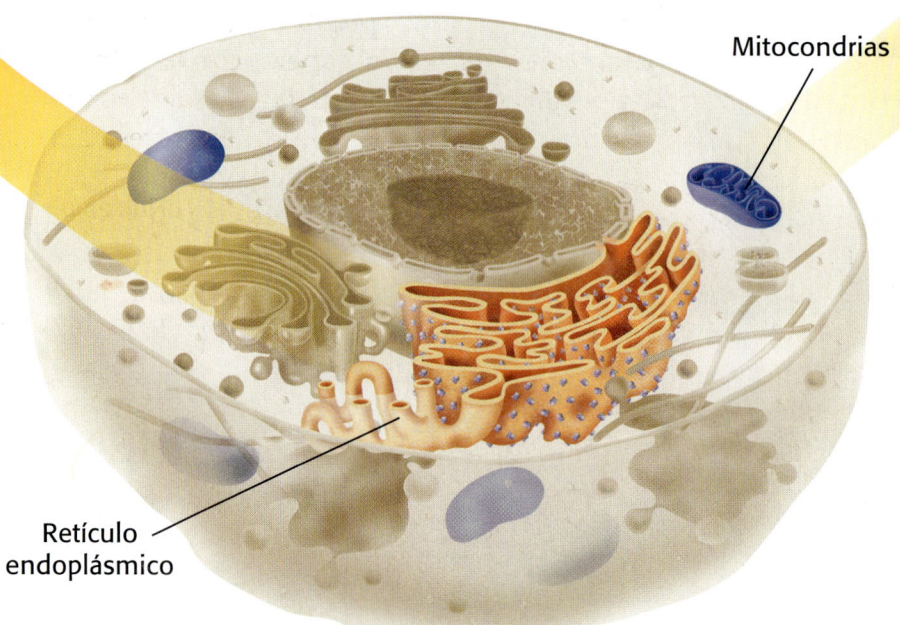

Figura 25 *El RE está hecho de compartimientos aplanados y de túbulos. Los ribosomas están unidos a algunos de los RE.*

La fuente de poder de la célula

Hoy en día, usamos muchas fuentes de energía, como petróleo, gasolina, carbón, energía nuclear e incluso basura. Necesitamos energía para hacer muchas cosas: iluminar la casa, ponerle gasolina al auto, o cocinar. Las células también necesitan energía para funcionar y vivir. ¿De dónde la obtienen?

Mitocondrias Dentro de las células, las moléculas de comida "se queman" (se desintegran) para liberar energía. Ésta se transfiere a una molécula que la célula utiliza para realizar sus tareas. Esta molécula se llama ATP.

El ATP se forma en varios lugares dentro de las células eucariotas, pero la mayoría se produce en organelos en forma de frijol llamados **mitocondrias**, que se muestran en la **Figura 26**. Estos organelos están rodeados por dos membranas. En la membrana interior, que tiene muchos dobleces, es donde se forma la mayoría de ATP. Las mitocondrias sólo trabajan si tienen oxígeno. La razón por la que respiras aire es para asegurar que tus mitocondrias tengan el oxígeno necesario para formar el ATP. Las células altamente activas, como las del corazón y las del hígado, tienen miles de mitocondrias, en cambio las otras células sólo tienen unas cuantas.

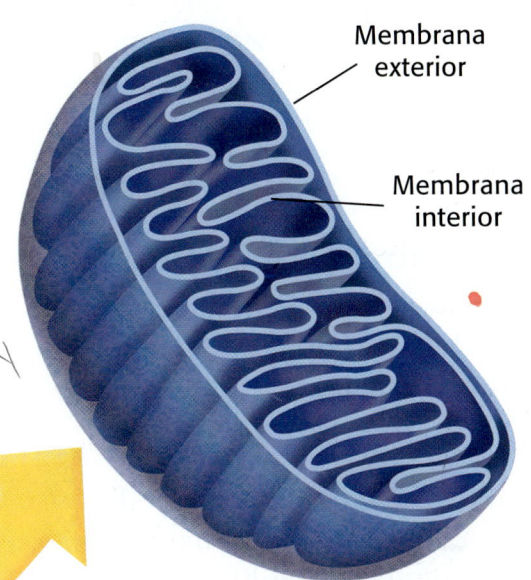

Figura 26 Las mitocondrias tienen dos membranas. La membrana interior tiene varios dobleces.

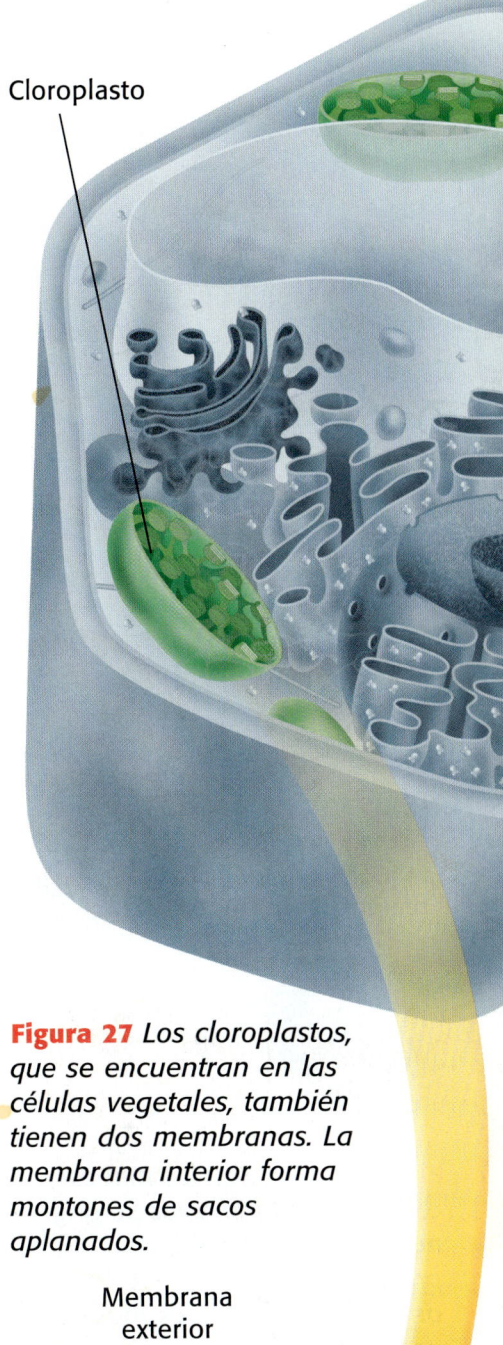

Figura 27 Los cloroplastos, que se encuentran en las células vegetales, también tienen dos membranas. La membrana interior forma montones de sacos aplanados.

Cloroplastos Las plantas y las algas tienen un tipo adicional de organelo convertidor de energía, el **cloroplasto**, que se muestra en la **Figura 27**. La palabra *cloroplasto* significa "estructura verde". Como ves, también tiene dos membranas y estructuras que parecen pilas de monedas. Estos son sacos aplanados cubiertos con una membrana, y contienen una substancia llamada clorofila. La clorofila es la que hace que los cloroplastos sean verdes. Gracias a ella, el cloroplasto es la fuente de poder de la célula. La clorofila atrapa la energía de la luz del Sol y la utiliza para hacer azúcar. Este proceso se llama *fotosíntesis*. Las mitocondrias utilizan el azúcar producida para fabricar ATP. En otro capítulo descubrirás más sobre la fotosíntesis.

La célula: unidad fundamental de la vida

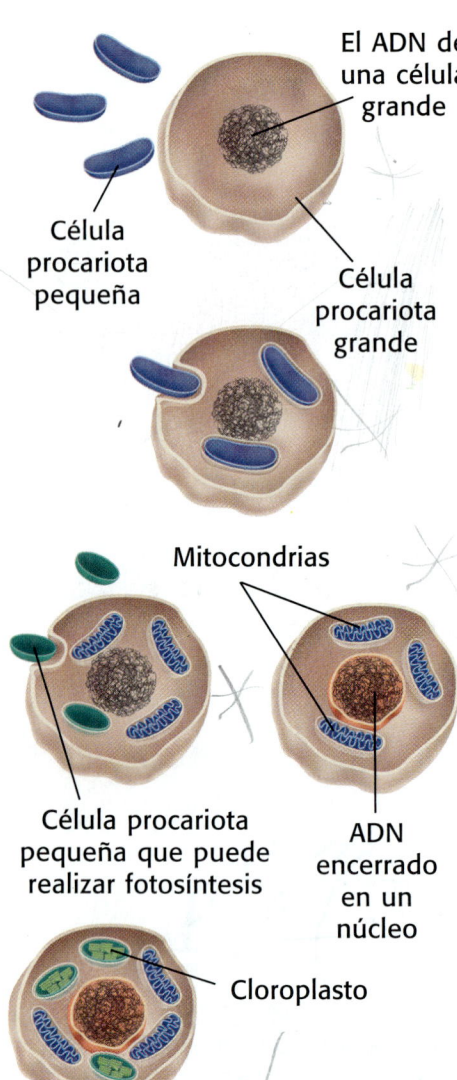

Teoría endosimbiótica Muchos científicos piensan que las mitocondrias y los cloroplastos se originaron como células procariotas que fueron ingeridas por células más grandes. En lugar de ser digeridas, las bacterias sobrevivieron. Esta teoría sobre el origen de las mitocondrias y los cloroplastos se conoce como "teoría endosimbiótica".

¿Qué evidencias tienen los científicos para afirmar que fue así como se formaron estos organelos? La primera evidencia es que las mitocondrias y los cloroplastos son del mismo tamaño de una bacteria. La segunda es que ambos están rodeados por *dos membranas*. Si la teoría es correcta, la membrana exterior se creó cuando las bacterias fueron devoradas por las células más grandes. Otra evidencia que apoya la teoría es que las mitocondrias y los cloroplastos tienen el mismo tipo de ribosomas y de ADN circular que las bacterias. También se dividen como las bacterias. Si las bacterias son los ancestros de las mitocondrias y de los cloroplastos, la **Figura 28** te muestra cómo hubiera sido el proceso.

El centro de procesamiento de la célula

Cuando las proteínas y otros materiales necesitan ser procesados y transportados fuera de una célula eucariota, la tarea se dirige a un organelo llamado **aparato de Golgi**. Esta estructura se llama así por Camilo Golgi, el científico italiano que la identificó por primera vez.

El aparato de Golgi se parece al RE, pero está más cerca de la membrana celular. En la **Figura 29** puedes ver el aparato de Golgi de una célula. Los lípidos y las proteínas del RE son distribuidos al aparato de Golgi, donde se modifican para realizar diferentes funciones. Los productos finales se encierran luego en una prolongación de la membrana del aparato de Golgi que luego se desprende como un brote pequeño. Este compartimiento transporta su contenido a otras partes de la célula o fuera de ella.

Figura 28 Tal vez las mitocondrias y los cloroplastos se originaron de ancestros que producían energía y que fueron devorados por células más grandes.

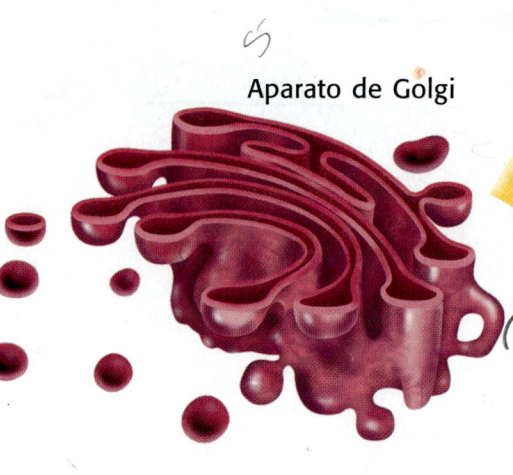

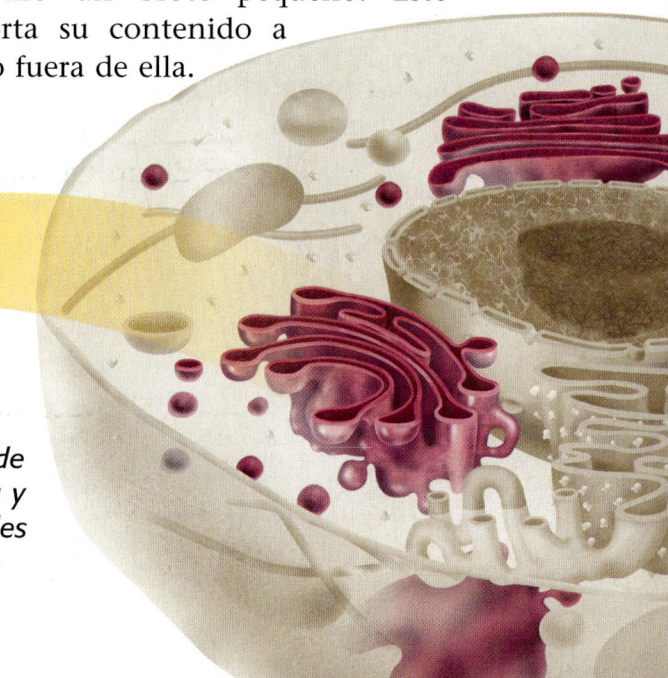

Figura 29 El aparato de Golgi procesa, empaca y transporta los materiales enviados desde el RE.

Los centros de almacenamiento de la célula

Las células eucariotas tienen compartimentos cubiertos con una membrana llamados **vesículas.** Algunos se forman cuando parte de la membrana del RE o del aparato de Golgi se separan como brotes. Otras se forman cuando parte de la membrana de la célula rodea un objeto fuera de ésta. Así, los glóbulos blancos devoran otras células en tu cuerpo, como en la **Figura 30.**

Vacuolas La mayoría de las células vegetales tienen un compartimento grande cubierto con una membrana, llamado **vacuola,** como la de la **Figura 31.** Las vacuolas son recipientes que almacenan agua y otros líquidos. Las que están llenas de agua contribuyen al mantenimiento de la célula. Algunas plantas se marchitan cuando sus vacuolas pierden agua. Si quieres lechuga fresca, sólo llena las vacuolas con agua: deja remojando la lechuga en agua limpia toda la noche. ¿Te has preguntado por qué las rosas son rojas y las violetas son azules? Esto sucede gracias a un líquido de colores almacenado dentro de las vacuolas. Las vacuolas también contienen los jugos amargos y dulces que asocias con el limón, la naranja y otras frutas.

Algunos organismos unicelulares que viven en ambientes de agua dulce tienen problemas con la gran cantidad de agua que entra a las células. Tienen una estructura especial llamada "vacuola contráctil" que puede exprimir el exceso de agua de la célula. Funciona como una bomba que extrae el agua del interior de un barco.

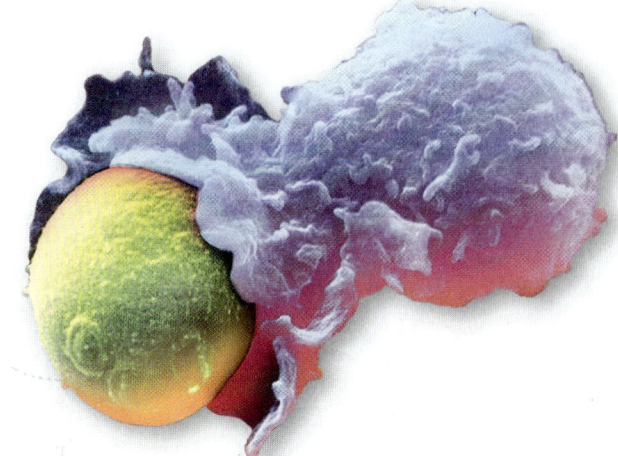

Figura 30 *La célula más pequeña es una levadura que está siendo devorada por un glóbulo blanco.*

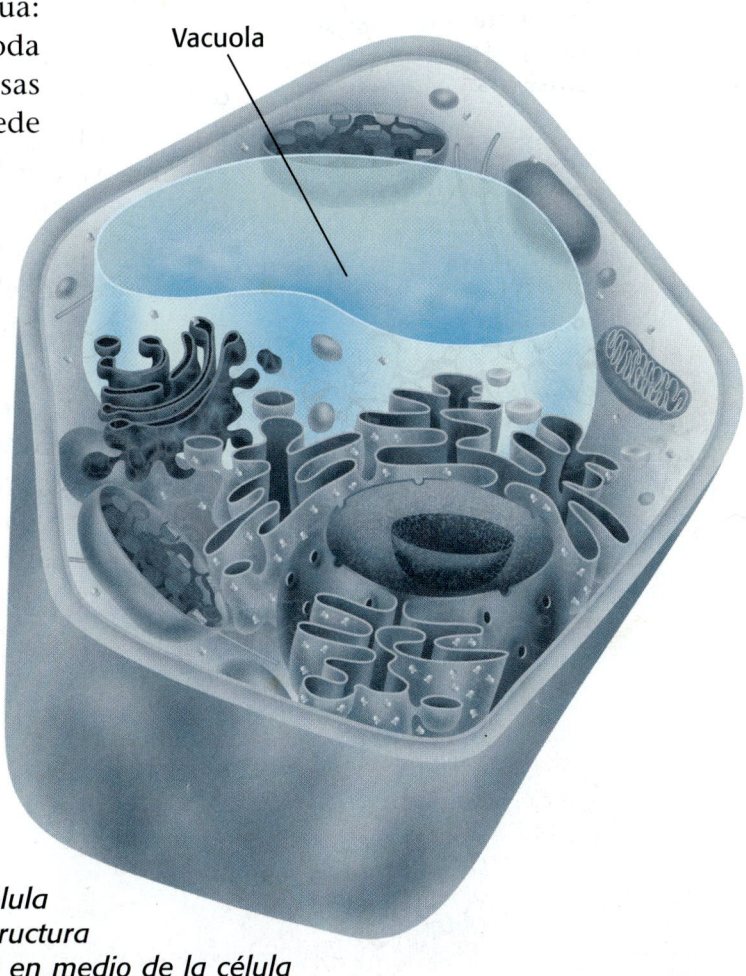

Vacuola

Figura 31 *La vacuola de la célula vegetal es la estructura grande que está en medio de la célula de color azul. Por lo general, las vacuolas son los organelos más grandes de una célula vegetal.*

La célula: unidad fundamental de la vida

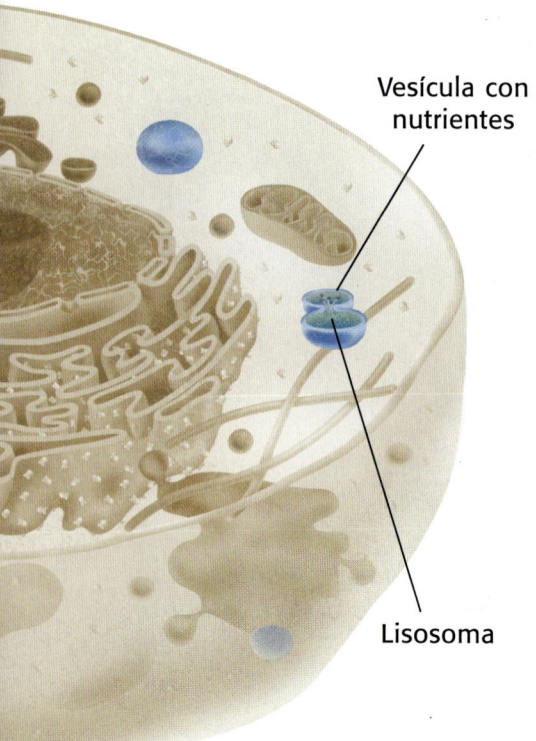

Figura 32 Este lisosoma vierte enzimas en una vesícula que contiene partículas de alimento. Una vez digeridas, las moléculas de alimento se liberan en el citoplasma para que la célula las use.

Paquetes de destrucción

¿Por qué la mayoría de las células de una oruga se disuelven en el material viscoso del capullo? ¿Por qué la cola de un renacuajo se contrae y luego desaparece? ¡Todo por los lisososmas!

Los **lisosomas** son vesículas especiales de las células animales que contienen enzimas. Cuando una célula devora una partícula y la guarda en una vesícula, los lisosomas se meten a estas vesículas y vacían las enzimas. Esto se muestra en la **Figura 32**. Los enzimas digieren las partículas que se encuentran en las vesículas. Los lisosomas destruyen a los organelos que están gastados o dañados. También se deshacen de los desechos y protegen a la célula de invasores. A veces, las membranas del lisosoma se rompen y se derraman las enzimas, matando la célula. Seguramente esto es lo que le pasa a un renacuajo cuando se convierte en rana. Los lisosomas hacen que las células de la cola de un renacuajo mueran y se disuelvan cuando el renacuajo se convierte en rana. ¿Sabías que los lisosomas jugaron un papel similar en tu desarrollo? Antes de que nacieras, los lisosomas provocaron la destrucción de las células que formaban una pequeña membrana entre tus dedos. La destrucción de las células provocada por los lisosomas también puede ser uno de los factores que contribuye al proceso de envejecimiento en el ser humano.

Los organelos y sus funciones

	Núcleo contiene el ADN de la célula y es su centro de control		**Cloroplastos** producen alimento con la energía de la luz solar
	Ribosomas lugar donde se ensamblan los aminoácidos para la síntesis de proteínas		**aparato de Golgi** procesa y transporta materiales fuera de la célula
	Retículo endoplásmico fabrica lípidos, procesa medicamentos y otras substancias, empaca las proteínas para liberarlas desde la célula		**Vacuola** almacena agua y otros materiales
	Mitocondrias descompone las moléculas de alimento para producir ATP		**Lisosomas** digieren partículas de alimento, desechos, partes celulares e invasores

¿Planta o animal?

¿Qué diferencia crees que hay entre una célula vegetal y una animal? Ambas tienen una membrana celular, las dos tienen núcleo, ribosomas, mitocondrias, retículo endoplásmico, aparatos de Golgi y lisosomas. Pero las células vegetales tienen cosas que las células animales no tienen: una pared celular, cloroplastos y una vacuola grande. En la **Figura 33** puedes encontrar las diferencias entre las células vegetales y las animales.

Se encuentran en las células vegetales y animales

Célula animal

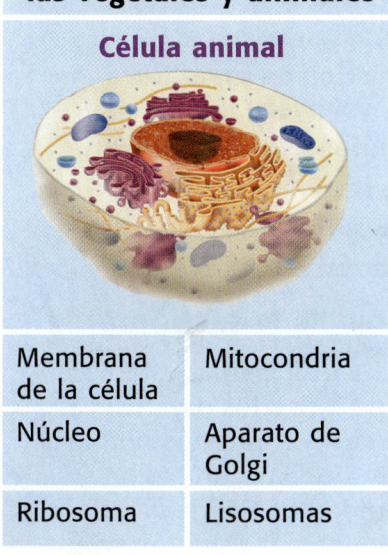

Membrana de la célula	Mitocondria
Núcleo	Aparato de Golgi
Ribosoma	Lisosomas

Sólo se encuentran en las las células vegetales

Célula vegetal

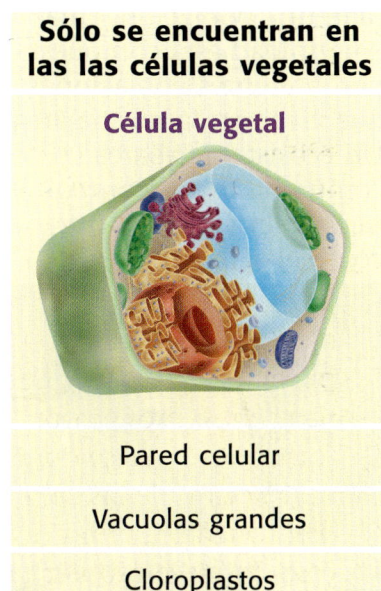

Pared celular

Vacuolas grandes

Cloroplastos

Figura 33 Las células animales y vegetales tienen algunas estructuras en común, pero también tienen algo que las hace únicas.

REPASO

1. ¿Cómo controla el núcleo las actividades de la célula?
2. ¿Cuál de los siguientes elementos no se encuentra en una célula animal: mitocondrias, pared celular, cloroplasto, ribosoma, retículo endoplásmico, aparato de Golgi, vacuola, ADN, clorofila?
3. Forma una oración con las siguientes palabras: oxígeno, ATP, respiración y mitocondrias.
4. **Aplicar conceptos** Imagina que te asignan la tarea de ponerle nuevos nombres a varias cosas de una ciudad, pero estos nombres deben ser las partes de una célula eucariota. Escribe algunas cosas que te gustaría ver en una ciudad y ponles el nombre de la parte de una célula que mejor se adapte a su función. Explica tus respuestas.

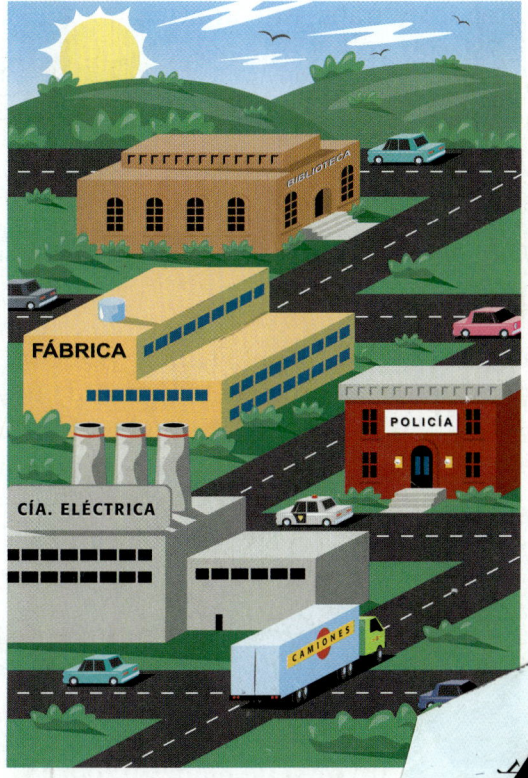

La célula: unidad fundamental de la vida

Resumen del capítulo

SECCIÓN 1

Vocabulario
- **tejido** *(pág. 81)*
- **órgano** *(pág. 81)*
- **sistemas** *(pág. 82)*
- **organismo** *(pág. 83)*
- **unicelular** *(pág. 83)*
- **multicelular** *(pág. 83)*
- **población** *(pág. 83)*
- **comunidad** *(pág. 84)*
- **ecosistema** *(pág. 84)*

Notas de la sección
- La célula es la unidad de vida más pequeña en la Tierra. Los organismos se componen de una o más células.
- En los organismos multicelulares, existen grupos de células que trabajan juntas y forman los tejidos. Los órganos están formados por diferentes tejidos y trabajan con otros órganos en los sistemas.
- El grupo de organismos que conviven al mismo tiempo en un área determinada forman una población. Una comunidad está compuesta por diferentes poblaciones que viven en la misma área. Un ecosistema abarca la comunidad y los componentes sin vida del área, como el agua y la tierra.

SECCIÓN 2

Vocabulario
- **teoría celular** *(pág. 86)*
- **membrana celular** *(pág. 87)*
- **organelos** *(pág. 87)*
- **citoplasma** *(pág. 87)*
- **relación de superficie a volumen** *(pág. 88)*
- **núcleo** *(pág. 90)*
- **procariota** *(pág. 90)*
- **eucariota** *(pág. 90)*
- **bacterias** *(pág. 90)*

Notas de la sección
- La teoría celular establece que todos los organismos están compuestos por células, que la célula es la unidad básica de la vida y que cada célula proviene de otras.
- Las células tienen una membrana celular, ADN, citoplasma y organelos. La mayoría no se ven a simple vista porque son muy pequeñas.

✓ Comprobar destrezas

Conceptos de matemáticas

RELACIÓN DE SUPERFICIE A VOLUMEN La relación de superficie a volumen de una célula o de un objeto se calcula dividiendo el área superficial entre el volumen. Para determinarla primero debes determinar el área superficial.

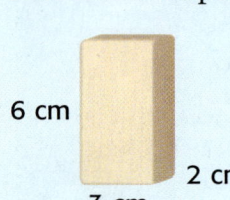

El área superficial es el área total de los lados de una figura. Esta figura tiene dos lados con un área de 6 cm × 3 cm, dos lados con un área de 3 cm × 2 cm dos con un área de 6 cm × 2 cm.

$$\text{área superficial} = 2\,(6\text{ cm} \times 3\text{ cm}) + 2\,(3\text{ cm} \times 2\text{ cm}) + 2\,(6\text{ cm} \times 2\text{ cm}) = 72\text{ cm}^2$$

Luego debes calcular el volumen, multiplicando la longitud de los tres lados.

$$\text{volumen} = 6\text{ cm} \times 3\text{ cm} \times 2\text{ cm} = 36\text{ cm}^3$$

Para que encuentres la relación de superficie a volumen, divide el área superficial entre el volumen:

$$\frac{72}{36} = 2$$

La relación de superficie a volumen de esta figura es 2:1.

Capítulo 4

SECCIÓN 2

- Los materiales que las células aceptan o liberan deben pasar por la membrana celular.

  La relación de superficie a volumen es una comparación de la superficie exterior de la célula con su volumen. Esta relación disminuye cuando la célula crece.

- Las células eucariotas tienen un núcleo que contiene ADN lineal y poseen además varios organelos cubiertos con una membrana. Las procariotas tienen ADN circular y organelos que no están cubiertos con membranas.

Experimentos
¿Amibas del tamaño de un elefante? *(pág. 570)*

SECCIÓN 3

Vocabulario
pared celular *(pág. 93)*
ribosomas *(pág. 94)*
retículo endoplásmico *(pág. 94)*
mitocondrias *(pág. 95)*
cloroplasto *(pág. 95)*
aparato de Golgi *(pág. 96)*
vesículas *(pág. 97)*
vacuola *(pág. 97)*
lisosomas *(pág. 98)*

Notas de la sección

- Todas las células tienen una membrana celular que rodea el contenido de la célula. Algunas tienen una pared celular afuera de la membrana.

- El núcleo es el centro de control de la célula eucariota y contiene el ADN de la célula.

- Los ribosomas son los lugares donde los aminoácidos se enlazan para formar las proteínas. Estos organelos no están cubiertos con una membrana.

- El retículo endoplásmico (RE) y el aparato de Golgi son compartimentos cubiertos con una membrana en los que se forman y se procesan los materiales antes de ser transportados a otras partes de la célula o fuera de ella.

- Las mitocondrias y los cloroplastos son organelos que producen energía.

- Las vesículas y las vacuolas son secciones cubiertas con una membrana que almacenan material. Las vacuolas se encuentran en las células vegetales y los lisosomas en las células animales.

Experimentos
¡Células vivas! *(pág. 572)*
¿Cómo se llama esa parte? *(pág. 573)*

 VISITA: go.hrw.com

Visita el sitio web de HRW para encontrar una serie de herramientas de aprendizaje relacionadas con este capítulo. Sólo tienes que escribir la palabra clave:

PALABRA CLAVE: HSTCEL

 **VISITA:** www.scilinks.org

Visita el sitio web de la **Asociación Nacional de Maestros de Ciencias** *(National Science Teachers Association)* para encontrar recursos de Internet relacionados con este capítulo. Sólo escribe el **ENLACE DE CIENCIAS** para obtener más información sobre el tema:

TEMA: Organización de la vida	**ENLACE:** HSTL055
TEMA: Poblaciones, comunidades y ecosistemas	**ENLACE:** HSTL060
TEMA: Células procariotas	**ENLACE:** HSTL065
TEMA: Células eucariotas	**ENLACE:** HSTL070

La célula: Unidad fundamental de la vida

Repaso del capítulo

UTILIZAR EL VOCABULARIO

Escoge el término correcto para completar las siguientes oraciones:

1. La pared celular de las células vegetales está hecha de ___?___. (lípidos o celulosa)

2. Tener organelos cubiertos con una membrana es una característica de las células ___?___. (procariotas o eucariotas)

3. La información para hacer proteínas se encuentra en el ___?___. (aparato de Golgi o núcleo)

4. Los dos organelos que pueden generar ATP en una célula vegetal son ___?___ y ___?___. (cloroplastos/RE o mitocondrias/cloroplastos)

5. Las vesículas que transportan los materiales fuera de la célula se forman en ___?___. (el aparato de Golgi o la membrana celular)

COMPRENDER CONCEPTOS

Opción múltiple

6. Las células animales *no* tienen:
   a. pared celular.
   b. membrana celular.
   c. lisosomas.
   d. vesícula.

7. Diferentes ___?___ trabajan de manera conjunta en un órgano.
   a. sistemas
   b. tejidos
   c. organismos
   d. procariotas

8. ¿Qué término se refiere a todos los organismos de un área determinada?
   a. población
   b. ecosistema
   c. comunidad
   d. organelos

9. ¿Cómo se llama el científico que dijo que todas las células provienen de otras células?
   a. Virchow
   b. Schleiden
   c. Hooke
   d. Schwann

10. ¿Cuáles de estos elementos *no* están cubiertos con una membrana?
    a. el aparato de Golgi
    b. las mitocondrias
    c. los ribosomas
    d. ninguno de los anteriores

11. ¿Cuál de estos órganos tiene enzimas que disuelven las partículas en las vesículas?
    a. las mitocondrias
    b. el retículo endoplásmico
    c. los lisosomas
    d. ninguno de los anteriores

Respuesta breve

12. ¿Por qué la mayoría de las células son tan pequeñas?

13. Menciona cinco características que sugieran que las mitocondrias se originaron como las bacterias.

14. Con tus propias palabras, menciona tres partes de la teoría celular.

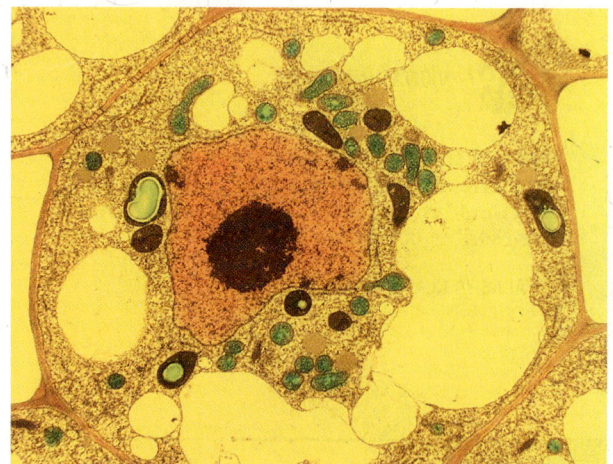

102 Capítulo 4

Organizar conceptos

15. Usa los siguientes términos para crear un mapa de ideas: ecosistema, células, organismos, aparato de Golgi, sistemas, comunidad, órganos, retículo endoplásmico, núcleo, población, tejidos.

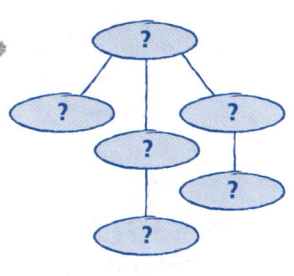

RAZONAMIENTO CRÍTICO Y RESOLUCIÓN DE PROBLEMAS

Escribe una o dos oraciones para responder las siguientes preguntas:

16. Explica de qué manera el núcleo puede controlar lo que pasa en un lisosoma.

17. Aunque la celulosa no se forma en los ribosomas, explica por qué estos son importantes para la formación de la pared celular en una célula vegetal.

LAS MATEMÁTICAS EN LAS CIENCIAS

18. Supongamos que para que esta célula sobreviva, se necesitan tres moléculas de comida por unidad cúbica de volumen por minuto. Si una molécula puede entrar en cada unidad cuadrada de superficie por minuto, esta célula:
    a. es muy grande y se moriría por falta de nutrientes.
    b. es muy pequeña y se moriría por falta de nutrientes.
    c. tiene un tamaño que le permite sobrevivir.

INTERPRETAR GRÁFICAS

Observa estos esquemas y responde las siguientes preguntas:

Célula A

Célula B

ll me farta

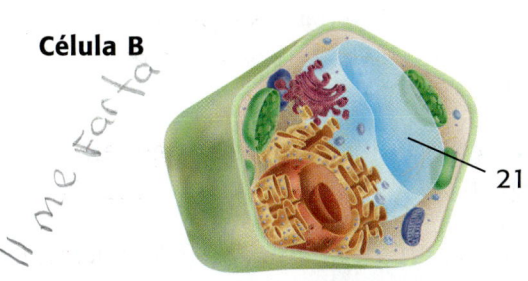

19. ¿Cómo se llama el organelo marcado con el número 19 en la célula A? mitocondria

20. ¿Es la célula A una célula bacteriana, vegetal o animal? Explica tu respuesta.

21. ¿Cómo se llama y cuál es la función del organelo marcado con el número 21 en la célula B? vacuola

22. ¿Es la célula B una célula procariota o eucariota? Explica tu respuesta.
célula B es una eucariota

AHORA, ¿qué piensas?

Revisa tus respuestas a las preguntas de la página 79 que escribiste en el cuaderno de ciencias. ¿Han cambiado tus respuestas? Si es necesario, corrige tus respuestas basándote en lo que has aprendido en este capítulo.

La célula: unidad fundamental de la vida

CIENCIAS BIOLÓGICAS • CIENCIAS FÍSICAS

En la lucha contra el cáncer usando sangre de cerdos y rayos láser

¿Qué pasa cuando atraviesas con rayos láser la sangre de un cerdo? ¿Crees que hay un tratamiento para el cáncer? Los investigadores han desarrollado un tratamiento para el cáncer llamado *terapia fotodinámica.* Combina rayos láser muy fuertes con un medicamento sensible a la luz derivado de la sangre de los cerdos.

▲ *La sangre de los cerdos produce substancias que ayduan a tratar el cancer.*

¡Cerdos al rescate!

En el primer paso de esta terapia se usa una substancia sensible a la luz llamada *porfirina.* Las porfirinas son substancias químicas naturales que están en los glóbulos rojos y se unen a las lipoproteínas, las cuales transportan el colesterol en la sangre. Las porfirinas son importantes ya que absorben la energía de la luz. Las membranas celulares contienen lipoproteínas. Las células que se dividen rápidamente, como las cancerosas, fabrican membranas celulares a mayor velocidad que las normales. Como usan más lipoproteínas, acumulan más porfirinas. Los científicos desarrollaron una porfirina sintética, la Fotofirina®, hecha de porfirinas naturales de la sangre de los cerdos. Cuando se le inyecta a un paciente, actúa como las porfirinas naturales y se convierte en parte de las membranas celulares formadas por las células cancerosas. El siguiente paso consiste en la eliminación del tejido canceroso con rayos láser.

Tiro al blanco

El cirujano inserta un tubo largo y delgado con punta de láser en el área cancerosa donde se acumuló la Fotofirina. Cuando el rayo láser toca el tejido canceroso, la Fotofirina absorbe la energía de la luz. Luego, libera oxígeno el cual lesiona proteínas, lípidos, ácidos nucleicos y otros componentes de las células cancerosas. Esto mata a las células cancerosas, pero no a las sanas. La Fotofirina es más sensible a ciertas longitudes de onda de luz que las porfirinas naturales. Además, el intenso rayo del láser se puede centrar en el tejido canceroso sin afectar el tejido sano cercano.

¿Alguna alternativa?

La terapia fotodinámica mata las células cancerosas sin muchos de los efectos secundarios causados por otros métodos, como la quimioterapia. Sin embargo, el paciente puede sufrir quemaduras de Sol hasta que su cuerpo haya desechado el medicamento, lo cual tarda unos 30 días. Se está desarrollando un medicamento, llamado benzoporfirina, que tiene menos efectos secundarios y responde a varias longitudes de onda de rayos láser; también se está probando para atacar algunas enfermedades de los ojos, como la psoriasis.

¡Descúbrelo!

▶ Investiga por qué los científicos usaron sangre de cerdo para crear la fotofirina.

Una muestra del futuro

¿Qué hiciste la última vez que te raspaste la rodilla? Tal vez te pusiste una venda y ni te diste cuenta en qué momento tu rodilla sanó. Las vendas sirven como barreras que previenen infecciones y más daños. Pero, ¿y si existiera una venda viviente que cure tu cuerpo cada vez que esté lastimado? Suena como ciencia ficción, ¡pero no es así!

▲ *El Dr. Daniel Smith sostiene la "venda biológica fabricada genéticamente" que diseñó.*

El factor principal

Cuando hay una herida en la piel, como cuando te raspas la rodilla, las células producen y liberan un flujo constante de proteínas que curan la herida. Estas proteínas, que se forman de manera natural, se llaman *factores de crecimiento,* y se especializan en la reconstrucción del cuerpo. Unos reconstituyen el tejido conjuntivo que forma la piel nueva, otros reconstruyen los vasos sanguíneos del área lastimada y otros estimulan el sistema inmunológico del cuerpo. Gracias a los factores de crecimiento, la piel raspada sana en pocos días.

La venda viviente

Por desgracia, el proceso de curación no siempre es natural y sencillo. Alguien con un sistema inmunológico débil no puede producir suficientes factores de crecimiento para sanar una herida. Por ejemplo, tal vez alguien con quemaduras severas perdió la habilidad en el área quemada de producir proteínas necesarias para reconstruir tejidos sanos. En estos casos, los factores sintéticos de crecimiento pueden ser muy útiles en el proceso de curación.

Algunos avances en bioingeniería pueden ayudar a personas cuyo sistema inmunológico les impide sanar de manera natural. Existe una especie de "venda biológica", fabricada por procesos de ingeniería genética, que está hecha de células vivas de piel de donadores. El ADN de las células se manipula para producir factores humanos de crecimiento. Esta venda tiene 1 cm de grueso y tres capas: una capa de gasa delgada, una membrana artificial permeable y una bolsa de silicona en forma de cúpula que contiene los factores de crecimiento. La herida se cubre con la venda, con la capa de gasa en contacto con la lesión. Los factores de crecimiento salen de la bolsa de silicona por la membrana y pasan a través de la gasa a la herida. Ahí, actúan sobre la herida igual como lo hacen los factores de crecimiento naturales.

Fórmula de alivio rápido

La "venda biológica" también cura las heridas más rápido, pues aumenta la eficacia de las hormonas de crecimiento liberándolas a una velocidad constante en un período de tres a cinco días.

Debido a que imita los procesos de curación del cuerpo, es posible que en el futuro se usen otras versiones de esta venda para tratar una variedad de heridas y problemas de la piel, como el acné severo.

¿Tú qué piensas?

▶ Piensa en otros avances de la tecnología médica, como los anteojos o los audífonos, que imitan o mejoran las funciones que el cuerpo humano hace de manera natural.

CAPÍTULO 5
La célula en acción

¡Feliz 140º cumpleaños!

¿Qué tal si...?

¿Cuánto tiempo te gustaría vivir? ¿Y si llegaras a 120, 150 o más años de edad? Aún no se ha encontrado el secreto de la inmortalidad, pero recientemente los científicos hicieron un asombroso descubrimiento que podría contribuir a prolongar la vida.

En enero de 1998, unos investigadores de la Universidad de Texas informaron que habían encontrado una enzima en el cuerpo humano que funciona como una "fuente de la juventud celular". En el laboratorio, la enzima permite a las células humanas mantenerse jóvenes y multiplicarse mucho después del momento en que normalmente dejan de dividirse y mueren. Los investigadores esperan que algún día la enzima sirva para entender y tratar ciertos tipos de cáncer, así como otras enfermedades incurables. Aunque esta "enzima inmortalizante" no hará que vivamos para siempre, podría hacernos vivir más tiempo y de manera más saludable.

Todo ser vivo está hecho de células. En este capítulo aprenderás cómo las células crecen y producen más células; también entenderás cómo transportan substancias y obtienen la energía que necesitan para sobrevivir.

¿Tú qué piensas?

Usa tus conocimientos para responder a las siguientes preguntas en tu cuaderno de ciencias:

1. ¿Cómo entran y salen de la célula el agua, los alimentos y los desechos?
2. ¿Cómo utiliza la célula las moléculas de alimento?
3. ¿De qué manera puede una célula producir muchas más?

¡Investiga!

Células en acción

La levadura es un hongo unicelular que se usa en la cocina. Sus células se alimentan de moléculas de azúcar que transforman para liberar energía y mantenerse vivas.

Cuando las células de levadura liberan la energía del azúcar se produce un gas, llamado dióxido de carbono (CO_2). Las burbujas de este gas inflan la masa del pan. La cantidad de CO_2 que se produce depende de la cantidad de azúcar transformada

Procedimiento

1. Pídele a tu maestro o maestra un **vaso de plástico pequeño** con 10 mL de una **mezcla de levadura y agua.**
2. En un **tubo de ensayo pequeño** coloca 4 mL de la **solución de azúcar** preparada por tu maestro o maestra. Después, vacíala en el vaso que contiene la mezcla de levadura y agua. Revuelve muy bien los dos líquidos con un **agitador.**
3. Regresa el contenido del vaso al tubo de ensayo pequeño.
4. Coloca un **tubo de ensayo un poco más grande** encima del tubo pequeño, tal como se observa en la figura de abajo. La boca del tubo pequeño debe tocar el fondo del tubo grande.

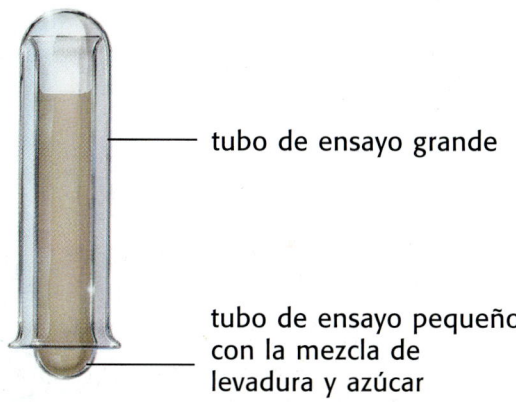

tubo de ensayo grande

tubo de ensayo pequeño con la mezcla de levadura y azúcar

5. Voltea los tubos rápidamente. Como se muestra abajo, la mayor parte de la mezcla de levadura y agua todavía debe estar dentro del tubo pequeño, y parte de la mezcla estará en el tubo grande. Con una **regla** mide la altura del fluido contenido en el tubo grande.

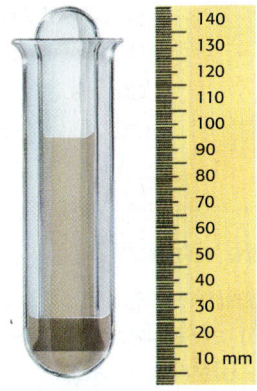

6. Coloca los tubos de ensayo en una **gradilla** y déjalos en reposo durante 20 minutos. Después, mide otra vez la altura del líquido contenido en el tubo grande.

Análisis

7. ¿Qué diferencia hay entre la primera medición y la segunda?
8. ¿A qué se debe el cambio en la altura del fluido?

La célula en acción

Sección 1

Intercambio con el medio ambiente

VOCABULARIO

difusión
ósmosis
transporte pasivo
transporte activo
endocitosis
exocitosis

OBJETIVOS

- Explica el proceso de difusión
- Describe la ósmosis.
- Compara el transporte pasivo con el transporte activo.
- Explica cómo las partículas grandes entran y salen de las células.

¿Qué le pasaría a una fábrica si se quedara sin energía o sin materias primas? ¿Y si no pudiera deshacerse de su propia basura? Si no tuviera energía ni materias primas y se llenara de basura dejaría de funcionar. Como la fábrica, la célula debe obtener energía y materias primas, así como eliminar sus desechos.

El intercambio de substancias entre la célula y su medio ambiente tiene lugar en la membrana celular. Antes de leer cómo entran y salen las substancias de la célula, debes saber qué es la difusión

¿Qué es la difusión?

¿Qué pasa si vacías colorante en un recipiente con gelatina sólida? Al principio, verás fácilmente dónde termina la gelatina y dónde empieza el colorante, pero con el tiempo la raya entre las dos capas se hará borrosa, como se muestra en la **Figura 1.** ¿Por qué sucede esto? El colorante y la gelatina, como toda la materia, están hechos de partículas diminutas. Las partículas de materia siempre se están moviendo y chocando entre sí. La mezcla de las distintas partículas hace que las capas se vuelvan borrosas. Esto ocurre con la materia en forma de gas, líquido o sólido.

Figura 1 *Las partículas de colorante se mezclan con las de gelatina debido a la difusión.*

Laboratorio

Difusión de canicas

Acomoda tres grupos de canicas de color en el fondo de un tazón de plástico. Cada grupo debe tener cinco canicas del mismo color. Tapa el tazón con plástico transparente y agítalo suavemente durante 10 segundos; al hacerlo, observa las canicas. ¿En qué se parece la dispersión de las canicas a la difusión de las partículas? ¿En qué se diferencia?

Las partículas se desplazan desde áreas donde están más apretadas hasta áreas donde lo están menos. A este tipo de movimiento se le llama difusión. La **difusión** es el movimiento de las partículas de un área donde su concentración es alta a otra donde es baja. Este movimiento puede darse a través de las membranas celulares o afuera de las células. La difusión de partículas no requiere que los organismos o células utilicen energía.

Difusión del agua Todos los organismos necesitan agua para vivir. Las células de los seres vivos contienen y están rodeadas por fluidos constituidos principalmente por agua. La difusión del agua a través de la membrana celular es tan importante para los procesos de la vida que se le ha dado un nombre particular: **ósmosis.**

El agua, como toda la materia, está constituida por pequeñas partículas. El agua pura tiene la concentración de partículas de agua más alta posible. Para disminuir esta concentración, sólo tienes que mezclar el agua con otra cosa, por ejemplo, con colorante de alimentos, azúcar o sal. La **Figura 2** muestra lo que sucede cuando hay ósmosis entre dos concentraciones distintas de agua.

La célula y la ósmosis Como vimos, las partículas de agua se moverán de las áreas de alta concentración a las de baja concentración. Este concepto es particularmente importante cuando lo aplicas a las células.

Por ejemplo, la **Figura 3** muestra los efectos de distintas concentraciones de agua sobre un glóbulo rojo. Como ves, la ósmosis se presenta en direcciones distintas, dependiendo de la concentración del agua que rodea a la célula. Por fortuna, los glóbulos rojos normalmente están rodeados de plasma sanguíneo, el cual está formado por agua, sales, azúcares y otras partículas. La concentración de estas substancias es igual en el interior y el exterior de estas células.

Las células de las plantas también toman y liberan agua por ósmosis. Por esta razón, una planta marchita recupera su firmeza si se la riega.

> ✓ **Autoevaluación**
>
> ¿Qué pasaría si pusieras una uva en un plato con agua pura? ¿Y si la remojaras en agua con azucár? *(Consulta la página 636 para comprobar tus respuestas)*

Figura 2 *Este recipiente está dividido por una barrera. Las partículas de agua son lo suficientemente pequeñas para atravesar la barrera, pero las partículas de colorante no lo son.*

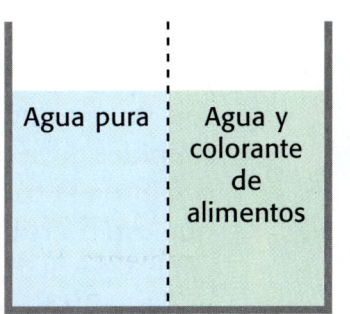
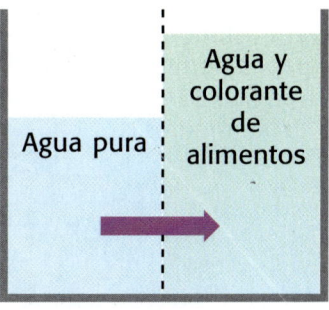

❶ El lado del recipiente con el agua pura tiene la concentración más alta de agua.

❷ Durante la ósmosis, las partículas de agua se mueven hacia donde hay una menor concentración.

ⓐ La forma de esta célula es normal porque la concentración del agua que está en su interior es igual a la de afuera.

ⓑ Esta célula está en agua pura. Se llena de agua porque la concentración de partículas de agua en su interior es menor que la del exterior.

Figura 3 *La concentración de agua afuera de la célula afecta a la forma de estos glóbulos rojos.*

La célula en acción **109**

Experimentos

¡Anímate a resolver el misterio de las papas perfectas! (página 574 de Experimentos).

Mover partículas pequeñas

Partículas como las de agua y oxígeno pueden pasar directamente a través de la membrana celular, la cual está formada por moléculas de fosfolípidos. Estas partículas pasan entre las moléculas de la membrana debido, en parte, a su tamaño pequeño; pero no todas las partículas que la célula necesita pueden pasar así. Por ejemplo, el azúcar y los aminoácidos no son tan pequeños como para pasar entre las moléculas de fosfolípidos de la membrana, que además los rechazan. Para entrar o salir de la célula tienen que pasar por "entradas" de proteína que están en la membrana celular.

Las partículas que pasan a través de estas proteínas lo hacen mediante transporte pasivo o activo. El **transporte pasivo,** representado en la **Figura 4,** es la difusión de las partículas a través de las proteínas. Las partículas viajan de un área de alta concentración a otra de baja concentración. La célula no utiliza ningún tipo de energía para que esto suceda.

El **transporte activo,** representado en la **Figura 5,** es el movimiento de partículas a través de proteínas en sentido opuesto al de la difusión. Las partículas pasan de un área de baja concentración a otra de alta concentración. La célula debe utilizar energía para que esto suceda. La energía proviene de la molécula de ATP, que almacena energía en una forma que la célula pueda utilizar.

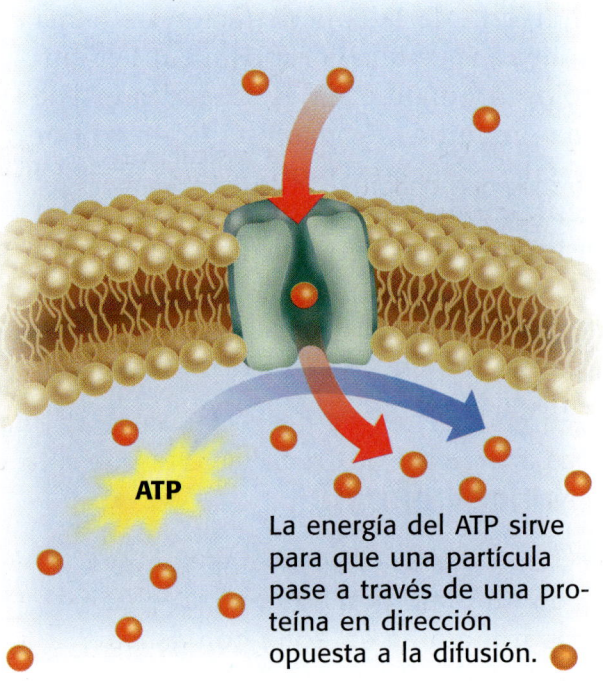

TRANSPORTE PASIVO

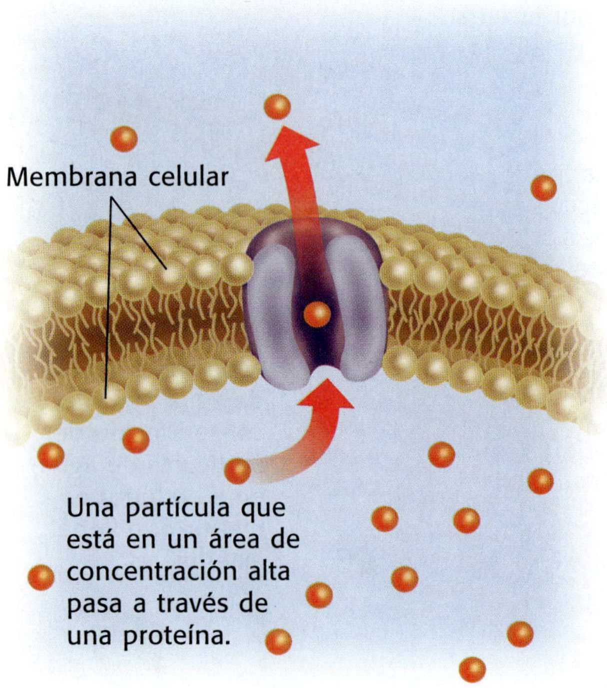

Membrana celular

Una partícula que está en un área de concentración alta pasa a través de una proteína.

Figura 4 *En el transporte pasivo, las partículas pasan a través de la proteína de áreas de alta concentración a áreas de baja concentración.*

TRANSPORTE ACTIVO

ATP

La energía del ATP sirve para que una partícula pase a través de una proteína en dirección opuesta a la difusión.

Figura 5 *En el transporte activo, las células utilizan energía para mover partículas de áreas de baja concentración a áreas de alta concentración.*

Mover partículas grandes

La difusión, el transporte pasivo y el transporte activo son buenos métodos para dejar entrar y salir partículas pequeñas de las células, pero ¿qué pasa con las partículas grandes? La membrana celular lleva a cabo esta tarea de dos maneras: *endocitosis* y *exocitosis*. En la **endocitosis,** la membrana celular rodea a la partícula y la encierra en una vesícula; de esta manera, las partículas grandes (por ejemplo, otras células) pueden entrar en la célula, como se muestra en la **Figura 6.**

Figura 6 Endocitosis *significa "dentro de la célula".*

 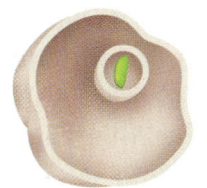

① La célula entra en contacto con una partícula.

② La membrana celular comienza a envolver la partícula.

③ Cuando la partícula está completamente rodeada, la vesícula se desprende.

Si una partícula grande debe salir de la célula, el proceso es diferente. En la **exocitosis,** las vesículas se forman en el retículo endoplásmico o en el aparato de Golgi y se encargan de llevar las partículas a la membrana celular, como se muestra en la **Figura 7.**

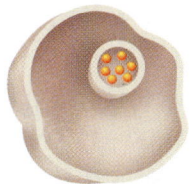 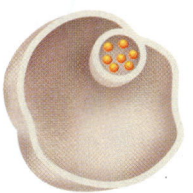 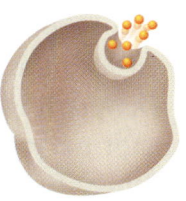

① Las partículas grandes que deben salir de la célula son almacenadas en vesículas.

② La vesícula va hasta la membrana celular y se fusiona con ella.

③ La célula libera las partículas en el medio ambiente.

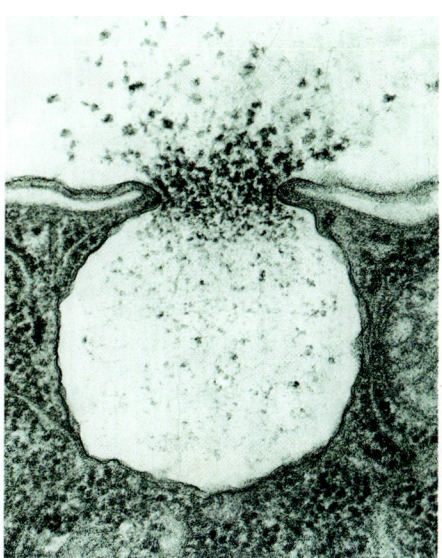

Figura 7 Exocitosis *significa "fuera de la célula".*

REPASO

1. En la difusión, ¿se desplazan las partículas de las áreas de baja concentración a las áreas de alta concentración o viceversa?

2. ¿Cómo entran las partículas grandes en la célula? ¿De qué manera expulsan las células las partículas grandes?

3. **Hacer deducciones** La transferencia de glucosa al interior de la célula no requiere ATP. ¿Qué tipo de transporte proporciona glucosa a la célula? Explica tu respuesta.

Sección 2

Energía celular

VOCABULARIO
fotosíntesis
respiración celular
fermentación

OBJETIVOS
- Describe la fotosíntesis y la respiración celular.
- Compara y contrasta la respiración celular con la fermentación.

¿Por qué nos da hambre? El hambre es la manera en que el cuerpo nos dice que nuestras células necesitan energía. Las células de todos los organismos utilizan energía para realizar las actividades químicas que les permiten vivir, crecer y reproducirse.

Del Sol a la célula

Casi toda la energía necesaria para la vida proviene del Sol. ¿Cómo obtienen las células esta energía? La obtienen de lo que comes. Al igual que muchos otros tipos de organismos, tienes que comer plantas u organismos que han comido plantas. Esto se debe a que las plantas son capaces de captar la luz solar y transformarla en alimento mediante un proceso llamado **fotosíntesis.** *Fotosíntesis* quiere decir "fabricado por la luz". El alimento que fabrican las plantas les da energía y es una fuente de energía para los organismos que se las comen. Si las plantas y los demás productores no existieran, los consumidores no podríamos sobrevivir.

Fotosíntesis Las células de las plantas tienen moléculas llamadas *pigmentos,* que absorben la energía de la luz. La clorofila es el principal pigmento de la fotosíntesis; gracias a ella las plantas son verdes. En las células vegetales, la clorofila se encuentra en los cloroplastos, que puedes apreciar en la **Figura 8.**

Las plantas utilizan la energía captada por la clorofila para transformar el dióxido de carbono (CO_2) y el agua (H_2O) en alimento. El alimento que producen es la glucosa, un azúcar sencillo ($C_6H_{12}O_6$). La glucosa es un carbohidrato. Al fabricarla, las plantas convierten la energía del Sol en una forma de energía que se puede almacenar. Las células de las plantas utilizan la energía contenida en la glucosa y almacenan una parte en forma de otros carbohidratos o de lípidos. La fotosíntesis también produce oxígeno (O_2). El proceso de la fotosíntesis puede resumirse en la siguiente ecuación:

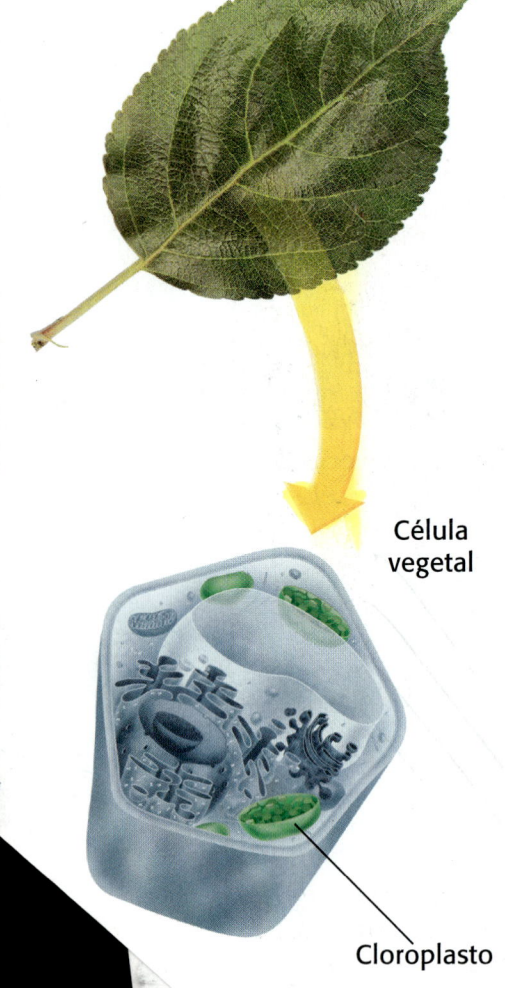

Célula vegetal

Cloroplasto

$$6CO_2 + 6H_2O + \text{energía de la luz} \rightarrow C_6H_{12}O_6 + 6O_2$$

Dióxido de carbono Agua   Glucosa Oxígeno

Figura 8 *Durante la fotosíntesis, las células vegetales utilizan la energía de la luz solar para fabricar alimento (glucosa) a partir de dióxido de carbono y agua. La fotosíntesis se lleva a cabo en los cloroplastos.*

Obtener energía de los alimentos

Aunque las células obtienen la energía que necesitan de los alimentos, no pueden obtenerla directamente de una manzana o de unos tacos. Los alimentos que uno come tienen que ser transformados primero para que la energía que contienen pueda ser utilizada por las células. De hecho, todos los organismos tienen que transformar las moléculas de alimento para que se libere la energía almacenada en ellas. Hay dos maneras de hacerlo. Una utiliza oxígeno y se conoce como **respiración celular;** la otra no utiliza oxígeno y se llama **fermentación.**

Respiración celular La respiración de la célula no es igual a la respiración que todos conocemos, aunque están muy relacionadas. Cuando respiramos aire, las células obtienen el oxígeno que necesitan para llevar a cabo la respiración celular y el cuerpo elimina dióxido de carbono, que es un desecho de la respiración celular.

La mayoría de los organismos, como la vaca de la **Figura 9,** obtienen la energía almacenada en los alimentos por medio de la respiración celular. Durante este proceso, el alimento (glucosa) es transformado en CO_2 y H_2O y se libera energía. Una gran cantidad de energía se almacena en forma de ATP; como sabes, el ATP es la molécula que proporciona la energía para que las células realicen sus actividades. Sin embargo, gran parte de la energía se libera en forma de calor, que en algunos organismos, como los seres humanos, ayuda a mantener la temperatura del cuerpo.

En las células de plantas, animales y otros eucariotas, la respiración celular se realiza en las mitocondrias. El proceso de la respiración celular se resume en la siguiente ecuación:

$$C_6H_{12}O_6 + 6O_2 \rightarrow 6CO_2 + 6H_2O + \text{energía (ATP)}$$

Glucosa   Oxígeno   Dióxido de   Agua
                    Carbono

¿Se parece a la ecuación de la fotosíntesis? Observa el diagrama de la siguiente página para conocer la relación entre la fotosíntesis y la respiración.

Célula animal   Mitocondrias

Explora

Haz una lista de cinco alimentos que comiste en las últimas 24 horas y que originalmente eran parte de otro organismo. Escribe los nombres de esos organismos. ¿Cuáles eran productores? ¿Cuáles eran consumidores como nosotros?

a través de las ciencias
CONEXIÓN

¿Crees que la energía producida por las células pueda usarse para generar electricidad? Averígualo en la página 124.

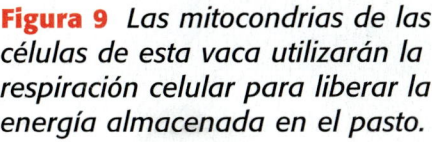

Figura 9 Las mitocondrias de las células de esta vaca utilizarán la respiración celular para liberar la energía almacenada en el pasto.

La célula en acción

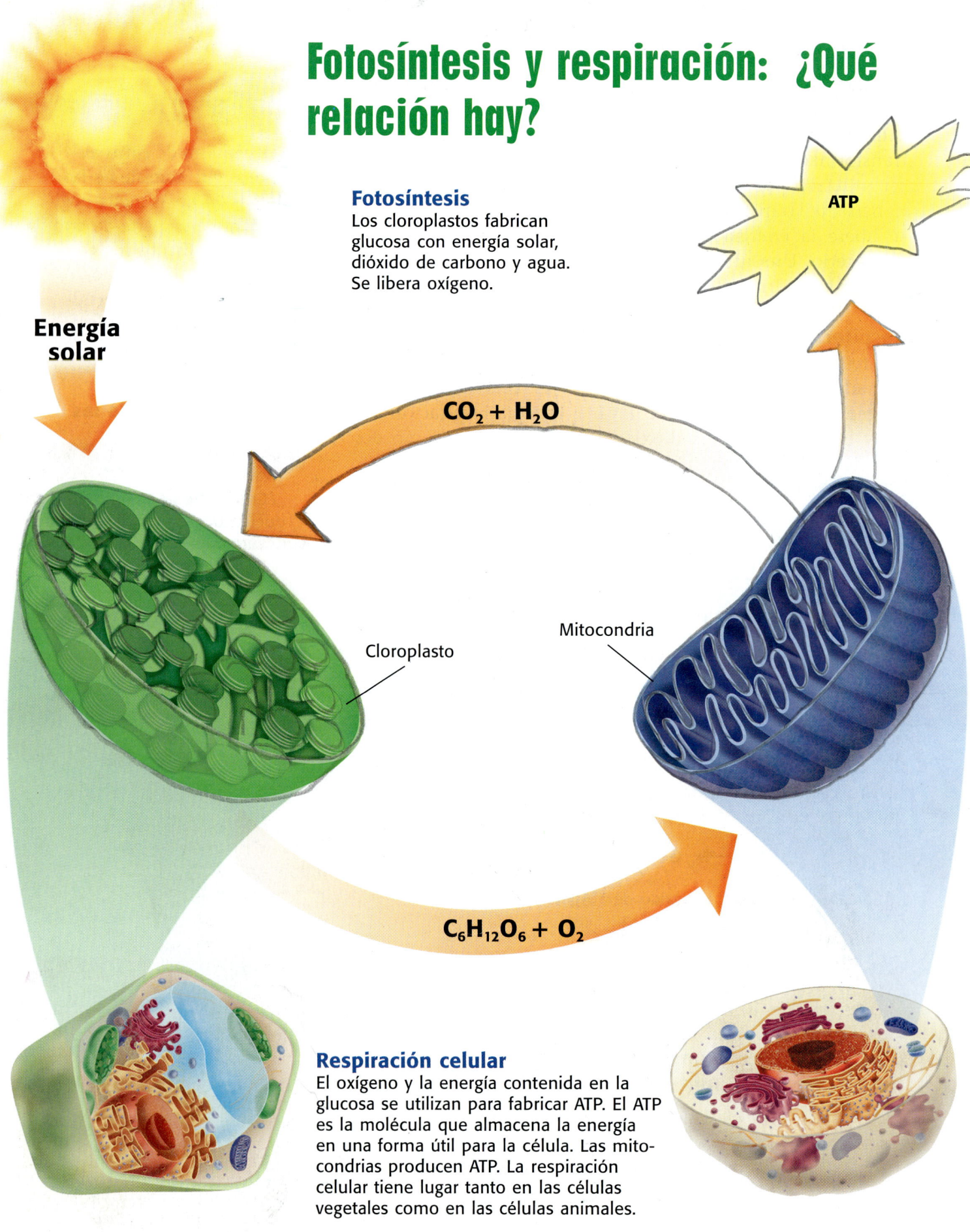

Se te ha asignado la misión de restaurar la vida en una isla estéril. ¿Qué tipos de organismos pondrías en la isla? Si decides poner animales, ¿qué otros organismos debe haber? Explica tu respuesta.

Fermentación ¿Alguna vez has corrido tanto que tienes la sensación de que tus músculos están ardiendo? A veces las células de los músculos no pueden obtener el oxígeno que necesitan para producir ATP mediante la respiración celular; cuando esto sucede utilizan el proceso de fermentación. El resultado de la fermentación es la producción de una pequeña cantidad de ATP y de productos provenientes de la transformación parcial de la glucosa.

Hay dos tipos principales de fermentación, los cuales se describen en las **Figuras 10** y **11.** El primero ocurre en los músculos y produce ácido láctico, que contribuye al cansancio muscular después de una actividad agotadora; también se realiza en las células musculares de otros animales y de algunas clases de hongos y bacterias. El segundo tipo de fermentación se presenta en ciertos tipos de bacterias y en las levaduras.

Figura 10 *Cuando no hay oxígeno, las células musculares usan la fermentación para fabricar ATP a partir de azúcar. También se produce ácido láctico, que hace que los músculos "ardan" durante el ejercicio.*

Figura 11 *Las levaduras fabrican dióxido de carbono y alcohol al fermentar del azúcar. El dióxido de carbono hace que el pan se infle.*

REPASO

1. ¿Por qué los productores son importantes para la supervivencia del resto de los organismos?
2. ¿Cuál es la relación entre la fotosíntesis y la respiración celular?
3. ¿Qué tiene que ver la respiración normal con la respiración celular?
4. ¿En qué se parecen la respiración y la fermentación? ¿En qué se diferencian?
5. **Identificar relaciones** ¿En qué células esperarías encontrar un mayor número de mitocondrias: en las muy activas o en las que no lo son tanto? ¿Por qué?

ciencias de la Tierra
CONEXIÓN

Cuando la Tierra era joven, su atmósfera no tenía oxígeno. Las primeras formas de vida obtenían energía mediante la fermentación. Hace aproximadamente 3 billones de años, los organismos empezaron a fotosintetizar y el oxígeno que produjeron se incorporó a la atmósfera.

La célula en acción

Sección 3

El ciclo celular

VOCABULARIO

ciclo celular
cromosoma
fisión binaria
homólogos cromosomas
centrómero
cromátidas
mitosis
citoquinesis

OBJETIVOS

- Explica cómo las células producen otras células.
- Comenta la importancia de la mitosis.
- Explica la diferencia entre la división celular de los animales y la de las plantas.

Mientras lees esta oración, ¡tu cuerpo produce millones de células nuevas! ¿Por qué necesita producir tantas células? La producción de células nuevas permite a todos los organismos pluricelulares crecer y reemplazar las células que han muerto. Por ejemplo, el entorno del estómago es tán ácido que las células que lo recubren tienen que ser reemplazadas cada semana.

La vida de la célula

De niño a adulto pasas por distintas etapas. De la misma manera, las células pasan por distintas etapas a lo largo de su ciclo de vida. El ciclo de vida de la célula se llama **ciclo celular.**

El ciclo celular comienza cuando la célula se forma y termina cuando se divide para dar origen a dos nuevas células. Antes de dividirse, la célula hace una copia de su ADN y de otras substancias que se requieren para realizar los procesos vitales. Como vimos, el ADN contiene la información que le dice a la célula cómo fabricar proteínas. El ADN de las células está organizado en estructuras llamadas **cromosomas;** en algunos organismos, los cromosomas también contienen proteínas. La copia de los cromosomas garantiza que cada célula nueva tenga todas las herramientas necesarias para sobrevivir.

¿Cómo se producen más células? Esto depende de si la célula es procariota o eucariota.

Cómo se producen las células procariotas

Como vimos en capítulos anteriores, las células procariotas (bacterias) no son muy complejas; tampoco lo es su ADN. Tienen ribosomas y un único cromosoma, que es circular, pero no tienen organelos con membrana. Gracias a esto, la división de las bacterias es bastante sencilla y se conoce como **fisión binaria,** que significa "separarse en dos partes". Cada célula nueva contiene una copia del ADN. Algunas de las bacterias de la **Figura 12** están realizando el proceso de fisión binaria.

¡MATEMÁTICAS!

Multiplicación celular

La célula A necesita 6 horas para completar su ciclo celular y producir dos células. El ciclo celular de la célula B requiere 8 horas. En 24 horas, ¿cuántas células más producirá la célula A en comparación con la B?

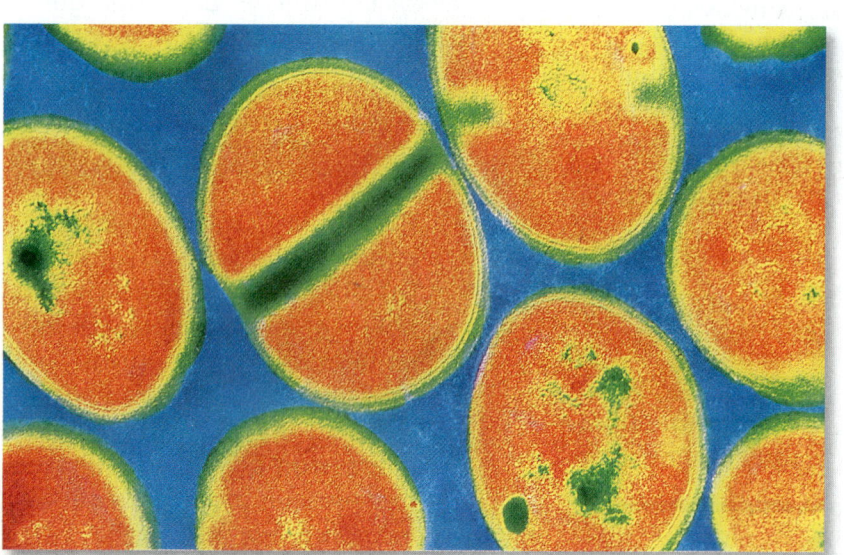

Figura 12 *Las bacterias se reproducen dividiéndose en dos.*

Las células eucariotas y su ADN Las células eucariotas generalmente son mucho más grandes y complejas que las procariotas. Por esta razón, tienen mucho más ADN. Los cromosomas de los eucariotas contienen ADN y proteínas.

El número de cromosomas varía de un organismo a otro y no tiene nada que ver con la complejidad del organismo. Por ejemplo, las moscas de la fruta tienen ocho cromosomas, las papas 48 y los seres humanos 46. En la **Figura 13** aparecen los 46 cromosomas de una célula del cuerpo humano, alineados en pares. Estos pares se componen de cromosomas similares llamados **cromosomas homólogos.**

Cómo se producen las células eucariotas

El ciclo celular de las eucariotas comprende tres etapas principales. Durante la primera etapa, la célula crece y copia sus organelos y cromosomas; las cadenas de ADN y proteínas se parecen a un trozo de cuerda que no está retorcida. Después de la duplicación de cada cromosoma, las dos copias se mantienen pegadas en una región llamada **centrómero**, y cada copia se llama **cromátida**. Como se muestra en la **Figura 14,** cada cromátida se enrolla y se condensa en forma de X. A continuación, la célula entra en la segunda etapa del ciclo celular.

En la segunda etapa, conocida como **mitosis,** las cromátidas se separan. Este complicado proceso garantiza que cada célula nueva reciba una copia de cada cromosoma. La mitosis se divide en cuatro fases, que se muestran en las siguientes páginas.

En la tercera etapa del ciclo celular, la célula se divide y produce dos células idénticas a la célula original. Comentaremos el proceso de la división celular después de describir la mitosis.

> ### ✓ Autoevaluación
> Tras la duplicación, ¿cuántas cromátidas hay en un par de cromosomas homólogos? *(Consulta la página 636 para comprobar tu respuesta.)*

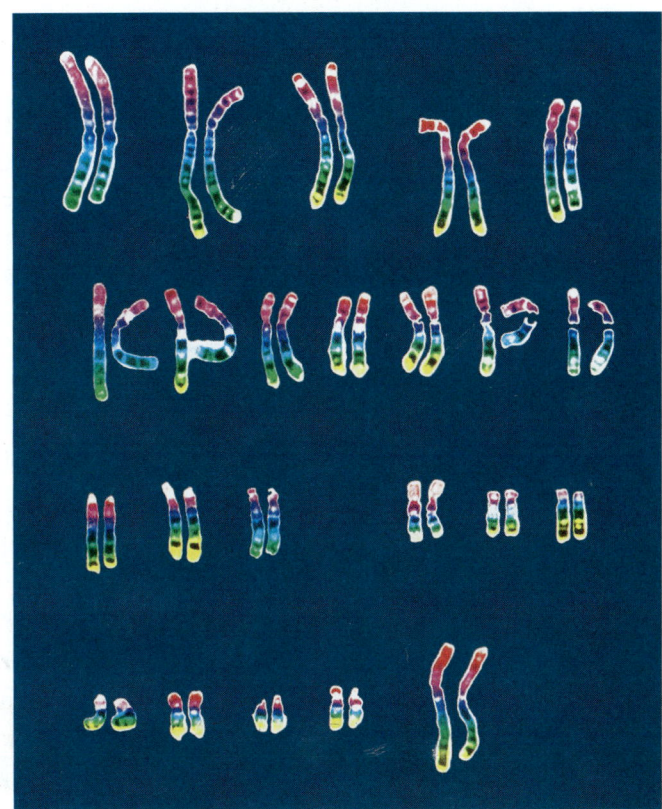

Figura 13 *Las células humanas tienen 46 cromosomas, es decir, 23 pares de cromosomas homólogos.*

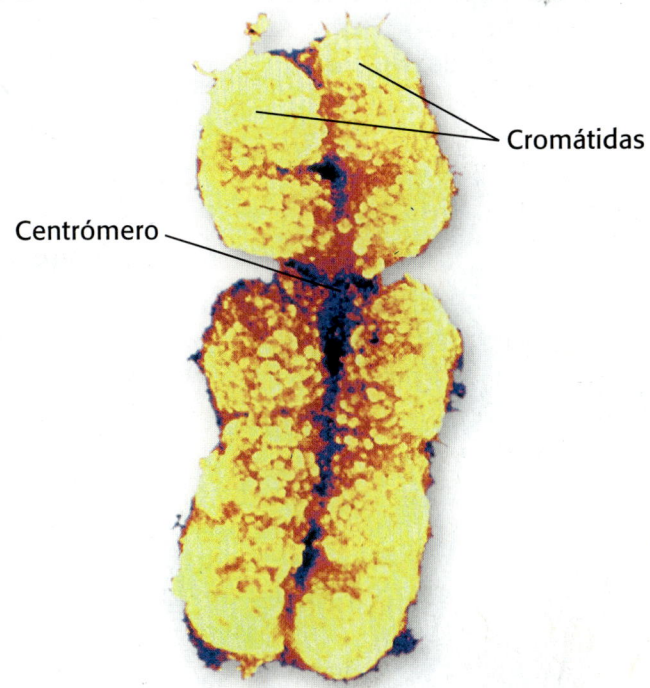

Figura 14 *Dos cadenas de ADN y proteínas se enrollaron para formar este cromosoma duplicado, que está formado por dos cromátidas.*

Mitosis y ciclo celular

El diagrama de abajo representa el ciclo celular y las fases de la mitosis de una célula animal. Aunque la mitosis es un proceso continuo, puede dividirse en cuatro fases. Como sabes, cada tipo de organismo tiene un número distinto de cromosomas. En este diagrama sólo se muestran cuatro cromosomas para que sea más fácil ver lo que pasa.

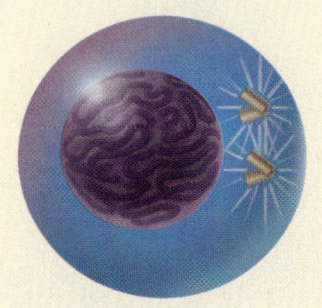

Antes del inicio de la mitosis se copian los cromosomas y otros materiales celulares, como los *centríolos,* que son dos estructuras cilíndricas. Ahora cada cromosoma está formado por dos cromátidas.

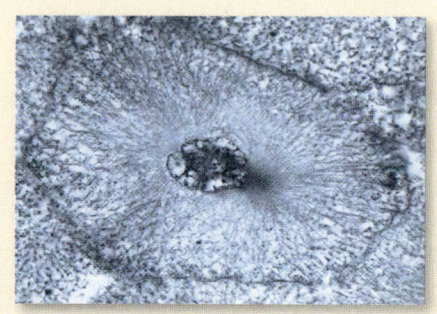

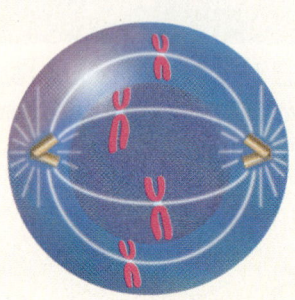

Fase 1 de la mitosis
La mitosis comienza. La membrana nuclear se rompe y los cromosomas se condensan para formar estructuras que parecen bastoncitos. Los dos pares de centríolos se mueven hacia lados opuestos de la célula. Entre ellos se forman fibras que están sujetas a los centrómeros.

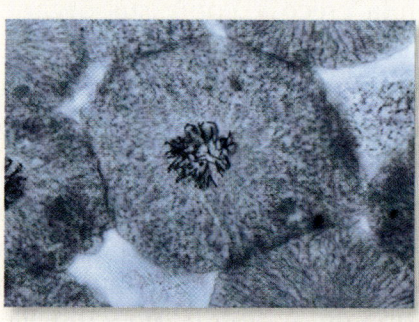

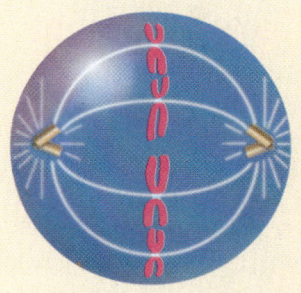

Fase 2 de la mitosis
Los cromosomas se alinean a lo largo de la parte central de la célula.

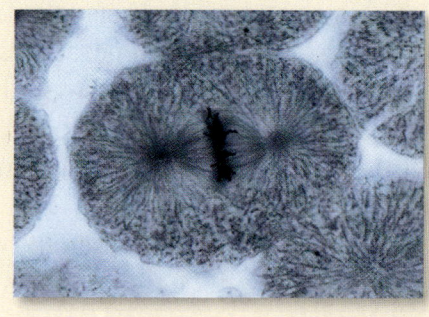

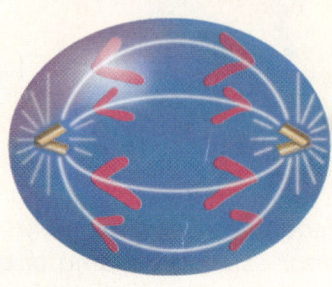

Fase 3 de la mitosis
Las cromátidas se separan y las fibras que están sujetas a los centríolos las jalan hacia lados opuestos de la célula.

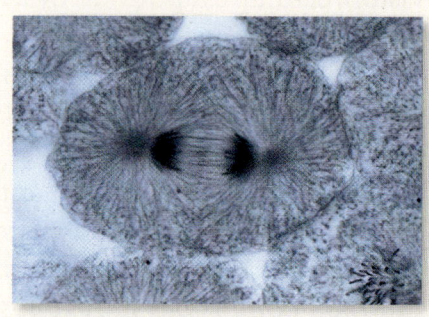

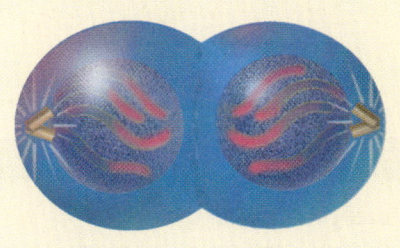

Fase 4 de la mitosis
La membrana nuclear se forma alrededor de ambos conjuntos de cromosomas y éstos se desenrollan. Las fibras desaparecen y así termina la mitosis.

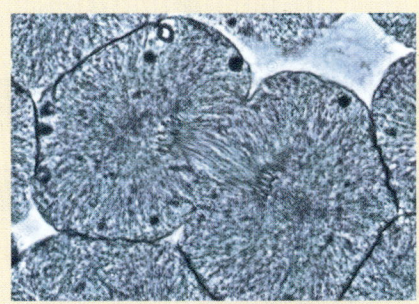

Una vez que la mitosis ha terminado, el citoplasma se divide en dos, en un proceso llamado **citoquinesis.** El resultado son dos células idénticas que también son idénticas a la célula original de la cual se formaron. Después de la citoquinesis, el ciclo celular se completa y las nuevas células están al inicio de un nuevo ciclo celular.

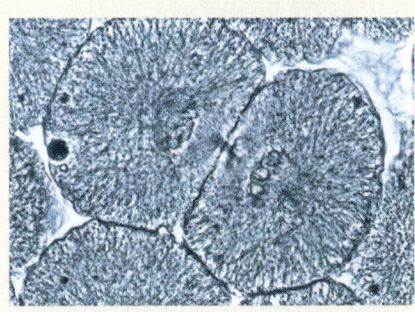

Más acerca de la citoquinesis En las células animales y en otros eucariotas sin pared celular, la membrana celular empieza a hundirse y forma una hendidura que atraviesa toda la célula; así se forman dos células hijas. Arriba se muestra la citoquinesis de una célula animal.

Las células eucariotas con pared celular, como las células vegetales, las algas y los hongos, hacen las cosas de una manera diferente. En estos organismos se forma una *placa celular* en mitad de la célula, que formará las nuevas membranas celulares que separarán a las dos células nuevas. Después de separarse, entre las dos membranas se forma una nueva pared celular. En la **Figura 15** se muestra la citoquinesis de una célula vegetal.

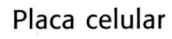
Placa celular

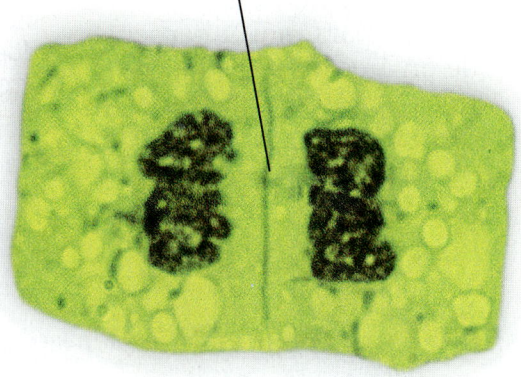

Figura 15 *Cuando las células vegetales se dividen, en la mitad se forma una placa celular que crece hacia el borde hasta que la célula se divide en dos.*

REPASO

1. ¿En qué se parecen la fisión binaria y la mitosis? ¿En qué se diferencian?
2. ¿Por qué es importante que los cromosomas se copien antes de la división celular?
3. ¿Cuál es la diferencia entre la citoquinesis de los animales y la de las plantas?
4. **Aplicar conceptos** ¿Qué pasaría si hubiera citoquinesis sin mitosis?

La célula en acción

Resumen del capítulo

SECCIÓN 1

Vocabulario
difusión *(pág. 108)*
ósmosis *(pág. 109)*
transporte pasivo *(pág. 110)*
transporte activo *(pág. 110)*
endocitosis *(pág. 111)*
exocitosis *(pág. 111)*

Notas de la sección

- La célula sólo puede sobrevivir si las moléculas de alimento llegan a su interior y se eliminan los desechos. Las substancias entran y salen de la célula a través de la membrana celular, la cual permite el paso de unas e impide el de otras.

- Las células no utilizan energía para mover partículas de un área de alta concentración a otra de baja concentración. A este tipo de movimiento se le llama difusión.

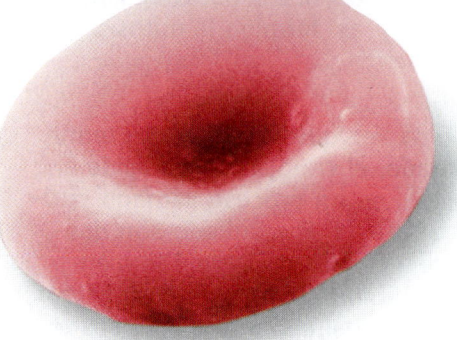

- La ósmosis es la difusión del agua a través de la membrana.

- Algunas substancias entran y salen de la célula pasando a través de proteínas. En el transporte pasivo las substancias se difunden a través de proteínas y en el transporte activo se mueven de un área de baja concentración a una de alta concentración. La célula debe proporcionar energía para que el transporte activo ocurra.

- Las partículas que son demasiado grandes para pasar con facilidad a través de la membrana entran a la célula mediante un proceso llamado endocitosis y salen por otro llamado exocitosis.

Experimentos
El misterio de las papas perfectas *(pág. 574)*

✓ Comprobar destrezas

Conceptos de matemáticas

CICLO CELULAR En 4 horas la célula completa su ciclo celular y produce otras dos células. ¿Cuántas células se producen en 12 horas? Primero debes calcular cuántos ciclos celulares habrá en 12 horas:

12 horas/4 horas = 3

Las células se duplican después de cada ciclo:

Ciclo 1   1 célula × 2 = 2 células
Ciclo 2   2 células × 2 = 4 células
Ciclo 3   4 células × 2 = 8 células

Por lo tanto, después de 3 ciclos celulares (12 horas) habrá 8 células.

Comprensión visual

MITOSIS La mitosis parece un proceso confuso, pero con la ayuda de estas ilustraciones podrás entenderla. En las páginas 118 y 119, observa las ilustraciones y fotografías de las fases del ciclo celular. Lee el rótulo de cada fase e identifica las estructuras celulares que describen. Dibuja el movimiento de los cromosomas en cada paso. Si estudias cuidadosamente los rótulos y las fotografías entenderás mejor la mitosis.

SECCIÓN 2

Vocabulario
fotosíntesis *(pág. 112)*
respiración celular *(pág. 113)*
fermentación *(pág. 113)*

Notas de la sección
- El Sol es la fuente de casi toda la energía necesaria para las actividades químicas de los organismos. La mayoría de los productores utilizan la energía solar para elaborar alimentos mediante la fotosíntesis. Estos alimentos se vuelven fuentes de energía para los productores y para los consumidores que se comen a los productores.

- Por medio de la respiración celular o fermentación, las células fabrican ATP. La respiración celular requiere oxígeno; la fermentación no.

Experimentos
¡Supervivencia! *(pág. 576)*

SECCIÓN 3

Vocabulario
ciclo celular *(pág. 116)*
cromosoma *(pág. 116)*
fisión binaria *(pág. 116)*
cromosomas homólogos *(pág. 117)*
centrómero *(pág. 117)*
cromátidas *(pág. 117)*
mitosis *(pág. 117)*
citoquinesis *(pág. 119)*

Notas de la sección
- El ciclo de vida de la célula se llama ciclo celular. El ciclo celular comienza cuando la célula se forma y termina cuando ésta se divide para dar origen a dos nuevas células. Las células procariotas dan origen a nuevas células mediante la fisión binaria, en tanto que las células eucariotas lo hacen mediante la mitosis y la citoquinesis.

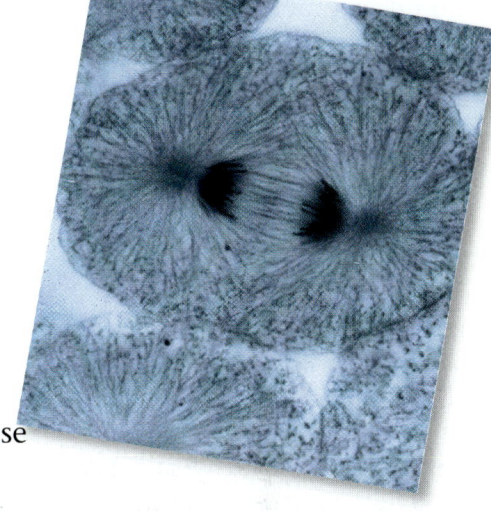

- Antes de la mitosis, los cromosomas se duplican. Durante la mitosis las cromátidas se separan y se forman dos nuevos núcleos; en la citoquinesis la célula se divide.

---

internet

 VISITA: go.hrw.com

Visita el sitio web de HRW para encontrar una serie de herramientas de aprendizaje relacionadas con este capítulo. Sólo tienes que escribir la palabra clave:

PALABRA CLAVE: HSTACT

 VISITA: www.scilinks.org

Visita el sitio web de la **Asociación Nacional de Maestros de Ciencias** *(National Science Teachers Association)* para encontrar recursos de Internet relacionados con este capítulo. Sólo escribe el **ENLACE DE CIENCIAS** para obtener más información sobre el tema:

TEMA: Energía celular	**ENLACE:** HSTL080
TEMA: Fotosíntesis	**ENLACE:** HSTL085
TEMA: El ciclo celular	**ENLACE:** HSTL090
TEMA: Microbios	**ENLACE:** HSTL095

La célula en acción

Repaso del capítulo

UTILIZAR EL VOCABULARIO

Escoge el término correcto para completar las siguientes oraciones:

1. La difusión del agua a través de la membrana celular se llama ___?___. *(ósmosis o transporte activo)*

2. La célula elimina las partículas grandes durante la ___?___. *(exocitosis o endocitosis)*

3. Las plantas fabrican glucosa mediante la ___?___. *(respiración celular o fotosíntesis)*

4. Durante la ___?___, las moléculas de alimento se transforman para formar CO_2 y H_2O, liberando grandes cantidades de energía. *(respiración celular o fermentación)*

5. En las eucariotas, se forman dos núcleos en la ___?___ y dos células en la ___?___. *(citoquinesis o mitosis)*

COMPRENDER CONCEPTOS

Opción múltiple

6. Cuando las partículas que se transportan a través de una membrana pasan de un área de baja concentración a otra de alta concentración, el proceso se llama
   a. difusión.
   b. transporte pasivo.
   c. transporte activo.
   d. fermentación.

7. Los organismos con cloroplastos son
   a. consumidores.   c. productores.
   b. procariotas.   d. centrómeros.

8. ¿Qué produce la mitosis?
   a. dos células idénticas
   b. dos núcleos
   c. cloroplastos
   a. dos células diferentes

9. Antes de que la célula pueda utilizar la energía de los alimentos debe transferirla a moléculas de
   a. proteínas.
   b. carbohidratos.
   c. ADN
   d. ATP

10. ¿Cuál de las siguientes células no lleva a cabo la mitosis?
    a. célula procariota
    b. célula del cuerpo humano
    c. célula eucariota
    d. célula vegetal

11. ¿Cuál de las siguientes células forma una placa celular durante el ciclo celular?
    a. célula humana
    b. célula procariota
    c. célula vegetal
    d. todas las anteriores

Respuesta breve

12. ¿Qué estructuras celulares participan en la fotosíntesis? ¿Y en la respiración?

13. ¿Cuántas cromátidas hay en un cromosoma al comienzo de la mitosis?

14. ¿Cuáles son las tres etapas del ciclo celular de una célula eucariota?

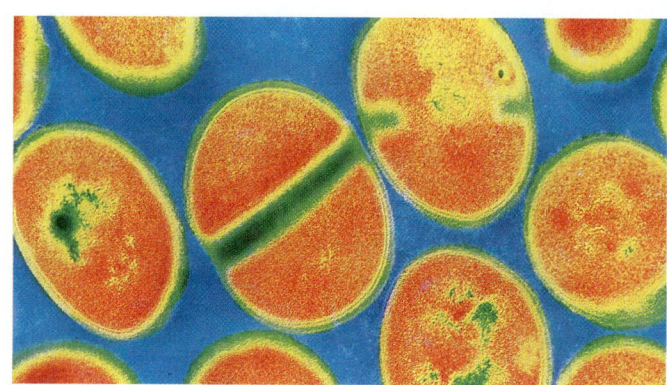

122 Capítulo 5

Organizar conceptos

15. Usa los siguientes términos para crear un mapa de ideas: duplicación de cromosomas, citoquinesis, procariota, mitosis, ciclo celular, fisión binaria, eucariota.

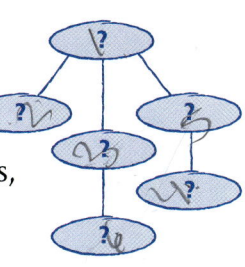

RAZONAMIENTO CRÍTICO Y RESOLUCIÓN DE PROBLEMAS

Responde a las siguientes preguntas con una o dos oraciones:

16. De las siguientes plantas, ¿a cuál se le dió agua con sal y a cuál agua pura? ¿Cómo lo sabes? Asegúrate de emplear la palabra *ósmosis* en tu respuesta.

17. ¿Por qué las células de los músculos necesitan más alimento cuando falta oxígeno que cuando lo hay en abundancia?

18. Si una célula madre tiene 10 cromosomas antes de dividirse,
    a. ¿entrará en el proceso de fisión binaria o en el de mitosis y citoquinesis para producir nuevas células?
    b. ¿cuántos cromosomas tendrá cada célula nueva al final de la división?

LAS MATEMÁTICAS EN LAS CIENCIAS

19. Si una célula tiene seis cromosomas al inicio de su ciclo celular, ¿cuántas cromátidas estarán alineadas en la parte central de la célula durante la mitosis?

INTERPRETAR GRÁFICAS

Observa la célula de abajo para responder a las siguientes preguntas:

20. ¿Es procariota o eucariota?

21. ¿En qué etapa del ciclo celular se encuentra?

22. ¿Cuántas cromátidas están presentes? ¿Cuántos pares de cromosomas homólogos hay?

23. ¿Después de dividirse, ¿cuántos cromosomas tendrá cada célula nueva?

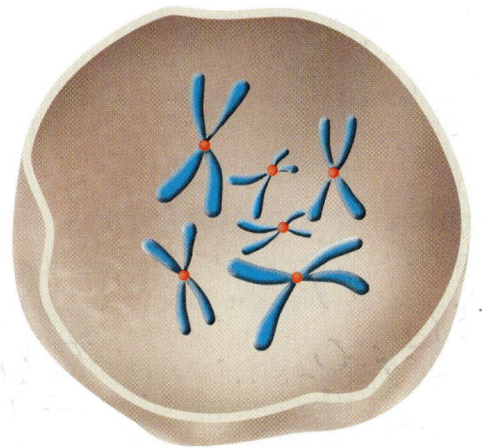

AHORA, ¿qué piensas?

Revisa tus respuestas a las preguntas de la página 107 que escribiste en el cuaderno de ciencias. ¿Han cambiado tus respuestas? Si es necesario, corrige tus respuestas basándote en lo que has aprendido en este capítulo.

CIENCIAS DE LA TIERRA • CIENCIAS FÍSICAS

Noticias electrizantes sobre los microbios

Tu auto se ha quedado sin gasolina, pero ¡no hay problema! El motor funciona con la electricidad que producen trillones de microorganismos hambrientos. Sólo tienes que meter en el tanque unos cuantos terrones de azúcar y un poco de agua fresca y ¡en marcha! Al devorar su comida, los microbios producen suficiente electricidad para llevarte sano y salvo a casa.

La batería "viviente"

¿Suena exagerado? Para Peter Bennetto y su equipo de científicos del King's College, en Londres, no lo es. Los químicos que trabajan ahí piensan que en un futuro habrá baterías "vivientes" capaces de hacer funcionar desde relojes de pulsera hasta poblados enteros. Los microorganismos pueden convertir alimentos en energía eléctrica utilizable. Una batería de prueba, de menos de 0.5 cm^2, mantuvo funcionando un reloj digital durante un día.

Liberación de electrones

Desde hace casi cien años, los científicos saben que los seres vivos producen y utilizan cargas eléctricas. Sin embargo, los procesos químicos que dan origen a estas pequeñísimas cargas eléctricas se descubrieron en las últimas décadas. Como parte de sus actividades normales, las células transforman almidones y azúcares; estas reacciones químicas liberan electrones. Los científicos recopilan estos electrones libres de organismos unicelulares, como las bacterias, para producir electricidad.

El Sr. Bennetto y sus colegas hicieron una lista de alimentos para relacionar los carbohidratos (como el azúcar de mesa y la melaza) con los microorganismos que los digieren de manera más eficiente. Según él, las bacterias se subdividen en flojas y eficientes. Las eficientes pueden convertir más del 90 por ciento de su alimento en compuestos que sirven como combustible para una reacción eléctrica. Las menos eficientes convierten el 50 por ciento.

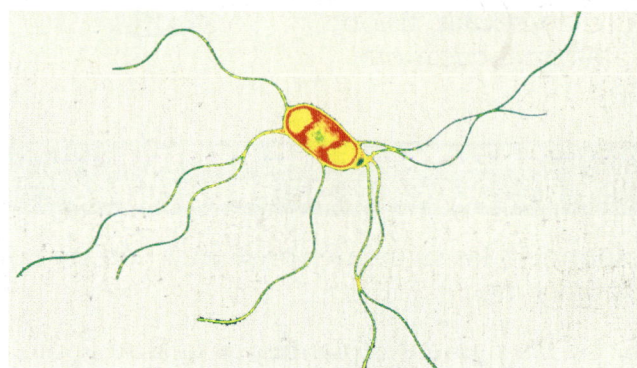

▲ *Las bacterias como éstas convierten los carbohidratos en energía eléctrica.*

Se alimentan de sobras

Una de las ventajas de las baterías que funcionan con microbios es que, a diferencia de los generadores, los microbios no requieren recursos no renovables, como carbón o petróleo. Además, si consumen contaminantes (por ejemplo, subproductos de las industrias láctea y azucarera) también producen electricidad. Y, como se reproducen constantemente, no es necesario recargar la batería; sólo hay que cambiar las bacterias de vez en cuando. Para llevar a la práctica esta tecnología se necesitan otros especialistas, entre ellos, ingenieros eléctricos.

Idea de proyecto

▶ Imagínate que diriges una agencia del gobierno y que te piden dinero para una investigación sobre baterías a base de microbios. Piensa en los beneficios de desarrollar "baterías vivientes". ¿Qué problemas se te ocurren? Entre toda la clase decidan si darían dinero para la investigación.

Ciencia Ficción

"Contagio"

por Katherine MacLean

A un cuarto de milla de la nave espacial *Explorer,* un equipo de médicos camina cuidadosamente por un camino angosto. Parece que están en un bosque de la Tierra en otoño; hay hojas de color verde, cobre, violeta y rojo. Pero, no es otoñ, y no están en la Tierra.

Minos se parece lo suficiente a la Tierra para ser el hogar de una colonia de seres humanos, también podría ser el hogar de organismos desconocidos capaces de causar graves enfermedades, incluso la muerte, a la tripulación del *Explorer.* Es posible que estas enfermedades sean lo bastante parecidas a las de la Tierra para ser contagiosas, aunque lo bastante diferentes para ser muy difíciles de curar.

Algo grande se mueve entre las sombras; parece un hombre. De repente, se aparece en el camino; es más alto que cualquier miembro de la tripulación, delgado, musculoso, muy bronceado y pelirrojo. Y, es increíble, habla.

"Bienvenidos a Minos, el alcalde les envía saludos desde Alexandria".

Así fue como nosotros y la tripulación del *Explorer* conocimos al pelirrojo Patrick Mead. Según él, una vez hubo una colonia de seres humanos en Minos. Aproximadamente dos años después de la llegada de la colonia, una terrible plaga mató a todo el mundo salvo a la familia Mead. Pero Patrick dice que la plaga nunca ha vuelto y que no hay más microbios contagiosos en Minos.

¿Será cierto? ¿Qué estará ocultando Patrick a la tripulación del Explorer? Si quieres saberlo, lee "Contagio" de Katherine MacLean en la *Antología Holt de Ciencia Ficción.*

UNIDAD 3

CRONOLOGÍA

Herencia, evolución y clasificación

Las diferencias y las similitudes entre los seres vivos son el tema de esta unidad. Aquí aprenderás cómo las características se heredan de una generación a otra, cómo los seres vivos están clasificados de acuerdo a sus características, y cómo estas características les ayudan a sobrevivir. La ciencia no siempre ha comprendido estos temas, y aún queda mucho por aprender. Esta cronología te dará una idea de algunas de las cosas que hemos aprendido hasta ahora.

1753
Carlos Linneo publica el primero de dos volúmenes que contienen la clasificación de todas las especies conocidas.

1951
Rosalind Franklin fotografía el ADN.

1953
James Watson y Francis Crick descubren la estructura del ADN.

1960
Louis y Mary Leakey descubren los huesos fósiles del antepasado humano *Homo habilis* en Olduvai Gorge, Tanzania.

1969
El *Apolo 11* aterriza en la Luna. Neil Armstrong se convierte en la primera persona en caminar sobre la superficie lunar.

1859
Carlos Darwin sugiere que la selección natural es un mecanismo de la evolución.

1860
Abraham Lincoln es elegido presidente de los Estados Unidos. Es el dieciseisavo presidente.

1865
Gregorio Mendel publica los resultados de sus investigaciones sobre las leyes de la herencia en plantas de chícharos.

1930
Se descubre el planeta Plutón.

1905
Nettie Stevens describe cómo los cromosomas X y Y determinan el sexo.

1990
Ashanti DeSilva recibe glóbulos blancos alterados genéticamente para combatir su enfermedad.

1974
Donald Johanson descubre el esqueleto fosilizado de uno de los primeros homínidos.

2000
El proyecto Genoma Humano ha identificado miles de genes humanos y tiene planeado descifrar el genoma humano completo para el año 2003.

Herencia, evolución y clasificación **127**

CAPÍTULO 6 Herencia

¿Creerías que...?

Hace mucho tiempo en China, un pescador atrapó en sus redes una carpa diferente a las demás. Estos pececitos de agua dulce son de color pardo, pero esta carpa tenía un tenue color dorado. Era demasiado hermosa para comérsela, así que el pescador se la llevó a casa como mascota.

Meses después, el pescador atrapó otra carpa dorada, y la puso con la primera. Las carpas se reprodujeron, y los nuevos peces eran de colores aún más brillantes que los de sus padres. Así fue como nacieron las primeras carpas doradas.

En los años que siguieron, la gente empezó a criar los nuevos pececitos anaranjados por toda China. Algunos dueños de estas mascotas se convirtieron en alcahuetes consumados, y escogían sólo las mejores parejas para sus peces favoritos. Cada nueva generación producía pececitos cada vez más distintos. Cuando los primeros cargamentos de carpas doradas llegaron a Japón en el año 1500 a.C., los peces ya no parecían carpas. Es más, eran peces tan aristocráticos que se prohibió que la gente común los tuviera como mascotas.

Sin saberlo, los chinos de la antigüedad utilizaron las leyes de la genética para producir nuevas variedades de carpas doradas. En este capítulo estudiarás las leyes de la herencia, los rasgos que pasan de una generación a otra. Descubrirás las leyes que hicieron posible criar hermosos peces dorados a partir de unas carpas comunes.

¿Tú qué piensas?

Usa tus conocimientos para responder a las siguientes preguntas en tu cuaderno de ciencias:

1. ¿Por qué no somos todos iguales?
2. ¿Qué determina que un bebé sea niña o niño?

Combina prendas

¿Te pareces a tu mamá o a tu papá? ¿A tu hermana o a tu hermano? Puede ser que te parezcas a ellos, pero seguramente eres muy diferente. Aunque seas diferente, compartes algunas características con tus padres y hermanos.

En esta actividad vas a investigar cómo se combinan las diferentes características para crear una combinación única y diferente, como tú.

Procedimiento

1. Tu maestra te dará **tres cajas.** Una de ellas contiene **cinco sombreros,** otra contiene **cinco guantes,** y la última, **cinco bufandas.**

2. Sin ver lo que hay en las cajas, cinco compañeros sacarán un sombrero, un guante y una bufanda. Se los pondrán y los modelarán frente al resto de la clase. Luego devolverán los objetos a sus cajas para que pasen a otros cinco compañeros, y continuarán así hasta que hayan pasado por todo el salón.

3. Anota la combinación de prendas que escogiste en tu cuaderno de ciencias.

Análisis

4. ¿Hubo combinaciones iguales? ¿Cuántas combinaciones diferentes hubo en tu salón?

5. ¿Crees que se hicieron todas las combinaciones posibles? Explica tu respuesta.

6. Escoge una pareja. Con las prendas que tú y tu compañero o compañera sacaron de la caja, ¿cuántas combinaciones diferentes formarían si le dieran a otra persona un sombrero, un guante y una bufanda? Para contestar a esta pregunta, haz una gráfica como la siguiente.

	Sombrero		Guante		Bufanda	
1	X		X		X	
2	X		X			X
3	X					

7. Según lo que has aprendido en esta investigación, ¿por qué crees que los hermanos de una familia son tan diferentes unos de otros?

Herencia **129**

Sección 1

Mendel y los chícharos

VOCABULARIO

herencia
planta autopolinizante
línea pura
rasgo dominante
rasgo recesivo
genes
alelos
cuadrícula de Punnett
genotipo
fenotipo
probabilidad

OBJETIVOS

- Explica los experimentos de Gregorio Mendel.
- Explica la relación de los genes y los alelos con el genotipo y el fenotipo
- Usa la información en una cuadrícula de Punnett.

Si viajaras alrededor del mundo, comprobarías que no hay nadie que sea igual a ti. Eres único en el mundo. Pero ¿qué te hace diferente de los demás? Si te fijas en tus compañeros, verás que compartes muchas características con ellos. Por ejemplo, todos tienen piel en vez de escamas, pies en vez de pezuñas, y ninguno de ustedes tiene antenas; eres un ser humano, y te pareces mucho a los demás seres humanos, pero al mismo tiempo, eres distinto de los demás. A quienes más te pareces es a tus padres y hermanos, pero seguramente tampoco eres igual a ellos. ¿Sabes por qué?

¿Por qué no te pareces al rinoceronte?

La respuesta a esta pregunta es muy simple: ni tu papá ni tu mamá son rinocerontes. Pero al mismo tiempo, la respuesta no es tan simple como parece. De hecho, la **herencia**, los rasgos que se pasan de una generación a otra, es un tema muy complejo. Tu pelo, por ejemplo, puede ser rizado y el de tus padres lacio, o puede que tengas ojos azules, y tus padres tengan ojos cafés. ¿Cómo funciona esto? La gente se lo ha estado preguntando desde hace mucho tiempo. Hace unos 150 años se realizaron experimentos muy importantes, que les permitieron a los científicos encontrar algunas respuestas. Estos experimentos fueron realizados por Gregorio Mendel.

Explora

Imagínate que vas al aeropuerto a recoger a un amigo al que nunca has visto en persona. ¿Qué rasgos tuyos le describirías para que te reconociera? ¿Dirías que eres alto o bajo, con pelo rizado o lacio, de ojos verdes o cafés? Haz una lista. De estos rasgos, ¿cuáles crees que heredaste? Pon una marca en los rasgos de tu lista que crees que heredaste.

¿Quién fue Gregorio Mendel?

Gregorio Mendel nació en Heizendorf, Austria, en 1822. Su familia tenía una granja y Mendel aprendió mucho sobre el cultivo de flores y árboles desde chico; la naturaleza le fascinaba. Cuando se graduó de la universidad, Mendel entró en un monasterio. En la huerta del monasterio pudo observar las plantas para estudiar cómo se heredan rasgos de una generación a la siguiente. La **Figura 1** muestra una ilustración de Mendel en la huerta del monasterio.

Figura 1 Gregorio Mendel

El misterio se disipa

Mendel era curioso, y también era un buen observador. Se había fijado, en su trabajo en la huerta, que algunas veces los patrones de la herencia parecían sencillos, y otras no, y quería saber por qué.

Quería saber cómo se pasaban los rasgos de una generación a otra. Por ejemplo, a veces un rasgo que aparecía en una generación no aparecía en ninguna de las plantas de la siguiente generación, y en la tercera generación aparecía otra vez. Mendel había observado patrones como éste en plantas, personas y en muchos otros seres vivos.

Para simplificar su investigación, decidió estudiar un solo tipo de organismo. Como ya había usado la planta de chícharos en otros experimentos, decidió usarla también en su nueva investigación.

Figura 2 *Esta fotografía muestra los órganos reproductores femeninos y masculinos de una flor.*

¿Te gustan los chícharos? Los chícharos resultaron ser una buena elección por varias razones: crecen muy rápido, son autopolinizantes y existen muchas variedades. Las **plantas autopolinizantes** tienen órganos reproductores masculinos y femeninos, como la flor de la **Figura 2**. Así, el polen de una planta o una flor puede fertilizar los óvulos de la misma flor, o los de otra flor de la misma planta. Para entender los experimentos de Mendel, necesitas primero conocer las partes de la flor y entender cómo se lleva a cabo la fertilización en las plantas. La **Figura 3** ilustra la fertilización.

Figura 3 *En la polinización, el polen de las anteras (órganos masculinos) se pasa al estigma (órganos femeninos). La fertilización sucede cuando un espermatozoide del polen entra por el estigma y se une con el óvulo.*

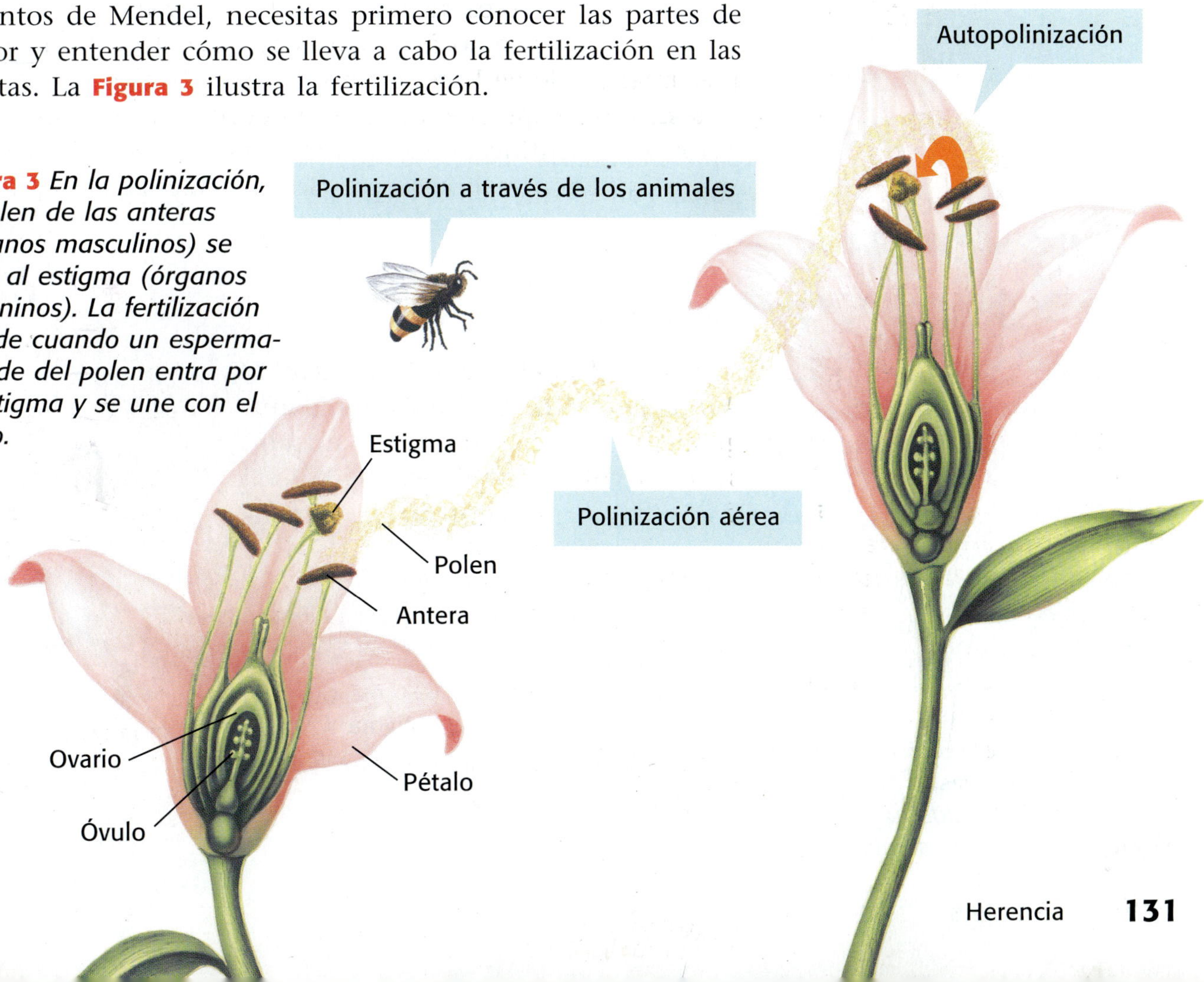

Polinización a través de los animales

Estigma
Polen
Antera
Ovario
Óvulo
Pétalo

Autopolinización

Polinización aérea

Herencia **131**

Chícharos y cháchara

Para simplificar las cosas, Mendel decidió estudiar sólo una característica a la vez, como la altura de la planta o el color del chícharo. De esta manera podría entender mejor los resultados. Escogió plantas que tenían dos formas distintas de cada característica que quería estudiar. Por ejemplo, para la altura, había una forma que siempre producía plantas altas y otra que siempre producía plantas bajas. Para la característica de color de la flor, Mendel escogió una forma de la planta que siempre producía flores moradas y otra que siempre producía flores blancas. El color morado y el blanco eran dos rasgos que correspondían a la característica de color de la flor. En la **Figura 4** puedes ver algunas de las características que Mendel estudió. También puedes ver los dos rasgos distintos de cada característica.

Figura 4 *Estas son algunas de las características que estudió Mendel.*

Plantas de línea pura Mendel eligió cuidadosamente sólo aquellas plantas que eran de línea pura. Cuando una planta de **línea pura** se autopoliniza, siempre produce nuevas plantas que tienen los mismos rasgos de la planta madre. Por ejemplo, una planta alta de línea pura siempre producirá plantas que también son altas.

Mendel decidió investigar qué pasaría al cruzar plantas con diferentes formas de la misma característica. Para realizar este experimento, usó un método conocido como *polinización cruzada*, en el que se cortan los estambres de una planta para que no pueda autopolinizarse y se usa polen de otra planta para fecundarla. Con este método, Mendel podía elegir el polen con el que iba a fecundar la planta. Esto se muestra en la **Figura 5**.

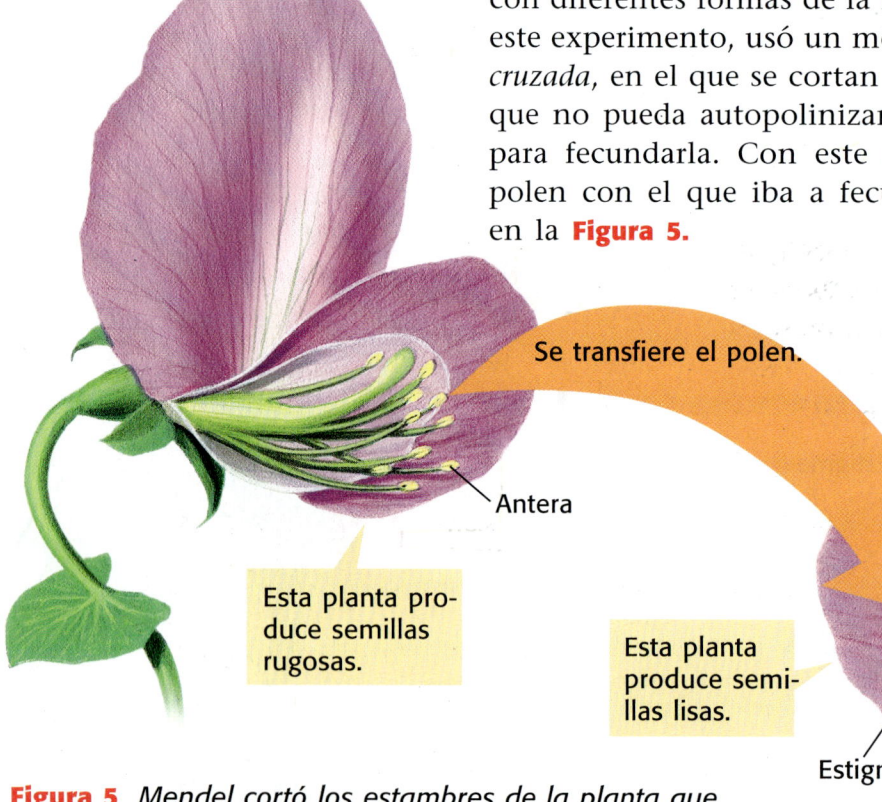

Figura 5 *Mendel cortó los estambres de la planta que producía semillas lisas. Luego recogió polen de una planta que producía semillas rugosas y lo usó para fecundar la planta que producía semillas lisas.*

El primer experimento de Mendel

En su primer experimento, Mendel realizó cruces para estudiar siete características distintas. Cada uno de ellos unía las dos formas de la misma característica. Los resultados del cruce entre plantas que producían semillas lisas y plantas que producían semillas rugosas se muestran en la **Figura 6.** Las plantas que nacen de este cruce se conocen como *primera generación*. ¿Te sorprenden los resultados? ¿Qué crees que pasó con el rasgo de semillas rugosas?

Los resultados que Mendel obtuvo en los demás cruces fueron parecidos a los del primero: un rasgo se manifestaba, y el otro se esfumaba. Mendel decidió llamar **rasgo dominante** al rasgo que se manifestaba y **rasgo recesivo** al que se ocultaba. Para averiguar lo que había pasado con el rasgo recesivo, Mendel decidió hacer otro experimento.

El segundo experimento de Mendel

Mendel dejó que la primera generación de plantas de cada uno de los siete cruces se autopolinizara, como se muestra también en la Figura 6. Esta vez la planta con el rasgo dominante de forma de semilla (lisa) se autopolinizó. Como puedes ver, el rasgo recesivo de semillas rugosas volvió a aparecer.

Mendel repitió este experimento con los dos rasgos de cada una de las siete características. Sin importar qué característica fuera, siempre que la primera generación se autopolinizaba, el rasgo recesivo aparecía de nuevo.

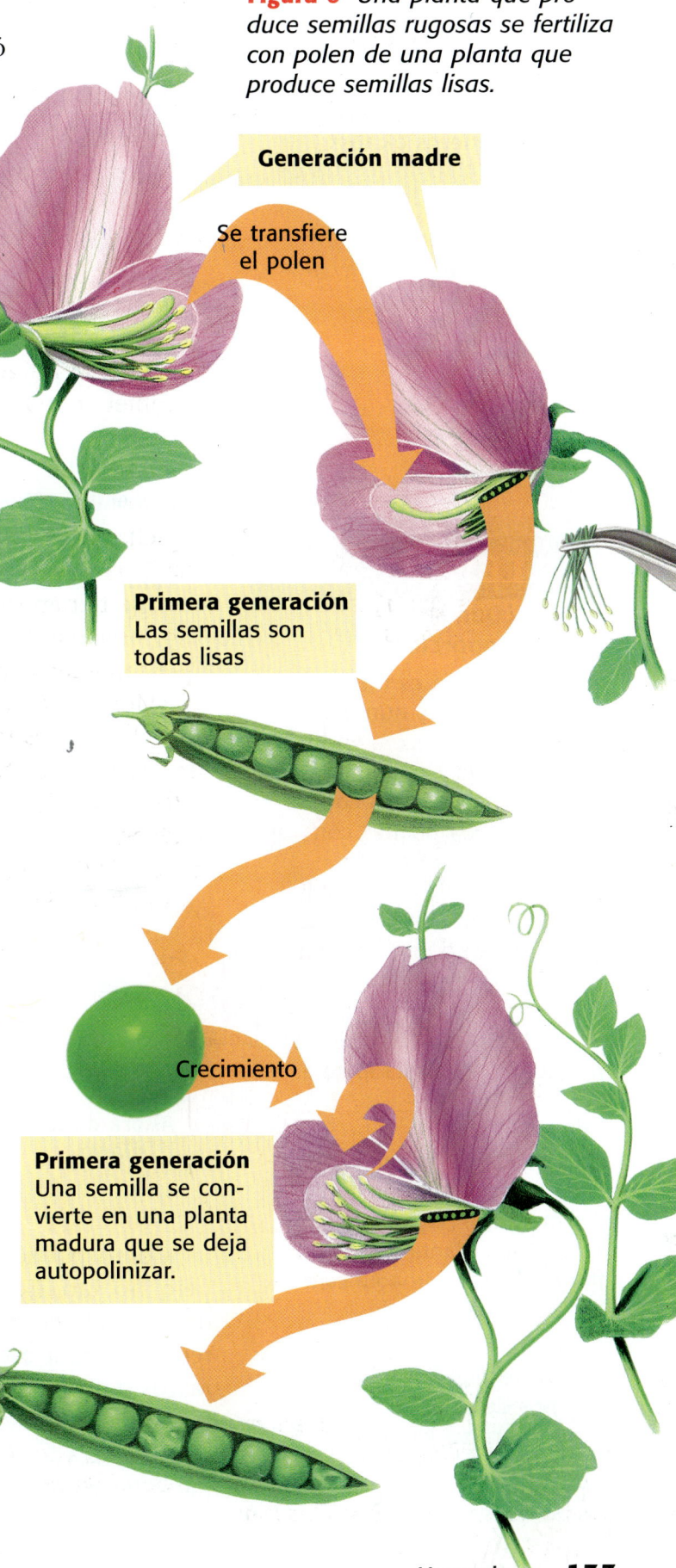

Figura 6 Una planta que produce semillas rugosas se fertiliza con polen de una planta que produce semillas lisas.

Generación madre

Se transfiere el polen

Primera generación
Las semillas son todas lisas

Crecimiento

Primera generación
Una semilla se convierte en una planta madura que se deja autopolinizar.

Segunda generation
Por cada tres semillas lisas, hay una semilla rugosa.

Experimentos

¿Quieres diseñar nuevos bichos? Mira las recetas de la página 578.

¡MATEMÁTICAS!

¿Qué son las proporciones?

Una proporción es un modo de comparar dos números utilizando la división. En los resultados de Mendel, la proporción entre plantas con flores moradas y plantas con flores blancas se puede expresar como 705 a 224, o 705:224. También se puede expresar como una fracción:

$$\frac{705}{224}$$

Si divides, puedes reducir la fracción, y el resultado será:

$$\frac{3.15}{1}$$

Esto quiere decir que por cada tres plantas que dan flores moradas, hay aproximadamente una planta que da flores blancas. He aquí otro problema para ti:

En una caja de chocolates hay 18 rellenos de turrón y 6 rellenos de caramelo. ¿Qué proporción hay entre los chocolates de turrón y los de caramelo?

Un punto de vista diferente

Luego, Mendel hizo algo que a nadie se le había ocurrido antes: contó el número de plantas con rasgos diferentes que nacieron en la segunda generación. Pensó que eso le ayudaría a entender sus resultados. Mira los resultados que obtuvo en la tabla que se muestra a continuación.

Los resultados de Mendel

Característica	Característica dominante	Característica recesiva	Proporción
Color de la flor	705 morada	224 blanca	?
Color de la semilla	6,002 amarilla	2,001 verde	?
Forma de la semilla	5,474 lisa	1,850 rugosa	?
Color de la vaina	428 verde	152 amarilla	?
Forma de la vaina	882 lisa	299 abultada	?
Posición de la flor	651 en el tallo	207 en la punta	?
Altura de la planta	787 alta	277 baja	?

Como puedes ver, los rasgos recesivos aparecen otra vez, pero no tan frecuentemente como los dominantes. Mendel decidió calcular la *proporción* entre rasgos dominantes y rasgos recesivos para cada característica. Calcula la proporción entre rasgos dominantes y recesivos para cada característica como si fueras Mendel. (Si necesitas ayuda, consulta el apartado de ¡Matemáticas! a la izquierda) ¿Qué patrón encuentras si comparas las proporciones?

Una idea brillante

Mendel se dio cuenta de que sus resultados sólo se explicaban si cada planta tenía dos juegos de instrucciones para cada característica, y cada progenitor aportaba un juego de instrucciones a la siguiente generación. Los juegos de instrucciones se conocen como **genes.** Así, el óvulo fecundado tendría dos genes por cada característica; uno de cada planta. Los dos genes que regulan las mismas características se llaman **alelos.**

Compruébalo en la cuadrícula de Punnett Para entender cómo sacó Mendel estas conclusiones, usaremos un diagrama llamado cuadrícula de Punnett. La **cuadrícula de Punnett** sirve para visualizar las posibles combinaciones de alelos aportadas por las plantas progenitoras. Los alelos dominantes se representan con letras mayúsculas y los recesivos con minúsculas. Por lo tanto, los alelos de una planta de flores color púrpura de línea pura se representan como *PP,* y los de una planta de flores color blanca de línea pura se representan como *pp.* El cruzamiento de estas plantas, se escribe *PP* × *pp,* como se muestra en la **Figura 7.** En la cuadrícula están las combinaciones de alelos en las plantas producto del cruzamiento. La combinación de alelos que hereda la planta se llama **genotipo.**

En la cuadrícula de Punnett de la **Figura 7,** las plantas hijas tenían el mismo genotipo: *Pp.* ¿Qué aspecto tenían estas plantas? El aspecto que hereda un organismo se llama **fenotipo.** El alelo dominante en cada genotipo, *P,* determina que las plantas hijas tendrán el mismo aspecto para esa característica; es decir, tendrán flores moradas. El alelo recesivo, *p,* determina que las instrucciones para producir flores blancas pasen a la siguiente generación.

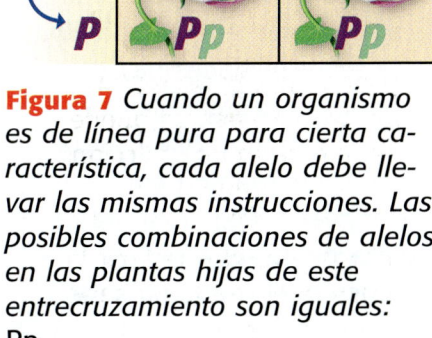

Figura 7 Cuando un organismo es de línea pura para cierta característica, cada alelo debe llevar las mismas instrucciones. Las posibles combinaciones de alelos en las plantas hijas de este entrecruzamiento son iguales: Pp.

Cómo hacer una cuadrícula de Punnett

Para hacer una cuadrícula de Punnett, traza un cuadrado y divídelo en cuatro secciones. Luego, escribe las letras que representan los alelos de uno de los padres en la parte de arriba. Escribe las letras que representan los alelos del otro padre a un costado.

El cruce que se muestra en esta cuadrícula de Punnett es entre una planta que sólo produce semillas lisas *RR,* y una planta que sólo produce semillas rugosas, *rr.* Sigue las flechas para llenar la parte de adentro de la cuadrícula. Las combinaciones de alelos de la cuadrícula muestran todos los genotipos de este cruzamiento. ¿Cómo serían los fenotipos de estas plantas?

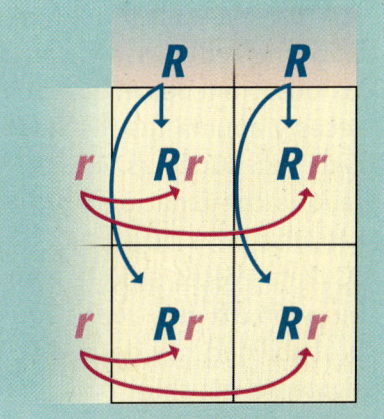

Herencia 135

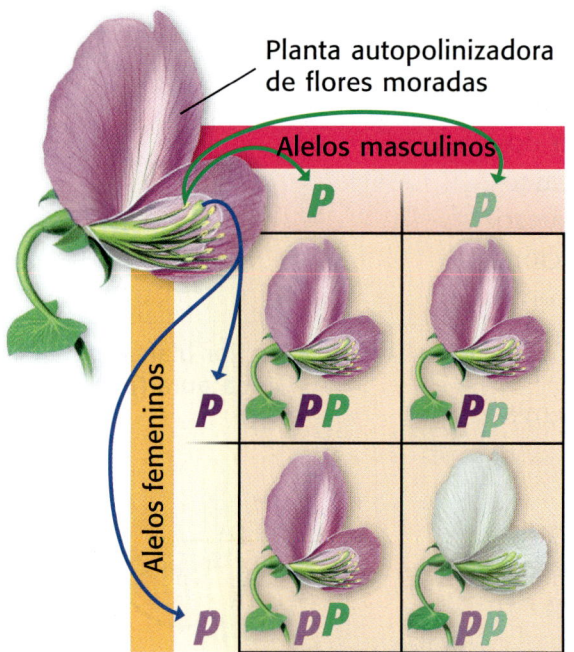

Figura 8 Esta cuadrícula de Punnett muestra los posibles resultados del cruce entre Pp y Pp.

Más pruebas En su segundo experimento, Mendel dejó que las plantas de la primera generación se autopolinizaran. Los resultados de este experimento también pueden representarse en una cuadrícula de Punnett. La **Figura 8** muestra el cruzamiento por autopolinización de una planta con genotipo *Pp*. Los alelos de las plantas cruzadas indican que sus óvulos y espermatozoides pueden contener un alelo *P* o uno *p*.

¿Cómo serían los genotipos de la nueva generación? Algunos cuadros muestran la combinación de alelos *Pp* y otros la combinación *pP*. Estos genotipos son iguales, aunque el orden de las letras sea distinto. Los otros genotípos posibles en esta generación son *PP* y *pp*. Las combinaciones *PP*, *Pp*, y *pP* tienen el mismo fenotipo, flores moradas, porque cada una tiene por lo menos un alelo dominante para esta característica, el alelo *P*. Sólo la combinación *pp* produce plantas con flores blancas. La proporción entre rasgos dominantes y recesivos es de 3:1, como Mendel calculó.

Laboratorio

A cara o cruz

Imagínate que tienes dos conejillos de indias que quieres cruzar. Son de color café y tienen el genotipo **Bb**. ¿Qué posibilidades hay de que las crías sean blancas con el genotipo **bb**? Realiza este experimento para averiguarlo. Pega una tira de **cinta de papel** a ambos lados de **dos monedas de veinticinco centavos.** En un lado de la moneda escribe una **B** mayúscula y del otro lado una **b** minúscula. Lanza las dos monedas al aire 50 veces y apunta tus resultados cada vez. ¿Cuántas veces salió la combinación **bb**? Lánzalas otras 50 veces. ¿Cuántas veces salió la combinación **bb** esta vez? ¿Qué probabilidad hay de que la siguiente vez salga **bb**?

¿Que probabilidades hay?

La nueva generación tiene las mismas probabilidades de heredar cualquier alelo de sus padres. Imagínate que lanzas una moneda. Hay un 50 por ciento de posibilidades de que salga cara y un 50 por ciento de que salga cruz. Como al lanzar la moneda, las posibilidades de heredar un alelo u otro son al azar. Para predecir la posibilidad de que cierto genotipo se herede, debemos considerar las leyes de la probabilidad.

Probabilidad La **probabilidad** es la posibilidad matemática de que ocurra un evento. Comúnmente, se expresa como una fracción o un porcentaje. Si lanzas una moneda, la probabilidad de que salga cara es de $\frac{1}{2}$. Esto significa que la mitad de las veces que lances una moneda, va a salir cara. Para expresar la probabilidad como un porcentaje, divide el numerador de la fracción entre el denominador y multiplica por 100.

$$\frac{1}{2} \times 100 = 50\%$$

Para encontrar la probabilidad de que salga cruz dos veces seguidas, multiplica la probabilidad de los dos eventos.

$$\frac{1}{2} \times \frac{1}{2} = \frac{1}{4}$$

El porcentaje sería $1 \div 4 \times 100$, que es igual al 25 por ciento.

Un gato de orejas gachas, como el de la derecha, se cruzó con un gato de orejas normales. Si la mitad de los gatitos tienen el genotipo *Cc* y orejas gachas, y la otra mitad tienen el genotipo *cc* y orejas normales, ¿qué alelo es el que determina las orejas gachas? ¿Qué genotipo tenían los padres? (Pista: haz una cuadrícula de Punnett con el genotipo de los gatitos, y deduce de ahí el genotipo de los progenitores.)

Probabilidad de los genotipos El mismo método se utiliza para calcular la probabilidad de que una cría herede cierto genotipo. Para que una planta de chícharos herede el rasgo de flores blancas, tiene que recibir un alelo *p* de cada progenitor. Las probabilidades de heredar un alelo u otro es del 50 por ciento. Entonces, la probabilidad de heredar dos alelos *p* es $\frac{1}{2} \times \frac{1}{2}$, lo que es igual a $\frac{1}{4}$, o $1 \div 4 \times 100$, que es igual a 25 por ciento.

Gregorio Mendel: las personas mueren, pero las ideas perduran Muchas veces las ideas nuevas no son aceptadas en su tiempo. Así fue con las ideas de Gregorio Mendel. En 1865 publicó sus descubrimientos ante la comunidad científica, pero no recibieron mucha atención. Sólo después de su muerte, casi 30 años más tarde, las ideas de Mendel recibieron la atención que merecían. Cuando sus ideas salieron de nuevo a la luz, se abrieron las puertas de la genética moderna.

química CONEXIÓN

Las semillas lisas son más bonitas, pero las rugosas saben más dulces. El alelo dominante para la forma de la semilla, *R,* hace que la semilla almacene almidones (que son moléculas que guardan azúcar). Esto hace que la semilla sea gorda y lisa. Las semillas con el genotipo *rr* no producen ni almacenan almidón y por eso la semilla está rugosa, pero como su azúcar no ha sido convertida en almidón, la semilla es más dulce.

REPASO

1. El alelo que determina la barbilla partida, *C,* es dominante en los seres humanos. ¿Cómo sería el bebé de una mujer con el geontipo *Cc* y un hombre con el genotipo *cc*? En tu cuaderno de ciencias, traza una cuadrícula de Punnett que muestre este cruzamiento.

2. De las combinaciones posibles que encontraste en la pregunta 1, ¿qué proporción hay entre el número de bebés con la barbilla partida y el de bebés con la barbilla normal?

3. **Aplicar conceptos** La cuadrícula de Punnett a la derecha muestra las combinaciones de los alelos de color de pelo en los conejos. Negro, *B,* es dominante sobre blanco, *b.* ¿Qué genotipos tienen los padres?

Herencia **137**

Sección 2

Meiosis

VOCABULARIO
gametos
cromosomas homólogos
meiosis
cromosomas sexuales

OBJETIVOS
- Explica la diferencia entre mitosis y meiosis.
- Explica por qué el proceso de meiosis respalda las ideas de Mendel.
- Explica la diferencia entre cromosomas sexuales masculinos y femeninos.

A principios del siglo XX, algunos científicos empezaron a realizar experimentos como los de Mendel. Los resultados eran muy emocionantes, y los científicos investigaron para ver si alguien había obtenido resultados parecidos. Así fue como encontraron el artículo de Mendel y vieron que sus resultados no eran nuevos; Mendel había observado lo mismo 35 años antes. Pero los genes seguían siendo un misterio: ¿dónde estaban exactamente?, ¿cómo pasaban su información de una célula a otra? El primer paso para contestar estas preguntas era entender el proceso de reproducción.

Dos tipos de reproducción

En lecciones anteriores, aprendiste que hay dos tipos de reproducción: asexual y sexual. La *reproducción asexual* se puede realizar con una sola célula madre. Primero, los órganos internos de la célula se duplican en un proceso llamado mitosis. Luego, la célula madre se divide y produce otras células que son sus copias exactas. La mayoría de los organismos unicelulares se reproducen así. La mayoría de las células de tu cuerpo también se dividen de esta forma.

Para formar un nuevo ser humano o una planta de chícharos, hay otro tipo de reproducción. En la *reproducción sexual*, dos células se unen para formar un nuevo individuo. Las células sexuales, conocidas como **gametos**, son diferentes del resto de las células del cuerpo. Las células del cuerpo humano, por ejemplo, tienen normalmente 46 cromosomas (o 23 pares), como puedes ver en la **Figura 9**. Los cromosomas de cada par se llaman **cromosomas homólogos**. Pero los gametos humanos tienen sólo 23 cromosomas, es decir, la mitad del número normal. Los gametos masculinos se llaman espermatozoides, y los femeninos, óvulos. Cada espermatozoide y cada óvulo tienen sólo un cromosoma de cada par de cromosomas homólogos.

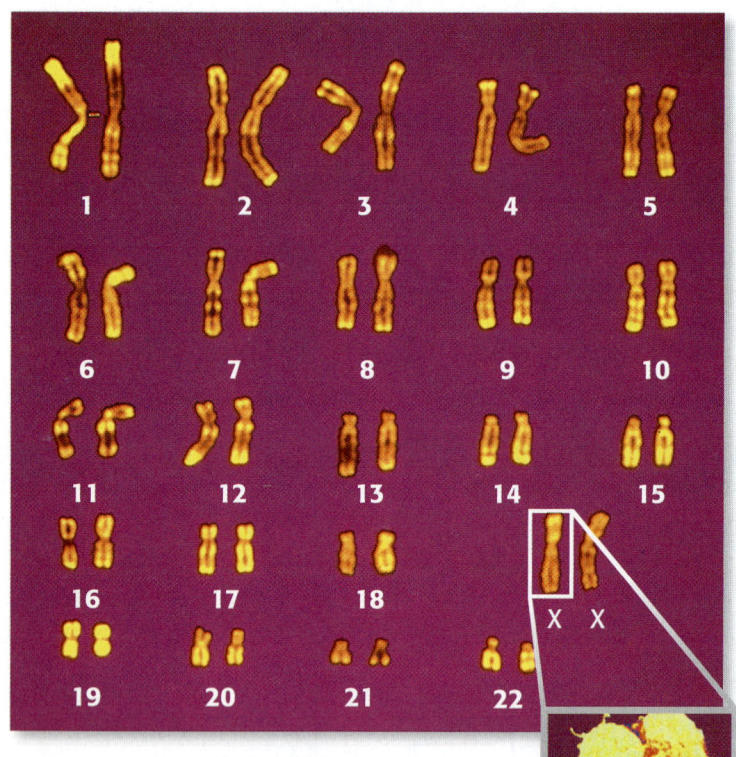

Figura 9 *Las células del cuerpo humano tienen 46 cromosomas, es decir, 23 pares de cromosomas. A la derecha puedes ver uno de los miembros de un par de cromosomas homólogos. Los cromosomas homólogos normalmente tienen la misma forma y tamaño.*

Menos es más ¿Por qué es tan importante que los gametos tengan la mitad del número normal de cromosomas? Cuando un óvulo y un espermatozoide se unen para formar un nuevo individuo, cada uno de los padres aporta un cromosoma para formar cada par de cromosomas homólogos. Así, se asegura que la cría tenga un número normal de cromosomas en cada célula de su cuerpo. Para funcionar bien, cada célula del cuerpo debe tener un juego completo de 46 cromosomas.

La meiosis al rescate Los gametos se crean en la meiosis, un proceso de división celular diferente de la mitosis. La **meiosis** produce células nuevas que sólo tienen la mitad del número normal de cromosomas. Para crear un gameto, los cromosomas se duplican una vez y el núcleo de la célula se divide dos veces. Los espermatozoides y óvulos que resultan de este proceso tienen la mitad del número de cromosomas de una célula normal.

Y mientras tanto, en el laboratorio

¿Qué tiene que ver todo esto con la búsqueda de los genes? Poco después de que se encontrara el artículo olvidado de Mendel, Walter Sutton, un joven estudiante de posgrado, descubrió algo importante. Sutton, que estaba estudiando los espermatozoides del saltamontes, conocía las investigaciones de Mendel, que mostraban que el óvulo y el espermatozoide aportan la misma cantidad de información genética a la cría. Sólo así se podía justificar la proporción de 3:1 que aparecía en la segunda generación. Sutton también se había dado cuenta de que, aunque los óvulos y los espermatozoides eran diferentes, tenían algo en común: sus cromosomas estaban dentro del núcleo. Con lo que había observado de la meiosis, su conocimiento de los experimentos de Mendel y su creatividad, Sutton propuso algo decisivo:

¡Los genes están en los cromosomas!

Como se comprobó más tarde, Sutton tenía razón. En las dos páginas siguientes encontrarás un resumen de la meiosis. Primero, vamos a repasar la mitosis para que puedas comparar los dos procesos.

¡A recordar la mitosis!

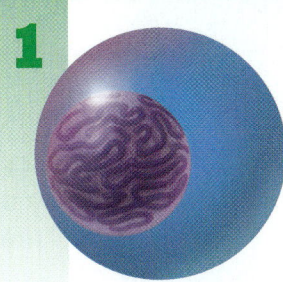

1 ¿Qué pasa adentro de una célula típica? Cada una de las cadenas largas (los cromosomas) se duplica.

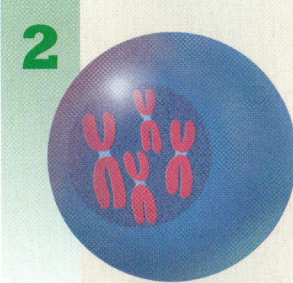

2 Cada cromosoma está formado por dos mitades iguales llamadas cromátidas. Los cromosomas se vuelven más cortos y gruesos.

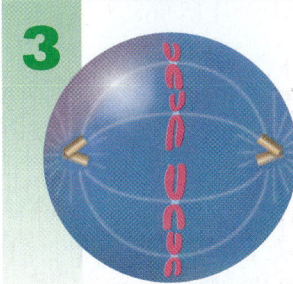

3 La membrana del núcleo se disuelve. Los cromosomas se alinean a lo largo de la parte central de la célula.

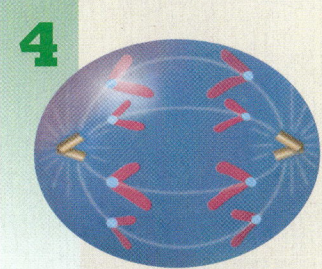

4 Las cromátidas se separan.

5 Una membrana nuclear rodea las cromátidas separadas. Los cromosomas se separan, y la célula se divide.

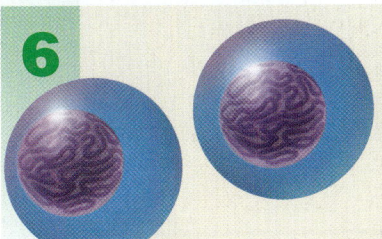

6 El resultado: dos copias idénticas de la célula madre.

Herencia **139**

La meiosis en ocho pasos fáciles

El diagrama que te presentamos en estas dos páginas muestra cada etapa de la meiosis. Lee lo que dice sobre cada etapa y observa el diagrama. Los seres vivos tienen cantidades diferentes de cromosomas. En este diagrama mostraremos sólo cuatro cromosomas.

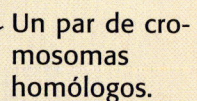
Un par de cromosomas homólogos.

1 Antes de que comience la meiosis, los cromosomas tienen forma de filamentos. Cada cromosoma se duplica, forma dos mitades idénticas llamadas *cromátidas.* Luego, los cromosomas se vuelven más gruesos y cortos, y se pueden ver con un microscopio. La membrana del núcleo se disuelve.

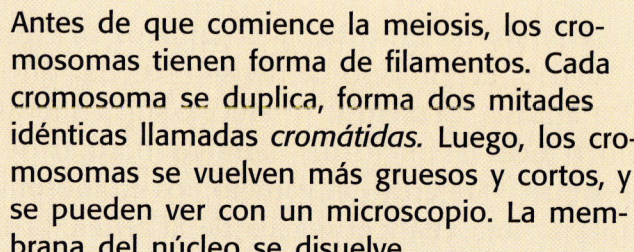
Dos cromátidas

2 Ahora, cada cromosoma está compuesto por dos cromátidas: la original y la copia idéntica. Los cromosomas que se parecen se juntan para formar *pares homólogos.* Estos pares de cromosomas se alinean a lo largo de la parte central de la célula.

3 Los cromosomas se separan de sus pares homólogos y se van a lados opuestos de la célula.

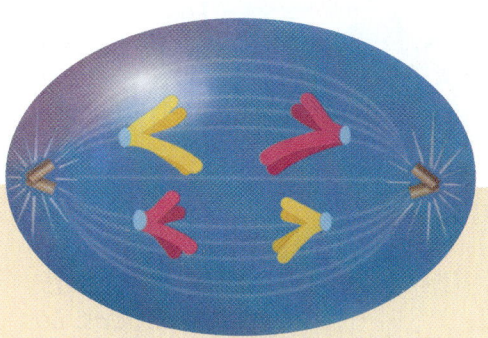

4 La membrana nuclear se vuelve a formar, y la célula se divide. Los pares de cromátidas siguen unidos.

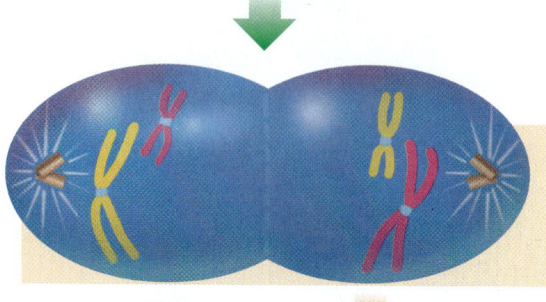

140 Capítulo 6

5 Cada célula contiene uno de los cromosomas del par homólogo. Los cromosomas no se duplican en la siguiente división de la célula.

6 Los cromosomas se alinean a lo largo de la parte central de la célula.

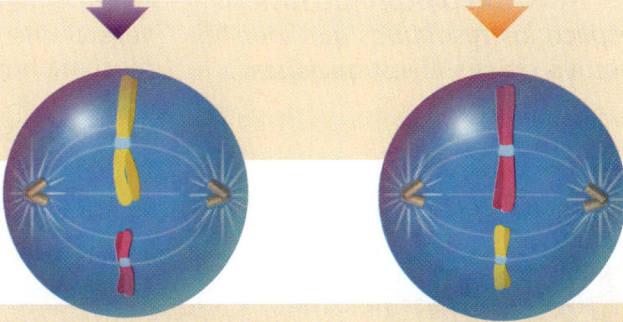

7 Las cromátidas se separan y se van a lados opuestos de la célula. Una membrana nuclear rodea los cromosomas separados y la célula se divide.

8 El resultado: cuatro nuevas células formadas de una sola célula madre. Cada nueva célula tiene la mitad del número de cromosomas de la célula madre.

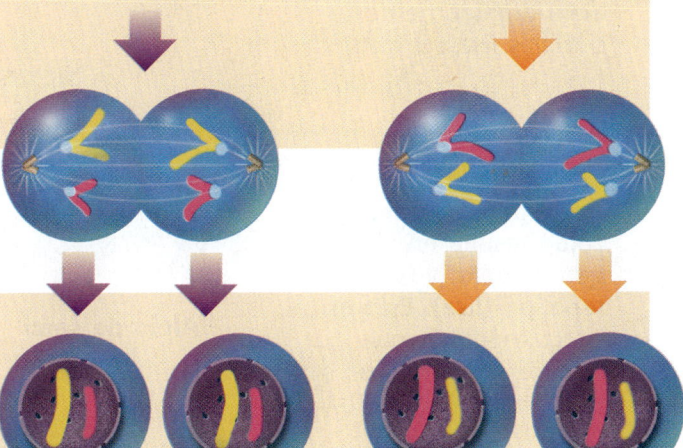

✓ Autoevaluación

1. ¿Cuántos cromosomas hay en la célula original?
2. ¿Cuántos pares homólogos ves?
3. ¿Cuántas veces se duplican los cromosomas? En la meiosis, ¿cuántas veces se divide la célula?
4. ¿Cuántos cromosomas hay en cada célula al final de la mitosis?
5. ¿Qué se separa primero, las cromátidas o los cromosomas homólogos?

(Consulta la página 636 para comprobar tus respuestas.)

Herencia

Los chícharos no son los únicos organismos que se usan para estudiar la genética. Lee sobre las "Ratas de laboratorio con alas" en la página 149.

Figura 10 *El proceso de meiosis explica los resultados que Mendel obtuvo en sus investigaciones.*

Después de la meiosis, cada espermatozoide contiene un alelo recesivo de semillas rugosas y cada óvulo contiene un alelo dominante de semillas lisas.

La fecundación de un óvulo por un espermatozoide resulta en el mismo genotipo, *Rr,* y el mismo fenotipo (lisa). Esto es exactamente lo que Mendel descubrió en sus experimentos.

Laboratorio

Lisa o rugosa

Traza una cuadrícula de Punnett para el cruce **RR** X **rr,** de la Figura 10. Luego, traza otra para el cruce de la primera generación, entre **Rr** X **Rr.** ¿Cuántos genotipos resultan del primer cruzamiento? ¿Cuántos del segundo? ¿Cuáles son? ¿Cuáles son los fenotipos del segundo cruzamiento?

Mendel y la meiosis

Tal como lo había pensado Sutton, las etapas de la meiosis respaldan las ideas de Mendel. Observa lo que le pasa a un par de cromosomas homólogos durante la meiosis y la fecundación en la **Figura 10**. El cruzamiento que se muestra en el diagrama es entre una planta que siempre produce semillas lisas y una planta que siempre produce semillas rugosas.

Padre En el núcleo de la célula vegetal que ves abajo, cada cromosoma homólogo tiene un alelo de forma de semilla y cada alelo lleva las mismas instrucciones: producir semillas rugosas.

Madre En el núcleo de la célula vegetal que ves abajo, cada cromosoma homólogo tiene un alelo de forma de semilla y cada alelo lleva las mismas instrucciones: producir semillas lisas.

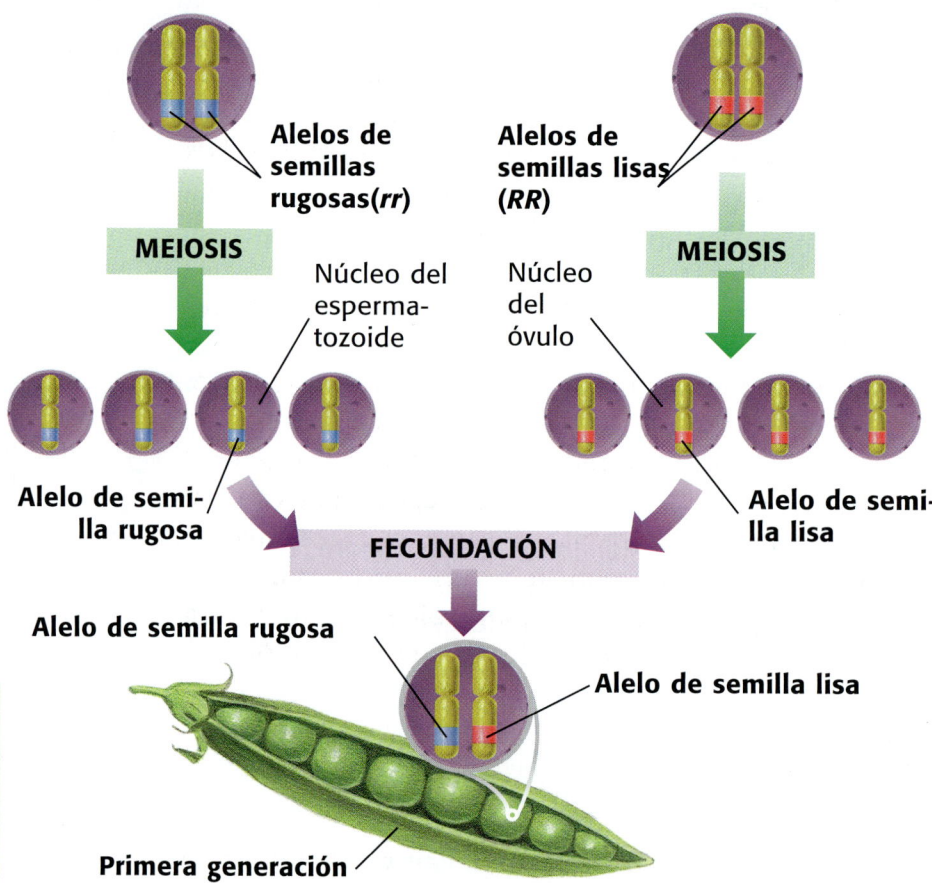

El óvulo fecundado en la primera generación contenía un alelo dominante y uno recesivo para el tipo de semilla. Sólo había un genotipo posible, porque todos los espermatozoides producidos en la meiosis contenían el alelo de semilla rugosa y todos los óvulos el de semilla lisa. Cuando la primera generación se autopolinizó, los posibles genotipos cambiaron. Hay tres genotipos posibles en este cruzamiento. ¿Cuáles son? Realiza la actividad de laboratorio de la izquierda para averiguarlo.

¿Macho o hembra?

Los organismos tienen maneras diferentes de determinar su sexo. Para ver cómo sucede este proceso en los seres humanos, observa la **Figura 11,** y luego vuelve a mirar la Figura 9, en la página 138. Las dos fotografías muestran los cromosomas de las células de un ser humano. ¿Cuál foto es de una mujer y cuál de un hombre? Pista: Las mujeres tienen 23 pares de cromosomas semejantes, y los hombres tienen 22 pares semejantes y uno distinto.

Cromosomas sexuales El último par de cromosomas que se muestra en la Figura 11 es el de los cromosomas sexuales. Los **cromosomas sexuales** contienen genes que determinan una característica muy importante: el sexo de la cría. En los seres humanos, las mujeres tienen dos cromosomas X (el par de cromosomas semejantes), y los hombres tienen un cromosoma X y uno Y (el par de cromosomas distintos) Los cromosomas de la Figura 11 son de un hombre y los de la Figura 9 son de una mujer.

En la meiosis, uno de cada par de cromosomas va a dar origen a un gameto. Esto también es cierto en los cromosomas X y Y. Las mujeres, por ejemplo, tienen dos cromosomas X en cada célula del cuerpo. Cuando se producen óvulos en la meiosis, cada uno contiene un cromosoma X. Los hombres tienen un cromosoma X y uno Y en cada célula del cuerpo. Cuando estos cromosomas se separan en la meiosis, cada espermatozoide contiene un cromosoma X o uno Y. El óvulo y el espermatozoide se unen para formar una combinación XX o una combinación XY. Esto se muestra en la **Figura 12.**

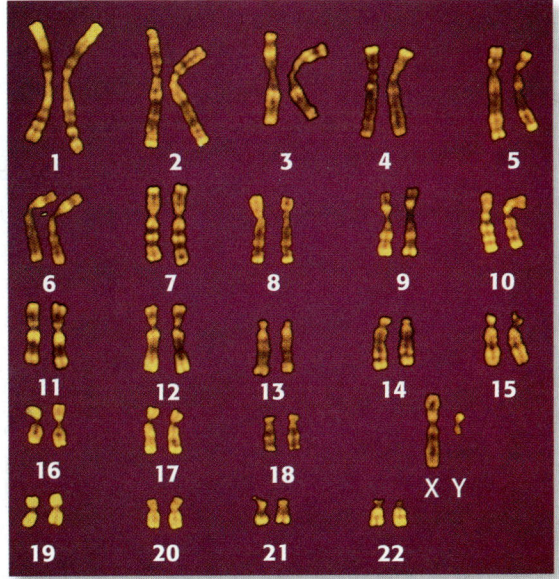

Figura 11 ¿Son estos cromosomas de un hombre o de una mujer? ¿Cómo lo sabes?

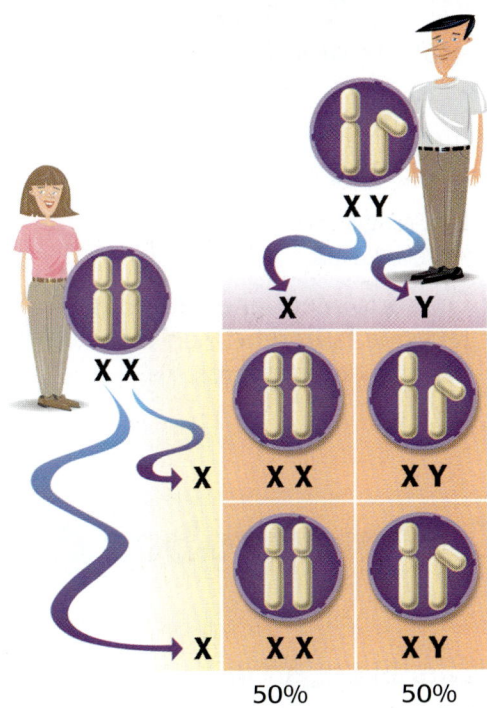

Figura 12 Si un espermatozoide que contiene un cromosoma X fecunda un óvulo, la cría será de sexo femenino. Si el espermatozoide contiene un cromosoma Y, la cría será de sexo masculino.

REPASO

1. Explica la diferencia entre cromosomas sexuales y gametos.

2. Si hay 14 cromosomas en las células de la planta del chícharo, ¿cuántos hay en un gameto de chícharo?

3. **Interpretar ilustraciones** Observa la ilustración de la derecha. ¿Muestra una etapa de la mitosis o de la meiosis? ¿Cómo lo sabes?

Resumen del capítulo

SECCIÓN 1

Vocabulario

herencia *(pág. 130)*
planta autopolinizante *(pág. 131)*
planta de línea pura *(pág. 132)*
rasgo dominante *(pág. 133)*
rasgo recesivo *(pág. 133)*
genes *(pág. 135)*
alelos *(pág. 135)*
cuadrícula de Punnet *(pág. 135)*
genotipo *(pág. 135)*
fenotipo *(pág. 135)*
probabilidad *(pág. 136)*

Notas de la sección

- La herencia son los rasgos que se pasan de una generación a otra.
- Los rasgos son características hereditarias.
- Gregorio Mendel estudió las leyes de la herencia en las plantas de chícharos.
- Las plantas de chícharo de Mendel eran autopolinizantes y por lo tanto, contenían órganos reproductivos masculinos y femeninos. Además eran plantas de línea pura, o sea que siempre producían una nueva generación con los mismos rasgos de la primera.
- La nueva planta hereda dos grupos de instrucciones para cada rasgo, uno de cada progenitor.
- Los grupos de instrucciones se conocen cono genes.
- Las diferentes versiones del mismo gen se llaman alelos.
- Si se heredan los alelos dominante y recesivo para cierta característica, sólo se expresa el alelo dominante.
- Los rasgos recesivos sólo se manifiestan cuando se han heredado dos alelos recesivos para esa característica.
- El genotipo es la combinación de alelos que se da en un rasgo en particular.
- El fenotipo es la expresión física del genotipo.
- La probabilidad es la posibilidad matemática de que suceda un evento. Comúnmente se expresa como una fracción o un porcentaje.

Experimentos

Constructora de Bichos, S.A. *(pág. 578)*
Sigue la pista de los rasgos *(pág. 580)*

✓ Comprobar destrezas

Conceptos de matemáticas

PROPORCIONES Un frasco contiene 24 canicas verdes y 96 canicas rojas. Hay 4 canicas rojas por cada canica verde.

$$\frac{96}{24} = \frac{4}{1}$$

Esta proporción también se puede expresar así:

4:1

Comprensión visual

CUADRÍCULA DE PUNNETT La cuadrícula de Punett te ayuda a visualizar todas las combinaciones posibles de alelos heredados de una generación a otra. Consulta la página 135 para repasar cómo se hace una cuadrícula de Punett.

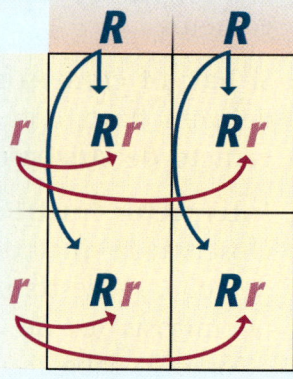

144   Capítulo 6

SECCIÓN 2

Vocabulario
gametos *(pág. 138)*
cromosomas homólogos *(pág. 138)*
meiosis *(pág. 139)*
cromosomas sexuales *(pág. 143)*

Notas de la sección
- Los genes se encuentran en los cromosomas.
- La mayoría de las células humanas contiene 46 cromosomas, es decir, 23 pares.
- Cada par contiene un cromosoma donado por la madre y otro por el padre. Estos pares se llaman cromosomas homólogos.
- El proceso de meiosis produce gametos: óvulos y espermatozoides.
- Los gametos tienen la mitad del número normal de cromosomas.
- Los gametos contienen genes que determinan el sexo del bebé.
- Los genes femeninos contienen dos cromosomas X, y los masculinos contienen un cromosoma X y uno Y.

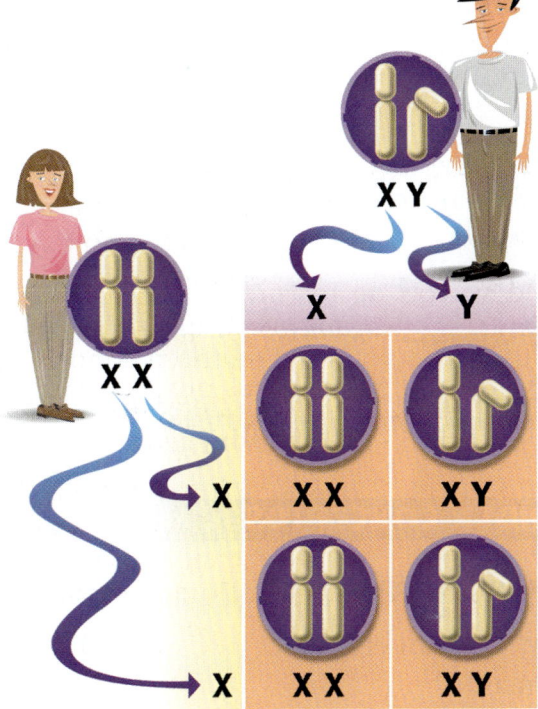

 VISITA: go.hrw.com

Visita el sitio web de HRW para encontrar una serie de herramientas de aprendizaje relacionadas con este capítulo. Sólo tienes que escribir la palabra clave:

PALABRA CLAVE: HSTHER

 **VISITA:** www.scilinks.org

Visita el sitio web de la **Asociación Nacional de Maestros de Ciencias** *(National Science Teachers Association)* para encontrar recursos de Internet relacionados con este capítulo. Sólo escribe el **ENLACE DE CIENCIAS** para obtener más información sobre el tema:

TEMA: Gregorio Mendel	**ENLACE:** HSTL105
TEMA: Herencia	**ENLACE:** HSTL110
TEMA: Rasgos dominantes y rasgos recesivos	**ENLACE:** HSTL115
TEMA: División celular	**ENLACE:** HSTL120

Repaso del capítulo

UTILIZAR EL VOCABULARIO

Escoge el término correcto para completar las siguientes oraciones:

1. Los espermatozoides y los óvulos son __?__ (*gametos* o *cromosomas sexuales*)

2. El __?__ es la expresión de un rasgo, y está determinado por el __?__, que es la combinación de los alelos. (*genotipo* o *fenotipo*)

3. La __?__ produce células con la mitad del número normal de cromosomas. (*meiosis* o *mitosis*)

4. Las versiones distintas de los mismos genes se llaman __?__. (*gametos* o *alelos*)

5. Una planta __?__ puede polinizar sus propios óvulos. (*autopolinizante* o *de línea pura*)

COMPRENDER CONCEPTOS

Opción múltiple

6. Los genes se encuentran en
   a. los cromosomas.
   b. los alelos.
   c. las proteínas.
   d. los estambres.

7. El proceso que produce gametos se llama
   a. mitosis.
   b. fotosíntesis.
   c. meiosis.
   d. probabilidad.

8. La transferencia de rasgos de una generación a otra constituye
   a. la probabilidad.
   b. la herencia.
   c. los genes recesivos.
   d. la meiosis.

9. Si cruzas una flor blanca (con el genotipo *pp*) con una flor morada (con el genotipo *PP*), los genotipos posibles en la siguiente generación son:
   a. *PP* y *pp*.
   b. todos *Pp*.
   c. todos *PP*.
   b. todos *pp*.

10. ¿Cuáles serían los fenotipos del cruce mencionado arriba?
    a. todas blancas
    b. todas altas
    c. todas moradas
    d. $\frac{1}{2}$ blancas, $\frac{1}{2}$ moradas

11. En la meiosis,
    a. los cromosomas se duplican dos veces.
    b. el núcleo se divide una vez.
    c. se crean cuatro células a partir de la célula original.
    d. todas las anteriores

12. La probabilidad
    a. siempre se expresa como una proporción.
    b. es un 50% de posibilidades de que algo ocurra.
    c. es la posibilidad matemática de que ocurra un evento.
    d. es la proporción 3:1 de que ocurra un evento.

Respuesta breve

13. ¿Qué cromosomas sexuales tienen las mujeres? ¿Qué cromosomas sexuales tienen los hombres?

14. En tus propias palabras, y en una o dos oraciones, explica qué es un *rasgo recesivo*.

15. ¿En qué se diferencian los gametos de las células del cuerpo?

Organizar conceptos

16. Utiliza los siguientes términos para crear un mapa de ideas: meiosis, óvulos, división celular, cromosoma X, gametos espermatozoides, mitosis cromosoma Y.

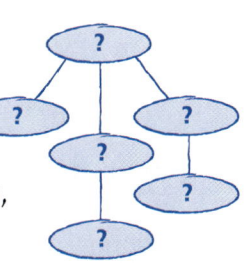

RAZONAMIENTO CRÍTICO Y RESOLUCIÓN

Escribe una o dos oraciones para responder a las siguientes preguntas:

17. Si una niña tiene ojos azules y su papá y mamá tienen ojos cafés, ¿qué puedes deducir sobre el rasgo de ojos azules? Explica tu respuesta.

18. ¿Qué importancia tiene la meiosis en la reproducción sexual?

19. Gregorio Mendel trabajó sólo con plantas de línea pura. Si no hubiera usado plantas de línea pura, ¿crees que su descubrimiento de los rasgos dominante y recesivo hubiera ocurrido? ¿Por qué?

LAS MATEMÁTICAS EN LAS CIENCIAS

20. Si *R* fuera el alelo dominante de semillas amarillas, y *r* el alelo recesivo de semillas verdes, ¿qué probabilidad habría de que el entrecruzamiento entre una planta de chícharos con el genotipo *Rr* y una con el genotipo *rr* produzca plantas hijas con genotipo *rr*?

INTERPRETAR GRÁFICAS

Observa la cuadrícula de Punnett que se muestra abajo y contesta las siguientes preguntas:

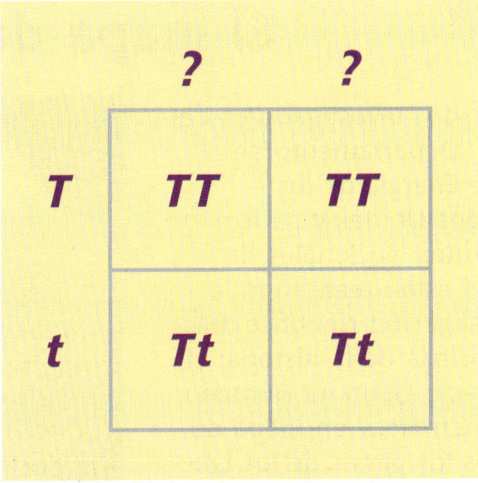

21. ¿Cuál es el genotipo desconocido?

22. Si *T* representa el alelo de plantas altas y *t* representa el alelo de plantas bajas, ¿cuál es el fenotipo de cada padre y de los hijos?

23. Si cada uno de los hijos se autopolinizara, ¿cuáles son los genotipos posibles en la siguiente generación?

24. ¿Qué probabilidad existe para cada genotipo mencionado en la pregunta 23?

AHORA, ¿qué piensas?

Revisa tus respuestas a las preguntas de la página 129 que escribiste en el cuaderno de ciencias. ¿Han cambiado tus respuestas? Si es necesario, corrige tus respuestas basándote en lo que has aprendido en este capítulo.

Ciencia, Tecnología y Sociedad

El mapa del genoma humano

Los investigadores del Departamento de Energía de los Estados Unidos y de los Institutos Nacionales de Salud están realizando la investigación científica más ambiciosa de la historia: el proyecto Genoma Humano. Quieren crear un mapa de todos los genes de los cromosomas humanos. El genoma son las instrucciones genéticas de un organismo. Esta información sería muy valiosa para prevenir y hasta curar enfermedades genéticas.

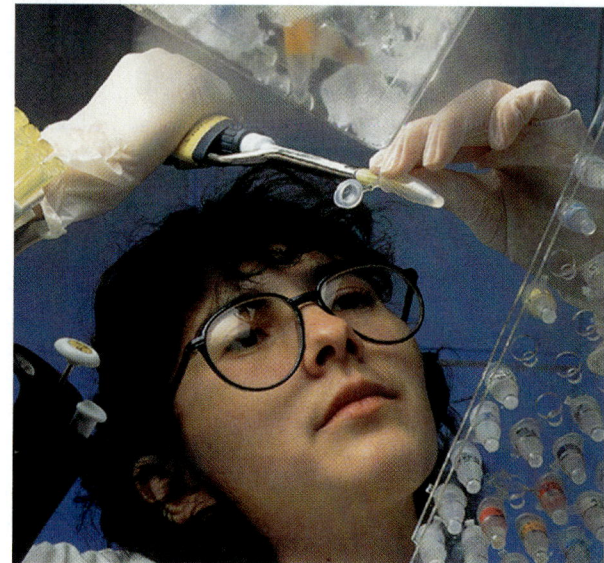

Esta investigadora está realizando una de las muchas tareas que se llevan a cabo en el proyecto Genoma Humano.

¿De quién son estos genes?

¿De quién son los genes que los investigadores están descifrando? No importa, porque el material genético sólo varía un 1 por ciento, aproximadamente. El objetivo es identificar cómo ese 1 por ciento de ADN hace que cada uno sea único y entender por qué algunos cambios genéticos causan enfermedades.

Medicina genética

Las mutaciones son cambios pequeñísimos en el material genético. Pueden ser hereditarias y causar enfermedades. Cuando los investigadores sepan el orden de nuestros genes, podrán ayudar a los médicos a detectar mutaciones en sus pacientes y así los médicos podrían avisarles del riesgo de una enfermedad ¡antes de que se enfermen! Si el médico te dijera a tiempo que tienes un riesgo genético de desarrollar niveles altos de colesterol, podrías empezar a hacer una dieta sana y más ejercicio para evitar problemas.

La tecnología avanza

La tecnología del proyecto Genoma Humano cambia constantemente. Se hacen miles de copias de un gen para analizar los cromosomas.

Los investigadores esperan completar la secuencia precisa del genoma humano (que tiene entre 50,000 y 100,000 genes) para el 2003. Algún día, una persona podrá recibir un gen sano para reemplazar uno que haya mutado. El uso de la genética en la medicina, o terapia genética, podría curar muchas enfermedades genéticas en el futuro.

¿Tú qué crees?

Aunque la investigación del genoma humano ofrece avances para la medicina, se siguen cuestionando los aspectos éticos, sociales y legales de este proyecto. Investiga y comparte tu punto de vista con tus compañeros.

Salud
Noticias

Ratas de laboratorio con alas

A divina: ¿qué mide menos de 1 mm de largo, zumba en la cocina y a veces tiene patas en los ojos? ¿Te rindes? La respuesta es *Drosophila melanogaster*, mejor conocida como la mosca de la fruta, porque de eso se alimenta. Este insecto ha ayudado a estudiar muchas enfermedades, en especial las que se originan en ciertas etapas del desarrollo humano. Los científicos han aprendido mucho sobre el cáncer, la enfermedad de Alzheimer, la distrofia muscular y el síndrome de Down gracias a la mosca de la fruta.

¿Por qué una mosca?

Las moscas de la fruta son los animales de laboratorio preferidos por muchos científicos. En pocos meses pueden criar varias generaciones y como tienen un ciclo de vida de sólo dos semanas, se pueden alterar sus genes y no hay que esperar mucho para ver los resultados.

Otra ventaja de las moscas es su tamaño: miles de ellas caben en un espacio reducido, y los investigadores pueden comparar y mantener una variedad de moscas para sus experimentos.

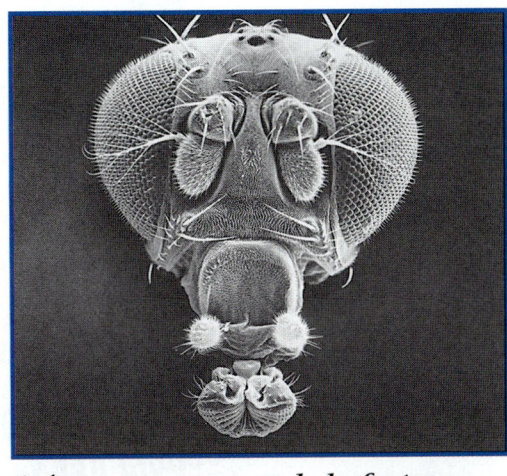

Así se ve una mosca de la fruta normal en un microscopio electrónico.

¡A esta mosca le crecieron patas en los ojos!

Comparación de códigos

Otra razón por la que estas "ratas de laboratorio con alas" son útiles es que su código genético es simple, y los investigadores lo conocen bien. Las moscas de la fruta tienen 12,000 genes, en cambio, los humanos tenemos más de 70,000. Muchos de los genes de la mosca de la fruta tienen funciones parecidas a las de los genes humanos y los científicos han aprendido a manipularlos para producir mutaciones genéticas. El estudio de estas mutaciones es importante para entender las mutaciones genéticas en los seres humanos. Sin las moscas de la fruta, la información que tenemos sobre algunos problemas genéticos de los seres humanos, como el cáncer de las células basales, podría haber costado mucho más tiempo y dinero.

¿Dónde está el límite?

¿Te parece bien que los científicos usen moscas, ratas, ratones y conejos en sus experimentos? ¿Qué opinas? Comparte tu punto de vista con tus compañeros.

CAPÍTULO 7

Los genes y la tecnología genética

¿Qué tal si...?

Te acusan de un crimen que no cometiste. Un testigo te señala como culpable. Tu tipo de sangre corresponde al que se encontró en la escena del crimen. En realidad estabas en tu casa cuando ocurrió, pero no tienes forma de probarlo. Sin embargo, hay un testigo que puede ayudarte: tu ADN. El ADN es una substancia que se encuentra en todas tus células.

Una técnica conocida como "impresiones de ADN" puede producir una imagen de los patrones hechos por tu ADN. A menos que tengas un gemelo idéntico, tu ADN es único y puede utilizarse para identificarte. Pero, ¿qué es el ADN? ¿Por qué es único en cada persona? ¿Qué tiene que ver el ADN con lo que eres? En este capítulo lo sabrás.

¿Tú qué piensas?

Usa tus conocimientos para responder a las siguientes preguntas en tu cuaderno de ciencias:

1. ¿Por qué no somos todos iguales?
2. ¿Qué son los genes? ¿Dónde están?
3. ¿Cómo se usa el conocimiento científico del ADN para tratar enfermedades?

Toma las huellas digitales de tus amigos

Un método de identificación es la dactilografía (tomar las huellas digitales). ¿Funciona? ¿Todas las huellas digitales son diferentes? Haz esta actividad para descubrirlo.

Procedimiento

1. Frota un **carboncillo** sobre **una hoja de papel de calco.** Pon la yema de un dedo sobre la marca del carboncillo y pon un **pedazo de cinta adhesiva transparente** en el dedo manchado. Quita la cinta y pégala en una **hoja de papel blanca.** Haz lo mismo con los demás dedos.

2. Observa las huellas con una **lupa.** ¿Qué tipo de huellas ves? Las de la derecha, son las más comunes entre los humanos. ¿Tienen tus dedos el mismo patrón?

Análisis

3. Compara tus huellas con las de tus compañeros. ¿Cuántas huellas iguales ves? ¿Tienen dos de tus compañeros las mismas huellas? Explica.

Espiral

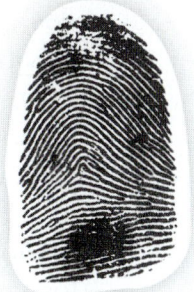
Arco

Onda

Los genes y la tecnología genética

Sección 1

¿Cómo son los genes?

VOCABULARIO
ADN
nucleótido
adenina
timina
guanina
citosina

OBJETIVOS
- Describe la estructura básica de la molécula de ADN.
- Explica cómo se copian las moléculas de ADN.
- Explica algunas de las excepciones de las leyes básicas de la herencia de Mendel.

Se sabe que los genes determinan los rasgos que pasan de una generación a otra, y también que se encuentran en los cromosomas, unas estructuras que se localizan en el núcleo de la mayoría de las células. Los cromosomas están hechos de **ADN** (ácido desoxirribonucleico) y proteínas. Pero, ¿de qué están hechos los genes? Los científicos llevan discutiendo este tema desde hace 50 años.

Las piezas del rompecabezas

El material genético desempeña dos funciones. Primero, proporciona instrucciones complejas en los procesos celulares y en la construcción de estructuras celulares. Segundo, se copia cada vez que una célula se divide, para que cada célula tenga un grupo idéntico de genes. Esto asegura que la información hereditaria se transmita a la siguiente generación. Los primeros estudios del ADN sugerían que éste era una molécula sencilla. Por esto, se pensaba que las proteínas eran las que transportaban la información hereditaria. Después de todo, las proteínas son moléculas complejas.

Sin embargo, en la década de 1940 dos experimentos sorprendentes mostraron que los genes de bacterias y virus estaban hechos de ADN. ¿Cómo algo tan sencillo podía tener la clave para crear y dirigir un organismo viviente? Para encontrar la respuesta, echemos un vistazo a las subunidades que forman una molécula de ADN.

Nucleótidos: las subunidades del ADN El ADN está formado por cuatro subunidades que se conocen como **nucleótidos**. Cada nucleótido que forma una molécula de ADN tiene tres tipos diferentes de material: un azúcar, un fosfato y una base. Los nucleótidos son idénticos, excepto por el tipo de base. Las cuatro bases son **adenina, timina, guanina** y **citosina**, cada una de las cuales tiene una forma un poco diferente. Por lo general, las bases se identifican con las primeras letras de su nombre: **A, T, G** y **C**. La **Figura 1** muestra los diagramas de los cuatro nucleótidos. Imagínate cómo encajan.

Figura 1 *Cada nucleótido está hecho de un azúcar, un fosfato y una base. Hay cuatro bases diferentes.*

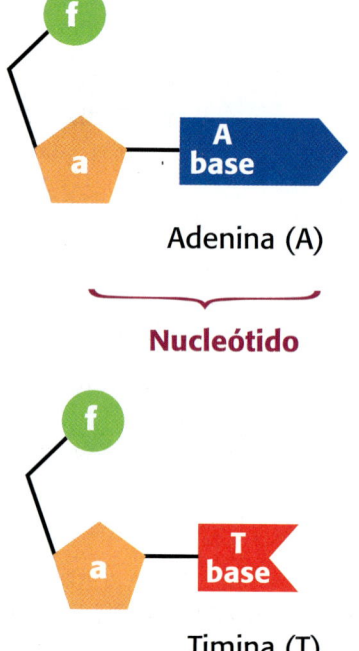

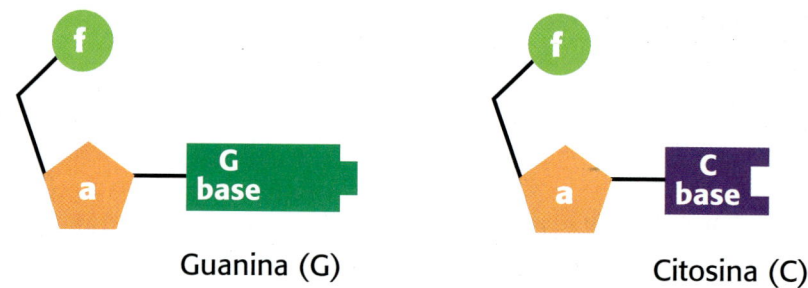

La regla de Chargaff En la década de 1950, el bioquímico Erwin Chargaff, estudiando muestras de ADN de diferentes organismos, descubrió que la cantidad de adenina en el ADN siempre es igual a la de timina, y que la cantidad de guanina siempre es igual a la de citosina. Su descubrimiento, conocido como la regla de Chargaff, se representa así:

A = T y G = C

En ese tiempo, nadie sabía qué hacer con el descubrimiento de Chargaff. ¿Cómo ayudaría la regla de Chargaff a resolver los misterios de la estructura del ADN? Sigue leyendo para averiguarlo.

Una fotografía del ADN

Del laboratorio del científico británico Maurice Wilkins llegaron nuevas pistas. Allí, la química Rosalind Franklin, que aparece en la **Figura 2,** creó imágenes de las moléculas de ADN. El proceso que utilizó para crear la imagen que ves en la **Figura 3** se conoce como difracción de rayos X. En este proceso, los rayos X bombardean la molécula de ADN; al golpear una partícula dentro de la molécula, el rayo rebota. Esto crea un patrón que se registra en una película. Las imágenes que Rosalind Franklin captó sugieren que el ADN tiene forma de espiral.

¡Lo encontré!

Luego los jóvenes científicos, James Watson y Francis Crick, que se ven en la **Figura 4,** basándose en el trabajo de otros, construyeron modelos de ADN con materiales muy simples, como piezas de cartón marcadas. Después de ver las imágenes de rayos X del ADN tomadas por Rosalind Franklin, Watson y Crick armaron el rompecabezas. En un momento de genialidad, descubrieron que el ADN tiene la forma de una escalera de caracol, conocida como *espiral doble*. Watson y Crick usaron su modelo de ADN para predecir cómo se copia el ADN. Cuando hicieron este descubrimiento, se dice que Crick exclamó: "¡Hemos descubierto el secreto de la vida!"

Figura 2 Rosalind Franklin, 1920–1958

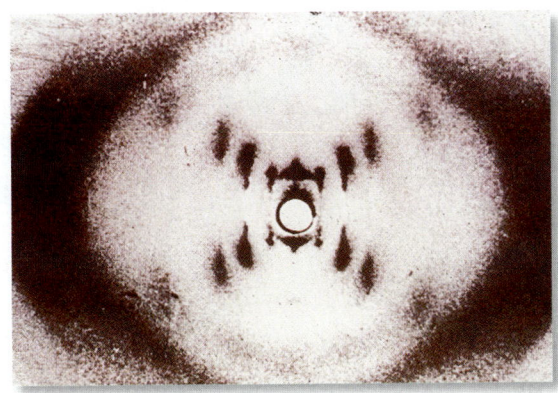

Figura 3 *Esta fotografía sacada por difracción de rayos X del ADN fue tomada por Rosalind Franklin.*

Figura 4 *Esta fotografía muestra a James Watson (a la izquierda) y a Francis Crick (a la derecha) con su modelo de ADN.*

Los genes y la tecnología genética

Estructura del ADN

En la parte izquierda de la **Figura 5** se muestra la escalera de caracol o espiral doble. Como puedes ver en la **Figura 6,** los dos lados de la escalera están hechos de moléculas alternadas de azúcar y de fosfato. Los peldaños de la escalera están formados por un par de bases nucleótidas. La adenina que está en un lado siempre forma un par con la timina del otro lado. De la misma manera, la guanina siempre forma un par con la citosina. ¿Cómo puede esta estructura explicar los hallazgos de Chargaff?

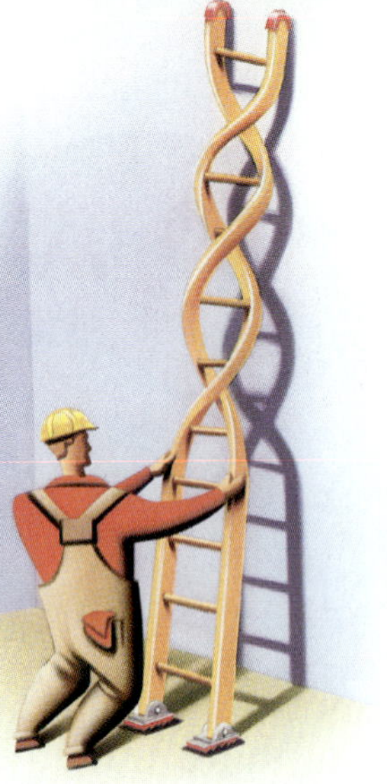

Figura 5 La estructura del ADN se puede comparar con una escalera de caracol.

Figura 6 En una molécula de ADN, las bases deben formar pares en una forma determinada. Si hay un error y las bases no se forman en pares correctamente, el gen no va a transportar la información adecuada.

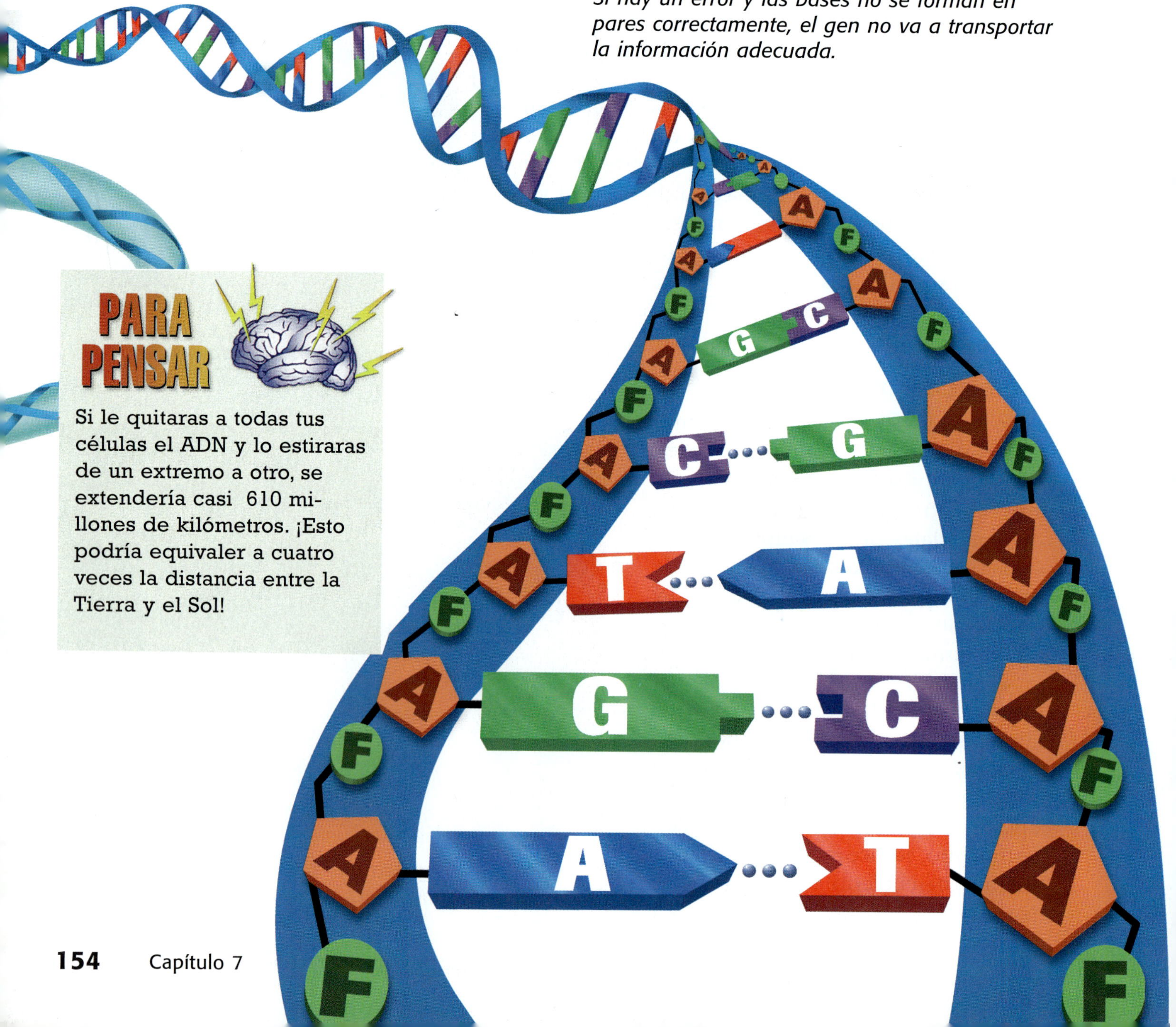

PARA PENSAR

Si le quitaras a todas tus células el ADN y lo estiraras de un extremo a otro, se extendería casi 610 millones de kilómetros. ¡Esto podría equivaler a cuatro veces la distancia entre la Tierra y el Sol!

Copiar el ADN

¿Por qué es tan maravilloso el ADN? El modelo de Rosalind Franklin y de Watson y Crick explica cómo se copian las moléculas de ADN. Como la adenina siempre se une con la timina y la guanina siempre se une con la citosina, las bases de un lado de la molécula se vuelven una plantilla o modelo para el otro lado. Esto quiere decir que un lado es *complementario* del otro. Por ejemplo, una secuencia como ACCG tendría que tener la secuencia TGGC para formar un nuevo lado complementario. El otro lado se copia de la misma forma. Esto crea dos moléculas de ADN idénticas.

Como se muestra en la **Figura 7,** la molécula de ADN se divide en dos en el punto de enlace de las dos bases y cada lado de la hélice puede entonces aparearse con nucleótidos adicionales dentro del núcleo.

¡MATEMÁTICAS!

Genes y bases

Un ser humano tiene casi 100,000 genes. Si hay aproximadamente 30,000 bases en cada gen humano, ¿cuántas bases hay en 100,000 genes?

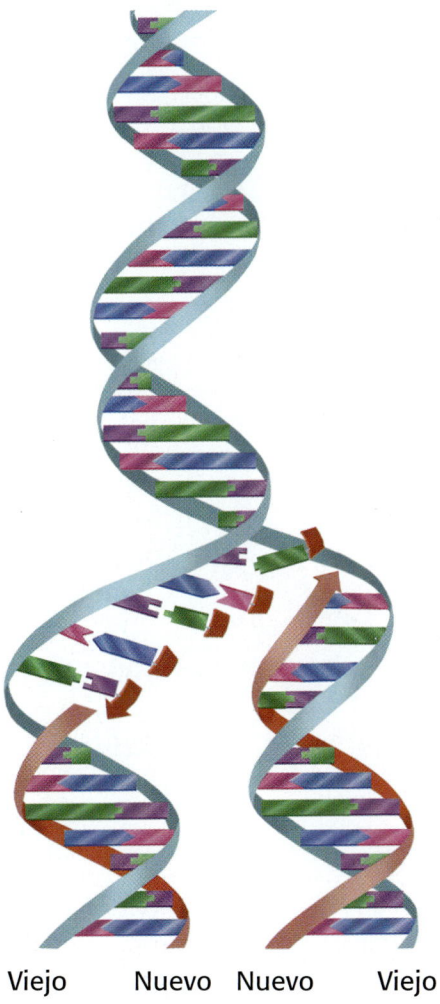

Viejo   Nuevo   Nuevo   Viejo

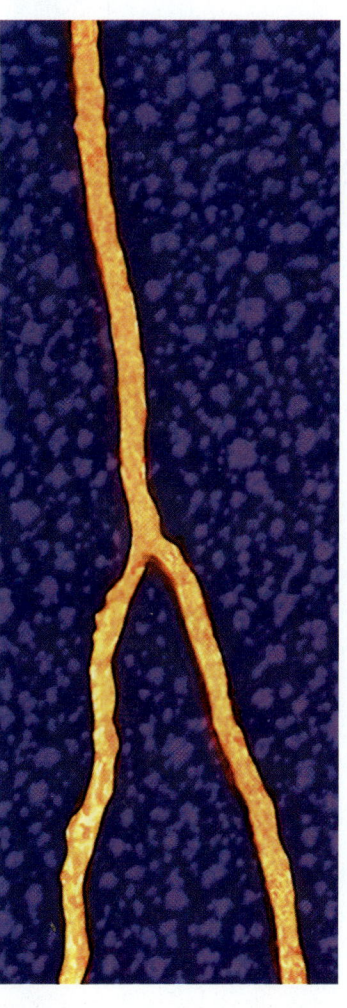

✓ Autoevaluación

¿Cuál sería la cadena complementaria de ADN para la siguiente secuencia de bases? ACCTAGTTG *(Consulta la página 636 para comprobar tu respuesta.)*

Figura 7 *La ilustración de la izquierda muestra la molécula de ADN dividiéndose para hacer una copia de sí misma. Cada mitad de la molécula original sirve como plantilla en la que se forma una nueva cadena complementaria. La fotografía de la derecha muestra una molécula de ADN que se ha separado. Este ADN está amplificado casi 1 millón de veces.*

De rasgo a gen

El modelo de Watson y Crick explica porqué el ADN contiene tanta información. Las bases de la molécula se pueden poner en cualquier orden. Esto permite codificar una gran variedad de genes. Cada gen está formado por una cadena de bases. El orden de las bases da la información celular para la expresión de cada rasgo.

Panorama general El ADN funciona igual en todos los organismos: en las bacterias, los mosquitos, las ballenas y los seres humanos, pero también nos hace únicos. En el siguiente diagrama verás la relación que hay entre un rasgo y una base del ADN.

1 La piel de tu frente...

2 ...amplificada 10 veces

3 Una muestra de tu piel revela muchos tipos de células.

4 Una célula de piel típica tiene casi 0.0025 cm de diámetro.

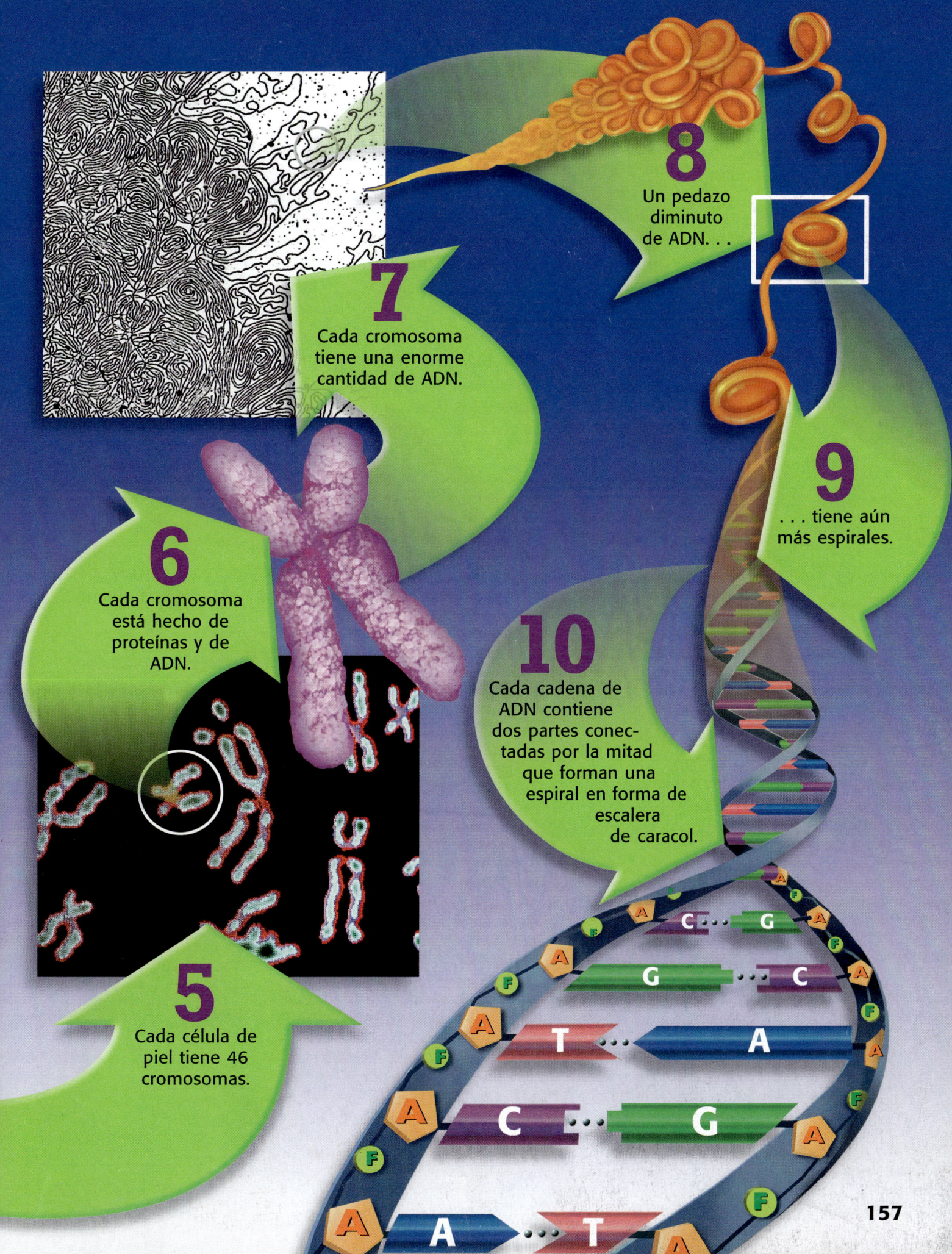

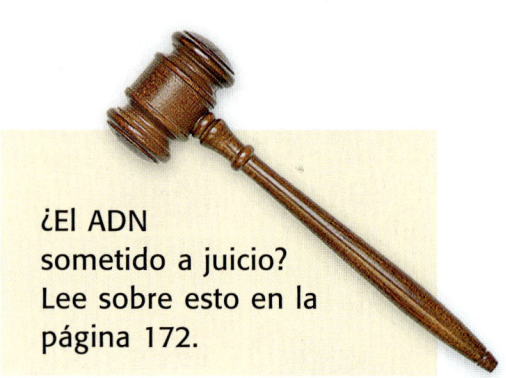

¿El ADN sometido a juicio? Lee sobre esto en la página 172.

Más información sobre los rasgos

Como ya habrás descubierto, las cosas son más complicadas de lo que parecen. Esto sucedió con los descubrimientos de Mendel, que ya estudiaste en el capítulo anterior. Mendel reveló los principios básicos de la transmisión de genes de una generación a otra. Pero como se ha estudiado más sobre la herencia, se han encontrado excepciones a los principios de Mendel. Algunas de estas excepciones se explican en los siguientes párrafos.

Dominancia incompleta En sus estudios con chícharos, Mendel descubrió que los diferentes rasgos no se mezclaban para producir una forma intermedia. Desde entonces, los investigadores han descubierto que algunas veces un rasgo no domina a otro. Estos rasgos no se mezclan, pero cada alelo tiene su propio grado de influencia. Esto se conoce como *dominancia incompleta*. Un ejemplo de esto es la flor "boca de dragón". La **Figura 8** muestra un entrecruzamiento entre una boca de dragón roja (R^1R^1) y una boca de dragón blanca (R^2R^2). Como puedes ver, todos los fenotipos posibles para su descendencia son color rosa porque ambos alelos del gen tienen cierto grado de influencia.

Figura 8 *La boca de dragón es un buen ejemplo de dominancia incompleta.*

Un gen puede influir en muchos rasgos Algunas veces un solo gen influye en varios rasgos. Un ejemplo de este fenómeno es el tigre blanco que se muestra a la derecha. El pelaje blanco es provocado por un solo gen, pero este gen no sólo influye en el color del pelaje. ¿Ves otra cosa rara en el tigre? Si lo observas bien, te vas a dar cuenta de que el tigre tiene ojos azules. El mismo gen que influye en el color del pelaje también influye en el color de los ojos.

Experimentos

A C G T
Aprende el alfabeto del ADN en la página 582.

Muchos genes pueden influir en un solo rasgo Algunos rasgos, como el color de la piel, del cabello y de los ojos, son el resultado de algunos genes que actúan juntos. Por esta razón, es difícil decir si un rasgo es el resultado de un gen dominante o de uno recesivo. Como se muestra en la **Figura 9,** tal vez el color café de tus ojos sea de un tono ligeramente diferente al café de los ojos de alguno de tus compañeros. Las diferentes combinaciones de alelos tienen como resultado ligeras diferencias en la cantidad del pigmento.

La importancia del medio ambiente Recuerda que los genes no son los únicos que intervienen en tu crecimiento y desarrollo, también influye el medio ambiente. Considera la importancia de una dieta saludable, el ejercicio y los buenos ejemplos que te dan tu familia o tus amigos. Por ejemplo, tus genes pueden determinar que vas a ser alto, pero durante tu desarrollo debes recibir los nutrientes adecuados para alcanzar tu altura máxima. Tal vez has heredado un talento especial, pero necesitas practicarlo. La bailarina Tatum Harmon, que aquí se muestra, practica para desarrollar su talento.

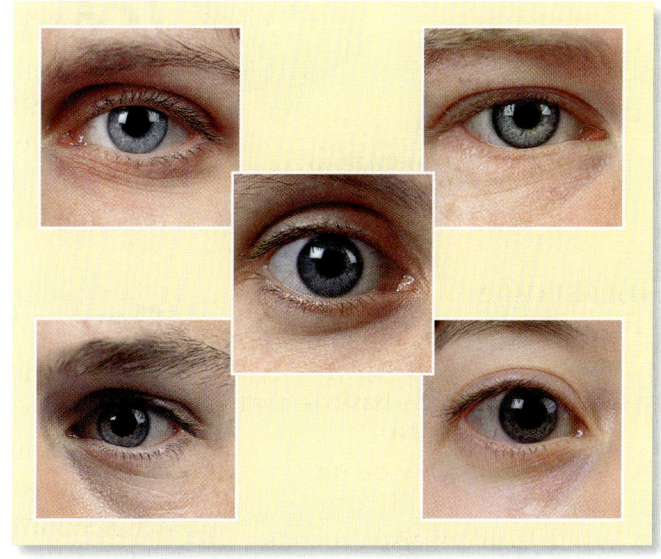

Figura 9 *Por lo menos dos genes, que muestran dominancia incompleta, determinan el color de los ojos del ser humano. Por esta razón, hay varios tonos de un mismo color de ojos.*

Tatum Harmon practica en un salón de la Compañía de Danza Alvin Ailey (Alvin Ailey American Dance Theater)*, donde estudia.*

REPASO

1. Enumera y describe las partes de un nucleótido.
2. ¿Qué bases forman pares en una molécula de ADN?
3. ¿Qué formas sugerían las imágenes de rayos X captadas por Rosalind Franklin?
4. Explica qué quiere decir el enunciado: "El ADN une a todos los organismos".
5. **Hacer cálculos** Si una muestra de ADN tiene el 20 por ciento de citosina, ¿qué porcentaje de guanina tiene esta muestra? ¿Por qué?

Sección 2

¿Cómo trabaja el ADN?

VOCABULARIO
ribosomas
mutación
mutágeno
árbol genealógico

OBJETIVOS
- Explica la relación entre genes y proteínas.
- Resume los pasos básicos para hacer una proteína.
- Define *mutación* y da un ejemplo.
- Evalúa la información que da un árbol genealógico.

Los científicos saben que el orden de las bases constituye un código que de alguna manera le dice a cada célula lo que debe hacer. El siguiente paso para entender el ADN consiste en descifrar este código.

Genes y proteínas

Ahora se sabe que las bases del ADN se leen como un libro, de un extremo al otro y en una sola dirección. Las bases **A, T, G** y **C** forman el alfabeto del código. Los grupos de tres bases codifican un aminoácido específico. Por ejemplo, las tres bases **CCA** codifican el aminoácido prolina y las bases **AGC** codifican el aminoácido serina. Como sabes, las proteínas están hechas de largas cadenas de aminoácidos. Esto se muestra en la **Figura 10.** El orden de las bases determina el orden de aminoácidos en una proteína. Cada gen es un conjunto de instrucciones para producir una proteína.

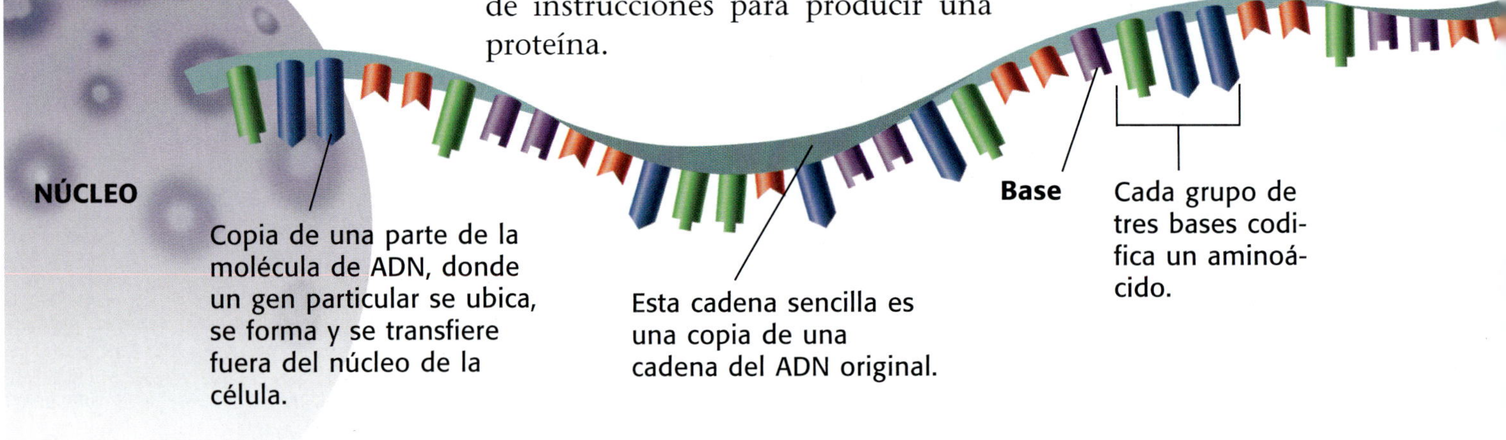

NÚCLEO

Copia de una parte de la molécula de ADN, donde un gen particular se ubica, se forma y se transfiere fuera del núcleo de la célula.

Esta cadena sencilla es una copia de una cadena del ADN original.

Base

Cada grupo de tres bases codifica un aminoácido.

Figura 10 *Un gen es una sección de ADN que contiene instrucciones para formarse en línea y crear una proteína.*

¿Por qué proteínas? Tal vez te estés preguntando, "¿qué tienen que ver las proteínas conmigo y con mi apariencia?" Las proteínas se encuentran en todas partes de las células. Actúan como mensajeros químicos, ayudan a determinar tu estatura, los colores que puedes ver y si tu cabello es rizado o lacio. Las células humanas tienen aproximadamente 100,000 genes, y cada uno deletrea las secuencias de aminoácidos para proteínas específicas. Existe una variedad casi ilimitada de proteínas. El cuerpo humano tiene alrededor de 50,000 tipos. Las proteínas son las responsables de la gran cantidad de diferentes formas, tamaños, colores y texturas en los organismos vivientes, como los cuernos, las garras, el pelo y la piel.

Cómo se forma una proteína

Como ya se dijo, el primer paso para crear una proteína es copiar la sección de la cadena de ADN que contiene un gen. La copia de esta sección se hace con ayuda de enzimas copiadoras. Las moléculas mensajeras extraen la información genética de las secciones de ADN del núcleo y la llevan al citoplasma.

En el citoplasma, la copia de ADN pasa por una especie de línea de ensamblaje de proteínas. Esta "fábrica" se conoce como **ribosoma.** Las bases de la copia pasan a través del ribosoma de tres en tres. Las moléculas de transferencia actúan como traductores del mensaje de la copia de ADN. Cada molécula de transferencia recoge un aminoácido específico del citoplasma, definido por el orden de las bases de la molécula de transferencia. Como piezas de un rompecabezas, las bases de las moléculas de transferencia se unen a las bases de la copia de ADN en el ribosoma. Luego, las moléculas de transferencia sueltan sus "maletas" de aminoácidos, que se unen en cadena para formar una proteína. Este proceso se ilustra en la **Figura 11.**

Autoevaluación

1. ¿Cuántos aminoácidos hay en una proteína que necesita 3,000 bases en su código?
2. Explica cómo las proteínas influyen en tu apariencia.

(Consulta la página 636 para comprobar tus respuestas.)

Figura 11 Este diagrama muestra cómo se hace una proteína. El orden de las bases en la copia de ADN determina qué aminoácidos se deben transferir al ribosoma.

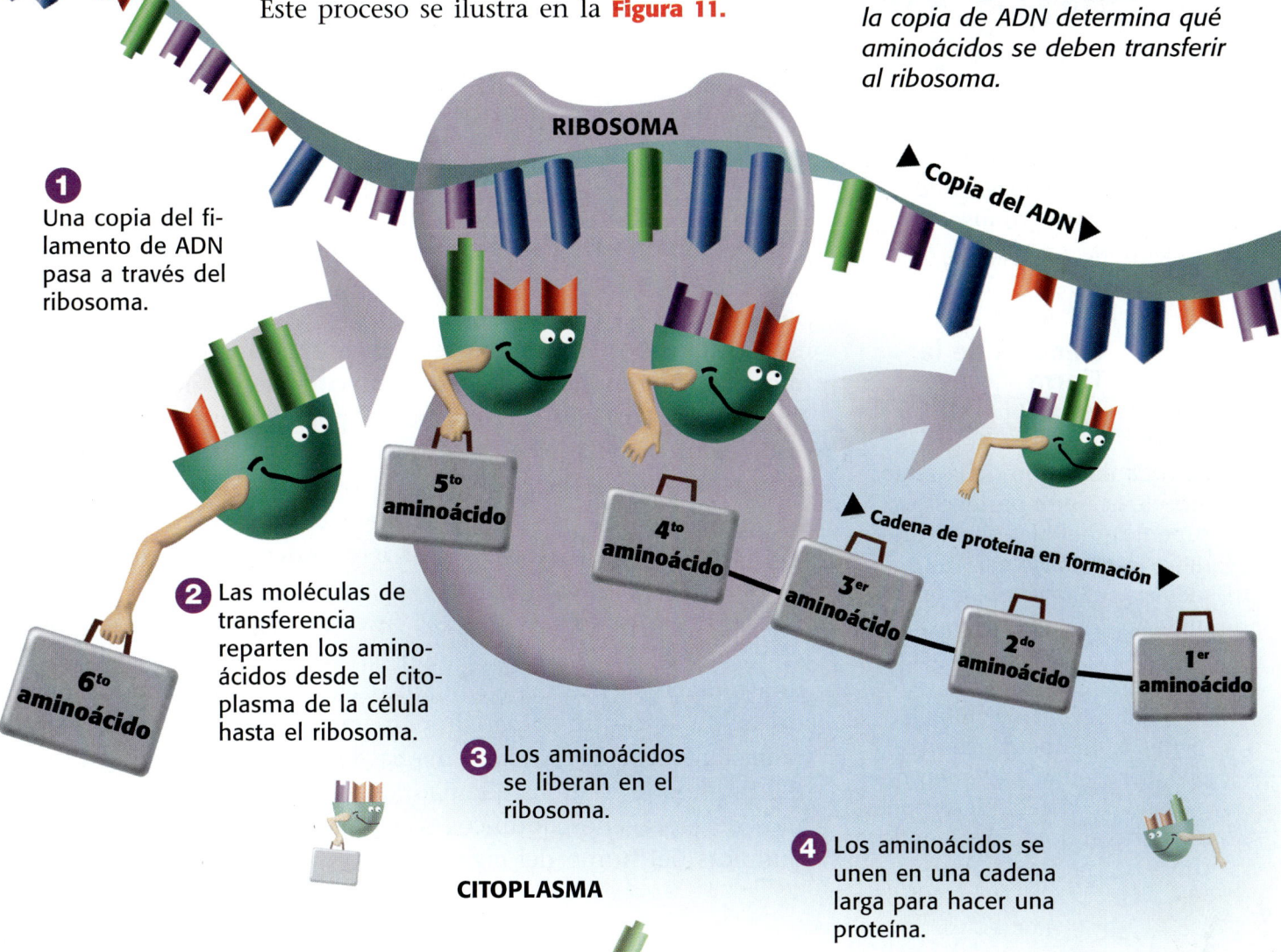

Los genes y la tecnología genética

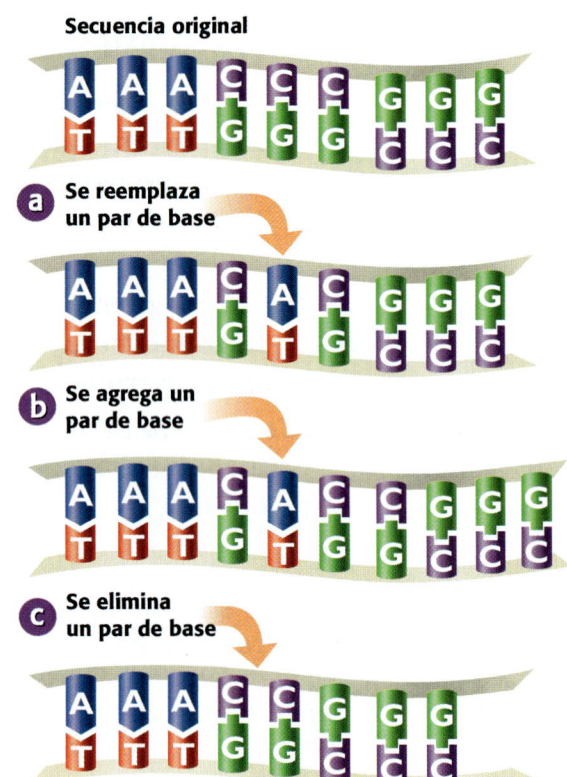

Figura 12 La secuencia original de par de bases de arriba se ha modificado para explicar la (a) substitución, (b) inserción y (c) deleción.

Cambios en los genes

Imagínate que te subes a la montaña rusa más nueva de un parque de diversiones. Justo antes de que te subas al carrito, te dicen que algunas partes de metal de la montaña fueron cambiadas por partes hechas de otra substancia. ¿Todavía querrías subirte?

Tal vez las partes nuevas estén hechas de un metal mejor y más fuerte, o quizá se usó otro metal con las mismas propiedades. La tercera posibilidad es que se haya usado un material que no es adecuado. ¡Imagínate lo qué pasaría si en lugar de usar metal se usara cartón! Errores como estos ocurren continuamente en el ADN y se conocen como **mutaciones.** Las mutaciones suceden cuando hay un cambio en el orden de las bases del ADN de un organismo. Algunas veces se excluye una base; esto se conoce como *deleción*. Otras veces se agrega una base; esto se conoce como *inserción*. El error más común es cuando una base incorrecta reemplaza a una correcta. Esto se conoce como *substitución*. La **Figura 12** explica estos tres tipos de mutaciones.

Los errores son posibles Por suerte, las enzimas reparadoras siempre están revisando si hay errores en la molécula de ADN. Cuando se detecta una falla, por lo general se arregla. Pero, a veces, las reparaciones no son exactas y los errores se vuelven parte del mensaje genético. Como en la montaña rusa, los cambios en el ADN pueden tener tres consecuencias: una mejoría, ningún cambio o un cambio grave. Si no se fabrica la proteína correcta, los resultados pueden ser fatales. Si el daño ocurre en las células sexuales, el error puede pasar de una generación a otra.

¿Cómo se puede dañar el ADN? Además de los errores accidentales que suceden cuando se copia el ADN, el daño puede ser causado por agentes físicos y químicos conocidos como **mutágenos.** Un mutágeno es cualquier cosa que causa una mutación en el ADN. Algunos ejemplos son la radiación de rayos X de alta energía y la radiación ultravioleta. La radiación ultravioleta es la energía de la luz solar responsable del bronceado y de las quemaduras de la piel. Algunos ejemplos de mutágenos químicos son el asbesto y las substancias químicas del humo del cigarrillo.

ciencias de la Tierra
CONEXIÓN

La capa de ozono de la atmósfera de la Tierra protege la superficie del planeta de la radiación ultravioleta. La radiación ultravioleta causa mutaciones en las células de la piel que provocan cáncer de piel. Cada año, más de 750,000 personas contraen alguna forma de cáncer de piel. Los científicos temen que el daño de la capa de ozono aumente el número anual de casos de cáncer de piel.

Ejemplo de una substitución

Supongamos que la secuencia de ADN tiene las tres bases **GAA**. **GAA** son las tres letras que dan la instrucción: "Pon ácido glutámico aquí". Si hay un error y la secuencia se cambia a **GTA**, se envía un mensaje completamente diferente: "Pon valina aquí".

Este cambio tan sencillo puede causar la *anemia drepanocítica*, enfermedad que afecta a los glóbulos rojos. Cuando la valina substituye al ácido glutámico en una proteína de la sangre, como se muestra en la **Figura 13**, los glóbulos rojos se deforman.

Los drepanocitos no pueden transportar oxígeno a todo el cuerpo, como lo hacen los glóbulos rojos normales. Por el contrario, se pegan en los vasos sanguíneos, y causan coágulos dolorosos y peligrosos.

> ### Laboratorio
> **Mutaciones**
>
> La siguiente oración tiene palabras de tres letras, pero ha sufrido una mutación. Trata de encontrar la mutación y corrígela.
>
> ELI RTG ATO ICO MEH MRA TON AT ¿Qué tipo de mutación encontraste? Ahora, ¿qué dice la oración?

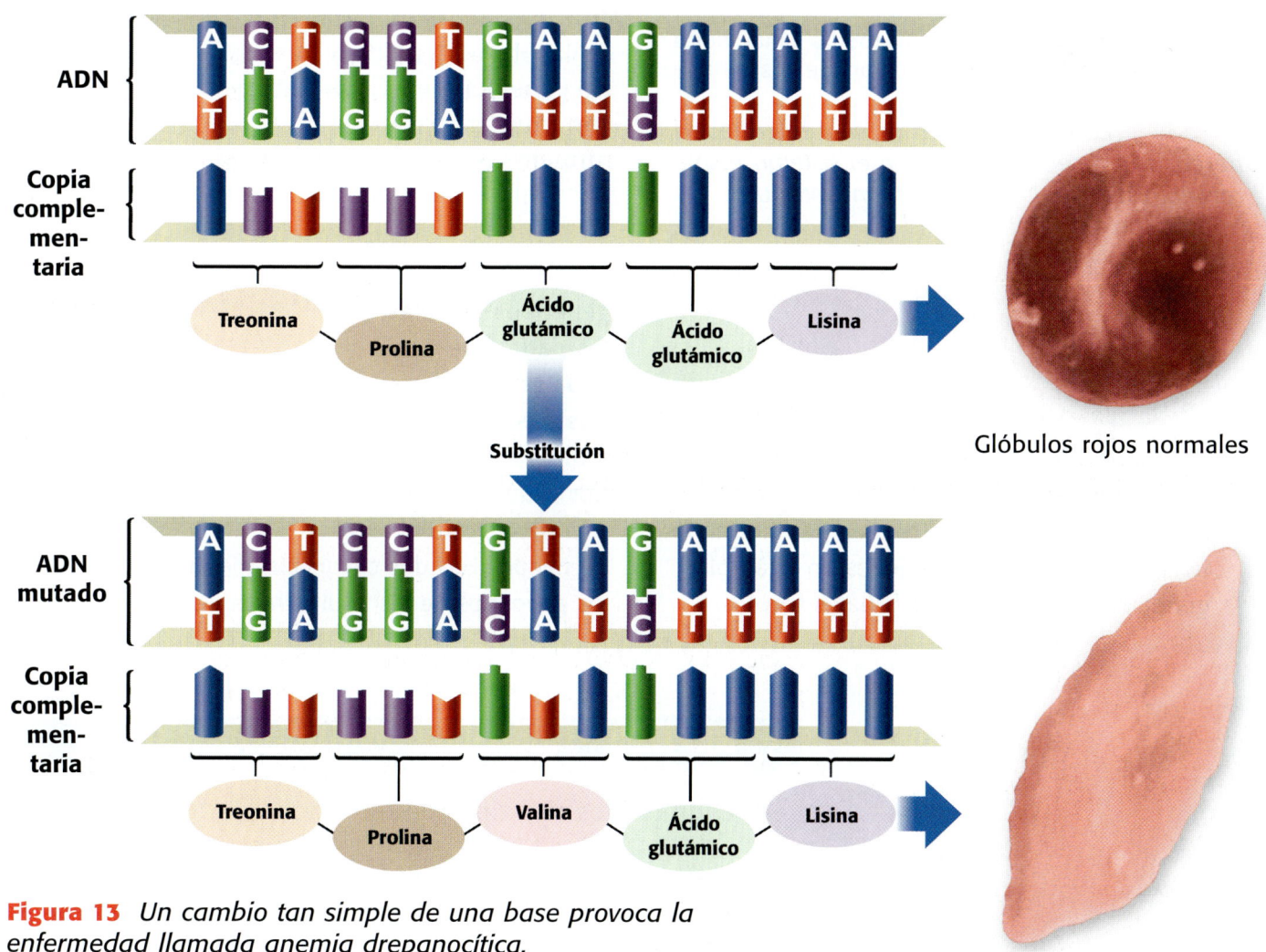

Figura 13 Un cambio tan simple de una base provoca la enfermedad llamada anemia drepanocítica.

Glóbulos rojos normales

Drepanocitos

Asesoría genética

La mayoría de los transtornos hereditarios, como la anemia drepanocítica, son recesivos. Esto significa que la enfermedad sólo ocurre cuando un niño o una niña hereda un gen defectuoso del padre y de la madre. Algunas personas, llamadas portadores, sólo tienen un alelo para esta enfermedad, y pueden pasar el gen defectuoso a sus hijos sin saberlo.

La asesoría genética proporciona información a las parejas que desean tener hijos pero tienen miedo de transmitirles alguna enfermedad. Por lo general, los asesores genéticos usan un diagrama conocido como **árbol genealógico,** que es una herramienta para buscar un rasgo a través de generaciones de una familia. Al hacer un árbol genealógico, se puede predecir si una persona es portadora de una enfermedad hereditaria. En la **Figura 14,** el rasgo de la fibrosis cística se rastreó a través de cuatro generaciones. Cada generación está marcada con números romanos y cada individuo con números arábigos. En la Figura 14, se explican los símbolos de árbol genealógico.

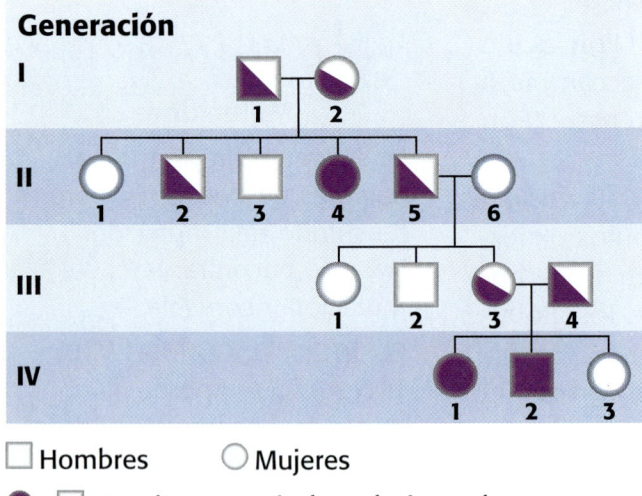

Figura 14 *La fibrosis cística es una enfermedad hereditaria recesiva que afecta el sistema respiratorio. Este árbol genealógico muestra una familia con esta enfermedad.*

APLICA

El árbol genealógico de la derecha muestra el rasgo recesivo de la miopía en la familia de Rita. Ella, sus padres y su hermano tienen visión normal. ¿Quiénes en el árbol genealógico son miopes? ¿Cuáles son los genotipos posibles de los padres de Rita? ¿Cuáles son los genotipos posibles de Rita? Rita va a casarse, su novio tiene visión normal pero porta el rasgo de miopía. Haz dos cuadrículas de Punnett para los genotipos de los futuros hijos de Rita.

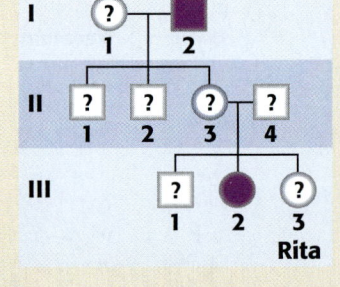

REPASO

1. Enumera los tres tipos de mutación. ¿En qué se diferencian?

2. ¿Qué tipo de mutación causa la anemia drepanocítica?

3. **Aplicar conceptos** Las mutaciones suceden en las células sexuales y en las del cuerpo. ¿Qué células transmiten una mutación de una generación a otra? Explica por qué.

Sección 3

Genética aplicada

VOCABULARIO
ingeniería genética
ADN recombinante
impresiones de ADN
poyecto Genoma Humano

OBJETIVOS
- Define la *ingeniería genética*.
- Enumera algunos de los beneficios de combinar el ADN de diferentes organismos.

Durante miles de años, los científicos han sido conscientes de las ventajas de la reproducción selectiva. Por medio de ésta se cruzan organismos con determinadas características. Probablemente ya has disfrutado de estas ventajas sin darte cuenta. Quizá ya te comiste un huevo de una gallina que fue cruzada para producir muchos huevos. O tal vez, ya has probado el trigo reproducido de manera selectiva para resistir plagas y enfermedades. Incluso tu perro puede ser un resultado de reproducción selectiva. Algunos tipos de perros, por ejemplo, tienen un pelaje grueso para poder atrapar a sus presas en el agua helada.

Diseño de genes

Ahora, los científicos pueden manipular genes individuales con una técnica conocida como ingeniería genética. Como todos los tipos de ingeniería, la ingeniería genética pone en práctica los conocimientos científicos. Básicamente, la **ingeniería genética** permite a los científicos transferir genes de un organismo a otro. Hoy en día, se usa para fabricar proteínas, reparar genes dañados e identificar a individuos que pueden ser portadores de un alelo para una enfermedad. Algunos otros usos se muestran en la **Figura 15**.

Figura 15 *Éstos son algunos de los muchos ejemplos de ingeniería genética.*

a Una oveja llamada Dolly fue el primer mamífero clonado con éxito.

b La fotografía de arriba muestra dos copos de algodón de dos plantas diferentes. El de la derecha ha sido alterado genéticamente para resistir plagas.

c Esta micrografía electrónica muestra gránulos de plástico producidos dentro de una célula vegetal.

d Los científicos agregaron un gen de luciérnaga a esta planta de tabaco. Ahora, la planta produce una enzima que hace que la planta brille.

Los genes y la tecnología genética **165**

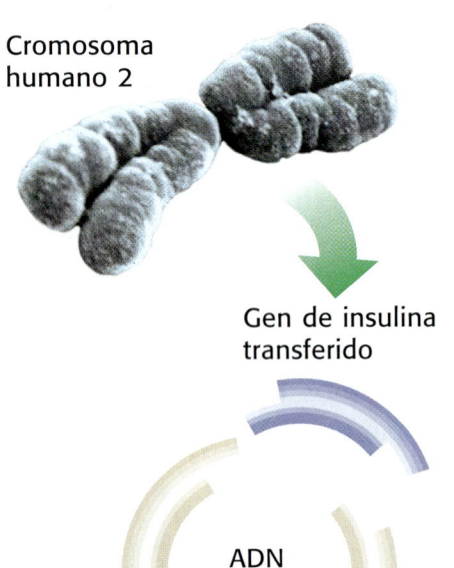

Cromosoma humano 2

Gen de insulina transferido

ADN bacteriano

Gen que se debe replicar

ADN recombinante introducido en bacterias

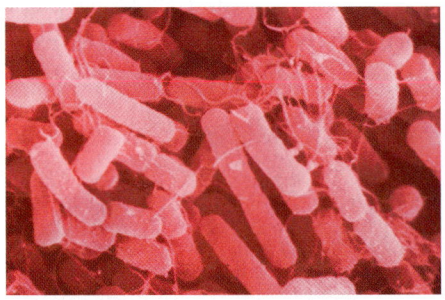

Las bacterias en cultivo producen insulina.

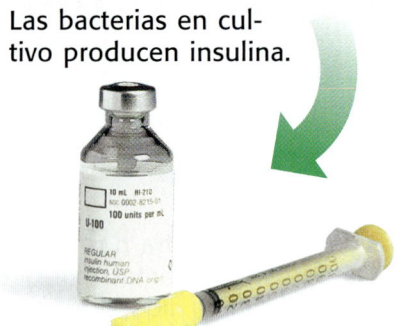

Figura 16 *El gen que produce la insulina en los humanos se encuentra en el cromosoma 2. Una copia se transfiere a un fragmento de ADN bacteriano. Las bacterias que tienen el ADN recombinante producen insulina.*

Fábricas vivientes

La estructura del ADN es la misma en todos los organismos vivientes. De hecho, la uniformidad de la estructura del ADN permite que los genes de un organismo funcionen en otro. Cuando se ponen los genes de un organismo en otro usando la ingeniería genética, el ADN resultante se conoce como **ADN recombinante.** Pero, ¿por qué hacen esto los científicos?

Una de las respuestas a esta pregunta es que el ADN recombinante se usa para tratar enfermedades. La diabetes, por ejemplo, se trata con un producto hecho con ADN recombinante. Las personas con diabetes no pueden producir suficiente insulina (una proteína). Sin suficiente insulina, la mayoría de los diabéticos morirían. Para producir ADN recombinante, los científicos insertan un gen de insulina humana normal en el ADN de determinadas bacterias. Las bacterias se vuelven fábricas de insulina, y producen grandes cantidades de esta hormona. Este proceso se muestra en la **Figura 16.**

Impresiones de ADN

Al principio de esta unidad, se te pidió que imaginaras que te culpaban de un crimen que no cometiste. El único "testigo" para tu defensa era el ADN. Como ya sabes, el ADN de cada persona es único.

En el laboratorio, los fragmentos de ADN se separan según su tamaño. De esta manera, los patrones

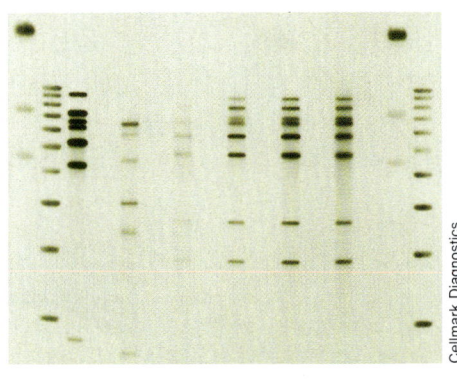

Figura 17 *Las franjas negras son fragmentos de ADN. La ubicación de las franjas negras es diferente en todas las personas.*

formados por los fragmentos se pueden comparar. Puedes ver un ejemplo de estos fragmentos en la **Figura 17.** La comparación de los fragmentos de diferentes personas se conoce como análisis del ADN o **impresiones de ADN.** Es imposible que dos personas tengan las mismas impresiones de ADN a menos que sean gemelos idénticos.

✓ Autoevaluación

Explica qué quiere decir "fábricas vivientes" cuando se habla del ADN recombinante. *(Consulta la página 636 para comprobar tu respuesta.)*

Panorama general

Los científicos saben mucho acerca de algunos genes, como la ubicación y mutación del gen que causa la anemia drepanocítica. La **Figura 18** muestra uno de los resultados de la investigación del ADN. Pero todavía hay mucho que aprender sobre los genes que controlan otras enfermedades y características. La meta de un ambicioso proyecto conocido como el **Proyecto Genoma Humano** es crear un mapa que muestre la ubicación y la secuencia del ADN de todos nuestros genes.

Se espera que el conocimiento adquirido con este proyecto ayude a desarrollar terapias más eficaces para las enfermedades. Ya se han identificado genes asociados con el cáncer de colon y el glaucoma juvenil. El proyecto Genoma Humano tomará mucho tiempo y dinero para concluirse.

> ### Explora
> Selecciona 10 fotografías de paisajes o personas en revistas o periódicos. Escoge uno o dos elementos que creas puedan ser afectados con el desarrollo de la tecnología del ADN. Explica si esta tecnología del ADN ayudará o dañará el elemento que escogiste y si el cambio será benéfico o perjudicial para la sociedad.

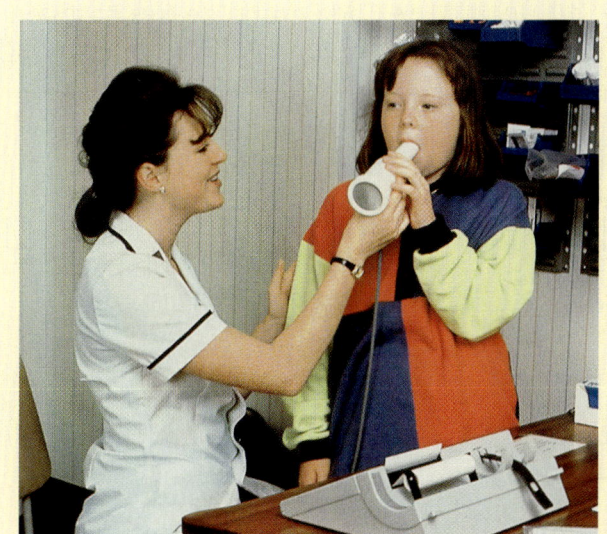
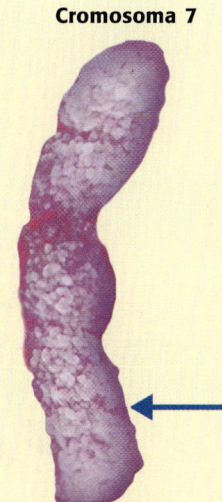

Cromosoma 7

Figura 18 *La niña de esta fotografía recibe terapia para la fibrosis cística. Gracias a la tecnología del ADN se identificó el gen de esta enfermedad y se desarrolló una terapia para tratarla.*

REPASO

1. ¿Cuál es la diferencia entre ingeniería genética y reproducción selectiva?
2. Menciona algunas ventajas de la ingeniería genética.
3. ¿Por qué es una ventaja producir insulina humana dentro de una bacteria?
4. **Entender la tecnología** Describe cómo se puede usar tu ADN para identificarte.

Los genes y la tecnología genética

Resumen del capítulo

SECCIÓN 1

Vocabulario
ADN *(pág. 152)*
nucleótido *(pág. 152)*
adenina *(pág. 152)*
timina *(pág. 152)*
guanina *(pág. 152)*
citosina *(pág. 152)*

Notas de la sección
- Las proteínas están hechas de cadenas de aminoácidos.
- El ADN está formado por cadenas de nucleótidos.
- Los cromosomas están hechos de proteínas y de ADN.
- La molécula de ADN parece una escalera de caracol. Los peldaños de la escalera están hechos de pares de bases: adenina y timina, o bien citosina y guanina.
- El ADN transporta información genética en el orden de las bases de nucleótidos.
- El ADN puede ser copiado ya que una cadena de la molécula sirve como plantilla para la otra.

SECCIÓN 2

Vocabulario
ribosoma *(pág. 161)*
mutación *(pág. 162)*
mutágeno *(pág. 162)*
árbol genealógico *(pág. 164)*

Notas de la sección
- Un gen es un grupo de instrucciones para formar una proteína.
- Cada grupo de tres bases en un gen codifica un aminoácido específico.
- Los genes pueden transformarse cuando cambia el orden de las bases.

Experimentos
Pares de bases *(pág. 582)*

✓ Comprobar destrezas

Conceptos de matemáticas

La sección Matemáticas de la página 131 te pide que calcules el número de bases presentes en todos tus genes. Si hay aproximadamente 30,000 bases en cada gene y hay 100,000 genes, multiplica para encontrar la respuesta.

$$30,000 \times 100,000 = 3,000,000,000$$

Así que entre todos tus genes suman aproximadamente 3 mil millones de bases.

Comprensión visual

COPIAS DE ADN Observa la Figura 10 de la página 160 y verás el núcleo y los poros de su membrana. La copia del ADN sale por estos poros para entregarles a los ribosomas el mensaje codificado. ¿Por qué el ADN envía una copia fuera del núcleo para transmitir sus mensajes? Porque así el ADN se protege más de los factores que podrían causar una mutación si se quedara dentro del núcleo. Tal vez la copia mensajera tenga mala suerte, pero el ADN original permanece ¡sano y salvo!

SECCIÓN 3

Vocabulario
ingeniería genética *(pág. 165)*
ADN recombinante *(pág. 166)*
impresiones de ADN *(pág. 166)*
Proyecto Genoma Humano *(pág. 167)*

Notas de la sección
- Desde hace miles de años, se ha usado la reproducción selectiva para cruzar plantas y producir mejores cosechas. También se han reproducido animales de manera selectiva con rasgos especiales durante miles de años.

- La ingeniería genética les permite a los científicos cambiar el ADN de un organismo para darle al otro organismo características nuevas.

- La meta del proyecto Genoma Humano es localizar todos los genes humanos.

---

internet

 VISITA: go.hrw.com

Visita el sitio web de HRW para encontrar una serie de herramientas de aprendizaje relacionadas con este capítulo. Sólo tienes que escribir la palabra clave:

PALABRA CLAVE: HSTDNA

 **VISITA:** www.scilinks.org

Visita el sitio web de la **Asociación Nacional de Maestros de Ciencias** *(National Science Teachers Association)* para encontrar recursos de Internet relacionados con este capítulo. Sólo escribe el **ENLACE DE CIENCIAS** para obtener más información sobre el tema:

TEMA: ADN	**ENLACE:** HSTL130
TEMA: Genes y rasgos	**ENLACE:** HSTL135
TEMA: Ingeniería genética	**ENLACE:** HSTL140
TEMA: Impresiones de ADN	**ENLACE:** HSTL145

Los genes y la tecnología genética

Repaso del capítulo

UTILIZAR EL VOCABULARIO

Escoge el término correcto para completar cada una de las siguientes oraciones:

1. Una proteína es una larga cadena de __?__. Una cadena de ADN es una larga serie de __?__. (*aminoácidos* o *nucleótidos*)

2. Un trastorno, como la fibrosis cística, se considera __?__ si el niño o la niña debe recibir un alelo de su padre y madre para sufrir la enfermedad. (*dominante* o *recesivo*)

3. El cambio en el orden de las bases del ADN se llama __?__. (*mutación* o *mutágeno*)

4. __?__ se usa para comparar el ADN de diferentes personas. (*la ingeniería genética* o *las impresiones de ADN*)

5. Un __?__ es un agente físico o químico que le causa daño al ADN. (*mutágeno* o *árbol genealógico*)

COMPRENDER CONCEPTOS

Opción múltiple

6. En una molécula de ADN, ¿cuáles de las siguientes bases forman un par?
   a. adenina y citosina
   b. timina y adenina
   c. timina y guanina
   d. citosina y timina

7. Un gen es
   a. instrucciones para cada rasgo.
   b. instrucciones para hacer una proteína.
   c. una parte de una cadena de ADN.
   d. todas las anteriores.

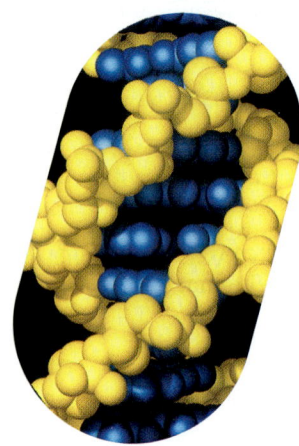

8. El ADN
   a. está formado por tres subunidades.
   b. tiene una estructura en forma de escalera de caracol.
   c. no se puede reparar si ha mutado.
   d. Todas las anteriores.

9. En una dominancia incompleta
   a. un solo gen controla muchos rasgos.
   b. todos los genes de un rasgo son recesivos.
   c. cada alelo de un rasgo tiene su propio grado de influencia.
   d. el ambiente controla los genes.

10. Watson y Crick
    a. estudiaron las cantidades de cada base de ADN.
    b. tomaron fotografías con rayos X del ADN.
    c. hicieron modelos para determinar la estructura del ADN.
    d. descubrieron que los genes se encontraban en los cromosomas.

11. ¿Cuál de los siguientes NO es un paso en la síntesis de proteínas?
    a. Las copias del ADN pasan al citoplasma.
    b. Las moléculas de transferencia llevan aminoácidos al núcleo.
    c. Los aminoácidos se ensamblan en el ribosoma para formar la proteína.
    d. Una copia del ADN pasa por el ribosoma.

Respuesta breve

12. ¿Cuál sería la cadena complementaria del ADN para la siguiente secuencia de bases?

    C T T A G G C T T A C C A

13. ¿Cómo se copia el ADN? Haz un dibujo que explique tu respuesta.

14. Si la secuencia de ADN "TGAGCCATGA" se cambia a "TGAGCACATGA", ¿qué tipo de mutación ha ocurrido?

Organizar conceptos

15. Usa los siguientes términos para crear un mapa de ideas: bases, adenina, timina, nucleótidos, guanina, ADN, citosina.

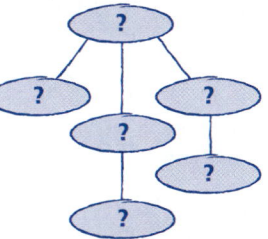

RAZONAMIENTO CRÍTICO Y RESOLUCIÓN DE PROBLEMAS

Escribe una o dos oraciones para responder a las siguientes preguntas:

16. Si el padre o la madre no muestran signos de tener anemia drepanocítica, ¿garantiza esto que su hijo o hija no va a contraer la enfermedad? Explica por qué.

17. ¿Para cuántos aminoácidos codifica esta secuencia de ADN?

    T C A G C C A C C T A T G G A

18. Las bacterias crecen con facilidad y se multiplican rápidamente. ¿Por qué son útiles para hacer proteínas fabricadas genéticamente?

LAS MATEMÁTICAS EN LAS CIENCIAS

19. La meta del Proyecto Genoma Humano es descubrir todos los genes humanos. Los científicos calculan que hay 100,000. En 1998, se habían descubierto 38,000. ¿Cuántos genes más debe descubrir el Proyecto Genoma Humano?

20. Si los científicos encuentran 6,000 genes cada año, ¿cuántos años faltan para que termine el proyecto?

21. De los 38,000 genes descubiertos, se ha determinado la posición exacta dentro de los cromosomas de unos 7,000. ¿Qué porcentaje de los genes descubiertos ha sido ubicado en su posición real?

INTERPRETAR GRÁFICAS

Examina el siguiente árbol genealógico para el albinismo y responde luego a estas preguntas. Es posible que necesites usar una cuadrícula de Punnet. (El albinismo es un rasgo presente en individuos que no poseen pigmento en los ojos, piel o cabello).

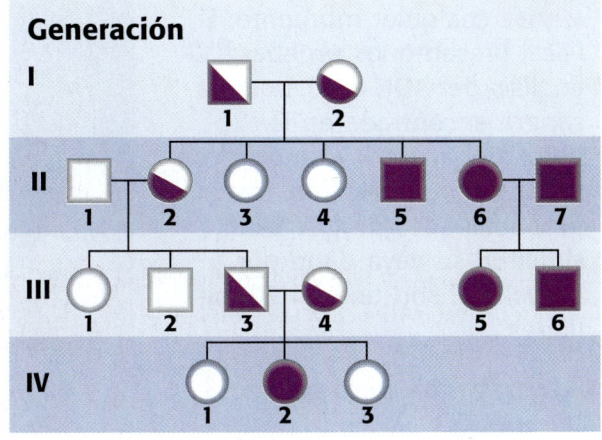

22. ¿Cuántos hombres hay en este árbol genealógico? ¿Cuántas mujeres?

23. ¿Cuántos individuos de la segunda generación tenían albinismo? ¿Cuántos eran portadores de este rasgo?

24. ¿Crees que el albinismo es un rasgo dominante o un rasgo recesivo? Explica por qué.

AHORA, ¿qué piensas?

Revisa tus respuestas a las preguntas de la página 151 que escribiste en el cuaderno de ciencias. ¿Han cambiado tus respuestas? Si es necesario, corrige tus respuestas basándote en lo que has aprendido en este capítulo.

DEBATE CIENTÍFICO

El ADN sometido a juicio

La tensión en el tribunal podía explotar en cualquier momento. El fiscal presentó las pruebas: "El análisis del ADN indica que la sangre encontrada en los zapatos del acusado coincide con la sangre de la víctima. Las probabilidades de que esta similitud se haya dado por casualidad son una en 20 millones".

Siguiente acusado: el ADN

Las batallas legales en las que se involucra el proceso de impresiones de ADN son cada vez más comunes. El proceso de impresiones digitales tradicional se ha usado por más de 100 años y ha sido una herramienta de identificación muy importante. Recientemente, muchas personas han exigido que las impresiones de ADN, o prueba de perfiles de ADN, substituya a la técnica tradicional. Esta prueba se ha usado para exonerar a miles de personas acusadas o encarceladas injustamente. La polémica empieza cuando las pruebas se usan para demostrar que un sospechoso es culpable.

Dudas razonables

Los críticos alegan que en el proceso de impresión de ADN puede haber errores humanos. El manejo de muestras de la escena de un crimen puede ser

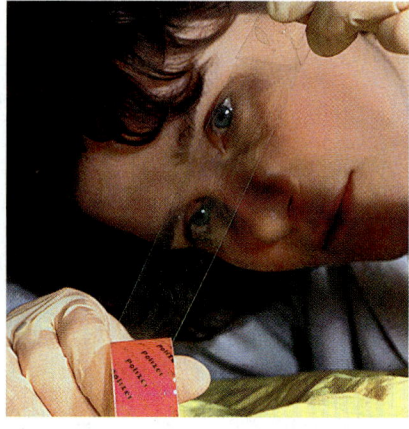

▲ Este médico forense junta células de piel muertas en una prenda de ropa con la esperanza de reunir muestras de ADN.

engañoso; se pueden extraer muestras de debajo de la uña de una víctima o de la acera sucia de la calle. La contaminación por sales, químicos, mezclilla o por el estornudo de una persona en el laboratorio pueden comprometer la fiabilidad de los resultados.

Gran parte de la controversia sobre el proceso de impresiones de ADN tiene que ver con la interpretación de los resultados. Mucha gente se pregunta: "¿Es probable que alguien más, aparte del sospechoso, tenga el mismo perfil de ADN?" Las respuestas varían de una en tres a una en 20 millones, según la persona que hace la interpretación, el tamaño de la muestra y el proceso que se use.

La crítica también señala que los resultados pueden calcularse sin considerar otros factores. Por ejemplo, es más probable que las personas de ciertos grupos étnicos compartan características de ADN con las de su grupo que con otras.

Más allá de una duda razonable

Quienes apoyan las pruebas de ADN señalan que el análisis es objetivo porque los laboratorios reciben muestras etiquetadas con códigos. La información obtenida es la que exonera o incrimina a un sospechoso. Las pruebas de ADN casi nunca se usan para condenar a alguien. Es una prueba más, como el móvil y el acceso a la escena del crimen, para llegar a un veredicto.

Los defensores del proceso de impresiones de ADN dicen que las revisiones y los balances en los laboratorios previenen errores humanos. Y algunos esfuerzos recientes para uniformar la recopilación de evidencia y la interpretación de las muestras han tenido muy buenos resultados.

¿Tú qué crees?

▶ ¿Debería admitirse el proceso de impresiones de ADN como prueba ante un tribunal? Investiga un poco más y toma una decisión.

Ciencia Ficción

"Moby James"

por Patricia A. McKillip

Rob Trask tiene un problema. Se trata de su hermano mayor, James. Rob está convencido de que James no es su verdadero hermano. Rob y su familia viven en una estación espacial, y él acaba de descubrir que su verdadero hermano ha sido enviado a la Tierra. Esta persona que dice ser James, es en realidad una especie de mutante de una planta o de un par de calcetines sucios.

Rob tiene otro problema, en su clase están leyendo la novela de Herman Melville *Moby Dick*. Al principio, Rob no puede concentrarse en la historia, pero cuando empieza a leerla queda fascinado con la historia del Capitán Ahab y su sed de venganza contra la gran ballena blanca Moby Dick. Moby Dick se había llevado algo de Ahab, su pierna, y Ahab quería hacer que la ballena pagara por ello. De pronto, Rob se da cuenta de que su hermano es un mutante de una enorme ballena blanca, Moby James.

A medida que Rob sigue a Ahab en su búsqueda de Moby Dick, empieza a entender qué debe hacer para que su hermano verdadero regrese. Así, observa a Moby James, esperando el momento en que cometa algún error que lo ponga en eviencia. En cuanto Rob desenmascare al James falso, podrá hacer que el verdadero regrese.

Para descubrir si Rob tiene éxito y encuentra a su hermano verdadero, lee "Moby James" en la *Antología de Holt de Ciencia Ficción*.

CAPÍTULO 8

La evolución de los seres vivos

¿Qué tal si...?

Imagínate que caminas por un pantano lleno de vapor, evitando culebras y arañas en un pantano de Norteamérica hace 50 millones de años. De pronto sale un gigante de 182 kg; con una cabeza enorme, cuello ancho y piernas largas y musculosas. ¿Qué bestia es? ¿Será un velociraptor o un oso perezoso gigante? ¿O quizás un oso prehistórico? No; no es ninguno de estos animales, ¡es un *Diatryma*, un ave no voladora muy común en la era Cenozoica de la Prehistoria, entre 57 y 35 millones de años atrás! Esta ave medía más de 2 m y tenía un pico enorme y garras afiladas. Se sabe que existió gracias a los fósiles que se han encontrado en Wyoming, Nuevo México y Nueva Jersey. Su desaparición está relacionada con la aparición de mamíferos de gran tamaño. Aunque esta ave se extinguió hace mucho tiempo, hay versiones más pequeñas de la misma en todo el mundo. Los fósiles indican que era uno primo distante de las gallinas actuales.

Los fósiles muestran cómo eran los organismos extintos y nos proporcionan pistas del proceso de *evolución* por el cual los animales y otros seres vivos cambian a lo largo del tiempo. ¿Qué otras pruebas hay de la evolución y de cómo ocurre este proceso? Estos son algunos de los temas que estudiarás en este capítulo.

¿Tú qué piensas?

Usa tus conocimientos para responder a las siguientes preguntas en tu cuaderno de ciencias:

1. ¿Qué es la evolución?
2. ¿Qué papel desempeña el medio ambiente en la supervivencia de los organismos?
3. ¿Por qué los fósiles son útiles para estudiar los cambios de los organismos?

Cómo hacer un fósil

En esta actividad trabajarás con un compañero o compañera para hacer dos tipos de fósiles.

Procedimiento

1. La clase se dividirá en grupos de dos. Tu pareja y tú recibirán un **vaso** y un **plato de cartón**, **plastilina**, **vaselina** y un objeto pequeño, como **una hoja**, **una concha** o **un dinosaurio de juguete**. Marquen los vasos con su nombre.

2. Extiendan un poco de plastilina en el plato. Pongan el objeto sobre la plastilina y presionen, quitándolo después con mucho cuidado para que la impresión permanezca en la plastilina.

3. Coloquen un poco de plastilina en el fondo del vaso. Unten el objeto con vaselina y métanlo en el vaso. (Esta vez no lo presionen).

4. Pídanle a su maestra o maestro que vacíe un poco de **yeso** en el plato y en el vaso, de manera que la plastilina y el objeto queden cubiertos. Coloquénlos donde les diga la maestra o maestro y déjenlos secar toda la noche.

5. Al día siguiente, rompan el vaso y el plato con cuidado para sacar la plastilina y el objeto. Ahora tienen dos clases distintas de fósiles: un molde y una réplica. El molde es un hueco (huella) que tiene la forma de un organismo y la réplica es un molde relleno de sedimento.

Análisis

6. Clasifica tus fósiles en moldes o réplicas.

7. De los siguientes organismos, identifica cuáles serían buenos fósiles: una almeja, una medusa, un cangrejo y un champiñón. ¿Qué clase de fósil (molde o réplica) encontrarías de cada uno? ¿Cuáles no serían buenos fósiles? Explica tus respuestas.

La evolución de los seres vivos

Sección 1

Cambios a través del tiempo

VOCABULARIO
adaptación
especie
evolución
fósil
registro fósil
vestigio

OBJETIVOS
- Explica por qué los fósiles proporcionan pruebas de que los organismos evolucionan a lo largo del tiempo.
- Identifica tres maneras de comparar los organismos para apoyar la teoría de la evolución.

Si alguien te pide que describas una rana, puedes decirle que tiene patas traseras largas, ojos saltones y la costumbre de croar de vez en cuando. Es posible que después se te ocurrieran algunas diferencias que dividen a las ranas en distintas clases. Observa las **Figuras 1, 2** y **3** de esta página. Estas ranas son diferentes entre sí, a pesar de que todas viven en un bosque tropical lluvioso. Lee la leyenda de cada figura y descubrirás que sus diferencias son más profundas.

Figura 2 *Las ranas* Leptodactylus pentadactylus *se confunden con las hojas muertas del suelo y así sobreviven.*

Figura 1 *Para sobrevivir, las ranas* Agalychin callidryas *se esconden entre las hojas de los árboles durante el día y sólo salen de noche.*

Figura 3 *Las ranas* Dendrobates pumilio *brincan por el suelo del bosque durante el día. El color brillante de su piel advierte a los depredadores que son venenosas.*

Diferencias entre los organismos

Como ves, estas tres ranas presentan distintas adaptaciones que les permiten sobrevivir. Una **adaptación** es una característica hereditaria que permite a los organismos sobrevivir y reproducirse en su medio ambiente. Entre las adaptaciones están las estructuras y comportamientos para encontrar comida y protección, y para moverse de un lado a otro.

Los seres vivos que comparten las mismas características y adaptaciones son miembros de la misma especie. Una **especie** es un grupo de organismos que pueden aparearse y producir crías fértiles. Por ejemplo, todas las ranas *Agalychins callidryas* pertenecen a la misma especie y cuando se aparean producen ranas de la misma clase.

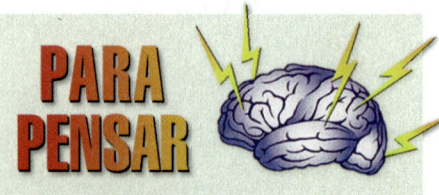

PARA PENSAR

Las tribus nativas de Centroamérica untan el veneno de las ranas *Dendrobates pumilio* en las puntas de sus lanzas antes de ir de caza; el veneno paraliza a las presas.

¿Cambian las especies con el tiempo? Estas ranas son sólo algunas de las millones de especies con las que compartimos la Tierra. Las especies de nuestro planeta comprenden desde bacterias sin núcleo hasta hongos pluricelulares, plantas y animales. ¿Han estado estas especies siempre en la Tierra?

La Tierra es un planeta muy antiguo. Se calcula que tiene 4,600 millones de años. Durante este tiempo, ha cambiado mucho. Las pruebas fósiles demuestran que los seres vivos también. Desde que la vida apareció en la Tierra por primera vez, se han extinguido muchas especies que han sido reemplazadas por otras. La **Figura 4** muestra algunas formas de vida que han existido a lo largo de la historia de la Tierra.

¿Por qué cambian las especies? Se creen que las especies más recientes han descendido de las más antiguas a través de la evolución. La **evolución** es el proceso mediante el cual las poblaciones acumulan cambios heredados a lo largo del tiempo. Debido a ella, se cree que que todos los seres vivos, tienen un antepasado común.

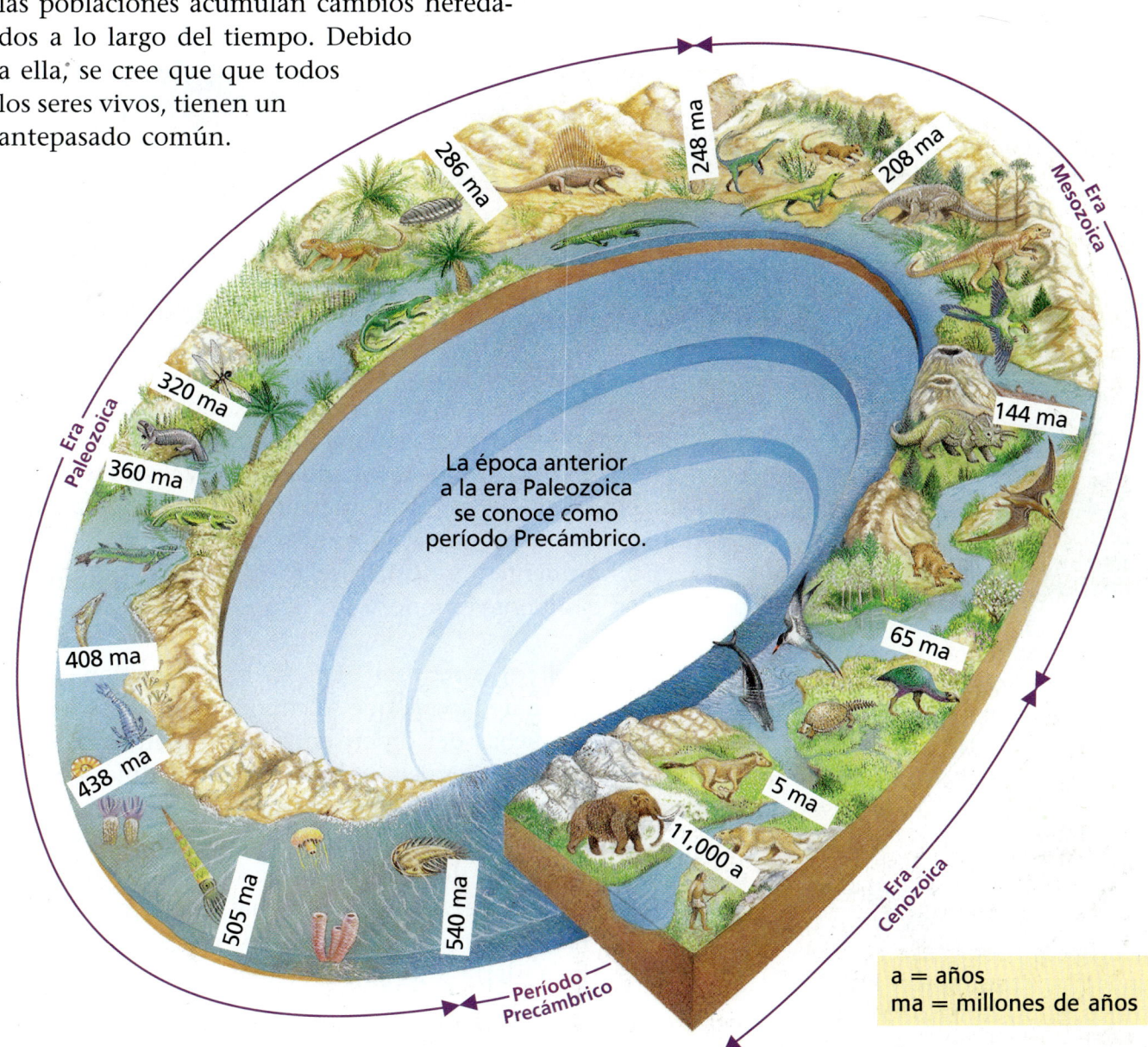

Figura 4 Esta espiral representa los cambios en la vida desde la formación de la Tierra, hace 4,600 millones de años.

La evolución de los seres vivos

Pruebas de la evolución: el registro fósil

La prueba de que los seres vivos evolucionan proviene de muchas fuentes, entre ellas, los fósiles y las comparaciones entre distintos grupos de organismos.

Fósiles

La capa externa de la Tierra se conoce como *corteza*. Gran parte de la corteza está formada por capas apiladas que se forman cuando el viento y el agua acarrean sedimentos, partículas de arena y polvo. Las capas más antiguas se depositan primero y están a mayor profundidad. En estas capas se encuentran los **fósiles,** que son restos solidificados o huellas de organismos que en otro tiempo estuvieron vivos. Los fósiles como los de la **Figura 5,** pueden ser de organismos completos, partes de organismos o sólo un conjunto de huellas.

> **PARA PENSAR**
>
> Hasta el día de hoy, los científicos han descrito y nombrado a alrededor de 300,000 especies fósiles.

Figura 5 El fósil de la izquierda es de un trilobites, un animal acuático, pariente lejano del cangrejo, que vivió hace aproximadamente 500 millones de años. Los fósiles de la derecha pertenecen a helechos con semillas que vivieron hace unos 300 millones de años.

Por lo general, los fósiles se forman cuando una capa de sedimento cubre a un organismo muerto. Con el tiempo, se depositan más sedimentos encima del organismo, cuyos minerales se filtran al interior del organismo y lo substituyen gradualmente por piedra. Si al quedar cubierto, el organismo se pudre por completo, deja un hueco en la roca que se llama *molde*. Comúnmente los fósiles se forman en el fondo del océano, los pantanos, el lodo y los depósitos de alquitrán.

Cómo se lee el registro fósil

Los fósiles proporcionan una secuencia histórica de la vida que se conoce como **registro fósil** y proporciona pruebas del orden en que ocurrieron los cambios evolutivos. Los fósiles de las capas superiores, o más nuevas, de la corteza terrestre tienden a parecerse a los organismos actuales lo que indica que eran parientes cercanos de los organismos actuales. Dos fósiles de las capas más profundas pertenecen a formas de vida muy antiguas, ahora extintas. El registro fósil también muestra los cambios en las condiciones ambientales de la Tierra a lo largo del tiempo.

>
>
> **ciencias de la Tierra**
> **CONEXIÓN**
>
> Por lo general, los fósiles se encuentran en capas de rocas sedimentarias, las cuales se forman cuando las rocas se rompen por acción del viento, el agua u otro factor. El viento y el agua remueven el sedimento y lo depositan. Con el tiempo, las capas de sedimento llegan a formar pilas de gran altura. Las capas más bajas se comprimen y se transforman en roca. Muchos años después, las fuerzas geológicas pueden sacar a la superficie estas capas y los restos de organismos fosilizados que contienen.

Espacios vacíos en el registro fósil Si cada organismo dejara su huella, el registro fósil parecería un gran árbol genealógico de la evolución. La **Figura 6** muestra un registro fósil hipotético en el que aparecen todas las relaciones entre los organismos.

Aunque se han recolectado miles de fósiles, todavía hay un gran número de espacios vacíos en el registro fósil actual, como se ve en la **Figura 7.** Esto se debe a que la formación de fósiles requiere condiciones particulares. Los organismos que no tienen partes duras generalmente no se conservan en el registro fósil. La mayoría de los organismos fosilizados tenían esqueletos o conchas que, para conservarse, quedaron enterrados bajo sedimentos muy finos y sin oxígeno. En presencia de oxígeno, gran parte del organismo no se fosiliza pues este gas ocasiona su descomposición. Como son pocos los lugares donde no hay oxígeno, los fósiles son difíciles de encontrar.

Figura 6 *Así se vería el registro fósil si se hubieran encontrado fósiles de cada especie.*

Vestigios Las ballenas son los organismos más grandes del océano. Diariamente consumen toneladas de plancton, y aunque se parecen a los peces, son mamíferos (animales de sangre caliente que respiran aire, dan a luz y alimentan a sus crías con leche). Aunque las ballenas modernas no tienen patas traseras, hay restos de huesos de estas estructuras en el interior de su cuerpo, como se ve en la **Figura 8.** Los restos de estructuras que en otro tiempo tuvieron una función se llaman **vestigios.** Se cree que a lo largo de millones de años las ballenas evolucionaron a organismos marinos a partir de organismos terrestres parecidos a los perros. Sin embargo, hasta ahora no hay pruebas fósiles para comprobar esta hipótesis. Lee el siguiente estudio sobre la evolución de las ballenas.

Figura 7 *Los científicos han logrado completar secciones pequeñas del registro fósil.*

Figura 8 *Los restos de los huesos de las patas traseras están dentro del cuerpo de la ballena.*

La evolución de los seres vivos

Estudio: la evolución de la ballena

La hipótesis de los científicos es que las ballenas evolucionaron a partir de mamíferos terrestres, como el *Mesonychid* de la ilustración de abajo, que regresaron al océano hace unos 55 millones de años. Durante las décadas de 1980 y 1990, se descubrieron varios fósiles de los antepasados de las ballenas. Estos descubrimientos sustentan la teoría de la evolución de la ballena.

Hace 55 millones de años
Mesonychid

El *Ambulocetus*, cuya ilustración aparece abajo, vivía en aguas costeras. Sus patas eran más cortas que las del *Mesonychid*, pero todavía tenía garras que apoyaban su peso en la Tierra. Los científicos piensan que el *Ambulocetus* usaba su cola para equilibrarse y que nadaba con sus patas como una nutria.

Hace 50 millones de años
Ambulocetus

Hace 46 millones de años
Rodhocetus

Hace 46 millones de años, el *Rodhocetus* apareció en el registro fósil. Este animal tenía un parecido cercano con las ballenas modernas, pero conservaba las patas traseras de su antepasado terrestre. Como sus patas eran tan cortas, el *Rodhocetus* sólo podía moverse como un cocodrilo cuando estaba en tierra; no las necesitaba para nadar, como en el caso del *Ambulocetus*, sino que utilizaba su enorme cola para desplazarse en el agua. Probablemente, el *Ambulocetus* se arrastraba hasta la tierra todas las noches, mientras que el *Rodhocetus* pasaba la mayor parte del tiempo en el agua.

El *Prozeuglodon* apareció en el registro fósil 6 millones de años después que el *Rodhocetus* y estaba muy bien adaptado para la vida en el mar. A pesar de que todavía tenía un par de patas muy pequeñas, el *Prozeuglodon* vivía únicamente en el agua.

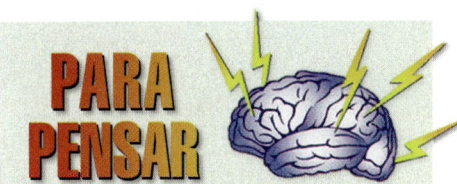

PARA PENSAR

En las primeras etapas de su desarrollo, los embriones de ballena tienen cuatro extremidades; las traseras desaparecen antes del nacimiento y las delanteras se convierten en aletas.

Hace 40 millones de años
Prozeuglodon

La evolución de los seres vivos

Pruebas de la evolución: comparación entre organismos

Otra prueba de que la vida evoluciona proviene de las comparaciones entre distintos grupos de organismos. En las siguientes páginas se comentan con mayor detalle las clases de pruebas que apoyan la teoría de la evolución.

Comparación de estructuras óseas

¿Qué tienen en común un brazo humano, la pata delantera de un gato, la aleta frontal de un delfín y el ala de un murciélago? A primera vista, te puede parecer que tienen muy poco en común. Después de todo, estas estructuras no son muy parecidas y no se utilizan de la misma manera. Sin embargo, si las examinas con detenimiento comprobarás que la estructura y disposición de los huesos de las extremidades frontales de estos animales (**Figura 9**) son similares a las de tu brazo.

Las semejanzas indican que animales tan diferentes como gatos, delfines, murciélagos y seres humanos tenían un antepasado común. El proceso evolutivo modificó estos huesos a lo largo de millones de años para que desempeñaran funciones específicas.

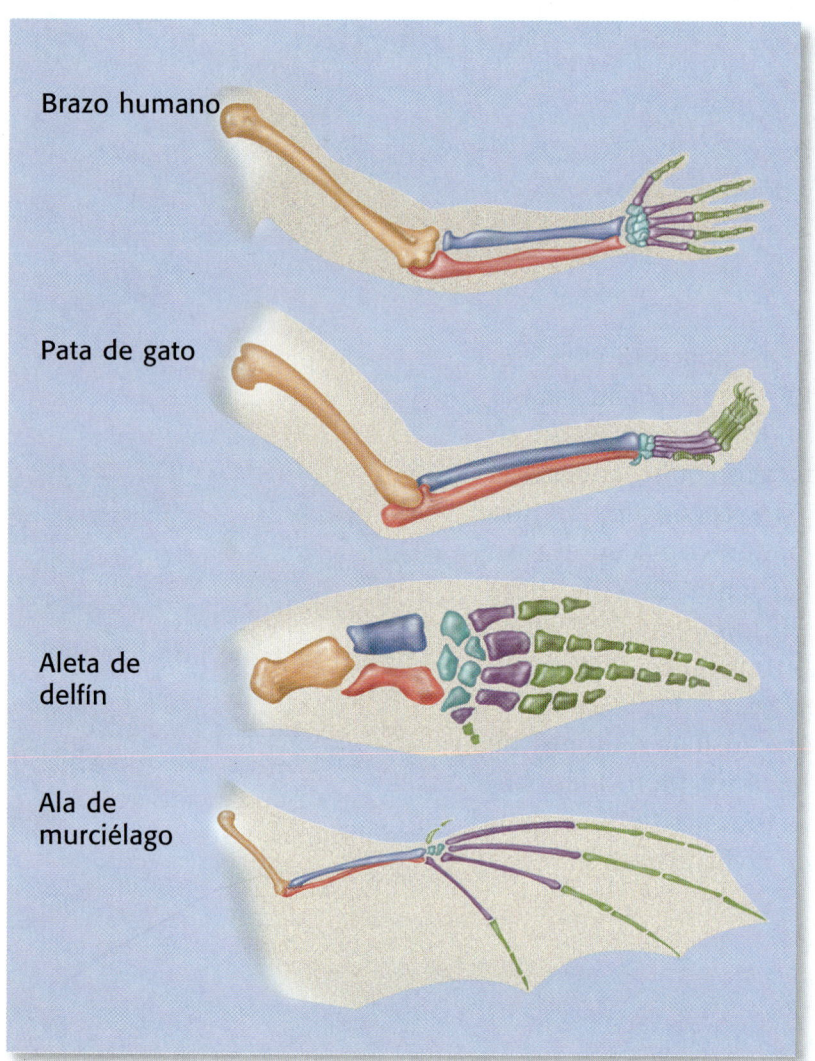

Figura 9 *Los huesos de las extremidades delanteras de estos animales son similares, a pesar de que las usan de manera distinta. Los huesos más parecidos aparecen en el mismo color.*

Comparación del ADN de especies distintas

Los científicos formularon la hipótesis de que si los organismos actuales evolucionaron a partir de un antepasado común, todos deberían tener la misma clase de material genético. Y, de hecho, la tienen. Desde las bacterias microscópicas hasta los osos polares gigantes, todos los organismos tienen el mismo material genético: el ADN.

Además, otra hipótesis dice que las especies con parentesco cercano presentan mayores semejanzas en su ADN que las especies con parentesco lejano. Por ejemplo, los chimpancés y los gorilas son parientes cercanos, pero los chimpancés y los tucanes son parientes lejanos. De hecho, el ADN de los chimpancés se parece más al ADN de los gorilas que al de los tucanes.

Comparación de embriones ¿Puedes distinguir entre una gallina, un conejo y un ser humano? Si comparas los adultos de cada especie es bastante fácil. Pero, ¿qué pasa si los comparas antes de su nacimiento? El lado izquierdo de la **Figura 10** ilustra los embriones de una gallina, un conejo y un ser humano.

Todos los organismos que aparecen en la figura son *vertebrados,* es decir, animales que tienen columna vertebral. Al principio, los embriones humanos y los del resto de los vertebrados son semejantes. Esto prueba que todos descienden de un antepasado común. Sin embargo, los embriones no tienen el aspecto de su forma adulta. A lo largo de millones de años, la evolución del desarrollo embrionario ha ha diversificado las estructuras embrionarias de muchas especies distintas. Estos cambios producen animales muy diferentes.

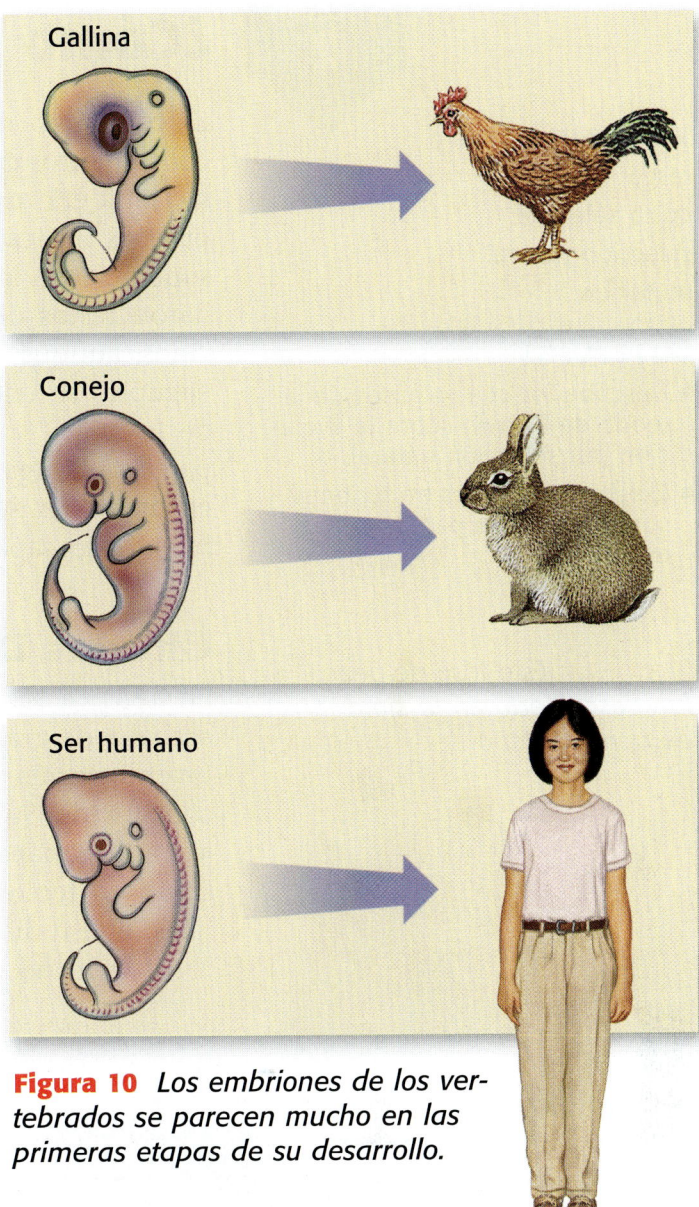

Figura 10 *Los embriones de los vertebrados se parecen mucho en las primeras etapas de su desarrollo.*

> **REPASO**
>
> 1. ¿Por qué el registro fósil sugiere que las especies han cambiado a lo largo del tiempo?
>
> 2. ¿De qué manera las semejanzas entre los huesos de las extremidades anteriores de los humanos, gatos, delfines y murciélagos apoyan la teoría de la evolución?
>
> 3. **Interpretar Gráficas** La fotografía de la derecha muestra las capas de roca sedimentaria expuestas durante la construcción de una carretera. Imagínate que una especie que vivió hace 200 millones de años se encuentra en la capa marcada como *b*. Si su antepasado vivió hace 201 millones de años, ¿en qué capa sería más probable encontrarlo, en la *a* o en la *c*? Explica tu respuesta.

La evolución de los seres vivos

Sección 2

¿Cómo ocurre la evolución?

VOCABULARIO
rasgo
cruza selectiva
selección natural
mutación

OBJETIVOS
- Describe los cuatro pasos de la teoría de Darwin sobre la evolución por selección natural.
- Explica por qué las mutaciones son importantes para la evolución.

El comienzo del siglo XIX fue una época de grandes descubrimientos científicos. Los geólogos se dieron cuenta de que la Tierra era mucho más vieja de lo que se había pensado. Las pruebas indicaban que procesos graduales dieron forma a la superficie de la Tierra a lo largo de millones de años. Se hallaron restos de organismos extraños y fósiles de seres conocidos, aunque algunos estaban en lugares poco comunes. Por ejemplo, se encontraron fósiles de conchas y peces como el de la **Figura 11,** en cimas de montañas. De pronto, la Tierra parecía un lugar donde eran posibles grandes cambios. Muchos creían en la evolución, pero antes de Charles Darwin nadie había sido capaz de determinar cómo ocurría.

Figura 11 *Este fósil de pez fue descubierto en la cima de una montaña.*

Charles Darwin

En 1831, a los 21 años de edad, Charles Darwin (**Figura 12,**) acababa de graduarse de la universidad. Al igual que muchos jóvenes recién graduados, Darwin no sabía qué quería hacer con su vida. Su padre quería que fuera médico, pero a Darwin le impresionaban las cirugías. Aunque terminó obteniendo un título en teología, *realmente* le interesaban las ciencias naturales: el estudio de las plantas y los animales.

Darwin decidió abandonar la carrera religiosa y le pidió a su padre permiso para hacer un viaje de 5 años alrededor del mundo, trabajando como naturalista (un científico que estudia la naturaleza) a bordo de un barco de la marina británica, el HMS *Beagle*. Durante su viaje, Darwin hizo observaciones que posteriormente dieron origen a su teoría de la evolución por selección natural.

Figura 12 *Charles Darwin, en el extremo izquierdo, navegó alrededor del mundo en un barco muy similar a éste.*

La increíble aventura de Darwin

Durante la travesía del HMS *Beagle* alrededor del mundo, Darwin recolectó miles de muestras de plantas y animales, y tomó notas detalladas de sus observaciones. En el mapa de la **Figura 13** se señala el viaje del *Beagle*. El barco visitó las islas Galápagos, que aparecen abajo y que están a 965 km (600 millas) al oeste de Ecuador, un país de Sudamérica.

Figura 13 *La línea roja indica el recorrido del HMS Beagle.*

Los pinzones de Darwin

Darwin observó que los animales y las plantas de las islas Galápagos eran muy similares, aunque no idénticos, a los que habitaban en la cercana tierra del continente. Por ejemplo, notó que los pinzones de las islas Galápagos se diferenciaban un poco de los de Ecuador. Los pinzones de las islas, además de ser diferentes a los del continente, eran diferentes entre sí. En la **Figura 14,** puedes ver que la forma de los picos y lo que comían eran las principales diferencias que había entre ellos.

El pinzón *Geospiza magnirostris* tiene un pico pesado y fuerte que está adaptado para romper semillas grandes y duras, como si fuera un cascanueces.

El pinzón *Geospiza conirostris* tiene un pico que le sirve para comer cactus y extraer el néctar, y funciona como un par de alicates.

El pico del pinzón *Certhidea olivacea* es pequeño y puntiagudo, y está adaptado para explorar grietas en busca de pequeños insectos. Este pico funciona como un par de pinzas.

Figura 14 *Los picos de estas tres especies de pinzón de las islas Galápagos están adaptados a las distintas maneras en que obtienen su alimento.*

La evolución de los seres vivos

¿Has oído hablar de un banco que guarda semillas en lugar de dinero? Léelo en la página 198.

Las reflexiones de Darwin

Las observaciones de Darwin dieron lugar a preguntas que no se podían contestar fácilmente, por ejemplo: "¿por qué los pinzones de las islas son similares, pero no idénticos, a los del continente?" y "¿por qué los pinzones de distintas islas son diferentes entre sí?" Darwin pensó que quizá todos los pinzones de las islas Galápagos descendían de los pinzones del continente sudamericano. Es posible que una tormenta hubiera llevado a la población original de pinzones desde Sudamérica hasta las islas Galápagos y, a lo largo de muchas generaciones, los pinzones que sobrevivieron se adaptaron a distintos modos de vida en las islas.

A su regreso a Inglaterra, Darwin trabajó muchos años en una teoría que explicara la evolución. Durante este tiempo integró muchas ideas provenientes de diversas fuentes.

Darwin aprendió de los agricultores y criadores de animales

En la época de Darwin, ya se habían logrado reproducir de manera selectiva muchas variedades de plantas y animales de granja. Los agricultores y criadores escogían ciertos **rasgos**, (cualidades distintivas, como granos de maíz grandes) y reproducían sólo a los individuos que los tenían. A este método se le llama **cruza selectiva** porque la selección de los rasgos que pasarán a la siguiente generación la hacen los seres humanos, no la naturaleza. La cruza selectiva de perros (**Figura 15**) ha exagerado ciertos rasgos, dando origen a más de 150 razas.

Al estudiar la genética y la herencia, aprendiste que los individuos de una misma especie presentan una gran variedad de rasgos. A Darwin le impresionó que los agricultores y criadores pudieran seleccionar estos rasgos para, en pocas generaciones, ocasionar cambios drásticos en animales y plantas. Pensó que los animales y plantas silvestres cambiaban de manera similar, pero mediante un proceso mucho más lento, ya que las variaciones se producirían por casualidad.

Figura 15 *Los perros son un buen ejemplo de cómo funciona la cruza selectiva. En los últimos 12,000 años, se los ha criado selectivamente para producir más de 150 razas.*

Darwin aprendió de los geólogos

Los geólogos compartieron con Darwin sus pruebas de que la Tierra era mucho más vieja de lo que se había pensado. Al leer el libro *Principios de geología*, de Charles Lyell, Darwin aprendió que la Tierra se formó mediante larguísimos procesos naturales. Los datos de Lyell eran importantes porque Darwin pensaba que las poblaciones de organismos cambiaban muy lentamente.

Darwin aprendió del trabajo de Thomas Malthus

En su *Ensayo sobre el principio de la población*, Malthus propuso que los seres humanos tienen el potencial para reproducirse hasta sobrepasar las reservas de alimentos. Sin embargo, también reconoció que la muerte, ya sea por hambre, enfermedad o guerra, afecta al tamaño de las poblaciones humanas. Las ideas de Malthus se representan en la **Figura 16.**

Darwin se dio cuenta de que otras especies de animales también eran capaces de reproducirse en exceso y que la falta de alimento, las enfermedades y los depredadores afectaban el tamaño de sus poblaciones. Darwin dedujo que si un número limitado de individuos sobrevivía para reproducirse era porque los supervivientes tenían algo especial. ¿Qué características los hacen sobrevivir y reproducirse? Darwin pensó que las crías de los supervivientes heredan características que les ayudan a sobrevivir en su medio ambiente.

Laboratorio

¿Se puede acabar la comida?

Malthus pensaba que sí. Realiza la siguiente actividad para entender mejor la hipótesis de Malthus. Consigue **dos empaques de huevos vacíos** y **una bolsa de arroz**. En un empaque escribe "Provisiones" y en otro "Crecimiento de la población". Coloca un grano de arroz en el primer hueco del empaque "Provisiones" y cada vez que pases a otro hueco agrega un grano más. Cada grano representa una unidad de alimento. En el empaque "Crecimiento de la población", coloca un grano de arroz en el primer hueco y duplica el número de granos en cada hueco. Estos granos representan personas.

1. ¿Cuántas "personas" hay en el último hueco?
2. ¿Cuántas unidades de alimento hay en el último hueco?
3. ¿Cuál es tu conclusión?

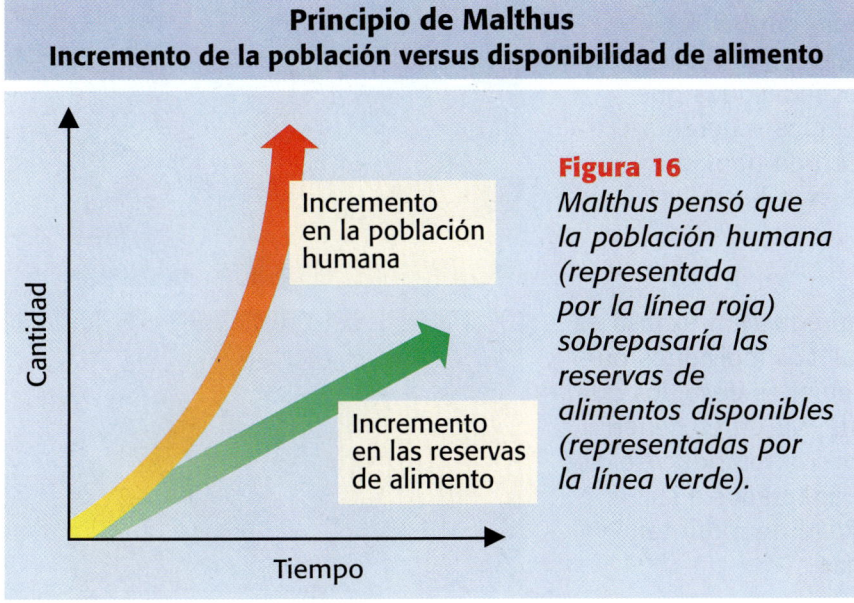

Figura 16
Malthus pensó que la población humana (representada por la línea roja) sobrepasaría las reservas de alimentos disponibles (representadas por la línea verde).

La evolución de los seres vivos

Selección natural

En 1858, alrededor de 20 años después de regresar de su viaje en el HMS *Beagle*, Darwin recibió una carta del naturalista Alfred Russel Wallace. Wallace había llegado de manera independiente a la misma teoría de la evolución en la que Darwin había trabajado por tantos años. Discutieron sus investigaciones y planearon presentar sus descubrimientos en un evento que tendría lugar ese mismo año. Después, en 1859, Darwin publicó sus propios resultados en el libro titulado *El origen de las especies por medio de la selección natural*. En su teoría, Darwin explica que la evolución ocurre por un proceso que llamó **selección natural**. Este proceso, que estudiaremos a continuación, se divide en cuatro partes.

La selección natural en cuatro pasos

1 **Sobreproducción** Cada especie produce más crías de las que alcanzarán la madurez.

2 **Variación genética** Los individuos de una población son ligeramente diferentes entre sí. Cada individuo tiene una combinación única de rasgos, como tamaño, color y capacidad para encontrar alimento. Algunos rasgos aumentan las posibilidades de que el individuo sobreviva y se reproduzca, y otros las disminuyen. Estas variaciones son genéticas y se heredan.

3 **Lucha por sobrevivir** El medio natural no tiene suficiente alimento, agua y otros recursos para mantener a todos los individuos que nacen; además, muchos individuos mueren a causa de otros organismos. En una población, sólo algunos individuos sobreviven hasta hacerse adultos.

4 **Reproducción exitosa** La reproducción exitosa es la clave de la selección natural. Los individuos que están bien adaptados a su medio, es decir, los que tienen los mejores rasgos para vivir en él, tienen mayor probabilidad de sobrevivir y reproducirse. Los individuos que no están bien adaptados a su medio tienen mayor probabilidad de morir temprano o de producir pocas crías.

Imagínate que tu abuelo ha criado perros por más de 50 años, pero que nunca ha vendido uno. Los quiere mucho y los tiene en un gran corral. Al principio había seis labradores, seis terriers y seis pointers; ahora hay 76 perros y, para tu sorpresa, sólo algunos parecen pointers, labradores o terriers. Los demás se parecen entre sí, pero no se parecen a ninguna de las razas. Tu abuelo dice que en los últimos 50 años cada nueva generación se parecía menos a la precedente.

¿Por qué la mayoría de los perros se parecen entre ellos, pero no a una de las razas originales? Elabora tu respuesta en base a tus conocimientos sobre cruza selectiva.

Más pruebas de la evolución

Una de las observaciones en las que Darwin basó su teoría de la evolución por selección natural es que los padres transmiten sus características a su descendencia. Pero Darwin no sabía *cómo* ocurre la herencia ni *por qué* los individuos varían dentro de una población.

En las décadas de 1930 y 1940, los biólogos combinaron los principios de la herencia genética con la teoría de la evolución por selección natural. Esta combinación de principios explicó que las variaciones observadas por Darwin en una especie son causadas por una **mutación,** es decir, un cambio en un gen. Desde la época de Darwin, se han reunido pruebas provenientes de muchos campos científicos. Aunque los científicos admiten que otros mecanismos pueden intervenir en la evolución de una especie, la teoría de la evolución por selección natural proporciona la explicación más completa de la diversidad de la vida en la Tierra.

REPASO

1. ¿Por qué algunos animales tienen mayor probabilidad que otros de llegar a adultos?

2. **Resumir información** Según Darwin, ¿qué le pasó a la primera población de pinzones que llegó a las islas Galápagos desde Sudamérica?

3. **Calcular** Una cucaracha hembra puede producir 80 crías en una sola puesta. Si la mitad de las crías son hembras y cada una produce 80 crías, ¿cuántas cucarachas habrá en tres generaciones?

La evolución de los seres vivos

Sección 3

La selección natural en acción

VOCABULARIO
tiempo de generación
especiación

OBJETIVOS
- Da dos ejemplos de selección natural.
- Explica el proceso de especiación.

La teoría de la selección natural explica la manera en que una población cambia a través de muchas generaciones en respuesta a su medio ambiente. De hecho, los miembros de una población tienden a estar bien adaptados a su medio porque la selección natural se lleva a cabo continuamente.

Resistencia a los insecticidas Para proteger las cosechas de la acción de los insectos, algunos agricultores utilizan una gran variedad de insecticidas químicos. Sin embargo, algunos de los insecticidas que funcionaban bien en el pasado ya no son efectivos. Por ejemplo, el gorgojo del algodón es cada vez más difícil de controlar porque ha desarrollado una resistencia genética a muchos insecticidas. Y este no es el único insecto que lo ha hecho. Durante los 50 años en que se llevan utilizando insecticidas, más de 500 especies de insectos han desarrollado una resistencia a alguno de ellos.

Los insectos desarrollan rápidamente resistencia a los insecticidas porque producen muchas crías y, por lo general, sus tiempos de generación son cortos. El **tiempo de generación** es el período entre el nacimiento de una generación y el de la siguiente. Sigue el proceso de la **Figura 17** para conocer la manera en que una plaga doméstica común, las cucarachas, evolucionaron para volverse resistentes a ciertos insecticidas.

Las enfermedades, como la tuberculosis, también se han vuelven resistentes a los antibióticos que antes eran muy efectivos para combatirlas.

Experimentos

¡Huellas a través del tiempo! ¿A quién pertenecieron? Averígualo en la página 584.

Figura 17 *La variedad de las características de una población garantiza que algunos individuos serán capaces de sobrevivir a un cambio en el medio.*

❶ Cuando se aplica un insecticida efectivo a una población de insectos, la mayoría muere, pero unos cuantos sobreviven. Estos sobrevivientes tienen genes que los hacen resistentes al insecticida.

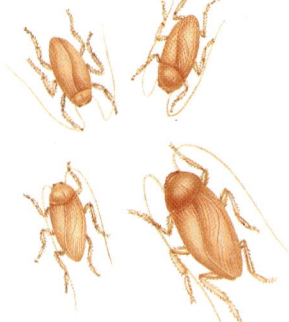

❷ Después, los supervivientes se reproducen y transmiten a su descendencia los genes de resistencia al insecticida.

❸ Con el tiempo, la mayor parte de la población de insectos estará formada por individuos que poseen estos genes de resistencia.

❹ Finalmente, cuando se combate a los insectos con la misma clase de insecticida sólo unos cuantos mueren, ya que la población en general se ha hecho resistente.

190 Capítulo 8

Adaptación a la contaminación Las polillas *Biston betularia* que aparecen en la **Figura 18** presentan dos variaciones de color. Antes de 1850, la polilla obscura se consideraba rara y la clara era mucho más común. Pero después de 1850, las polillas obscuras se volvieron más abundantes en las zonas altamente industrializadas.

Figura 18 *En un tronco obscuro, sobresale la polilla clara (izquierda), mientras que en un tronco claro sobresale la obscura (abajo).*

¿Cuál fue la causa de este cambio en la población de polillas? Varias especies de pájaros se comen las polillas que descansan sobre los troncos. Antes de 1850, los árboles tenían una apariencia gris y las polillas claras se confundían con su entorno. Los pájaros veían más fácilmente las polillas obscuras y por eso se las comían con mayor frecuencia. Después de 1850, el hollín y el humo de las zonas industriales recién desarrolladas obscureció los árboles cercanos. Las polillas obscuras se volvieron menos visibles y las claras más, convirtiéndose en presa fácil para los pájaros. Cada vez sobrevivían más polillas obscuras, que a su vez producían descendencia de color obscuro. Por lo tanto, la población sufrió un cambio: de una mayoría de polillas claras a una mayoría obscura.

Autoevaluación

Relaciona cada enunciado (1-4) sobre la población de polillas con el paso apropiado de la selección natural (a-d).

1. Las polillas que llegan a la madurez se aparean y se reproducen.
2. En una población de polillas hay algunas de color claro y otras de color obscuro.
3. Muchas polillas no sobreviven porque los pájaros se las comen.
4. Las polillas ponen muchos huevos.

   a. variación genética
   b. reproducción exitosa
   c. superproducción
   d. lucha por sobrevivir

(Consulta la página 636 para comprobar tus respuestas.)

La evolución de los seres vivos

Formación de nuevas especies

El proceso de selección natural explica cómo una especie evoluciona para formar otra. Si una parte de la población de una especie se separa de la población original, con el tiempo ambas poblaciones se vuelven tan diferentes que ya no pueden cruzarse. Este proceso se conoce como **especiación**. Los siguientes pasos explican una de las maneras en que la especiación puede ocurrir:

1. Separación El proceso de especiación con frecuencia empieza cuando una parte de la población queda aislada. La **Figura 19** muestra algunas maneras en que esto puede suceder. La presencia de un cañón recién formado, una cordillera o un lago son algunas de las maneras en que las poblaciones pueden dividirse.

Figura 19 *Las poblaciones pueden separarse de diversas maneras.*

2. Adaptación Si una población ha sido dividida por alguno de los cambios que aparecen arriba, el medio también puede cambiar. Aquí es donde interviene la selección natural. Conforme el medio cambia, la población también lo hace. A través de muchas generaciones, los grupos que han sido separados se adaptan a su medio, como se observa en la **Figura 20**. Si las condiciones ambientales son distintas para cada uno de los grupos, sus adaptaciones también pueden ser diferentes.

Figura 20 *Si una sola población queda dividida, los grupos evolucionan por separado y forman especies distintas.*

3. División A lo largo de cientos, miles o incluso millones de generaciones, los grupos de una población pueden volverse muy diferentes y ya no ser capaces de cruzarse, aunque haya desaparecido la barrera geográfica. Estos grupos dejan de pertenecer a la misma especie. Los científicos piensan que los pinzones de las islas Galápagos evolucionaron por medio de estos tres pasos básicos. En la **Figura 21** se ilustra cómo pudo suceder esto.

Figura 21 *Posiblemente los pinzones de las islas Galápagos evolucionaron para formar distintas especies mediante el proceso que se describe abajo.*

❶ Algunos pinzones dejaron el continente y llegaron a una de las islas (separación).

❷ Los pinzones se reprodujeron y se adaptaron al medio (adaptación).

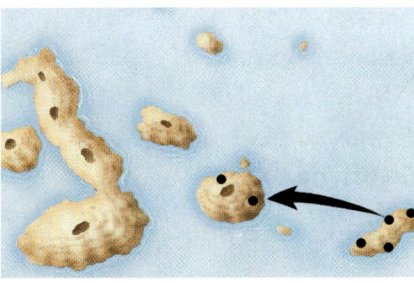

❸ Algunos pinzones volaron a una segunda isla (separación).

❹ Los pinzones se reprodujeron y se adaptaron al nuevo medio (adaptación).

❺ Algunos pinzones regresaron a la primera isla, pero ya no pudieron cruzarse con los pinzones que había ahí (división).

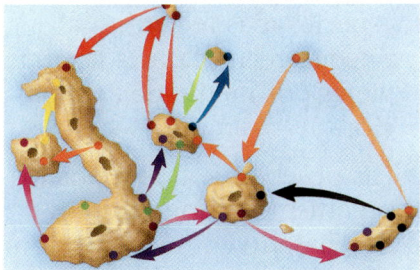

❻ Es posible que este proceso haya ocurrido una y otra vez, mientras los pinzones volaban a las otras islas.

REPASO

1. ¿Por qué aumentó el número de polillas obscuras después de 1850?

2. ¿Qué factor indica que una población ha evolucionado para formar dos especies diferentes?

3. **Aplicar conceptos** La mayoría de los cactus tienen espinas (hojas modificadas para proteger la planta) que recubren el tallo jugoso, donde se almacena el agua. Explica cómo las hojas y tallos de los cactus han cambiado a través del proceso de selección natural.

La evolución de los seres vivos **193**

Resumen del capítulo

SECCIÓN 1

Vocabulario
adaptación *(pág. 176)*
especie *(pág. 176)*
evolución *(pág. 177)*
fósil *(pág. 178)*
registro fósil *(pág. 178)*
vestigio *(pág. 179)*

Notas de la sección

- La evolución es el proceso mediante el cual las poblaciones cambian a lo largo del tiempo. Los cambios son hereditarios. A través de muchas generaciones, las especies más recientes pueden reemplazar a las más viejas por medio de la evolución.

- Las pruebas de que todos los organismos tienen un antepasado común han sido obtenidas a partir del registro de fósil, las comparaciones entre estructuras óseas encontradas en especies relacionadas, las comparaciones entre embriones de vertebrados con parentesco lejano y la presencia de ADN en todos los seres vivos.

- El ADN de las especies con parentesco cercano es más parecido que el ADN de las especies con parentesco lejano.

Experimentos
Huellas misteriosas *(pág. 584)*

SECCIÓN 2

Vocabulario
rasgo *(pág. 186)*
cruza selectiva *(pág. 186)*
selección natural *(pág. 188)*
mutación *(pág. 189)*

Notas de la sección

- Charles Darwin desarrolló una explicación de la evolución después de estudiar por muchos años a los organismos que observó durante su viaje en el *Beagle*.

- El estudio de Darwin estuvo influído por los conceptos de cruza selectiva, la edad de la Tierra y la idea de que algunos organismos están mejor dotados para sobrevivir que otros.

- Darwin explicó que la evolución ocurre por medio de la selección natural, la cual puede dividirse en cuatro partes:

✓ Comprobar destrezas

Conceptos de matemáticas

PRINCIPIO DE MALTHUS La gráfica de la página 187 muestra dos tipos de crecimiento. La línea recta representa un aumento en el que un mismo número se suma al anterior, como en 3, 4, 5, 6, ..., donde se suma 1 a cada número.

La línea curva representa un aumento en el que cada número se multiplica por el mismo factor, como en 2, 4, 8, 16, ..., donde cada número se multiplica por 2. Como se observa en la gráfica, la línea curva aumenta mucho más rápido que la línea recta.

Comprensión visual

ESTRUCTURA ÓSEA En la figura 9 de la página 182 se ilustran pruebas óseas de la evolución. La estructura ósea de las extremidades de los seres humanos, gatos, delfines y murciélagos es similar, lo cual indica que estos animales descienden de un antepasado común. En ciertas especies, la estructura ósea de los mamíferos evolucionó para llevar a cabo tareas especializadas, como volar y nadar. Al observar huesos del mismo color, entenderás cómo sucedió esto.

194 Capítulo 8

SECCIÓN 2

(1) Cada especie produce más crías de las que podrán sobrevivir y reproducirse.

(2) Los individuos de una misma población son ligeramente diferentes entre sí.

(3) Los individuos de una población compiten entre ellos por recursos limitados.

(4) Los individuos mejor dotados para vivir en un medio determinado tienen mayor probabilidad de sobrevivir y reproducirse.

- Hoy en día, la evolución se explica combinando los principios de la selección natural con los de la herencia genética.

Experimentos
Chocolates que sobreviven *(pág. 587)*

SECCIÓN 3

Vocabulario
tiempo de generación *(pág. 190)*
especiación *(pág. 192)*

Notas de la sección

- La selección natural permite a una población adaptarse a cambios en las condiciones del medio ambiente.

- Las generaciones de organismos que han desarrollado resistencia a un insecticida o a un antibiótico son una prueba de la selección natural.

- La selección natural también explica cómo una especie evoluciona a otra por medio del proceso de la especiación.

Experimentos
Malvaviscos ocultos *(pág. 586)*

---

 internet

 **VISITA:** go.hrw.com

Visita el sitio web de HRW para encontrar una serie de herramientas de aprendizaje relacionadas con este capítulo. Sólo tienes que escribir la palabra clave:

PALABRA CLAVE: HSTEVO

VISITA: www.scilinks.org

Visita el sitio web de la **Asociación Nacional de Maestros de Ciencias** *(National Science Teachers Association)* para encontrar recursos de Internet relacionados con este capítulo. Sólo escribe el **ENLACE DE CIENCIAS** para obtener más información sobre el tema:

TEMA: Especies y adaptación	**ENLACE:** HSTL155
TEMA: El registro de fósiles	**ENLACE:** HSTL160
TEMA: Las islas Galápagos	**ENLACE:** HSTL165
TEMA: Darwin y la selección natural	**ENLACE:** HSTL170

La evolución de los seres vivos

Repaso del capítulo

UTILIZAR EL VOCABULARIO

Escoge el término correcto para completar las siguientes oraciones:

1. Las especies evolucionan para formar otras especies mediante el proceso de ___?___. (*adaptación* o *especiación*)

2. Un grupo de organismos similares que pueden aparearse entre sí y producir crías fértiles se conoce como ___?___. (*fósil* o *especie*)

3. ___?___ le ayuda a un organismo a sobrevivir mejor en su medio ambiente. (*La adaptación* o *El vestigio*)

4. ___?___ es el proceso mediante el cual las poblaciones cambian a lo largo del tiempo. (*La selección natural* o *La evolución*)

5. En la ___?___, los seres humanos seleccionan las características que pasarán de una generación a otra. (*cruza selectiva* o *selección natural*)

6. Un cambio en un gen a nivel del ADN se llama ___?___. (*mutación* o *rasgo*)

COMPRENDER CONCEPTOS

Opción múltiple

7. Las variaciones que Darwin observó entre los individuos de la población de pinzones fueron ocasionadas por
   a. la resistencia genética.
   b. las mutaciones.
   c. los fósiles.
   d. la reproducción selectiva.

8. La teoría de la evolución combina los principios de
   a. selección natural y selección artificial.
   b. selección natural y resistencia genética.
   c. reproducción selectiva y herencia genética.
   d. selección natural y herencia genética.

9. Los fósiles se encuentran comúnmente en
   a. rocas sedimentarias.
   b. rocas ígneas.
   c. granito.
   d. arena suelta o granito.

10. El brazo de un ser humano, la pata delantera de un gato, la aleta frontal de un delfín y el ala de un murciélago
    a. tienen tipos similares de huesos.
    b. tienen usos similares.
    c. comparten semejanzas con las alas de los insectos y los tentáculos de las medusas.
    d. no tienen nada en común.

11. El material genético de todos los organismos es el ADN, lo cual es prueba de que
    a. ocurrió la selección natural.
    b. descienden de un antepasado común.
    c. ocurrió la reproducción selectiva.
    d. la resistencia genética ocurre raramente.

12. Darwin pensó que el antepasado común de los pinzones de las Galápagos provenía de
    a. África.   c. Sudamérica.
    b. Norteamérica. d. Australia.

13. ¿Qué parte del cuerpo de los pinzones de las Galápagos sufrió más modificaciones a través de la selección natural?
    a. las patas palmeadas
    b. los picos
    c. la estructura ósea de las alas
    d. el color de los ojos

Respuesta breve

14. Describe los cuatro pasos de la teoría de Darwin sobre la evolución.

15. ¿Por qué los fósiles de ballena prueban que evolucionaron a lo largo de millones de años?

16. ¿A qué se deben los espacios vacíos que hay en el registro de fósiles?

Organizar conceptos

17. Usa los siguientes términos para crear un mapa de ideas: lucha por sobrevivir, variación genética, Darwin, superproducción, selección natural y reproducción exitosa.

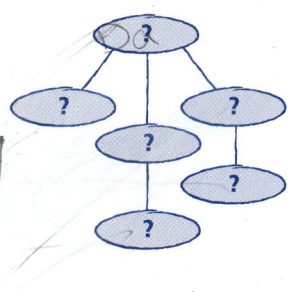

RAZONAMIENTO CRÍTICO Y RESOLUCIÓN DE PROBLEMAS

Escribe una o dos oraciones para responder a las siguientes preguntas:

18. Mediante la reproducción selectiva, los seres humanos influyen en el curso de la evolución. ¿Qué determina el curso de la evolución en la selección natural?

19. Muchas formas de bacterias desarrollan una resistencia a los antibióticos (medicamentos que matan las bacterias causantes de enfermedades). Basándote en lo que sabes sobre la resistencia de los insectos a los insecticidas, sugiere una manera en que las bacterias evolucionaron para desarrollar resistencia a los antibióticos.

20. Las dos especies de ardillas que aparecen abajo habitan en lados opuestos del Gran Cañón, en Arizona. Se parecen mucho, pero no pueden aparearse para procrear. Explica cómo una sola especie de ardilla puede formar más de dos especies.

INTERPRETAR GRÁFICAS

Con ayuda de las siguientes gráficas responde a las preguntas 21, 22 y 23:

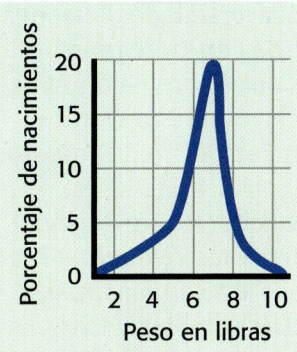
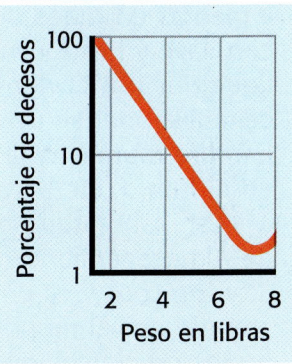

21. ¿Cuál es el peso más común al nacer?

22. ¿Cuál es el peso al nacer que tiene la mayor tasa de supervivencia?

23. ¿Cómo ayudan los principios de la selección natural a explicar por qué hay más muertes entre bebés con bajo peso al nacer que entre bebés con peso promedio?

AHORA, ¿qué piensas?

Revisa tus respuestas a las preguntas de la página 175 que escribiste en el cuaderno de ciencias. ¿Han cambiado tus respuestas? Si es necesario, corrige tus respuestas basándote en lo que has aprendido en este capítulo.

La evolución de los seres vivos

VENTANA AL MEDIO AMBIENTE

Ahorros en el banco de semillas

En Fort Collins (Colorado) hay un laboratorio donde se guardan cientos de miles de semillas y plantas en tubos de ensayo sellados, cajones con llave y hasta congeladas en nitrógeno líquido a 196°C. Aunque por ahora están almacenadas, podrían ser la clave para prevenir el hambre mundial y la escasez de medicamentos en el futuro. ¿Te parece grave? Pues lo es.

Este laboratorio es el Laboratorio Nacional de Almacenamiento de Semillas *(National Seed Storage Lab)* y es el banco de semillas más grande a nivel mundial. Las semillas y los brotes de plantas que se almacenan allí representan casi todas las plantas que se cultivan para obtener alimentos, ropa y medicamentos.

▲ *Para proteger el futuro de los campos de trigo la diversidad genética debe almacenarse en bancos de semillas.*

¡Adiós burritos!

Imagínate que vas a comprar unos burritos y te encuentras con un letrero que dice "Cerrado por escasez de harina". ¿Escasez de harina? ¿Cómo es posible? ¿Crees que es una exageración? En realidad no lo es.

Si una epidemia arruinara las cosechas de trigo del mundo, habría escasez de harina. La mejor manera de combatirla, e incluso prevenirla, es cultivar nuevas variedades. A través del proceso de cruza selectiva se han mejorado muchas plantas para aumentar el rendimiento y la resistencia a enfermedades e insectos. Pero para cultivar nuevas cosechas, los agricultores requieren grandes cantidades de material genético distinto. ¿Dónde lo obtienen? En el banco de semillas, por supuesto.

Nunca lo sabremos

Pero, ¿qué pasaría si algunas plantas no llegaran nunca al banco de semillas? Si ya existen variedades nuevas y mejoradas, ¿para qué tomarse la molestia de guardar las viejas? Las variedades que se pierden muchas veces tienen características que en el fututo podrían ser útiles, como la resistencia a las enfermedades y a las sequías. Cuando se mejora una variedad de planta, la demanda de la variedad vieja puede reducirse a cero, y si deja de cultivarse puede extinguirse, a menos que se guarde en un banco de semillas. De hecho, muchas variedades ya se han perdido para siempre y nunca sabremos si alguna de ellas era capaz de resistir una sequía severa.

Todo está en el banco

Afortunadamente, los bancos de semillas llevan recolectando semillas y plantas durante más de un siglo. Conservan la diversidad genética de los cultivos al mismo tiempo que permiten a los agricultores cultivar las variedades más productivas. Mientras haya bancos de semillas en el mundo, es poco probable que nos quedemos sin harina. ¡Vamos a por unos burritos!

Profundizar

▶ Muchos bancos de semillas corren peligro. ¿Por qué? Para descubrirlo, investiga el complicado y costoso proceso necesario para su funcionamiento.

Ciencia Ficción

"La lección de anatomía"

por Scott Sanders

Ya sabes cómo son estas cosas. Mañana tienes un examen importante o la entrega del proyecto final de semestre y... ¡se te olvidó el libro!, o simplemente te quedaste sin plastilina. Tú sabes lo que se siente. De pronto, las cosas parecen muy graves.

El estudiante de medicina de "La lección de anatomía", de Scott Sanders, se enfrenta a una situación como ésta. Tiene que aprenderse los huesos del cuerpo humano para un examen de anatomía al día siguiente. Cuando va a la biblioteca a sacar un modelo para armar esqueletos, se encuentra con que todos están prestados. Es imposible pasar el examen si no practica armando huesos, así que le pide a la bibliotecaria que lo verifique y, como era de esperarse, ella encuentra un modelo. Aquí es donde las cosas empiezan a ponerse raras.

Hay demasiados huesos, además, su forma no es la correcta y no encajan. ¡Debe ser una broma! Encajan de cierta manera, pero no lo suficiente para que Scott se prepare para el examen. El estudiante se queja a la bilbliotecaria, pero ella no es nada comprensiva y parece tener otras cosas en la cabeza. Ahora, el estudiante está realmente preocupado.

Entérate de lo que este estudiante de medicina tiene en común con una bibliotecaria que no colabora. Averigua por qué no volverán a ser los mismos después de "La lección de anatomía". Esta historia se encuentra en la *Antología Holt de Ciencia Ficción*.

CAPÍTULO 9
La historia de la vida en la Tierra

Imagínate. . .

Un día, tus amigos y tú se enteran de la existencia de un pasadizo subterráneo que conduce a una vieja mansión abandonada, y deciden buscarlo. Cuando están en el campo buscándolo, se topan con un gran agujero entre las raíces de un árbol seco. ¿Será el pasadizo?

Uno por uno, se meten por el agujero. El agujero da a un túnel inclinado y ustedes bajan a resbalones y tropiezos hasta que caen al fondo. Mientras se sacuden el polvo, encienden sus linternas para mirar alrededor. Pero en vez de encontrar el pasadizo hacia la mansión abandonada, se encuentran en una cueva enorme. En lo alto de las paredes de la cueva hay pinturas de toros, vacas, caballos y venados. Te da la impresión de que estas imágenes llevan aquí mucho, mucho tiempo. ¿Qué quieren decir las pinturas? ¿Por qué las pintaron en una cueva?

Esta aventura pasó de verdad en Francia, a finales de la década de 1940. Cuatro muchachos estaban buscando un pasadizo secreto a la antigua mansión de Lascaux y, en vez de encontrar el pasadizo, se toparon con un recuerdo dejado hace 17,000 años por nuestros ancestros, los hombres de Cro-Magnon. En la ilustración que ves abajo, tres de los muchachos están conversando con su maestro.

En este capítulo aprenderás más sobre las actividades, la cultura y la evolución de los seres humanos. También aprenderás sobre las pruebas que tienen los científicos del desarrollo de toda una variedad de seres vivos que poblaron la Tierra en sus primeras épocas.

¿Tú qué piensas?

Usa tus conocimientos para responder a las siguientes preguntas en tu cuaderno de ciencias:

1. ¿Cómo se calcula la edad de un fósil?
2. ¿Por cuánto tiempo existieron los dinosaurios?
3. Hay dos características que diferencian a los humanos de los demás animales, ¿cuáles son?

Cronología de la historia de la Tierra

Haz una cronología para comprender la magnitud del tiempo que abarca la historia de la Tierra. Necesitarás un **lápiz**, una **regla métrica** y una **tira de papel de máquina sumadora** de 46 cm de largo.

Procedimiento

1. En el extremo derecho de la tira, mide secciones de 10 cm. Traza una raya con el lápiz para marcar cada sección. Divide cada sección de 10 cm en diez secciones de 1 cm. (Cada sección de 1 cm representa 100 millones de años.)

2. De arriba hacia abajo, escribe en cada marca de 10 cm lo siguiente: 1,000 ma (mil millones de años), 2,000 ma, 3,000 ma y 4,000 ma. La cronología comienza hace 4,600 ma.

3. A continuación hay una lista de algunos de los eventos más importantes en la historia de la Tierra. Anótalos en tu cronología.

   a. A la izquierda del papel (donde escribiste 4,600 ma), escribe: "El origen de la Tierra"

   b. Mide 35 cm desde el extremo derecho del papel y marca allí 3,500 ma con el lápiz. Escribe: "Aparecen las primeras células".

   c. Los dinosaurios aparecieron por primera vez hace 215 millones de años. Luego, hace unos 65 millones de años, se extinguieron. ¿Cómo medirías esto? Si 100 millones de años = 1 cm, ¿cuántos cm representarán 65 millones de años? De nuevo, desde el extremo derecho de la tira de papel, mide esta distancia y escribe: "Extinción de los dinosaurios".

   d. Hace unos 100,000 años aparecieron los primeros seres humanos con facciones modernas. Márcalo en tu cronología. (Pista: 10 millones de años = 1mm. Así que 100,000 años sería una fracción pequeñísima de 1 mm.)

   e. Sigue marcando en tu cronología los eventos que estudies en este capítulo.

Análisis

4. Las pinturas rupestres de Lascaux tienen más de 17,000 años. Compara este intervalo de tiempo con la edad de la Tierra antes de que surgiera la vida.

5. Compara el tiempo que vivieron los dinosaurios con el tiempo que los humanos han existido en el planeta.

La historia de la vida en la Tierra

Sección 1

Pruebas del pasado

VOCABULARIO

paleontólogo
fósiles
ciclo de las rocas
edad relativa
vida media
edad absoluta
escala de tiempo geológico
extinto
extinción masiva
Pangea
tectónica de placas

OBJETIVOS

- Describe dos métodos que los científicos utilizan para determinar la edad de los fósiles en rocas sedimentarias.
- Describe la escala de tiempo geológico y la información que suministra a los científicos.
- Describe las causas posibles de las extinciones masivas.
- Explica la teoría de la tectónica de placas.

Como detectives en la escena del crimen, algunos científicos buscan pistas que les ayuden a reconstruir el pasado. Estos científicos son los paleontólogos. Los **paleontólogos,** como Paul Sereno, a quien ves en la **Figura 1,** estudian los fósiles para reconstruir cómo era la vida millones de años antes de que los seres humanos existieran. Los fósiles demuestran que las formas de vida en la Tierra han cambiado muchísimo y nos dan pistas sobre cómo sucedieron estos cambios.

Figura 1 En 1995, el paleontólogo Paul Sereno encontró este enorme fósil del cráneo de un dinosaurio en el desierto del Sahara. Este dinosaurio fue probablemente el depredador terrestre más grande que jamás haya existido!

Fósiles

Los **fósiles** son rastros o huellas de seres vivos, como animales, plantas, bacterias y hongos que se conservan en las rocas. Por lo general, los fósiles se forman cuando una capa de sedimento cubre a un organismo muerto. Más tarde, estos sedimentos pueden comprimirse y convertirse en rocas sedimentarias. Las rocas sedimentarias, junto con las rocas ígneas y las metamórficas, forman el ciclo de las rocas. El **ciclo de las rocas** es el proceso a través del cual un tipo de roca se transforma en otro. La **Figura 2** muestra una de las maneras en que se pueden formar fósiles en rocas sedimentarias.

Figura 2 Mira las ilustraciones de abajo, en las que se muestra una de las maneras en que se forman los fósiles.

① Un organismo muere y queda enterrado bajo una capa de sedimentos.

② El organismo se descompone poco a poco y deja un molde hueco, o impresión, en el sedimento.

③ Con el tiempo, el molde se llena de sedimentos que adoptan la forma del organismo original.

La edad de los fósiles

Los paleontólogos determinan la edad de los fósiles que encuentran mediante dos métodos: edad absoluta y edad relativa.

Edad relativa Una roca sedimentaria tiene varias capas de roca. Las más antiguas están abajo y las más recientes arriba. Si hay fósiles en una roca, el científico puede examinarla de abajo hacia arriba para ver la secuencia de fósiles en el mismo orden en el que vivieron los organismos. Este método se llama **edad relativa.**

El *Bananabana bobana* es un fósil raro. Pasa a la página 588 para verlo.

Edad absoluta ¿Cómo calculan los científicos la edad de un fósil? La respuesta está en los *átomos,* las pequeñas partículas que forman toda la materia del universo. Los átomos están formados de otras partículas más pequeñas, unidas por fuerzas enormes. Si esas fuerzas no pueden mantener unidas las partes del átomo, se dice que ese átomo es inestable. Los átomos inestables se desintegran, dejando escapar algunas de sus partículas. Esto se llama *descomposición radioactiva*. El átomo se vuelve estable, pero al hacerlo se transforma en un tipo diferente de átomo.

Cada tipo de átomo inestable se descompone a una velocidad específica. El tiempo que tardan en descomponerse la mitad de los átomos inestables de una muestra se llama **vida media.** Algunas vidas medias duran una fracción de segundo, y otras duran miles de millones de años. Para calcular la edad de un fósil y de la roca se mide la proporción de átomos inestables y estables. Este método se llama **edad absoluta.** La **Figura 3** muestra cómo se descomponen los átomos inestables de una roca.

Figura 3 *A veces, un organismo que está enterrado en sedimentos cerca de la superficie queda cubierto por roca volcánica. Si los científicos determinan la edad de la roca volcánica, se pueden dar una idea sobre la edad del fósil.*

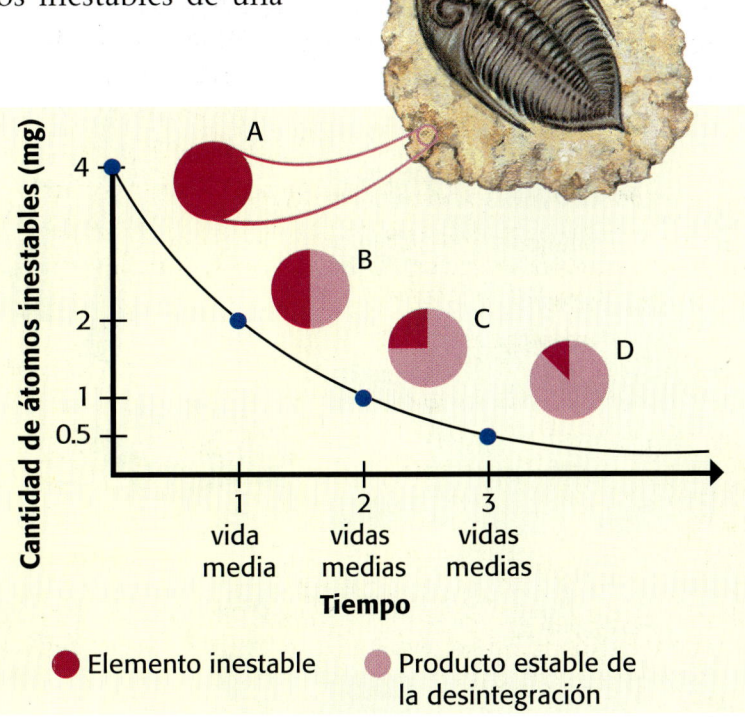

A. Los átomos inestables de la roca volcánica tienen una vida media de 1,300 millones de años. La roca tenía 4 mg de átomos inestables cuando se formó.

B. Después de 1,300 millones de años, o una vida media quedarán 2 mg de átomos inestables y habrá 2 mg del producto estable de su descomposición.

C. Después de 1,300 millones de años (dos vidas medias), habrá sólo 1 mg de átomos inestables y 3 mg de átomos descompuestos.

D. ¿Cuántos miligramos de átomos inestables quedarán después de 3 vidas medias?

La historia de la vida en la Tierra **203**

Escala del tiempo geológico

Cuando recuerdas cosas importantes de tu vida, te acuerdas del día, mes o año en que sucedieron. Estas divisiones en el tiempo te ayudan a recordar cuándo naciste, cuándo metiste el gol de la victoria o cuando pasaste a quinto grado. Como el período desde que se formó la Tierra hasta el presente es tan largo, los científicos usan un tipo de calendario para dividir la larga historia de la Tierra en grandes unidades de tiempo.

El calendario que los científicos usan para medir la historia de la vida en la Tierra se llama **escala del tiempo geológico** y se muestra a la izquierda. Después de calcular la edad de un fósil con los métodos de edad relativa y absoluta, el paleontólogo coloca el fósil en orden cronológico junto con los demás fósiles y forma una imagen del pasado que muestra cómo han ido cambiando los organismos con el tiempo.

Divisiones en la escala del tiempo geológico

Los paleontólogos dividen la escala de tiempo en unidades llamadas *eras*. Cada era se subdivide en unidades más pequeñas a medida que se encuentra más información fósil.

Las eras se caracterizan por el tipo de animal predominante durante ese período. Por ejemplo, los dinosaurios y otros reptiles dominaron la era Mesozoica, y por eso se le llama la Edad de los Reptiles. El final de cada era está marcado por la extinción de ciertos organismos. La siguiente sección analiza las eras de la escala del tiempo geológico.

La escala del tiempo geológico

Era	Periodo	MA	Organismos representativos
CENOZOICA	Cuaternario	1.8	
CENOZOICA	Terciario	65	
MESOZOICA	Cretácico	144	
MESOZOICA	Jurásico	206	
MESOZOICA	Triásico	248	
PALEOZOICA	Pérmico	290	
PALEOZOICA	Carbonífero	354	
PALEOZOICA	Devónico	417	
PALEOZOICA	Silúrico	443	
PALEOZOICA	Ordóvico	490	
PALEOZOICA	Cámbrico	540	
	PRECÁMBRICO	4,600	

Figura 4 *Un meteorito chocó con la Tierra hace aproximadamente 65 millones de años. Los cambios climáticos que resultaron del choque podrían ser la causa de la extinción de los dinosaurios.*

Extinciones masivas Algunas divisiones de la escala del tiempo geológico se caracterizan por eventos que hicieron que muchas especies de plantas y animales se acabaran, es decir, se **extinguieran.** Cuando una especie se extingue, desaparece. Hay períodos en la historia de la Tierra en los que muchas especies se han extinguido al mismo tiempo. Estos períodos se llaman períodos de **extinción masiva.**

Los científicos no están seguros de la causa de las extinciones masivas. Una causa posible son grandes cambios en el clima o en la atmósfera. Algunos piensan que la extinción masiva de los dinosaurios y otras especies ocurrió después de que un gran meteorito contra la Tierra, como se ve en la **Figura 4.** El choque causó un cambio en el clima o en la atmósfera. Pudo haber otras causas de los cambios en el medio ambiente que produjeron extinciones masivas. Por ejemplo, el movimiento de los continentes pudo causar cambios climáticos.

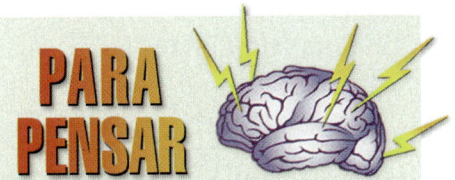

Los científicos calculan que sólo una pequeña fracción ($1/20$ de 1 por ciento) de todas las especies que han existido en la Tierra viven hoy en día. Todas las demás se han extinguido.

✓ Autoevaluación

Había diez gramos de un átomo inestable en una roca cuando se solidificó. ¿Cuántos gramos de átomos inestables quedan después de una vida media? ¿Y después de dos? *(Consulta la página 636 para comprobar tus respuestas.)*

La historia de la vida en la Tierra

La Tierra cambiante

¿Sabías que se han encontrado fósiles de dinosaurios en la Antártida? La Antártida, ahora cubierta de hielo, fue en otro tiempo un lugar tibio que estos reptiles podían habitar. ¿Cómo es posible? La Antártida estaba cerca del ecuador.

Muchas especies de marsupiales (mamíferos que cargan a sus crías en una bolsa) viven en Australia. Hay varias especies de marsupiales en América del Sur y sólo una en Norteamérica. ¿Por qué hay tantos marsupiales en Australia? Australia se separó del resto de la masa continental antes de que otros mamíferos evolucionaran y empezaran a competir con los marsupiales por la comida y el espacio. Los cambios en el ambiente biológico de la Tierra fueron causados por cambios en su ambiente geológico.

Pangea Si te fijas en un mapa del mundo, verás que la forma de los continentes se parece a la de las piezas de un rompecabezas. Si movieras las piezas, verías que algunas de ellas casi encajan a la perfección. Algo así se le ocurrió al científico alemán Alfred Wegener a principios del siglo XX. Propuso la idea de que hace mucho tiempo los continentes formaban parte de una masa continental rodeada por un solo océano gigantesco. Wegener llamó a esta masa de tierra **Pangea,** que quiere decir "toda la Tierra."

Wegener pensaba que los continentes de hoy eran un solo supercontinente por tres razones. Primero, porque las formas de los continentes parecían "encajar" entre sí. Segundo, porque los fósiles de plantas y animales a ambos lados del océano Atlántico eran muy parecidos. Tercero, observó que en lugares donde ahora el clima es cálido, antes hubo glaciares. La **Figura 5** muestra cómo se formaron los continentes a partir de la Pangea.

Hace más o menos 245 millones de años, los continentes eran una única masa de tierra, llamada Pangea. El lugar que los continentes ocupan ahora se indica en gris.

Hace unos 180 millones de años, la Pangea comenzó a dividirse en dos pedazos: Laurasia and Gondwana.

Hace apenas 65 millones de años, la ubicación de las placas tectónicas de la Tierra era muy distinta a la actual.

Figura 5 *Como los continentes se mueven de 1 a 10 cm cada año, en 150 millones de años van a estar acomodados de manera muy distinta.*

¿Se mueven los continentes? En la década de 1960, J. Tuzo Wilson pensó que las piezas que forman la corteza terrestre oscilan hacia adelante y hacia atrás empujadas por fuerzas desde el interior del planeta. Estas piezas son *placas tectónicas*. La teoría de Wilson se llama **tectónica de placas.**

Según Wilson, la corteza terrestre está fragmentada en siete grandes placas rígidas y varias pequeñas, como se ve en la **Figura 6.** Los continentes y los océanos están sobre ellas. El movimiento de las placas hace que los continentes se muevan y separa algunas especies.

Adaptación en cámara lenta

Aunque las placas tectónicas se mueven muy despacio, su movimiento afecta a los seres vivos. Normalmente, los organismos evolucionan para adaptarse a los cambios que trae el desplazamiento de los continente, pero en un mismo lugar puedes encontrar pruebas fósiles de otros seres que no sobrevivieron a los cambios. ¡Se han encontrado conchas de mar en las cimas de algunas montañas! Otra prueba de que el movimiento de las placas tectónicas sacó a la superficie rocas enterradas.

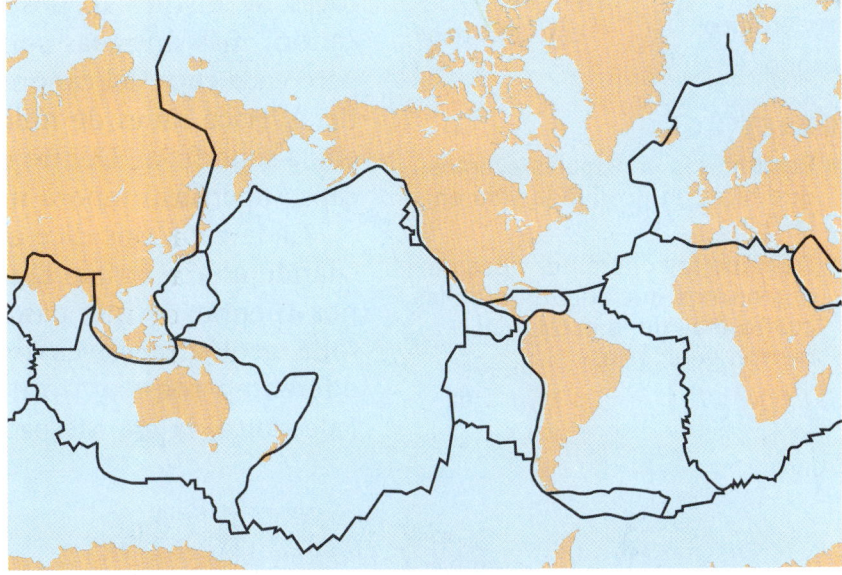

Figura 6 *Los científicos piensan que las placas tectónicas, ilustradas arriba, han reacomodado lentamente los continentes desde que se enfrió la corteza terrestre.*

REPASO

1. ¿Qué información contiene la escala del tiempo geológico y cuáles son sus principales divisiones?
2. Nombra una causa posible de las extinciones masivas.
3. Explica una de las maneras en que los cambios geológicos de la Tierra afectan a las plantas y animales.
4. ¿Qué diferencia hay entre los dos métodos (edad relativa y edad absoluta) para calcular la antigüedad de un fósil?
5. **Comprender conceptos** Los fósiles del *Mesosaurus,* el pequeño lagarto acuático de la derecha, sólo se han encontrado en África y en Sudamérica. Según lo que sabes de la tectónica de placas, ¿cómo explicas esto?

Sección 2

Las eras de la escala del tiempo geológico

VOCABULARIO

período Precámbrico	eucariota
procariota	era Paleozoica
anaeróbico	era Mesozoica
ozono	era Cenozoica

OBJETIVOS

- Resume los principales eventos que hicieron posible la vida en la Tierra.
- Describe los diferentes tipos de organismos que surgieron en las cuatro eras de la escala del tiempo geológico.

Observa la fotografía del Cañón del Colorado en la **Figura 7.** Si te fijas, verás que sus paredes están formadas por capas de rocas de distintos tipos y colores. Cuanto más bajas en el cañón, más antiguas son las capas de roca. Parece increíble, pero cada capa del cañón fue en algún momento la capa superficial. Hace miles de millones de años, la actual capa inferior era la superficial. Dentro de miles de millones de años, la actual capa superficial tendrá muchas capas encima.

Cada capa nos dice algo sobre lo que sucedía en la Tierra cuando estaba arriba. El tipo de rocas y los fósiles de cada capa nos cuentan lo que pasó. Los científicos han dividido la historia geológica en cuatro eras, según sus estudios sobre las diferentes rocas y fósiles: el período Precámbrico, la era Paleozoica, la era Mesozoica y la era Cenozoica.

Figura 7 Cada capa de rocas del Cañón del Colorado es como una página del libro de la "historia de la Tierra".

Período Precámbrico

Si bajas al fondo del Cañón del Colorado, ¡encontrarás rocas que tienen entre 1 y 2 mil millones de años! Estas rocas se formaron en la era geológica conocida como **período Precámbrico,** hace más de 540 millones de años, cuando las únicas formas de vida que había eran organismos muy primitivos. Muchos de estos organismos no tenían partes duras en el cuerpo, de modo que hay muy pocos fósiles de esta época. La **Figura 8** muestra un fósil precámbrico.

Figura 8 El animal que formó este fósil precámbrico vivía en mares poco profundos.

La Tierra en sus primeros tiempos Los científicos sostienen la hipótesis de que cuando comenzó la vida, el ambiente de la Tierra era muy distinto al de ahora. Ese medio ambiente tenía una atmósfera sin oxígeno, pero rica en otros gases, como monóxido de carbono, dióxido de carbono, hidrógeno y nitrógeno. La Tierra en su juventud era, como se ve en la **Figura 9,** un lugar muy turbulento. Los meteoritos chocaban contra su superficie, la agitaban violentas tormentas eléctricas y las erupciones volcánicas eran constantes. Radiaciones poderosas, como la de los rayos ultravioletas del Sol, la golpeaban.

Figura 9 *La Tierra tuvo una juventud turbulenta.*

¿Cómo empezó la vida? La hipótesis de los científicos es que, en estas condiciones, la vida surgió a partir de materia inerte. En otras palabras, la vida empezó a partir de substancias químicas que ya existían en el ambiente. Entre estas substancias había agua, arcilla, minerales disueltos en el océano y gases de la atmósfera. La energía que había en la Tierra hizo que estas substancias químicas reaccionaran entre sí y formaran las complejas moléculas que hicieron posible la vida.

Los científicos piensan que durante millones de años estas moléculas flotaron en los océanos y se unieron para formar moléculas más grandes, que reaccionaron entre sí formando estructuras más complicadas. Éstas se convirtieron en estructuras parecidas a las células y, finalmente, en las primeras células reales. La **Figura 10** muestra un fósil de este tipo de célula. Los científicos piensan que se trata de una **célula procariota,** una célula sin núcleo. Las primeras procariotas eran **anaeróbicas** que quiere decir que ni necesitaban, ni soportaban el oxígeno en su forma libre. Los organismos que necesitan oxígeno no podrían haber sobrevivido en la Tierra entonces, porque no había oxígeno libre. Muchas procariotas anaeróbicas aún viven en la Tierra, en lugares sin oxígeno libre.

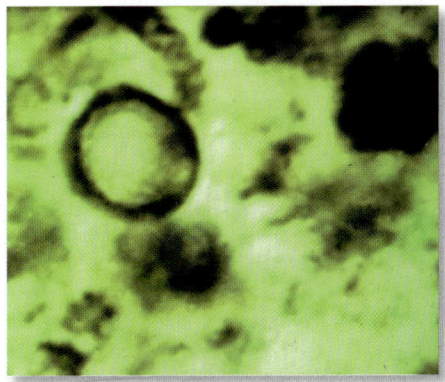

Figura 10 *Los fósiles de células procariotas (como la estructura circular de la fotografía) respaldan la hipótesis científica de que la vida comenzó en la Tierra en esta forma hace 3,500 millones de años.*

La historia de la vida en la Tierra

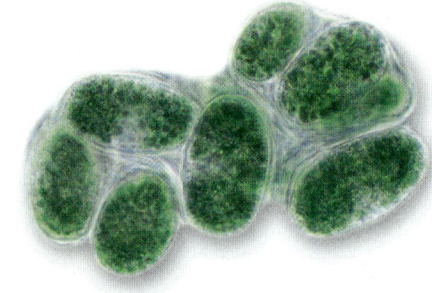

Figura 11 *Las cianobacterias o "algas azul-verdosas" son los seres vivos más simples que realizan la fotosíntesis.*

ciencias del medio ambiente
CONEXIÓN

El agotamiento del ozono en la capa superior de la atmósfera es un problema grave. Las substancias químicas industriales, como las que se usan en refrigeración, destruyen el ozono de la capa superior de la atmósfera. Todos los seres vivos estamos expuestos a niveles más altos de radiación, que provocan cáncer de piel. Algunes países han prohibido el uso de substancias químicas destructoras del ozono.

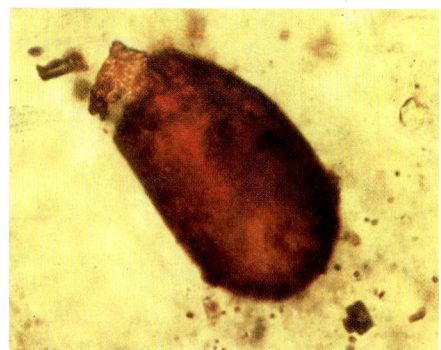

Figura 13 *Esta célula eucariota fosilizada tiene cerca de 800 millones de años.*

El primer contaminante de la Tierra: ¡el oxígeno!

Hace más de 3 mil millones de años, unos organismos procarióticos llamados cianobacterias o "algas azul-verdosas" aparecieron en el registro fósil. Las cianobacterias, mostradas en la **Figura 11,** son organismos fotosintéticos: usan la energía solar para producir azúcares y almidones. Uno de los productos secundarios de la fotosíntesis es el oxígeno. Al realizar la fotosíntesis, las cianobacterias liberaban oxígeno en los océanos. Después de cientos de millones de años, habían producido tanto oxígeno que una parte escapó a la atmósfera. La fotosíntesis siguió aumentando la cantidad de oxígeno en la atmósfera, pero por 1 ó 2 mil millones de años este gas era sólo una pequeña fracción de la concentración que hay ahora.

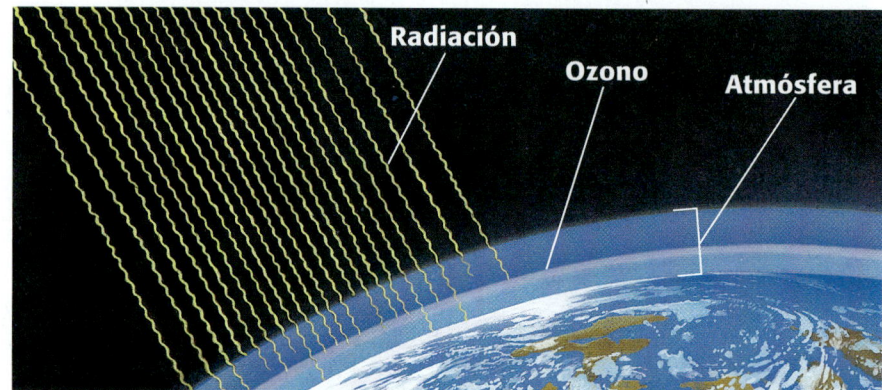

Figura 12 *El oxígeno producido en la fotosíntesis formó ozono, que absorbe la radiación ultravioleta.*

Al llenarse la atmósfera de oxígeno, algunas de sus moléculas se combinaron para formar una capa de ozono en su parte más alta, como se ve en la **Figura 12.** El **ozono** es un gas que absorbe la radiación ultravioleta del Sol. Esta radiación altera el ADN, pero se absorbe en el agua. Antes de que se formara la capa de ozono, todas las formas de vida estaban limitadas a los océanos. La capa de ozono bloqueaba la mayor parte de la radiación ultravioleta. El nivel de radiación en la superficie de la Tierra bajó lo suficiente como para permitir que los seres vivos se mudaran a tierra firme.

Después de, unos 2 mil millones de años aparecieron las primeras formas de vida complejas. Estos organismos, llamados **eucariotas,** son más grandes que los procariotas, y tienen núcleo y una estructura interna complicada. La **Figura 13** muestra el fósil de una célula eucariota. Los científicos piensan que en los últimos 1,500 millones de años estas células han evolucionado juntas para formar organismos de muchas células. Se cree que la primera célula eucariota evolucionó hace 2 mil millones de años, y es la antepasada de las plantas y animales que existen hoy. Los primeros organismos multicelulares fueron los *metazoarios,* que evolucionaron en el Precámbrico tardío.

La era Paleozoica

La **era Paleozoica** comenzó hace 540 millones de años y terminó hace unos 248 millones de años. La palabra *paleozoico* viene del griego y significa "vida antigua". Comparada con el período Precámbrico, fue relativamente corta. Las rocas de esta era están llenas de fósiles de esponjas, corales, caracoles, ostras, calamares y trilobites. Los peces, que fueron los primeros animales vertebrados, aparecieron en esta era y abundaban los tiburones primitivos. La **Figura 14** muestra algunos organismos de la era Paleozoica.

La de la Tierra verde
En la era Paleozoica, un período de 30 millones de años, las plantas, los hongos y los animales que respiraban aire colonizaron la tierra firme. Las plantas fueron alimento y refugio de los primeros animales terrestres. Hacia el final de esta era gran parte de la Tierra estaba cubierta por bosques de helechos gigantes, musgos, hierbas y coníferas. Todos los grupos principales de plantas aparecieron en esta era, con excepción de las plantas con flores.

Los bichos llegan a tierra firme
Los fósiles indican que los insectos sin alas fueron algunos de los primeros animales en tierra firme. Les siguieron animales parecidos a las salamandras. Al final de la era Paleozoica aparecieron reptiles, insectos con alas, cucarachas y libélulas.

La mayor extinción masiva ocurrió a fines de la era Paleozoica, hace unos 248 millones de años. En ella se extinguieron el 90% de las especies marinas.

Figura 14 *Entre los organismos que aparecieron en la era Paleozoica están los primeros reptiles, anfibios, peces, gusanos y helechos.*

✓ Autoevaluación

Ordena los siguientes eventos cronológicamente:

a. Se forma la capa de ozono y los seres vivos pueblan la tierra.

b. Los gases de la atmósfera y los minerales de los océanos se combinan y forman moléculas.

c. Aparecen las células procariotas y anaeróbicas.

d. Aparecen las cianobacterias.

(Consulta la página 636 para comprobar tu respuesta.)

La era Mesozoica

La **era Mesozoica** comenzó hace unos 248 millones de años y duró alrededor de 183 millones de años. La palabra *mesozoico* viene del griego y significa "vida media". Los científicos piensan que después de las extinciones de la era Paleozoica, los reptiles sobrevivientes pasaron por un período de gran evolución, que originó muchas especies diferentes. Por eso, se llama a esta era la Edad de los Reptiles.

La vida en la era Mesozoica

Los dinosaurios son los reptiles más conocidos de la era Mesozoica. Los dinosaurios dominaron la Tierra durante más o menos 150 millones de años. (Imagínate: los seres humanos y sus antepasados llevamos menos de 4 millones de años en el planeta.) Los dinosaurios tenían una gran variedad de características físicas, como un pico de pato y una cresta puntiaguda en el lomo. Enormes lagartos marinos nadaban en los océanos. Las primeras aves también aparecieron en la era Mesozoica. Las plantas más importantes de la era Mesozoica temprana fueron plantas de semilla que producían conos, y que formaron grandes bosques. Las plantas con flores aparecieron más tarde. Algunos organismos de la era Mesozoica se muestran en la **Figura 15.**

Un mal rato para los dinosaurios

Al final de la era Mesozoica, hace 65 millones de años, los dinosaurios y muchas otras especies de plantas y animales se extinguieron. ¿Qué les pasó a los dinosaurios? Según una de las hipótesis, un enorme meteorito chocó con la Tierra y levantó grandes nubes de polvo y suficiente calor como para provocar incendios en todo el planeta. El polvo y el humo de los incendios taparon buena parte de la luz solar y, por eso, muchas plantas murieron. Sin suficientes plantas para alimentarse, los dinosaurios herbívoros murieron, y, como resultado, los dinosaurios carnívoros que se alimentaban de los herbívoros también murieron. Puede que la temperatura global bajara durante muchos años y que sólo unos cuantos organismos, entre ellos algunos mamíferos, sobrevivieran.

Figura 15 *La era Mesozoica terminó con la extinción masiva de la muchos animales grandes, como el ankylosaurus y el plesiosaurs acuático que se ven arriba. Sobrevivieron los mamíferos pequeños y el Archaeopteryx.*

La era Cenozoica

La **era Cenozoica** empezó hace 65 millones de años y aún hoy continúa. La palabra *cenozoica* viene del griego y significa "vida reciente". Sabemos más de esta era que de las anteriores, porque sus fósiles están en capas de piedra cercanas a la superficie y son más fáciles de encontrar. En la era Cenozoica aparecieron muchos tipos de mamíferos, aves, insectos y plantas con flores. Algunos organismos que aparecieron en la era Cenozoica se muestran en la **Figura 16.**

El momento ideal para los grandes mamíferos

A la era Cenozoica se le llama a veces la Edad de los Mamíferos. Los mamíferos dominaron la era Cenozoica como los reptiles dominaron la Mesozoica. Los mamíferos de la era Cenozoica temprana eran pequeños y vivían en los bosques. Los mamíferos grandes aparecieron más tarde. Algunos de estos últimos tenían patas largas para correr, dientes especializados según su tipo de alimentación, y cerebros grandes. Entre los mamíferos de la era Cenozoica están los mastodontes, el tigre dientes de sable, el camello, los perezosos gigantes y los caballos pequeños.

Figura 16 *Vivimos en la era Cenozoica, pero los seres humanos llevamos muy poco tiempo en la Tierra.*

REPASO

1. ¿Cuál es la principal diferencia entre la atmósfera de hace 3,500 millones de años y la atmósfera del presente?
2. ¿En qué se diferencian las células eucariotas de las procariotas?
3. Explica por qué las cianobacterias fueron tan importantes para el desarrollo de nuevas formas de vida.
4. **Identificar relaciones** Une los organismos con el período en el que aparecieron.

   1. eucariotas
   2. dinosaurios
   3. peces
   4. plantas con flores
   5. aves

   a. período Precámbrico
   b. era Paleozoica
   c. era Mesozoica
   d. era Cenozoica

a través de las ciencias CONEXIÓN

Normalmente, los fósiles se encuentran en rocas sedimentarias. Para ver cómo se forma esta roca, pasa a la página 224.

Sección 3

La evolución humana

VOCABULARIO

primate australopiteco
prosimio Neandertal
homínido Cro-Magnon

OBJETIVOS

- Habla sobre las características que tienen en común los primates.
- Describe lo que conocemos sobre las diferencias entre los homínidos.

Al principio de este capítulo leíste sobre la cultura Cro-Magnon, que creó unas bellas y misteriosas pinturas rupestres hace más de 17,000 años. Gracias a los fósiles, sabemos que se parecían a nosotros. También se han encontrado otros fósiles más antiguos de seres muy parecidos a los humanos.

Tras estudiar miles de esqueletos fosilizados y otras pruebas, los científicos desarrollaron la teoría de que los seres humanos evolucionaron hace millones de años a partir de un antepasado común con el mono y los simios. Se cree que este antepasado común vivió hace más de 30 millones de años. Esta sección presenta algunas pruebas que se han reunido hasta ahora para explicar nuestra evolución.

Figura 17 *Las características del orangután, el gorila y el chimpancé los hacen primates no humanos, como el dedo gordo del pie, ¡que es oponible!*

Primates

Para estudiar la evolución humana, primero necesitas entender las características que nos hacen humanos. Los seres humanos están clasificados como primates. Los **primates** son un grupo de mamíferos que incluye también a los simios, monos y prosimios. Los primates tienen las características que se ilustran abajo, en la **Figura 17.**

Características de los primates

La mayoría de los primates tienen cuatro dedos flexibles y un pulgar oponible.

El pulgar oponible les permite agarrar objetos. Excepto el ser humano, todos tienen dedo gordo oponible en los pies.

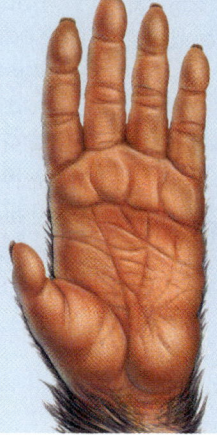

Los ojos están en la parte frontal de la cabeza, lo que les da visión **binocular,** es decir, en tres dimensiones. Cada ojo ve una imagen ligeramente distinta de la misma escena; mientras, el cerebro mezcla las dos imágenes para crear una imagen tridimensional.

De acuerdo con el parecido físico y genético, el pariente vivo más cercano del ser humano es el chimpancé. Esto no quiere decir que el ser humano descienda del chimpancé. Más bien, quiere decir que los humanos y los chimpancés tienen un antepasado común. Se piensa que el antepasado de los humanos se separó del antepasado del chimpancé hace unos 7 millones de años. Desde entonces, los humanos y los chimpancés han evolucionado por caminos distintos.

A pesar del parecido entre humanos, simios y monos, los humanos se clasifican en una familia distinta llamada **homínidos**. La palabra **homínido** se refiere específicamente a los seres humanos y sus antepasados. La principal característica de los homínidos es que utilizan su capacidad de caminar erguidos sobre dos piernas como la forma principal para moverse. La capacidad de caminar sobre dos piernas se llama *bipedismo*. Examina la **Figura 18** para observar las similitudes y diferencias entre el esqueleto de los homínidos y el de otros primates. A excepción del ser humano moderno, los demás homínidos se extinguieron.

Explora

Pega tus pulgares con cinta adhesiva de modo que no los puedas mover. Trata de hacer lo siguiente:

- Levantar un pedacito de tiza y escribir tu nombre en el pizarrón.
- Sacarle punta a un lápiz.
- Recortar con tijeras un círculo de papel.
- Amarrarte los cordones de los zapatos.
- Abrocharte varios botones.

Después de cada intento, responde a las siguientes preguntas:

a. ¿Es más difícil con un pulgar oponible o sin él?

b. ¿Cómo modificaste tu manera normal de realizar esta actividad?

c. Sin un pulgar oponible, ¿crees que podrías realizar esta actividad todos los días? ¿Por qué?

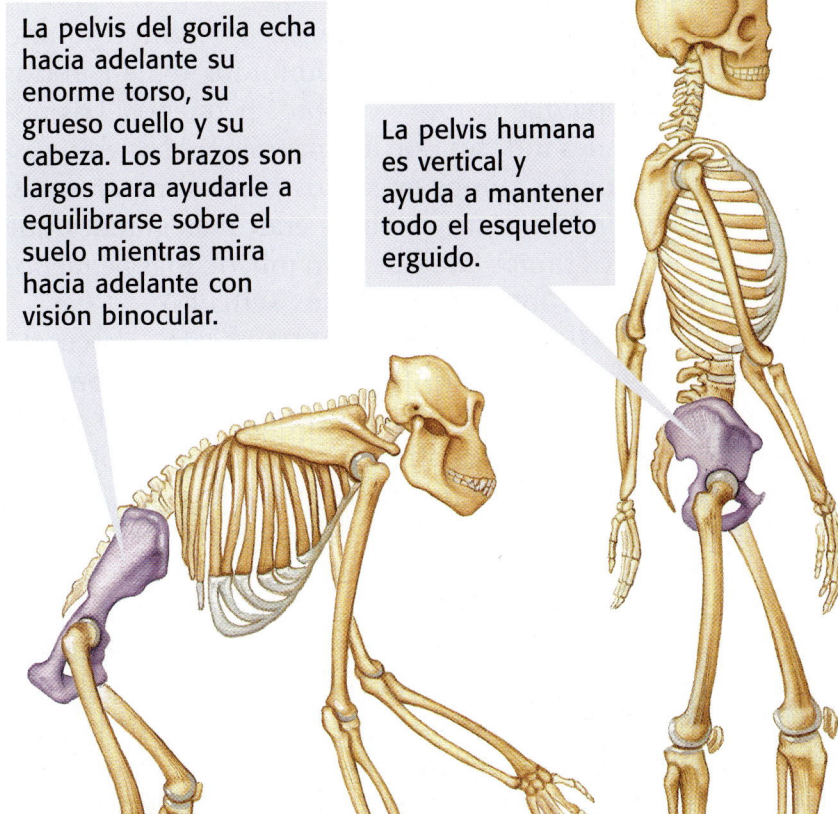

La pelvis del gorila echa hacia adelante su enorme torso, su grueso cuello y su cabeza. Los brazos son largos para ayudarle a equilibrarse sobre el suelo mientras mira hacia adelante con visión binocular.

La pelvis humana es vertical y ayuda a mantener todo el esqueleto erguido.

Figura 18 *Los huesos del gorila y el ser humano son básicamente iguales en forma y función, pero la pelvis de los seres humanos está diseñada para dar apoyo a los órganos internos al caminar erguidos.*

Figura 19 Los prosimios, como este lémur, cazan insectos y otros animales pequeños en los árboles.

Evolución de los homínidos

Los primeros antepasados primates aparecieron en la era Cenozoica, hace 55 millones de años, y evolucionaron en varias direcciones. Se cree que estos ancestros eran mamíferos parecidos a los ratones, que eran nocturnos, vivían en los árboles y comían insectos. Cuando los dinosaurios se extinguieron, nuestros antepasados sobrevivieron y de ellos evolucionaron los primeros primates, llamados **prosimios,** que quiere decir "antes de los monos". Hoy sólo sobreviven algunas especies, como los lémures, que puedes ver en la **Figura 19.** ¿Cuánto tiempo pasó desde que aparecieron los prosimios hasta que apareció el primer homínido? Nadie ha contestado esta pregunta, los paleontólogos han descubierto huesos fósiles de homínidos de hace 4.4 millones de años.

Australopitecos

Los paleontólogos piensan que la evolución de los homínidos comenzó en África. Entre los homínidos más antiguos está el **australopiteco.** A*ustralopiteco* quiere decir "hombre mono del Sur." Estos primeros homínidos tenían brazos largos, piernas cortas y cerebros pequeños. Los rastros fósiles indican que los australopitecos eran distintos de los simios en varios puntos importantes: eran bípedos y sus cerebros eran más grandes que los de los simios (aunque eran mucho más pequeños que los de los seres humanos actuales).

En 1976, la paleontóloga Mary Leakey descubrió una serie de huellas fósiles en Tanzania. Como se muestra en la **Figura 20.** Al calcular la edad de las rocas que contenían las huellas, descrubió que tenían más de 3.6 millones de años. Las huellas indicaban que un grupo de tres homínidos había pasado caminando, con el cuerpo erguido, sobre un llano cubierto de cenizas volcánicas mojadas. Sus huellas fosilizadas son una prueba adicional del bipedismo en los antepasados del ser humano. Tras examinar las huellas que encontró en Laetoli, Tanzania, Mary Leakey observó que los caminantes se habían detenido de pronto. Mary Leakey escribió: "Este movimiento (la pausa), es muy humano. Trasciende el tiempo. Nuestro antepasado remoto había experimentado, como cualquiera de nosotros, un momento de duda."

Figura 20 Mary Leakey aparece aquí con las huellas que descubrió, que tienen una antigüedad de 3.6 millones de años.

Lucy En 1979, se encontró un grupo de fósiles en Etiopía. En este grupo estaba el esqueleto más completo de un australopiteco que se ha encontrado hasta la fecha. Este australopiteco, apodado Lucy, vivió hace más de 2 millones de años. La **Figura 21** muestra su esqueleto. Lucy tenía un cuerpo fuerte y caminaba erguida, pero su cerebro era más o menos del tamaño del de un chimpancé. Fósiles como éste demuestran que la postura vertical evolucionó mucho antes de que el cerebro se hiciera más grande.

Un rostro como el nuestro Hace cerca de 2.3 millones de años aparecieron homínidos con facciones más humanas, que probablemente evolucionaron a partir de los australopitecos. Esta especie se conoce como *Homo habilis*. Su cráneo aparece en la **Figura 22.** Los fósiles de *Homo habilis* se han encontrado junto con toscas herramientas de piedra. Se cree que hacían y usaban herramientas. Hace 2 millones de años, *Homo habilis* fue reemplazado por su descendiente, *Homo erectus,* que tenía un cerebro más grande y aparece en la **Figura 23.** El *Homo erectus* era más grande y tenía un cráneo grueso, cejas prominentes, la frente baja y una barbilla muy pequeña.

Los fósiles indican que *el Homo erectus* probablemente vivía en cuevas, hacía fogatas y usaba ropa. Podía cazar animales grandes y descuartizarlos con herramientas hechas de hueso y piedra. Su aparición marca el principio de la expansión de los seres humanos por el mundo. *El Homo erectus* sobrevivió más de 1 millón de años, más que ninguna otra especie humana, incluídos nosotros. Estos humanos tan adaptables desaparecieron hace unos 200,000 años, cuando el ser humano moderno, u *Homo sapiens,* aparece por primera vez en el registro fósil.

Aunque el *Homo erectus* viajó por todo el mundo, se piensa que *el Homo sapiens* evolucionó en África y luego emigró a Asia y Europa.

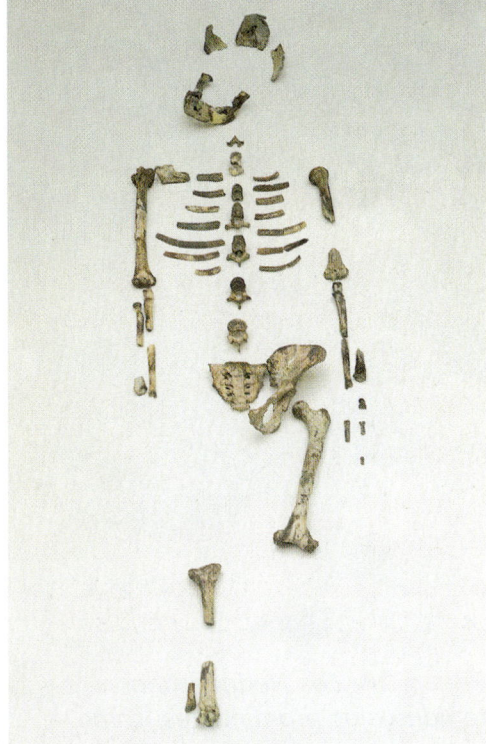

Figura 21 *La pelvis de Lucy indica que caminaba erguida.*

Figura 22 *El* Homo habilis *fabricaba herramientas de piedra.*

Figura 23 *El* Homo erectus *vivió hace 2 millones de años, y se parecía al modelo de la izquierda.*

La historia de la vida en la Tierra

Figura 24 *Los Neandertales tenían cejas prominentes, como el* Homo erectus, *pero un cerebro más grande que los humanos modernos.*

Neandertales En el valle de Neander, en Alemania, se descubrieron fósiles que pertenecían a un grupo de homínidos a los que se llamó **Neandertales.** Los Neandertales vivieron en Europa y Asia occidental hace alrededor de 230,000 años. Fuertes y de baja estatura, los Neandertales tenían cejas prominentes, como los simios, y cerebros más grandes que los de los seres humanos modernos.

Al investigar los campamentos de Neandertales, los científicos han aprendido que cazaban animales grandes, hacían fogatas y usaban ropa. Hay pruebas que indican que cuidaban a sus enfermos y ancianos y enterraban a sus muertos, colocando ofrendas de alimentos, armas y quizá flores junto a los cuerpos. La **Figura 24** es una interpretación artística de cómo era una Neandertal. Hace aproximadamente 30,000 años, los Neandertales desaparecieron, nadie sabe por qué. Algunos científicos opinan que los Neandertales son una especie aparte (*Homo neanderthalensis*) de la especie humana moderna (*Homo sapiens*). Otros piensan que los Neandertales son una raza de *Homo sapiens*. No hay suficientes pruebas para responder satisfactoriamente a esta pregunta.

Laboratorio

Las herramientas del Neandertal.

Los Neandertales hacían puntas de lanza y otras herramientas de piedra como las de abajo. Cada una tenía un uso especial. ¿Tienes idea sobre el uso que se le daba a cada una?

Cro-Magnon En 1868, se encontraron cráneos fosilizados en unas cuevas del suroeste de Francia. Los cráneos tenían 35,000 años de antigüedad y pertenecían a un grupo de *Homo sapiens* con facciones modernas, llamados hombres de **Cro-Magnon.** Es posible que los hombres de Cro-Magnon estuvieran en África desde hace 100,000 años, emigraran de allí hace 40,000 y vivieran con los Neandertales. Comparados con ellos, los hombres de Cro-Magnon tenían una cara más pequeña y más plana, y su cabeza era más redonda, como ves en la **Figura 25.** La única diferencia significativa entre los hombres de Cro-Magnon y los humanos modernos es que los primeros tenían los huesos más gruesos y pesados.

Figura 25 *Esta es una recreación artística del aspecto de una mujer de Cro-Magnon.*

La introducción a este capítulo hablaba sobre las pinturas rupestres que hicieron los hombres de Cro-Magnon. Estas pinturas son los primeros ejemplos de arte humano: su cultura se caracteriza por la diversidad de actividades artísticas, como la pintura, la escultura y los grabados, como muestra la **Figura 26.** Las aldeas y los cementerios de los hombres de Cro-Magnon también indican que tenían una organización social compleja.

Figura 26 *Los hombres de Cro-Magnon dejaron muchos tipos distintos de pinturas y esculturas, como ésta, que representa un toro.*

Pruebas de la evolución humana

Aunque sabemos mucho sobre nuestros antepasados, todavía hay mucho por descubrir. Cada vez que se descubre un nuevo fósil, surgen muchas preguntas, como: "¿Dónde evolucionó el *Homo sapiens*?" Las pruebas parecen indicar que en África. "¿A partir de qué australopiteco evolucionaron los seres humanos?" Algunos científicos creen que del *Australopithecus afarensis*, el antepasado de todos los homínidos. La **Figura 27** muestra dos interpretaciones diferentes de la evolución de los homínidos.

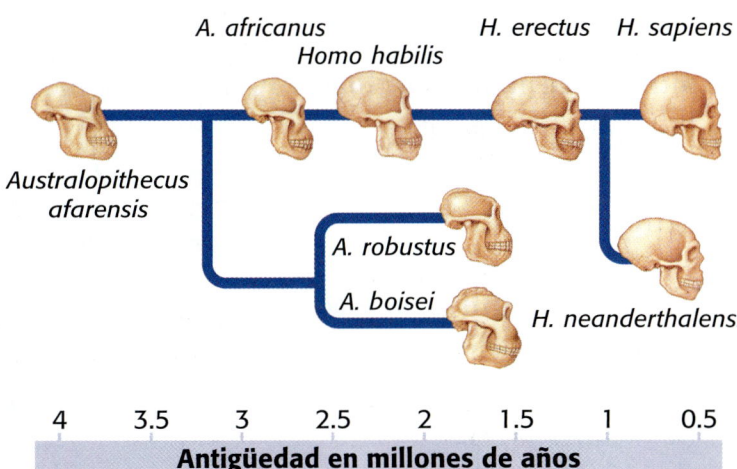

REPASO

1. Identifica tres características de los primates.

2. Compara el *Homo habilis* con el *Homo erectus*. ¿Qué diferencia a una especie de la otra?

3. ¿Qué pruebas existen de que los Neandertales se parecían a los seres humanos modernos?

4. **Saca conclusiones** Imagínate que estudias paleontología y que estás excavando un antiguo campamento. ¿Qué concluyes sobre los habitantes del lugar si encuentras huesos de animales grandes quemados y varios cuchillos de piedra entre los fósiles humanos?

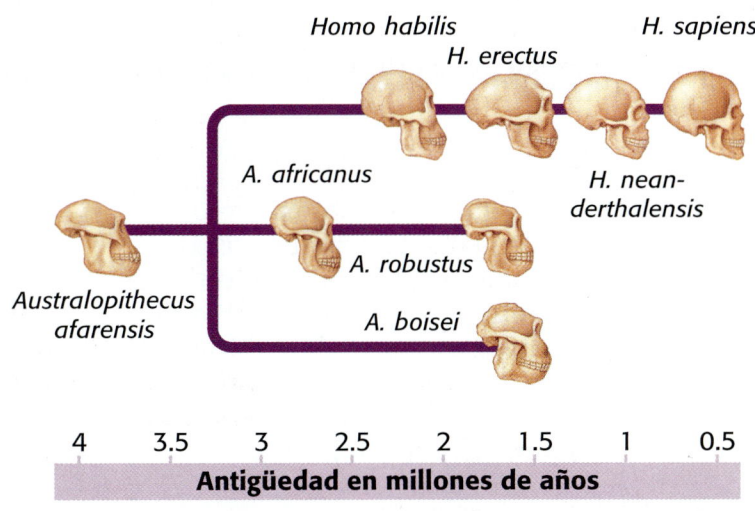

Figura 27 *Estos árboles evolutivos representan dos hipótesis de cómo el* Homo sapiens *desciende del australopiteco.*

La historia de la vida en la Tierra

Resumen del capítulo

SECCIÓN 1

Vocabulario
- **paleontólogo** *(pág. 202)*
- **fósil** *(pág. 202)*
- **ciclo de las rocas** *(pág. 202)*
- **edad relativa** *(pág. 203)*
- **edad absoluta** *(pág. 203)*
- **vida media** *(pág. 203)*
- **escala del tiempo geológico** *(pág. 204)*
- **extinto** *(pág. 205)*
- **extinción masiva** *(pág. 205)*
- **Pangea** *(pág. 206)*
- **tectónica de placas** *(pág. 207)*

Notas de la sección
- Los paleontólogos son científicos que estudian fósiles.
- La edad de un fósil puede calcularse a partir de la edad relativa y la edad absoluta. La edad relativa se calcula a partir de la edad de la capa de sedimentos en la que se encuentra el fósil. La edad absoluta mide la descomposición de elementos inestables que se encuentran en las rocas alrededor del fósil.
- La escala de tiempo geológico es el calendario que utilizan los científicos para describir la historia de la Tierra y de la vida en nuestro planeta.
- Muchas especies vivieron unos cuantos millones de años y después se extinguieron. En la historia de la Tierra han sucedido varias extinciones masivas.

Experimentos
La edad del registro fósil *(pág. 588)*

La vida media de un centavo *(pág. 591)*

SECCIÓN 2

Vocabulario
- **período Precámbrico** *(pág. 208)*
- **procariota** *(pág. 209)*
- **anaeróbico** *(pág. 209)*
- **ozono** *(pág. 210)*
- **eucariota** *(pág. 210)*
- **era Paleozoica** *(pág. 211)*
- **era Mesozoica** *(pág. 212)*
- **era Cenozoica** *(pág. 213)*

Notas de la sección
- El período Precámbrico abarca la formación de la Tierra, el principio de la vida y la evolución de organismos multicelulares sencillos.

✓ Comprobar destrezas

Conceptos de matemáticas

VIDA MEDIA Para que entiendas mejor lo que quiere decir vida media, imagínate que tienes $10.00 en el bolsillo y que has decidido gastar la mitad del dinero que tienes cada 30 minutos. ¿Cuánto te quedaría después de 30 minutos? ($5.00) ¿Cuánto te quedaría después de otros 30 minutos? ($2.50) ¿Cuánto te quedaría al cabo de 3 horas? (poco más de 15¢).

Comprensión visual

LA ESCALA DE TIEMPO GEOLÓGICO Seguramente has visto películas o caricaturas viejas en las que los dinosaurios y los seres humanos viven en el mismo ambiente. ¿Crees que esto es posible? Los dinosaurios y los seres humanos no vivieron en la misma época. Los dinosaurios se extinguieron hace 65 millones de años y los humanos y sus antepasados llevan menos de 4 millones de años sobre la Tierra. Mira la escala de tiempo geológico en la página 204.

SECCIÓN 2

- La edad de la Tierra es de unos 4,600 millones de años. La vida se formó a partir de materia inerte.

- Las primeras células, las procariotas, eran anaeróbicas. Luego, las cianobacterias, o "algas azul verdosas", fotosintéticas introdujeron oxígeno en la atmósfera.

- En la era Paleozoica aparecieron animales en el mar, y las plantas y los animales colonizaron la tierra.

- Los dinosaurios y otros reptiles poblaron la tierra en la era Mesozoica. Aparecieron las plantas con flores, los pájaros y los primeros mamíferos.

- Los primates evolucionaron en la era Cenozoica, que continúa hasta el presente.

SECCIÓN 3

Vocabulario
primate *(pág. 214)*
homínido *(pág. 215)*
prosimio *(pág. 216)*
australopiteco *(pág. 216)*
Neandertal *(pág. 218)*
Cro-Magnon *(pág. 218)*

Notas de la sección

- Los seres humanos y los simios monos son primates. Los primates se distinguen de otros mamíferos porque tienen pulgares oponibles y visión binocular.

- Los homínidos, un subgrupo de los primates, incluyen a los humanos y sus antepasados. El homínido conocido más antiguo es el australopiteco.

- Los homínidos más parecidos a los humanos fueron el *Homo habilis,* el *Homo erectus* y el *Homo sapiens.*

- Los Neandertales son una especie de homínido que desapareció hace unos 30,000 años.

- La cultura del Cro-Magnon era muy avanzada. No eran muy distintos de los seres humanos actuales.

---

 internet

VISITA: go.hrw.com

Visita el sitio web de HRW para encontrar una serie de herramientas de aprendizaje relacionadas con este capítulo. Sólo tienes que escribir la palabra clave:

PALABRA CLAVE: HSTHIS

VISITA: www.scilinks.org

Visita el sitio web de la **Asociación Nacional de Maestros de Ciencias** *(National Science Teachers Association)* para encontrar recursos de Internet relacionados con este capítulo. Sólo escribe el **ENLACE DE CIENCIAS:**

TEMA: Pruebas del pasado	**ENLACE:** HSTL195
TEMA: Extinciones masivas	**ENLACE:** HSTL200
TEMA: Tiempo geológico	**ENLACE:** HSTL180
TEMA: La evolución humana	**ENLACE:** HSTL185
TEMA: Aves y dinosaurios	**ENLACE:** HSTL190

La historia de la vida en la Tierra

Repaso del capítulo

UTILIZAR EL VOCABULARIO

Escoge el término correcto para completar las siguientes oraciones:

1. En __?__ de la historia de la Tierra la vida se originó a partir de materia inerte. *(el período Precámbrico o la era Paleozoica)*

2. La Edad de los Mamíferos se refiere a __?__. *(la era Mesozoica o la era Cenozoica)*

3. La Edad de los Reptiles se refiere a __?__. *(la era Paleozoica o la era Mesozoica)*

4. Las plantas colonizaron la Tierra en __?__. *(el período Precámbrico o la era Paleozoica)*

5. El homínido más antiguo se llama __?__. *(hombre de Neandertal o australopiteco)*

COMPRENDER CONCEPTOS

Opción múltiple

6. Se calcula que la edad de la Tierra es
   a. 10 mil millones de años.
   b. 4,600 millones de años.
   c. 3,800 millones de años.
   d. 4.4 millones de años.

7. Las células surgieron hace más de
   a. 10 mil millones de años.
   b. 4,600 millones de años.
   c. 3,500 millones de años.
   d. 4.4 millones de años.

8. ¿Cómo se calcula la edad de un fósil?
   a. usando la escala de tiempo geológico
   b. midiendo los elementos inestables en la roca en la que se encuentra el fósil
   c. estudiando la posición relativa de los continentes
   d. midiendo oxígeno de la roca fósil

9. Las plantas y los animales que respiran aire aparecieron en este período:
   a. período Precámbrico
   b. era Paleozoica
   c. era Mesozoica
   d. era Cenozoica

10. Estos homínidos fabricaban herramientas, cazaban animales grandes, usaban ropa y cuidaban a sus enfermos y ancianos. No se sabe por qué se extinguieron.
    a. los australopitecos
    b. los homínidos del género *Homo*
    c. los hombres de Neandertal
    d. los hombres de Cro-Magnon

Respuesta breve

11. ¿Qué tipo de información nos dan los fósiles sobre la evolución de la vida?

12. Menciona por lo menos un evento biológico importante que haya sucedido en estas eras geológicas: período Precámbrico, era Paleozoica, era Mesozoica y era Cenozoica.

13. ¿Por qué se encuentran más fósiles de la era Cenozoica que de cualquier otra era?

Organizar conceptos

14. Usa los siguientes términos para crear un mapa de ideas: historia de la Tierra, era Paleozoica, dinosaurios, período Precámbrico, cianobacterias, era Mesozoica, plantas terrestres, era Cenozoica.

RAZONAMIENTO CRÍTICO Y RESOLUCIÓN DE PROBLEMAS

Escribe una o dos oraciones para responder a las siguientes preguntas:

15. ¿Por qué piensan los científicos que las primeras células eran anaeróbicas?

16. Nombra tres cambios evolutivos en los primeros homínidos que permitieron la evolución de los seres humanos modernos.

LAS MATEMÁTICAS EN LAS CIENCIAS

17. Tras analizar una roca en la que se ha encontrado un fósil, se descubre que contiene 5 g de una forma inestable de potasio y 5 g del elemento estable formado a partir de su desintegración. Si la vida media del potasio inestable es de 1,300 millones de años, ¿qué edad tiene la roca?, ¿qué puedes deducir de la edad del fósil?

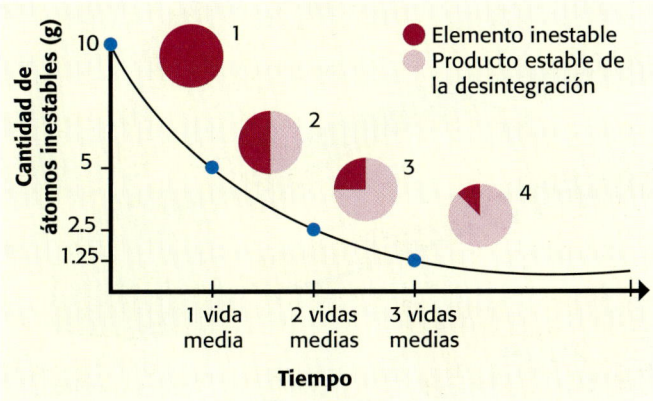

INTERPRETAR GRÁFICAS

La siguiente ilustración muestra la relación evolutiva entre distintos grupos de primates. Cuanto más abajo se separe una línea del tronco principal, más antiguo es el evento. Examina esta gráfica y responde a las siguientes preguntas.

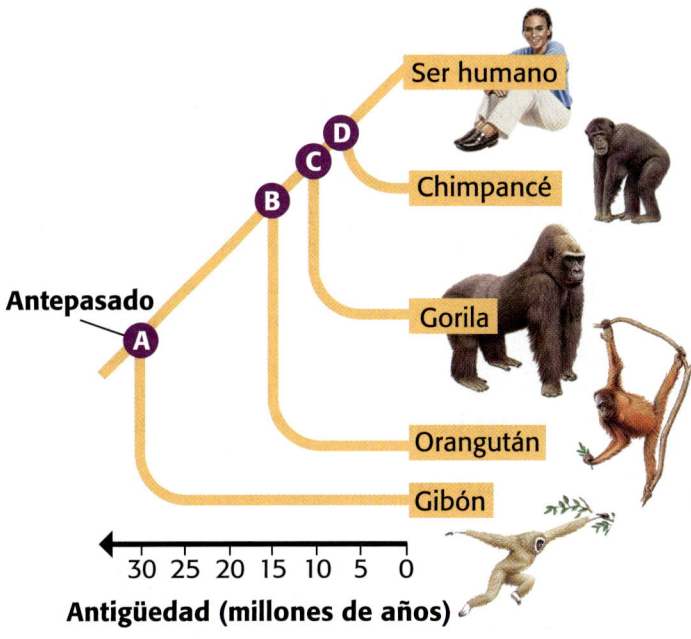

18. ¿Qué letra representa el momento en el que los seres humanos y los gorilas siguieron distintos caminos evolutivos?

19. ¿Hace aproximadamente cuántos millones de años que los orangutanes se separaron de nuestra línea evolutiva?

20. ¿Qué grupo de antropoides lleva más tiempo separado de la línea evolutiva humana?

AHORA, ¿qué piensas?

Revisa tus respuestas a las preguntas de la página 201 que escribiste en el cuaderno de ciencias. ¿Han cambiado tus respuestas? Si es necesario, corrige tus respuestas basándote en lo que has aprendido en este capítulo.

CIENCIAS BIOLÓGICAS • CIENCIAS DE LA TIERRA

Ventanas al pasado

Al pensar en la historia de la vida en la Tierra, las rocas seguramente ni te pasan por la cabeza. A fin de cuentas, no son seres vivos. ¿Qué tienen que ver con la vida en la Tierra? Te puede parecer extraño, pero mucho de lo que sabemos sobre la vida en la Tierra lo hemos aprendido de las rocas. ¿Cómo? Muy sencillo: resulta que durante millones de años posiblemente desde que la vida apareció en la Tierra los seres vivos se han quedado fosilizados entre capas de roca, y cuando encontramos uno de estos fósiles es como si encontráramos una fotografía de estos antiguos organismos.

Capas de piedra

Los fósiles casi siempre se encuentran en un tipo de roca llamado roca sedimentaria. Las rocas sedimentarias se forman cuando la superficie expuesta de la roca se desgasta por el viento, la lluvia y el hielo. Las partículas que se desprenden de la superficie de la roca se acumulan en las áreas bajas. Al amontonar las capas de partículas, su peso las compacta y se cementan gracias a reacciones químicas. Después de miles de años, las capas se convierten en roca sólida junto con los organismos que quedan atrapados entre las capas.

El ciclo de las rocas

La ilustración de la derecha muestra cómo se forman las rocas sedimentarias, las rocas ígneas y las metamórficas. Fíjate que las rocas sedimentarias y las metamórficas pueden derretirse y convertirse en rocas ígneas, lo cual normalmente ocurre en la profundidad de la Tierra. ¿Te imaginas por qué los fósiles no se encuentran normalmente en las rocas ígneas?

El ciclo de las rocas es un proceso continuo. Cualquiera de los tres tipos de roca termina convirtiéndose en otro tipo de roca. Los científicos que estudian la vida tienen suerte de que este proceso tarde millones de años. Si el proceso fuera más rápido y las rocas sedimentarias se convirtieran en metamórficas o ígneas a un ritmo más rápido, el registro fósil que tenemos sería mucho más reducido. ¡Quizás ni siquiera habríamos descubierto los dinosaurios!

¡Qué ciclo!

▶ Imagínate que encuentras varios fósiles del mismo organismo. Algunos estaban en capas profundas de rocas sedimentarias y otros en capas de rocas sedimentarias cerca de la superficie. ¿Qué te dice esto sobre el organismo?

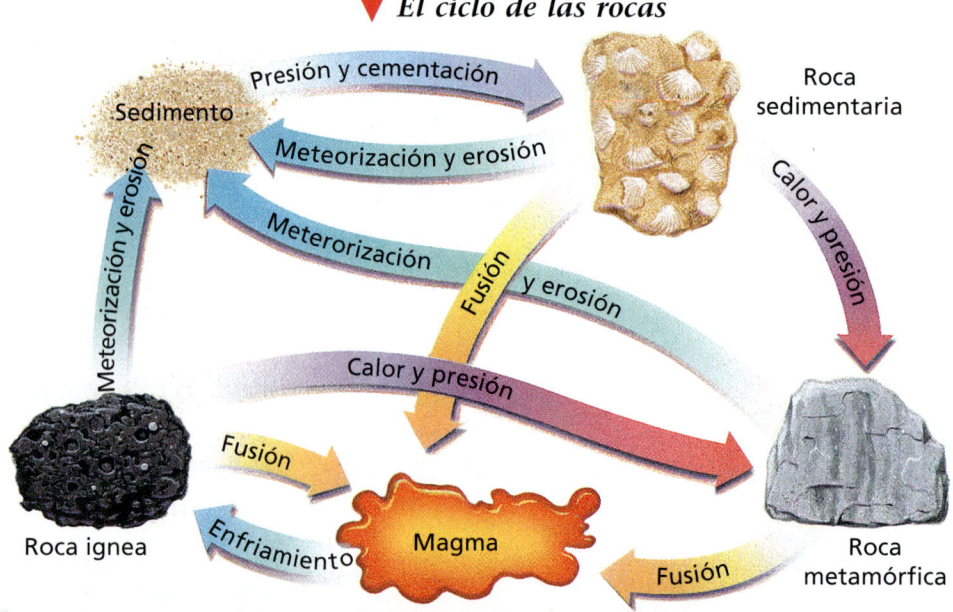

▼ *El ciclo de las rocas*

PROFESIONES

PALEOBOTÁNICA

Bonnie Jacobs es profesora e investigadora en la Universidad Metodista del Sur en Dallas, Texas. Es paleobotánica y puede "ver" el pasado con "fotografías" especiales. Si te fijas en estas fotografías, puedes ver un pastizal antiguo, un desierto o una selva. Hasta podrías ver el lugar donde pudo haberse originado la raza humana.

Plantas fósiles y climas antiguos

Jacobs y otros paleobotánicos estudian las plantas actuales y cómo crecen en climas distintos. Es posible que las plantas que crecen en climas calientes y húmedos crecieran en el mismo clima hace millones de años. Así, cuando Jacobs encuentra el fósil de una planta que se parece a una plantas moderna, puede determinar cómo era el clima antiguo. Pero los fósiles no sólo te dan el reporte del clima.

Plantas y huesos antiguos

Algunos de estos fósiles de plantas se encuentran en capas de roca que también contienen huesos y, por lo tanto, pueden darnos pistas sobre la historia de la humanidad. "Las ideas sobre las causas de la evolución de la especie humana tienen mucho que ver con el medio ambiente", explica Jacobs. "Por ejemplo, muchos científicos piensan que justo antes de que surgiera la familia humana hubo un gran cambio en el medio ambiente, que pasó de ser boscoso a ser un espacio más abierto. Esta idea tiene que comprobarse, y el mejor modo de hacerlo es estudiando directamente las plantas".

Cuando **Bonnie Jacobs** iba a la escuela, le fascinaban los fósiles, las culturas antiguas y la geología. "Siempre me han interesado las cosas antiguas", dice. Jacobs siguió su vocación y se convirtió en paleobotánica. "Un paleobotánico estudia los fósiles de plantas", explica Jacobs "Estudiamos fósiles de hojas, madera, polen, partes de la flor o cualquier otra parte que venga de una planta".

¡A la aventura!

Para realizar sus investigaciones, Jacobs ha viajado a muchos lugares diferentes y trabajado con una gran variedad de personas. "Kiptalam Chepboi, un colega con quien trabajamos en Kenya, me llevó a una colmena de abejas mansas. Puedes tomar un trozo de panal échártelo a la boca y saborear la miel sin preocuparte de que te piquen. Fue una de las cosas más bonitas de mi visita."

Hacer un registro moderno

▶Haz tu propio fósil de una planta. Presiona parte de la hoja de una planta sobre un pedazo de arcilla. Llena con yeso el hueco que dejó la hoja. Escribe un informe sobre lo que puedes deducir a partir del fósil sobrel el medio ambiente del que proviene.

▲ *Hojas fosilizadas*

CAPÍTULO 10 Clasificación

¡Esto realmente sucedió!

Los zorrillos han sido rechazados por su familia. No por su olor, sino por su ADN. En otro tiempo se pensaba que eran los parientes más cercanos de los hurones, los visones, los tejones, las comadrejas y las nutrias. Estos carnívoros peludos de cuerpo alargado y patas cortas se agrupan en una familia llamada Mustélidos. *Mustélido* viene del latín y significa "ratón". Los zorrillos entran en el grupo de las comadrejas y los hurones porque comparten varias características físicas con los ratones, como tener las orejas chicas y redondas, y las patas cortas. Sin embargo, un investigador del Museo Suroccidental de Biología de la Universidad de Nuevo México descubrió que el ADN de los zorrillos es muy diferente del ADN de los otros Mustélidos. Los científicos pueden determinar el grado de parentesco de las especies comparando su ADN. El ADN de dos animales que son parientes cercanos, como el gato doméstico y el tigre, es más parecido que el ADN de dos animales que son parientes lejanos, como el gato doméstico y el pollo. Entonces, ¿cómo clasificamos a los zorrillos? Pues en su propia familia científica, que fue creada recientemente: los Mefítidos. *Mefítido* viene del latín y significa "mal olor".

En este capítulo aprenderás por qué los nombres científicos son tan importantes y cómo se clasifican los organismos. También aprenderás los seis reinos principales en los que se clasifican los organismos.

¿Tú qué piensas?

Usa tus conocimientos para responder a las siguientes preguntas en tu cuaderno de ciencias:

1. ¿Qué es la clasificación?
2. ¿Cómo utilizan las personas la clasificación a diario?
3. ¿Por qué los científicos clasifican los seres vivos?

Clasificación de zapatos

En esta actividad trabajarán en grupos para desarrollar un sistema de clasificación de zapatos.

Procedimiento

1. Reúne **10 zapatos diferentes** de tus compañeros. Sácalos de una tienda de segunda mano o de una venta de garaje. Marca cada zapato con un número del 1 al 10 usando un **marcador negro** y coloca los zapatos en una mesa del salón de clases.

2. Forma pequeños grupos. En tu cuaderno de ciencias, haz una tabla como la que se muestra a continuación. Úsala como ejemplo para hacer una lista de características. Completa la gráfica con la descripción de cada zapato.

	Características de los zapatos				
	Izquierdo o derecho	Niño o niña	Con o sin cordones	Color	Talla
1.					
2.					
3.					
4.					
5.					

3. Usa la información de la gráfica para desarrollar una clave que sirva para identificar cada zapato. Tu clave debe ser una lista de pasos. Cada uno de ellos debe tener dos enunciados que describan los zapatos y te guíen a otro grupo de enunciados. Por ejemplo, el paso uno podría ser:

   1. a. Ésta es una sandalia roja.   **Zapato #4**
      b. Ésta no es una sandalia roja. **Ir al paso 2.**

   Cada grupo de enunciados elimina más zapatos hasta que sólo un zapato coincide con la descripción, como en el inciso (a) de arriba. Revisa el número de la suela del zapato para ver si estás en lo cierto.

4. Cuando todos los grupos terminen, intercambia las claves con miembros de otros grupos. Trata de utilizar su clave para identificar los zapatos.

Análisis

5. ¿Para qué te sirvió hacer una lista de las características de los zapatos antes de hacer la clave?

6. ¿Pudiste identificar los zapatos con la clave de otro grupo? Si no fue así, ¿qué problemas tuviste?

Clasificación

Sección 1

Clasificación: División en grupos

VOCABULARIO

clasificación
reino
filo
clase
orden
familia
género
especie
clave dicotómica
taxonomía

OBJETIVOS

- Explica la importancia de los nombres científicos de las especies.
- Menciona los siete niveles de clasificación.
- Explica cómo se escriben los nombres científicos.
- Describe cómo las claves dicotómicas ayudan a identificar los organismos.

Imagínate que vives en un bosque tropical y que tienes que conseguir tu comida, refugio y ropa en el bosque. Si quieres sobrevivir, necesitas conocer las plantas que puedes comer y las que son venenosas. Debes saber qué animales puedes comer y cuáles te pueden comer a ti si no tienes cuidado. Tienes que organizar en categorías los seres vivos que están a tu alrededor, es decir, necesitas clasificarlos. La **clasificación** es la división de los organismos en grupos según sus similitudes.

¿De qué sirve clasificar?

Durante miles de años, los seres humanos hemos clasificado los diferentes tipos de organismos en base a su utilidad. Por ejemplo, los miembros del pueblo Chácabo de Bolivia, como la familia que se muestra en la **Figura 1,** conocen 360 especies de plantas del bosque donde viven y saben para qué sirven 305 de ellas. ¿Cuántas plantas útiles en tu vida puedes mencionar?

Los biólogos también clasifican los organismos vivos y extintos. ¿Para qué hacen esto? En el mundo hay millones de especies diferentes de seres vivos. Entender el número total y la diversidad de seres vivos requiere una clasificación. Como sabes, los científicos buscan respuestas. Clasificar los seres vivos les facilita encontrar las respuestas a muchas preguntas importantes, como las siguientes:

- ¿Cuántas especies conocidas hay?
- ¿Cuáles son las características de estas especies?
- ¿Cuáles son las relaciones entre estas especies?

Figura 1 *El pueblo Chácabo conoce muy bien el medio ambiente.*

Para clasificar un organismo, un biólogo debe usar un sistema que agrupe los organismos según las características que tengan en común y las relaciones entre uno y otro. Los biólogos usan siete niveles de clasificación: reino, filo, clase, orden, familia, género y especie.

Niveles de clasificación

Cada organismo se clasifica en uno de varios **reinos,** que son los grupos más generales de los niveles de clasificación. Todos los organismos de un mismo reino se clasifican en varios **filos.** Los miembros de un determinado filo se parecen más entre sí que a los miembros de otro filo. Los organismos de un filo específico se agrupan en diferentes **clases.** Cada clase se subdivide en uno o más **órdenes,** los órdenes se separan en **familias,** las familias se agrupan en **géneros** y los géneros se dividen en **especies.**

Examina la **Figura 2** para seguir la clasificación del gato doméstico común desde el reino animal hasta la especie de *Felis domesticus*.

Figura 2 *El reino animal abarca todas las especies de animales, mientras que la especie* Felis domesticus *sólo abarca una.*

El **reino animal** abarca todos los filos de animales.

El **filo de los cordados** abarca animales con un cordón nervioso hueco (notocordio).

La **clase de los mamíferos** sólo abarca animales que tienen columna vertebral y amamantan a sus crías.

El **orden de los carnívoros** abarca animales con columna vertebral, que amamantan a sus crías y cuyos antepasados tenían dientes especiales para despedazar carne.

La **Familia de los félidos** abarca animales felinos con columna vertebral que alimentan a sus crías, provistos con garras desarrolladas y dientes especiales para despedazar carne.

El **género *Felis*** abarca animales que tienen las características de las clasificaciones anteriores, pero que no pueden rugir; sólo pueden ronronear.

Especie *Felis domesticus* sólo abarca un tipo de animal, el gato doméstico común. Este gato tiene las características de todos los niveles de clasificación anteriores, pero tiene otras más que lo hacen único.

Explora

Un recurso nemónico es una herramienta que te ayuda a recordar algo. Puede ser una palabra, una oración que tiene claves ¡o incluso un hilo que te amarras al dedo!

Una forma de recordar los niveles de clasificación es usar un recurso nemónico como esta oración: **R**osa **F**ue **C**on **O**tra **F**eliz **G**anadora **E**mocionada.

Inventa tu propio recurso nemónico para los niveles de clasificación usando palabras que signifiquen algo para ti.

Clasificación

¿En qué se basa la clasificación?

Carolus Linnaeus, a quien ves en la **Figura 3,** fue un médico y botánico sueco que vivió en el siglo XVIII. Linnaeus fundó la **taxonomía,** que es la ciencia encargada de identificar, clasificar y darle un nombre a los seres vivos.

Linnaeus trató de clasificar todos los organismos conocidos sólo por sus características comunes. Este método cambió después de la publicación de la teoría de la selección natural de Darwin, cuando los científicos empezaron a reconocer que los cambios de evolución forman una línea descendiente a partir de un antepasado común. La taxonomía cambió para incluir estas nuevas ideas sobre las relaciones de evolución.

Los taxonomistas de hoy en día todavía clasifican los organismos en base a las relaciones de evolución establecidas. Las especies con un antepasado común reciente se pueden clasificar juntas. Por ejemplo, el ornitorrinco, el oso café, el león y el gato doméstico se relacionan porque se cree que tienen un antepasado en común: un mamífero de la antigüedad. Debido a esta relación, los cuatro animales se agrupan en la misma clase: mamíferos.

El oso café, el león y el gato doméstico se relacionan más entre sí que con el ornitorrinco. Todos son mamíferos, pero el ornitorrinco pone huevos, a diferencia de los otros tres animales. Los osos cafés, los leones y los gatos domésticos comparten un antepasado común: un carnívoro antiguo; por lo tanto, se clasifican en el mismo orden: carnívoros.

La relación de evolución cercana entre los leones y los gatos domésticos se muestra en el esquema de la **Figura 4.** Las características de la flecha que apunta hacia la derecha son las que hacen que el animal señalado sea único. El gato doméstico y el ornitorrinco comparten las características del pelo y las glándulas mamarias, pero son diferentes en otras cosas. Por ejemplo, el gato doméstico puede ronronear. La rama que conduce a los leones está más cerca de la rama que llega a los gatos domésticos. El león y el gato doméstico son parientes cercanos porque comparten el antepasado común más reciente: un gato de la antigüedad.

Figura 3 *Carolus Linnaeus clasificó más de 7,000 especies de plantas.*

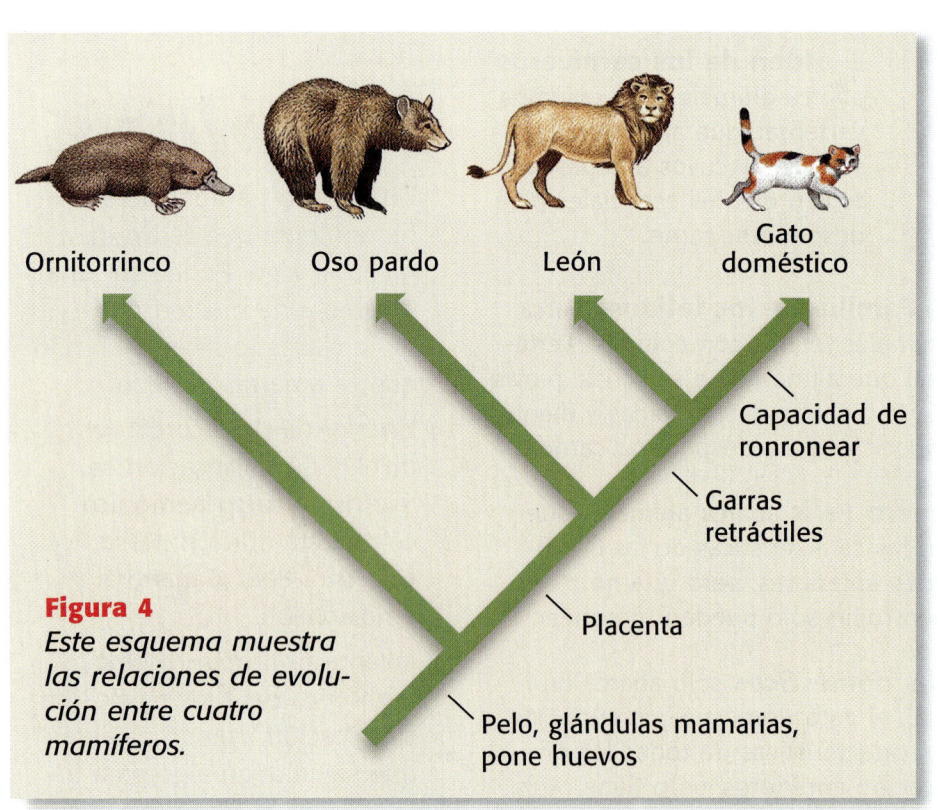

Figura 4 *Este esquema muestra las relaciones de evolución entre cuatro mamíferos.*

Asignación de nombres

Cuando los biólogos clasifican los organismos, les ponen nombres científicos, siempre es el mismo para un organismo dado, sin importar cuántos nombres comunes tenga.

Antes de la época de Linnaeus, los eruditos usaban nombres en latín de hasta 12 palabras para identificar las especies. Linnaeus simplificó la identificación de los organismos al darle a cada especie un nombre científico compuesto por dos partes. La primera parte del nombre identifica el género y la segunda, la especie. El nombre científico del elefante indio, por ejemplo, es *Elephas maximus*. Ninguna otra especie tiene este nombre, y todos los científicos saben que el *Elephas maximus* se refiere al elefante indio. La primera persona que describe una especie nueva es quien le da un nombre científico.

Todo me suena a griego (o latín).
Los nombres científicos paracen difíciles de entender porque están en latín o en griego, pero están llenos de significado. Observa la **Figura 5;** quizá conozcas el nombre científico de este animal. ¡Claro! Es el *Tyrannosaurus rex*. La primera palabra significa "lagartija tirana" en griego y la segunda palabra significa "rey" en latín. El nombre del género siempre empieza con mayúscula y el de la especie con minúscula. Ambas palabras se subrayan o se escriben en cursiva. Tal vez has oído llamar al *Tyrannosaurus rex* como *T. rex*.

Esto es aceptable ya se ha mencionado antes el nombre del género. El nombre de la especie no está completo sin el nombre del género o su abreviatura.

Experimentos

¡Bienvenidos a bordo a la nave *Aventura*! Pasa a la página 594.

Laboratorio

Diagramas de evolución

Un diagrama de evolución se construye para trazar el linaje de una especie aunque algunos de sus antepasados sólo sean fósiles. También se usa para mostrar las relaciones de evolución entre diferentes filos de organismos.

Haz un diagrama como el de la página 230. Usa una rana, una víbora, un canguro y un conejo. ¿Qué evolución hubo entre un organismo y el siguiente? Escríbelo en tu diagrama.

Figura 5
¡Tú nunca llamarías al Tyrannosaurus rex *sólo* rex! ¿verdad?

Clasificación **231**

¿Por qué son tan importantes los nombres científicos?

Examina la caricatura de la **Figura 6.** ¿Cómo se llama ese animalito negro con blanco que a veces huele mal? El zorrillo tiene varios nombres comunes en inglés y por lo menos uno en cada idioma. Todos estos nombres comunes pueden provocar bastante confusión a los biólogos que quieren hablar sobre el zorrillo. Los biólogos de diferentes partes del mundo que están interesados en los zorrillos necesitan saber que están hablando del mismo animal, así que usan su nombre científico, *Mephitis mephitis*. Todos los seres vivos conocidos tienen un nombre científico compuesto.

Figura 6 Con el nombre científico compuesto de un organismo, los científicos están seguros de que hablan del mismo organismo

Claves dicotómicas

Los taxonomistas han desarrollado guías especiales que se conocen como **claves dicotómicas** como una ayuda para identificar los organismos desconocidos. Una clave dicotómica tiene varios pares de enunciados descriptivos que sólo tienen dos respuestas diferentes. De cada par de enunciados, la persona que trata de identificar los organismos desconocidos escoge el apropiado. A partir de ahí, la persona se dirige a otro par de enunciados. Si la persona trabaja con la clave usando los enunciados, logrará identificar el organismo desconocido. Trata de identificar los dos animales que se muestran en la página siguiente usando la clave dicotómica.

¿Cuándo y dónde vivió la primera ave? Descúbrelo en la página 244.

Clave dicotómica para 10 mamíferos comunes del este de Estados Unidos

1. a. Este mamífero vuela. Sus manos tienen forma de alas.	**Murciélago café**
b. Este mamífero no vuela.	**Ir al paso 2**
2. a. Este mamífero tiene cola sin pelo.	**Ir al paso 3**
b. Este mamífero no tiene cola sin pelo.	**Ir al paso 4**
3. a. Este mamífero tiene la cola corta y sin pelo.	**Topo**
b. Este mamífero tiene la cola larga y sin pelo.	**Ir al paso 5**
4. a. Este mamífero tiene un antifaz negro.	**Mapache**
b. Este mamífero no tiene un antifaz negro.	**Ir al paso 6**
5. a. Este mamífero tiene la cola aplastada en forma de paleta.	**Castor**
b. Este mamífero no tiene la cola aplastada en forma de paleta.	**Zarigüeya**
6. a. Este mamífero es café con la panza blanca.	**Ir al paso 7**
b. Este mamífero no es café ni tiene la panza blanca.	**Ir al paso 8**
7. a. Este mamífero tiene la cola larga, peluda y con la punta blanca.	**Comadreja de cola larga**
b. Este mamífero tiene la cola larga sin mucho pelo.	**Ratón patiblanco**
8. a. Este mamífero es negro con una raya blanca delgada en la frente y rayas blancas anchas en la espalda.	**Zorrillo rayado**
b. Este mamífero no es negro con rayas blancas.	**Ir al paso 9**
9. a. Este mamífero tiene las orejas largas y la cola corta esponjada.	**Liebre de rabo blanco**
b. Este mamífero tiene las orejas cortas y la cola mediana.	**Marmota de Norteamérica**

REPASO

1. ¿Por qué usamos nombres científicos?
2. Explica las dos partes de un nombre científico.
3. Menciona los siete niveles de clasificación.
4. Describe cómo una clave dicotómica ayuda a identificar organismos desconocidos.
5. **Interpretar ilustraciones** Analiza la figura de la derecha. ¿Qué planta es el pariente más cercano del hibisco? ¿Y el más lejano? ¿Qué planta tiene semillas?

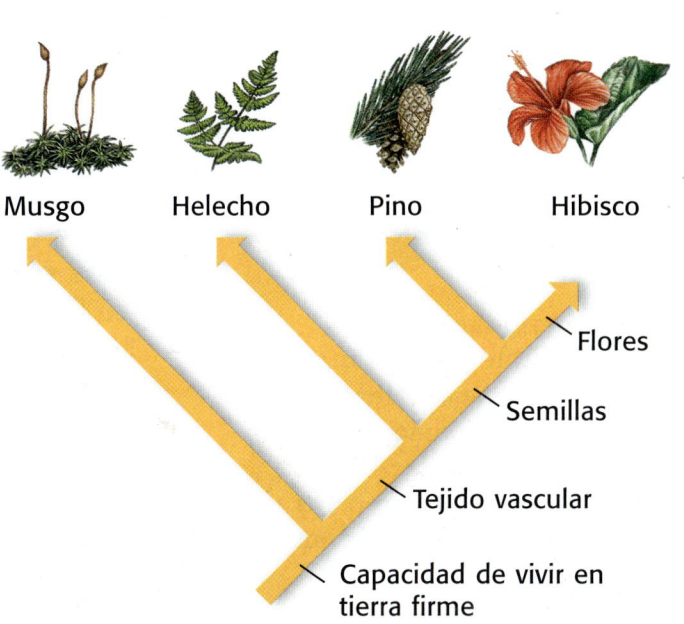

Clasificación

Sección 2

Los seis reinos

VOCABULARIO

arqueobacterias
eubacterias
reino de los protistas
reino vegetal
reino de los hongos
reino animal

OBJECTIVES

- Explica cómo se desarrollaron los esquemas de clasificación para los reinos cuando se descubrió un mayor número de organismos diferentes.
- Mencionar los seis reinos y dar dos características de cada uno.

Durante cientos de años, todos los seres vivos se clasificaron en plantas o animales. La clasificación entre reino vegetal y reino animal funcionó bien hasta que se descubrieron organismos como la especie *Euglena*, que se ilustra en la **Figura 7**. Si fueras un taxonomista, ¿cómo clasificarías un organismo como éste?

¿Qué es eso?

Como sabes, los organismos se clasifican por sus características. Como eres un excelente taxonomista, decides mencionar las características de la *Euglena*:

- Las *Euglenas* son una especie de organismos unicelulares que viven en aguas estancadas
- Las *Euglenas* son verdes y, como la mayoría de las plantas, pueden obtener su comida gracias a la fotosíntesis.

"¡Esto es fácil!", te dices a ti mismo. "Las *Euglenas* son plantas". Pero, ¡no tan rápido! Hay otras características importantes que debes considerar:

- Las *Euglenas* se desplazan de un lugar a otro moviendo sus "colas", llamadas flagelos.
- A veces, usan la comida que obtienen de otros organismos.

Ya sabes que las plantas no se mueven de un lado a otro y, por lo general, no comen otros organismos. ¿Quiere esto decir que las *Euglenas* son animales? Como puedes ver, parece que no encajan en ninguna categoría. Los científicos tuvieron el mismo problema, así que decidieron agregar otro reino para clasificar organismos como las *Euglenas*. Este reino se conoce como el reino de los protistas.

Figura 7 *¿Cómo clasificarías este organismo? La* Euglena, *que en esta ilustración está aumentada unas 1,000 veces, tiene características de plantas y animales.*

Más reinos A medida que los científicos aprendían más de los seres vivos, fueron agregando reinos para explicar las diferencias y similitudes entre los organismos. Hoy en día, la mayoría de los científicos coinciden en que el sistema de clasificación en seis reinos es el que funciona mejor. Sin embargo, todavía hay cierto desacuerdo y mucho que aprender. En las siguientes páginas aprenderás más sobre cada uno de los reinos.

PARA PENSAR

Si sus cloroplastos se mantienen retirados de la luz, la *Euglena* empieza a cazar comida como si fuera un animal. Si no reciben luz durante mucho tiempo, los cloroplastos se degeneran para siempre.

Los dos reinos de las bacterias

Las **bacterias** son organismos unicelulares muy pequeños, que se distinguen de los otros seres vivos porque son *procariotas*, es decir, organismos que no tienen núcleo. Muchos biólogos las dividen en dos reinos, **Arqueobacterias** y **Eubacterias**.

Las arqueobacterias han estado en la Tierra por lo menos desde hace 3 mil millones de años. El prefijo *arqueo* viene del griego y significa "antiguo". Hoy en día puedes encontrar arqueobacterias en lugares donde la mayoría de los organismos no pueden sobrevivir. La **Figura 8** ilustra un manantial de aguas termales en el Parque Nacional Yellowstone *(Yellowstone National Park)*. Los anillos anaranjados y amarillos alrededor de la orilla del manantial están formados por los millones de arqueobacterias que viven ahí.

La mayoría de las bacterias son eubacterias. Estos organismos microscópicos viven en la tierra, el agua ¡y hasta dentro del cuerpo humano! Por ejemplo, la eubacteria *Escherichia coli*, la de la **Figura 9**, se encuentra en grandes cantidades dentro de los intestinos humanos, donde produce la vitamina K. Otro tipo de eubacteria convierte la leche en yogurt, y otra especie causa la sinusitis, las infecciones de oído y la neumonía.

Figura 8 *El agua del gran manantial prismático del Parque Nacional Yellowstone tiene una temperatura de 90ºC (194ºF). El manantial es el hogar de las arqueobacterias que crecen en sus aguas termales.*

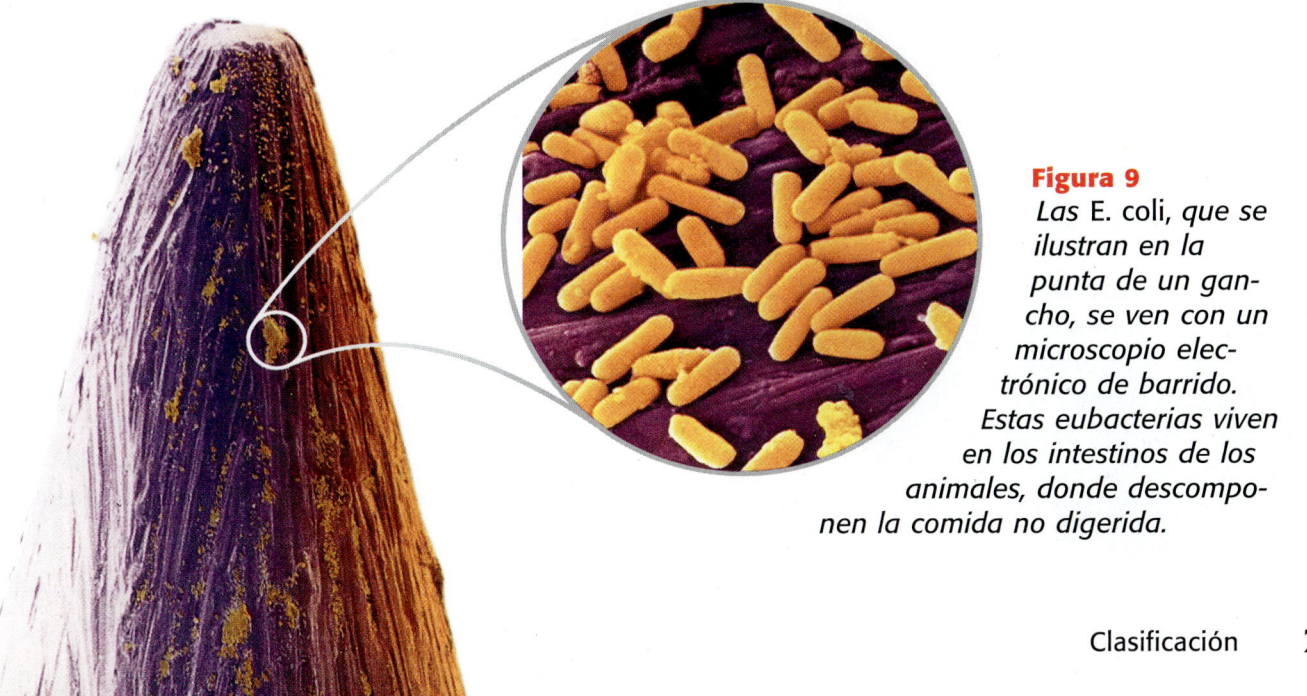

Figura 9
Las E. coli, *que se ilustran en la punta de un gancho, se ven con un microscopio electrónico de barrido. Estas eubacterias viven en los intestinos de los animales, donde descomponen la comida no digerida.*

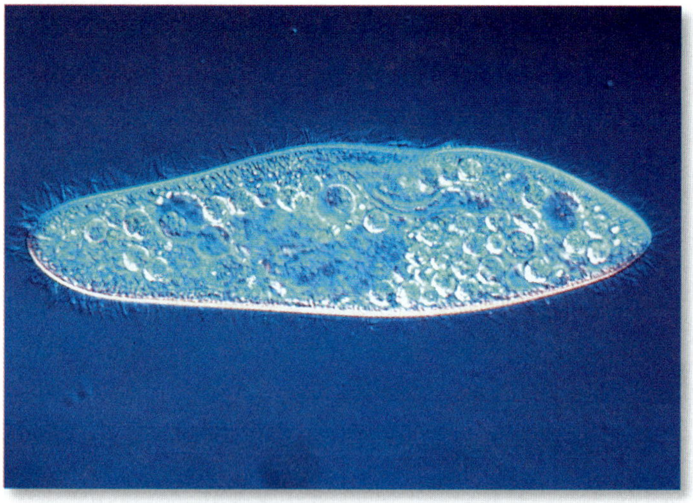

Figura 10 *Por lo general, este* Paramecium *se mueve muy rápidamente.*

Figura 11 *Este moho se extiende sobre un leño caído en el piso del bosque*

Figura 12 *Esta alga marina gigante es un protista multicelular.*

Reino de los protistas

Los miembros del **reino de los protistas,** generalmente llamado protistas, son organismos multicelulares simples. A diferencia de las bacterias, los protistas son *eucariotas*, organismos que tienen células con un núcleo y organelos rodeados por una membrana. El reino de los protistas abarca todas las eucariotas que no son plantas, animales ni hongos. Los científicos creen que los primeros protistas evolucionaron de bacterias antiguas hace unos 2 mil millones de años. Mucho después los protistas dieron lugar a las plantas, los hongos y los animales, así como a los protistas del presente.

El reino de los protistas abarca muchos tipos de organismos. Los protistas incluyen los protozoarios, parecidos a los animales; las algas, parecidos a las plantas; los hongos del limo y los hongos acuáticos, parecidos a los hongos. Las euglenas también son miembros del reino de los protistas, así como el Paramecium **(Figura 10)** y el moho de la **Figura 11.** La mayoría de los protistas son organismos unicelulares, pero algunos son multicelulares, como el alga marina gigante de la **Figura 12.**

Autoevaluación

1. ¿Cuál es la diferencia entre los dos reinos de bacterias y los otros reinos?
2. ¿Cómo distingues el reino de los protistas de los otros dos reinos de bacterias?

(Respuestas en la página 636.).

Reino vegetal

Aunque las plantas varían notablemente en tamaño y en forma, la mayoría de las personas reconocen con facilidad los miembros del **reino vegetal**. Las plantas son organismos multicelulares complejos que, por lo general, son verdes y usan la energía solar para crear azúcar a través de un proceso llamado *fotosíntesis*. Las secoyas y las plantas con flores de las **Figuras 13** y **14**, son ejemplos de los organismos del reino vegetal.

¡MATEMÁTICAS!

Hacer una cadena humana alrededor del secoya gigante

¿Cuántos estudiantes necesitas para formar una cadena humana alrededor de un secoya gigante que tiene una circunferencia de 30 m? Imagínate que el estudiante promedio puede extender sus brazos unos 1.3 m.
NOTA: No puedes tener una fracción de estudiante, así que asegúrate de redondear tu respuesta al número entero más cercano.

ciencias del medio ambiente
CONEXIÓN

Las secoyas son árboles muy raros. Sólo crecen en California y son una especie protegida. Algunas tienen más de 3,000 años.

Figura 13 Una secoya gigante puede medir 30 m de ancho y más de 91.5 m. de alto.

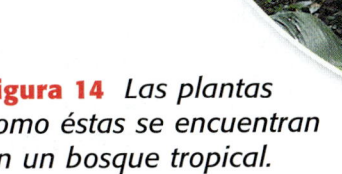

Figura 14 Las plantas como éstas se encuentran en un bosque tropical.

Reino de los hongos

El moho y los hongos son ejemplos de los miembros multicelulares complejos del **reino de los hongos**. Los hongos se clasificaron originalmente como plantas, pero no obtienen nutrientes a través de la fotosíntesis. Tampoco tienen muchas de las características de los animales. Debido a sus peculiares características, se clasifican en un reino separado.

Los hongos no realizan la fotosíntesis, como las plantas, y no se alimentan de comida, como los animales. Lo que hacen es absorber nutrientes de sus alrededores después de descomponerlos con jugos digestivos. La **Figura 15** muestra un hongo muy bonito pero mortal y la **Figura 16** muestra un moho negro en un pedazo de pan. ¡Seguro que alguna vez has visto este tipo de moho en el pan!

Figura 15 Este hongo tan bonito del género *Amanita* es venenoso.

Figura 16 Este moho negro que crece en un pedazo de pan puede ser peligroso si inhalas sus esporas. Algunos mohos son muy peligrosos y otros producen antibióticos que salvan vidas, como la penicilina.

Imagínate que caminas por un bosque con un amigo y se topan con el organismo que ves a la derecha. Piensan que es una planta, pero no se parece a ninguna de las que conocen. Tiene una flor y semillas, hojas muy chicas y raíces que crecen en un tronco podrido, y es blanco de la raíz a los pétalos. ¿A qué reino crees que pertenece? ¿En qué características se basa tu respuesta? ¿Qué información adicional necesitas para dar una respuesta más exacta?

Reino animal

Los animales son organismos multicelulares complejos que pertenecen al **reino animal**. La mayoría de los animales pueden desplazarse de un lado a otro y poseen un sistema nervioso que les permite percibir y reaccionar ante lo que sucede a su alrededor. A nivel microscópico, las células animales difieren de las células de los hongos, de las plantas, de la mayoría de los protistas y de las bacterias, en que no tienen pared celular. La **Figura 17** muestra algunos miembros del reino animal.

Figura 17 El reino animal abarca muchos organismos diferentes, como águilas, tortugas y delfines.

REPASO

1. Menciona los seis reinos.
2. ¿Cuál de los seis reinos incluye los procariotas y cuál abarca los eucariotas?
3. Explica las diferentes maneras en que las plantas, los hongos y los animales obtienen nutrientes.
4. **Aplicar conceptos** Usa la información del diagrama de evolución de los primates para responder a las siguientes preguntas: ¿Qué primate comparte más rasgos con los humanos? ¿Comparten los lémures y los seres humanos las características mencionadas en el punto D? ¿Qué características tienen los mandriles que los lémures no tienen? Explica tus respuestas.

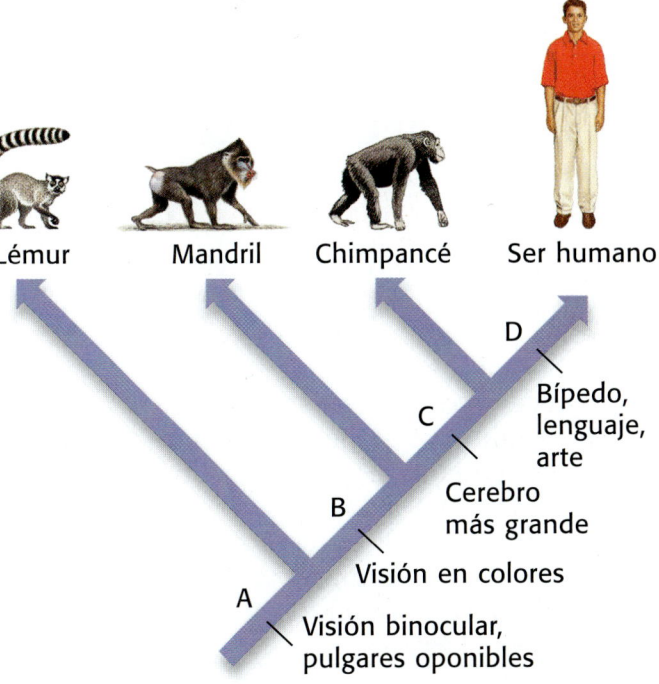

Clasificación **239**

Resumen del capítulo

SECCIÓN 1

Vocabulario
clasificación *(pág. 228)*
reino *(pág. 229)*
filo *(pág. 229)*
clase *(pág. 229)*
orden *(pág. 229)*
familia *(pág. 229)*
género *(pág. 229)*
especie *(pág. 229)*
taxonomía *(pág. 230)*
clave dicotómica *(pág. 232)*

Notas de la sección

- La clasificación se refiere a la organización de los organismos según sus similitudes y relaciones de evolución.

- Los biólogos clasifican a los organismos para organizar el número y la diversidad de seres vivos, y darles nombres científicos.

- Un nombre científico siempre es el mismo para un organismo específico, sin importar cuántos nombres comunes tenga.

- El esquema de clasificación que se usa actualmente se basa en el trabajo de Carolus Linnaeus, un científico que vivió en el siglo XVIII. Linnaeus fundó la ciencia de la taxonomía, que describe, nombra y clasifica los organismos.

- Hoy en día, los organismos se clasifican en siete niveles: reino, filo, clase, orden, familia, género y especie. El género y la especie de un organismo forman su nombre científico.

- La clave dicotómica identifica los organismos.

- Los esquemas de clasificación moderna incluyen las relaciones de evolución.

Experimentos
La Isla de las formas *(pág. 592)*

✔ Comprobar destrezas

Conceptos de matemáticas

ORGANISMOS GRANDES La regla del redondeo dice que si el número que deseas redondear es mayor o igual al punto medio, debes redondear al número inmediatamente superior.

A veces, cuando trabajas con objetos en lugar de números, tienes que usar una regla diferente. En la sección "¡Matemáticas!" de la página 237, vas a redondear tu respuesta aunque incluya una fracción menor que la mitad del siguiente número. ¿Por qué? Porque si no redondeas, no tendrás suficientes alumnos para rodear el árbol.

Comprensión visual

NIVELES DE CLASIFICACIÓN Si tienes algunas dudas sobre los siete niveles de clasificación de los organismos, vuelve a la página 229. Revisa la Figura 2 y observa que el reino es el nivel más amplio y general. Por ejemplo, todos los animales están agrupados en el reino animal. A partir de ahí, los grupos se vuelven cada vez más específicos hasta llegar a un solo tipo de animal al nivel de especie. Si trabajas a partir de la especie, observa que, a medida que subes hacia al nivel de reino, cada vez hay más animales en el grupo.

SECCIÓN 2

Vocabulario
bacterias *(pág. 235)*
arqueobacterias *(pág. 235)*
eubacterias *(pág. 235)*
reino de los protistas *(pág. 236)*
reino vegetal *(pág. 237)*
reino de los hongos *(pág. 238)*
reino animal *(pág. 239)*

Notas de la sección

- Al principio, los seres vivos se clasificaban en plantas y animales. Cuando los científicos descubrieron más acerca de los seres vivos y encontraron otros organismos, se agregaron nuevos reinos más descriptivos.

- La mayoría de los biólogos reconocen seis reinos: arqueobacterias, eubacterias, reino de los protistas, reino vegetal, reino de los hongos y reino animal.

- Las bacterias son procariotas, organismos unicelulares que no tienen núcleo. Los organismos de los otros reinos son eucariotas, organismos que tienen células con núcleo.

- Las arqueobacterias habitan la Tierra desde hace unos 3 mil millones de años y viven donde la mayoría de los otros organismos no pueden.

- La mayoría de las bacterias son eubacterias y viven en casi todas partes. Algunas son dañinas y otras son útiles.

- Las plantas, la mayoría de los hongos y los animales son organismos multicelulares complejos. Las plantas realizan la fotosíntesis; los hongos descomponen el material fuera de su cuerpo y luego absorben los nutrientes; los animales se alimentan con comida, que digieren dentro de su cuerpo.

Experimentos
Viaje de la nave espacial *Aventura* *(pág. 594)*

---

internet

 VISITA: go.hrw.com

Visita el sitio web de HRW para encontrar una serie de herramientas de aprendizaje relacionadas con este capítulo. Sólo tienes que escribir la palabra clave:

PALABRA CLAVE: HSTCLS

 **VISITA:** www.scilinks.org

Visita el sitio web de la **Asociación Nacional de Maestros de Ciencias** (*National Science Teachers Association*) para encontrar recursos de Internet relacionados con este capítulo. Sólo escribe el **ENLACE DE CIENCIAS** para obtener más información sobre el tema:

TEMA: La base para la clasificación	**ENLACE:** HSTL205
TEMA: Niveles de clasificación	**ENLACE:** HSTL210
TEMA: Claves dicotómicas	**ENLACE:** HSTL215
TEMA: Los seis reinos	**ENLACE:** HSTL220

Clasificación **241**

Repaso del capítulo

UTILIZAR EL VOCABULARIO

Escoge el término correcto para completar cada una de las siguientes oraciones:

1. Linnaeus fundó la ciencia de ____. (*el análisis del ADN* o *la taxonomía*)

2. Todos los organismos clasificados en un solo reino se dividen en uno de ____. (*varios filos* o *varias clases*)

3. El nivel más específico de clasificación es ____. (*el género* o *la especie*)

4. Linnaeus empezó a nombrar organismos con ____. (*nombres científicos de dos partes* o *relaciones de evolución*)

5. Las arqueobacterias y las eubacterias son ____. (*procariotas* o *eucariotas*)

COMPRENDER CONCEPTOS

Opción múltiple

6. Cuando los científicos clasifican los organismos,
   a. los ordenan en grupos.
   b. les dan varios nombres comunes.
   c. deciden si son útiles o no.
   d. ignoran las relaciones de evolución.

7. Cuando los siete niveles de clasificación se ordenan del más general al más específico, ¿cuál se encuentra en el quinto lugar?
   a. la clase
   b. el orden
   c. el género
   d. la familia

8. El nombre científico del nenúfar blanco europeo es *Nymphaea alba*. ¿A qué género pertenece?
   a. *Nymphaea*
   b. *alba*
   c. nenúfar
   d. lirio alba

9. "Realmente Feliz, Claudia Observa Fascinada Galaxias Enormes" es un sistema nemónico que ayuda a recordar
   a. los nombres científicos de diferentes organismos.
   b. los seis reinos.
   c. los siete niveles de clasificación.
   d. la diferencia entre células procariotas y células eucariotas.

10. La mayoría de las bacterias se clasifican en el reino de:
    a. Arqueobacterias
    b. Eubacterias
    c. Protistas
    d. Hongos

11. ¿Qué tipo de organismo prospera en un medio ambiente con condiciones extremas?
    a. arqueobacterias
    b. eubacterias
    c. protistas
    d. hongos

Respuesta breve

12. ¿Por qué el uso de nombres científicos es tan importante en la biología?

13. Menciona dos tipos de evidencia que los taxonomistas modernos usan para clasificar los organismos según las relaciones de evolución.

14. ¿Es la eubacteria un tipo de eucariota? Explica tu respuesta.

Organizar conceptos

15. Usa los siguientes términos para crear un mapa de ideas: reino, helecho, lagartija, reino animal, reino de los hongos, algas, reino de los protistas, reino vegetal, champiñón.

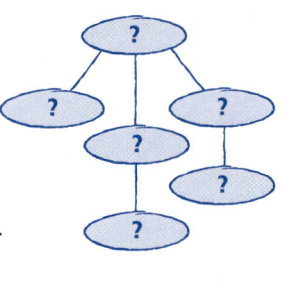

RAZONAMIENTO CRÍTICO Y RESOLUCIÓN DE PROBLEMAS

Escribe una o dos oraciones para responder a las siguientes preguntas:

16. ¿Cómo se relacionan los niveles de clasificación con las relaciones de evolución entre los organismos?

17. Explica por qué dos especies que pertenecen al mismo género, como el roble blanco *(Quercus alba)* y el alcornoque *(Quercus suber)*, también pertenecen a la misma familia.

18. ¿Qué característica tienen en común los miembros de los seis reinos?

LAS MATEMÁTICAS EN LAS CIENCIAS

19. Los científicos calculan que aún hay millones de especies por descubrir y clasificar. Si sólo se han descubierto y clasificado 1.5 millones, o el 10 por ciento de las especies, ¿cuántas especies hay en la Tierra, según los científicos?

20. Las secoyas pueden crecer más de 90 m de altura. Cada metro tiene 100 cm. ¿Cuántos centímetros hay en 90 m?

INTERPRETAR GRÁFICAS

El siguiente diagrama ilustra las relaciones de evolución entre algunas plantas.

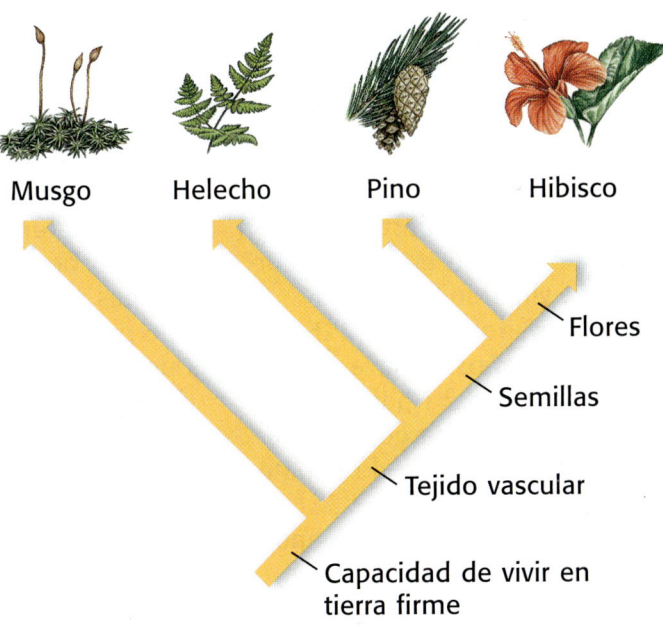

21. ¿Qué planta es el pariente más cercano del antepasado común de todas las plantas?

22. Usa el diagrama y menciona, por lo menos, una característica que distinga cada planta de sus antepasados.

23. ¿Qué planta es pariente lejano del pino?

24. En este diagrama de evolución, ¿dónde pondrías las algas? Explica tu respuesta.

AHORA, ¿qué piensas?

Revisa tus respuestas a las preguntas de la página 5 que escribiste en el cuaderno de ciencias. ¿Han cambiado tus respuestas? Si es necesario, corrige tus respuestas basándote en lo que has aprendido en este capítulo.

DEBATE CIENTÍFICO

Veo, veo... ¿Qué ves?

Piensa en las aves. Pericos, palomas, buitres, emúes... ¡están en todas partes! Pero en otro tiempo no eran aves. ¿De dónde vinieron? ¿Cuándo evolucionaron? ¿Hace 225 millones de años?, ¿Hace 115 millones de años? Nadie está seguro. Sin embargo, éste ha sido un largo tema de debate entre científicos.

El debate empezó cuando, en 1860 y 1861, se encontraron en Alemania los restos del fósil de un dinosaurio de 150 millones de años con alas y plumas, el *Archaeopteryx*.

▲ El *Archaeopteryx* fue la primera ave.

¡Las aves son dinosaurios!

Algunos científicos piensan que las aves evolucionaron de pequeños dinosaurios carnívoros como el *Velociraptor* hace unos 115 ó 150 millones de años. Su idea se basa en las similitudes entre las aves modernas y estos pequeños dinosaurios. El tamaño, la forma y el número de uñas y "dedos" es de especial importancia, así como la ubicación y la forma del esternón y los hombros, la presencia de una estructura ósea cóncava y el desarrollo de los huesos que agitan para emprender el vuelo. Para muchos científicos, las pruebas son abrumadoras y sólo pueden llevar a una conclusión: las aves modernas descienden de los dinosaurios.

¡No es cierto!

"¡No tan rápido!", dice un grupo de científicos más pequeño pero con la misma determinación, que piensa que las aves se desarrollaron 100 millones de años antes del descubrimiento del *Velociraptor* y sus parientes. Señalan que estos dinosaurios eran terrestres y no tenían ni la forma ni el tamaño para volar. ¡Nunca se habrían despegado del suelo! Además, a estos dinosaurios les faltaba por lo menos uno de los huesos que necesitan las aves modernas para volar.

Esta idea de que las "aves descienden de los dinosaurios" se apoya en los fósiles de los *thecodonts*, pequeños reptiles trepadores que vivieron hace unos 225 millones de años. Un thecodont, un pequeño trepador de cuatro patas llamado *Megalancosaurus*, tenía los huesos y la forma del cuerpo adecuados, así como el centro de gravedad correcto para volar. Las pruebas indican, según este grupo de científicos, que las aves volaban mucho antes de que los dinosaurios existieran.

▲ Es posible que este pequeño reptil trepador, el *Megalancosaurus*, evolucionara para dar origen a las aves que conocemos hoy en día.

¿Quién tiene razón?

Ambos grupos están discutiendo sobre fósiles que tienen de 65 a 225 millones de años. Algunas especies dejaron muchos fósiles; mientras que otras sólo unos pocos. En los últimos años, algunos fósiles descubiertos en China, Mongolia y Argentina le han echado leña al fuego. Por lo tanto, los científicos seguirán estudiando las pruebas disponibles y haciendo conjeturas. Mientras tanto, el debate continúa.

Compara por tí mismo

▶ Busca y compara fotografías de fósiles de *Sinosauropteryx* y *Archaeopteryx*. ¿En qué se parecen? ¿En qué se diferencian? ¿Crees que las aves podrían ser dinosaurios modernos? Discute la idea con alguien que discrepe.

Curiosidades de la CIENCIA

VIDA EN LOS LABIOS DE LA LANGOSTA

¿Alguna vez te has parado a pensar en los labios de las langostas? Es más, ¿sabías que las langostas tienen labios? Sí los tienen. Y los científicos han encontrado un animalito que vive en ellos. De eso hace ya 30 años, pero nunca lo habían estudiado de cerca. Cuando por fin lo hicieron, ¡quedaron sorprendidos! Esta diminuta forma de vida es diferente de cualquier otra cosa conocida. ¡Te presentamos a *Symbion pandora*!

Un poco extraña

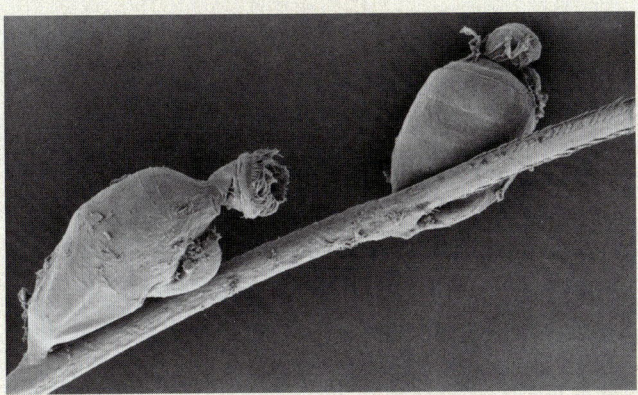

▲ Aunque los científicos han sabido de la existencia de la Symbion pandora *desde hace 30 años, no se habían dado cuenta de lo rara que era.*

¿Por qué la *Symbion pandora* es tan rara? Además de pasar la mayor parte de su vida en los labios de la langosta, la *S. pandora* también combina los rasgos de diferentes animales. Aquí te presentamos algunas de sus extrañas características:

- **Etapas de la vida:** El ciclo de vida de la *S. pandora* incluye varias *etapas* o formas corporales. En una época la *S. pandora* nada, mientras que en otras sólo subsiste pegada a la boca de la langosta.
- **Machos enanos:** Los *S. pandora* machos son mucho más pequeños que las hembras. Por eso se llaman *machos enanos*.
- **Costumbres alimenticias:** Los machos enanos no comen; sólo buscan una hembra, se reproducen y mueren.
- **Gemación:** Muchos organismos no tienen sexo. Estos animales se reproducen a través de un proceso llamado *gemación*. En la gemación, un nuevo animal puede brotar del adulto y asi sucesivamente.
- **Desaparición de los intestinos:** Cuando un adulto empieza a formar una gemación, su aparato digestivo y su sistema nervioso desaparecen. Parte de los intestinos contribuyen a la gemación. Luego, el adulto forma un aparato digestivo y un sistema nervioso nuevos para reemplazar a los viejos.

¿Qué tan raro es esto?

Cuando los científicos descubren una nueva planta o animal, concluyen que representa una nueva especie dentro de un género existente. En ese caso, crean un nombre para la especie nueva. Generalmente, quien encuentra el organismo lo bautiza. Si éste es *muy* raro, lo ubican en una nueva especie y un nuevo género.

La *S. pandora* es tan rara que la ubicaron en una nueva especie, un nuevo género, una nueva familia, un nuevo orden, una nueva clase ¡e incluso en un nuevo filo! Un descubrimiento científico como éste es excepcional. De hecho, cuando se descubrió, en 1995, se anunció en los periódicos de todo el mundo.

¿Dónde buscarías?

▶ La *S. pandora* se observó por primera vez hace más de 30 años, pero nadie se dio cuenta de lo rara que era hasta que los científicos la estudiaron. Se calcula que hemos identificado menos del 10 por ciento de los organismos de la Tierra. Encuentra otras especies animales descubiertas en los últimos 10 años. ¿En qué lugares buscarías nuevas especies?

UNIDAD 4

CRONOLOGÍA

Las plantas

Probablemente estés familiarizado con las plantas, pero, ¿conoces su importancia? Al elaborar su propio alimento, las plantas proporcionan oxígeno y alimento a otros seres vivos.

A lo largo de la historia, las personas se han esforzado por entender a las plantas y en esta unidad tú también lo harás. Aprenderás cómo crecen, cómo se reproducen y cómo elaboran su propio alimento. Continúa leyendo para descubrir cosas fascinantes sobre las plantas.

250 a.c.
Los agricultores mayas construyen terrazas para controlar el agua que llega a sus cosechas.

1931
Barbara McClintock descubre que cuando los genes de una planta intercambian información se crean nuevas variedades de maíz.

1940
Se obtiene la primera imagen con el microscopio electrónico de un cloroplasto.

246 Unidad 4

1580
Prospero Alpini descubre que las plantas tienen tanto estructuras masculinas como femeninas.

1763
Joseph Kohlreuter estudia la polinización de las plantas.

1776
Se firma la Declaración de Independencia.

1891
Se inventa el cierre.

1837
Se descubre que la clorofila es necesaria para la fotosíntesis.

1983
Se aísla el VIH, virus responsable del SIDA.

1996
Se introduce una planta de algodón genéticamente modificada que es resistente a los insectos.

1967
Se demuestra que el taxol, un extracto de la corteza del tejo del Pacífico, es un fármaco efectivo contra el cáncer.

Las plantas

CAPÍTULO 11
Introducción a las plantas

¡Esto realmente sucedió!

Un científico solitario se adentra en un lejano bosque tropical. En un estrecho cañón, nota algo fuera de lo común y descubre una especie de árbol de la época en que el *Tyrannosaurus rex* y el *Velociraptor* existían en la Tierra.

No se trata de una escena de Parque Jurásico, sino de un hecho real ocurrido en 1994, en un bosque tropical de Australia. El científico se llamaba David Noble y fue el descubridor de una especie de árbol que data del período Cretácico (hace 144 a 65 millones de años).

Los árboles, conocidos como pinos Wollemia, tienen grandes hojas en forma de cuchilla y su corteza es nudosa y café; crecen hasta 35 m de altura y sus troncos pueden alcanzar 1 m de ancho.

Desde su descubrimiento, los científicos de los Jardines Botánicos Reales, en Sidney (Australia), han sembrado semillas y cultivado plántulas de estos árboles. Pronto estarán disponibles para los amantes de la jardinería. En este capítulo, aprenderás más sobre el misterioso mundo de las plantas. Verás que son formas de vida complejas que desafían nuestro entendimiento de la naturaleza.

¿Tú qué piensas?

Usa tus conocimientos para responder a las siguientes preguntas en tu cuaderno de ciencias:

1. ¿Para qué les sirven a las plantas las flores y los frutos?
2. ¿Qué diferencias hay entre las plantas y los animales?

2 tazas de harina
1 cucharadita de sal
1 cucharadita de bicarbonato de sodio
$1\frac{1}{2}$ tazas de azúcar
1 cucharadita de vainilla
2 huevos
2 tazas de chispas de chocolate
$\frac{1}{2}$ taza de margarina

Galletas en peligro

Una mañana, una panadería recibe un pedido urgente de cientos de galletas con chispas de chocolate. Cuando el panadero va a por los ingredientes, se encuentra con que todos los que se derivan directa o indirectamente de las plantas se han terminado. ¿Podrá hacer las galletas?

Procedimiento

1. Examina los ingredientes de la receta de las galletas.
2. Determina qué ingredientes provienen de las plantas, ya sea directa o indirectamente.
3. Identifica las plantas relacionadas con cada ingrediente.

Análisis

4. Imagínate que la receta dijera mantequilla en lugar de margarina, ¿le serviría de algo al panadero? ¿Por qué?
5. Si quitaras de las galletas todos los ingredientes derivados de las plantas, ¿qué comerías?

Introducción a las plantas

Sección 1

¿Qué distingue a una planta?

VOCABULARIO

cutícula
esporofito
gametofito
planta no vascular
planta vascular
gimnosperma
angiosperma

OBJETIVOS

- Identifica las características comunes a todas las plantas.
- Discute el origen de las plantas.
- Explica las diferencias entre los cuatro grupos de plantas principales.

Imagínate cómo sería pasar un día sin ningún derivado de las plantas. No sólo sería imposible hacer galletas con chispas de chocolate, sino muchas otras cosas, como usar pantalones vaqueros, ropa de algodón o lino, muebles de madera, lápices y el papel en todas sus formas, incluyendo el dinero. Casi todos los alimentos están elaborados a base de plantas o de animales que comen plantas, así que no se podría comer nada. Sería muy difícil sobrevivir a un día sin plantas; la vida que conocemos sería practicamente imposible si las plantas no existieran.

Características de las plantas

Como puedes observar, las plantas tienen diversos tamaños y formas. ¿Qué tienen en común los cactus, los lirios acuáticos, los helechos y las demás plantas? A pesar de que parecen muy diferentes, todas las plantas comparten ciertas características.

Las plantas elaboran su propio alimento Tal vez ya hayas notado que la mayoría de las plantas son verdes. Esto se debe a que sus células contienen cloroplastos. En capítulos anteriores, aprendiste que los cloroplastos son organelos que contienen un pigmento verde llamado *clorofila*. La clorofila absorbe la energía de la luz solar y esta energía se utiliza para fabricar moléculas de alimento, como la glucosa. Como recordarás, a este proceso se le llama fotosíntesis.

Las plantas tienen cutícula La **cutícula** es una capa cerosa que recubre la superficie de los tallos, hojas y otras partes expuestas al aire; es una adaptación que evita la desecación de las plantas, pues la mayor parte habita en tierras secas.

Arce

Nopal

Lirio acuático

Helecho

Las células vegetales tienen paredes celulares

Las células vegetales están rodeadas por una membrana celular y por una pared celular rígida, que la rodea y brinda soporte y protección a la planta gracias a los carbohidratos complejos y proteínas que contiene, y que forman un material fuerte. Cuando la célula alcanza su tamaño final, se puede desarrollar una pared celular secundaria, de consistencia resistente y leñosa; una vez formada, la célula no puede crecer más.

Las plantas se reproducen por medio de esporas y gametos

El ciclo de vida de las plantas puede dividirse en dos etapas: en una se producen esporas, y en la otra gametos (óvulos y espermatozoides). La primera etapa se llama esporofito y la segunda etapa se llama gametofito. En la **Figura 2** se muestra un diagrama del ciclo vital de las plantas.

Las esporas y los gametos son células reproductoras diminutas. Las esporas que llegan a un medio adecuado, como un suelo húmedo, pueden dar origen a nuevas plantas; en cambio, los gametos no pueden hacerlo por sí solos. El gameto masculino (espermatozoide) debe unirse con el gameto femenino (óvulo) y el óvulo fertilizado que resulta de esta unión se desarrolla para formar una nueva planta.

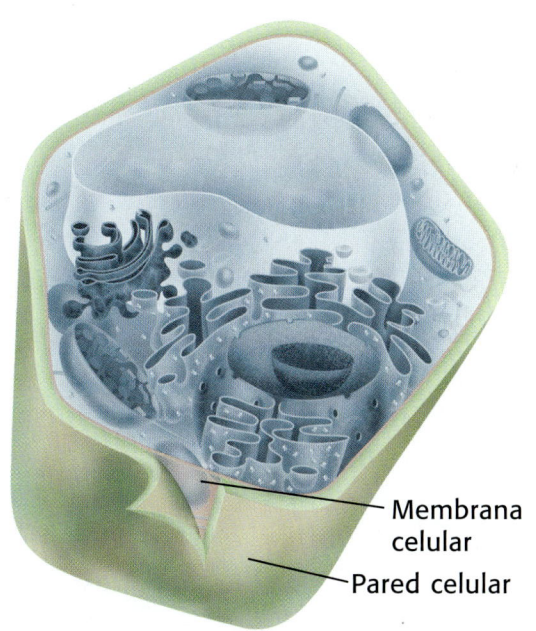

Figura 1 *Además de la membrana celular, las células vegetales están rodeadas por una pared celular.*

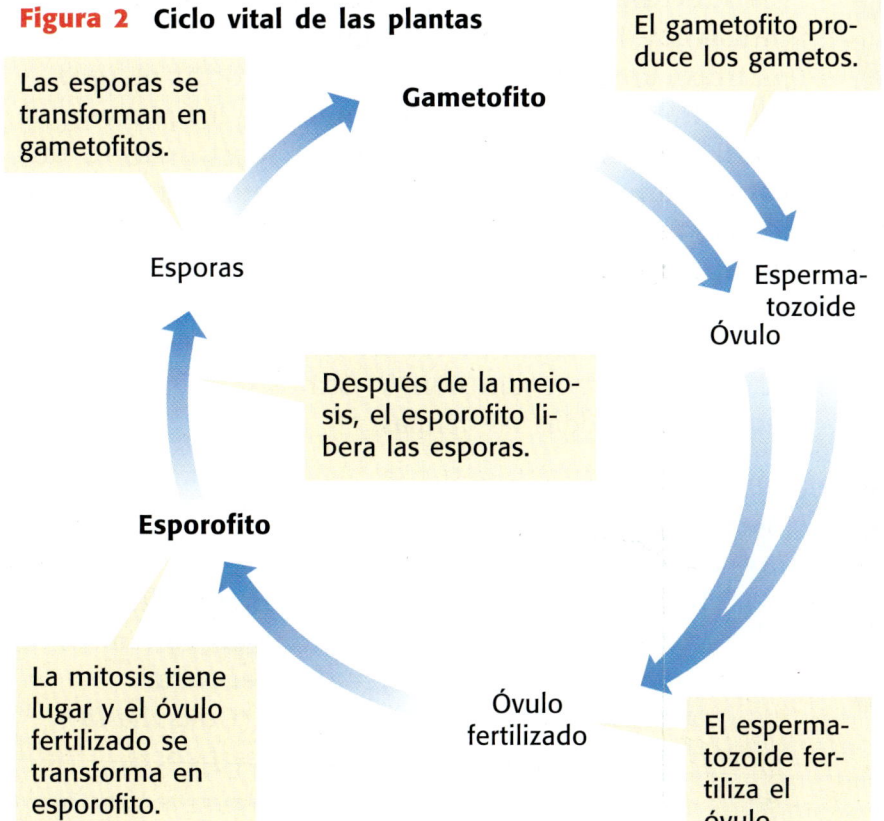

Figura 2 Ciclo vital de las plantas

Explora

Piensa de qué manera las plantas participan en tu vida diaria. Haz una lista de 10 usos de las plantas o de sus productos. Compárala con las de tus compañeros y compañeras para ver en qué se parecen y en qué se diferencian.

¿Sabías que muchos medicamentos provienen de las plantas? Pasa a la pág. 277 para aprender cómo utilizar las plantas para curar enfermedades.

Introducción a las plantas

Figura 3 Las semejanzas entre las algas modernas y las plantas son prueba de que ambas surgieron de una especie de alga verde que existió hace mucho tiempo.

El origen de las plantas

Si regresaras 440 millones de años en el tiempo, la Tierra te parecería un lugar extraño, estéril e inhóspito. La razón es que no había plantas terrestres. ¿De dónde vinieron las plantas? ¿Qué organismos fueron sus antepasados?

Observa las fotografías de la **Figura 3.** A la izquierda hay un organismo llamado alga verde. Como puedes ver, es del mismo color que las plantas, pero sus semejanzas van más allá del color. Por ejemplo, contienen la misma clase de clorofila y sus paredes celulares son similares. Además, ambas almacenan su energía en forma de almidón. Al igual que las plantas, las algas verdes tienen un ciclo de vida compuesto por dos etapas. ¿Qué te sugieren estas semejanzas? Los científicos piensan que las antiguas algas verdes que habitaron los océanos son los antepasados de todas las plantas, así como de las algas verdes actuales.

¿Cómo se clasifican las plantas?

Actualmente, existen más de 260,000 especies de plantas y, aunque todas comparten las características básicas comentadas anteriormente, se dividen en dos grupos: plantas vasculares y plantas no vasculares.

Plantas sin "tubería" Las **plantas no vasculares** (musgos y hepáticas) aparecen en la **Figura 4.** Estas plantas carecen de tubos para transportar el agua y los nutrientes, por lo que dependen de los procesos de difusión y ósmosis para transportar substancias de una parte a otra de la planta. Aunque estos procesos son lentos, proporcionan a las células de los musgos y las hepáticas las substancias que necesitan para vivir. Esto es posible porque son pequeñas; si fueran grandes (por ejemplo, del tamaño de los árboles), no habría manera de distribuir por difusión y ósmosis las substancias requeridas a todas las células.

Figura 4 Los musgos y las hepáticas no tienen tejidos conductores.

Autoevaluación

Una diferencia entre las plantas y las algas verdes es que las algas verdes no tienen cutícula. ¿Por qué las plantas necesitan cutícula y las algas verdes no? *(Consulta la página 636 para comprobar tu respuesta.)*

Plantas con "tubería" Las **plantas vasculares** no dependen únicamente de la difusión y de la ósmosis para repartir las substancias a todas las células. Poseen tejidos constituidos por células que distribuyen las substancias requeridas a través de la planta, de manera similar a los tubos que llevan agua a las llaves de tu casa. Las plantas vasculares pueden alcanzar casi cualquier tamaño porque sus tejidos vasculares son capaces de transportar las substancias necesarias a grandes distancias. Algunas son muy pequeñas, pero otras son bastante grandes.

Las plantas vasculares pueden dividirse en dos grupos: las que producen semillas y las que no lo hacen. Entre las que no producen semillas están los helechos, los equisetos y los musgos. Las que producen semillas también se dividen en dos grupos: las que producen flores y las que no lo hacen. Las plantas sin flores se llaman **gimnospermas** y las plantas con flores se llaman **angiospermas**.

Los principales grupos de plantas vivientes son: (1) musgos y hepáticas; (2) helechos, equisetos y musgos; (3) gimnospermas, y (4) angiospermas. Se muestran en la **Figura 5.**

¡MATEMÁTICAS!

Practica porcentajes

En la siguiente lista aparece un cálculo del número de especies que hay en cada grupo de plantas:

Musgos y hepáticas	15,000
Helechos, equisetos y musgos	12,000
Gimnospermas	760
Angiospermas	235,000

¿Qué porcentaje de plantas no produce semillas?

Figura 5 Los principales grupos de plantas de la actualidad

No vasculares — Musgos y hepáticas

Vasculares
- Sin semillas: Helechos, equisetos y licopodios
- Con semillas
  - Sin flores: Gimnospermas
  - Con flores: Angiospermas

REPASO

1. Menciona dos características de todas las plantas.
2. ¿Qué organismo se cree que fue el antepasado de todas las plantas? ¿Por qué?
3. ¿En qué se diferencian las angiospermas de los helechos, equisetos y licopodios?
4. **Aplicar conceptos** ¿Cómo determinarías si un organismo desconocido es un tipo de alga verde o una planta?

Sección 2

Plantas sin semillas

VOCABULARIO
rizoides
rizoma

OBJETIVOS
- Describe las características de los musgos y las hepáticas.
- Describe las características de helechos, equisetos y licopodios.
- Explica la importancia de las plantas sin semillas para los seres humanos y el medio ambiente.

Como ya sabes, hay dos grupos de plantas que no producen semillas. Uno comprende a las plantas no vasculares, los musgos y las hepáticas; y el otro, a varias plantas vasculares: helechos, equisetos y licopodios.

Musgos y hepáticas

Aunque haya plantas en todas partes, las no vasculares pasan fácilmente desapercibidas. Los musgos y las hepáticas son pequeñas y crecen en el suelo, las cortezas de los árboles y las rocas. Como no tienen sistema vascular, generalmente habitan lugares que siempre están húmedos. Cada una de sus células debe absorber agua por ósmosis directamente del medio o de una célula cercana.

Los musgos y las hepáticas no tienen tallos, raíces ni hojas verdaderas, pero poseen estructuras que llevan a cabo las funciones de estos órganos.

Rocas alfombradas De manera típica, los musgos **(Figura 6)** forman grandes grupos o colonias que recubren el suelo o las rocas con un tapete de diminutas plantas verdes. Actualmente existen alrededor de 9,000 especies de musgos.

Cada planta de musgo tiene unos hilos delgados parecidos a cabellos que se llaman **rizoides**. Al igual que las raíces, los rizoides le brindan sostén a la planta, pero no se los considera raíces porque no están formados por tejido vascular. La planta de musgo también tiene un tallo con hojas, pero como carece de tejido vascular, no se considera un tallo verdadero. El ciclo vital de los musgos alterna entre el gametofito y el esporofito, como se muestra en la **Figura 7**.

Figura 6 *Los musgos nunca crecen mucho porque sus células deben obtener el agua directamente del medio o de otra célula.*

Figura 7 Ciclo vital de los musgos

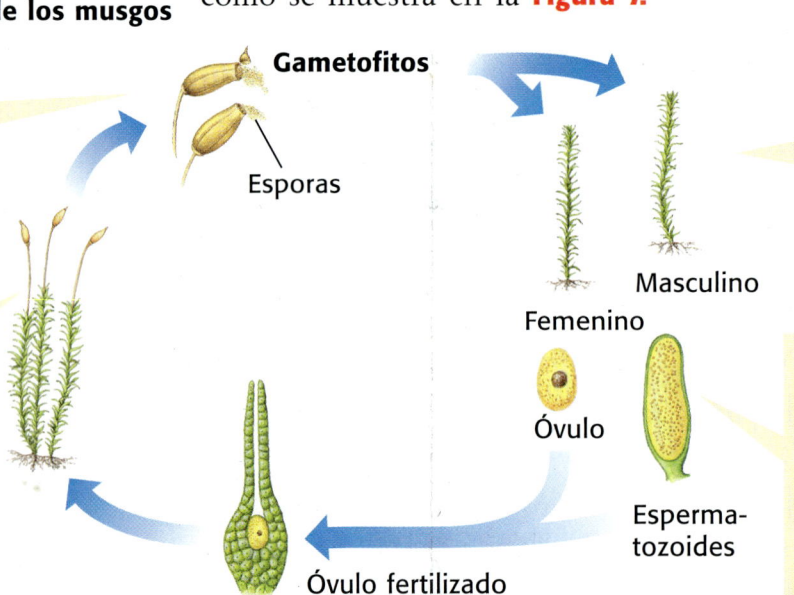

Después de la meiosis, el esporofito libera las esporas al aire.

Esporofito
La mitosis tiene lugar y el óvulo fertilizado se transforma en esporofito.

Gametofitos
Esporas

Masculino
Femenino
Óvulo
Espermatozoides
Óvulo fertilizado

Las esporas aterrizan en un sitio húmedo, se abren y se convierten en gametofitos con hojas.

El agua transporta los espermatozoides del gametofito masculino al óvulo que se encuentra en el gametofito femenino, donde tiene lugar la fertilización.

Hepáticas Al igual que los musgos, las hepáticas son plantas no vasculares pequeñas que generalmente habitan en lugares húmedos. Hoy en día existen alrededor de 6,000 especies de hepáticas. Su ciclo de vida es similar al de los musgos. Como se observa en la **Figura 8**, los gametofitos de las hepáticas pueden tener hojas y forma de musgo o ser anchos y aplanados. Sus rizoides se extienden hacia afuera desde el lado inferior del cuerpo de la planta y sirven para sujetarla.

Figura 8 *Esta hepática tiene un gametofito ancho y aplanado. El esporofito parece una diminuta palmera o sombrilla.*

La importancia de los musgos y las hepáticas
Las plantas no vasculares juegan un papel importante en el medio ambiente. Por lo general, son las primeras plantas en habitar un medio infértil, por ejemplo rocas recién expuestas. Al morir, forman una delgada capa de suelo en la que pueden crecer nuevas plantas, entre ellas más musgos y hepáticas. Al recubrir el nuevo suelo, ayudan a mantenerlo en su lugar y esto reduce la erosión. Los musgos también proporcionan a las aves materiales para hacer sus nidos.

Los musgos que forman turbas (residuos vegetales que se acumulan en pantanos y humedales, son los más importantes para los seres humanos. En ciertos lugares, como en Irlanda, hay pantanos donde se han formado gruesos depósitos de musgos muertos; esta turba se puede extraer, secar y usar como combustible.

Helechos, equisetos y licopodios

A diferencia de sus descendientes modernos, los antiguos helechos, equisetos y licopodios eran bastante altos. Los primeros bosques estuvieron formados por licopodios de 40 m, equisetos de 18 m y helechos de 8 m de altura. La **Figura 9** muestra la posible apariencia de estos bosques. Estas plantas tenían sistemas vasculares, por lo tanto podían crecer más que las plantas no vasculares.

Laboratorio

Masa de musgo

Determina la masa de una pequeña muestra de Sphagnum seco. Coloca la muestra en un vaso de precipitados grande con agua durante 10 a 15 minutos. Haz una predicción sobre cuál será la masa del musgo después de estar sumergido en el agua. Saca el musgo y determina su masa. ¿Cuánto aumentó? Compara el resultado con tu predicción. ¿Para qué se podría usar esta planta absorbente? Investiga para averiguarlo.

Figura 9 *Gracias al tejido vascular, los antepasados de los modernos helechos, equisetos y licopodios alcanzaron una gran altura.*

Figura 10 Esta planta es un esporofito de helecho. Los sacos que están debajo de las frondas producen esporas. Las hojas enrolladas forman nuevas frondas.

Helechos Los helechos crecen en muchos lugares, desde el gélido Ártico hasta los cálidos y húmedos bosques tropicales. Actualmente existen alrededor de 11,000 especies. A pesar de que la mayoría de ellos son relativamente pequeños, algunos helechos arbóreos de los trópicos pueden alcanzar 23 m de altura.

La **Figura 10** muestra un helecho típico. Casi todos los helechos tienen un tallo subterráneo llamado **rizoma,** que desarrolla raíces y hojas (*frondas*). Las frondas jóvenes están enroscadas como el extremo de un violín. Al igual que los ciclos vitales de otras plantas, el de los helechos se divide en dos etapas. Quizá la que más conoces sea la del esporofito, ilustrado en la **Figura 11.** El gametofito de un helecho es una planta diminuta del tamaño de media uña; es verde y plana, con forma de corazón. Este gametofito tiene estructuras masculinas que producen espermatozoides y estructuras femeninas que producen óvulos. Al igual que los musgos, los helechos necesitan agua para llevar los espermatozoides hasta los óvulos. Si en el suelo hay una capa delgada de agua, los espermatozoides nadarán hasta el óvulo.

✓ Autoevaluación

¿Por qué algunas plantas vasculares son grandes, mientras que todas las plantas no vasculares son pequeñas? *(Consulta la página 636 para comprobar tu respuesta.)*

Figura 11 Ciclo vital de los helechos

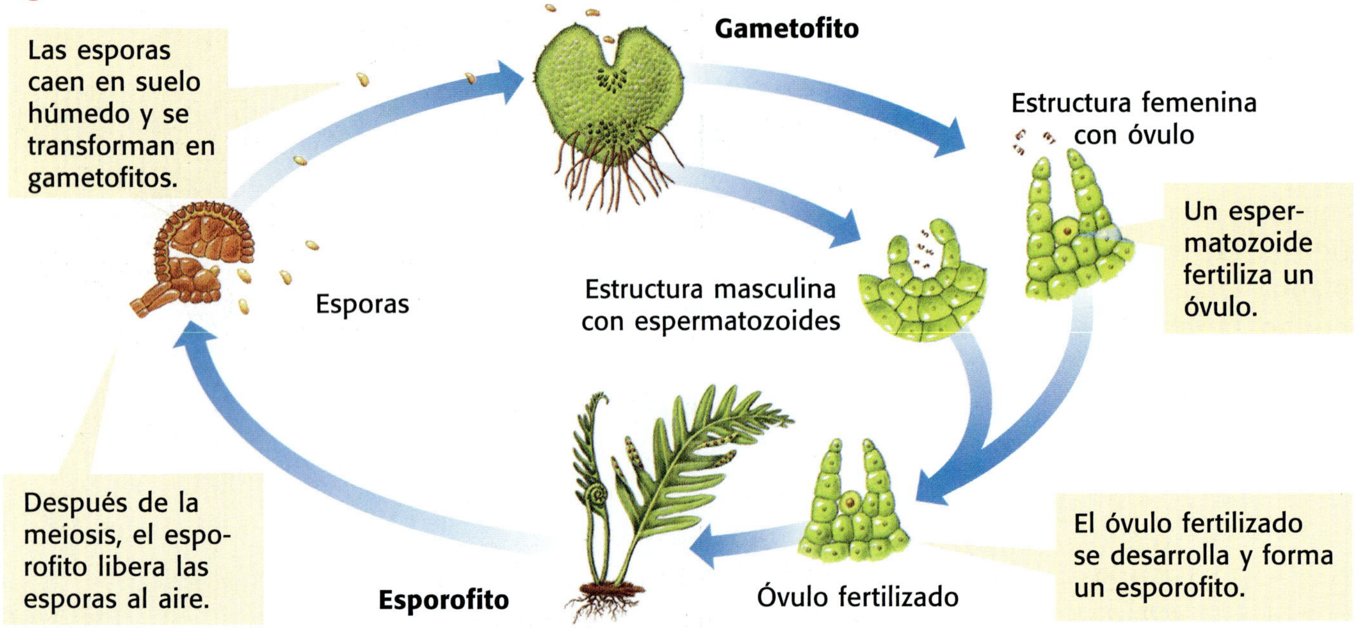

- Las esporas caen en suelo húmedo y se transforman en gametofitos.
- Esporas
- Gametofito
- Estructura femenina con óvulo
- Estructura masculina con espermatozoides
- Un espermatozoide fertiliza un óvulo.
- Óvulo fertilizado
- El óvulo fertilizado se desarrolla y forma un esporofito.
- Esporofito
- Después de la meiosis, el esporofito libera las esporas al aire.

Equisetos Hace millones de años, los equisetos o colas de caballo eran plantas comunes, pero sólo unas 15 especies han sobrevivido hasta hoy. Los equisetos modernos, como los que ves en la **Figura 12,** son plantas vasculares pequeñas que generalmente miden menos de 1.3 m de altura. Crecen en lugares húmedos y pantanosos y también se les llama colas de caballo porque algunas especies tienen esa forma. Sus tallos son huecos y contienen sílice; por eso su textura es arenosa. De hecho, los primeros pobladores de los Estados Unidos les llamaron "estropajos" y los utilizaban para fregar ollas y sartenes. El ciclo vital de los equisetos es similar al de los helechos.

Licopodios Los licopodios de la **Figura 13** son plantas pequeñas que miden alrededor de 25 cm de altura y crecen en los bosques. A diferencia de los verdaderos musgos, los licopodios sí tienen tejido vascular. Hace millones de años eran plantas comunes, al igual que los equisetos. Actualmente existen unas 1,000 especies.

La importancia de las plantas vasculares sin semillas
Las plantas vasculares sin semillas juegan un papel importante en el medio ambiente. Al igual que los musgos y las plantas hepáticas, los helechos, equisetos y licopodios contribuyen a la formación del suelo y previenen su erosión al mantenerlo en su lugar.

Los helechos son populares en los hogares debido a la belleza de sus hojas. Las hojas comestibles enrolladas de algunos helechos se cosechan al inicio de la primavera.

Algunas de las plantas vasculares sin semillas más importantes para la humanidad existieron hace unos 300 millones de años. Sus restos formaron carbón, un combustible fósil que ahora se extrae de la corteza de la Tierra.

Figura 12 *Las puntas en forma de cono de los equisetos contienen esporas.*

> **REPASO**
>
> 1. ¿Cuál es la relación entre el carbón y las plantas vasculares sin semillas?
> 2. ¿En qué se parecen los equisetos y licopodios a los helechos?
> 3. Menciona dos papeles importantes de las plantas vasculares sin semillas en relación con el medio ambiente.
> 4. **Hacer predicciones** Si los musgos y los helechos habitaran en un medio donde repentinamente hubiera una sequía, ¿cuáles serían los más afectados? Explica tu respuesta.

Figura 13 *Las puntas en forma de cono de los licopodios liberan esporas.*

Sección 3

Plantas con semillas

VOCABULARIO
polen
polinización
cotiledón

OBJETIVOS
- Compara las semillas con las esporas.
- Describe las características de las gimnospermas.
- Describe las características de las plantas con flores.
- Conoce la importancia económica y ambiental de las gimnospermas y angiospermas.

Probablemente estés más familiarizado con las plantas con semillas, como las que aparecen en esta página. ¿Las conoces?

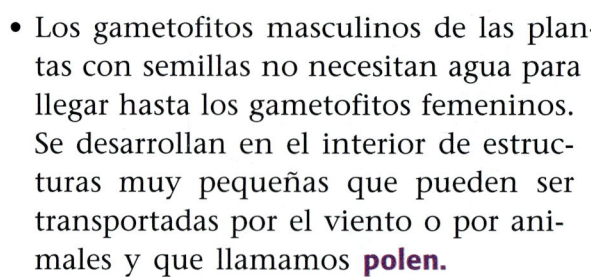
Duraznos

Como vimos, hay dos grupos de plantas vasculares que producen semillas: las gimnospermas y las angiospermas. Las gimnospermas comprenden árboles y arbustos que tienen conos o estructuras carnosas en los tallos, donde se producen las semillas. Algunos ejemplos son el pino, el abeto, la picea y el ginkgo. Las angiospermas o plantas con flores producen sus semillas dentro de un fruto. Los árboles de durazno, los pastos, los robles, los rosales, los cactus y los ranúnculos son ejemplos de angiospermas.

Características de las plantas con semillas

Como todas las plantas, las que producen semillas alternan entre dos estadios: el esporofito y el gametofito. Sin embargo, se diferencian de las demás en lo siguiente:

- Producen semillas, estructuras dentro de las cuales se alimenta y protege a los esporofitos jóvenes.

- A diferencia de los gametofitos de las plantas sin semillas, sus gametofitos dependen del esporofito.

- Los gametofitos masculinos de las plantas con semillas no necesitan agua para llegar hasta los gametofitos femeninos. Se desarrollan en el interior de estructuras muy pequeñas que pueden ser transportadas por el viento o por animales y que llamamos **polen.**

Las características mencionadas arriba les permiten a las plantas con semillas vivir prácticamente en cualquier lugar. Por esta razón, hoy en día son las más comunes de la Tierra.

Olmo inglés

Yuca del desierto

258 Capítulo 11

¿Qué tienen de especial las semillas?

Después de la fertilización, o unión entre un óvulo y un espermatozoide, se desarrolla la semilla. Las tres partes que componen una semilla son: la planta joven (esporofito), el alimento almacenado y una cubierta resistente que rodea y protege a la planta joven. Estas partes se ilustran en la **Figura 14**.

Figura 14 *La semilla contiene alimento almacenado y una planta joven. El tegumento protege la semilla.*

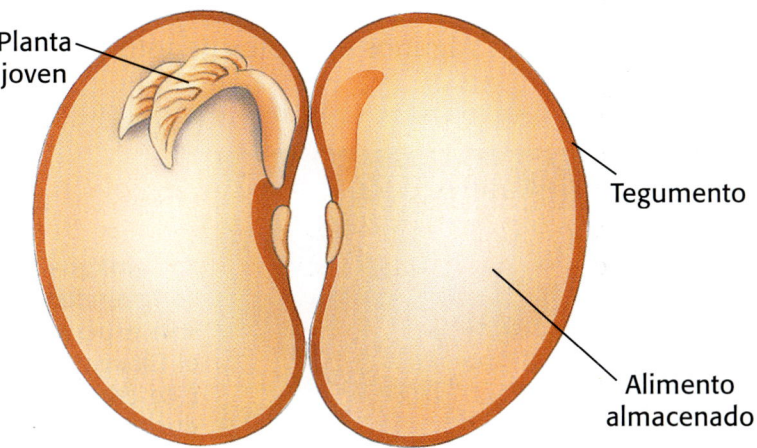

Experimentos

¿Sabías que a las semillas les gusta viajar lejos de casa? Pasa a la página 598 para ver cómo lo hacen.

Las plantas que se reproducen por semillas presentan varias ventajas frente a las que producen esporas, como los helechos. Por ejemplo, la planta joven del interior de la semilla está formada por muchas células, está bien desarrollada y tiene raíz, tallo y hojas pequeñas. En cambio, la espora es una sola célula.

Cuando la semilla *germina*, es decir, empieza a crecer, la planta joven se alimenta de la comida almacenada en la semilla y, cuando las reservas se agotan, ya es capaz de fabricar alimento por medio de la fotosíntesis. En cambio, el gametofito que se desarrolla de la espora debe estar en un ambiente donde pueda iniciar la fotosíntesis tan pronto como empiece a crecer.

ciencias del medio ambiente
CONEXIÓN

Los animales necesitan a las plantas para vivir y algunas plantas a su vez necesitan a los animales. Estas plantas producen semillas con tegumentos resistentes que no pueden empezar a desarrollarse hasta que un animal se las haya comido. Cuando la semilla se expone a los ácidos y enzimas del aparato digestivo del animal, el tegumento se destruye. Al salir del tracto digestivo del animal, la semilla es capaz de absorber agua, germinar y crecer.

A Paco y a su hermana les encanta sentarse en el porche a comer sandías jugosas durante el verano. Una vez apostaron a ver quién escupía las semillas más lejos. La primavera siguiente, Paco se dio cuenta de que unas plantas nuevas estaban creciendo en el jardín y, al examinarlas de cerca, vio unas sandías pequeñas. No tenían la menor idea de que habían iniciado una plantación de sandías. Piensa en los hábitos alimenticios de los animales silvestres, como las ardillas y los pájaros. ¿Cómo podrían comenzar una huerta?

Introducción a las plantas

Gimnospermas: plantas con semillas y sin flores

Entre las gimnospermas hay varias plantas ganadoras de marcas en el reino vegetal. Los árboles más antiguos que existen en la actualidad son dos especies de pinos, Pinus longaeva y P. aristata y habitan en California, Nevada y Utah. ¡Una de ellas tiene 4,900 años! Hay cuatro grupos de gimnospermas: coníferas, ginkgos, cícadas y gnetófitos. Sus semillas no están encerradas en un fruto. La palabra *gimnosperma* proviene del griego y quiere decir "semilla desnuda". Algunos ejemplos de estos grupos se muestran en la **Figura 15.**

Figura 15 *Las gimnospermas son plantas con semillas que no producen flores ni frutos.*

Las **coníferas** incluyen alrededor de 550 especies y son el grupo más grande de gimnospermas. La mayoría son de hoja perenne y con forma de aguja. Sus semillas se desarrollan en conos. Los pinos, los abetos, las piceas y los cipreses son ejemplos de coníferas.

Los **ginkgos** comprenden una sola especie viva, el Ginkgo biloba. Este árbol produce las semillas en estructuras carnosas que están directamente sujetas a las ramas.

Las **cícadas** eran comunes hace millones de años, pero actualmente sólo hay unas 140 especies. Crecen en los trópicos y sus semillas se desarrollan en conos.

Los **gnetófitos** comprenden alrededor de 70 especies muy poco comunes. Éste crece en zonas secas; sus semillas se forman en conos.

Ciclo vital de las gimnospermas Quizá las gimnospermas que más conozcas sean las coníferas. El nombre *conífera* quiere decir "llevar conos". Las coníferas tienen conos masculinos y femeninos, que se ilustran en la **Figura 16**. Las esporas masculinas se producen en los conos masculinos y las femeninas en los femeninos. Las esporas se convierten en gametofitos. Los gametofitos masculinos son el polen y producen los espermatozoides. El gametofito femenino, que está dentro de la escama del cono femenino, produce óvulos. El viento transporta el polen desde los conos masculinos hasta los femeninos de la misma planta o de otra. La transferencia del polen se llama **polinización.**

Después de ser fertilizado, el óvulo se desarrolla y forma una semilla dentro del cono femenino. Cuando la semilla está madura, el cono la libera y cae al suelo. La semilla germina y se transforma en un nuevo árbol. En la **Figura 17** se muestra el ciclo de vida de un pino.

Figura 16 *Los pinos tienen conos masculinos y femeninos.*

La importancia de las gimnospermas Desde el punto de vista económico, el grupo más importante de gimnospermas es el de las coníferas. Su madera se utiliza como material de construcción y para fabricar productos de papel. Los pinos producen resina, un líquido pegajoso que se utiliza para hacer jabón, trementina, pinturas y tinta.

Figura 17 Ciclo vital del pino

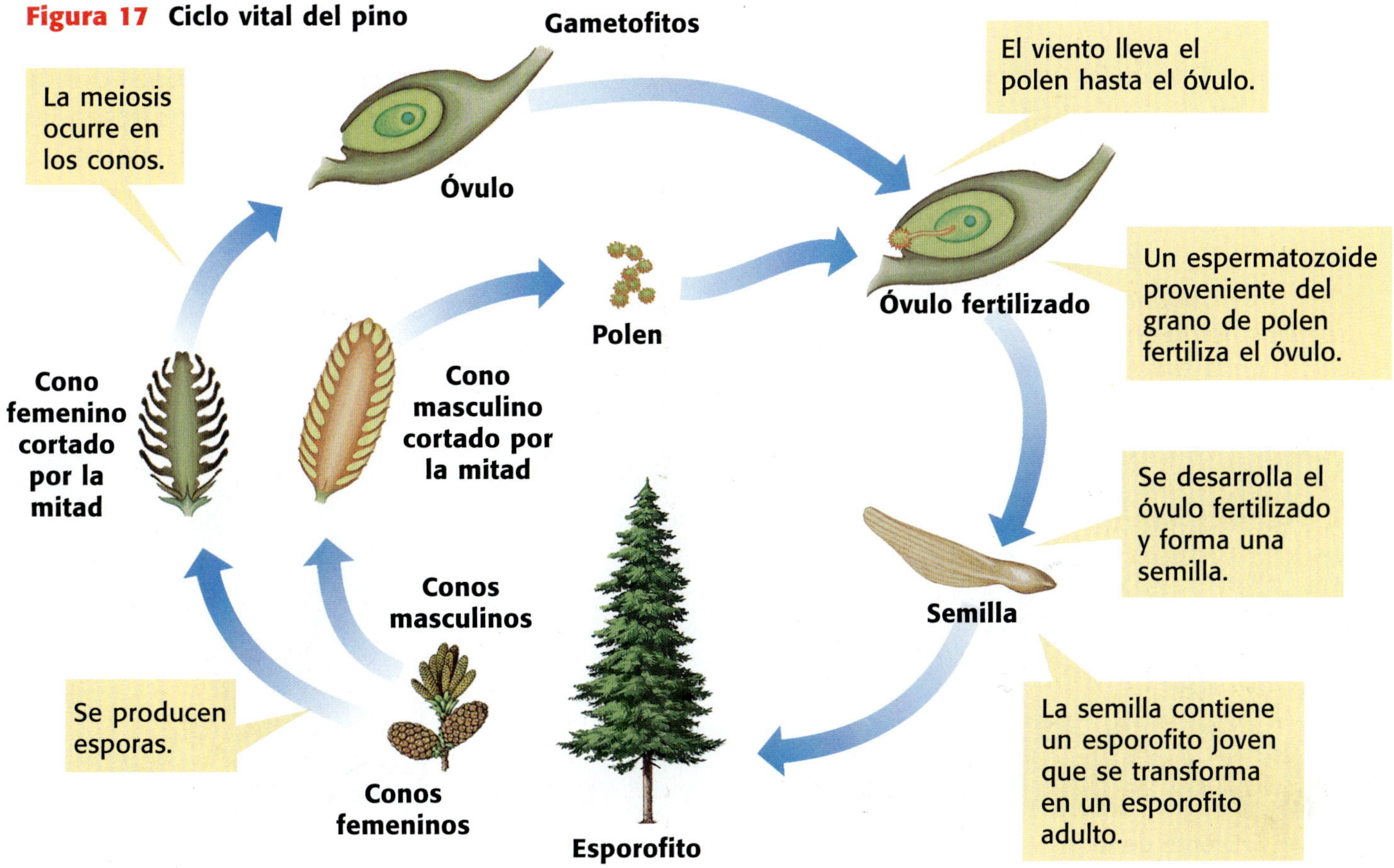

- La meiosis ocurre en los conos.
- Óvulo
- Polen
- El viento lleva el polen hasta el óvulo.
- Un espermatozoide proveniente del grano de polen fertiliza el óvulo.
- Óvulo fertilizado
- Se desarrolla el óvulo fertilizado y forma una semilla.
- Semilla
- La semilla contiene un esporofito joven que se transforma en un esporofito adulto.
- Esporofito
- Conos femeninos
- Conos masculinos
- Cono masculino cortado por la mitad
- Cono femenino cortado por la mitad
- Se producen esporas.
- Gametofitos

Introducción a las plantas

¿Fruta modificada genéticamente? Averígualo en la página 276.

Angiospermas: plantas con semillas y flores

Hoy en día, las plantas con flores o angiospermas son las más exitosas. Se encuentran en casi todos los medios terrestres y hay por lo menos 235,000 especies, es decir, muchas más que todas las demás plantas juntas. Las angiospermas presentan una gran variedad de tamaños y formas, desde los dientes de león y los lirios acuáticos hasta los nopales y los olmos.

Todas son plantas vasculares que producen flores y frutos. Los tulipanes y las rosas producen flores grandes; en cambio, los pastos y los arces tienen flores pequeñas. Después de la fertilización, las angiospermas producen semillas dentro de los frutos. Entre los frutos están los duraznos, limones y uvas, así como los tomates, pepinos y muchos otros alimentos que solemos llamar verduras.

¿Para qué sirven las flores y los frutos?
Las flores y los frutos son adaptaciones que permiten a las angiospermas reproducirse. Algunas angiospermas dependen del viento para la polinización y otras tienen flores que atraen a los animales. Como se muestra en la **Figura 18,** al visitar distintas flores los animales transportan el polen de flor en flor. Estas plantas no necesitan fabricar tanto polen como las que son polinizadas por el viento. ¿A qué crees que se debe esto?

Posiblemente te gusten las manzanas, tomates y calabazas. Además de un sabor agradable, también garantizan la supervivencia de las semillas al transportarlas a otras zonas donde pueden crecer nuevas plantas. Los frutos rodean y protegen las semillas. Las estructuras de algunos frutos y semillas, como los de la **Figura 19,** facilitan que el viento los transporte a distancias cortas o largas. Otros frutos atraen a los animales que se los comen y que desechan las semillas a cierta distancia de la planta progenitora. Los abrojos espinosos son frutos que van de un lugar a otro al pegarse a la piel de los animales o a la ropa y zapatos de las personas.

Figura 18 *Esta abeja va camino de otra flor de calabaza, donde dejará parte del polen que lleva.*

Figura 19 *Algunos frutos y semillas flotan en el aire gracias a unas estructuras especiales.*

Diente de león

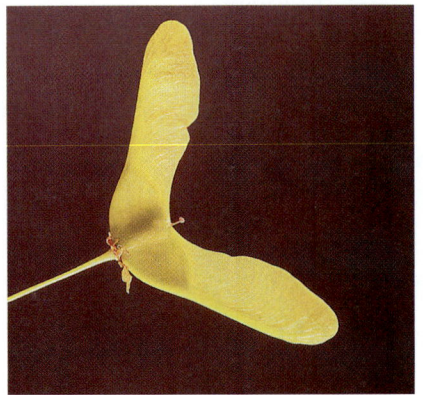
Arce

Algodoncillo

Monocotiledóneas y dicotiledóneas

Las angiospermas se dividen en monocotiledóneas y dicotiledóneas. Las semillas de las monocotiledóneas tienen un solo cotiledón y las semillas de las dicotiledóneas tienen dos. El **cotiledón** es una hoja que se encuentra dentro de la semilla. En la **Figura 20** se resumen otras de sus diferencias. Entre las monocotiledóneas están los pastos, las orquídeas, las cebollas, los lirios y las palmas; entre las dicotiledóneas están las rosas, los cactus, los girasoles, los cacahuetes y los chícharos.

La importancia de las angiospermas

Las plantas con flores proporcionan alimento a los animales. Para un venado que mordisquea pasto en una pradera, las plantas con flores son su alimento inmediato. Al comerse un ratón de campo, el búho consume indirectamente plantas con flores, ya que el ratón comió semillas y bayas.

Las principales cosechas de alimento, como el maíz, el trigo y el arroz, provienen de plantas con flores. Algunas sirven para fabricar muebles y juguetes, como los robles, y con otras, como el algodón y el lino, se fabrica ropa y cuerdas. También se usan para elaborar medicamentos, corcho, hule y aceites aromáticos.

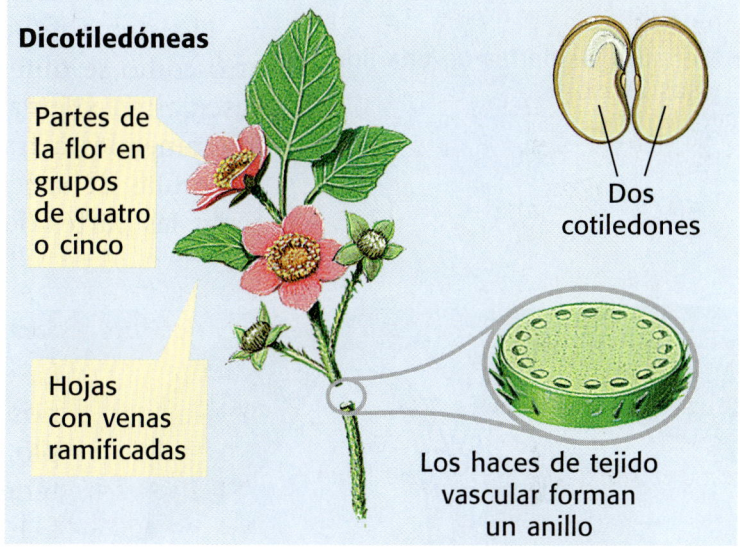

Figura 20 Las dos clases de angiospermas

REPASO

1. Menciona dos diferencias entre las semillas y las esporas.
2. Describe brevemente los cuatro grupos de gimnospermas. ¿Qué grupo es el más grande y más importante desde el punto de vista económico?
3. ¿Qué diferencias hay entre las monocotiledóneas y las dicotiledóneas?
4. **Identificar relaciones** ¿Por qué las flores y los frutos son adaptaciones que facilitan la reproducción de las angiospermas?

Sección 4

Las estructuras de las plantas con semilla

VOCABULARIO

xilema
floema
epidermis
raíz central
fibrosa
estomas
sépalos
pétalos
estambre
pistilo raíz
estigma
ovario

OBJETIVOS

- Describe las funciones de las raíces.
- Describe las funciones de los tallos.
- Explica cómo se relaciona la estructura de las hojas con su función.
- Identifica las partes de una flor y sus funciones.

¿Sabías que tenemos algo en común con las plantas? Tenemos sistemas corporales que llevan a cabo diversas funciones. Por ejemplo, el sistema cardiovascular transporta substancias a través de nuestro cuerpo y el esquelético nos proporciona sostén y protección. Del mismo modo, las plantas también tienen sistemas: el radical, el de brotes y el reproductor.

Sistemas de las plantas

El sistema radical y el de brotes le dan a la planta los recursos que necesita, tanto los que están bajo tierra como sobre ella. El sistema radical está constituido por raíces y el de brotes por tallos con hojas, conos, flores o frutos.

El sistema radical y el sistema de brotes dependen uno del otro como se muestra en la **Figura 21.** Hay dos tipos de tejido vascular: el xilema y el floema. El xilema transporta el agua y los minerales a través de la planta y el floema transporta las moléculas de azúcar. Ambos tipos de tejido se encuentran en todas las partes de las plantas vasculares.

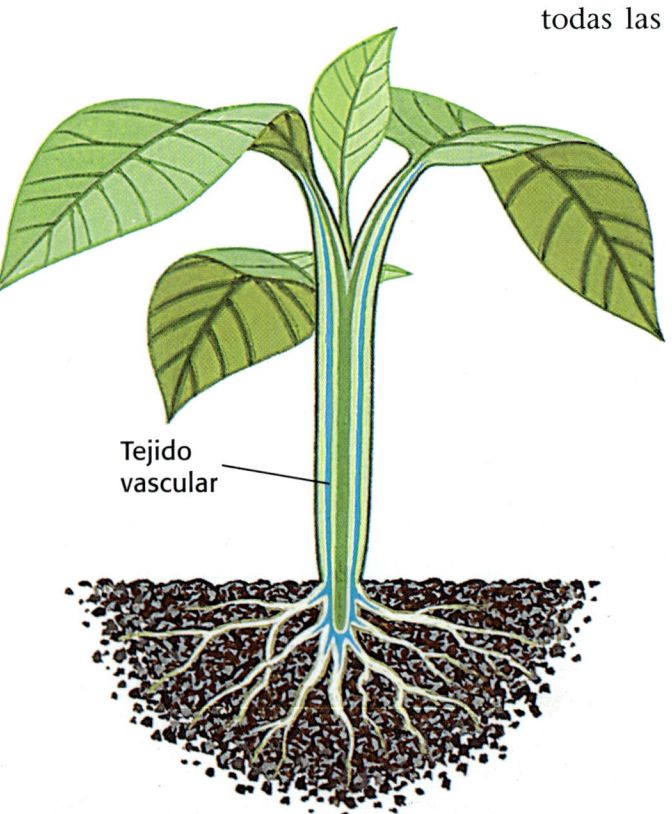

Figura 21 *Los tejidos vasculares de las raíces y brotes están conectados.*

Tejido vascular

La raíz del problema

La mayoría de las raíces son subterráneas y no nos damos cuenta de su extensión. Por ejemplo, una planta de maíz de 2.5 m de altura puede tener raíces de 2.5 m de profundidad y que estén a 1.2 m del tallo.

Funciones de la raíz Las principales funciones de las raíces son:

- **Suministran a las plantas agua y minerales que han sido absorbidos del suelo.** El xilema transporta estas substancias a través de la planta.

- **Sostener las plantas** y sujetarlas firmemente al suelo.

- **Almacenar el excedente del alimento elaborado durante la fotosíntesis.** Este alimento se produce en las hojas y el floema lo transporta en forma de azúcar hasta las raíces, donde generalmente se almacena como azúcar o almidón.

264 Capítulo 11

Estructura de la raíz Las partes de la raíz se muestran en la **Figura 22.** Al igual que las células de la capa más externa de la piel humana, la capa de células que recubre la superficie de las raíces se llama **epidermis.** Algunas células de la epidermis se extienden hacia afuera de la raíz y se llaman *pelos radiculares* y su función es aumentar la superficie de absorción de agua y minerales.

Después de que la epidermis absorbe el agua y los minerales, éstos pasan por difusión al centro de la raíz, donde se localiza el tejido vascular. Las raíces crecen más en las puntas. Un grupo de células, llamado cofia, protege la punta de la raíz y produce una substancia viscosa que facilita el crecimiento en el suelo.

Tipos de raíz Hay dos tipos de raíces: centrales y fibrosas. En la **Figura 23** se ilustran ejemplos de cada una.

La **raíz central** está compuesta por una raíz principal que crece hacia abajo y de la cual salen muchas ramificaciones pequeñas. Pueden obtener agua a gran profundidad. Las dicotiledóneas y las gimnospermas tienen raíces centrales. La **raíz fibrosa** tiene varias raíces del mismo tamaño que se extienden desde la base del tallo; típicamente, absorben el agua cercana a la superficie del suelo. Las monocotiledóneas tienen raíces fibrosas.

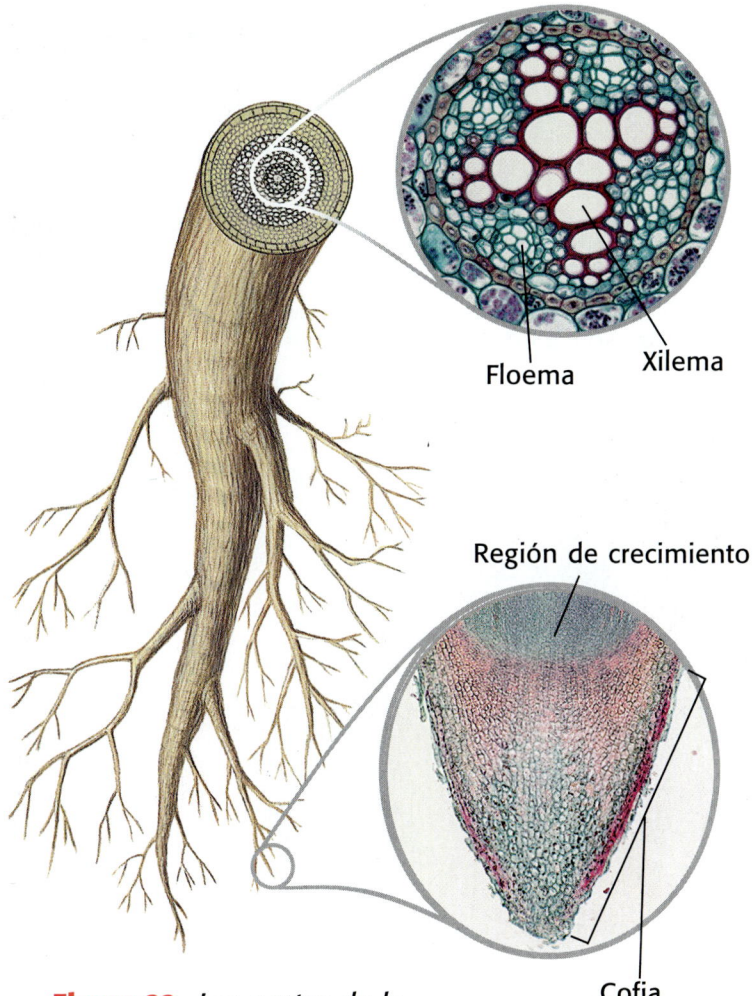

Figura 22 *Las partes de la raíz se señalan arriba.*

Figura 23 *La cebolla tiene una raíz fibrosa y el diente de león una raíz central. Las zanahorias tienen una raíz central que almacena alimento.*

Introducción a las plantas

¿Cuál es el sostén?

Como se observa en la **Figura 24**, las formas y tamaños de los tallos son muy variados. Por lo general, los tallos están por encima del suelo, aunque también los hay subterráneos.

Funciones del tallo El tallo conecta la raíz de la planta con sus hojas y flores; sus principales funciones son:

- **Sostener el cuerpo de la planta.** Las hojas están dispuestas en los tallos para absorber la luz solar necesaria para la fotosíntesis. Los tallos sostienen las flores y las exponen a los polinizadores.

- **Transportar substancias entre el sistema radical y el sistema de brotes.** El xilema transporta agua y minerales disueltos desde las raíces hasta las hojas y otros brotes. El floema transporta la glucosa producida durante la fotosíntesis a las raíces y otras partes de la planta.

- **Algunos tallos almacenan substancias.** Por ejemplo, los tallos de las plantas de la **Figura 25** están adaptados para almacenar agua.

Figura 24 Los pedúnculos de las margaritas y los troncos de los árboles son tallos.

Margarita

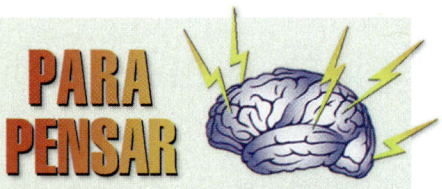

Roble

PARA PENSAR

¿Raíz o brote? A pesar de que las papas crecen en la tierra, no son raíces. La papa blanca es un tallo subterráneo adaptado para almacenar almidón.

Baobab

Saguaro

Figura 25 Los baobab almacenan grandes cantidades de agua y almidón en sus enormes troncos. Los cactus almacenan agua en sus gruesos tallos verdes.

Partes del tallo

Observa los dos grupos de plantas que aparecen en esta página. ¿Qué diferencia hay entre sus tallos?

Tallos herbáceos Las plantas del grupo A tienen tallos blandos, delgados y flexibles, llamados *tallos herbáceos*. Algunos ejemplos de plantas con este tipo de tallo son las flores silvestres, como los tréboles y las amapolas, y muchos cultivos, como el frijol, el tomate y el maíz. Algunas plantas con tallos herbáceos viven sólo 1 ó 2 años. A la derecha se muestra un corte transversal de un tipo de tallo herbáceo.

Tallos leñosos Los árboles y arbustos del grupo B tienen tallos rígidos de madera y corteza, llamados *tallos leñosos*. Si un árbol o arbusto habita en un área donde los inviernos son fríos, la planta tiene un período de crecimiento y un período latente.

En la primavera, al inicio de cada período de crecimiento, se producen células grandes de xilema. A medida que el otoño se aproxima, las plantas producen células de xilema más pequeñas, cuyo color es más obscuro que el de las células de xilema grandes. En el otoño, las plantas dejan de producir células nuevas. Cuando la estación de crecimiento comienza de nuevo, se producen células de xilema grandes, y de esta manera, se forma otro anillo de células obscuras. Un anillo de células obscuras que rodea a uno de células claras conforma un anillo de crecimiento.

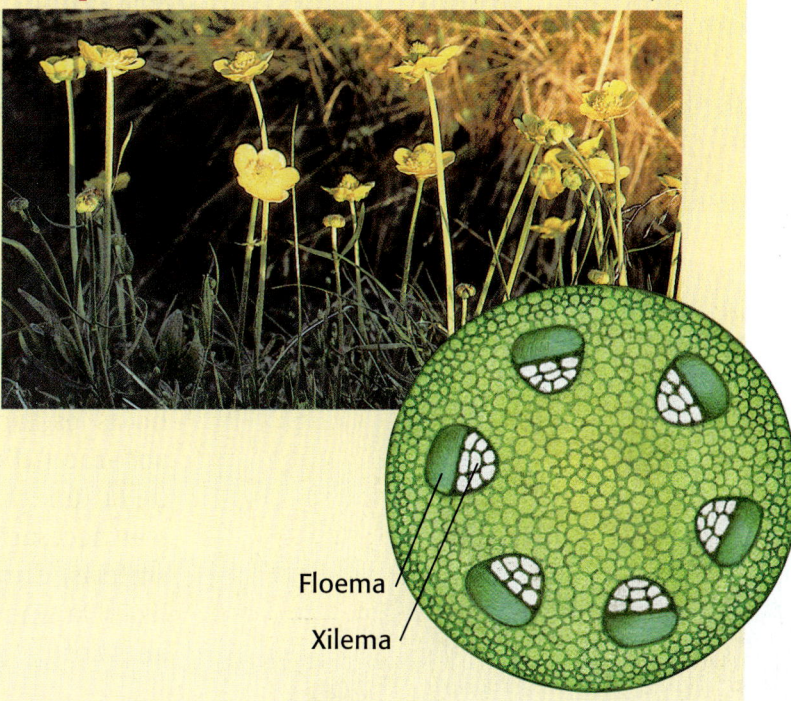

Grupo A

Floema
Xilema

Grupo B

Xilema
Floema

REPASO

1. Menciona tres funciones de las raíces.
2. Menciona tres funciones de los tallos.
3. **Aplicar conceptos** Si la sección transversal de un árbol revela 12 anillos claros y 12 obscuros, ¿cuántos años de crecimiento representa?

Mimosa

Las fábricas de alimento de una planta

Hay hojas de muchas formas y tamaños: redondas, angostas, con forma de corazón o de abanico. Las hojas de la palma rafia de la **Figura 26** pueden medir seis veces más que tú, pero las de la lenteja de agua, una diminuta planta acuática, son tan pequeñas que varias cabrían en una de tus uñas.

Liquidámbar

Funciones de la hoja
La principal función de las hojas es fabricar alimento. Captan la energía solar y absorben dióxido de carbono del aire. La energía de la luz, el dióxido de carbono y el agua son necesarios para llevar a cabo la fotosíntesis, durante la cual las plantas utilizan la energía luminosa para fabricar alimento.

Eucalipto

Figura 26 *Las hojas de estas plantas son muy diferentes, pero su función es la misma.*

Palma rafia

Lenteja de agua

Experimentos
Pasa a la página 596 para averiguar más sobre las hojas.

✓Autoevaluación
¿Cómo se relaciona la función de los tallos con la de las hojas? *(Consulta la página 636 para comprobar tus respuestas.)*

Estructura de la hoja La estructura de las hojas está relacionada con su principal función: la fotosíntesis. La **Figura 27** muestra un corte de una pequeña porción del tejido de una hoja. Las superficies superior e inferior están cubiertas por una sola capa de células, la epidermis. La luz pasa fácilmente esta delgada capa hacia el interior de la hoja. Observa los diminutos poros de la epidermis: se llaman **estomas** y su función es permitir que el dióxido de carbono entre en la hoja. Las *células oclusivas* abren y cierran los estomas.

La parte media de la hoja, donde se realiza la fotosíntesis, tiene dos capas. La capa superior es la *empalizada* y la inferior, la *capa esponjosa*. Las células de la empalizada son alargadas y contienen muchos cloroplastos, los organelos verdes que realizan la fotosíntesis. Las células de la capa esponjosa están más apartadas que las de la empalizada. Los espacios de aire que hay entre estas células permiten que el dióxido de carbono se difunda más libremente a través de la hoja. Las venas de la hoja contienen xilema y floema rodeados de tejido de apoyo. El xilema transporta el agua y los minerales a la hoja y el floema conduce el azúcar fabricada durante la fotosíntesis desde la hoja al resto de la planta.

Adaptaciones de las hojas Algunas hojas realizan otras funciones además de la fotosíntesis. Por ejemplo, las espinas de los cactus son hojas modificadas, cuyas duras puntas impiden a los animales comerse el suculento tallo. Las hojas ilustradas en la **Figura 28** realizan una función poco común: atrapar insectos. Las droseras crecen en suelos que no contienen suficiente nitrógeno para cubrir sus necesidades. Sus hojas modificadas les permiten atrapar y digerir insectos que les proporcionan el nitrógeno que necesitan.

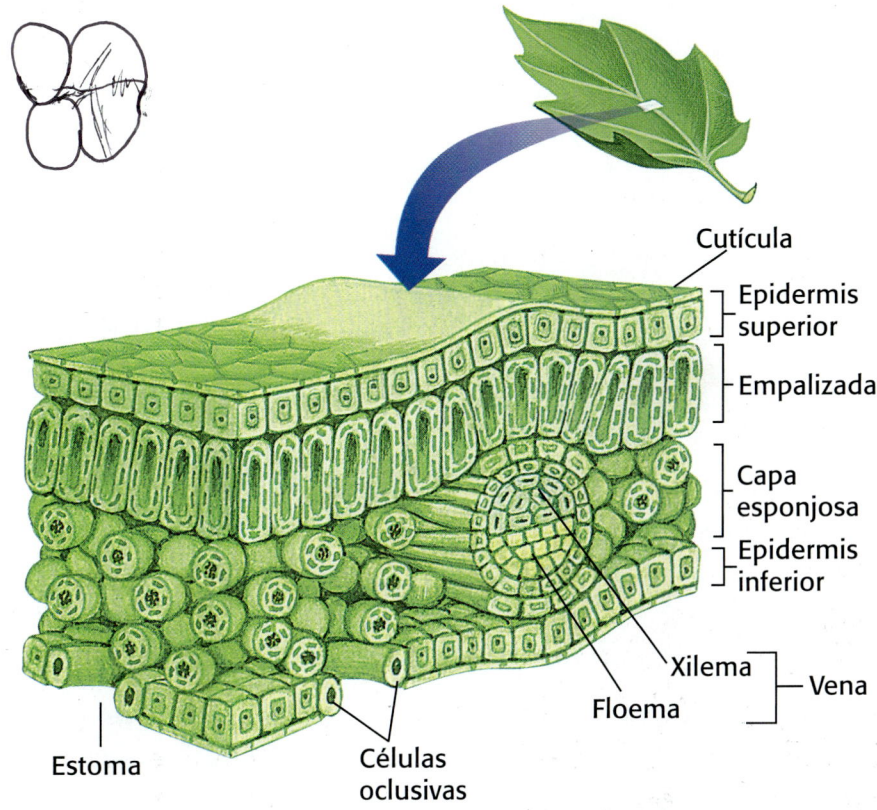

Figura 27 Las hojas tienen varias capas de células.

Figura 28 Este caballito del diablo está atrapado en el líquido viscoso de una drosera.

Introducción a las plantas

Flores

La mayoría de las personas admira la belleza de las flores, como las rosas o los lirios, sin detenerse a pensar por qué las plantas tienen flores. Como vimos, las flores son adaptaciones para la reproducción sexual. Sus diversas formas, colores y fragancias atraen a los polinizadores o permiten el paso del viento. La mayoría de las flores tienen las siguientes partes: sépalos, pétalos, estambres y uno o más pistilos. Estas partes generalmente están dispuestas en anillos alrededor de un pistilo central. La **Figura 29** muestra las partes de una flor típica.

Orquídea

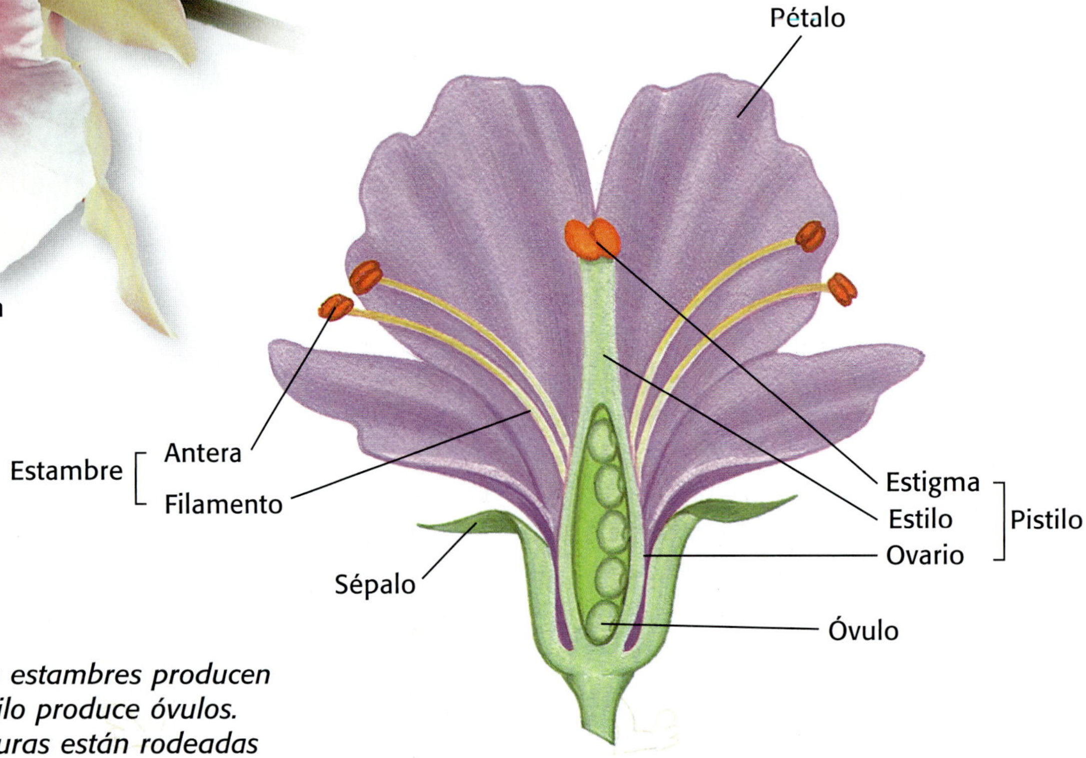

Figura 29 *Los estambres producen polen y el pistilo produce óvulos. Ambas estructuras están rodeadas por los pétalos y los sépalos.*

Experimentos

Aprende a construir tu propia flor en la página 599.

Los **sépalos** conforman el anillo inferior de las partes de la flor; con frecuencia son verdes como las hojas. Su principal función es cubrir y proteger a la flor inmadura cuando es un botón. Al abrirse la flor, los sépalos se repliegan para que los pétalos se agranden y se vuelvan visibles.

Los **pétalos** son anchos, planos y delgados, como los sépalos, pero su forma y color son diferentes. Los pétalos atraen insectos u otros animales a la flor; estos animales participan en la reproducción de las plantas al llevar el polen de flor en flor.

Encima de los pétalos están los **estambres,** que son las estructuras masculinas para la reproducción. Cada uno está compuesto por un *filamento* y una *antera*. Las anteras son estructuras en forma de saco que producen los granos de polen. En el centro de las flores hay uno o más **pistilos,** que son las estructuras femeninas para la reproducción. La punta del pistilo se llama **estigma** y es una estructura pegajosa donde se recolectan los granos de polen. La parte larga y delgada del pistilo se conoce como *estilo* y su base se llama **ovario.** Como se observa en la **Figura 30,** el ovario contiene uno o más óvulos. Cada óvulo contiene un huevo. En caso de fertilización, el óvulo se desarrolla y forma una semilla, y el ovario forma un fruto.

La polinización de las flores aromáticas y con pétalos de colores brillantes generalmente depende de los animales, mientras que la de las flores sin aroma ni color, como las flores del pasto de la **Figura 31,** depende del viento.

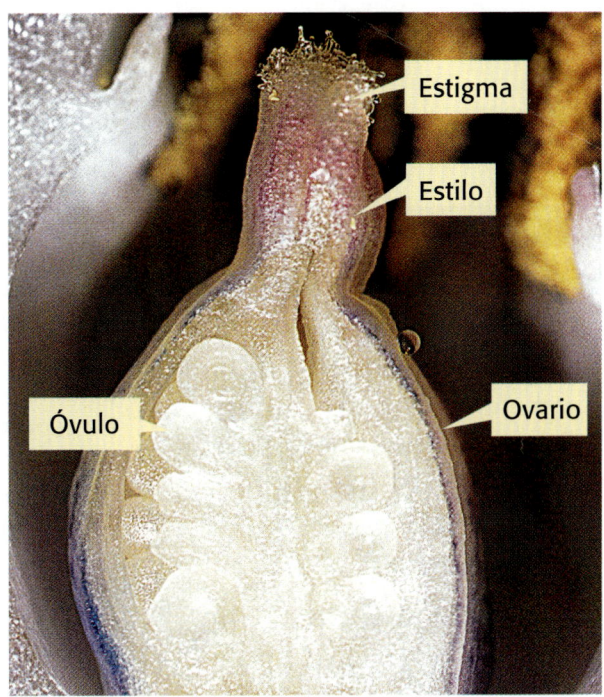

Figura 30 *El ovario de este jacinto contiene muchos óvulos.*

Figura 31 *Los altos tallos de las flores del pasto permiten que el viento recoja el polen.*

REPASO

1. Describe la estructura interna de una hoja típica. ¿Cómo relacionas la estructura de la hoja con su función?

2. ¿Qué parte de la flor produce el polen?

3. **Identificar relaciones** Compara las funciones del xilema y del floema en las raíces, los tallos, las hojas y las flores.

Introducción a las plantas **271**

Resumen del capítulo

SECCIÓN 1

Vocabulario
- **cutícula** (pág. 250)
- **esporofito** (pág. 251)
- **gametofito** (pág. 251)
- **planta no vascular** (pág. 252)
- **planta vascular** (pág. 253)
- **gimnosperma** (pág. 253)
- **angiosperma** (pág. 253)

Notas de la sección
- Las plantas elaboran su alimento mediante la fotosíntesis. Las células vegetales tienen paredes celulares. Las plantas están recubiertas por una cutícula cerosa.
- El ciclo vital de las plantas comprende una etapa de producción de esporas (el esporofito) y una de producción de células sexuales (el gametofito).
- Probablemente las plantas evolucionaron a partir de un tipo de alga verde.
- Las plantas vasculares tienen xilema, cuya función es transportar agua y minerales disueltos, y floema, que transporta las moléculas de alimento, como el azúcar. Las plantas no vasculares no tienen xilema ni floema; por lo tanto, dependen de la difusión y de la ósmosis para movilizar substancias.

SECCIÓN 2

Vocabulario
- **rizoides** (pág. 254)
- **rizoma** (pág. 256)

Notas de la sección
- Los musgos y las hepáticas son plantas no vasculares pequeñas. Son pequeñas porque carecen de xilema y floema. Para transportar los espermatozoides hasta los óvulos se necesita agua.
- Los helechos, equisetos y licopodios son plantas vasculares. Crecen más que las plantas no vasculares y necesitan agua para transportar los espermatozoides hasta los óvulos.

✓ Comprobar destrezas

Conceptos de matemáticas

¿QUÉ PORCENTAJE...? Si el 38 por ciento de las plantas de un bosque son plantas con flores, ¿cuál es el porcentaje de plantas sin flores? Los dos grupos dan 100 por ciento, así que réstale 38 al 100 por ciento.

100 por ciento − 38 por ciento = 62 por ciento

Consulta de nuevo la sección ¡Matemáticas! de la página 253. Puedes calcular el porcentaje de plantas que producen semillas si al 100 por ciento le restas la respuesta que obtuviste.

Visual Understanding

SEMILLAS Esta imagen muestra los dos cotiledones de una semilla dicotiledónea. La semilla ha sido separada y los dos cotiledones parecen las tapas de una hamburguesa. Estás viendo las superficies internas de los dos cotiledones. Si abres un cacahuete puedes verificar esto tú mismo, ya que en estas semillas los cotiledones se separan muy fácilmente. Hasta puedes ver la delicada planta en el interior.

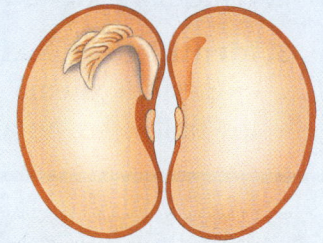

SECCIÓN 3

Vocabulario
polen *(pág. 258)*
polinización *(pág. 261)*
cotiledón *(pág. 263)*

Notas de la sección
- Las plantas con semillas son plantas vasculares que producen semillas. Los espermatozoides de estas plantas se desarrollan dentro del polen.
- Las gimnospermas son plantas con semillas en conos o en estructuras carnosas sujetas a las ramas. Hay cuatro grupos: coniferales, ginkgoales, cicadales y gnetópsidas.
- Las angiospermas son plantas con semillas que producen sus semillas en flores. Los dos grupos de plantas con flores son las monocotiledóneas y las dicotiledóneas.

Experimentos
Semillas viajeras *(pág. 598)*

SECCIÓN 4

Vocabulario
xilema *(pág. 264)*
floema *(pág. 264)*
epidermis *(pág. 265)*
raíz central *(pág. 265)*
raíz fibrosa *(pág. 265)*
estomas *(pág. 269)*
sépalos *(pág. 270)*
pétalos *(pág. 270)*
estambre *(pág. 271)*
pistilo *(pág. 271)*
estigma *(pág. 271)*
ovario *(pág. 271)*

Notas de la sección
- Las raíces sujetan la planta al suelo, absorben agua y minerales y almacenan alimento.
- Los tallos conectan las raíces con las hojas. Sostienen las hojas y otras estructuras, transportan agua, minerales y alimento, y almacenan agua y nutrientes.
- La función principal de las hojas es la fotosíntesis.
- Las flores generalmente tienen cuatro partes: sépalos, pétalos, estambres y uno o más pistilos. Los estambres producen espermatozoides del polen. El ovario que está en el pistilo contiene óvulos; cada óvulo contiene un huevo. Los óvulos se transforman en semillas después de la fertilización.

Experimentos
¡Hojas! *(pág. 596)*
Construye una flor *(pág. 599)*

---

internet

 VISITA: go.hrw.com

Visita el sitio web de HRW para encontrar una serie de herramientas de aprendizaje relacionadas con este capítulo. Sólo tienes que escribir la palabra clave:

PALABRA CLAVE: HSTPL1

 **VISITA:** www.scilinks.org

Visita el sitio web de la **Asociación Nacional de Maestros de Ciencias** *(National Science Teachers Association)* para encontrar recursos de Internet relacionados con este capítulo. Sólo escribe el **ENLACE DE CIENCIAS** para obtener más información sobre el tema:

TEMA:	**ENLACE:**
Características de las plantas	HSTL280
¿Cómo se clasifican las plantas?	HSTL285
Plantas sin semillas	HSTL290
Plantas con semillas	HSTL295
La estructura de las plantas con semillas	HSTL300

Introducción a las plantas

Repaso del capítulo

UTILIZAR EL VOCABULARIO

Escoge el término correcto para completar las siguientes oraciones:

1. Los/la _____ son/es una capa cerosa que recubre la superficie de tallos y hojas. (*estomas* o *cutícula*)

2. Durante el ciclo vital de las plantas, los óvulos y los espermatozoides son producidos por el _____ (*esporofito* o *gametofito*)

3. En las plantas vasculares, el _____ conduce agua y minerales y el _____ conduce moléculas de alimento, como el azúcar. (*xilema/floema* o *floema/xilema*)

4. Entre las plantas vasculares sin semillas están los helechos, los equisetos y las _____. (*licopodios* o *hepáticas*)

5. Un _____ es una hoja de la semilla que se encuentra dentro de la misma semilla. (*cotiledón* o *sépalo*)

6. En una flor, los _____ son las estructuras masculinas de reproducción. (*pistilos* o *estambres*)

COMPRENDER CONCEPTOS

Opción múltiple

7. ¿Cuál de las siguientes plantas es no vascular?
   a. helecho
   b. musgo
   c. conífera
   d. monocotiledónea

8. Hace millones de años el carbón se formó a partir de restos de
   a. plantas no vasculares.
   b. plantas con flores.
   c. algas verdes.
   d. plantas vasculares sin semillas.

9. El grupo más grande de gimnospermas es el de
   a. coníferas.   c. cícadas.
   b. ginkgos.   d. gnetófitos.

10. Las raíces
    a. absorben agua y minerales.
    b. almacenan el excedente de alimento.
    c. sujetan la planta.
    d. todas las anteriores

11. Los tallos leñosos
    a. son blandos, verdes y flexibles.
    b. incluyen a los tallos de las margaritas.
    c. contienen madera y corteza.
    d. todas las anteriores

12. Las venas de una hoja contienen
    a. xilema y floema.
    b. estomas.
    c. epidermis y cutícula.
    d. sólo xilema.

13. En la flor, la función de los pétalos es
    a. producir óvulos.
    b. atraer a los polinizadores.
    c. proteger al botón de la flor.
    d. producir polen.

14. Las monocotiledóneas tienen
    a. partes florales en grupos de cuatro o cinco.
    b. dos cotiledones en la semilla.
    c. venas paralelas en las hojas.
    d. Todas las anteriores

Respuesta breve

15. ¿Por qué no hay musgos grandes?

16. ¿Qué ventajas tiene una semilla sobre una espora?

17. ¿Por qué es importante el agua para la reproducción de musgos y helechos?

Organizar conceptos

18. Usa los siguientes términos para crear un mapa de ideas: plantas no vasculares, plantas vasculares, xilema, floema, helechos, semillas en conos, plantas, gimnospermas, esporas, angiospermas, semillas en las flores.

RAZONAMIENTO CRÍTICO Y RESOLUCIÓN DE PROBLEMAS

Escribe una o dos oraciones para responder a las siguientes preguntas:

19. Las plantas que son polinizadas por el viento producen mucho más polen que las plantas que son polinizadas por animales. ¿A qué crees que se debe esto?

20. Si las plantas no tuvieran cutícula, ¿dónde tendrían que vivir? ¿Por qué?

21. Los pastos no tienen aromas fuertes ni colores brillantes. ¿Qué tiene que ver esto con la manera en que son polinizados?

22. Imagina que una semilla y una espora empiezan a crecer en la grieta profunda y obscura de una roca. ¿Qué estructura reproductora, la semilla o la espora, tiene mayor probabilidad de sobrevivir y desarrollarse para formar una planta adulta? Explica tu respuesta.

LAS MATEMÁTICAS EN LAS CIENCIAS

23. En un año, un arce produjo 1,056 semillas. Si sólo el 15 por ciento de estas semillas germinaron y se transformaron en plántulas, ¿cuántas plántulas hay?

INTERPRETAR GRÁFICAS

24. Examina el corte transversal de la flor para responder a las siguientes preguntas:
    a. ¿Qué letra corresponde a la estructura en donde se produce el polen? ¿Cómo se llama esta estructura?
    b. ¿Qué letra corresponde a la estructura que contiene los óvulos? ¿Cómo se llama esta estructura?

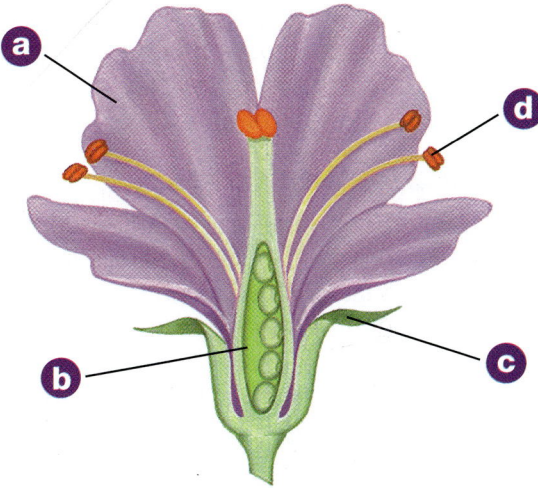

25. En los tallos leñosos, un anillo de células obscuras y uno de células claras representan un año de crecimiento. Examina la sección transversal del tronco de abajo para determinar la edad del árbol.

AHORA, ¿qué piensas?

Revisa tus respuestas a las preguntas de la página 5 que escribiste en el cuaderno de ciencias. ¿Han cambiado tus respuestas? Si es necesario, corrige tus respuestas basándote en lo que has aprendido en este capítulo.

Ciencia, Tecnología y Sociedad

¿Supercalabaza o Frankenfruta?

Las frutas y verduras que compras en el supermercado a veces no son lo que parecen. Los científicos pueden haberlas modificado genéticamente para mejorar su apariencia y sabor, aumentar su contenido en nutrientes y prolongar su vida en el almacén.

De balas a bacterias

Con la ingeniería genética, se puede duplicar el ADN de un organismo y colocar un determinado gen en las células de otra especie. Así, los científicos pueden darles rasgos nuevos, que se transmitirán a las generaciones futuras.

Para modificar las plantas, se inserta un gen con una determinada propiedad en sus células. Hay dos métodos para insertar el ADN. Uno consiste en colocar el ADN nuevo dentro de una bacteria especial, la cual lo lleva al interior de la célula vegetal. El otro consiste en disparar partículas microscópicas de metal recubiertas con el ADN nuevo, al interior de las células vegetales. Esto se hace con una "pistola de genes" especial.

Alimentos de alta tecnología

En la última década, se han insertado genes a más de 50 clases de plantas. Generalmente, la nueva característica del gen insertado hace a las plantas más resistentes o más comerciales. Por ejemplo, a las plantas de algodón, tomate y papa se les han agregado genes de una bacteria que ataca a las orugas. Las plantas modificadas producen proteínas para matar las orugas que destruyen las cosechas. También se están desarrollando plantas de chícharo y pimiento rojo modificadas genéticamente para conservar su sabor dulce más tiempo. Y ya hay tomates modificados que duran más tiempo y saben mejor. Además, es posible que algún día existan granos de café sin cafeína.

¿Estamos listos?

Los alimentos modificados genéticamente, aunque prometedores, son motivo de controversia. Se teme que los genes introducidos a los cultivos se liberen al ambiente o que los cambios pongan en peligro la salud humana. Por ejemplo, no se sabe si la gente alérgica a los cacahuetes se enfermará si come tomates que contienen genes de cacahuetes.

¡Descúbrelo!

▶ ¿Son los alimentos modificados genéticamente un motivo de controversia en tu comunidad? Realiza una encuesta para conocer la opinión de algunas personas sobre ellos. ¿Consideran que las tiendas de comestibles deben vender estos alimentos? ¿Por qué?

◀ *Con una "pistola de genes", una científica inserta ADN dentro de unas células vegetales.*

PROFESIONES

ETNOBOTÁNICO

Paul Cox es un *etnobotánico que* viaja a lugares remotos en busca de plantas que curan enfermedades. Durante su búsqueda, consulta a chamanes y curanderos nativos. En 1984, Cox hizo un viaje a Samoa para observar a los curanderos; allí conoció a Epenesa, una curandera de 78 años de edad que podía identificar más de 200 plantas medicinales. Sus conocimientos impresionaron a Cox. Epenesa tenía un conocimiento preciso de la anatomía humana y preparaba recetas con gran cuidado y precisión.

En Samoa, el curandero es uno de los miembros más apreciados de la comunidad, pues sabe cómo tratar las enfermedades. Algunos curanderos conocen antiguos tratamientos que la medicina occidental todavía no ha descubierto. Recientemente, varios investigadores se han dirigido a ellos para hacerles preguntas sobre sus secretos médicos.

Mezcla de medicina polinesia y occidental

Después de pasar meses observando cómo Epenesa trataba a sus pacientes, ella le dio una receta para la fiebre amarilla: un té preparado con la madera de un árbol del bosque tropical. Cox trajo a los Estados Unidos el remedio contra la fiebre amarilla y, en 1986, los investigadores del Instituto Nacional del Cáncer, o NCI, *(National Cancer Institute)* empezaron a estudiar la planta. Descubrieron que contiene una substancia química que combate a los virus: la prostratina. Se ha descubierto que también tiene potencial como tratamiento para el sida.

Otro compuesto de los curanderos de Samoa sirve para tratar la inflamación. Se aplica la corteza de un árbol sobre la piel inflamada. Se están investigando las propiedades medicinales del compuesto activo de la corteza, llamado flavanona. Algún día los médicos occidentales recetarán un medicamento que contenga flavanona.

Para conservar su conocimiento

Con la muerte, en 1993, de dos de los curanderos que Cox conoció en Samoa también desaparecieron generaciones de conocimientos médicos. Esto señala la urgencia de registrar la sabiduría antigua antes de que todos los curanderos desaparezcan. Cox y otros etnobotánicos deben reunir la información de los curanderos tan rápido como puedan.

La sensación de una curación natural

La próxima vez que te pique un mosquito o tengas una quemadura leve de sol, usa un tratamiento de los curanderos nativos de América. El aloe vera es un producto vegetal que se encuentra en diversas lociones y pomadas. ¡Verás qué bien funciona!

▶ *Algún día, estas partes de una planta proveniente de Samoa podrían usarse en medicamentos para tratar diversas enfermedades.*

CAPÍTULO

12 Procesos de las plantas

Increíble... ¡pero cierto!

El maizal es un campo de batalla. Cuando la plaga de gusano soldado ataca el maíz, éste se defiende. De algún modo, las plantas de maíz mandan una señal de auxilio y, de repente, un comando de avispas cae sobre el maizal y ataca los gusanos ¿Cómo puede pedir auxilo una planta? Los gusanos soldado causan estragos en muchos maizales de los Estados Unidos. Cuando empiezan a devorar el maíz, una substancia de su boca hace que la planta libere otra substancia química. La hembra de la avispa parásita Aphidius colemani capta la señal del maíz y se dirige directamente hacia la planta infestada de gusanos.

Las avispas caen sobre los gusanos y depositan huevecillos bajo su piel. Cuando los huevecillos se abren, las larvas devoran el gusano.

Jim Tumlinson, el científico que descubrió esta relación entre las avispas y el maíz, dice que probablemente se dio por casualidad. Las avispas parásitas se sienten atraídas por naturaleza a la substancia que segrega el maíz.

Tumlinson quiere cultivar otras plantas para que también produzcan substancias que atraigan ciertos insectos. Las avispas parásitas podrían servir para controlar plagas, y no usar tantos plaguicidas venenosos.

Muchas plantas tienen un proceso similar al del maíz para producir y liberar substancias químicas especiales. En este capítulo estudiarás otros procesos de las plantas, como la reproducción de las plantas con flores, la fotosíntesis, la adaptación al ambiente y el crecimiento.

¿Tú qué piensas?

Usa tus conocimientos para responder a las siguientes preguntas en tu cuaderno de ciencias:

1. ¿Qué es un fruto?
2. ¿Cómo responden las plantas a los cambios en su medio ambiente?
3. ¿Por qué necesitan luz las plantas?

Observa el crecimiento de las plantas

Cuando plantas semillas en tu jardín, las entierras, las riegas y esperas a que las plántulas broten del suelo. Pero, ¿qué pasa cuando las semillas están bajo tierra? ¿Cómo se convierte la semilla en una planta?

Procedimiento

1. Tu maestro te dará los materiales que necesitas: Una **botella transparente de refresco de 2 L,** con la parte de arriba recortada; **tierra para maceta,** tres o cuatro **frijoles** y **papel de aluminio.**

2. Llena la botella con tierra de maceta hasta 8 cm del borde.

3. Mete las semillas en la tierra junto a la pared de la botella, como en el ejemplo de arriba. La parte de arriba de la semilla debe estar al mismo nivel que la superficie de tierra en la botella. Añade otros 5 cm de tierra de maceta.

4. Envuelve los lados de la botella con el papel de aluminio para protegerlos de la luz.

5. Riega las semillas con unos **60 mL de agua.** Riégalas de nuevo cada vez que el primer centímetro de tierra de la superficie esté completamente seco.

6. Una vez al día, desenvuelve la botella durante unos minutos para ver cómo van tus frijoles. En tu cuaderno de ciencias, lleva un registro del crecimiento de las semillas.

Análisis

7. ¿Cuánto tardaron en germinar las semillas? ¿Cuántas germinaron?

8. ¿De dónde viene la energía que las semillas usan para empezar a crecer?

Procesos de las plantas

Sección 1

La reproducción de las plantas con flores

VOCABULARIO
latente

OBJETIVOS
- Describe el papel que juegan la polinización y la fecundación en la reproducción sexual.
- Describe cómo se forman los frutos a partir de la flor.
- Explica la diferencia entre la reproducción sexual y la asexual en las plantas.

Si salieras al jardín e hicieras una lista de todas las plantas diferentes que ves, seguramente la mayoría serían plantas con flores. Las plantas con flores son el grupo de plantas más grande y diverso del mundo. Su éxito se debe en parte a sus flores, que son adaptaciones para llevar a cabo la reproducción sexual. En la reproducción sexual, el óvulo es fecundado por el espermatozoide. La fecundación en las plantas con flores se efectúa dentro de la flor y resulta en la formación de una o más semillas dentro de un fruto.

¿Cómo se lleva a cabo la fecundación?

Para que la fecundación pueda llevarse a cabo, el espermatozoide debe llegar hasta donde está el óvulo. Los espermatozoides de una planta con flores están dentro de los granos de polen. La polinización ocurre cuando los granos de polen son transportados de las anteras al estigma. Así comienza la fecundación, como se ve en la **Figura 1.** Después de que el polen cae sobre el estigma, le crece un tubo que entra a través del estilo hasta el ovario. Dentro del ovario se encuentran los óvulos. Cada óvulo contiene un núcleo.

Los espermatozoides del grano de polen bajan por el tubo hasta el óvulo y la fecundación se lleva a cabo cuando el espermatozoide se une al núcleo del óvulo.

Figura 1 *La fecundación ocurre después de la polinización.*

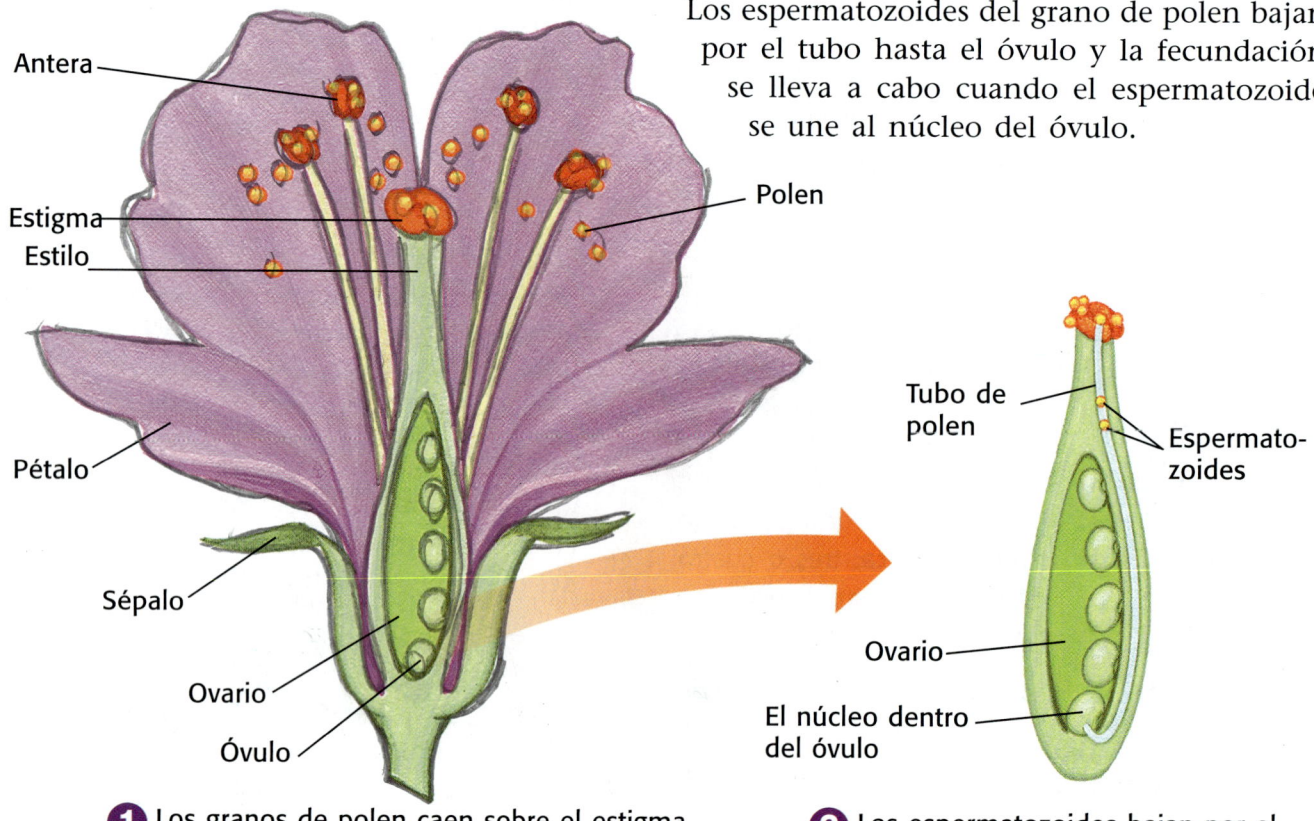

① Los granos de polen caen sobre el estigma y comienzan a desarrollar tubos de polen.

② Los espermatozoides bajan por el tubo de polen y fecundan los núcleos.

De flor a fruto

Después de la fecundación, el óvulo se convierte en una semilla que contiene la pequeña planta que aún no se ha desarrollado y el ovario se convierte en el fruto que contiene la semilla. La **Figura 2** muestra cómo el ovario y el óvulo de una flor se convierten en el fruto y sus semillas.

Figura 2 *La fecundación lleva al desarrollo del fruto y las semillas.*

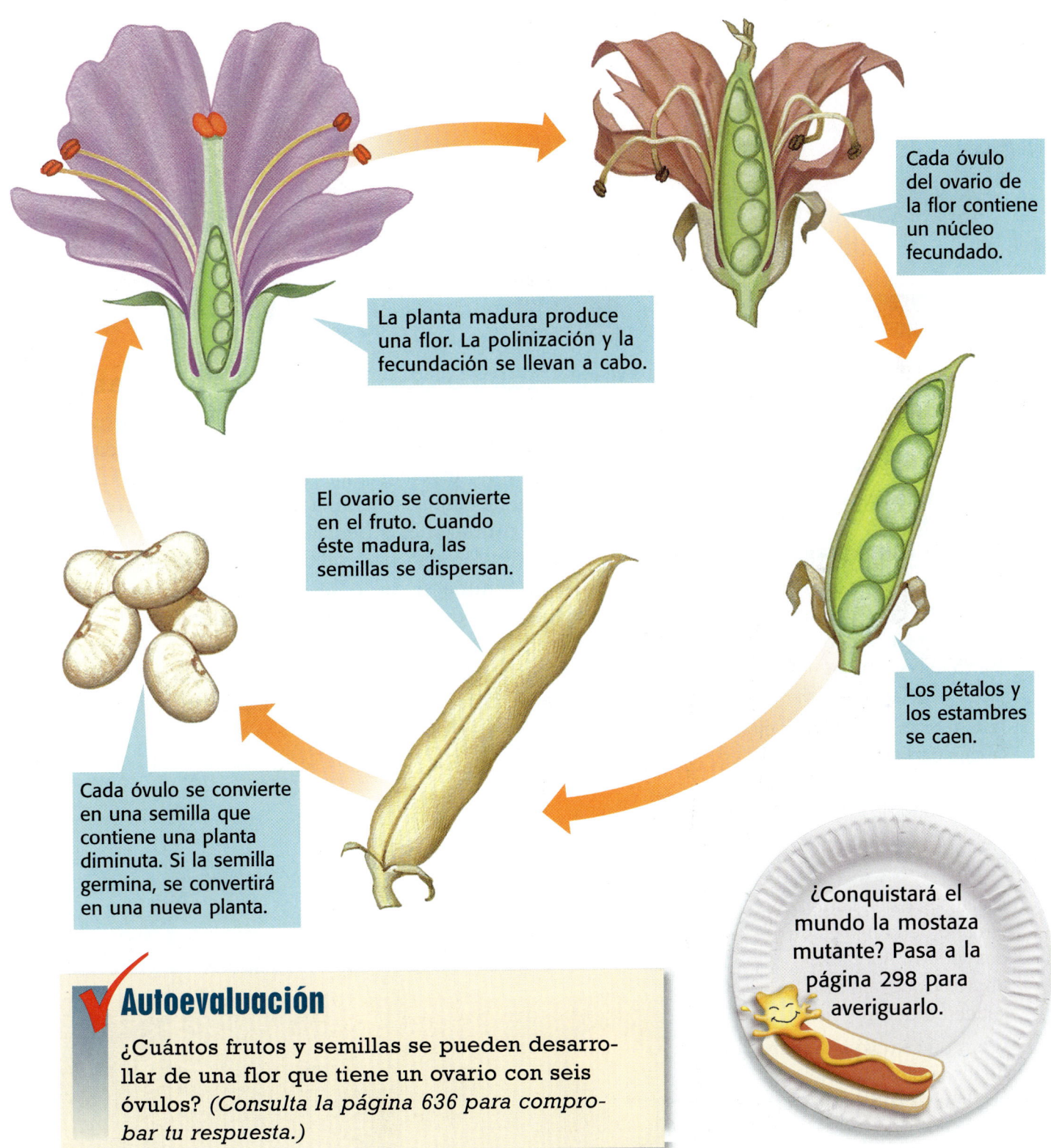

- La planta madura produce una flor. La polinización y la fecundación se llevan a cabo.
- Cada óvulo del ovario de la flor contiene un núcleo fecundado.
- Los pétalos y los estambres se caen.
- El ovario se convierte en el fruto. Cuando éste madura, las semillas se dispersan.
- Cada óvulo se convierte en una semilla que contiene una planta diminuta. Si la semilla germina, se convertirá en una nueva planta.

✓ Autoevaluación

¿Cuántos frutos y semillas se pueden desarrollar de una flor que tiene un ovario con seis óvulos? *(Consulta la página 636 para comprobar tu respuesta.)*

¿Conquistará el mundo la mostaza mutante? Pasa a la página 298 para averiguarlo.

Procesos de las plantas

Fruto de un esfuerzo

Mientras los óvulos se convierten en semillas, el ovario se convierte en el fruto. Al crecer y madurar, contiene y protege las semillas que se están desarrollando. Observa la ilustración de abajo para ver qué partes de las frutas se desarrollaron del ovario y cuáles se desarrollaron de los óvulos.

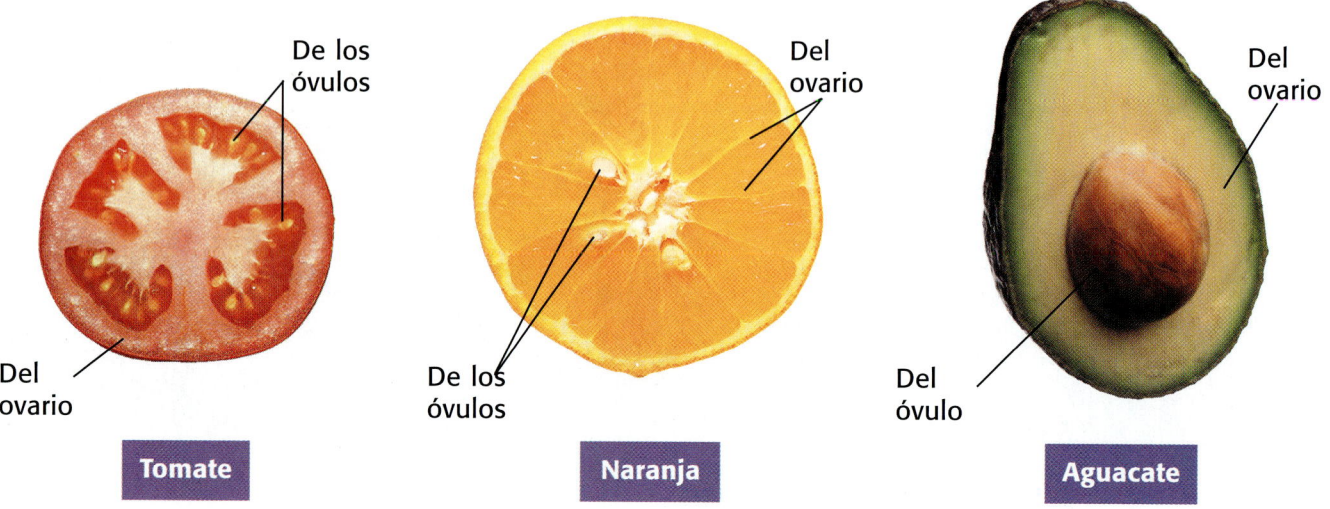

Laboratorio

Semillas sedientas

1. Pide a tu maestra o maestro **12 frijoles, 2 cajas de Petri, un creyón** y **agua**.
2. Llena dos terceras partes de una de las cajas de Petri con agua y añade seis frijoles. Marca la caja con tu nombre y con la palabra "Agua".
3. Pon el resto de o frijoles en la caja de Petri sin agua. Ponle tu nombre y la palabra "Control".
4. Déjalos en remojo una noche.
5. Al día siguiente, compara el tamaño de lo frijoles de los dos grupos. Anota tus observaciones en tu cuaderno de ciencias.
6. ¿Por qué cambió el tamaño de los frijoles? ¿Cómo afecta a su supervivencia?

Las semillas se convierten en plantas

Cuando la semilla ya está completamente desarrollada, la pequeña planta en su interior deja de crecer. La semilla puede quedar en estado **latente,** es decir, inactivo. Estas semillas pueden sobrevivir largas temporadas de sequía y temperaturas muy frías. Algunas semillas necesitan condiciones extremas, como un invierno helado o hasta un incendio forestal, para salir del estado latente.

Una semilla germina si cae o se siembra en un ambiente que tiene agua, oxígeno y la temperatura adecuada. Para la mayoría de las plantas la temperatura ideal para crecer es de más o menos 27 °C (80.6 °F). La **Figura 3** muestra la *germinación* de una semilla de frijol y las primeras etapas de crecimiento en una plantita de frijol.

Figura 3 *La reproducción sexual produce semillas que se convierten en nuevas plantas.*

Otros métodos de reproducción

Muchas plantas con flores también se pueden reproducir de manera asexual. En la reproducción asexual, las plantas no forman flores, semillas ni frutos, sino que una de sus partes, como el tallo o la raíz, produce una nueva planta. En la **Figura 4** se ven varios ejemplos de reproducción asexual.

Figura 4 *La reproducción asexual puede ocurrir de varias formas. Aquí puedes ver algunos ejemplos.*

a Los tubérculos de papa son tallos subterráneos que están henchidos de alimentos acumulados. Los "ojos" de la papa son brotes que pueden desarollarse de manera asexual y convertirse en nuevas plantas.

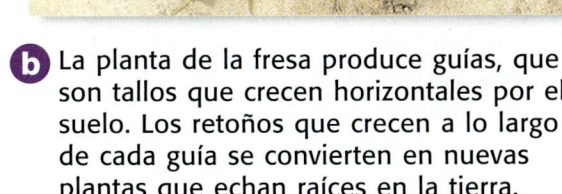

b La planta de la fresa produce guías, que son tallos que crecen horizontales por el suelo. Los retoños que crecen a lo largo de cada guía se convierten en nuevas plantas que echan raíces en la tierra.

c Esta planta del género Kalanchoe produce plántulas en los bordes de las hojas. Las plántulas finalmente caen de la planta madre y echan raíces para crecer como plantas individuales.

REPASO

1. ¿Qué diferencia hay entre la polinización y la fecundación?
2. ¿Qué parte de la flor se convierte en fruto?
3. **Relacionar conceptos** ¿Qué tienen en común las flores y las guías? ¿En qué se diferencian?
4. **Identificar relaciones** ¿Cuándo puede ser importante la reproducción asexual para la supervivencia de la planta?

Procesos de las plantas **283**

Sección 2

Los detalles de la fabricación de la comida

VOCABULARIO
clorofila
respiración celular
estomas
transpiración

OBJETIVOS
- Describe la fotosíntesis.
- Habla de la relación entre la fotosíntesis y la respiración celular.
- Explica la importancia de los estomas en los procesos de fotosíntesis y transpiración.

Las plantas no tienen pulmones, pero, como tú, necesitan aire para vivir. El aire es una mezcla de oxígeno, dióxido de carbono y otros gases. Las plantas necesitan dióxido de carbono para producir su alimento a través de la fotosíntesis

¿Qué pasa en la fotosíntesis?

Las plantas necesitan luz solar para producir alimentos. En la fotosíntesis, las plantas usan la energía de la luz solar para producir un tipo de azúcar ($C_6H_{12}O_6$) a partir de dióxido de carbono (CO_2) y agua (H_2O). ¿Cómo funciona esto?

Las plantas capturan la energía de la luz Las células de las plantas tienen unos organelos llamados cloroplastos, que a su vez contienen un pigmento verde llamado **clorofila.** La clorofila absorbe la energía de la luz. Aunque no se note, la luz del sol es una mezcla de todos los colores del arco iris. La **Figura 5** ilustra cómo los colores de la luz del sol se pueden separar al pasar a través de un cristal triangular llamado prisma. La clorofila absorbe casi todos los colores de la luz, menos el verde. Las plantas se ven verdes porque la clorofila refleja la luz verde.

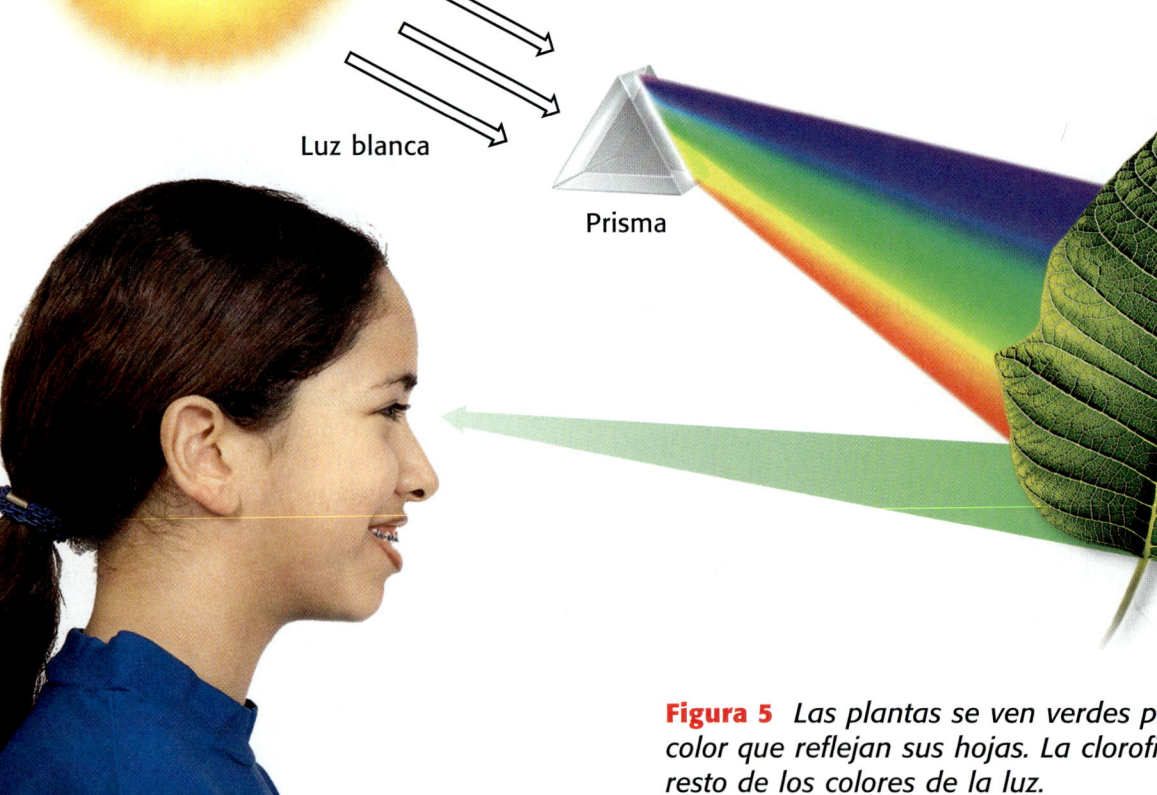

Figura 5 Las plantas se ven verdes porque es el color que reflejan sus hojas. La clorofila absorbe el resto de los colores de la luz.

La fábrica de azúcar La energía de la luz que absorbe la clorofila se usa para separar la molécula del agua (H_2O) en hidrógeno (H) y oxígeno (O). El hidrógeno se combina con el dióxido de carbono (CO_2) que la planta toma del aire para formar azúcar ($C_6H_{12}O_6$). El oxígeno se libera como un producto secundario. El proceso de la fotosíntesis se resume en la siguiente ecuación:

$$6CO_2 + 6H_2O \xrightarrow{\text{Energía solar}} C_6H_{12}O_6 + 6O_2$$

La ecuación explica que se necesitan seis moléculas de dióxido de carbono y seis moléculas de agua para producir una molécula de glucosa y seis moléculas de oxígeno. Este proceso se ilustra en la **Figura 6**.

La planta usa la energía almacenada en las moléculas de alimento para realizar sus procesos vitales. Dentro de cada célula, el azúcar y otras moléculas de alimento se descomponen en un proceso llamado respiración celular. La **respiración celular** convierte la energía almacenada en el alimento en una forma de energía que las células pueden utilizar. En este proceso, la planta usa oxígeno y libera dióxido de carbono y agua.

Experimentos

Las plantas producen algo que es necesario para la vida en nuestro planeta. ¿Qué es? Averígualo en la página 600.

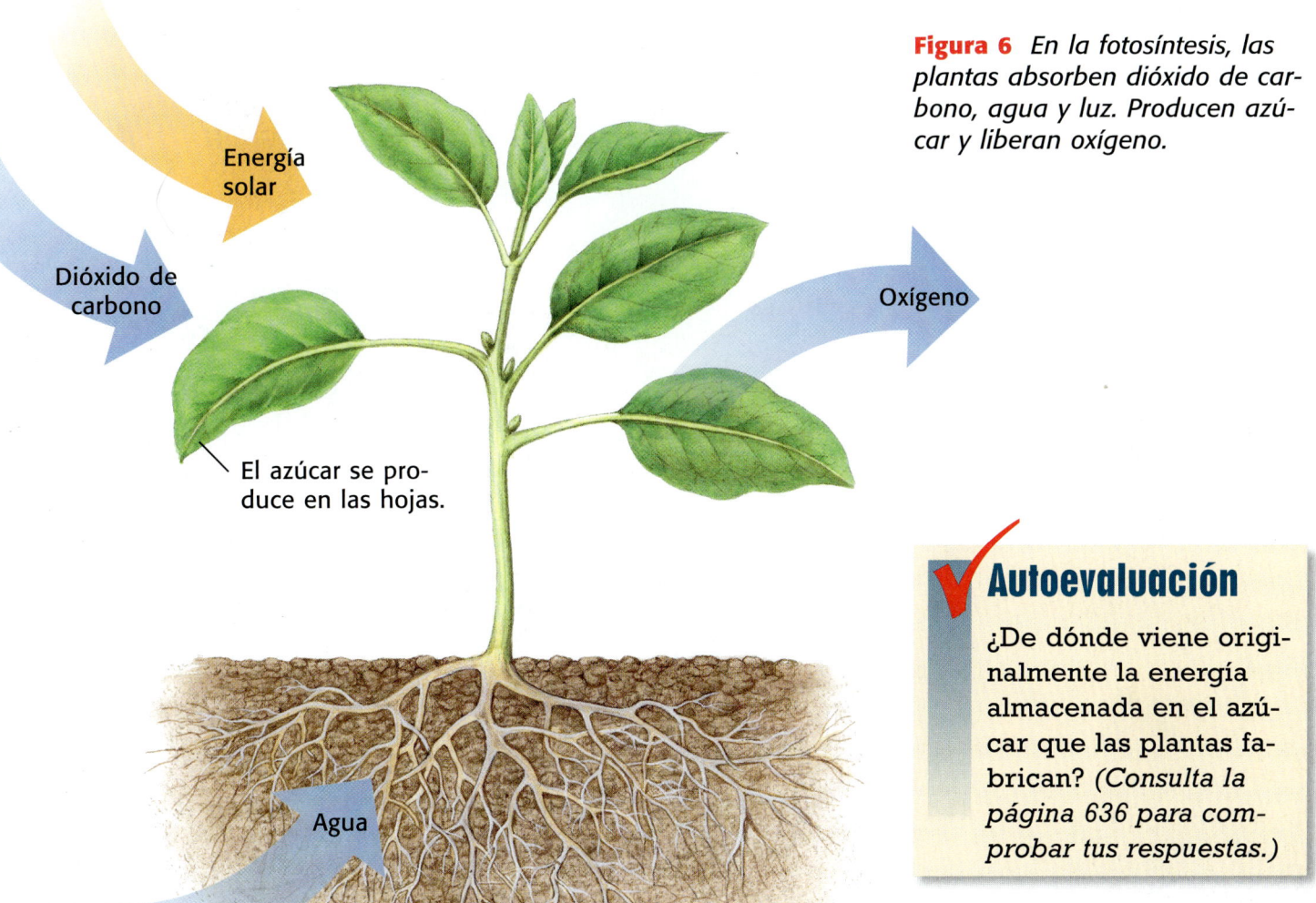

Figura 6 *En la fotosíntesis, las plantas absorben dióxido de carbono, agua y luz. Producen azúcar y liberan oxígeno.*

Autoevaluación

¿De dónde viene originalmente la energía almacenada en el azúcar que las plantas fabrican? *(Consulta la página 636 para comprobar tus respuestas.)*

Procesos de las plantas

Intercambio de gases

Todas las superficies de la planta que no están bajo tierra están cubiertas por una cutícula, que es una capa cerosa que impide el paso de gases y agua. ¿Cómo recibe la planta el dióxido de carbono a través de esta barrera? El dióxido de carbono entra a las hojas de la planta a través de los **estomas**. El estoma es una abertura en la epidermis y la cutícula de la hoja. Cada estoma está rodeado por dos *células oclusivas,* que funcionan como puertas dobles para abrir y cerrar el hoyito. En la **Figura 7** puedes ver estomas abiertos y cerrados. El funcionamiento de los estomas se ilustra en la **Figura 8.**

Cuando los estomas están abiertos, el dióxido de carbono entra en la hoja. Al mismo tiempo, el oxígeno producido en la fotosíntesis sale de las células de la hoja y pasa a los espacios intercelulares, para luego salir por los estomas.

Cuando los estomas están abiertos, también escapa vapor de agua. La pérdida de agua a través de las hojas se llama **transpiración.** La mayor parte del agua que la planta absorbe por las raíces reemplaza el agua perdida en la transpiración. Cuando una planta se marchita, es porque está perdiendo más agua a través de las hojas que la que absorbe por las raíces.

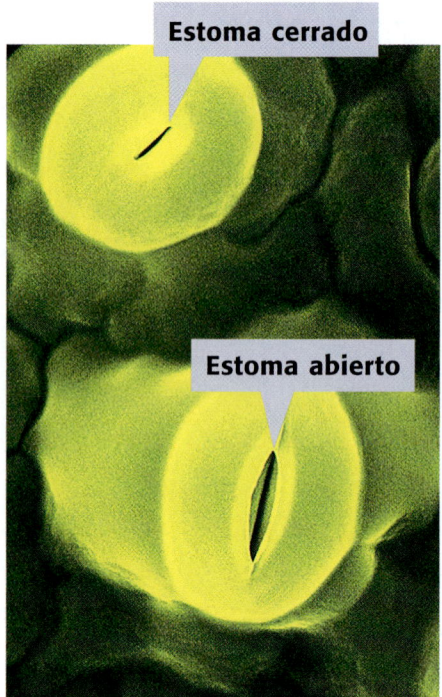

Figura 7 *Cuando la planta recibe luz y puede realizar la fotosíntesis, los estomas generalmente están abiertos. La fotosíntesis no se puede realizar en la obscuridad. El dióxido de carbono no es necesario en este momento y los estomas se cierran para conservar agua.*

Figura 8 *Las plantas absorben dióxido de carbono y liberan oxígeno y agua a través de los estomas de las hojas.*

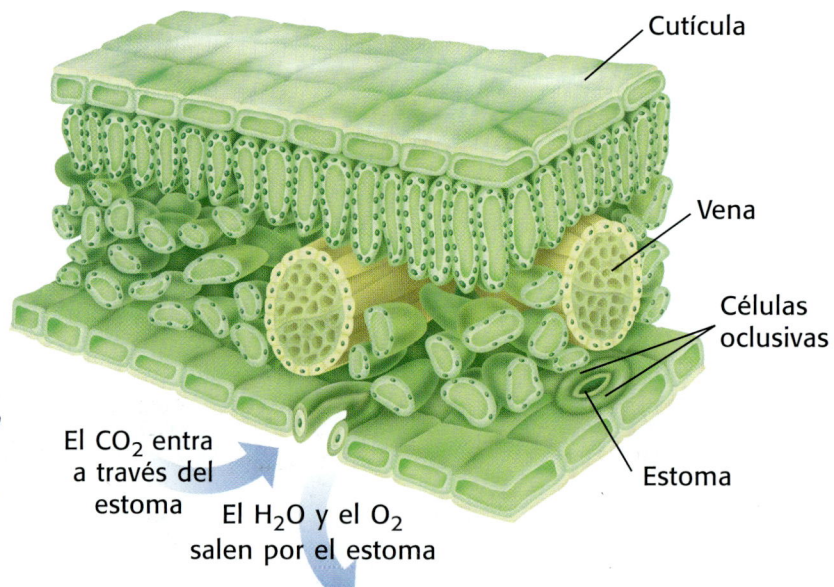

REPASO

1. Nombra las tres cosas que las plantas necesitan para realizar la fotosíntesis.
2. ¿Por qué necesitan respirar las células de la planta?
3. **Identificar relaciones** ¿Qué relación hay entre la función de los estomas y la transpiración? ¿Cuándo ocurre la transpiración?

Sección 3: Las respuestas de las plantas al medio ambiente

VOCABULARIO
- tropismo
- fototropismo
- geotropismo
- de hoja perenne
- de hoja caduca

OBJETIVOS
- Describe cómo reponden las plantas a la luz y la gravedad.
- Explica cómo algunas plantas florecen según la duración de la noche.
- Describe cómo algunas plantas se han adaptado para sobrevivir en climas fríos.

¿Qué te pasa cuando tienes mucho frío? ¿Te castañetean los dientes? Esto sucede porque tu cerebro responde al estímulo del frío haciendo que tus músculos tiemblen para generar calor. Llamamos estímulo a cualquier cosa que provoca una reacción en un órgano o tejido. ¿También responden a los estímulos los tejidos de las plantas? ¡Claro que sí! Algunos ejemplos de estímulos que las afectan son la luz, la gravedad, los cambios de estaciones, y hasta el hecho de que alguien se las coma.

Tropismos de las plantas

La respuesta de algunas plantas a estímulos ambientales, como la luz o la gravedad, es crecer en una dirección específica. Cuando una planta crece en respuesta a un estímulo, esto se llama **tropismo.** Los tropismos pueden ser negativos o positivos, dependiendo de la dirección en que crezca la planta. Si el crecimiento es en dirección al estímulo, es positivo. Si es en dirección contraria al estímulo, es negativo. Dos ejemplos son el fototropismo y el geotropismo.

Las plantas son sensibles a la luz Si pusieras una planta de modo que recibiera luz de una sola dirección, como por ejemplo, cerca de una ventana, las puntas de los brotes se inclinarían hacia la luz. **Fototropismo** es el cambio que la luz produce en el crecimiento de una planta. Como ves en la **Figura 9,** la inclinación de la planta ocurre porque las células de un lado del brote se hacen más largas que las células del otro lado.

¡MATEMÁTICAS!

Inclinación de buen grado

Supón que una planta presenta fototropismo positivo y se inclina hacia la luz a una velocidad de 0.3 grados por minuto. ¿Cuántas horas le llevará inclinarse 90 grados?

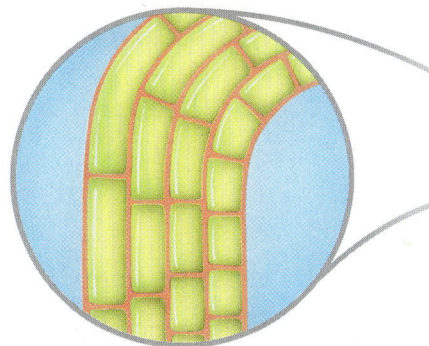

Figura 9 Las plantas en el lado obscuro del brote se alargan más que las del otro lado. Esto hace que el brote se incline hacia la luz.

Procesos de las plantas

¿Abajo o arriba? Llamamos **geotropismo** al cambio que la dirección de la gravedad produce en el crecimiento de una planta. La **Figura 10** muestra el efecto del geotropismo en las plantas. Pocos días después de que una planta es colocada de cabeza, se nota un cambio de dirección en el crecimiento de sus raíces y tallos. La mayoría de las puntas de los tallos muestran geotropismo negativo, es decir, crecen hacia arriba, en dirección contraria a la fuerza de gravedad. En cambio, la mayoría de las puntas de las raíces muestran geotropismo positivo, es decir, crecen hacia abajo, en la misma dirección que la fuerza de gravedad.

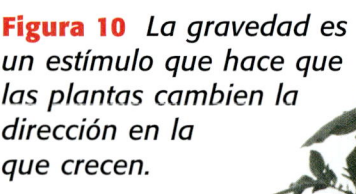

Figura 10 *La gravedad es un estímulo que hace que las plantas cambien la dirección en la que crecen.*

a Para crecer en dirección opuesta a la fuerza de gravedad, esta planta creció hacia arriba.

b Esta planta ha estado volteada de cabeza y sus tallos más recientes crecieron hacia abajo.

Laboratorio

¿Abajo o arriba?

¿Puede crecer de lado una planta? Vas a necesitar **varias plantas en maceta** para averiguarlo. Con **cinta** adhesiva, **sujeta un cartón** para evitar que la tierra se salga de la maceta. Voltea las plantas de lado y observa lo que sucede en los días siguientes. Anota tus observaciones en tu cuaderno de ciencias. Describe dos estímulos que creas que influyeron sobre la dirección del crecimiento de las plantas. ¿Cómo se beneficia una planta del geotropismo?

Autoevaluación

1. Usa los siguientes términos para crear un mapa de ideas: tropismo, estímulo, luz, gravedad, fototropismo y geotropismo.
2. Imagínate una planta en la que la luz provoca fototropismo negativo. Si la luz le da a la planta sólo del lado derecho, ¿hacia qué lado se inclinará la planta?

(Consulta la página 636 para comprobar tus respuestas.)

La respuesta a los cambios de las estaciones

¿Qué pasaría si una planta que crece en un área de inviernos muy fríos floreciera en diciembre? ¿Crees que lograría producir frutos y semillas? Si dijiste que no, estás en lo correcto. Si la planta alcanzara a florecer, sus flores seguramente se congelarían y morirían sin poder producir semillas maduras. Las plantas que viven en climas fríos pueden detectar el cambio de estación. ¿Cómo lo hacen?

Tan distinto como el día y la noche Piensa en lo que pasa cuando las estaciones cambian. Por ejemplo, ¿qué pasa con la duración del día y la noche? Cuando se acercan el otoño y el invierno, los días se hacen más cortos y las noches más largas. Lo contrario sucede cuando se acercan la primavera y el verano.

La duración de los días y las noches es un estímulo ambiental muy importante para muchas plantas, pues puede hacer que comiencen a reproducirse. Algunas plantas sólo florecen al final del verano o al principio del otoño, cuando las noches son largas. Estas plantas se llaman plantas de días cortos. Algunos ejemplos de plantas de días cortos son la noche buena (que se ilustra abajo, en la **Figura 11**), la ambrosía y el crisantemo. Otras plantas florecen en la primavera o a principios del verano, cuando las noches son cortas, y se llaman plantas de días largos. El trébol, la espinaca y la lechuga son algunas de ellas.

ciencias de la Tierra
CONEXIÓN

Las estaciones son la consecuencia de la inclinación de la Tierra y de su órbita alrededor del Sol. Estamos en verano cuando el hemisferio norte está inclinado hacia el Sol y la energía del Sol nos llega más directamente. Mientras hace calor en el hemisferio norte, en el hemisferio sur hace frío. Cuando el hemisferio norte está inclinado más lejos del Sol, ocurre lo contrario.

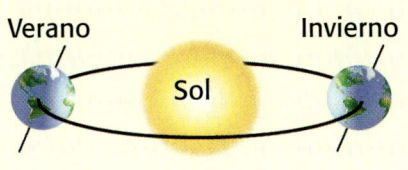

Figura 11 *La duración de la noche determina cuándo florecen las nochebuenas.*

a A principios del verano, las noches son cortas. En esta época del año, las hojas de la nochebuena son todas verdes, y no tiene flores.

b Las nochebuenas florecen en el otoño, cuando las noches son más largas. Las hojas alrededor de los botones de flores se vuelven rojas. En el cultivo comercial de nochebuenas se usan luces artificiales para controlar el momento en que las hojas cambian de color.

Procesos de las plantas

APLICA

Una tarde de otoño, Mónica mira su jardín y se da cuenta de que un árbol que estaba lleno de hojas la semana pasada está ahora completamente desnudo. ¿Qué hizo que se cayeran las hojas? A Mónica se le ocurrió la siguiente hipótesis:

Cada hoja del árbol podía detectar la duración de los días. Cuando los días se hicieron más cortos, cada hoja respondió a este estímulo y se dejó caer.

Inventa un experimento para comprobar la hipótesis de Mónica.

Los cambios de las estaciones en las hojas Todos los árboles pierden sus hojas en algún momento. Algunos, como los pinos y las magnolias, las pierden a lo largo del año, de modo que siempre hay algunas hojas en sus ramas. Estos árboles se llaman **de hoja perenne.** Las plantas perennes tienen hojas adaptadas para sobrevivir todo el año.

Otros árboles, como el arce de la **Figura 12,** son **de hoja caduca,** y pierden todas sus hojas en la misma época del año. Normalmente, los árboles de hoja caduca pierden sus hojas antes del invierno. En climas tropicales, que tienen una temporada seca y una de lluvias, los árboles de hoja caduca pierden sus hojas antes de la época seca. Al caer sus hojas antes del invierno o de la temporada seca, los árboles pierden menos agua en la transpiración. La pérdida de las hojas les ayuda a las plantas a sobrevivir al frío o largos períodos sin lluvia.

Figura 12 Algunos árboles de hoja caduca, como el arce que ves en la ilustración, cambian de color verde a naranja en el otoño. En invierno, el arce se queda sin hojas.

290 Capítulo 12

Como ves en la **Figura 13,** las hojas frecuentemente cambian de color antes de caerse. Cuando se acerca el otoño, la clorofila, el pigmento verde que se usa en la fotosíntesis, se descompone. Cuando las hojas pierden clorofila, se pueden ver otros pigmentos, amarillos y anaranjados. Estos pigmentos ya estaban presentes en las hojas, pero el verde de la clorofila los ocultaba. Algunas hojas también tienen pigmentos rojos, que se vuelven visibles cuando la clorofila se descompone.

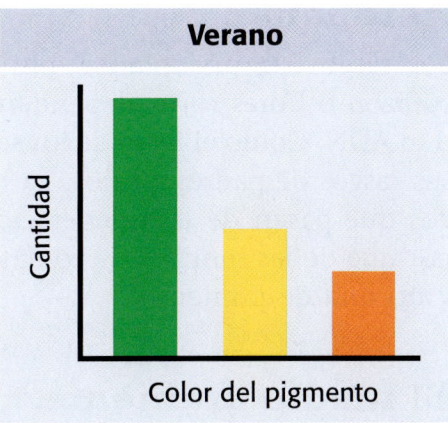

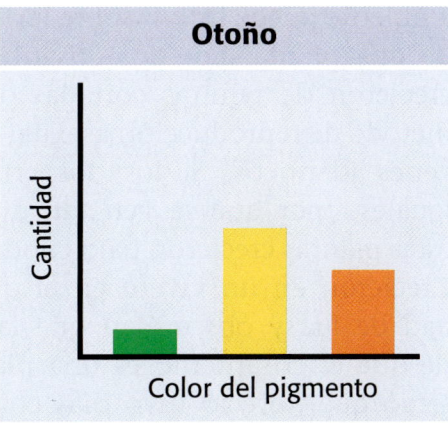

Figura 13 *La descomposición de la clorofila en el otoño es una respuesta al cambio de estación en muchos árboles. Cuando hay menos clorofila en las hojas, se pueden ver otros pigmentos.*

Explora

Las hojas secas pueden causar un verdadero desastre sobre el pasto. El tapete de hojas secas no deja pasar el sol y el aire que el pasto necesita. Las personas dedican mucho esfuerzo a recoger las hojas, pero con los basureros casi llenos en todo el país, se recomienda hacer abono orgánico con ellas en vez de tirarlas en la basura. En muchos lugares, el gobierno local le explica a sus residentes cómo hacer el abono orgánico a partir de hojas secas y pasto cortado. Ve a la biblioteca e investiga qué beneficios para el medio ambiente aporta el abono orgánico. Prepara una exposición para la clase en la que expliques cómo se maneja en tu comunidad el problema de las hojas secas.

REPASO

1. ¿Qué efectos tienen los tropismos provocados por la luz y la gravedad?
2. ¿Qué diferencia hay entre una planta de días cortos y una de días largos?
3. ¿Por qué la pérdida de las hojas les ayuda a las plantas a sobrevivir el invierno o la temporada seca?
4. **Aplicar conceptos** Si una planta expuesta a 12 horas de luz no florece, pero lo hace cuando la exponemos a 15 horas de luz, ¿es de días largos o cortos?

Procesos de las plantas **291**

Sección 4

Crecimiento de las plantas

VOCABULARIO
hormonas

OBJETIVOS
- Averigua cómo la herencia influye sobre el crecimiento de las plantas.
- Habla sobre cómo el medio ambiente influye sobre el crecimiento de las plantas.
- Explica qué son las hormonas de las plantas y cuál es su función.

Todos los seres vivos crecen; por ejemplo, en este mismo instante tú estás creciendo. Cuando seas mayor, alcanzarás cierta altura y luego dejarás de crecer, pero muchas plantas pueden seguir creciendo toda la vida. El crecimiento de una planta depende de sus genes, su ambiente y sus hormonas.

Herencia

Los rasgos de una planta, por ejemplo, hojas en forma de corazón o flores rojas, dependen principalmente de sus genes, o su ADN. Como el resto de los seres vivos, las plantas traspasan sus rasgos de padres a hijos. La herencia es el conjunto de rasgos que pasan de una generación a otra. La herencia explica por qué de las semillas de tomate crece una planta de tomates y no una de pimientos.

El medio ambiente

Los rasgos de una planta dependen de sus genes, pero el medio ambiente puede influir sobre la apariencia y el comportamiento de una planta. Los dos crisantemos que ves en la **Figura 14** crecieron de ramitas cortadas de la misma planta. Con este método de reproducción asexual se obtienen plantas que tienen genes idénticos. Si los dos crisantemos son genéticamente iguales, ¿por qué se ven tan diferentes? Lo que pasa es que estas plantas crecieron bajo condiciones ambientales diferentes. Crecieron en un vivero en el que se podía cambiar la cantidad de luz y obscuridad que las plantas recibían. Acuérdate de que el crisantemo es una planta de días cortos. El crisantemo que floreció tuvo días cortos y noches largas, y el que no floreció tuvo días largos y noches cortas.

La cantidad de luz y obscuridad que una planta recibe es solamente uno de los factores ambientales que pueden influir sobre su crecimiento; otros son la cantidad de agua que la planta recibe y el tipo de tierra en la que está sembrada.

Figura 14 *Aunque estas plantas son idénticas genéticamente, se ven diferentes porque crecieron bajo diferentes condiciones ambientales.*

Las hormonas de las plantas

La producción de hormonas de una planta depende de la herencia y el ambiente. Las **hormonas** son mensajeros químicos que llevan información de una parte del organismo a otra. Se producen en cantidades pequeñas, pero su efecto sobre el organismo es muy fuerte. Las hormonas de las plantas se fabrican en partes específicas, como las puntas de los brotes. La hormona circula por la planta y provoca reacciones en todas las partes de la planta con las que tiene contacto.

Auxina

Los biólogos han identificado por lo menos cinco hormonas importantes de las plantas. Una de ellas es la auxina, una hormona que se fabrica en las puntas de los brotes y que tiene varios efectos en la planta. La auxina, por ejemplo, es la hormona responsable del fototropismo. Cuando una planta recibe luz de una dirección, la auxina se va de las puntas a la parte más sombreada de los tallos y hace que las células de ese lado se alarguen. Como viste, esto hace que los tallos se inclinen hacia la luz.

Giberelina

Otra hormona importante de las plantas es la giberelina. Como la auxina, la giberelina influye sobre el crecimiento de las plantas de varias maneras. Las plantas de la **Figura 15** son de la misma especie, pero las de la derecha recibieron aplicaciones de giberelina, que las hizo crecer muy altas. La giberelina también hace que los tallos de las flores sean más largos.

A veces, se aplican hormonas a las plantas para hacerlas crecer de cierta manera. Algunos agricultores, por ejemplo, rocían los tallos de las uvas con giberelina para que sean más largos y produzcan uvas más grandes.

> ### REPASO
>
> 1. Habla sobre cómo la herencia y el ambiente influyen sobre el crecimiento de las plantas.
> 2. Las hormonas son mensajeros químicos. Describe uno de los "mensajes" que manda la auxina.
> 3. **Analizar relaciones** ¿Qué relación hay entre el fototropismo y la producción de auxina de una planta?
> 4. **Aplicar conceptos** ¿Qué puede hacer que un árbol con un tronco casi horizontal tenga ramas verticales?

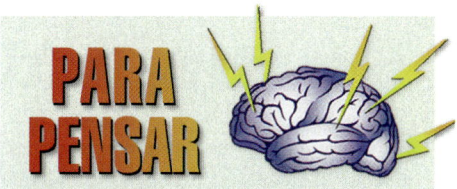

PARA PENSAR

¿Sabías que hay hormonas de plantas en el aire? Muchas plantas liberan una hormona gaseosa llamada etileno cuando sus frutos empiezan a madurar. El gas hace que los frutos que estén cerca liberen más etileno y maduren más rápido. Se han inventado métodos que permiten controlar el etileno, para que las frutas no maduren hasta que lleguen a la tienda.

Figura 15 Las plantas de la derecha tienen tallos alargados porque las rociaron con giberelina. Las de la izquierda muestran el tamaño normal de la planta.

Resumen del capítulo

SECCIÓN 1

Vocabulario
latente *(pág. 282)*

Notas de la sección

- Para la reproducción sexual de las plantas con flores, es necesaria la polinización y la fecundación. La fecundación es la unión del óvulo y el espermatozoide.

- Cuando la fecundación se lleva a cabo, el óvulo se convierte en una semilla que contiene el embrión de la planta y el ovario se convierte en la fruta que contiene la semilla.

- Las semillas maduras se pueden quedar en estado latente. Las semillas germinan cuando tienen un ambiente con la temperatura correcta y las cantidades necesarias de agua y oxígeno.

- Muchas plantas que dan flores también pueden reproducirse de manera asexual, sin flores.

SECTION 2

Vocabulario
clorofila *(pág. 284)*
respiración celular *(pág. 285)*
estomas *(pág. 286)*
transpiración *(pág. 286)*

Notas de la sección

- En la fotosíntesis, las hojas de la planta absorben luz solar y producen glucosa a partir de dióxido de carbono y agua.

- En la respiración celular, la planta usa oxígeno y libera dióxido de carbono y agua. La glucosa se convierte en un tipo de energía que la planta puede usar.

- Las plantas absorben dióxido de carbono y liberan oxígeno por los estomas de las hojas.

Experimentos
Las sobras de la fotosíntesis *(pág. 600)*
Plantas lloronas *(pág. 602)*

✓ Comprobar destrezas

Comprensión visual

GRÁFICA CIRCULAR Las gráficas circulares sirven para visualizar fracciones sin usar números. Cada gráfica de la página 289 representa un período de 24 horas. La parte azul representa la fracción de tiempo en la que no hay luz solar, y la parte dorada la fracción de tiempo en la que sí la hay. Como se ilustra en la gráfica, al principio del verano los días ocupan $\frac{2}{3}$ del período de 24 horas, y las noches $\frac{1}{3}$.

Las **GRÁFICAS DE BARRAS** Las gráficas de barras, como las de la página 291, se usan casi siempre para comparar números. La de la derecha compara la tasa de germinación de las semillas de plantas productoras de flores de cinco marcas distintas. Como ves, la altura de las barras indica que la tasa de germinación de la compañía D, del 88%, fue la más alta.

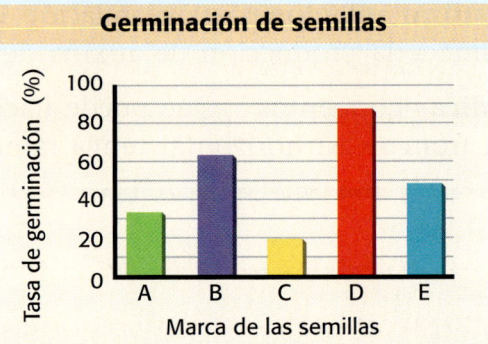

Germinación de semillas

SECCIÓN 3

fototropismo *(p. 287)*
geotropismo *(pág. 288)*
plantas de hoja perenne *(pág. 290)*
plantas de hoja caduca *(pág. 290)*

Notas de la sección

- El tropimo es el crecimiento de la planta que responde a un estímulo ambiental, como la luz o la gravedad. El crecimiento de la planta en dirección al estímulo se llama tropismo positivo. El crecimiento de la planta en dirección contraria al estímulo se llama tropismo negativo.

- El fototropismo es el crecimiento de la planta en dirección a la luz. El geotropismo es el crecimiento en respuesta a la fuerza de gravedad.

- Por lo general, el cambio en la cantidad de luz en las estaciones del año controla la reproducción de la planta.

- Las plantas de hoja perenne tienen hojas adaptadas para sobrevivir todo el año, pero las de hoja caduca las pierden antes de la temporada seca o fría, y eso las ayuda a sobrevivir.

SECCIÓN 4

Vocabulario

hormonas *(pág. 293)*

Notas de la sección

- La interacción de factores hereditarios y ambientales controla el crecimiento de la planta.

- Las hormonas de la planta también controlan su crecimiento. Las hormonas son mensajeros químicos que regulan el crecimiento; aunque sólo se fabrican en una parte de la planta, influyen sobre cualquier parte de la planta con la que tengan contacto. Dos hormonas importantes de las plantas son la auxina y la giberelina.

- La auxina es la hormona responsable del fototropismo, y la giberelina es la que regula la altura del tallo de las plántulas.

---

internet

VISITA: go.hrw.com

Visita el sitio web de HRW para encontrar una serie de herramientas de aprendizaje relacionadas con este capítulo. Sólo tienes que escribir la palabra clave:

PALABRA CLAVE: HSTPL2

VISITA: www.scilinks.org

Visita el sitio web de la **Asociación Nacional de Maestros de Ciencias** *(National Science Teachers Association)* para encontrar recursos de Internet relacionados con este capítulo. Sólo escribe el **ENLACE DE CIENCIAS** para obtener más información sobre el tema

TEMA: La reproducción de las plantas	**ENLACE:** HSTL305
TEMA: Fotosíntesis	**ENLACE:** HSTL310
TEMA: Tropismos de las plantas	**ENLACE:** HSTL315
TEMA: Crecimiento de las plantas	**ENLACE:** HSTL320

Procesos de las plantas

Repaso del capítulo

UTILIZAR EL VOCABULARIO

Escoge el término correcto para completar las siguientes oraciones:

1. Cuando la semilla ya está completamente desarrollada, y antes de que germine, se puede quedar en estado __?__. (*caduco* o *latente*)

2. Durante __?__, la energía del sol se utiliza para producir azúcar. (*la fotosíntesis* o *el fototropismo*)

3. La pérdida de agua a través de los estomas se llama __?__. (*transpiración* o *tropismo*)

4. El cambio que provoca la dirección de la luz en el crecimiento de una planta se llama __?__ (*geotropismo* o *fototropismo*)

5. Las plantas que tienen hojas todo el año son __?__. (*de hoja caduca* o *de hoja perenne*)

COMPRENDER CONCEPTOS

Opción múltiple

6. Las células que abren y cierran los estomas son las
   a. células oclusivas.
   b. células del xilema.
   c. células de la cutícula.
   d. células mesófilas.

7. Las plantas necesitan el dióxido de carbono, que usan en
   a. la respiración celular.
   b. el fototropismo.
   c. la fecundación.
   d. la fotosíntesis.

8. Cuando la clorofila se descompone,
   a. ocurre la polinización.
   b. se hacen visibles otros pigmentos.
   c. desaparecen los pigmentos rojos.
   d. se lleva a cabo la fotosíntesis.

9. De las siguientes secuencias, ¿cuál muestra el orden correcto de los eventos que ocurren después de que el insecto trae polen a la flor?
   a. germinación, fecundación, polinización
   b. fecundación, germinación, polinización
   c. polinización, germinación, fecundación
   d. polinización, fecundación, germinación

10. Cuando la cantidad de agua que la planta transpira es mayor que la cantidad de agua que las raíces absorben,
    a. la cutícula conserva el agua.
    b. el tallo muestra geotropismo positivo.
    c. la planta se marchita.
    d. la planta deja de marchitarse.

11. La hormona que hace que el tallo de la planta crezca y sea muy largo es
    a. la auxina.   c. la giberelina.
    b. la glucosa.   d. la clorofila.

Respuesta breve

12. ¿Qué relación hay entre la transpiración, la cutícula y los estomas?

13. ¿Qué estimula el fototropismo? ¿Cómo responde la planta a este estímulo?

14. Da un ejemplo de tropismo positivo y uno de tropismo negativo.

Organizar conceptos

15. Usa los siguientes términos para crear un mapa de ideas: plántula, flor, semilla, óvulos, reproducción de la planta, asexual, guías.

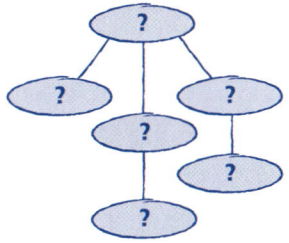

RAZONAMIENTO CRÍTICO Y RESOLUCIÓN DE PROBLEMAS

Escribe una o dos oraciones para responder a las siguientes preguntas:

16. Muchas plantas que crecen en lugares donde los inviernos son muy fríos tienen semillas que no germinan a ninguna temperatura si antes no han estado expuestas a un período largo de frío. ¿Cómo contribuye esta característica a que sobrevivan las nuevas plantas?

17. Si quisieras hacer que las nochebuenas florecieran y se pusieran rojas en el verano, ¿qué harías?

18. ¿De qué les sirve a los brotes de una planta el fototropismo positivo? ¿De qué les sirve a las raíces de una planta el geotropismo positivo?

LAS MATEMÁTICAS EN LAS CIENCIAS

19. Si la hoja de una planta tiene un área de 8 cm², ¿Qué área tiene en milímetros cuadrados? (Pista: 1 cm² = 100 mm².)

20. Las hojas de una planta tienen un promedio de 100 estomas por milímetro cuadrado de área. ¿Cuántos estomas calculas que hay en la hoja de la pregunta 19?

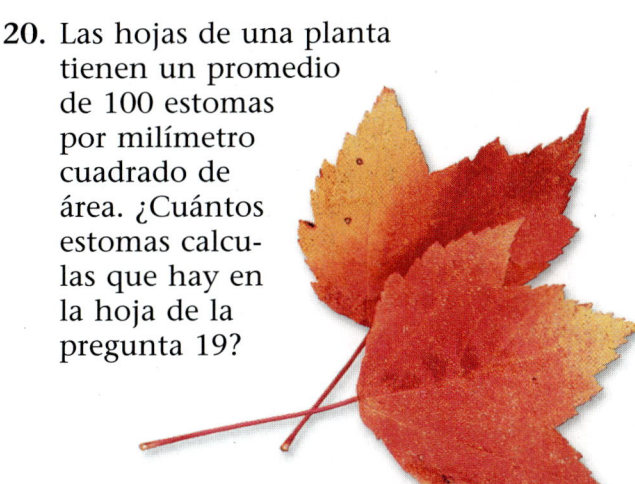

INTERPRETAR GRÁFICAS

Observa estos esquemas y responde a las siguientes preguntas: La ilustración muestra parte de un experimento sobre el fototropismo en plantas jóvenes. En la parte (1), las plantitas que estuvieron en la obscuridad acaban de ser colocadas donde les da la luz. La punta del tallo de una de las planta se corta y la otra punta se deja intacta. En la parte (2), las plantas se exponen a la luz proveniente de una sola dirección.

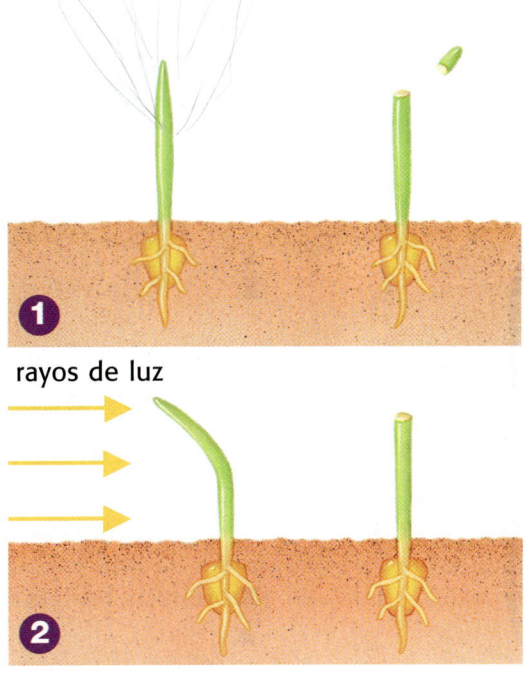

rayos de luz

21. ¿Por qué la planta con la punta intacta se movió hacia la luz?

22. ¿Por qué la planta con la punta cortada se quedó derecha?

AHORA, ¿qué piensas?

Revisa tus respuestas a las preguntas de la página 279 que escribiste en el cuaderno de ciencias. ¿Han cambiado tus respuestas? Si es necesario, corrige tus respuestas basándote en lo que has aprendido en este capítulo.

Procesos de las plantas

Curiosidades de la CIENCIA

MOSTAZA MUTANTE

Las diminutas flores de mostaza que cultiva Elliot Meyerowitz están horriblemente deformadas. Parecería que han sufrido un accidente trágico, pero Meyerowitz creó estos mutantes a propósito. Es más, está orgulloso de ellas. Estas flores le pueden ayudar a resolver un importante misterio de la biología.

▲ *Elliot Meyerowitz en su laboratorio, donde ha cultivado cerca de un millón de especímenes individuales de una variedad de mostaza llamada* Arabidopsis thaliana.

Flores normales y flores anormales

Normalmente, las flores de la mostaza tienen cuatro partes bien definidas y acomodadas en lugares específicos. Pero muchas de las flores que Meyerowitz y sus compañeros cultivan no son flores normales. Algunas tienen hojas que crecen en medio de la flor; otras tienen ovarios que producen semillas donde deberían ir los pétalos. A primera vista, el orden de las partes de la flor parece accidental, pero la estructura de cada flor está determinada por unos cuantos genes.

Un modelo sencillo

Tras muchos años de investigaciones cuidadosas, Meyerowitz y sus colegas identificaron la de los genes que controlan el desarrollo de la flor de la mostaza. Con esta información, Meyerowitz descubrió ciertos patrones con los que construyó un modelo muy sencillo. El modelo indica que hay sólo tres clases de genes que determinan el desarrollo de cada parte de la flor. Meyerowitz notó que si una o más de estas clases de genes se inactiva, el resultado es una planta de mostaza mutante.

Piezas de un viejo rompecabezas

Con su investigación sobre cómo influyen los genes en el crecimiento de la flor, Meyerowitz espera añadir piezas al rompecabezas sobre el origen de las plantas con flores. Se calcula que las flores aparecieron en la Tierra hace 125 millones de años y que se convirtieron rápidamente en las plantas predominantes. Meyerowitz y sus colegas piensan que el estudio de los genes responsables del crecimiento de las flores modernas ayudará a entender la evolución de las plantas con flores.

Las plantas mutantes de Meyerowitz son ideales para entender la genética de las plantas. Pero no las encontrarás en una florería. ¡Nunca ganarían un concurso de belleza!

▲ *Meyerowitz altera los genes de una planta de mostaza para que desarrolle una flor mutante. La ilustración muestra una flor normal.*

¡Piensa!

▶ Como ves, es posible cambiar genéticamente una planta. Menciona algunos riesgos posibles de este tipo de cambios.

VENTANA AL MEDIO AMBIENTE

Un arco iris de algodón

Piensa en tu camiseta favorita. Seguramente está hecha de algodón y es de colores vivos. Sin embargo, las fibras naturales de la planta de algodón son blancas. Para crear los vivos colores de las camisetas y otras telas, es necesario teñirlas con tintes que a veces son tóxicos. Sally Fox, una mujer muy ingeniosa, tuvo una idea para minimizar el uso de tintes tóxicos: ¿Por qué no cultivar *algodón de colores*?

Aprender del pasado

Las fibras del algodón vienen del mismo lugar en que crecen sus semillas, de las *cápsulas*. Las cápsulas son poco más grandes que una pelota de golf, y cuando están maduras se abren para revelar una bola de fibras y semillas. Después de quitar las semillas, las fibras se tuercen para formar hilos con los que se hacen muchos tipos de tela. Sally Fox empezó su carrera como *entomóloga*, estudiando insectos. Su primer contacto con el algodón de colores fue cuando estudiaba la resistencia de las plantas a las plagas. Aunque la mayor parte del algodón es naturalmente blanco, los indios de América han cultivado varios tonos de algodón durante siglos.

Estos tipos de algodón son más resistentes a las plagas, pero sus fibras son demasiado cortas para ser usadas en la industria textil. En 1982, Fox comenzó el lento proceso de cruzar diferentes variedades de algodón para producir una que fuera de color y tuviera fibras largas. El tipo de algodón que Fox inventó se llama FoxFibre® y le ha ganado gran reconocimiento.

Soluciones para los problemas ambientales

La industria textil provoca dos grandes problemas ambientales: el primero es el uso de tintes para teñir las telas de algodón, y el segundo es el uso de plaguicidas en los cultivos. Ambos pueden perjudicar a los seres vivos y contaminar los recursos naturales, como el agua y la tierra.

El algodón que Fox inventó es una solución a ambos problemas. En primer lugar, como la fibra ya tiene color, no es necesario teñirla. En segundo lugar, el nuevo algodón heredó la resistencia natural a las plagas de las variedades de algodón indio que Fox utilizó en sus cruzas. Asi se necesitan menos plaguicidas para cultivar este nuevo algodón.

Los resultados que Sally Fox obtuvo demuestran que, con ingenio y paciencia, la ciencia y la agricultura pueden desarrollar juntas nuevas soluciones para los problemas ambientales.

▲ *Sally Fox en un sembradío de algodón de color.*

Trabajo de detectives

▶ Al igual que el algodón que diseñó Fox, muchos tipos de plantas y animales domésticos son producto de la selección artificial. Investiga dónde y cuándo se estableció tu fruta o tu raza de perro favorita.

UNIDAD 5

CRONOLOGÍA
Los animales

¿Alguna vez has ido a un zoológico o has visto algún programa de animales salvajes? Si es así, tienes noción de los diferentes tipos de animales que hay en la Tierra, desde pequeños insectos hasta ballenas enormes.

Los animales son fascinantes debido a su variedad de apariencia y comportamiento. También nos enseñan sobre nosotros mismos ya que los seres humanos también estamos clasificados en la categoría de animales.

En esta unidad, conocerás muchos tipos de animales, incluso algunos que quizás ignorabas que existieran. Así que ¡prepárate para una aventura animal!

1610 Galileo utiliza un microscopio compuesto para estudiar la anatomía de los insectos.

1680 El ave de la isla Mauricio, un ave no voladora, se declara en extinción.

1960 Jane Goodall, una zóologa inglesa, empieza su investigación sobre los chimpancés en Tanzania.

1935 Francis B. Summer estudia la coloración defensiva de los peces.

1983 El cohete *Challenger* fue lanzado al espacio con Sally Ride, la primera mujer norteamericana en el espacio, como tripulante.

1987 El último cóndor salvaje de California es capturado en un esfuerzo por salvar la especie de la extinción.

1693
John Ray clasifica correctamente a las ballenas como mamíferos.

1761
La primera escuela veterinaria es fundada en Lyons, Francia.

1775
J. C. Fabricius desarrolla un sistema para la clasificación de los insectos.

1882
La investigación sobre *El Albatros* ayuda a aumentar nuestro conocimiento de la vida marina.

1827
John James Audubon publica la primera edición de "Aves de Norteamérica" (*Birds of North America*).

1839
Se construye la primera bicicleta.

1995
Catorce lobos grises canadienses son puestos en libertad en el *Yellowstone National Park*.

1998
Keiko, la orca asesina protagonista de la película "Liberen a Willy", aprende a atrapar peces para poder sobrevivir fuera del cautiverio.

Los animales

CAPÍTULO 13 Los animales y su conducta

¡Esto realmente sucedió!

Robert S. Ridgely y Lelis Navarette son ornitólogos, es decir, personas que estudian las aves. En noviembre de 1997 estaban de excursión en los Andes de Ecuador, grabando el trinar de las aves. De pronto, escucharon un sonido que era una mezcla entre el ulular de un búho y el ladrido de un perro. Aunque los dos habían pasado mucho tiempo de su vida en los bosques, nunca antes habían escuchado un sonido como ése.

¿Qué había en el bosque? ¿Algún animal extraño? Siguieron caminando y casi 40 minutos después, ¡lo escucharon otra vez! Esta vez, Ridgely, quien aparece en la foto de abajo, lo grabó y lo reprodujo rápidamente. La criatura respondió y voló hacia ellos. ¡Era un ave! Pero ninguno de los expertos había visto un ave como ésa.

Resultó ser una especie que nadie había visto jamás. Mide unos 25 cm de largo y tiene patas largas y cola corta. Tiene una raya blanca ancha en la cara y una cresta negra. Brinca en el suelo y come insectos grandes. Hasta ahora, el ave no tiene nombre, pero Ridgely y Navarette la han estado estudiando y pronto le darán uno.

Durante siglos, personas como Robert Ridgely y Lelis Navarette han usado sus poderes de observación para estudiar los animales y su conducta. Hoy en día, conocemos más de 1 millón de especies y hemos aprendido mucho sobre la forma en que los animales viven e interactúan. ¡Pero siempre hay nuevos descubrimientos por hacer! Así que, la próxima vez que salgas a caminar, mantén tus ojos bien abiertos y tus oídos bien atentos. ¡Nunca sabes con qué te puedes encontrar!

¿Tu qué piensas?

Usa tus conocimientos para responder a las siguientes preguntas en tu cuaderno de ciencias:

1. ¿Qué diferencias existen entre un animal y una planta?
2. ¿Cómo saben los animales cuándo deben migrar?

¡Vete de safari!

No necesitas ir muy lejos para observar animales interesantes. Puedes ver hormigas caminando por la acera. Si buscas flores, seguramente verás abejas. Mueve un poco la tierra y tal vez encuentres lombrices. Mira hacia arriba y verás algunas aves. Si estás cerca de un arroyo, es probable que veas peces, salamandras y tal vez unos cuantos mosquitos. ¡Ah, y no te olvides de las mascotas!

Procedimiento

1. Sal a la calle y busca **dos animales diferentes** para observar, o usa los animales que tu maestro o maestra lleve al laboratorio.

2. Sin molestar a los animales, siéntate en silencio y obsérvalos durante unos minutos desde cierta distancia. Puedes usar **binoculares** o una **lupa** para observarlos más de cerca. **Cuidado:** Ten mucho cuidado con los animales que muerden o pican.

3. Anota todo lo que observes sobre cada animal. ¿Qué tipo de animal es? ¿Cómo es? Si quieres, haz un dibujo. ¿Qué tan grande es? ¿Qué hace? ¿Por qué? ¿Se mueve? ¿Cómo lo hace? ¿Está comiendo? ¿Qué come?

Análisis

4. Compara los dos animales que estudiaste. ¿En qué se parecen? ¿En qué se diferencian?

5. ¿Cómo se mueven? ¿Puedes deducir cómo se defienden o se comunican con los demás animales si observas cómo se mueven?

6. ¿Puedes adivinar qué come cada uno? ¿Qué características de estos animales los ayudan a encontrar o atrapar comida?

Los animales y su conducta

Sección 1

¿Qué es un animal?

VOCABULARIO
vertebrados   tejido
invertebrados órgano
multicelular consumidor
embrión

OBJETIVOS
- Entiende las diferencias entre los vertebrados y los invertebrados.
- Explica las características de los animales.

¿En qué piensas cuando escuchas la palabra *animal*? Tal vez piensas en tu perro o en tu gato. A lo mejor piensas en jirafas, osos u otras criaturas que has visto en los zoológicos o en la televisión. Pero, ¿pensarías en una esponja? Las esponjas naturales de baño, como la de la **Figura 1**, ¡son los restos de un animal que vivió en el mar!

Hay animales de diferentes formas y tamaños. Algunos tienen cuatro patas y pelo, pero otros no. Unos son tan pequeños que sólo se pueden ver con un microscopio, y otros son tan grandes como un auto. Y todos son parte del fascinante mundo de los animales.

El reino animal

Los científicos han clasificado más de 1 millón de especies de animales. ¿Cuántos tipos diferentes de animales ves en la **Figura 2**? Además de las esponjas, las anémonas de mar y los corales también son animales. Y las arañas, los peces, las aves y los delfines también. Los caracoles, las ballenas, los canguros y los seres humanos también lo son. Los científicos han dividido estos animales en unos 35 filos y clases.

La mayoría de los animales no se parecen a los humanos. Pero nosotros compartimos características con un grupo de animales llamados vertebrados. Un animal que tiene cráneo y columna vertebral es un **vertebrado.** Los peces, anfibios, reptiles, aves y mamíferos son vertebrados.

Figura 1 *Esta esponja natural era un ser vivo.*

Figura 2 *Todos los seres vivos de esta fotografía se clasifican como animales. ¿Crees que parecen animales?*

Aunque quizás estés más familiarizado con los vertebrados, no hay duda de que somos la minoría entre los seres vivos. Menos del cinco por ciento de las especies de animales son vertebrados. Mira la **Figura 3.** La mayoría de las especies animales son insectos, caracoles, medusas, gusanos y otros **invertebrados,** o sea, animales sin columna vertebral. De hecho, ¡la cuarta parte de todas las especies animales son escarabajos!

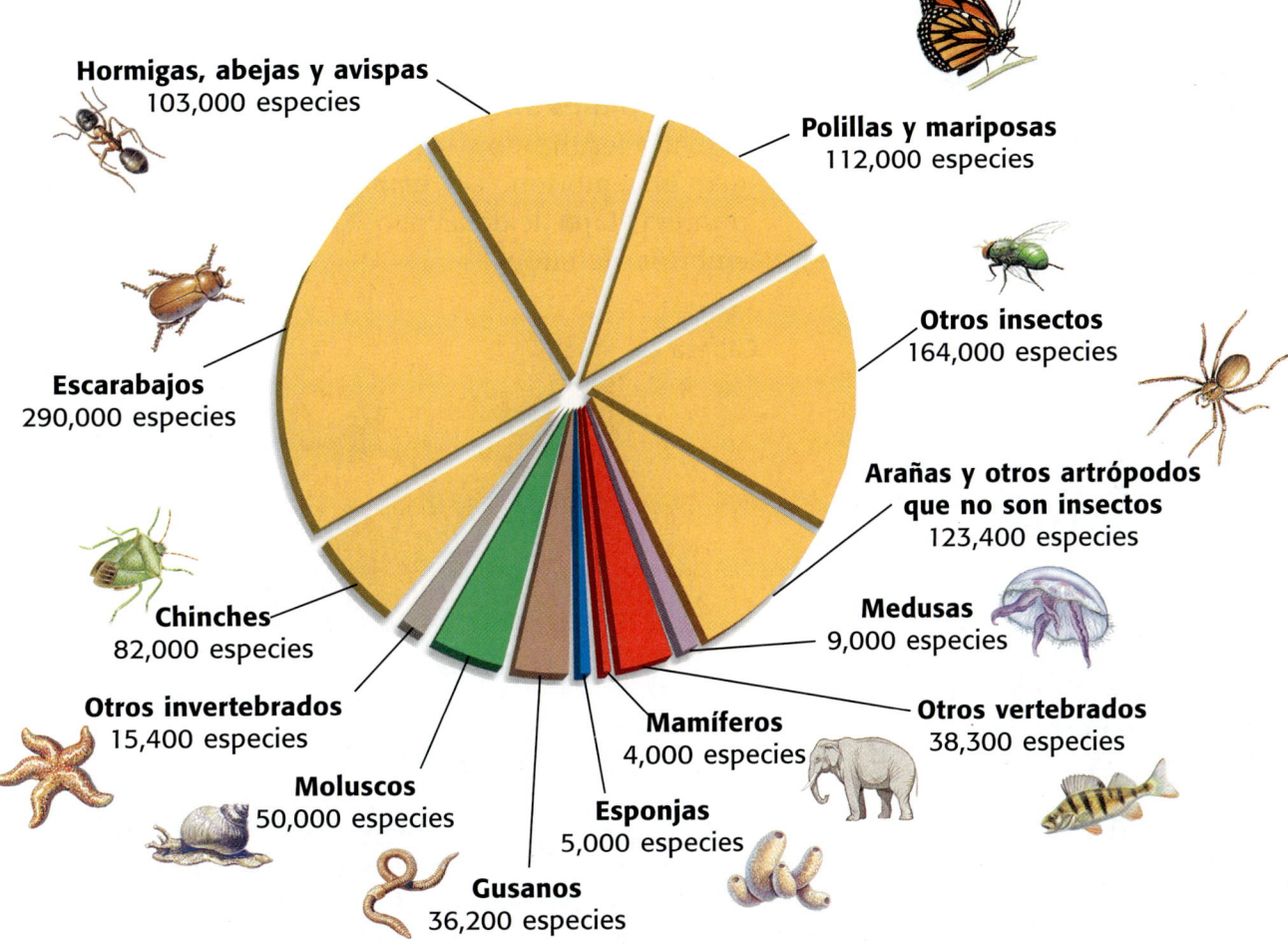

Figura 3 *Esta gráfica circular muestra los principales filos y subgrupos del reino animal. Observa que la mayoría de las especies son insectos.*

¿Eso es un animal?

La esponjas no se parecen a otros animales, hasta hace unos 200 años, casi todos pensaban que las esponjas eran plantas. Las lombrices no se parecen a los pingüinos y nadie confunde un sapo con un león. Entonces, ¿por qué decimos que todas estas cosas son animales? ¿Qué determina que algo sea un animal, una planta u otra cosa?

No hay una sola respuesta. Pero todos los animales comparten características que los distinguen de los demás seres vivos.

Los animales tienen muchas células. Todos los animales son **multicelulares,** es decir, están hechos de muchas células. Tu cuerpo tiene unos 13 billones de células. Las células animales son eucariotas sin pared celular; sólo están rodeadas por una membrana celular.

Los animales y su conducta

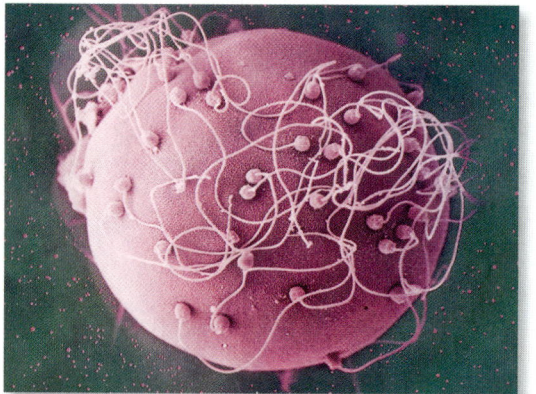

Figura 4 Varios espermatozoides rodean un óvulo. Sólo uno de ellos puede fusionarse con el óvulo para formar un nuevo individuo.

Casi todos los animales se reproducen sexualmente.

Los animales producen células sexuales: óvulos o espermatozoides. Cuando un óvulo y un espermatozoide se unen en la fertilización, forman la primera célula de un nuevo individuo. La **Figura 4** muestra un óvulo rodeado por espermatozoides durante la fertilización. Algunos animales, como las esponjas y las estrellas de mar, también se reproducen asexualmente, por gemación y división.

Los animales se desarrollan a partir de embriones.

El óvulo fertilizado se divide en muchas células para formar un embrión. Un **embrión** es un organismo en la primera etapa de desarrollo. En la **Figura 5** se muestra un embrión de ratón.

Figura 5 Embrión de ratón

✓ Autoevaluación

¿Por qué los seres humanos se clasifican como vertebrados? *(Consulta la página 636 para comprobar tu respuesta.)*

Los animales tienen muchas partes especializadas.

El cuerpo de un animal tiene partes que hacen cosas diferentes. Cuando un óvulo fertilizado se divide en varias células para formar un embrión, las células se vuelven diferentes unas de otras. Algunas se vuelven células de la piel. Otras se vuelven células musculares, nerviosas u óseas. Estos diferentes tipos de células se organizan para formar **tejidos,** que son grupos de células similares. Por ejemplo, las células musculares forman el tejido muscular y las células nerviosas forman el tejido nervioso.

La mayoría de los animales también tienen órganos. Un **órgano** es una combinación de dos o más tejidos. El corazón, los pulmones y los riñones son órganos. Todos los animales, incluyendo el tiburón de la **Figura 6,** tienen órganos para diversas tareas.

Figura 6 Al igual que la mayoría de los animales, los tiburones tienen órganos para la digestión, la circulación y la reproducción.

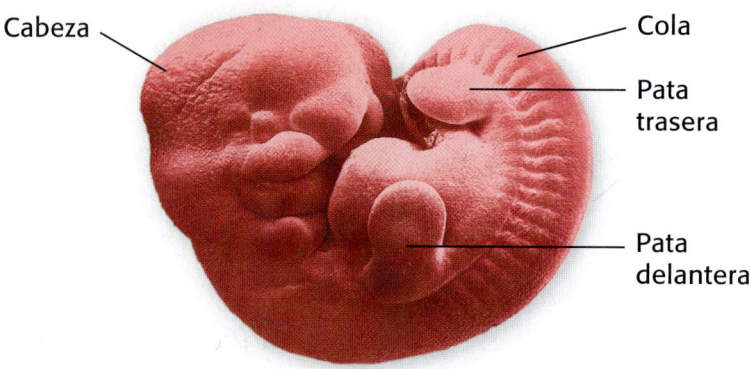

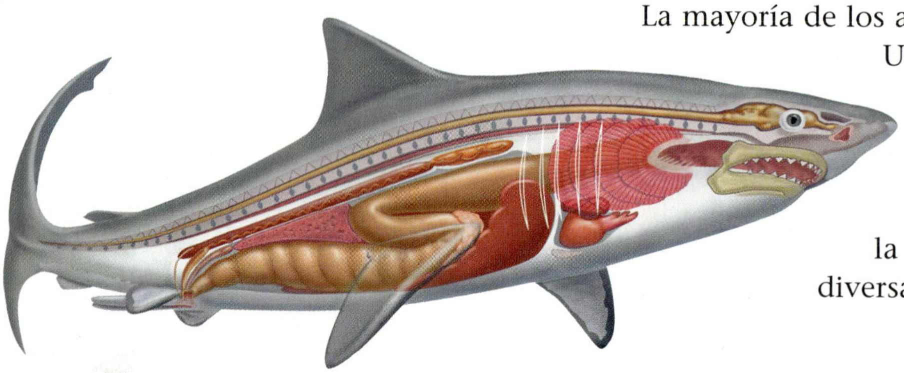

Los animales se mueven. La mayoría de los animales se mueven de un lugar a otro. Como se ve en la **Figura 7,** vuelan, corren, nadan y saltan. Es cierto que otros organismos también se mueven, pero los animales pueden hacerlo rápidamente en una sola dirección. Algunos no se mueven mucho: las anémonas de mar y las almejas se pegan a las rocas o al suelo del océano y esperan a que les llegue el alimento. Sin embargo, la mayoría de los animales son activos.

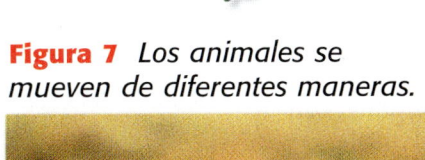

Figura 7 Los animales se mueven de diferentes maneras.

Los animales son consumidores. Los animales no producen su propio alimento, sino que se comen a otros organismos, o partes o productos de otros organismos. Los animales son consumidores. Un **consumidor** es un organismo que se come a otros. Este rasgo separa a los animales, como el panda de la **Figura 8,** de las plantas. Las plantas no suelen comer seres vivos, sino que producen su comida.

El alimento de los animales varía tanto como los propios animales. Los conejos y las orugas comen plantas. Los leones y las arañas comen otros animales. Los renos comen líquenes. Los mosquitos beben sangre. Las mariposas toman el néctar de las flores.

Figura 8 Este panda gigante come hojas de bambú.

REPASO

1. ¿Qué características separan a los animales de las plantas?
2. ¿Qué relación existe entre tejidos y órganos?
3. **Interpretar ilustraciones.** ¿Qué características del camaleón, que se ilustra a la derecha, te hacen pensar que es un animal?

Los animales y su conducta **307**

Sección 2

Conducta animal

VOCABULARIO

depredador
presa
camuflaje
conducta innata
conducta aprendida
migrar
hibernación
estivación
reloj biológico
ritmo circadiano
orientarse
punto de referencia

OBJETIVOS

- Explica la diferencia entre conducta aprendida y conducta innata.
- Explica la diferencia entre hibernación y estivación.
- Da ejemplos de cómo influye el reloj biológico en la conducta.
- Describe los ritmos circadianos.
- Explica cómo se orientan los animales.

Ya aprendiste las características que nos ayudan a reconocer los animales. Una es que los animales se mueven. Brincan, corren, vuelan, se lanzan, se escabullen, se arrastran y se deslizan. Pero no se mueven sólo por placer. Se mueven por una razón. Corren para alejarse de sus enemigos, se trepan para buscar alimento y construyen sus casas. Hasta la garrapata más diminuta atrapa su comida, lucha por su territorio o migra. Estas actividades se conocen como conducta.

Conducta de supervivencia

Para sobrevivir, debe encontrar comida y agua, evitar que otros animales se lo coman y tener donde vivir. Los animales tienen conductas que les ayudan a realizar estas tareas.

Buscar el almuerzo Los animales usan diferentes métodos para encontrar o atrapar su comida. Los búhos atrapan ratoncillos descuidados. Las abejas vuelan de flor en flor juntando néctar. Los koalas trepan en busca de hojas de eucalipto. Las medusas lazan sus presas con sus tentáculos. Animales como el chimpancé de la **Figura 9** usan herramientas para conseguir su cena. Sin importar su preferencia, los animales se han adaptado a su ambiente y obtienen la mayor cantidad de comida usando la menor cantidad de energía.

Cómo evitar ser comido Los animales que comen otros animales se llaman **depredadores**. El animal que es comido se conoce como **presa**. En cualquier momento, el animal que *come* se puede convertir en la *comida* de otro. Por lo tanto, los animales que buscan alimento tienen que considerar otras cosas además de la apariencia o buen sabor de la comida. Si el almuerzo es muy peligroso de conseguir, prefieren dejarlo pasar. Ser cuidadoso es sólo un método de defensa. Sigue leyendo para descubrir qué otras cosas hacen los animales para sobrevivir.

Figura 9 *Los chimpancés hacen y usan herramientas para sacar hormigas y otro tipo de alimento de lugares de difícil acceso.*

A escondidas Una forma de evitar ser comido es esconderse del enemigo. Un conejo "se paraliza" de modo que su color natural se mezcla con los colores de los arbustos o el pasto. Mezclarse con los colores o formas del medio ambiente se denomina **camuflaje.** Muchos animales toman la forma o el color de ramitas, hojas, piedras, cortezas y otros materiales de su ambiente. El insecto llamado "bastoncillo" parece una ramita, algunos de ellos hasta se ladean como si los moviera el viento. En la **Figura 10** se muestra un ejemplo de camuflaje.

En tu cara Los cuernos de un toro y las espinas de un puerco espín causarían serios problemas a un depredador, pero otras defensas no son tan obvias. Algunos animales se defienden con substancias químicas. El zorrillo y el escarabajo bombardero rocían a los depredadores con substancias irritantes. Las abejas, las hormigas y las avispas les inyectan un ácido poderoso a sus atacantes. La piel de la rana sudamericana de dardos venenosos y del pájaro pitohui enmascarado de Nueva Guinea tienen una toxina mortal. Cualquier depredador que se coma o intente comerse uno de estos animales, puede morir.

Los animales que utilizan una defensa química advierten a los depredadores que busquen alimento en otra parte. Por lo general, sus armas químicas se notan por la apariencia del animal, que tiene un diseño brillante llamado *coloración de advertencia*, como se muestra en la **Figura 11.** Los depredadores evitan cualquier animal que tenga colores y diseños que asocian con dolor, enfermedad u otras experiencias desagradables. Los colores de advertencia más comunes son los tonos fuertes de rojo, amarillo, naranja, negro y blanco.

Figura 10 Esta es una fotografía de una oruga camuflada como ramita. ¿Puedes encontrarla?

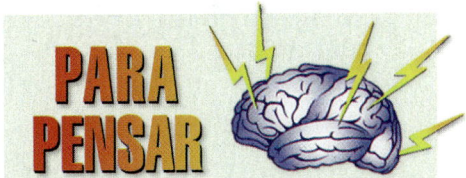

Los pulpos son expertos en el camuflaje. Pueden cambiar el color de todo su cuerpo en menos de 1 segundo.

Figura 11 La coloración de advertencia de los pájaros pitohui enmascarados advierte a los depredadores que son venenosos. Las rayas amarillas y negras de algunas avispas son otro ejemplo.

Los animales y su conducta

Figura 12 Comer o no comer gusanos plataneros, como éste, es una conducta innata de las culebras de agua.

Experimentos

¿Qué le hizo el abejorro a la tía Florecita? Averígualo en la página 606.

¿Por qué se comportan de esa manera?

¿Cómo saben los animales cuando una situación es peligrosa? ¿Cómo saben los depredadores qué coloración de advertencia deben evitar? Algunos animales saben por instinto qué hacer, pero a veces tienen que aprender. Los biólogos llaman a estos dos tipos de conducta animal, conducta innata y conducta aprendida.

Está en los genes La conducta que no depende del aprendizaje o de la experiencia se conoce como **conducta innata.** Los genes influyen en este tipo de conducta. Como se describe en la **Figura 12,** las serpientes heredan preferencias por ciertos alimentos. Los gusanos plataneros son el alimento favorito de las culebras de agua de la costa de California, pero las culebras de otras regiones no los comen. Los humanos heredamos los genes que nos dan la capacidad de caminar. Los cachorros heredan la tendencia a masticar, las abejas la tendencia a volar y las lombrices la tendencia a cavar.

Algunas conductas innatas se presentan desde el nacimiento. Las ballenas recién nacidas tienen la capacidad innata de nadar. Otras conductas innatas se desarrollan meses o años después del nacimiento. Por ejemplo, la tendencia de un ave a cantar es innata, pero no canta hasta que está cerca de la edad adulta.

La escuela de los animales Aunque una conducta sea innata, se puede modificar. El aprendizaje puede cambiar la conducta innata. La **conducta aprendida** es la conducta que se ha aprendido a partir de una experiencia o de observar otros animales. Los seres humanos heredan la tendencia a hablar, pero el idioma que hablamos no es heredado. Podemos aprender inglés, español, chino o tagalo.

Los humanos no son los únicos que modifican las conductas heredadas con el aprendizaje. Casi todos los animales jóvenes aprenden observando a sus padres. La **Figura 13** muestra un mono que aprendió una nueva conducta observándola.

Figura 13 Cuando los investigadores empezaron a arrojar batatas en la playa de una isla, los macacos japoneses tuvieron un bocadillo sabroso pero arenoso. Uno de los monos enjuagó la batata y le quitó la arena. Otros vieron cómo lo hacía, y ahora todos los macacos de la isla enjuagan las batatas.

REPASO

1. ¿Cuál es la diferencia entre la conducta innata y la aprendida?
2. **Aplicar conceptos** ¿Cómo depende del aprendizaje la eficacia de la coloración de advertencia?

Conducta estacional

Muchos animales enfrentan inviernos de escasez de alimento y frío intenso. Algunos lo evitan viajando a lugares más calientes. Otros reúnen y almacenan comida. Las ranas se entierran en el lodo, los insectos se esconden en la tierra y algunos animales hibernan.

Viajeros por el mundo Cuando escasea el alimento por el invierno o las sequías, muchos animales migran. **Migrar** es ir de un lugar a otro y regresar. Los animales migran en busca de alimento, agua o lugares seguros para reproducirse. Las ballenas, el salmón, los murciélagos y hasta los chimpancés migran. En invierno, las mariposas monarca, como las de la **Figura 14,** migran de Norteamérica al centro de México en espera de la primavera. Las aves del hemisferio Norte vuelan hacia el Sur. En primavera, regresan al Norte para anidar.

Reducción de actividad Algunos animales enfrentan la escasez de alimento y agua hibernando. La **hibernación** es un período de inactividad y disminución de la temperatura corporal. Los animales que hibernan sobreviven gracias a la grasa de su cuerpo. Muchos animales hibernan, como los ratones, las ardillas, los zorrillos y los osos. Al hibernar, su temperatura, ritmo cardíaco y respiración bajan. Algunos animales bajan la temperatura de su cuerpo a sólo unos grados sobre punto de congelación y no despiertan en semanas. Otros, como los osos polares de la **Figura 15,** no entran en una hibernación profunda. La temperatura de su cuerpo no baja demasiado y duermen durante períodos más cortos.

El invierno no es la única época en la que los recursos escasean. Muchas ardillas y ratones del desierto disminuyen sus funciones vitales de manera similar en la parte más caliente del verano, cuando tienen poco alimento y agua. Este período de actividad reducida en el verano se llama **estivación.**

Figura 14 Cuando las mariposas monarca se reúnen en México, puede haber hasta 4 millones por hectárea. ¡Esa sí que es una reunión familiar!

¡Murciélagos dormidos!
Pasa a la página 322 para aprender sobre los efectos que producen los humanos en la hibernación de los murciélagos.

Figura 15 Los osos polares y otros osos no entran a una hibernación profunda y pueden reaccionar si se encuentran en peligro. Sin embargo, tienen períodos de inactividad en los que no comen, sus funciones corporales disminuyen y se mueven muy poco.

Laboratorio

¿Qué tan largo es un minuto?

¿Tienes un reloj interno que te ayuda a cronometrar el tiempo? Haz la siguiente actividad con un compañero o compañera. Tu compañero iniciará un **cronómetro** y te dirá: "¡Ahora!" Cuando creas que ya pasó un minuto, di: "¡Alto!" Mira cuánto tiempo ha pasado. Hazlo varias veces y anota tus resultados. Luego, deja que tu compañero lo intente. ¿Se acercan los tiempos registrados al minuto? ¿Mejoraste? Inténtalo de nuevo, usando tu pulso o respiración como guía. ¿Te acercaste más al minuto esta vez? ¿Crees que tienes un reloj interno? Explica por qué.

✓ Autoevaluación

¿Controla el ritmo circadiano la hibernación? Explica. *(Consulta la página 636 para comprobar tu respuesta.)*

Los ritmos de la vida

Los humanos usamos relojes y calendarios para saber a qué hora hay que levantarse para ir a la escuela, cuándo ir al cine, cuándo comprar el regalo de cumpleaños de alguien. Otros animales también necesitan saber a qué hora deben levantarse en la mañana, cuándo almacenar comida y cuándo volar hacia el sur por el invierno. Los relojes y calendarios que los animales usan se llaman relojes biológicos. Un **reloj biológico** es el control interno de los ciclos naturales. Los animales usan pistas del medio ambiente, como la duración del día y la temperatura, para fijar sus relojes.

Algunos relojes biológicos cuentan cantidades reducidas de tiempo. Otros controlan los ciclos diarios. Estos ciclos se llaman **ritmos circadianos.** *Circadiano* significa "alrededor del día." La mayoría de los animales se despiertan y se duermen a la misma hora. Éste es un ritmo circadiano.

Algunos relojes biológicos controlan ciclos más largos. Los ciclos estacionales son casi universales: los animales hibernan en ciertas épocas del año y se reproducen en otras. Saben cuándo almacenar alimento, prepararse para el invierno y migrar. Los relojes biológicos controlan todos estos ciclos.

¿Cómo encuentran los animales el camino?

Cuando planeas un viaje, quizás consultes un mapa. Si andas de excursión y no hallas el camino, te guías con una brújula o con marcas del sendero. Cuando es tiempo de migrar, ¿cómo saben los animales, como los gaviotines árticos de la **Figura 16,** qué camino seguir? Deben **orientarse,** o encontrar el camino de un lugar a otro.

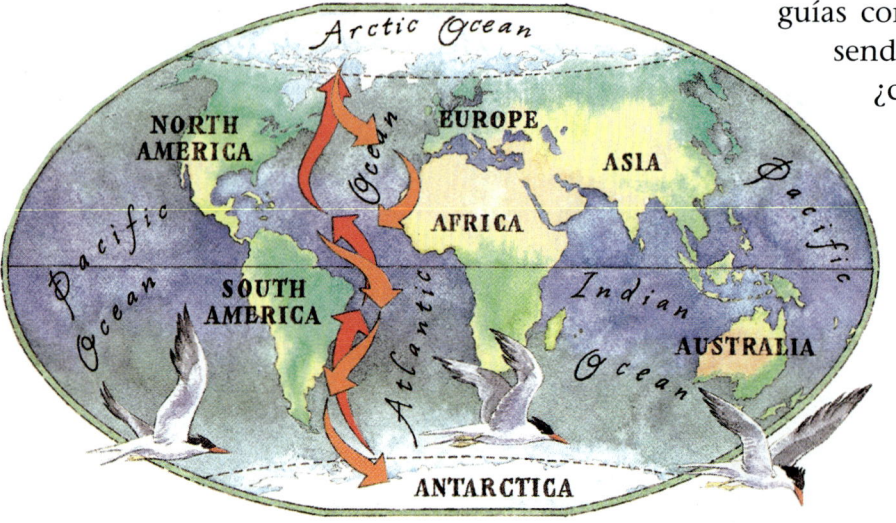

Figura 16 Los gaviotines árticos son famosos por sus largos recorridos. Cada año, hacen un viaje de 38,000 km desde el hemisferio Norte hasta la Antártida.

APLICA

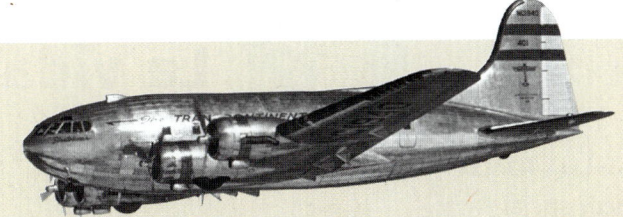

Al viajar a lugares que están en una zona de tiempo diferente, se sufre un desajuste conocido como "jet lag". Por ejemplo: el horario de Nueva York es 6 horas menos que en París. Alguien de Nueva York que va a París sufre un desajuste. Se acuesta a las 10 P. M., hora de París, pero se despierta a medianoche, y no se puede volver a dormir hasta las 6 A. M., una hora antes de que su despertador suene. ¿Cómo explican los ritmos circadianos este desfase? Si en París son las 10 P. M., ¿qué hora es en Nueva York? Si necesitas ayuda, consulta la sección "Conceptos de matemáticas" de la pág. 318.

Dobla a la izquierda al llegar al correo En viajes cortos, muchos animales se orientan con puntos de referencia. Los **puntos de referencia** son objetos fijos que sirven para hallar el camino. Cuando ves la gasolinera que está a seis cuadras de tu casa, reconoces el camino. La gasolinera es un punto de referencia para ti.

Las abejas y las palomas tienen un mapa mental de los puntos de referencia de su territorio. Las aves usan sierras, ríos y líneas costeras para hallar su camino. Los humanos y otros animales también se orientan en distancias cortas con una imagen mental del área. No todos los puntos de referencia son visuales. Los invidentes pueden orientarse en su casa porque saben dónde está todo y cuánto tiempo se tardan en atravesar un cuarto. Las palomas se orientan con el olfato y la vista.

¿Alguien tiene una brújula? Como los marineros, los animales usan la posición del Sol y las estrellas como mapa. Pero las aves migratorias tienen otros métodos para hallar su camino. Se orientan usando el campo magnético de la Tierra. Entérate de esto en la sección "Conexión: Ciencias físicas".

REPASO

1. ¿Por qué migran los animales?
2. Tres métodos que los animales usan para orientarse son:
3. ¿En qué se parecen la hibernación y la estivación? ¿En qué se diferencian?
4. **Aplicar conceptos** Algunas investigaciones sugieren que el "jet lag" se puede superar si el viajero se expone al Sol en la nueva zona horaria. ¿Por qué crees que este método funciona?

a través de las ciencias
CONEXIÓN

El núcleo de hierro de la Tierra actúa como un imán gigante, con polos magnéticos norte y sur. La fuerza y la dirección del campo magnético de la Tierra varía según el lugar y muchas aves usan esta variación como mapa. En la cabeza de las aves migratorias, sobre los orificios de la nariz, hay cristales diminutos de magnetita, el mismo tipo de material del que están hechos los imanes. Los biólogos piensan que la magnetita, que se encuentra en la roca de la ilustración, mueve o estimula los nervios del ave, indicándole su posición en la Tierra.

Sección 3: La vida en grupo

VOCABULARIO
conducta social
comunicación
territorio
feromonas

OBJETIVOS
- Discute las formas en que los animales se comunican.
- Menciona las ventajas y las desventajas de vivir en grupo.

La mayoría de los animales no viven solos; se asocian con otros animales. Cuando interactúan, lo hacen en grupos grandes o de uno en uno. Los animales pueden trabajar juntos o competir entre ellos. Toda esta conducta se llama conducta social. La **conducta social** es la interacción entre animales de la misma especie. Cualquier tipo de conducta social, ya sea hostil o amistosa, exige comunicación.

Comunicación

Imagínate cómo sería la vida si no pudiéramos hablar ni leer. No habría teléfonos, televisiones, libros ni Internet. Sin duda, el mundo sería muy diferente. El lenguaje es una forma muy importante de comunicación entre los seres humanos. En la **comunicación,** una señal debe viajar de un animal a otro y el receptor de la señal debe responder de alguna manera.

La comunicación les ayuda a los animales a vivir juntos, encontrar alimento, evadir a sus enemigos y proteger sus hogares. Los animales se comunican entre sí para alertar sobre peligros, identificar miembros de la familia, asustar a los depredadores y encontrar pareja. Uno de los usos más asombrosos de la comunicación se da cuando un animal corteja a otro. El *cortejo* es un conducta especial de animales de la misma especie, que conduce al apareamiento. En la **Figura 17** puedes ver dos grullas realizando un cortejo.

Figura 17 *Las grullas japonesas realizan una compleja danza de cortejo.*

Los animales también se comunican para proteger su espacio. Muchos defienden su **territorio,** que es el área ocupada por un animal o grupo de animales, de la cual se excluyen otros miembros de la especie. Muchas especies, como los lobos de la **Figura 18,** usan sus territorios para aparearse, encontrar alimento y criar a sus cachorros.

Figura 18 *Estos lobos aúllan para intimidar a los lobos vecinos y evitar que invadan su territorio.*

¿Cómo se comunican los animales?

Los animales se comunican transmitiendo señales e información a otros a través del olfato, el sonido, la vista y el tacto. Sus señales son muy sencillas comparadas con las nuestras. Pero la señal es lo de menos, lo que importa es que transmita información específica.

¿Olores sospechosos?

Un método de comunicación es químico. Hasta los organismos unicelulares se comunican con los demás a través de substancias químicas. En los animales, estas substancias se llaman **feromonas.**

Las hormigas y otros insectos secretan una variedad de feromonas. Por ejemplo, las substancias de alarma liberadas en el aire alertan a otros miembros de la especie que hay peligro. Las substancias esparcidas dejan pistas para que los demás puedan seguirlas, encuentren alimento y regresen a sus madrigueras. Los olores de reconocimiento del cuerpo de una hormiga anuncian de qué colonia viene. Mensajes como éstos transmiten señales tanto a amigos como a enemigos y su interpretación depende del receptor del mensaje.

Muchos animales, entre ellos los vertebrados, utilizan las feromonas para atraer o influir los miembros del sexo opuesto. ¿Sabías que los elefantes y los insectos usan algunas de las mismas feromonas para atraer a sus parejas? Las mariposas reina, como la de la **Figura 19,** usan feromonas durante su cortejo.

Figura 19 *Las mariposas reina usan feromonas como parte de su cortejo.*

¿Oyes lo mismo que yo?

Los animales también se comunican con ruidos. Los lobos aúllan; los delfines y las ballenas usan silbidos y ruidos complejos, para comunicarse con los demás; las aves macho cantan en la primavera para reclamar su territorio o atraer una hembra.

El sonido puede llegar a un gran número de animales en un área grande. Los elefantes se comunican con otros, a kilómetros de distancia, con ruidos de una frecuencia muy baja para el oído humano, como se describe en la **Figura 20.** Las canciones de ballenas jorobadas se pueden oír a muchos kilómetros de distancia.

Figura 20 *Los elefantes se comunican con sonidos bajos, inaudibles para el oído humano. Cuando un elefante se comunica de esta manera, la piel de su frente tiembla.*

Los animales y su conducta

Figura 21 *Los perros paran las orejas y mueven la cola cuando están contentos. Cuando quieren jugar, se tienden sobre sus patas delanteras y, cuando están inquietos, agachan las orejas.*

Todo un espectáculo Muchas formas de comunicación son visuales. Al guiñarle el ojo a un amigo o fruncirle el ceño a un oponente, nos estamos comunicando con el *lenguaje corporal*. Los demás animales hacen lo mismo. La **Figura 21** muestra parte del lenguaje corporal que usa el perro.

Un animal que quiere espantar a otro hace cosas para verse más grande. Encrespa las plumas o el pelo, o abre el hocico y muestra los dientes. Las muestras visuales también son importantes en el cortejo. En la obscuridad, las luciérnagas emiten señales con luces brillantes para atraer a otras.

En contacto Los animales también pueden usar el tacto para comunicarse, como la abeja melífera. Si halla un área de flores ricas en néctar, vuelve a su colmena para decirles a sus compañeras dónde está. En la colmena, la abeja se comunica como se muestra abajo, con una danza en forma de ocho que las otras abejas aprenden por la observación y el tacto.

La danza de las abejas

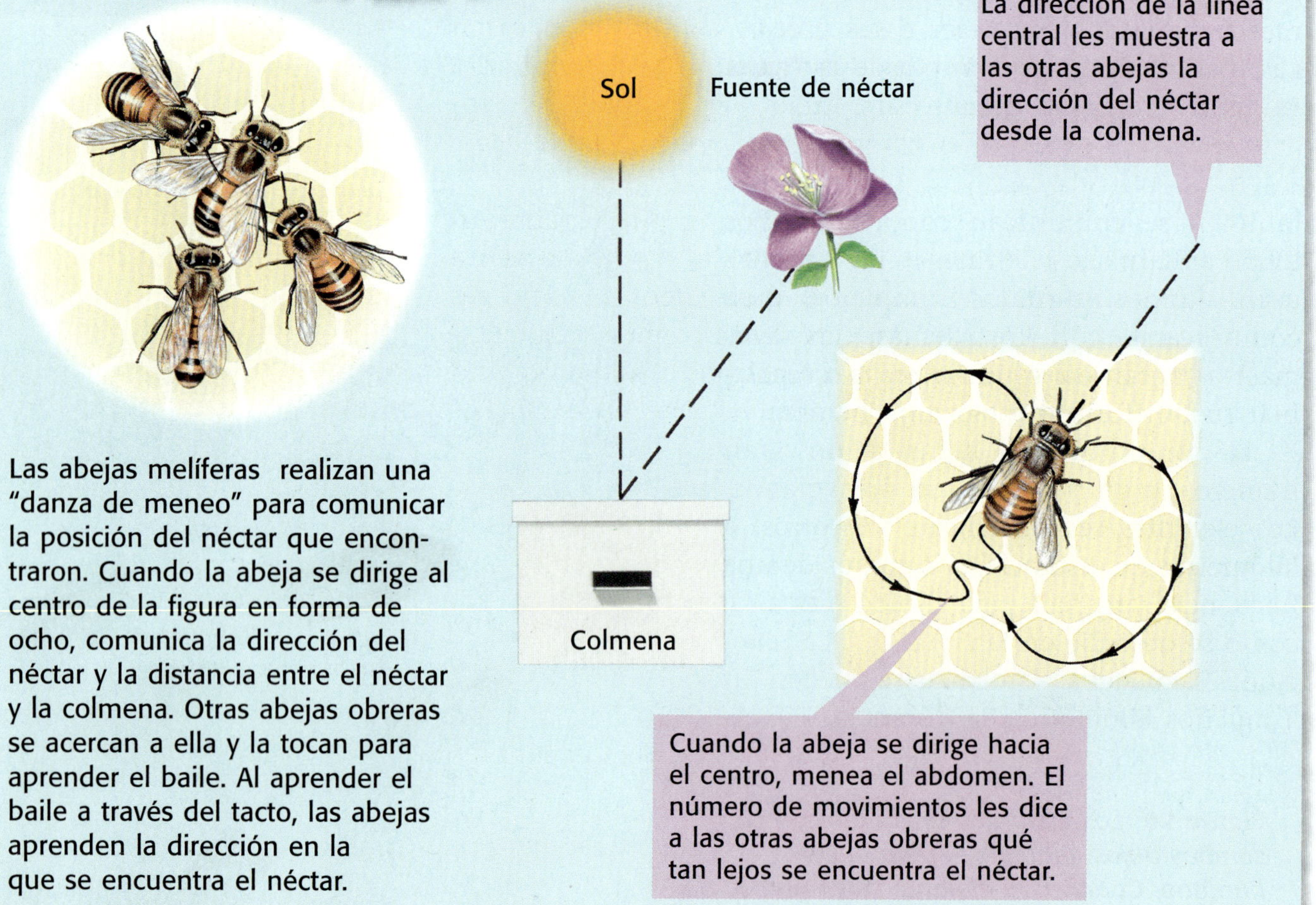

Las abejas melíferas realizan una "danza de meneo" para comunicar la posición del néctar que encontraron. Cuando la abeja se dirige al centro de la figura en forma de ocho, comunica la dirección del néctar y la distancia entre el néctar y la colmena. Otras abejas obreras se acercan a ella y la tocan para aprender el baile. Al aprender el baile a través del tacto, las abejas aprenden la dirección en la que se encuentra el néctar.

Sol   Fuente de néctar

Colmena

La dirección de la línea central les muestra a las otras abejas la dirección del néctar desde la colmena.

Cuando la abeja se dirige hacia el centro, menea el abdomen. El número de movimientos les dice a las otras abejas obreras qué tan lejos se encuentra el néctar.

Parte de la familia

Los tigres viven solos. Excepto durante el tiempo que una tigresa pasa con sus cachorros, el tigre rara vez está con otros tigres y, cuando lo hace, sólo es para aparearse. El león, aunque es el pariente más cercano del tigre, rara vez está solo. Los leones viven en grupos muy unidos llamados "manadas". Los miembros de una manada duermen, cazan y cuidan a sus cachorros juntos. La **Figura 22** muestra dos leonas en acción. ¿Por qué algunos animales viven en grupos y otros viven separados?

Figura 22 *Este par de leonas coopera para atrapar una gacela.*

Las ventajas de vivir en un grupo Vivir con otros animales es mucho más seguro que vivir solo. Los grupos grandes de animales localizan rápidamente depredadores u otros peligros, y pueden defenderse mejor. Por ejemplo, si un depredador amenaza una manada de bueyes almizcleros, éstos forman un círculo con las crías en el centro y los cuernos apuntando hacia afuera. Las abejas melíferas atacan en forma de enjambre cuando otro animal trata de robarse su miel. Cinco mil abejas defienden mejor un panal que una, o incluso cincuenta de ellas.

Vivir juntos también les ayuda a los animales a encontrar comida. Por lo general, los tigres y otros animales que cazan solos matan animales más pequeños que ellos. Por el contrario, las presas de los leones, los lobos, las hienas y otros depredadores que cazan en grupo son más grandes que ellos.

El lado malo de vivir en grupo Vivir en grupos también causa problemas. Los animales que viven en grupos atraen a depredadores, así que deben estar siempre atentos, como ves en la **Figura 23**. Los grupos necesitan más comida, y los animales en grupo compiten con los demás por el alimento y las hembras. Los miembros del grupo también pueden contagiarles enfermedades a los demás.

Figura 23 *Cuando se acerca un coyote, una ardilla se para y produce una fuerte llamada de alarma. Esto advierte a otras ardillas del peligro.*

REPASO

1. Los científicos han descubierto feromonas en los seres humanos. Menciona otros tres tipos de comunicación animal utilizados por los seres humanos.
2. ¿Por qué es importante la comunicación? Da tres razones.
3. **Aplicar conceptos** Con lo que aprendiste sobre la vida en grupos, menciona dos ventajas y dos desventajas de vivir en un grupo de seres humanos.

Resumen del capítulo

SECCIÓN 1

Vocabulario
- **vertebrados** *(pág. 304)*
- **invertebrados** *(pág. 305)*
- **multicelular** *(pág. 305)*
- **embrión** *(pág. 306)*
- **tejido** *(pág. 306)*
- **órgano** *(pág. 306)*
- **consumidor** *(pág. 307)*

Notas de la sección
- Los animales con cráneo y columna vertebral son vertebrados. Los que no tienen columna vertebral son invertebrados.
- Los animales son multicelulares. Sus células son eucariotas y no tienen pared celular.
- La mayoría de los animales se reproducen sexualmente.
- La mayoría de los animales tienen tejidos y órganos.
- La mayoría de los animales se mueven y son consumidores.

SECCIÓN 2

Vocabulario
- **depredador** *(pág. 308)*
- **presa** *(pág. 308)*
- **camuflaje** *(pág. 309)*
- **conducta innata** *(pág. 310)*
- **conducta aprendida** *(pág. 310)*
- **migrar** *(pág. 311)*
- **hibernación** *(pág. 311)*
- **estivación** *(pág. 311)*
- **reloj biológico** *(pág. 312)*
- **ritmo circadiano** *(pág. 312)*
- **orientarse** *(pág. 312)*
- **punto de referencia** *(pág. 313)*

Notas de la sección
- Muchos animales se defienden de los depredadores por medio de camuflaje, defensas químicas o ambos.
- La conducta se clasifica como innata o aprendida. El potencial para la conducta innata se hereda. La conducta aprendida depende de la experiencia.
- Algunos animales migran para encontrar comida, agua o lugares seguros para reproducirse.
- Algunos animales hibernan en el invierno y otros estivan en el verano.

✓ Comprobar destrezas

Conceptos de matemáticas

DIFERENCIA DE HORARIOS El horario de París es 6 horas más tarde que el de Nueva York. Si en París son las 10 P.M., réstale 6 horas para obtener la hora de Nueva York.

$$10 - 6 = 4$$

En Nueva York son las 4 P.M. De la misma forma, cuando en París son las 7 A.M., en Nueva York es la 1 A.M.

Comprensión visual

LA DANZA DE LAS ABEJAS La foto de la página 316 ilustra cómo las abejas bailan la "danza del meneo" para comunicar la ubicación de una fuente de néctar. Observan la posición del Sol en relación con la colmena y la fuente de néctar. La abeja comunica esta información poniéndose en la línea central del baile, rumbo a la fuente de néctar.

SECCIÓN 2

- Los animales tienen relojes biológicos para controlar los ciclos naturales.
- Los ciclos diarios se conocen como ritmos circadianos.
- Algunos relojes biológicos son regulados por las señales del medio ambiente de un animal.
- Los animales se orientan con puntos de referencia e imágenes mentales del área de su hogar.
- Algunos animales usan las posiciones del Sol y las estrellas o el campo magnético de la Tierra para orientarse.

Experimentos

Lombrices escurridizas *(pág. 604)*

La tía Florecita y el abejorro *(pág. 606)*

SECCIÓN 3

Vocabulario

conducta social *(pág. 314)*
comunicación *(p. 314)*
territorio *(pág. 314)*
feromona *(pág. 315)*

Notas de la sección

- La comunicación debe incluir una señal y una respuesta.
- El cortejo y el reclamo del territorio son dos tipos de comunicación importantes.
- Los animales se comunican con la vista, el sonido, el tacto y el olfato.
- Al vivir en grupo, los animales localizan sus presas y sus depredadores con más facilidad.
- Los grupos de animales son más visibles para los depredadores, y los animales en grupos deben competir con otros por la comida, las hembras y las áreas de reproducción.

 VISITA: go.hrw.com

Visita el sitio web de HRW para encontrar una serie de herramientas de aprendizaje relacionadas con este capítulo. Sólo tienes que escribir la palabra clave:

PALABRA CLAVE: HSTANM

 **VISITA:** www.scilinks.org

Visita el sitio web de la **Asociación Nacional de Maestros de Ciencias** *(National Science Teachers Association)* para encontrar recursos de Internet relacionados con este capítulo. Sólo escribe el **ENLACE DE CIENCIAS** para obtener más información sobre el tema:

TEMA: Vertebrados e invertebrados	**ENLACE:** HSTL330
TEMA: Conducta animal	**ENLACE:** HSTL335
TEMA: Los ritmos de la vida	**ENLACE:** HSTL340
TEMA: Comunicación en el reino animal	**ENLACE:** HSTL345

Los animales y su conducta

Repaso del capítulo

UTILIZAR EL VOCABULARIO

Escoge el término correcto para completar las siguientes oraciones:

1. Un animal con cráneo y columna vertebral es __?__. Un animal sin columna vertebral es __?__. *(un invertebrado o un vertebrado)*

2. Una conducta que no depende de la experiencia es __?__. *(innata o aprendida)*

3. En el verano, un animal entra en un estado de actividad reducida. Este animal __?__. *(estiva o hiberna)*

4. Los ciclos diarios se conocen como __?__. *(relojes biológicos o ritmos circadianos)*

5. Cuando un óvulo y un espermatozoide se juntan, forman __?__. *(un embrión o un órgano)*

COMPRENDER CONCEPTOS

Opción múltiple

6. ¿Qué característica no corresponde a los animales?
   a. Son multicelulares.
   b. Por lo general, se reproducen sexualmente.
   c. Producen su propio alimento.
   d. Tienen tejidos.

7. Vivir en grupos
   a. atrae a los depredadores.
   b. le ayuda a la presa a localizar a los depredadores.
   c. les ayuda a los animales a encontrar comida.
   d. Todas las anteriores

8. La coloración de advertencia es
   a. un tipo de camuflaje.
   b. una forma de alejar a los depredadores.
   c. siempre negra con blanco.
   d. siempre una señal de que el animal no se puede comer porque es venenoso.

9. Algunas aves usan el campo magnético de la Tierra
   a. para atraer a los machos o las hembras.
   b. para orientarse.
   c. para fijar sus relojes biológicos.
   d. para defender su territorio.

10. Para defenderse de los depredadores, un animal puede usar
    a. camuflaje.
    b. coloración de advertencia.
    c. toxinas.
    d. Todas las anteriores

Respuesta breve

11. ¿Cómo se usan las feromonas en la comunicación?

12. ¿Qué es un territorio? Da un ejemplo de un territorio de tu medio ambiente.

13. ¿Qué puntos de referencia te ayudan a orientarte cuando regresas a tu casa de la escuela?

14. ¿En qué se parecen la migración y la hibernación?

Organizar conceptos

15. Usa los siguientes términos para crear un mapa de ideas: estivación, ritmos circadianos, comportamientos estacionales, hibernación, migración, relojes biológicos.

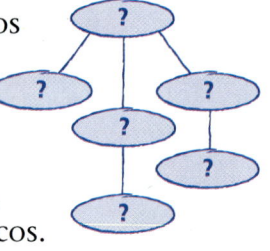

RAZONAMIENTO CRÍTICO Y RESOLUCIÓN DE PROBLEMAS

Escribe una o dos oraciones para responder a las siguientes preguntas:

16. Si te llega el olor a zorrillo cuando vas en el auto y cierras la ventanilla, ¿significa esto que el zorrillo se comunicó contigo? Explica.

17. Volar es una conducta innata de las aves. En los humanos, ¿es una conducta innata o aprendida? ¿Por qué?

18. Las hormigas dependen de las feromonas y del tacto para comunicarse, pero las aves dependen más de la vista y del sonido. ¿Por qué estos dos tipos de animales se comunican de manera diferente?

INTERPRETAR GRÁFICAS

Esta gráfica circular muestra los diferentes filos de las especies animales de la Tierra. Úsala para responder a las siguientes preguntas.

19. ¿Qué grupo de animales tiene la mayoría de las especies? ¿Cómo se muestra en la gráfica?

20. ¿Cuántas especies de escarabajos hay en la Tierra? ¿Cómo se compara con el número de especies de mamíferos?

21. ¿Cuántas especies de vertebrados se conocen?

22. Los científicos todavía están descubriendo nuevas especies. ¿Qué sectores de la gráfica crees que puedan aumentar? ¿Por qué?

LAS MATEMÁTICAS EN LAS CIENCIAS

Con los datos de la gráfica circular, responde a las siguientes preguntas:

23. ¿Cuál es el número total de las especies animales de la Tierra?

24. ¿Cuántas especies de polillas y mariposas hay?

25. ¿Qué porcentaje del total de especies animales son polillas y mariposas?

26. ¿Qué porcentaje del total de especies animales son vertebrados?

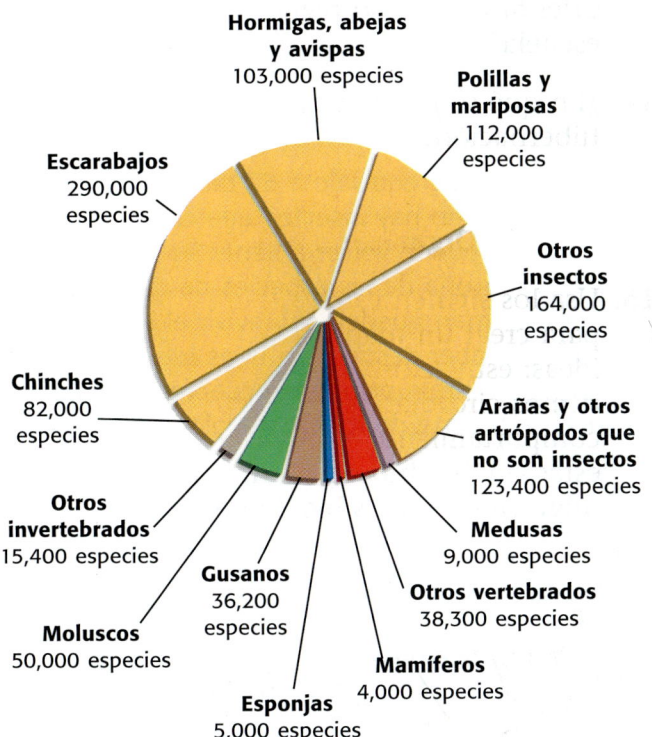

AHORA, ¿qué piensas?

Revisa tus respuestas a las preguntas de la página 303 que escribiste en el cuaderno de ciencias. ¿Han cambiado tus respuestas? Si es necesario, corrige tus respuestas basándote en lo que has aprendido en este capítulo.

Los animales y su conducta

VENTANA AL MEDIO AMBIENTE

¡No molestar!

¿Sabías que los murciélagos son los únicos mamíferos que vuelan? A diferencia de muchas aves, la mayoría de las especies de murciélagos del norte y del centro de los Estados Unidos no vuelan hacia el Sur en el invierno. En lugar de migrar, muchas especies de murciélagos hibernan. Pero si su sueño se interrumpe con frecuencia, los murciélagos pueden morir.

Siesta invernal

La mayoría de los murciélagos comen insectos, pero en el invierno los alimentos escasean. A finales del verano, muchos murciélagos de Norteamérica empiezan a almacenar grasa en su cuerpo. Estas reservas de grasa los ayudan a sobrevivir el invierno. Se dirigen: hacia cuevas donde la temperatura durante el invierno es suficientemente baja y estable para hibernar cómodamente (0°C a 9.5°C).

Durante la hibernación sufren un cambio metabólico importante. La temperatura de su cuerpo desciende a casi la misma temperatura de la cueva. La frecuencia de latidos de su corazón, normalmente de unos 400 latidos por minuto, disminuye a unos 25 latidos por minuto. Gracias a estos cambios, la grasa almacenada dura todo el invierno, a menos que algún visitante los despierte. Si esto ocurre, ¡se pueden morir de hambre!

¡Se prohíbe la entrada!

Incluso con el cambio de su metabolismo, los murciélagos se pueden despertar de repente. Necesitan tomar agua de vez en cuando. A veces, se mueven a lugares más calientes o fríos de la cueva. Por lo general, tienen suficiente grasa almacenada para despertar unas pocas veces en el invierno y volverse a dormir.

Las personas que visitan las cuevas obligan a los murciélagos a despertar de manera innecesaria y a gastar más rápidamente la grasa que almacenaron. Cada vez que despierta, un pequeño murciélago café consume una por-

▲ *Estos murciélagos descansan en una cueva.*

ción de grasa que equivale a 67 días de alimento. Como no hay insectos que comer a su alrededor, no puede volver a llenar su reserva de grasas. La mayoría de las especies de murciélagos que hibernan pueden sobrevivir el invierno después de haber despertado unas tres veces de más, pero las interrupciones frecuentes pueden provocar la muerte de toda una colonia de murciélagos.

Aumenta tu conocimiento

▶ Investiga más sobre los murciélagos. Aprende por qué son útiles para el ambiente y qué amenaza su supervivencia. Discute algunas formas de proteger a los murciélagos y sus hábitats.

Curiosidades de la CIENCIA

CANÍBALES

La competencia, la supervivencia y la reproducción son parte de la vida. En algunas especies, también lo es el *canibalismo* (alimentarse de miembros de una misma especie). Pero ¿cómo se relaciona el canibalismo con la competencia, supervivencia y reproducción? Pues, a veces, la selección de alimento se determina por la transmisión o no de ciertos genes.

▲ *Durante el apareamiento, estas arañas macho se ofrecen como alimentoa sus hembras.*

Consumidores exigentes

Las salamandras tigre empiezan su vida comiendo zooplancton, larvas de insectos acuáticos y algunos renacuajos. Si las condiciones de su pequeño estanque involucran una fuerte competencia con los miembros de su propia especie, algunas de las salamandras más grandes ¡se vuelven caníbales!

Los científicos no están seguros de por qué las salamandras tigre se vuelven caníbales o por qué se comen animales que se son sus parientes. Tienen la hipótesis que este comportamiento elimina la competencia. Al comerse a otras salamandras, una salamandra tigre reduce la competencia por el alimento y aumenta las oportunidades de sobrevivir. Esto aumenta las oportunidades de que sus genes se transmitan a la otra generación. El no comerse a sus parientes, asegura que los genes que vienen de la misma familia se transmitan a la siguiente generación.

El último sacrificio

Las arañas de espalda roja australianas macho toman otra postura para asegurar que sus genes se transmitan. Durante el apareamiento, la araña macho rueda su cuerpo, hace un giro y mueve su panza cerca de la boca de la hembra, ofreciéndose a ella como alimento. Si tiene hambre la hembra acepta la invitación a cenar. ¡Y casi el 65 por ciento de las veces tiene hambre!

Las arañas macho quieren transmitir sus genes, así que compiten con fiereza por las hembras. Una araña de espalda roja hembra quiere asegurarse de que se fertilice la mayor parte de sus huevos, así que, por lo general, se aparea con dos. Si la hembra se come al primer macho, los estudios muestran que no se aparea con un segundo macho como lo haría si no se hubiera comida al primer pretendiente. Como comerse el macho le toma más tiempo, más huevos son fertilizados por el macho que se volvió parte del banquete. La araña macho que se ofrece como cena ha transmitido más de sus genes a la siguiente generación.

Descúbrelo

▶ Otros animales devoran miembros de su propia especie. Los científicos creen que hay una variedad de razones para este comportamiento. Con el Internet o la biblioteca, investiga el canibalismo en diferentes animales, como la mantis religiosa, el cangrejo azul, el pez espinoso, la araña viuda negra, el renacuajo y el león. Presenta tus descubrimientos a tus compañeros.

CAPÍTULO 14 Invertebrados

Increíble... ¡pero cierto!

En 1995, unos investigadores de Alemania fabricaron un chip de computadora que podía enviar señales a una célula nerviosa de una sanguijuela viva. Lo más increíble es que la célula podía enviarle señales de regreso al chip. ¿Qué tiene de asombroso tener un "vínculo mental" con una sanguijuela? Tan sólo en los Estados Unidos, ocurren más de 10,000 lesiones de médula espinal por año. La persona afectada puede perder el control de sus músculos, particularmente los de brazos y piernas, y casi nunca hay esperanza de que recupere su capacidad de movimiento. ¿Qué tiene que ver esto con las sanguijuelas?

Las sanguijuelas gigantes de Sudamérica, como la de la izquierda, sólo tienen unas cuantas células nerviosas, pero son iguales a las de otros organismos. Al estudiar los nervios de las sanguijuelas, los biólogos aprenden a comunicarse directamente con las células nerviosas. Esperan que la comunicación con los nervios de las sanguijuelas por medio de un chip de computadora les ayude algún día a comunicarse con células nerviosas humanas. En un futuro, las personas con lesiones de la médula espinal podrán mover los músculos comunicándose con las células nerviosas de su cuerpo mediante una computadora.

Todavía hay mucho que aprender antes de aplicar el trabajo con las sanguijuelas a los seres humanos. ¿Quién hubiera esperado un adelanto de esta magnitud con un animal que ni siquiera tiene columna vertebral? En este capítulo estudiarás los invertebrados, o animales sin columna vertebral.

¿Tú qué piensas?

Usa tus conocimientos para responder a las siguientes preguntas en tu cuaderno de ciencias:

1. ¿Qué diferencias hay entre las esponjas y los demás invertebrados?
2. ¿Qué semejanzas y diferencias hay entre una persona y un pulpo?

Mosca

Cangrejo

Pulpo

Babosa

Araña

Milpiés

¡Investiga!

¡Clasifícalo!

El reino animal se divide en varios grupos llamados filos, que a su vez se dividen en subgrupos llamados clases. Al clasificar animales, debemos decidir qué características utilizar. Todas las características del animal, incluyendo las internas, se deben observar con cuidado. En esta actividad demostrarás tu habilidad para clasificar.

Langostino de río

Caracol

Procedimiento

1. Observa las fotografías de esta página. Estos animales están en el mismo grupo porque no tienen columna vertebral.
2. Intenta dividirlos en filos y clases. ¿Cuáles se parecen más? Agrúpalos en el mismo filo. De los animales que están en el mismo filo, determina cuáles se parecen más. Colócalos en clases dentro del mismo filo.
3. Haz un cuadro para mostrar cómo los agrupaste.

Análisis

4. ¿Qué características utilizaste para clasificar estos animales en filos diferentes? Explica por qué piensas que estas características son las más importantes.
5. ¿Qué características utilizaste para clasificar estos animales en clases?
6. ¿Qué nombres descriptivos podrías darles a estos filos y clases?

Invertebrados

Sección 1

Invertebrados simples

VOCABULARIO

invertebrado
simetría bilateral
simetría radial
asimétrico
ganglios
intestino
celoma
medusa
pólipo
parásito
huésped

OBJETIVOS

- Describe la diferencia entre la simetría radial y la bilateral.
- Describe la función del celoma.
- Explica las diferencias entre las esponjas y los demás animales.
- Describe las diferencias entre los sistemas nerviosos de los cnidarios y de las tenias.

Los animales sin columna vertebral, o invertebrados, representan el 97 por ciento de todas las especies animales. Hasta ahora, se le ha dado nombre a más de un millón de invertebrados, pero la mayoría de los biólogos creen que todavía hay millones por descubrir.

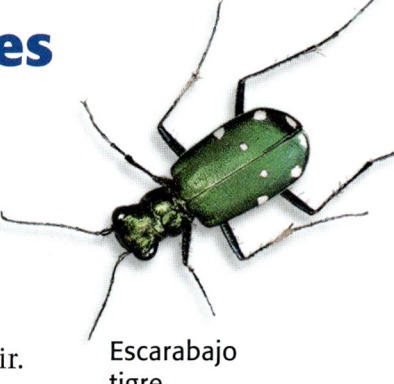

Escarabajo tigre

¡Sin columna vertebral!

Hay invertebrados de distintas formas y tamaños. Los saltamontes, almejas, lombrices de tierra y medusas son invertebrados. Lo único que tienen en común es que carecen de columna vertebral. Si se examinan varias características, es posible comparar las diferencias y semejanzas entre todos los animales, incluyendo los invertebrados. Por ejemplo, el tipo de organización del cuerpo, la presencia o ausencia de cabeza y la manera como digieren y absorben el alimento.

Mariposa Morpho

Planes estructurales Los invertebrados presentan dos planes estructurales básicos o tipos de *simetría*: bilateral o radial. En la siguiente página se muestran los planes estructurales de los animales.

La mayoría de los animales tienen simetría bilateral. El cuerpo de un animal con **simetría bilateral** puede dividirse en dos mitades similares. Por ejemplo, si dibujas una línea imaginaria que divida una hormiga en una mitad derecha y una izquierda, observarás las mismas características en cada lado.

Algunos invertebrados tienen simetría radial. Las partes del cuerpo de un animal con **simetría radial** están dispuestas alrededor de un punto central. Si dibujas una línea imaginaria que atraviese una anémona de mar de arriba hacia abajo, comprobarás que las dos mitades se ven iguales; si la línea la atraviesa en cualquier dirección, las dos mitades seguirán siendo similares. Los invertebrados más sencillos, las esponjas, no tienen simetría. Los animales que no tienen simetría son **asimétricos.**

Planaria

Camarón de la especie Hymenocera

326

Planes estructurales de los animales

Esta hormiga tiene **simetría bilateral.** Las dos mitades de su cuerpo son idénticas; en cada lado tiene un ojo, una antena y tres patas.

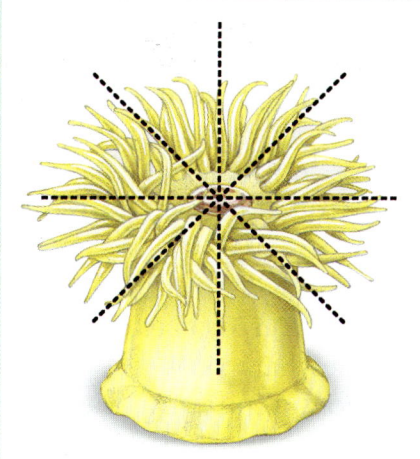

Esta anémona de mar tiene **simetría radial.** El cuerpo de los animales con simetría radial está organizado alrededor del centro, como los radios de una rueda.

Esta esponja es **asimétrica.** No se puede trazar una línea recta que divida su cuerpo en dos mitades iguales.

La cabeza Todos los animales, excepto las esponjas, tienen unas fibras llamadas *nervios* que llevan las señales para controlar los movimientos del cuerpo. Los invertebrados simples tienen nervios dispuestos en redes o cordones a través del cuerpo, pero no tienen cerebro ni cabeza.

En algunos invertebrados, las células nerviosas están agrupadas en **ganglios.** Los ganglios se encuentran en todo el cuerpo y controlan distintas estructuras corporales. La **Figura 1** muestra un ganglio, el cerebro y los cordones nerviosos de una sanguijuela. Los animales más complejos tienen cerebro y cabeza; el cerebro controla los nervios.

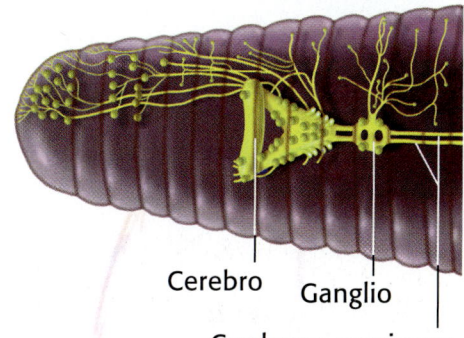

Figura 1 *Las sanguijuelas tienen un cerebro simple y ganglios. Un par de cordones nerviosos conecta el cerebro con los ganglios.*

El intestino Casi todos los animales digieren el alimento en un intestino central. El **intestino** es un tubo recubierto por células que liberan enzimas, las cuales transforman el alimento en partículas pequeñas que las células absorben. El intestino es parte del tracto digestivo.

Los animales complejos disponen de un espacio para el intestino que se conoce como **celoma** (**Figura 2**), cuya función es permitir que el intestino mueva los alimentos sin interferencia de los movimientos corporales. Además, contiene otros órganos, como el corazón y los pulmones, separados del intestino.

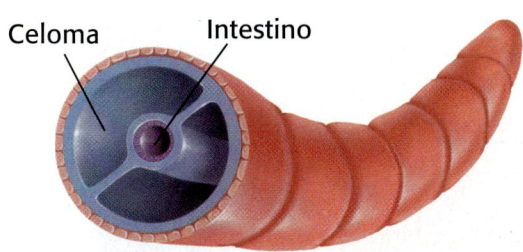

Figura 2 *Celoma de una lombriz de tierra. El intestino y los órganos se encuentran en esta cavidad.*

Esponjas

Las esponjas son los animales más sencillos: carecen de simetría, cabeza, nervios e intestino. Aunque pueden moverse, son tan lentas que su movimiento es muy difícil de apreciar. Antes se pensaba que las esponjas eran plantas, pero las plantas elaboran su alimento a partir de luz solar, agua y dióxido de carbono, mientras que las esponjas tienen que alimentarse de otros organismos. Por eso, se clasifican como animales.

Tipos de esponjas Todas las esponjas viven en el agua (la mayoría en los océanos). Como se observa en la **Figura 3**, tienen colores hermosos y formas diversas. Una de las esponjas más grandes tiene forma de almohada gigante y puede medir 2 m de ancho.

La mayoría de las esponjas tienen un esqueleto formado por astillas llamadas *espículas* (**Figura 4**). Las espículas tienen muchas formas, desde la forma sencilla de aguja hasta las formas complejas de bastón curvo y estrella. El esqueleto sostiene el cuerpo de la esponja y la protege de los depredadores.

De acuerdo con el tipo de espículas, las esponjas se dividen en dos clases. Las esponjas de la clase más extensa tienen espículas de silicato, un material que se usa para hacer vidrio. Las esponjas de baño son similares a las de silicato, pero carecen de espículas. En su lugar, tienen un esqueleto hecho de una proteína llamada *espongina,* que las hace suaves. Otro grupo de esponjas tiene espículas de carbonato de calcio, el material de las conchas de las ostras y de otros mariscos.

Rehacer y reemplazar Si el cuerpo de una esponja se rompe al ser forzado a través de un cedazo, las células separadas volverán a juntarse y reharán la misma esponja. Además, se pueden formar nuevas esponjas a partir de pedazos de otra esponja. A diferencia de la mayoría de los animales, las esponjas pueden reemplazar las partes de su cuerpo, o regenerarse.

Figura 3 *Las esponjas presentan formas, tamaños y colores variados.*

Esponja gigante

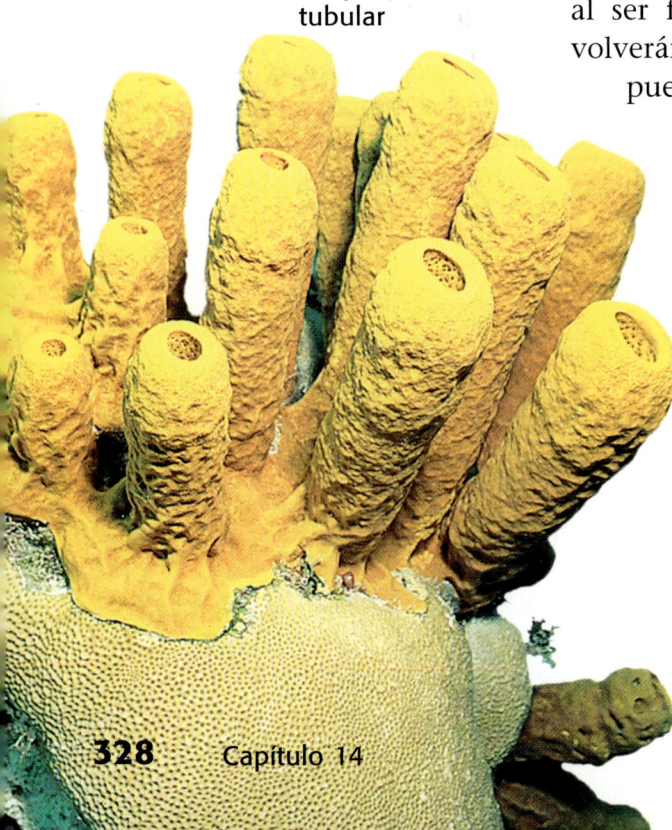

Esponja tubular

Figura 4 *Esqueleto de una esponja vítrea.*

¿Cómo se alimentan las esponjas? Las esponjas pertenecen al filo Porífera, nombre que se refiere a los miles de agujeros o poros que tienen en su exterior. A través de estos poros, las esponjas bombean agua al interior de su cuerpo, donde los coanocitos filtran las partículas de alimento y los microorganismos que están en el agua. El resto del agua fluye hacia una cavidad central y sale por un agujero que está en la parte superior de la esponja, como el humo de una chimenea. Este agujero se llama *ósculo*. La **Figura 5** ilustra este proceso.

Las esponjas no tienen intestino, sino que cada coanocito digiere sus propias partículas de alimento. Ningún otro animal tiene células parecidas a los coanocitos.

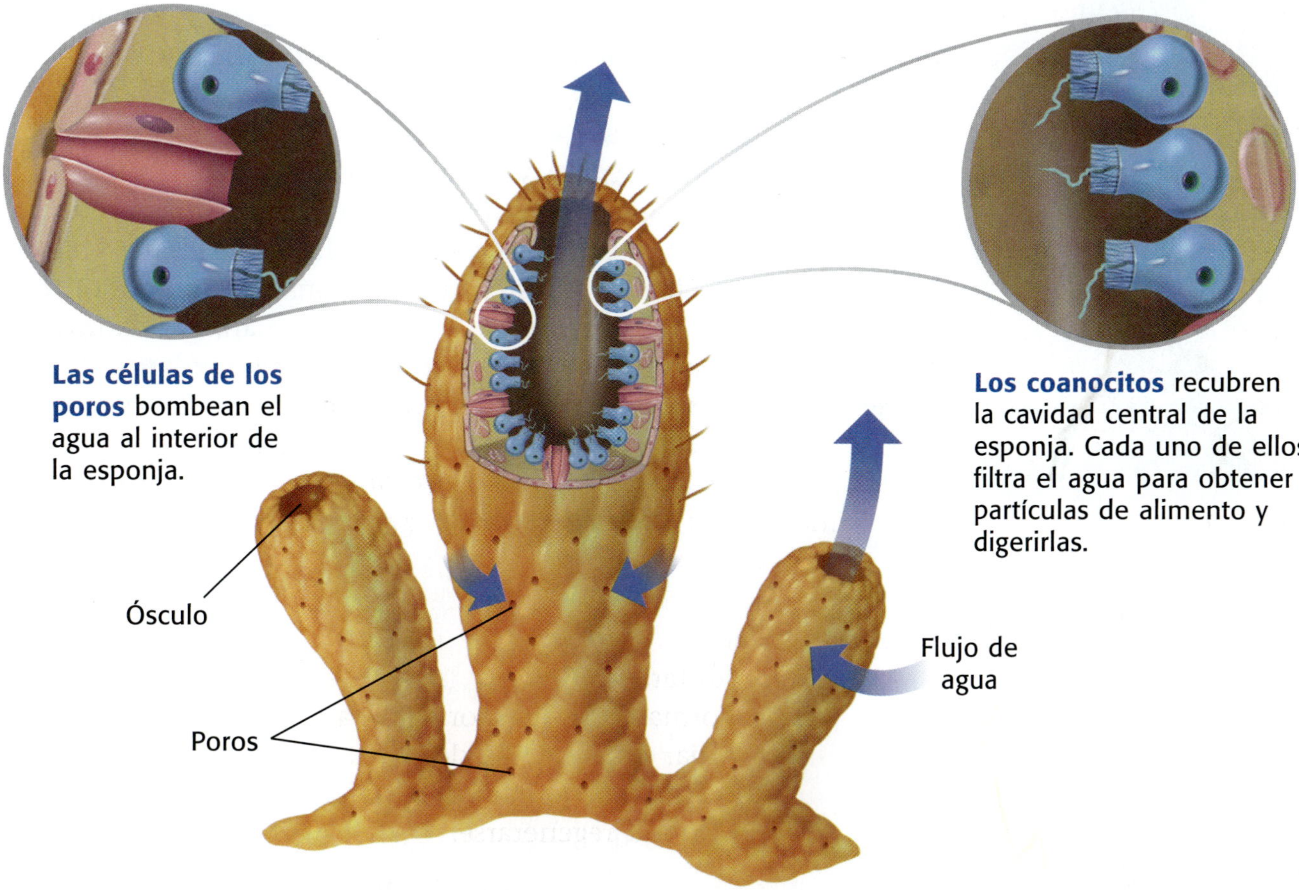

Figura 5 Por medio de los coanocitos, las esponjas filtran el agua para obtener partículas de alimento y después la barren hacia el exterior por el ósculo. Una esponja puede filtrar hasta 22 L de agua al día.

Las células de los poros bombean el agua al interior de la esponja.

Ósculo

Poros

Los coanocitos recubren la cavidad central de la esponja. Cada uno de ellos filtra el agua para obtener partículas de alimento y digerirlas.

Flujo de agua

REPASO

1. ¿Por qué los coanocitos son importantes para clasificar las esponjas como animales?

2. ¿Qué es el celoma?

3. **Interpretar gráficas** ¿Qué tipo de simetría tiene el animal que se muestra a la derecha: radial, bilateral o ninguna? Explica tu respuesta.

Invertebrados

Medusa

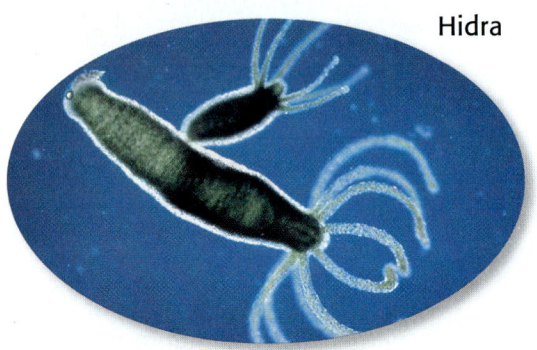
Hidra

Figura 6 Estos tres organismos son cnidarios. ¿Por qué están en el mismo filo?

Anémona de mar

Cnidarios

Observa los organismos de la **Figura 6.** Parecen muy diferentes, pero todos pertenecen al filo Cnidaria.

Cnidaria viene de una palabra griega que significa "ortiga". Las ortigas son plantas que liberan pelos que queman la piel. Los cnidarios hacen lo mismo; todos tienen células urticantes, es decir, que pican. ¿Conoces a alguien que haya sufrido una picadura de medusa? ¡Es una experiencia muy dolorosa!

Los cnidarios son además más complejos que las esponjas, ya que tienen tejidos complejos, intestino para digerir los alimentos y sistema nervioso. Sin embargo, algunas especies comparten una característica con las esponjas: si sus células se separan, pueden juntarse y formar de nuevo el cuerpo.

La medusa y el pólipo Los cnidarios presentan dos formas: medusa y pólipo. Obsérvalas en la **Figura 7.** La **medusa** parece un champiñón con tentáculos que ondean hacia abajo. La aguamala es una medusa muy conocida. A medida que el cuerpo (o sombrilla) de la medusa se contrae y se relaja, el animal nada.

La otra forma del cuerpo de los cnidarios es el **pólipo.** Los pólipos tienen forma de florero y generalmente viven anclados a una superficie.

Algunos cnidarios son pólipos y medusas en distintas etapas de su vida, pero casi todos viven como pólipo.

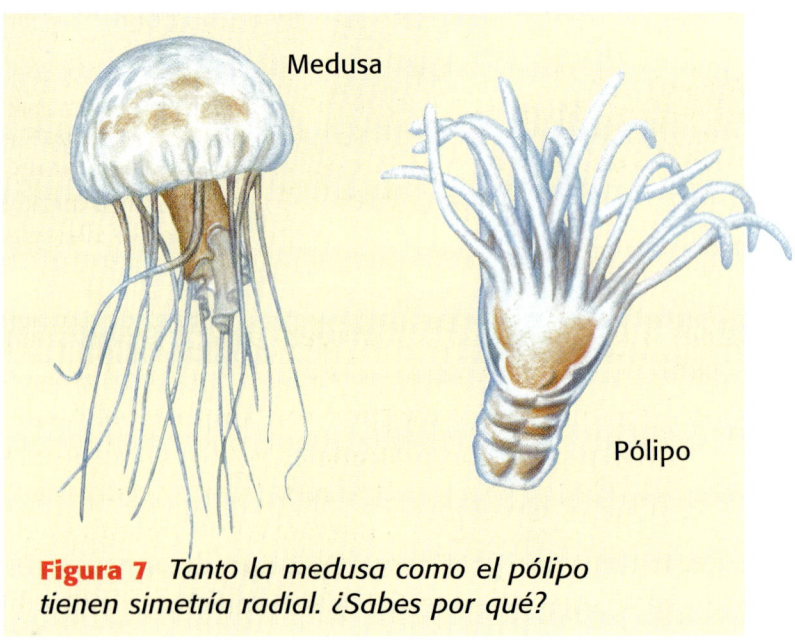

Figura 7 Tanto la medusa como el pólipo tienen simetría radial. ¿Sabes por qué?

Tipos de cnidarios Hay tres clases de cnidarios: hidras, aguamalas, y anémonas de mar y corales. Las hidras son cnidarios comunes que viven en agua dulce y que pasan toda su vida en forma de pólipo. En cambio, el aguamala pasa la mayor parte de su vida como medusa.

Las anémonas de mar y los corales son pólipos durante toda su vida; parecen flores de colores brillantes. Los corales son cnidarios diminutos que viven en colonias, las cuales construyen enormes esqueletos de carbonato de calcio. Cada nueva generación de corales construye encima de la anterior. A lo largo de miles de años, estos diminutos animales construyen arrecifes enormes bajo el agua. Los arrecifes de coral se encuentran en las cálidas aguas tropicales de todo el mundo.

Para atrapar el almuerzo Todos los cnidarios tienen largos tentáculos cubiertos de células urticantes. Cuando un pez pequeño u otro organismo roza los tentáculos de un cnidario, cientos de células urticantes se descargan y liberan una toxina paralizadora. Cada célula urticante utiliza la presión del agua para descargar un diminuto arpón con espinas, llamado *nematocisto*. La **Figura 8** muestra un nematocisto antes y después de descargarse.

ciencias del medio ambiente
CONEXIÓN

Los arrecifes de coral, algunos de los cuales tienen más de 2.5 millones de años, son el hogar de una cuarta parte de todas las especies de peces marinos. Desafortunadamente, los arrecifes de coral vivos están amenazados por el exceso de pesca, la minería y los daños accidentales que ocasionan los nadadores y los barcos. Los científicos buscan maneras para protegerlos.

Figura 8 *Cada célula urticante contiene un nematocisto.*

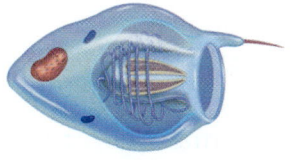

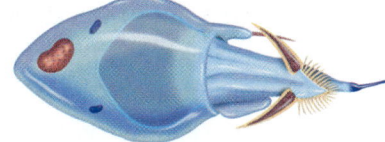

Antes de la descarga Un diminuto arpón con espinas está enrollado dentro de cada célula urticante.

Después de la descarga Cuando el nematocisto se dispara, el largo filamento es expulsado al agua, y las espinas más largas recubren la base del filamento.

Nervios Los cnidarios poseen una red sencilla de células nerviosas, llamada *plexo nervioso*. El plexo nervioso controla los movimientos del cuerpo y de los tentáculos.

Las medusas tienen un *anillo nervioso* en el centro del plexo nervioso. Este anillo de células nerviosas coordina el nado de las aguamalas de la misma manera como nuestra médula espinal coordina la acción de caminar, pero el anillo nervioso no es un cerebro. Los cnidarios no piensan ni planean de la manera como lo hacen animales más complejos.

Autoevaluación

Las medusas tienen un anillo nervioso, pero los pólipos no. ¿De qué manera el movimiento de las medusas explica la mayor complejidad de su sistema nervioso? *(Consulta la página 636 para comprobar tu respuesta.)*

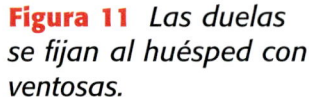

Figura 9 Este gusano plano se llama planaria; tiene una cabeza bien desarrollada con ojos y lóbulos sensoriales.

Gusanos planos

Cuando piensas en gusanos, probablemente te vienen a la mente las lombrices de tierra o las que usas para pescar. Pero hay muchos otros tipos de gusanos y la mayoría son demasiado pequeños para verse. Los gusanos más simples son los gusanos planos.

Observa el gusano plano de la **Figura 9.** Los gusanos planos tienen simetría bilateral, a diferencia de los otros invertebrados. Casi todos tienen una cabeza definida y dos manchas oculares grandes que no parpadean. El gusano plano sabe de dónde viene la luz. Asimismo, tiene dos protuberancias con aspecto de orejas a los lados de la cabeza, llamadas *lóbulos sensoriales,* cuya función es detectar el alimento. La cabeza, las manchas oculares y los lóbulos sensoriales son indicios de que tiene un cerebro para procesar la información. En la **Figura 10** se muestra su sistema nervioso.

Tipos de gusanos planos Los gusanos planos se dividen en tres clases. Los gusanos planos a los que nos hemos referido se llaman *planarias*. La mayoría son pequeñas; su longitud es menor que la de una uña. Viven en el agua y en la tierra y casi todas son depredadores. Se alimentan de otros animales y pueden acechar y atacar a animales pequeños, o comérselos ya muertos. Tienen intestino, pero los alimentos y los desechos entran y salen por el mismo lugar.

Los otros dos grupos de gusanos planos son las *duelas* y las *tenias*. En la **Figura 11** se muestra una duela. Estos animales son parásitos, es decir, organismos que se alimentan de otros organismos, generalmente sin matarlos. Las víctimas se llaman huéspedes. Los parásitos pueden vivir dentro o fuera del huésped. La mayoría de las duelas y todas las tenias entran en el cuerpo de otros animales, donde viven y se reproducen. Los huevos fertilizados salen del cuerpo del huésped en sus desechos; si llegan al agua potable o a los alimentos, otro huésped puede ingerirlos, y se desarrollarán en su interior.

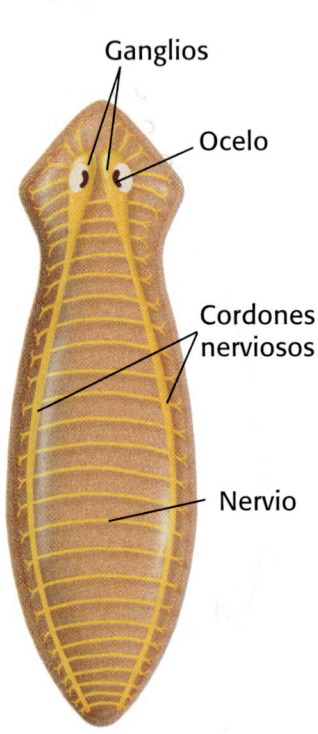

Figura 10 En esta figura se ilustra el sistema nervioso de un gusano plano. Los dos cordones nerviosos se conectan mediante nervios delgados. Los ganglios de la cabeza constituyen un cerebro primitivo.

Figura 11 Las duelas se fijan al huésped con ventosas.

El aspecto de las duelas y de las tenias es distinto del de las planarias; su cabeza es diminuta y no tienen ocelos ni lóbulos sensoriales, y se fijan al huésped por medio de ventosas y ganchos. Los gusanos planos que viven en el intestino del huésped tienen una piel especial que es resistente a la digestión enzimática del estómago del mismo. Las tenias están tan especializadas que no tienen intestino; simplemente absorben los nutrientes del intestino del huésped. La **Figura 12** muestra una tenia de los peces que se transmite a los humanos.

Gusanos cilíndricos

En un corte transversal, los gusanos cilíndricos o nematodos se ven cilíndricos, largos y delgados. Su simetría es bilateral, como la del resto de los gusanos, y el tamaño de casi todas las especies es muy pequeño. En una manzana podrida en el suelo de una huerta puede haber hasta 100,000 gusanos cilíndricos. Estas diminutas criaturas transforman los tejidos muertos de las plantas y animales, y contribuyen a enriquecer el suelo. La **Figura 13** muestra un gusano cilíndrico.

Los gusanos cilíndricos tienen un sistema nervioso sencillo, como el de los gusanos planos. El anillo de ganglios forma el cerebro primitivo y los cordones paralelos corren a lo largo del cuerpo. Su sistema digestivo es más complejo que el de otros invertebrados simples. A diferencia de los gusanos planos, que ingieren y desechan los alimentos por el mismo orificio, los gusanos cilíndricos tienen boca y ano. La mayoría son parásitos. Entre los que infectan a los seres humanos están los oxiuros y los anquilostomas. La especie *Trichinella spiralis* se transmite a los humanos por la carne de cerdo infectada y es causa de una enfermedad grave, la triquinosis. La cocción adecuada de la carne de cerdo mata los gusanos cilíndricos. Los más peligrosos viven en los trópicos.

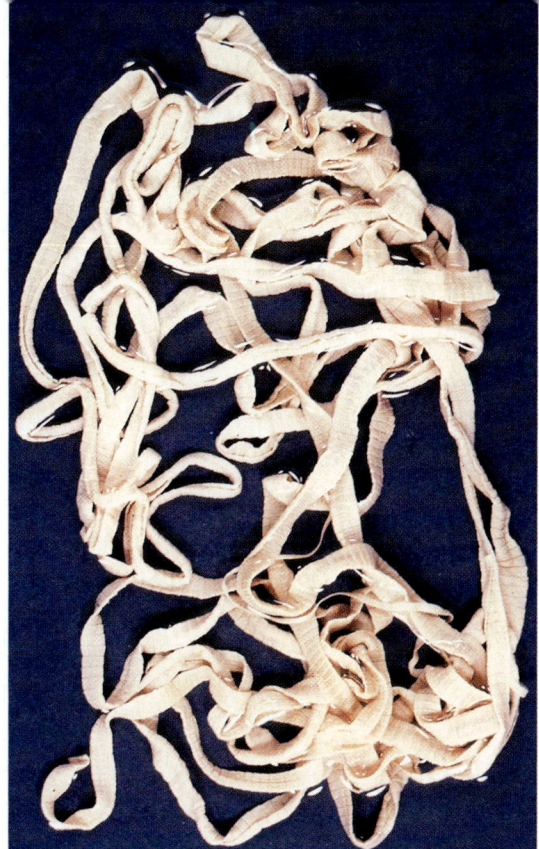

Figura 12 *Las tenias pueden alcanzar un gran tamaño. Algunas llegan a medir 13 m de largo... ¡más que un autobús escolar!*

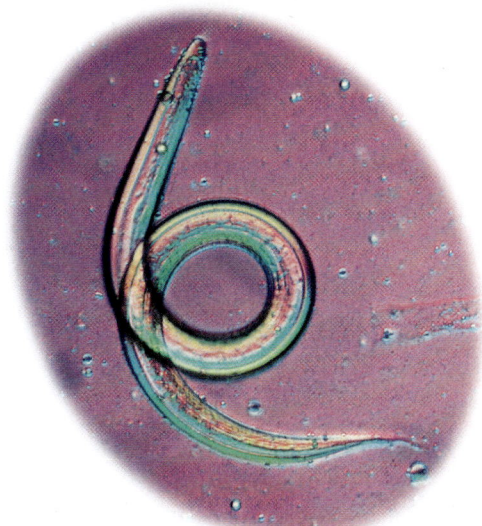

Figura 13 *Los gusanos cilíndricos tienen una cavidad corporal rellena de fluido.*

> ### REPASO
>
> 1. ¿Qué característica les da a los cnidarios su nombre?
> 2. Menciona dos características de los gusanos planos que los distinguen de los cnidarios.
> 3. **Analizar relaciones** Tanto los depredadores como los parásitos viven de los tejidos de otros animales. Explica la diferencia entre depredador y parásito.

Sección 2

Moluscos y anélidos

VOCABULARIO
sistema circulatorio abierto
sistema circulatorio cerrado
segmento

OBJETIVOS
- Describe las partes del cuerpo de un molusco.
- Explica la diferencia entre un aparato circulatorio abierto y uno cerrado.
- Describe la segmentación.

¿Has probado la crema de almejas o los calamares? ¿Has visto los gusanos que andan por las aceras cuando para de llover? Si es así, ya conoces los invertebrados que estudiaremos en esta sección: los moluscos y los anélidos. Estos invertebrados son más complejos que los que has estudiado hasta ahora. Los moluscos y los anélidos tienen celoma y sistema circulatorio; su sistema nervioso es más complejo que el de los gusanos planos y los gusanos cilíndricos.

Lombriz de tierra

Moluscos

El filo Mollusca comprende los caracoles, las babosas, las almejas, las ostras, los calamares y los pulpos. Los moluscos constituyen el segundo filo animal más grande; la mayoría de ellos se encuentran en una de las siguientes clases: *gasterópodos* (babosas y caracoles), *bivalvos* (almejas y otros mariscos con conchas de dos valvas) y *cefalópodos* (calamares y pulpos). En la **Figura 14** se ven algunos moluscos.

Caracoles

Figura 14 *Los caracoles, almejas y calamares son moluscos. Los caracoles son gasterópodos; las almejas, bivalvas y los calamares, cefalópodos.*

Almeja

Calamar

La mayoría de los moluscos viven en el océano, pero algunos viven en hábitats de agua dulce; otros, como las babosas y los caracoles, se han adaptado a la vida terrestre.

El grupo de los moluscos abarca desde los caracoles de 1 mm hasta los calamares gigantes, que pueden alcanzar 18 m de largo. La mayoría de los moluscos se mueven lentamente, pero algunos calamares nadan a una velocidad de hasta 40 km/h y saltan a más de 4 m sobre el nivel del agua.

¡MATEMÁTICAS!

Calamar veloz
Si un calamar nada a 30 km/h, ¿qué distancia recorre en un minuto?

¿Cómo identificas un molusco? El aspecto de los caracoles, almejas y calamares es bastante diferente, pero al examinarlos más de cerca sus cuerpos son casi iguales. En la **Figura 15** se describen las partes del cuerpo comunes a todos los moluscos.

CLAVE
- Pie
- Masa visceral
- Manto
- Concha

Figura 15 *El cuerpo de los moluscos es blando y generalmente está cubierto por una concha. Todos los moluscos tienen un pie, una masa visceral y un manto.*

Pie La característica más evidente de los moluscos es un pie muscular ancho, que utilizan para moverse. El pie de los gasterópodos secreta un moco que les ayuda a deslizarse.

Masa visceral Encima del pie, en el celoma del molusco, se encuentra la masa visceral, que contiene las branquias y el intestino, entre otros órganos.

Manto La masa visceral, los lados del pie y la cabeza están cubiertos por una capa de tejido llamada manto, cuya función es proteger el cuerpo de los moluscos que no tienen concha.

Concha En la mayoría de los moluscos, la parte exterior del manto secreta una concha, que los protege de los depredadores y evita la desecación de los moluscos terrestres.

¿Cómo se alimentan los moluscos? Cada tipo de molusco tiene su propia forma de alimentarse. Las almejas y otros bivalvos se fijan al suelo para filtrar el agua a su alrededor y de esta manera obtener diminutas plantas, bacterias y otras partículas. Los caracoles y las babosas se alimentan por medio de la rádula, una especie de lengua en forma de cinta que está cubierta por dientes curvos. En la **Figura 16** se aprecia un detalle de la rádula de una babosa. Con la rádula, las babosas y los caracoles raspan algas de las rocas, trozos de tejido de algas marinas o pedazos de hojas de las plantas. Los caracoles y babosas depredadores tienen grandes dientes en la rádula con los que atacan a su presa. Los caracoles parásitos perforan a sus víctimas de manera muy similar a un mosquito. Con ayuda de sus tentáculos, los pulpos y calamares atrapan a sus presas y las colocan en sus poderosas mandíbulas, de manera similar a como nosotros nos llevamos el alimento a la boca.

Figura 16 *Fíjate en las filas de dientes de la rádula de una babosa. La función de la rádula es raspar el alimento de las superficies.*

Invertebrados

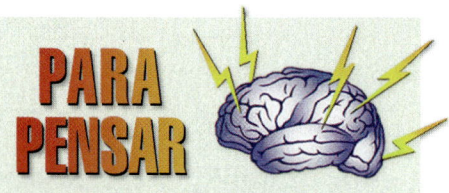

PARA PENSAR

¡Los pulpos tienen tres corazones! Dos de ellos están cerca de las branquias y se llaman corazones branquiales.

Tienen corazón A diferencia de los invertebrados más sencillos, los moluscos tienen sistema circulatorio. La mayoría de ellos tienen un **sistema circulatorio abierto,** en el que un corazón simple bombea la sangre a través de vasos sanguíneos que se vacían en espacios llamados *senos*. Este tipo de sistema circulatorio es muy diferente al nuestro, que es cerrado. En un **sistema circulatorio cerrado,** el corazón hace circular la sangre a través de una red de vasos sanguíneos que forman un circuito cerrado. El sistema circulatorio de los cefalópodos (calamares y pulpos) también es cerrado, aunque es mucho más sencillo que el nuestro.

¡Es un cerebro! La mayoría de los moluscos tienen ganglios complejos por todo el cuerpo. Los ganglios realizan distintas funciones; unos controlan la respiración, otros mueven el pie y otros controlan la digestión.

Los cefalópodos, como el de la **Figura 17,** tienen un sistema nervioso más complejo que el del resto de los moluscos. De hecho, el sistema nervioso de los pulpos y calamares es el más avanzado de todos los invertebrados. Poseen un cerebro donde se conectan todos los ganglios. No es sorprendente que estos animales sean los invertebrados más inteligentes. Los pulpos, por ejemplo, pueden aprender a navegar en un laberinto y a distinguir formas y colores. Si se les da ladrillos o piedras, construyen una cueva para esconderse.

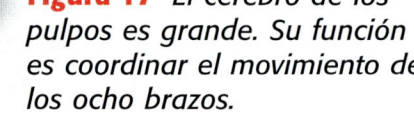

Figura 17 El cerebro de los pulpos es grande. Su función es coordinar el movimiento de los ocho brazos.

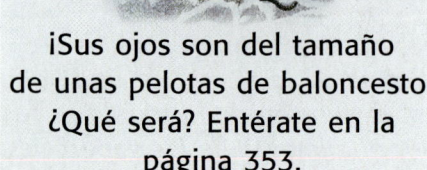

¡Sus ojos son del tamaño de unas pelotas de baloncesto! ¿Qué será? Entérate en la página 353.

REPASO

1. ¿Cuáles son las cuatro partes principales del cuerpo de los moluscos?

2. ¿Qué diferencia hay entre un sistema circulatorio abierto y uno cerrado?

3. **Analizar relaciones** ¿Cuáles son las dos características que los cefalópodos, pero no los demás moluscos, comparten con los humanos?

Anélidos

Tal vez conozcas lombrices de tierra como la de la **Figura 18.** Estas lombrices pertenecen al filo Annelida. Los anélidos también se conocen como gusanos segmentados porque su cuerpo tiene *segmentos*. Los **segmentos** son partes del cuerpo, idénticos o casi idénticos, que se repiten. Obsérvalos en la lombriz de la Figura 18.

Los gusanos segmentados son mucho más complejos que los planos y los cilíndricos que vimos en la sección anterior. Los anélidos tienen un celoma, un sistema circulatorio cerrado, un sistema nervioso formado por ganglios en cada segmento y un cerebro. El cerebro y los ganglios están conectados por un cordón nervioso que corre a lo largo de su cuerpo.

Tipos de anélidos Hay tres clases de anélidos: las lombrices de tierra, los gusanos con cerdas y las sanguijuelas. Viven en agua salada o dulce y en la tierra; escarban en busca de alimentos, o pueden ser depredadores o parásitos de otros organismos.

Más que una simple carnada Las lombrices de tierra son los anélidos más comunes. Tienen de 100 a 175 segmentos, casi todos idénticos. Algunos segmentos están especializados para la alimentación o reproducción. Se alimentan de la materia orgánica del suelo y excretan desechos llamados *excrementos,* los cuales aumentan la fertilidad del suelo al proporcionar nutrientes en una forma utilizable por las plantas. También mejoran el suelo al cavar túneles, los cuales permiten que el aire y el agua lleguen a capas más profundas.

En la parte exterior de su cuerpo, las lombrices de tierra tienen cerdas duras que les ayudan a moverse. Las cerdas sostienen una parte del gusano en un lugar mientras la otra parte se abre camino por el suelo.

Figura 18 *Excepto por la cabeza, la cola y los segmentos reproductores, todos los segmentos de esta lombriz de tierra son idénticos. ¿Cuál es el número total de segmentos?*

Un amigo tuyo está preocupado porque su jardín está lleno de lombrices de tierra. Quiere encontrar la manera de deshacerse de ellas. ¿Crees que será buena idea? ¿Por qué? Escríbele a tu amigo una carta para explicarle lo que crees que debe hacer.

Invertebrados **337**

Figura 19 Este gusano se alimenta filtrando partículas del agua con sus cerdas. ¿Puedes ver sus segmentos?

La belleza de las cerdas Si hubiera un concurso de belleza para gusanos, los gusanos con cerdas ganarían. Estos gusanos son muy diversos y de colores brillantes. La **Figura 19** muestra uno. Todos viven en el agua; algunos excavan en la arena y en el lodo, comiéndose todas las criaturas que encuentran; otros se arrastran por el fondo y comen moluscos y otros animales pequeños.

Chupadores de sangre y más Algunas sanguijuelas son parásitos que chupan la sangre de otros animales, pero otras se alimentan de animales muertos o son depredadoras de insectos, babosas y caracoles.

No todas las sanguijuelas son malas. Hasta el siglo XX, los doctores las usaban en tratamientos que consistían en sujetarlas a una persona enferma para drenar la sangre "mala" del cuerpo. Esta práctica ya no se acepta, pero las sanguijuelas todavía se usan en medicina. Después de una cirugía, los médicos las usan para prevenir la hinchazón cerca de la herida, como se observa en la **Figura 20**. Asimismo, las sanguijuelas elaboran una substancia química que evita la formación de coágulos sanguíneos. Hoy en día, los médicos recetan medicamentos que contienen esta substancia a pacientes que han sufrido ataques cardíacos, con el fin de evitar que los coágulos de sangre obstruyan las arterias.

Explora

Consulta la biblioteca o la Internet para investigar el uso de las sanguijuelas en medicina. Haz un cartel que describa tus hallazgos.

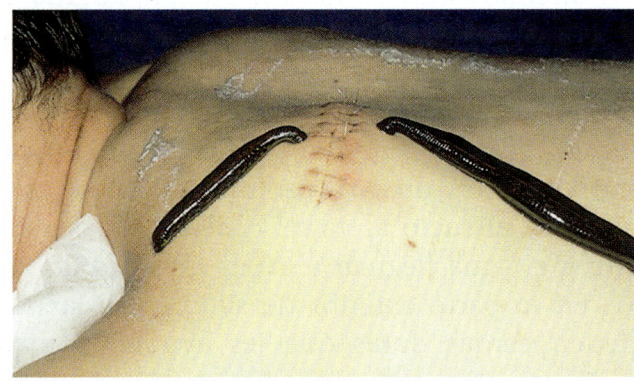

Figura 20 A veces, los doctores usan sanguijuelas para reducir la hinchazón después de una cirugía.

REPASO

1. Menciona las tres clases de anélidos. ¿En qué se parecen? ¿En qué se diferencian?
2. **Hacer deducciones** ¿Para qué les sirve a las sanguijuelas tener una substancia química que evita la coagulación de la sangre?
3. **Analizar relaciones** ¿En qué se diferencian los anélidos de los gusanos planos y de los gusanos cilíndricos? ¿Qué características comparten todos los gusanos?

Sección 3

Artrópodos

VOCABULARIO
exoesqueleto   mandíbula
ojo compuesto   metamorfosis
antenas

OBJETIVOS
- Enumera las principales características de los artrópodos.
- Describe las partes del cuerpo de las cuatro clases de artrópodos.
- Explica los dos tipos de metamorfosis de los insectos.

Viven aquí desde hace cientos de millones de años y están adaptados a casi todos los medios. En un acre de tierra hay

Cangrejo violinista

millones de ellos. Se conocen con nombres más comunes, como insectos, arañas, cangrejos y ciempiés. Se trata de los artrópodos, el mayor grupo de organismos sobre la Tierra.

El setenta y cinco por ciento de todas las especies animales son artrópodos. La población de seres humanos es de unos de seis mil millones. Los biólogos estiman que la población mundial de artrópodos es de aproximadamente un trillón.

Características de los artrópodos

Todos los artrópodos comparten cuatro características: apéndices articulados, cuerpo segmentado con partes especializadas, exoesqueleto y sistema nervioso bien desarrollado.

Apéndices articulados Los artrópodos deben su nombre a sus apéndices articulados. *Artro* significa "articulación" y *pod*, "pie" Los apéndices articulados son las patas y otras partes similares que se doblan en las articulaciones, permitiéndoles a los artrópodos moverse fácilmente.

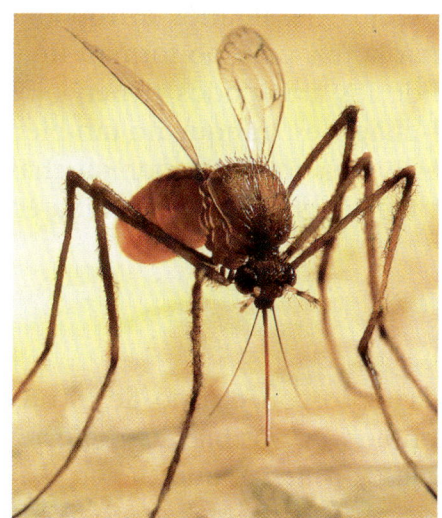

Mosquito

Segmentados y especializados Los artrópodos son *segmentados*, al igual que los anélidos. En algunos, como los ciempiés, todos los segmentos son idénticos y sólo los de la cabeza y la cola son diferentes del resto. La mayoría de las demás especies de artrópodos tienen segmentos con partes muy especializadas, como alas, antenas, branquias, pinzas y uñas. Muchas de estas partes se forman durante el desarrollo del animal, cuando dos o tres segmentos crecen juntos para formar la *cabeza*, el *tórax* y el *abdomen*. Estas partes se señalan en el saltamontes de la **Figura 21.**

Tarántula

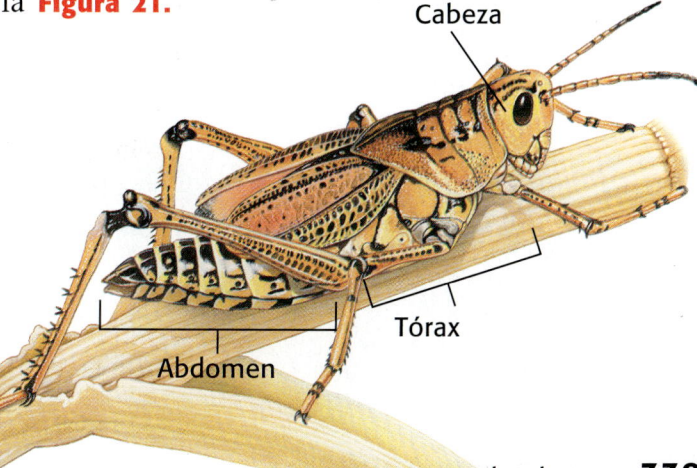

Figura 21 *Los segmentos de este saltamontes se fusionaron durante el desarrollo del embrión para formar la cabeza, el tórax y el abdomen.*

Invertebrados **339**

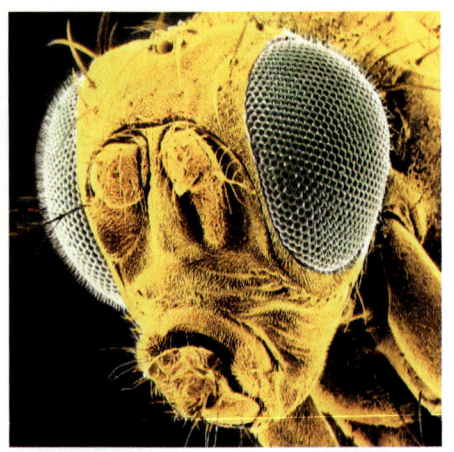

Figura 22 *Observa los ojos compuestos de una mosca de la fruta. Un ojo compuesto está formado por muchas células sensibles a la luz que funcionan juntas.*

Armadura de... ¿quitina? Los artrópodos tienen un exoesqueleto duro, o sea, un esqueleto externo hecho de proteínas y de una substancia especial llamada *quitina*. El exoesqueleto realiza algunas de las funciones de un esqueleto interno; por ejemplo, constituye un soporte rígido para el cuerpo del animal y le permite moverse. Todos los músculos están sujetos a partes distintas del esqueleto; al contraerse mueven el exoesqueleto, que a su vez mueve las partes del animal.

El exoesqueleto también hace cosas que el esqueleto interno no hace tan bien. Funciona como una armadura que protege a los órganos y músculos internos de los artrópodos, y les permite vivir en la tierra sin desecarse.

Son listos Todos los artrópodos tienen cabeza y un cerebro bien desarrollado que coordina la información proveniente de muchos órganos sensoriales, como los ojos y las cerdas del exoesqueleto. Las cerdas detectan movimiento, vibración, presión y substancias químicas. Los ojos de algunos artrópodos son muy sencillos; pueden detectar la luz, pero no forman imágenes. Sin embargo, la mayoría de los artrópodos tienen ojos compuestos que les permiten ver imágenes, aunque no tan bien como nosotros. Un **ojo compuesto** está formado por muchas células sensibles a la luz que son idénticas, como se observa en la **Figura 22.**

Tipos de artrópodos

Los artrópodos se clasifican de acuerdo con el tipo de estructuras corporales que poseen. También es posible distinguirlos contando el número de patas, ojos y antenas que tienen. Las **antenas** funcionan como órganos del tacto, del gusto y del olfato.

Ciempiés y milpiés Los ciempiés y milpiés tienen un solo par de antenas, **mandíbulas** y una cápsula cefálica dura. La manera más fácil de distinguirlos es contar el número de patas por segmento. Los ciempiés tienen un par de patas por segmento, en cambio, los milpiés tienen dos. Observa la **Figura 23;** ¿cuántas patas puedes contar?

Figura 23 *Los ciempiés tienen un par de patas en cada segmento. El número de patas varía entre 30 y 354. Los milpiés tienen dos pares de patas en cada segmento. El número récord de patas de un milpiés es 752.*

Crustáceos Los crustáceos incluyen a camarones, percebes, cangrejos y langostas. Casi todos los crustáceos son acuáticos y tienen branquias para respirar en el agua. Todos poseen mandíbulas y dos pares de antenas. Además, tienen dos ojos compuestos, generalmente en el extremo de pedúnculos. La langosta de la **Figura 24** muestra estas características. Los crustáceos son los únicos artrópodos con dos pares de antenas.

> ### ✓ Autoevaluación
> ¿Qué diferencia hay entre un gusano segmentado y un ciempiés? (Consulta la página 636 para comprobar tu respuesta.)

Figura 24 *Las langostas son crustáceos. Observa las branquias, las mandíbulas, dos ojos compuestos en el extremo de los tallos oculares y dos pares de antenas.*

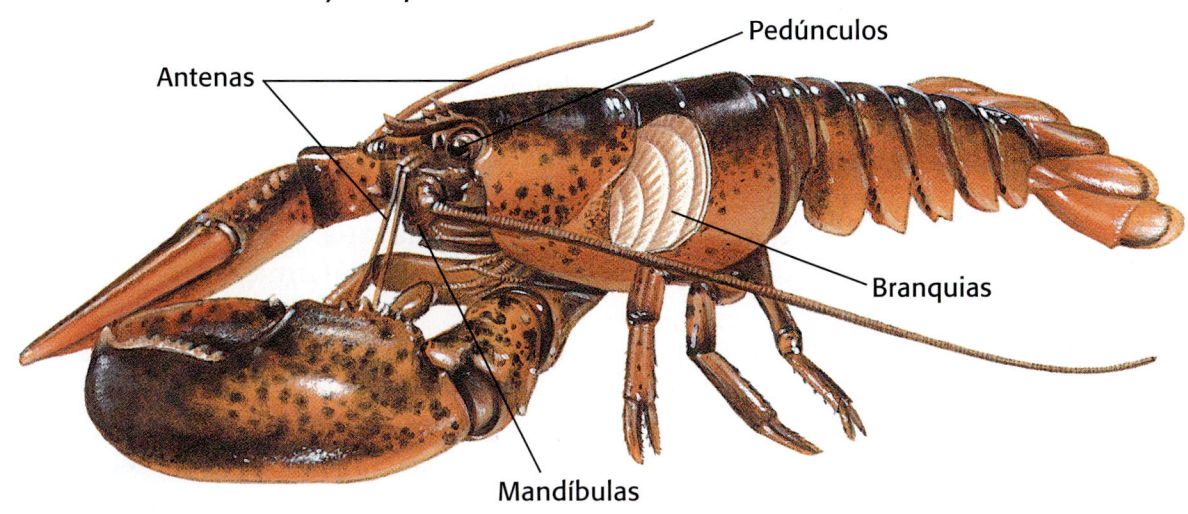

Arácnidos Las arañas, escorpiones, ácaros, pulgas y típulas son arácnidos. La **Figura 24** muestra las partes principales de un arácnido: el cefalotórax y el abdomen. El *cefalotórax* comprende la cabeza y el tórax y, por lo general, tiene cuatro pares de patas. Los arácnidos no tienen antenas ni mandíbulas. En lugar de mandíbulas tienen unas piezas bucales especiales, llamadas quelíceros, como se observa en la **Figura 25**. Algunos quelíceros parecen pinzas o colmillos.

Los ojos de los arácnidos son característicos; a diferencia de los crustáceos e insectos, no tienen ojos compuestos. Las arañas, por ejemplo, tienen ocho *ojos simples* dispuestos en dos filas en la parte frontal de la cabeza. Cuéntalos tú mismo en la **Figura 26**.

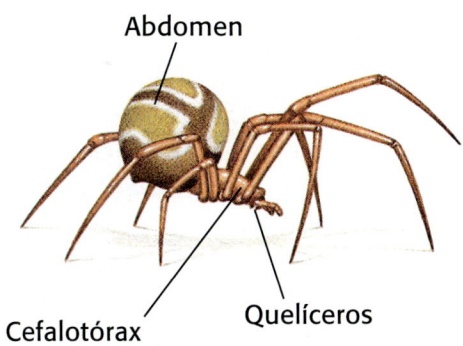

Figura 25 *Los arácnidos, como esta araña, tienen dos principales partes corporales y unas piezas bucales especiales, llamadas quelíceros.*

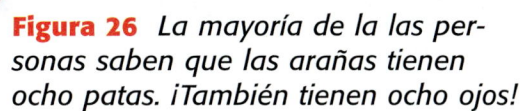

Figura 26 *La mayoría de la las personas saben que las arañas tienen ocho patas. ¡También tienen ocho ojos!*

Invertebrados

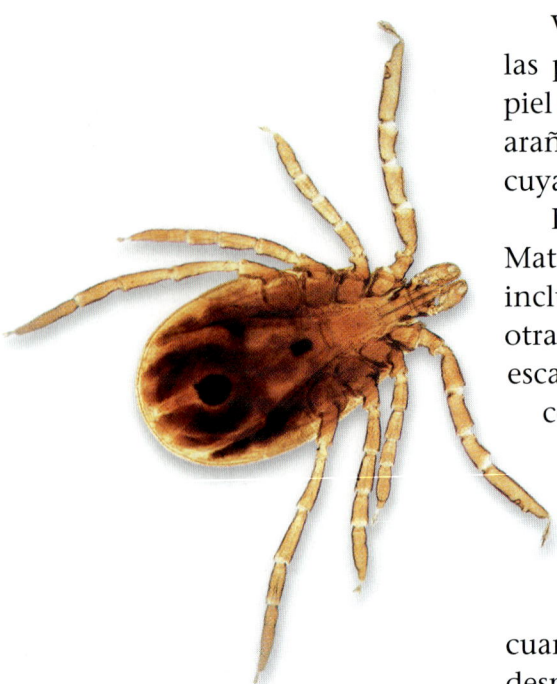

Figura 27 Garrapata de perro

Varios arácnidos muerden o pican, pero los colmillos de las pequeñas arañas de jardín ni siquiera pueden penetrar la piel humana. En los Estados Unidos, sólo hay tres especies de arañas venenosas (la viuda negra y dos especies de Loxosceles), cuya picadura puede ocasionarle la muerte a un ser humano.

Las arañas no transmiten enfermedades y son muy útiles. Matan a más plagas de insectos que cualquier otro animal, incluso más que los pájaros. Se comen millones de orugas y otras plagas que destruyen cosechas, y consumen polillas y escarabajos, que destruyen la ropa y las cosechas; también comen moscas y mosquitos que transmiten enfermedades.

Las garrapatas viven en boques, malezas e inclusive en el césped. Las que pican a los seres humanos a veces son portadoras de la enfermedad de Lyme, de la fiebre manchada de las Rocallosas (**Figura 27**) o de la encefalitis. Muchas personas usan pantalones largos y sombreros cuando van a zonas donde hay garrapatas y se revisan después. Por fortuna, la mayoría de la gente que sufre picaduras de garrapatas no se enferma.

Insectos El grupo más extenso de artrópodos es el de los insectos. Si juntáramos todos los insectos del mundo, ¡pesarían más que el resto de los animales juntos! La **Figura 28** ilustra parte de la gran variedad de insectos.

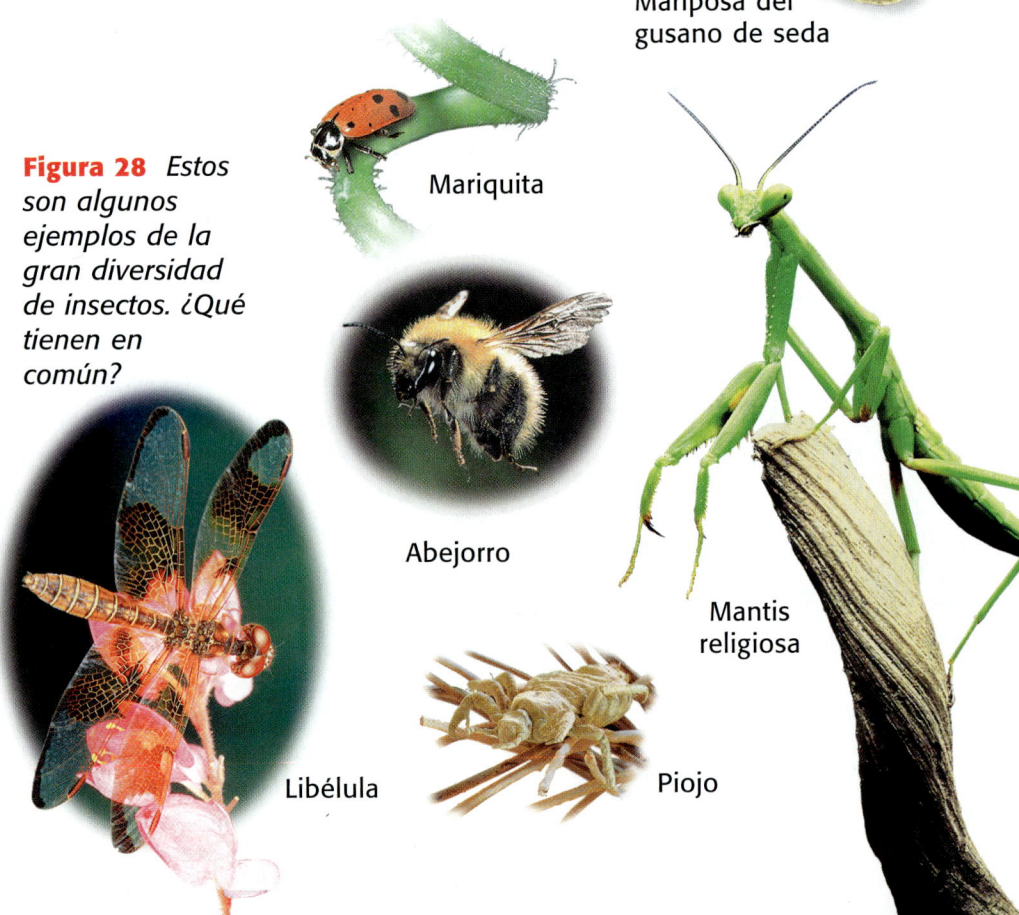

Figura 28 *Estos son algunos ejemplos de la gran diversidad de insectos. ¿Qué tienen en común?*

Mariposa del gusano de seda

Mariquita

Abejorro

Libélula

Piojo

Mantis religiosa

Laboratorio

Telarañas pegajosas

Algunas arañas tejen sus telas con seda pegajosa para atrapar a sus presas. ¿Por qué no se quedan pegadas a su propia telaraña? Este experimento te lo explicará. Coloca un pedazo de **cinta adhesiva** en tu escritorio con el pegamento hacia arriba. Este pedazo de cinta adhesiva representa una telaraña y tus dedos representarán un insecto. Sostén el pedazo de las orillas y "camina" por él con tus dedos. ¿Qué pasa? Baña tus dedos en aceite de cocina y "camina" de nuevo. ¿Qué sucede esta vez? ¿Por qué? ¿Cómo podría explicar este experimento por qué las arañas no quedan atrapadas en sus telarañas?

Los insectos están en casi todas partes Los insectos viven en la tierra, en el agua dulce y en las orillas del mar. El único lugar de la Tierra donde no hay insectos es el océano.

El sesenta por ciento de las especies de plantas con flores no pueden reproducirse sin los insectos; la mayoría de estas plantas dependen de insectos como abejas y mariposas para la transferencia del polen de una planta a otra. Los agricultores dependen de los insectos para polinizar cientos de cosechas de frutas, como manzanas, cerezas, tomates y calabazas.

Asimismo, muchos insectos son plagas. Las pulgas, piojos, mosquitos y moscas perforan nuestra piel, chupan nuestra sangre, o bien, transmiten enfermedades. Los insectos que se comen las plantas consumen hasta un tercio de las cosechas de este país, a pesar de la aplicación de pesticidas.

Cuerpo de los insectos El cuerpo de los insectos tiene tres partes: la cabeza, el tórax y el abdomen, como ves en la **Figura 29**. En la cabeza tienen un par de antenas, dos ojos compuestos y tres pares de piezas bucales, incluyendo un par de mandíbulas. El tórax está constituido por tres segmentos, cada uno con un par de patas.

Muchos insectos tienen un par de alas en el segundo y tercer segmento del tórax; algunos no tienen alas y otros tienen dos pares.

Desarrollo de los insectos Al pasar de huevo a la forma adulta, los insectos cambian de forma; este proceso se llama metamorfosis. Hay dos principales tipos de **metamorfosis**: la incompleta y la completa. Los insectos primitivos, como los saltamontes y las cucarachas, sufren metamorfosis incompleta. En este tipo de metamorfosis sólo hay tres estadios: huevo, ninfa y adulto, como se muestra en la **Figura 30**.

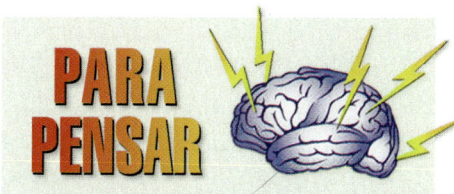

¡Una cucaracha puede vivir una semana sin cabeza! Al final, se muere de sed porque no tiene boca para tomar agua.

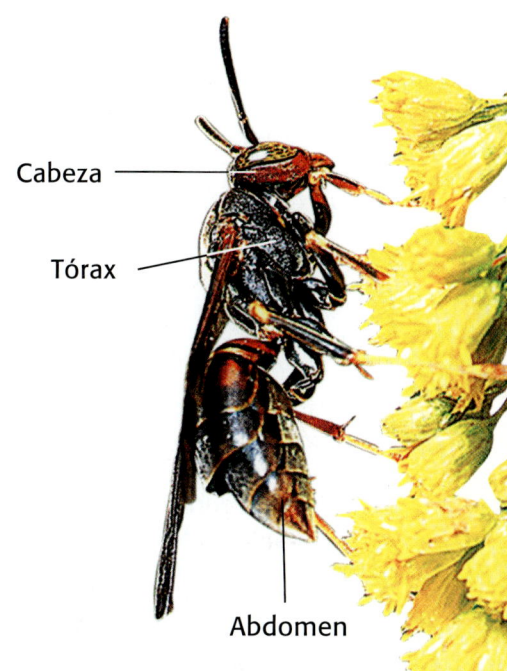

Figura 29 *Las avispas tienen las mismas estructuras corporales que los demás insectos.*

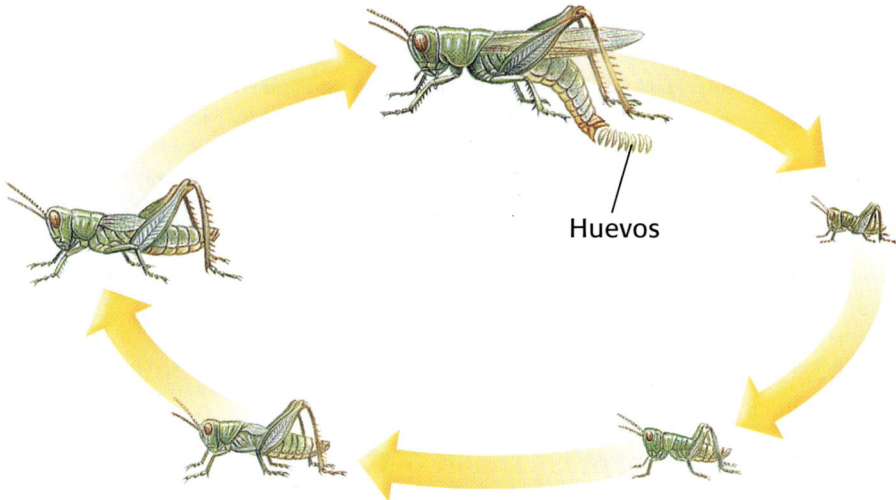

Figura 30 *En la metamorfosis incompleta, las larvas (ninfas) parecen adultos pequeños.*

¿Les gusta a los grillos el clima frío? Averígualo en la página 609.

Invertebrados **343**

Metamorfosis completa: un cambio de forma

En la metamorfosis completa hay cuatro estadios: huevo, larva, pupa y adulto. Las mariposas, escarabajos, moscas, abejas, avispas y hormigas pasan por este proceso. En la metamorfosis completa, la larva tiene un aspecto muy diferente al del adulto.

4 El insecto adulto abre el capullo y lo abandona. La mariposa adulta bombea sangre a sus alas hasta que alcanzan su tamaño final; desde entonces ya tiene la fuerza para volar.

1 El adulto pone los huevos. El embrión se forma dentro del huevo.

3 Después de su última muda, la oruga forma un capullo y se transforma en pupa; en este estadio la mariposa está inactiva. Todas las partes del cuerpo de la larva son reemplazadas por partes de adulto. La duración del estadio de pupa depende del insecto; puede durar desde unos cuantos días hasta varios meses.

2 La larva sale del huevo. Las larvas de las mariposas y de las polillas se llaman orugas y tienen estructuras especiales que les permiten comer hojas; comen constantemente y crecen rápidamente. A medida que crece, la oruga se desprende de su piel exterior varias veces; a este proceso se le llama muda.

REPASO

1. Menciona las cuatro clases de artrópodos. ¿En qué se diferencian sus cuerpos?

2. ¿Qué diferencia hay entre la metamorfosis completa y la incompleta?

3. **Aplicar conceptos** Supón que encuentras un artrópodo en una alberca; tiene ojos compuestos, antenas y alas. ¿Será un crustáceo? ¿Por qué?

Sección 4

VOCABULARIO
endoesqueleto
sistema vascular de agua

OBJETIVOS
- Describe tres características principales de los equinodermos.
- Describe el sistema vascular de agua.

Equinodermos

Estrella del género Ophiothrix

El último de los filos principales de invertebrados es el Echinodermata. Todos los equinodermos son animales marinos, y el grupo incluye estrellas de mar, erizos, lirios de mar, pepinos de mar y dólares de arena. Los equinodermos más pequeños miden sólo unos cuantos milímetros y el más grande es la estrella de mar que mide 1 m.

Los equinodermos viven en el fondo de los océanos de todo el mundo. Algunos se alimentan de ostras y de otros mariscos, otros son carroñeros y otros raspan las algas de las superficies rocosas.

Estrella de mar

Comátula

Piel con espinas

La palabra *equinodermo* significa "piel con espinas", pero las espinas no están en la superficie del animal. El cuerpo de estos animales tiene un **endoesqueleto,** que es duro y generalmente cubierto con espinas, similar al de los vertebrados. Las espinas pueden ser protuberancias filosas, como las de muchas estrellas de mar, o largas y puntiagudas, como las de los erizos. Las espinas están cubiertas por la piel externa del animal.

Bilateral o radial?

Los equinodermos tienen simetría radial, pero las estrellas de mar, erizos de mar y dólares de arena, entre otros, se desarrollan a partir de larvas con simetría bilateral. La **Figura 31** muestra una larva de erizo de mar. Ambos lados son similares.

Cuando los embriones de los equinodermos se empiezan a desarrollar, forman una boca de la misma manera que los embriones de los vertebrados. Esta es una de las razones por las que los biólogos piensan que los vertebrados están más relacionados con los equinodermos que con otros invertebrados.

Adulto

Larva

Figura 31 *La larva del erizo de mar tiene simetría bilateral, pero el adulto tiene simetría radial.*

Invertebrados **345**

El sistema nervioso

Todos los equinodermos tienen un sistema nervioso similar al de las medusas. Alrededor de la boca hay un círculo de fibras nerviosas llamado anillo nervioso. En las estrellas de mar, *un nervio radial* va del anillo nervioso a la punta de cada brazo, como se observa en la **Figura 32.** Los nervios radiales controlan el movimiento de los brazos de la estrella de mar.

En la punta de cada brazo hay un ojo simple, el único órgano sensorial de la estrella de mar. El resto del cuerpo está cubierto por células sensibles al tacto y a señales químicas provenientes del agua.

Figura 32 Sistema nervioso de una estrella de mar.

Sistema vascular de agua

El **sistema vascular de agua** es exclusivo de los equinodermos. Este sistema consiste en la utilización de bombas de agua para que el animal se mueva, coma, respire y detecte estímulos del medio. La **Figura 33** ilustra el sistema vascular de agua de una estrella de mar. Obbserva cómo la presión del agua del sistema se aprovecha para realizar diversas funciones.

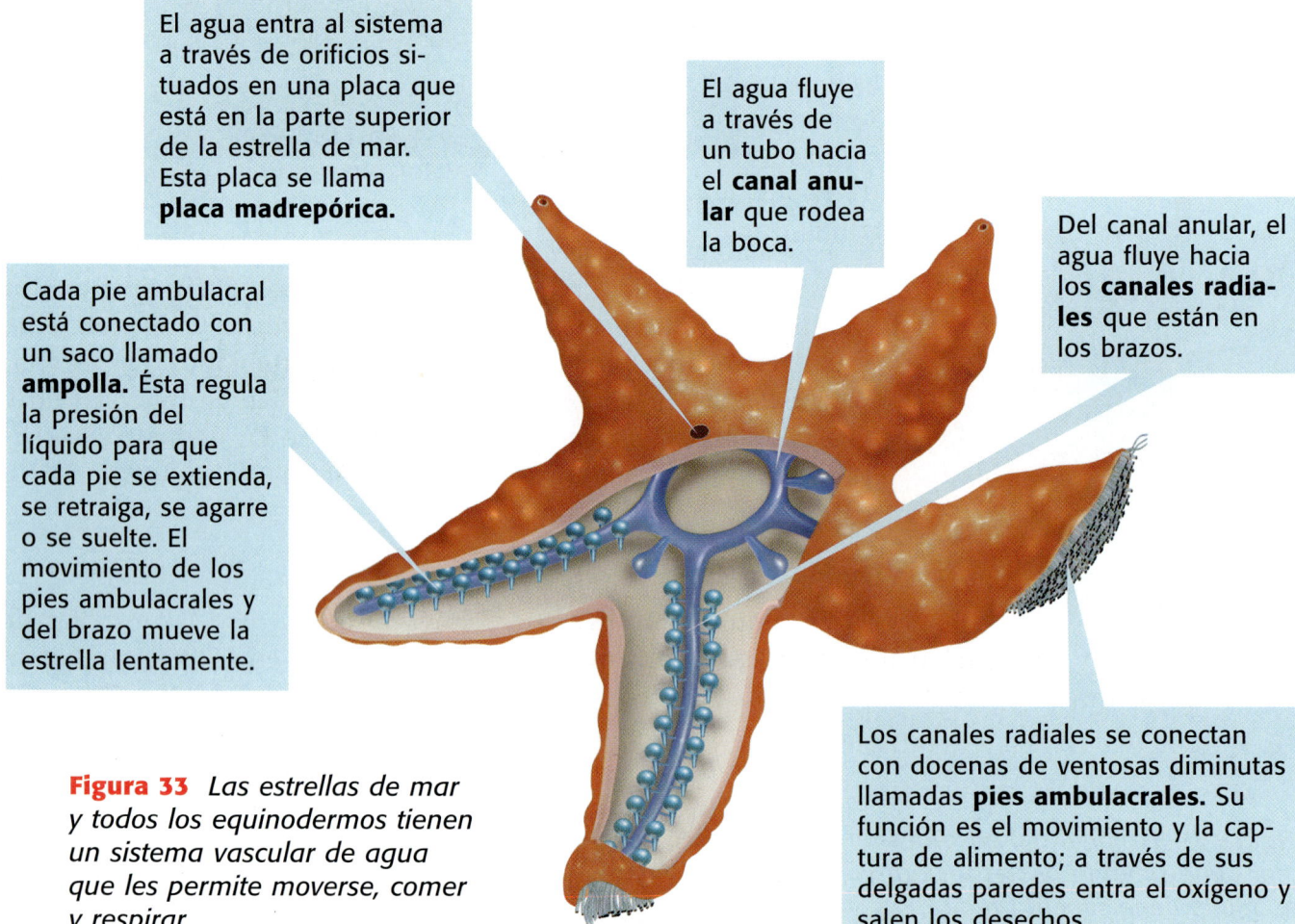

El agua entra al sistema a través de orificios situados en una placa que está en la parte superior de la estrella de mar. Esta placa se llama **placa madrepórica.**

El agua fluye a través de un tubo hacia el **canal anular** que rodea la boca.

Del canal anular, el agua fluye hacia los **canales radiales** que están en los brazos.

Cada pie ambulacral está conectado con un saco llamado **ampolla.** Ésta regula la presión del líquido para que cada pie se extienda, se retraiga, se agarre o se suelte. El movimiento de los pies ambulacrales y del brazo mueve la estrella lentamente.

Los canales radiales se conectan con docenas de ventosas diminutas llamadas **pies ambulacrales.** Su función es el movimiento y la captura de alimento; a través de sus delgadas paredes entra el oxígeno y salen los desechos.

Figura 33 *Las estrellas de mar y todos los equinodermos tienen un sistema vascular de agua que les permite moverse, comer y respirar.*

Tipos de equinodermos

Los equinodermos se dividen en varias clases. Las estrellas de mar son los más populares y conforman una clase, pero hay otras clases menos conocidas.

Estrellas de los géneros Ophiothrix y Astrophyton

Tienen brazos largos y delgados y tienden a ser de menor tamaño que las estrellas de mar. La **Figura 34** ilustra una estrella del género Astrophyton.

Figura 34 Astrophyton muricatum

Erizos de mar y dólares de arena

Los erizos de mar y los dólares de arena son otra clase de equinodermos. Los miembros de esta clase son redondos y sus esqueletos forman una concha interna sólida. No tienen brazos, pero se mueven con sus pies ambulacrales de la misma manera que las estrellas de mar. Algunos erizos de mar caminan con ayuda de sus espinas. Se alimentan de las algas que raspan de la superficie de las rocas y de otros objetos, y mastican con dientes especiales. Los dólares de arena cavan en la arena suave o en el lodo, como se observa en la **Figura 35,** y comen partículas de alimento que encuentran en la arena.

Figura 35 *Los dólares de arena excavan sus guaridas en la arena.*

Pepinos de mar

Al igual que los erizos de mar, los pepinos de mar carecen de extremidades. Su cuerpo es blando y áspero; a diferencia de los erizos de mar, son largos y tienen forma de gusano. Se mueven por medio de pies ambulacrales, como los demás equinodermos. La **Figura 36** muestra un pepino de mar.

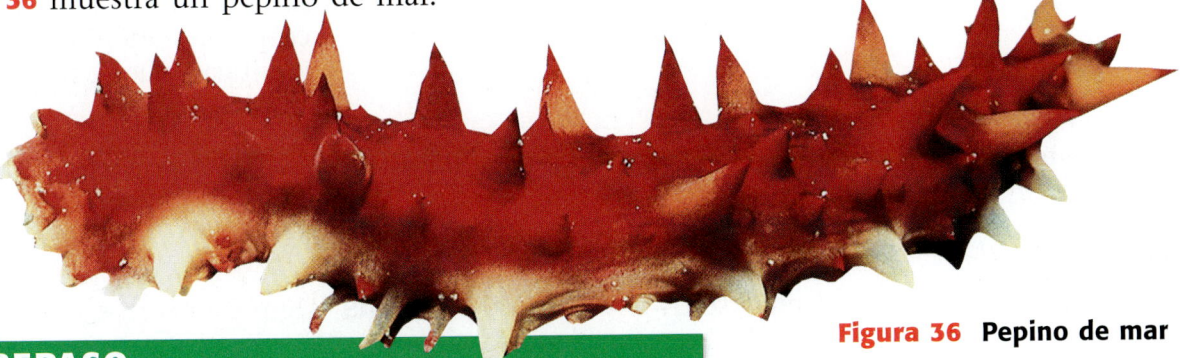

Figura 36 Pepino de mar

REPASO

1. ¿En qué se diferencian los pepinos de mar de los demás equinodermos?
2. ¿Por dónde pasa el agua al fluir por el sistema vascular de agua?
3. **Aplicar conceptos** ¿En qué se diferencian los equinodermos de los demás invertebrados?

Invertebrados **347**

Resumen del capítulo

SECCIÓN 1

Vocabulario
invertebrado *(pág. 326)*
simetría bilateral *(pág. 326)*
simetría radial *(pág. 326)*
asimétrico *(pág. 326)*
ganglios *(pág. 327)*
intestino *(pág. 327)*
celoma *(pág. 327)*
medusa *(pág. 330)*
pólipo *(pág. 330)*
parásito *(pág. 332)*
huésped *(pág. 332)*

Notas de la sección
- Los invertebrados son animales sin columna vertebral.
- La mayoría de los animales tienen simetría radial o bilateral.
- A diferencia de otros animales, las esponjas no tienen simetría.
- El celoma es una cavidad del interior del cuerpo. El intestino está en el celoma.
- Los ganglios son grupos de nervios que controlan las diferentes partes del cuerpo.
- Las esponjas tienen células especiales, llamadas coanocitos, que digieren el alimento.
- Los cnidarios tienen células urticantes para atrapar a sus presas.
- Los cnidarios presentan dos formas corporales, el pólipo y la medusa.
- Las tenias y las duelas son gusanos parásitos planos.

Experimentos
Porosidad de los poríferos *(pág. 608)*

SECCIÓN 2

Vocabulario
sistema circulatorio abierto *(pág. 336)*
sistema circulatorio cerrado *(pág. 336)*
segmento *(pág. 337)*

Notas de la sección
- Todos los moluscos tienen un pie, una masa visceral y un manto. Casi todos también tienen concha.
- Los moluscos y los anélidos tienen celoma y sistema circulatorio.
- En un sistema circulatorio abierto, el corazón bombea sangre a través de los vasos hacia unos espacios llamados senos. En un sistema circulatorio cerrado, la sangre se bombea a través de una red cerrada de vasos.
- Los segmentos son partes corporales, idénticas o casi idénticas, que se repiten.

✓ Comprobar destrezas

Conceptos de matemáticas

VELOCIDAD Y DISTANCIA Si un caracol se mueve a 30 cm/h, ¿qué tan lejos puede llegar en un minuto? En una hora hay 60 minutos:

$$\frac{30 \text{ cm}}{60 \text{ min}} = 0.5 \text{ cm/min}$$

En un minuto el caracol se moverá 0.5 cm.

Comprensión visual

METAMORFOSIS Algunos insectos sufren metamorfosis incompleta, y otros metamorfosis completa. Observa las ilustraciones de las páginas 343 y 344 para identificar la diferencia entre estos dos tipos de metamorfosis.

SECCIÓN 3

Vocabulario
exoesqueleto *(pág. 340)*
ojo compuesto *(pág. 340)*
antenas *(pág. 340)*
mandíbula *(pág. 340)*
metamorfosis *(pág. 343)*

Notas de la sección

- El setenta y cinco por ciento de todos los animales son artrópodos.

- Las cuatro principales características de los artrópodos son: apéndices articulados, exoesqueleto, segmentos y sistema nervioso bien desarrollado.
- Los artrópodos se clasifican según el tipo de estructura corporal.
- Las cuatro clases de artrópodos son: ciempiés y milpiés, crustáceos, arácnidos e insectos.
- Los insectos pueden sufrir metamorfosis completa o incompleta.

Experimentos
El grillo saltarín *(pág. 609)*

SECCIÓN 4

Vocabulario
endoesqueleto *(pág. 345)*
sistema vascular de agua *(pág. 346)*

Notas de la sección

- Los equinodermos son animales marinos que tienen un endoesqueleto y un sistema vascular de agua.
- La mayoría de los equinodermos presentan simetría bilateral cuando son larvas y radial cuando son adultos.
- El sistema vascular de agua de los equinodermos les permite moverse por medio de pies ambulacrales que funcionan como ventosas.
- Los equinodermos tienen un sistema nervioso simple constituido por un anillo nervioso y nervios radiales.

---

internet

 VISITA: go.hrw.com

Visita el sitio web de HRW para encontrar una serie de herramientas de aprendizaje relacionadas con este capítulo. Sólo tienes que escribir la palabra clave:

PALABRA CLAVE: HSTINV

 **VISITA:** www.scilinks.org

Visita el sitio web de la **Asociación Nacional de Maestros de Ciencias** *(National Science Teachers Association)* para encontrar recursos de Internet relacionados con este capítulo. Sólo escribe el **ENLACE DE CIENCIAS** para obtener más información sobre el tema:

TEMA	ENLACE
Esponjas	HSTL355
Gusanos cilíndricos	HSTL360
Moluscos	HSTL365
Artrópodos	HSTL370

Invertebrados

Repaso del capítulo

UTILIZAR EL VOCABULARIO

Escoge el término correcto para completar las siguientes oraciones:

1. Los animales sin columna vertebral se llaman ____. (*invertebrados* o *vertebrados*)

2. Mediante el ____ las esponjas absorben agua y la liberan a través de ____. (*ósculo* o *poros*)

3. Los cnidarios tienen simetría ____ y los gusanos planos tienen simetría ____. (*radial* o *bilateral*)

4. La concha de los caracoles es segregada por la/el ____. (*rádula* o *manto*)

5. Los gusanos anélidos tienen ____. (*apéndices articulados* o *segmentos*)

6. La ampolla regula la ____. (*presión del agua en un pie ambulacral* o *presión de la sangre en un sistema circulatorio cerrado*)

COMPRENDER CONCEPTOS

Opción múltiple

7. ¿Qué porcentaje de los animales representan los invertebrados?
   a. 4 por ciento
   b. 50 por ciento
   c. 85 por ciento
   d. 97 por ciento

8. De las siguientes características, ¿cuáles describen a las esponjas?
   a. simetría radial
   b. simetría bilateral
   c. asimetría
   d. simetría parcial

9. ¿Qué células son exclusivas de las esponjas?
   a. glóbulos rojos
   b. células nerviosas
   c. coanocitos
   d. ninguna de las anteriores

10. ¿Qué animal no tiene ganglios?
    a. anélido
    b. cnidario
    c. gusano plano
    d. molusco

11. ¿Qué animal tiene celoma?
    a. esponja
    b. cnidario
    c. gusano plano
    d. molusco

12. Las tenias y las sanguijuelas son
    a. anélidos.
    b. parásitos.
    c. gusanos planos.
    d. depredadores.

13. Algunos artrópodos no tienen
    a. apéndices articulados.
    b. exoesqueleto.
    c. antenas.
    d. segmentos.

14. Los equinodermos viven en
    a. la tierra.
    b. agua dulce.
    c. agua salada.
    d. todas las anteriores

15. *Equinodermo* significa
    a. "apéndice articulado."
    b. "piel con espinas".
    c. "endoesqueleto".
    d. "pie ambulacral"

16. Las larvas de equinodermo
    a. tienen simetría radial.
    b. tienen simetría bilateral.
    c. no tienen simetría.
    d. tienen simetría radial y bilateral.

Respuesta corta

17. ¿Qué es el intestino?

18. ¿Qué diferencias hay entre los arácnidos y los insectos?

19. ¿Qué filo animal agrupa el mayor número de especies?

20. ¿Cómo se mueve un equinodermo?

Organizar conceptos

21. Usa los siguientes términos para crear un mapa de ideas: insecto, esponjas, anémona de mar, invertebrados, arácnido, pepino de mar, crustáceo, ciempiés, cnidarios, artrópodos, equinodermos.

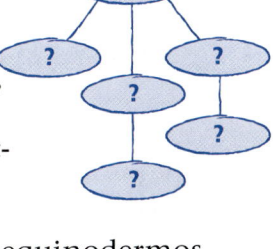

RAZONAMIENTO CRÍTICO Y RESOLUCIÓN DE PROBLEMAS

Escribe una o dos oraciones para responder a las siguientes preguntas:

22. Imagínate que descubres un animal extraño que tiene simetría bilateral, celoma y nervios. ¿Se podría clasificar en el filo de los cnidarios? ¿Por qué?

23. A diferencia de otros moluscos, los cefalópodos se mueven rápidamente. Basándote en lo que sabes sobre las partes del cuerpo de los moluscos, ¿por qué crees que tienen esta capacidad?

24. Los gusanos cilíndricos, los planos y los anélidos pertenecen a distintos filos. ¿Por qué no se agrupan todos en el mismo?

LAS MATEMÁTICAS EN LAS CIENCIAS

25. Si 75 por ciento de los animales son artrópodos y 40 por ciento de los artrópodos son escarabajos, ¿qué porcentaje de todos los animales son escarabajos?

INTERPRETAR GRÁFICAS

El árbol evolutivo siguiente muestra las posibles relaciones entre los distintos filos de animales. El "tronco" del árbol está a la izquierda. Con ayuda de este árbol responde a las siguientes preguntas:

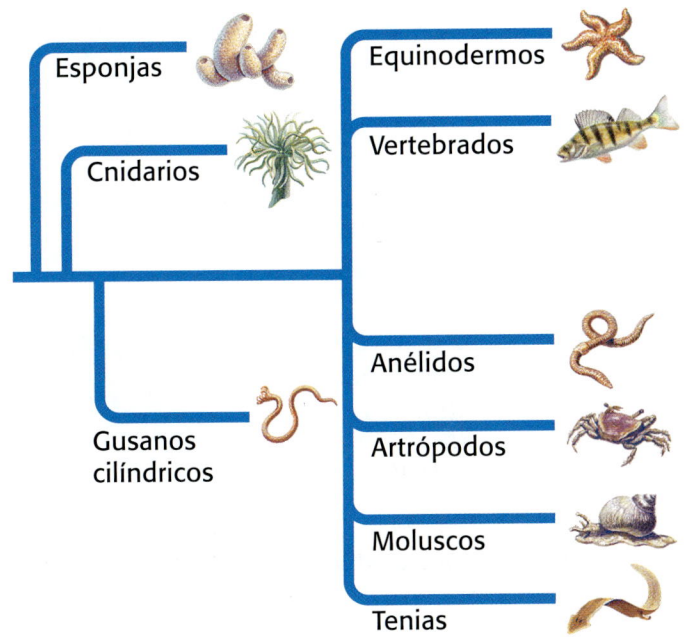

26. ¿Cuál es el filo más antiguo?

27. ¿Con qué están más relacionados los moluscos, con los gusanos cilíndricos o con los planos?

28. ¿Qué filo está más relacionado con los vertebrados?

AHORA, ¿qué piensas?

Revisa tus respuestas a las preguntas de la página 325 que escribiste en el cuaderno de ciencias. ¿Han cambiado tus respuestas? Si es necesario, corrige tus respuestas basándote en lo que has aprendido en este capítulo.

Curiosidades de la CIENCIA

OSOS DE AGUA

¿Cómo sabes que estás vivo? Es cierto que comer, respirar y moverse son señales de vida bastante claras, y que cuando algo deja de comer o respirar, su fin está cerca. ¿O no? Curiosamente, éste no parece ser el caso de un filo de invertebrados: los osos de agua.

Hay que aguantarse

Cuando las condiciones son realmente difíciles (demasiado calor o frío, o desecación extrema), los osos de agua suspenden sus procesos corporales. Es un estado parecido a la hibernación de los osos, pero todavía más extremo. Si un oso de agua no encuentra agua, se deseca y forma un azúcar que recubre sus células. Los científicos piensan que esto evita la ruptura de sus células y que podría ser la clave para su supervivencia.

Durante este estado similar a la hibernación, llamado *criptobiosis,* los osos de agua no comen, no se mueven y no respiran. Y, sorprendentemente, tampoco se mueren. En cuanto entran de nuevo en contacto con el agua, ¡regresan de inmediato a su vida normal!

Difíciles de clasificar

Los osos de agua, cuyo nombre oficial es tardígrados, son difíciles de clasificar. Es probable que las 700 especies de osos de agua estén más cercanas a los artrópodos. La mayor parte de los osos de agua viven en los musgos y líquenes húmedos; algunos se alimentan de nematodos (gusanos pequeños no segmentados) y de rotíferos (animales diminutos con aspecto de gusano o esféricos). La mayoría se alimentan de los fluidos de los musgos cercanos a donde viven.

Desde los trópicos hasta el Ártico, el planeta está lleno de osos de agua. Ninguno es más grande que un grano de arena, pero todos se mueven lenta y firmemente. Algunos tardígrados viven en el fondo del océano, a más de 4,700 m por debajo del nivel del mar; otros viven a 6,600 m sobre el nivel del mar, muy por encima del límite de los árboles. Es asombroso cómo soportan los rangos de temperatura de estos lugares, desde 151 °C hasta 270 °C.

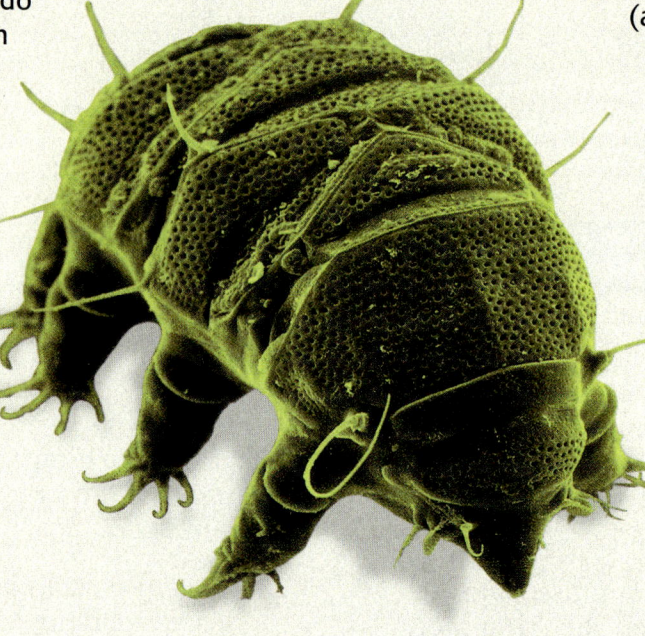
Oso de agua

Averígualo tú mismo

▶ ¿Qué podemos aprender de un organismo como el oso de agua? Escribe por lo menos una razón por la cual vale la pena estudiar a estas criaturas tan especiales.

VENTANA AL MEDIO AMBIENTE

Calamar gigante

"Tenía ante mis ojos un monstruo horrible... Nadó a gran velocidad en la dirección del *Nautilus,* observándonos con sus enormes ojos verdes. La boca del monstruo, parecida al pico de un perico, se abría y cerraba verticalmente". Julio Verne escribió esto en su libro de ciencia ficción *Veinte mil leguas de viaje submarino.* ¿Qué monstruo era el que estaba a punto de atacar al submarino *Nautilus*? Aunque te parezca increíble, era una criatura que en realidad existe: el calamar gigante!

▲ Este calamar gigante ya estaba muerto cuando fue capturado con una red de pesca en la costa de Nueva Zelanda.

Datos sobre los calamares

Los calamares gigantes son los invertebrados más grandes. Su tamaño varía entre 8 y 25 m de largo y llegan a pesar 2,000 kg. Es difícil corroborar estos datos, ya que nadie ha estudiado a un calamar gigante vivo. Sólo se han estudiado calamares gigantes muertos o moribundos que llegan a las costas o que son capturados en redes de pescar.

Estos calamares son muy similares a sus parientes más pequeños. Tienen un cuerpo en forma de torpedo, dos tentáculos, ocho brazos, un manto, un sifón y un pico, pero las partes de su cuerpo son mucho más grandes. Los ojos, por ejemplo, ison del tamaño de una pelota de voleibol! Al igual que los calamares adultos de especies de menor tamaño, los gigantes no sólo se alimentan de peces, sino de calamares más pequeños. Dado su tamaño, es difícil imaginar que los calamares gigantes tengan enemigos en el océano, pero así es.

Un enemigo hambriento

Los cachalotes, que pesan unas 20 toneladas, se comen a los calamares gigantes. ¿Cómo se sabe? Se han encontrado hasta 10,000 picos de calamar en el estómago de un solo cachalote; estos picos son demasiado duros para ser digeribles. Los calamares gigantes son un alimento común en su dieta, aun cuando ocasionan algunas cicatrices como resultado de la batalla. Muchos cachalotes tienen marcas en la parte anterior de la cabeza y en las aletas, del tamaño de las ventosas de los calamares gigantes.

¿Realidad o ficción?

▶ Lee el capítulo 18 de *Veinte mil leguas de viaje submarino,* de Julio Verne. Busca otros relatos sobre calamares. Escribe tu propio relato sobre calamares gigantes y coméntalo con tus compañeros y compañeras.

CAPÍTULO 15
Peces, anfibios y reptiles

¿Creerías que...?

En diciembre de 1938, una conservadora de museo que vivía en la costa de Sudáfrica fue, como de costumbre, a visitar el muelle a donde llegaban los pescadores. Marjorie Courtenay Latimer se puso a buscar entre los pescados del día para ver si había alguno interesante, y allí, debajo de un montón de mantarrayas y tiburones, vio la aleta brillante del pez más raro que había visto en su vida. Medía 1.5 m de largo, y cuando Latimer tomó un taxi de regreso al museo, al taxista no le hizo la menor gracia ver a ese monstruo en su asiento trasero. Después de buscar en varios libros, Latimer decidió que se trataba de un celacanto. Los científicos pensaban que estos peces se habían extinguido junto con los dinosaurios, ¡hace 70 millones de años! Fuese lo que fuese, este pez estaba empezando a apestar. Para conservarlo, Latimer lo mandó disecar, pero antes hizo un rápido boceto y se lo envió a un amigo suyo, J. L. B. Smith, que era experto en peces. Smith se dio cuenta de que el pez era un celacanto. Latimer y Smith se hicieron famosos de la noche a la mañana con su pez disecado. El pez gigantesco que Latimer encontró es uno de los hallazgos más fascinantes del siglo XX. Smith llamó al celacanto *Latimeria*, en honor a su amiga.

Marjorie Courtenay Latimer descubrió un celacanto viviente.

¿Tú qué piensas?

Usa tus conocimientos para responder a las siguientes preguntas en tu cuaderno de ciencias:

1. Cuando decimos que un animal tiene sangre fría, ¿qué quiere decir?
2. ¿Qué diferencia existe entre un reptil y un anfibio?

Descifra el huevo revuelto

Los embriones de peces, anfibios y reptiles se desarrollan dentro de un huevo. Los peces y los anfibios depositan sus huevos en el agua o en lugares muy húmedos, pero la mayoría de los reptiles pone sus huevos en la tierra. Los reptiles modernos tienen huevos con cáscara, que puede ser dura o suave, como de cuero, pero sus huevos son parecidos a los de los pájaros. En esta actividad, vas a abrir un huevo con cáscara para identificar sus partes. Lo que aprenderás se aplica también a los huevos de casi todos los reptiles.

Procedimiento

1. Tu maestro te dará un **huevo de gallina cocido.**
2. Con un **lápiz,** traza la silueta del huevo en una **hoja de papel.**
3. Rompe con cuidado la cáscara y pela el huevo. Busca la membrana delgada que hay entre la clara y la cáscara, y fíjate en la cámara de aire de la parte más ancha del huevo. Dibuja todas las partes del huevo mientras lo vas abriendo.
4. Con un **cuchillo** corta con mucho cuidado el huevo a lo largo, en dos partes iguales. Busca la delgadísima membrana que separa la yema de la clara. Dibuja en tu diagrama las partes que ves.

Análisis

5. Compara tu diagrama con la siguiente ilustración. ¿Encontraste todas las partes? Rotula cada parte del huevo en tu diagrama.

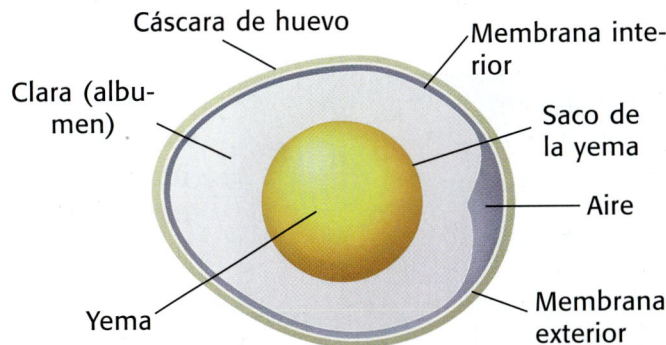

6. ¿Para qué crees que sirve la cámara de aire?
7. ¿Por qué crees que los huevos con cáscara dura les ayudaron a los reptiles a adaptarse a la vida terrestre?
8. ¿Sería más fácil o más difícil identificar las partes del huevo en un huevo crudo? ¿Por qué?

Sección 1

¿Qué son los vertebrados?

VOCABULARIO
vertebrado
vértebra
heterotermo
homotermo

OBJETIVOS
- Enumera las cuatro características de los cordados.
- Describe las principales características de los vertebrados.
- Explica la diferencia entre heterotermo y homotermo.

¿Has visto alguna vez el esqueleto de un dinosaurio en un museo? Los huesos fosilizados de los dinosaurios están armados para mostrar cómo era el animal. La mayoría de los esqueletos de dinosaurio son enormes comparados con el esqueleto de la gente que entra a verlos al museo. Pero los seres humanos tenemos muchos huesos parecidos a los de los dinosaurios, aunque más pequeños. Tu columna vertebral es muy parecida a la de un esqueleto de dinosaurio, como puedes ver en la **Figura 1.** Los animales que tienen columna vertebral se llaman **vertebrados.**

Figura 1 *Los seres humanos y los dinosaurios son vertebrados.*

Cordados

Los vertebrados pertenecen al filo Chordata. Los miembros de este filo se llaman *cordados*. Los vertebrados son el grupo más grande dentro de los cordados, pero existen también otros dos grupos de cordados: los anfioxos y los tunicados, que puedes ver en la **Figura 2.** Estos cordados no tienen columna vertebral ni tampoco una cabeza bien desarrollada; comparados con los vertebrados, son mucho más sencillos. Sin embargo, los tres grupos comparten las características de los cordados.

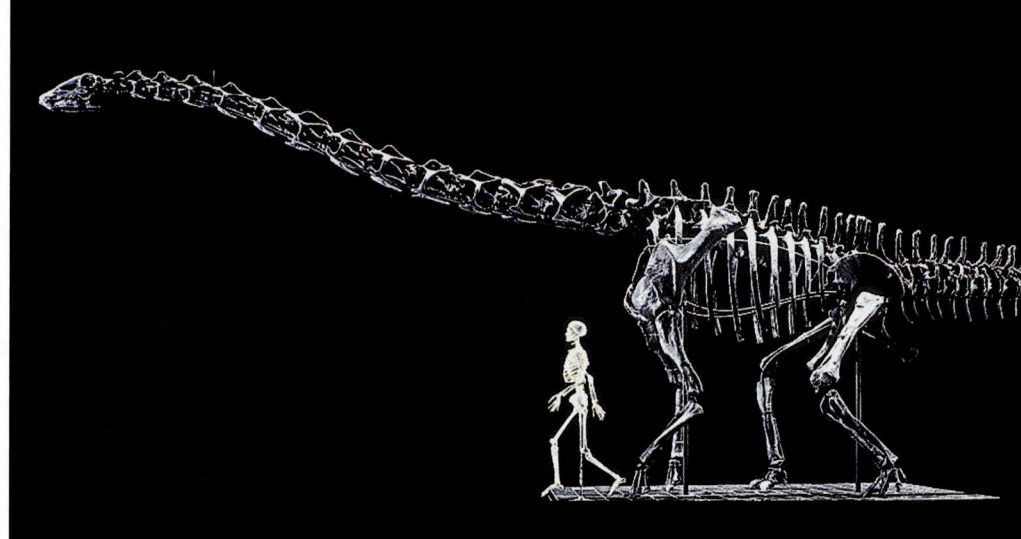

En algún momento de su desarrollo, todos los cordados tienen cuatro partes especiales en el cuerpo: el *notocordio*, un *cordón nervioso hueco*, *hendiduras branquiales faríngeas* y *cola*. Las puedes ver en la **Figura 3,** de la página siguiente.

Figura 2 *Los tunicados, como la ascidia que ves arriba, y el anfioxo de la derecha, son organismos marinos.*

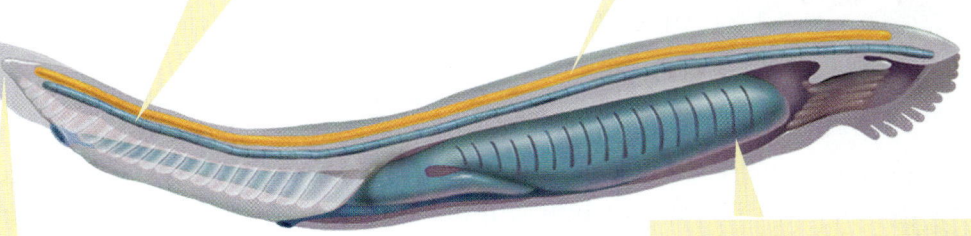

El **notocordio** es un tronco duro, pero flexible, que sostiene el cuerpo del organismo. En la mayoría de los vertebrados, el notocordio del embrión desaparece y es reemplazado por la columna vertebral.

El **cordón nervioso** se encuentra a lo largo de la espalda, **hueco** y está lleno de líquido. En los vertebrados, se llama *médula espinal*, y el líquido que contiene es el *líquido cefalorraquídeo*.

Los cordados tienen una **cola** que comienza detrás del ano, aunque algunos sólo la tienen en la etapa embrionaria.

Las **hendiduras branquiales faríngeas** están presentes en los embriones de todos los vertebrados y se convierten en branquias o en otros órganos cuando el embrión madura.

Figura 3 *Las características de los cordados se muestran aquí en un anfioxo. Todos los cordados tienen estas cuatro características en algún momento de su desarrollo.*

La columna vertebral

La mayoría de los cordados son vertebrados. Los vertebrados tienen muchos rasgos que los distinguen de los anfioxos y los tunicados. Por ejemplo, tienen columna vertebral, que es una cadena segmentada formada por huesos llamados **vértebras.** Puedes ver las vértebras de un ser humano en la **Figura 4.** Las vértebras rodean la médula espinal y la protegen. Los vertebrados también tienen una cabeza bien desarrollada, protegida por el cráneo. El cráneo y las vértebras están hechos de cartílago o de hueso. El *cartílago* es el material resistente y flexible del que están hechas tu nariz y tus orejas.

El esqueleto de los embriones de todos los vertebrados está hecho de cartílago. Al crecer, casi todos los vertebrados reemplazan el cartílago por hueso, que es mucho más duro que el cartílago y se fosiliza con facilidad. Se han encontrado muchos fósiles de animales vertebrados que nos dan información valiosa sobre la relación entre distintos organismos.

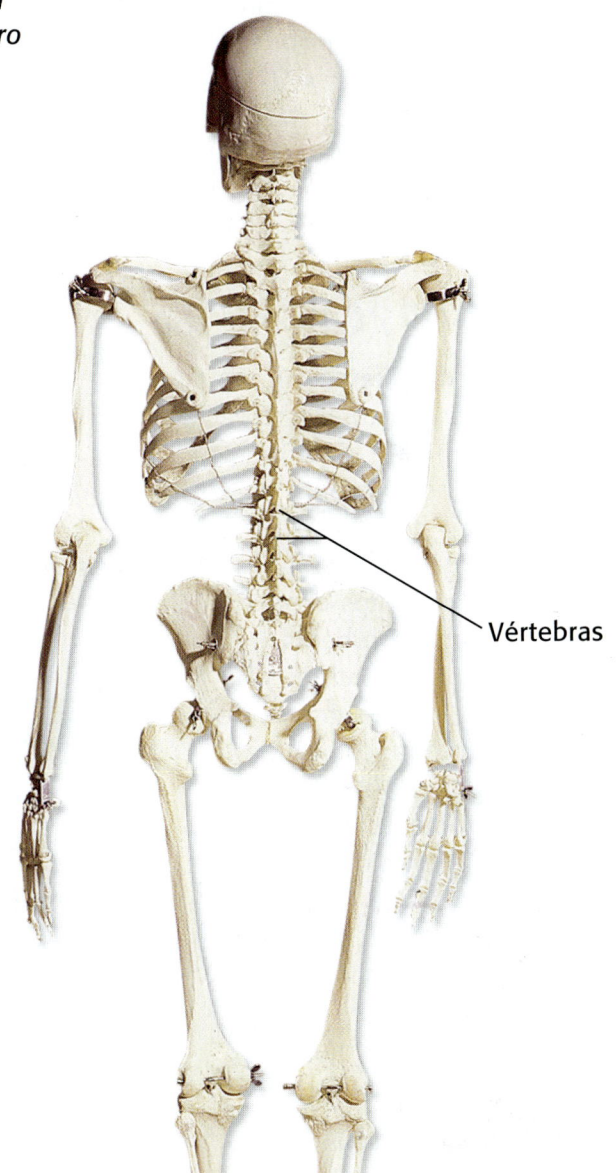

Vértebras

Figura 4 *Las vértebras encajan una en otra para formar una columna de hueso. La columna vertebral protege la médula espinal y sostiene todo el cuerpo.*

Peces, anfibios y reptiles

Vertebrados... ¿fríos o calientes?

Casi todos los animales necesitan calor, porque las reacciones químicas de sus células sólo ocurren a ciertas temperaturas. La temperatura del cuerpo del animal no debe ser muy alta ni muy baja. Algunos animales controlan su temperatura más que otros.

Conservar el calor Las aves y los mamíferos mantienen la temperatura utilizando el calor de las reacciones químicas de sus células. Su temperatura se mantiene casi constante aunque cambie la temperatura del ambiente. Los animales que mantienen una temperatura constante se llaman **homotermos,** aunque también se les llama animales de *sangre caliente.* Como mantienen constante la temperatura de su cuerpo, los homotermos, como el ave de la **Figura 5,** pueden vivir en climas fríos.

Figura 5 *Los homotermos, como este pájaro piñonero, pueden vivir en climas muy fríos, pues las plumas y otras adaptaciones les ayudan a mantenerse calientes.*

¿Sangre fría? En días soleados, las lagartijas, como la de la **Figura 6,** salen al sol. Al asolearse, la lagartija se vuelve más activa: puede buscar su alimento y escapar de los depredadores. Si la temperatura en el ambiente baja, la lagartija se adormece.

Las lagartijas y otros animales que no pueden controlar su temperatura corporal mediante las reacciones químicas de sus células se llaman **heterotermos.** Su temperatura cambia con la temperatura de su ambiente. Casi todos los peces, anfibios y reptiles son heterotermos. Los heterotermos también se llaman animales de *sangre fría,* pero su sangre puede estar fría o caliente de acuerdo con la temperatura ambiente.

Explora

Usa un **termómetro** que no sea de vidrio para este experimento. Tómate la temperatura cada hora durante por lo menos seis horas. Asegúrate de que hayan pasado por lo menos 20 minutos después de una comida o bebida, antes de ponerte el termómetro. Traza la gráfica de tu temperatura, colocando la hora del día en el eje de las X y tu temperatura en el eje de las Y. ¿Cambió mucho tu temperatura a lo largo del día? ¿Cuánto? ¿Crees que tu temperatura cambia cuando haces ejercicio? Averígualo. Si fueras un heterotermo, ¿qué tan diferentes serían los resultados?

Figura 6 *Las lagartijas se asolean para absorber calor. Cuando tienen demasiado calor, se ponen a la sombra.*

REPASO

1. ¿Qué tienen en común los vertebrados y los demás cordados? ¿En qué se diferencian?
2. Explica la diferencia entre homotermos y heterotermos.
3. **Aplicar conceptos** Imagínate que tu mascota es una iguana, que es un tipo de lagarto. Crees que está enferma, porque casi no se mueve. El veterinario te recomienda que pongas una lámpara en su jaula. ¿Cómo le puede ayudar esto a tu iguana?

Sección 2

Peces

VOCABULARIO
aletas
escamas
sistema de líneas laterales
branquias
fecundación externa
fecundación interna
dentículos
vejiga natatoria

OBJETIVOS
- Describe las tres clases de peces vivientes y da un ejemplo de cada una.
- Describe la función de la vejiga natatoria y el hígado aceitoso.
- Explica la diferencia entre fecundación interna y externa.

Si encuentras agua, es casi seguro que encuentres también peces. Los peces viven en casi cualquier ambiente acuático, desde las aguas poco profundas de estanques y arroyos hasta las profundidades del océano. Hay peces en las aguas heladas del ártico y en los tibios mares tropicales. Puedes encontrar peces en ríos, lagos, pantanos y hasta en cuevas llenas de agua.

Los peces fueron los primeros vertebrados del planeta; el registro fósil indica que aparecieron por primera vez hace 500 millones de años. Las especies vivientes de peces suman más que todas las otras especies de vertebrados juntas. Hay más de 25,000 y se siguen descubriendo más. La **Figura 7** muestra algunas de ellas.

Figura 7 *Estas son algunas de las muchas especies de peces. ¿Te parecen conocidos?*

Pez gato

Pez cirujano

Caballito de mar

Pez ángel

Anguila lobo

a través de las ciencias
CONEXIÓN

Las características de los peces se estudian para construir barcos. Fíjate en el pez robot de la página 378.

Características de los peces

Aunque los peces que ves en esta página son muy diferentes entre sí, también comparten muchas características que les permiten vivir en el agua.

Muchos peces son depredadores, mientras que otros son hervíboros. Como necesitan buscar y encontrar su alimento, los peces tienen un cuerpo fuerte, sentidos bien desarrollados y cerebro.

Peces, anfibios y reptiles **359**

Nacido para nadar El cuerpo del pez tiene fuertes músculos en la espalda que le permiten nadar vigorosamente tras su presa. Los peces se mueven en el agua moviendo sus aletas. Las **aletas** tienen forma de abanico y le permiten al pez desplazarse, mantener la dirección y el equilibrio, y detenerse. Muchos peces tienen el cuerpo cubierto de **escamas,** que lo protegen y reducen la fricción con el agua mientras nadan. La **Figura 8** muestra algunos de los rasgos externos de un pez.

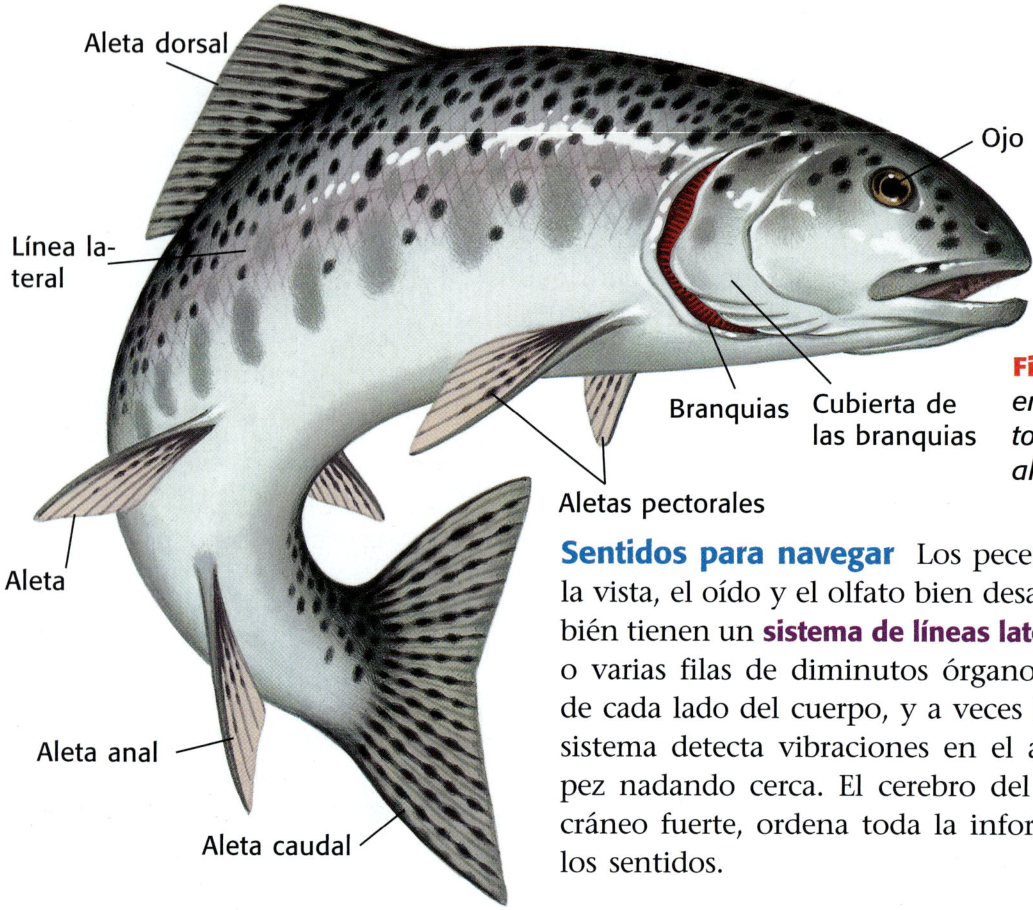

Figura 8 *Los peces varían en forma y tamaño, pero todos tienen branquias, aletas y cola.*

Sentidos para navegar Los peces tienen los sentidos de la vista, el oído y el olfato bien desarrollados. Muchos también tienen un **sistema de líneas laterales,** formado por una o varias filas de diminutos órganos sensoriales a lo largo de cada lado del cuerpo, y a veces hasta en la cabeza. Este sistema detecta vibraciones en el agua, como las de otro pez nadando cerca. El cerebro del pez, protegido por un cráneo fuerte, ordena toda la información que le llega de los sentidos.

Respiración bajo el agua Los peces respiran a través de las **branquias,** las cuales separan el oxígeno del agua. El oxígeno del agua pasa por la membrana de las branquias a la sangre y ésta lleva el oxígeno por el cuerpo del pez. Las branquias también extraen el dióxido de carbono de la sangre.

Nuevos peces La mayoría de los peces se reproducen por **fecundación externa.** La hembra deposita los huevos en el agua y el macho los cubre con esperma. Otros se reproducen por fecundación interna. En la **fecundación interna,** el macho deposita el esperma dentro de la hembra. Luego, la hembra pone los huevos que contienen los embriones en desarrollo, y después de un tiempo, los huevos se abren para dejar salir a los nuevos pececitos. Existen también algunas especies en las que el embrión se desarrolla dentro de la hembra y los pececitos nacen vivos.

física
CONEXIÓN

Cuando observas un objeto a través de una lupa, tienes que moverla hacia atrás y hacia adelante para enfocar el objeto. Lo mismo ocurre con los ojos de los peces. Los peces tienen músculos especiales para cambiar la posición de la lentes de sus ojos y así enfocar los objetos.

Clases de peces

Hay cinco clases muy distintas de peces. Dos de ellas están extintas y las conocemos solamente por sus fósiles. Las tres clases de peces vivientes son: *peces agnatos,* o sin mandíbula, *peces cartilaginosos* y *peces óseos.*

Peces agnatos Los primeros peces no tenían mandíbula. ¿Tú crees que se puede comer sin mandíbula? Si no se pudiera, estos peces ya estarían extintos. Pero en cambio, los peces agnatos llevan quinientos millones de años viviendo muy bien. Hoy en día existen alrededor de 60 especies de peces agnatos, entre las cuales se encuentran las lampreas, que puedes ver en la **Figura 9**. Estos peces son parecidos a las anguilas; tienen la piel lisa y resbalosa, y la boca redonda, sin mandíbula. Su esqueleto está hecho de cartílago, y tienen notocordio, pero carecen de columna vertebral. También tienen cráneo, cerebro y ojos.

Figura 9 *Las lampreas son parásitos que viven pegados a otros peces.*

Peces cartilaginosos ¿Sabías que el tiburón es un pez? Los tiburones, como el de la **Figura 10**, pertenecen a una clase de peces llamados cartilaginosos. En la mayoría de los vertebrados, el cartílago del embrión se convierte poco a poco en hueso. Pero en los tiburones, las mantarrayas y las lisas no sucede así. El cartílago nunca se convierte en hueso. Es por eso que se llaman peces cartilaginosos.

Figura 10 *Los tiburones, como este tiburón martillo, rara vez atacan a los seres humanos, pues prefieren comer su comida de siempre: peces.*

Los tiburones son los más conocidos de estos peces, pero no son los únicos. Otro grupo de peces cartilaginosos incluye a las lisas y a las mantarrayas. La **Figura 11** muestra una mantarraya con espina.

Como todos los admiradores de los tiburones saben, los peces cartilaginosos tienen mandíbulas que funcionan muy bien. También son grandes nadadores y depredadores expertos. Como la mayoría de los depredadores, sus sentidos son muy agudos. Muchos tienen un excelente sentido de la vista y del olfato, y poseen un sistema de líneas laterales.

Figura 11 *Las mantarrayas, como esta con espina, se alimentan de crustáceos y moluscos del fondo del mar.*

Peces, anfibios y reptiles

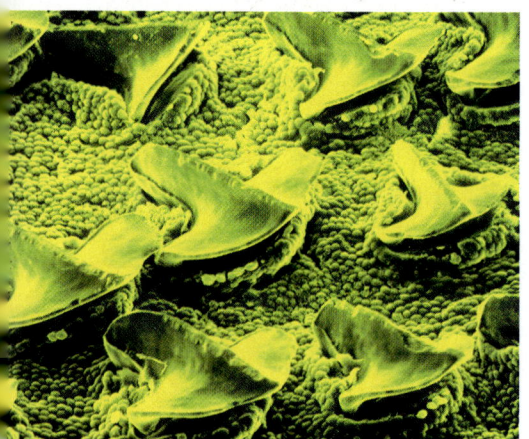

Figura 12 Los dentículos del tiburón están hechos del mismo material que los dientes humanos.

La piel de los peces cartilaginosos está cubierta de pequeños **dentículos**, parecidos a dientes diminutos, que le dan una textura como de lija. Si pasaras la mano por el lomo de un tiburón de la cabeza a la cola, se sentiría suave; pero si movieras la mano de la cola a la cabeza, ¡te podría hacer sangrar! Observa una fotografía ampliada de los dentículos en la **Figura 12**.

Para mantenerse a flote, los peces cartilaginosos almacenan mucho aceite en el hígado. ¿Para qué? Averígualo en la sección de Experimentos de la página siguiente. A pesar de su hígado aceitoso, estos peces son más pesados que el agua y tienen que moverse todo el tiempo para no hundirse. Cuando dejan de nadar, se van hundiendo lentamente hasta llegar al fondo.

Los peces cartilaginosos no sólo nadan para mantenerse a flote; algunos necesitan nadar para que el agua entre por sus branquias. Si estos peces dejan de nadar, se asfixian. Pero no todos necesitan nadar continuamente; hay algunos que pueden echarse en el fondo del mar y bombear agua por sus branquias.

Peces óseos Cuando piensas en un pez, seguramente la imagen que te viene a la mente es parecida a la **Figura 13**. Las carpas doradas, el atún, las truchas, el pez gato y el bacalao son peces óseos, que es la clase con más peces en el mundo. El noventa y cinco por ciento de todos los peces son óseos, es decir, su esqueleto está hecho de hueso. Algunos miden sólo 1 cm, y otros tienen más de 6 m de largo. El cuerpo de los peces óseos está cubierto de escamas.

A diferencia de los peces cartilaginosos, los óseos flotan sin tener que nadar todo el tiempo, porque tienen una vejiga natatoria que les da *capacidad de flotación*. La **vejiga natatoria** se parece a un globo y se llena de oxígeno y otros gases que le llegan de la sangre. Puedes ver la vejiga natatoria y otros órganos de los peces óseos en la **Figura 14**.

Figura 13 La carpa dorada es un pez óseo.

¡MATEMÁTICAS!

Un montón de huesos

Si existen 25,000 especies de peces y el 95 por ciento son peces óseos, ¿cuántas especies de peces óseos hay?

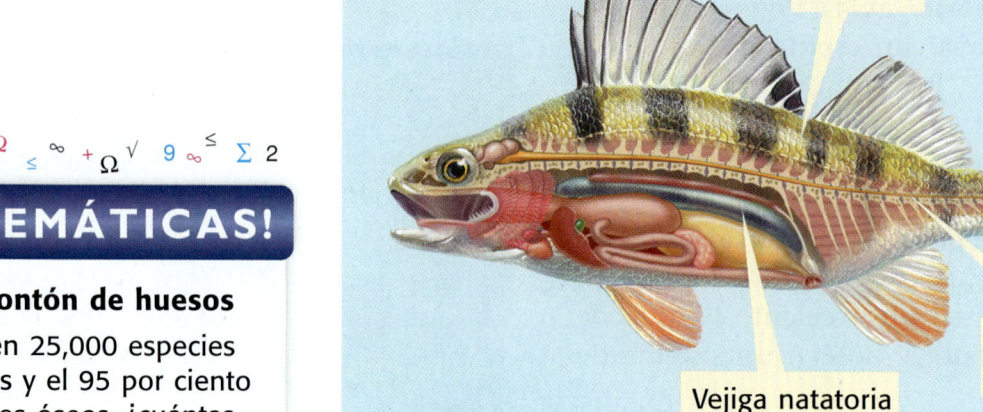

Figura 14 Los peces óseos tienen vejiga natatoria, esqueleto óseo y escamas.

Existen dos clases principales de peces óseos, y de estas dos, la que tiene más especies es la de los *peces con aletas radiadas*. Los peces con aletas radiadas tienen pares de aletas con pequeños rayos de hueso. Entre los peces de aletas radiadas se encuentran muchos peces conocidos, como las anguilas, arenques, truchas, carpas y percas. La **Figura 15** muestra un pez de aletas radiadas.

Los *peces de aletas lobuladas* y los *pulmonados* forman la segunda clase de peces óseos. Los de aletas lobuladas tienen aletas musculosas y gruesas. El celacanto que describimos al principio del capítulo pertenece a este grupo. Existen seis especies de peces pulmonados. Puedes ver un pez pulmonado en la **Figura 16**. Los científicos piensan que los antiguos peces pulmonados son los antepasados de los anfibios de hoy.

Figura 15 *Los peces de aletas radiadas son de los más veloces del mundo. Una pika, como ésta, puede nadar más rápido que los corredores humanos más rapidos pueden correr, a unos 48 km/h.*

Figura 16 *Los peces pulmonados pueden respirar fuera del agua gracias a sus pulmones, que son una especie de bolsas de aire. Viven en África, Australia y Sudamérica, en aguas poco profundas que suelen secarse en el verano.*

REPASO

1. Nombra las tres clases de peces que existen. ¿A qué clase pertenece el celacanto?
2. La mayoría de los peces óseos se reproducen por fecundación externa. ¿Qué significa esto?
3. ¿Qué es el sistema de líneas laterales y para qué sirve?
4. **Analizar relaciones** Compara lo que los peces cartilaginosos y los peces óseos necesitan para flotar.

Laboratorio

Aceite y agua

¿Qué tiene que ver el hígado aceitoso con la flotación del tiburón? Este experimento te lo explicará. Mide cantidades iguales de **agua** y de **aceite de cocina**. Llena un **globo** con agua y otro con aceite. Amarra los globos de manera que no quede aire adentro. Colócalos en un **recipiente** lleno de agua hasta la mitad. ¿Qué sucede? ¿Cómo impide el hígado aceitoso que los peces cartilaginosos se hundan?

Sección 3

Anfibios

VOCABULARIO
pulmón
renacuajo
metamorfosis

OBJETIVOS
- Comprende la importancia de los anfibios en la evolución.
- Explica cómo respiran los anfibios.
- Describe la metamorfosis de los anfibios.

Al final del período Devónico, hace 350 millones de años, los peces habitaban todas las aguas, pero ninguno de estos vertebrados podía vivir en tierra firme. Este era un lugar maravilloso para los vertebrados: había bosques frondosos, muchos insectos deliciosos y muy pocos depredadores. Pero para adaptarse a la vida terrestre, los vertebrados necesitaban pulmones para respirar y patas para caminar. ¿Cómo ocurrieron estos cambios?

Hacia tierra firme

La mayoría de los anfibios que viven en el planeta hoy en día son ranas o salamandras, como los que ves en la **Figura 17.** Los anfibios primitivos eran muy diferentes; el registro fósil indica que evolucionaron de los antepasados de los peces pulmonados de la actualidad, los cuales desarrollaron pulmones para poder obtener oxígeno del aire. El **pulmón** es un órgano con forma de bolsa que toma oxígeno del aire y lo pasa a la sangre. Las aletas de estos peces primitivos se fortalecieron lo suficiente como para sostener el peso del cuerpo, y con el tiempo se convirtieron en patas.

Los fósiles indican que los primeros anfibios parecían una mezcla entre pez y salamandra, como puedes ver en la **Figura 18.** Fueron los primeros animales vertebrados que pasaban la mayor parte de su vida en tierra firme, y tuvieron mucho éxito. Algunos eran muy grandes (hasta 10 m de largo) y podían permanecer fuera del agua más tiempo que los anfibios del presente, pero tenían que regresar al agua para no deshidratarse, para evitar morir de calor y para poner huevos.

Figura 17 *Entre los anfibios modernos se encuentran las ranas y las salamandras.*

Rana bermeja

Salamandra de la Sierra Nevada

Figura 18 *Los primeros anfibios seguramente tenían un aspecto como este.*

Características de los anfibios

Anfibio quiere decir "doble vida". La vida de la mayoría de los anfibios tiene dos fases; cuando salen del huevo, viven en el agua, como los peces; más tarde se convierten en animales que pueden vivir en tierra firme. Pero incluso los anfibios adultos sólo están adaptados a medias a la vida en la tierra y siempre tienen que estar cerca del agua.

Los anfibios son heterotermos. Como el cuerpo de un pez, el del anfibio cambia de temperatura de acuerdo con la temperatura del medio ambiente.

Piel delicada La mayoría de los anfibios no tienen escamas: su piel es delgada, lisa y húmeda. No beben agua, pues la absorben a través de la piel. Pueden respirar aire gracias a sus pulmones, pero muchos también absorben oxígeno a través de la piel, que está llena de vasos sanguíneos. Algunas salamandras, como la que ves en la **Figura 19,** respiran sólo a través de la piel. La piel de los anfibios es tan delgada y húmeda que estos animales pueden perder agua a través de ella y deshidratarse. Por esta razón, la mayoría de los anfibios viven en el agua o en ambientes húmedos.

Figura 19 *La salamandra de cuatro dedos no tiene pulmones, sino que obtiene oxígeno a través de la piel.*

La piel de los anfibios suele tener colores muy vivos. Estos colores son una señal para los depredadores, pues muchos anfibios tienen glándulas productoras de veneno en la piel. El veneno puede ser apenas irritante, o puede ser mortal. La piel de la rana venenosa que muestra la **Figura 20** está llena de una de las toxinas más peligrosas que se conocen. Otra rana produce una substancia que hace bostezar a las serpientes. Si la serpiente trata de comerse a la rana, el efecto de la substancia le hace abrir la boca para bostezar, y la rana se escapa de un salto.

Figura 20 *La piel de esta rana venenosa está llena de glándulas de veneno. En Sudamérica, los cazadores tallan las puntas de sus flechas con esta toxina mortal.*

La doble vida de los anfibios Casi todos los anfibios comienzan su vida en el agua. Las ranas se reproducen normalmente por fecundación externa, y las salamandras por fecundación interna. Como los huevos de los anfibios no tienen cáscara ni una membrana especial para evitar la deshidratación, los embriones se tienen que desarrollar en un ambiente muy húmedo.

Peces, anfibios y reptiles

> **✓ Autoevaluación**
>
> ¿En qué se parece la piel de los anfibios a un pulmón? *(Consulta la página 636 para comprobar tus respuestas.)*

El embrión del anfibio normalmente se convierte en una larva acuática llamada **renacuajo,** que sólo puede vivir en el agua, obtiene oxígeno a través de branquias y usa su cola para nadar. Más tarde, el renacuajo pierde las branquias y desarrolla pulmones y patas en un proceso llamado metamorfosis. La **Figura 21** muestra la metamorfosis de una rana. La **metamorfosis** es el cambio de forma de larva a adulto. Una vez que el anfibio alcanza la forma adulta, es capaz de vivir en la tierra.

Figura 21
La mayoría de las ranas y salamandras pasan por la metamorfosis. La ilustración muestra la metamorfosis de una rana.

- Rana adulta
- La cola y las branquias desaparecen, y los pulmones empiezan a funcionar.
- El renacuajo empieza a comer y a desarrollar patas.
- Huevos fecundados
- El renacuajo que acaba de salir del huevo se alimenta de una reserva de yema en su cuerpo y respira a través de branquias.

Algunos anfibios se saltan la etapa acuática y sus embriones crecen para convertirse directamente en ranas o salamandras adultas. Por ejemplo, existe una rana sudamericana que pone sus huevos en la tierra húmeda y un grupo de machos los cuida mientras se desarrollan. Cuando un embrión empieza a moverse, una rana macho rápidamente se lo mete en la boca y lo proteje en su saco vocal. Cuando el embrión termina su desarrollo, la rana adulta abre la boca y una pequeña ranita salta hacia fuera. Puedes ver esta rana en la **Figura 22.**

Figura 22 *Las ranas de Darwin viven en Chile y Argentina. Un macho puede llevar de 5 a 15 embriones en su saco vocal hasta que las crías miden 1.5 cm de largo.*

Clases de anfibios

Se calcula que existen unas 4,600 especies de anfibios en la actualidad. Estas especies pertenecen a tres grupos: las cecilias, las salamandras, y las ranas y sapos.

Las cecilias Las cecilias no son muy conocidas. Son anfibios sin patas, con forma de gusano o serpiente, como puedes ver en la **Figura 23**. Tienen la piel húmeda y delgada de los anfibios, pero a diferencia del resto, algunas tienen escamas óseas. Muchas tienen ojos muy pequeños debajo la piel y son ciegas. Las cecilias viven en las áreas tropicales de Asia, África y América del Sur; se conocen aproximadamente 160 especies.

Figura 23 *Las cecilias son anfibios sin patas que viven en el suelo húmedo del trópico. Se alimentan de pequeños invertebrados que encuentran en la tierra.*

Salamandras De todos los anfibios que existen en la actualidad, las salamandras son los que más se parecen a los anfibios prehistóricos. Aunque son mucho más pequeñas que sus antepasados, su cuerpo tiene una forma similar, con la cola larga y cuatro patas fuertes. Miden desde unos cuantos centímetros hasta 1.5 m de largo. La **Figura 24** muestra una salamandra.

Se conocen unas 390 especies de salamandras. La mayoría vive bajo troncos y piedras en los húmedos bosques de Norteamérica y se alimentan de pequeños invertebrados. Unas cuantas, como el ajolote **(Figura 25)**, no pasan por una metamorfosis, sino que viven toda su vida en el agua.

Figura 24
Las salamandras viven en lugares húmedos, entre los troncos y piedras de los bosques.

Figura 25 *El ajolote es una especie rara de salamandra, que nunca pierde las branquias y vive siempre en el agua.*

APLICA

Los anfibios son indicadores ecológicos. Cuando muchos de ellos empiezan a morir o a nacer deformes, puede ser señal de que existe un problema ambiental. Algunas veces las deformidades las provocan los parásitos, pero los anfibios también son muy sensibles a los cambios químicos del medio ambiente. Según lo que has aprendido sobre los anfibios, ¿por qué crees que son tan sensibles a la contaminación del agua y aire?

Peces, anfibios y reptiles

Ranas y sapos El noventa por ciento de los anfibios son ranas y sapos. Constantemente se descubren nuevas especies, y habitan en todo el mundo, desde el desierto hasta la selva. Las ranas y los sapos son muy parecidos entre sí, como puedes ver en la **Figura 26.** De hecho, los sapos son un tipo de rana.

Figura 26 Las ranas tienen la piel lisa y húmeda, y los sapos, que pasan menos tiempo en el agua que las ranas, tienen la piel más seca y llena de protuberancias. También tienen las patas traseras más cortas, y las membranas entre los dedos de sus patas son más pequeñas que en las ranas.

Los sapos y las ranas están muy bien adaptados a la vida terrestre. Los adultos tienen patas con poderosos músculos para saltar. Tienen el oído muy desarrollado y cuerdas vocales para cantar; además, poseen una pegajosa lengua extensible para atrapar moscas y otros insectos con gran agilidad. La lengua empieza en la parte anterior de la boca, para que la rana pueda sacarla rápidamente para atrapar insectos.

Las ranas son famosas por sus conciertos nocturnos, pero muchas también cantan de día. Como nosotros, empujan aire de los pulmones para que pase a través de las cuerdas vocales en la garganta. Las ranas tienen algo que a nosotros nos falta. Alrededor de las cuerdas vocales tienen una bolsa delgada de piel llamada *saco vocal*. Cuando las ranas vocalizan, el saco se llena de aire como un globo y vibra, como se ve en la **Figura 27.** Las vibraciones del saco vocal aumentan el volumen del canto de las ranas, para que se escuche desde muy lejos.

Figura 27 La mayoría de las ranas que cantan son machos, y sus cantos tienen distinto significado. Puede ser para defender un territorio o para atraer a las hembras.

REPASO

1. Describe la metamorfosis de los anfibios.
2. ¿Por qué necesitan los anfibios vivir cerca del agua o en un ambiente muy húmedo?
3. ¿Qué adaptaciones les permiten a los anfibios vivir en la tierra?
4. Nombra tres clases de anfibios. ¿En qué se parecen? ¿En qué se diferencian?
5. **Analizar relaciones** Describe la relación entre los peces pulmonados y los anfibios. ¿Qué características comparten? ¿En qué se diferencian?

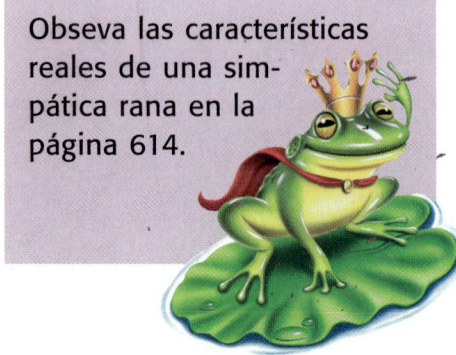

Obseva las características reales de una simpática rana en la página 614.

Sección 4

Reptiles

VOCABULARIO
terápsido
huevo amniótico

OBJETIVOS
- Explica qué adaptaciones les permiten a los reptiles vivir en la tierra.
- Nombra los tres principales grupos de vertebrados que evolucionaron de los reptiles.
- Describe las características del huevo amniótico.
- Nombra los tres órdenes de reptiles actuales.

Unos treinta y cinco millones de años después de que los primeros anfibios colonizaran la tierra, algunos de ellos desarrollaron rasgos especiales que los prepararon para vivir en ambientes aún más secos. Estos animales desarrollaron una piel gruesa y seca que los protegía de la deshidratación; sus patas se hicieron más fuertes y más verticales, lo que les permitía caminar mejor, y desarrollaron un tipo de huevo que podían poner en la tierra. Estos animales eran los reptiles, los primeros animales que pudieron vivir completamente fuera del agua.

La historia de los reptiles

Los fósiles indican que poco después de su primera aparición, los reptiles se dividieron en grupos. Esta división está ilustrada en forma de árbol genealógico en la **Figura 28**.

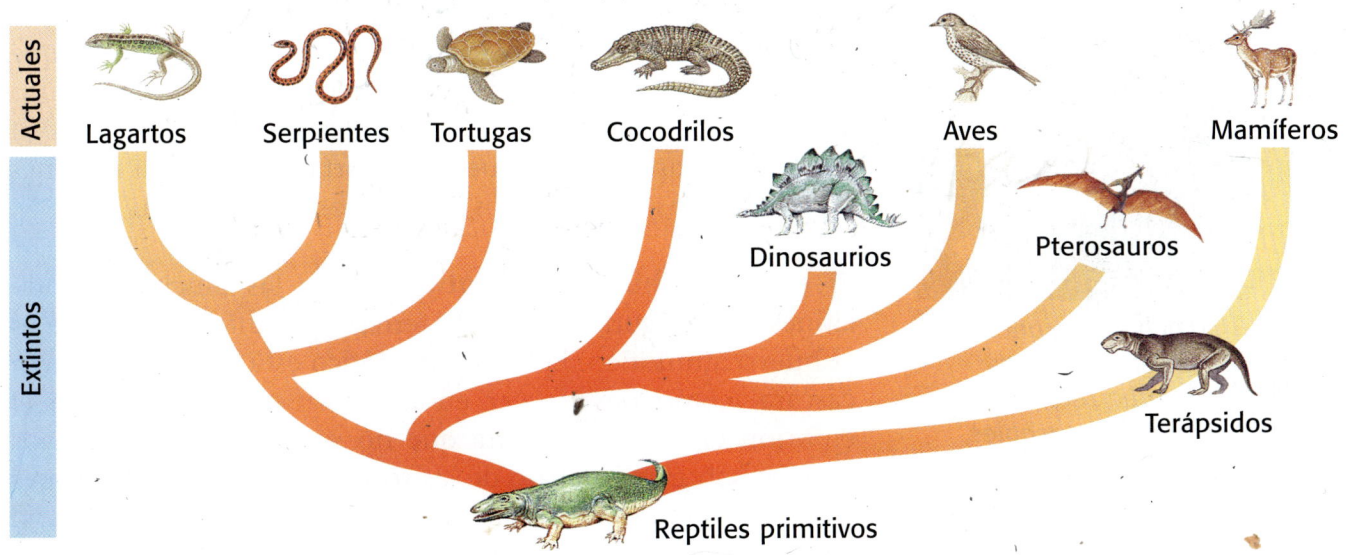

Figura 28 *Los reptiles primitivos son los antepasados de los reptiles, aves y mamíferos actuales.*

La mayoría de los reptiles más fascinantes están extintos. Cuando pensamos en reptiles extintos, casi siempre pensamos en los dinosaurios, pero sólo una fracción de los reptiles prehistóricos eran dinosaurios terrestres; muchos eran reptiles acuáticos y unos cuantos volaban, como los pterosaurus. También había tortugas, lagartos, serpientes y cocodrilos. Además, existía un grupo de reptiles parecidos a los mamíferos, llamados terápsidos. Como puedes ver en la Figura 28, los **terápsidos** son los antepasados de los mamíferos.

Peces, anfibios y reptiles **369**

Características de los reptiles

Los reptiles están adaptados para la vida en la tierra. Aunque los cocodrilos, las tortugas y algunas especies de serpientes viven en el agua, todos ellos evolucionaron a partir de reptiles terrestres y tienen pulmones para respirar aire, igual que tú.

Para salvar el pellejo Una adaptación muy importante para la vida terrestre es la piel gruesa y seca, impermeable al agua. Esta piel gruesa impide que las células pierdan agua a través de la evaporación. La mayoría de los reptiles no pueden respirar a través de la piel, como lo hacen los anfibios, sino que dependen completamente de sus pulmones para el intercambio de oxígeno y dióxido de carbono. Fíjate en la piel de la serpiente de la **Figura 29**.

A sangre fría Como los peces y los anfibios, los reptiles son heterotermos. Esto quiere decir que, normalmente, los reptiles no pueden mantener una temperatura corporal constante. Mientras hace calor están activos y cuando hace frío se adormecen.

Pocos reptiles pueden generar calor de su propio cuerpo, como algunos lagartos del suroeste de los Estados Unidos, que mantienen una temperatura de alrededor de 34°C incluso cuando hace frío. Aún así, los reptiles modernos sólo viven en climas templados. No pueden soportar el frío de las regiones polares, en las que muchos mamíferos y aves viven bien.

El increíble huevo amniótico Entre las muchas adaptaciones de los reptiles a la vida terrestre, la más importante es el huevo amniótico. El **huevo amniótico** está cubierto por una cáscara, como puedes ver en la **Figura 30**. Ésta protege el embrión en desarrollo para que no se seque. Estos huevos pueden sobrevivir debajo de las rocas, enterrados, en bosques y hasta en el desierto; están tan bien adaptados a la tierra que hasta las tortugas marinas y los cocodrilos salen del agua para poner sus huevos.

Figura 29 Muchas personas creen que las serpientes son pegajosas, pero en realidad su piel, como la de otros reptiles, es seca y escamosa.

Figura 30 Compara los huevos de anfibio de la izquierda con los huevos de reptil de la derecha. ¿Qué diferencias ves?

La cáscara es sólo una de las partes importantes del huevo amniótico. Puedes ver el resto en la **Figura 31.** El nombre de huevo amniótico viene del *líquido amniótico* que se encuentra en el saco amniótico dentro del huevo, donde se desarrolla el embrión. El huevo protege el embrión de la acción de otros animales, de infecciones bacterianas y de la deshidratación.

Figura 31 El huevo amniótico

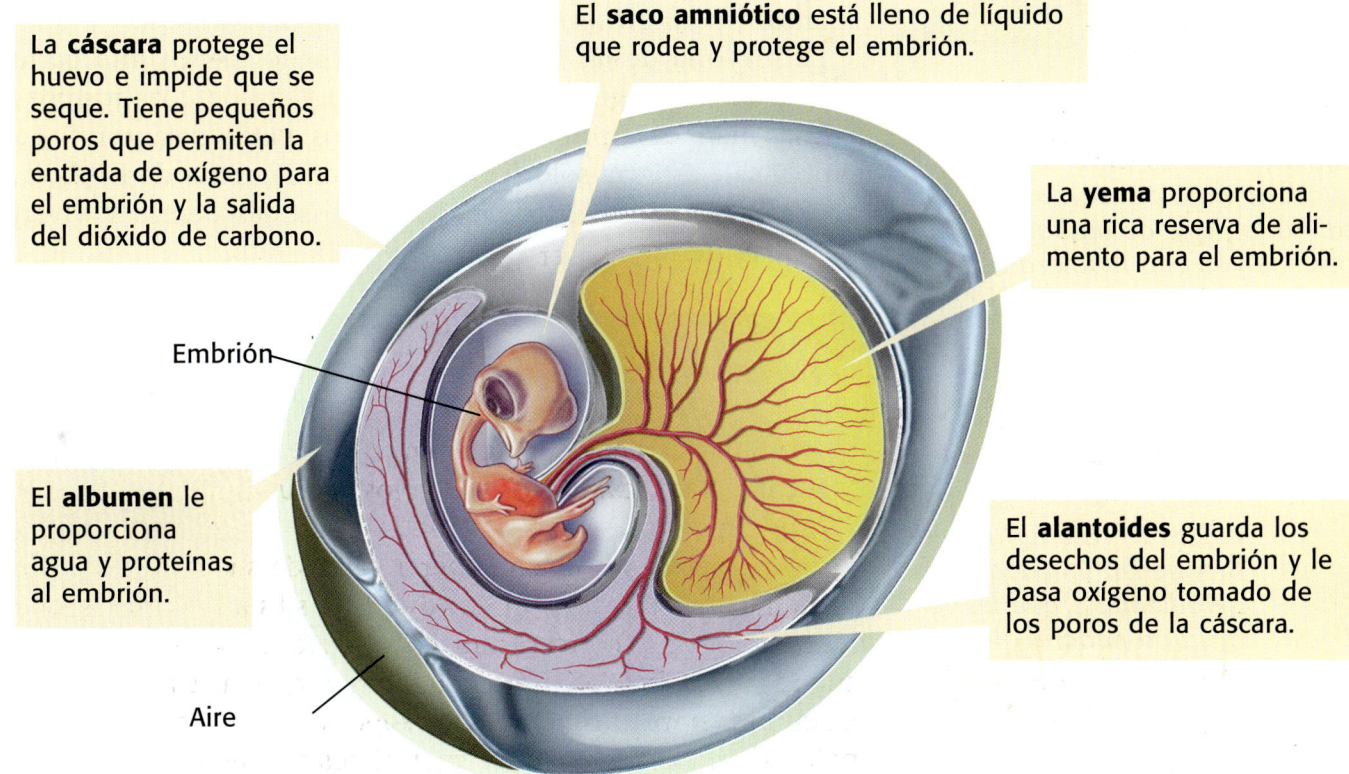

La **cáscara** protege el huevo e impide que se seque. Tiene pequeños poros que permiten la entrada de oxígeno para el embrión y la salida del dióxido de carbono.

El **saco amniótico** está lleno de líquido que rodea y protege el embrión.

La **yema** proporciona una rica reserva de alimento para el embrión.

Embrión

El **albumen** le proporciona agua y proteínas al embrión.

El **alantoides** guarda los desechos del embrión y le pasa oxígeno tomado de los poros de la cáscara.

Aire

La fecundación del huevo amniótico se lleva a cabo dentro de la hembra. Luego se forma la cáscara y la hembra lo deposita. Como sus huevos tienen cáscara, los reptiles tienen que reproducirse por fecundación interna.

La mayoría de los reptiles ponen sus huevos en la tierra o en la arena. Algunos no ponen huevos, sino que sus embriones se desarrollan en los órganos reproductores de la madre y nacen vivos. En ambos casos, el embrión se convierte directamente en un pequeño reptil, sin pasar por una etapa de larva y sin necesidad de metamorfosis.

Clases de reptiles

En la época de los dinosaurios, de hace 300 millones de años hasta hace más o menos 65 millones de años, la mayor parte de los vertebrados terrestres eran reptiles. Actualmente existen sólo unas 6,000 especies.

Entre los reptiles del presente están las tortugas de tierra y de mar, los cocodrilos, los lagartos y las serpientes.

Autoevaluación

1. ¿Qué adaptaciones de los reptiles son importantes para la vida terrestre?

2. ¿Por qué se tienen que reproducir por fecundación interna los animales que ponen huevos?

(Consulta la página 636 para comprobar tus respuestas.)

Peces, anfibios y reptiles

Figura 32 *La parte inferior del caparazón de esta tortuga se dobla en ambos extremos para que la tortuga pueda cerrarla contra la parte de arriba. El resultado es una fortaleza ósea.*

Tortugas Las 250 especies de tortugas de mar y tierra son sólo parientes lejanos del resto de los reptiles.

El rasgo que las distingue del resto de los reptiles es su caparazón. El caparazón hace que la tortuga sea lenta y poco flexible, de modo que es muy poco probable que logre escapar de sus depredadores corriendo. Por otro lado, muchas tortugas pueden meter la cabeza y las patas en la armadura de su caparazón para protegerse, como ves en la **Figura 32.**

La mayoría de las tortugas pasan por lo menos una parte de su vida en el agua. Como ves en la **Figura 33,** las tortugas marinas han desarrollado aletas en sus patas delanteras. La hembra sale a tierra sólo para desovar en la arena de la playa. Las tortugas del desierto son distintas de las demás y viven sólo en la tierra.

Figura 33 *Las tortugas de mar tienen un caparazón aerodinámico que les ayuda a nadar y girar en el agua con gran rapidez.*

Figure 34 *Los caimanes se diferencian de los cocodrilos por la forma de la cabeza. Los caimanes tienen la cabeza ancha y la punta del hocico redonda, mientras que los cocodrilos tienen la cabeza angosta y el hocico en punta.*

Cocodrilos y caimanes Las 22 especies de cocodrilos y caimanes son carnívoras; se alimentan de insectos acuáticos, peces, tortugas, aves y mamíferos. Estos reptiles pasan la mayor parte del tiempo en el agua. Como tienen los ojos y la nariz en la parte superior de la cabeza, pueden ver a su alrededor mientras están escondidos bajo el agua, lo que les da una gran ventaja sobre sus presas. Existen dos tipos de cocodrilos, como muestra la **Figura 34.**

Caimán

Cocodrilo

Lagartos La mayoría de los reptiles modernos son lagartos y serpientes. Existen cerca de 4,000 especies conocidas de lagartos y alrededor de 1,600 especies de serpientes.

Los lagartos viven en desiertos, bosques, praderas y selvas. Entre ellos se encuentran los camaleones, los gecos, los esquincos y las iguanas. La mayoría comen pequeños invertebrados, pero muchos son hervíboros. El lagarto más grande del mundo, que ves en la **Figura 35,** es el dragón de Komodo, de Indonesia. Mide 3 m de largo y pesa 140 Kg. Sin embargo, casi todos los lagartos miden menos de 30 cm.

Figura 35 *Los dragones de Komodo comen venados, cerdos y cabras. Hasta han llegado a comer seres humanos en raras ocasiones.*

Serpientes Las serpientes no tienen patas. Se mueven contrayendo su cuerpo muscular. En superficies lisas, las escamas del abdomen les ayudan a avanzar.

Todas las serpientes son carnívoras y se alimentan de animales pequeños y huevos. Devoran a sus presas enteras, como puedes ver en la **Figura 36.** Su mandíbula tiene cinco articulaciones, lo que les permite abrir mucho la boca y tragar presas grandes. Los pitones y las boas matan a su presa apretándola hasta asfixiarla. Otras tienen glándulas venenosas y colmillos especiales para inyectar veneno. El veneno mata o inmoviliza a la presa y contiene poderosas enzimas que comienzan la digestión. Las serpientes no tienen muy buena vista ni oído, pero su olfato es muy sensible. Cuando la serpiente agita su lengua bifurcada, las pequeñas partículas y moléculas del aire se pegan a la lengua. Cuando la vuelve a meter en la boca, coloca la punta en dos agujeritos del paladar que sirven para "probar" las moléculas.

Figura 36 *Esta serpiente está devorando el huevo de un ave.*

REPASO

1. ¿Qué característica distingue a las tortugas del resto de los reptiles?

2. ¿Qué adaptaciones tienen las serpientes para comer?

3. **Aplicar conceptos** Como los reptiles, los mamíferos tienen un huevo amniótico, pero los mamíferos nacen vivos. El embrión se desarrolla a partir de un huevo fecundado dentro del cuerpo de la hembra. ¿Qué partes del huevo amniótico del reptil no le hacen falta a un mamífero? Explica tu respuesta.

Resumen del capítulo

SECCIÓN 1

Vocabulario
- **vertebrado** *(pág. 356)*
- **vértebra** *(pág. 357)*
- **homotermo** *(pág. 358)*
- **heterotermo** *(pág. 358)*

Notas de la sección
- En algún momento de su desarrollo, los cordados tienen un notocordio, una médula espinal, hendiduras branquiales faríngeas y cola.
- Entre los cordados se encuentran los anfioxos, los tunicados y los vertebrados. La mayoría de los cordados son vertebrados.
- La columna vertebral y el cráneo, hechos de hueso o cartílago, distinguen a los vertebrados del resto de los cordados.
- La columna vertebral está hecha de unidades llamadas vértebras.
- Los vertebrados pueden ser homotermos o heterotermos.
- Los homotermos pueden controlar la temperatura del cuerpo mediante reacciones químicas en sus células, pero los heterotermos no tienen esta capacidad.

SECCIÓN 2

Vocabulario
- **aletas** *(pág. 360)*
- **escamas** *(pág. 360)*
- **sistema de líneas laterales** *(pág. 360)*
- **branquias** *(pág. 360)*
- **fecundación externa** *(pág. 360)*
- **fecundación interna** *(pág. 360)*
- **dentículos** *(pág. 362)*
- **vejiga natatoria** *(pág. 362)*

Notas de la sección
- Existen tres tipos de peces vivientes: agnatos (sin mandíbula), cartilaginosos y óseos.
- Los peces cartilaginosos tienen el hígado aceitoso, lo que les ayuda a flotar.

Comprobar destrezas

Conceptos de matemáticas

¿CUÁNTAS ESPECIES HAY? Si existen 6,000 especies de reptiles y el 67 por ciento son lagartos, ¿cuántas especies de lagartos hay?

El sesenta y siete por ciento de 6,000 es:

$$6{,}000 \times 0.67 = 4{,}020$$

Hay 4,020 especies de lagartos.

Comprensión visual

METAMORFOSIS La mayoría de los anfibios pasan por una metamorfosis, es decir, cambian cuando se convierten en animales adultos. La Figura 21 de la página 366 ilustra la metamorfosis de una rana. Sigue las flechas para ver cómo pasa de huevo a renacuajo y luego a adulto.

SECCIÓN 2

- La mayoría de los peces tienen una vejiga natatoria, que es un órgano parecido a un globo que hace que el pez flote.
- En la fecundación externa, los huevos son fecundados fuera del cuerpo de la hembra. En la fecundación interna, los huevos son fecundados dentro del cuerpo de la hembra.

Experimentos
Manda a nadar a un pez tubo *(pág. 612)*

SECCIÓN 3

Vocabulario
pulmón *(pág. 364)*
renacuajo *(pág. 366)*
metamorfosis *(pág. 366)*

Notas de la sección
- Los anfibios fueron los primeros vertebrados que vivieron en tierra firme.
- Los anfibios respiran tomando aire en los pulmones y absorbiendo oxígeno a través de la piel.
- Los anfibios comienzan la vida en el agua y usan branquias para respirar. En la metamorfosis las pierden, y desarrollan pulmones y patas para vivir en la tierra.
- Entre los anfibios modernos están las cecilias, las salamandras, las ranas y los sapos.

Experimentos
De príncipe a rana *(pág. 614)*

SECCIÓN 4

Vocabulario
terápsido *(pág. 369)*
huevo amniótico *(pág. 370)*

Notas de la sección
- Los reptiles evolucionaron de los anfibios al adaptarse a la vida terrestre.
- Los reptiles tienen una piel gruesa y escamosa que los protege de la deshidratación.
- La cáscara dura del huevo amniótico impide que se seque y protege el embrión.
- Dentro del huevo amniótico, el líquido amniótico rodea y protege el embrión.
- Los vertebrados que evolucionaron de los reptiles primitivos son los reptiles modernos, las aves y los mamíferos.
- Entre los reptiles modernos están las tortugas de tierra y de mar, los lagartos, las serpientes, los cocodrilos y los caimanes.

 VISITA: go.hrw.com

Visita el sitio web de HRW para encontrar una serie de herramientas de aprendizaje relacionadas con este capítulo. Sólo tienes que escribir la palabra clave:

PALABRA CLAVE: HSTVR1

 **VISITA:** www.scilinks.org

Visita el sitio web de la **Asociación Nacional de Maestros de Ciencias** *(National Science Teachers Association)* para encontrar recursos de Internet relacionados con este capítulo. Sólo escribe el **ENLACE DE CIENCIAS** para obtener más información sobre el tema:

TEMA: Vertebrados **ENLACE:** HSTL380
TEMA: Peces **ENLACE:** HSTL385
TEMA: Anfibios **ENLACE:** HSTL390
TEMA: Reptiles **ENLACE:** HSTL395

Peces, anfibios y reptiles 375

Repaso del capítulo

UTILIZAR EL VOCABULARIO

Escoge el término correcto para completar las siguientes oraciones:

1. En algún momento de su desarrollo, todos los cordados tienen __?__. *(pulmones y notocordio* o *médula espinal y cola)*

2. Los mamíferos evolucionaron a partir de un antepasado primitivo llamado __?__. *(terápsido* o *dinosaurio)*

3. Los peces son __?__. *(homotermos* o *heterotermos)*

4. Cuando una rana pone huevos que más tarde son fecundados por el macho, es un ejemplo de fecundación __?__. *(interna* o *externa)*

5. Las vértebras cubren y protegen __?__ de los vertebrados. *(el notocordio* o *la médula espinal)*

COMPRENDER CONCEPTOS

Opción múltiple

6. ¿Cuál de los siguientes no es un vertebrado?
   a. renacuajo
   b. lagarto
   c. lamprea
   d. tunicado

7. Los renacuajos se convierten en ranas mediante el proceso de
   a. evolución.
   b. fecundación interna.
   c. metamorfosis.
   d. regulación de la temperatura.

8. La vejiga natatoria se encuentra en
   a. los peces agnatos.
   b. los peces cartilaginosos.
   c. los peces óseos.
   d. los anfioxos.

9. Los primeros en desarrollar un huevo amniótico fueron
   c. los peces óseos.
   b. las aves.
   c. los reptiles.
   d. los mamíferos.

10. La yema contiene
    a. alimento para el embrión.
    b. líquido amniótico.
    c. desechos.
    d. oxígeno.

11. Tanto los peces óseos como los cartilaginosos tienen
    a. dentículos.
    b. aletas.
    c. un hígado aceitoso.
    d. vejiga natatoria.

12. Los reptiles están adaptados a la vida terrestre porque
    a. respiran a través de la piel.
    b. son heterotermos.
    c. tienen la piel gruesa y húmeda.
    d. tienen huevos amnióticos.

Respuesta corta

13. ¿Cómo respiran los anfibios?

14. ¿Qué características de los peces les permiten vivir en el agua?

15. ¿Cómo obtiene oxígeno el embrión en el huevo amniótico?

Organizar conceptos

16. Usa los siguientes términos para crear un mapa de ideas: dinosaurio, tortuga, reptiles, anfibios, peces, tiburón, salamandra, vertebrados.

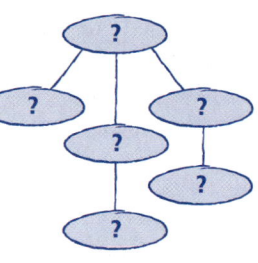

RAZONAMIENTO CRÍTICO Y RESOLUCIÓN DE PROBLEMAS

Escribe una o dos oraciones para responder a las siguientes preguntas:

17. Imagínate que encuentras un animal que tiene columna vertebral y branquias, pero no tiene notocordio. ¿Es un cordado? ¿Cómo puedes estar seguro?

18. Imagínate que encuentras un tiburón que no tiene los músculos necesarios para bombear agua por sus branquias. ¿Qué te dice esto sobre el tipo de vida del tiburón?

19. La serpiente de cascabel no tiene muy buena vista, pero puede detectar un cambio de temperatura de hasta tres milésimas de un grado Celsius. ¿Para qué le sirve esta capacidad?

20. Afuera la temperatura es de 43°C, y la temperatura corporal normal del velociraptor es de 38°C. ¿Dónde crees que encontrarías al velociraptor, en el sol o en la sombra? Explica por qué.

LAS MATEMÁTICAS EN LAS CIENCIAS

21. Una serpiente de Costa Rica puede comerse un ratón cuya masa es un tercio mayor que la de la serpiente. ¿Cuánto comes tú? Apunta tu propia masa en kilogramos. Para convertir tu masa de libras a kilogramos, divídela por 2.2. Si te fueras a comer un platillo cuya masa fuera un tercio mayor que la de tu cuerpo, ¿qué masa tendría el platillo en kilogramos?

INTERPRETAR GRÁFICAS

Examina esta gráfica y responde a las siguientes preguntas.

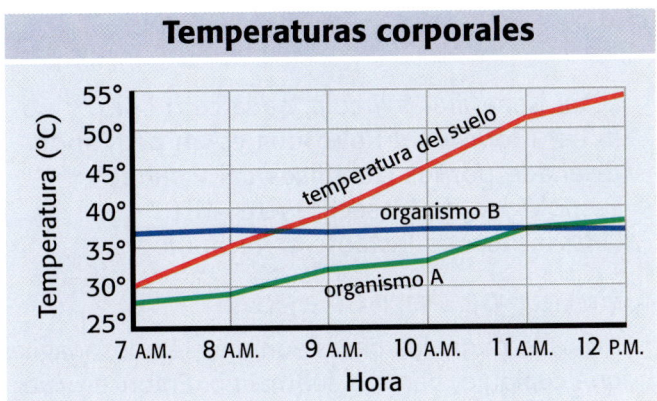

22. ¿Cómo cambian las temperaturas del organismo A y el organismo B con la temperatura del suelo?

23. ¿Cuál de estos organismos es más probable que sea heterotermo? ¿Por qué?

24. ¿Cuál de estos organismos es más probable que sea homotermo? ¿Por qué?

AHORA, ¿qué piensas?

Revisa tus respuestas a las preguntas de la página 355 que escribiste en el cuaderno de ciencias. ¿Han cambiado tus respuestas? Si es necesario, corrige tus respuestas basándote en lo que has aprendido en este capítulo.

CIENCIAS BIOLÓGICAS • CIENCIAS FÍSICAS

Pez robot

¿Qué tiene aletas y cola, nada como pez, y no lo es? ¡RoboTuna! RoboTuna es un pez robot diseñado por los científicos del Instituto Tecnológico de Masachussetts, MIT (Massachusetts Institute of Technology).

Como pez en el agua

No cabe duda: los peces son más rápidos y ágiles que cualquier barco o submarino. Entonces, ¿por qué no se construyen barcos que sean más parecidos a los peces; por ejemplo, con una cola que los impulse? Esto mismo se preguntaron los científicos del MIT, y decidieron construir a RoboTuna, un modelo basado en el atún de aleta azul. El pez robot mide 124 cm de largo y tiene seis motores, piel de espuma de poliuretano y Lycra, y un esqueleto de costillas de aluminio con bisagras conectadas por poleas e hilos.

Fuerza y movimiento

Los científicos del MIT piensan que si el diseño de los barcos fuera más parecido al de los peces, los barcos usarían mucha menos energía y ahorrarían dinero. Al navegar, el barco deja una estela de pequeños remolinos llamados *vórtices* detrás, que aumentan la fricción entre el barco y el agua. En cambio, los peces pueden sentir los vórtices y reaccionan moviendo la cola y creando sus propios vórtices, que contrarrestan el efecto de los vórtices originales, impulsando al pez hacia adelante sin mayor esfuerzo.

RoboTuna tiene sensores especiales que miden el cambio de presión de manera muy parecida a como un atún de verdad siente los vórtices. El pez robot mueve la cola y produce vórtices, y así puede nadar como un pez real. Puede parecer extraño, pero es posible que RoboTuna represente el comienzo de una nueva era en diseño náutico

Observa los vórtices

▶ Llena tres cuartas partes de una fuente para hornear con agua y espera hasta que el agua esté quieta. Amarra un estambre o un listón a la punta de un lápiz y mueve el lápiz por el agua, con el estambre o listón flotando detrás. ¿Cómo reacciona el estambre o listón? ¿Dónde están los vórtices?

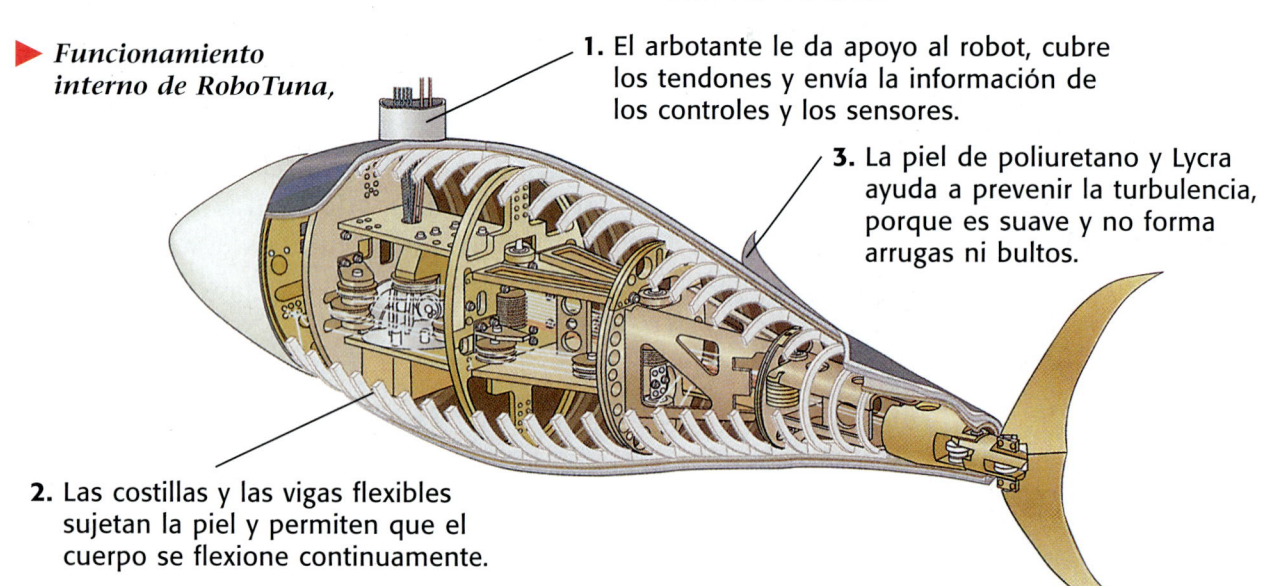

▶ *Funcionamiento interno de RoboTuna,*

1. El arbotante le da apoyo al robot, cubre los tendones y envía la información de los controles y los sensores.

3. La piel de poliuretano y Lycra ayuda a prevenir la turbulencia, porque es suave y no forma arrugas ni bultos.

2. Las costillas y las vigas flexibles sujetan la piel y permiten que el cuerpo se flexione continuamente.

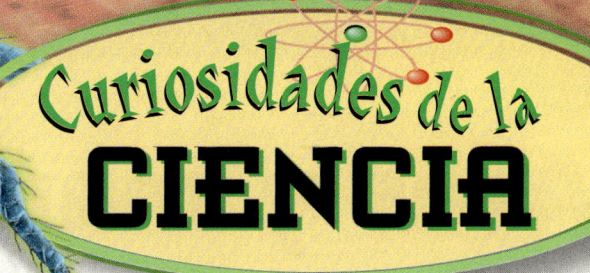

Curiosidades de la CIENCIA

CEREBROS CALENTITOS EN AGUA FRÍA

De las 30,000 clases de peces del mundo, sólo unas cuantas están equipadas con sus propios calentadores cerebrales. ¿Calentadores cerebrales? ¿Para qué necesita un pez calentadores cerebrales? Antes de contestar esta pregunta, tienes que pensar en cómo se mantienen calentitos los peces en las frías aguas del océano.

Es cuestión de calor

La mayoría de los peces y animales marinos son heterotermos. La temperatura del cuerpo de un heterotermo es muy parecida a la de su ambiente. Los homotermos, por su parte, mantienen una temperatura corporal constante sin importar la temperatura de su ambiente. Los seres humanos somos homotermos. Las aves y algunos mamíferos, como los perros, los elefantes y las ballenas son homotermos. Pero sólo unos cuantos peces como el atún, son homotermos. Estos peces son de sangre fría, pero pueden calentar ciertas partes de su cuerpo. Pueden buscar su alimento en aguas extremadamente frías pero pagan un alto precio por la capacidad de nadar en aguas frías, pues consumen mucha energía.

Un organismo homotermo necesita mucha más energía que uno heterotermo. Algunos peces, como el pez espada, el pez aguja y el pez vela tienen adaptaciones que les permiten calentar sólo ciertas partes de su cuerpo: sólo calientan los ojos y el cerebro. Así es: ¡tienen calentadores cerebrales especiales!

▶ ¿Por qué crees que es importante proteger los ojos y el cerebro de temperaturas extrema damente frías?

Un cerebro tibio

Los peces con calentador cerebral tienen una pequeña masa de músculos adherida a cada ojo, que sirve como termostato, la cual regula la temperatura del cerebro y de los ojos cuando nadan a través de zonas de distinta temperatura. Estos "músculos calentadores" ayudan a mantener las frágiles funciones de los nervios que son importantes para encontrar a sus presas. Por ejemplo, al pez espada le permiten nadar en las tibias aguas de la superficie, y también sumergirse en profundidades de 485 m, donde la temperatura baja a niveles casi helados, permitiendole buscar alimento en una gran variedad de lugares.

Los heterotermos en acción

▶ Pregunta en una tienda de mascotas, en la que vendan peces, cuál es la temperatura ideal de los distintos peces de diferentes partes del mundo. Compara, por ejemplo, la temperatura ideal para las carpas doradas, el pez disco y el pez ángel. ¿Por qué crees que la temperatura de una pecera debe controlarse cuidadosamente?

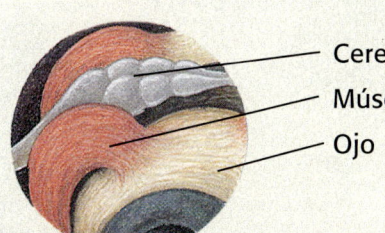

Cerebro
Músculos calentadores
Ojo

CAPÍTULO 16 Aves y mamíferos

¿Creerías que . . . ?

Te sorprendería saber que las palomas del patio de tu escuela se relacionan con los velociraptors? El modo de andar gracioso de una paloma no te hace pensar en un feroz animal prehistórico, pero la mayoría de los biólogos coinciden en que las aves descienden de los dinosaurios.

La primera prueba que demostró el vínculo entre reptiles y aves fue el fósil del *Archaeopteryx,* que se descubrió en Alemania hace casi 150 años. Como todo dinosaurio, el *Archaeopteryx* tenía huesos pesados y dientes, pero, como las aves, tenía alas con plumas.

Muchos científicos dudaban sobre la conexión entre los dinosaurios y las aves. Algunas investigaciones incluso sugirieron que el *Archaeopteryx* no era en realidad un dinosaurio.

En 1998, unos científicos chinos descubrieron fósiles de dinosaurios verdaderos que tenían alas y plumas. Estas plumas compartían las mismas características de las plumas de las aves modernas. Hasta ahora, nadie sabe para qué las usaban, pues eran muy cortas para volar. Tal vez servían de abrigo, o quizá los machos las usaban para atraer a las hembras.

El descubrimiento de estos dinosaurios con alas ayudó a convencer a algunos científicos de que las aves descienden de los dinosaurios. Algunos científicos incluso han llegado a decir que los dinosaurios nunca se han extinguido, ya que las aves son dinosaurios.

En este capítulo aprenderás más sobre las aves. También vas a aprender sobre otro grupo de vertebrados, los mamíferos.

Fósil de un *Archaeopteryx*

Fósiles de un dinosaurio con alas

¿Tú qué piensas?

Usa tus conocimientos para responder a las siguientes preguntas en tu cuaderno de ciencias:

1. ¿Qué mantiene en el aire a un ave o a un avión cuando vuelan?
2. ¿En qué se diferencian los canguros de la mayoría de los otros mamíferos?
3. ¿Pueden los mamíferos poner huevos? ¿Pueden volar?

Archaeopteryx

¡Volemos!

A los humanos siempre les han fascinado las aves y su habilidad para volar. A lo largo de la historia, los seres humanos han tratado de volar. Leonardo da Vinci, en el siglo XV, diseñó máquinas voladoras. Orville y Wilbur Wright, en 1903, finalmente despegaron del suelo cuando hicieron volar el primer avión. ¿Cómo vuelan las aves y los aviones? Esta sección te dará algunas pistas.

Procedimiento

1. Haz un avión con una **hoja de papel.** Procura que los dobleces sean simétricos y los pliegues estén bien marcados.
2. Lanza el avión con suavidad. ¿Qué sucede?
3. Toma el mismo avión y lánzalo con más fuerza. ¿Hubo algún cambio?
4. Reduce el tamaño de las alas cortándolas con **tijeras.** Asegúrate de que las dos alas tengan el mismo tamaño y que sean simétricas.
5. Lanza el avión otra vez, primero despacio y luego con más fuerza. ¿Qué pasó cada vez que lo lanzaste?
6. Anota todos los resultados en tu cuaderno de ciencias.

Análisis

7. ¿Qué pasó cuando lanzaste el avión de papel original lentamente? ¿Qué pasó cuando lo lanzaste con más fuerza?
8. ¿Qué efectos tiene la velocidad en el vuelo del avión? ¿Piensas que esto sucede en el vuelo de las aves?
9. ¿Qué pasó cuando acortaste las alas? ¿Por qué crees que pasó esto? ¿Crees que el tamaño de las alas influye en la forma de volar de un ave?
10. En base a tus experimentos, ¿cómo diseñarías y lanzarías el avión de papel perfecto? Explica tu respuesta.

Sección 1

Aves

VOCABULARIO

plumón
plumas de contorno
arreglo de las plumas
flotación
empollar
pollito precoz
pollito altricial

OBJETIVOS

- Menciona dos características comunes de aves y reptiles.
- Describe las características de las aves que las hacen aptas para el vuelo.
- Explica la *flotación*.
- Nombra algunas ventajas de la migración.

¿Algunas vez has alimentado palomas en algún parque o has observado un halcón volar en círculos en el cielo? ¿Has oído cantar a los pájaros en un hermoso día de primavera? Los seres humanos siempre han observado las aves, quizás porque son más fáciles de reconocer que casi cualquier otro animal. A diferencia de los otros animales, todas las aves tienen plumas, y también se conocen por su habilidad para volar. Los pájaros pertenecen a la clase Aves. La palabra *aves* viene del latín y significa "pájaro". De hecho, la palabra *aviación*, la ciencia de hacer volar aviones, viene de la misma palabra.

Las aves habitan en todo el mundo y son de formas y tamaños diferentes, como se muestra en la **Figura 1.**

Gran garza azul

Colibrí

Correcaminos

Tucán

Figura 1 *En la actualidad, hay casi 9,000 especies de aves en la Tierra.*

Características de las aves

Las primeras aves aparecieron en la Tierra hace 150 millones de años. Como aprendiste al inicio de este capítulo, se cree que las aves descienden de los dinosaurios.

Incluso hoy en día, comparten algunas características con ellos. Igual que los reptiles, son vertebrados. Sus piernas y patas están cubiertas de escamas gruesas y secas, como las de los reptiles. Hasta la piel alrededor de su pico es escamosa. Como los reptiles, las aves tienen *huevos amnióticos,* es decir, huevos con un saco amniótico y una cáscara. Sin embargo, las cáscaras de los huevos de aves son más duras que las de las tortugas y lagartijas. Las aves también tienen muchas características que las apartan del resto del reino animal. Tienen pico en lugar de dientes y mandíbulas, plumas, alas y muchas otras adaptaciones para volar.

Las plumas de las aves Las aves tienen dos tipos principales de plumas: el plumón y las plumas de contorno. Observa los ejemplos de la **Figura 2.** Como las plumas se gastan, las aves mudan las plumas usadas y les crecen unas nuevas.

Figura 2 *Las aves tienen un plumón liviano y esponjoso, y plumas de contorno en forma de hoja.*

382 Capítulo 16

El **plumón** está compuesto por plumas esponjosas aislantes que están en contacto directo con el cuerpo del ave. Para conservar el calor de su cuerpo, las aves esponjan el plumón para formar una capa aislante. El aire atrapado en las plumas las mantiene calientes. Las **plumas de contorno** están formadas por una *varita* central dura con muchas ramificaciones, llamadas *barbas*. Las barbas se unen para formar una superficie lisa. En la **Figura 3** puedes ver la estructura de una pluma de contorno. Las plumas de contorno cubren el cuerpo y las alas de las aves para formar una superficie aerodinámica para volar. Las aves cuidan muy bien sus plumas: usan el pico para esparcir aceite en sus plumas en un proceso llamado **arreglo de las plumas.** El aceite, segregado por una glándula cerca de la cola, hace que las plumas repelan el agua y también las mantiene limpias.

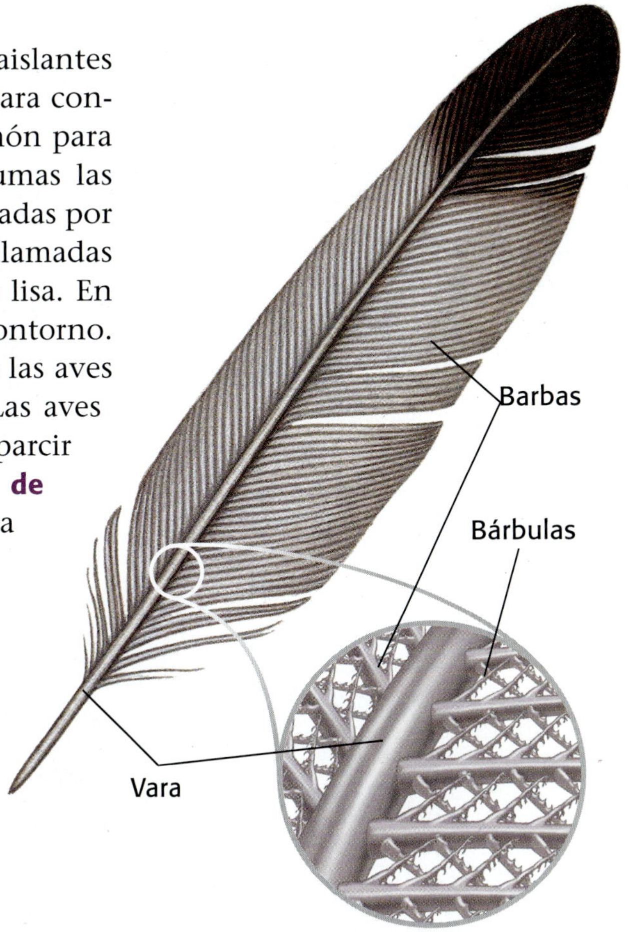

Animales de alta energía Las aves son *homotermas,* es decir, mantienen una temperatura corporal constante. Necesitan obtener del alimento mucha energía para volar, lo que se logra por medio de un metabolismo acelerado, el cual genera mucho calor corporal. De hecho, la temperatura corporal promedio de un ave es de 40°C, ¡más alta que la tuya! Cuando las aves tienen calor, extienden sus alas y jadean como los perros. Las aves no producen sudor para enfriar su cuerpo.

Figura 3 *Las barbas de una pluma de contorno tienen ramificaciones cruzadas llamadas bárbulas. Las barbas y las bárbulas le dan fuerza y forma a la pluma.*

¿Comer como un pajarito? Debido a su metabolismo acelerado, las aves comen grandes cantidades de alimento en proporción con el peso de su cuerpo. ¡Algunas aves pequeñas comen casi de manera continua para mantener su energía! La mayoría come una dieta alta en grasas y en proteínas extraída de insectos, nueces, semillas o carne. Este tipo de dieta requiere un aparato digestivo pequeño. Algunas aves, como los gansos, comen hojas de plantas.

Las aves no tienen dientes, así que no pueden masticar su alimento. El alimento va directo de la boca al *buche,* donde se almacena. Las aves también tienen un órgano llamado *molleja,* que a menudo contiene pequeñas piedras. Las piedras de la molleja trituran el alimento para que el intestino lo digiera con facilidad. Las partes del aparato digestivo de un ave se ilustran en la **Figura 4**.

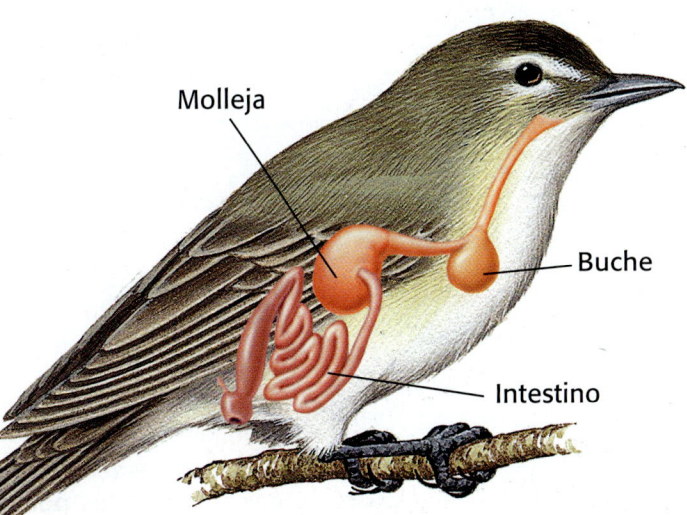

Figura 4 *El aparato digestivo de un ave hace que el alimento se transforme rápidamente en energía aprovechable.*

Autoevaluación ✓

1. ¿Por qué las alas de las aves no están hechas de plumón?
2. ¿Por qué las aves comen grandes cantidades de comida?

(Consulta la página 636 para comprobar tus respuestas.)

Alzan el vuelo y desaparecen

La mayoría de las aves vuelan. Hasta las que no lo hacen, como las avestruces, descienden de antepasados que sí volaban.

Las aves cuentan con una larga lista de adaptaciones para volar. Tienen que tomar una gran cantidad de energía de su alimento y una gran cantidad de oxígeno del aire que respiran para poder volar. Las plumas, las alas y los músculos fuertes juegan un papel importante. El cuerpo de las aves es tan liviano que les perimite elevarse. La **Figura 5** de estas dos páginas explica muchas de las características de las aves que son importantes para el vuelo.

Figura 5 Adaptaciones para el vuelo de las aves

La mayoría de las aves tienen ojos grandes y una vista excelente, que les permite ver objetos y alimento desde lejos. Algunas, como los halcones y las águilas, pueden ver iocho veces mejor que los humanos!

Sacos aéreos

Pulmón

El **corazón** de un ave late muy rápido. Esto asegura que los músculos de vuelo obtengan todo el oxígeno que la sangre pueda transportar. En aves pequeñas, el corazón late casi 1,000 veces por minuto. Tu corazón late unas 70 veces por minuto.

Las aves tienen órganos especiales llamados **sacos aéreos** unidos a los pulmones, que aumentan la cantidad de oxígeno que el ave puede inhalar y permiten que el aire fluya constantemente en una dirección a través de los pulmones.

La forma de las alas de un ave se relaciona con el tipo de vuelo que realiza. Las alas cortas y redondeadas permiten maniobras rápidas, como los movimientos de un avión de combate. Las largas y angostas son mejores para planear, como lo hacen los planeadores.

El esqueleto de las aves es compacto y fuerte. Algunas vértebras, las costillas y los huesos de la cadera están unidos, lo que hace que su esqueleto sea más rígido que el de los otros vertebrados. El esqueleto rígido permite que el ave mueva sus alas en forma fuerte y eficiente.

a través de las ciencias
CONEXIÓN

Estas características ayudan a las aves a volar, pero, ¿cómo vuelan los aviones? Averígualo en la página 410.

Quilla

Las aves que vuelan tienen músculos de vuelo fuertes unidos a un esternón grande llamado **quilla**. Estos músculos mueven las alas.

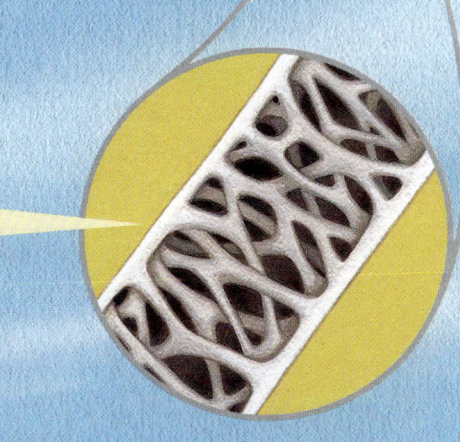

Los huesos son de un material muy pesado, pero las aves tienen un esqueleto más liviano que el de los otros vertebrados ya que sus huesos son huecos, pero al mismo tiempo son muy fuertes ya que tienen unos delgados soportes cruzados que les dan apoyo, igual que las vigas sostienen un puente.

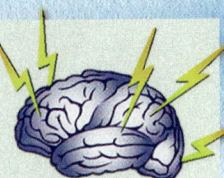

PARA PENSAR

Las células de un ave tienen menos ADN que las de cualquier otro vertebrado. En la mayoría de los animales, gran parte del ADN parece no tener función; es ADN sobrante. Parece que las aves se han deshecho de buena parte de su ADN sobrante, lo que las hace más livianas para el vuelo.

Aves y mamíferos

Laboratorio

El efecto Bernoulli

¿Es cierto que el aire que circula rápido crea una presión baja? ¡Por supuesto! Puedes observar este efecto fácilmente con un popote y una hoja de papel. Trabaja en pareja. Con un **alfiler** hazle un hoyo a un **popote**. Corta una pequeña tira de **papel** de unos 3 cm de largo y 0.5 cm de ancho. Sostén la tira de papel tan cerca del hoyo como sea posible, sin que toque el popote. Pídele a tu compañero que sople en el popote. El aire que circula rápido crea una baja presión en el popote. La presión de aire más alta de la habitación empujará el papel contra el hoyo. ¡Haz la prueba!

Levantar el vuelo

Todas estas adaptaciones hacen que las aves estén bien equipadas para el vuelo, pero, ¿cómo superan la gravedad y surcan los aires? Todo lo que vuela necesita alas para despegar del suelo. Las aves sacuden sus alas para atravesar e impulsarse a través del aire. Las alas proporcionan flotación, o la fuerza ascendente sobre el ala que mantiene al ave en el aire.

Cuando el aire fluye por el ala, parte del mismo se fuerza por encima y otra parte por debajo del ala. El ala de un ave tiene la parte superior curva. Como se muestra en la **Figura 6**, el aire de encima tiene que moverse *una mayor distancia* que el de debajo. Como resultado, el aire de arriba se mueve *más rápido* que el aire de la parte inferior. El aire que circula rápido en la parte superior crea baja presión en el aire. Esto se conoce como *efecto Bernoulli*. La presión del aire debajo del ala es mayor y empuja el ala hacia arriba.

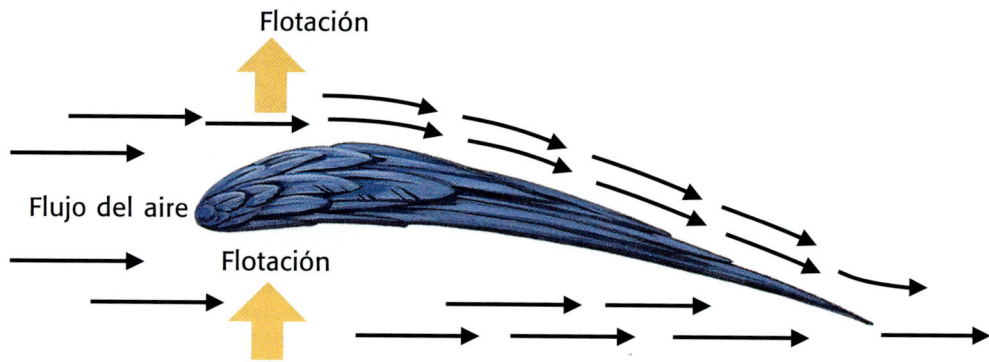

Figura 6 El ala de un ave está diseñada para producir flotación. El aire que se mueve sobre la parte superior del ala se mueve más rápido que el de la parte inferior. Esto crea una diferencia en la presión del aire que mantiene el ave en el aire.

Las aves generan flotación extra al agitar las alas. Cuanto más rápido vuela un ave, mayor es la flotación. Otro factor que influye es el tamaño del ala. Cuanto más grande sea, mayor será la flotación. Las aves con alas grandes pueden planear distancias largas sin agitar las alas. Un albatros, como el de la **Figura 7**, puede planear por muchas horas sin agitarlas.

Figura 7 El albatros errante tiene una envergadura de 3.5 m, la más grande de cualquier ave viviente. Sus alas largas le permiten planear durante largos períodos de tiempo. Un albatros sólo desciende para poner huevos.

Migración

¿Has oído decir que cuando las cosas se ponen difíciles, los más fuertes se las arreglan solos? Las aves deben ser muy fuertes, porque en tiempos difíciles, algunas se van más rápidamente y más lejos que cualquier otro animal. Al poder volar grandes distancias, migran a lugares lejanos.

Algunas aves, como los gansos de Canadá de la **Figura 8,** tienen muy buenas razones para migrar. Cuando migran, pueden encontrar mejores territorios con más alimento. Por ejemplo, en el ártico, durante el verano, hace sol casi las 24 horas del día. Las plantas, los insectos y otros organismos se multiplican de manera explosiva, proporcionando mucha comida. Es un lugar magnífico para que las aves cuiden de sus crías. Sin embargo, el invierno es muy largo y cruel, con muy poca comida. Cuando llega, las aves vuelan al sur en busca de alimento.

Figura 8 *Estos gansos canadienses migran al sur en el invierno.*

El cuidado de las crías

Como los reptiles, las aves se reproducen por fertilización interna y ponen huevos amnióticos que contienen el embrión en desarrollo. Pero mantienen sus huevos cal entitos para que el embrión se desarrolle.

La mayoría de las aves construyen nidos muy elaborados donde ponen los huevos. La **Figura 9** muestra diferentes tipos de nidos. Las aves se sientan sobre sus huevos hasta que nacen los pichones, usando el calor de su cuerpo para mantenerlos abrigados. Esto se llama **empollar.** En algunas aves, como las gaviotas, hembras y machos empollan los huevos. Entre algunas aves cantoras, mientras la hembra empolla los huevos, el macho le trae comida.

Criar aves pequeñas es un trabajo difícil. Algunas aves, como los cuclillos y los garrapateros, han encontrado la forma de que otras aves hagan su trabajo. Un cuclillo deja sus huevos en el nido de otra especie de ave. Cuando el pequeño sale del huevo, sus padres adoptivos lo alimentan y protegen.

Figura 9 *Estos son algunos tipos de nidos de aves. Las aves usan pasto, ramas, musgo, pelo, plumas y muchos otros materiales de construcción.*

Figura 10 Los pollitos precoces aprenden a reconocer a sus padres justo después de salir del cascarón. Pero si sus padres no están ahí, seguirán a cualquier cosa que se mueva, hasta a un ser humano.

¡Estamos listas! Algunas aves recién nacidas salen del cascarón listas para ser activas y comer bichos. Estos son **pollitos precoces.** Los pollos, los patos y las aves de mar son pollitos precoces. Están cubiertos de plumas suaves y siguen a sus padres en cuanto se levantan. En la **Figura 10**, puedes ver unos pollitos precoces siguiendo a un padre substituto. Los pollitos precoces dependen de su madre para obtener calor y protección, pero caminan, nadan y se alimentan solos.

Se solicita ayuda Los pollitos de halcones y aves cantoras, entre otros, salen del cascarón débiles, sin plumas e indefensos. Estos son **pollitos altriciales**. Nacen con los ojos cerrados y no pueden caminar ni volar. Sus padres deben mantenerlos calientes y alimentarlos durante semanas. La **Figura 11** muestra pollitos altriciales que son alimentados por su madre.

Cuando les crecen las primeras plumas de vuelo, empiezan a aprender a volar. Sin embargo, esto lleva días, y por lo regular los pollitos terminan caminando en el suelo. Los padres deben distraer a los gatos, las comadrejas y otros depredadores para proteger a sus crías.

Figura 11 Los padres de los pollitos altriciales dejan el nido en busca de alimento. Regresan al nido con alimento después de unos minutos y a veces, entre los dos, hacen hasta 1,000 viajes en un día.

REPASO

1. Menciona tres características similares y tres diferentes entre las aves y los reptiles.
2. Explica la diferencia entre pollitos precoces y altriciales.
3. ¿Has oído el dicho "come como un pajarito" para decir que alguien come muy poco? ¿Es correcto? ¿Por qué?
4. Menciona algunas de las adaptaciones que hacen que el cuerpo de las aves no pese.
5. **Comprender la tecnología** ¿Puede generar flotación el ala de un avión que no tiene la parte superior curva? Haz un dibujo para ilustrar tu explicación.

Clases de aves

Hay casi 9,000 especies de aves en la Tierra, que varían en tamaño desde el colibrí de 1.6 g hasta el avestruz del norte de África, de 125 kg. Los cuerpos de las aves también tienen diferentes características, según el lugar donde vivan y lo que coman. Debido a su gran diversidad, las aves se clasifican en 29 órdenes diferentes. Esto puede ser confuso, así que a menudo se agrupan en cuatro categorías no científicas: aves no voladoras, aves acuáticas, aves de rapiña y aves de percha. Estas categorías no comprenden todas las aves, pero muestran qué tan diferentes pueden ser.

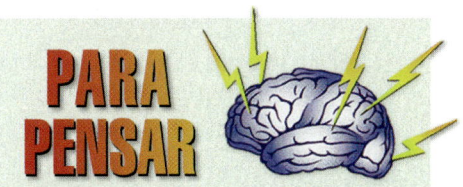

PARA PENSAR

Un huevo de avestruz pesa 1.4 kg. Un solo huevo es tan grande que puede proporcionar los huevos revueltos para cuatro desayunos de toda una familia.

Aves no voladoras

Las avestruces, los kiwis, los emúes y otras aves no voladoras no tienen una quilla grande para el vuelo. Aunque no pueden volar, muchas de estas aves corren con mucha rapidez.

El **kiwi,** de Nueva Zelanda, es un ave de bosque del tamaño de un pollo. Sus plumas son suaves y parecidas al cabello. Duerme durante el día, y por la noche come bayas y caza gusanos y orugas.

Los **pingüinos** son aves no voladoras excepcionales. Tienen una quilla grande y músculos de vuelo muy fuertes, pero sus alas han sido transformadas en aletas. Agitan estas aletas para nadar debajo del agua. Aunque los pingüinos son muy buenos nadadores, en la tierra caminan con torpeza.

El **avestruz** es el ave viviente más grande. Puede alcanzar una altura de 2.5 m y un peso de 125 kg. Sus patas con dos dedos parecen pezuñas. Pueden correr hasta 64 km/h (40 millas/h).

Aves acuáticas

En el grupo de las *aves acuáticas* se encuentran las grullas, los patos, los gansos, los cisnes, los pelícanos, los somorgujos y muchas otras especies. Por lo general, estas aves tienen patas palmípedas para nadar, pero también son voladores resistentes.

Este pato tienen un hermoso plumaje que atrae a las hembras. Los patos son resistentes nadadores y voladores.

El **bobo de patas azules** es un ave acuática tropical. Estas aves tienen una danza de cortejo complicada que consiste en levantar las patas una después de la otra.

El **somorgujo común** es el ave más primitiva de las aves modernas. Puede permanecer debajo del agua durante varios minutos en busca de peces.

Aves de rapiña

Las águilas, los halcones y otras aves de rapiña son carnívoras. Pueden comer mamíferos, peces, reptiles, aves u otros animales. Las garras afiladas de sus patas y su pico curvo cortante les ayudan a atrapar y comer su presa. También tienen muy buena vista, y la mayoría cazan durante el día.

Los búhos, como este **búho manchado del norte,** son las únicas aves de rapiña que cazan en la noche. Tienen un agudo sentido del oído que les ayuda a encontrar a su presa.

Las **águilas pescadoras** comen peces. Vuelan sobre el agua y atrapan los peces con las patas.

Aves de percha

Las aves cantoras, como los petirrojos, los reyezuelos y los gorriones son aves de percha. Estas aves tienen adaptaciones especiales para posarse sobre una rama. Cuando un ave de percha aterriza en una rama, sus patas automáticamente se cierran sujetándose a ella. Aunque el ave se quede dormida, no se cae.

Los **loros** no son aves cantoras, pero tienen patas especiales para posarse y trepar a las ramas. Su pico encorvado y fuerte les permite abrir semillas y partir fruta.

Los **paros carboneros** son pequeñas aves que se reúnen con frecuencia en los jardines. Por lo general, se cuelgan de una rama mientras comen insectos, semillas o frutas.

La mayoría de las tángaras son aves tropicales, pero la **tángara escarlata** pasa el verano en Norteamérica. El macho es rojo, pero la hembra es de un color verde amarillento que se camufla entre los árboles.

REPASO

1. ¿Por qué se llama aves de percha a este tipo de ave?
2. Las aves de rapiña tienen muy buena vista. ¿Por qué es tan importante esta característica?
3. **Interpretar ilustraciones** Observa la ilustración de la derecha. ¿Qué pata pertenece a un ave acuática? ¿Cuál pertenece a un ave de percha? Explica tus respuestas.

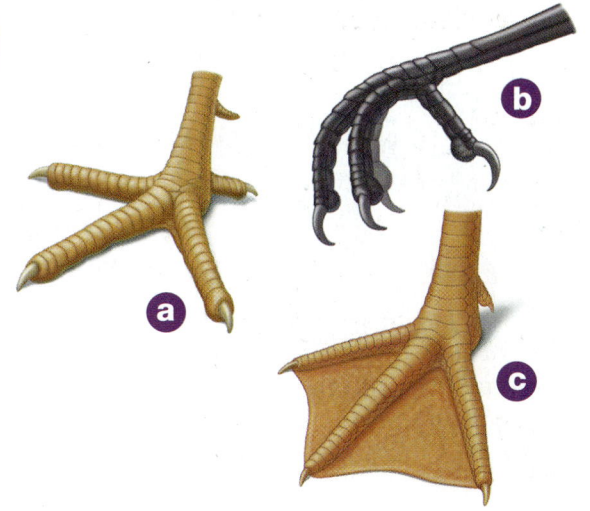

Aves y mamíferos **391**

Sección 2

Mamíferos

VOCABULARIO

terápsido
glándulas mamarias
diafragma
monotrema
marsupial
mamífero placentario
placenta
gestación
carnívoro
primate

OBJETIVOS

- Describe las características comunes de los mamíferos.
- Explica las diferencias entre los monotremas, marsupiales y mamíferos placentarios.
- Da algunos ejemplos de cada tipo de mamífero.

Parece ser que, de todos los vertebrados, los que más nos interesan son los mamíferos, quizás porque los seres humanos también lo somos. Pero, con casi 4,500 especies, los mamíferos son en realidad una clase pequeña de animales. Los moluscos, por ejemplo, tienen más de 90,000 especies.

Los mamíferos son de diferentes tamaños, desde los murciélagos más pequeños (que pesan menos que una galleta) hasta las ballenas más grandes. La ballena azul, con una masa de más de 90,000 kg, es el animal más grande que existe. Hay mamíferos en los océanos más fríos, en los desiertos más calientes y en los climas intermedios. En la **Figura 12** ves una pequeña muestra de la gran variedad de mamíferos que existe.

Venado

Mandril

Rinoceronte

Ballena beluga

Figura 12 *Aunque se ven muy diferentes, todos estos animales son mamíferos.*

El origen de los mamíferos

Las pruebas fósiles sugieren que hace unos 280 millones de años aparecieron reptiles parecidos a los mamíferos, llamados terápsidos. Los **terápsidos** fueron los primeros antepasados de los mamíferos. En la **Figura 13,** puedes ver la versión artística de lo que pudo ser un terápsido.

Hace unos 200 millones de años, los primeros mamíferos aparecieron en el registro fósil. Tenían el tamaño de un ratón y eran homotermos. Como no dependían de su ambiente para calentarse, podían buscar forraje por la noche y evitar a los dinosaurios depredadores durante el día.

Cuando los dinosaurios se extinguieron, había más tierra y alimento para los mamíferos. Estos empezaron a diversificarse y a vivir en muchos ambientes diferentes.

Figura 13 *Los terápsidos tenían características de reptiles y de mamíferos, y es posible que se parecieran al que ves en este dibujo.*

Características de los mamíferos

Los delfines y los elefantes son mamíferos, así como los monos, los caballos y los conejos. ¡Tú eres uno de ellos! Estos animales son muy diferentes, pero todos los mamíferos comparten muchos rasgos característicos.

Mamas Todos los mamíferos tienen glándulas mamarias, lo que los separa de los demás animales. Las **glándulas mamarias** segregan un fluido nutritivo llamado leche. Todas las hembras mamíferas les dan leche a sus crías. Por lo general, dan a luz a crías vivas y las alimentan, como ves en la **Figura 14.** Aunque sólo las hembras maduras dan leche, los machos también tienen pequeñas glándulas mamarias inactivas.

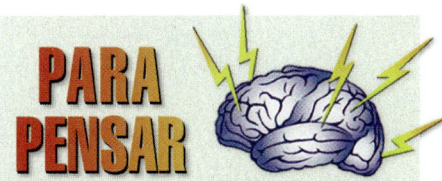

Cuando un canguro trepa por primera vez a la bolsa de su madre, la leche que bebe no tiene grasa. Más tarde, la leche tiene un 20 por ciento de grasa. Una mamá canguro con dos bebés de diferente edad le da leche sin grasa al bebé y leche con grasa al más grande. Cada uno se alimenta de un pezón diferente.

Figura 14 *Como todos los mamíferos, este becerro obtiene su primer alimento de la leche de su madre.*

La leche está compuesta por agua, proteína, grasa y azúcar. La leche de diferentes mamíferos varía en la cantidad de los nutrientes. Por ejemplo, la humana tiene la mitad de grasa que la de vaca, pero el doble de azúcar. La de las focas tiene casi más de la mitad de grasa. Cuando nacen, los elefantes marinos pesan 45 kg. Después de tomar esta rica leche durante 3 semanas, su peso alcanza los 180 kg.

Cómodo y abrigado Si un perro se ha quedado dormido en tu regazo, ya sabes que los mamíferos tienen una temperatura alta. Todos los mamíferos son homotermos. Como los pájaros, los mamíferos requieren mucha energía del alimento. Descomponen muy rápido el alimento en su cuerpo y usan la energía liberada por sus células para mantener la temperatura. Los mamíferos mantienen constante su temperatura corporal. Ésta cambia solamente cuando hibernan, estivan o tienen fiebre.

Figura 15 *Los mamíferos se sienten tibios cuando los tocas porque son homotermos.*

Figura 16 *El pelaje grueso de este zorro ártico mantiene su cuerpo a una buena temperatura hasta en los inviernos más fríos.*

Siempre abrigados Los mamíferos tienen adaptaciones que les ayudan a mantenerse a una buena temperatura. Para ello hay que usar un abrigo grueso, y los mamíferos usan unos muy lujosos. Todos, incluso las ballenas, tienen pelo. Éste es otro rasgo distinto de los mamíferos. Los de climas fríos, tienen un pelaje muy grueso, como el zorro de la **Figura 16**. Los mamíferos grandes de climas calientes, como los elefantes, tienen menos pelo. Los gorilas y los seres humanos tienen cantidades similares de pelo, pero el nuestro es más fino y corto.

La mayoría de los mamíferos también tienen una capa de grasa bajo la piel que actúa como aislante. Las ballenas y otros mamíferos que viven en océanos fríos dependen de una capa de grasa que los mantiene calientes.

¡Qué dientes! Otro rasgo que separa a los mamíferos de los otros animales son los dientes. Las aves no tienen dientes y, aunque los peces y los reptiles sí los tienen, todos son iguales. Los dientes de los mamíferos tienen forma y tamaño diferentes, y realizan funciones específicas.

Veamos tus dientes, por ejemplo. Los de adelante son para cortar y se llaman incisivos. La mayoría de las personas tienen cuatro arriba y cuatro abajo. Los siguientes se llaman caninos y sirven para afianzar la comida. Te ayudan a agarrar la comida y mantenerla en la boca. Más atrás están los dientes de superficie lisa llamados molares, que trituran la comida.

Figura 17 *Los pumas tienen colmillos puntiagudos para despedazar a su presa. Los burros tienen incisivos delanteros afilados para cortar plantas y molares lisos en la parte trasera para triturar.*

Los tipos de dientes reflejan la dieta. Los perros, gatos, lobos y otros carnívoros tienen caninos largos. Los mamíferos que comen plantas tienen molares mejor desarrollados. La **Figura 17** muestra los dientes de algunos mamíferos.

A diferencia de otros vertebrados, los mamíferos tienen dos juegos de dientes. Los primeros se llaman dientes de leche. Éstos son reemplazados por los dientes de adulto permanentes, cuando empiezan a comer alimentos sólidos y su mandíbula se hace más grande.

Clases de mamíferos

Los mamíferos se dividen en tres grupos según la forma de desarrollo de las crías: monotremas, marsupiales y mamíferos placentarios.

Monotremas. Los mamíferos que ponen huevos se llaman **monotremas**. Son los únicos mamíferos que ponen huevos y los primeros científicos los llamaron "reptiles peludos". Pero los monotremas no son reptiles; tienen todos los rasgos de los mamíferos: tienen glándulas mamarias, un abrigo grueso de pelo y son homotermos.

Los monotremas sólo se encuentran en Australia y Nueva Guinea. En la actualidad sólo existen tres especies de monotremas. Dos son equidnas, animales cubiertos de espinas con hocicos largos. Los equidnas tienen largas lenguas pegajosas para atrapar hormigas y termitas. En la **Figura 19,** puedes ver un equidna.

El tercer monotrema es el ornitorrinco, que puedes ver en la **Figura 20,** un mamífero nadador que vive y se alimenta en los ríos y los estanques. Tiene patas palmípedas, una cola plana que le ayuda a moverse en el agua, y un hocico plano y elástico que le sirve para cavar en el fango en busca de gusanos, langostinos y otros alimentos. Los ornitorrincos son buenos excavadores y cavan largos túneles en las orillas de los ríos, donde ponen sus huevos.

Un monotrema hembra pone uno o dos huevos con cascarones duros y correosos. Como los huevos de las aves y de los reptiles, los de los monotremas tienen una yema y un albumen para alimentar al embrión en desarrollo. La hembra incuba los huevos con el calor de su cuerpo. Las crías recién salidas del huevo son embriones muy pequeños que no están desarrollados por completo. La madre los protege y los alimenta con leche de sus glándulas mamarias. A diferencia de otros mamíferos, los monotremas no tienen pezones y los bebés no pueden mamar la leche, sino que la lamen de la piel y del pelo alrededor de las glándulas mamarias de su madre.

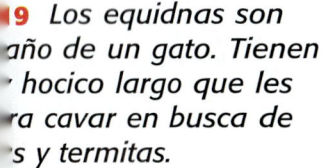

19 Los equidnas son [del tam]año de un gato. Tienen [un] hocico largo que les [sirve pa]ra cavar en busca de [hormiga]s y termitas.

Cuando está bajo el agua, el ornitorrinco cierra los ojos [y] los oídos. Usa su sensible hocico para encontrar alimento.

Obtener oxígeno Igual que el fuego necesita oxígeno para arder, todos los animales necesitan oxígeno para "quemar" o descomponer los alimentos. Como las aves y los reptiles, los mamíferos usan los pulmones para obtener oxígeno del aire. Pero además tienen un músculo grande que ayuda a llevar aire a los pulmones. Este músculo se llama **diafragma** y está en la parte inferior de la caja torácica.

Para que pase la mayor cantidad de oxígeno posible de los pulmones a la sangre, los mamíferos tienen un corazón de cuatro cavidades. Esto permite que la sangre con oxígeno esté separada de la sangre sin oxígeno.

Cerebro grande El cerebro de un mamífero es más grande que el de otro animal del mismo tamaño. Esto permite que los mamíferos aprendan, se muevan y piensen rápidamente. El cerebro altamente desarrollado de un mamífero también le ayuda a saber lo que pasa en su ambiente y a responder con rapidez. Los mamíferos se encuentran entre los animales más coordinados. La mayoría de los mamíferos son animales veloces y reaccionan con rapidez, ya sea un conejo que desaparece entre los arbustos o un leopardo que persigue a una gacela.

Los mamíferos dependen de cinco sentidos principales que les proporcionan información sobre su medio ambiente: vista, oído, olfato, tacto y gusto. A menudo, la importancia de cada sentido para cada mamífero depende de su ambiente. Por ejemplo, los mamíferos que están activos de noche dependen más de su habilidad para escuchar que de su habilidad para ver.

Buenos padres Todos los mamíferos se reproducen sexualmente. Como las aves y los reptiles, se reproducen mediante fertilización interna; dan a luz crías vivas y las alimentan. La mayoría nacen indefensos y requieren mucho cuidado. Los padres son muy protectores, y uno de ellos o los dos cuidan a sus crías hasta que crecen. La **Figura 18** muestra un oso pardo cuidando a sus crías.

Figura 18 Una r de sus cachorros amenaza, está li

REPASO

1. Menciona tres características únicas de los mamíferos.
2. ¿Para qué sirve el diafragma?
3. **Hacer deducciones** Imagina que encontraste el cráneo de un mamífero en una excavación arqueológica. ¿Cómo te podrían ayudar sus dientes para saber lo que comía?

Marsupiales Probablemente sabes que los canguros, como los de la **Figura 21,** tienen una bolsa. Los canguros son **marsupiales,** o mamíferos con bolsa. Como todos los mamíferos, los marsupiales son homotermos, tienen glándulas mamarias, pelo y dientes. A diferencia de los monotremas, los marsupiales no ponen huevos, sino que dan a luz crías vivas.

Como los monotremas, los bebés marsupiales no están totalmente desarrollados. Al nacer, los embriones de canguro son del tamaño de un abejorro y se arrastran a través del pelo de la madre hasta la bolsa que hay sobre el abdomen. Dentro están las glándulas mamarias. El bebé canguro trepa, se adhiere al pezón y toma leche hasta que es capaz de moverse sin ayuda y dejar la bolsa durante períodos cortos. Estos son los canguros jóvenes.

Hay cerca de 280 especies de marsupiales. El único que habita en el continente americano al norte de México es la zarigüeya, que ves en la **Figura 22.** Los koalas **(Figura 23),** los demonios de Tasmania (dasiuro) y los wallabi también son marsupiales. La mayoría viven en Australia, Nueva Guinea y Sudamérica.

Figura 21 Después de nacer, el canguro continua desarrollándose en la bolsa de la madre. Los canguros jóvenes más grandes dejan la bolsa pero regresan si hay cualquier señal de peligro.

Figura 22 Cuando está en peligro, la zarigüeya se queda inmóvil, simulando estar muerta para que el depredador la ignore.

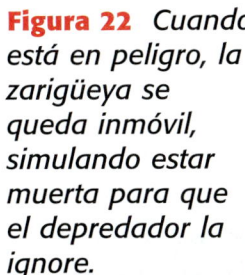

Figura 23 Los koalas duermen en los árboles durante el día y son activos por la noche. Sólo comen hojas de eucalipto.

ciencias de la Tierra
CONEXIÓN

¿Por qué la mayoría de los marsupiales viven en Australia? Los fósiles indican que los primeros marsupiales vivieron hace 75 millones de años. Los científicos piensan que en esa época los continentes estaban cerca unos de otros. Los marsupiales primitivos pudieron llegar a Sudamérica, África y Australia. Después de que los continentes se separaran, los marsupiales se extinguieron en África y Europa, pero permanecieron en Sudamérica y prosperaron en Australia. Hoy en día, Australia tiene más marsupiales que cualquier otro lugar de la Tierra.

Aves y mamíferos

¡MATEMÁTICAS!

¡Hormigas para cenar!
El oso hormiguero gigante puede sacar la lengua 150 veces por minuto. ¿Cuántas veces puedes sacarla tú? Imagínate que eres un oso hormiguero y necesitas comer 50 hormigas para obtener 1 caloría. ¿Cuántas tendrías que comerte al día? Si atraparas dos hormigas cada vez que sacas la lengua, ¿cuántas veces al día tendrías que sacarla? ¿Cuántas horas por día tendrías que comer?

Mamíferos placentarios La mayoría de los mamíferos son **mamíferos placentarios.** Sus embriones se quedan dentro del cuerpo de la madre y se desarrollan en un órgano llamado útero. Los mamíferos placentarios forman una conexión especial con el útero de la madre llamada **placenta,** que le proporciona alimento y oxígeno de la sangre de la madre al embrión en desarrollo, y desecha los desperdicios del embrión.

El tiempo durante el cual un embrión se desarrolla dentro de la madre se llama gestación. La **gestación** de los animales placentarios va desde unas cuantas semanas en los ratones hasta 23 meses en los elefantes. Los seres humanos tienen una gestación de 9 meses. Después de que los mamíferos placentarios nacen, son alimentados con leche a través de las glándulas mamarias de la madre

Autoevaluación
Explica la diferencia entre un monotrema, un marsupial y un mamífero placentario. *(Consulta la página 636 para comprobar tu respuesta.)*

Clases de mamíferos placentarios

Más del noventa por ciento de todos los mamíferos de la Tierra son placentarios. Los mamíferos placentarios actuales se clasifican en 18 órdenes. Cada orden tiene unas características que ayudan a identificarla. En las siguientes páginas verás las características de las órdenes más comunes.

Desdentados

Este grupo incluye osos hormigueros, armadillos, cerdos hormigueros, pangolines y perezosos. Sólo los osos hormigueros son completamente desdentados. Los demás tienen dientes pequeños. La mayoría de los mamíferos desdentados se alimentan de insectos que atrapan con su larga lengua pegajosa.

No todos los **armadillos** comen hormigas. Algunas especies comen otros insectos, ranas, champiñones y raíces. Cuando un armadillo se siente amenazado, se enrolla sobre sí mismo y se protege con sus placas duras.

El oso hormiguero más grande es el **oso hormiguero gigante** de 40 kg de Sudamérica. Los osos hormigueros nunca destruyen los nidos de sus presas. Los abren, se comen unas cuantas hormigas o termitas y luego pasan a otro nido.

Insectívoros

Los mamíferos que comen insectos, o *insectívoros*, viven en cualquier continente excepto Australia. La mayoría de los insectívoros son pequeños y, por lo general, tienen la nariz puntiaguda para cavar en la tierra en busca de comida. En comparación con los otros mamíferos, tienen el cerebro muy pequeño y unos cuantos dientes especializados. Dentro de los insectívoros se encuentran topos, musarañas y erizos. Los mamíferos primitivos se parecían mucho a los insectívoros actuales.

Este **topo** tiene sensores en la nariz que le ayudan a encontrar insectos y a orientarse en los túneles. Aunque tienen ojos muy pequeños, los topos no pueden ver.

Los **erizos** viven en Europa, Asia y África. Sus espinas los protegen de la mayoría de los depredadores.

Roedores

Más de una tercera parte de todas las especies de mamíferos son roedores y se encuentran en cualquier continente, excepto la Antártida. Entre ellos están la ardilla, el ratón, la rata, el conejillo de Indias, el puerco espín y la chinchilla. La mayoría de los roedores son animales pequeños con bigotes largos y sensibles. Los roedores mastican y roen; todos tienen dientes delanteros filosos para roer. Como mastican tanto, sus dientes se desgastan. Por eso, sus incisivos crecen continuamente, como tus uñas.

Los **capibaras** de Sudamérica son los roedores más grandes del mundo. Una hembra puede pesar hasta 70 kg.

Como todos los roedores, los **castores** tienen dientes para roer, que usan para derribar árboles.

Lagomorfos

Los conejos, las liebres y las pikas pertenecen a un grupo de mamíferos placentarios llamados lagomorfos. Como los roedores, tienen dientes filosos para roer, pero a diferencia de ellos, tienen dos juegos de incisivos en la mandíbula superior y una cola corta. Los conejos y las liebres tienen patas traseras largas y fuertes para brincar. Para detectar a sus depredadores, que son muchos, tienen nariz sensible, y orejas y ojos grandes.

Las **pikas** son animales pequeños que viven en lo alto de las montañas de Asia y Europa. Estos animales juntan plantas y las ponen a secar en una especie de "pajares". En el invierno, usan las plantas secas como comida y aislamiento.

Las orejas largas de esta **liebre** le sirven para oír bien.

Mamíferos voladores

Los murciélagos son los únicos mamíferos que pueden volar. Tienen alas hechas de huesos largos y delgados conectados por membranas de piel. Los murciélagos son activos por la noche y duermen en áreas protegidas durante el día. Cuando descansan, se cuelgan de cabeza. La mayoría de los murciélagos comen insectos, pero algunos comen fruta, y tres especies de murciélagos vampiro chupan la sangre de otros animales. Los murciélagos más grandes son los que comen fruta; pesan hasta 1 kg y tienen una envergadura de hasta 2 m. La mayoría de los murciélagos pesan sólo unos cuantos gramos.

Casi todos los murciélagos cazan insectos durante la noche, y se orientan por ecolocación. Emiten ultrasonidos cuando vuelan y el eco de los mismos rebota en los árboles, las rocas, los insectos y otros objetos próximos. Los ecos de un árbol grande y fuerte son diferentes de los que rebotan de una apetitosa y suave polilla. Por lo general, los murciélagos que se guían con la ecolocación tienen enormes orejas para escuchar los ecos de sus propias señales.

En muchos países asiáticos, los **murciélagos** son símbolo de buena suerte, larga vida y felicidad.

¿En qué se parecen los murciélagos y los submarinos? Los submarinos usan la ecolocación llamada "sonar" para encontrar y evitar objetos bajo el agua. En base a lo que ya sabes sobre la ecolocación, ¿qué tipo de instrumentos crees que se necesitan para navegar un submarino con "sonar"?

Carnívoros

Los **carnívoros** son un grupo de mamíferos que tienen grandes caninos y dientes especiales para cortar carne. El nombre carnívoro significa "que comen carne", así que los mamíferos de este grupo comen principalmente carne. Entre ellos están los leones, los lobos, las comadrejas, las nutrias, los osos, los mapaches y las hienas. Los carnívoros también abarcan un grupo de mamíferos marinos que comen peces llamados pinnípedos. Entre los pinnípedos se encuentran las focas, los leones marinos y las morsas. Algunos carnívoros también comen plantas. Por ejemplo, los osos negros comen pasto, nueces y bayas, y rara vez comen carne. Otros carnívoros no comen otra cosa que animales.

Los **coyotes** son miembros de la familia del perro. Viven en toda Norteamérica y en partes de Centroamérica.

Los gatos se dividen en dos grupos, gatos grandes y gatos pequeños. Todos los gatos grandes rugen. El gato más grande de este grupo es el **tigre siberiano** que pesa hasta 300 kg.

Los **mapaches** tienen patas que parecen manos para atrapar peces y sostener su alimento. Pueden manipular objetos casi tan bien como los monos.

Las **morsas** son pinípedos. A diferencia de otros carnívoros, no usan los caninos para despedazar el alimento sino para defenderse, cavar en busca de alimento y trepar al hielo.

Aves y mamíferos

Mamíferos con pezuñas

Los caballos, los cerdos, los venados y los rinocerontes son algunos de los mamíferos que tienen pezuñas gruesas. La mayoría de estos animales están adaptados para correr velozmente. Como son herbívoros, tienen molares planos y largos para triturar plantas. Algunos también tienen un aparato digestivo modificado que puede manejar grandes cantidades de celulosa.

Estos mamíferos se dividen en dos grupos, según el número de dedos. Los mamíferos con pezuña impar tienen uno o tres dedos. Los caballos, las cebras, los rinocerontes y los tapires tienen una sola pezuña grande. Los mamíferos con pezuña par tienen dos o cuatro dedos. En este grupo están los cerdos, las vacas, los camellos, los venados, los hipopótamos y las jirafas.

Las **jirafas** son los mamíferos más altos. Tienen el cuello y las patas largas con dedos pares.

Los **rinocerontes** son enormes mamíferos con dedos impares. Sus cuernos continúan creciendo por el resto de su vida.

Los **camellos** son mamíferos con dedos pares. La joroba de un camello es una bolsa de grasa que le proporciona energía cuando escasea la comida.

Los **tapires** son grandes mamíferos con tres dedos, que viven en los bosques. Se encuentran en Centroamérica, Sudamérica y en el sudeste de Asia.

Mamíferos con trompa

Los elefantes son los únicos mamíferos con trompa. La trompa es una alargada combinación muscular de labio superior y nariz. Los elefantes usan la trompa de la misma forma en que nosotros usamos las manos, los labios y la nariz. La trompa es lo bastante fuerte para levantar un árbol, pero también lo bastante ágil para recoger frutas pequeñas, una por una. Los elefantes usan la trompa para llevarse el alimento a la boca y rociarse la espalda con agua para refrescarse.

Hay dos especies de elefantes: los africanos y los asiáticos. Los africanos son más grandes y tienen orejas y colmillos más grandes que los asiáticos. Ambas especies comen plantas. Como son tan grandes, los elefantes comen hasta 18 horas al día para obtener suficiente alimento.

Los elefantes son los animales terrestres más grandes. Los africanos llegan a pesar hasta 7,500 kg. Los elefantes son muy inteligentes y pueden vivir más de 60 años.

ciencias del medio ambiente
CONEXIÓN

Ambas especies de elefantes están en peligro. Durante siglos, los seres humanos los han cazado para obtener sus colmillos. Los colmillos de los elefantes son de marfil, un material duro que se usa para tallar. Debido a la gran demanda de marfil, gran parte de la población de elefantes ha sido aniquilada. Hoy en día, la caza de elefantes está prohibida.

Los **elefantes** son animales sociales. Viven en manadas que constan de hembras emparentadas, y sus crías.

✓ Autoevaluación

1. ¿Por qué los murciélagos se clasifican como mamíferos y no como aves?
2. ¿En qué se parecen los roedores y los lagomorfos? ¿En qué se diferencian?

(Consulta la página 636 para comprobar tus respuestas.)

Cetáceos

Las ballenas, los delfines y las marsopas forman un grupo de mamíferos marinos llamados cetáceos. A primera vista, las ballenas y sus parientes pueden parecer más peces que mamíferos. Pero como todos los mamíferos, los cetáceos son homotermos, tienen pulmones y alimentan a sus crías. La mayoría de las ballenas más grandes no tienen dientes y se alimentan de animales marinos diminutos. Pero los delfines, las marsopas, los cachalotes y las ballenas asesinas tienen dientes que usan para comer peces y otros animales.

Los **delfines tornillo** dan vueltas cuando saltan del agua. Como todos los delfines, son inteligentes y muy sociables.

Como los murciélagos, los cetáceos usan la ecolocación para "ver" a su alrededor. Los **cachalotes**, como éste, usan estallidos fuertes de sonido para atolondrar a los peces y poderlos atrapar con más facilidad.

Sirénidos

El grupo más pequeño de mamíferos marinos se llama sirénidos. Abarca sólo cuatro especies: tres tipos de manatíes y el dugongo. Estos mamíferos son completamente acuáticos; viven en las costas y en grandes ríos. Son animales tranquilos que comen algas y plantas marinas.

Los **manatíes** también son conocidos como vacas marinas.

Primates

Los prosimios, los monos, los simios y los seres humanos pertenecen a un grupo de mamíferos llamados primates. Hay cerca de 160 especies de **primates.** Todos tienen los ojos hacia el frente, lo que permite que ambos ojos se centren en un solo punto. La mayoría de los primates tienen cinco dedos en cada mano y cinco en cada pie, con uñas planas en lugar de garras. Los dedos de los primates y los pulgares oponibles son prensiles; pueden hacer movimientos complicados, como agarrar objetos. Los primates tienen un cerebro grande en proporción con el tamaño de su cuerpo y se consideran unos de los mamíferos más inteligentes.

Muchos primates viven en árboles. Las articulaciones flexibles de los hombros, y las manos y pies prensiles les permiten trepar a los árboles y pasar de rama en rama. La mayoría de los primates comen hojas y frutas, pero algunos también comen animales.

El **mono araña,** como la mayoría de los monos, tiene una cola prensil. Sus brazos largos, piernas y cola le permiten moverse entre los árboles.

Los **orangutanes** y otros simios con frecuencia caminan erguidos. Por lo general, el cerebro y el cuerpo de los simios es más grande que el de los monos.

REPASO

1. ¿Puedes diferenciar un hipopótamo de un rinoceronte con sólo verles las patas? Explica tu respuesta.
2. ¿En qué se diferencian los monotremas de los demás mamíferos? ¿En qué se parecen?
3. ¿A qué grupo de mamíferos placentarios pertenecen los perros? ¿Cómo lo sabes?
4. **Hacer deducciones** ¿Qué es la gestación? ¿Por qué los elefantes tienen una gestación más larga que los ratones?

Experimentos

Leones, tigres y osos... ¿en Marte? Descubre más en la página 617.

Aves y mamíferos

Resumen del capítulo

SECCIÓN 1

Vocabulario
plumón *(pág. 383)*
plumas de contorno *(pág. 383)*
arreglo de las plumas *(pág. 383)*
flotación *(pág. 386)*
empollar *(pág. 387)*
pollito precoz *(pág. 388)*
pollito altricial *(pág. 388)*

Notas de la sección
- Comos los reptiles, las aves ponen huevos amnióticos y tienen escamas gruesas y secas.
- A diferencia de aquéllos, las aves son homotermas y están cubiertas de plumas.
- Como volar requiere mucha energía, las aves deben comer una dieta energética y respirar eficazmente.
- Sus alas están diseñadas para flotar. La flotación es la presión del aire bajo las alas que mantiene al ave en el aire.
- Las aves pesan poco. Sus plumas son fuertes pero livianas, y su esqueleto es relativamente rígido, compacto y hueco.
- Como pueden volar, migran grandes distancias. Pueden anidar en un hábitat y pasar el invierno en otro. Las que migran pueden aprovechar las fuentes de comida y evitar a los depredadores.

Experimentos
¿No van al dentista? *(pág. 616)*

✓ Comprobar destrezas

Comprensión visual

FLOTACIÓN El diagrama de la página 386 ayuda a explicar el concepto de flotación. Puedes ver que el aire debe recorrer una distancia mayor sobre el ala curva que la que recorre por debajo. El aire sobre el ala debe moverse más rápido que el aire que circula por debajo para cubrir la mayor distancia en el mismo tiempo. El aire que circula rápido crea baja presión sobre el ala. La presión mayor bajo el ala la empuja hacia arriba, provocando la flotación.

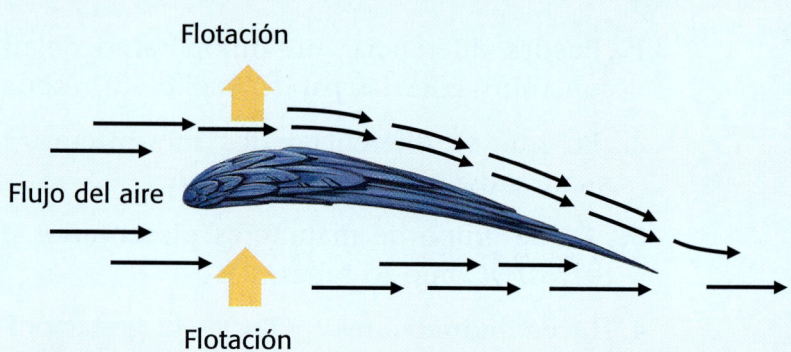

406   Capítulo 16

SECCIÓN 2

Vocabulario
terápsido *(pág. 392)*
glándulas mamarias *(pág. 393)*
diafragma *(pág. 395)*
monotrema *(pág. 396)*
marsupial *(pág. 397)*
mamífero placentario *(pág. 398)*
placenta *(pág. 398)*
gestación *(pág. 398)*
carnívoro *(pág. 401)*
primate *(pág. 405)*

Notas de la sección
- Todos los mamíferos tienen glándulas mamarias; en las hembras, éstas producen leche, que es un fluido altamente nutritivo con el que se alimentan las crías.
- Como las aves, los mamíferos son homotermos.
- Mantienen su rápido metabolismo alimentándose y respirando eficazmente.
- Los mamíferos tienen un diafragma que les ayuda a inhalar aire hacia los pulmones.
- Los mamíferos tienen dientes altamente especializados para masticar diferentes tipos de alimento. Los que comen plantas tienen incisivos y molares para cortar y triturarlas. Los carnívoros tienen caninos para atrapar y despedazar a su presa.
- Los mamíferos son los únicos vertebrados que tienen glándulas mamarias, pelaje y dos grupos de dientes.
- Se dividen en tres grupos: monotremas, marsupiales y mamíferos placentarios.
- Los monotremas ponen huevos en lugar de dar a luz una cría. Producen leche pero no tienen pezones ni placenta.
- Los marsupiales dan a luz a crías vivas, pero éstas nacen como embrión. Los embriones trepan hasta la bolsa de la madre, donde toman leche hasta que se desarrollan.
- Los mamíferos placentarios se desarrollan dentro de la madre durante un período de tiempo llamado gestación. Las madres alimentan a sus crías después de nacer.

Experimentos
Se solicitan mamíferos en Marte
(pág. 617)

 VISITA: go.hrw.com

 **VISITA:** www.scilinks.org

Visita el sitio web de HRW para encontrar una serie de herramientas de aprendizaje relacionadas con este capítulo. Sólo tienes que escribir la palabra clave:

PALABRA CLAVE: HSTVR2

Visita el sitio web de la **Asociación Nacional de Maestros de Ciencias** (*National Science Teachers Association*) para encontrar recursos de Internet relacionados con este capítulo. Sólo escribe el **ENLACE DE CIENCIAS** para obtener más información sobre el tema:

TEMA: Características de las aves	**ENLACE:** HSTL405
TEMA: Clases de aves	**ENLACE:** HSTL410
TEMA: El origen de los mamíferos	**ENLACE:** HSTL415
TEMA: Características de los mamíferos	**ENLACE:** HSTL420

Aves y mamíferos

Repaso del capítulo

UTILIZAR EL VOCABULARIO

Escoge el término correcto para completar las siguientes oraciones:

1. Los pollitos __?__ siguen a su mamá apenas salen del cascarón. Los pollitos __?__ apenas pueden estirar el cuello para recibir comida cuando acaban de salir del cascarón. *(altriciales* o *precoces)*

2. El __?__ les ayuda a los mamíferos a respirar. *(diafragma* o *saco aéreo)*

3. La __?__ les permite a algunos mamíferos alimentar a las crías dentro del útero de la madre. *(glándula mamaria* o *placenta)*

4. Las aves se acicalan con un proceso llamado __?__. *(empollar* o *arreglo de las plumas)*

5. El león pertenece al grupo de mamíferos de los __?__. *(carnívoros* o *primates)*

6. __?__ son plumas esponjadas que ayudan a calentar a las aves. *(Las plumas de contorno* o *Los plumones)*

COMPRENDER CONCEPTOS

Opción múltiple

7. Tanto las aves como los reptiles
   a. ponen huevos.
   b. empollan a sus crías.
   c. son homotermos.
   d. tienen plumas.

8. El vuelo requiere
   a. mucha energía y oxígeno.
   b. un cuerpo liviano.
   c. músculos de vuelo fuertes.
   d. Todas las anteriores

9. Sólo los mamíferos
   a. son homotermos.
   b. alimentan a sus crías.
   c. ponen huevos.
   d. tienen dientes.

10. Los monotremas no
    a. tienen glándulas mamarias.
    b. cuidan a sus crías.
    c. tienen bolsas.
    d. tienen pelaje.

11. La flotación
    a. es aire que viaja sobre la parte superior de un ala.
    b. es proporcionada por sacos aéreos.
    c. es la fuerza ascendente que se ejerce sobre un ala para mantener un ave en el aire.
    d. se crea por la presión del diafragma.

12. ¿Cuál de los siguientes animales no es un primate?
    a. un lémur   c. una pika
    b. un ser humano   d. un chimpancé

Respuesta breve

13. ¿En qué se diferencian los marsupiales de los otros mamíferos? ¿En qué se parecen?

14. Tanto las aves como los mamíferos son homotermos. ¿Cómo mantienen su temperatura?

15. ¿Qué es el efecto Bernoulli?

16. ¿Por qué algunos murciélagos tienen orejas grandes?

Organizar conceptos

17. Usa los siguientes términos para crear un mapa de ideas: monotremas, homotermos, aves, mamíferos, glándulas mamarias, mamíferos placentarios, marsupiales, plumas, pelo.

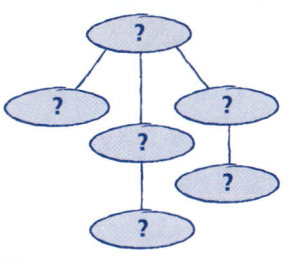

RAZONAMIENTO CRÍTICO Y RESOLUCIÓN DE PROBLEMAS

Escribe una o dos oraciones para responder a las siguientes preguntas:

18. A diferencia de los huevos de las aves y de los monotremas, los de los mamíferos placentarios y los marsupiales no tienen yema. ¿Cómo obtienen los nutrientes los embriones de estos animales?

19. La mayoría de los murciélagos usan la ecolocación. ¿Por qué estos animales no dependen únicamente de la vista para encontrar a su presa y examinar los alrededores?

20. Imagínate que trabajas en un museo y que estás haciendo una exposición del esqueleto de las aves. Desafortunadamente, se perdieron las etiquetas de los esqueletos. ¿Cómo puedes diferenciar los esqueletos de las aves no voladoras de los de las voladoras? ¿Puedes decir qué aves volaban rápidamente y cuáles podían planear? Explica tu respuesta.

LAS MATEMÁTICAS EN LAS CIENCIAS

21. Un ave vuela a 35 km/h. A esta velocidad, su cuerpo consume 60 calorías por gramo de masa corporal por hora. Si el ave pesa 50 g, ¿cuántas calorías usa si vuela durante 30 minutos a esta velocidad?

INTERPRETAR GRÁFICAS

Los homotermos usan mucha energía cuando corren o vuelan. La siguiente gráfica muestra cuántas calorías gasta un perro pequeño cuando corre a diferentes velocidades. Úsala para responder a las siguientes preguntas:

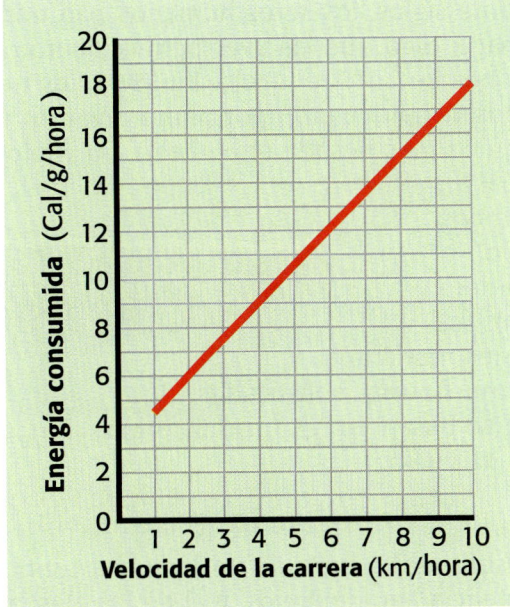

22. A medida que el perro corre más rápido, ¿cómo cambia la cantidad de energía que consume por hora?

23. ¿Cuánta energía por hora consume si corre a 4 km/h? ¿Cuánta energía consume si corre a 9 km/h?

24. La energía consumida se da en calorías por gramo de masa corporal por hora. Si el perro pesa 2 kg y corre a 4 km/h, ¿cuántas calorías usa por hora?

AHORA, ¿qué piensas?

Revisa tus respuestas a las preguntas de la página 381 que escribiste en el cuaderno de ciencias. ¿Han cambiado tus respuestas? Si es necesario, corrige tus respuestas basándote en lo que has aprendido en este capítulo.

CIENCIAS BIOLÓGICAS • CIENCIAS FÍSICAS

La aerodinámica del vuelo

Durante siglos, los seres humanos han tratado de hacer algo que las aves perfeccionaron hace millones de años: el vuelo. En 1903, los hermanos Wright volaron por primera vez en una máquina más pesada que el aire. Su vuelo duró 12 segundos y sólo recorrieron 37 m. Los aviones modernos son mucho más sofisticados, pero se basan en los mismos principios de vuelo.

La lucha contra la gravedad

El diseño del cuerpo de un jet lucha contra la resistencia aerodinámica, y el de las alas contra la fuerza de gravedad. Para despegar, los aviones deben impulsarse con una fuerza mayor que la fuerza de gravedad, llamada *flotación.* ¿De dónde viene? La parte superior del ala de un avión es curva, y la inferior, plana. El aire debe viajar más lejos y más rápido sobre el ala que debajo de ella. Esta diferencia provoca que la presión sobre el ala sea menor, y hace que el avión se impulse hacia arriba.

Empujar y jalar

La forma del ala no basta para que un avión se eleve. Los aviones también dependen de la *fuerza propulsora,* que permite que el avión avance y que se obtiene de los motores y propulsores. Cuanto más rápido se mueven los aviones, más aire pasa por las alas y aumenta la elevación.

Por lo general, los aviones despegan en contra del viento, el cual choca contra ellos durante el vuelo. Cualquier fuerza que vaya en contra del movimiento de un avión se llama *resistencia aerodinámica* y retarda su movimiento. El cuerpo de un avión tiene curvas lisas para minimizar la resistencia aerodinámica. Un viento de cola es una corriente de aire que empuja el avión y acorta el tiempo de viaje. Para aumentar la velocidad, los ingenieros diseñan aviones aerodinámicos para reducir la resistencia. Las alas también se diseñan para aumentar la elevación. Un ala redondeada y más larga da mayor elevación, pero también produce más resistencia aerodinámica. Los atletas también consideran la resistencia aerodinámica cuando escogen su equipo (los corredores y los ciclistas usan ropa muy ajustada para reducirla).

¡Piénsalo!

▶ Hay aviones de muchas formas y tamaños diseñados para distintos fines, como volar rápidamente o transportar cargas pesadas. Investiga y describe cómo difiere la aerodinámica de estas naves.

▲ *El diseño de los aviones está inspirado en las aves.*

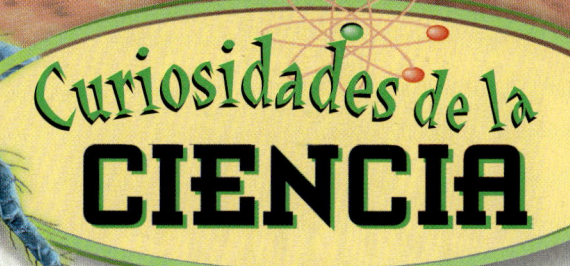

Curiosidades de la CIENCIA

RATAS-TOPO LAMPIÑAS

¿Cómo llamas a un roedor casi ciego que mide 7 cm de largo y que parece una salchicha hervida? Una rata-topo lampiña. Durante más de 150 años, este mamífero de las calientes regiones áridas de Kenya, Etiopía y Somalia, ha dejado perplejos a los científicos por su extraña apariencia y peculiares hábitos.

¿Qué tiene que ver el pelo?

Las ratas-topo lampiñas tienen características tan extrañas que te hacen dudar que sean mamíferos. Su piel rosada grisácea les cuelga libremente, permitiéndoles maniobrar a través de los sistemas de túneles angostos donde habitan. A primera vista, parece que no tienen pelo, una característica clave de los mamíferos. Sin embargo, las ratas-topo lampiñas sí tienen pelo, pero no pelaje. En realidad, tienen bigotes que usan para guiarse a través de los pasajes obscuros, y pelo entre los dedos de sus patas para barrer tierra suelta, como una especie de escobitas. También tienen pelo en los labios para impedir que les entre tierra en la boca cuando cavan nuevos pasajes con sus grandes dientes.

¿Hace frío aquí?

Las ratas-topo lampiñas tienen la peor capacidad homoterma de todos los mamíferos. Su temperatura corporal es casi la misma que la del aire de los túneles, unos 31°C (casi unos 5°C más frío que la temperatura corporal de los humanos). Por la noche, estos animales contrarrestan el frío amontonándose unos sobre otros. Por fortuna, la temperatura no cambia mucho en su hábitat natural.

¿Quién está a cargo?

Las ratas-topo lampiñas son los únicos mamíferos que forman comunidades similares a las que forman los insectos sociales, como las abejas melíferas. Una comunidad de ratas-topo lampiñas se compone de 20 a 300 miembros que se dividen las tareas, como lo hacen las abejas, las avispas y las termitas. Cada comunidad tiene una hembra para reproducirse, llamada reina, y hasta tres machos para la reproducción. Todas las hembras son biológicamente capaces de reproducirse, pero sólo una lo hace. Cuando una hembra se vuelve reina, crece más que las otras.

¡Piénsalo!

▶ A primera vista, parece que las ratas-topo lampiñas no tienen algunas de las principales características de los mamíferos. Investiga más y descubre por qué se clasifican como mamíferos.

◀ Las ratas-topo lampiñas son tan raras que se han vuelto una atracción popular en los zoológicos.

UNIDAD 6

¿Qué desayunaste esta mañana? Lo que haya sido, es un resultado directo del trabajo conjunto de seres vivos. Por ejemplo, la leche proviene de la vaca, y ésta come plantas para obtener energía. Las bacterias ayudan a las plantas a obtener nutrientes del suelo, que éste contiene porque los hongos descomponen los árboles muertos. Todos los seres vivos de la Tierra están relacionados entre sí. Nuestras acciones tienen un impacto sobre el medio ambiente, que a su vez tiene un impacto sobre nosotros. En esta unidad estudiarás la ecología, que es la interacción entre los seres vivos. Esta cronología muestra cómo los humanos han estudiado e influido en nuestro planeta.

CRONOLOGÍA

La ecología

1661
John Evelyn publica un libro que denuncia la contaminación del aire en Londres, Inglaterra.

1771
Joseph Priestley realiza experimentos con plantas y descubre que utilizan dióxido de carbono y liberan oxígeno.

1970
La Agencia de Protección Ambiental, *(Environmental Protection Agency o EPA)* se fundó para establecer y reforzar las normas de control de la contaminación en los Estados Unidos.

1973
El Congreso de los Estados Unidos aprueba la Ley de Protección de Especies en Peligro de Extinción.

1990
Para evitar la captura de delfines por redes de pesca, las empacadoras de atún de los Estados Unidos anuncian que no aceptarán el atún capturado con redes que causen la muerte de delfines.

1854
Se publica *Walden*, de Henry David Thoreau, en el que se afirma que debemos vivir en armonía con la naturaleza.

1852
Los Estados Unidos importan gorriones de Alemania para defenderse de las orugas que destruyen cosechas.

1872
El Congreso establece el primer parque nacional de los Estados Unidos: Yellowstone.

1933
Nace la Organización Civil para la Conservación de la Naturaleza, que siembra árboles, combate incendios forestales y construye presas para controlar inundaciones.

1962
Se publica el libro *Silent Spring*, de Rachel Carson, que describe el uso indiscriminado de pesticidas y la destrucción que ocasionan en el medio ambiente.

1993
Los estadounidenses reciclan 59,500 millones de latas de aluminio (dos de cada tres).

1996
Se abre la presa del cañón Glen para inundar intencionalmente el Gran Cañón. La inundación ayuda a mantener el equilibrio ecológico mediante la recuperación de playas y bancos de arena, así como la renovación de las marismas.

La ecología 413

CAPÍTULO 17
Los ecosistemas de la Tierra

¿Creerías que . . . ?

Sin hacer ruido y sin moverse, un atrapamoscas está a la espera. Al poco tiempo, una mosca desprevenida choca con uno de sus sensibles vellos. ¡Zas! La puerta se cierra y su víctima queda atrapada. Cuanto más se resiste, más se cierra la trampa. Su destino está escrito. Cuando el atrapamoscas captura una mosca u otro animal pequeño, sus hojas segregan jugos digestivos y el insecto se digiere lentamente. ¿Existe este extraño animal en la realidad? ¿O será una bestia terrorífica de algún relato de ciencia ficción? Ni lo uno ni lo otro. El atrapamoscas es una planta, aunque poco común. Como sabes, la mayoría de las plantas obtienen del suelo los nutrientes que necesitan para sobrevivir. El suelo de los pantanos contiene pocos nutrientes, pero las plantas como el atrapamoscas son capaces de crecer allí. ¿Cómo?

Toman los nutrientes de una fuente distinta: animales pequeños a los que atrapan y devoran.

A pesar de su impresionante apariencia, el atrapamoscas es muy vulnerable. Su distribución es muy limitada, pues sólo se da en ciertas zonas de Carolina del Norte y de Carolina del Sur. Se cultiva fácilmente en viveros, pero los traficantes furtivos recolectan plantas silvestres ilegalmente. El pasto y los fertilizantes también le ocasionan problemas porque está adaptada a terrenos con pocos nutrientes.

En este capítulo aprenderás que en la Tierra hay muchas zonas diferentes. Hay plantas y animales especialmente adaptados para sobrevivir en cada zona.

Un miniecosistema

En esta actividad construirás y observarás un ecosistema en miniatura.

Procedimiento

1. Coloca una capa **de grava** en el fondo de un **frasco de boca ancha** de una botella de 2 L de refresco sin cuello. Añade una capa de **tierra**.
2. Agrega diversas **plantas** que requieran condiciones similares para crecer. Escoge plantas pequeñas que no crezcan con mucha rapidez.
3. Rocía **agua** dentro del frasco para humedecer la tierra.
4. Tapa el frasco y colócalo bajo luz indirecta. Describe el aspecto del ecosistema en tu cuaderno de ciencias.
5. Obsérvalo cada semana y anota tus observaciones.

¿Tú qué piensas?

Usa tus conocimientos para responder a las siguientes preguntas en tu cuaderno de ciencias:

1. ¿Cuáles son las principales diferencias entre un desierto y un bosque tropical lluvioso?
2. ¿De dónde proviene el agua de los lagos?
3. ¿Dónde hay más especies de plantas y animales, en alta mar o en una ciénaga? ¿Por qué?

Análisis

6. Enumera los factores carentes de vida que conforman el ecosistema que creaste.
7. ¿En qué se parece el miniecosistema a un ecosistema real? ¿En qué se diferencia?

Sección 1

Ecosistemas terrestres

VOCABULARIO

abiótico
bioma
árboles de hoja caduca
conífera
diversidad
sabana
desierto
tundra
permafrost

OBJETIVOS

- Define el *bioma*.
- Describe tres biomas de bosque.
- Describe las diferencias entre las praderas templadas y las sabanas.
- Describe la importancia del permafrost en el bioma de la tundra ártica.

Imagínate que planeas hacer una excursión y que vas a una agencia de viajes donde hay una máquina de realidad virtual que te permite experimentar distintos lugares antes de partir. Enciendes la máquina y de repente te sientes transportado. Al principio te duelen los ojos debido a la intensa luz del Sol. El viento que te golpea la cara está muy caliente y seco. A medida que tus ojos se acostumbran a la luz, observas un gran cactus a tu derecha y, a lo lejos, pequeños arbustos. Una liebre asustada corre por el suelo seco y polvoriento, y una lagartija difruta del calor del sol sobre una roca. ¿Dónde estás?

Quizá no puedas señalar tu ubicación exacta, pero probablemente te des cuenta de que estás en un desierto, pues la mayoría de los desiertos son calurosos y secos. Estos factores **abióticos**, o carentes de vida, influyen en los tipos de plantas y animales que viven en la zona.

Los biomas de la Tierra

El desierto es uno de los biomas de la Tierra. Un **bioma** es una región geográfica caracterizada por ciertos tipos de comunidades de plantas y animales. Un bioma contiene varios ecosistemas más pequeños, relacionados entre sí. Por ejemplo, el bosque tropical lluvioso es un bioma que contiene ecosistemas de río, de las copas de los árboles, del suelo del bosque y muchos otros. Un bioma no es un lugar específico; por ejemplo, el bioma del desierto no se refiere a un desierto en particular, sino a cualquier ecosistema de desierto de la Tierra. Los principales biomas de la Tierra se muestran en la **Figura 1**.

Figura 1 *La lluvia y la temperatura son los principales factores que determinan el bioma de una región. ¿En qué tipo de bioma vives?*

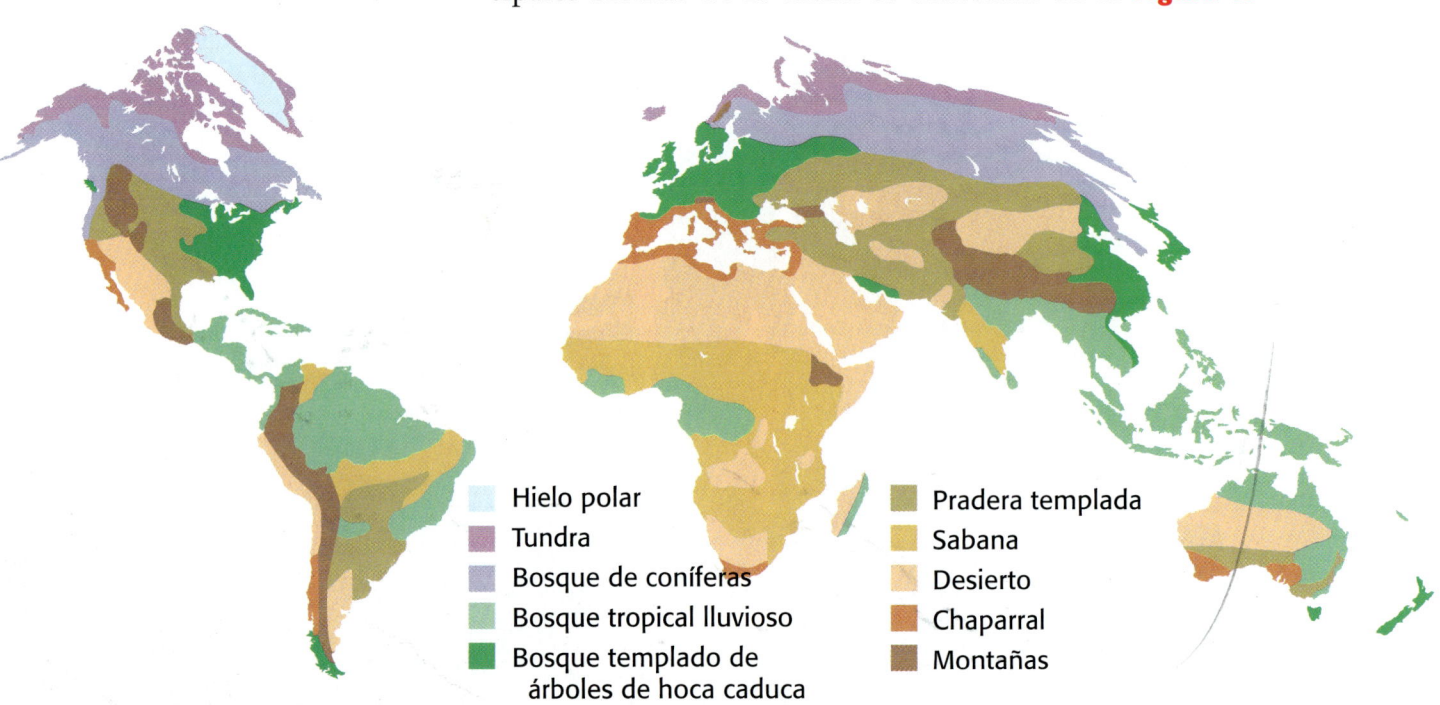

- Hielo polar
- Tundra
- Bosque de coníferas
- Bosque tropical lluvioso
- Bosque templado de árboles de hoca caduca
- Pradera templada
- Sabana
- Desierto
- Chaparral
- Montañas

Bosques

Los biomas de bosque se desarrollan donde cae lluvia suficiente y donde la temperatura no es demasiado alta en verano ni demasiado baja en invierno. Hay tres principales tipos de biomas de bosque: bosque templado de árboles de hoja caduca, bosque de coníferas y bosque tropical lluvioso. El tipo de bosque que se desarrolla en una región particular depende de la temperatura y de la precipitación pluvial.

Precipitación media anual
75-125 cm (29.5-49 pulgadas)

Temperatura promedio
Verano: 28°C (82.4°F)
Invierno: 6°C (42.8°F)

Bosque templado de árboles de hoja caduca ¿Has visto cómo en otoño las hojas cambian de color y se caen de los árboles? Pues ya conoces a los árboles **de hoja caduca.** "Caduco" viene del latín y significa "caer". Al perder sus hojas en el otoño, estos árboles logran conservar el agua durante el invierno. La **Figura 2** ilustra un bosque de este tipo. En la mayoría de estos bosques hay varias especies de árboles y diversos animales, como osos y pájaros carpinteros.

Figura 2 En un bosque templado de árboles de hoja caduca, los mamíferos, aves y reptiles se desarrollan en medio de una abundancia de hojas, semillas, nueces e insectos.

En los bosques las plantas crecen en capas. Las copas frondosas de los árboles se alzan muy por encima del suelo para recibir de lleno la luz solar.

Debajo de la capa de árboles, los arbustos leñosos captan la luz que se filtra a través de los árboles.

Pastos, hierbas, helechos y musgos están dispersos por el suelo del bosque. La mayoría de las plantas con flores florecen y producen semillas al inicio de la primavera, antes de que los árboles tengan hojas.

Los ecosistemas de la Tierra 417

Precipitación media anual
35-75 cm (14-29.5 pulgadas)

Temperatura promedio
Verano: 14°C (57.2°F)
Invierno: −10°C (14°F)

Bosques de coníferas Los bosques de coníferas no cambian mucho del verano al invierno y se encuentran en zonas con inviernos largos y fríos. Estos bosques están formados principalmente por árboles de hoja perenne, que conservan las hojas durante todo el año. La mayor parte de estos árboles son **coníferas,** es decir, árboles que producen sus semillas en conos. Seguramente has visto un cono de pino porque los pinos son coníferas muy comunes.

La mayoría de las coníferas también pueden identificarse por sus hojas compactas en forma de aguja, cuya cubierta, gruesa y cerosa, evita que se sequen y lesionen durante el invierno.

La **Figura 3** ilustra un bosque de coníferas y algunos de los animales que lo habitan. Observa que no crecen plantas muy grandes debajo de las coníferas, en parte porque llega muy poca luz al suelo.

Figura 3 Muchos animales del bosque de coníferas sobreviven a los inviernos rigurosos hibernando o migrando a zonas de clima menos frío.

El bosque de coníferas es el hogar de muchos insectos y aves que se los comen.

Entre los herbívoros que viven en el bosque de coníferas están los alces, los venados, los puercoespines y las ardillas.

Las hojas de las coníferas están adaptadas para conservar el agua.

Los zorros y los linces son carnívoros del bosque de coníferas.

418 Capítulo 17

Bosque tropical lluvioso El bosque tropical lluvioso posee la mayor **diversidad** biológica de todos los biomas del planeta, pues contiene más especies que los demás biomas. En un área de aproximadamente una cuarta parte del tamaño de una cancha de fútbol puede haber 100 especies de árboles. Aunque algunos animales viven en el suelo, las copas de los árboles, o *bóvedas,* son el sitio preferido para vivir. Si contaras las aves de la bóveda de un bosque tropical, ¡encontrarías hasta 1,400 especies! La **Figura 4** ilustra parte de la diversidad del bioma de bosque tropical lluvioso.

En un bioma de bosque tropical lluvioso, la mayor parte de los nutrientes están en la vegetación. La capa superior del suelo es muy delgada y pobre en nutrientes. Los agricultores que talan el bosque para cultivar sus cosechas deben trasplantarlas a un terreno recién talado después de unos dos años.

Precipitación media anual
Hasta 400 cm (157.5 pulgadas)

Temperatura promedio
De día: 34°C (93°F)
De noche: 20°C (68°F)

Figura 4 Bioma de bosque tropical lluvioso

Los árboles de distintas alturas forman un techo verde ininterrumpido llamado bóveda, que puede estar a 60 m del suelo del bosque.

Las enredaderas leñosas trepan los troncos de los árboles para recibir la luz solar.

Al suelo del bosque tropical lluvioso llega poca luz. Las plantas de baja altura del bosque tropical lluvioso no requieren mucha.

Los ecosistemas de la Tierra

Praderas

Planicies, estepas, sabanas, praderas y pampas son algunos nombres de las regiones donde los pastos son el principal tipo de vegetación. Se encuentran entre los bosques y los desiertos, y existen en todos los continentes. La mayoría son planas o con colinas onduladas.

Precipitación media anual
25-75 cm (10-29.5 pulgadas)

Temperatura promedio
Verano: 30°C (86°F)
Invierno: 0°C (32°F)

Praderas templadas La vegetación de las praderas templadas está compuesta principalmente de pastos mezclados con plantas con flores. Hay pocos árboles porque los incendios impiden el crecimiento de las plantas de crecimiento lento. En las praderas templadas del mundo viven mamíferos pequeños que consumen semillas, como los perros de las praderas y los ratones, así como grandes herbívoros, como el bisonte de Norteamérica que aparece en la **Figura 5.**

Figura 5 Los bisontes deambulaban en grandes manadas por las praderas templadas, antes de que los cazadores prácticamente los extinguieran.

Sabana La **sabana** es una pradera tropical con grupos dispersos de árboles. Durante la temporada de sequía los pastos desaparecen, pero sus profundas raíces sobreviven muchos meses. Durante la temporada de lluvias, la sabana puede recibir hasta 150 cm de lluvia. En las sabanas de África habitan los grupos más abundantes y diversos de herbívoros del mundo, como los que aparecen en la **Figura 6.** Entre ellos están los elefantes, las jirafas, las cebras, las gacelas y los ñues.

Precipitación media anual
150 cm (59 pulgadas)

Temperatura promedio
Temporada de sequía: 34°C (93°F)
Temporada de lluvias: 16°C (61°F)

Figura 6 Los carnívoros, como leones y leopardos, se alimentan de herbívoros, como cebras y ñues. Por lo general, las hienas y los buitres se comen lo que dejan los carnívoros.

Autoevaluación

Con ayuda del mapa de la Figura 1, compara la ubicación de los bosques de árboles de hoja caduca y la de los bosques de coníferas. Explica las diferencias de ubicación de ambos biomas. *(Consulta la página 636 para comprobar tus respuestas.)*

Desiertos

Los desiertos son regiones calientes y secas donde viven diversas plantas y animales. La mayor parte del agua que cae al suelo se evapora. Los organismos han evolucionado para sobrevivir a temperaturas extremas con muy poca agua. Las plantas crecen muy espaciadas para no competir. Algunas tienen raíces superficiales y extendidas que absorben el agua rápidamente durante una tormenta, mientras que otras tienen raíces muy profundas que llegan al agua del subsuelo.

Los animales también se han adaptado. La mayoría sólo salen de noche, cuando las temperaturas son bajas. Los mosquitos y otros insectos obtienen alimento y agua chupando sangre. Las tortugas se comen las flores u hojas de plantas suculentas y almacenan el agua debajo de sus caparazones durante meses. En la **Figura 7** se observa cómo algunas plantas y animales sobreviven con poca agua en el calor del desierto.

Experimentos

¿Cómo sobreviven los animales en el calor del desierto? ¡Muy bien, gracias! Lee cómo lo hacen en la página 618.

Precipitación media anual
Menos de 25 cm (10 pulgadas)

Temperatura promedio
Verano: 38°C (100°F)
Invierno: 7°C (45°F)

Figura 7 Hay muchos habitantes del bioma del desierto que están bien adaptados.

Los cactus almacenan agua en los tallos y raíces.

Algunas plantas con flores florecen, producen semillas y mueren a las pocas semanas después de una fuerte lluvia.

Las plantas de raíces profundas pueden alcanzar el agua que está a 30 m de profundidad.

Las enormes orejas de las liebres del desierto les permiten eliminar el calor corporal.

Las ratas canguro nunca necesitan beber agua, pues la reciclan del alimento que consumen.

Precipitación media anual
30-50 cm (12-20 pulgadas)

Temperatura promedio
Verano: 12°C (53.6°F)
Invierno: −26°C (−14°F)

Tundra

En el extremo norte y en las cimas de las montañas, el clima es tan frío que no crecen árboles. En estos lugares se encuentra el bioma llamado **tundra**.

Tundra ártica La principal característica de la tundra ártica es el permafrost. Durante la corta temporada de crecimiento, sólo la superficie del suelo se descongela. El suelo que está debajo de la superficie, el **permafrost**, permanece congelado todo el tiempo. A pesar de que hay poca precipitación, el suministro de agua no es limitado. Esto se debe a que el permafrost evita que la lluvia se filtre, por lo que el suelo de la superficie se mantiene húmedo. Los lagos y lagunas son, por tanto, comunes.

La capa de suelo descongelado que está encima del permafrost es demasiado superficial para que sobrevivan plantas de raíces profundas. Abundan los pastos, las juncias, los juncos y los pequeños arbustos leñosos. Debajo de estas plantas, en la superficie del suelo, hay una capa de musgos y líquenes. Entre los animales de la tundra **(Figura 8)** hay grandes mamíferos, como caribúes, bueyes almizclados y lobos, así como animales pequeños, como lemmings, musarañas y liebres. Las aves migratorias abundan en verano.

Figura 8 Los caribúes emigran a suelos más ricos durante los largos y fríos inviernos de la tundra.

Tundra alpina Por arriba del límite forestal de las montañas muy altas se encuentra otro bioma de tundra. Estas áreas, llamadas tundra alpina, reciben mucha luz solar y precipitación, casi toda en forma de nieve.

¡MATEMÁTICAS!

Precipitación pluvial

¿Dónde llueve más en un año: en un bosque tropical lluvioso o en el desierto? ¿Qué diferencia hay entre las cantidades de precipitación de un bosque de coníferas y una sabana? Para comparar, haz una gráfica de barras de cada bioma con los datos de esta sección.

REPASO

1. ¿En qué se diferencia el clima de las praderas templadas y el de las sabanas?

2. Describe tres adaptaciones de las plantas y animales al clima del desierto.

3. En un bosque tropical lluvioso, ¿dónde se encuentra la mayor parte de los nutrientes?

4. **Aplicar conceptos** ¿Es correcto llamar desierto helado a la tundra ártica? Explica tu respuesta.

Sección 2

Ecosistemas marinos

VOCABULARIO
marino
fitoplancton
sargazo
estuario
zooplancton

OBJETIVOS
- Identifica las distintas zonas del océano.
- Explica la importancia del plancton para los ecosistemas marinos.
- Describe los arrecifes de coral y las zonas intermareales.
- Explica qué hace únicos a los biomas marinos polares.

Cubren casi tres cuartas partes de la superficie de la Tierra y contienen casi el 97 por ciento de las reservas de agua. Los animales más grandes de la Tierra habitan en ellos, junto con miles de millones de criaturas microscópicas, como ves en la **Figura 9**. Sus hábitats van desde las profundidades oscuras, frías y de alta presión a las cálidas playas; desde las aguas heladas de los polos a las costas rocosas. ¿Qué son? Son los océanos y mares de la Tierra. Los ecosistemas marinos se encuentran en cualquier lugar donde haya agua salada. De hecho, la base de los ecosistemas **marinos** es el agua salada. Este factor abiótico tiene una fuerte influencia en los ecosistemas de los océanos y mares.

Regla de los factores abióticos

En la Sección 1 aprendiste que la precipitación pluvial y la temperatura son los principales factores que determinan la clase de bioma terrestre que se encuentra en una región. De la misma manera, los biomas marinos son moldeados por factores abióticos, como la temperatura, la cantidad de luz solar que penetra el agua, la distancia a la tierra y la profundidad del agua. Estos factores sirven para definir ciertas zonas del océano. Como los biomas terrestres, los biomas marinos se encuentran por toda la Tierra y comprenden muchos ecosistemas.

Aguas soleadas El agua absorbe la luz, de modo que la luz solar sólo puede llegar a 200 m de profundidad, incluso en el agua más transparente. Como sabes, la mayoría de los productores elaboran su propio alimento mediante la fotosíntesis y, dado que este proceso requiere luz, casi todos los productores se encuentran únicamente donde llega aquélla.

Figura 9 Los ecosistemas marinos mantienen una gran diversidad de formas de vida. La ballena jorobada es uno de los mamíferos más grandes de la Tierra. El fitoplancton, como el que se observa en la foto pequeña de abajo, está formado por organismos muy pequeños que son la base de las cadenas alimenticias de los océanos.

El conjunto de los productores más abundantes del océano se conoce como **fitoplancton**, compuesto por organismos fotosintéticos microscópicos que flotan cerca de la superficie del agua. Mediante la energía de la luz solar, estos organismos elaboran su propio alimento, tal como lo hacen las plantas terrestres. El **zooplancton** está compuesto por los consumidores que se alimentan del fitoplancton, animales pequeños que, junto con el fitoplancton, constituyen la base de las cadenas alimenticias del océano.

Los ecosistemas de la Tierra

Biomas de agua maravillosos

En cada parte de los océanos y mares existen biomas únicos y hermosos que son el hogar de muchos organismos excepcionalmente adaptados. Las principales zonas del océano y algunos organismos que habitan en ellas se muestran abajo, en la **Figura 10**.

A **Zona intermareal** La zona intermareal es donde el océano se encuentra con la tierra. Esta zona está por encima del agua parte del día, cuando la marea está baja, y con frecuencia recibe el impacto de las olas. Las marismas, costas rocosas y playas arenosas están en esta zona.

B **Zona nerítica** La profundidad del agua aumenta gradualmente a medida que se aproxima el límite de la plataforma continental. La profundidad del agua en esta zona generalmente no sobrepasa los 200 m y recibe mucha luz solar. En las aguas de la plataforma continental, que son cálidas, transparentes y soleadas, hay arrecifes de coral muy variados y de colores vistosos.

Figura 10 *La vida en una zona determinada depende de la cantidad de luz que recibe, la distancia a la que está de la tierra y la profundidad a que se encuentra.*

A Los pastos marinos, litorinas y garzas se encuentran en la zona intermareal. En las costas rocosas hay estrellas y anémonas de mar, mientras que las almejas, cangrejos y conchas de caracoles se hallan en las playas arenosas.

B Aunque el fitoplancton es el principal productor de esta zona, se encuentran también algas marinas. Algunos animales, como las tortugas de mar y los delfines, viven en la zona que está sobre la plataforma continental. Los corales, esponjas y peces de colores vistosos contribuyen al vívido paisaje marino.

C **Zona oceánica** Más allá de la plataforma continental, el fondo del mar cae abruptamente; son las aguas profundas de alta mar. Hasta una profundidad de 200 m, el fitoplancton es el productor; sin embargo, a mayores profundidades, no llega la luz, por lo que los organismos obtienen su energía consumiendo materia orgánica que cae de la superficie.

D **Zona bentónica** La zona bentónica es el suelo oceánico. Se extiende desde el límite superior de la zona intermareal hasta el fondo de las aguas más profundas del océano. Los organismos que viven en el profundo suelo oceánico se alimentan principalmente de materia que se filtra desde arriba. Algunas bacterias son *quimiosintéticas,* o sea que, utilizan substancias químicas presentes en el agua cercana a las chimeneas hidrotérmicas para elaborar su alimento. Una chimenea hidrotérmica es un lugar del suelo oceánico de donde escapa calor por una grieta de la corteza terrestre.

C Muchos animales raros están adaptados a la obscuridad y a las altas presiones de las grandes profundidades marinas. Aquí hay ballenas, calamares y peces que brillan en las aguas obscuras y profundas.

D Organismos como bacterias, gusanos y erizos de mar crecen en el fondo del mar.

Los ecosistemas de la Tierra

Figura 11 *El arrecife de coral es uno de los biomas biológicamente más diversos.*

a través de las ciencias
CONEXIÓN

Investiga sobre las chimeneas volcánicas de las profundidades marinas en la página 436.

✓ Autoevaluación

1. Menciona tres factores por los que se caracterizan los biomas marinos.
2. Describe una manera en que los organismos obtienen energía a grandes profundidades en alta mar.

(Consulta la página 636 para comprobar tus respuestas.)

Un vistazo más de cerca

Los ambientes marinos proveen la mayor parte del agua para la lluvia a través de la evaporación y la precipitación. Las temperaturas de los océanos y las corrientes tienen efectos muy importantes en los climas del mundo y en los patrones de viento. Los seres humanos obtienen enormes cantidades de alimento de los océanos y también vierten enormes cantidades de desechos en ellos. Echemos un vistazo más de cerca a algunos ambientes marinos particulares.

Arrecifes de coral En ciertas aguas tropicales soleadas hay arrecifes de coral en el fondo del mar. Los corales viven en relación cercana con algas unicelulares. Las algas producen nutrientes orgánicos mediante la fotosíntesis y esto proporciona alimento al coral. A su vez, el coral da a las algas un lugar soleado para vivir. La base del arrecife está formada por esqueletos de coral que se han acumulado a lo largo de miles de años. Los arrecifes de coral **(Figura 11)** son el hogar de muchas especies marinas, entre ellas una gran variedad de peces de colores brillantes y organismos como las esponjas y los erizos de mar.

Mar de los Sargazos En medio del océano Atlántico hay un gran ecosistema sin límites terrestres, llamado mar de los Sargazos. El *sargazo* es un tipo de alga que se encuentra pegada a rocas de las costas de Norteamérica, pero que forma enormes balsas flotantes en el mar de los Sargazos. Los animales que están adaptados a este ambiente viven entre las algas y casi todos son del mismo color del sargazo. ¡Algunos hasta se le parecen! ¿A qué crees que se debe esto? ¿Ves algún pez en la **Figura 12**?

Figura 12 *El mar de los Sargazos es un lugar de desove para las anguilas y constituye el hogar de una gran variedad de organismos.*

Hielo polar El océano Ártico y las aguas abiertas que rodean a la Antártida constituyen un bioma marino muy poco común. ¿Por qué? ¡Porque tiene hielo!

Las aguas son ricas en nutrientes provenientes de las masas continentales de los alrededores. Estos nutrientes mantienen grandes poblaciones de plancton que, a su vez, mantienen una gran diversidad de peces, aves marinas, pingüinos y mamíferos marinos, como los leones marinos **(Figura 13)**.

Estuarios La zona donde el agua dulce de los arroyos y ríos desemboca en el océano se conoce como **estuario.** El agua dulce de los ríos y arroyos se mezcla constantemente con el agua salada del mar. La cantidad de sal de un estuario cambia frecuentemente. Cuando la marea sube, el contenido de sal del agua aumenta y cuando la marea baja, disminuye. El agua dulce que se vierte en el estuario es rica en nutrientes provenientes de la tierra que es arrastrada por el flujo continuo del agua. Dado que los estuarios son tan ricos en nutrientes, mantienen un gran número de organismos. Están repletos de masas de plancton, que suministran alimento a muchos animales más grandes.

Figura 13 *En las costas de la Antártida se reproducen un enorme número de mamíferos y aves.*

Zonas intermareales Los organismos que habitan en las zonas intermareales presentan adaptaciones asombrosas. Las marismas son el hogar de muchos gusanos excavadores y cangrejos, así como de las aves costeras que se alimentan de ellos. Entre los granos de arena de las playas arenosas viven gusanos excavadores, almejas, cangrejos y plancton.

En las costas rocosas, los organismos tienen órganos de sujeción o son capaces de pegarse a las rocas para evitar ser arrastrados por las olas. La **Figura 14** muestra algunos animales capaces de evitar que el agua los arrastre.

REPASO

1. Explica por qué un arrecife de coral está vivo y muerto al mismo tiempo.
2. ¿Por qué los estuarios tienen vida en abundancia?
3. **Analizar relaciones** Explica cómo la cantidad de luz que recibe una zona determina los tipos de organismos que viven en alta mar.

Figura 14 *Las anémonas de mar se pegan a las rocas para evitar ser arrastradas mar adentro. Las estrellas de mar pueden arrastrarse bajo las piedras. ¡Los percebes hasta construyen una base de cemento!*

Los ecosistemas de la Tierra

Sección 3

Ecosistemas de agua dulce

VOCABULARIO
afluente
zona litoral
zona de aguas abiertas
zona de aguas profundas
pantano
marisma
ciénaga

OBJETIVOS
- Enumera las características de ríos y arroyos.
- Describe la zona litoral de una laguna.
- Explica qué le sucede a una laguna a medida que cambian las estaciones.
- Distingue entre dos tipos de pantanos.

En su recorrido montaña abajo, se escucha el murmullo de un arroyo. El rumor de un río caudaloso se escucha a su paso por un cañón. Un estanque de jardín está repleto de vida. Un lago casi del tamaño de un mar sacude los barcos durante una fuerte tormenta. En una turbia ciénaga se escucha el eco de ranas y aves.

Estos lugares tienen algo en común: son ecosistemas de agua dulce. Al igual que otros ecosistemas, los de agua dulce están caracterizados por factores abióticos, principalmente la velocidad del agua.

Agua en movimiento

Los arroyos, corrientes de agua y ríos son ecosistemas cuya base es el agua en movimiento. El agua puede comenzar a fluir a partir de hielo o nieve fundidos, o provenir de un manantial, donde el agua fluye hacia la superficie de la Tierra. Un riachuelo o río pequeño que desemboca en uno más grande se llama **afluente.**

A medida que un mayor número de afluentes se agrega a una corriente fluvial, ésta se agranda y ensancha formando un río. Las plantas acuáticas recubren la orilla de los ríos. En las aguas abiertas viven lubinas y percas, entre otros peces, y en el fango del fondo hay animales excavadores, como almejas y mejillones de agua dulce.

Los organismos que viven en aguas en movimiento requieren adaptaciones especiales para evitar ser arrastrados por la corriente. Los productores, como las algas, diatomeas y musgos, se pegan a las rocas; los consumidores, como las formas inmaduras de insectos, viven debajo de las rocas en aguas poco profundas. Algunos consumidores, como los renacuajos, se sostienen a las rocas mediante ventosas.

A medida que un río se hace más ancho y lento, puede formar *meandros* a través del paisaje. Si en el fondo se depositan materiales orgánicos y sedimentos, se forman *deltas*. Las libélulas, los hemípteros, como el Gerris gibifer, y otros invertebrados viven en las aguas lentas y sobre ellas. Al final, el agua en movimiento desemboca en un lago u océano. Observa en la **Figura 15** el crecimiento de un río a partir de nieve fundida.

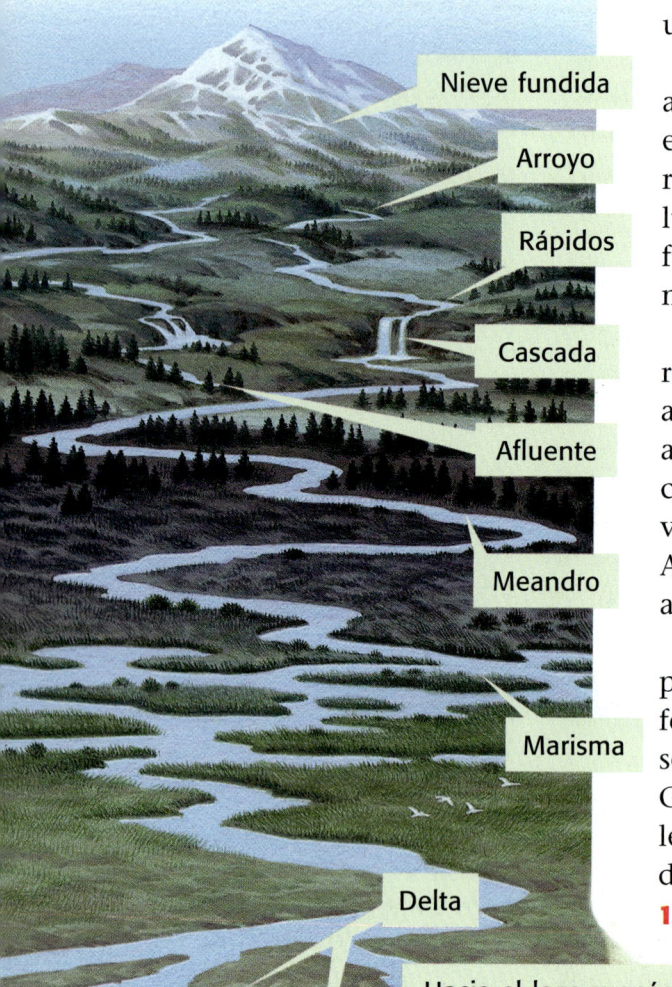

Figura 15 Observa las características de un río típico. ¿Dónde se mueve rápidamente el agua? ¿Dónde se mueve lentamente?

Aguas estancadas

Los ecosistemas de las lagunas y lagos son diferentes a los de los arroyos y ríos. El lago Superior, que es el más grande del mundo, tiene más cosas en común con una laguna pequeña de castores que con un río. En la **Figura 16** se muestra un corte transversal de un lago típico. Al observar esta ilustración, notarás que el lago ha sido dividido en tres zonas. Más adelante estudiarás estas zonas y los ecosistemas que comprenden.

Donde el agua se encuentra con la tierra Observa de nuevo la Figura 16 y localiza la **zona litoral.** Es la más cercana a la orilla. En ella hay muchos habitantes. Las plantas que crecen en el agua más cercana a la orilla comprenden las aneas y los juncos. Más lejos de la orilla están las plantas flotantes, como los lirios acuáticos, y aún más allá se encuentran las algas que crecen debajo de la superficie del agua.

Las plantas de la zona litoral son el hogar de animales pequeños, como caracoles, pequeños artrópodos y larvas de insectos. Las almejas, gusanos y otros organismos excavan en el lodo. En esta zona también hay salamandras, tortugas de agua, varios tipos de peces y serpientes de agua.

Vida en la parte superior Observa de nuevo la Figura 16. Ubica la **zona de aguas abiertas.** Esta zona se extiende desde la zona litoral hasta la superficie del agua. Sólo abarca hasta donde llega la luz. Este es el hábitat de la lubina, la mojarra de agallas azules, la trucha y otros peces. En la zona de aguas abiertas de un lago, el fitoplacton es el organismo fotosintético más abundante.

La vida en el fondo Ahora observa la Figura 16 y localiza la **zona de aguas profundas.** A esta zona, situada debajo de la zona de aguas abiertas, no llega luz. En ella viven bagres, carpas, gusanos, larvas de insectos, crustáceos, hongos y bacterias. Estos organismos se alimentan de materia orgánica que cae de las capas superiores.

Laboratorio
Conexiones alimenticias de una laguna

1. Escribe en **fichas** los nombres de animales y plantas que viven en una laguna o lago típico. Escribe un tipo de organismo en cada tarjeta.
2. Con **hilo o cordel,** conecta cada organismo con sus fuentes de alimentos.
3. En tu cuaderno de ciencias, describe las relaciones alimenticias presentes en la laguna.

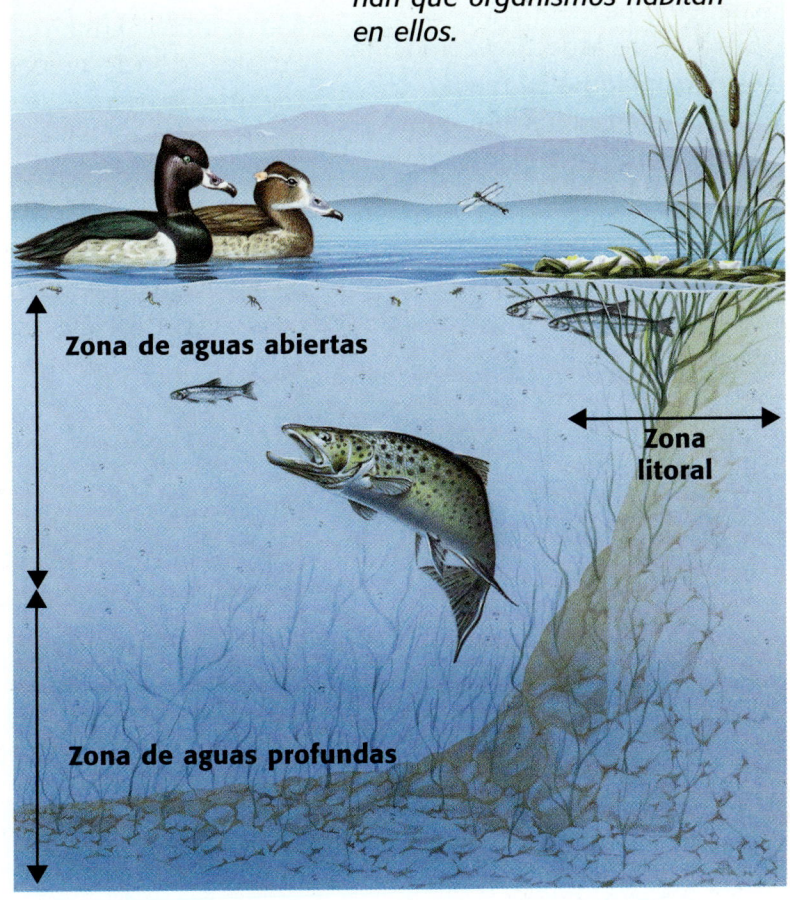

Figura 16 Al igual que los ecosistemas marinos, los de agua dulce están caracterizados por factores abióticos que determinan qué organismos habitan en ellos.

Los ecosistemas de la Tierra

Imagínate que eres un biólogo especializado en las plantas que viven en el lago Superior y sus cercanías. Te estás preparando para una expedición de un año a la bahía de Thunder, en la costa canadiense del lago Superior. En lugar de quedarte en un hotel cercano, piensas acampar. Basándote en lo que sabes sobre ecosistemas, responde a las siguientes preguntas: ¿Cómo vivirás en ese lugar? ¿Qué llevarás contigo? ¿A qué problemas te enfrentarás? ¿Cómo los resolverás?

Explora

Mientras explorabas un pantano, descubriste un nuevo organismo. Dibújalo en tu cuaderno de ciencias. Describe su aspecto y cómo está adaptado a su medio. Ahora, intercambia con un compañero o compañera. ¿Te parece posible que un organismo como el suyo exista?

Pantanos

Un **pantano** es un área de terreno donde el nivel del agua está cerca de la superficie del suelo, o por encima de ella, la mayor parte del año. En los pantanos, la vida vegetal y animal es muy variada. Estas áreas juegan un papel importante en el control de las inundaciones. Cuando llueve mucho o se derrite la nieve en la primavera, los pantanos absorben una gran cantidad de agua. El agua de los pantanos también se filtra en el suelo, llenado las reservas de agua subterránea.

Marismas Una **marisma** es un ecosistema de pantano sin árboles, donde crecen aneas y juncos. En la **Figura 17** se ilustra una marisma de agua dulce. Las marismas de agua dulce se encuentran en aguas poco profundas a lo largo de la orilla de lagos, lagunas, ríos y arroyos. Las plantas de las marismas varían de acuerdo con su ubicación y la profundidad del agua. Los pastos, carrizos, aneas y arroz silvestre son plantas comunes de las marismas. En cuanto a los animales, se pueden encontrar ratas almizcleras, tortugas, ranas y tordos charreteros.

Figura 17 En una marisma, las tortugas encuentran muchos lugares para escapar de los depredadores. Muchas especies cuidan de sus crías en estas áreas protegidas.

Ciénagas Una **ciénaga** es un ecosistema donde crecen árboles y enredaderas. Las ciénagas se encuentran en áreas poco elevadas y junto a ríos lentos. La mayoría de las ciénagas se inundan sólo parte del año, según la precipitación pluvial. Entre los árboles están los sauces, el ciprés de los pantanos, el tupelo acuático (*Nyssa aquatica*), los robles y los olmos. Las enredaderas, como la hiedra venenosa, trepan por los árboles y los musgos cuelgan de las ramas. Los lirios acuáticos y otras plantas de los lagos crecen en las zonas de aguas abiertas. Las ciénagas, como la de la **Figura 18,** son el hogar de diversos peces, serpientes y aves.

Figura 18 *Las bases de los troncos de estos árboles están adaptadas para darles mayor apoyo en el sedimento mojado y blando de esta ciénaga.*

Del lago al bosque

¿Cómo puede desaparecer un lago o laguna, como la de la **Figura 19**? Por lo general, el agua que desemboca en una masa de agua estancada acarrea nutrientes y sedimentos. Estos materiales se van al fondo. Las hojas muertas de los árboles que se inclinan sobre el lago y la vida vegetal y animal en descomposición también se van al fondo. Poco a poco, la laguna o lago se rellena, y las plantas crecen en las zonas recién rellenadas, cada vez más cerca del centro. Con el tiempo, el agua estancada se convierte en marisma y más adelante la marisma puede convertise en un bosque.

Figura 19 *Con el tiempo, la materia orgánica en descomposición y los sedimentos de la tierra rellenarán esta laguna.*

REPASO

1. Describe algunas adaptaciones de los organismos que viven en el agua en movimiento.
2. Compara la zona litoral con la zona de aguas abiertas de una laguna.
3. Describe las diferencias entre una ciénaga y una marisma.
4. **Interpretar ilustraciones** Observa el diagrama de la derecha. Describe los tipos de organismos que pueden vivir en cada zona.

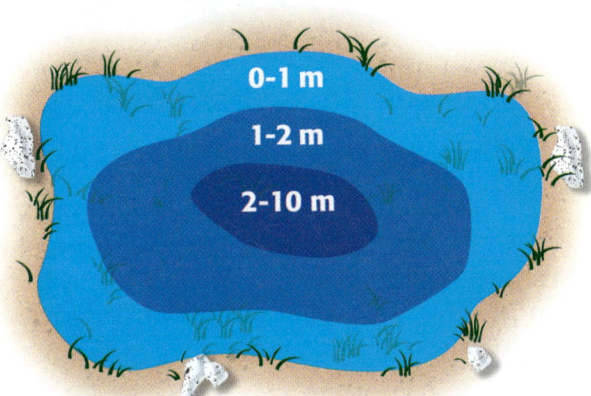

Los ecosistemas de la Tierra

Resumen del capítulo

SECCIÓN 1

Vocabulario

abiótico *(pág. 416)*
bioma *(pág. 416)*
árboles de hoja caduca *(pág. 417)*
conífera *(pág. 418)*
diversidad *(pág. 419)*
sabana *(pág. 420)*
desierto *(pág. 421)*
tundra *(pág. 422)*
permafrost *(pág. 422)*

Notas de la sección

- La precipitación pluvial y la temperatura son los principales factores que determinan el tipo de bioma.

- Los tres principales biomas del bosque son: bosque templado de árboles de hoja caduca, bosque de coníferas (con veranos cálidos e inviernos fríos) y bosque tropical lluvioso (temperaturas siempre cálidas).

- Las praderas reciben más lluvia que los desiertos y menos que los bosques. Los veranos de las praderas templadas son calurosos, y sus inviernos fríos. En las sabanas hay temporadas de lluvia y de sequía.

- Los desiertos reciben menos de 25 cm de lluvia al año. Las plantas y animales que compiten por las reservas limitadas de agua han desarrollado adaptaciones especiales para sobrevivir.

- El bioma de la tundra se encuentra principalmente en la región ártica. La tundra ártica se caracteriza por el permafrost.

Experimentos

Vida en el desierto *(pág. 618)*

SECCIÓN 2

Vocabulario

marino *(pág. 423)*
fitoplancton *(pág. 423)*
zooplancton *(pág. 423)*
sargazo *(pág. 426)*
estuario *(pág. 427)*

Notas de la sección

- Los tipos de organismos marinos varían según la profundidad del agua, la temperatura, la cantidad de luz y la distancia de la costa.

- En la zona intermareal, el mar se encuentra con la tierra.

- En el fondo del océano hay muchos biomas, tan diversos como los arrecifes de coral y las chimeneas hidrotérmicas.

- El océano abierto comprende biomas únicos, entre ellos, el mar de los Sargazos y los océanos de aguas frías que rodean los polos.

✓ Comprobar destrezas

Conceptos de matemáticas

Precipitación pluvial Con una varilla métrica mide 400 cm del piso del salón de clase. Esta es la precipitación que un bosque tropical lluvioso recibe en un año. Luego, mide 25 cm. Esta es la precipitación que un desierto recibe en un año. Compara ambas cantidades y exprésalo como un cociente.

$$\frac{25}{400} = \frac{1}{16}$$

En un año, un desierto recibe 1/16 de la precipitación de un bosque tropical lluvioso.

Comprensión visual

Bosque tropical lluvioso Observa la Figura 4 de la página 419. Hay tres capas de bosque tropical lluvioso: la superior, la intermedia y la inferior. La superior es la bóveda, donde viven la mayoría de las especies y donde hay más luz solar. La intermedia está debajo de la bóveda y encima del suelo. La inferior es obscura en casi todas las partes del bosque. La mayor parte de las plantas del bosque tropical lluvioso crecen muy alto porque compiten por la luz de la bóveda. El crecimiento de las plantas en la capa inferior no es muy denso por la falta de luz.

SECCIÓN 2

- Un estuario es una región donde el agua de los ríos desemboca en el océano y en donde el agua dulce y la salada se mezclan debido al movimiento de las mareas.

Experimentos

¡Descubre los miniecosistemas! *(pág. 619)*

SECCIÓN 3

Vocabulario

afluente *(pág. 428)*
zona litoral *(pág. 429)*
zona de aguas abiertas *(pág. 429)*
zona de aguas profundas *(pág. 429)*
pantano *(pág. 430)*
marisma *(pág. 430)*
ciénaga *(pág. 431)*

Notas de la sección

- Los ecosistemas de agua dulce se clasifican de acuerdo con el movimiento del agua. Los arroyos, ríos y riachuelos tienen agua corriente y los lagos y lagunas, agua estancada.

- A medida que los afluentes se agregan a un río, desde la fuente hasta el océano, su volumen y contenido en nutrientes aumentan y su velocidad disminuye.

- La rapidez de la corriente de agua determina los tipos de organismos que hay en un arroyo o río.

- La zona litoral de un lago está habitada por plantas flotantes que constituyen el hogar de una rica diversidad de vida animal.

- Los pantanos comprenden las marismas, donde no hay árboles, y las ciénagas, donde crecen árboles y enredaderas.

Experimentos

¿Demasiada comida? *(pág. 620)*

internet

 VISITA: go.hrw.com

Visita el sitio web de HRW para encontrar una serie de herramientas de aprendizaje relacionadas con este capítulo. Sólo tienes que escribir la palabra clave:

PALABRA CLAVE: HSTECO

 **VISITA:** www.scilinks.org

Visita el sitio web de la **Asociación Nacional de Maestros de Ciencias** *(National Science Teachers Association)* para encontrar recursos de Internet relacionados con este capítulo. Sólo escribe el **ENLACE DE CIENCIAS** para obtener más información sobre el tema:

TEMA: Bosques	**ENLACE:** HSTL480
TEMA: Pastizales	**ENLACE:** HSTL485
TEMA: Ecosistemas marinos	**ENLACE:** HSTL490
TEMA: Ecosistemas de agua dulce	**ENLACE:** HSTL495

Los ecosistemas de la Tierra 433

Repaso del capítulo

UTILIZAR EL VOCABULARIO

Escoge el término correcto para completar las siguientes oraciones:

1. En el borde de ___?___ empieza la alta mar. *(la plataforma continental* o *el mar de los Sargazos)*

2. El ___?___ está formado por diminutos consumidores que viven en el agua. *(fitoplancton* o *zooplancton)*

3. Una ___?___ es un pantano sin árboles. *(ciénaga* o *marisma)*

4. ___?___ pierden sus hojas para conservar el agua. *(Los árboles de hoja caduca* o *Las coníferas)*

5. La principal característica del bioma de ___?___ es el permafrost. *(desierto* o *tundra)*

6. Cada tipo principal de comunidad de plantas y las comunidades de animales asociadas con ella conforman un ___?___. *(estuario* o *bioma)*

COMPRENDER CONCEPTOS

Opción múltiple

7. Los organismos más abundantes del océano son
   a. el plancton.
   b. el sargazo.
   c. los animales de los corales.
   d. los mamíferos marinos.

8. Los ecosistemas marinos de los polos son poco comunes porque
   a. los animales pasan tiempo dentro y fuera del agua.
   b. el plancton es poco común.
   c. contienen hielo.
   d. el contenido de sal en el agua es muy alto.

9. El principal factor que determina los tipos de organismos que viven en un arroyo o río es
   a. la temperatura del agua.
   b. la velocidad de la corriente.
   c. la profundidad del agua.
   d. el ancho del arroyo o río.

10. Los ecosistemas marinos
    a. contienen los animales más grandes del mundo.
    b. existen en todas las zonas oceánicas.
    c. comprenden ambientes donde los organismos sobreviven sin luz.
    d. Todas las anteriores

11. Los dos principales factores que determinan qué tipo de bioma se encuentra en una región son
    a. la cantidad de precipitación pluvial y la temperatura.
    b. la profundidad del agua y la distancia a la que se encuentra de la tierra.
    c. la acción de las olas y el contenido de sal del agua.
    d. Todas las anteriores

Respuesta breve

12. Describe de qué manera una corriente cambia a medida que se acerca al océano.

13. Describe dos adaptaciones de animales al ambiente del desierto.

14. ¿Siempre son húmedos los pantanos? Explica por qué.

15. Explica por qué el contenido de sal en un estuario cambia constantemente.

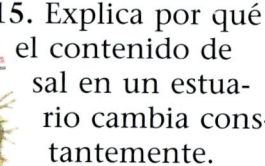

434   Capítulo 17

Organizar conceptos

16. Usa los siguientes términos para crear un mapa de ideas: bosque tropical lluvioso, plantas de raíces profundas, arrecife de coral, bóveda, biomas, permafrost, desierto, plataforma continental, tundra, ecosistemas.

RAZONAMIENTO CRÍTICO Y RESOLUCIÓN DE PROBLEMAS

Escribe una o dos oraciones para responder a las siguientes preguntas:

17. Al excavar una región ahora cubierta por pastizales, los paleontólogos descubrieron los restos fósiles de peces y mariscos antiguos. ¿A qué conclusión podrían llegar?

18. Con el fin de construir un nuevo centro comercial, secan un pantano. Posteriormente, las inundaciones se vuelven un problema en esta zona. ¿Cómo puede explicarse esto?

19. Explica por qué la mayoría de las plantas con flores del desierto florecen, producen semillas y mueren al cabo de pocas semanas, mientras que algunas plantas tropicales con flores florecen por mucho más tiempo.

LAS MATEMÁTICAS EN LAS CIENCIAS

20. ¿Cuál es la diferencia media de precipitación pluvial entre un bosque templado de árboles de hoja caduca y un bosque de coníferas?

21. Un área del bosque tropical brasileño recibió 347 cm de lluvia en un año. Con las siguientes fórmulas, calcula la magnitud de la lluvia en pulgadas.

    0.394 (pulgadas que hay en un centímetro)

    × 347 cm

    ____?____ pulgadas

INTERPRETAR GRÁFICAS

Las siguientes gráficas representan las temperaturas mensuales y la precipitación pluvial anual en cierta región.

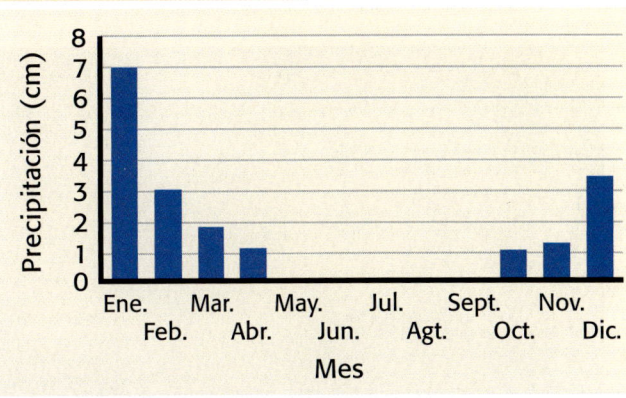

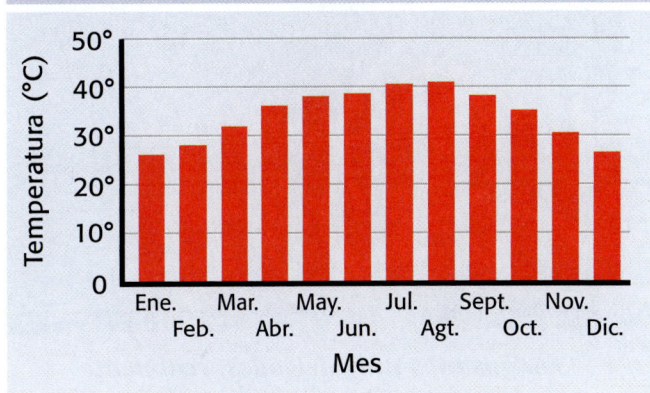

22. ¿Qué clase de bioma es más probable encontrar en la región representada por estas gráficas?

23. ¿Esperarías encontrar coníferas en ella? Explica tu respuesta.

AHORA, ¿qué piensas?

Revisa tus respuestas a las preguntas de la página 415 que escribiste en el cuaderno de ciencias. ¿Han cambiado tus respuestas? Si es necesario, corrige tus respuestas basándote en lo que has aprendido en este capítulo.

Los ecosistemas de la Tierra

CIENCIAS BIOLÓGICAS • QUÍMICA

Chimeneas oceánicas

▲ *"Son gusanos muy delgados, realmente peludos y aplanados"*, afirma el científico Bob Feldman acerca de los gusanos tubícolas.

Imagínate las más remotas profundidades del mar. No hay nada de luz y hace mucho frío. Un hilo de agua de mar penetra hacia las profundidades de la Tierra por las grietas que hay entre las placas del fondo del mar. A su regreso, el agua caliente recoge metales, gases sulfúricos y suficiente calor para aumentar la temperatura del gélido océano a 360°C. ¡A esta temperatura se funde el plomo! El agua caliente de mar es expulsada al océano a través de las chimeneas volcánicas y, cuando este chorro caliente y tóxico entra en contacto con el agua helada, los metales y gases sulfúricos *se precipitan,* o sea, se vuelven sólidos. Estos sólidos forman unos tubos llamados exhalitas, que se prolongan hacia arriba a través del fondo marino. Este ambiente obscuro, frío y tóxico sería mortal para los seres humanos, y sin embargo es el hogar de una comunidad de unas 300 especies, como ciertas bacterias, almejas, mejillones y gusanos tubícolas. Gracias a las exhalitas, estas especies sobreviven.

La vida sin fotosíntesis

Por mucho tiempo, los científicos pensaron que la energía de la luz solar era la base de las cadenas alimenticias de la Tierra y de la vida misma. Sin embargo, en los últimos 15 años los investigadores han descubierto ecosistemas que desafían esta creencia. Ahora sabemos que hay formas de vida alrededor de las exhalitas que pueden sobrevivir sin luz solar. Un tipo de bacteria utiliza los gases tóxicos de las exhalitas de la misma manera que las plantas utilizan la luz solar. En un proceso llamado *quimiosíntesis*, estas bacterias transforman el azufre en energía. Estas bacterias son productores primarios; los mejillones y almejas son consumidores en esta red alimenticia de las profundidades del mar. De hecho, para las bacterias, los mejillones y almejas son un buen lugar para vivir. A su vez, los mejillones y almejas se alimentan de las bacterias. Este tipo de relación entre organismos se llama *simbiosis.* Cuanto más cerca estén los mejillones y almejas de la chimenea, mayor probabilidad tendrán las bacterias de crecer. Por esto, los mejillones y almejas se trasladan frecuentemente para encontrar lugares estratégicos cerca de las exhalitas.

¿Tú qué crees?

▶ Las condiciones alrededor de las exhalitas son similares a las de otros planetas. Investiga sobre estos ambientes extremos, tanto en la Tierra como en otras partes. Comenta con tus compañeros y compañeras dónde y cómo crees que se originó la vida en la Tierra.

PROFESIONES

Las mariposas monarca son famosas por migrar largas distancias. Las que llegan a México vienen desde el noroeste de los Estados Unidos y el sur de Canadá. Algunas viajan 3,200 km antes de llegar al centro de México.

La amenaza humana para los hábitats

Desafortunadamente, el hábitat de las monarcas está cada vez más amenazado por la tala y otras actividades humanas. Sólo quedan nueve lugares donde puedan pasar el invierno; cinco de ellos son santuarios, pero incluso éstos corren peligro debido a que la gente tala los abetos para leña o con propósitos comerciales.

Investigación al rescate

El trabajo de Alfonso está ayudando a los conservacionistas mexicanos a entender y proteger mejor a las mariposas monarca. Es muy importante su descubrimiento de que las monarca dependen de los arbustos que crecen bajo los abetos, que se conocen como vegetación intermedia y se encuentran entre el suelo y la bóveda del bosque.

La investigación de Alfonso demostró que cuando la temperatura desciende bajo el punto de congelación, como sucede con frecuencia en los lugares altos donde las monarca pasan el invierno, algunas de ellas dependen de la vegetación intermedia para sobrevivir. Esto se debe a que las temperaturas bajas (−1°C a 4°C) limitan su movimiento, de modo que ni siquiera pueden arrastrarse. A temperaturas extremadamentre frías (−7°C a −1°C), las monarca que descansan en el suelo del bosque corren peligro de morir congeladas. Pero donde hay vegetación intermedia, pueden trepar lentamente hasta quedar a unos 10 cm por encima del suelo. Esta diferencia de altura proporciona un microclima suficientemente cálido para garantizar su supervivencia.

Antes de los trabajos de Alfonso, no se conocía la importancia de la vegetación intermedia. Ahora, gracias a su trabajo, los conservacionistas mexicanos la protegerán mejor.

ECÓLOGO

Casi todos los inviernos, **Alfonso Alonso Mejía** sube a los pocos lugares recónditos del centro de México donde alrededor de 150 millones de mariposas monarca pasan el invierno. Él investiga a las monarca porque quiere contribuir a conservar su hábitat.

¡Participa!

▶ Si te interesa el programa nacional de marcaje para ayudar a los científicos a conocer más acerca de la ruta de migración de las monarca, escribe a Monarch Watch, Department of Entomology, 7005 Howorth Hall, University of Kansas, Lawrence, Kansas 66045.

CAPÍTULO 18
Problemas ambientales y soluciones

Imagínate...

Haifa Aldorasi tiene quince años, le encanta la ciencia y le preocupa el medio ambiente. Haifa sabe que para fabricar el papel que usamos hay que talar árboles, hacerlos pulpa y añadir substancias químicas. Haifa también está muy interesada en la historia de los Estados Unidos y sabe que los colonizadores hacían papel de trapos de lino y algodón. Este papel no tenía substancias químicas y sigue en buenas condiciones. El papel que usamos hoy no va a durar tanto como el de los colonizadores.

A los 13 años, Haifa reunió sus conocimientos de historia, su amor a la ciencia y su preocupación por el medio ambiente con toda una variedad de verduras, dos años de experimentación y mucha paciencia. ¿El resultado? Haifa fabrica papel de buena calidad sin cortar ni una ramita de árbol ni usar una gota de substancias químicas. Además, su papel va a durar siglos.

Haifa no ha dejado de investigar. Quiere desarrollar un procedimiento eficaz para producir grandes cantidades de papel sin cortar árboles, así que continúa perfeccionando su técnica. Le gustaría llegar a presentar su producto a las grandes compañías papeleras. Mientras tanto, vende un estuche que ella diseñó con todo lo necesario para fabricar papel, para que otras personas puedan hacerlo igual que ella.

En este capítulo estudiarás los problemas del medio ambiente y aprenderás lo que puedes hacer para contribuir a su solución, incluyendo la fabricación de tu propio papel.

¿Tú qué piensas?

Usa tus conocimientos para responder a las siguientes preguntas en tu cuaderno de ciencias:

1. Nombra tres formas en que perjudicamos a la Tierra.

2. Nombra tres formas en las que algunas personas están tratando de impedir que se le haga más daño a la Tierra.

Recicla papel

También puedes hacer papel. Este método no requiere que se corten árboles, sino que utiliza papel que normalmente tiraríamos a la basura.

Procedimiento

1. Rasga **dos hojas de papel periódico** en pedazos pequeños. Ponlos en una **licuadora** y añade **1 L de agua**. Tápala y licua hasta que obtengas una pulpa aguada. Añade pedacitos de cáscara de naranja o zanahoria, o pétalos de flores. Licua otra vez.

2. Llena un **recipiente grande y cuadrado** con **2 a 3 cm de agua** y coloca un **cuadrado de malla de alambre** adentro. Vacía 250 mL de pulpa de papel sobre la malla, como se muestra abajo. Extiéndela de manera uniforme con una **espátula** o una **cuchara de palo**.

3. Para separar la pulpa del agua, levanta la malla, con la pulpa encima, y deja que el agua escurra sobre el recipiente. Coloca la malla y la pulpa dentro de una sección **de periódico**.

4. Cierra el periódico. Con mucho cuidado, dale la vuelta de manera que la malla quede encima de la pulpa. Tapa todo con una **tabla plana**, y presiona para exprimir el exceso de agua.

5. Abre el periódico y quita con mucho cuidado la malla, de manera que la capa de pulpa quede sobre la mesa. Deja que la pulpa se seque completamente. Finalmente, despega tu nuevo papel del periódico, como se muestra abajo.

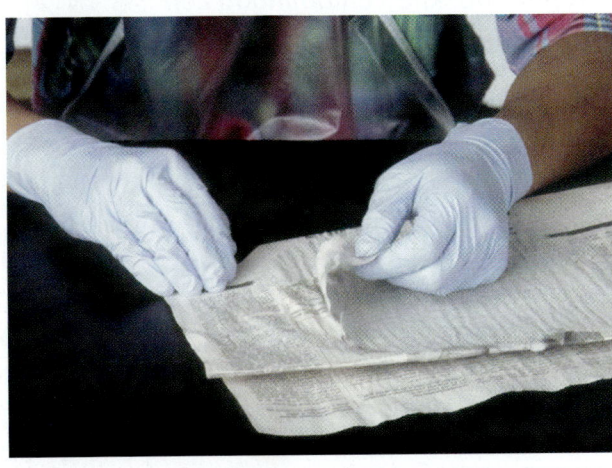

6. En tu papel reciclado escribe una nota a un amigo o amiga, o haz un dibujo.

Análisis

7. ¿En qué se parece y se diferencia tu papel al papel comercial?

8. ¿Cómo podrías mejorar este método de hacer papel?

Problemas ambientales y soluciones

Sección 1

Primero, las malas noticias

VOCABULARIO

contaminación
contaminante
tóxico
desechos radioactivos
recursos renovables
recursos no renovables
biodegradable
superpoblación
deforestación
naturalizado
biodiversidad

OBJETIVOS

- Describe los principales tipos de contaminación.
- Compara los recursos renovables con los no renovables.
- Explica cómo la destrucción de su hábitat afecta a los organismos.
- Explica por qué el crecimiento de la población humana es un problema.

Seguramente ya lo has oído o quizá lo has experimentado personalmente: el aire que respiras es malsano, el agua que bebes es perjudicial y la tierra está envenenada. En pocas palabras, nuestro planeta está gravemente enfermo.

La contaminación

La **contaminación** es la presencia de substancias dañinas en el medio ambiente. Estas substancias, o **contaminantes,** aparecen en muchas formas. Pueden ser sólidos, substancias químicas, ruido y hasta calor. Los contaminantes dañan o matan a las plantas y animales que viven en el hábitat afectado, como se ve en la **Figura 1,** y también pueden afectar a las personas.

Figura 1 *El agua que esta fábrica arroja al río está contaminada con substancias químicas y calor. El humo contiene substancias químicas dañinas que contaminan el aire.*

Montañas de basura Los estadounidenses producen más basura doméstica que ningún otro país del mundo. Si hiciéramos una torre con las latas de bebida que se consumen en un año, la torre llegaría a la Luna... ¡diecisiete veces! El estadounidense promedio desecha 12 kg de basura a la semana, que van a dar a un vertedero como el de la **Figura 2.** Las compañías, industrias y minas también producen mucha basura. Miles de millones de kilogramos de basura se clasifican como *desechos peligrosos,* perjudiciales para las personas y el medio ambiente. Las fábricas de papel, plástico, cemento y plaguicidas producen desechos peligrosos, al igual que centrales nucleares, refinerías de petróleo y plantas procesadoras de metales. Los hospitales, laboratorios y consultorios médicos producen desechos médicos peligrosos. Pero no toda la culpa es de la industria. Los hogares (como el tuyo) también producen desechos peligrosos: coches viejos, pintura, pilas, desechos médicos y detergentes son algunos de ellos.

Figura 2 *Cada año tiramos 150 millones de toneladas métricas de basura.*

¿Adónde va? ¿Adónde va a dar nuestra basura? La mayor parte va a enormes vertederos de basura. Muchas compañías entierran desechos peligrosos en basureros especialmente diseñados para contener este tipo de basura, pero otras tiran sus desechos peligrosos ilegalmente, arrojándolos en ríos o lagos y contaminando el agua. Otros se queman en incineradores especiales, diseñados para reducir la cantidad de contaminantes que entran a la atmósfera, pero otros se queman de manera inadecuada, aumentando la contaminación del aire.

Las substancias químicas están por todas partes Se usan para curar enfermedades, desde el catarro hasta el cáncer, están presentes en plásticos, termómetros, pinturas, fijadores para el pelo y alimentos enlatados. Están en todas partes; no podemos vivir sin ellas, pero a veces tampoco podemos vivir *con* ellas. Los plaguicidas químicos para matar los insectos que atacan los sembradíos también contaminan el suelo y el agua. Hace más de tres décadas, Rachel Carson, en la **Figura 3,** escribió sobre los peligros de los insecticidas.

Aerosoles, refrigeradores y plásticos usan un tipo de substancias químicas, llamadas clorofluocarbonos (CFC), que ahora están prohibidas. Los CFC se elevan en la atmósfera y destruyen la capa de ozono, una forma de oxígeno que protege la Tierra de los dañinos rayos ultravioleta. Otro tipo de substancias químicas, los policlorobifenilos (PCB), se usaban como aislante, en pinturas, aparatos domésticos y otros productos. Pero los científicos descubrieron que los PCB eran **tóxicos,** o sea, venenosos. Ahora están prohibidos, pero no han desaparecido; se descomponen muy lentamente y siguen contaminando hasta las regiones más remotas, como la de la **Figura 4.**

Figura 3 *El libro de Rachel Carson, Silent Spring, se publicó en 1962, y le mostró al público los peligros de los plaguicidas para el medio ambiente, en especial para los pájaros.*

Basura nuclear Las plantas nucleares producen energía para millones de hogares y negocios, pero también producen **desechos radioactivos,** un tipo diferente de basura, que tarda cientos de miles de años en dejar de ser peligrosa. Estos desechos provocan cáncer, leucemia y defectos congénitos en los seres humanos. Los desechos radioactivos pueden perjudicar a todos los seres vivos.

Figura 4 *No hay lugar en la Tierra que sea inmune a la contaminación. Hasta en las más remotas áreas del Ártico se han encontrado contaminantes, como los PCB.*

Problemas ambientales y soluciones

ciencias de la Tierra
CONEXIÓN

El ozono de la estratosfera absorbe la mayor parte de la radiación ultravioleta del Sol. Los CFC destruyen la capa de ozono. La imagen del agujero en la capa de ozono (el área gris del centro) se tomó en 1998.

La exposición excesiva a la luz ultravioleta es perjudicial para la salud. Puede causar ceguera, envejecimiento prematuro, cáncer de piel y debilitamiento del sistema inmunológico.

Un alto nivel de luz ultravioleta también contribuye a cosechas más pobres y al desequilibrio de la cadena alimenticia en los océanos.

¡Qué calor! La Tierra está rodeada por la atmósfera, una mezcla de gases entre los que está el dióxido de carbono. La atmósfera funciona como cobija protectora que mantiene al planeta suficientemente caliente para que exista la vida. Sin embargo, desde el siglo XIX, el dióxido de carbono de la atmósfera ha aumentado en un 25 por ciento. El dióxido de carbono y ciertos contaminantes presentes en el aire funcionan como un invernadero. Muchos científicos opinan que su aumento ha provocado una elevación significativa de la temperatura global. Si ésta siguiera aumentando, se podrían derretir las capas de hielo polar y el nivel de los océanos subiría. Se cree que para el año 2100 el nivel del mar podría subir de 10 cm a 1.2 m. Si el nivel del mar sube 1 m, las costas se inundarían, se contaminarían las reservas subterráneas de agua y desaparecerían las playas actuales.

Demasiado ruido Contaminantes como los malos olores y el ruido afectan a nuestros sentidos. El ruido es molesto e influye en nuestra capacidad de escuchar y de pensar. Si los albañiles y otras personas que trabajan en ambientes ruidosos no protegen sus oídos, pueden quedarse sordos poco a poco. Las estudiantes de la **Figura 5** escuchan música a un volumen prudente para evitar que sus oídos sufran.

Figura 5 *Para prevenir lesiones del oído es mejor escuchar música a un volumen moderado.*

REPASO

1. Describe dos formas en que la contaminación es dañina.
2. Explica por qué el ruido se considera un contaminante.
3. **Aplicar conceptos** Explica cómo cada una de las siguientes cosas que nos son de ayuda perjudican al medio ambiente: hospitales, refrigeradores y construcción de carreteras.

Agotamiento de recursos

Otro problema del medio ambiente es que estamos agotando los recursos naturales. Algunos de los recursos de la Tierra son renovables y otros no renovables. Un **recurso renovable** se puede usar una y otra vez, o existe una fuente ilimitada del mismo. El agua dulce y la energía solar son renovables, al igual que algunos tipos de árboles. Un **recurso no renovable** sólo se puede usar una vez. La mayoría de los minerales son no renovables; también lo son los combustibles fósiles, como el petróleo y el carbón.

Algunos recursos no renovables, como el petróleo, seguramente no se agotarán durante tu vida, pero como usamos tantos al año, no van a durar para siempre. Además, la extracción de estos recursos de la Tierra tiene un alto precio, que se paga en forma de derrames de petróleo, pérdida de hábitats y el daño que ocasiona la explotación minera, como ves en la **Figura 6**.

¡MATEMÁTICAS!

Agotamiento del agua

Una reserva subterránea de agua tiene una profundidad de 200 m. El agua se filtra a una velocidad de 4 cm/año, y se bombea a una velocidad de 1 m/año. ¿Cuánto tiempo durará esta reserva?

Para encontrar la pérdida neta de agua de una reserva subterránea, resta la cantidad de agua que entra de la cantidad que se bombea.

¿Cuánto tiempo durará la reserva si el agua entra a una velocidad de 10 cm/año y se bombea a una velocidad de 10cm/año?

Figura 6 Este terreno ha sido explotado para extraer carbón usando una técnica llamada explotación a cielo abierto.

¿Renovable o no? Algunos recursos que se consideraban renovables se están agotando. Ecosistemas como la selva tropical están siendo contaminados y destruidos, y el resultado es una enorme pérdida de hábitats. En todo el mundo, las capas más ricas del suelo se están perdiendo por la erosión y la contaminación. Lleva miles de años formar unos cuantos centímetros de tierra, que luego pueden perderse en menos de un año. Las reservas subterráneas de agua potable se consumen más rápido de lo que se llenan. Varios centímetros de agua se filtran hacia estas reservas por año, pero, al mismo tiempo, estamos sacando varios *metros* hacia el exterior.

Autoevaluación

1. ¿Cómo usas los recursos no renovables?
2. ¿Por qué no es buena idea agotar un recurso no renovable?

(Consulta la página 636 para comprobar tus respuestas).

Problemas ambientales y soluciones **443**

Especies naturalizadas

Las personas viajan y sin saberlo muchas veces llevan pasajeros consigo. Los barcos, aviones y coches llevan semillas, huevos y organismos vivos de una parte del mundo a otra. Un organismo que llega a un lugar nuevo y se queda a vivir se llama organismo **naturalizado**. Las especies naturalizadas progresan en nuevos lugares porque los depredadores de su hábitat original no existen en el nuevo.

A veces, las especies naturalizadas se convierten en plagas y desplazan a las especies nativas. El mejillón cebra, de la **Figura 7,** llegó como polizón en barcos que viajaban de Europa a Estados Unidos en la década de 1980. La salicaria púrpura llegó de Europa, y ahora le roba espacio a la flora nativa y amenaza a especies raras de plantas en gran parte de Norteamérica. Especies como el diente de león de la **Figura 8,** llevan aquí tanto tiempo que es fácil olvidar que vinieron de otro lugar.

Figura 7 El mejillón cebra (arriba) es un invasor naturalizado que bloquea las plantas de tratamiento de agua en la zona de los Grandes Lagos. La salicaria púrpura es una planta europea que está desplazando a otras plantas naturales de Norteamérica.

Figura 8 El diente de león se ha considerado una planta curativa en China durante más de 1,000 años, pero en Estados Unidos casi toda la gente la ve como maleza.

El crecimiento de la población humana

En 1800, la Tierra tenía mil millones de habitantes. En 1990, había 5,200 millones. Para el año 2100 puede haber 14,000 millones. Una de cada diez personas se acuesta cada noche con el estómago vacío y millones de personas mueren cada año de enfermedades relacionadas con la desnutrición. Hay quienes opinan que la población mundial es muy grande para que la Tierra pueda alimentarla.

Más personas requieren más recursos y la población de la Tierra está creciendo rápidamente. La **superpoblación** ocurre cuando el número de personas es tan grande que no hay suficiente comida, agua y otros recursos básicos de la vida diaria para todos.

La **Figura 9** muestra que nos tomó la mayor parte de la historia humana llegar a ser mil millones de habitantes. ¿Podrá el planeta mantener a 14,000 millones de habitantes?

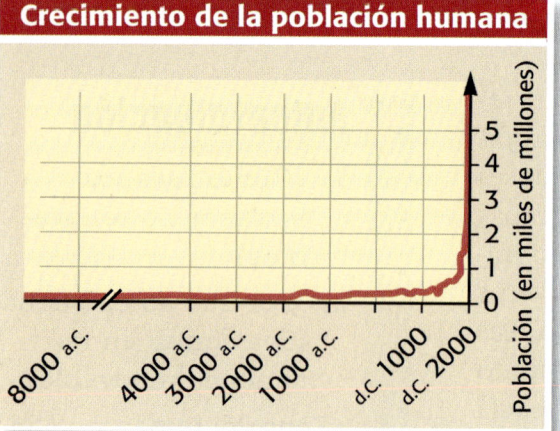

Figura 9 Hoy en día, la población humana de la Tierra se duplica cada pocos años.

444 Capítulo 18

Destrucción de hábitats

Bio quiere decir "vida", y *diversidad* significa "variedad". La palabra **biodiversidad** quiere decir "variedad de formas de vida", y habla de las muchas y diferentes especies que se encuentran en los hábitats específicos del planeta.

Cada hábitat tiene su propia combinación de ocupantes. Cuando una excavadora abre un agujero o una sierra eléctrica tala un bosque, cuando se desechan substancias peligrosas en el medio ambiente y se construye una presa de agua, un hábitat sufre cambios, queda lastimado, o se destruye. Y cada vez que se destruye un hábitat, hay una pérdida de biodiversidad.

Figura 10 *Los bosques templados se destruyen por las mismas razones que los bosques tropicales.*

Bosques Los árboles nos dan oxígeno, muebles, combustible, frutas y nueces, caucho, alcohol, papel, aguarrás, lápices y postes de teléfono. Hace tiempo, los árboles cubrían el doble del espacio que ocupan hoy. La **deforestación**, que ves en la **Figura 10,** es la tala de bosques. Los bosques se talan para explotar minas, construir presas y hacer carreteras; y para fabricar papel y obtener combustible y madera. Después de que se tala un bosque, casi nada puede crecer ahí, pues el suelo tropical tiene pocos nutrientes. Los nutrientes que tiene están sobre todo en la vegetación.

Explora

Observa tu salón. ¿Cuántas cosas de madera ves? Haz una lista en tu cuaderno de ciencias. Añade todas las cosas que creas que vienen de los árboles.

Pantanos Los pantanos ayudan a controlar las inundaciones al absorber el agua de los ríos desbordados, filtran la contaminación del agua que se desborda y son el lugar ideal para la reproducción de peces, aves acuáticas y otros animales; previenen la erosión y llenan las reservas subterráneas de agua. No obstante, muchos pantanos se secan para construir granjas, casas y centros comerciales, o se dragan para que pasen barcos y lanchas. La contaminación también destruye los hábitats de los pantanos.

Hábitats marinos El petróleo es un gran destructor de hábitats marinos. A veces, el petróleo de fábricas se arroja al mar. Los derrames accidentales y el petróleo que los barcos petroleros echan al mar al enjuagar sus tanques en el agua también contaminan los océanos. El petróleo contamina los hábitats de la costa y los de mar abierto **(Figura 11.)** Como los océanos están conectados, la contaminación de uno puede extenderse por todo el mundo.

Figura 11 *El petróleo del* Exxon Valdez *afectó a más de 2,300 km² de la costa de Alaska.*

Problemas ambientales y soluciones

APLICA

Tu pueblo va a celebrar los 200 años de su fundación. Se ha planeado una gran fiesta y, como parte de la celebración, el municipio soltará al cielo 1,000 globos inflados de helio para cantarle "Las mañanitas" al pueblo. ¿Sabes por qué no es una buena idea? ¿Qué puedes hacer para convencer a los oficiales del municipio de que cambien sus planes?

Figura 12 *Los plásticos perjudican la vida silvestre del mar. Esta gaviota se enredó en un empaque de refrescos.*

Muchos plásticos se arrojan en hábitats marinos. Son ligeros, flotan en el agua y, como no son **biodegradables,** es decir, no se descomponen, permanecen en el medio ambiente. Hay animales, como el ave de la **Figura 12,** que tratan de comérselos, se enredan en ellos y mueren. La ley prohíbe arrojar plásticos al agua, pero es difícil capturar a los culpables.

El impacto en los seres humanos

Los árboles y los animales marinos no son los únicos afectados por la contaminación, el calentamiento global y la destrucción de hábitats. El daño que hacemos a la Tierra también nos afecta a nosotros. A veces, es inmediato. Si bebes agua contaminada, te puedes enfermar inmediatamente y hasta morir. Pero a veces el impacto no se siente de inmediato. Algunas substancias químicas causan cáncer 20 ó 30 años después de la exposición. Tus hijos o tus nietos quizá se tengan que enfrentar a un mundo en el que los recursos estén agotados.

Cualquier cosa que amenaza a otros organismos finalmente nos amenaza también a nosotros. Para cuidar el medio ambiente, tenemos que ocuparnos de lo que está sucediendo ahora y al mismo tiempo pensar en el futuro.

PARA PENSAR

Si la raza humana se extingue, otros organismos pueden seguir viviendo. Pero si se extinguen todos los insectos, muchas plantas no podrían reproducirse y muchos animales se quedarían sin comida. Los organismos de los que dependemos y, finalmente todos nosotros, desapareceríamos de la faz de la Tierra.

REPASO

1. ¿Por qué suelen prosperar las especies naturalizadas?
2. Explica qué tiene que ver el crecimiento de la población humana con la contaminación.
3. **Aplicar conceptos** ¿Cómo nos afecta la destrucción de los hábitats de los pantanos?

Sección 2

Y ahora, las buenas noticias: hay soluciones

VOCABULARIO

conservación
reciclaje
recuperación de recursos

OBJETIVOS

- Explica la importancia de la conservación.
- Describe "las tres erres" y su importancia.
- Explica cómo se pueden proteger los hábitats.
- Enumera formas en que se puede proteger la Tierra.

Como has visto, el panorama es malo. Pero no del todo: es más, también hay buenas noticias. Hay cosas que podemos hacer (¡y estamos haciendo!) para salvar la Tierra. *Tú mismo* puedes ayudar a salvarla. Si somos responsables del daño que sufre nuestro planeta, también podemos asumir la responsabilidad de curarlo y preservarlo.

Conservación

Una forma importante de salvar la Tierra es la conservación. La **conservación** es el uso responsable y la preservación de los recursos naturales. Si vas a visitar a tus amigos en bicicleta, conservas combustible y, al mismo tiempo, no contaminas el aire. Si usas abono orgánico en tu jardín en vez de fertilizantes químicos, conservas los recursos necesarios para hacer el fertilizante y evitas la contaminación del suelo y el agua.

Conservar es usar menos recursos naturales y reducir la cantidad de basura que producimos. Las "tres erres" de la **Figura 13** describen maneras en que podemos conservar recursos y reducir los daños del planeta. **R**educe, **R**eutiliza y **R**ecicla.

Figura 13 *Estos jóvenes ponen en práctica "las tres erres" usando una bolsa de la compra de tela, regalando ropa que ya no les queda y reciclando plásticos.*

Reduce

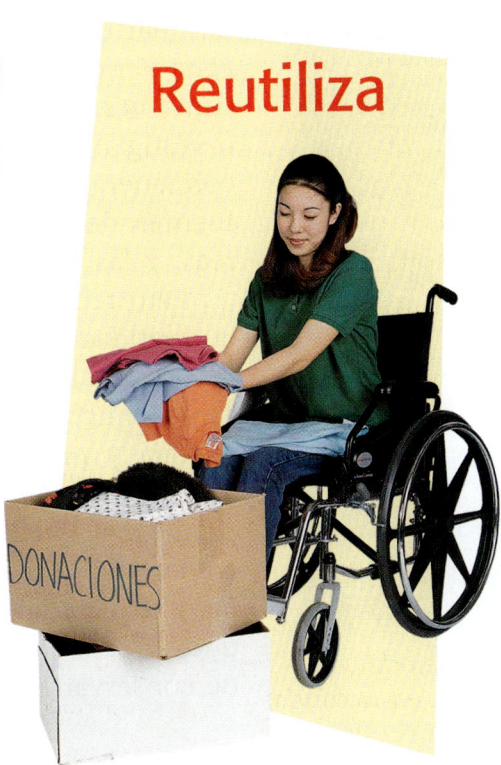
Reutiliza

Recicla

Problemas ambientales y soluciones

Reducir

Usar menos recursos naturales es la forma más obvia de conservarlos. Así también reducimos la contaminación y la cantidad de basura. Algunas compañías han empezado a implementar estrategias para conservar recursos y ahorrar dinero.

Reducir la basura y la contaminación La tercera parte de los desperdicios de las ciudades y los pueblos proviene de envolturas. Para conservar recursos y reducir el desperdicio, se pueden envolver productos con menos plástico y menos papel. La comida rápida puede ir envuelta en hojas delagadas de papel en vez de grandes paquetes de plástico no biodegradables. Si no necesitas la bolsa, puedes llevarte tus compras en la mano. Científicos como los de la **Figura 14** trabajan para fabricar plásticos más biodegradables.

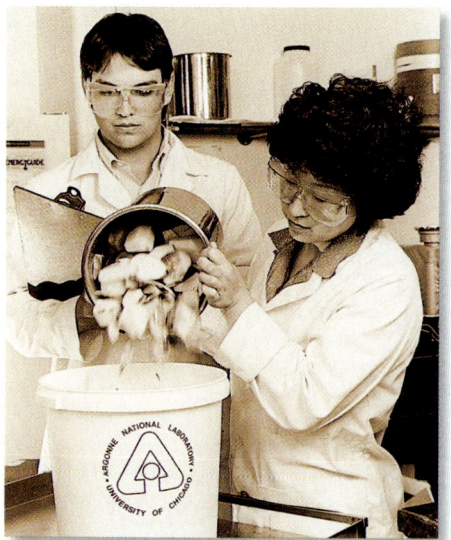

Figura 14 Estos científicos investigan maneras de usar la basura para hacer plásticos biodegradables.

Algunas compañías están buscando materiales menos peligrosos para sus productos. Hay agricultores, por ejemplo, que no quieren usar plaguicidas ni fertilizantes químicos. Practican la agricultura orgánica, y usan abono orgánico, estiércol, y fertilizantes y plaguicidas naturales. Los especialistas en agricultura están desarrollando técnicas que son mejores para el medio ambiente.

Reducir el uso de recursos naturales no renovables Los científicos buscan fuentes alternativas de energía para evitar quemar combustibles y usar energía nuclear. Algunas calculadoras ya usan energía solar y en algunas partes del mundo esta energía calienta agua y produce la electricidad de las casas, como ves en la **Figura 15.** Hay ingenieros que investigan cómo hacer autos que funcionen con energía solar, e investigadores de otras fuentes de encrgía, como el viento, las mareas, y las cascadas.

Pero reducir el uso de recursos naturales y la cantidad de desperdicios no es sólo tarea de la industria y la agricultura; nosotros utilizamos muchos productos, consumimos mucha energía y producimos grandes cantidades de basura. Cada habitante de los Estados Unidos produce 40 veces más basura que el de un país en desarrollo. ¿Por qué será? ¿Qué podrías hacer para reducir la cantidad de basura que produces? Cada persona debe hacerse responsable de conservar los recursos de la Tierra.

Figura 15 Los paneles solares en los tejados de estas casas de un barrio de Rotterdam, en Holanda, proporcionan casi toda la energía que necesitan.

Reutilizar

¿Usas la ropa que te pasan tus hermanos o hermanas mayores? ¿Parchas un balón desinflado en vez de tirarlo a la basura? Si dijiste que sí, estás ayudando a salvar al planeta al *reutilizar* productos.

Reutilizar productos Cada vez que alguien reutiliza una bolsa de plástico, se necesita fabricar una menos y hay una menos para contaminar la Tierra. Cada vez que alguien usa una pila recargable, se necesita fabricar una menos y hay una menos contaminando el planeta. Reutilizar las cosas es una forma importante de conservar recursos y evitar la contaminación.

Reutilizar el agua Cerca del 85 por ciento del agua usada en los hogares se va por el caño. Las comunidades donde el agua es escasa están experimentando con formas de reutilizarla. Algunas usan plantas verdes o ciertos animales, como las almejas, para limpiarla. El agua no queda bastante limpia para beberla, pero sirve para regar jardines o campos de golf, como el de la **Figura 16.**

Figura 16 Este campo de golf se riega con agua reciclada.

Reciclar

Reciclar es una forma de reutilizar procesando la basura para hacer con ella nuevos materiales. A veces se usa material reciclado para hacer el mismo tipo de producto otra vez; otras veces se hace un producto diferente. La banca de la **Figura 17** está hecha de vasos de poliestireno, cajas de hamburguesas y recipientes de plástico que anteriormente sirvieron para guardar detergentes, yogurt y margarina. Todos los recipientes de la **Figura 18** pueden reciclarse fácilmente.

Figura 17 Esta banca está hecha de plástico reciclado, derretido y moldeado.

Autoevaluación

1. ¿Cómo puedes reducir la cantidad de electricidad que usas?
2. Menciona cinco productos que se pueden reutilizar fácilmente.

(Consulta la página 636 para comprobar tus respuestas).

Figura 18 Estos recipientes son ejemplos de basura doméstica reciclable.

Problemas ambientales y soluciones

Figura 19 *Cada tipo de material va a su propio contenedor en estos camiones especiales, y la basura para reciclar se lleva a plantas recicladoras para su procesamiento.*

Reciclar la basura El plástico, el papel, las latas de aluminio, la madera, el vidrio y el cartón son algunos ejemplos de materiales reciclables. Cada semana se necesita medio millón de árboles para hacer el papel para imprimir los periódicos de los domingos. Reciclar el periódico puede salvar la vida de muchos árboles. El reciclaje de papel y latas de aluminio ahorra un 95 por ciento de la energía requerida para procesar el mineral crudo. El vidrio contribuye un 8 por ciento al total de basura que producimos, pero se puede volver a derretir para hacer nuevas botellas y frascos. Las pilas de plomo pueden reciclarse para fabricar nuevas pilas.

Los gobiernos de ciudades como Austin, Texas, facilitan el reciclaje de basura. Cada familia recibe contenedores especiales para plástico, aluminio y papel, y cada semana, un camión especial, como el de la **Figura 19,** recoge los elementos reciclables junto con el resto de la basura.

Reciclar recursos La basura que se puede quemar también puede usarse para generar electricidad en plantas procesadoras como la de la **Figura 20.** El proceso de transformar la basura en electricicidad se llama **recuperación de recursos.** La basura que se recoge en las ciudades y pueblos de Estados Unidos podría producir la misma cantidad de electricidad que 15 centrales nucleares grandes. Algunas compañías han empezado a usar así sus propios desechos porque les ahorra dinero y es una forma responsable de manejar los recursos de la empresa.

Reciclar no es difícil, pero en los Estados Unidos sólo se recicla alrededor de un 11 por ciento de la basura, mientras que en Europa se recicla un 30 por ciento y en Japón, un 50.

Figura 20 *Una planta que convierte basura en energía puede proporcionar electricidad a muchas casas y oficinas.*

Explora

Echa un vistazo a tu escuela o a tu casa. ¿Cuántos objetos de madera o de plástico ves? ¿Cuántos pueden reutilizarse o reciclarse? ¿Cuántos están hechos de material reciclado? Haz una lista de estos objetos en tu cuaderno de ciencias.

REPASO

1. Define y explica la *conservación*.
2. Describe las tres principales formas de conservar recursos naturales.
3. **Analizar relaciones** ¿Cómo ayuda la conservación de recursos a proteger a la Tierra y a reducir la contaminación?

Mantener la biodiversidad

Imagina un bosque con un solo tipo de árbol. Si una enfermedad atacara a esa especie, podría acabar con todo el bosque. Ahora imagina un bosque con 10 especies distintas. Si un tipo de árbol se enfermara, aún quedarían nueve especies diferentes. Observa la **Figura 21.** El sembradío que ves produce una cosecha importante: algodón. Pero no es un ambiente muy diverso. Para que el algodón crezca bien, el agricultor debe cuidarlo con hierbicidas, plaguicidas y fertilizantes. La biodiversidad mantiene las comunidades estables de manera natural.

Experimentos

¿Qué tanta biodiversidad hay en tu rincón del mundo? Averígualo en la página 622.

Figura 21 ¿Qué pasaría si una enfermedad atacara la plantación de algodón? La biodiversidad es muy baja en sembradíos como este.

La diversidad de especies es importante porque cada especie hace una contribución única a la comunidad. Además, hay especies muy importantes para los seres humanos. Nos dan alimentos, medicinas, plaguicidas naturales, belleza y compañía.

Protección de especies Una forma de mantener la biodiversidad es protegiendo especies individuales. En los Estados Unidos, la Ley de Protección de las Especies en Peligro de Extinción *(Endangered Species Act)* sirve justamente para esto. Las especies en peligro de extinción están en una lista especial y la ley prohíbe las actividades perjudiciales para los animales o plantas de la lista. La ley también exige que se desarrollen programas para que las poblaciones de especies en peligro se recuperen. Algunas especies en peligro se están recuperando, como el cóndor de California que ves en la **Figura 22.**

Desgraciadamente, el proceso para incluir una especie en la lista de especies en peligro de extinción es muy largo. Hay que añadir muchas especies a la lista, y muchas se extinguen antes de que esto suceda.

Figura 22 El cóndor de California, que estaba al borde de la extinción, se ha recuperado gracias a su cuidadosa cría en cautiverio. El cóndor es un importante ave carroñera en su medio ambiente.

Figura 23 Una forma de proteger los hábitats es reservar para la vida silvestre tierras del gobierno.

Protección de hábitats Esperar a que una especie esté casi extinta para empezar a protegerla es como esperar a que tus dientes tengan caries para empezar a cepillártelos. Los científicos piensan que es importante proteger a las especies desde antes de que estén en peligro de extinción.

Las plantas, los animales y los microorganismos no viven separados, sino que forman parte de una enorme red de organismos interconectados. Para proteger la red y no interferir con el equilibrio global de la naturaleza, hay que preservar hábitats completos y no sólo especies individuales. Hay que proteger *todas* las especies, no sólo las que están en peligro. Todas las especies que viven en la reserva natural de la **Figura 23** están protegidas, pues su hábitat está protegido.

Estrategias

Hay leyes que sirven para proteger y conservar la naturaleza. Abajo puedes ver los objetivos de estas leyes junto con algunas estrategias que se pueden adoptar para apoyarlas.

- **Reducir el uso de plaguicidas.**
  Sólo aplicar plaguicidas que atacan específicamente insectos dañinos. Usar plaguicidas naturales que interfieren con la forma de vida, el crecimiento y el desarrollo de ciertos insectos. Desarrollar más plaguicidas biodegradables que no perjudiquen a los pájaros, los animales o las plantas.

- **Reducir la contaminación.**
  La ley prohíbe el desecho de substancias tóxicas en ríos, arroyos, lagos, mares, tierras de cultivo y bosques.

- **Proteger los hábitats.**
  Conservar los pantanos, Reducir la tala de árboles, usar técnicas de tala respetuosas con el medio ambiente, usar los recursos a un ritmo que permita su crecimiento, y proteger hábitats enteros.

- **Aplicar la Ley de Protección de las Especies en Peligro de Extinción.**
  Acelerar el proceso para añadir especies a la lista.

- **Desarrollar fuentes alternativas de energía.**
  Usar más energía solar, eólica (del viento), y otras fuentes renovables.

Laboratorio

Ojo con la basura

Fíjate en la basura que produces en un día. Clasifícala en grupos. ¿Qué tanto viene de desperdicios de comida? ¿Hay algo que considerarías peligroso? ¿Qué se puede reciclar? ¿Qué se puede reutilizar? ¿Cómo puedes reducir la cantidad de basura que produces?

Lo que *tú* puedes hacer.

Reduce, reutiliza y recicla. Protege tu planeta. Todos pueden ayudar; los niños y los adultos pueden ayudar a salvar la Tierra. En esta lista hay sugerencias sobre lo que *tú* puedes hacer. ¿Hay algunas que ya practicas? ¿Se te ocurre algo que añadir?

1. Compra artículos reciclables.
2. Regala tus juguetes viejos.
3. Usa papel reciclado.
4. Escribe por las dos caras de las hojas de papel.
5. Si tienes que usar platos desechables, usa platos y vasos de papel, y no de poliestireno.
6. Cierra la llave del agua mientras te lavas los dientes.
7. No compres artículos hechos con un animal en peligro de extinción.
8. Usa pilas recargables.
9. Apaga la luz, el aparato de sonido y la computadora cuando no los estés usando.
10. Usa ropa que te pasen tus familiares.
11. Usa una bolsa de tela cuando vayas de compras.
12. Usa lonchera o reutiliza tus bolsas del almuerzo.
13. Comparte libros con tus amigos o sácalos de la biblioteca.
14. Usa servilletas y trapos de cocina de tela, no de papel.
15. Recicla vidrio, papel, aluminio y pilas.
16. Haz composta.
17. Compra productos hechos de plástico biodegradable.
18. Camina, monta en bicicleta o usa el transporte público.
19. Compra productos que tengan muy poco o ningún empaque.
20. Arregla las llaves de agua que gotean.

REPASO

1. Describe por qué es importante la biodiversidad.
2. ¿Por qué es importante proteger hábitats enteros?
3. **Aplicar conceptos** De la lista de arriba, identifica las sugerencias que requieren reducir, reutilizar o reciclar. Algunas abarcan más de una de "las tres erres".

Problemas ambientales y soluciones

Resumen del capítulo

SECCIÓN 1

Vocabulario

- **contaminación** *(pág. 440)*
- **contaminante** *(pág. 440)*
- **tóxico** *(pág. 441)*
- **desechos radioactivos** *(pág. 441)*
- **recurso renovable** *(pág. 443)*
- **recurso no renovable** *(pág. 443)*
- **organismo naturalizado** *(pág. 444)*
- **sobrepoblación** *(pág. 444)*
- **biodiversidad** *(pág. 445)*
- **deforestación** *(pág. 445)*
- **biodegradable** *(pág. 446)*

Notas de la sección

- La Tierra está contaminada por desechos sólidos, substancias químicas peligrosas, materiales radioactivos, ruido y calor.

- Algunos recursos naturales de la Tierra son renovables y otros no. Algunos recursos no renovables se están agotando.

- Las especies naturalizadas frecuentemente invaden otras tierras, en las que se extienden, se convierten en plagas y amenazan la existencia de las especies nativas.

- La población humana está en peligro de crecer tanto que los recursos de la Tierra no serán suficientes para mantenerla.

- Varios factores contribuyen a la destrucción de los hábitats de la Tierra, como la deforestación, el relleno de pantanos y la contaminación.

- La deforestación puede provocar la extinción de especies, y casi siempre deja la tierra infértil.

- La contaminación del agua, el aire y el suelo puede dañar o matar animales, plantas y microrganismos.

- Los seres humanos dependen de muchas clases de organismos. La contaminación, el calentamiento global, la destrucción de los hábitats y cualquier cosa que afecte a otros organismos afectará también a los seres humanos.

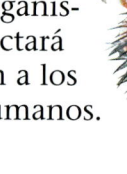

✓ Comprobar destrezas

Conceptos de matemáticas

PÉRDIDA NETA DE AGUA Supón que el agua se filtra a un yacimiento subterráneo a una velocidad de 10 cm/año. El yacimiento tiene 100 m de profundidad, pero la bomba extrae unos 2 m/año. ¿Cuánto tiempo va a durar el agua?

Primero, convierte todas las medidas a centímetros.

(100 m = 10,000 cm; 2 m = 200 cm)

Luego, calcula la pérdida neta de agua por año.

200 cm 10 cm = 190 cm (pérdida neta anual)

Ahora divide la profundidad del yacimiento entre la pérdida neta anual y averigua cuántos años va a durar el suministro de agua.

10,000 cm ÷ 190 cm = 52.6 años

Comprensión visual

QUÉ PUEDES HACER Obviamente, las estrategias para conservar los hábitats del planeta de la página 452 están siendo desarrolladas por científicos y otros profesionales. Si quieres saber que puedes empezar a hacer ahora, repasa la lista de la página 453.

SECCIÓN 2

Vocabulario
conservación *(pág. 447)*
reciclaje *(pág. 449)*
recuperación de recursos *(pág. 450)*

Notas de la sección

- La conservación es el uso consciente y la conservación de los recursos naturales de la Tierra. Con ella podemos ayudar a reducir la contaminación y ahorrar recursos para las generaciones futuras.

- La conservación se puede resumir en "las tres erres": reducir, reutilizar, y reciclar. Reducir quiere decir usar menos cosas desde un principio. Reutilizar es usar productos y materiales una y otra vez. Reciclar es procesar los productos usados para fabricar unos nuevos.

- La biodiversidad es la variedad de formas de vida de la Tierra. Es muy importante para mantener los ecosistemas estables, saludables, y funcionando bien.

- Es posible proteger los hábitats si evitamos su destrucción, usamos menos plaguicidas, contaminamos menos, protegemos las especies y usamos formas de energía renovables.

- Podemos participar en la conservación del planeta si practicamos "las tres erres" en la vida diaria.

Experimentos
Biodiversidad: ¡vaya idea! *(pág. 622)*
Decisiones ambientales *(pág. 624)*

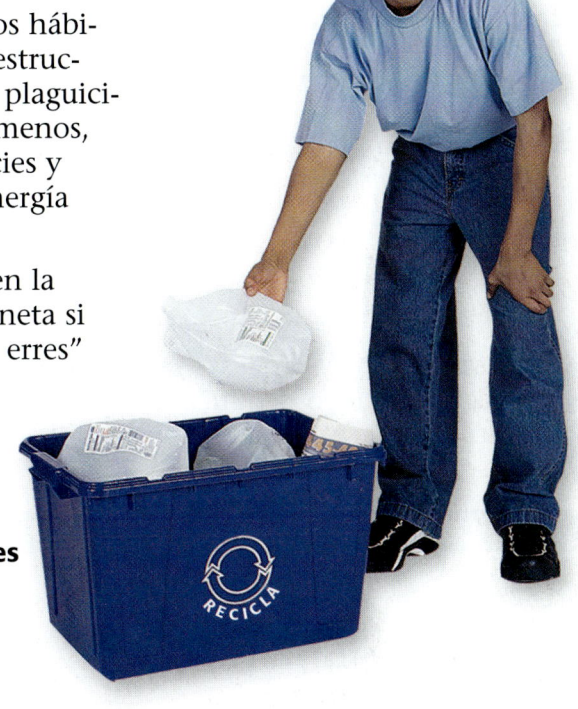

---

internet

 VISITA: go.hrw.com

Visita el sitio web de HRW para encontrar una serie de herramientas de aprendizaje relacionadas con este capítulo. Sólo tienes que escribir la palabra clave:

PALABRA CLAVE: HSTENV

 **VISITA:** www.scilinks.org

Visita el sitio web de la **Asociación Nacional de Maestros de Ciencias** *(National Science Teachers Association)* para encontrar recursos de Internet relacionados con este capítulo. Sólo escribe el **ENLACE DE CIENCIAS** para obtener más información sobre el tema:

TEMA:	ENLACE:
Contaminación del aire	HSTL505
Agotamiento de recursos	HSTL510
Crecimiento de la población	HSTL515
Reciclaje	HSTL520
Conservación de la biodiversidad	HSTL525

Problemas ambientales y soluciones

Repaso del capítulo

UTILIZAR EL VOCABULARIO

Escoge el término correcto para completar las siguientes oraciones:

1. La __?__ es la presencia de substancias dañinas en el medio ambiente. *(contaminación* o *biodiversidad)*

2. __?__ son un tipo de contaminación producida por las centrales de energía nuclear. *(Los CFC* o *Los desechos radioactivos)*

3. Un recurso __?__ sólo se puede usar una vez. *(nuclear* o *no renovable)*

4. __?__ es la variedad de formas entre los seres vivientes. *(Biodegradable* o *Biodiversidad)*

5. Cuando __?__, procesas la basura para hacer un nuevo producto. *(reciclas* o *reutilizas)*

COMPRENDER CONCEPTOS

Opción múltiple

6. La protección de los hábitats es importante porque
   a. los organismos no viven aislados.
   b. es una forma de proteger las especies.
   c. si no se practica, se rompe el equilibrio de la naturaleza.
   d. todas las anteriores

7. Los recursos de la Tierra se pueden conservar
   a. sólo en las actividades industriales.
   b. reduciendo el uso de recursos no renovables.
   c. si todos hacemos lo que queremos.
   d. si se desecha toda la basura.

8. Las especies en peligro
   a. son las que están extintas.
   b. se encuentran sólo en la selva tropical.
   c. pueden recuperarse después de estar casi extintas.
   d. están protegidas por la Ley de Protección de las Especies en Peligro de Extinción.

9. El calentamiento global amenaza
   a. sólo a gente que vive en climas cálidos.
   b. a todos los organismos del planeta.
   c. sólo a los organismos de los polos.
   d. la cantidad de dióxido de carbono en el aire.

10. La superpoblación
    a. no existe en la raza humana.
    b. ayuda a disminuir la contaminación.
    c. ocurre cuando una especie no puede obtener los alimentos, agua y demás recursos necesarios.
    d. sólo existe en las grandes ciudades.

11. La biodiversidad
    a. no es importante para la ciencia.
    b. mantiene los ecosistemas estables.
    c. hace que las enfermedades destruyan poblaciones enteras.
    d. sólo se encuentra en el bosque templado.

Respuesta breve

12. Describe cómo ayudarías a conservar recursos. Menciona estrategias que incluyan "las tres erres".

13. Describe la relación entre especies naturalizadas y en peligro de extinción.

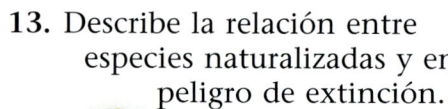

Organizar conceptos

14. Usa los siguientes términos para crear un mapa de ideas: contaminación, contaminantes, CFC, cáncer, PCB, tóxico, desechos radioactivos, calentamiento global.

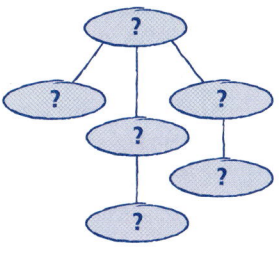

RAZONAMIENTO CRÍTICO Y RESOLUCIÓN DE PROBLEMAS

Escribe una o dos oraciones para responder a las siguientes preguntas:

15. Supón que la reserva de combustibles fósiles se fuera a agotar en 10 años. ¿Y si no estuviéramos preparados? ¿Cómo podríamos prepararnos para algo así?

LAS MATEMÁTICAS EN LAS CIENCIAS

16. Si cada persona de una ciudad con 150,000 habitantes tira 12 Kg de basura a la semana, ¿cuántas toneladas métricas producirá la ciudad al año? (Hay 52 semanas en el año, y 1,000 kg en una tonelada métrica.)

INTERPRETAR GRÁFICAS

La ilustración de arriba muestra cómo los habitantes de una casa usan recursos naturales.

17. Identifica formas en las que están desperdiciando recursos naturales. Da por lo menos tres ejemplos y di qué se podría hacer para conservar recursos.

18. Di cuáles de estos recursos son renovables.

19. Identifica cualquier fuente de desechos tóxicos.

20. Explica por qué la chica con los audífonos contribuye a reducir la contaminacón del aire. ¿Cómo podría hacerle daño esta actividad?

AHORA, ¿qué piensas?

Revisa tus respuestas a las preguntas de la página 439 que escribiste en el cuaderno de ciencias. ¿Han cambiado tus respuestas? Si es necesario, corrige tus respuestas basándote en lo que has aprendido en este capítulo.

PROFESIONES

BIÓLOGA

Dagmar Werner trabaja en la reserva biológica de Carara, en Costa Rica, protegiendo a la iguana verde. Las iguanas estaban casi extintas debido a la caza, la contaminación y la destrucción de su hábitat. Desde los años 1980, ha criado iguanas en cautiverio para mejorar sus probabilidades de supervivencia y puesto en libertad a miles de iguanas jóvenes. También se dedica a formar a otras personas para realizar esta labor.

En su "rancho de iguanas", Dagmar Werner coloca nidos artificiales para que las hembras pongan sus huevos. Al salir del huevo, las pequeñas iguanas crecen en una incubadora a temperatura y humedad controladas, y reciben una dieta especial. Estas iguanas son más fuertes, crecen más rapido y están mejor protegidas de los depredadores que las salvajes. Normalmente, menos del 2 por ciento de las iguanas alcanzan la edad adulta; las de Werner tienen una tasa de supervivencia del 80 por ciento. Tras liberarlas, Werner mantiene un seguimiento y un registro para determinar si se han adaptado con éxito a su nuevo medio, donde el ambiente no está tan controlado.

Pollo de los árboles

Como las iguanas estaban al borde de la extinción, la estrategia de Werner tenía que ser drástica e inmediata si quería salvarlas, así que combinó su programa de reproducción en cautiverio con un programa educativo para enseñar a los campesinos cómo ganar dinero en la selva. En vez de talar los bosques tropicales para criar ganado, les aconseja que críen iguanas, que pueden ser puestas en libertad o vendidas como alimento. Conocidas como "pollos de los árboles", las iguanas han sido durante miles de años un plato favorito de los habitantes de la selva tropical.

Con este método, los campesinos pueden proteger a las iguanas y ganarse la vida. Pero convencer a los campesinos no ha sido fácil. "Muchos lugareños nunca han pensado en los animales salvajes como seres que necesitan protección para sobrevivir", dice Werner. Como apoyo a su programa, estableció la Fundación Pro Iguana Verde, que organiza festivales y seminarios educativos. Estas actividades hacen propaganda al atractivo tradicional de la iguana, que la gente esté orgullosa del animal y acentúan su importancia económica.

Encuentra otras soluciones

▶ La iguana verde es sólo uno de los animales de la selva tropical en peligro de extinción. Investiga qué otras especies están en peligro, y qué se está haciendo para protegerlas. ¿Te parece que funciona bien?

▶ *Una iguana verde en la reserva biológica de Carara, en Costa Rica*

DEBATE CIENTÍFICO

¿Dónde vivirá el lobo?

El Servicio de Vida Silvestre y Peces de los Estados Unidos *(U.S. Fish and Wildlife Service)* ha incluido al lobo gris como especie en peligro de extinción en casi toda la nación y tiene un plan para reintroducir lobos en el Parque Nacional de Yellowstone, en la zona central de Idaho y en el noroeste de Montana. El objetivo es establecer una población de al menos 100 lobos en cada uno de estos lugares. Si el proyecto continúa según los planes, los lobos podrían estar fuera de la lista para el año 2002. Pero el plan inquieta a algunos rancheros y cazadores, y les parece insuficiente a varios ecologistas y admiradores de los lobos.

¿Está en peligro el ganado?

A los rancheros les preocupa que los lobos puedan atacar el ganado. Sus pérdidas económicas podrían ser enormes. Actualmente existe un programa de compensación que cubriría las pérdidas si los lobos atacan el ganado. Pero el programa termina cuando los lobos dejen de estar en la lista de especies en peligro de extinción. Los rancheros observan que la amenaza para su ganado no acaba cuando el lobo deja de estar en peligro de extinción; al contrario, la amenaza en ese momento será mayor, pero dejarán de recibir compensaciones.

Por otro lado, algunos biólogos tienen pruebas de que los lobos de áreas con poblaciones suficientemente grandes de venado, uapití, alce y otras presas, no atacan al ganado. De hecho, entre 1995 y 1997, se reportaron menos de cinco ataques de lobos al ganado.

¿Está en peligro la vida silvestre?

Muchos científicos piensan que reintroducir a los lobos estabilizará estas regiones por primera vez en 60 años. En su opinión, eliminarán a los venados, alces y uapitís que ya están muy viejos o débiles y evitarán que sus poblaciones crezcan demasiado.

Los cazadores temen que los lobos puedan acabar con muchos animales de caza en estas regiones y mencionan estudios que indican que las poblaciones grandes de animales no pueden sobrevivir el ataque conjunto de lobos y humanos. La caza es una actividad importante para la economía de estas regiones.

Y nosotros, ¿estamos a salvo?

Algunas personas tienen miedo de que los lobos ataquen a las personas. Sin embargo, en Norteamérica jamás se han documentado ataques de lobos sanos a personas. Quienes apoyan el programa dicen que los lobos son tímidos, que prefieren mantener su distancia de los seres humanos, aunque admiten que hay lugares donde los lobos pueden vivir sin causar problemas y otros en los que su presencia no es buena. Creen que la reintroducción de lobos a estas zonas hará que los lobos vivan bien sin crear problemas.

¿Tú qué crees?

▶ Hay quien cree que la mala fama del lobo viene de los cuentos del "lobo feroz". ¿Crees que estos temores se basan en mitos, o piensas que el lobo puede ser peligroso para las personas y el ganado en las zonas de reintroducción? Investiga el tema y da ejemplos para respaldar tu opinión.

◀ *Un lobo gris en Montana*

UNIDAD 7

CRONOLOGÍA
Los sistemas del cuerpo humano

Tu cuerpo está formado por varios sistemas que trabajan juntos como una máquina bien afinada. Los pulmones toman oxígeno; el corazón bombea sangre que distribuye oxígeno a los tejidos. El cerebro reacciona a cosas que ves, escuchas y hueles, y envía señales a través del sistema nervioso que provocan que reacciones a esas cosas. El aparato digestivo convierte los alimentos en energía que las células del cuerpo utilizan. ¡Estas son sólo unas cuantas cosas que el cuerpo puede hacer! En esta unidad, estudiarás los sistemas del cuerpo. Descubrirás cómo las partes del cuerpo se unen para que puedas realizar todas tus actividades diarias.

3000 a.C.
Los antiguos egipcios son los primeros en estudiar el cuerpo humano de manera científica.

1824
Prevost y Dumas prueban que los espermatozoides son esenciales para la fertilización.

1893
Daniel Hale Williams, un cirujano afro-americano fue el primero en reparar un desgarre en el pericardio, la bolsa que envuelve el corazón.

1930
Karl Landsteiner recibe el Premio Nobel por su descubrimiento de los cuatro tipos de sangre humana.

1922
Se descubre la insulina.

500 a.C.
El cirujano indio Susrata realiza operaciones para eliminar las cataratas de los ojos.

1492
Cristóbal Colón llega a las Antillas.

1543
Andreas Versalius publica la primera descripción completa de la estructura del cuerpo humano.

1766
Albrecht von Haller determina que los nervios controlan el movimiento muscular y que todos los nervios están conectados a la médula espinal o al cerebro.

1619
William Harvey descubre que la sangre circula y que el corazón funciona como una bomba.

1982
El doctor Robert Jarvick transplanta un corazón artificial a Barney Clark.

1941
Durante la Segunda Guerra Mundial, en Italia, Rita Levi-Montalcini se ve forzada a dejar su trabajo en el laboratorio de una facultad de medicina por ser judía. Improvisa un laboratorio en su recámara y estudia el desarrollo del sistema nervioso.

1998
El primer transplante de mano se hace en Francia.

Los sistemas del cuerpo humano **461**

CAPÍTULO 19 La organización y estructura del cuerpo

¡Esto realmente sucedió...!

El 14 de abril de 1912, a las 11:40 p.m., el buque de vapor británico *Titanic,* el barco más grande y más lujoso nunca antes construido, chocó con un iceberg. Jack Thayer, un joven de 17 años de Pennsylvania, sintió el impacto en su camarote y fue a cubierta para ver qué había pasado. Para su sorpresa, el barco se hundía y no había suficientes barcos salvavidas para los 2,207 pasajeros y la tripulación. Jack vio como los últimos botes salvavidas, llenos de mujeres y niños, se echaban al agua. Justo antes de que el barco se hundiera en las aguas heladas del mar, Jack saltó. El dolor producido por el frío era como cuchillos clavados en su cuerpo. Nadó hacia un bote salvavidas volcado y se subió a él.

Jack Thayer estaba entre los supervivientes que lograron mantense lo bastante secos para sobrevivir hasta que llegó la ayuda, a las 4 a. m. Unas 1,500 personas murieron. Hasta los que traían salvavidas no pudieron sobrevivir a la temperatura extrema del agua. El agua congelada hizo fallar los sistemas del cuerpo. Apenas podían respirar y los músculos ya no funcionaban. Finalmente, perdieron el conocimiento y su corazón dejó de latir.

El agua alrededor del *Titanic* era demasiado fría para que una persona sobreviviera. En situaciones normales, nuestro cuerpo mantiene una temperatura interna constante. Sigue leyendo para descubrir más detalles interesantes sobre cómo trabaja nuestro cuerpo.

¿Tú qué piensas?

Usa tus conocimientos para responder a las siguientes preguntas en tu cuaderno de ciencias:

1. ¿Qué relación hay entre células, tejidos y órganos?
2. ¿Cómo ayudan la piel, los músculos y los huesos a que te conserves bien?

¡Investiga!

Demasiado frío para soportarlo

¿Sabías que el sistema nervioso te envía mensajes continuos sobre las células de tu cuerpo? Por ejemplo, el dolor que sientes cuando alguien te pisa es un mensaje que te dice que necesitas quitar el pie para tu seguridad. Haz lo siguiente para ver qué mensaje te envía el sistema nervioso.

Procedimiento

1. Pon **un poco de hielo** en la palma de tu mano. Deja que el agua derretida caiga en **un plato.** Sostén el hielo hasta que ya no lo aguantes y luego ponlo en el plato.

2. ¿Qué mensaje recibiste del sistema nervioso? ¿Te hicieron esas sensaciones querer soltar el hielo y calentarte la mano?

3. Observa la mano con que sostuviste el hielo y mira luego la otra. ¿Qué cambios observas en la piel? ¿Qué tan rápido se normaliza la mano con que agarraste el hielo?

Análisis

4. ¿Qué sistemas piensas que participaron en restaurar la homeostasis de tu mano?

5. Piensa en un momento de tu vida en que tu sistema nervioso te envió un mensaje, como una sensación intolerable de calor o frío, o de dolor. ¿Cómo reaccionó tu cuerpo? ¿Qué sistemas crees que participaron? Comparte tu historia con una compañera o compañero.

6. Parece que este explorador del ártico tiene mucho frío. Investiga en Internet o en la biblioteca cómo estos exploradores aguantan temperaturas por debajo del punto de congelación.

La organización y estructura del cuerpo

Sección 1

VOCABULARIO
homeostasis
tejido
tejido epitelial
tejido nervioso
tejido muscular
tejido conjuntivo
órgano
sistema

OBJETIVOS
- Identifica los tejidos principales del cuerpo.
- Compara un órgano con un sistema.
- Describe la función principal de cada sistema.

Figura 1 *El cuerpo tiene cuatro tipos de tejido y cada uno cumple una función específica.*

Organización del cuerpo

El cuerpo tiene una habilidad asombrosa para sobrevivir, incluso en condiciones difíciles. ¿Cómo logró Jack Thayer sobrevivir a una temperatura tan baja? Su cuerpo no permitió que sus condiciones internas cambiaran lo suficiente como para que sus células dejaran de funcionar bien. El mantenimiento de un ambiente interno estable se llama **homeostasis.** Si ésta se interrumpe, las células sufren y a veces mueren.

Cuatro tipos de tejido

Asegurarse de que el ambiente interno permanezca lo suficiente estable como para mantener células sanas no es fácil. Se requieren muchas "tareas" para mantener la homeostasis. Afortunadamente, las células se organizan en equipos para realizarlas. Sí cada miembro de un equipo de fútbol tiene una función especial en el juego, cada célula del cuerpo tiene una tarea específica para mantener la homeostasis. Un grupo de células similares que trabajan juntas forma un **tejido.** El cuerpo tiene cuatro tipos principales de tejido: epitelial, conjuntivo, muscular y nervioso, como ves en la **Figura 1.**

El **tejido epitelial** cubre y protege el tejido que está debajo. Cuando ves la superficie de la piel, estás viendo tejido epitelial; sus células forman una sábana ininterrumpida.

El **tejido nervioso** envía señales eléctricas a través del cuerpo. Se encuentra en el cerebro, los nervios y los órganos de los sentidos.

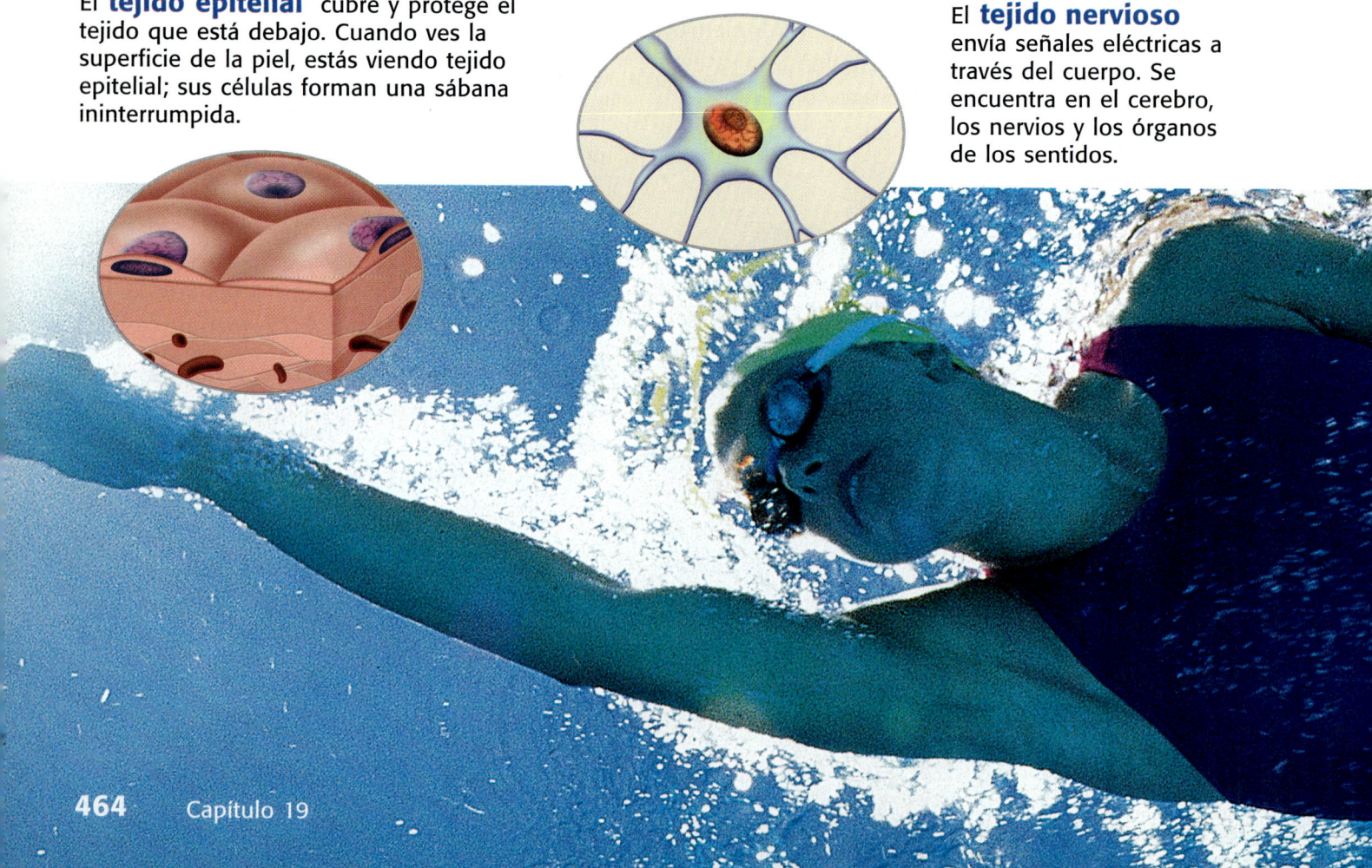

Los tejidos forman los órganos

Dos o más tejidos que trabajan juntos forman un **órgano.** Un solo tipo de tejido no puede hacer lo mismo que varios tipos de tejidos que trabajan juntos. El estómago, como ves en la **Figura 2,** usa diferentes tipos de tejido para hacer la digestión.

Los órganos forman sistemas

El estómago hace mucho por ayudarte a digerir los alimentos, pero no todo. Trabaja con otros órganos, como el intestino delgado y el grueso, para digerir los alimentos. Los órganos que trabajan juntos forman un **sistema.** Un fallo en cualquier parte puede afectar a todo el sistema. El cuerpo tiene 11 sistemas principales, que verás en las siguientes dos páginas. ¿Hay alguno que no conocías?

El estómago es un órgano

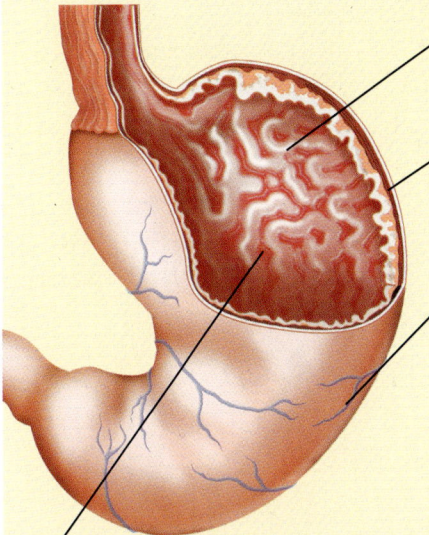

El tejido epitelial cubre el interior del estómago.

Las capas de tejido muscular trituran y muelen lo que hay en el estómago.

La sangre, que lleva oxígeno al estómago, junto con un tejido conjuntivo llamado colágeno, está en la pared del estómago.

La producción de ácidos que ayudan a la digestión es controlada, en parte, por el tejido nervioso del estómago. El tejido nervioso también manda mensajes al cerebro cuando el estómago está lleno.

Figura 2 *Los cuatro tipos de tejido trabajan juntos para que el estómago realice la digestión.*

El **tejido muscular** consta de células que se contraen y relajan para producir movimiento.

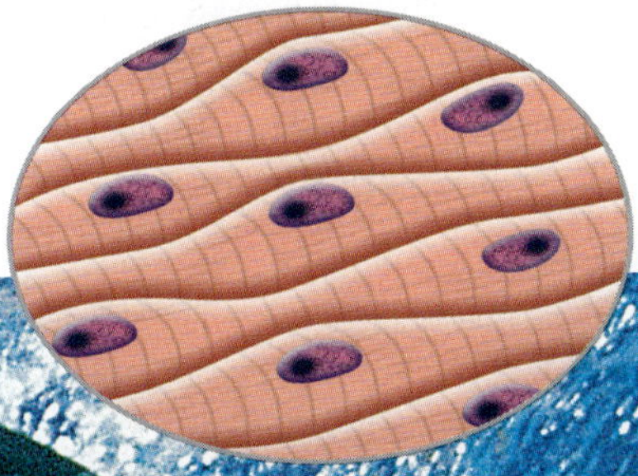

El **tejido conjuntivo** une, sostiene, protege, aisla, alimenta y amortigua los órganos; también evita que los órganos se desbaraten.

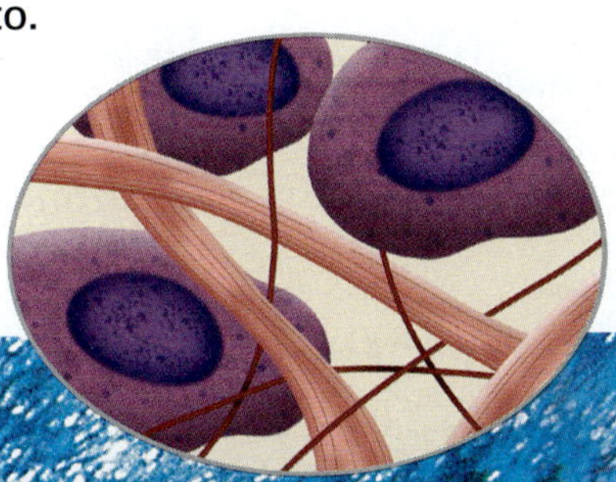

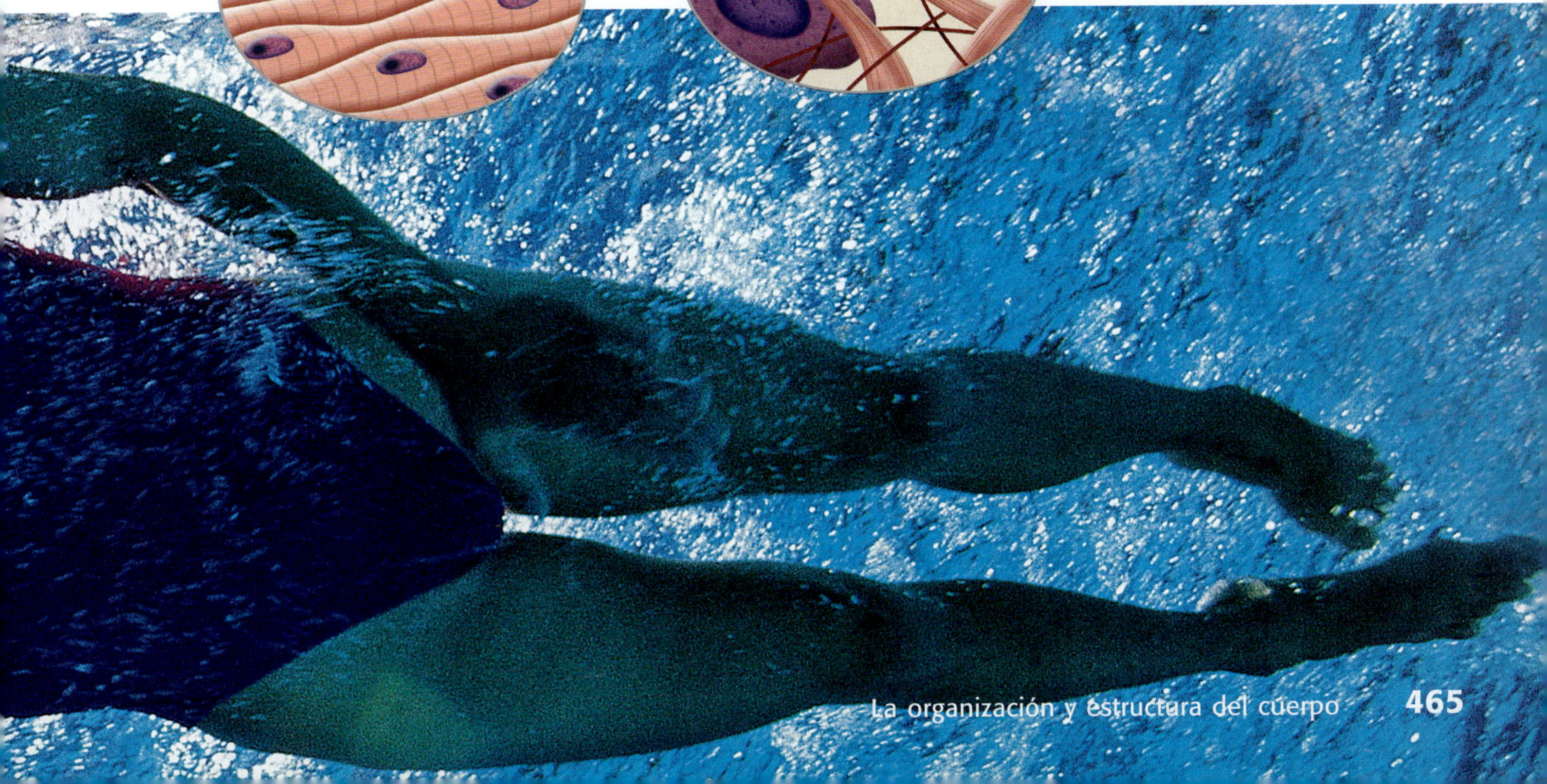

La organización y estructura del cuerpo 465

Sistemas

Sistema integumentario

La piel, el cabello y las uñas protegen el tejido que está debajo.

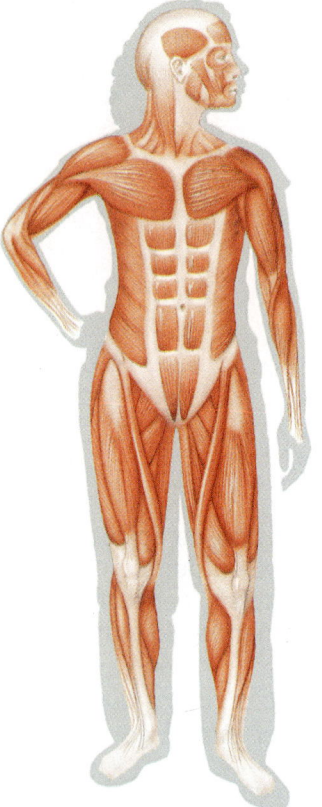

Sistema muscular

Los músculos esqueléticos mueven tus huesos.

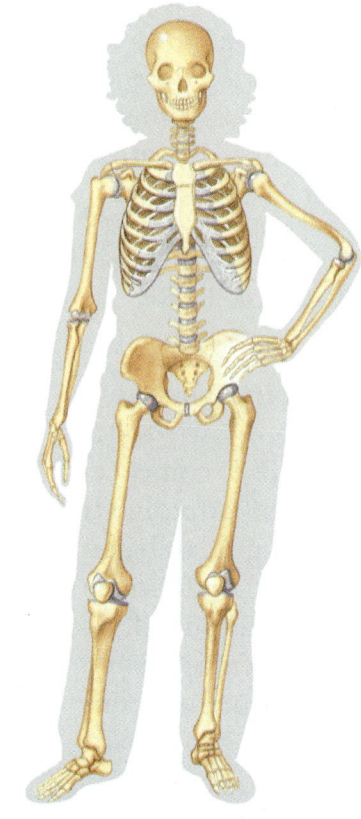

Sistema óseo

Los huesos son el armazón que sostiene y protege las distintas partes del cuerpo.

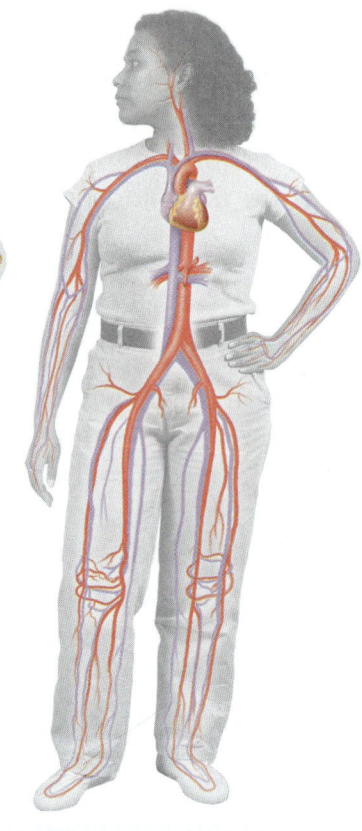

Aparato cardiovascular

El corazón bombea sangre a través de los vasos sanguíneos.

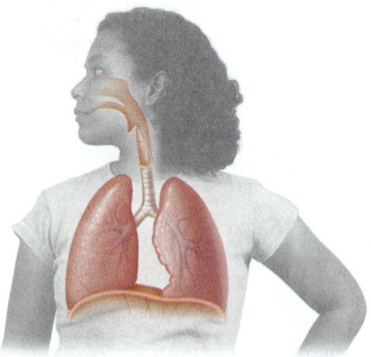

Aparato respiratorio

Los pulmones absorben oxígeno y liberan dióxido de carbono.

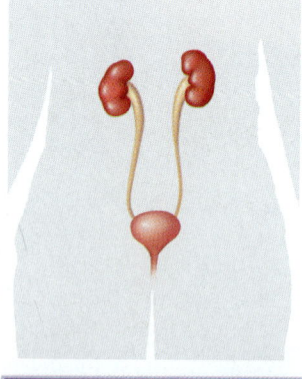

Aparato urinario

El aparato urinario elimina desperdicios de la sangre y regula los fluidos del cuerpo.

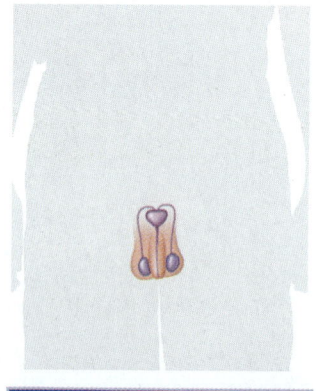

Aparato reproductor masculino

El aparato reproductor masculino produce y libera espermatozoides.

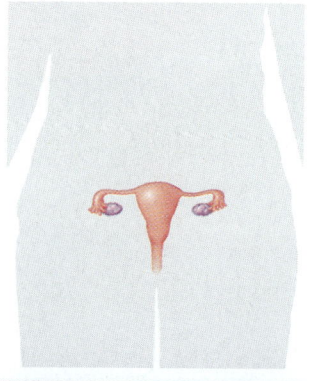

Aparato reproductor femenino

El aparato reproductor femenino produce óvulos, y alimenta y resguarda al bebé antes del nacimiento.

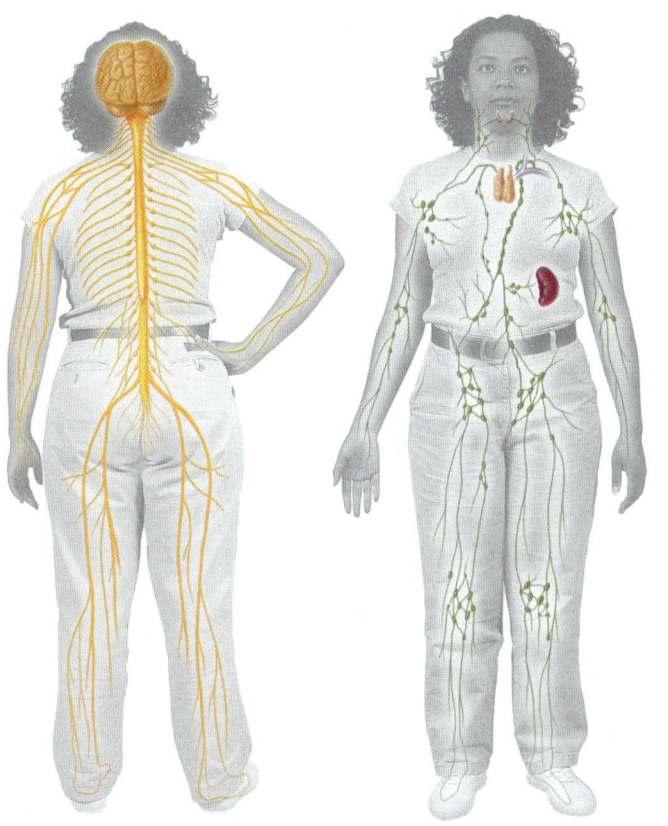

Sistema nervioso	**Sistema linfático**	**Aparato digestivo**	**Sistema endocrino**
La función del sistema nervioso es recibir y enviar mensajes eléctricos por todo el cuerpo.	El sistema linfático devuelve fluidos filtrados a los vasos sanguíneos, y te ayuda a librarte de gérmenes que pueden lastimarte.	El aparato digestivo transforma el alimento en nutrientes que pueden ser absorbidos por el cuerpo.	Hay glándulas que regulan las funciones del cuerpo enviando mensajeros químicos. Los ovarios, en la mujer, y los testículos, en el hombre, son parte de este sistema.

REPASO

1. Explica la relación entre células, tejidos, órganos y sistemas.

2. Compara los cuatro tipos de tejido del cuerpo humano.

3. **Usar gráficas** Haz un diagrama con los principales sistemas y sus funciones.

4. **Relacionar conceptos** Describe una ocasión en que se interrumpiera la homeostasis en tu cuerpo. ¿Qué sistemas del cuerpo piensas que se verían afectados?

Explora

Para recordar los nombres de los sistemas, haz una oración en la que la primera letra de cada palabra represente uno de los once sistemas. Usa las siguientes letras en cualquier orden:
I, M, O, C, R, U, R, E, L, D, N.

La organización y estructura del cuerpo

Sección 2

El sistema óseo

VOCABULARIO
sistema óseo
hueso compacto
hueso esponjoso
cartílago
articulación
ligamento
rendimiento mecánico

OBJETIVOS
- Identifica los principales órganos del sistema óseo.
- Describe las funciones de los huesos.
- Explica la estructura interna de los huesos.
- Compara los tres tipos de articulaciones.
- Comenta la forma en que los huesos funcionan como palancas.

Cuando escuchas la palabra *esqueleto,* quizá te imaginas los restos de algo que ha muerto. Pero tu esqueleto está muy vivo. Tus huesos no son secos ni quebradizos. Están tan vivos y activos como los músculos que están unidos a ellos. Los huesos, los cartílagos y las estructuras especiales que los conectan forman el **sistema óseo.**

La carga de ser un hueso

Los huesos hacen mucho más que sostenerte: realizan varias funciones importantes dentro de tu cuerpo. En la **Figura 3,** puedes ver los nombres de algunos de tus huesos.

Figura 3 *El esqueleto del adulto humano tiene cerca de 206 huesos. En este esqueleto se identifican algunos de los principales.*

Apoyo El sistema óseo te protege y te sostiene. El corazón y los pulmones están cubiertos por las costillas, la médula espinal está protegida por las vértebras, y el cerebro está resguardado por el cráneo.

Almacenamiento Los huesos almacenan minerales como el calcio y los liberan en los tejidos cercanos para que los nervios y los músculos funcionen bien. Las cavidades de los huesos de brazos y piernas también almacenan grasa que se usa como fuente de energía.

Movimiento Los músculos esqueléticos, que están unidos a los huesos por los tendones, los jalan para producir movimiento. Sin los huesos, no podrías sentarte, pararte, caminar ni correr.

Formación de células sanguíneas Algunos huesos están llenos de un material que fabrica los glóbulos rojos y los blancos.

¿Qué es un hueso?

Un hueso parece no tener vida, pero es un órgano vivo formado por diferentes tejidos. Los huesos están compuestos de tejido conjuntivo y minerales que son depositados por células vivas llamadas *osteoblastos*.

Si miras dentro de un hueso, te darás cuenta de que hay dos tipos diferentes de tejido óseo. Si el tejido no tiene espacios abiertos visibles, se llama **hueso compacto.** Este tejido proporciona al hueso la mayor parte de su fuerza y apoyo. El tejido óseo que tiene muchos espacios abiertos se llama **hueso esponjoso.** Los huesos tienen un tejido suave llamado *médula*. La médula roja, que se encuentra a veces en el hueso esponjoso, produce glóbulos rojos. La médula amarilla, que está en la cavidad central de los huesos largos, almacena grasa. Los canales diminutos dentro del hueso compacto tienen pequeños vasos sanguíneos. La **Figura 4** muestra un corte transversal del hueso más largo del cuerpo.

Laboratorio

Huesos en encurtido

Esta actividad te mostrará cómo cambia un hueso cuando se le expone a un ácido, como el vinagre. Pon **un hueso de pollo limpio** en un **frasco con vinagre**. Al cabo de 1 semana, sácalo y enjuágalo con agua. Haz una lista de los cambios que viste o sentiste. ¿Cómo cambió la resistencia del hueso? ¿Qué le quitó el vinagre?

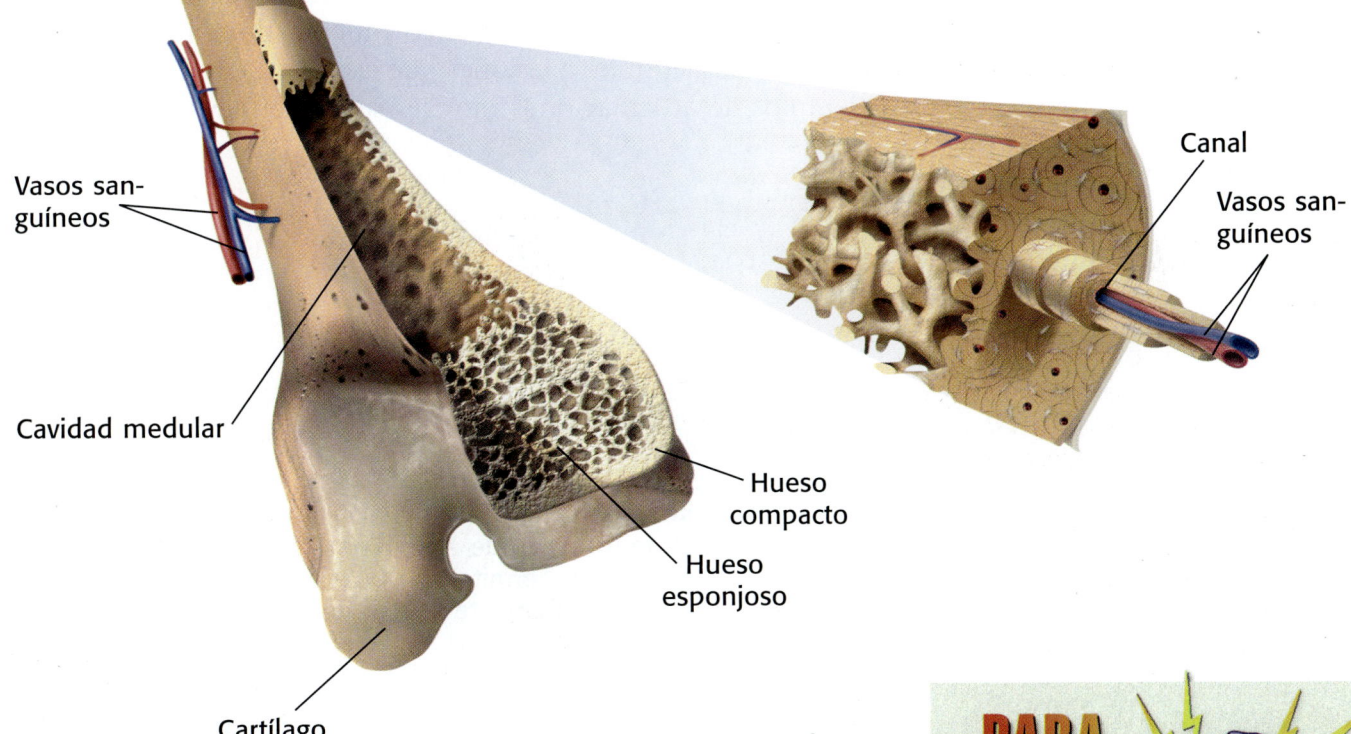

Figura 4 *Esta ilustración de un fémur, el hueso largo del muslo, muestra que se compone de anillos llenos de minerales y de vasos sanguíneos que corren a través de un canal en cada grupo de anillos. La médula rellena el centro de este tipo de hueso, y los vasos sanguíneos entran y salen en ciertos puntos a lo largo del mismo.*

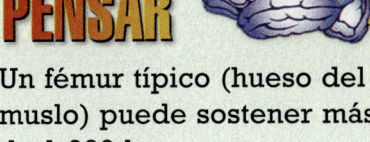

PARA PENSAR

Un fémur típico (hueso del muslo) puede sostener más de 1,000 kg.

La organización y estructura del cuerpo **469**

El crecimiento de los huesos

¿Sabías que la mayor parte de tu esqueleto fue una vez suave y elástico? La mayoría de los huesos empiezan como un tejido suave y flexible llamado **cartílago,** que contiene principalmente agua, que le da una textura elástica. Cuando naciste, tenías muy poco hueso de verdad. Pero, al crecer, el cartílago fue reemplazado por hueso. Durante la infancia, hay placas de crecimiento de cartílago en la mayoría de los huesos, creando espacio para que éstos continúen creciendo.

Tócate la punta de la nariz o dobla la parte superior de la oreja. Otras áreas, como éstas, nunca se vuelven hueso. El material flexible bajo la piel en estas áreas es cartílago. Como ves en la **Figura 5,** el cartílago no tiene la densidad mineral para producir una imagen obscura como los huesos del cráneo.

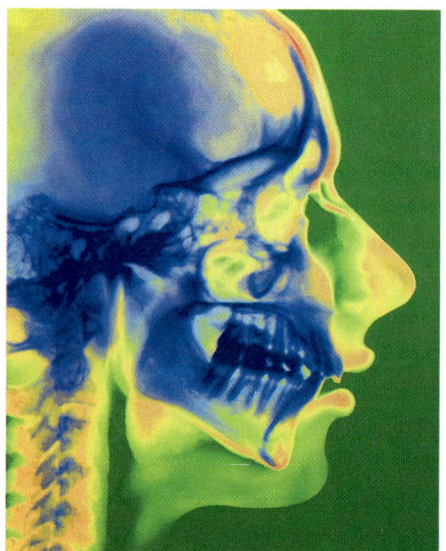

Figura 5 *Esta placa coloreada de rayos X muestra los huesos del cráneo y el cuello.*

¿Para qué sirve una articulación?

El lugar donde dos o más huesos se unen se llama **articulación.** Las articulaciones tienen formas especiales que permiten que te muevas cuando tus músculos se contraen. Algunas articulaciones permiten mucho movimiento; otras están fijas, por lo que permiten muy poco o ningún movimiento. Por ejemplo, las craneales son fijas. Las que tienen mucho movimiento tienden a ser más susceptibles a lesiones que las menos flexibles. Algunos ejemplos de articulaciones móviles se ven en la **Figura 6.**

Figura 6 *La forma de las articulaciones depende de su función.*

Articulación deslizante
Las articulaciones deslizantes permiten que los huesos de las manos se deslicen uno sobre el otro, lo que da cierta flexibilidad al área.

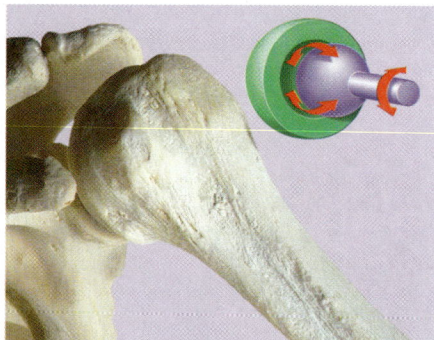

Articulación esférica
Como el control de un juego de computadora, el hombro permite que tu brazo se mueva libremente en todas direcciones.

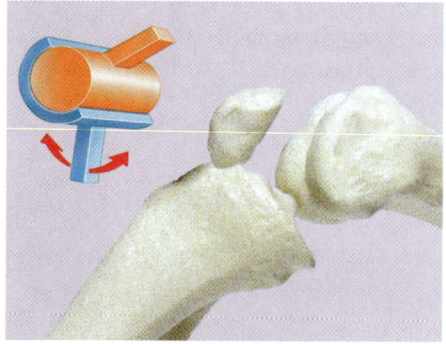

Articulación en bisagra
Como la bisagra de una puerta, la rodilla te permite flexionar y extender la pantorrilla.

Hueso a hueso Las articulaciones se mantienen juntas a través de fuertes bandas elásticas de tejido conjuntivo llamadas **ligamentos.** Si un ligamento se estira mucho, se produce una distensión. En general, un ligamento distendido sana con el tiempo, pero uno desgarrado no. Este último tiene que ser reparado quirúrgicamente. El cartílago amortigua el área donde los dos huesos se unen. Si el cartílago se desgasta, la articulación se vuelve artítrica.

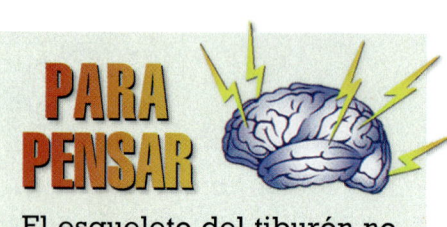

El esqueleto del tiburón no tiene huesos; sólo cartílago.

¿Pueden las palancas reducir la carga?

Aunque no lo creas, tus extremidades son máquinas. Un músculo que jala un hueso trabaja como una máquina simple llamada *palanca*. Una palanca es una barra rígida que se mueve en un punto fijo llamado *punto de apoyo*. Cualquier esfuerzo que se aplica a una palanca se llama *fuerza*. La fuerza opuesta que resiste el movimiento de la palanca, como la fuerza descendente ejercida por un peso en la barra, se llama *carga* o *resistencia*. La **Figura 7** muestra cómo se usan en el cuerpo humano los tres tipos de palancas.

En cada tipo de palanca, observa la ubicación del punto de apoyo en relación con la fuerza y la resistencia. En tu cuerpo, los músculos aplican la fuerza sobre la palanca. La resistencia es el peso que resiste el tirón de los músculos. El beneficio obtenido al usar una máquina se mide con un índice llamado **rendimiento mecánico.**

$$RM = \frac{\text{fuerza aplicada a la carga}}{\text{fuerza}}$$

El rendimiento mecánico es la medida de las veces que una máquina simple multiplica una fuerza aplicada a una resistencia. Las palancas de primera y segunda clase pueden tener un rendimiento mecánico importante. Las de tercera clase aumentan la distancia y la velocidad, pero no la fuerza.

REPASO

1. Describe cuatro funciones importantes de los huesos.
2. Dibuja un hueso y señala las estructuras interiores y exteriores. Usa lápices de colores para dibujar y señalar el hueso esponjoso, los vasos sanguíneos, la cavidad medular, el hueso compacto y el cartílago.
3. Describe e ilustra tres tipos de palancas que haya en tu cuerpo.
4. **Interpretar modelos** Estudia los modelos de palancas de la Figura 7. Usa una caja pequeña (resistencia), una regla (palanca) y un lápiz (punto de apoyo) para crear modelos de cada tipo de palanca.

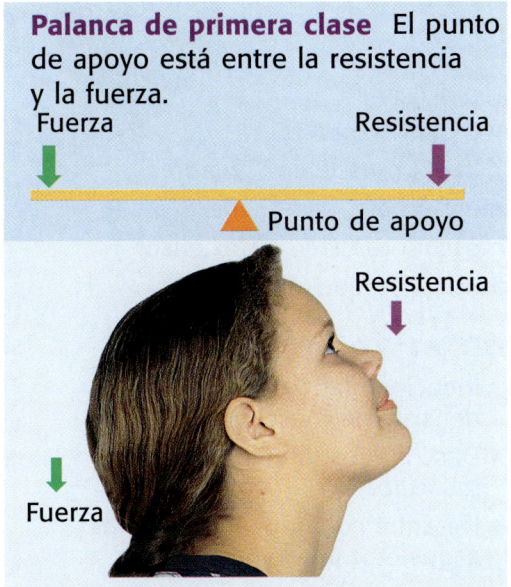

Palanca de primera clase El punto de apoyo está entre la resistencia y la fuerza.

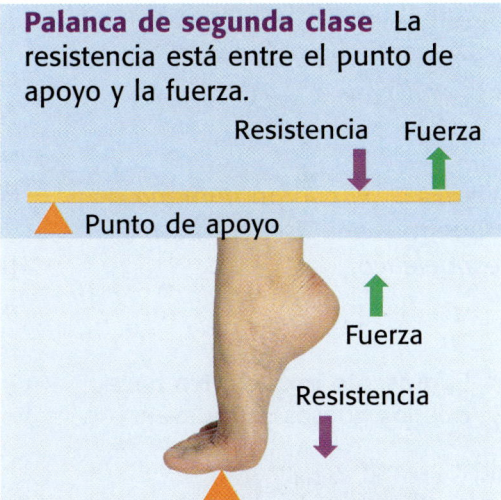

Palanca de segunda clase La resistencia está entre el punto de apoyo y la fuerza.

Palanca de tercera clase La fuerza está entre el punto de apoyo y la resistencia.

Figura 7 *Hay tres clases de palancas: según la ubicación del punto de apoyo, la resistencia y la fuerza.*

Sección 3

El sistema muscular

VOCABULARIO

sistema muscular tendón
músculo liso flexor
músculo cardíaco extensor
músculo esquelético

OBJETIVOS

- Menciona las partes principales del sistema muscular.
- Describe los diferentes tipos de músculo.
- Describe como los músculos del esqueleto mueven los huesos.
- Compara el ejercicio aeróbico con el de resistencia.
- Da un ejemplo de lesión muscular.

¿Alguna vez has intentado quedarte inmóvil por 1 minuto? Trata todo lo que quieras, pero no podrás. En alguna parte de tu cuerpo, algunos músculos siempre están trabajando. Por ejemplo, los músculos impulsan continuamente sangre a través de los vasos sanguíneos. Un músculo hace que respires, y otros te mantienen erguido. Si todos descansaran al mismo tiempo, sufrirías un colapso. Los músculos están hechos de tejido muscular y tejido conjuntivo. Los que están unidos a los huesos y el tejido conjuntivo que los une forman el **sistema muscular**.

Clases de músculo

Hay tres tipos de tejido muscular en el cuerpo. El **músculo liso** se encuentra en el sistema digestivo y los vasos sanguíneos. El **cardíaco** es un tipo especial de músculo que sólo se encuentra en el corazón. Los **esqueléticos** están unidos a los huesos para darles movimiento y protegen los órganos internos. La **Figura 8** muestra las tres clases de músculo.

Cada acción muscular puede ser voluntaria o involuntaria. Las que están bajo tu control son *voluntarias*. Las que no, son *involuntarias*. Las acciones del músculo liso y del cardíaco son involuntarias. Las de los esqueléticos pueden ser voluntarias o involuntarias. Por ejemplo, puedes parpadear cuando quieras, pero los ojos también parpadean automáticamente sin que tú te des cuenta.

Figura 8 *El cuerpo humano tiene músculo liso, cardíaco y esquelético.*

El **músculo esquelético** hace que los huesos se muevan.

El **músculo liso** impulsa los alimentos a través del aparato digestivo.

El **músculo cardíaco** hace latir el corazón.

¡Muévete!

Los músculos esqueléticos producen cientos de movimientos voluntarios. Esto lo demuestra una bailarina, una nadadora o incluso alguien que hace una cara chistosa, como en la **Figura 9.** Cuando quieres producir un movimiento, haces que señales eléctricas viajen del cerebro a las células del músculo esquelético. Las células musculares responden a estas señales contrayéndose o acortándose.

De músculos a huesos Fibras resistentes de tejido conjuntivo llamados **tendones** unen los músculos esqueléticos con los huesos. Cuando un músculo se acorta, ocurre un jalón que acerca más los huesos unos a los otros. Por ejemplo, el bíceps de la **Figura 10** está unido por tendones a un hueso del hombro y a otro del antebrazo. Cuando se contrae, el brazo se dobla.

Figura 9 *Para sonreír participan un promedio de 13 músculos, y para fruncir el ceño unos 43.*

Trabajo en parejas Los músculos esqueléticos trabajan en parejas para producir movimientos suaves y controlados. Muchos movimientos básicos son el resultado de pares de músculos que producen flexión y enderezamiento. Si un músculo dobla una parte del cuerpo, se llama **flexor.** Si hace que una parte del cuerpo se enderece, se llama **extensor.** El músculo flexor del brazo es el bíceps, y el músculo extensor es el tríceps. Descubre algunos músculos flexores y extensores en la sección de Laboratorio de la derecha.

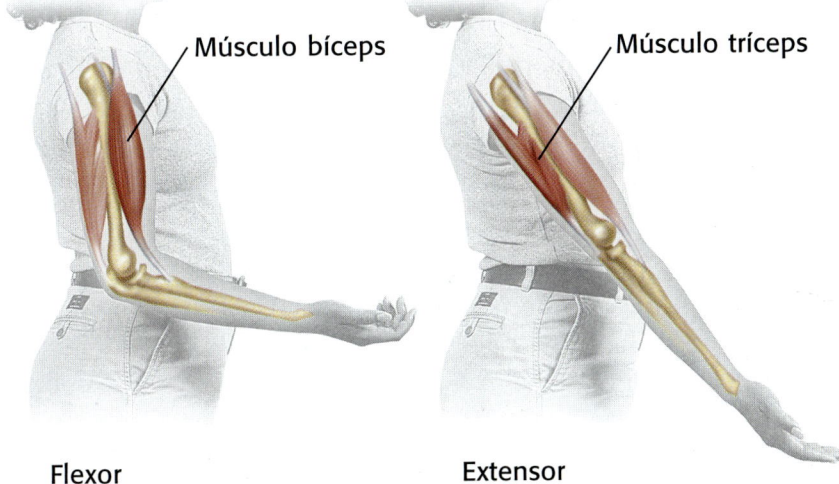

Flexor — Extensor

Figura 10 *Los músculos esqueléticos, como el bíceps y el tríceps, están conectados a los huesos por tendones. Cuando el bíceps se contrae, el codo se dobla. Cuando el tríceps se contrae, el codo se endereza.*

Laboratorio

Potencia en pares

1. Siéntate en una silla frente a una mesa y pon una de las manos debajo de la **mesa.** Ejerce una suave presión ascendente, sin esforzarte ni voltear la mesa.
2. Con la otra mano, palpa la parte delantera y trasera de tu brazo.
3. Luego pon la mano sobre la mesa. Ejerce una ligera presión en dirección descendente.
4. Con la otra mano, palpa la parte delantera y posterior de tu brazo.
5. ¿Qué observaste cuando ejerciste la presión ascendente? ¿Qué observaste cuando ejerciste la descendente?

La organización y estructura del cuerpo

química CONEXIÓN

La química del cuerpo es muy importante para el funcionamiento saludable de los músculos. Si hay un desequilibrio químico en un músculo debido a sudoración excesiva, dieta deficiente, tensión o enfermedad, pueden ocurrir espasmos o calambres. El sodio, el calcio y el potasio, tres elementos químicos llamados *electrolitos,* deben estar equilibrados para evitar calambres y espasmos. En general, la relajación y el masaje ayudan al músculo a recuperar su balance químico.

Úsalo o déjalo

Cuando alguien se rompe un brazo y tiene que usar un yeso, los músculos que rodean el hueso lastimado cambian. Esto pasa porque estos músculos no se ejercitan, y se vuelven más pequeños y débiles. Por otro lado, los músculos que se ejercitan son más fuertes y grandes. Algunos ejercicios dan a los músculos más resistencia, o sea, pueden trabajar más sin cansarse. Los músculos fuertes también benefician a otros sistemas del cuerpo. Cuando un músculo se contrae, sus vasos sanguíneos se aprietan. Esto ayuda a que la sangre circule y aumente el flujo sanguíneo, sin que el corazón trabaje de más.

Ejercicios de resistencia Para desarrollar el tamaño y la fuerza de los músculos esqueléticos, los ejercicios de resistencia son la forma más eficaz. Estos ejercicios requieren que los músculos superen la resistencia (peso) de otro objeto. Algunos, como los abdominales de la **Figura 11,** requieren que superes tu propio peso.

Figura 11 *Los ejercicios de resistencia son pesados, pero realmente ayudan a formar músculos fuertes.*

Ejercicio aeróbico La actividad constante con intensidad moderada, como trotar, montar en bicicleta, patinar, nadar o caminar, se llama ejercicio aeróbico. En cierto modo, el ejercicio aeróbico aumenta el tamaño y la fuerza de los músculos esqueléticos, pero principalmente aumenta su resistenciay fortalece el corazón. Muchas personas, como la chica de la **Figura 12,** disfrutan del ejercicio aeróbico.

Figura 12 *El ejercicio aeróbico es una muy buena forma de divertirse fortaleciendo tu corazón.*

✓ Autoevaluación

¿Qué tipo de músculos esqueléticos ejercitas al hacer abdominales? ¿Qué tipo de músculos ejercitas cuando haces lagartijas? *(Consulta la página 636 para comprobar tus respuestas).*

Lesión muscular

Cualquier ejercicio se debe empezar de manera gradual para que los músculos adquieran fuerza y resistencia sin lastimarse. Los músculos también deben calentarse gradualmente para reducir el riesgo de una lesión. Sin embargo, como cualquier sistema, el sistema muscular puede lesionarse. Una distensión muscular, o esguince, es la sobretensión o incluso el desgarro de un músculo. A menudo, la distensión muscular ocurre porque el músculo no se preparó adecuadamente para un trabajo determinado. Las distensiones también ocurren por falta de calentamiento o porque no se hace bien un ejercicio.

Como ves en la **Figura 13,** los tendones, como los músculos, pueden lastimarse por excesos. Cuando se lastima un tendón, se calienta o se inflama a medida que el cuerpo trata de repararlo. Esta condición dolorosa se llama tendinitis y, a menudo, se requiere de mucho tiempo para que el tendón sane.

Figura 13 *Un esguince del muslo es un desgarre o distensión de uno de los músculos o tendones de la parte posterior del muslo.*

Los peligros de los esteroides anabólicos

Algunas personas tratan de agrandar y fortalecer sus músculos tomando hormonas llamadas *esteroides anabólicos*. Los esteroides anabólicos son substancias químicas poderosas que se parecen a la testosterona, una hormona sexual masculina sobre la que leerás cuando estudies la reproducción humana. No sólo dan a los atletas una ventaja injusta en competiciones, sino que ponen al usuario en riesgo de tener problemas de salud a largo plazo. Su uso afecta al corazón, el hígado y los riñones, y puede producir presión sanguínea alta. Si se toman antes de que el esqueleto esté desarrollado, pueden hacer que los huesos dejen de crecer. Los atletas de competición, como los de la **Figura 14,** se someten continuamente a pruebas para detectar este tipo de droga.

Figura 14 *Con un buen entrenamiento, los atletas pueden desempeñarse muy bien sin el uso de esteroides anabólicos.*

REPASO

1. Menciona tres tipos de tejido muscular y describe sus funciones en el cuerpo.
2. Compara el ejercicio aeróbico con el de resistencia y da dos ejemplos de cada uno.
3. **Aplicar conceptos** Describe la acción muscular que se requiere para levantar un libro. Haz un diagrama que muestre la acción muscular.

¡MATEMÁTICAS!

El tiempo de un corredor

Rosa, que ha sido corredora desde hace algunos años, ha decidido entrar a una carrera. Actualmente corre 5 km en 30 minutos. Le gustaría disminuir su tiempo en un 15 por ciento antes de la carrera. ¿Cuál será su tiempo cuando cumpla su objetivo?

La organización y estructura del cuerpo

Sección 4

El sistema integumentario

VOCABULARIO
- sistema integumentario
- glándulas sudoríparas
- melanina
- epidermis
- dermis
- folículo piloso

OBJETIVOS
- Describe las funciones principales del sistema integumentario.
- Menciona las partes principales de la piel y explica sus funciones.
- Describe la estructura y función del cabello y las uñas.
- Describe algunos tipos de lesiones de la piel.

Pregunta para ti: ¿qué parte del cuerpo tiene que estar parcialmente muerta para mantenerte con vida? He aquí las pistas: puede ser de diferentes colores, es el órgano más grande del cuerpo y te protege del mundo exterior. ¡Ah! Y está bien visible. ¿Podría ser la piel? Si es así, adivinaste correctamente.

La piel, el cabello y las uñas forman el **sistema integumentario**. (*Integumento* significa "cubierta"). Como los demás sistemas, el integumentario le ayuda al cuerpo a mantener un ambiente interno sano.

La piel: más que un "abrigo"

¿Por qué necesitas piel? He aquí cuatro razones:

- Te protege manteniendo la humedad del cuerpo y evitando que entren en él partículas extrañas.

- Te mantiene "en contacto" con el mundo exterior. Sus terminaciones nerviosas te permiten sentir lo que te rodea.

- Te ayuda a regular la temperatura del cuerpo. Por ejemplo, unos pequeños órganos llamados **glándulas sudoríparas** producen el sudor, un líquido salado que fluye a la superficie de la piel. Cuando el sudor se evapora, la piel se refresca.

- Te ayuda a librarte de desechos. Algunos tipos de desperdicios químicos abandonan el flujo sanguíneo y son eliminados por el sudor.

¿Qué determina el color de la piel?

Una substancia química obscura llamada **melanina** determina el color de la piel, como ves en la **Figura 15**. Si hay mucha melanina, la piel es muy obscura. Si se produce muy poca, la piel es muy blanca. La melanina de la capa superior de la piel absorbe mucha radiación perjudicial del Sol, lo que reduce el ADN y puede producir cáncer. Sin embargo, *toda* la piel es vulnerable al cáncer y por lo tanto se debe proteger de la exposición solar siempre que sea posible.

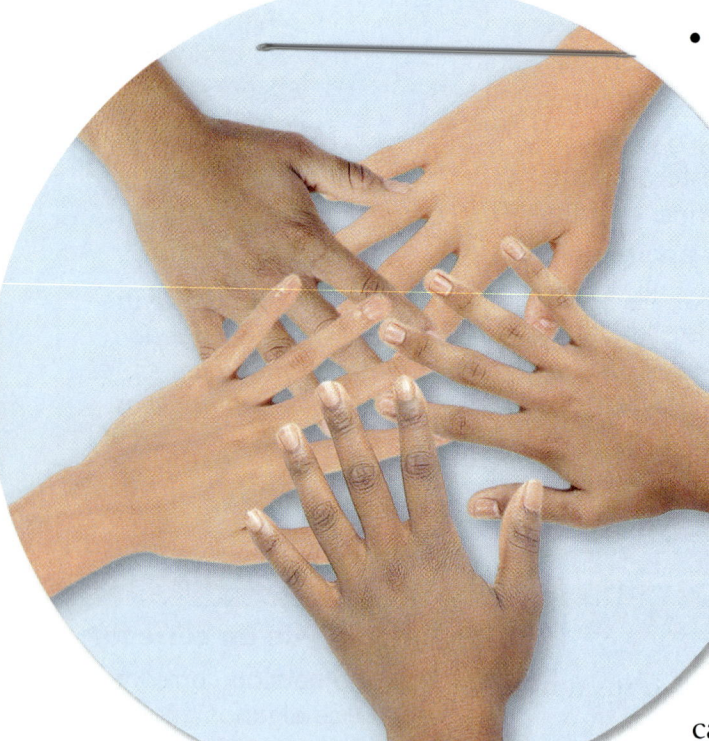

Figura 15 *La variedad de color de piel es causada por la melanina. La cantidad de melanina varía entre las personas.*

El cuento de las dos capas

Como sabes, la piel es el órgano más grande del cuerpo. De hecho, la piel de un adulto cubre un área de unos 2 m². Sin embargo, la piel no es tan simple como parece. Tiene dos capas principales: la dermis y la epidermis. La **epidermis** es la más delgada; es lo que ves cuando miras tu piel. (*Epi* significa "sobre"). La capa más gruesa y profunda se conoce como **dermis.**

Epidermis La epidermis se compone de un tipo de tejido epitelial. Aunque tiene muchas capas de células, en la mayor parte del cuerpo sólo tiene el grosor de dos hojas de papel. Es más gruesa en la palma de las manos y en la planta de los pies. La mayoría de las células epidérmicas están muertas y llenas de una proteína llamada queratina, que fortalece la piel.

Dermis La dermis se encuentra debajo de la epidermis. Principalmente es tejido conjuntivo y tiene muchas fibras hechas de una proteína llamada colágeno. Las fibras dan resistencia a la piel y permiten que se doble sin romperse. La dermis también contiene una variedad de pequeñas estructuras, como ves en la **Figura 16.**

Autoevaluación

¿A qué sistema pertenecen los vasos sanguíneos de la piel? *(Consulta la página 636 para comprobar tu respuesta).*

Figura 16 *Bajo la superficie, la piel es un órgano complejo hecho de vasos sanguíneos, nervios, glándulas y músculos.*

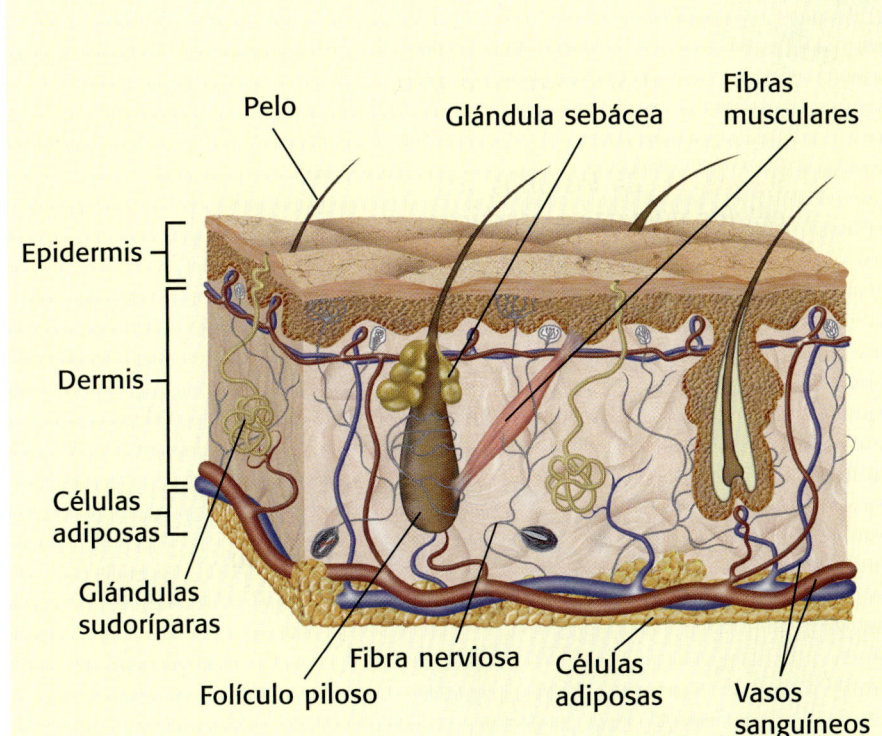

Vasos sanguíneos: transportan substancias y ayudan a regular la temperatura del cuerpo.

Nervios: mandan y reciben mensajes del cerebro.

Fibras musculares: están unidas al folículo piloso y se pueden contraer, lo que hace que el pelo se erice.

Folículos pilosos: (en la dermis) producen pelo.

Glándulas sebáceas: liberan aceite que mantiene el pelo flexible e impermeabiliza la epidermis.

Glándulas sudoríparas: liberan sudor. Cuando éste se evapora, se elimina calor corporal y el cuerpo se refresca. El sudor también tiene materiales de desecho que se expulsan del cuerpo.

Pelo y uñas

Un pelo, como el de la **Figura 17,** está formado por varias capas apretadas de células llenas de queratina. Se forma en el fondo de un saco diminuto llamado **folículo piloso.** El pelo crece cuando se agregan células nuevas al folículo y las más viejas se empujan hacia arriba. Las únicas células vivas del pelo son las del folículo piloso, donde éste se produce.

El pelo protege la piel de los rayos ultravioleta y mantiene el polvo y los insectos fuera de los ojos y la nariz. Como la piel, el pelo obtiene su color de la melanina. El cabello obscuro tiene más melanina que el rubio. En la mayoría de los mamíferos, el pelo también ayuda a regular la temperatura del cuerpo. Una contracción de un músculo diminuto unido al folículo piloso hace que éste se doble. En los humanos, cuando los folículos se doblan empujan la epidermis y producen "la carne de gallina". Si el folículo tiene pelo, el pelo se eriza. Cuando los animales peludos hacen esto, se ven más esponjados. Los pelos que se levantan funcionan como un suéter que atrapa el aire tibio alrededor del cuerpo. Los extremos de los dedos de las manos y de los pies están cubiertos por uñas. Las uñas protegen las puntas de los dedos de las manos y de los pies para que puedan permanecer suaves y sensibles. Esto te da un agudo sentido del tacto. Las uñas se forman a partir de la *raíz*, que está bajo la piel en la base y los lados de las uñas. La uña crece al formarse nuevas células. En la **Figura 18,** observa las partes de una uña.

> **Experimentos**
> ¿Qué tan rápido crecen tus uñas? Averígualo en la página 627.

Figura 17 El pelo está formado por capas apretadas de células muertas llenas de queratina.

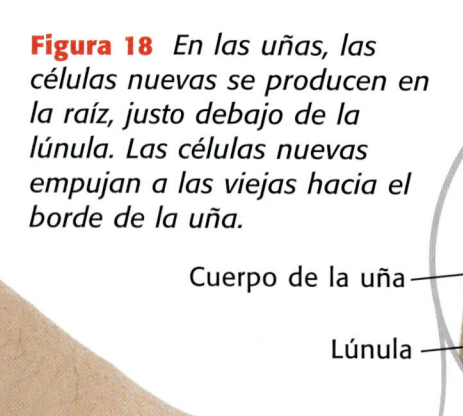

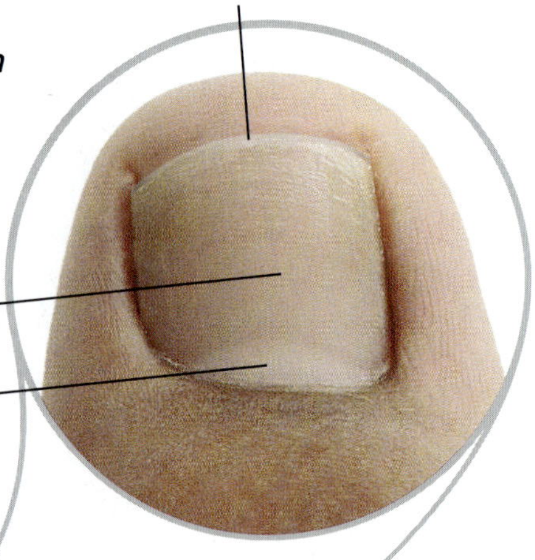

Figura 18 En las uñas, las células nuevas se producen en la raíz, justo debajo de la lúnula. Las células nuevas empujan a las viejas hacia el borde de la uña.

- Borde
- Cuerpo de la uña
- Lúnula

Díficiles condiciones de vida

La piel es la parte más expuesta del cuerpo. Sirve como barrera protectora pero también se lesiona con frecuencia. Puede ser algo leve, como una ampolla, un piquete o una pequeña cortada. Por suerte, la piel se regenera con sorprendente habilidad, como se ve en la **Figura 19.**

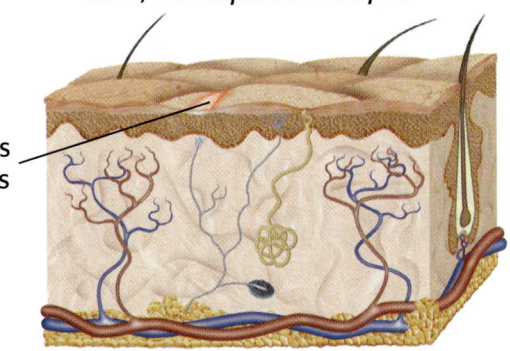

Figura 19 Cómo sana la piel
Para que una herida en la piel sane, se requiere tiempo.

1 Cuando te cortas, se forma una costra para prevenir que entren bacterias a la herida. Luego, las células encargadas de luchar con las bacterias llegan al área para matarlas.

2 Las células lesionadas se reemplazan por división celular. Al final, sólo queda una cicatriz en la superficie.

Otras lesiones de la piel son más serias. El daño del material genético de las células de la piel puede provocar una división celular sin control, que produce una masa de células llamada tumor. El término *cáncer* se refiere a un tumor que invade otro tejido. Se deben observar con atención las áreas obscuras de la piel, como los lunares, para detectar signos de cáncer. La **Figura 20** muestra un ejemplo de un lunar que posiblemente se ha vuelto canceroso.

La piel también se puede ver afectada por cambios corporales internos. En la adolescencia, las hormonas sexuales hacen que las glándulas sebáceas produzcan un exceso de grasa. Esta grasa se combina con células muertas de piel y bacterias, lo que obstruye los folículos pilosos y causa infecciones. La limpieza adecuada y el cuidado diario de la piel puede disminuir la cantidad de infecciones de la piel.

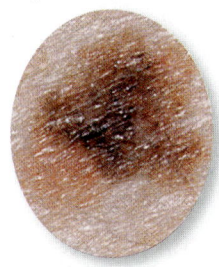

Figura 20 *Se deben observar los lunares en busca de signos de cáncer. Este lunar tiene dos mitades que no corresponden, una característica llamada asimetría que podría indicar cáncer de piel.*

¿Utilizan los médicos vendas hechas de piel verdadera? Averígualo en la página 484.

REPASO

1. ¿Por qué varía el color de la piel entre las personas?
2. Menciona seis estructuras de la dermis y la función de cada una.
3. **Hacer deducciones** ¿Por qué sientes dolor cuando te jalas el cabello o las uñas pero no cuando los cortas?

La organización y estructura del cuerpo

Resumen del capítulo

SECCIÓN 1

Vocabulario
- **homeostasis** *(pág. 464)*
- **tejido** *(pág. 464)*
- **tejido epitelial** *(pág. 464)*
- **tejido nervioso** *(pág. 464)*
- **tejido muscular** *(pág. 465)*
- **tejido conjuntivo** *(pág. 465)*
- **órgano** *(pág. 465)*
- **sistema** *(pág. 465)*

Notas de la sección
- Tu cuerpo mantiene un ambiente interno estable llamado homeostasis.
- Cuatro tipos de tejidos trabajan para mantener la homeostasis. Cada tejido tiene una tarea específica.
- Los tejidos trabajan juntos para formar órganos, como el estómago.
- El estómago es parte de un grupo de órganos que transforman el alimento para que pueda nutrir el cuerpo. Un grupo de órganos que trabajan para un propósito común se llama sistema.
- En el cuerpo humano hay 11 sistemas principales.

SECCIÓN 2

Vocabulario
- **sistema esquelético** *(pág. 468)*
- **hueso compacto** *(pág. 469)*
- **hueso esponjoso** *(pág. 469)*
- **cartílago** *(pág. 470)*
- **articulación** *(pág. 470)*
- **ligamento** *(pág. 470)*
- **rendimiento mecánico** *(pág. 471)*

Notas de la sección
- El sistema esquelético comprende huesos, cartílagos y ligamentos.
- Los huesos sostienen y protegen el cuerpo, almacenan minerales y grasas, y producen las células sanguíneas.
- Un hueso típico contiene médula, hueso esponjoso, hueso compacto, vasos sanguíneos y cartílago.

✓ Comprobar destrezas

Conceptos de matemáticas

CALCULAR UN PORCENTAJE En la sección de ¡Matemáticas! de la página 475, se te pidió calcular el porcentaje de un número. Primero expresa el porcentaje como un decimal o una fracción. Luego multiplícalo por el número. Por ejemplo, el 25 por ciento puede expresarse como 0.25 ó 25÷100. Para encontrar el 25 por ciento de 48, multiplica por 0.25 ó 25÷100.

$$0.25 \times 48 = 12$$
o
$$(25 \div 100) \times 48 = 1{,}200 \div 100 = 12$$

Comprensión visual

MOVIMIENTO DE LAS ARTICULACIONES Observa los tres tipos de articulaciones de la página 470. Piensa cómo trabajan al lanzar una pelota o subir escaleras. La articulación en bisagra de la rodilla se mueve sólo en dos direcciones. La del hombro, esférica, en muchas. Las de la mano, corredizas, permiten que los huesos se deslicen uno sobre el otro.

  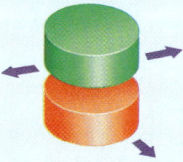

SECCIÓN 2

- Una articulación es la unión de dos huesos. Algunas articulaciones permiten mucho movimiento; otras muy poco o nada.
- Los huesos se unen entre sí por un tejido conjuntivo llamado ligamento.
- La acción del músculo sobre el hueso y las articulaciones funciona a menudo como una máquina simple llamada palanca.

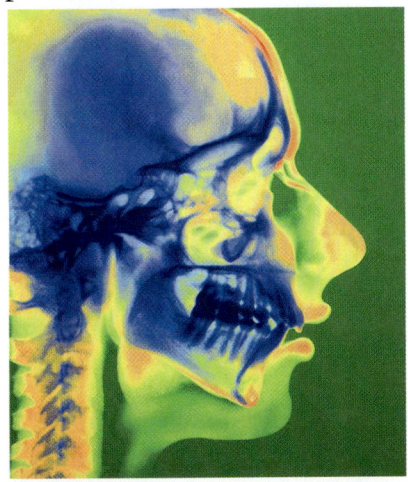

SECCIÓN 3

Vocabulario
sistema muscular *(pág. 472)*
músculo liso *(pág. 472)*
músculo cardíaco *(pág. 472)*
músculo esquelético *(pág. 472)*
tendón *(pág. 473)*
flexor *(pág. 473)*
extensor *(pág. 473)*

Notas de la sección
- Los músculos esqueléticos forman el sistema muscular.
- Tienes tres tipos de músculo: liso, cardíaco y esquelético.
- Los músculos están unidos a los huesos por tendones.
- El ejercicio mantiene tu sistema muscular sano.

Experimentos
Los músculos en acción *(pág. 626)*

SECCIÓN 4

Vocabulario
sistema integumentario *(pág. 476)*
glándulas sudoríparas *(pág. 476)*
melanina *(pág. 476)*
epidermis *(pág. 477)*
dermis *(pág. 477)*
folículo piloso *(pág. 478)*

Notas de la sección
- La piel, el cabello y las uñas forman el sistema integumentario.
- La piel tiene dos capas que contienen muchos órganos pequeños.
- La piel y las uñas ayudan a proteger el cuerpo.
- La piel puede ser lastimada, pero tiene una habilidad asombrosa de regeneración.

Experimentos
Ver para creer *(pág. 627)*

---

internet

 VISITA: go.hrw.com

Visita el sitio web de HRW para encontrar una serie de herramientas de aprendizaje relacionadas con este capítulo. Sólo tienes que escribir la palabra clave:

PALABRA CLAVE: HSTBD1

 **VISITA:** www.scilinks.org

Visita el sitio web de la **Asociación Nacional de Maestros de Ciencias** *(National Science Teachers Association)* para encontrar recursos de Internet relacionados con este capítulo. Sólo escribe el **ENLACE DE CIENCIAS** para obtener más información sobre el tema:

TEMA: Tejidos y órganos	**ENLACE:** HSTL530
TEMA: Sistemas del cuerpo	**ENLACE:** HSTL535
TEMA: El sistema muscular	**ENLACE:** HSTL540
TEMA: Sistema integumentario	**ENLACE:** HSTL545

Repaso del capítulo

UTILIZAR EL VOCABULARIO

Escoge el término correcto para completar cada una de las siguientes oraciones:

1. Las señales eléctricas son enviadas a través del cuerpo por el tejido __?__. (*epitelial* o *nervioso*)

2. El sistema __?__ está hecho de piel, cabello y uñas. (*integumentario* o *muscular*)

3. Los huesos se mueven gracias al músculo __?__ (*liso* o *esquelético*)

4. Cuando los músculos __?__ se contraen, hacen que algunas partes del cuerpo se doblen. (*extensores* o *flexores*)

5. La mayor parte del esqueleto empieza como __?__, que luego es reemplazado por el hueso. (*cartílago* o *ligamento*)

COMPRENDER CONCEPTOS

Opción múltiple

6. ¿Cuál de los siguientes tejidos contiene células que se contraen y se relajan?
   a. tejido óseo
   b. tejido muscular
   c. tejido conjuntivo
   d. tejido nervioso

7. El sistema que da apoyo y protección a las partes del cuerpo es el
   a. sistema endocrino.
   b. sistema circulatorio.
   c. sistema óseo.
   d. sistema integumentario.

8. La epidermis está compuesta de
   a. dermis.
   b. tejido epitelial.
   c. tejido conjuntivo.
   d. pura piel.

9. El punto fijo de una palanca es
   a. la fuerza.
   b. la resistencia.
   c. el punto de apoyo.
   d. el rendimiento mecánico.

10. Los músculos hacen que los huesos se muevan cuando
    a. los músculos se estiran.
    b. los músculos crecen entre los huesos.
    c. los músculos jalan los huesos.
    d. los músculos empujan los huesos.

11. Los ligamentos son el tejido conjuntivo que conecta los
    a. huesos con los músculos.
    b. huesos entre sí.
    c. músculos entre sí.
    d. músculos con la dermis.

Respuesta breve

12. Resume las funciones de los cuatro tipos de tejidos y haz un esquema de cada tipo.

13. ¿Cómo ayuda la piel a proteger el cuerpo?

14. ¿Qué es la "carne de gallina"?

15. ¿Cuáles son las dos diferencias entre el músculo esquelético y el cardíaco?

16. ¿Cómo se relacionan las funciones del sistema óseo con las del sistema muscular?

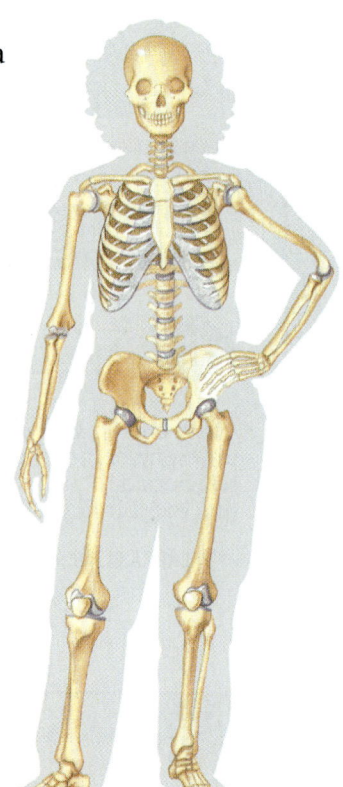

Organizar conceptos

17. Usa los siguientes términos para crear un mapa de ideas: huesos, médula, sistema óseo, hueso esponjoso, hueso compacto, cartílago.

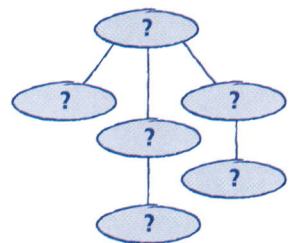

RAZONAMIENTO CRÍTICO Y RESOLUCIÓN DE PROBLEMAS

Escribe una o dos oraciones para responder a las siguientes preguntas:

18. ¿Cómo sería el movimiento del brazo si no tuvieras un extensor y un flexor conectados al antebrazo?

19. A diferencia de los huesos humanos, los de algunas aves tienen cavidades llenas de aire. ¿Qué ventaja les da esto a las aves?

20. Compara la forma de los huesos del cráneo humano con la de los de la pierna humana. ¿Por qué es importante la forma?

21. Compara la textura y sensibilidad de la piel de los codos con la de la piel de las yemas de los dedos. ¿Cómo puedes explicar la diferencia?

LAS MATEMÁTICAS EN LAS CIENCIAS

22. Tus músculos representan cerca del 40 por ciento de todo tu peso. ¿Cuál es la masa muscular de una persona cuya masa corporal total es de 60 kg?

23. Una persona promedio parpadea 700 veces por hora. ¿Cuántas veces parpadearía en una semana si estuviera despierta 16 horas diarias?

INTERPRETAR GRÁFICAS

Observa esta fotografía y responde a las siguientes preguntas:

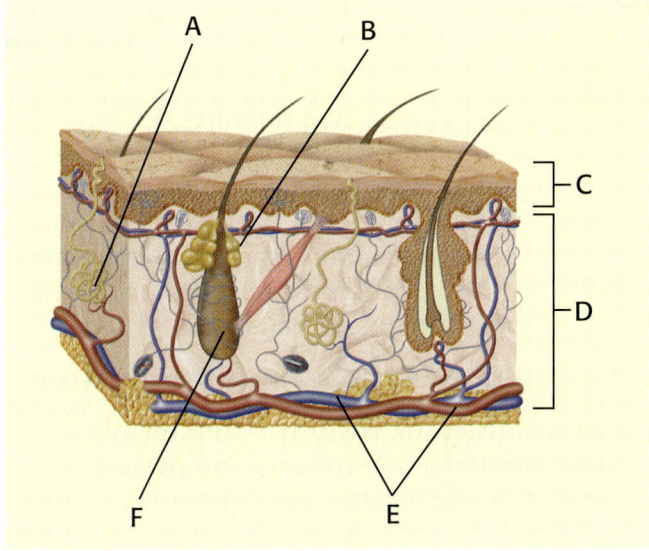

24. ¿Cómo se llama la parte *D*? ¿Qué tipo de tejido abunda más en esta capa?

25. ¿Cuál es el nombre y la función de la parte *A*?

26. ¿Cuál es el nombre y la función de la parte *B*?

27. ¿Qué parte de la piel está hecha de tejido epitelial que contiene células muertas?

28. ¿Cómo ayuda la piel a regular la temperatura del cuerpo?

AHORA, ¿qué piensas?

Repasa tus respuestas a las preguntas de la página 463 que escribiste en tu cuaderno de ciencias. ¿Han cambiado tus respuestas? Si es necesario, corrige tus respuestas basándote en lo que has aprendido en este capítulo.

La organización y estructura del cuerpo

Ciencia, Tecnología y Sociedad

Piel fabricada

Tu piel es más que un traje bien ajustado, es tu primera línea de defensa contra el mundo exterior. La piel te mantiene a salvo de deshidratación e infecciones, y las glándulas sebáceas funcionan como impermeabilizantes. Pero, ¿qué pasa cuando una porción importante de piel está dañada?

La respuesta es: poner más piel

Algunas veces los doctores hacen un injerto de piel, transfieren piel sana de una persona al área de la piel dañada. Esto es porque la piel es la mejor "venda" para una herida. Protege la herida pero le permite respirar. Y a diferencia de las vendas de tela y de plástico, la piel se regenera a medida que cubre la herida. Aunque, a veces, la piel de una persona está tan seriamente dañada (como pasa con las víctimas de quemaduras) que ya no queda piel para regenerar.

Fabricación de tejido

En los últimos años, los científicos han estudiado la fabricación de tejido para aprender más sobre la forma en que el cuerpo humano sana de manera natural. Con un poco de piel humana joven y sana, y colágeno de vaca, los científicos pueden crear piel humana. Durante el proceso de fabricación, las células forman las capas dérmicas y epidérmicas de la piel tal como si aún estuvieran en el cuerpo. Incluso, la piel humana viva que resulta puede sanar si es cortada antes de usarse para un injerto de piel. Como está viva, la piel debe ser guardada en un medio que le proporcione nutrientes hasta que se coloque en la herida. Con el tiempo, el color de la piel injertada cambia y se vuelve del color de la piel que la rodea.

Una dermis tejida

Los especialistas en los tejidos también han creado otro tipo de piel, pero ésta tiene una

▲ *Esta es una parte de piel fabricada que se usa para injertos.*

capa dérmica y epidérmica inusual. En esta piel, la dermis está hecha de fibras de colágeno tejidas. El área tejida asimila estas fibras y las usa como guía para crear una nueva dermis. La capa epidérmica es una capa temporal de silicón. Protege al cuerpo de infecciones y de deshidratación mientras que la nueva piel se crea.

Después de formarse una nueva capa dérmica bajo la epidermis de silicón protectora, el cuerpo está en mejores condiciones para aceptar un injerto de piel. Los doctores también pueden injertar una porción de piel más delgada. A la larga, un injerto más delgado es mejor para el cuerpo porque es más fácil de sacar de otra parte del cuerpo. La nueva capa dérmica también le da al cuerpo más tiempo para fortalecerse antes del trauma del trasplante de la piel sana a otras áreas.

Averígualo tú mismo

▶ Antes, los doctores recolectaban piel de cuerpos de personas que, antes de morir, decidían donar sus órganos. ¿Qué tipo de problemas podrían surgir si esta piel recolectada se usara en víctimas de quemaduras?

¡Lo encontré!

Derrames de aceite piloso

El aceite y el agua no se mezclan, ¿verdad? El aceite flota en la superficie del agua y se ve a simple vista. Probar esto en tu cocina no es difícil ni peligroso. Pero, ¿qué pasa cuando el agua es el océano y el aceite es petróleo? Se produce un desastre ambiental que cuesta millones de dólares resolver. El peor ejemplo en las aguas del continente americano fue en 1989, cuando el buque petrolero Exxon Valdez derramó 42 millones de litros de petróleo crudo en las aguas de Prince William Sound en la costa de Alaska.

▲ *Phil McCroy entre costales llenos de cabello humano.*

▲ *Esta nutria está empapada de petróleo derramado por el* Exxon Valdez.

Prueba en el patio de atrás

Un estilista de Huntsville, Alabama, hizo una pregunta brillante cuando vio una nutria cuyo pelaje estaba empapado de petróleo derramado por el Valdez. ¿Si el pelaje de la nutria absorbió el aceite, por qué el cabello humano no haría lo mismo? El estilista, Phil McCrory, recogió cabello del piso de su salón para hacer experimentos. Llenó un par de medias con 2.2 kg de cabello y las amarró para formar un bulto en forma de anillo. Después de llenar de agua la alberca, McCrory puso a flotar el bulto. Luego, en el centro del anillo echó aceite usado de motor. Cuando sacó las medias, cerrando el anillo, ¡no había ni una gota de aceite en el agua!

¿Cómo hace esto el cabello?

Lo que McCroy descubrió fue que el cabello *ad*sorbe el aceite en lugar de *ab*sorberlo. Adsorber significa retener un líquido o gas en capas sobre una superficie. Como cada cabello está cubierto de cutículas diminutas como escamas, el aceite puede pegarse a la superficie del cabello. Compara este proceso con la forma en que trabaja una esponja. Ésta absorbe por completo un líquido, humedeciéndose completamente, no sólo en la superficie.

McCroy presentó su descubrimiento a la Administración Nacional de Aeronáutica y del Espacio, NASA *(National Aeronautics and Space Administration)*. Se demostró que el cabello es el adsorbente más veloz. Un poco más de 1 kg de cabello puede adsorber más de 3.5 L de aceite en sólo 2 minutos.

Se calcula que en una semana, 64 millones de kilogramos de cabello metidos en almohadas de malla pudieron haber embebido todo el petróleo que derramó el *Valdez.* Desgraciadamente, los 2 mil millones de dólares gastados en la limpieza removieron sólo el 12 por ciento del petróleo.

Compara los hechos

▶ Investiga cómo estre descubrimiento se compara con métodos actuales usados para limpiar derrames de aceite. Comparte tus descubrimientos con tu clase.

CAPÍTULO 20
Circulación y respiración

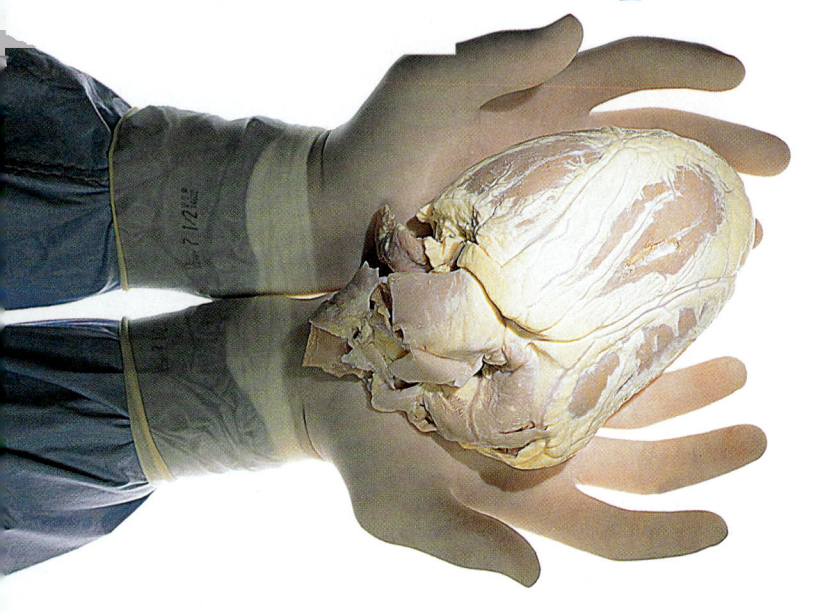

¡Esto realmente sucedió!

El corazón humano es normalmente un órgano muy confiable. Puede latir más de 100,000 veces al día durante toda la vida de una persona bombeando millones de litros de sangre por el cuerpo. Un problema grave del corazón es una amenaza para la vida.

En el pasado, una insuficiencia del corazón causaba la muerte inmediata. En 1969, el Dr. Denton Cooley, del Instituto Cardiológico de Texas *(Texas Heart Institute)*, mantuvo vivo por cinco días a un paciente a quien le falló el corazón, utilizando un corazón artificial diseñado por él mismo.

El diseño de corazones artificiales ha mejorado mucho desde el primer modelo del Dr. Cooley. El corazón eléctrico (arriba a la derecha), es uno de los modelos de prueba más recientes. Pesa sólo 680 g, o sea, es un poco más pesado que un corazón humano de verdad. Los modelos de prueba más recientes son más pequeños y livianos. Estos corazones tienen sensores especiales y microprocesadores que regulan los latidos y responden a los cambios en la presión sanguínea.

Actualmente no hay un corazón artificial que reemplace al corazón humano de manera permanente. El corazón humano es un órgano sofisticado que abastece al aparato cardiovascular. En este capítulo también estudiarás el sistema linfático y el aparato respiratorio, y cómo se relacionan estos sistemas.

¿Tú qué piensas?

Usa tus conocimientos para responder a las siguientes preguntas en tu cuaderno de ciencias:

1. ¿Qué es la sangre y cuál es su función en el cuerpo?
2. ¿Por qué necesitas respirar?

Ejercicio y corazón

¿Cómo responde tu corazón al ejercicio? Esto lo puedes determinar midiendo qué tan rápido palpita tu corazón después de hacer ejercicio. El corazón bombea sangre a través de los vasos sanguíneos y, con cada latido, estos se expanden y luego regresan a su estado original. Esto ocasiona un golpeteo llamado *pulso*. Puedes tomarte el pulso colocando los dedos índice y medio en la parte interna de la muñeca, justo abajo del pulgar.

Procedimiento

1. Tómate el pulso mientras estás inmóvil. Con **un reloj con segundero,** cuenta el número de latidos que hay en 15 segundos. Luego, multiplica este número por cuatro para calcular el número de latidos que hay en un minuto.

$$\text{Número de latidos en 15 segundos} \times 4 = \text{Número de latidos en 1 minuto}$$

2. Trota en el mismo lugar por 30 segundos, detente y calcula de nuevo el ritmo de tu corazón.

   Cuidado: no hagas este ejercicio si tienes problemas respiratorios, presión sanguínea alta o si te mareas fácilmente.

3. Descansa 5 minutos y luego determina tu pulso otra vez.

Análisis

4. ¿Cómo afectó el ejercicio al pulso? ¿Por qué crees que pasó esto?
5. ¿Por qué crees que tu pulso se normalizó después de que descansaste?

Circulación y respiración

Sección 1

El sistema cardiovascular

VOCABULARIO

sistema cardiovascular
sangre
plasma
plaqueta
aurícula
ventrículo
arterias
capilares
venas
circulación pulmonar
circulación sistémica
presión sanguínea

OBJETIVOS

- Describe las funciones del sistema cardiovascular.
- Compara y contrasta los tres tipos de vasos sanguíneos.
- Describe el recorrido de la sangre a través del cuerpo.
- Distingue los diferentes grupos sanguíneos.

Al escuchar la palabra *corazón*, ¿en qué piensas primero? Muchas personas piensan en el amor, pero el corazón es mucho más que un símbolo del amor. Es la bomba que impulsa el sistema, o aparato cardiovascular. El **sistema cardiovascular** transporta substancias a las células y desde ellas. La palabra *cardio* significa "corazón" y *vascular* significa "vaso." El aparato cardiovascular, que ves en la **Figura 1,** tiene tres componentes: sangre, corazón y vasos sanguíneos.

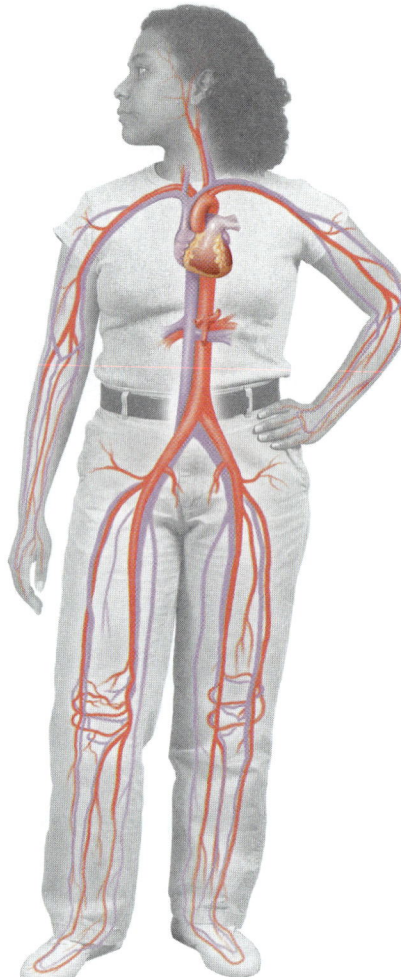

Figura 1 El aparato cardiovascular

¿Qué es la sangre?

El cuerpo humano contiene alrededor de 5 L de sangre. La **sangre** es un tejido conjuntivo formado por dos tipos de células, fragmentos celulares y plasma. La **Figura 2** muestra sangre separada en sus cuatro partes principales. El **plasma** es la parte líquida; es una mezcla de agua, minerales, nutrientes, azúcares, proteínas y otras substancias. Los glóbulos rojos, glóbulos blancos y plaquetas flotan en el plasma.

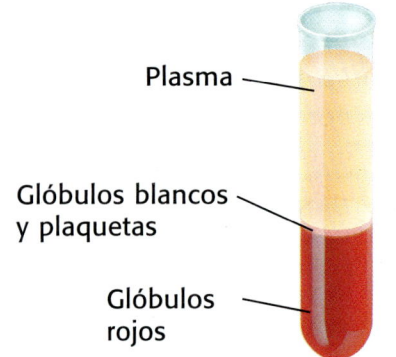

Plasma
Glóbulos blancos y plaquetas
Glóbulos rojos

Figura 2 *La sangre está compuesta aproximadamente por un 55 por ciento de plasma y un 45 de glóbulos blancos y plaquetas.*

Figura 3 *Los glóbulos rojos transportan oxígeno.*

Glóbulos rojos Los glóbulos rojos **(Figura 3)** son las células más abundantes de la sangre. Su función es suministrar oxígeno a las células. Las células necesitan oxígeno para llevar a cabo la respiración celular. Cada glóbulo rojo contiene una substancia química llamada *hemoglobina,* a la que se debe su color rojo. La hemoglobina atrapa el oxígeno que inhalas y permite a los glóbulos rojos transportarlo por el cuerpo. Su forma les da una superficie mayor para absorber y liberar oxígeno.

Los glóbulos rojos se producen en la médula ósea. Antes de entrar al torrente sanguíneo, pierden su núcleo y otros organelos. Sin el núcleo, que contiene el ADN, los glóbulos rojos no pueden reemplazar las proteínas desgastadas, y sólo viven unos cuatro meses.

Glóbulos blancos Cuando, los agentes *patógenos* (bacterias, virus y otras partículas microscópicas que causan enfermedades) entran a tu cuerpo, casi siempre se encuentran con los glóbulos blancos **(Figura 4)**. Éstos destruyen los patógenos y limpian las heridas para mantenerte sano.

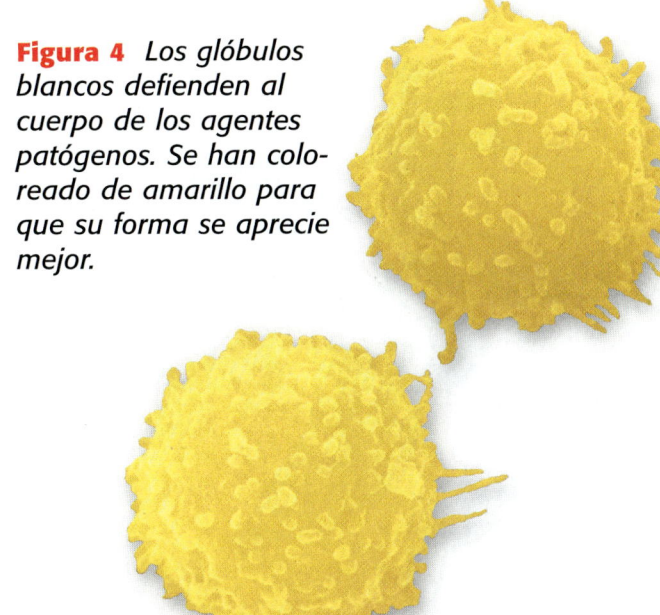

Figura 4 *Los glóbulos blancos defienden al cuerpo de los agentes patógenos. Se han coloreado de amarillo para que su forma se aprecie mejor.*

Los glóbulos blancos combaten los agentes patógenos de varias maneras. Unos se salen de los vasos sanguíneos y se mueven por los tejidos buscándolos. Cuando encuentran un patógeno, lo envuelven. Otros liberan substancias químicas llamadas *anticuerpos,* que destruyen a los agentes patógenos. Los glóbulos blancos también te mantienen sano al comerse las células sanguíneas muertas o dañadas. Se producen en la médula ósea, y algunos maduran en los órganos linfáticos.

Plaquetas Entre las células sanguíneas flotan unas partículas diminutas llamadas plaquetas. Las **plaquetas (Figura 5)** son fragmentos de células más grandes que se encuentran en la médula ósea. Estas células permanecen en la médula ósea, pero desprenden fragmentos que entran en la sangre. Aunque las plaquetas viven sólo de 5 a 10 días, son parte importante de la sangre. Cuando te cortas o raspas, sangras porque algunos vasos sanguíneos se han roto; tan pronto sangras, las plaquetas se amontonan en el área lesionada y forman un tapón que reduce la pérdida de sangre **(Figura 6)**. Las plaquetas también liberan substancias químicas que reaccionan con las proteínas del plasma para que se originen pequeñas fibras que formarán un coágulo de sangre.

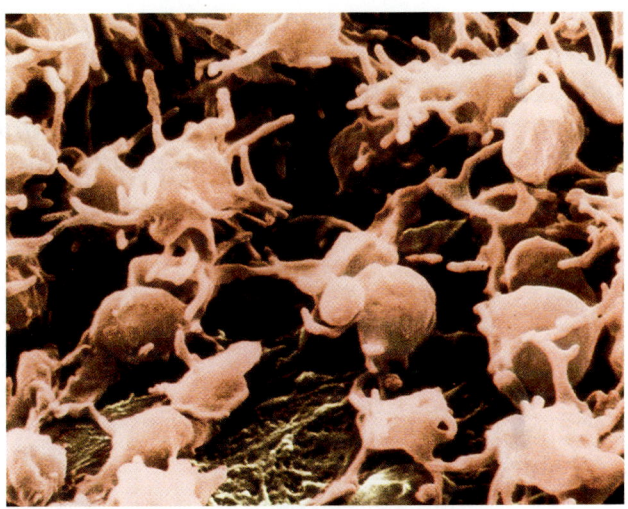

Figura 5 *Las plaquetas reducen la pérdida de sangre.*

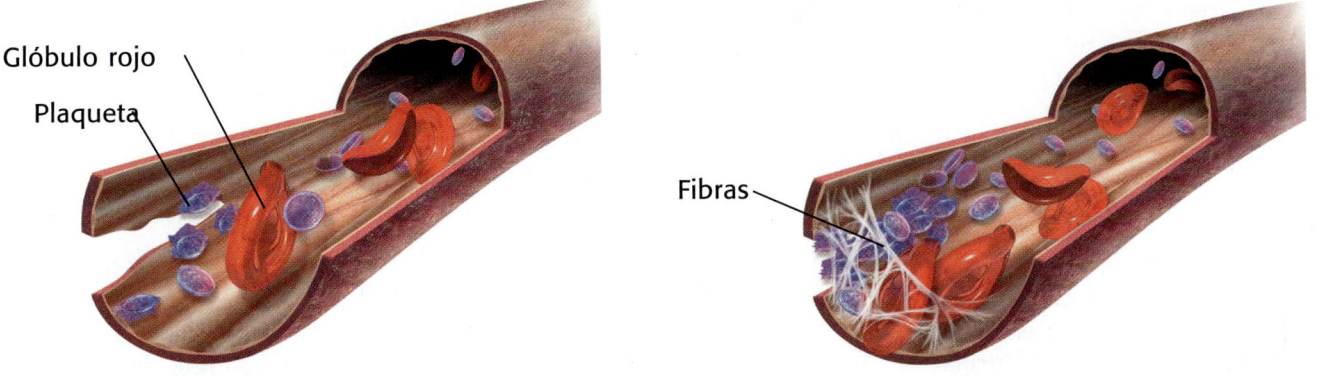

Figura 6 *Las plaquetas liberan substancias químicas en los vasos lesionados y hacen que se formen fibras, que fabrican una "red" que atrapa a las células sanguíneas y detiene el sangrado.*

El corazón

El corazón es un órgano muscular aproximadamente del tamaño del puño. Se encuentra en el centro de la cavidad pectoral y bombea sangre pobre en oxígeno a los pulmones y sangre rica en oxígeno por el cuerpo. Al igual que el de todos los mamíferos, tu corazón tiene un lado izquierdo y un lado derecho, separados por una pared gruesa. Como ves en la **Figura 7,** cada lado tiene una cavidad superior y una inferior. Las cavidades superiores se llaman **aurículas** y las cavidades inferiores **ventrículos.**

Las válvulas son estructuras que parecen tapitas y se localizan entre las aurículas y los ventrículos, así como donde las arterias están sujetas al corazón. Al pasar la sangre por el corazón, las válvulas se cierran para evitar el reflujo de la sangre. El ruido del corazón al palpitar se debe a las válvulas que se cierran. El flujo de la sangre a través del corazón se ilustra en el diagrama de abajo.

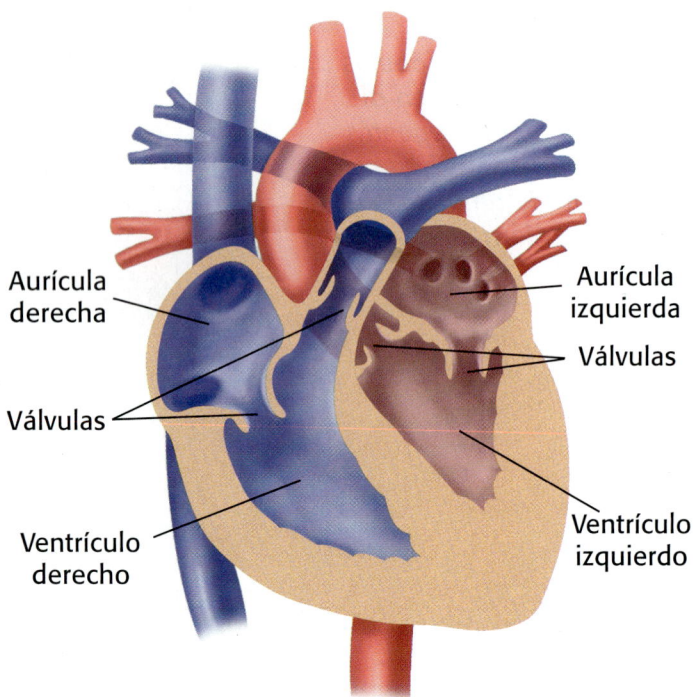

Figura 7 *El corazón es un órgano con cuatro cavidades que bombea la sangre a través de los vasos sanguíneos. Los vasos que transportan la sangre rica en oxígeno están señalados en rojo. Los que transportan la sangre pobre en oxígeno están en azul.*

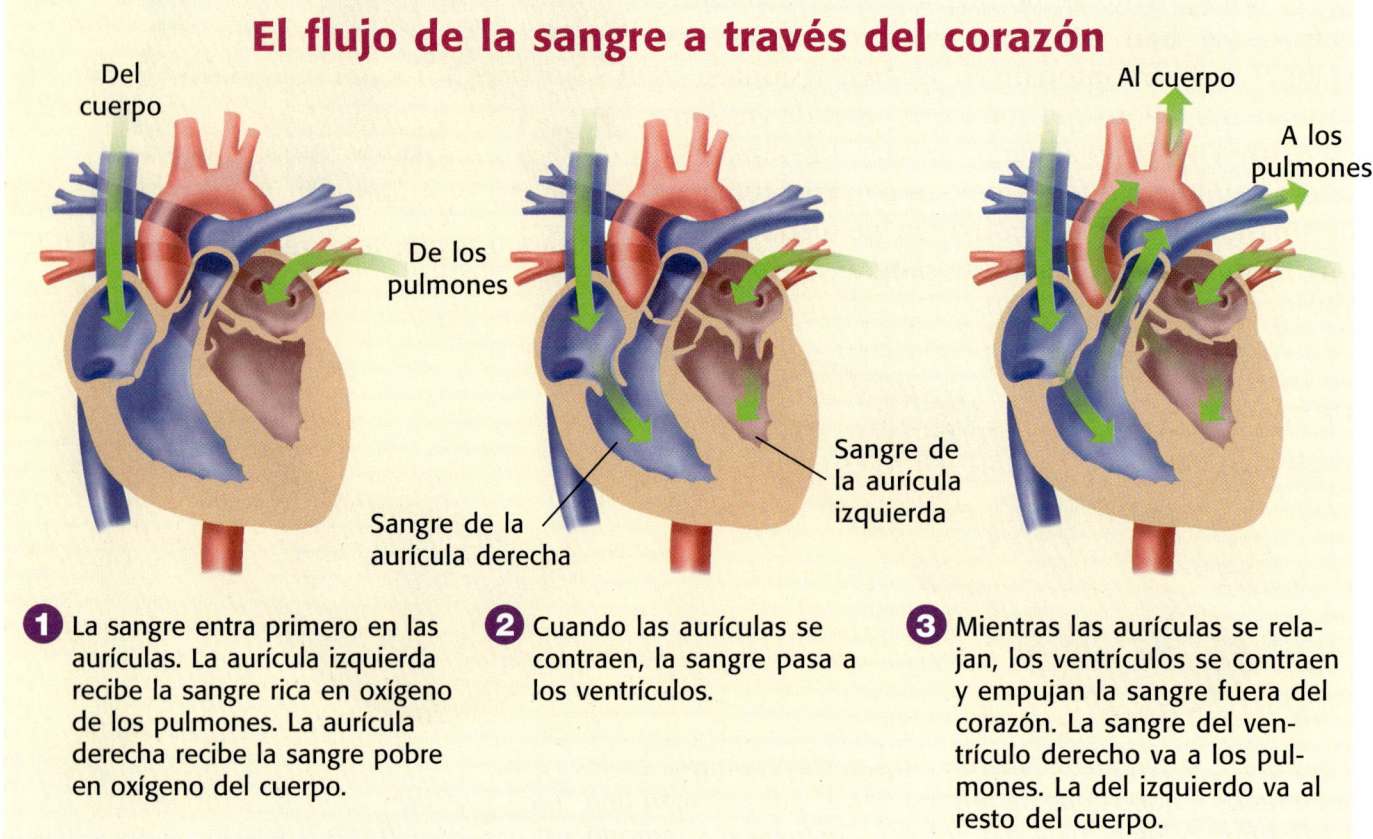

① La sangre entra primero en las aurículas. La aurícula izquierda recibe la sangre rica en oxígeno de los pulmones. La aurícula derecha recibe la sangre pobre en oxígeno del cuerpo.

② Cuando las aurículas se contraen, la sangre pasa a los ventrículos.

③ Mientras las aurículas se relajan, los ventrículos se contraen y empujan la sangre fuera del corazón. La sangre del ventrículo derecho va a los pulmones. La del izquierdo va al resto del cuerpo.

Vasos sanguíneos

La sangre viaja por el cuerpo a través de los vasos sanguíneos. Un vaso sanguíneo es un tubo hueco que transporta sangre. Hay tres tipos de vasos sanguíneos: arterias, capilares y venas. Sus estructuras y relaciones se ilustran en la **Figura 8.**

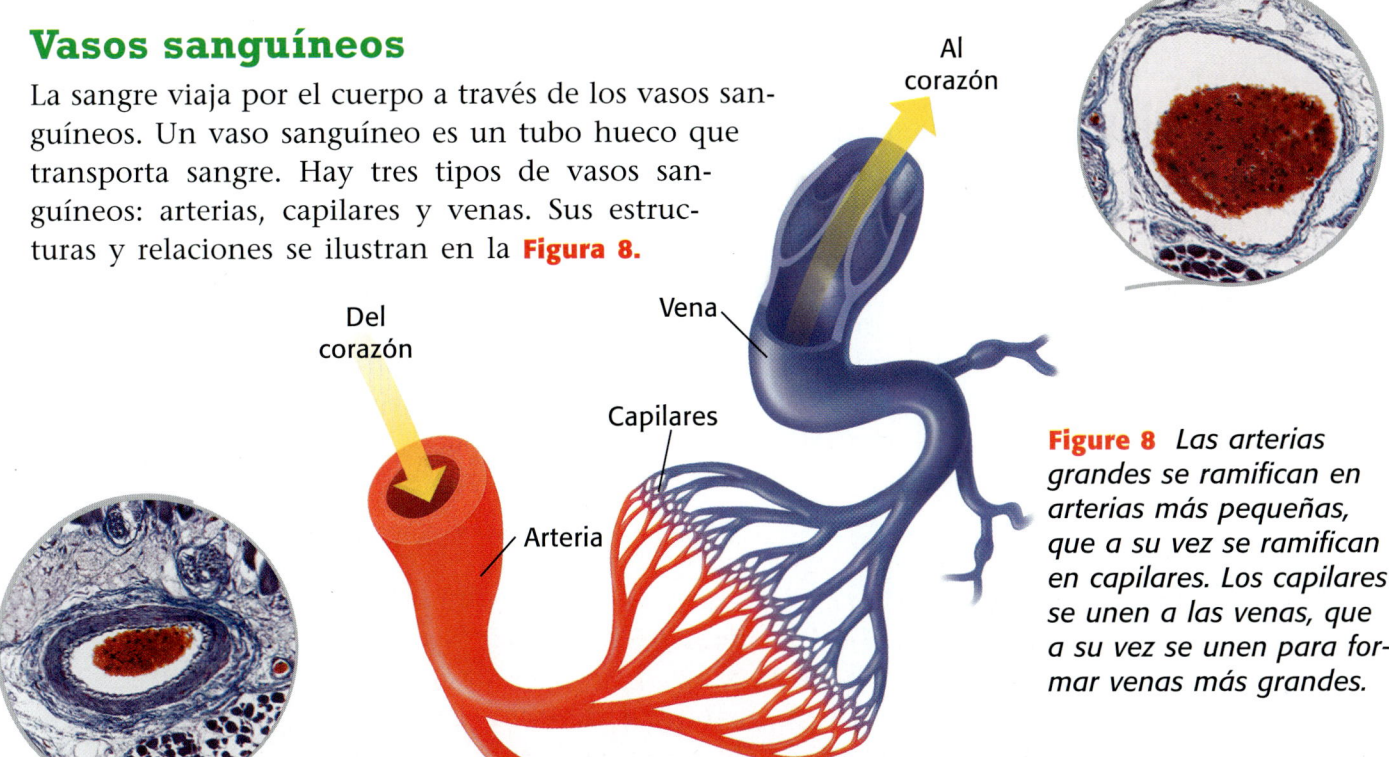

Figure 8 Las arterias grandes se ramifican en arterias más pequeñas, que a su vez se ramifican en capilares. Los capilares se unen a las venas, que a su vez se unen para formar venas más grandes.

Arterias Las **arterias** son vasos sanguíneos que transportan la sangre del corazón al resto del cuerpo. Sus paredes están formadas por músculo liso y son gruesas y elásticas. Cada vez que el corazón palpita, la sangre es bombeada fuera del corazón a alta presión. El cambio rítmico en la presión sanguínea se llama *pulso*. El pulso puede sentirse en varias partes del cuerpo, como en la parte interna de la muñeca, bajo el pulgar.

Capilares Un cabello es unas 10 veces más ancho que un capilar. Los **capilares** son los vasos sanguíneos más pequeños del cuerpo. El grosor de sus paredes es solamente de una célula. Como ves en la **Figura 9,** los capilares son tan estrechos que las células sanguíneas deben pasar a través de ellos en una sola fila. La estructura sencilla de los capilares permite que los nutrientes, el oxígeno y muchas otras clases de substancias se difundan fácilmente a través de sus paredes para llegar a otras células del cuerpo. Ninguna célula está a más de tres o cuatro células de distancia de un capilar.

Venas Después de dejar los capilares, la sangre entra en las venas. Las **venas** son vasos sanguíneos que devuelven la sangre al corazón. Las venas pequeñas se unen para formar venas más grandes. A medida que la sangre viaja por las venas grandes, las válvulas evitan el reflujo. Cuando los músculos óseos se contraen, aprietan las venas cercanas y ayudan a impulsar la sangre hacia el corazón.

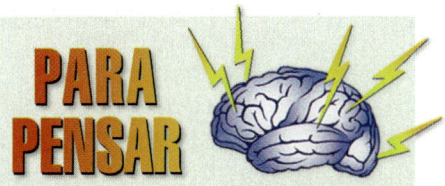

Si se unieran todos los vasos sanguíneos de tu cuerpo, la longitud total sería más del doble de la circunferencia de la Tierra.

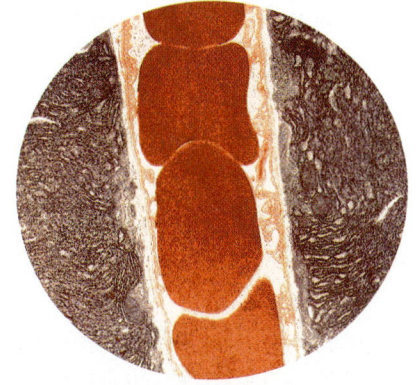

Figura 9 Estos glóbulos rojos están pasando por un capilar.

Circulación y respiración

Autoevaluación

¿Cómo se relacionan las estructuras de arterias y venas con sus funciones? *(Consulta la página 636 para comprobar tu respuesta).*

Viajar con el flujo

Como ya sabes, una función importante de la sangre es suministrar oxígeno a las células del cuerpo. ¿De dónde toma la sangre este oxígeno? La obtiene de los pulmones, durante la circulación pulmonar. La **circulación pulmonar** es la circulación de la sangre entre el corazón y los pulmones.

Cuando la sangre rica en oxígeno va de los pulmones al corazón, luego debe ser bombeada al resto del cuerpo. La circulación de la sangre entre el corazón y el resto del cuerpo se llama **circulación sistémica.** Ambos tipos de circulación aparecen en el diagrama de abajo.

El flujo de la sangre a través del cuerpo

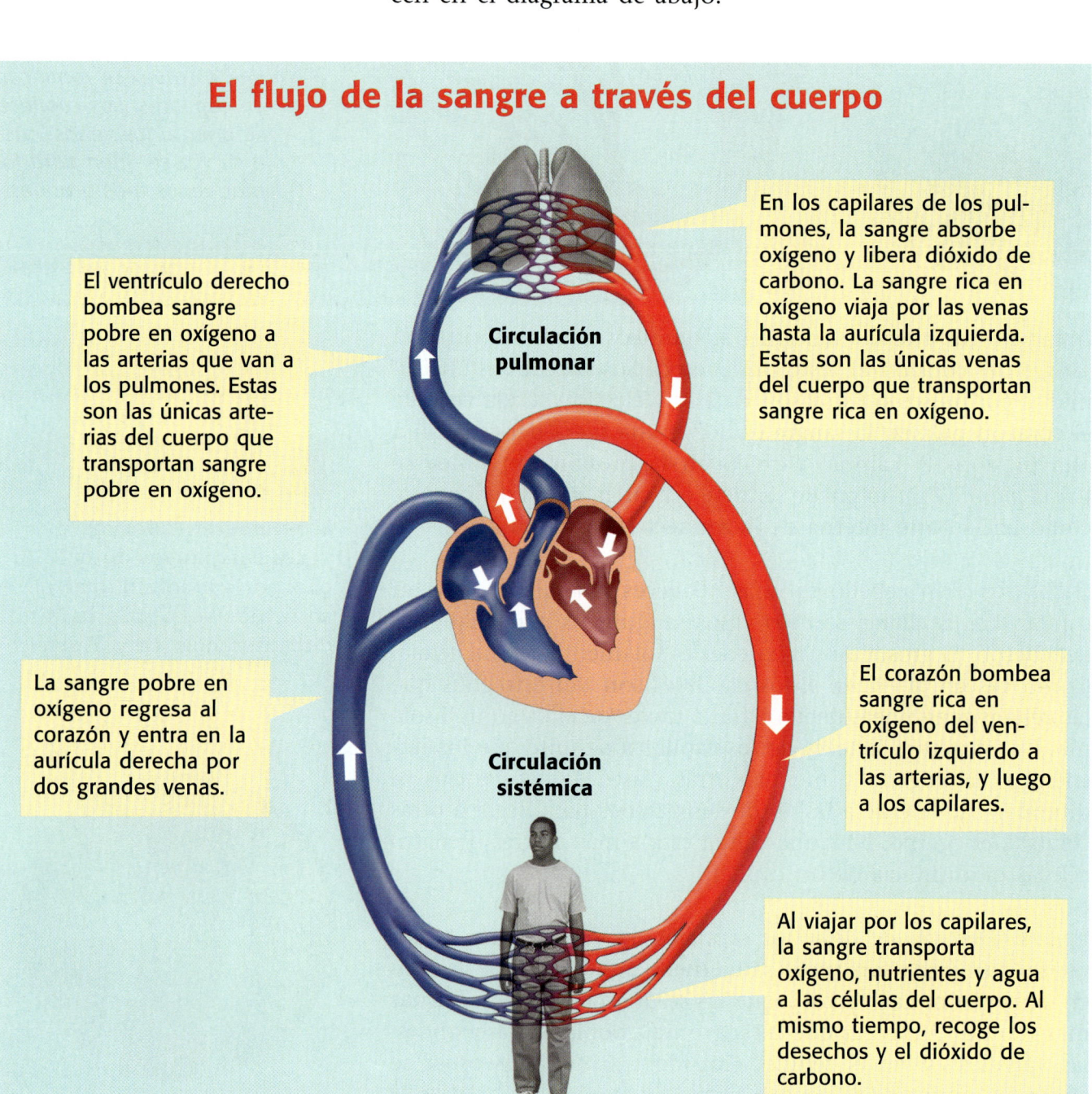

El ventrículo derecho bombea sangre pobre en oxígeno a las arterias que van a los pulmones. Estas son las únicas arterias del cuerpo que transportan sangre pobre en oxígeno.

En los capilares de los pulmones, la sangre absorbe oxígeno y libera dióxido de carbono. La sangre rica en oxígeno viaja por las venas hasta la aurícula izquierda. Estas son las únicas venas del cuerpo que transportan sangre rica en oxígeno.

La sangre pobre en oxígeno regresa al corazón y entra en la aurícula derecha por dos grandes venas.

El corazón bombea sangre rica en oxígeno del ventrículo izquierdo a las arterias, y luego a los capilares.

Al viajar por los capilares, la sangre transporta oxígeno, nutrientes y agua a las células del cuerpo. Al mismo tiempo, recoge los desechos y el dióxido de carbono.

La sangre fluye bajo presión

Cuando riegas con manguera, puedes sentir cómo ésta se endurece a medida que el agua presiona contra sus paredes. La sangre tiene el mismo efecto sobre tus vasos sanguíneos. La fuerza de la sangre sobre las paredes internas de los vasos sanguíneos se llama **presión sanguínea.**

Muchas personas se revisan la presión sanguínea regularmente, como el señor de la **Figura 10.** La presión sanguínea se expresa en milímetros (mm) de mercurio (Hg). Una presión sanguínea de 120 mm Hg significa que la presión sobre las paredes de los vasos basta para empujar una columna angosta de mercurio a 120 mm de altura. En general, la presión sanguínea se mide en las arterias grandes y se expresa con dos cifras. Una presión sanguínea normal es de alrededor de 120/80. El primer número es la presión sistólica. La *presión sistólica* es la presión del interior de las arterias grandes cuando los ventrículos se contraen. Como vimos, la oleada de sangre hace que las arterias se abulten y produzcan el pulso. El segundo número es la presión diastólica. La *presión diastólica* es la presión de las arterias cuando los ventrículos se relajan.

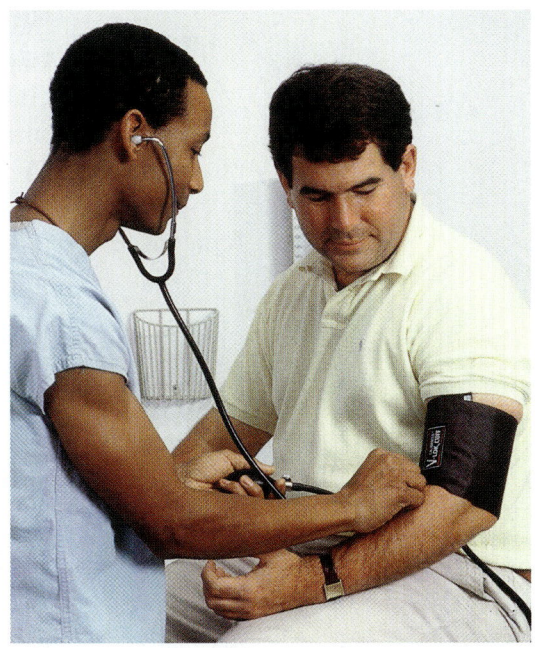

Figura 10 *Un enfermero le toma la presión sanguínea a un paciente. Si la presión sanguínea está constantemente alta o baja, es posible que algo ande mal con el aparato cardiovascular.*

Ejercicio y flujo sanguíneo

Cuando haces ejercicio, tus músculos requieren mucho más oxígeno y nutrientes. Para resolver este problema, el cerebro manda señales al corazón para que los latidos sean más rápidos. La actividad física hace que a los músculos les llegue 10 veces más sangre que cuando el cuerpo está en reposo.

Durante el ejercicio, algunos órganos no necesitan tanta sangre como los músculos esqueléticos. Los riñones y el sistema digestivo reciben menos sangre para que los músculos esqueléticos, cerebro, corazón y pulmones reciban más. Es lo mismo que cerrar en casa algunas llaves del agua para que salga más por otras. Al terminar de hacer ejercicio, los vasos sanguíneos de otras partes del cuerpo se abren y el ritmo del corazón se hace más lento.

REPASO

1. ¿Cuál es la función del aparato cardiovascular?
2. ¿Cuáles son las tres clases de vasos sanguíneos? Compara sus funciones.
3. **Identificar relaciones** ¿Cómo se relaciona la estructura de los capilares con su función?

Explora

Imagina que eres miembro de un equipo científico seleccionado para explorar el aparato cardiovascular. Después de ser reducidos al tamaño de los glóbulos rojos, abordan un submarino diminuto y empiezan su viaje a través del corazón y los vasos sanguíneos. Describe a dónde van, lo que ven y los problemas que surgen durante el viaje.

Circulación y respiración

¿Cuál es tu grupo?

Cuando una persona pierde mucha sangre, se le da sangre donada por otra. A quien la recibe no se le puede dar sangre de cualquier persona, pues hay distintos tipos de sangre. Algunos pueden mezclarse sin peligro, pero la mezcla de otros hace que los glóbulos rojos se aglutinen. Las células aglutinadas pueden formar coágulos que obstruyan los vasos sanguíneos y causar la muerte.

Cada persona tiene uno de los siguientes grupos sanguíneos: A, B, AB u O. El grupo sanguíneo se refiere al tipo de substancias químicas que hay en la superficie de los glóbulos rojos. Estas substancias se llaman *antígenos*. El grupo sanguíneo A tiene antígenos A; el B tiene antígenos B y el AB tiene antígenos A y B. El grupo O no tiene ni antígenos A ni B.

Mezclar o no mezclar Los grupos sanguíneos no sólo tienen substancias químicas diferentes en la superficie de los glóbulos rojos, sino también en el plasma, o parte líquida de la sangre. Estas substancias se llaman *anticuerpos*. Los glóbulos rojos se aglutinan cuando los anticuerpos se unen a ellos.

Como ves en la **Figura 11,** el cuerpo fabrica anticuerpos contra los antígenos no presentes en sus propios glóbulos rojos. Por ejemplo, las personas del grupo B fabrican anticuerpos A, que atacan a las células que tienen un antígeno A. Por lo tanto, las personas de este grupo no pueden recibir sangre de los grupos A o AB. La sangre del grupo O puede darse a cualquier persona porque sus glóbulos rojos no presentan antígenos A ni B en su superficie. Se dice que una persona del grupo sanguíneo O es *donador universal*. Las personas del grupo AB son *receptores universales*, es decir, pueden recibir sangre de cualquier grupo, pues no fabrican anticuerpos contra los antígenos A ni B.

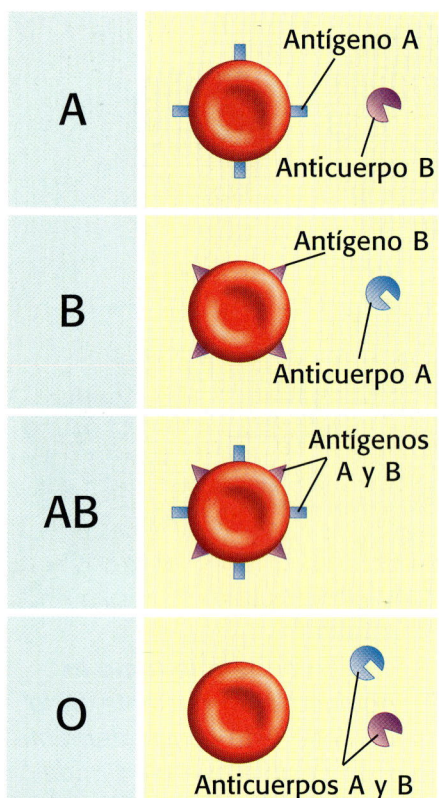

Figura 11 *Esta tabla muestra los antígenos y anticuerpos que pueden estar presentes en cada grupo sanguíneo.*

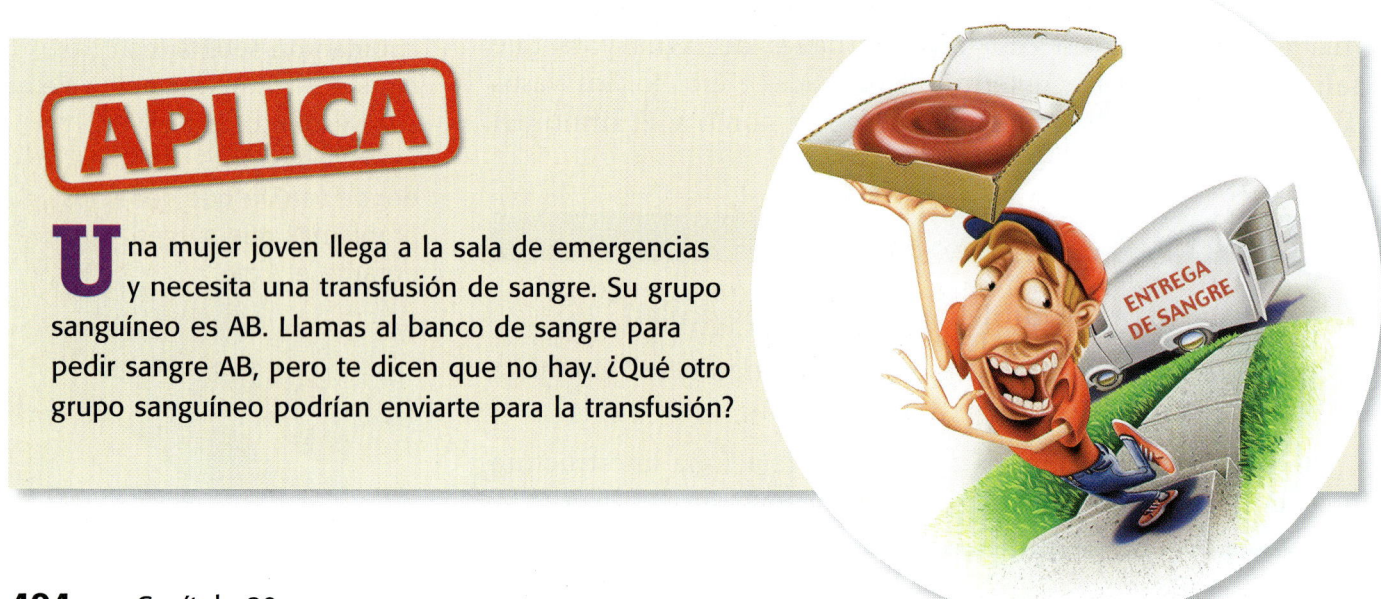

APLICA

Una mujer joven llega a la sala de emergencias y necesita una transfusión de sangre. Su grupo sanguíneo es AB. Llamas al banco de sangre para pedir sangre AB, pero te dicen que no hay. ¿Qué otro grupo sanguíneo podrían enviarte para la transfusión?

Problemas cardiovasculares

Si algo anda mal con el aparato cardiovascular de una persona, su salud se verá afectada. Unos problemas cardiovasculares involucran al corazón y a los vasos sanguíneos, mientras que otros tienen que ver con la sangre. Cuando hay un problema con el corazón o los vasos sanguíneos, el movimiento de la sangre a través del cuerpo se ve afectado.

La principal causa de muerte en los Estados Unidos es la enfermedad cardiovascular conocida como *aterosclerosis*. La aterosclerosis ocurre cuando substancias grasas, como el colesterol, se acumulan en el interior de los vasos sanguíneos, haciéndolos más estrechos y menos elásticos. La **Figura 12** muestra cómo puede obstruirse un vaso sanguíneo. Si una arteria principal que suministra sangre al corazón se obstruye, la persona sufre un ataque al corazón y parte de ese órgano puede morir. La aterosclerosis también favorece la *hipertensión,* que es una presión sanguínea anormalmente alta. La hipertensión es peligrosa porque hace trabajar en exceso al corazón, debilita los vasos y hace que se rompan. Si un vaso sanguíneo del cerebro se obstruye o se rompe, ciertas partes del cerebro no reciben oxígeno ni nutrientes, y pueden morir. A esto se le conoce como *apoplejía o derrame cerebral.*

Los problemas cardiovasculares se pueden deber al hábito de fumar, los altos niveles de colesterol en la sangre, el estrés y la herencia. Se puede reducir el riesgo de problemas cardiovasculares haciendo lo siguiente: no fumar, tener una dieta baja en sal y en grasas animales, aceites de coco y de palma, comer muchas verduras, frutas y granos enteros, y hacer ejercicio regularmente.

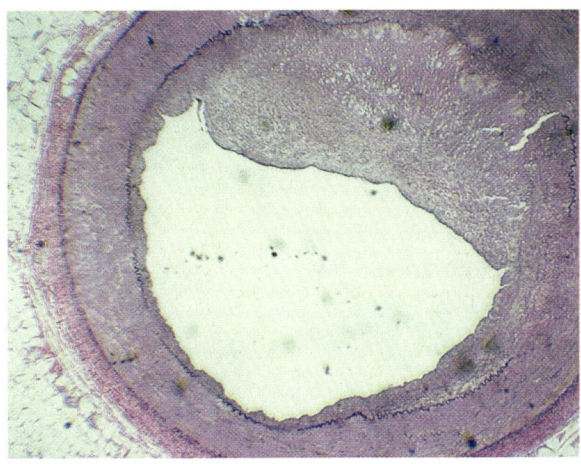

Figura 12 *La aterosclerosis es un problema cardiovascular común. Los depósitos de grasa se acumulan en el interior de los vasos sanguíneos y obstruyen el flujo sanguíneo.*

¡MATEMÁTICAS!

¡Que siga latiendo!

Tu corazón palpita alrededor de 100,800 veces al día. ¿Cuántas veces palpita al año?

REPASO

1. ¿Desde dónde y hacia dónde fluye la sangre durante la circulación pulmonar y la sistémica?
2. ¿Qué le pasa al nivel de oxígeno en la sangre al atravesar los pulmones?
3. **Aplicar conceptos** Pedro tiene sangre del grupo A.
   a. ¿Qué tipo de antígenos tiene en sus glóbulos rojos?
   b. ¿Qué anticuerpos puede producir?
   c. ¿Qué grupos sanguíneos podría recibir Pedro si necesitara una transfusión?

¿Coágulos de sangre y cabras? Entérate en la página 507.

Sección 2

El sistema linfático

VOCABULARIO
sistema linfático
capilares linfáticos
linfa
vasos linfáticos
nódulos linfáticos
timo
bazo
amígdalas

OBJETIVOS
- Estudia las funciones del sistema linfático.
- Identifica la relación entre la linfa y la sangre.
- Describe los órganos del sistema linfático.

El aparato cardiovascular no es el único sistema circulatorio del cuerpo. Al fluir la sangre por el aparato cardiovascular, de los capilares se escapa líquido que se mezcla con el fluido que baña las células. La mayor parte del líquido es reabsorbido por los capilares, pero no todo. El **sistema linfático** recoge el exceso de líquido y lo devuelve a la sangre.

Al igual que el aparato cardiovascular, el sistema linfático es un sistema circulatorio. Además de recolectar el exceso de líquido que rodea a las células y devolverlo a la sangre, el sistema linfático ayuda al cuerpo a combatir los agentes patógenos.

Vasos del sistema linfático

El líquido recogido por el sistema linfático es transportado a través de vasos. Los vasos más pequeños del sistema linfático se llaman **capilares linfáticos.** De los espacios entre las células, los capilares linfáticos absorben el líquido y las partículas demasiado grandes para entrar en los capilares sanguíneos. Algunas de estas partículas son células muertas que el cuerpo reconoce como extrañas. El líquido y las partículas absorbidas por los capilares linfáticos se llama **linfa.**

Como ves en la **Figura 13,** los capilares linfáticos transportan la linfa a **los vasos linfáticos,** que son vasos más grandes con válvulas. La linfa no es empujada por una bomba; son los músculos esqueléticos los que proporcionan la fuerza para moverla a través de los vasos, y las válvulas evitan el reflujo. La linfa viaja por el sistema linfático y luego se vacía en las venas grandes del aparato cardiovascular que están en el cuello.

> **Autoevaluación**
>
> ¿En qué se parecen el sistema linfático y el aparato cardiovascular? ¿En qué se diferencian? *(Consulta la página 636 para comprobar tu respuesta).*

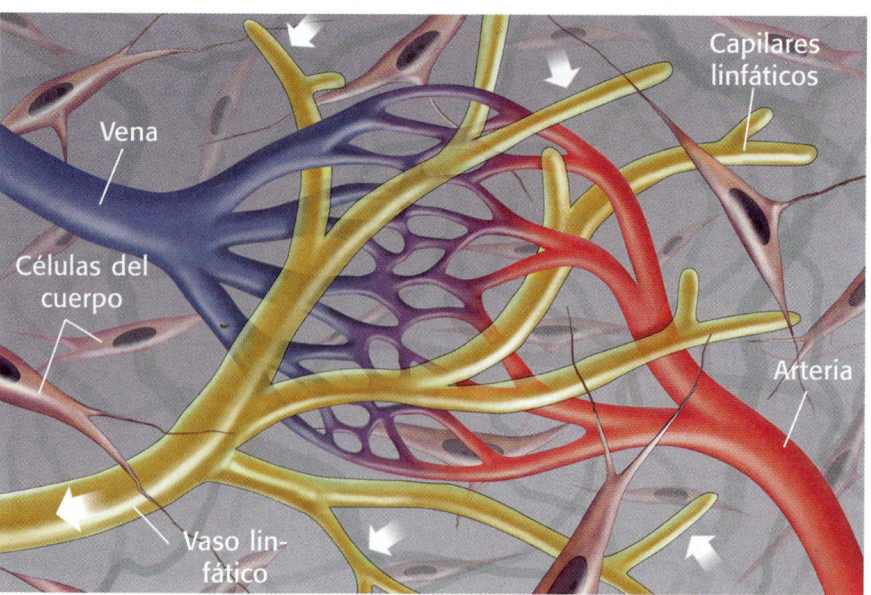

Figura 13 *Las flechas blancas señalan el movimiento de la linfa en los capilares linfáticos y los vasos sanguíneos. La linfa se compone de líquido procedente de los espacios que rodean a las células, originalmente llevado al área por los capilares que transportan la sangre.*

Órganos linfáticos

Además de vasos y capilares, el sistema linfático está formado por otros órganos, como ves en la **Figura 14.**

Nódulos linfáticos En su recorrido a través de los vasos linfáticos, la linfa pasa por nódulos linfáticos. Los **nódulos linfáticos** son órganos pequeños con forma de frijol donde ciertas partículas, como agentes patógenos o células muertas, son eliminadas de la linfa. Tenemos cientos de nódulos linfáticos distribuidos por todos los vasos linfáticos.

Los nódulos linfáticos contienen muchos glóbulos blancos, algunos de los cuales se comen a los patógenos. Otros glóbulos blancos, los *linfocitos,* producen substancias químicas que se unen a los agentes patógenos y los marcan para que sean destruidos. Cuando el cuerpo se infecta con bacterias o virus, los glóbulos blancos se multiplican, y por eso a veces los nódulos se hinchan y duelen.

Timo, bazo y amígdalas El **timo,** que se encuentra justo arriba del corazón, libera linfocitos. Los linfocitos viajan a otras zonas del sistema linfático.

El órgano linfático más grande es el bazo, que se encuentra en la parte superior izquierda del abdomen. El **bazo** filtra la sangre y, como el timo, libera linfocitos. Cuando los glóbulos rojos entran en los capilares del bazo, los más viejos y frágiles se rompen. Los glóbulos blancos grandes del bazo se comen a estas células muertas y las sacan de la sangre. Los glóbulos rojos se digieren y algunos de sus componentes son utilizados de nuevo; por eso el bazo puede considerarse un centro de reciclaje de glóbulos rojos.

Las **amígdalas** están formadas por grupos de tejido linfático localizados en la parte de atrás de la cavidad nasal, en el interior de la garganta y detrás de la lengua. Los linfocitos de las amígdalas defienden al organismo de las infecciones. A veces, las amígdalas se infectan gravemente y hay que extraerlas.

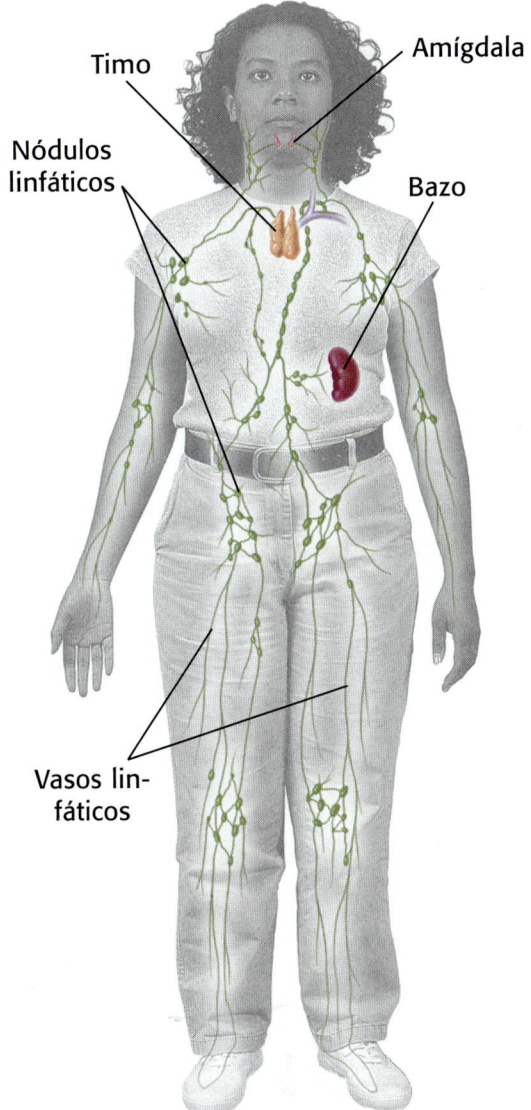

Figura 14 El sistema linfático

REPASO

1. ¿Cuáles son las principales funciones del sistema linfático?
2. ¿A dónde va la linfa cuando abandona el sistema linfático?
3. **Identificar relaciones** ¿En qué se parecen los nódulos linfáticos al bazo?

Sección 3

El sistema respiratorio

VOCABULARIO

respiración
sistema respiratorio
faringe
laringe
tráquea
bronquios
alvéolos
diafragma
respiración celular

OBJETIVOS

- Describe el flujo del aire a través del sistema respiratorio.
- Comenta la relación entre el sistema respiratorio y el circulatorio.
- Identifica las enfermedades respiratorias.

Respiras todo el tiempo. En este mismo instante lo estás haciendo. Sin embargo, casi nunca lo piensas, a menos que tu capacidad para respirar desaparezca de repente. Es obvio que tienes que respirar para sobrevivir. ¿Por qué es importante respirar?

Afuera el aire malo y adentro el aire bueno

Tu cuerpo necesita un suministro continuo de oxígeno para obtener energía de los alimentos que comes. Aquí es donde respirar es útil. El aire que respiras es una mezcla de varios gases, uno de los cuales es el oxígeno. Cuando respiras, tu cuerpo inhala aire y absorbe el oxígeno; luego, el dióxido de carbono de tu cuerpo se incorpora al aire y éste se exhala.

Sin embargo, el proceso de la respiración no es tan sencillo como suena. La **respiración** es el proceso por el cual el cuerpo obtiene y utiliza oxígeno, y elimina dióxido de carbono y agua. Este proceso se divide en dos partes: por un lado, la inhalación y la exhalación y, por otro, la respiración celular, que implica reacciones químicas que liberan la energía de los alimentos.

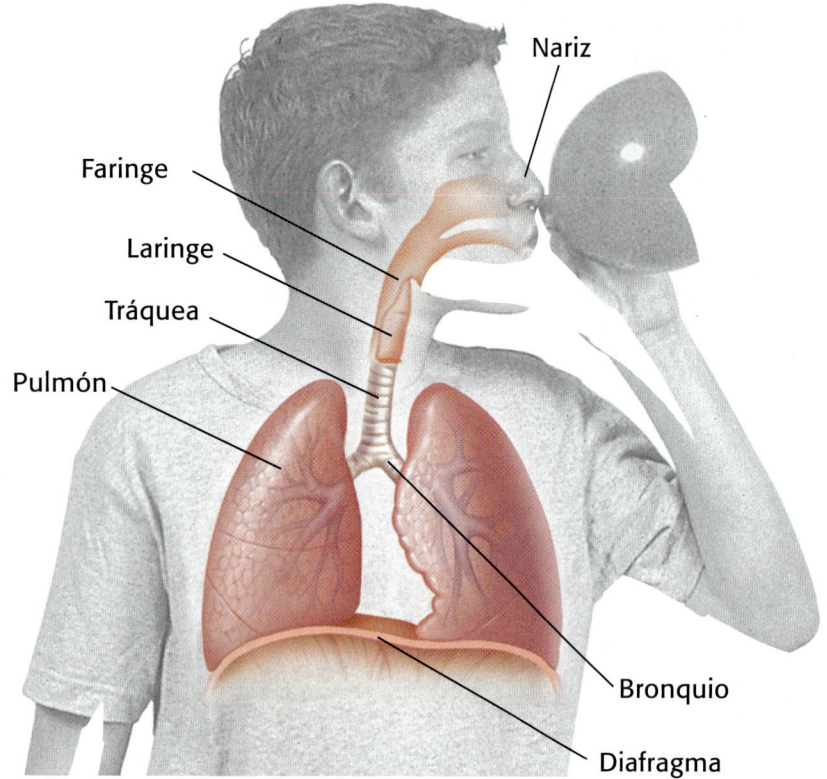

La respiración

Gracias al sistema, o aparato respiratorio, podemos respirar. El **sistema respiratorio** consta de pulmones, garganta y conductos que llegan a los pulmones. La **Figura 15** ilustra las partes del aparato respiratorio.

La nariz La nariz es el principal conducto de entrada y salida del aparato respiratorio. El aire es inhalado por la nariz, donde entra en contacto con superficies cálidas y húmedas, aunque también puede entrar y salir por la boca.

Figura 15 *El aire entra y sale del cuerpo a través del aparato respiratorio.*

La faringe El aire fluye de la nariz a la **faringe** o garganta. Con un espejo puedes ver las paredes de la faringe, que está detrás de la lengua. Además de aire, por la faringe también pasan los alimentos y bebidas en camino al estómago. La faringe se ramifica en dos tubos: el esófago, que va al estómago, y la laringe, que va a los pulmones.

La laringe Inclina tu cabeza ligeramente hacia arriba y frótate la parte anterior del cuello con un dedo. Las protuberancias que sientes son la parte exterior de la laringe. La **laringe**, que es el órgano productor de la voz, contiene las cuerdas vocales. Las cuerdas vocales son un par de bandas elásticas que se extienden a través de la abertura de la laringe; los músculos de la laringe controlan su estiramiento. Cuando el aire pasa entre las cuerdas vocales, éstas vibran y emiten sonidos.

La tráquea La laringe protege la entrada de un tubo largo llamado **tráquea**. La tráquea es el conducto por donde el aire va de la laringe hasta los pulmones.

Los bronquios La tráquea se divide en dos tubos llamados **bronquios**. Cada uno va a un pulmón y se ramifica en miles de tubitos llamados *bronquiolos*.

Los pulmones El cuerpo tiene dos pulmones, que tienen aspecto de esponjas. En los pulmones, cada bronquiolo se ramifica para formar miles de saquitos llamados **alvéolos**. Cada alvéolo está rodeado por capilares. La **Figura 16** muestra la disposición de los tubos del sistema respiratorio.

ciencias de la Tierra
CONEXIÓN

Cuando las personas que viven en lugares poco elevados viajan a las montañas, generalmente tienen dificultades al hacer esfuerzos. Esto se debe a que, a grandes alturas, la concentración de oxígeno del aire es más baja que la que hay a bajas alturas. Hasta que se acostumbran al cambio, estas personas tienen que inhalar un mayor número de veces para darle a su cuerpo el oxígeno necesario.

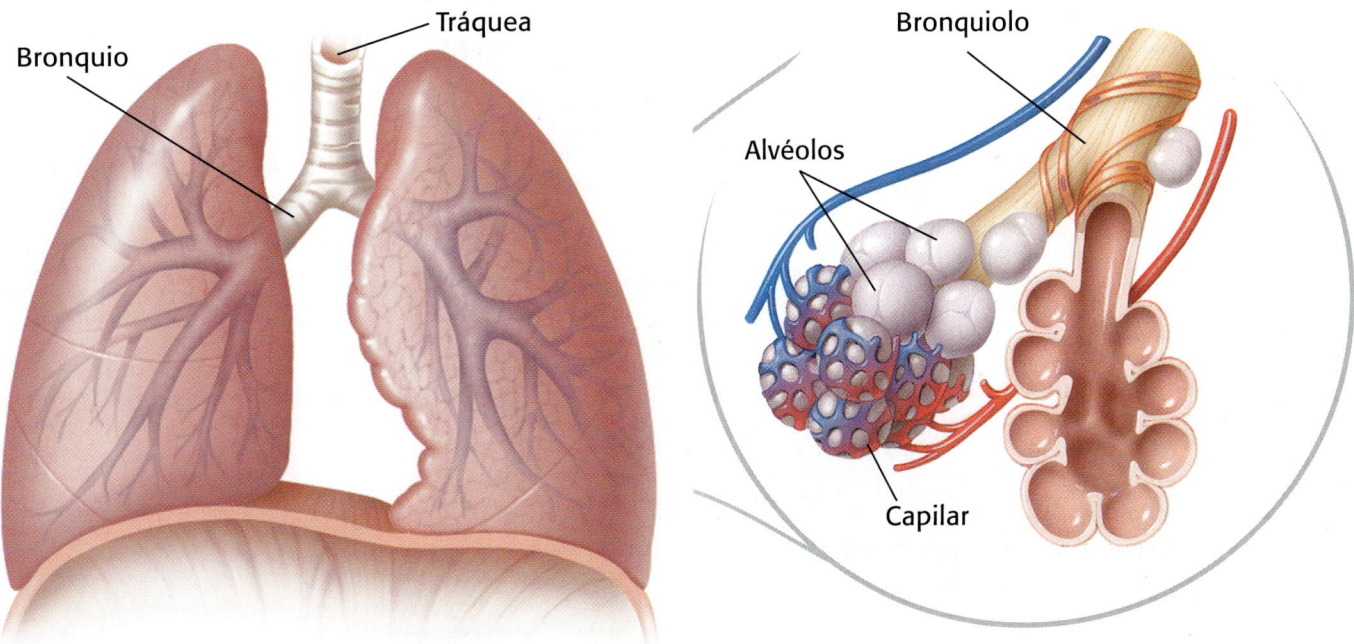

Figura 16 *En los pulmones, los bronquios se ramifican en bronquiolos, que llegan a unos saquitos llamados alvéolos.*

Circulación y respiración

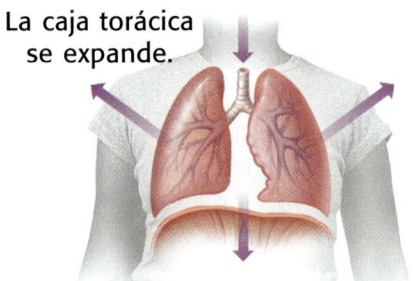

El aire entra en los pulmones.

La caja torácica se expande.

El diafragma se contrae y se mueve hacia abajo.

Figura 17 *Cuando el diafragma se contrae, la caja torácica se expande y crea un vacío dentro de los pulmones. El vacío succiona el aire hacia adentro.*

¿Cómo respiras?

Cuando respiras, succionas aire hacia los pulmones o lo expulsas hacia afuera. Sin embargo, los pulmones no tienen músculos para hacer entrar y salir el aire; son los músculos de las costillas y el **diafragma,** un músculo con forma de cúpula debajo de los pulmones, los que llevan a cabo la respiración. Al contraerse, el diafragma aumenta el volumen de la cavidad del pecho; al mismo tiempo, algunos de los músculos de las costillas se contraen y levantan la caja torácica, haciendo que se expanda. Observa este proceso en el diagrama de la **Figura 17**.

¿Qué le pasa al oxígeno? Cuando los glóbulos rojos absorben oxígeno, el aparato cardiovascular lo transporta por todo el cuerpo. El oxígeno pasa al interior de las células, donde participa en una reacción química muy importante: la respiración celular. Durante la **respiración celular,** el oxígeno se usa para liberar la energía almacenada en las moléculas de carbohidratos, grasas y proteínas. Cuando estas moléculas son transformadas, se libera energía junto con dióxido de carbono y agua. El dióxido de carbono y el agua salen de la célula y regresan al torrente sanguíneo. El dióxido de carbono va a los pulmones y se exhala. La **Figura 18** muestra la relación entre la respiración y la circulación de la sangre.

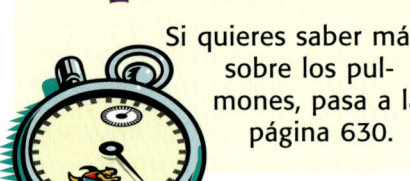

Si quieres saber más sobre los pulmones, pasa a la página 630.

Figura 18 *La sangre es importante para la respiración.*

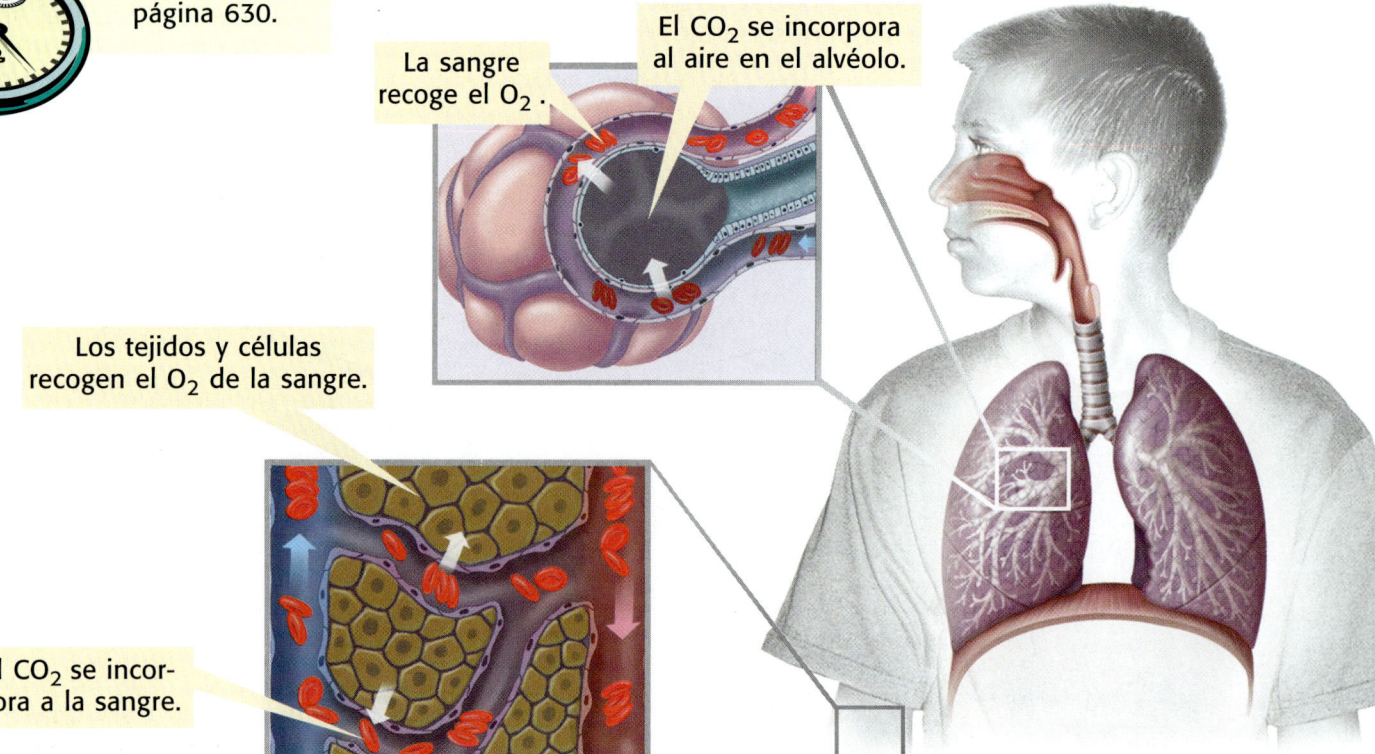

La sangre recoge el O_2.

El CO_2 se incorpora al aire en el alvéolo.

Los tejidos y células recogen el O_2 de la sangre.

El CO_2 se incorpora a la sangre.

Enfermedades respiratorias

Millones de personas sufren enfermedades respiratorias, de las que hay muchos tipos, como asma, bronquitis, enfisema y neumonía.

El *asma* consiste en que el tejido que rodea a los bronquiolos se comprime y secreta grandes cantidades de moco por la presencia de polen, caspa de animales u otros irritantes. A medida que el bronquiolo se estrecha, la persona tiene dificultad para respirar. Cuando una persona tiene bronquitis, neumonía o asma, los conductos de aire que atraviesan los pulmones se obstruyen con moco. La *bronquitis* puede desarrollarse cuando algo irrita el revestimiento de los bronquiolos. La *neumonía* la causan bacterias o virus que crecen dentro de los bronquiolos y alvéolos, haciendo que se inflamen y llenen de líquido. En caso de una disminución significativa del oxígeno que se difunde a la sangre, la persona puede asfixiarse.

Los peligros de fumar Probablemente ya sabes que fumar cigarrillos es malo para tu salud. De hecho, fumar es la primera causa de las enfermedades cardiovasculares y pulmonares, como *enfisema* y *cáncer pulmonar*. Las personas con enfisema tienen problemas para obtener el oxígeno que necesitan porque sus alvéolos están desgastados, como ves en la **Figura 19.**

El cáncer pulmonar es otra enfermedad respiratoria peligrosa. Las substancias químicas del humo del tabaco pueden hacer que las células pulmonares se vuelvan cancerosas. Las células cancerosas de los pulmones se dividen rápidamente y forman una masa llamada tumor. A medida que el tumor crece, obstruye el flujo del aire e impide el intercambio de oxígeno y dióxido de carbono. Algunas células tumorales pueden separarse y entonces el cáncer es transportado a través de la sangre o la linfa a otras partes del cuerpo, donde las células continúan creciendo y forman otros tumores.

REPASO

1. Describe el recorrido del aire a través del aparato respiratorio.
2. ¿Qué diferencia hay entre la respiración celular y la inhalación y exhalación?
3. ¿Qué enfermedades respiratorias puede desarrollar un fumador?
4. **Identificar relaciones** ¿Cómo se relaciona la función del aparato respiratorio con la del circulatorio?

Laboratorio

¿Por qué ronca la gente?
Pídele a tu maestro o maestra una **hoja de papel encerado de 15 cm²**. Tararea tu canción favorita y luego presiona el papel encerado contra tus labios y tararea la canción de nuevo. Cuando termines esta actividad, contesta las siguientes preguntas en tu cuaderno de ciencias:

1. ¿Qué diferencia notaste al tararear con el papel de cera?
2. Con ayuda de tus observaciones adivina la causa del ronquido.

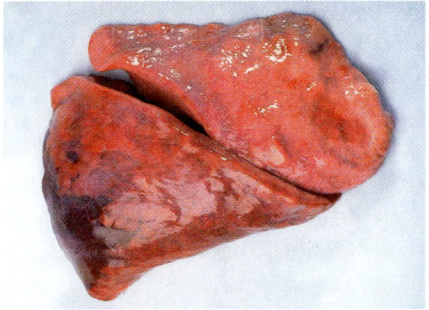

Este es un par de pulmones sanos.

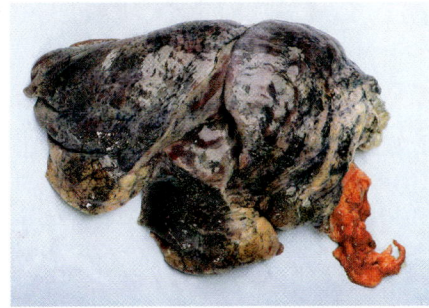

Estos pulmones son de una persona con enfisema.

Figura 19 *El enfisema es una enfermedad respiratoria que puede ser causada por el hábito de fumar.*

Resumen del capítulo

SECCIÓN 1

Vocabulario
- **sistema cardiovascular** *(pág. 488)*
- **sangre** *(pág. 488)*
- **plasma** *(pág. 488)*
- **plaqueta** *(pág. 489)*
- **aurícula** *(pág. 490)*
- **ventrículo** *(pág. 490)*
- **arterias** *(pág. 491)*
- **capilares** *(pág. 491)*
- **venas** *(pág. 491)*
- **circulación pulmonar** *(pág. 492)*
- **circulación sistémica** *(pág. 492)*
- **presión sanguínea** *(pág. 493)*

Notas de la sección
- El aparato cardiovascular lleva el oxígeno y los nutrientes a las células y recoge sus productos de desecho para mantener saludable el cuerpo. Está constituido por la sangre, el corazón y los vasos sanguíneos.
- La sangre es un tejido conjuntivo formado por plasma, glóbulos rojos, glóbulos blancos y plaquetas. El corazón es un órgano muscular que bombea la sangre a través de los vasos sanguíneos.
- La sangre abandona el corazón por las arterias y después entra en los capilares. Tras los capilares, la sangre es llevada de regreso al corazón por las venas.
- En la circulación pulmonar, los vasos sanguíneos llevan la sangre del corazón a los pulmones y de regreso al corazón. En la circulación sistémica, la sangre fluye del corazón al resto del cuerpo y luego de regreso al corazón.
- Hay distintos grupos sanguíneos. El grupo sanguíneo de una persona está determinado por ciertas substancias químicas en los glóbulos rojos.

SECTION 2

Vocabulario
- **sistema linfático** *(pág. 496)*
- **capilares linfáticos** *(pág. 496)*
- **linfa** *(pág. 496)*
- **vasos linfáticos** *(pág. 496)*
- **nódulos linfáticos** *(pág. 497)*
- **timo** *(pág. 497)*
- **bazo** *(pág. 497)*
- **amígdalas** *(pág. 497)*

Notas de la sección
- El sistema linfático devuelve el exceso de fluido al aparato cardiovascular y combate las infecciones.
- El sistema linfático comprende la linfa, los capilares linfáticos, los vasos linfáticos, los nódulos linfáticos, el bazo, las amígdalas y el timo.

✓ Comprobar destrezas

Conceptos de matemáticas

LATIDO ININTERRUMPIDO Tu corazón late unas 100,800 veces por día. Esto quiere decir que palpita alrededor de 4,200 veces por hora.

100,800 latidos ÷ 24 horas = 4,200 latidos

O sea, palpita alrededor de 70 veces por minuto.

4,200 latidos ÷ 60 minutos = 70 latidos

Comprensión visual

CONDUCTOS DE AIRE Observa de nuevo la Figura 15 de la página 498. Traza con el dedo el camino que el aire recorre para llegar a los pulmones. Al hacerlo, piensa en el papel de la nariz, la faringe, la tráquea, los bronquios, los pulmones y el diafragma en la respiración.

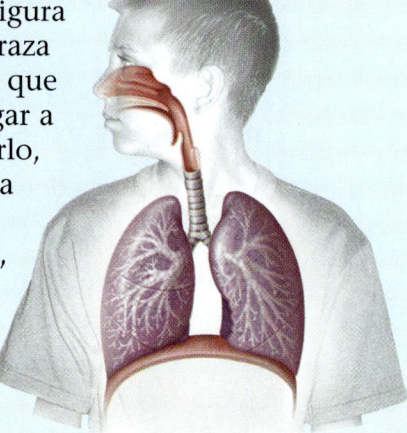

SECCIÓN 3

Vocabulario
respiración *(pág. 498)*
sistema respiratorio *(pág. 498)*
faringe *(pág. 499)*
laringe *(pág. 499)*
tráquea *(pág. 499)*
bronquios *(pág. 499)*
alvéolos *(pág. 499)*
diafragma *(pág. 500)*
respiración celular *(pág. 500)*

Notas de la sección
- El aparato respiratorio introduce y saca aire del cuerpo; comprende la nariz, la boca, la faringe, la laringe, la tráquea y los pulmones.
- El aire entra a los pulmones a través de los bronquios y viaja hasta los alvéolos, saquitos llenos de aire rodeados por capilares del aparato cardiovascular.
- La sangre de los capilares pulmonares absorbe oxígeno y libera dióxido de carbono. El dióxido de carbono se exhala. El oxígeno es llevado por la sangre al corazón y luego a las células del cuerpo.
- Las células del cuerpo necesitan oxígeno para llevar a cabo la respiración celular, un proceso químico que libera la energía contenida en carbohidratos, grasas y proteínas, y la hace accesible a las células.
- La inhalación y la exhalación se deben a la contracción y relajación del diafragma y de los músculos de la caja torácica.

Experimentos
Construye un pulmón *(pág. 630)*
Dióxido de carbono en el aliento *(pág. 631)*

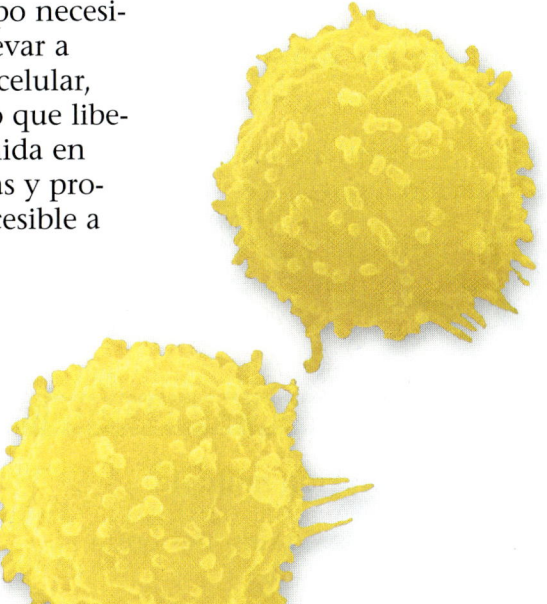

internet

 VISITA: go.hrw.com

Visita el sitio web de HRW para encontrar una serie de herramientas de aprendizaje relacionadas con este capítulo. Sólo tienes que escribir la palabra clave:

PALABRA CLAVE: HSTBD2

 **VISITA:** www.scilinks.org

Visita el sitio web de la **Asociación Nacional de Maestros de Ciencias** *(National Science Teachers Association)* para encontrar recursos de Internet relacionados con este capítulo. Sólo escribe el **ENLACE DE CIENCIAS** para obtener más información sobre el tema:

TEMA: El aparato cardiovascular	**ENLACE:** HSTL555
TEMA: Problemas cardiovasculares	**ENLACE:** HSTL560
TEMA: El sistema linfático	**ENLACE:** HSTL565
TEMA: El aparato respiratorio	**ENLACE:** HSTL570
TEMA: Enfermedades respiratorias	**ENLACE:** HSTL575

Circulación y respiración

Repaso del capítulo

UTILIZAR EL VOCABULARIO

Escoge el término correcto para completar las siguientes oraciones:

1. El oxígeno es llevado a las células del cuerpo por los __?__. *(glóbulos blancos* o *glóbulos rojos)*

2. La sangre sale del corazón por las __?__. *(arterias* o *venas)*

3. Los linfocitos son un tipo de __?__. *(vaso linfático* o *glóbulo blanco)*

4. La __?__ contiene las cuerdas vocales. *(tráquea* o *laringe)*

5. El recorrido del aire a través del aparato respiratorio termina en unos saquitos llamados __?__. *(alvéolos* o *bronquios)*

COMPRENDER CONCEPTOS

Opción múltiple

6. La sangre de los pulmones entra al corazón por
   a. el ventrículo izquierdo.
   b. la aurícula izquierda.
   c. la aurícula derecha.
   d. el ventrículo derecho.

7. Las células sanguíneas se producen
   a. en el corazón.
   b. a partir del plasma.
   c. a partir de la linfa.
   d. en los huesos.

8. ¿Cuál de las siguientes estructuras no es parte del sistema linfático?
   a. la tráquea
   b. los nódulos linfáticos
   c. el timo
   d. el bazo

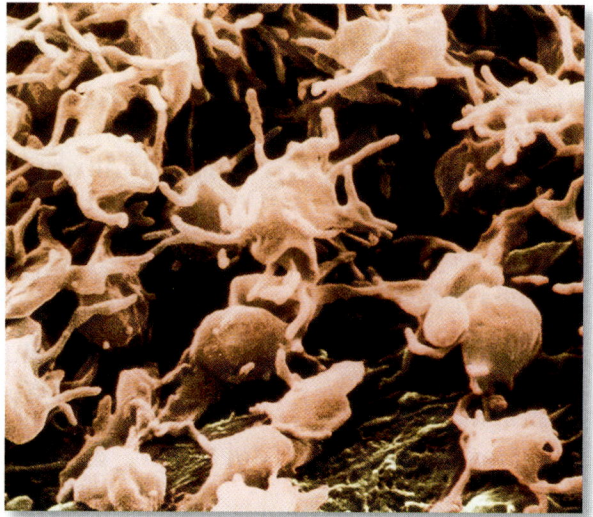

9. Los alvéolos están rodeados de
   a. venas.
   b. músculos.
   c. capilares.
   b. nódulos linfáticos.

10. ¿Qué le impide a la sangre regresarse por las venas?
    a. las plaquetas
    b. las válvulas
    b. los músculos
    d. el cartílago

11. El aire entra en los pulmones cuando el diafragma
    a. se contrae y se mueve hacia abajo.
    a. se contrae y se mueve hacia arriba.
    a. se relaja y se mueve hacia abajo.
    a. se relaja y se mueve hacia arriba.

Respuesta breve

12. ¿Qué diferencia hay entre la circulación pulmonar y la sistémica en el aparato cardiovascular?

13. José tiene una presión sanguínea de 110/65. ¿Qué significan estos números?

14. ¿Qué proceso corporal produce el dióxido de carbono que exhalas?

Organizar conceptos

15. Usa los siguientes términos para crear un mapa de ideas: sangre, oxígeno, alvéolos, capilares, dióxido de carbono.

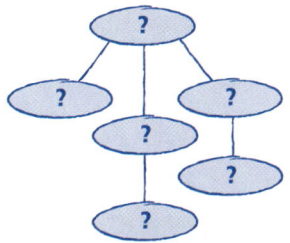

RAZONAMIENTO CRÍTICO Y RESOLUCIÓN DE PROBLEMAS

Escribe una o dos oraciones para responder a las siguientes preguntas:

16. ¿Por qué crees que hay pelos en la nariz?

17. Cuando una persona no se siente bien, a veces el médico analiza una muestra de su sangre para contar los glóbulos blancos que contiene. ¿Para qué sirve esta información?

18. ¿En qué se relacionan la función del sistema linfático y la del aparato cardiovascular?

LAS MATEMÁTICAS EN LAS CIENCIAS

19. Después de que una persona dona sangre, ésta se almacena en bolsas de una pinta hasta que se necesite para una transfusión. Una persona sana tiene, por lo general, 5 millones de glóbulos rojos en cada milímetro cúbico (1 mm^3) de sangre.
    a. ¿Cuántos glóbulos rojos hay en 1 mL de sangre? Un mililitro es igual a 1 cm^3 y a 1,000 mm^3.
    b. ¿Cuántos glóbulos rojos hay en 1 pinta? Una pinta es igual a 473 mL.

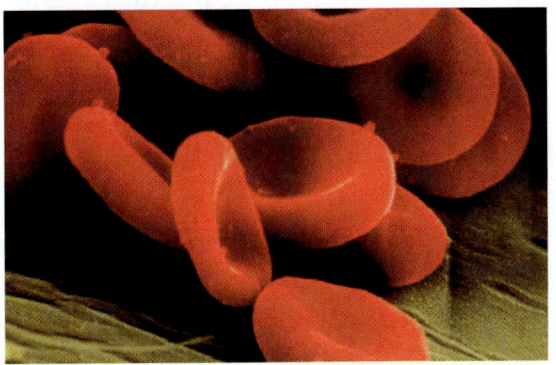

INTERPRETAR GRÁFICAS

El diagrama de abajo muestra un corazón humano. Examínalo y responde a las siguientes preguntas:

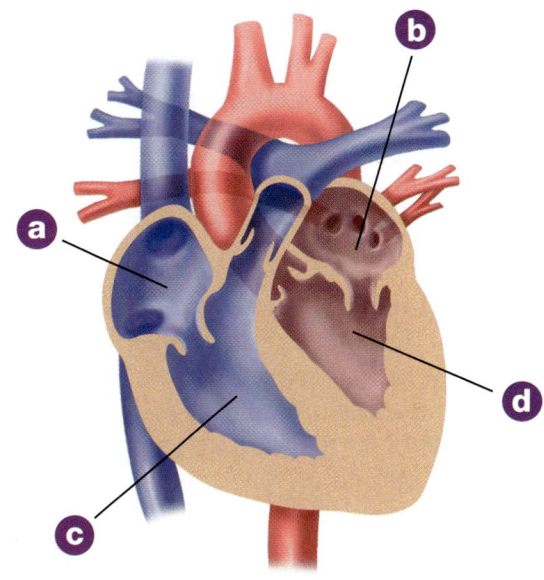

20. ¿Qué letra indica la cavidad que recibe la sangre de la circulación sistémica? ¿Cómo se llama esta cavidad?

21. ¿Qué letra indica la cavidad que recibe la sangre de los pulmones? ¿Cómo se llama esta cavidad?

22. ¿Qué letra indica la cavidad que bombea sangre a los pulmones? ¿Cómo se llama esta cavidad?

AHORA, ¿qué piensas?

Revisa tus respuestas a las preguntas de la página 487 que escribiste en tu cuaderno de ciencias. ¿Han cambiado tus respuestas? Si es necesario, corrige tus respuestas basándote en lo que has aprendido en este capítulo.

Curiosidades de la CIENCIA

ESTORNUDOS

¿Estornudas cuando sales de una sala de cine obscura a la luz brillante del Sol? Si no lo haces, fíjate en los demás la próxima vez; lo más probable es que varias personas estornuden.

Reflejos equivocados

Por alguna razón, más o menos una de cada cinco personas estornudan cuando salen de un área poco iluminada a una con mucha luz. En realidad, ¡algunas estornudan doce o más veces! Afortunadamente, dejan de estornudar al poco tiempo. La reacción se llama *reflejo de estornudo debido a la luz.* Nadie está seguro de por qué sucede.

El estornudo normal es un reflejo, o sea, se hace sin pensar. La mayoría de las personas estornudan cuando algo les hace cosquillas dentro de la nariz. Al estornudar, el movimiento del aire empuja hacia afuera la partícula extraña. Por ejemplo, si te entra polvo en la nariz, el estornudo lo saca. En el caso de las personas que sufren de estornudos ocasionados por la luz, se trata de un reflejo equivocado.

¡ACHÚ!

Hace unos cuantos años, algunos genetistas estudiaron el reflejo de estornudo debido a la luz; lo llamaron síndrome autosómico dominante de estornudos incontrolables por reacción oftálmica a la luz solar, o ACHOO (*Autosomal Dominant Compelling Helio-ophthalmic Outburst Syndrome*). Los científicos saben que este síndrome se presenta en familias, por lo que puede transmitirse de padres a hijos. A veces, hasta el número de estornudos por persona es el mismo entre los miembros de una familia.

▲ *¿Estornudas cuando ves luz brillante tras estar en un cuarto obscuro?*

Respuestas posibles

Algunos científicos han dado una posible explicación del síndrome. Las pupilas de las personas se contraen en presencia de luz brillante y los nervios de los ojos están junto a los de la nariz. Por tanto, es posible que las personas con este síndrome tengan los cables ligeramente cruzados: ¡la luz brillante dispara el reflejo de la pupila y también el del estornudo!

Fiesta del estornudo

La luz solar no es la única que desencadena estornudos repentinos. Hay personas que estornudan cuando se frotan el ángulo interno del ojo; otras estornudan cuando se depilan las cejas o se cepillan el cabello. En algunas personas, comer demasiado puede causar estornudos.

Investigación y hechos

▶ Bostezar también es un reflejo. Investiga por qué bostezamos.

Salud NOTICIAS

Cabras al rescate

Se llaman cabras transgénicas porque sus células contienen un gen humano. Se ven como cualquier otra cabra, pero debido a que tienen un gen humano producen una substancia química que salva vidas.

Genes que salvan vidas

Los ataques al corazón son la causa número uno de muertes en Estados Unidos. Muchos ataques ocurren cuando el flujo de sangre que va al corazón es interrumpido por grandes coágulos de sangre. Las células sanguíneas humanas producen una substancia química llamada *activador del plasminógeno tisular* (APT) que disuelve los coágulos de sangre pequeños. Si se le da APT a una persona que está sufriendo un ataque al corazón, con frecuencia esta substancia es capaz de disolver el coágulo de sangre, detener el ataque y salvar la vida de la persona. Pero es difícil producir grandes cantidades de APT en el laboratorio. Aquí es donde las cabras entran en acción. Un equipo de investigadores de la Universidad de Tufts, en Grafton (Massachusetts), han modificado cabras genéticamente para producir este medicamento salvavidas.

Cabras híbridas

La producción de cabras transgénicas es un proceso complicado. Primero, los óvulos fertilizados se extraen de hembras normales mediante cirugía. Luego, a estos óvulos se les inyectan genes híbridos formados por genes humanos del APT "unidos" a genes de las glándulas mamarias de las cabras. Finalmente, los óvulos modificados se implantan en las cabras mediante cirugía y así empiezan su desarrollo para formar otras cabras. Algunas de las cabras que nacen tienen el gen híbrido y cuando maduran su leche contiene APT. Después, los técnicos separan el APT de la leche para que se utilice en las víctimas de ataques al corazón.

La investigación continúa

Quizá algún día las investigaciones con animales de granja transgénicos, como cabras, borregos, vacas y cerdos, permitan elaborar medicamentos más baratos, en mayores cantidades y con mayor rapidez que los métodos actuales. Esto cambiaría nuestra perspectiva de estos animales.

Descúbrelo tú mismo.

▶ El uso de substancias químicas producidas por animales transgénicos es sólo una de las muchas terapias genéticas. Investiga más sobre la terapia genética; cómo se utiliza y cómo podría utilizarse en el futuro.

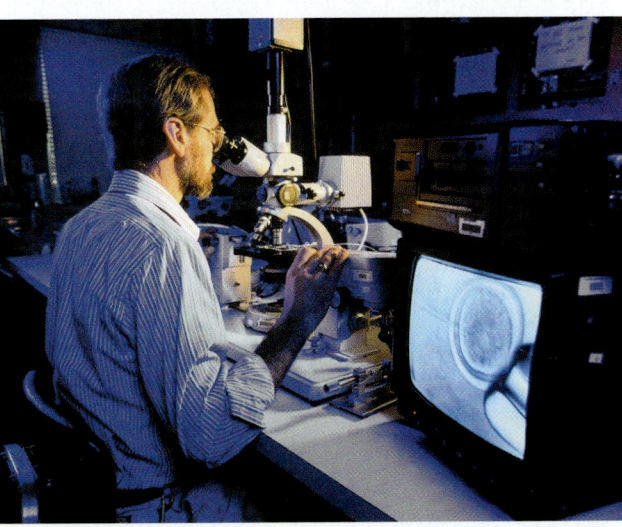

▲ Un científico de la Universidad de Tufts inyecta genes humanos de APT en los óvulos fertilizados de cabra.

CAPÍTULO

21 Comunicación y control

El cráneo de Gage muestra el recorrido de la varilla.

¡Esto realmente sucedió!

Hace unos 150 años, un extraño accidente cambió las ideas científicas sobre la función del encéfalo. El afectado fue un ferrocarrilero llamado Phineas Gage. Un día de 1848, Gage estaba comprimiendo explosivos en un hoyo con una varilla metálica para abrir camino a una vía férrea. Una chispa provocó una explosión que hizo que la varilla saliera disparada y atravesara la cabeza de Gage. La varilla entró por la mejilla izquierda y salió por la parte de arriba de la cabeza. Cualquiera lo hubiera considerado un accidente mortal, pero Gage se levantó del suelo, e incluso pudo hablar.

En poco más de 2 meses, sus heridas sanaron, pero él ya no era el mismo. El Gage que todos conocían antes del accidente era un hombre tranquilo, responsable y considerado, pero después del accidente se volvió irresponsable e iracundo. Los científicos que estudiaron su cambio de comportamiento descubrieron que el encéfalo tiene otras funciones además de controlar el movimiento y los sentidos. En este capítulo aprenderás más sobre el encéfalo y el resto del sistema nervioso. Verás cómo el sistema nervioso y el endocrino controlan todos los demás sistemas del cuerpo.

¿Tú qué piensas?

Usa tus conocimientos para responder a las siguientes preguntas en tu cuaderno de ciencias:

1. ¿Qué son los sentidos? ¿Cómo nos ayudan a sobrevivir?
2. ¿Por qué late más rápido tu corazón cuando te asustas?
3. ¿Cómo ayudan los anteojos y lentes de contacto a algunas personas a ver mejor?

¿Reaccionas rápido?

Si quieres mover la mano, el encéfalo tiene que enviar un mensaje hasta los músculos de los brazos. ¿Cuánto tardará en llegar? En este ejercicio, trabajarás con un compañero o compañera para ver con qué rapidez reaccionas.

Procedimiento

1. Siéntate en una silla y pídele a tu compañero o compañera que se pare frente a ti y sostenga una **regla** en posición vertical, como ves a la derecha. Coloca el pulgar a unos 3 cm de distancia de los demás dedos, cerca de la parte más baja de la regla. Esta debe estar colocada para que al caer pase entre el pulgar y los demás dedos.

2. Pídele a la otra persona que suelte la regla sin avisarte. Cuando veas que ya la soltó, trata de atraparla con los dedos. La otra persona debe estar lista para volver a agarrar la regla en caso de que empiece a desviarse. Anota cuántos centímetros cayó la regla antes de que la agarraras. Esta distancia puede usarse para evaluar el tiempo que te toma reaccionar.

3. Repite el procedimiento varias veces y calcula el número promedio de centímetros. Repite el mismo ejercicio usando la mano que no usas para escribir.

4. Cambia de lugar con tu compañero o compañera, y repitan el procedimiento.

Análisis

5. Compara tus resultados con los de tu compañero o compañera. ¿Qué factores crees que pueden influir en la velocidad de reacción de una persona?

6. ¿Cómo se compara tu tiempo de reacción con una mano y con la otra?

7. Haz una lista de situaciones en las que una reacción rápida sea importante.

Comunicación y control

Sección 1

El sistema nervioso

VOCABULARIO

sistema nervioso
sistema nervioso central
sistema nervioso periférico
neurona
impulso
dendrita
axón
neurona sensorial
receptor
neurona motora
nervio
encéfalo
cerebro
cerebelo
bulbo raquídeo
reflejo

OBJETIVOS

- Explica cómo trabajan las neuronas en el sistema nervioso.
- Compara el sistema nervioso central con el sistema nervioso periférico.
- Describe las funciones principales de cuatro partes del encéfalo y de la médula espinal.

Piensa en lo que estas cosas tienen en común: escuchas a alguien llamar a la puerta, escribes el resumen de un libro, sientes que tu corazón se agita después de correr, resuelves un problema de matemáticas, te sobresalta un ruido fuerte y saboreas un mango dulce. Todas éstas son actividades del *sistema nervioso*. El **sistema nervioso** reúne e interpreta información sobre el medio externo e interno del cuerpo, y responde según esta información. El sistema nervioso hace que tus órganos funcionen bien, y te permite hablar, oler, saborear, escuchar, ver, moverte, pensar y experimentar emociones.

Dos sistemas en uno

El sistema nervioso controla y coordina muchas cosas que pasan en el cuerpo. Funciona como un cuartel general; reúne y procesa los datos y se asegura de que a cada parte del cuerpo le llegue la información que le corresponde. Hay dos subdivisiones del sistema nervioso que realizan esta labor: *el sistema nervioso central (SNC)* y el *sistema nervioso periférico (SNP)*.

El **sistema nervioso central** está compuesto por el encéfalo y la médula espinal, que procesan los mensajes que entran y salen del sistema. El **sistema nervioso periférico** consiste en canales de comunicación, llamados *nervios,* que conectan cada área del cuerpo con el sistema nervioso central. La **Figura 1** muestra las principales divisiones del sistema nervioso.

Figura 1 El sistema nervioso central (color anaranjado) funciona como centro de control del cuerpo. El sistema nervioso periférico (color morado) lleva la información del sistema nervioso central a las partes del cuerpo, y de regreso.

El sistema nervioso periférico

¿Cuánto tarda la luz en prenderse cuando enciendes el interruptor? Parece prenderse de inmediato. De manera parecida, unas células especializadas, las **neuronas,** llevan mensajes en forma de veloces impulsos eléctricos por todo el cuerpo. La **Figura 2** muestra una neurona típica. Los mensajes que pasan a través de las neuronas se llaman **impulsos,** y pueden viajar con rapidez, a 150 m/s, o muy lentamente, a 1 m/s.

Estructura de la neurona

La neurona consta de un cuerpo celular, dendritas y axones. La parte más gruesa de la neurona contiene el núcleo y los organelos celulares. Observa de nuevo la Figura 2. La neurona normalmente recibe información de otras células a través de ramificaciones cortas, las **dendritas.** Las neuronas pueden tener muchas dendritas, que les permiten recibir impulsos de otros miles de células.

La información se transmite del cuerpo de la célula a otras células a través de una larga fibra, llamada **axón.** Los axones pueden ser largos o cortos; algunos miden casi un metro, y van de la parte baja de la espalda a los dedos de los pies. La punta de los axones muchas veces tiene ramificaciones para comunicarse con más células. La punta de cada ramificación de los axones se llama *terminal*.

¡MATEMÁTICAS!

Hora de viajar

Para calcular cuánto tiempo tarda un impulso en viajar cierta distancia, aplica la siguiente fórmula:

$$\text{Tiempo} = \frac{\text{distancia}}{\text{velocidad}}$$

Si un impulso viaja a 100 m/s, ¿cuánto tiempo le tomará viajar 10 m?

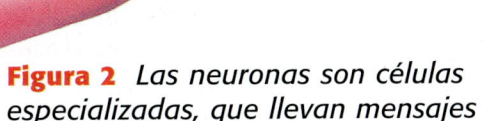

Figura 2 *Las neuronas son células especializadas, que llevan mensajes eléctricos por todo el cuerpo.*

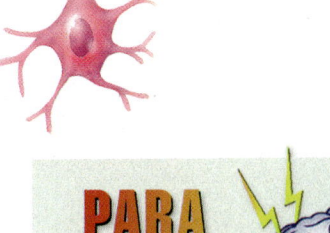

El total de neuronas del encéfalo es de unos 100 mil millones, que es aproximadamente el número de estrellas de la Vía Láctea.

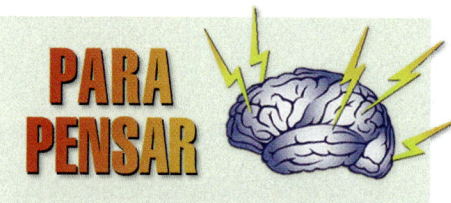

PARA PENSAR

El calamar gigante tiene axones de hasta 2 m de largo, por los que viajan impulsos a una velocidad de 200 m/s.

Recolección de información Las **neuronas sensoriales** recogen información sobre lo que está pasando dentro y alrededor del cuerpo, y la mandan al sistema nervioso central para ser procesada. Las neuronas sensoriales tienen dendritas especiales, llamadas **receptores** que detectan cambios dentro y fuera del cuerpo. Los receptores de tus ojos, por ejemplo, detectan la luz a tu alrededor, y los receptores de tu estómago avisan al encéfalo si tu estómago está lleno o vacío.

¡A la orden! Las neuronas que envían impulsos del encéfalo y la médula espinal a otros sistemas son **neuronas motoras.** *Motor* quiere decir "mover"; cuando los músculos reciben impulsos de las neuronas motoras, se contraen. Las neuronas motoras, por ejemplo, pueden hacer que los músculos alrededor de los ojos se contraigan cuando las neuronas sensoriales detectan luz muy brillante. Este movimiento hace que entrecierres los ojos, y que les entre menos luz. Las neuronas motoras también envían mensajes a las glándulas, por ejemplo, a las sudoríparas. Estos mensajes les hacen producir sudor.

Un manojo de axones

El sistema nervioso central está conectado al resto del cuerpo a través de los nervios. Los **nervios** son axones envueltos en vasos sanguíneos y tejido conectivo. Todo tu cuerpo está lleno de nervios y la mayoría tienen axones de neuronas motoras y sensoriales. La **Figura 3** muestra la estructura de un nervio. El axón de este nervio transmite información de la médula espinal a las fibras musculares.

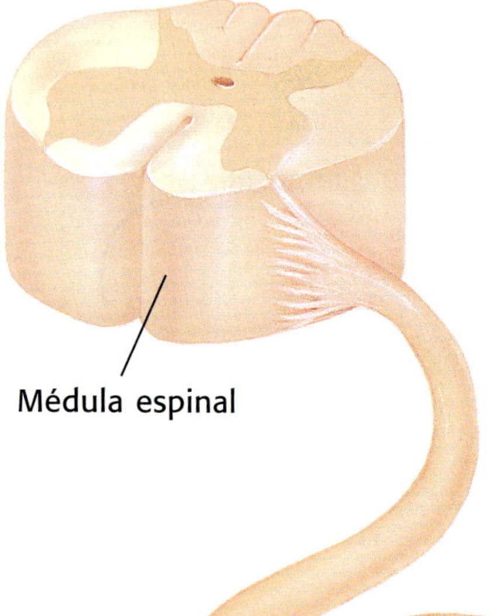

Médula espinal

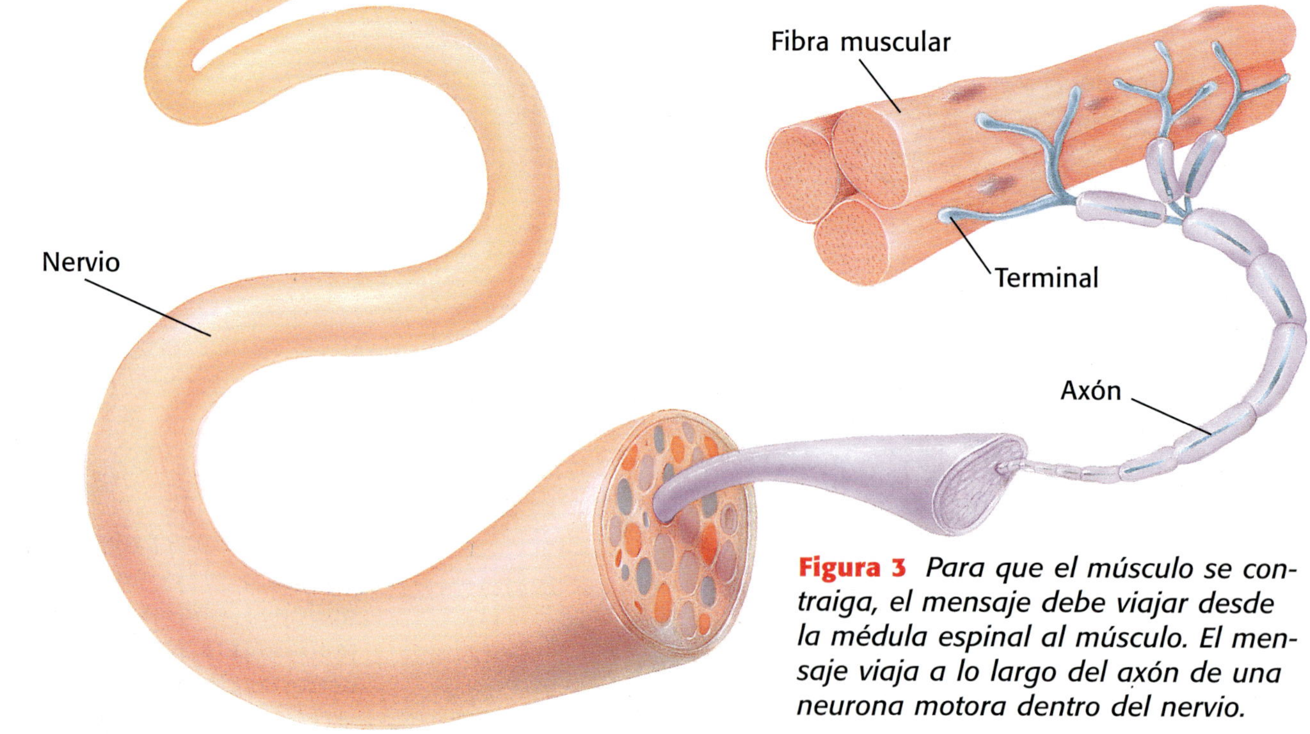

Nervio

Fibra muscular

Terminal

Axón

Figura 3 *Para que el músculo se contraiga, el mensaje debe viajar desde la médula espinal al músculo. El mensaje viaja a lo largo del axón de una neurona motora dentro del nervio.*

El sistema nervioso central

El funcionamiento del sistema nervioso central está íntimamente ligado al del periférico. El central recibe información de las neuronas sensoriales y responde con mensajes que envía a las diferentes partes del cuerpo a través de las neuronas motoras.

Misión de control El **encéfalo** es el órgano más grande del sistema nervioso. Cumple cientos de tareas diferentes. Muchos de los procesos que controla son automáticos y se llaman procesos *involuntarios*. Un ejemplo es la digestión. Aunque quieras, no puedes detener la digestión de algo que has comido. Otras actividades que controla el encéfalo son *voluntarias*. Cuando quieres mover un brazo, el encéfalo envía mensajes por las neuronas motoras a los músculos de tu brazo; esto hace que los músculos se contraigan y que tu brazo se mueva. El encéfalo tiene tres partes conectadas entre sí: el cerebro, el cerebelo, y el bulbo raquídeo, cada una con funciones especiales.

¡Qué cerebro! La parte más grande del encéfalo se llama **cerebro.** Tiene la forma de un hongo grande con un largo tallo. Es el área que usas para pensar y donde se guardan la mayoría de tus recuerdos. Controla los movimientos voluntarios y te permite detectar luz, sonido, olores, sabores, sensaciones táctiles, dolor, frío y calor.

El cerebro tiene dos partes, llamadas *hemisferios*. El hemisferio izquierdo maneja la parte derecha del cuerpo y el derecho maneja la parte izquierda, porque los axones de cada hemisferio se cruzan en el lado opuesto del cuerpo en la médula espinal. Pero, en general, los dos hemisferios del cerebro trabajan juntos en la mayoría de los procesos cerebrales. Observa la **Figura 4** para que te des una idea general de las cosas que controla cada hemisferio.

Explora

Cada hemisferio controla diferentes tipos de pensamiento y expresión. Prueba a ver qué hemisferio usas más. Haz una lista de tus actividades favoritas y las materias que más te gustan en la escuela. ¿Qué actividades son del hemisferio derecho y cuáles del izquierdo? Piensa en cosas que haces todos los días, como cepillarte los dientes. ¿Qué mano usas? Cuando tomas una foto, ¿con qué ojo miras a través del objetivo? ¿Qué lado del cerebro crees que usas más?

Figura 4 Los hemisferios cerebrales

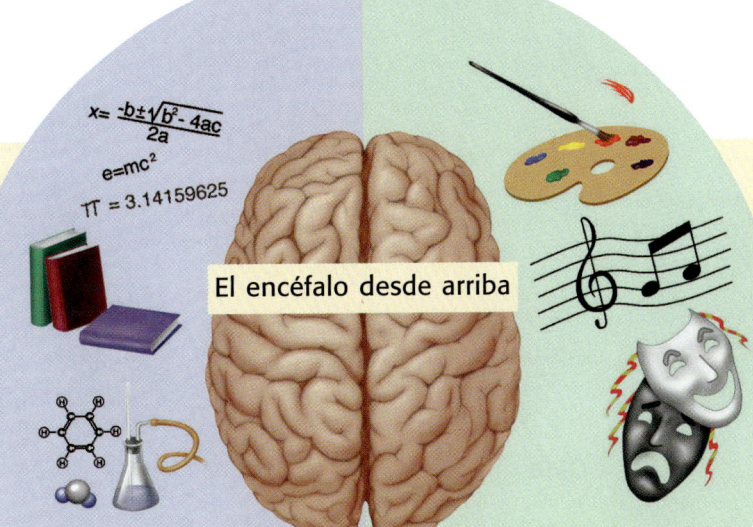

El **hemisferio izquierdo** controla principalmente actividades como el habla, la lectura, la escritura y la resolución de problemas.

El encéfalo desde arriba

El **hemisferio derecho** controla principalmente actividades que requieren imaginación, entendimiento y creatividad.

Equilibra equilibrador El siguiente órgano del encéfalo, por tamaño, es el **cerebelo.** Está debajo de la parte posterior del cerebro; recibe los impulsos sensoriales de los músculos esqueléticos y las articulaciones y permite al encéfalo saber la posición de tu cuerpo. Si, por ejemplo, empiezas a perder el equilibrio, como la muchacha de la **Figura 5,** el cerebelo envía impulsos a diferentes músculos esqueléticos para que se contraigan y te mantengan en posición vertical.

Bulbo de bulbos La parte de tu cuerpo que conecta al encéfalo con la médula espinal se llama **bulbo raquídeo.** Mide sólo 3 cm de largo, pero sin él no podrías vivir. El bulbo raquídeo controla la presión sanguínea, la frecuencia cardíaca, la respiración y otras actividades involuntarias.

El bulbo raquídeo recibe constantemente impulsos sensoriales de los receptores de los vasos sanguíneos y usa esta información para controlar la presión sanguínea. Si tu presión sanguínea baja demasiado, el bulbo raquídeo manda impulsos que hacen que los vasos se contraigan para aumentar la presión. También envía impulsos al corazón para hacerlo latir más rápido o más despacio, según sea necesario. La **Figura 6** muestra la ubicación de cada parte del encéfalo y algunas de sus funciones.

Figura 5 *El cerebelo hace que se contraigan los músculos esqueléticos para que no pierdas el equilibrio.*

Figura 6 *Las diferentes partes del encéfalo controlan diferentes funciones del cuerpo.*

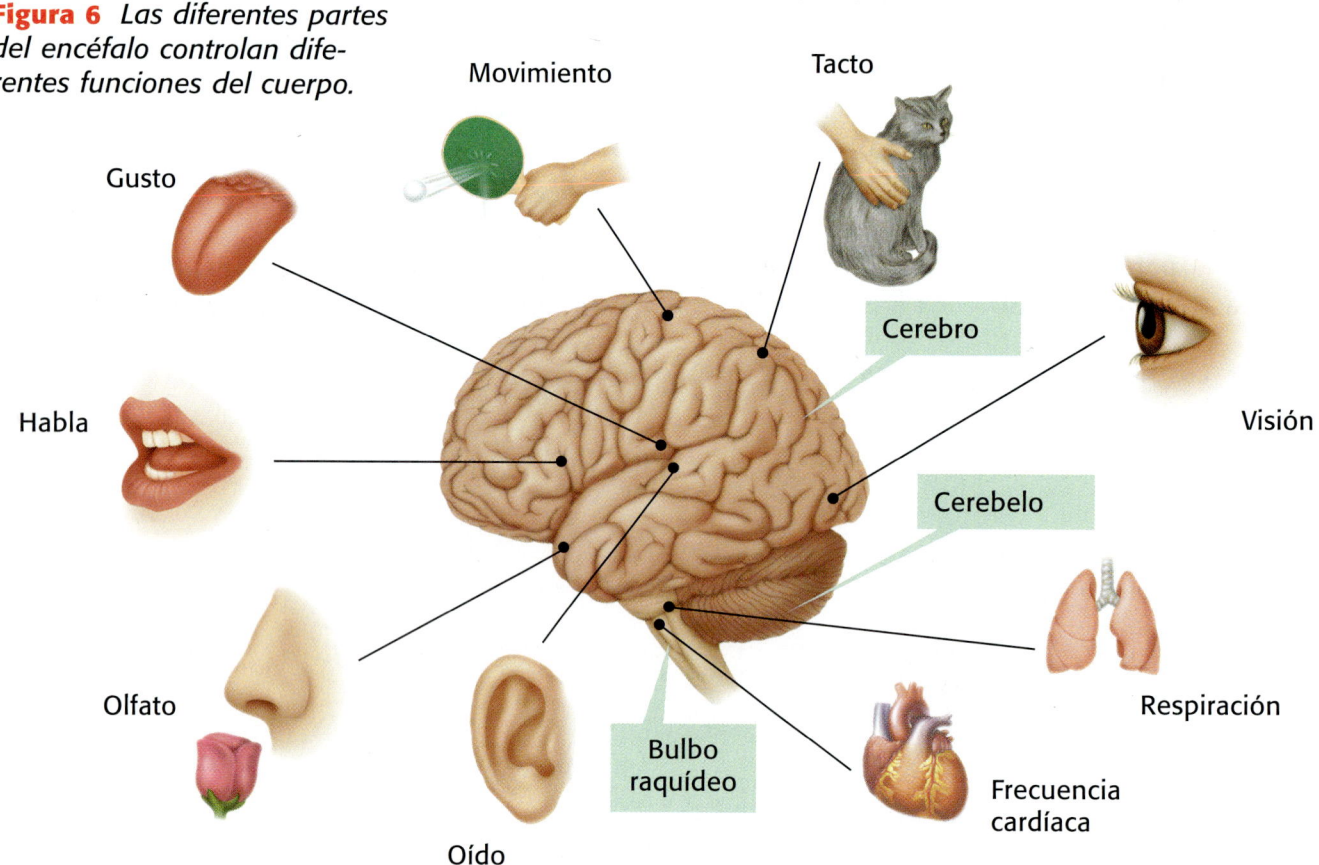

La médula espinal

La médula espinal forma parte del sistema nervioso central. Tiene más o menos el grosor de tu dedo pulgar y contiene neuronas y grupos de axones que llevan impulsos de ida y vuelta al encéfalo. Como ves en la **Figura 7,** la médula espinal está rodeada por anillos protectores de hueso, llamados *vértebras*.

Las fibras de las neuronas en la médula espinal permiten al encéfalo comunicarse con el sistema nervioso periférico. Las neuronas sensoriales de la piel y los músculos mandan impulsos a través de sus axones a la médula espinal. Esta lleva los impulsos al encéfalo, donde pueden ser interpretados como dolor, frío, calor u otras sensaciones. Los impulsos que van del encéfalo a la médula espinal pasan a las neuronas motoras, que llevan los impulsos a través de sus axones hasta los músculos y las glándulas del cuerpo.

Lesión de la médula espinal Si la médula espinal se lesiona, la información que viene de más abajo de donde se encuentra la parte lesionada quizá no llegue al encéfalo. Del mismo modo, los impulsos motores que el encéfalo envía a las partes que se encuentran más allá de la parte lesionada de la médula tampoco pueden llegar a los nervios periféricos. Miles de personas quedan paralíticas cada año debido a lesiones de la médula espinal. Muchos de estos daños ocurren en accidentes automovilísticos; entre los jóvenes, las lesiones de médula espinal ocurren sobre todo al practicar deportes.

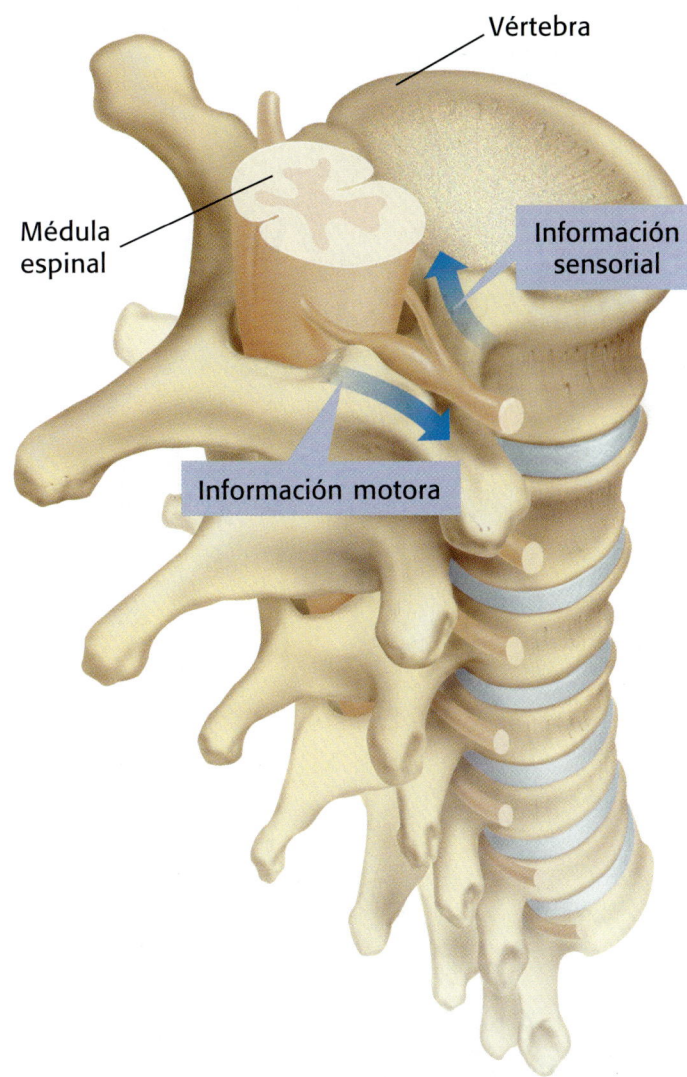

Figura 7 *La médula espinal, que ves aquí en un corte transversal, lleva información del cuerpo al encéfalo y viceversa. Está protegida por una larga columna de vértebras.*

Autoevaluación

1. ¿Qué parte del encéfalo usas cuando haces tu tarea de matemáticas?
2. ¿Qué parte del encéfalo ayuda al gimnasta a equilibrarse en la barra?
3. ¿Para qué sirven las vértebras?

(Consulta la página 636 para comprobar tus respuestas.)

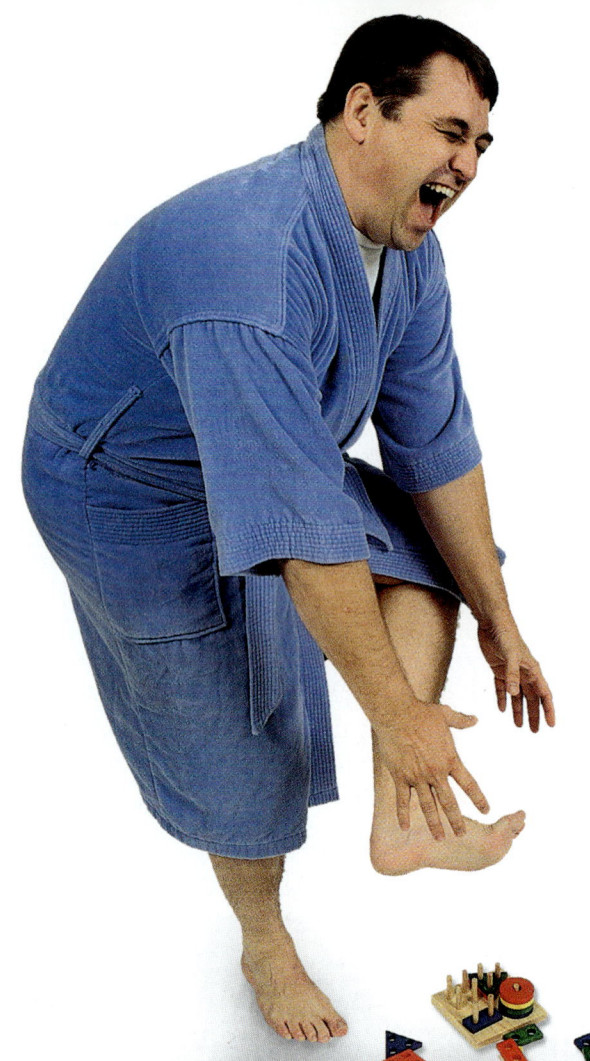

¡Ay! ¡Cómo duele!

¿Alguna vez has pisado algo puntiagudo? Seguramente, levantaste el pie sin pensar. Este movimiento rápido e involuntario se llama **reflejo.** Los reflejos sirven para proteger a tu cuerpo de posibles daños.

Cuando pisas algo puntiagudo, el mensaje "dolor" viaja por la médula espinal y el mensaje "mover el pie" va de regreso a los músculos de tu pierna. Los músculos de la pierna responden antes de que la información haya siquiera llegado al encéfalo. Cuando el encéfalo recibe el mensaje, tu pie ya se ha movido. Si tuvieras que esperar a que el mensaje llegara al encéfalo, tu pie podría lastimarse seriamente. El hombre de la **Figura 8** levantó el pie antes de darse cuenta de que había pisado un juguete.

Figura 8 *Cuando los impulsos de dolor llegan a la médula espinal, se envía de inmediato un mensaje a los músculos de la pierna para que levanten el pie. Los impulsos siguen su camino hasta el encéfalo, pero el grito de dolor probablemente sucede cuando el peligro ya ha pasado.*

Laboratorio

A patadas

1. Siéntate en el borde de un escritorio o una mesa de manera que tus pies no toquen el suelo.

2. Cuando tu pierna esté completamente relajada, pídele a un compañero o compañera que golpee *suavemente* tu rodilla, en la parte de abajo de la rótula, con el canto de la mano. ¿Cómo respondió tu pierna? ¿Pudiste controlar la reacción? Explica por qué.

3. Describe el camino que recorre el impulso que empezó con el golpecito en tu rodilla.

REPASO

1. Haz un diagrama con letreros que muestre el camino de un mensaje eléctrico de una neurona a otra.

2. Explica cómo se conecta el sistema nervioso periférico con el sistema nervioso central.

3. Si una araña peluda está caminando sobre tu brazo izquierdo, ¿qué hemisferio cerebral controla el movimiento que harás para quitártela?

4. Nombra las tres partes principales del encéfalo y describe sus funciones.

5. **Aplicar conceptos** Describe una ocasión en que hayas experimentado un reflejo.

Sección 2
La respuesta al medio ambiente

VOCABULARIO

retina
fotorreceptores
bastoncitos
conos
nervio óptico
iris
cristalino
cóclea

OBJETIVOS

- Enumera las cuatro sensaciones que detectan los receptores de la piel.
- Describe la relación entre luz y visión.
- Explica la función de conos y bastoncitos.
- Compara y contrasta la función de fotorreceptores, papilas gustativas y células olfatorias.

¿Cómo sabes cuando alguien te toca el hombro o te llama por tu nombre? ¿Cómo sientes el contacto o escuchas el sonido? Los impulsos de los receptores sensoriales en tu hombro y tus oídos viajan hasta el cerebro con la información sobre el ambiente externo. El cerebro necesita esta información para tomar decisiones de las que depende tu supervivencia.

Encuentra el sentido

Los receptores sensoriales detectan la información sobre el ambiente y las condiciones del cuerpo. Esta información se convierte en señales eléctricas y se envía al cerebro para que sea interpretada. Cuando las señales llegan al cerebro, la persona las puede percibir. Está percepción de las señales eléctricas se llama *sensación*. El cerebro tiene pensamientos, sentimientos y recuerdos de las sensaciones.

El cuerpo tiene muchos tipos diferentes de receptores. Los receptores del ojo, por ejemplo, detectan la luz; los del oído, detectan vibraciones llamadas ondas sonoras. Las papilas gustativas de la lengua tienen receptores que detectan las substancias químicas en la comida y la nariz tiene receptores especiales para detectar diminutas partículas en el aire. La piel tiene distintos receptores. Obsérvalos en la **Figura 9.**

Experimentos

Tengo que admitirlo: ¡me pones nervioso! Pasa a la página 632 para ver por qué.

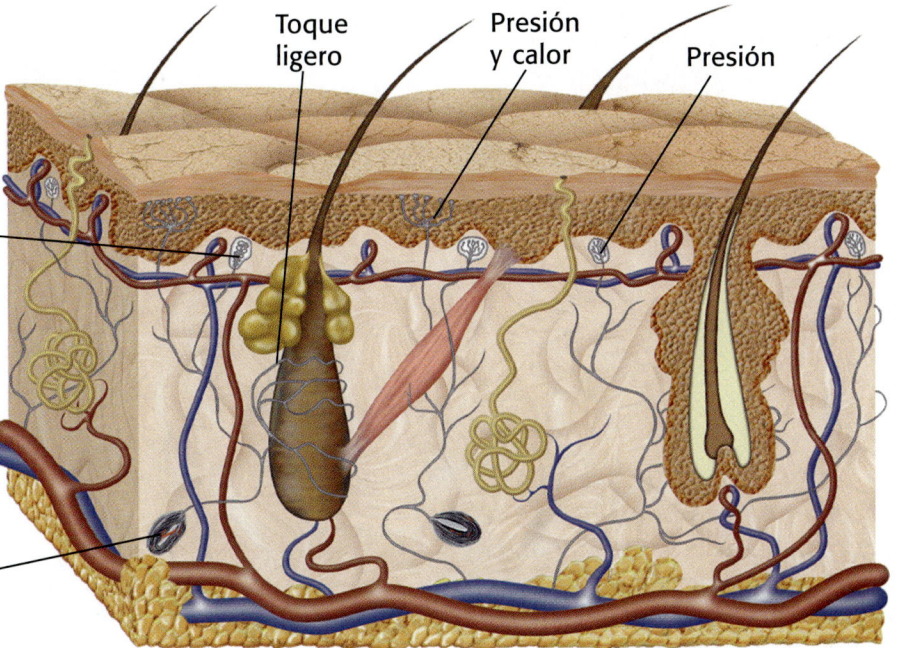

Figura 9 Este diagrama muestra algunos de los receptores de la piel y lo que detectan.

Comunicación y control **517**

PARA PENSAR

Las zanahorias y otros alimentos ricos en vitamina A pueden mejorar la visión nocturna. La vitamina A es importante para mantener el funcionamiento normal de los bastoncitos de la retina.

Tengo algo en el ojo

Cuando lees esto, estás usando uno de tus sentidos más importantes, la *vista*. La vista es la percepción de la energía en forma de luz. Los ojos tienen receptores especiales que detectan la luz visible, una parte de la energía que llega desde el Sol a la Tierra. La luz visible está hecha de todos los colores del arco iris. Estos colores a veces se pueden ver cuando la luz pasa a través de las gotas de lluvia y forma un arco iris. Los ojos también pueden percibir la luz visible reflejada en los objetos.

El ojo es un órgano sensorial complejo. Examina las partes del ojo ilustradas en la **Figura 10.** La superficie exterior del ojo está cubierta por la córnea, una membrana transparente que protege al ojo pero permite que entre la luz. La luz visible que se refleja en los objetos del ambiente entra por una abertura en la parte anterior del ojo, la *pupila*. Las células de la parte posterior del ojo, de una capa sensible a la luz llamada **retina,** detectan la luz.

La retina está llena de **fotorreceptores** (*foto* quiere decir "luz") que convierten la luz en impulsos eléctricos. Hay dos tipos de fotorreceptores en la retina: los bastoncitos y los conos. Los **bastoncitos** pueden detectar luz muy tenue y son importantes para la visión nocturna. Los impulsos que envían los bastoncitos se perciben como distintos tonos de gris. En la luz brillante, los **conos** permiten ver el mundo a todo color.

La energía en forma de luz produce cambios en los fotorreceptores, que a su vez inician impulsos nerviosos. Estos impulsos viajan por los axones y salen del ojo por el **nervio óptico.**

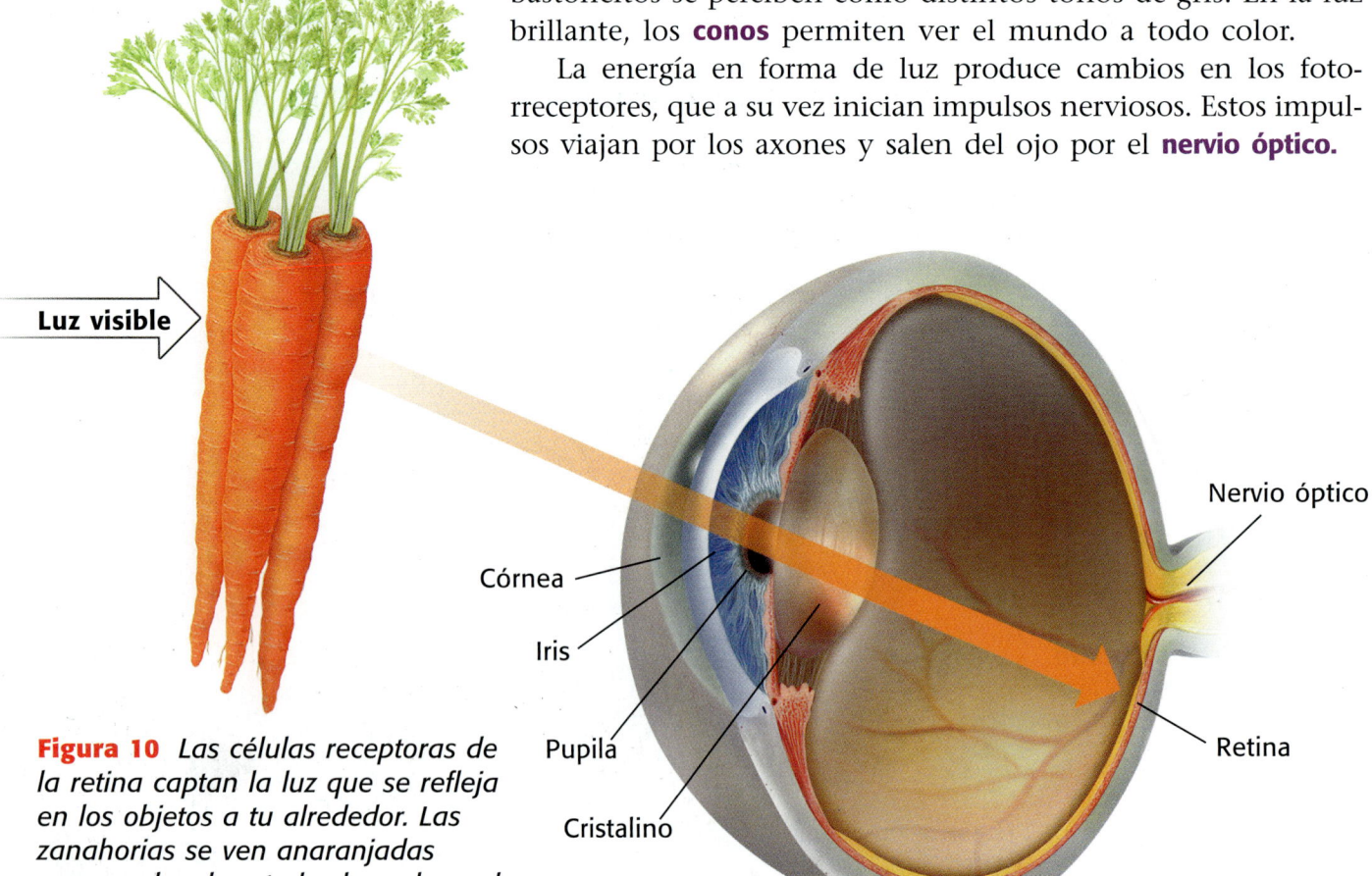

Figura 10 *Las células receptoras de la retina captan la luz que se refleja en los objetos a tu alrededor. Las zanahorias se ven anaranjadas porque absorben todos los colores de la luz visible excepto el anaranjado.*

¡Luz a la vista! Los rayos de luz entran al ojo a través de una abertura llamada *pupila*. La pupila parece un punto negro en el centro del ojo, pero en realidad es una abertura, rodeada por el **iris,** la parte del ojo que tiene color. Un anillo de fibras musculares permite que el iris se abra o se cierre, y que la pupila cambie de tamaño para regular la cantidad de luz que entra por el ojo. Si la luz es fuerte, la pupila se contrae, y si es tenue, la pupila se dilata. Compara el tamaño de las pupilas de la **Figura 11.**

Enfócate La luz viaja en línea recta hasta que pasa por la córnea y el *cristalino*. El **cristalino** es una parte del ojo en forma de lente curva, que se encuentra detrás de la pupila y permite el paso de la luz pero cambia su dirección. El cristalino enfoca la luz que entra por el ojo sobre la retina y cambia de forma para enfocar la luz. Cuando miras algo muy de cerca, el cristalino se curva más y cuando miras algo que está lejos, el cristalino se aplana.

En algunas personas, el cristalino enfoca la luz justo frente a la retina; estas personas tienen miopía. En otras, el cristalino enfoca la luz justo detrás de la retina; estas personas tienen hipermetropía. El uso de anteojos o lentes de contacto casi siempre corrige estos problemas. Enfócate en la **Figura 12** para ver como funcionan las lentes correctoras.

Figura 11 *El iris rodea a la pupila y le da a tus ojos su color. También controla cuanta luz entra a través de la pupila.*

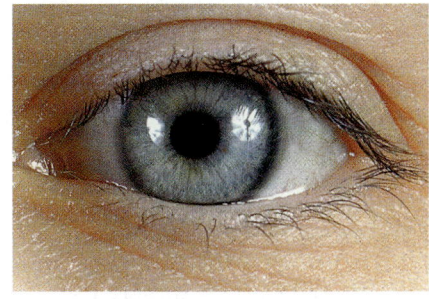

Pupila en luz normal

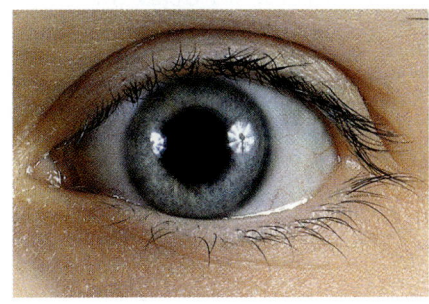

Pupila en luz tenue

Figura 12 *Una lente cóncava dobla la luz hacia afuera, para corregir la miopía. Una lente convexa dobla la luz hacia adentro para corregir la hipermetropía.*

Ojo normal — Plano en el que se enfoca la luz

Ojo con miopía — Corrección con lente cóncava

Ojo con hipermetropía — Corrección con lente convexa

¿Para qué otras cosas se usan las lentes? Consulta "Luz y lentes" en la página 530 para averiguarlo.

Comunicación y control

Laboratorio

¿Dónde quedó la bolita?

1. Sostén este libro con los brazos estirados frente a ti y cierra el ojo derecho. Enfoca el ojo izquierdo en la bolita negra.

2. Lentamente, acerca el libro a tu cara, sin dejar de enfocar la bolita negra.
3. ¿Qué le pasa a la bolita blanca?
4. Investiga sobre el nervio óptico para explicar lo que sucedió.

¡Oye, oye!

Cuando alguien pulsa las cuerdas de una guitarra, ¿qué te permite escuchar el sonido? El sonido comienza cuando algo vibra, por ejemplo, la cuerda de una guitarra. Las vibraciones empujan las partículas de aire alrededor de la fuente de sonido; estas partículas empujan a otras y así se transmite la energía en forma de ondas que se alejan de la fuente de sonido. Lo que escuchamos es la sensación en respuesta a estas ondas sonoras.

El viaje de una onda sonora Tus oídos son órganos especiales para escuchar. Tienen una parte externa, una media y una interna **(Figura 13).** Cuando las ondas sonoras llegan al oído exterior, entran como por un embudo al oído medio, donde hacen vibrar el tímpano. El tímpano, al vibrar, hace vibrar a los huesecillos del oído, uno de los cuales es la **cóclea,** un órgano diminuto del oído medio con forma de espiral. En la cóclea, las vibraciones producen ondas parecidas a las que puedes hacer al golpear suavemente un vaso lleno de agua. Las neuronas de la cóclea convierten estas ondas en impulsos eléctricos y los envían al área del cerebro que interpreta los sonidos.

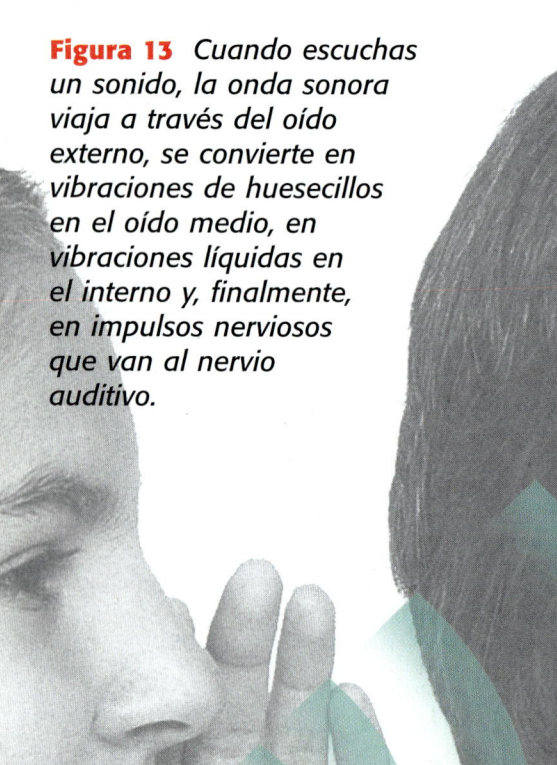

Figura 13 Cuando escuchas un sonido, la onda sonora viaja a través del oído externo, se convierte en vibraciones de huesecillos en el oído medio, en vibraciones líquidas en el interno y, finalmente, en impulsos nerviosos que van al nervio auditivo.

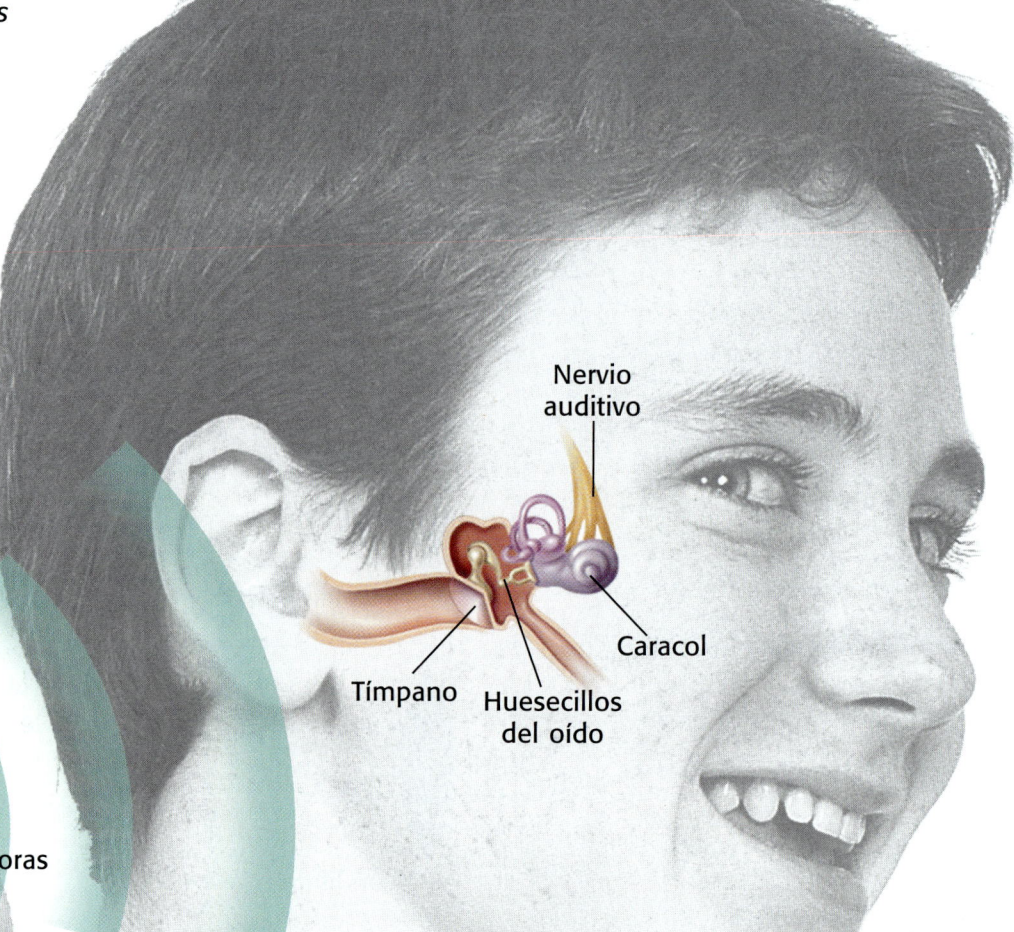

Para todos los gustos

Cuando te llevas un bocado a la boca, el sabor que percibes viene sobre todo de la lengua. El gusto es la sensación que resulta cuando el cerebro percibe ciertas substancias químicas en la boca. Los receptores del sentido del gusto se agrupan en las *papilas gustativas*. La lengua está cubierta de pequeños bultos llamados *papilas*, a cuyos lados se encuentran los receptores de sabor. Como ves en la **Figura 14,** hay cuatro tipos de papilas gustativas. Cada una responde a uno de los cuatro sabores básicos: dulce, agrio, salado y amargo.

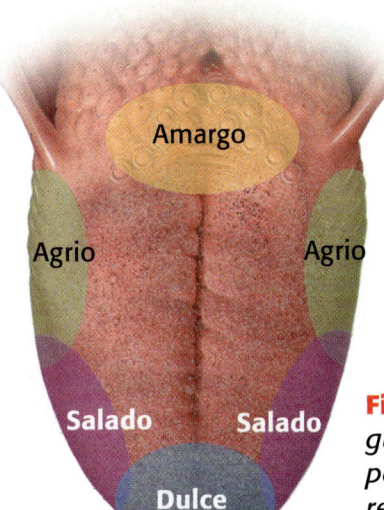

Figura 14 *Las papilas gustativas de diferentes partes de la lengua responden a distintos sabores.*

La nariz también sabe

¿Te has fijado que cuando tienes la nariz tapada no percibes los sabores bien? Prueba un pedacito de menta con la nariz tapada y verás que su sabor no es muy fuerte hasta que tomas aire por la nariz. Esto sucede porque los sentidos del gusto y el olfato están íntimamente ligados. El encéfalo combina la información de las papilas gustativas y de la nariz para dar la sensación de sabor. Los receptores del olfato están situados en las *células olfativas* de la parte superior de la cavidad nasal. Los receptores reaccionan cuando se inhalan substancias químicas y éstas se disuelven en la cubierta húmeda de la cavidad nasal. La mujer de la **Figura 15** está usando su sentido del olfato para comprobar la eficacia de varios desodorantes.

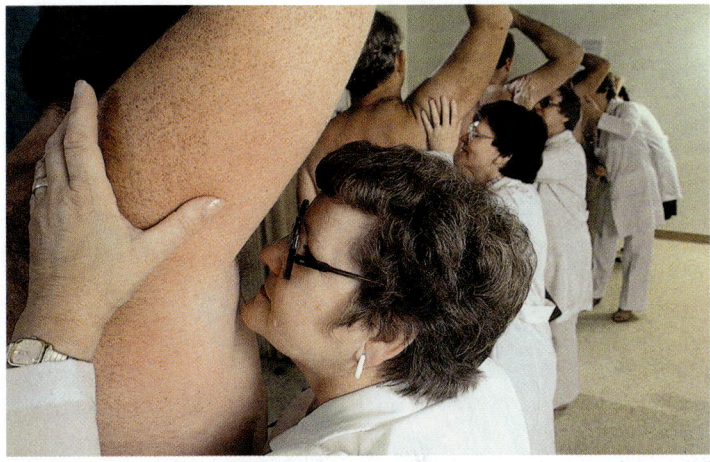

Figura 15 *La nariz de esta mujer detecta las substancias químicas en el sudor y en los desodorantes que usan estos hombres. Su cerebro genera pensamientos y opiniones sobre los olores, que anotará en su informe.*

REPASO

1. Nombra tres sensaciones que puede detectar la piel.
2. Explica por qué sería difícil percibir colores brillantes en una cena con luz de vela.
3. ¿En qué se parece el sentido del gusto al del olfato?
4. **Aplicar conceptos** Si puedes enfocar objetos que están cerca pero los lejanos se ven borrosos, ¿necesitas una lente cóncava o una convexa para corregir tu visión?

a través de las ciencias
CONEXIÓN

El sonido se produce cuando un objeto vibra. Los objetos que vibran más de 20,000 veces por segundo producen sonidos demasiado altos para que los capten los humanos. Los delfines escuchan sonidos de objetos que vibran hasta 150,000 veces por segundo.

Comunicación y control **521**

Sección 3

El sistema endocrino

VOCABULARIO
sistema endocrino
glándula
hormona
controles de retroalimentación

OBJETIVOS
- Explica la función del sistema endocrino.
- Nombra las glándulas del sistema endocrino y describe algunas de sus funciones.
- Muestra la posición de algunas de las glándulas del sistema endocrino en el cuerpo.
- Describe cómo los controles de retroalimentación detienen y estimulan la secreción de hormonas.

La función del sistema nervioso es comunicarse con todos los demás sistemas del cuerpo. El sistema nervioso se comunica a través de mensajes eléctricos llamados impulsos cuya función principal es responder a los estímulos. Pero no es el único sistema que tiene esta función. El **sistema endocrino** controla procesos mucho más lentos y de largo plazo, como el equilibrio de líquidos en el cuerpo, el crecimiento y el desarrollo sexual. En vez de mensajes eléctricos, el sistema endocrino envía mensajes con substancias químicas.

Mensajeros químicos

El sistema endocrino controla las funciones del cuerpo con substancias químicas secretadas por las glándulas endocrinas. Una **glándula** es un grupo de células que produce substancias especiales para el cuerpo. Las substancias químicas que producen las glándulas endocrinas se llaman **hormonas.** Las glándulas endocrinas secretan hormonas al torrente sanguíneo, que las lleva a otras partes del cuerpo. Como las hormonas funcionan como mensajeros químicos, una glándula endocrina cerca del encéfalo puede controlar la actividad de un órgano en otra parte del cuerpo.

A menudo las glándulas endocrinas afectan a varios órganos a la vez. Las glándulas suprarrenales, por ejemplo, preparan tus órganos para enfrentarse a la tensión. Estas glándulas producen una hormona, la *epinefrina*, que antes llamábamos *adrenalina*. La epinefrina acelera el pulso del corazón y la velocidad de la respiración para preparar al cuerpo para huir del peligro o luchar por la supervivencia. El efecto de esta hormona se conoce comúnmente como la repuesta de "huir o luchar". Quizá hayas notado estos efectos cuando te asustas o te enojas.

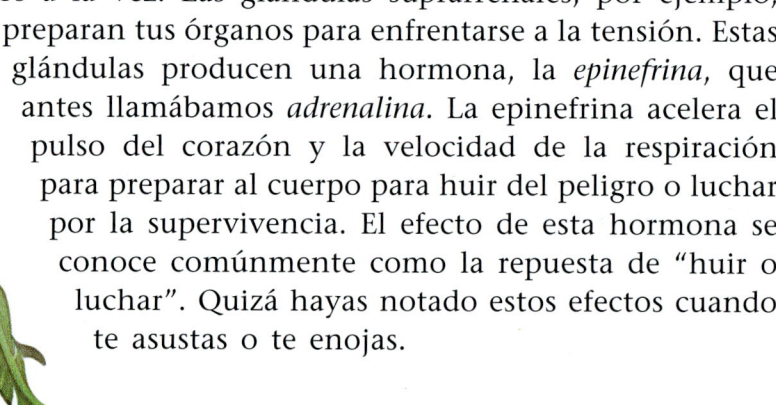

Figura 16 *Cuando tienes que moverte rápidamente para evitar un peligro, tus glándulas suprarrenales te ayudan al permitir que haya más azúcar en la sangre para usar como energía.*

El cuerpo tiene otras glándulas endocrinas, algunas con muchas funciones diferentes. La hipófisis, por ejemplo, estimula el crecimiento del esqueleto, ayuda a que la tiroides funcione bien, regula la cantidad de agua en la sangre y estimula el parto en la mujer embarazada. La **Figura 17** resume los nombres y algunas de las funciones de las glándulas endocrinas.

Figura 17 *Las glándulas del sistema endocrino producen substancias químicas llamadas hormonas, que controlan muchas de las funciones del cuerpo.*

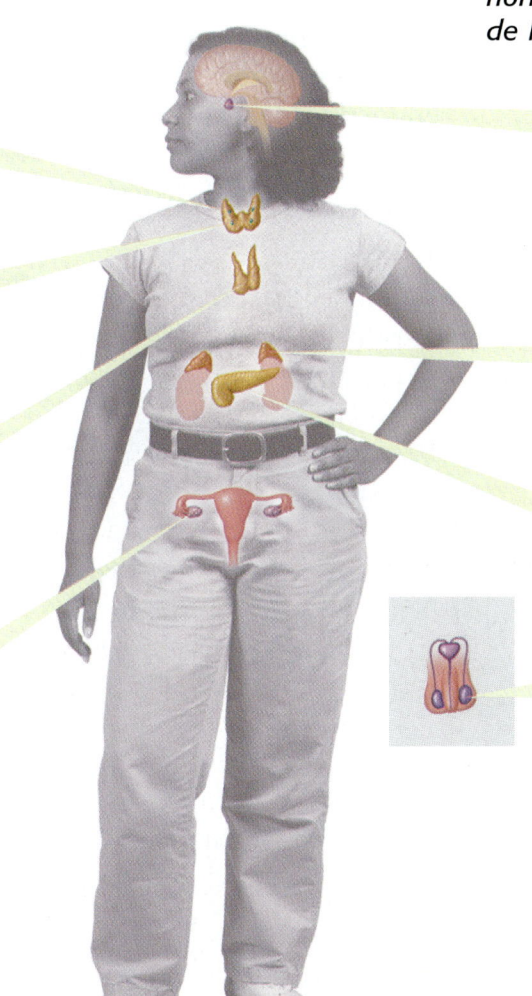

La **glándula tiroides** aumenta la velocidad a la que gastas energía.

La **glándula paratiroides** (detrás de la tiroides) regula el nivel de calcio de la sangre.

El **timo** regula el sistema immune, que ayuda al cuerpo a defenderse de las enfermedades.

Los **ovarios** producen las hormonas que regulan la reproducción.

La **hipófisis** secreta hormonas que influyen en otras glándulas y órganos.

Las **glándulas suprarrenales** ayudan al cuerpo a responder a la tensión y al peligro.

El **páncreas** regula el nivel de azúcar en la sangre.

Los **testículos**, en los hombres, producen las hormonas que tienen que ver con la reproducción.

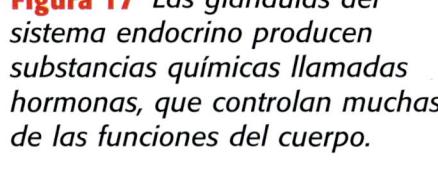

María se quedó hasta tarde estudiando en la biblioteca. Temía caminar sola a su casa. Echó a andar y, de pronto, notó que una figura obscura caminaba rápidamente detrás de ella. ¡La estaba alcanzando! María sentía que el corazón le brincaba en el pecho. Empezó a correr y, de repente, oyó una voz conocida que la llamaba. Era su papá. Había ido a la biblioteca para asegurarse de que María estuviera bien. ¡Qué alivio!

María tuvo una respuesta de "huir o luchar". Describe en un párrafo una experiencia personal similar. Incluye los términos: *hormonas*, *"huir o luchar"* y *epinefrina*.

Comunicación y control

En control del control

¿Cómo saben las glándulas endocrinas cuándo empezar a secretar una hormona y cuándo de tenerse? El cuerpo tiene sistemas de control especiales llamados **controles de retroalimentación,** que estimulan o detienen a las glándulas endocrinas. Los controles de retroalimentación funcionan como el termostato del aire acondicionado. Una vez que una habitación alcanza la temperatura deseada, el termostato envía un mensaje para que el aire acondicionado deje de enviar aire frío. De la misma manera, los controles de retroalimentación envían un mensaje a la glándula endocrina para que deje de secretar una hormona específica. La **Figura 18** sigue los pasos de un control de retroalimentación regulador del nivel de azúcar en la sangre.

Figura 18 *En este sistema de control de retroalimentación, el páncreas produce hormonas que ayudan al cuerpo a mantener un nivel adecuado de azúcar en la sangre.*

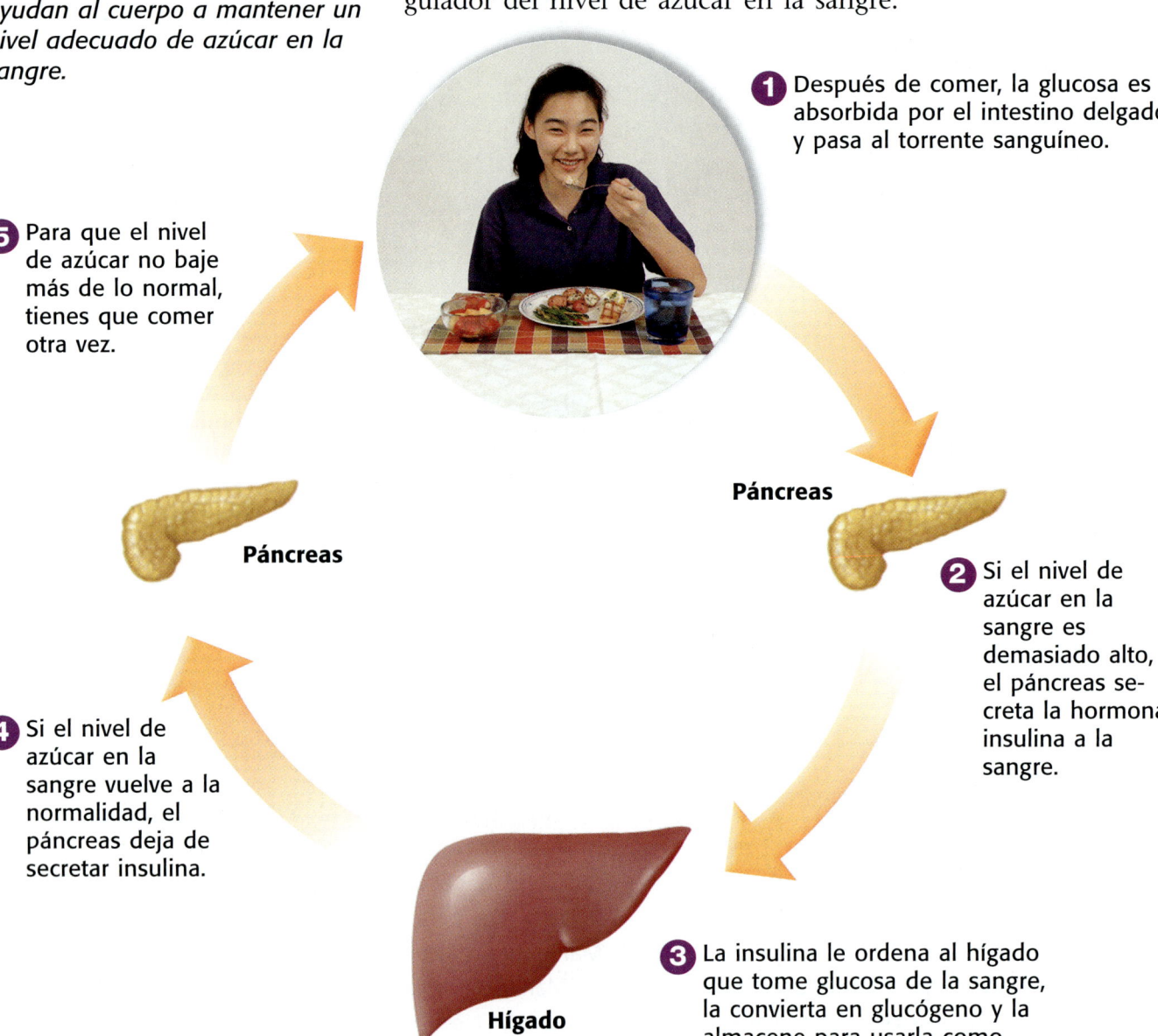

1. Después de comer, la glucosa es absorbida por el intestino delgado y pasa al torrente sanguíneo.

2. Si el nivel de azúcar en la sangre es demasiado alto, el páncreas secreta la hormona insulina a la sangre.

3. La insulina le ordena al hígado que tome glucosa de la sangre, la convierta en glucógeno y la almacene para usarla como energía cuando sea necesario.

4. Si el nivel de azúcar en la sangre vuelve a la normalidad, el páncreas deja de secretar insulina.

5. Para que el nivel de azúcar no baje más de lo normal, tienes que comer otra vez.

Páncreas

Páncreas

Hígado

Desequilibrios hormonales

La *insulina* es una hormona producida por el páncreas. Cuando el nivel de glucosa sube después de que la persona ha comido, la insulina hace que las células tomen glucosa y envía un mensaje al hígado para que la almacene. Si el páncreas no produce suficiente insulina, la persona padece *diabetes mellitus* y puede necesitar inyecciones diarias de insulina para mantener el nivel de azúcar en la sangre dentro de los límites normales. Algunos pacientes, como la mujer de la **Figura 19,** reciben la insulina automáticamente de una pequeña máquina que llevan pegada al cuerpo.

Hormona del crecimiento A veces, la hipófisis no produce suficientes hormonas del crecimiento, y el desarrollo del niño o niña puede ser insuficiente. Afortunadamente, si el problema se detecta a tiempo, el médico puede recetar medicamentos con hormonas y vigilar su crecimiento, como ves en la **Figura 20.** Si la hipófisis produce demasiada hormona del crecimiento a una edad temprana, la persona crece mucho más de lo que se esperaba.

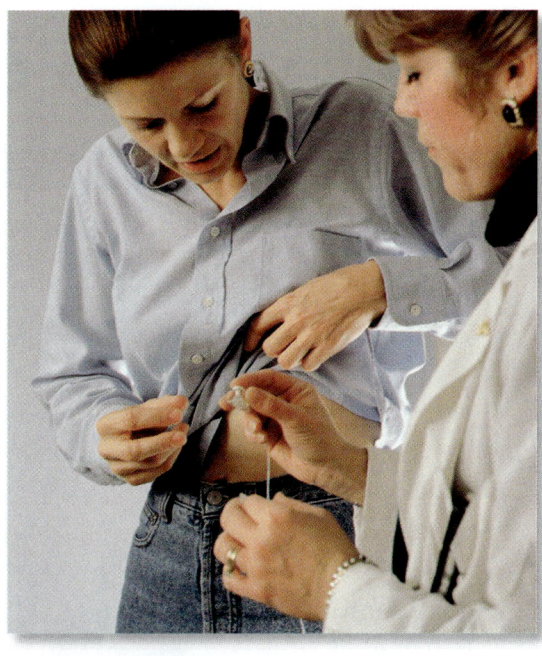

Figura 19 Esta muchacha tiene diabetes y necesita recibir inyecciones diarias de insulina.

Tiroxina Cuando una persona no obtiene suficiente yodo en su alimentación, la glándula tiroides no puede producir suficiente *tiroxina*. Esto hace que la tiroides se inflame y produzca una masa llamada *bocio*. Como la tiroxina acelera el metabolismo, las células están menos activas de lo normal, y la persona se siente fatigada, sube de peso y puede tener otros problemas.

REPASO

1. ¿Qué función tiene el sistema endocrino?
2. ¿Qué importancia tienen los controles de retroalimentación?
3. Nombra cuatro glándulas endocrinas y explica su efecto en el cuerpo.
4. **Aplicar conceptos** La epinefina, la hormona de "huir o luchar", aumenta el nivel de azúcar en la sangre. ¿De qué sirve esto en una situación de peligro o tensión?
5. **Ilustrar conceptos** Busca en tu casa un ejemplo de control de retroalimentación. Dibuja un diagrama para explicar cómo el control de retroalimentación enciende y apaga una actividad.

Figura 20 Esta niña recibe un tratamiento hormonal para el crecimiento. Su mamá está midiendo su estatura.

Comunicación y control **525**

Resumen del capítulo

SECCIÓN 1

Vocabulario
sistema nervioso *(pág. 510)*
sistema nervioso central *(pág. 510)*
sistema nervioso periférico *(pág. 510)*
neurona *(pág. 511)*
impulso *(pág. 511)*
dendrita *(pág. 511)*
axón *(pág. 511)*
neurona sensorial *(pág. 512)*
receptor *(pág. 512)*
neurona motora *(pág. 512)*
nervio *(pág. 512)*
encéfalo *(pág. 513)*
cerebro *(pág. 513)*
cerebelo *(pág. 514)*
bulbo raquídeo *(pág. 514)*
reflejo *(pág. 516)*

Notas de la sección
- El sistema nervioso central se compone de encéfalo y médula espinal. El sistema nervioso periférico se compone de nervios y receptores sensoriales.

- Las neuronas reciben información en unas terminaciones llamadas dendritas y la transmiten a otras células a través de una fibra llamada axón.

- Las neuronas sensoriales detectan información sobre el cuerpo y su ambiente. Las neuronas motoras llevan información del encéfalo y la médula espinal a otras partes del cuerpo.

- El cerebro es el órgano más grande del encéfalo y controla las sensaciones, el pensamiento y el movimiento muscular voluntario.

- El cerebelo es el órgano del encéfalo que le sigue en tamaño al cerebro, y se encarga de registrar la posición del cuerpo y mantener el equilibrio.

- El bulbo raquídeo controla actividades involuntarias, como la frecuencia cardíaca, la presión sanguínea y la respiración.

- Los mensajes de dolor pueden provocar una rápida reacción involuntaria, llamada reflejo, en la que una neurona envía un mensaje al músculo sin esperar a recibir una señal del encéfalo.

✓ Comprobar destrezas

Conceptos de matemáticas

LA VELOCIDAD DE UN IMPULSO Los impulsos viajan muy rápidamente. Como puedes ver en ¡Matemáticas! (página 511), para calcular el tiempo que le toma a un impulso recorrer cierta distancia, primero tienes que saber a qué velocidad viaja. Luego puedes dividir la distancia por la velocidad y obtener el tiempo. Por ejemplo, si un impulso viaja a 150 m/s, le llevaría 0.02 segundos recorrer 3 m.

$$\text{tiempo} = \frac{3 \text{ m (distancia)}}{150 \text{ m/s (velocidad)}} = 0.02 \text{ s}$$

Comprensión visual

EL CAMINO DE LA LUZ Vuelve a observar la Figura 10 de la página 518 para repasar el camino que recorre la luz cuando entra en el ojo. La luz entra por la córnea, que es transparente; luego pasa por la abertura llamada pupila y, finalmente, por el cristalino. En la parte posterior del ojo, los receptores de la retina detectan la luz.

SECCIÓN 2

Vocabulario
retina *(pág. 518)*
fotorreceptores *(pág. 518)*
bastoncitos *(pág. 518)*
conos *(pág. 518)*
nervio óptico *(pág. 518)*
iris *(pág. 519)*
cristalino *(pág. 519)*
cóclea *(pág. 520)*

Notas de la sección
- Hay distintos tipos de receptores de la piel responsables de detectar el tacto, la presión, la temperatura y el dolor.
- La retina del ojo contiene fotorreceptores que reaccionan a la luz y hacen que se envíen impulsos al encéfalo.
- El cristalino puede cambiar de forma y ajustar el enfoque para que la imagen que se proyecta en la retina esté enfocada. Los problemas de enfoque normalmente se pueden corregir con anteojos o con lentes de contacto.
- Los receptores especiales dentro de la cóclea reaccionan a las ondas de sonido y envían impulsos al encéfalo.
- Los receptores del gusto se encuentran en las papilas gustativas de la lengua.
- Los receptores del olfato están situados en las células olfativas de la parte superior de la cavidad nasal.

Experimentos
¡Me pones nervioso!
(pág. 632)

SECCIÓN 3

Vocabulario
sistema endocrino *(pág. 522)*
glándula *(pág. 522)*
hormonas *(pág. 522)*
controles de retroalimentación *(pág. 524)*

Notas de la sección
- El sistema endocrino se comunica con otros sistemas mediante hormonas.
- Las hormonas se producen en las glándulas endocrinas.
- Las glándulas suprarrenales secretan hormonas que ayudan al cuerpo a reaccionar en situaciones de tensión. La epinefrina es una hormona asociada con la respuesta de "huir o luchar".
- Los controles de retroalimentación son mecanismos del cuerpo para hacer que las glándulas secreten hormonas sólo cuando sea necesario.

---

internet

 VISITA: go.hrw.com

Visita el sitio web de HRW para encontrar una serie de herramientas de aprendizaje relacionadas con este capítulo. Sólo tienes que escribir la palabra clave:

PALABRA CLAVE: HSTBD4

 **VISITA:** www.scilinks.org

Visita el sitio web de la **Asociación Nacional de Maestros de Ciencias** *(National Science Teachers Association)* para encontrar recursos de Internet relacionados con este capítulo. Sólo escribe el **ENLACE DE CIENCIAS** para obtener más información sobre el tema:

TEMA: El sistema nervioso	**ENLACE:** HSTL605
TEMA: Los sentidos	**ENLACE:** HSTL610
TEMA: El ojo	**ENLACE:** HSTL615
TEMA: Hormonas	**ENLACE:** HSTL620

Comunicación y control **527**

Repaso del capítulo

UTILIZAR EL VOCABULARIO

Escoge el término correcto para completar las siguientes oraciones:

1. El encéfalo y la médula espinal son parte del ___?___. *(sistema nervioso central* o *sistema nervioso periférico)*

2. Los receptores sensoriales de ___?___ detectan vibraciones. *(la cóclea* o *el tímpano)*

3. Las glándulas suprarrenales producen epinefrina en respuesta a ___?___. *(la glucosa* o *la tensión)*

4. La parte de la neurona que transfiere impulsos a otras células es ___?___. *(la dendrita* o *el axón terminal)*

5. El bulbo raquídeo es el principal responsable de las actividades ___?___. *(involuntarias* o *voluntarias)*

6. Los receptores que convierten la luz en impulsos se encuentran en ___?___. *(las células olfativas* o *la retina)*

COMPRENDER CONCEPTOS

Opción múltiple

7. ¿Cuál de los siguientes tiene receptores del olfato?
   a. las células de la cóclea
   b. los termorreceptores
   c. las células olfativas
   d. el nérvio óptico

8. ¿Cuál de los siguientes da al ojo su color?
   a. el iris
   b. la córnea
   c. el cristalino
   d. la retina

9. ¿Qué glándula está asociada con el bocio?
   a. las suprarrenales
   b. la hipófisis
   c. la tiroides
   d. el páncreas

10. ¿Cuál de los siguientes no forma parte del sistema nervioso periférico?
    a. la médula espinal
    b. los axones
    c. los receptores sensoriales
    d. las neuronas motoras

11. ¿Qué parte del encéfalo regula la presión sanguínea?
    a. el hemisferio cerebral derecho
    b. el hemisferio cerebral izquierdo
    c. el cerebelo
    d. el bulbo raquídeo

12. ¿Cuál de los siguientes tiene relación con el sistema endocrino?
    a. el reflejo
    b. la glándula salival
    c. la respuesta de "huir o luchar"
    d. la reacción voluntaria

Respuesta breve

13. Describe varias situaciones en que tus glándulas suprarrenales puedan secretar epinefrina y provocarte una respuesta de "huir o luchar".

14. ¿Qué hace cambiar el tamaño de las pupilas?

15. ¿En qué se parecen el sentido del gusto y del olfato? ¿En qué se diferencian?

16. ¿Qué es un reflejo? ¿Por qué te permiten los reflejos actuar con rapidez?

Organizar conceptos

17. Usa los siguientes términos para crear un mapa de ideas: sistema nervioso, médula espinal, bulbo raquídeo, sistema nervioso periférico, encéfalo, cerebro, sistema nervioso central, cerebelo.

RAZONAMIENTO CRÍTICO Y RESOLUCIÓN DE PROBLEMAS

18. ¿Por qué es importante que el cristalino pueda cambiar de forma dentro del ojo?

19. ¿Para qué sirven los huesecillos del oído medio?

20. ¿Por qué el sistema nervioso tiene un efecto mucho más rápido sobre el cuerpo que el endocrino?

21. ¿Por qué es importante que los reflejos ocurran sin que intervenga el pensamiento?

22. Usa el vocabulario de este capítulo para describir paso a paso el viaje de un impulso que comienza con un dolor en el dedo gordo del pie izquierdo. No olvides mencionar cada tipo de neurona y sus partes, así como los órganos específicos del sistema nervioso.

23. Nombra tres actividades controladas principalmente por el hemisferio derecho del cerebro, y tres por el hemisferio izquierdo.

LAS MATEMÁTICAS EN LAS CIENCIAS

24. El sonido viaja a unos 335 m/s (1 km equivale a 1,000 m). ¿Cuántos kilómetros viajaría un sonido en 1 minuto?

25. Algunos axones pueden enviar un impulso cada 0.4 milisegundos. Un segundo equivale a 1,000 milisegundos. ¿Cuántos impulsos podría mandar uno de estos axones por segundo?

INTERPRETAR GRÁFICAS

Observa la ilustración de abajo para responder a las siguientes preguntas:

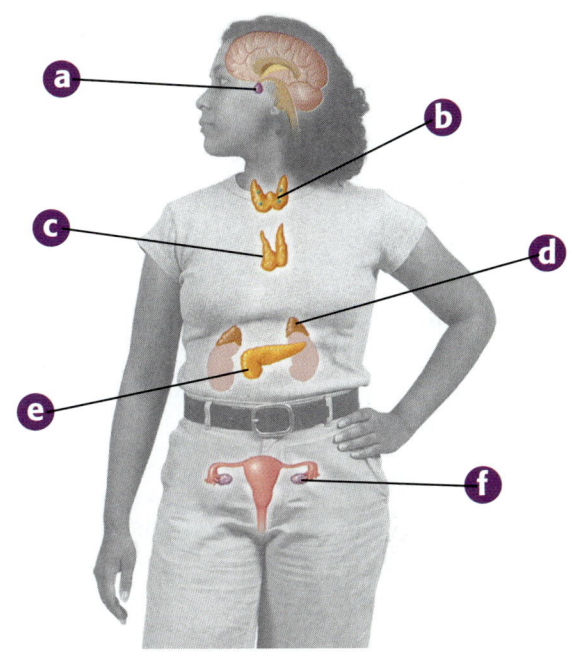

26. ¿Qué letra señala la glándula reguladora del nivel de azúcar en la sangre?

27. ¿Qué letra señala la glándula que secreta la hormona estimuladora del parto en la mujer embarazada?

28. ¿Qué letra señala la glándula que ayuda al cuerpo a defenderse de las enfermedades?

AHORA, ¿qué piensas?

Revisa tus respuestas a las preguntas de la página 509 que escribiste en el cuaderno de ciencias. ¿Han cambiado tus respuestas? Si es necesario, corrige tus respuestas basándote en lo que has aprendido en este capítulo.

Comunicación y control

Ciencia, Tecnología y Sociedad

Luz y lentes

¿Puedes ver en la obscuridad absoluta? ¡No, claro que no! Para ver, necesitas luz. Pero también necesitas otra cosa: una lente. Una **lente** es un objeto curvo y transparente que *refracta*, o dobla, la luz.

Las lentes son necesarias para enfocar la luz en todo tipo de aplicaciones, desde telescopios, microscopios y binoculares hasta cámaras, lupas, lentes de contacto y anteojos.

La luz rebota

Para entender cómo funcionan las lentes, tienes que saber cómo viaja la luz. Un rayo de luz viaja en línea recta desde su fuente hasta chocar con algún objeto. Cuando la luz choca con un objeto, gran parte rebota, es decir, se refleja. La luz rebota en el mismo ángulo en que chocó con el objeto.

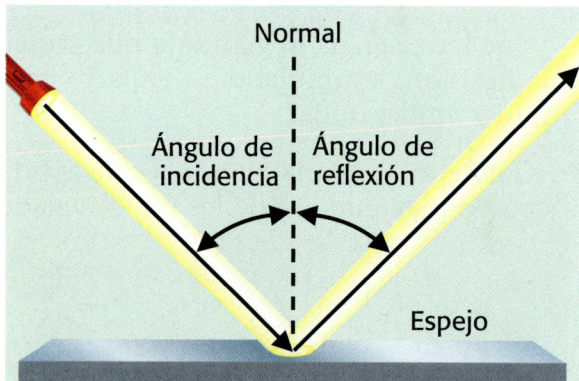

▲ *El ángulo que forma la luz al chocar con un objeto (ángulo de incidencia) siempre es igual al ángulo en que se refleja (ángulo de reflexión).*

Las lentes doblan la luz

La luz puede pasar a través de la lente; sin embargo, una vez que pasa por ella, la luz se refracta. La **refracción** es la forma en que se dobla la luz al pasar de un material transparente a otro, como cuando la luz que viaja por el aire pasa por una lente de vidrio.

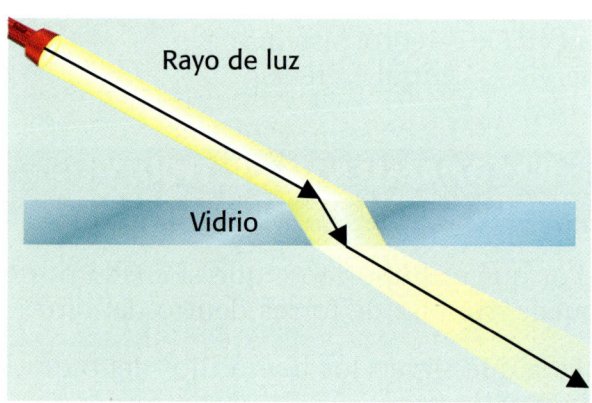

▲ *La luz cambia de velocidad y dirección al pasar a través de un material a otro.*

El tipo de lente determina cuánto y cómo se dobla un haz de luz. Cuando una substancia absorbe las ondas de luz, la energía de la luz se transfiere a la substancia. Los electrones de la substancia absorben energía en forma de luz y luego la emiten en forma de calor.

Una lente más delgada en el medio que en los bordes es una lente convexa. Este tipo dobla la luz hacia el centro de la lente. Las lentes convexas se usan en lupas, microscopios y telescopios. El cristalino del ojo es una lente convexa. Una lente más delgada en el medio que en los bordes es una lente cóncava. Este tipo dobla la luz hacia afuera. Ambos tipos de lentes se usan para corregir defectos de la visión. Las convexas se usan en combinación con las cóncavas en las cámaras fotográficas, para enfocar la luz sobre la película.

Luz en tu camino

▶ Investiga qué es una queratectomía fotorrefractiva y cómo corrige la visión de una persona.

¡Lo encontré!
El camino a la curación

¿Sabes qué pasaría si tu encéfalo enviara demasiados impulsos a los músculos de tu cuerpo? Primero, el exceso de impulsos aumentaría el número de veces que los músculos se contraen, y sería difícil llevar a cabo movimientos sencillos, como rascarte un brazo o tomar un vaso de agua. Aunque quisieras descansar, los músculos seguirían temblando. Esto les sucede a las personas con la enfermedad de Parkinson, para la que desgraciadamente todavía no existe cura.

La enfermedad

El Parkinson afecta a las células del encéfalo que controlan el movimiento. Estas células necesitan una substancia química llamada dopamina, que hace que la actividad de los nervios sea más lenta, para funcionar bien. Pero si las células que proporcionan dopamina a las que controlan el movimiento de los músculos están dañadas, el encéfalo enviará impulsos constantes a los músculos. El resultado es la enfermedad de Parkinson.

A menudo, esta enfermedad se diagnostica cuando ya está muy avanzada, y la persona ha perdido un 80 por ciento de las células que proporcionan la dopamina. Aunque no existe cura, hay personas que pueden ser tratadas con substancias que imitan la dopamina. Desgraciadamente, estas substancias no funcionan tan bien como la dopamina de verdad. La dopamina no puede administrarse directamente porque no puede pasar del torrente sanguíneo al tejido encefálico.

Un avance

La Dra. Bertha Madras estudia el efecto de la drogadicción en el encéfalo. Cuando estudiaba los efectos de la cocaína sobre el encéfalo, Madras descubrió que una substancia química llamada tropano se adhiere a los mismos nervios que liberan dopamina en el encéfalo. Su descubrimiento puede servir para detectar y diagnosticar el Parkinson lo antes posible y ahorrarle costos médicos al paciente.

Una luz en la obscuridad

Madras y sus colegas pensaban que podían usar tropano para estudiar las células que liberan la dopamina. Le añadieron al tropano un componente radioactivo que lo convierte en una substancia llamada altropano. El altropano también se adhiere a las células que liberan dopamina, pero a diferencia del tropano, el altropano brilla, así que es visible en una tomografía cerebral. Las personas que no padecen de Parkinson tienen áreas grandes a las que se adhiere el altropano. En cambio, en las personas que la padecen, el altropano se adhiere en áreas más pequeñas, debido a la pérdida de nervios. Por tanto, las tomografías de estos pacientes no muestran colecciones tan grandes de altropano. Con este nuevo método para diagnosticar el Parkinson, los médicos pueden detectarla antes de que las neuronas estén demasiado dañadas o se hayan perdido por completo.

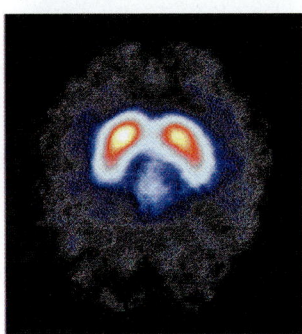 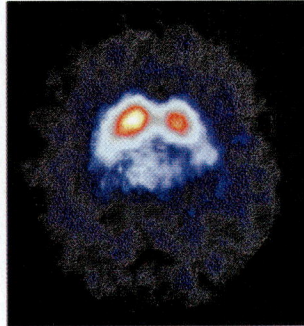

Persona sana   Persona con Parkinson

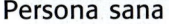 *Las tomografías del encéfalo, como la de arriba, pueden usarse para diagnosticar el Parkinson.*

Actividad

▶ Investiga qué es una tomografía computarizada por emisión de fotón único, SPECT, *(Single Photon Emission Computed Tomography)* y cómo se utiliza para estudiar el Parkinson.

CAPÍTULO

22 Reproducción y desarrollo

Increíble… ¡pero cierto!

Un animalito descansa tranquilmente en un lugar tibio y obscuro. De pronto, es obligado a salir al frío y a la luz. La temperatura es casi intolerable para su cuerpo sin pelo. La luz deslumbrante desorienta su visión borrosa. Por instinto, el animal empieza a trepar con la esperanza de encontrar calor y seguridad. Si resbala y cae al suelo, morirá. Tarda casi 30 minutos en llegar a su destino, una bolsa en el abdomen de su madre. Dentro, encuentra un pezón que le dará leche durante varios meses, hasta que crezca y se desarrolle.

¿Adivinas de qué animal se trata? Así es: un canguro recién nacido. Los canguros nacen en una etapa muy temprana de desarrollo, así que siguen desarrollándose en la bolsa de su madre hasta que pueden comer alimentos sólidos como hierba y otras plantas.

Como todos los seres vivos, los canguros envejecen y mueren, y se deben reproducir para transmitir su herencia genética. Hay muchas formas de reproducción, como descubrirás en este capítulo. Pero la reproducción es sólo una parte de la historia. El desarrollo, o la forma en que los organismos crecen, es también parte importante del ciclo de la vida.

¿Tú qué piensas?

Usa tus conocimientos para responder a las siguientes preguntas en tu cuaderno de ciencias:

1. ¿Tienen todos los animales dos progenitores? Explica tu respuesta.
2. ¿Qué te hace físicamente diferente de un adulto?
3. ¿Qué porcentaje de genes heredaste de tu madre? ¿Y de tu padre?

¿Qué tan grande es tu cuerpo?

Como ves, estás envejeciendo. Tu cuerpo crece como el de un adulto. Mira a tus compañeras y compañeros. Sus cuerpos también están creciendo. Pero, ¿tienen tu cuerpo y el de tus compañeros las mismas proporciones que el de un adulto? Haz este experimento para averiguarlo.

Procedimiento

1. Trabaja en parejas. Pídele a un compañero o compañera que te ayude a medir tu altura total, la de tu cabeza y la longitud de una pierna con una **cinta métrica** y una **regla**. Tu maestro o maestra te dirá cómo tomar estas medidas.

2. Calcula la proporción de tu cabeza y la pierna en relación al cuerpo. Aplica las siguientes ecuaciones:

$$\left(\frac{\text{longitud de la cabeza}}{\text{altura del cuerpo}}\right) \times 100 = \text{proporción de la cabeza}$$

$$\left(\frac{\text{longitud de la pierna}}{\text{altura del cuerpo}}\right) \times 100 = \text{proporción de la pierna}$$

3. Tu maestro o maestra ha escrito en el pizarrón las medidas de su cabeza, cuerpo y piernas, junto con las de otros dos adultos. Calcula sus proporciones. Anota todas las medidas y cálculos en tu cuaderno de ciencias.

Análisis

4. ¿Cómo se compara la proporción de tu cabeza con la de los adultos? ¿Cómo se comparan las proporciones de las piernas?

Reproducción y desarrollo **533**

Sección 1

Reproducción animal

VOCABULARIO

reproducción asexual
gemación
fragmentación
reproducción sexual
óvulo
espermatozoide
cigoto
fecundación externa
fecundación interna
monotrema
marsupial
mamífero placentario

OBJETIVOS

- Distingue entre reproducción asexual y sexual.
- Explica la diferencia entre fecundación externa e interna.
- Describe los tres tipos de desarrollo de los mamíferos.

La vida de algunos seres vivos es muy corta en comparación con la nuestra. Por ejemplo, la mosca de la fruta vive sólo unos 80 días. Otros organismos viven mucho tiempo. Un nogal puede vivir de 2,000 a 6,000 años. Pero, al final, todos los seres vivos mueren. Si una especie logra sobrevivir, sus integrantes deben reproducirse.

De tal palo, tal astilla

Algunos animales, sobre todo los más simples, se reproducen asexualmente. En la **reproducción asexual** un solo progenitor tiene crías genéticamente idénticas a sí mismo.

Un tipo de reproducción asexual es la **gemación,** que consiste en que una pequeña parte del cuerpo del progenitor se desarrolla como un organismo independiente. La hidra de la **Figura 1** se reproduce asexualmente por gemación. La hidra joven es genéticamente idéntica a su progenitor.

La **fragmentación** es otro tipo de reproducción asexual, en la que un organismo se divide en dos o más partes, cada una de las cuales crece como un individuo independiente. Las estrellas de mar se reproducen por fragmentación. Como las estrellas de mar se alimentan de ostras, hay quienes las cortaban en pedazos y las tiraban al mar con el fin de acabar con ellas, ignorando que cada brazo puede crecer como un organismo independiente. Obsérvalo en la **Figura 2.**

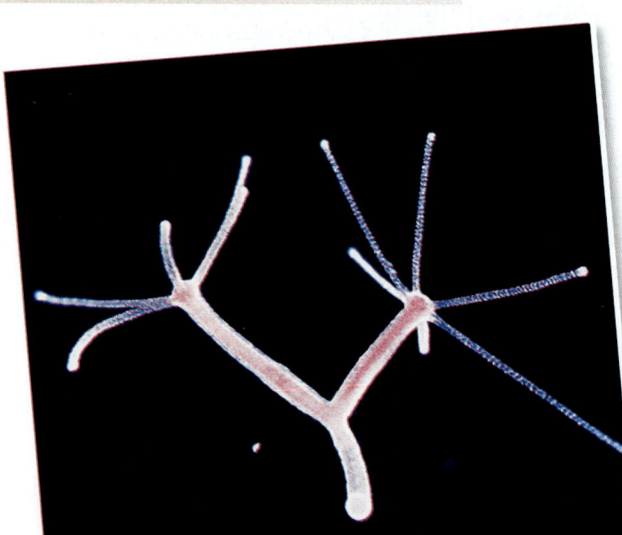

Figura 1 La hidra joven pronto se desprenderá de su progenitor. Sin embargo, los brotes de otros organismos, como el coral, permanecen unidos al progenitor.

Figura 2 El brazo más grande de esta estrella de mar era un fragmento del que creció el resto de la misma. Con el tiempo, todos los brazos tendrán el mismo tamaño.

Se necesitan dos

La **reproducción sexual** produce crías al combinar el material genético de más de un progenitor. La mayoría de los animales, incluyendo los seres humanos, se reproducen sexualmente. En general, en la reproducción sexual participan dos progenitores: un macho y una hembra. El progenitor femenino produce células sexuales llamadas **óvulos,** y el masculino produce células sexuales llamadas **espermatozoides.** Cuando el núcleo de un óvulo se une con el núcleo de un espermatozoide, se crea una nueva célula, llamada **cigoto.** La unión de un óvulo con un espermatozoide se conoce como *fecundación*.

Repaso de la meiosis El ADN tiene instrucciones conocidas como genes en el núcleo de las células. Los genes se encuentran en los *cromosomas*. Todas las células humanas contienen 46 cromosomas, a excepción de los óvulos y espermatozoides, que tienen 23 y se forman por un proceso llamado *meiosis*.

En los seres humanos, la meiosis implica la división de una célula con 46 cromosomas en cuatro células sexuales, con 23 cromosomas cada una. Durante el proceso de división, los cromosomas se mezclan al azar. Esto significa que cada célula sexual puede tener una combinación genética diferente. Cuando óvulo y espermatozoide se unen para formar un cigoto, se recupera el número original de 46 cromosomas. Esta combinación de genes del padre y de la madre produce un cigoto que crecerá como un individuo único. La **Figura 3** muestra cómo se mezclan los genes a través de tres generaciones.

> **Autoevaluación**
>
> ¿Qué diferencia hay entre la reproducción sexual y la asexual? *(Consulta la página 636 para comprobar tu respuesta.)*

¡MATEMÁTICAS!

Cromo-combinación

Una célula de un organismo está a punto de pasar por la meiosis. La célula tiene 6 cromosomas en 3 pares. ¿Cuántas combinaciones cromosómicas puede haber en las células sexuales que están a punto de formarse? Para descubrirlo, aplica la siguiente fórmula: x^y = posibles variaciones, donde x = número de cromosomas en un par, y = número de pares.

2^3 (ó $2 \times 2 \times 2$) = 8. Por lo tanto, son posibles 8 variaciones.

Una célula humana típica tiene 46 cromosomas en 23 pares. Si la célula pasa por la meiosis, ¿cuántas combinaciones cromosómicas puede haber en las células sexuales creadas?

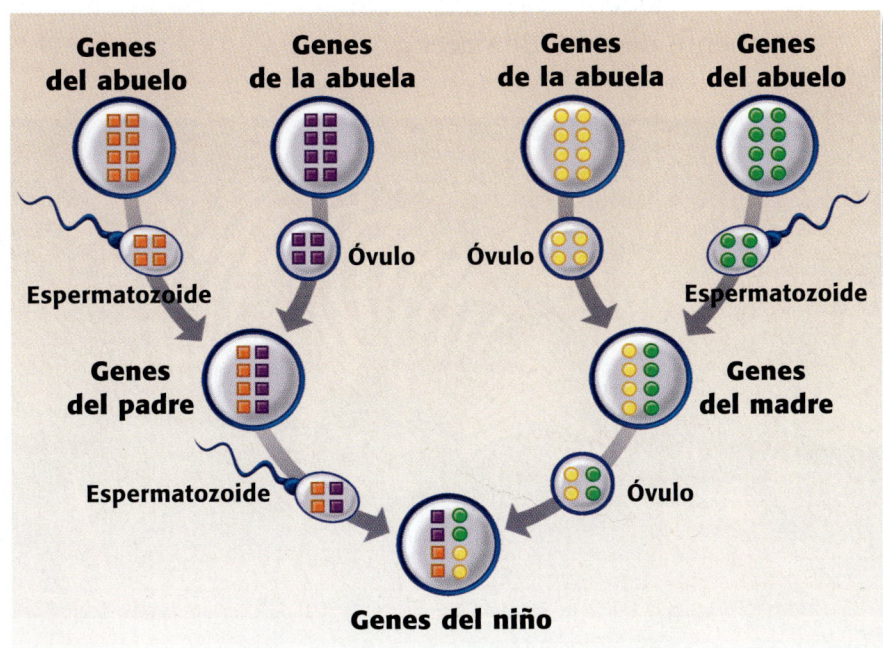

Figura 3 Los óvulos y los espermatozoides contienen genes. Tú heredaste un número igual de genes de cada uno de tus progenitores. Tus padres heredaron un número igual de genes de sus progenitores.

Reproducción y desarrollo

Fecundación interna y externa

Según el animal, la fecundación puede ocurrir fuera o dentro del cuerpo de la hembra. Algunos peces y anfibios se reproducen por **fecundación externa,** en la que el espermatozoide fecunda el óvulo fuera del cuerpo de la hembra. La fecundación externa debe ocurrir en un ambiente húmedo para que los cigotos no se sequen.

Muchas ranas, como las de la **Figura 4,** se aparean cada primavera. Primero, la rana hembra libera los óvulos. Luego, el macho libera los espermatozoides sobre los óvulos para fecundarlos. Los huevos fecundados se desarrollan solos y, en unas dos semanas, los huevos se transforman en renacuajos.

En la **fecundación interna,** los óvulos y los espermatozoides se unen dentro del cuerpo de la hembra. Reptiles, aves, mamíferos y algunos peces se reproducen así. Muchos animales que presentan fecundación interna ponen huevos fecundados. La hembra pingüino de la **Figura 5,** por ejemplo, pone uno o dos huevos. Los progenitores se turnan para empollarlos, los ponen sobre sus patas y los cubren con su cuerpo para mantenerlos calientes. Cuando los polluelos salen del cascarón, sus progenitores los alimentan hasta que pueden valerse por sí mismos. En la mayoría de los mamíferos, a la fecundación interna la sigue el desarrollo de un óvulo fecundado dentro del cuerpo de la madre. Los canguros y otros marsupiales dan a luz crías vivas en una etapa temprana de desarrollo. Otros mamíferos dan a luz crías bien desarrolladas. Las cebras jóvenes, como las de la **Figura 6,** pueden levantarse y alimentarse casi inmediatamente después de nacer.

Figura 4 *Las ranas fecundan los huevos externamente. Algunas especies pueden producir más de 300 crías en una temporada.*

Figura 5 *Los huevos de los pingüinos se fecundan internamente, pero la mayoría del desarrollo de un bebé pingüino ocurre fuera del cuerpo de la madre.*

Figura 6 *Esta cebra acaba de nacer, pero ya casi logra ponerse de pie. Dentro de una hora ya podrá correr.*

Enfermedades del aparato reproductor En los Estados Unidos, cerca del 15 por ciento de las parejas tienen problemas para tener hijos. Muchas de estas parejas son **infértiles,** es decir, no pueden procrear. Los hombres pueden ser infértiles porque no producen suficientes espermatozoides saludables. Esto se llama conteo bajo de espermatozoides y se observa en la **Figura 12.** Las mujeres pueden ser infértiles porque no ovulan normalmente.

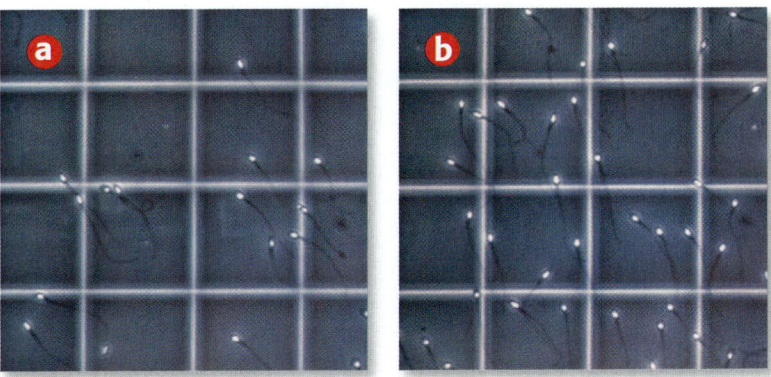

Figura 12 *La microfotografía (a) muestra un conteo bajo de espermatozoides. La (b) muestra un conteo normal. Un conteo bajo de espermatozoides puede ser causado por muchos factores, como un desequilibrio hormonal o un conducto deferente bloqueado.*

La infertilidad femenina también puede ser provocada por cicatrices en las trompas de Falopio. La cicatriz, generalmente causada por una enfermedad de transmisión sexual, impide el paso de los óvulos al útero. Las **enfermedades de transmisión sexual** son enfermedades que pasan de una persona infectada a otra sana durante el contacto sexual. En los Estados Unidos, las enfermedades de transmisión sexual más comunes son la clamidia, la gonorrea y el herpes genital. El síndrome de inmunodeficiencia adquirida (SIDA) es otra enfermedad de transmisión sexual muy común. El SIDA se puede transmitir de otras formas, como el uso compartido de agujas, las transfusiones de sangre de donadores infectados y el contacto con sangre infectada. No se transmite por contacto casual. El SIDA es causado por el virus de inmunodeficiencia humana (VIH). El cáncer, que es el crecimiento descontrolado de las células, a veces se presenta en los órganos reproductores. Los testículos y la próstata, una glándula que produce el semen, son focos frecuentes de cáncer en los hombres de más de 50 años. En las mujeres, son los ovarios y los senos.

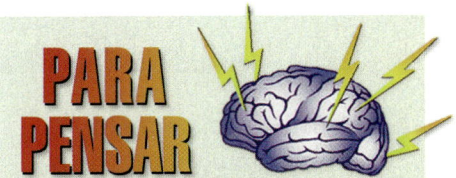

Uno de cada cuatro jóvenes norteamericanos contrae una enfermedad de transmisión sexual antes de los 21 años.

Muchas substancias químicas de agentes contaminantes son similares a las hormonas femeninas. Algunos estudios han comenzado a vincularlas con la menstruación prematura y el conteo bajo de espermatozoides.

REPASO

1. ¿Cuál es la diferencia entre espermatozoides y semen?
2. ¿Puede quedar embarazada una mujer en cualquier día del mes? Explica por qué.
3. Define *las enfermedades de transmisión* sexual y da tres ejemplos.
4. **Aplicar conceptos** ¿En qué se parecen los ovarios a los testículos? ¿En qué se diferencian?

Reproducción y desarrollo

Sección 3
Crecimiento y desarrollo

VOCABULARIO
embrión
implantación
placenta
cordón umbilical
feto

OBJETIVOS
- Resume los procesos de fecundación e implantación.
- Describe los pasos del desarrollo humano.

Todos empezamos nuestra vida como una simple célula que se convierte en un ser humano. Estamos hechos de millones de células, cada una con una tarea determinada. Tú no eres una excepción. Te has convertido en una persona compleja, capaz de generar miles de pensamientos y acciones. Es difícil creer que una persona tan extraordinaria empezó siendo una simple célula, pero así fue.

Una nueva vida

El proceso natural de la creación de un nuevo ser humano empieza cuando un hombre deposita millones de espermatozoides en la vagina de una mujer durante la relación sexual. La mayoría de los espermatozoides mueren debido al ambiente ácido de la vagina, pero unos cientos de ellos entran a través del útero en las trompas de Falopio, como ves en la **Figura 13.** Los espermatozoides sobrevivientes cubren el óvulo, liberando enzimas que ayudan a disolver su cubierta exterior. En cuanto uno de los espermatozoides logra entrar, una membrana encierra el óvulo fecundado, la cual impide que entre otro espermatozoide.

Implantación El óvulo fecundado baja por la trompa de Falopio hacia el útero. El viaje dura unos 5 días. El cigoto se divide muchas veces durante el viaje. Finalmente llega al útero como una pelotita de células llamada **embrión.** Durante los siguientes días, el embrión debe instalarse en el revestimiento interior, rico en nutrientes, del útero de su madre. Este proceso es la **implantación,** y sólo un 30 por ciento de todos los embriones lo realizan satisfactoriamente. La **Figura 14** muestra un embrión implantado.

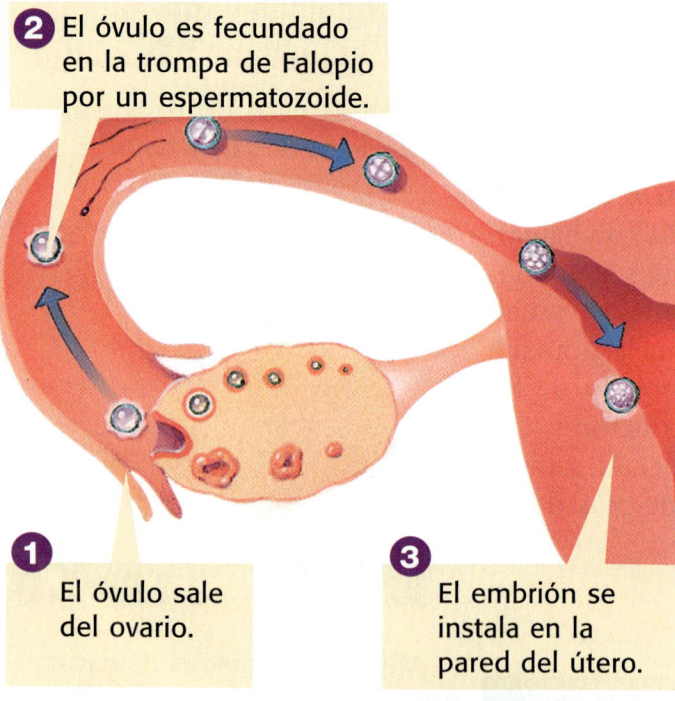

Figura 13 Fecundación e implantación

1 El óvulo sale del ovario.
2 El óvulo es fecundado en la trompa de Falopio por un espermatozoide.
3 El embrión se instala en la pared del útero.

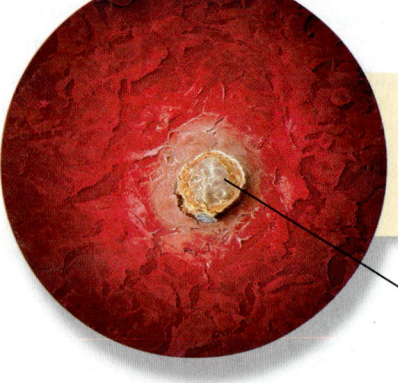

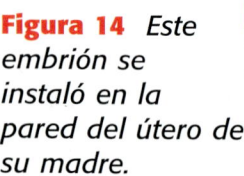

Figura 14 Este embrión se instaló en la pared del útero de su madre.

El tamaño real del embrión es ligeramente más pequeño que el punto final de esta oración.

Embrión

Antes de nacer

Cuando el embrión se instala en el útero de la madre, se dice que la mujer está embarazada. Para que el embrión sobreviva, un órgano especial de intercambio llamado **placenta** empieza a crecer. La placenta tiene una red de vasos sanguíneos que proporcionan al embrión oxígeno y nutrientes de la sangre de la madre. Los desperdicios que produce son eliminados por la placenta y transportados a la sangre de la madre para que los deseche.

Una semana después de la implantación, se forman las células de la sangre y un tubo cardíaco en el embrión. Luego, el tubo cardíaco empieza a sacudirse bruscamente, iniciando el latido rítmico que continuará durante toda la vida del individuo. A la cuarta semana, el embrión mide casi 2 mm de largo. A su alrededor hay una membrana delgada llena de fluido llamada *saco amniótico*, formada para evitar que el embrión se lastime. El **cordón umbilical** aparece para conectar el embrión con la placenta. Por la placenta, la sangre del embrión y la de la madre establecen un contacto estrecho. Esto permite el intercambio de oxígeno y nutrientes, molécula a molécula. Aunque la sangre del embrión y de la madre fluyen muy cerca una de la otra dentro de la placenta, nunca se mezclan. El cordón umbilical, el saco amniótico y la placenta se ven en la **Figura 15.**

Del primer al segundo mes Cuando el embrión tiene 4 semanas, se empieza a formar parte del cerebro y de la médula espinal. Tiene brotes diminutos a los lados del cuerpo que finalmente se convertirán en brazos y piernas. Entonces se empiezan a formar los orificios nasales, las manos y los pies. Los músculos empiezan a desarrollarse y, por primera vez en su vida, el cerebro empieza a enviar señales a otras partes del cuerpo. A pesar de estas transformaciones, el embrión sigue teniendo el tamaño de un cacahuate. La **Figura 16** muestra un embrión de cinco semanas.

Autoevaluación

1. ¿Cómo se alimenta un embrión?
2. ¿Por qué es importante que el embrión se instale en el útero y no en cualquier lugar?

(Consulta la página 636 para comprobar tus respuestas.)

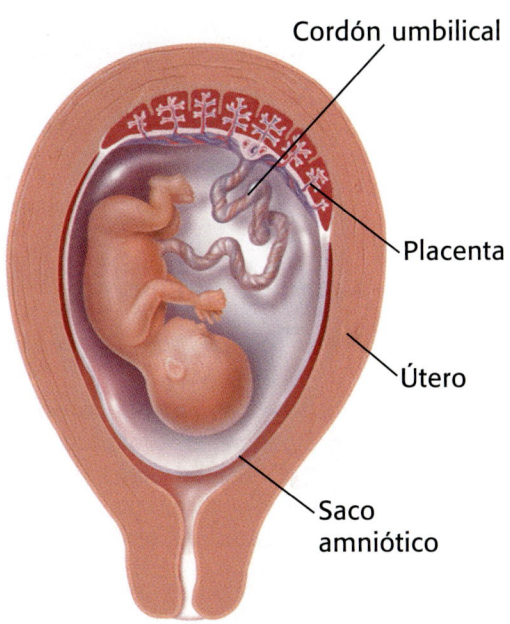

Figura 15 *La placenta, el saco amniótico y el cordón umbilical son el sistema de apoyo de vida del feto.*

Figura 16 Embrión de 5 semanas

Tamaño real

En la siguiente etapa se presentan pequeños movimientos en el cuerpo del embrión. El embrión estira las piernas y sacude los brazos. Ahora tiene 8 semanas y está más desarrollado; ya puede llamarse **feto.** Transcurren tres semanas más, y continúa creciendo a gran velocidad; en un mes duplica y triplica su tamaño. Las manos del feto son ahora del tamaño de una lágrima, y su cuerpo tiene el peso de dos hojas de papel. En la **Figura 17** se ve un feto de 12 semanas.

Figura 17 Feto de 12 semanas

Tamaño real

Del tercer mes al sexto Transcurre la 13ª semana de vida del feto y, de pronto, hay nuevos movimientos. Parpadea por primera vez en su vida, pasa saliva, tiene hipo, cierra el puño y mueve los dedos de los pies, que ya tienen uñitas. Para el cuarto mes, el feto empieza a hacer movimientos más grandes. En esta etapa, la madre sabe cuando su bebé estira las piernas o los brazos.

En el quinto mes, el feto mide 20 cm de largo. Se le forman papilas gustativas en la lengua y le crecen cejas. El feto empieza a oír sonidos a través de la pared del útero de la madre. Observa la cronología de la **Figura 18** y revisa los cambios que ocurrieron durante los primeros 6 meses de embarazo.

Figura 18 Cronología trimestral

Semanas del primer trimestre	
1 y 2	El óvulo es fecundado por un espermatozoide. El óvulo fecundado se dirige hacia el útero, donde se instala en el revestimiento interior. El óvulo fecundado se llama ahora embrión.
3 y 4	Los principales sistemas han empezado a formarse. El corazón empieza a latir alrededor del día 22. La placenta está completamente formada para la cuarta semana.
5 y 6	Los rasgos faciales empiezan a tomar forma. El esqueleto empieza a desarrollarse.
7 y 8	Empieza el movimiento muscular. El embrión pasa a llamarse feto.
9 y 10	Los brazos, las piernas y los pies se han formado.
11 y 12	Los órganos internos se han desarrollado.

Semanas del segundo trimestre	
13 y 14	El sistema circulatorio está funcionando.
15 y 16	La madre empieza a sentir que el feto se mueve.
17 y 18	El feto responde al sonido.
19 y 20	El feto mide ahora 20 cm de largo.
21 y 22	
23 y 24	Aparecen las pestañas y las cejas.

Semanas del tercer trimestre	
25 y 26	Abre los ojos.
27 y 28	El feto "practica" la respiración.
29 y 30	
31 y 32	
33 y 34	
35 y 36	El feto reacciona a la luz.
Nacimiento	Nace el bebé.

Del séptimo al noveno mes En el séptimo mes, los recuerdos del feto empiezan a formarse. Sus pulmones empiezan a "practicar" la respiración, moviéndose hacia arriba y hacia abajo continuamente como si respiraran aire de verdad. Si la madre del feto fuma durante esta etapa, los pulmones del feto se detienen hasta por una hora. Los pulmones del feto de la **Figura 19** empiezan a realizar sus primeros movimientos.

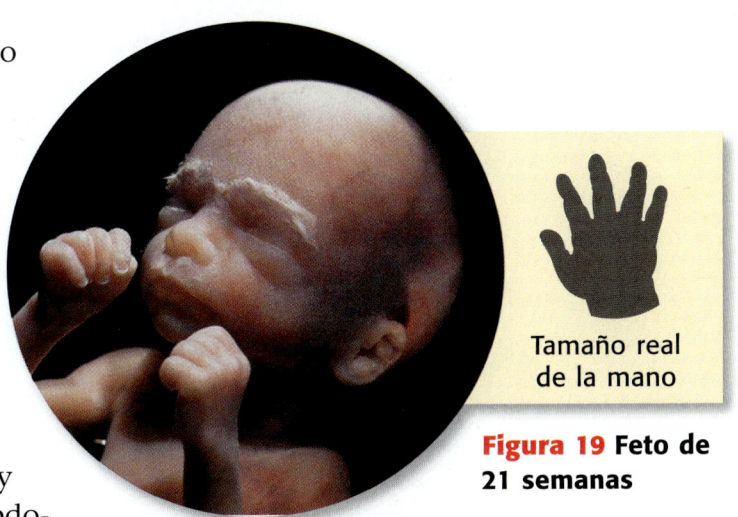

Figura 19 Feto de 21 semanas

Tamaño real de la mano

Para el octavo mes, el feto abre los ojos y puede percibir la luz a través de la pared abdominal de la madre y los patrones de sueño empiezan a ser influenciados por la luz del Sol. Cuando el feto está dormido, sueña. ¿Te imaginas qué soñará?

Nacimiento

Por lo general, a los 9 meses el feto está listo para vivir fuera de su madre. La madre pasa por una serie de contracciones musculares llamadas *parto*. Durante esta etapa, el feto sale de cabeza a través de la vagina. Hay muy poco espacio, así que la cabeza del feto se alarga un poco para poder pasar a través de la pelvis de la madre. De pronto, luces brillantes y un aire frío rodean al bebé recién nacido. Abre la boca, llena sus pulmones con aire por primera vez y llora.

El bebé de la **Figura 20** aún está conectado a la placenta por el cordón umbilical. El doctor o la partera que asiste a la madre lo ata y lo corta. El ombligo del bebé es todo lo que queda del punto de unión con el cordón umbilical. Después de que la madre arroja la placenta del cuerpo, el parto ha terminado.

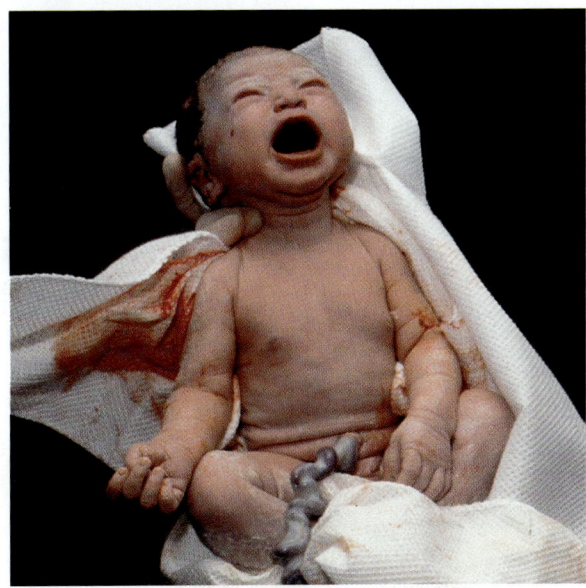

Figura 20 Este recién nacido todavía está unido al cordón umbilical. La masa promedio de un recién nacido es de 3.3 kg. Su longitud promedio es de 50 cm.

Del nacimiento a la muerte

De todos los animales de este planeta, la duración de la vida de un ser humano es de las más largas. Nuestra infancia dura 2 años, el tiempo del ciclo de vida de la mayoría de los conejos. Nuestra niñez se extiende una década, más de lo que viven muchos gatos o perros. ¡Los seres humanos pueden vivir más de 100 años!

Experimentos

¿Qué tan bien protege el útero al feto? Sigue las instrucciones de la página 634 para descubrirlo.

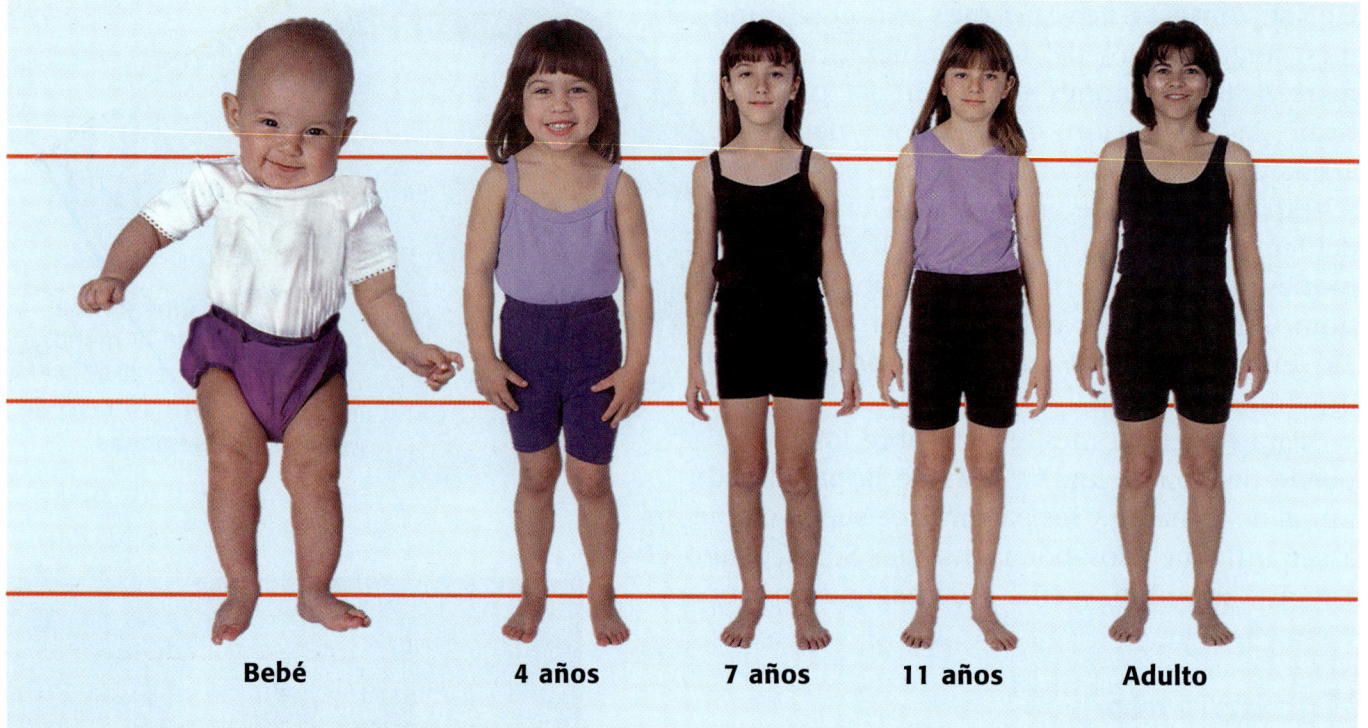

Figura 21 *Este diagrama muestra a una mujer en cinco etapas de desarrollo diferentes. Las etapas se ven en el mismo tamaño para que puedas ver cómo cambian las proporciones del cuerpo a medida que una persona se desarrolla.*

Infancia ¿Por qué etapas has pasado desde que naciste? Probablemente, ya has pasado por la mayoría de las etapas de la **Figura 21.** Fuiste un bebé hasta los 2 años de edad. En este período, creciste rápidamente. Te empezaron a salir los dientes. Adquiriste más coordinación a medida que tu sistema nervioso se desarrolló. Esto te permitió empezar a caminar.

Niñez Tu niñez se extiende de los 2 años a la pubertad. También éste es un período de crecimiento rápido. Tus dientes de leche empezaron a mudar y fueron reemplazados por dientes permanentes. Tus músculos empezaron a estar más coordinados, permitiéndote realizar actividades como andar en bicicleta y saltar a la cuerda. Tus habilidades intelectuales también se desarrollaron durante esta etapa.

Adolescencia Un ser humano se considera adolescente de la pubertad a la edad adulta. Durante la pubertad, los sistemas reproductores masculinos y femeninos alcanzan su madurez. La pubertad ocurre en la mayoría de los varones entre los 11 y los 16 años. El cuerpo del varón se vuelve más musculoso, su voz es más grave y aparece vello en el cuerpo y la cara. El niño de la **Figura 22** pronto experimentará estos cambios. En la mayoría de las niñas, la pubertad ocurre entre los 9 y los 14 años. Durante este período, la cantidad de grasa en las caderas y los muslos aumenta, los senos crecen y aparece vello en áreas como las axilas. A partir de esta etapa, la joven también empieza a menstruar.

Figura 22 *El desarrollo muscular es un cambio de la pubertad en los varones. Este niño pronto se desarrollará físicamente como su padre.*

La edad adulta De los 20 a los 40 años, aproximadamente, se considera al ser humano como adulto. En esta etapa se alcanza el máximo desarrollo físico. Alrededor de los 30 años, hay algunos cambios asociados con el envejecimiento. Los cambios son graduales y ligeramente diferentes entre las personas. Generalmente, algunas señales prematuras de envejecimiento son la disminución de la flexibilidad muscular, el deterioro de la vista y del oído, el aumento de grasa corporal y la pérdida del cabello.

El proceso de envejecimiento continúa en el adulto de mediana edad (entre los 40 y 65 años). Durante este período, el cabello se llena de canas, las habilidades atléticas se deterioran y la piel se arruga. Cualquier persona mayor de 65 años se considera un adulto anciano. Aunque el envejecimiento continúa durante este período, los ancianos pueden seguir llevando una vida activa y plena. Los progresos en la ciencia médica han permitido que muchos ancianos sean saludables y productivos por más tiempo que los de generaciones previas. Algunos de los ciudadanos más productivos de este país son adultos ancianos, como ves en la **Figura 23**. Además, muchas personas han podido retrasar el envejecimiento con ejercicio y una dieta nutritiva equilibrada.

Figura 23 *John Glenn, el primer astronauta norteamericano puesto en órbita, regresó al espacio a los 77 años.*

REPASO

1. ¿Qué diferencia hay entre un embrión y un feto?
2. ¿Por qué se forma una membrana alrededor del óvulo una vez que el espermatozoide ha entrado?
3. ¿Qué cambios de desarrollo experimenta el ser humano desde su nacimiento hasta la pubertad?
4. **Aplicar conceptos** Cuando los astronautas trabajan en el espacio, algunas veces están unidos a la nave espacial por una cuerda llamada cordón umbilical. ¿Por qué crees que se llama así?

Usa la Fig anterior p actividad.

1. Con una re longitud de la eza del bebé. Luego mide la altura total del cuerpo, incluyendo la cabeza.
2. Calcula el porcentaje de la longitud de la cabeza del bebé en relación con la altura total.
3. Repite estas medidas y cálculos para las otras etapas que de la figura. Responde a la siguiente pregunta en tu cuaderno de ciencias.

Durante el desarrollo del bebé a la edad adulta, ¿le crece más rápida o más lentamente la cabeza que el resto del cuerpo? ¿A qué crees que se debe esto?

Explora

Haz un cartel o una cronología que ilustre las diferentes etapas del crecimiento humano.

¿Te deprime el acné? ¡La página 552 te animará!

Reproducción y desarrollo

Resumen del capítulo

SECCIÓN 1

Vocabulario
reproducción asexual *(pág. 534)*
gemación *(pág. 534)*
fragmentación *(pág. 534)*
reproducción sexual *(pág. 535)*
óvulo *(pág. 535)*
espermatozoide *(pág. 535)*
cigoto *(pág. 535)*
fecundación externa *(pág. 536)*
fecundación interna *(pág. 536)*
monotrema *(pág. 537)*
marsupial *(pág. 537)*
mamífero placentario *(pág. 537)*

Notas de la sección
- Durante la reproducción asexual, un solo progenitor puede producir crías idénticas a sí mismo. La gemación y la fragmentación son ejemplos de reproducción asexual.
- Durante la reproducción sexual, un óvulo se une a un espermatozoide.
- Los óvulos y espermatozoides son producto de la meiosis y tienen la mitad del número normal de cromosomas. El cigoto recupera el número normal de cromosomas.
- En la fecundación externa, el espermatozoide fecunda los óvulos fuera del cuerpo de la hembra. En la interna, el espermatozoide fecunda los óvulos dentro del cuerpo de la hembra.
- Los monotremas son mamíferos que ponen huevos. Los marsupiales son mamíferos que dan a luz a crías parcialmente desarrolladas. Los placentarios son mamíferos que dan a luz a crías bien desarrolladas.

SECCIÓN 2

Vocabulario
testículos *(pág. 538)*
escroto *(pág. 538)*
tubos seminíferos *(pág. 538)*
epidídimo *(pág. 538)*
conducto deferente *(pág. 538)*
semen *(pág. 538)*
pubertad *(pág. 538)*
uretra *(pág. 538)*
pene *(pág. 538)*
ovarios *(pág. 539)*
ovulación *(pág. 539)*
trompas de Falopio *(pág. 539)*
útero *(pág. 539)*
vagina *(pág. 539)*
menstruación *(pág. 539)*
infértil *(pág. 541)*
enfermedad de transmisión sexual *(pág. 541)*

✓ Comprobar destrezas

Conceptos de matemáticas

ÓVULOS EN EXILIO Una mujer no ovula cuando está embarazada. Por lo tanto, si una mujer tiene tres hijos, liberará por lo menos 27 óvulos menos que si no se hubiera estado embarazada nunca.

3 hijos × 9 meses de embarazo = 27 óvulos

Comprensión visual

APARATOS REPRODUCTORES MASCULINO Y FEMENINO Los diagramas de las páginas 538 y 539 muestran los aparatos reproductores masculino y femenino. Obsérvalos otra vez y asegúrate de que reconoces todas las estructuras. También observa las similitudes entre los dos. Por ejemplo, los ovarios tienen una función similar a los testículos, y las trompas de Falopio tienen una función similar a los conductos deferentes.

548 Capítulo 22

SECCIÓN 2

Notas de la sección

- El aparato reproductor masculino produce espermatozoides y los libera en el femenino. Los espermatozoides se producen en los tubos seminíferos y se almacenan en el epidídimo. Luego abandonan el cuerpo por la uretra.

- El aparato reproductor femenino produce óvulos, alimenta el embrión en desarrollo y da a luz. Cada mes, un óvulo abandona uno de los dos ovarios y pasa al útero. Si no es fecundado, se desintegra y tiene lugar la mestruación.

- Los transtornos del aparato reproductor pueden ser: infertilidad, cáncer y enfermedades de transmisión sexual.

SECCIÓN 3

Vocabulario
embrión *(pág. 542)*
implantación *(pág. 542)*
placenta *(pág. 543)*
cordón umbilical *(pág. 543)*
feto *(pág. 544)*

Notas de la sección

- La fecundación ocurre en una de las trompas de Falopio. De ahí, el cigoto viaja al útero y se implanta en su pared.

- Después de la implantación, se desarrolla la placenta. El cordón umbilical conecta el embrión con la placenta. El saco amniótico rodea y protege el embrión.

- El embrión crece, desarollando extremidades, orificios nasales, párpados y otras características. Alrededor de la octava semana, el embrión está tan desarrollado que recibe el nombre de feto.

- Las etapas de vida del ser humano son: bebé (desde que nace hasta los 2 años), niño (de 2 años a la pubertad), adolescente (de la pubertad a los 20 años), adulto joven (de 20 a 40 años), adulto maduro (de 40 a 65 años) y adulto anciano (más de 65 años).

Experimentos
¡Un mundo seguro y agradable! *(pág. 634)*

¡Oh, cuánto has crecido! *(pág. 635)*

---

internet

 VISITA: go.hrw.com

Visita el sitio web de HRW para encontrar una serie de herramientas de aprendizaje relacionadas con este capítulo. Sólo tienes que escribir la palabra clave:

PALABRA CLAVE: HSTBD5

 **VISITA:** www.scilinks.org

Visita el sitio web de la **Asociación Nacional de Maestros de Ciencias** *(National Science Teachers Association)* para encontrar recursos de Internet relacionados con este capítulo. Sólo escribe el **ENLACE DE CIENCIAS** para obtener más información sobre el tema:

TEMA: Reproducción	**ENLACE:** HSTL630
TEMA: Antes del nacimiento	**ENLACE:** HSTL635
TEMA: Irregularidades o transtornos del aparato reproductor	**ENLACE:** HSTL640
TEMA: Crecimiento y desarrollo	**ENLACE:** HSTL645

Reproducción y desarrollo

Resumen del capítulo

UTILIZAR EL VOCABULARIO

Escoge el término correcto para completar las siguientes oraciones:

1. Los reptiles, las aves y los mamíferos se reproducen sexualmente por __?__. *(fecundación interna* o *fecundación externa)*

2. Lose spermatozoides se producen en __?__ dentro de los testículos. *(el epidídimo* o *los tubos seminíferos)*

3. El fluido del cuerpo humano que contiene los espermatozoides se conoce como __?__. *(semen* o *fluido amniótico)*

4. La liberación del óvulo desde los ovarios ocurre una vez al mes y se llama __?__. *(ovulación* o *menstruación)*

5. El órgano de intercambio entre el embrión en desarrollo y la madre es __?__. *(el saco amniótico* o *la placenta)*

COMPRENDER CONCEPTOS

Opción múltiple

6. La estrella de mar se reproduce asexualmente por
   a. fragmentación.
   b. gemación.
   c. fecundación externa.
   d. fecundación interna.

7. La ruta correcta del espermatozoide a través del aparato reproductor masculino es
   a. testículos → epidídimo → uretra → conducto deferente.
   b. epidídimo → uretra → testículos → conducto deferente.
   c. testículos → conducto deferente → epidídimo → uretra.
   d. testículos → epidídimo → conducto deferente → uretra.

8. Si el primer día del ciclo menstrual es el principio de la menstruación, ¿en qué día ocurre generalmente la ovulación?
   a. 2º día   c. 14º día
   b. 5º día   d. 28º día

9. Los monotremas son diferentes de los mamíferos placentarios porque
   a. son mamíferos.
   b. tienen pelo.
   c. alimentan a sus crías con leche.
   d. ponen huevos.

10. Todas las siguientes son enfermedades de transmisión sexual *excepto*
    a. clamidia.   c. infertilidad.
    b. SIDA.   d. herpes genital.

11. La fecundación ocurre en _____ y la implantación en _____.
    a. el útero, las trompas de Falopio
    b. las trompas de Falopio, la vagina
    c. el útero, la vagina
    d. las trompas de Falopio, el útero

Respuesta breve

12. ¿Qué órganos reproductores producen espermatozoides y cuáles producen óvulos?

13. ¿A través de qué estructura pasa el oxígeno de la madre al cuerpo del feto?

14. ¿Cuáles son las cuatro etapas de la vida humana tras el nacimiento?

15. ¿Qué células se combinan para crear un cigoto?

16. ¿Qué diferencia existe entre gemación y fragmentación?

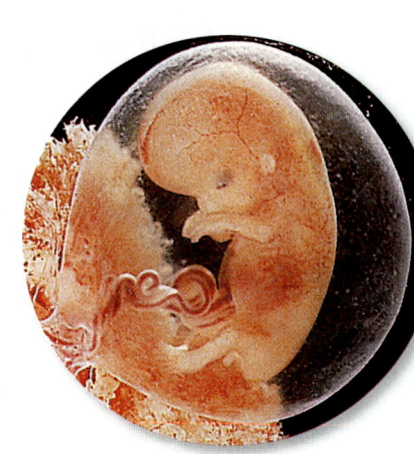

Organizar conceptos

17. Usa los siguientes términos para crear un mapa de ideas: reproducción asexual, gemación, fecundación externa, fragmentación, fecundación interna, reproducción sexual, reproducción.

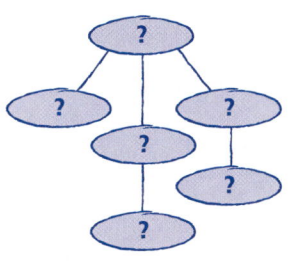

RAZONAMIENTO CRÍTICO Y RESOLUCIÓN DE PROBLEMAS

Escribe una o dos oraciones para responder a las siguientes preguntas:

18. Explica por qué los testículos se encuentran en el escroto y no dentro del cuerpo del varón.

19. ¿Cuál es la función del útero? ¿Cómo se relaciona su función con el ciclo menstrual?

20. ¿Qué importancia tiene la meiosis en la reproducción humana?

LAS MATEMÁTICAS EN LAS CIENCIAS

21. La escuela "El buen porvenir" tiene 2,750 estudiantes. Si 1 par de gemelos idénticos nace por cada 250 alumbramientos, ¿cuántos pares de gemelos idénticos asistirán a la escuela?

22. La señora Rodríguez tuvo un bebé el 30 de abril. Se desarrolló dentro del útero durante 9 meses. ¿En qué mes se fertilizó el óvulo?

23. En Estados Unidos, siete de cada 1,000 bebés mueren antes de cumplir 1 año. Convierte esta cifra a un porcentaje. ¿Es tu respuesta mayor o menor al 1%?

24. En Haití, un pequeño país del Caribe, 74 de cada 1,000 bebés mueren antes de cumplir 1 año. Convierte esta cifra a un porcentaje. ¿Es tu respuesta mayor o menor al 1%? ¿A qué crees que se debe la diferencia entre los Estados Unidos y Haití?

INTERPRETAR GRÁFICAS

La siguiente gráfica ilustra los ciclos de la hormona masculina, testosterona, y de la hormona femenina, o estrógeno. La línea azul muestra el nivel de estrógeno en una mujer durante un período de 28 días. La roja muestra el nivel de testosterona en un hombre durante un período de 28 días.

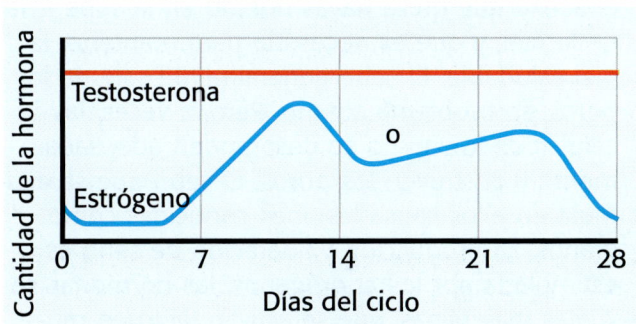

25. ¿Cuál es la principal diferencia entre los dos niveles hormonales durante el período de 28 días?

26. ¿A qué ciclo crees que afecta el estrógeno?

27. ¿Por qué el nivel de testosterona permanece igual?

AHORA, ¿qué piensas?

Revisa tus respuestas a las preguntas de la página 533 que escribiste en tu cuaderno de ciencias. ¿Han cambiado tus respuestas? Si es necesario, corrige tus respuestas basándote en lo que has aprendido en este capítulo.

Reproducción y desarrollo

CIENCIAS BIOLÓGICAS • QUÍMICA

Acné

Si eres adolescente, quizá ya tengas cierta experiencia con el acné. Si no, ya la tendrás. Contrariamente a lo que has escuchado, el acné no es causado por los alimentos grasosos ni los dulces, aunque éstos pueden agravar el problema. En general, las fluctuaciones hormonales que ocurren cuando los jóvenes pasan a la edad adulta son las causantes del acné.

¿Qué son los granos?

La piel contiene miles de poros diminutos, cada uno con glándulas sebáceas que producen sebo, el aceite que quizá hayas notado en la superficie de la piel, y que es necesario para mantener la piel saludable. El sebo generalmente sale de los poros sin problema alguno. Pero, a veces, las células de la piel no se desprenden adecuadamente y obstruyen los poros. El sebo que se acumula en ellos causa lesiones conocidas como granos. La producción y liberación de sebo es estimulada por los andrógenos, las hormonas sexuales masculinas, que se activan tanto en mujeres como en hombres durante la pubertad.

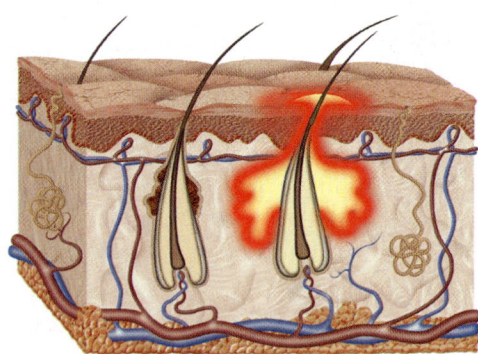

▲ *La acumulación de sebo y células muertas en los poros de la piel causan acné.*

Conoce tus lesiones

Hay dos tipos de lesiones: las no inflamatorias y las inflamatorias. Entre las lesiones no inflamatorias se encuentran las espinillas y los barros. Hay quienes piensan que las espinillas son poros llenos de suciedad. Su color obscuro es, en realidad, el resultado de pigmentos obscuros de la piel o de aceite atrapado en los poros. Los barros son blancos porque su contenido está escondido bajo la superficie de la piel. Las lesiones inflamatorias son causadas por bacterias y, a menudo, son pequeñas protuberancias rojas. Las bacterias viven en poros saludables y, cuando los poros se obstruyen, quedan atrapadas y pueden provocar irritación o infección.

Herencia

La historia familiar parece ser un factor en el desarrollo del acné. Por desgracia, si tus padres o hermanos y hermanas tuvieron acné, eres más propenso a tenerlo. Las causas del acné hereditario siguen siendo imprecisas. La piel puede estar genéticamente programada para producir más sebo del que se produce normalmente en la adolescencia.

¿Hay alguna esperanza?

Algunos productos comerciales pueden retirar las células muertas de la piel y el sebo de los poros. Muchos medicamentos impiden la producción de sebo o estimulan la exfoliación de las células de la piel. Estos tratamientos pueden ayudar a mantener los poros limpios y prevenir el acné. A veces, los médicos recetan antibióticos, como tetraciclina o eritromicina, para tratar casos severos de acné. Los antibióticos son medicamentos que matan las bacterias, como las que irritan las lesiones inflamadas. El lado bueno de esto es que la mayoría de los casos de acné desaparecen cuando se llega a la edad adulta.

Descúbrelo

▶ Descubre qué ingrediente activo se encuentra en los medicamentos comerciales para el acné. Investiga un poco cómo trabaja. Presenta tus descubrimientos al resto de la clase.

Ciencia, Tecnología y Sociedad
La tecnología en sus primeras etapas

Cada año, miles de bebés nacen con enfermedades que amenazan su vida o con defectos graves de nacimiento. ¿Qué pasaría si se les aplicaran tratamientos médicos a estos bebés antes de nacer? Unos médicos de las universidades de San Francisco, Harvard y Vanderbilt practican la cirugía fetal experimental con resultados alentadores.

¿Cuándo puede hacerse cirugía fetal?

Hasta ahora, se han practicado cerca de 100 operaciones fetales en todo el país. Se pueden aplicar tratamientos correctivos entre la 18ª y la 30ª semana de embarazo. Muchos factores determinan si la cirugía fetal es apropiada o no. La cirugía se considera una opción sólo si la condición amenaza la vida del bebé. Sin embargo, los fetos con varios defectos o con anormalidades cromosómicas no son buenos candidatos para la cirugía fetal.

Se han practicado con éxito operaciones en pacientes fetales con espina bífida, hernias diafragmáticas, malformaciones de los pulmones y obstrucciones de las vías urinarias. La espina bífida es un defecto que deja la médula expuesta. La hernia diafragmática es un orificio en el diafragma que causa problemas respiratorios severos.

Cirugía a pequeña escala

La cirugía fetal entra en una de tres categorías. El tipo de tratamiento menos traumático usa un escalpelo con láser o un endoscopio. El escalpelo se usa para eliminar tumores del tórax. Un endoscopio es un dispositivo guiado por video que combina una lente de cámara y unas tijeras que miden menos de 0.2 cm de ancho. El médico guía las tijeras a través de un corte diminuto en las paredes abdominales y uterinas. No puede ver al feto directamente durante la operación porque el corte es muy pequeño. Por lo tanto, debe observar las imágenes de video proporcionadas por el endoscopio durante la operación.

Una opción más traumática es la cirugía fetal abierta. En este tratamiento, se abren el abdomen y el útero de la madre, y el feto queda parcialmente expuesto.

La tercera, y relativamente nueva opción, es el transplante de células tronco (precursoras de las células sanguíneas) al feto. Este tratamiento es esencialmente un transplante de médula ósea para el feto. Se usa para tratar enfermedades genéticas y del sistema inmunológico.

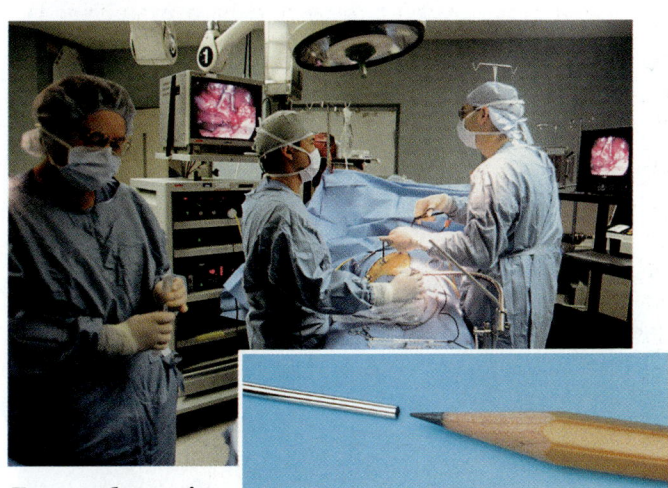

Este endoscopio se usa para practicar una cirugía fetal.

Lo que depara el futuro

Cada cirugía fetal da como resultado la mejora de técnicas y tratamientos, así como la expansión de la lista de defectos y enfermedades tratables. A medida que el número de operaciones aumente, la cirugía fetal será cada vez más común.

Profundizar

▶ Los endoscopios utilizados en la cirugía fetal usan una tecnología llamada fibra óptica. Investiga qué artículos de tu casa usan la fibra óptica.

Experimentos

Contenido

¡La seguridad manda! **556**

Capítulo 1 El mundo de las ciencias biológicas
¿Tiene sentido? 560
Hacer gráficas 562
Una ventana a un mundo oculto 563

Capítulo 2 ¡Está vivo! ¿O no...?
Carreras de cochinillas 564
El dilema de la panadería "Rico Pan" .. 566

Capítulo 3 La luz y los seres vivos
Mezclar colores 568

Capítulo 4 La célula: unidad fundamental de la vida
¿Amibas del tamaño de un elefante? ... 570
¡Células vivas! 572
¿Cómo se llama esa parte? 573

Capítulo 5 La célula en acción
El misterio de las papas perfectas 574
¡Supervivencia! 576

Capítulo 6 Herencia
Constructora de Bichos, S. A. 578
Sigue la pista de los rasgos 580

Capítulo 7 Los genes y la tecnología genética
Pares de bases 582

Capítulo 8 La evolución de los seres vivos
Huellas misteriosas 584
Malvaviscos ocultos 586
Chocolates que sobreviven 587

Capítulo 9 La historia de la vida en la Tierra
La edad del registro fósil 588
La vida media de un centavo 591

Capítulo 10 Clasificación
La isla de las formas 592
Viaje de la nave espacial *Aventura* 594

Capítulo 11 Introducción a las plantas
¡Hojas! 596
Semillas viajeras 598
Construye una flor 599

Capítulo 12 Procesos de las plantas
Las sobras de la fotosíntesis 600
Plantas lloronas 602

Capítulo 13 Los animales y su conducta
¡Lombrices escurridizas! 604
La tía Florecita y el abejorro 606

Capítulo 14 Invertebrados
Porosidad de los poríferos 608
Travesuras de grillos 609

Capítulo 15 Peces, anfibios y reptiles
Manda a nadar a un pez tubo 612
De príncipe a rana 614

Capítulo 16 Aves y mamíferos
¿No van al dentista? 616
Se solicitan mamíferos en Marte 617

Capítulo 17 Los ecosistemas de la Tierra
Vida en el desierto 618
¡Descubre los miniecosistemas! 619
¿Demasiada comida? 620

Capítulo 18 Problemas ambientales y soluciones
Biodiversidad: ¡vaya idea! 622
Decisiones ambientales 624

Capítulo 19 La organización y estructura del cuerpo
Los músculos en acción 626
Ver para creer 627

Capítulo 20 Circulación y respiración
Construye un pulmón 630
Dióxido de carbono en el aliento 631

Capítulo 21 Comunicación y control
¡Me pones nervioso! 632

Capítulo 22 Reproducción y desarrollo
¡Un mundo seguro y agradable! 634
¡Oh, cuánto has crecido! 635

La exploración, la invención y la investigación son esenciales para el estudio de la ciencia. Sin embargo, estas actividades pueden ser peligrosas. Para asegurarte de que tus experimentos y exploraciones sean seguros, debes conocer las distintas pautas de seguridad.

Es posible que hayas escuchado el refrán "Más vale prevenir que lamentar". Esto es especialmente cierto en un salón de clases en donde se realizan experimentos y exploraciones. No estar informado o ser descuidado puede dar lugar a graves accidentes. No arriesgues tu seguridad ni la de los demás.

A continuación se presentan importantes pautas de seguridad para el salón de ciencias. Quizás tu maestro o maestra tenga otras pautas y consejos específicos para tu salón de clases y laboratorio. Toma el tiempo de hacer las cosas de manera segura.

¡Reglas de seguridad!

Comienza correctamente

Antes de intentar cualquier experimento en el laboratorio, pídele permiso a tu maestro o maestra. Lee los procedimientos cuidadosamente y ponles especial atención a la información de seguridad y a las notas de precaución. Si no estás seguro de lo que significa un símbolo de seguridad, averígualo o pregúntale a tu maestro o maestra. No importa que exageres cuando se trata de seguridad. Si ocurre un accidente, no importa qué insignificante lo consideres: infórmale a tu maestro o maestra de inmediato.

Símbolos de seguridad

Todos los experimentos e investigaciones que aparecen en este libro y sus hojas de trabajo incluyen importantes símbolos de seguridad para advertirte acerca de los riesgos. Debes familiarizarte con estos símbolos de modo que, cuando los veas, sepas qué significan y qué debes hacer. Es muy importante que leas toda esta sección dedicada a la seguridad para aprender acerca de los peligros que hay en un laboratorio.

Si debes oler una substancia, no lo hagas directamente: con la mano, mueve los gases hacia tu nariz. Nunca debes colocar tu nariz cerca de la fuente.

Protección de los ojos

Utiliza gafas de seguridad al trabajar cerca de substancias químicas, ácidos, bases o cualquier tipo de llama o dispositivo calentador. Utiliza gafas de seguridad siempre que exista hasta la más mínima posibilidad de daño a los ojos. Si cualquier substancia entra en tus ojos, avísale a tu maestro o maestra inmediatamente y limpia el ojo con agua de la llave durante al menos 15 minutos. Debes tratar cualquier substancia química desconocida como si fuera una substancia peligrosa. Nunca mires directamente al Sol, pues podrías quedarte ciego permanentemente.

No uses lentes de contacto en un laboratorio, pues las substancias químicas pueden meterse entre los lentes de contacto y los ojos aunque uses gafas de seguridad. Si tu doctor exige que uses lentes de contacto en vez de anteojos, utiliza gafas de seguridad con ojeras en el laboratorio.

Orden

Debes mantener tu área de trabajo libre de libros y papeles innecesarios. Si tienes el cabello largo, no lo dejes suelto, y fija a tu cuerpo las mangas y otras prendas de ropa sueltas, tales como corbatas o cintas. No uses joyas colgantes ni zapatos abiertos o sandalias. Nunca debes comer, beber o maquillarte en un laboratorio. Los alimentos, bebidas y cosméticos se pueden contaminar fácilmente con materiales peligrosos.

Ciertos productos para el cabello (como el espray en aerosol) son inflamables y, por lo tanto, no se deben usar al trabajar cerca de una llama. No uses espray o gel para el cabello en los días que debes ir al laboratorio.

Equipo de seguridad

Debes saber dónde están las alarmas contra incendios más cercanas y el equipo de seguridad, como las mantas incombustibles y fuentes de agua, de acuerdo con las indicaciones de tu maestro o maestra. Además, debes saber cómo utilizarlos.

Objetos punzantes

Debes utilizar los cuchillos y otros instrumentos afilados con extrema precaución. Nunca cortes objetos mientras los sostienes en tus manos. Debes colocarlos sobre una superficie apropiada para cortarlos.

Debes tener especial precaución al utilizar objetos de vidrio. Al echar un objeto pesado a un cilindro graduado, debes inclinar el cilindro de modo que el objeto se deslice lentamente hasta el fondo.

¡La seguridad manda! **Experimentos** **557**

Calor

Utiliza gafas de seguridad al usar un dispositivo calentador o una llama. Cuando sea posible, utiliza una placa calentadora eléctrica como fuente de calor en vez de una llama. Al calentar un material en un tubo de ensayo, siempre debes inclinar el tubo lejos de ti y de otras personas. Para evitar quemaduras, utiliza guantes termorresistentes cuando recibas las instrucciones.

Substancias químicas

Utiliza gafas de seguridad al manipular cualquier substancia química potencialmente peligrosa, ya sea un ácido o una base. Si desconoces una substancia química, debes manipularla como si se tratara de una substancia peligrosa. Utiliza un delantal y gafas de seguridad al trabajar con ácidos o bases. Si accidentalmente derramas una substancia sobre tu piel o ropa, lávala de inmediato con agua durante 5 minutos y avísale a tu maestro o maestra.

Nunca mezcles substancias químicas a menos de que tu maestro o maestra te lo pida. Nuca pruebes, toques o huelas las substancias químicas a menos que esto sea parte de las instrucciones. Antes de trabajar con un líquido o gas inflamable, verifica que no haya ninguna fuente de llama, chispa o calor.

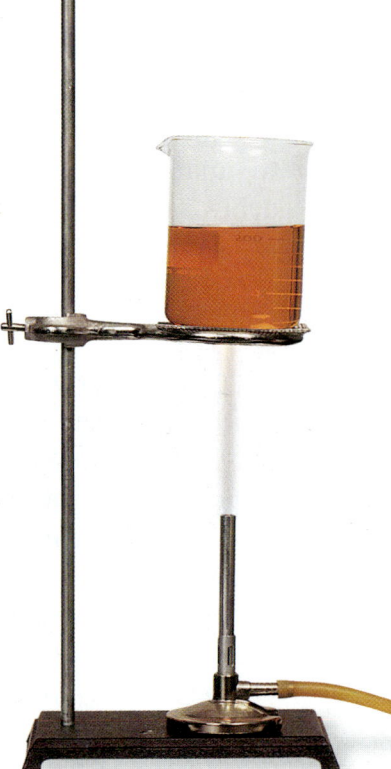

Electricidad

Ten cuidado con los cables eléctricos. Al utilizar un microscopio con lámpara, no debes dejar el cable en un lugar en donde las personas se puedan tropezar con él. No dejes los cables cerca del borde de la mesa de modo que puedan tirar el equipo al suelo accidentalmente. No utilices equipos con cables dañados. Asegúrate de tener las manos secas y que el equipo eléctrico esté apagado antes de enchufarlo. Debes apagar y desenchufar el equipo eléctrico cuando termines.

Seguridad de los animales

Siempre pídele permiso a tu maestro o maestra antes de de traer cualquier tipo de animal a la escuela. Debes manipular a los animales de acuerdo a las instrucciones de tu maestro. Siempre trátalos con cuidado y respeto y lávate bien las manos después de manipularlos.

Seguridad de las plantas

No debes comer ninguna parte de una planta o semilla de planta que se utilice en el laboratorio. Lávate bien las manos después de manipular cualquier parte de una planta. Al estar al aire libre, no recojas ningún tipo de planta silvestre a no ser que tu maestro o maestra te lo pida.

Objetos de vidrio

Examina todos los objetos de vidrio antes de usarlos. Asegúrate de que estén limpios y que no tengan roturas o fisuras. Avísale a tu maestro o maestra si encuentras cualquier tipo de daño. Los recipientes de vidrio utilizados para calentar deben ser de vidrio termorresistente.

¡La seguridad manda! Experimentos

¿Tiene sentido?

Tu maestro o maestra de matemáticas no te dirá esto, pero ¿sabías que a veces 2 + 2 no es igual a 4? (Bueno, en realidad sí, pero a veces no *parece* ser igual a 4.) En este experimento, utilizarás el método científico para predecir, medir y observar lo que ocurre al mezclar dos líquidos desconocidos. Aprenderás que un científico no se propone demostrar una hipótesis, sino más bien ponerla a prueba y, a veces, ¡los resultados no parecen tener sentido!

Materiales

- 75 mL de líquido A (agua)
- 75 mL de líquido B (alcohol)
- termómetro Celsius
- 5 cilindros graduados idénticos de 50 mL
- marcador para vidrio
- guantes protectores

Observa

1. Ponte los anteojos, los guantes protectores y un delantal. No te los quites durante el experimento. Examina los dos líquidos de los cilindros graduados que te dio tu maestro o maestra. **Cuidado:** No pruebes, toques o huelas ninguna substancia química desconocida.

2. Anota en el cuaderno de ciencias todas las observaciones posibles sobre cada líquido. ¿Tienen burbujas los líquidos? ¿De qué color son? ¿Cuál es el volumen exacto de cada líquido? Toca los cilindros graduados. ¿Están calientes o fríos?

3. Vierte exactamente 25 mL del líquido A en cada uno de los dos cilindros graduados. Junta las muestras en uno de los cilindros graduados y registra el volumen final en el cuaderno de ciencias. Repite el paso con el líquido B.

Formula una hipótesis

4. Basándote en tus observaciones y en tu experiencia previa, formula una hipótesis sobre cómo cambian los volúmenes cuando se combinan los líquidos.

Haz una predicción

5. Haz una predicción basada en tu hipótesis utilizando el formato "Si...entonces...". Explica por qué has hecho esa predicción.

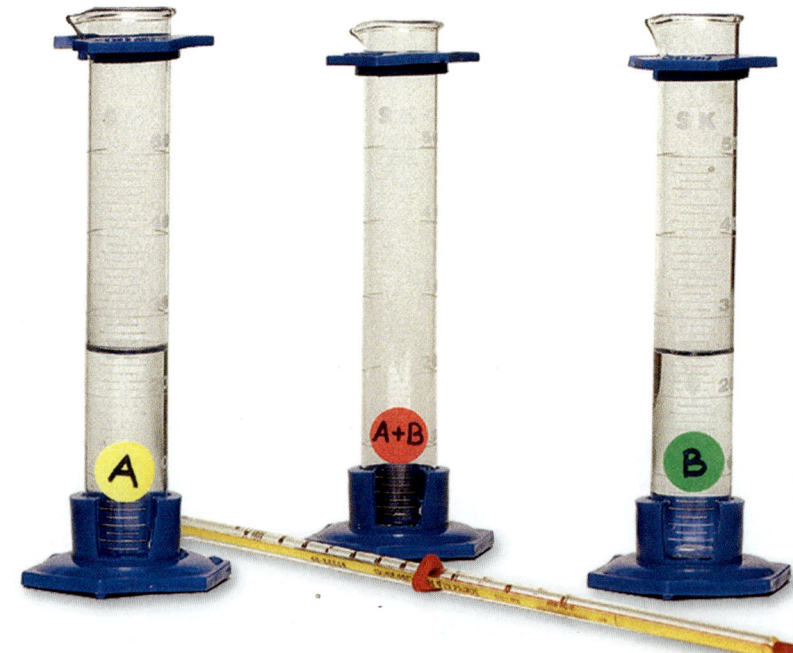

Comprueba la hipótesis

6. En tu cuaderno de ciencias, haz una tabla de datos para registrar tus observaciones como la que se muestra a continuación:

	Contenido del cilindro A	Contenido del cilindro B	Resultados de la mezcla: predicciones	Resultados de la mezcla: observaciones
Volumen				
Apariencia				
Temperatura				

No escribas en el libro

7. Con cuidado, vierte exactamente 25 mL del líquido A (agua) en un cilindro de 50 mL. Marca este cilindro con la letra "A". Registra su apariencia, volumen y temperatura en la tabla de datos. Tu maestro o maestra demostrará cómo medir el volumen con un cilindro graduado, y cómo medir la temperatura con un termómetro de laboratorio.

8. Con cuidado, vierte exactamente 25 mL del líquido B (alcohol) en otro cilindro de 50 mL. Marca este cilindro con la letra "B". Registra su apariencia, volumen y temperatura en la tabla de datos.

9. Marca el tercer cilindro, que está vacío, con las letras "A + B".

10. En la columna "Resultados de la mezcla: predicciones" de tu tabla, registra la predicción que hiciste anteriormente. Es posible que cada uno de tus compañeros haya hecho una predicción diferente.

11. Con cuidado, vierte los contenidos de ambos cilindros en el tercero.

12. Observa y registra la apariencia, el volumen total y la temperatura en la columna "Resultados de la mezcla: observaciones" de la tabla.

13. Guarda los materiales como te indique tu maestro.

Analiza los resultados

14. Comenten sus predicciones en clase. ¿Cuántas predicciones diferentes hubo? ¿Qué predicciones fueron corroboradas por las pruebas? ¿Te sorprendió alguna de tus mediciones?

Saca conclusiones

15. ¿Se corroboró tu hipótesis? Si no fue así, ¿puedes explicar los datos?

16. Explica el valor de las predicciones incorrectas.

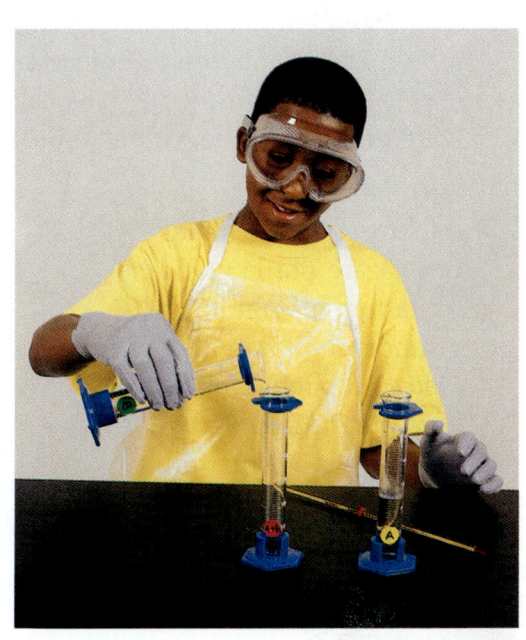

Hacer gráficas

Al realizar un experimento, generalmente es necesario recopilar información. Para comprender la información, es bueno organizarla en una gráfica. Las gráficas pueden mostrar tendencias y patrones que quizás no notes en una tabla o lista. En este ejercicio, practicarás la recopilación de información y su organización en una gráfica.

Procedimiento

1. Vierte 200 mL de agua en un vaso de laboratorio de 400 mL. Agrega hielo al vaso de laboratorio hasta que el agua llegue a la marca de 400 mL.

2. Coloca un termómetro Celsius en el vaso de laboratorio. Utiliza un sujetador de termómetro para evitar que éste toque el fondo del vaso. Registra la temperatura del agua con hielo en el cuaderno de ciencias.

3. Coloca el vaso y el termómetro sobre una placa calentadora. Enciende la placa a una temperatura media y, en el cuaderno de ciencias, registra la temperatura cada minuto hasta que el agua alcance los 100°C.

4. Con los guantes termorresistentes, retira el vaso de la placa calentadora y apágala. Sigue registrando la temperatura del agua cada minuto por 10 minutos más.

5. En una hoja de papel cuadriculado, haz una gráfica similar a la que se presenta a continuación. Denomina el eje horizontal (el eje de las *x*) "Tiempo (min)" y márcalo con incrementos de 1 minuto, como se indica. Denomina el eje vertical (el eje de las *y*) "Temperatura (°C)" y márcalo con incrementos de diez, como se indica.

6. Encuentra la marca de 1 minuto en el eje de las *x* y desplázate por la gráfica hasta la temperatura registrada en el minuto 1. Marca un punto en la gráfica justo ahí. Traza cada temperatura de la misma forma. Cuando hayas trazado todos los datos, conecta los puntos con una línea continua.

Materiales

- un vaso de laboratorio de 400 mL
- agua
- hielo
- termómetro Celsius con sujetador
- placa calentadora
- papel cuadriculado
- guantes termorresistentes
- reloj

Análisis

7. Examina la forma de tu gráfica. ¿Crees que el agua se calentó más rápido de lo que se enfrió? Explica.

8. Calcula qué temperatura tenía el agua 2.5 minutos después de poner el vaso sobre la placa calentadora. Explica cómo puedes calcular en forma precisa la temperatura entre las que registraste.

9. Explica por qué una gráfica a menudo proporciona más información que los mismos datos en una lista o tabla.

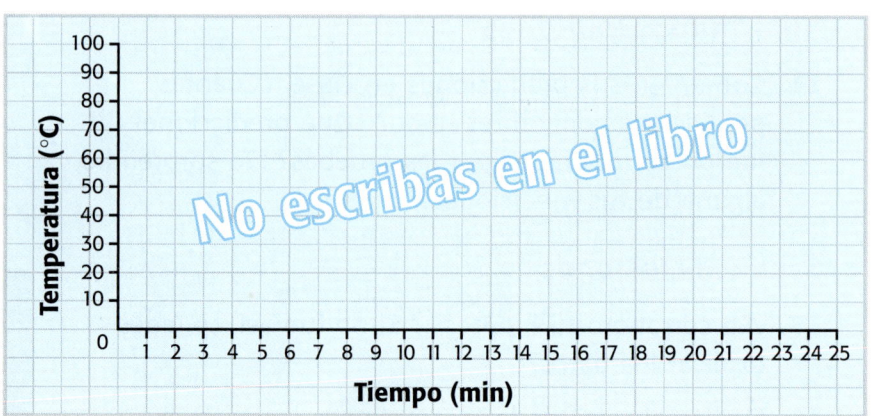

Una ventana a un mundo oculto

¿Te has fijado que los objetos bajo el agua parecen estar más cerca de lo que están en la realidad? Eso se debe a que las ondas de luz cambian de velocidad cuando van del aire al agua. Anton van Leeuwenhoek, un pionero de la microscopía de fines del siglo XVII, utilizó una gota de agua en lugar de un trozo de vidrio para amplificar objetos. Esa gota de agua nos acercó a un mundo oculto. ¿Cómo funcionaba el microscopio de Leeuwenhoek? En esta investigación, construirás un modelo para averiguarlo.

Materiales

- regla métrica
- un pedazo de un tablero de anuncios de 3 × 10 cm
- perforadora
- cuentagotas
- papel periódico
- cinta adhesiva
- rollo de plástico transparente
- agua

Procedimiento

1. Con una perforadora, haz un orificio en el centro del tablero de anuncios, como se muestra en la ilustración (a).

2. Con la cinta adhesiva pega un pequeño trozo de plástico transparente sobre el orificio, como se muestra en la ilustración (b). Asegúrate de que el plástico sea lo suficientemente grande como para que la cinta adhesiva que uses para pegarlo no cubra el orificio.

3. Usa un cuentagotas para colocar una gota de agua sobre el orificio. Asegúrate de que la gota de agua tenga forma de cúpula (convexa), como se ve en la ilustración (c).

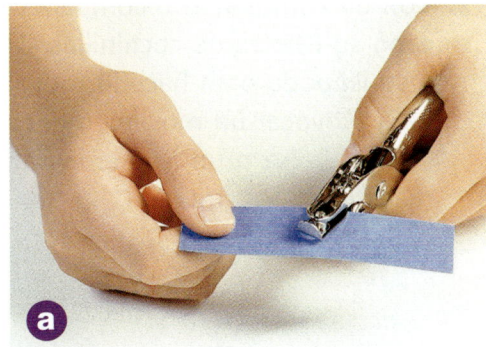

4. Sostén el microscopio cerca de tu ojo y mira a través de la gota. Trata de no mover la gota de agua.

5. Sostén el microscopio sobre un trozo de papel periódico y observa la imagen.

Análisis

6. Describe y dibuja la imagen que ves. ¿Se ve la imagen más grande o de igual tamaño que sin el microscopio? ¿Es la imagen clara o borrosa? ¿Está distorsionada la forma de la imagen?

7. ¿Cómo podrías mejorar tu modelo?

Profundizar

Robert Hooke y Zacharias Janssen contribuyeron considerablemente al campo de la microscopía. Averigua quiénes fueron, en qué época vivieron y qué hicieron.

Carreras de cochinillas

¿Alguna vez has visto correr a un insecto? ¿Te preguntaste por qué corría? Probablemente corría en reacción a un estímulo. Algo lo hizo correr. Una de las características de un ser vivo es su habilidad para responder a un estímulo. En esta actividad, estudiarás el movimiento de las cochinillas de humedad, también denominadas *Armadillium vulgare.* En realidad, estos no son insectos sino crustáceos de tierra denominados isópodos. Los isópodos viven en lugares húmedos y obscuros, debajo de piedras o tablas de madera. Debes estimular al isópodo para determinar qué tan rápido se mueve y qué afecta su rapidez y dirección. Recuerda que los isópodos son seres vivos y deben ser tratados con cuidado y respeto.

Materiales

- recipiente pequeño de plástico con tapa
- 1 ó 2 cm de tierra para el recipiente
- rebanada pequeña de papa cruda
- pedazo de tiza
- 4 isópodos
- regla métrica
- cronómetro o reloj con segundero
- guantes protectores

Procedimiento

1. Con un compañero o compañera, decidan cómo llevarán a cabo su carrera de cochinillas. Discutan maneras de estimular a su isópodo para hacerlo mover. Elige cinco o seis cosas para provocar un movimiento, como la temperatura, el sonido, la luz o un leve empujón. Evalúen su decisión con su maestro o maestra.

2. En el cuaderno de ciencias, haz una tabla de datos como la que se muestra a continuación. Anota los tipos de estímulos que quieres usar en la parte superior de las columnas. Marca las filas en la izquierda de la siguiente manera: "Isópodo 1", "Isópodo 2", "Isópodo 3", "Isópodo 4".

Respuestas de los isópodos			
	Estímulo 1: ?	Estímulo 2: ?	Estímulo 3: ?
Isópodo 1			
Isópodo 2			
Isópodo 3			
Isópodo 4			

Capítulo 2 Experimentos

3. Colócate los guantes y úsalos durante el paso 7. Coloca 1 ó 2 cm de tierra en un recipiente pequeño de plástico. Agrega una pequeña rebanada de papa y un pedazo de tiza. Los isópodos utilizarán estas cosas como alimento.

4. Tu maestro o maestra te entregará cuatro isópodos. Colócalos en el recipiente y obsérvalos por unos minutos antes de realizar los experimentos. Escribe tus observaciones en el cuaderno de ciencias.

5. Tu compañero y tú elegirán dos isópodos cada uno para el experimento. Cada uno debe elegir al menos dos de los estímulos del plan que ha sido aprobado por su maestra.

6. Coloca los isópodos cuidadosamente en la "línea de partida". Esta puede ser una línea imaginaria a un lado del recipiente.

7. Prueba los métodos que elegiste para hacer mover los isópodos. Registra las respuestas provocadas por cada estímulo en la tabla de datos. Asegúrate de medir cuidadosamente las distancias que recorrieron los isópodos. Para medir los tiempos usa un cronómetro o un reloj con segundero.

Análisis

8. ¿Cómo se mueven los isópodos? ¿Se mueven sus pies simultáneamente? Describe el patrón del movimiento de los pies.

9. Cuando observaste los isópodos antes de la carrera, ¿viste algún tipo de movimiento? ¿Tenía un propósito el movimiento o era el resultado de un estímulo? Explica.

10. ¿Logró algunos de los estímulos que el isópodo se moviera más rápido o llegara más lejos? ¿Afectó alguna combinación de estímulos el movimiento de los isópodos?

Profundizar

Si bien los insectos no corren por placer como los humanos u otros mamíferos, nosotros, al igual que todos los seres vivos, también reaccionamos a los estímulos. Describe tres estímulos que harán correr a una persona.

El dilema de la panadería "Rico Pan"

DESCUBRIR EN EL LABORATORIO

El dueño de la panadería "Rico Pan" cree que la levadura que recibieron está muerta. La levadura es un ingrediente del pan. Se podrían perder miles de dólares si la levadura estuviera muerta. Son organismos vivos, miembros del reino de los Hongos y experimentan los mismos procesos vitales que los demás organismos vivos. Cuando se desarrollan en presencia del oxígeno y otros nutrientes producen dióxido de carbono que se presenta en forma de burbujas y hace que la masa suba.

La panadería "Rico Pan" te ha pedido que compruebes si la levadura está muerta o viva. Has recibido muestras de levadura viva y algunas muestras de la levadura que se sospecha que está muerta. Tu maestro o maestra te dará los instrumentos necesarios para que realices tu prueba.

Materiales

- muestras de levadura (viva, A y B)
- agua
- azúcar
- harina
- lupa
- tubos de ensayo o vasos plásticos
- soporte para tubos de ensayo
- 3 palos de madera para revolver
- cilindro graduado
- placa calentadora
- paleta o cuchara pequeña
- vaso de laboratorio de 250 mL
- termómetro Celsius con sujetador

Procedimiento

1. Haz una tabla de datos similar a la que se presenta a continuación. Deja suficiente espacio para anotar tus observaciones.

2. Ponte anteojos, guantes y un delantal. No te los quites durante el experimento. Examina todas las muestras de levadura bajo una lupa. Quizás quieras oler las muestras para detectar la presencia de algún olor. (Tu maestro te demostrará la manera apropiada para detectar olores en un laboratorio.) Escribe tus observaciones en la tabla de datos bajo la columna denominada "Observaciones".

3. Rotula tres contenedores (tubos de ensayo o vasos plásticos) de la siguiente manera: "Levadura viva", "Muestra de levadura A" y "Muestra de levadura B".

4. Llena un vaso de laboratorio de 250 mL con 125 mL de agua y colócalo sobre una placa calentadora. Utiliza un termómetro para asegurarte que el agua no exceda 32°C. Coloca el termómetro a un lado del vaso con un sujetador de modo que el termómetro no toque el fondo del vaso. Apaga la placa calentadora cuando alcance una temperatura de 32°C.

	Observaciones	0 min	5 min	10 min	15 min	20 min	25 min	¿Muerta o viva?
Levadura viva								
Muestra de levadura A								
Muestra de levadura B								

No escribas en el libro

566 Capítulo 2 Experimentos

5. Agrega una cantidad (aproximadamente 1/2 cucharadita) de cada muestra de levadura al recipiente apropiado. Agrega una pequeña cantidad de azúcar a cada recipiente.

6. Agrega 10 mL de agua precalentada a cada recipiente, utilizando un probeta y revuelve con un palo.

7. Agrega una pequeña cantidad de harina a cada recipiente y revuelve.

8. Observa las muestras y la formación de burbujas. Realiza observaciones cada 5 minutos. Escribe tus observaciones en la tabla de datos debajo de la columna de tiempo.

9. En la última columna de la tabla de datos, anota "viva" o "muerta" en función de tus observaciones durante el experimento.

Análisis

10. Enumera y explica cualquier diferencia en las muestras de levadura antes del experimento.

11. Describe el aspecto de las muestras de levadura al finalizar el experimento.

12. ¿Por qué se incluyó una muestra de levadura viva?

13. ¿Por qué se agregó azúcar a la muestra?

14. Según tus observaciones, ¿qué muestra o muestras de levadura están vivas?

15. Escríbele una carta a la panadería "Rico Pan" especificando si pueden o no utilizar las muestras de levadura. Explica tu recomendación.

Profundizar

Diseña un experimento en donde cambies la cantidad de nutrientes o examines distintas fuentes de energía.

Capítulo 2 Experimentos **567**

Mezclar colores

Cuando mezclas dos colores, como el rojo y el verde, creas un color diferente. Pero, ¿qué color es? ¿Será un color más claro o más obscuro? El color y la claridad que ves depende de la luz que llega a tus ojos, la cual depende de si estás realizando una adición de color (combinando longitudes de onda al mezclar los colores de la luz) o substracción de color (absorbiendo luz al mezclar colores de los pigmentos). En este experimento tratarás de hacer ambos tipos de formación de colores y verás los resultados ¡en persona!

Materiales

Parte A
- 3 linternas
- filtros de color rojo, verde y azul
- cinta adhesiva
- papel blanco

Parte B
- cinta adhesiva
- 2 vasos pequeños de papel o plástico
- agua
- brocha
- acuarelas
- papel blanco
- regla métrica

Parte A: Adición de color

Procedimiento

1. Coloca un filtro de color sobre cada lente de linterna. Usa cinta adhesiva para evitar que se muevan los filtros.

2. En un cuarto obscuro, dirige la luz roja sobre una hoja de papel blanco. Luego dirige la luz azul al lado de la luz roja. Verás dos círculos de luces, uno rojo y otro azul, uno al lado del otro.

3. Mueve las linternas para que los círculos se superpongan en la mitad de su diámetro. Examina las tres áreas de color y anota tus observaciones. ¿Qué color se formó en el área mezclada? ¿Es el área mezclada más clara o más obscura que las áreas que tienen un solo color?

4. Repite los pasos 2 y 3 con las luces roja y verde.

5. Ahora dirige las tres luces al mismo punto de la hoja de papel. Examina los resultados y anota tus observaciones.

Análisis

6. En general, cuando mezclaste dos colores, ¿fue el resultado más claro o más obscuro que los colores originales?

7. En el paso 5, mezclaste los tres colores. ¿Fue el color resultante más claro o más obscuro que al mezclar dos colores? Explica tu respuesta en términos de adición de color. (Pista: Lee la definición de adición de color en la introducción.)

8. Según tus resultados, ¿qué piensas que sucedería si mezclaras todos los colores de la luz? Explica.

Parte B: Substracción de color

Procedimiento

9. Coloca un trozo de cinta adhesiva en cada vaso. Rotula un vaso como "Limpio" y el otro como "Sucio". Llena con agua cada vaso aproximadamente hasta la mitad.

10. Humedece bien la brocha en el vaso "Limpio". Con las acuarelas, pinta un círculo rojo con un diámetro aproximado de 4 cm en el papel blanco.

11. Limpia la brocha enjuagándola primero en el vaso "Sucio" y después en el "Limpio".

12. Pinta un círculo azul junto al círculo rojo. Después pinta la mitad del círculo rojo con la pintura azul.

13. Examina las tres áreas: la roja, la azul y la mezclada. ¿De qué color es el área mezclada? ¿Parece más clara u obscura que las áreas roja y azul? Anota tus observaciones en el cuaderno de ciencias.

14. Limpia la brocha. Pinta un círculo verde de 4 cm de diámetro y luego pinta la mitad del círculo azul con pintura verde.

15. Examina las áreas verde, azul y mezclada. Anota tus observaciones.

16. Ahora, agrega pintura verde al área mezclada con rojo y azul, para que tengas un área mezclada con los tres colores. Limpia la brocha.

17. Anota tus observaciones de esta otra área mezclada.

Análisis

18. En general, cuando mezclaste dos colores, ¿fue el resultado más claro o más obscuro que los colores originales?

19. En el paso 16, mezclaste los tres colores. ¿El color resultante fue más claro o más obscuro que al mezclar dos colores? Explica tu respuesta en términos de substracción de color. (Pista: Lee la definición de adición de color en la introducción.)

20. Según tus resultados, ¿qué piensas que sucedería si mezclaras todos los colores de pintura? Explica.

¿Amibas del tamaño de un elefante?

CONSTRUIR MODELOS

¿Por qué las amibas no pueden ser tan grandes como un elefante? Porque son organismos unicelulares. Las amibas, como la mayoría de las células, son microscópicas. En realidad, si una amiba alcanzara el tamaño de una moneda de 25 centavos, se moriría de hambre. Para que veas que es cierto, haz un modelo de una célula y compruébalo.

Materiales
- modelos celulares en forma de cubo
- cartulina o cartón
- tijeras
- cinta
- báscula o balanza
- arena fina

Procedimiento

1. Con cartulina, haz cuatro modelos de célula en forma de cubo con los moldes que te dé tu maestra. Recorta cada modelo de célula, dobla los lados para hacer un cubo y pega las pestañas en los lados. La célula más pequeña tiene lados que equivalen a una unidad de largo, la otra tiene lados de dos unidades, la siguiente tiene lados de tres unidades y la más grande tiene lados de cuatro unidades. Pega la parte de arriba de cada célula de manera que se pueda abrir más tarde. Estos modelos representan la membrana celular, o sea la parte exterior de la célula por la que pasan los alimentos y los desechos.

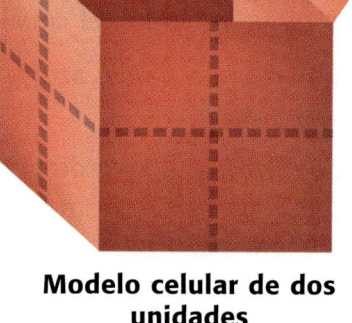

Modelo celular de dos unidades

2. Haz una tabla en tu cuaderno de ciencias como la Tabla de datos de medidas de la derecha. Utiliza las fórmulas para calcular los datos de tus modelos celulares. En la siguiente página están las equivalencias de los símbolos de las fórmulas. Anota tus cálculos en la tabla. Los cálculos de la célula más pequeña ya están hechos.

Tabla de datos de medidas				
Longitud del lado	Área de un lado $(A = L \times L)$	Área superficial total del cubo $(AT = L \times L \times 6)$	Volumen del cubo $(V = L \times L \times L)$	Masa del cubo
1	1 unidad^2	6 unidades^2	1 unidad^3	
2				
3				
4				

3. Despega la parte de arriba del cubo de cada modelo. Con cuidado, llena por completo los modelos con arena. Averigua la masa de los modelos usando una báscula o una balanza. ¿Qué representa la arena en tu modelo?

4. Anota la masa de cada modelo en la tabla. (Utiliza las unidades de masa correctas.)

5. Haz una tabla de datos en tu cuaderno de ciencias como ésta.

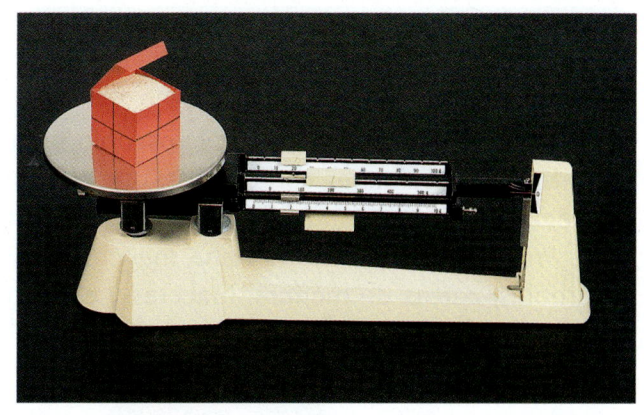

Tabla de datos de relaciones		
Longitud del lado	Relación (razón) del área de superficie al volumen	Relación (razón) del área de superficie a la masa
1		
2		
3		
4		

No escribas en el libro

6. Averigua todas las relaciones (razones) de tus modelos localizando los datos en las tablas. Por ejemplo, el área de superficie total y el volumen se encuentran en la Tabla de datos de medidas. En la Tabla de datos de relaciones anota las razones de cada modelo.

Análisis

7. A medida que la célula crece, ¿qué sucede con la relación entre el área de superficie total y el volumen? ¿Aumenta, disminuye o queda igual?

8. ¿Qué membrana posee mejor capacidad de suministrar alimento al citoplasma: la de una célula pequeña o la de una grande? Explica tu respuesta.

9. A medida que la célula crece, ¿qué sucede con la relación entre el área de superficie total y la masa? ¿Aumenta, disminuye o queda igual?

10. ¿Qué membrana alimenta mejor al citoplasma: la de una célula con masa alta o la de una con masa baja? Explica tu respuesta frente a tus compañeros o escribe un informe e ilústralo con los dibujos de tus modelos.

Tabla de equivalencia de símbolos
L = la longitud de un lado
A = área
V = volumen
AT = área total

¡Células vivas!

Seguramente ya has usado un microscopio para observar organismos unicelulares como estos, que por lo general se encuentran en los estanques. En este ejercicio vas a observar algas *Protococcus* que forman una mancha verdosa en troncos de árboles, cercas de madera, macetas y edificios o casas.

Materiales

- algas *Protococcus* (o de otro tipo)
- microscopio
- agua
- cubreobjetos y portaobjetos para el microscopio

Euglena

Ameba

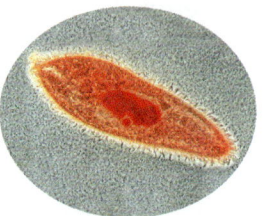
Paramecio

Procedimiento

1. Localiza algunas algas *Protococcus*. Coloca una pequeña muestra en un recipiente y tráela al salón de clase. Mezcla la muestra con una gota de agua y coloca un poco en un portaobjetos, como te lo indica la maestra. Si no encuentras un *Protococcus*, busca otro tipo de alga en un acuario; tal vez no sea un *Protococcus* pero será un buen substituto.

2. Utiliza el lente de bajo poder para examinar el alga. Dibuja en tu cuaderno de ciencias las células que ves.

3. Ahora usa el lente de alto poder y examina una sola célula. Dibuja en tu cuaderno de ciencias la célula que ves.

4. Tal vez observes que cada célula contiene varios cloroplastos. Marca un cloroplasto en tu dibujo. ¿Cuál es la función del cloroplasto?

5. En todas las células de algas se debe ver el núcleo. Encuéntralo en una de tus muestras y márcalo en tu dibujo. ¿Cuál es la función del núcleo?

6. ¿Cómo es el citoplasma? Describe cualquier movimiento que veas dentro de las células.

Análisis

7. ¿Son los *Protococcus* organismos unicelulares o multicelulares?

8. ¿Cuál es la diferencia entre los *Protococcus* y las amebas?

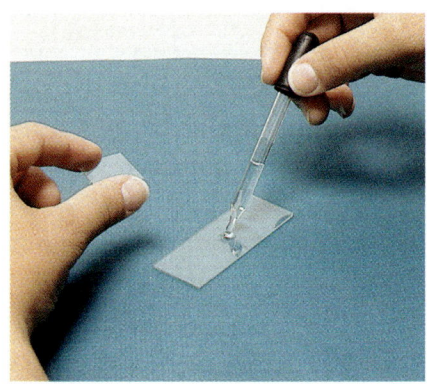

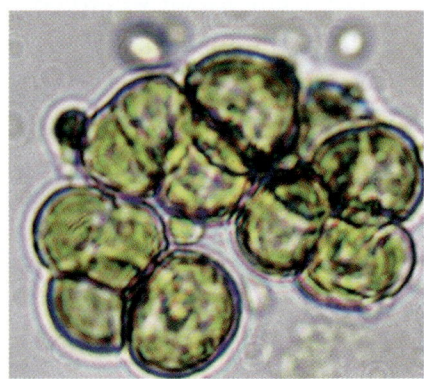
Protococcus

¿Cómo se llama esa parte?

Las células animales y las células vegetales tienen en común muchos organelos y otras partes. Por ejemplo, los dos tipos de células tienen un núcleo y mitocondrias; pero también tienen sus diferencias. En este ejercicio, vas a investigar las semejanzas y las diferencias entre las células animales y las células vegetales.

Materiales
- lápices de colores o marcadores
- hojas blancas de papel

Procedimiento

1. Dibuja en una hoja de papel blanco las células vegetal y animal que ves abajo, utilizando lápices de colores o marcadores. Dibuja cada célula en una hoja diferente. Usa diferentes colores para cada organelo.
2. Marca y nombra las partes de las dos células.
3. Debajo de cada dibujo, haz una lista de todas las partes que marcaste y describe su función.

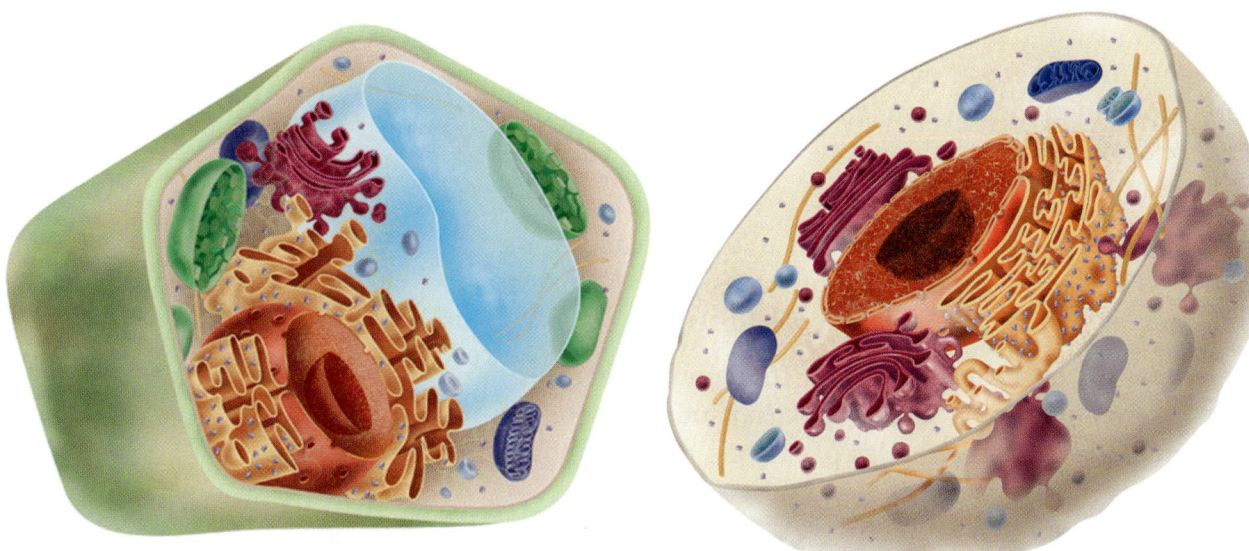

Célula vegetal   Célula animal

Análisis

4. Menciona por lo menos cuatro estructuras que las células vegetales y las células animales tienen en común.
5. Menciona tres estructuras que posean las células vegetales pero no las animales.

El misterio de las papas perfectas

Imagínate que eres el detective en jefe de una compañía de alimentos. El dueño, el Sr. Patatín, te pide que encuentres la manera de mantener las papas frescas y crujientes antes de su cocimiento. Sus empleados ya han probado varios métodos, pero ninguno ha funcionado. Los trabajadores del grupo A pusieron las papas en agua muy salada y sucedió algo inesperado; los del grupo B las pusieron en agua sin sal y ¡pasó otra cosa!; finalmente, el grupo C no puso las papas en agua, pero esto tampoco funcionó. Diseña un experimento para encontrar la manera de que las papas permanezcan frescas y crujientes.

Materiales

Por salón:
- muestras de papa (A, B y C)
- pedazos de papa recién cortados
- 1 caja de sal
- vasos pequeños de plástico transparente
- 4 L de agua destilada

1. Antes de planear el experimento, repasa lo que sabes. Las papas están hechas de células. Las células vegetales contienen una gran cantidad de agua. Las células tienen membranas que mantienen el agua y otras substancias en su interior, y que impiden la entrada de otras. El agua y otras substancias deben pasar a través de la membrana celular para entrar y salir de la célula.

2. El Sr. Patatín te ha dicho que pidieras a los trabajadores de los grupos A, B y C las muestras que necesitaras. Tu maestro o maestra las tienen listas para que las observes.

3. Para anotar tus observaciones, en tu cuaderno de ciencias haz una tabla de datos como la de abajo. Haz todas las observaciones que puedas acerca de las papas que probaron los trabajadores del grupo A, B y C.

	Observaciones
Grupo A:	
Grupo B:	
Grupo C:	

No escribas en el libro

Haz una pregunta

4. Después de hacer tus observaciones, plantea el problema del Sr. Patatín en forma de una pregunta que tu experimento pueda contestar.

Formula una hipótesis

5. Formula una hipótesis basada en tus observaciones y preguntas. La hipótesis debe mencionar lo que hace que las papas se resequen o se hinchen. Básate en la hipótesis para predecir el resultado de los experimentos. Utiliza el formato "si…, entonces…" para hacer la predicción.

Comprueba la hipótesis

6. Después de hacer la predicción, planea la investigación. Revisa tu plan experimental con tu maestro o maestra antes de empezar. El Sr. Patatín te dará pedazos de papa, agua, sal y un máximo de seis recipientes.

7. Elabora registros tan precisos como te sea posible. Redacta el plan y el procedimiento. Haz tablas de datos. Para estar seguro de los datos, mide cuidadosamente el material y dibuja los pedazos de papa antes y después del experimento.

Saca conclusiones

8. Explica lo que les pasó a las células de papa de los grupos A, B y C de tu experimento. Haz un comentario sobre la membrana celular y la ósmosis.

Comunica los resultados

Escríbele una carta al Sr. Patatín para explicarle tu método experimental, tus resultados y tus conclusiones. Después, haz una recomendación sobre la manera en que sus empleados deben manipular las papas para que se mantengan frescas y crujientes.

¡Supervivencia!

Cada segundo de vida, las células del cuerpo reciben, utilizan y almacenan energía. Además, se reparan a sí mismas, se reproducen y eliminan sus desechos. En conjunto, estos procesos constituyen el *metabolismo*. El metabolismo del cuerpo es muy similar al de una célula individual. Cada célula necesita energía a una escala pequeña, así que todas las células juntas requieren energía a una escala mayor. Tus células obtienen de los alimentos que comes la energía que necesitas para estar vivo.

El índice metabólico basal mide la energía que el cuerpo necesita para realizar los procesos vitales básicos cuando está en reposo. Entre estos procesos se encuentran los latidos del corazón, la respiración y el mantenimiento de la temperatura del cuerpo. El sexo, la edad y muchas otras cosas influyen en este índice. Es posible que el tuyo sea distinto del de los demás, pero para ti es normal. En esta actividad conocerás la cantidad de energía, medida en calorías, que necesitas cada día para sobrevivir.

Materiales

- báscula
- cinta métrica

Procedimiento

1. Pésate en una báscula. Si la báscula está graduada en libras, convierte tu peso en libras a masa en kilogramos. Para hacerlo, multiplica el número de libras por 0.454.

Ejemplo: Si Carlos pesa 125 lb, su masa en kilogramos es:

$$\begin{array}{r} 125 \text{ lb} \\ \times\ 0.454 \\ \hline 56.75 \text{ kg} \end{array}$$

2. Con ayuda de un compañero o compañera y una cinta métrica, mide tu altura. Si la cinta métrica está en pulgadas, convierte la medida de pulgadas a centímetros. Para hacerlo, multiplica el número de pulgadas por 2.54.

Si Carlos mide 62 in, su altura en centímetros es:

$$\begin{array}{r} 62 \text{ in} \\ \times\ 2.54 \\ \hline 157.48 \text{ cm} \end{array}$$

3. Ahora calcula tu índice metabólico basal utilizando la fórmula adecuada. La respuesta te dará el número aproximado de calorías que tu cuerpo necesita cada día para sobrevivir.

Calcular el índice metabólico basal	
Mujeres	**Hombres**
65 + (10 × tu masa en kilogramos)	66 + (13.5 × tu masa en kilogramos)
+ (1.8 × tu altura en centímetros)	+ (5 × tu altura en centímetros)
− (4.7 × tu edad en años)	− (6.8 × tu edad en años)

4. La actividad también influye en el metabolismo. Al hablar, caminar o jugar utilizas más energía que cuando estás en reposo. Para darte una idea de cuántas calorías necesita tu cuerpo por día para mantenerse saludable, elige el estilo de vida más parecido al tuyo de la tabla de la derecha y multiplica tu índice metabólico basal por el factor de actividad.

Análisis

5. ¿Cómo se puede comparar todo tu cuerpo con una sola célula? Explica por qué.

6. Si la actividad aumenta, ¿aumenta también el índice metabólico basal? ¿Provoca el aumento de actividad un aumento en la necesidad de calorías? Explica tus respuestas.

7. Si eres moderadamente inactivo y comienzas a hacer ejercicio todos los días, ¿cuántas calorías adicionales necesitas?

Factores de actividad	
Grado de actividad	**Factor de actividad**
Moderadamente inactivo (actividades normales de todos los días)	1.3
Moderadamente activo (ejercicio 3 a 4 veces por semana)	1.4
Muy activo (ejercicio 4 a 6 veces por semana)	1.6
Extremadamente activo (ejercicio 6 a 7 veces por semana)	1.8

Profundizar

Las mejores fuentes de energía son las que proporcionan la cantidad de calorías adecuada para tu estilo de vida, así como los nutrientes que necesitas. Investiga en la biblioteca o en Internet qué tipos de alimentos son las mejores fuentes de energía para ti. ¿Qué diferencias y semejanzas hay entre tu lista de fuentes óptimas de energía y tu dieta actual?

Haz una lista de todo lo que comes y bebes en un día. Averigua cuántas calorías hay en cada producto que comes y calcula el número total de calorías que consumiste. ¿Qué diferencia hay entre este número de calorías y las calorías que necesitas cada día para realizar todas tus actividades?

Constructora de Bichos, S.A.

Imagínate que trabajas en una compañía que fabrica bichos de juguete. El presidente de la Constructora de Bichos, S.A. te pide que diseñes nuevas versiones de los populares Bichos Galácticos, pero quiere que uses las partes que hay en la bodega. Tu trabajo consiste en crear un nuevo diseño. Ya estudiaste cómo los rasgos pasan de una generación a la siguiente. Ahora vas a usar estos conocimientos para inventar nuevas combinaciones de rasgos y armar las partes del bicho de nuevas maneras. El modelo A servirá como la "mamá" y el B como el "papá". Los dos modelos que ya están a la venta se muestran a continuación.

Materiales

- 14 bolsas de alelos (que te dará la maestra o maestro)
- malvaviscos grandes (segmentos del cuerpo y de la cabeza)
- palillos de dientes, rojos y verdes (antenas)
- tachuelas verdes y azules (narices)
- limpia pipas (colas)
- gomitas de dulce, verdes y negras (pies)
- alfileres (ojos)
- tijeras

Modelo A ("mamá")
- antenas rojas
- cuerpo en 3 segmentos
- cola de tirabuzón
- 2 pares de patas
- nariz verde
- patas negras
- tres ojos

Modelo B ("papá")
- antenas verdes
- cuerpo en 2 segmentos
- cola recta
- 3 pares de patas
- nariz azul
- patas verdes
- 2 ojos

MÉTODO CIENTÍFICO

Haz tu predicción
Si existen dos formas de cada una de las siete características, entonces hay ___?___ combinaciones posibles.

Recopila información

1. Tu maestra te mostrará siete bolsas, una por cada característica. Las bolsas contienen papelitos con letras mayúsculas o minúsculas. Toma dos papelitos de cada bolsa (recuerda que las mayúsculas representan los alelos dominantes y las minúsculas los recesivos). Un alelo es de la mamá y el otro del papá. Apunta los alelos que te tocaron y regresa los papelitos a la bolsa.

2. En tu cuaderno de ciencias, traza una tabla como la que se muestra abajo. Copia en las primeras dos columnas los alelos que sacaste de las bolsas. Luego llena la tercera columna con el genotipo del nuevo modelo ("bebé").

Rasgos familiares del bicho				
Rasgo	Alelos del modelo A "mamá"	Alelos del modelo B "papá"	Genotipo del nuevo modelo "bebé"	Fenotipo del nuevo modelo "bebé"
Color de antenas				
Número de segmentos del cuerpo				
Forma de la cola				
Número de pares de patas				
Color de la nariz				
Color de las patas				
Número de ojos				

No escribas en el libro

3. Usa la información de la derecha para llenar la última columna de la tabla.

4. Ahora que terminaste de llenar la tabla, puedes escoger las partes que necesitas para armar tu bicho. (Puedes usar palillos para unir la cabeza y los segmentos del cuerpo y para pegar las patas al cuerpo.)

Genotipos y fenotipos	
RR o *Rr* = antenas rojas	*rr* = antenas verdes
SS o *Ss* = cuerpo en 3 segmentos	*ss* = cuerpo en 2 segmentos
CC o *Cc* = cola en tirabuzón	*cc* = cola recta
LL o *Ll* = 3 pares de patas	*ll* = 2 pares de patas
BB o *Bb* = nariz azul	*bb* = nariz verde
GG o *Gg* = patas verdes	*gg* = patas negras
EE o *Ee* = 2 ojos	*ee* = 3 ojos

Analiza los resultados

5. Haz una encuesta en tu salón de los rasgos que tienen los nuevos bichos. ¿Qué proporción hay para cada rasgo?

Saca conclusiones

6. ¿Hay algún bicho de la nueva generación que sea igual a los padres? Explica.

7. ¿Cuáles son los posibles genotipos de los padres?

8. ¿Cuántos genotipos distintos puede haber entre los nuevos bichos?

Profundizar

Encuentra una pareja para cruzar a tu bicho "bebé". ¿Cuáles son los genotipos y fenotipos posibles de sus crías?

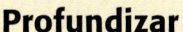

Sigue la pista de los rasgos

DISEÑA EL TUYO

¿Alguna vez te has puesto a pensar en los rasgos que heredaste de tus padres? Ya sabes que los rasgos se pasan de una generación a la siguiente, pero ¿sabes si tienes algún rasgo que tus padres no tengan? En este proyecto vas a hacer un árbol genealógico, o árbol de familia, como el que se muestra en el diagrama de abajo. Vas a seguirle la pista a un rasgo heredado en tu propia familia o en otra familia que te pueda proporcionar los datos que necesites. Luego, vas a entrevistar a los miembros de la familia para encontrar algunos de los rasgos que comparten. Y, finalmente, vas a investigar cómo un rasgo en particular pasa de generación en generación.

Materiales
- lápiz
- papel

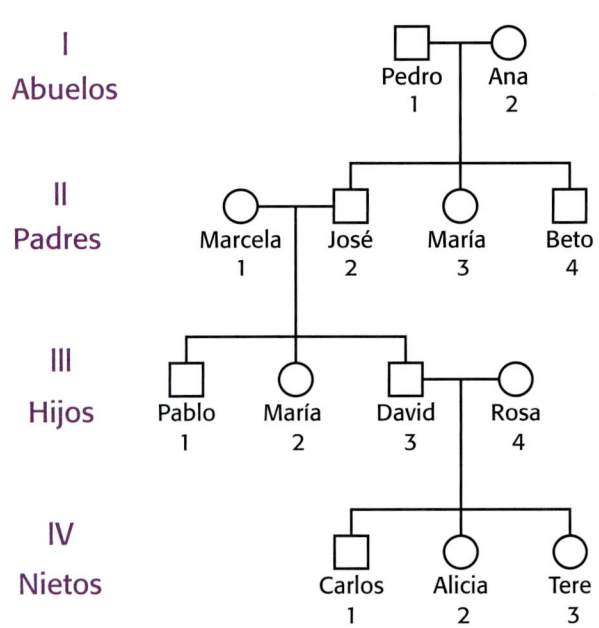

Árbol genealógico

Procedimiento

1. El diagrama de la derecha muestra un árbol genealógico de cuatro generaciones. En un papel aparte, traza un diagrama similar de la familia que escogiste. Trata de incluir tantos parientes como puedas: abuelos, padres, hijos y nietos. Traza círculos para representar a las mujeres y cuadrados para representar a los hombres. Si quieres, puedes añadir más información, como nombres, fechas de nacimiento, o fotografías. Otros miembros de la familia te pueden ayudar a reunir la información que necesites.

2. Haz una tabla como la que se muestra en la página siguiente. Entrevista a cada uno de los parientes que pusiste en el árbol genealógico para determinar quién tiene la forma dominante del rasgo que se describe en la tabla y quién la recesiva. Pregúntales si tienen vello en la falange media de los dedos. Escribe el nombre de cada persona en el cuadro correspondiente. No olvides explicarle a cada uno que es perfectamente normal tener la forma recesiva o la dominante del rasgo.

Rasgo dominante	Rasgo recesivo	Miembros de la familia con el rasgo dominante	Miembros de la familia con el rasgo recesivo
Vello presente en la falange media de los dedos (H)	Vello ausente en la falange media de los dedos (h)	*No escribas en el libro*	

3. Pasa la información que escribiste en la tabla al árbol genealógico del paso número 1. Lo puedes lograr coloreando los cuadros o círculos que representen a las personas que tienen la forma dominante de este rasgo. Deja los demás en blanco.

Análisis

4. ¿Qué porcentaje de miembros de la familia tienen la forma dominante del rasgo? Cuenta el número de personas que tiene la forma dominante y divídelo entre el número total de personas que entrevistaste. Multiplica el resultado por 100. A la derecha puedes ver un ejemplo de esta operación.

Ejemplo: Calcular el porcentaje

$$\frac{10 \text{ personas con el rasgo}}{20 \text{ personas entrevistadas}} = \frac{1}{2}$$

$$\frac{1}{2} = 0.50 \times 100 = 50\%$$

5. ¿Qué porcentaje tiene la forma recesiva del rasgo? ¿Por qué no tienen todos la forma dominante?

6. Compara el porcentaje que sacaste para la forma dominante con el de tus compañeros y compañeras. ¿Hay familias que tengan un porcentaje más alto del rasgo dominante?

7. Escoge uno de los miembros de la familia que tenga la forma recesiva del rasgo. ¿Qué genotipo tiene esta persona? ¿De dónde vienen los alelos que forman su genotipo? ¿Cuáles son los genotipos posibles de los padres de esta persona? ¿Tiene hermanos o hermanas? ¿Tienen sus hermanos la forma recesiva o la dominante?

8. Traza una cuadrícula de Punnett como la que está a la derecha. Úsala para demostrar cómo pudo esta persona haber heredado la forma recesiva del rasgo. Dentro de la cuadrícula, apunta el genotipo de la persona que escogiste en la esquina inferior derecha. ¿Puedes determinar el genotipo de los padres? PISTA: puede haber más de un genotipo posible. ¿Qué alelo (dominante o recesivo) tiene que haber pasado de uno de los padres si hay un hermano o hermana que muestra la forma dominante del rasgo?

Pares de bases

Ya aprendiste que el ADN es una molécula que tiene forma de escalera de caracol. Los pasamanos de la escalera están hechos de moléculas de azúcar y de fosfato. Los lados están sostenidos por moléculas llamadas bases nucleótidas. Estas bases se juntan en pares para formar los peldaños de la escalera. Cada base nucleótida puede formar pares sólo con otra base nucleótida en particular. Cada uno de estos tres pares se llama "par de bases". Cuando el ADN se duplica, las enzimas hacen que los pares de bases se separen. Luego, cada mitad atrae a los nucleótidos necesarios que están disponibles en el núcleo y los reúne para completar una nueva mitad. En esta actividad, vas a crear un modelo de ADN y lo vas a duplicar.

Materiales

- papel o cartulina de color blanco
- papel o cartulina de colores
- tijeras
- lápiz
- bolsa de papel grande

Procedimiento

1. Usa los siguientes dibujos de las cuatro bases nucleótidas para crear una plantilla. Usa las plantillas para trazar las bases en un pedazo de cartulina. Rotula las piezas A (para adenina), T (para timina), C (para citosina) y G (para guanina), como se muestra a continuación. Dibuja otra vez las piezas en cartulina usando colores diferentes para cada base. Dibuja las piezas tan grandes como tú quieras. Haz todas la piezas que puedas.

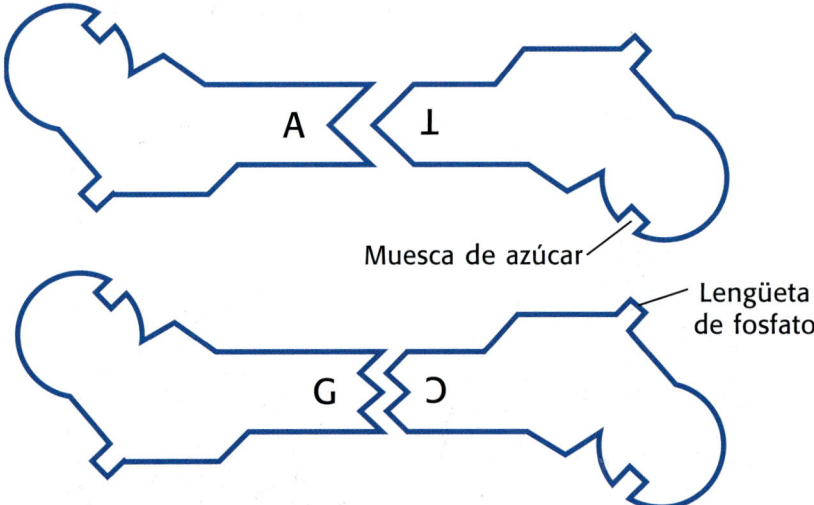

2. Corta con cuidado todas las piezas.

3. Guarda las piezas de colores en una bolsa grande de papel. Esparce todas las piezas en blanco sobre una mesa de trabajo o la mesa del laboratorio del salón de clase.

4. Saca nueve piezas al azar de la bolsa que tiene las piezas de colores. Acomoda las piezas de colores en cualquier orden formando una columna de modo que las letras A, T, C y G estén boca arriba. Asegúrate de unir las muescas de azúcar y las lengüetas de fosfato. Dibuja este esquema en tu cuaderno de ciencias.

5. Busca las bases nucleótidas blancas que corresponden a las nueve bases de colores que dibujaste. Te será más fácil si recuerdas las reglas para la formación de pares de bases.

6. Acomoda las piezas, uniendo todas las lengüetas con las muescas. Ahora tienes una pieza de ADN que contiene nueve pares de bases. Dibuja los resultados en tu cuaderno de ciencias.

7. Separa los pares de bases, manteniendo unidas las muescas de azúcar y las lengüetas de fosfato. Dibuja este esquema en tu cuaderno de ciencias.

8. Junto a cada base separada que dibujaste en el paso 7, escribe la letra de la base que completa el par.

9. Busca todas las bases que necesitas para completar tu duplicado. Busca las cinco piezas blancas que correspondan a las bases de la izquierda y las piezas de colores que correspondan a las bases de la derecha.

Asegúrate de que todas las muescas y lengüetas se correspondan y que los lados estén derechos. ¡Ya lograste duplicar el ADN! ¿Son los modelos idénticos? Dibuja los resultados en tu cuaderno de ciencias.

Análisis

10. Menciona las reglas para la formación de pares de bases.

11. ¿Qué pasa cuando intentas formar un par con timina y guanina? ¿Se corresponden la una con la otra? ¿Están sus lados derechos? ¿Concuerdan todas las lengüetas y muescas? Explica por qué.

Profundizar

Construye un modelo tridimensional de la molécula de ADN, mostrando su estructura en forma de escalera de caracol. Usa tu imaginación y creatividad para seleccionar los materiales. Tal vez quieras usar agitadores con bolas de goma y palillos, o bien limpiadores de pipa o clips. Haz una exposición de tu modelo para tus compañeros.

Huellas misteriosas

A veces, los científicos encuentran pistas conservadas en rocas que son prueba de las actividades de organismos que vivieron hace miles de años. Pruebas como las huellas conservadas proporcionan información importante sobre un organismo. Imagina que un grupo de paleontólogos pide a los estudiantes de tu clase que analicen unas huellas humanas que se encontraron en las rocas de una zona justo a la salida de la ciudad.

Materiales

- una caja grande con arena ligeramente húmeda, por lo menos de 1 m² (lo suficientemente grande para que quepan 3 ó 4 huellas)
- regla métrica

Formula una hipótesis

1. Tu maestro o maestra les dará unas huellas en arena. Examínenlas y piensen qué información podrían obtener de las personas que caminaron sobre este terreno. Entre todos formulen el mayor número posible de hipótesis acerca de las personas que dejaron las huellas.

2. Formen grupos de tres e investiguen una hipótesis por grupo.

Comprueba la hipótesis

3. En tu cuaderno de ciencias, dibuja una tabla para registrar tus datos. Por ejemplo, si tu hipótesis es que las huellas pertenecen a dos hombres adultos que caminaban de prisa, tu tabla se parecerá a la de abajo.

Huellas misteriosas		
	Conjunto de huellas 1	Conjunto de huellas 2
Longitud		
Ancho		
Profundidad de los dedos		
Profundidad del talón		
Longitud del paso		

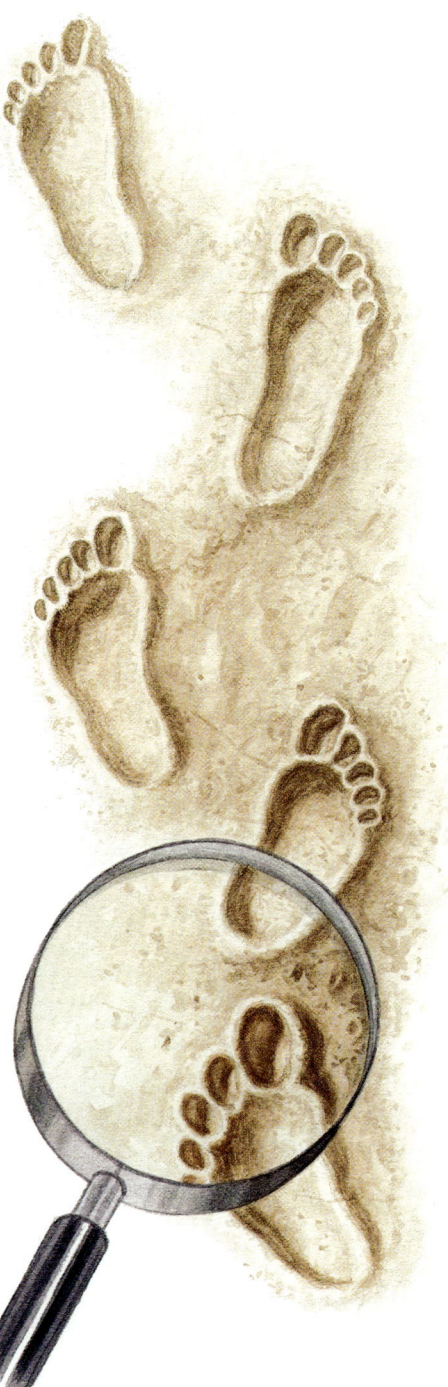

4. Con ayuda de tu grupo, primero analiza tus propias huellas para sacar conclusiones sobre las huellas misteriosas. Por ejemplo, ¿cuánto mide tu paso cuando corres? ¿Y cuando caminas? ¿Afecta tu peso a la profundidad de la huella? ¿Qué parte de tu pie toca primero el suelo cuando corres? ¿Qué parte lo toca primero cuando caminas? Al correr, ¿qué parte de la huella es más profunda? Haz una lista de los tipos de huellas que se forman con cada actividad. Por ejemplo, podrías escribir algo así: "Al correr, se forma una impresión profunda en el área de los dedos y el paso es largo".

Analiza los resultados

5. Compara los datos de tus huellas con los de las huellas misteriosas. ¿Qué semejanzas y qué diferencias hay?

6. ¿Proceden las huellas misteriosas de una o de más personas? Explica tu respuesta.

7. ¿Hay pruebas suficientes para saber si las huellas misteriosas fueron formadas por hombres, mujeres, niños o una combinación de todos ellos? Explica por qué.

8. Basándote en las observaciones de tus propias huellas, ¿estaban de pie, caminando o corriendo las personas que dejaron las huellas?

Saca conclusiones

9. ¿Tus observaciones corroboran la hipótesis? Explica por qué.

10. ¿Cómo podrías mejorar el experimento?

Comunica los resultados

11. Resume las conclusiones de tu grupo en un documento dirigido a los científicos que solicitaron la ayuda de tu clase. Empieza por enunciar la hipótesis. Después resume el método que utilizaron para recopilar información a partir del estudio de sus propias huellas. Incluye las comparaciones que hiciste entre tus huellas y las huellas misteriosas. Antes de escribir tus conclusiones, haz algunas sugerencias para mejorar tu método de investigación.

12. Haz una presentación de tus descubrimientos frente a tus compañeras y compañeros con ayuda de un cartel, una gráfica o de la computadora.

Malvaviscos ocultos

Una adaptación es una característica que ayuda a un organismo a sobrevivir en su medio ambiente. En la naturaleza, el camuflaje es una coloración que permite a un organismo confundirse con su entorno. Esta es la hipótesis que comprobarás: los organismos con camuflaje tienen mejores posibilidades de escapar de sus depredadores y, por lo tanto, su posibilidad de sobrevivir es mayor.

Materiales

- 1 pedazo de tela de color (50 cm cuadrados). El color de la tela debe ser parecido al color de uno de los malvaviscos.
- 50 malvaviscos blancos
- 50 malvaviscos de color (preferentemente de un solo color)
- cronómetro o reloj con segundero

Comprueba la hipótesis

1. Se trabajará en parejas.

2. Cuenta 50 malvaviscos blancos y 50 de color. En este experimento los malvaviscos representan las presas (comida)

3. En un pedazo de tela de color, coloca al azar los malvaviscos blancos y los de colores.

4. Un miembro de la pareja será el cazador hambriento (depredador) y el otro registrará los resultados de cada prueba. El cazador hambriento debe mirar la comida unos cuantos segundos y recoger el primer malvavisco que vea. Después debe dejar de mirar.

5. Este proceso continuará sin interrupción por 2 minutos o hasta que el maestro o maestra indiquen que se pare.

Analiza los resultados

6. ¿Cuántos malvaviscos blancos escogió el cazador hambriento?

7. ¿Cuántos malvaviscos de color escogió?

Saca conclusiones

8. ¿Qué representaba la tela del experimento?

9. ¿Influyó el color de la tela en el color de los malvaviscos que el cazador hambriento escogió?

10. ¿Qué color de malvavisco representaba el camuflaje?

11. Describe un organismo que tenga camuflaje como adaptación.

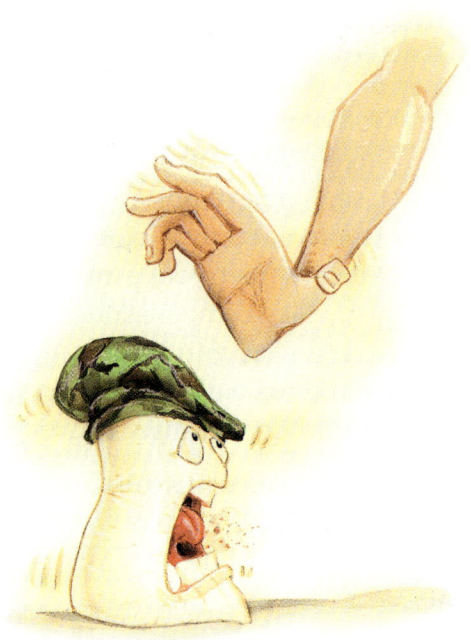

Chocolates que sobreviven

Imagínate un mundo poblado de dulces y conserva ese delicioso pensamiento por un momento. Ahora, aplica el concepto de selección natural a una población de chocolates cubiertos de dulce. De acuerdo con la teoría de la selección natural, los individuos con adaptaciones favorables tienen mayor probabilidad de sobrevivir. Para la "especie" de dulce de este experimento, la resistencia de la cubierta es una ventaja adaptativa. ¿Qué color de dulce crees que tendrá la tasa más alta de supervivencia? Piensa como un científico de las ciencias de la vida y planea un experimento para descubrir qué color tiene ventaja sobre los otros en términos de resistencia de la cubierta.

Materiales

- chocolates pequeños cubiertos de dulce y de diversos colores (cada estudiante o grupo decidirá cuántos se necesitan de cada color)
- según el experimento, se pueden necesitar otros materiales

Haz una predicción

1. Escribe la siguiente oración en tu cuaderno de ciencias y llena los espacios en blanco. Si la cubierta de color __?__ es la más resistente, entonces un menor número de dulces de este color _____?_____ cuando _____?_____.

Comprueba tu hipótesis

2. Diseña un procedimiento para determinar qué color de dulce es más adecuado para sobrevivir, al no "quebrarse bajo presión". Asegúrate de considerar los materiales y herramientas que puedas necesitar para llevar a cabo el procedimiento. Revisa tu diseño experimental con tu maestro o maestra antes de empezar. Él o ella te dará los dulces que necesites y te ayudará a reunir los materiales y herramientas.

3. En tu cuaderno de ciencias, registra tus resultados en una tabla de datos. Asegúrate de organizarlos de manera clara y comprensible.

Analiza los resultados

4. Escribe un informe en el que describas tu experimento. Explica cómo tus datos confirman o refutan tu predicción. Menciona errores y formas de mejorar el procedimiento.

Profundizar

¿Qué otra característica puede probarse para determinar qué dulce está mejor adaptado para sobrevivir? Explica tu respuesta.

La edad del registro fósil

Te llegaron nueve muestras de rocas de un paleontólogo en California. Tu trabajo es ordenarlas de la más antigua a la más reciente, ségun los fósiles que contienen, y determinar sus edades relativas. Los resultados sobre la edad absoluta de las muestras van a tardar varias semanas, y el paleontólogo necesita la información de inmediato. Ya sabes, por lo que has visto en otras investigaciones, que las rocas de la muestra 2 son las más antiguas.

Materiales

- juego de nueve tarjetas que representan las muestras de roca
- papel y lápiz
- marcadores de colores
- cartulina (61 cm²)

Procedimiento: Parte 1

1. Forma equipos con tres o cuatro compañeros.
2. Acomoda las tarjetas de los fósiles del más antiguo al más reciente. Comienza con la muestra 2, ya que sabes que es la más antigua. Prueba varias maneras de acomodar las tarjetas hasta que encuentres el orden correcto. **PISTA:** Cuando un organismo se extingue, no vuelve a aparecer en las rocas más recientes.

Clave de los fósiles

 *Globus slimius*   *Bogus biggus*

 Circus bozoensis   *Microbius hairiensis*

 Fungus amongius   *Bananabana bobana*

Muestra 1

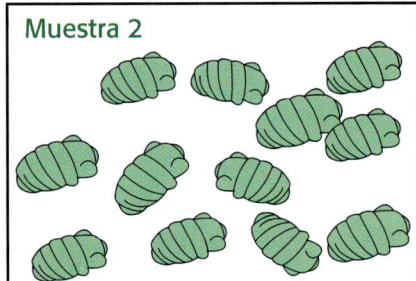
Muestra 2

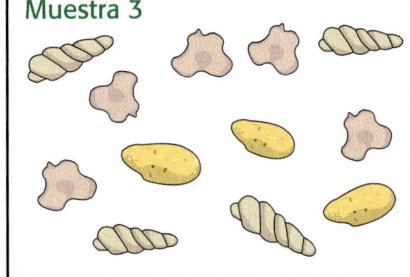
Muestra 3

Muestra 4

Muestra 5

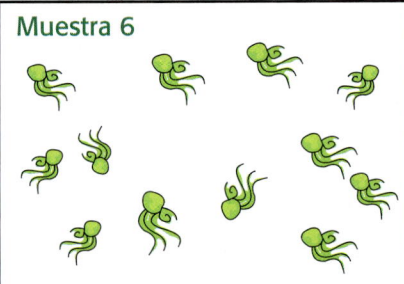
Muestra 6

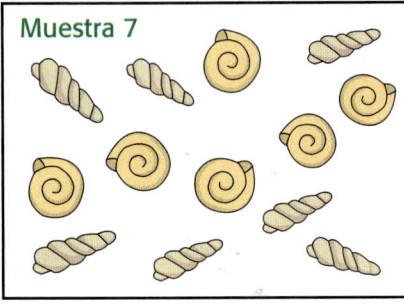
Muestra 7

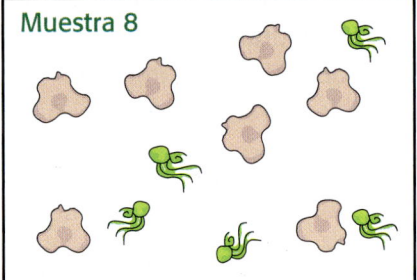
Muestra 8

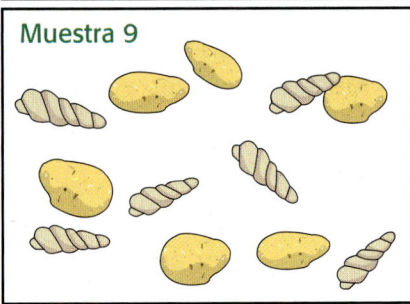
Muestra 9

3. Haz una tabla de datos como la que se presenta a continuación. En la primera columna apunta las muestras, de la más antigua a la más reciente, de abajo hacia arriba. La muestra 2 ya está anotada.

	Nombre del organismo fósil						
Orden de las muestras	*Globus slimius*						
Muestra 2	X						

No escribas en el libro

4. En la primera fila, de izquierda a derecha y por orden de edad, apunta el nombre de cada fósil. **PISTA:** Examina bien las tarjetas para ver dónde aparece cada fósil en el registro de rocas. Pon una *X* en la columna apropiada para indicar qué fósil o fósiles hay en cada muestra.

Análisis: Parte 1

5. ¿Te parece que las letras forman algún patrón en la tabla? ¿Qué concluirías del patrón?

6. Según la información de la tabla, ¿cuál fósil es el más reciente?

7. Con la información que tienes, ¿puedes dar la edad exacta de alguno de los fósiles? ¿Por qué?

8. ¿Qué información obtienen los paleontólogos de la edad relativa?

Capítulo 9 Experimentos **589**

Procedimiento: Parte 2

1. Planeabas preparar una cronología para el paleontólogo de California, pero cuando llegan los resultados del laboratorio de geología, que puedes ver a la derecha, te das cuenta de que las fechas se despegaron de las muestras de roca. Medir la edad absoluta de una roca es muy caro, y no puedes mandar hacer el análisis otra vez. Pero, ¡espera! Ya habías determinado la edad relativa de las muestras. Lo único que tienes que hacer es acomodar las fechas de la más antigua a la más reciente. Anota las fechas en tu tabla de datos.

2. La tabla tiene toda la información que necesitas para desarrollar la cronología para el paleontólogo de California. Usa los marcadores de colores y la cartulina para hacerla. Dibuja una pared de roca donde se vean varias capas. Escribe la edad de cada capa y los nombres de los fósiles que en ella se encuentran. También puedes trazar una línea para marcar las edades de los fósiles y dibujar cada fósil junto a la fecha que le corresponde. ¡Ejercita tu creatividad!

Edades de la fósiles

Los fechamientos que dio el laboratorio de geología son los siguientes: 28.5 ma, 30.2 ma, 18.3 ma, 17.6 ma, 26.3 ma, 14.2 ma, 23.1 ma, 15.5 ma, and 19.5 ma.

Análisis: Parte 2

3. De acuerdo con la edad absoluta, ¿qué organismo fósil vivió el período más largo de tiempo? ¿Cuál vivió el período más corto de tiempo? Explica tus respuestas.

4. Según la información de la cronología, ¿qué período de vida le asignarías al fósil de *Circus bozoensis*? PISTA: Mide el período entre el año en que el fósil aparece por primera vez en el registro de rocas y el primer año en el que ya no aparece.

5. Determina el período de vida de cada especie fósil en tu lista.

Profundizar

Utiliza la biblioteca o una base de datos de la Internet para investigar si el método que mide la edad absoluta de las rocas que se encuentran alrededor de un fósil es el más confiable para determinar la edad del mismo. Averigua qué circunstancias impiden encontrar la edad absoluta.

La vida media de un centavo

Imagínate que has existido por 5,000 años y que tienes otros 5,000 por delante. Eso le sucede al Carbono-14, un elemento inestable que se usa para determinar la edad absoluta de materiales de otros tiempos, como los huesos fósiles. Cada 5,730 años, la mitad del Carbono-14 de una muestra fósil se descompone y produce una forma más estable del elemento. En este experimento, verás cómo los centavos muestran la misma forma de "descomposición".

Materiales
- 100 monedas de un centavo
- bote grande con tapa

Procedimiento

1. Pon 100 monedas de un centavo en un bote grande con tapa. Agítalo varias veces y luego destápalo. Con cuidado, para que las monedas no rueden al suelo, vacía todas las monedas en una superficie plana.

2. Recoge las monedas que hayan caído con el lado "cara" hacia arriba. Apunta el número de monedas que recogiste y el número de las que quedan en una tabla de datos como la de la derecha.

3. Repite el proceso hasta que se te acaben los centavos.

4. En tu cuaderno de ciencias, dibuja una gráfica como la de la derecha. En el eje de las *x* escribe "número de volcadas" y en el eje de las *y* "monedas que quedan". Con la información de la tabla, dibuja la gráfica de las monedas que te quedan en cada volcada del bote.

Número de volcadas	Monedas restantes	Número de monedas recogidas
1		
2		
3		

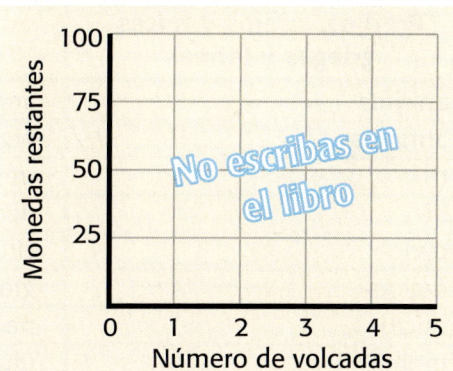

Análisis

5. Mira la gráfica de la vida media del Carbono-14 de la derecha. Compárala con la que hiciste para las monedas. Explica en qué se parecen.

6. ¿Te acuerdas que la probabilidad de que salga "cara" cuando la lanzas al aire es de $\frac{1}{2}$? Explica por qué el número restante de monedas en cada volcada se reduce a más o menos la mitad.

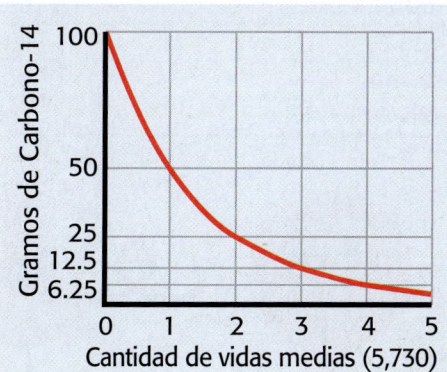

La isla de las formas

Imagínate que eres un biólogo que explora las regiones desconocidas del mundo en busca de nuevas especies de animales. Navegaste durante muchos días en el océano y por fin encontraste la isla de las formas, cientos de kilómetros al sur de Hawaii. Esta isla tiene algunas formas de vida muy raras. Cada una de ellas tiene una forma geométrica diferente. Has pasado más de un año reuniendo especímenes y clasificándolos según el sistema de Linnaeus. Ya lograste asignarle un nombre científico compuesto a la mayoría de las especies que has reunido. Ahora, debes asignarles los nombres a los últimos 12 especímenes antes de regresar a casa.

Materiales

- lápiz
- papel

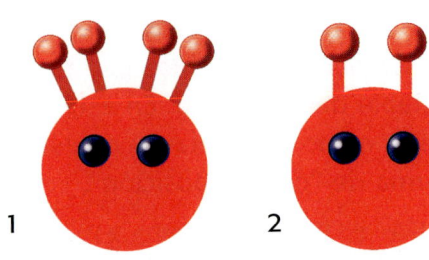

Procedimiento

1. En tu cuaderno de ciencias, dibuja cada uno de los organismos de esta página. Junto a cada organismo, dibuja una línea para poner su nombre, como se muestra en la siguiente página. El primero ya tiene nombre; asígnale uno a los otros 12 organismos. Usa este glosario de prefijos, sufijos y raíces griegas y latinas. Observa la tabla y decide cuáles se aplican a los organismos de la ilustración.

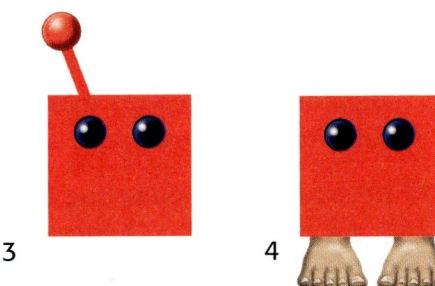

Prefijos, sufijos y raíces griegas y latinas	Significado
ankylos	ángulo
antennae	órganos sensoriales externos
tri-	tres
bi-	dos
cyclo-	círculo
macro-	grande
micro-	pequeño
mono-	uno
peri-	alrededor
-plast	cuerpo
-pod	pie
quad-	cuatro
stoma	boca
uro-	cola

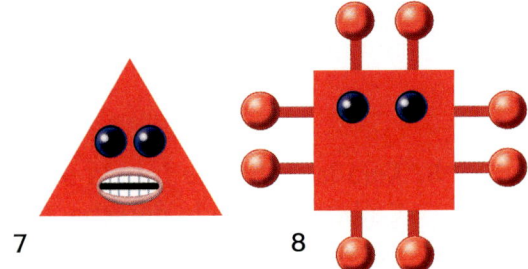

592 Capítulo 10 Experimentos

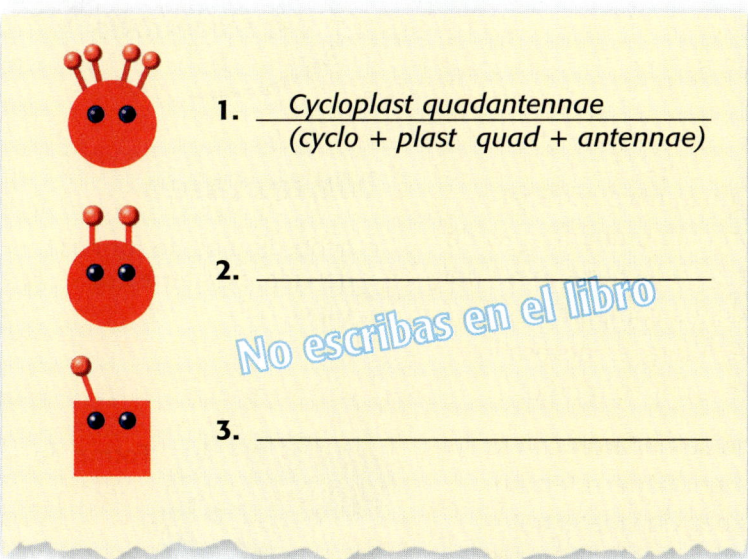

2. Hay otro organismo en la Isla de las formas, pero no puedes capturarlo. Sin embargo, tus provisiones se te están acabando y debes regresar a casa. Has tenido suerte con este animal raro y puedes dibujarlo con detalle. En tu cuaderno de ciencias, dibuja un animal diferente de los demás, y ponle un nombre compuesto.

Análisis

3. Si le das a la especie 1 un nombre común, como cara-redonda-sin-nariz, ¿podría cualquier otro científico saber a qué organismo te refieres? Explica por qué. ¿Qué otros organismos tienen una cara redonda sin nariz?

4. Describe dos características compartidas por todos tus especímenes.

Profundizar

Busca estos nombres científicos. Puedes usar la biblioteca, Internet, un índice taxonómico o unas guías de campo.
Mertensia virginica   Porcellio scaber
Para cada organismo, responde a las siguientes preguntas:
¿Es el organismo una planta o un animal? ¿Cuántos nombres comunes tiene? ¿Cuántos nombres científicos tiene?

Piensa en el nombre de tu fruta o verdura favorita. Averigua si tiene otros nombres comunes e investiga su nombre científico compuesto.

Viaje de la nave espacial *Aventura*

DESCUBRIR EN EL LABORATORIO

Imagínate que eres miembro de la tripulación de la nave espacial *Aventura*. La *Aventura* ha estado en una misión para reunir formas de vida fuera del sistema solar. En el viaje de regreso a la Tierra, pasó por una lluvia de meteoritos que arruinó algunos de los compartimentos que contienen las formas de vida extraterrestre. Ahora, es necesario colocar más de una forma de vida en el mismo compartimento.

La nave sólo tiene tres compartimentos que no se dañaron con la lluvia de meteoritos. Tus compañeros y tú deben permanecer en un compartimento, que se debe usar para las formas de vida extraterrestre sólo si es absolutamente necesario. Tienes que decidir qué formas de vida debes colocar juntas. Se cree que las formas de vida similares tienen las mismas necesidades, así que si las agrupan de esta manera, será más fácil cuidarlas. Puedes usar sólo una característica observable para agrupar las formas de vida.

Materiales

- ocho dibujos de formas de vida extraterrestre (opcional)

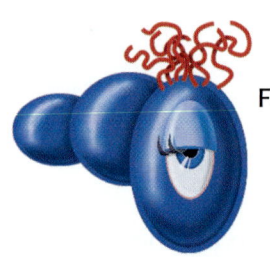

Forma de vida 1

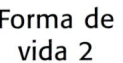

Forma de vida 2

Forma de vida 3

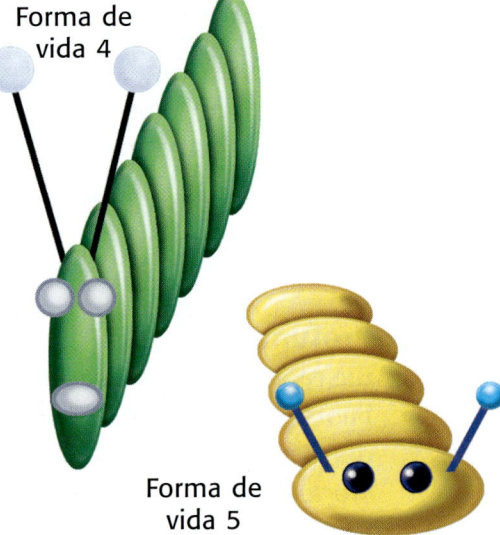

Forma de vida 4

Forma de vida 5

Procedimiento

1. 1. Haz una tabla de datos parecida a ésta. Clasifica cada columna con todas las características posibles de las diferentes formas de vida. En la parte izquierda escribe "Forma de vida 1", "Forma de vida 2", y así sucesivamente, como se muestra en la tabla. Las formas de vida están dibujadas en esta página.

Características de cada forma de vida				
	Color	Forma	Patas	Ojos
Forma de vida 1				
Forma de vida 2				
Forma de vida 3				
Forma de vida 4				

No escribas en el libro

2. Describe cada característica lo más detalladamente posible. Deja suficiente espacio en cada casilla para escribir lo que ves. Según tus observaciones y la tabla de datos, determina qué formas de vida se parecen más entre sí.

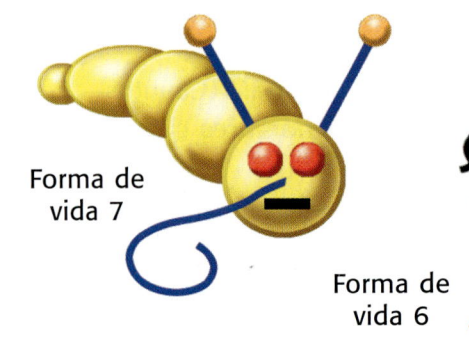

Forma de vida 7

Forma de vida 6

3. Haz una tabla de datos como ésta. Llena la tabla según las decisiones que tomaste sobre las similitudes entre las formas de vida. Explica por qué las agrupaste de esa manera.

Asignación de compartimientos a las formas de vida		
Compartimento	Formas de vida	Razones
1		
2		
3		

No escribas en el libro

4. La nave espacial *Aventura* tiene que hacer una parada más antes de regresar a casa. En el planeta X437, descubres la forma de vida más interesante que jamás se haya visto, la CC9, que se ilustra a la derecha. Decide, en base a la agrupación de formas de vida que hiciste, si puedes incluir sin riesgos la CC9 en uno de los compartimentos para el viaje de regreso a la Tierra.

CC9

Análisis

5. Describe las formas de vida del compartimento 1. ¿En qué se parecen? ¿En qué se diferencian?

6. Describe las formas de vida del compartimento 2. ¿En qué se parecen? ¿En qué se diferencian de las del compartimento 1?

7. ¿Hay alguna forma de vida en el compartimento 3? Si es el caso, describe sus similitudes. ¿En qué compartimento permanecerían ustedes para el viaje de regreso a casa?

8. ¿Puedes transportar sin riesgo la forma de vida CC9 de regreso a Tierra? ¿Por qué? Si lo puedes hacer, ¿en qué compartimento la pondrías? ¿Cómo lo decidiste?

Profundizar

En 1831, Charles Darwin partió de Inglaterra en un barco llamado el HMS Beagle. Ya has estudiado los pinzones que Darwin observó en las Islas Galápagos. ¿Qué otros organismos raros encontró en la isla? Por ejemplo, investiga sobre la tortuga de las Galápagos.

Capítulo 10 Experimentos **595**

¡Hojas!

Imagínate que eres un naturalista que va solo en una expedición a un bosque tropical. Has encontrado varias plantas que crees que hasta ahora eran desconocidas. Debes llamar a un botánico (científico que estudia las plantas) para confirmar tu sospecha. Como no hay servicio de correo en el bosque, debes dar una descripción completa y precisa por radio. El botánico debe ser capaz de dibujar las hojas de las plantas a partir de tu descripción.

En esta actividad describirás cinco especímenes de plantas utilizando los ejemplos y las listas de vocabulario.

Materiales
- 5 especímenes de hojas
- guía de plantas (opcional)
- guantes protectores

Procedimiento

1. Examina cada ejemplo de hojas para prepararte para describir las hojas de las plantas que te dará tu maestro. Los ejemplos están en la siguiente página. Notarás que se necesita más de un término para dar una descripción completa de una hoja. A la derecha se muestra la descripción una hoja como ejemplo.

2. En tu cuaderno de ciencias, dibuja un diagrama de una hoja de cada planta.

3. Al lado del dibujo descríbela. Incluye características generales, como tamaño y color. Identifica la: forma de la hoja, tipo de tallo, arreglo de las hojas, borde de la hoja, arreglo de las venas y forma de la base de la hoja. Utiliza las listas de vocabulario en las descripciones y en los rótulos de tus dibujos.

Analiza

4. ¿Cuál es la diferencia entre una hoja simple y una hoja compuesta?

5. Describe dos modelos de disposición de las venas de las hojas.

6. Según lo que has aprendido sobre adaptación, explica por qué hay tantas variedades de hojas.

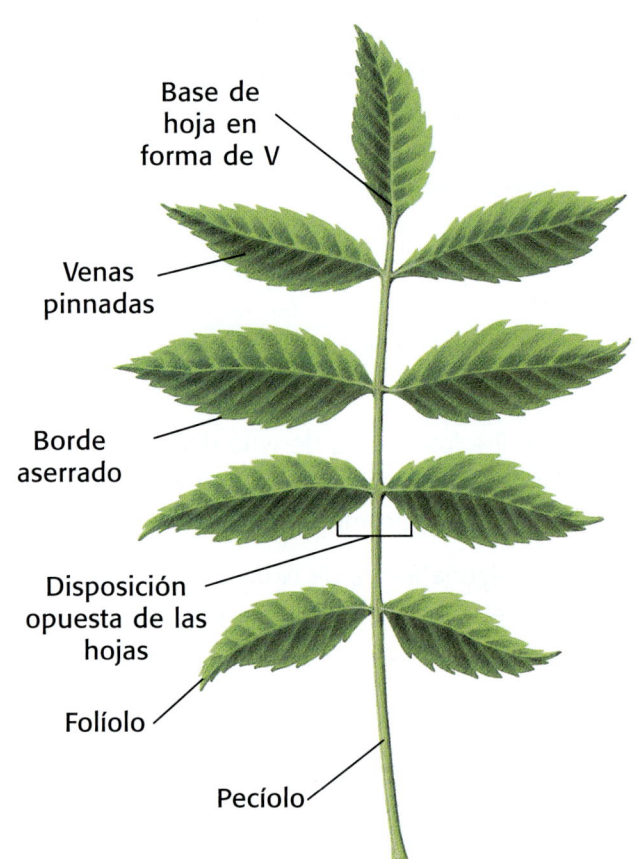

Hoja compuesta

Profundizar
Escoge un compañero o compañera. Con ayuda de las claves y las listas de vocabulario, describe una hoja y comprueba si él o ella puede dibujarla a partir de tu descripción. Después, cambien papeles.

Vocabulario de las formas de la hoja

cordada: forma de corazón
lanceolada: forma de lanza
lobulada: con lóbulos
oblonga: hojas con la punta redondeada
orbicular: forma de disco
ovalada: forma de óvalo
peltada: forma de escudo
reniforme: forma de riñón
sagitada: forma de flecha

Vocabulario de los tallos

leñoso: la corteza recubre el tallo
herbáceo: tallos verdes y no leñosos

Vocabulario de los arreglos de las hojas

alternado: las hojas o folíolos alternados a lo largo del tallo o pecíolo
compuesta: hoja dividida en segmentos o varios folíolos en el pecíolo
opuesta: hoja compuesta con varios folíolos unos frente a otros a lo largo del pecíolo
palmeada: una sola hoja con venas dispuestas alrededor de un punto central
palmeada compuesta: varios folíolos dispuestos alrededor de un punto central
pecíolo: tallito que sostiene a la hoja
pinnada compuesta: varios folíolos a cada lado del pecíolo
sencilla: una sola hoja sujeta al tallo por medio del pecíolo

Venas de las hojas: Paralela, Palmada, Pinnada

Disposición de las hojas en el tallo: Opuesto, Alternado

División de la hoja: Sencilla, Palmeada compuesta, Pinnada compuesta

Forma de la base de la hoja: En forma de V, Redondeada, Plana, Corazón, Desigual

Tipos de borde de las hojas: Entero, Aserrado, Biserrado, Lobulado

Capítulo 11 Experimentos 597

Semillas viajeras

Al estudiar las plantas conociste varias adaptaciones muy interesantes y poco comunes. Entre las más interesantes están las modificaciones que permiten la dispersión o distribución de las semillas y frutos lejos de la planta progenitora. La dispersión permite a las plántulas obtener espacio, luz solar y otros recursos sin competir de manera directa con la planta progenitora.

En esta actividad dispersarás una semilla con ayuda de tu creatividad.

Materiales

- semilla de frijol
- tarjeta de retos de dispersión de semillas
- diversos artículos del hogar o materiales reciclados (ejemplos: pegamento, cinta adhesiva, papel, clips, ligas, tela, vasos y platos de papel, toallas de papel, cartón)

Procedimiento

1. Pídele a tu maestra o maestro una semilla y una tarjeta de retos de la dispersión. En tu cuaderno de ciencias, registra el tipo de tarjeta que recibiste.

2. Diseña un plan para utilizar los materiales disponibles para dispersar la semilla como se describe en la tarjeta. Registra el plan en tu cuaderno de ciencias y, antes de comenzar, pídele a tu maestro o maestra su aprobación.

3. Consigue los materiales que necesitas para probar tu método de dispersión de semillas.

4. Con el permiso de tu maestro o maestra haz varias pruebas. Elabora una tabla de datos en tu cuaderno de ciencias y registra los resultados.

Analiza

5. ¿Pudiste completar con éxito el reto de dispersión de semillas? Describe en qué consiste el éxito de tu método.

6. ¿Puedes hacerle modificaciones al método para mejorar la dispersión de las semillas?

7. Describe las plantas que piensas que pueden dispersar sus semillas de manera similar a tu método.

Profundizar
Enséñales a tus compañeros y compañeras tu método de dispersión de semillas.

semilla de mangle

álamo

baya silvestre

abrojo

Construye una flor

Los científicos hacen con frecuencia modelos en el laboratorio para entender procesos o estructuras. Con ayuda de tu creatividad y de tu conocimiento de la estructura de las flores, construirás una maqueta con artículos reciclados y materiales de arte.

Materiales

- artículos reciclados (ejemplos: platos y vasos de papel, recipientes de yogurt, alambre, cordel, cuentas, botones, cartulina, botellas)
- materiales de arte (ejemplos: pegamento, cinta adhesiva, tijeras, papel de colores, limpiadores de pipa, hilo)
- tarjeta de 3 × 5 pulgadas

Procedimiento

1. En tu cuaderno de ciencias, dibuja una flor similar a la que se muestra abajo, a la derecha. Rotula cada una de las partes. La flor de la ilustración tiene estructuras masculinas y femeninas, pero no todas las flores las tienen.

2. Examina los materiales disponibles para la construcción de tu flor. Decide cuáles son adecuados para cada parte de la flor. Ahora, construye un modelo tridimensional que incluya cada una de las partes de la lista de abajo.

Partes de una flor	
Pétalos	
Sépalos	
Tallo	
Pistilo	(estigma, estilo, ovario)
Estambre	(antera, filamento)

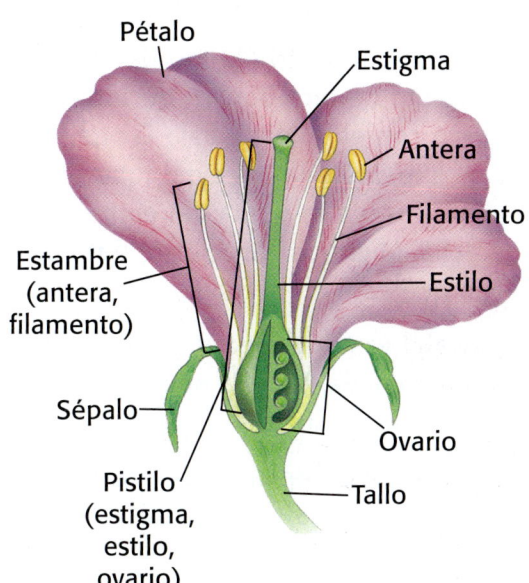

3. En una tarjeta de 3 × 5 pulgadas, dibuja un esquema de tu modelo en el que cada una de las estructuras esté rotulada.

Analiza

4. Haz una lista de las estructuras de las flores y explica la función de cada una.

5. Explica de qué manera la flor que has construido atrae a los polinizadores. ¿Qué modificaciones podrías hacer para aumentar el número de ellos?

6. Describe cómo podría llevarse a cabo la autopolinización en tu modelo.

Profundizar

Haz una exposición de los modelos terminados.

Las sobras de la fotosíntesis

Ya sabes que la fotosíntesis de las plantas produce alimentos. Durante la fotosíntesis, también se producen desechos, sin los cuales no podríamos vivir.

En esta actividad vas a observar el proceso de la fotosíntesis y a determinar la tasa diaria de fotosíntesis de dos o tres ramitas de *Elodea*.

Materiales

- un vaso de precipitados de 600 mL
- solución al 5 por ciento de bicarbonato de sodio y agua
- embudo de vidrio
- ramitas de 20 cm de largo de *Elodea* (2 o 3)
- tubo de ensayo
- regla métrica
- fuente de luz
- guantes protectores

Procedimiento

1. Ponte gafas protectoras, guantes y bata de laboratorio.
2. Llena tres cuartas partes de un vaso de precipitados con una solución al 5 por ciento de bicarbonato de sodio y agua.
3. Coloca en el recipiente dos o tres ramitas de *Elodea* de 20 cm de largo. El bicarbonato de sodio le dará a la *Elodea* el dióxido de carbono que necesita para la fotosíntesis.
4. Coloca la parte ancha del embudo sobre las ramitas de *Elodea* de modo que la punta del embudo apunte hacia arriba. La solución debe cubrir completamente la *Elodea* y el embudo, como se ilustra a la derecha.
5. Llena por completo el tubo de ensayo con la solución al 5 por ciento de bicarbonato de sodio y agua. Cubre el tubo de ensayo con el pulgar y dale la vuelta, procurando que no le entre aire. Mete la boca del tubo de ensayo en la solución, y colócalo sobre la punta del embudo, como se muestra a la derecha. Mientras haces esto, trata de que no se salga el agua que está en el tubo.
6. Coloca el vaso de precipitados y su contenido en un área bien iluminada, junto a una lámpara, o si es posible, donde le dé la luz del sol.
7. En tu cuaderno de ciencias, haz una tabla de datos como la que se muestra a continuación.

Cantidad de gas en el tubo de ensayo		
Exposición a la luz (días)	Cantidad total de gas presente (mm)	Cantidad de gas producido por día (mm)
0		
1		
2		
3		
4		
5		

No escribas en el libro

8. En tu cuaderno de ciencias, apunta que la cantidad de gas en el tubo de ensayo era 0 en el día 0. (Si no lograste colocar el tubo de ensayo sin que le entrara aire, mide la altura de la columna de aire en el tubo de ensayo, usando una regla métrica y apunta esta medida para el día 0). Mide la cantidad de gas en el tubo de ensayo desde la mitad de la curvatura del fondo del tubo de ensayo, que está apuntando hacia arriba, hasta el nivel de la solución.

9. Mide la cantidad de gas durante cinco días. Apunta tus medidas en el renglón indicado de la tabla de datos, bajo el encabezado "Cantidad de gas presente (mm)."

10. Calcula la cantidad de gas producida cada día restando la cantidad de gas presente el día anterior a la cantidad presente hoy. Apunta estas cantidades en tu tabla de datos en el renglón indicado, bajo el encabezado "Cantidad de gas producido por día (mm)."

11. En tu cuaderno de ciencias, haz una gráfica como la que se muestra a continuación. Traza los datos de la tabla en la gráfica.

Análisis

12. Usa la información de la gráfica para describir lo que pasó con la cantidad de gas en el tubo de ensayo.

13. ¿Qué cantidad de gas se produjo en el tubo de ensayo después del día 5?

14. Escribe la fórmula de la fotosíntesis en tu cuaderno de ciencias. Explica cada parte. Por ejemplo, ¿qué "ingredientes" hacen falta para la fotosíntesis? ¿Qué substancias se producen? ¿Cuál es el gas que las plantas producen como desecho y que nosotros necesitamos para vivir?

15. Escribe un informe en el que describas el experimento, los resultados y tus conclusiones.

Profundizar

La hidroponia es el cultivo de plantas en agua enriquecida con nutrientes, sin usar tierra. Investiga las técnicas de hidroponia y aplícalas al cultivo de una planta.

Capítulo 12 Experimentos **601**

Plantas lloronas

Imagínate que eres un científico o científica investigando el modo de drenar un área que está inundada de agua contaminada con fertilizantes. Sabes que las plantas liberan agua a través de los estomas de las hojas, y que cuando el agua se evapora de las hojas, las raíces de la planta absorben más, y la envían hacia los tallos y las hojas. En este proceso, llamado transpiración, la planta absorbe agua y nutrientes de la tierra. De hecho, alrededor de un 90 por ciento del agua que la planta toma a través de sus raíces se libera en la atmósfera como vapor, a través de la transpiración. Se te ocurre una idea: si colocas plantas en el área inundada, éstas transpirarán el agua, y también absorberán el fertilizante por las raíces.

¿Cuánta agua puede absorber y liberar una planta en un período de tiempo dado? En esta actividad, vas a observar el proceso de la transpiración y a determinar la tasa de transpiración del tallo de una planta.

Materiales
- tallo de Coleus o de otra planta
- regla métrica
- 2 tubos de ensayo
- gradilla
- reloj
- papel milimétrico
- agua
- marcador para vidrio

Procedimiento

1. En tu cuaderno de ciencias, haz una tabla de datos como la que se muestra a continuación para registrar medidas.

Altura del agua en los tubos de ensayo		
Tiempo	Tubo de ensayo con la planta	Tubo de ensayo sin la planta
Inicial		
Después de 10 min		
Después de 20 min		
Después de 30 min		
Después de 40 min		
Al día siguiente		

No escribas en el libro

2. Llena aproximadamente tres cuartas partes de ambos tubos de ensayo con agua y colócalos en la gradilla.

3. Sigue las instrucciones que te dé el maestro para conseguir el tallo de planta. Colócalo de manera que quede parado dentro de uno de los tubos de ensayo. Tus tubos deben quedar como los que ves en la fotografía de la derecha.

4. Con el marcador para vidrio, traza una línea que indique el nivel de agua en cada tubo de ensayo. Asegúrate de que el tallo esté dentro del tubo antes de que lo marques. ¿Por qué crees que esto es necesario?

5. Con la regla métrica, mide la altura del agua en cada tubo de ensayo. Asegúrate de que el tubo de ensayo esté derecho, y mide desde la superficie del agua hasta la mitad de la curva del fondo del tubo. Apunta estas medidas en el renglón de la tabla de datos que dice "Inicial".

6. Después de diez minutos, mide de nuevo la altura del agua en cada tubo de ensayo. Apunta estas medidas en el renglón de la tabla de datos que dice "Después de 10 min."

7. Repite tres veces el paso 6. En cada ocasión, apunta tus medidas en el renglón indicado.

8. Espera 24 horas y vuelve a medir la altura del agua en cada tubo de ensayo. Apunta estas medidas en el renglón de la tabla de datos que dice "Al día siguiente".

9. En papel milimétrico, traza una gráfica como la que se muestra abajo, usando solamente los resultados del primer día del experimento. Traza dos líneas, una para cada tubo de ensayo. Usa un color diferente para cada línea e indica la clave bajo tu gráfica, como en el ejemplo de abajo.

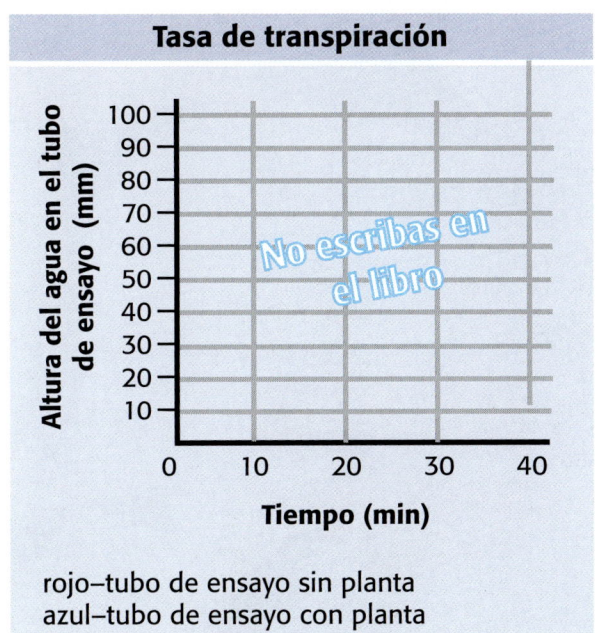

rojo–tubo de ensayo sin planta
azul–tubo de ensayo con planta

10. Calcula la tasa de transpiración de tu planta con las siguientes operaciones:

Tubo de ensayo con planta:
Altura inicial
− Altura al día siguiente
Diferencia en el nivel de agua (**A**)

Tubo de ensayo sin planta:
Altura inicial
− Altura al día siguiente
Diferencia en el nivel de agua (**B**)

Diferencia en el nivel de agua debida a la transpiración de la planta:
Diferencia **A**
− Diferencia **B**
Pérdida de agua (mm) debida a la transpiración de la planta en 24 horas

Análisis

11. ¿Para que sirvió el tubo de ensayo que sólo tenía agua?

12. ¿Qué hizo que el nivel de agua bajara en el tubo de ensayo que contenía el tallo? ¿Sucedió lo mismo en el tubo de ensayo que sólo tenía agua? Explica tu respuesta.

13. ¿Qué tasa de transpiración por día obtuviste con tus cálculos?

14. Usando tu gráfica, compara la tasa de transpiración con la tasa de evaporación de los tubos de ensayo.

15. Prepara una exposición de tu experimento para presentar en clase, usando tus tablas de datos, gráficas, cálculos y ayudas visuales.

Profundizar

¿Cuántas hojas tenía tu tallo? Usa este número para calcular la tasa de transpiración de una planta con 200 hojas. Cuando tengas lista tu respuesta en milímetros de altura en el tubo de ensayo, vacía esta cantidad en un recipiente graduado para medirla en mililitros.

¡Lombrices escurridizas!

Las lombrices de tierra han cavado la Tierra idurante más de 100 millones de años! Viven en cualquier lugar de la Tierra excepto en los desiertos y casquetes polares. Por lo general, no miden más de 30 cm (1 pie) pero pueden llegar a crecer hasta 10 veces más. Las lombrices fertilizan la tierra con sus desechos y la aflojan a su paso. Le sirven de alimento a muchos animales, como pájaros, ranas, roedores y peces. ¡Hay quienes dicen que también son buen alimento para las personas! Si alguien te ofrece plato de *pois de terre,* ten cuidado. Está lleno de lombrices.

En esta actividad, vas a observar el comportamiento de una lombriz viva. Recuerda que las lombrices son animales vivos que deben ser manejados con cuidado. Asegúrate de mantener húmeda la lombriz durante esta actividad. La piel de la lombriz debe permanecer húmeda para que pueda recibir oxígeno. Si la piel se seca, la lombriz se asfixia y muere. Usa un cuentagotas con agua para humedecer la lombriz.

Materiales

- lombriz viva
- linterna
- toallas de papel
- hojas de apio
- charola de disección
- sonda
- tierra
- atomizador
- caja de zapatos
- agua
- cuentagotas
- cartulina
- marcadores de colores
- regla métrica

Procedimiento

1. Pon una toalla de papel sobre una charola de disección. Coloca una lombriz viva sobre la toalla de papel y observa cómo se mueve. Anota tus observaciones en el cuaderno de ciencias.

2. Usa la sonda para tocar con cuidado el extremo anterior (la cabeza) de la lombriz. Con la sonda, toca con cuidado otras áreas del cuerpo de la lombriz. Anota los tipos de respuestas que observes.

3. Coloca unas hojas de apio en un extremo de la charola. Anota cómo reacciona la lombriz ante la presencia de alimento.

4. Con una linterna, ilumina el extremo anterior de la lombriz. Anota la reacción de la lombriz ante la luz.

5. Pon una toalla de papel húmeda en el fondo de la caja de zapatos. Cubre la mitad de la caja con la tapa y deja la otra mitad descubierta.

6. Pon la lombriz en el lado descubierto de la caja, donde le dé la luz. Observa su conducta durante 3 minutos y anota lo que ves.

7. Coloca la lombriz en la parte cubierta de la caja. Observa su conducta durante 3 minutos y anota lo que ves. Repite 3 veces los pasos 6 y 7. Si repites estos pasos, puedes darte cuenta si la conducta de la lombriz siempre es la misma.

8. Esparce una capa pareja de tierra, de unos 4 cm de profundidad, en el fondo de la caja. Pon la lombriz sobre la tierra. Observa su conducta durante 3 minutos y anota lo que ves.

9. Humedece la tierra de un lado de la caja y deja el otro lado seco. Coloca la lombriz en el centro de la caja entre la tierra húmeda y la tierra seca. Tapa la caja y espera 3 minutos. Destapa la caja y anota tus observaciones. Repite este procedimiento 3 veces. Recuerda que debes tratar a la lombriz con cuidado. (¡Tal vez tengas que buscarla!)

Análisis

10. ¿Cómo reaccionó la lombriz cuando la tocaste? ¿Tiene unas áreas más sensibles que otras? ¿Cómo influye la luz en la conducta de la lombriz? Con base en tus observaciones, describe cómo puede proteger a un animal su reacción ante un estímulo.

11. ¿Cómo reaccionó la lombriz ante la presencia de alimento?

12. Cuando la lombriz tuvo la opción de estar en la tierra mojada o en la seca, ¿qué hizo? Explica este resultado.

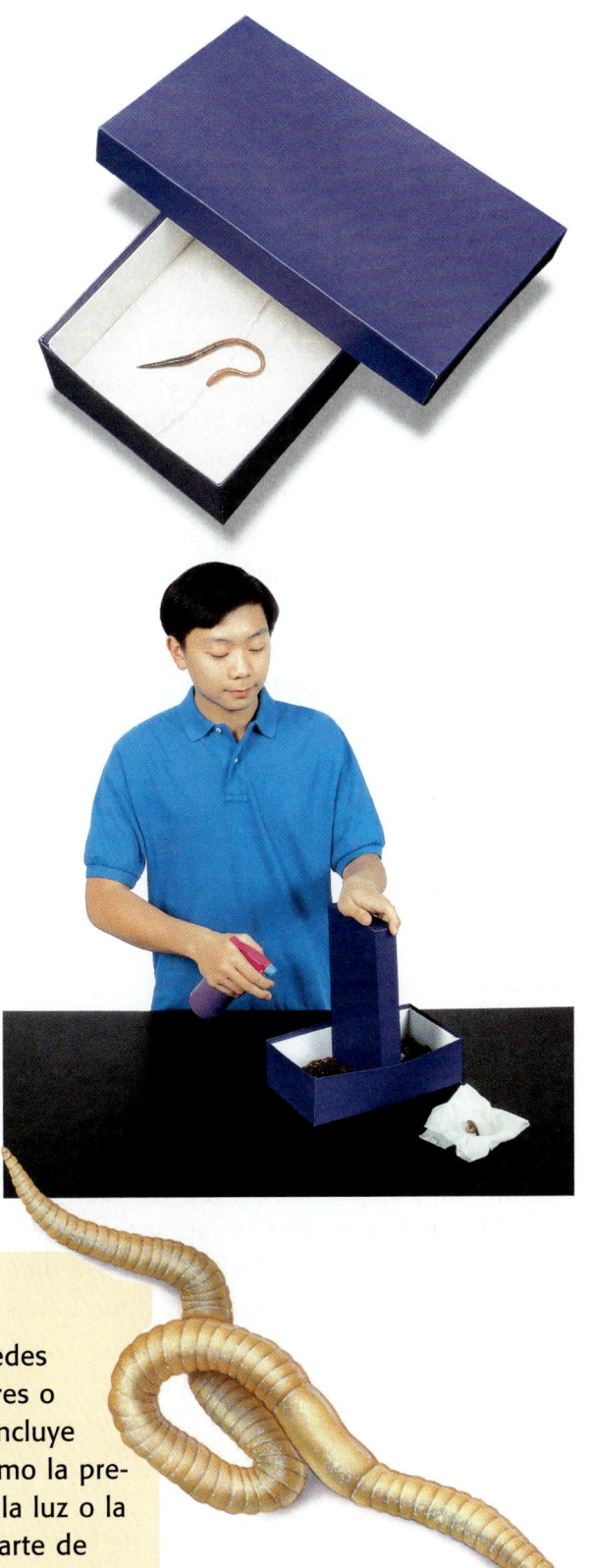

Profundizar

Con base en tus observaciones de la conducta de una lombriz, prepara un cartel mostrando dónde puedes encontrar lombrices. Haz un dibujo con los marcadores o recorta figuras de revistas o de otras publicaciones. Incluye todas las variables que usaste en tu experimento, como la presencia o ausencia de tierra, la tierra húmeda o seca, la luz o la obscuridad, y la comida. Escribe una leyenda en la parte de abajo de tu cartel que describa dónde hay lombrices en la naturaleza.

La tía Florecita y el abejorro

La semana pasada, la tía Florecita vino a ver el partido de fútbol, pero todos terminaron viéndola a ella. Un enorme abejorro amarillo con negro la estaba persiguiendo. El abejorro no la picó, pero no dejaba de zumbarle en el oído. Todos trataban de no reírse, pero la tía Florecita se veía muy chistosa. Corría y gritaba, toda perfumada y arreglada con un vestido floreado, joyas extravagantes y un enorme sombrero con un largo listón morado. Corrió hacia las gradas y, cuando pensó que el abejorro se había ido, se sentó, pero éste la volvió a encontrar. Nadie podía entender por qué el abejorro sólo atormentaba a la tía Florecita y a nadie más. La tía dijo que no volvería a ningún otro partido hasta que tú determinaras por qué la perseguía el abejorro.

Tu tarea es diseñar un experimento que determine por qué el abejorro se sintió atraído hacia la tía Florecita. Si quieres, simula la situación usando objetos que tengan las mismas pistas sensoriales que usó la tía Florecita ese día: colores brillantes y fragancias fuertes.

Materiales

- dependerán de cada diseño experimental y de la aprobación del maestro o maestra

Haz una pregunta

1. Usa la información de la historia para formular tus preguntas. Haz una lista de las características de la tía Florecita el día del partido. ¿Cómo iba vestida? ¿Con qué crees que la confundió el abejorro? ¿Qué fragancia usaba ese día? ¿Cuál de esas características pudo haber afectado la conducta del abejorro? ¿Qué tenía la tía Florecita que pudo haber afectado la conducta del abejorro?

Formula una hipótesis

2. Formula una hipótesis acerca de la conducta de los insectos con base en tus observaciones de la tía Florecita y el abejorro. Una hipótesis posible es: "Los insectos son atraídos por fuertes fragancias florales". Formula tu propia hipótesis.

Comprueba la hipótesis

3. Diseña el procedimiento de tu experimento. Asegúrate de seguir los pasos del método científico. Procura que el procedimiento responda a preguntas específicas. Por ejemplo, si quieres saber si los insectos son atraídos por los colores, tal vez convendría que mostraras recortes de papel de diferentes colores.

4. Haz una lista de los materiales que vas a usar en tu diseño experimental. Puedes usar como carnada objetos de varios colores, hojas de papel de colores, imágenes de revistas o perfumes fuertes. No necesitas usar seres vivos como carnada. Tu maestro o maestra debe aprobar tu diseño experimental antes de que empieces.

5. Determina un lugar y un método para realizar el procedimiento. Por ejemplo, puedes colocar cosas que atraigan a los insectos en una caja en el suelo o colgarlas de la rama de un árbol.
   Cuidado: Asegúrate de no estar muy cerca del área donde pusiste la carnada. No toques los insectos. Pídele a un adulto que te ayude a liberar los insectos que atrapaste o que reuniste.

6. Haz tablas de datos para anotar los resultados de tus pruebas. Por ejemplo, usa una tabla de datos como la de la derecha, y anota los resultados de la prueba de los colores para ver qué insecto fue atraído por ellos. Diseña las tablas de datos que se ajusten a tu investigación.

Analiza los resultados

7. Describe el procedimiento de tu experimento. ¿Apoyaron los resultados tu hipótesis? Si no, ¿cómo cambiarías el procedimiento?

Comunica los resultados

8. Escríbele una carta a la tía Florecita para contarle lo que has aprendido sobre el comportamiento de los insectos. Explícale cuál fue la causa del ataque del abejorro. Invítala a otro partido de fútbol, pero adviértele lo que debe y lo que no debe ponerse.

Efectos del color			
Color	Número de abejas	Número de hormigas	Número de avispas
Rojo			
Azul			
Amarillo			

No escribas en el libro

Porosidad de los poríferos

Las esponjas son animales invertebrados acuáticos que constituyen el filo de los poríferos. El nombre *poríferos* viene del latín y significa "que tiene poros". Las esponjas bombean el agua a su interior a través de poros pequeños. De esta manera, la filtran para obtener alimento. El agua sale de la esponja por una abertura que tiene en la parte superior.

Los primeros biólogos pensaban que las esponjas eran plantas, ya que se parecen a ellas de muchas maneras. Por ejemplo, las esponjas adultas se fijan al suelo y no se mueven, no pueden perseguir su alimento y tienen que filtrar mucha agua para obtenerlo. En esta actividad determinarás la cantidad de agua que las esponjas son capaces de absorber.

Materiales

- esponjas naturales
- probeta graduada
- balanza
- calculadora
- agua
- bol (lo suficientemente grande para la esponja y el agua)
- materiales adicionales conforme se requieran

Procedimiento

1. Estima la cantidad de agua que retiene la esponja. Escribe tu predicción en el cuaderno de ciencias.

2. En tu cuaderno de ciencias, elabora las tablas de datos o bosquejos que necesites para registrar tus observaciones.

3. Asegúrate de medir la masa de la esponja antes de agregarle agua y de registrar el resultado. ¿Por qué es éste un paso necesario?

4. Antes de empezar el experimento, pídele a tu maestro o maestra su aprobación. Realiza el experimento y registra tus resultados.

Analiza

5. ¿Cuántos milímetros de agua retiene la esponja por gramo de tejido? Por ejemplo, si la esponja tiene una masa seca de 12 g y retiene 59.1 mL de agua, entonces retiene 4.9 mL de agua por gramo. (59.1 mL ÷ 12 g)

6. ¿Qué ventaja alimenticia tiene la esponja gracias a su capacidad de retener una gran cantidad de agua?

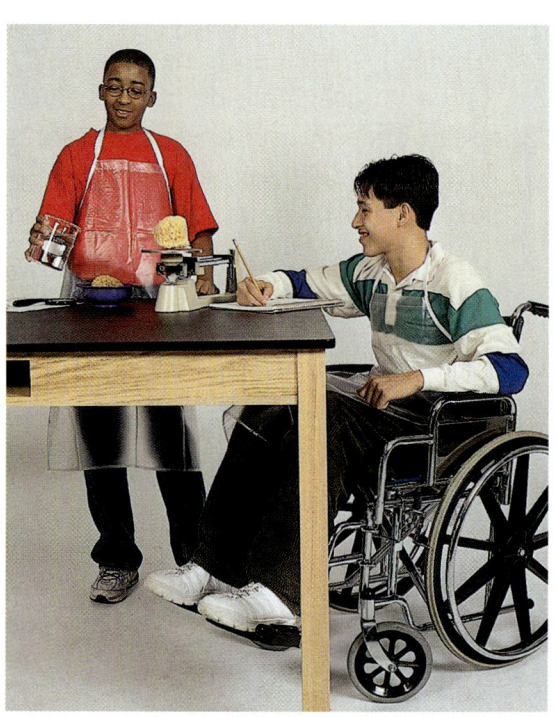

Profundizar

Repite el experimento con otro tipo de material absorbente, como toallas de papel o una esponja artificial. ¿Cuántos mililitros de agua retiene este material por gramo? ¿Cuál es la diferencia con una esponja natural?

Travesuras de grillos

Los insectos constituyen una clase de invertebrados con más de 750,000 especies conocidas y son el grupo animal de mayor éxito sobre la Tierra. En esta actividad observarás la estructura de un grillo y qué comportamientos de adaptación lo hacen tan exitoso. Recuerda que trabajarás con un ser vivo que merece ser tratado con cuidado.

Materiales

- grillos (2)
- vasos de precipitados de 600 ml (2)
- plástico para envolver
- manzana
- lupa (opcional)
- cinta adhesiva
- papel aluminio
- bolsas de plástico con cierre (2)
- lámpara
- hielo
- agua caliente de la llave

Procedimiento

1. Coloca un grillo en un vaso de precipitados limpio de 600 mL y cúbrelo de inmediato con plástico para envolver. La cantidad de oxígeno que hay en el recipiente es suficiente para que el grillo respire mientras realizas tu trabajo.

2. Mientras el grillo se habitúa al recipiente, en tu cuaderno de ciencias elabora una tabla de datos similar a la que aparece abajo. Asegúrate de dejar espacio suficiente para las descripciones.

Estructuras del cuerpo del grillo	
Número	**Descripción**
Segmentos del cuerpo	
Antenas	
Ojos	
Alas	

No escribas en el libro

3. Sin hacer muchos movimientos, empieza a examinar el grillo. Llena la tabla de datos de las estructuras de su cuerpo.

4. Introduce un pequeño pedazo de manzana en el vaso de precipitados y déjalo sobre una mesa. En silencio, observa al grillo durante varios minutos. Cualquier movimiento hará que el grillo interrumpa su actividad. Registra tus resultados en tu cuaderno de ciencias.

5. Destapa el vaso de precipitados y saca el pedazo de manzana; rápidamente coloca otro vaso de precipitados, de manera que las bocas de ambos recipientes queden juntas; pégalas con cinta adhesiva. Maneja con cuidado los recipientes, recuerda que contienen un animal vivo.

Capítulo 14 Experimentos **609**

6. Forra con papel aluminio uno de los vasos de precipitados.

7. Si el grillo se esconde en la parte forrada de aluminio, da con cuidado unos golpecitos en el recipiente hasta que lo veas de nuevo. Coloca los recipientes de lado y con una lámpara ilumina la parte que no está cubierta. Observa al grillo y registra su ubicación.

8. Observa y registra la ubicación del grillo después de 5 minutos. Sin molestarlo, cambia con cuidado el papel de aluminio al otro recipiente (esto expone el grillo a la luz). Después de 5 minutos, observa al grillo y registra su ubicación. Repite esta secuencia una vez más para ver si obtienes el mismo resultado.

9. Llena a la mitad una bolsa de plástico con escarcha y llena otra con agua de la llave caliente, también a la mitad. Cierra las bolsas y colócalas sobre la mesa una al lado de la otra.

10. Retira el papel aluminio y mece los recipientes suavemente hasta que el grillo quede en el centro. Coloca los recipientes sobre las bolsas de plástico, tal como se muestra abajo.

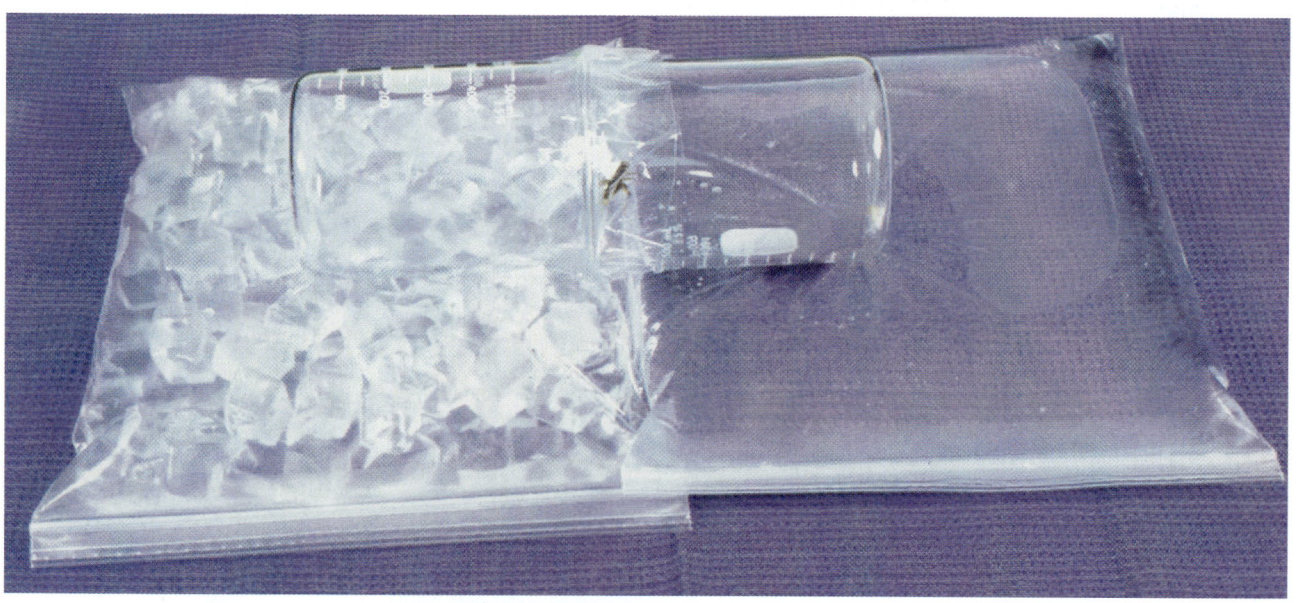

11. Observa el comportamiento del grillo por 5 minutos. Anota tus observaciones en tu cuaderno de ciencias.

12. Coloca los vasos de precipitados en posición vertical y espera unos minutos para que vuelvan a la temperatura ambiental. Repite los pasos 10 y 11. (¿Por qué crees que este paso es necesario?) Realiza esta prueba tres veces y anota tus observaciones.

13. Coloca los vasos de precipitados en posición vertical y quita con cuidado la cinta adhesiva. Rápidamente, tapa con plástico el recipiente que contiene al grillo. Déjalo descansar mientras haces dos tablas de datos en tu cuaderno de ciencias similares a las de la derecha.

14. Observa el movimiento del grillo cada 15 segundos por 3 minutos. Llena la tabla de datos titulada "Grillo (solo)" con: 0 = sin movimiento, 1 = movimiento ligero y 2 = movimiento rápido.

15. Pídele a tu maestro o maestra otro grillo y ponlo en el mismo recipiente donde está el primer grillo. En la tabla de datos titulada "Grillo A y Grillo B" registra el movimiento de los grillos cada 15 segundos. Utiliza los códigos del paso 14.

Analizar

16. ¿Los grillos prefieren la luz o la oscuridad? Explica.

17. A partir de tus observaciones, ¿qué deduces acerca de las preferencias del grillo en cuanto a la temperatura?

18. Describe la conducta alimenticia de los grillos. ¿Cómo atrapan el alimento? ¿Lo chupan, lo mastican o lo atrapan con la lengua?

19. Basándote en tus observaciones del grillo A y del grillo B, ¿qué enunciados generales puedes hacer sobre su comportamiento social?

Profundizar

Elabora una tercera tabla que se titule "Grillo y otra especie de insecto". Introduce otro insecto en el vaso de precipitados. Anota tus observaciones durante tres minutos. Haz un resumen sobre la reacción del grillo frente a otro insecto.

Grillo (solo)	
15 s	
30 s	
45 s	
60 s	
75 s	
90 s	
105 s	
120 s	
135 s	
150 s	
165 s	
180 s	

Grillo A y Grillo B		
	A	B
15 s		
30 s		
45 s		
60 s		
75 s		
90 s		
105 s		
120 s		
135 s		
150 s		
165 s		
180 s		

Manda a nadar a un pez tubo

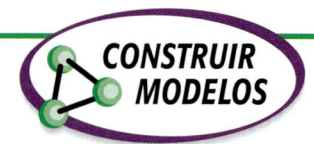

Los peces óseos pueden controlar la profundidad a la que nadan en un lago, río o en el mar, gracias a un órgano especial llamado vejiga natatoria. Al inflar o desinflar de gases la vejiga natatoria, el pez se eleva o se hunde en el agua. En esta actividad, vas a hacer un modelo de pez con vejiga natatoria. Cuando el pez esté listo, tu tarea es hacerlo flotar en un recipiente de manera que se quede a la mitad entre el fondo y la superficie. Seguramente tendrás que intentarlo varias veces, y poner mucha atención y capacidad de análisis. ¡Buena suerte!

Materiales

- Tubo PVC de 12 cm de largo y 3/4 de pulgada de diámetro
- un globo de forma alargada
- un corcho pequeño
- una liga de caucho
- agua
- recipiente para agua de unos 15 cm de profundidad

Procedimiento

1. Calcula cuánto aire necesitas en la vejiga natatoria (el globo) para que el pez tubo flote en medio del recipiente, entre el fondo y la superficie. ¿Tendrás que inflarlo a la mitad, sólo un poquito o por completo? Recuerda que tiene que caber dentro del tubo, pero también que necesita suficiente aire para aguantar su peso.

2. Infla el globo de acuerdo con tus cálculos. Aprieta el cuello del globo para que no se desinfle y coloca el corcho en la boca del globo. Si está bien cerrado, no deben salir burbujas cuando lo sumerjas en el agua.

3. Coloca la vejiga natatoria, ya tapada con el corcho, dentro del pez (el tubo) y ponle una liga para asegurarla, como ves en la ilustración. La liga impedirá que la vejiga se escape por los extremos del pez.

4. Echa el pez al agua y fíjate dónde se queda flotando. Apunta tus observaciones en tu cuaderno de ciencias.

5. Si el pez no flota en el lugar debido, sácalo del agua, ajusta la cantidad de aire, e inténtalo de nuevo.

6. Puedes dejar salir una cantidad pequeña de aire si alejas del corcho cuidadosamente la boca del globo. Puedes añadir aire inflándolo un poco más. Sigue ajustando la cantidad de aire hasta que el pez tubo flote en medio del recipiente, entre el fondo y la superficie.

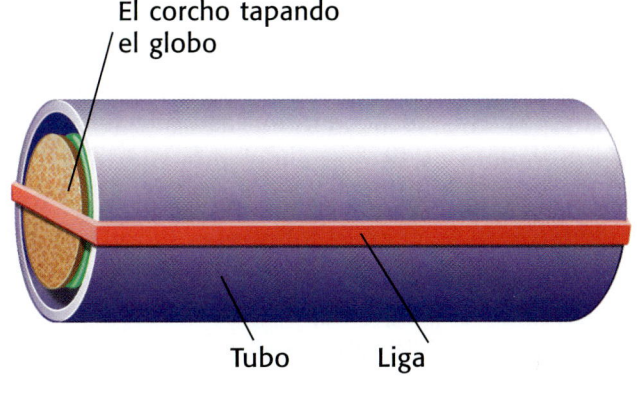

Análisis

7. De acuerdo con el cálculo que hiciste en el paso número 1, ¿fue suficiente la cantidad de aire que pusiste en el globo para que el pez flotara? Explica tu respuesta.

8. En relación con el largo y el volumen de tu pez, ¿cuánto aire fue necesario para hacerlo flotar? Expresa tu respuesta en una proporción o un porcentaje.

9. Observando el espacio que el globo inflado ocupa en tu pez, ¿cuánto espacio calculas que ocupa la vejiga natatoria de un pez de verdad? Explica tu respuesta.

Profundizar

Algunos nadadores veloces, como el tiburón, y los mamíferos acuáticos, como las ballenas y los delfines, no tienen vejiga natatoria. Investiga en la biblioteca o en Internet cómo evitan estos animales ir a dar al fondo del mar. Haz un cartel, y explica tus resultados en tarjetas de 3 x 5 pulgadas. En el cartel, incluye dibujos de los peces o mamíferos acuáticos que estudiaste.

De príncipe a rana

Imagínate que estás haciendo una investigación científica sobre los anfibios. Has escuchado en las noticias que los anfibios de todo el mundo están en peligro de extinción. ¡Qué gran pérdida para el medio ambiente si se extinguieran! Tu trabajo consiste en aprender todo lo posible sobre el comportamiento normal de las ranas para poder ofrecerles esta información a otros científicos que estudian el problema.

En esta actividad, observarás una rana normal en un ambiente seco y en el agua.

Materiales

- recipiente lleno hasta la mitad con agua sin cloro
- roca grande
- rana viva en un recipiente sin agua
- grillos vivos
- cubeta de laboratorio de 600 mL
- guantes protectores

Procedimiento

1. En tu cuaderno de ciencias, haz una tabla parecida a la de abajo para apuntar todas las observaciones que hagas en esta investigación.

Observaciones de una rana viva	
Característica	**Observation**
Respiración	
Ojos	
Patas	
Respuesta al alimento	
Respuesta al ruido	
Textura de la piel	
Comportamiento en el agua	
Color de la piel	

No escribas en el libro

2. Observa la rana en el recipiente sin agua. Dibújala en tu cuaderno de ciencias, y escribe los nombres de las diferentes partes de su cuerpo: ojos, nariz, patas delanteras y patas traseras.

3. Observa los movimientos de la rana mientras respira aire por los pulmones. Describe la respiración de la rana en tu cuaderno de ciencias.

4. Examina con atención los ojos de la rana. Fíjate en su posición en la cabeza del animal. Observa el párpado superior y el inferior, y el tercer párpado transparente. De los tres párpados, ¿cuál se mueve para cubrir el ojo?

5. Estudia las patas de la rana. Escribe en la tabla de datos la diferencia entre las patas delanteras y las traseras.

6. Golpea suavemente el lado del recipiente que está más lejos de la rana y observa cómo responde ésta

7. Coloca un insecto vivo, por ejemplo, un grillo, en el recipiente. Observa la respuesta de la rana y toma notas.

8. Ponte guantes y lentes protectores, y levanta cuidadosamente la rana para examinar su piel. ¿Cómo se siente?

Cuidado: Recuerda que la rana es un ser vivo y merece ser tratada con respeto y delicadeza.

9. Coloca la cubeta de laboratorio de 600 mL en el recipiente y pon la rana adentro. Cubre la cubeta con la mano y llévala al recipiente con agua sin cloro. Inclina la cubeta y sumérgela lentamente en el agua hasta que la rana salga nadando.

10. Observa a la rana nadar y flotar en el agua. ¿Cómo usa las patas para nadar? Fíjate en la posición de la cabeza de la rana en el agua.

11. Mientras nada, asómate por un lado del recipiente para ver la parte de abajo de la rana. Luego obsérvala desde arriba. Compara el color de la espalda de la rana y el de su abdomen.

12. Apunta en la tabla de datos tus observaciones sobre el color y textura de la piel de la rana, y su comportamiento en el agua.

Análisis

13. Con las respuestas a las preguntas anteriores, escribe un informe sobre la anatomía y el comportamiento de los anfibios.

14. ¿Qué puedes deducir sobre el campo visual de la rana a partir de la posición de sus ojos?

15. ¿De qué le puede servir la posición de los ojos mientras nada en el agua?

16. ¿Cómo oye una rana?

17. ¿Cómo respira la rana cuando nada en el agua?

18. ¿Qué adaptaciones para la vida terrestre y acuática tienen las patas de la rana?

19. ¿Qué diferencias notaste en la coloración de la parte de arriba y la de abajo de la rana?

20. ¿Cómo come la rana? ¿Qué sentidos usa para atrapar su presa?

Profundizar

Observa otro tipo de anfibio, por ejemplo, una salamandra. Compara las adaptaciones de este anfibio con las que observaste en la rana en esta investigación.

¿No van al dentista?

Cuando comemos, debemos masticar bien el alimento. Nuestros dientes están hechos para masticar porque la ruptura del alimento en pequeños pedazos es el primer paso del proceso digestivo. Las aves, en cambio, no tienen dientes. ¿Cómo hacen que los grandes trozos de alimento sean lo bastante pequeños para que comience la digestión? En esta actividad vas a diseñar y construir un modelo del aparato digestivo de un ave para averiguar la respuesta a esta pregunta.

Materiales
- bolsas de plástico con cierre, de distintos tamaños
- alpiste
- grava de acuario
- agua
- cuerda
- popote
- cinta adhesiva
- tijeras y otros materiales que sean necesarios

Procedimiento

1. Examina el diagrama del aparato digestivo de un ave. Diseña un modelo del aparato digestivo de las aves con los materiales proporcionados por tu maestro o maestra. Incluye en el modelo todos estos órganos: esófago, buche, molleja, intestino y cloaca.

2. Pídele a tu maestro o maestra una bolsa de plástico y los materiales que necesitas, y construye tu modelo.

3. Prueba tu modelo usando el alpiste que te dé el maestro o la maestra.

Análisis

4. ¿Cómo puede un ave descomponer las partículas de alimento sin dientes?

5. ¿Tritura la molleja de tu modelo el alimento?

6. ¿Qué son y qué hacen las piedras de la molleja?

7. ¿Qué tan llena debe estar la molleja para trabajar de manera eficaz?

8. Describe cómo puedes hacer que tu modelo funcione mejor.

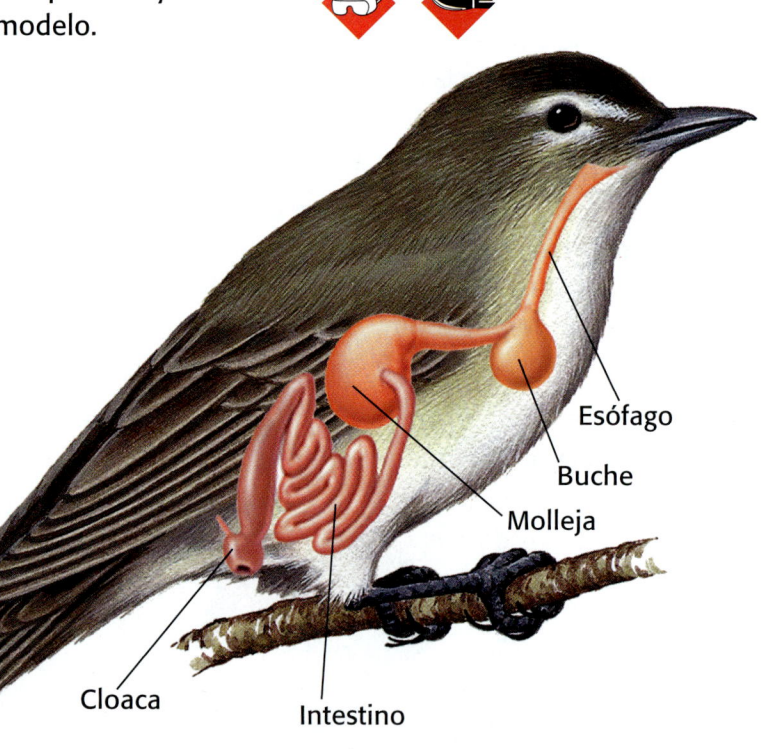

Profundizar
¿Sabías que se han encontrado "piedras de molleja" en algunos fósiles de dinosaurios? Busca en la biblioteca o en Internet información sobre la relación evolutiva entre dinosaurios y aves. Haz una lista de las semejanzas y de las diferencias que encontraste.

Se solicitan mamíferos en Marte

DESCUBRIR EN EL LABORATORIO

Es el año 2256. Han existido colonias en Marte durante casi 50 años. El agua marciana es escasa pero todavía existe y las temperaturas son extremas pero soportables. El planeta Marte ha desarrollado lentamente una atmósfera donde los seres humanos pueden respirar, gracias a los esfuerzos de muchos científicos durante los últimos 200 años. La Comisión Interplanetaria ha decretado que se envíen algunos mamíferos de diferentes hábitats de la Tierra a Marte. Ahí, se alojarán en un zoológico para que puedan acostumbrarse al clima antes de ser liberados en ambientes naturales.

Tu tarea es preparar una presentación para la Comisión Interplanetaria, que describa por lo menos tres mamíferos que crees que podrían sobrevivir en un zoológico en Marte. Selecciona un mamífero acuático, uno terrestre y uno que viva en el aire parte del tiempo.

Materiales

- marcadores de colores, creyones, bolígrafos u otro equipo de dibujo
- cartulina, papel de periódico u otro papel para dibujar
- otros materiales, según sea necesario

Procedimiento

1. Investiga en la biblioteca o en Internet para obtener información sobre el medio ambiente actual de Marte. ¿Cómo podría la atmósfera cambiar el medio ambiente?

2. Investiga en la biblioteca o en Internet las diferentes especies de mamíferos y su medio ambiente en la Tierra. Usa esta información para seleccionar los mamíferos que piensas que podrían vivir en Marte.

3. Prepara tu presentación para la Comisión Interplanetaria. Puede ser un cartel, un mural, un diorama, una presentación en computadora o cualquier otro formato. Asegúrate de solicitar la aprobación de tu maestro o maestra.

Análisis

4. Menciona y describe los mamíferos que escogiste. Explica por qué crees que tu elección es apropiada.

5. Describe qué adiciones o cambios se deben hacer en el zoológico para alojar a cada uno de los mamíferos.

Profundizar

Si los mamíferos que presentaste se enviaran a Marte y fueran liberados en el planeta, ¿qué otros mamíferos que compitieran con ellos por alimento, resguardo y otros recursos se podrían introducir?

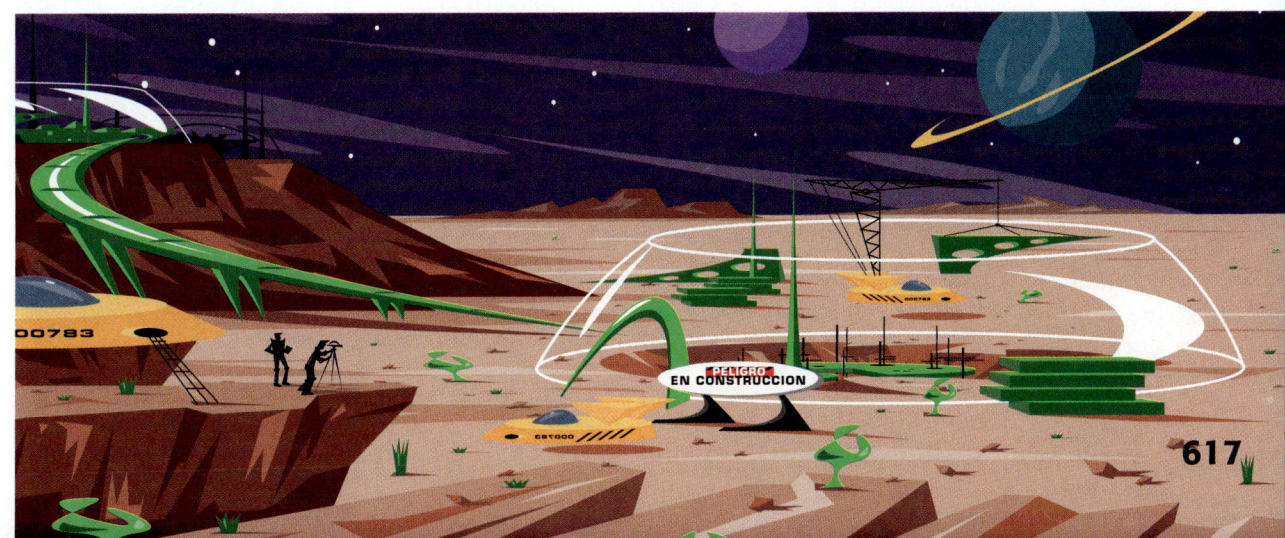

Experimentos

Vida en el desierto

Los organismos que viven en el desierto conservan el agua mediante métodos muy poco comunes. La conservación del agua es una función importante para los organismos que viven en tierra firme, pero para los que viven en el desierto es un reto especial. En esta actividad inventarás una "adaptación" para un animal del desierto, representado por un pedazo de esponja, para descubrir cuánta agua puede conservar en un período de 24 horas. Protegerás la esponja mojada para que se seque lo menos posible.

Materiales

- 2 pedazos de esponja seca (8 × 8 × 2 cm)
- agua
- balanza
- ejemplos de descripciones de plantas y animales del desierto
- otros materiales según se requieran

Procedimiento

1. Piensa en un método para evitar que tu "animal del desierto" se seque. El "animal" debe estar al aire libre por lo menos durante 4 horas en un período de 24 horas. Los animales reales del desierto se exponen con frecuencia al calor seco del desierto para ir en busca de comida. Escribe tu plan en tu cuaderno de ciencias, así como tus predicciones acerca del resultado del experimento.

2. Si es necesario, diseña tablas de datos. Antes de empezar, pídele a tu maestro que aprueben tu plan.

3. Sumerge dos pedazos de esponja en agua hasta que empiecen a gotear. Coloca cada pedazo en una balanza y anota su masa en tu cuaderno de ciencias.

4. Inmediatamente empieza a proteger uno de los pedazos conforme a tu plan. Coloca ambos pedazos en un lugar en el que nadie los toque. Saca tu "animal" a comer las veces que quieras, por un total de por lo menos 4 horas.

5. Al término de las 24 horas, coloca otra vez los pedazos de esponja en la balanza y anota su masa.

Análisis

6. Describe la adaptación con la que le ayudaste a tu "animal" a sobrevivir. ¿Fue efectiva? Explica tu respuesta.

7. ¿Cuál fue el objetivo de dejar sin protección una de las esponjas? ¿Qué diferencias hay entre la pérdida de agua de cada esponja?

Profundizar

Comenten en clase las adaptaciones y resultados. ¿Cómo relacionas estas adaptaciones inventadas con las que los organismos reales utilizan para sobrevivir en el desierto?

¡Descubre los miniecosistemas!

DISEÑA EL TUYO

Al estudiar los ecosistemas, aprendiste que un bioma es un ecosistema muy grande que abarca un conjunto de ecosistemas más pequeños relacionados entre sí. Por ejemplo, un bioma de bosque de coníferas puede comprender un ecosistema de río, uno de pantano y otro de lago, cada uno de los cuales puede incluir otros más pequeños relacionados con ellos. ¡Hasta las ciudades tienen miniecosistemas! Puedes encontrar un miniecosistema en un pedazo de acera, en un charco de agua de lluvia, debajo de una llave que gotea, en un área con sombra o debajo de una piedra. En esta actividad diseñarás un método para comparar dos miniecosistemas que se encuentren cerca de tu escuela.

Materiales

- papel y lápiz para tomar notas y hacer observaciones
- otros materiales según la investigación

Procedimiento

1. Examina el terreno que rodea tu escuela y escoge dos zonas distintas para tu investigación. Pídele permiso al maestro o maestra antes de comenzar.

2. Decide lo que quieres averiguar acerca de tus miniecosistemas. Por ejemplo, qué tipo de seres vivos hay en cada zona o cuáles son los factores abióticos de cada miniecosistema.

3. Elabora tablas de datos para registrar tus observaciones. Otra posibilidad es observar los miniecosistemas durante una hora, u observarlos por un período corto, ya sea varias veces al día o varios días a la misma hora. Pídele al maestro o maestra que apruebe tu plan y elabora las tablas de datos apropiadas.

Análisis

4. ¿Qué factores determinan las diferencias entre tus miniecosistemas? Identifica los factores que separan cada miniecosistema del área que los rodea.

5. ¿En qué se parecen y diferencian las poblaciones de tus miniecosistemas?

6. Identifica algunas adaptaciones de los organismos que viven en tus miniecosistemas. Describe de qué manera las adaptaciones facilitan la supervivencia de los organismos en su ambiente.

7. Escribe un informe donde describas y compares tus miniecosistemas con los de tus compañeros y compañeras.

¿Demasiada comida?

Las plantas necesitan nutrientes, como fosfatos y nitratos, para sobrevivir. Los detergentes contienen con frecuencia fosfatos, y es común encontrar nitratos entre los desechos animales y en los fertilizantes. Cuando se arrojan grandes cantidades de estos nutrientes a ríos y lagos, las algas y la vegetación crecen rápidamente y después mueren y se descomponen. Los microorganismos que descomponen las algas y la materia vegetal utilizan el oxígeno del agua, ocasionando la muerte de peces y animales que dependen del mismo para sobrevivir. A menudo, el resultado de este proceso es una laguna o lago que se rellena artificialmente.

En esta actividad observarás el efecto de los fertilizantes en los organismos que habitan en un estanque.

Materiales

- frascos de 1 cuarto de capacidad (3)
- lápiz de cera
- agua destilada
- fertilizante
- probeta graduada
- varilla agitadora
- agua de estanque con organismos vivos
- cuentagotas
- microscopio
- portaobjetos y cubreobjetos
- plástico transparente
- guantes protectores

Procedimiento

1. Con un lápiz de cera rotula los frascos así: "Control", "Fertilizante" y "Exceso de fertilizante".

2. Vierte 750 mL de agua destilada en cada frasco. Lee la cantidad de fertilizante recomendada para las plantas en la etiqueta del paquete. En el frasco "Fertilizante" coloca la cantidad de fertilizante recomendada para 1 cuarto de agua, o 1 L si las instrucciones se dan en unidades métricas. En el frasco "Exceso de fertilizante" agrega 10 veces esta cantidad de fertilizante a 1 cuarto de agua. Agita bien cada frasco para disolver el fertilizante.

3. Consigue una muestra de agua de estanque. Mézclala con suavidad para que los organismos que contiene se distribuyan uniformemente. Vierte 100 mL de agua de estanque en cada frasco.

4. Observa al microscopio una gota de agua de estanque de cada frasco. En tu cuaderno de ciencias, dibuja por lo menos cuatro organismos de los que ves. Determina si los organismos que ves son algas (generalmente son verdes) o consumidores (casi siempre se mueven). Describe el número y tipo de organismos que ves.

5. Tapa cada frasco con plástico para envolver (sin sellarlo). Coloca los tres frascos en un lugar bien iluminado, cerca de una ventana. No los expongas a la luz solar.

Organismos comunes del agua de estanque

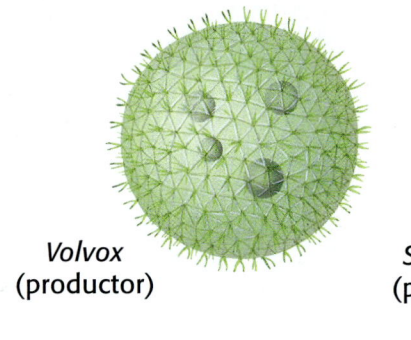

Volvox (productor)

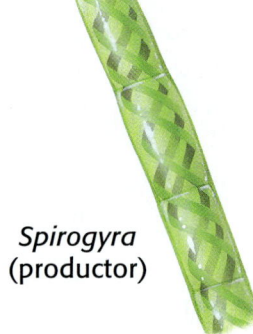

Spirogyra (productor)

Vorticella (consumidor)

Daphnia (consumidor)

6. Basándote en tus conocimientos sobre cómo los estanques y lagos llegan a rellenarse y secarse, predice cómo crecerán los organismos de cada frasco.

7. Elabora tres tablas de datos en tu cuaderno de ciencias. Deja suficiente espacio para anotar tus observaciones. Tal como se muestra abajo, una de las tablas debe llamarse "Control", otra "Fertilizante" y otra "Exceso de fertilizante".

Control			
Fecha	Color	Olor	Otras observaciones

No escribas en el libro

8. Observa los frascos al comienzo y por lo menos una vez cada tres días durante tres semanas. Observa el color, el olor y cualquier presencia visible de formas de vida. Anota tus observaciones en las tablas de datos.

9. Cuando las formas de vida comiencen a ser visibles, saca con un cuentagotas una muestra de cada frasco y obsérvala al microscopio. ¿Ha cambiado el número y tipo de organismos desde que observaste por primera vez el agua? En las tablas de datos anota tus observaciones bajo el título de "Otras observaciones".

10. Al final del período de observación de tres semanas, saca de nuevo una muestra de cada frasco y obsérvala al microscopio. En tu cuaderno de ciencias, dibuja por lo menos cuatro de los organismos más abundantes y describe los cambios en el número y tipo de organismos desde tu última observación.

Análisis

11. Después de tres semans, ¿en qué frasco se observa el mayor crecimiento de algas? ¿Qué lo ocasionó?

12. ¿Observaste algún efecto sobre los demás organismos del frasco debido al mayor crecimiento de algas? Explica tu respuesta.

13. Compara tus observaciones con tu predicción. Explica tu respuesta.

14. ¿Cómo puede evitarse o desacelerarse la rápida saturación de las lagunas y lagos naturales?

Biodiversidad: ¡vaya idea!

La *biodiversidad* se refiere al número de especies diferentes que viven juntas en una comunidad. La diversidad es importante para la supervivencia de cada organismo de la comunidad. La biodiversidad se refiere también a la diversidad de nichos que los organismos ocupan y a la diversidad de hábitats. Los productores, consumidores y descomponedores tienen cada cual un papel que jugar en el ecosistema, y cada especie tiene su propio nicho. ¿Dónde crees que haya más diversidad: en un bosque o en un terreno que se ha limpiado y en el que crecen cultivos? En esta actividad vas a investigar áreas fuera de tu escuela para determinar cuáles tienen mayor biodiversidad. Vas a usar la información que obtengas en tu investigación para decidir si hay más diversidad en un bosque o en un sembradío.

Materiales

- materiales y herramientas necesarios para llevar a cabo tu investigación, con la aprobación de tu maestro o maestra. Algunos materiales que te pueden ser útiles son: regla métrica, binoculares, lupa, cordel, pinzas.

Procedimiento

1. Elige un área en la que el nivel de intervención es alto (un césped podado, o una jardinera bien cuidada, por ejemplo) y otra en la que haya relativamente poca, o menor, intervención (un lote baldío o una jardinera abandonada, por ejemplo). Pídele permiso a tu maestro o maestra para explorar estas áreas.

2. Diseña el procedimiento que vas a usar para determinar qué área contiene mayor biodiversidad y enséñaselo a tu maestro o maestra antes de empezar. Para observar los organismos más pequeños, mide un área de 1 m², clava estacas en las esquinas, y rodea el perímetro con un cordel. Usa una lupa dentro de esta área para observar todos los bichitos que te encuentres. No es necesario que los identifiques por su nombre científico. Cuando tomes notas en tu cuaderno de ciencias, descríbelos como hormiga A, hormiga B, etc. Observa cada área en silencio, y toma nota de los pájaros y otros animales grandes que las visiten.

3. En tu cuaderno de ciencias, traza las tablas de datos que te hagan falta para clasificar la información. Si observas tus áreas en más de una ocasión, asegúrate de hacer tablas para cada período de observación. Organiza los datos en categorías claras y concisas.

Análisis

4. ¿Confirman tus datos la predicción que hiciste sobre la diferencia en biodiversidad entre un campo sembrado y un bosque? Explica tu respuesta.

5. ¿Qué factores consideraste antes de decidir qué hábitats fuera de tu escuela tenían un nivel de intervención más alto o más bajo? ¿Qué importancia tienen estos factores? Explica tu respuesta.

6. ¿Tuviste problemas para observar y registrar información en cada hábitat? ¿Cuáles fueron los más difíciles? Describe cómo los resolviste.

7. Describe posibles errores en tu método de investigación. Sugiere formas para mejorar el procedimiento y eliminar estos errores.

8. ¿Crees que la biodiversidad fuera de tu escuela ha disminuido desde que se construyó la escuela? ¿Por qué?

9. Las dos áreas que ves en las fotografías tienen plantas hermosas y saludables. Una de ellas, sin embargo, tiene un nivel muy bajo de biodiversidad. Describe lo que ves en cada fotografía y explica la diferencia en biodiversidad.

Profundizar

Se piensa que la selva tropical tiene la mayor biodiversidad de cualquier bioma en el planeta. Investiga este tema en la biblioteca o en Internet. Averigua qué factores existen en la selva tropical que hacen que el bioma sea tan diverso. Compara la biodiversidad de la selva tropical con la de un área boscosa cerca de la comunidad en la que vives.

Pastos y flores silvestres de una pradera

Campo de trigo

Decisiones ambientales

Cada día tomamos cientos de decisiones; algunas complicadas, pero la mayoría muy simples, como por ejemplo, qué ropa ponerse o qué comer. Las decisiones sobre un problema ambiental pueden ser muy difíciles, porque es necesario considerar tantos factores diferentes. ¿Cómo afectará cierta solución a la vida humana? ¿Qué costo tendrá? ¿Es una solución ética?

En esta actividad, analizarás un problema en cuatro pasos para tomar una decisión al respecto. Averigua cuáles son los problemas ambientales en tu comunidad. Busca en periódicos, revistas, publicaciones de agencias y de otro tipo para enterarte de qué problemas existen, y evalúa uno de ellos. Podrías evaluar, por ejemplo, si tu localidad debería costear los contenedores y camiones de basura especiales para recoger basura reciclable.

Materiales

- periódicos, revistas, otras publicaciones con información sobre problemas ambientales.

Modelo del proceso de decisión en cuatro pasos

Reunir información
↓
Considerar valores
↓
Explorar consecuencias
↓
Tomar una decisión

Procedimiento

1. En tu cuaderno de ciencias, describe brevemente un problema ambiental.

2. **Reúne información.** Lee sobre este problema en varias publicaciones. Resume los puntos más importantes en tu cuaderno de ciencias.

3. **Considera los valores involucrados,** o sea, lo que tú consideres importante al respecto. Examina el diagrama que se muestra abajo, en el que se consideran varios valores. ¿Cuáles crees que tienen más que ver con el problema que estás evaluando? ¿Hay otros valores que podrían ayudarte a tomar una decisión sobre este problema? Escoge por lo menos cuatro valores que quieras considerar para tu decisión.

4. **Explora las consecuencias.** Las consecuencias son el resultado de ciertas acciones. En tu cuaderno de ciencias, haz una tabla como la siguiente para organizar tus ideas sobre las consecuencias derivadas de los valores involucrados en el problema ambiental. Escribe tus valores en la parte de arriba de la tabla. En cada casilla, escribe las consecuencias para cada valor.

Tabla de consecuencias				
Consecuencias	Valores			
Consecuencias positivas a corto plazo				
Consecuencias negativas a corto plazo				
Consecuencias positivas a largo plazo				
Consecuencias negativas a largo plazo				

No escribas en el libro

5. **Toma una decisión.** Considera a fondo todas las consecuencias que anotaste y evalúa la importancia de cada una. Decide qué alternativa escogerías.

Análisis

6. En la evaluación, ¿le diste más importancia a las consecuencias a largo o a corto plazo? ¿Por qué?

7. ¿Qué valor o valores influyeron más en tu decisión? Explica tu respuesta.

Profundizar

Compara tu tabla de consecuencias con las de tus compañeros y compañeras. ¿Tomaron las mismas decisiones respecto a problemas parecidos? Si no es así, formen equipos y organicen un debate sobre un problema ambiental específico.

Capítulo 18 Experimentos

Los músculos en acción

¿Alguna vez has hecho ejercicio afuera, en un frío día de otoño con ropa ligera? ¿Cómo te mantuviste a una buena temperatura? Las células musculares se contrajeron y, cuando hay contracción, parte de la energía se usa para hacer el trabajo y el resto se libera en forma de calor. Esto te ayuda a mantener una temperatura constante en condiciones frías. Cuando te ejercitas vigorosamente en un caluroso día de verano, tus músculos pueden hacer que tu cuerpo adquiera una temperatura muy alta.

Esta actividad consiste en averiguar cómo la liberación de energía en forma de calor provoca un cambio en la temperatura del cuerpo.

Materiales

- reloj con segundero o cronómetro
- termómetro
- otros materiales aprobados por tu maestro o maestra

Procedimiento

1. En un grupo de cuatro estudiantes, discute sobre varios ejercicios que pueden producir un cambio en la temperatura corporal. Formula una hipótesis y escríbela en tu cuaderno de ciencias.

2. Desarrolla un procedimiento experimental que incluya los pasos necesarios para probar tu hipótesis. Asegúrate de que tu maestro o maestra lo apruebe antes.

3. Asígnales tareas a los miembros del grupo, como tomar notas, registrar datos y contar el tiempo. ¿Qué observaciones y datos vas a registrar? Diseña tablas de datos apropiadas en tu cuaderno de ciencias.

4. Realiza tu experimento según lo planeado en el grupo. Asegúrate de anotar todas las observaciones hechas durante el experimento en tus tablas de datos.

Análisis

5. ¿Cómo determinas si las contracciones musculares provocan la liberación de energía en forma de calor? ¿Sostuvieron los datos tu hipótesis? Explica tus resultados en un informe escrito. Describe cómo mejorar tu método experimental.

Profundizar

¿Por qué tiritamos cuando hace frío? ¿Tiritan de frío todos los animales? Descubre por qué tiritar es uno de los primeros signos de que la temperatura de tu cuerpo está bajando.

Ver para creer

¿Cuántas veces has visto esos anuncios que dicen "Juego de uñas: $25.00", "Puntas: $15.00" o "Relleno: $10.00"? ¿Has pensado por qué la gente paga para que les "pongan" uñas? A pesar de lo que estos anuncios implican, las uñas humanas crecen por sí solas sin necesidad de tratamientos caros. Las uñas son parte del sistema integumentario del cuerpo, que incluye la piel que cubre todo el cuerpo. Las uñas son una modificación de la capa exterior de la piel y crecen continuamente durante toda tu vida.

En esta actividad, vas a medir el tiempo de crecimiento de las uñas de las manos.

Materiales
- marcador permanente
- regla métrica
- papel cuadriculado (opcional)

Procedimiento

1. En tu cuaderno de ciencias, traza con un lápiz tus manos sobre una hoja de papel. Luego ponle algunos de los detalles, como las uñas. Escoge uno de los dedos que dibujaste y marca las partes de la uña, como ves a la derecha. Observa que la matriz de la uña es el área donde la uña está unida al dedo. La ilustración muestra una vista recortada para que puedas ver desde qué tan adentro del dedo empieza tu uña.

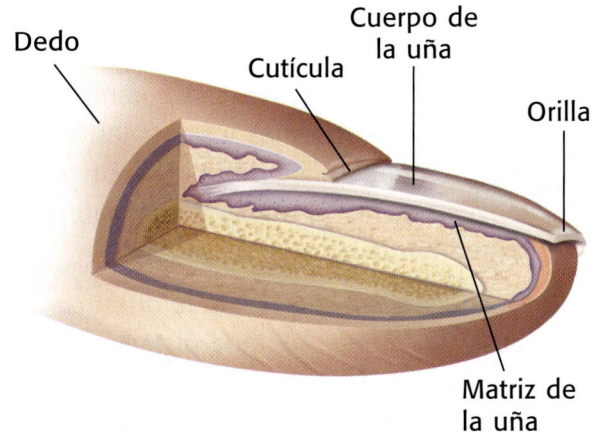

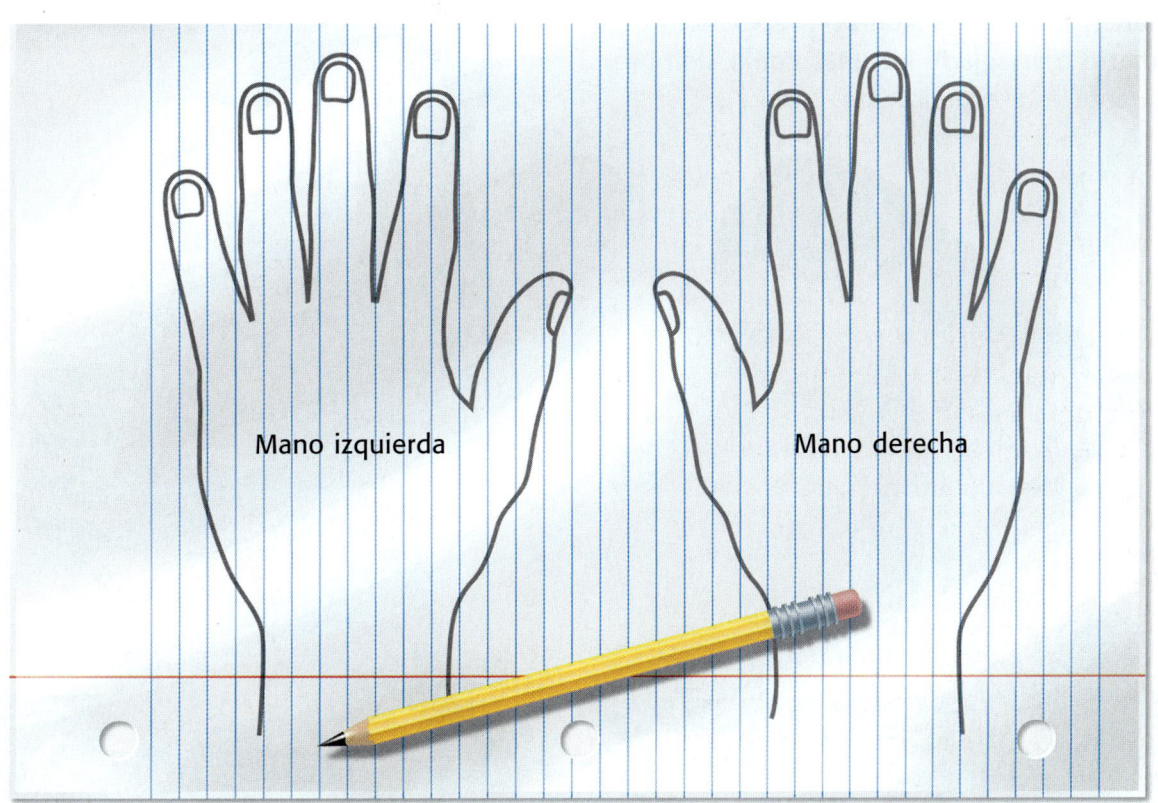

Capítulo 19 Experimentos

2. Con tu compañero de laboratorio, túrnate para medir la longitud de todas las uñas de las dos manos. Empieza con el pulgar, mide la distancia de la piel a la base de la uña donde empieza la orilla de la uña. Anota la medida de cada uña (en unidades métricas) en el dibujo que hiciste.

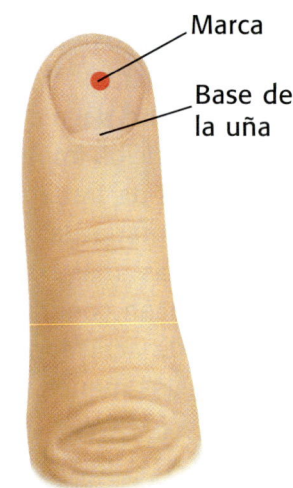

Marca

Base de la uña

3. Encuentra el centro de la matriz de la uña del dedo índice de la derecha (el dedo que le sigue al pulgar). Pon un punto con el marcador permanente en el centro de la matriz de la uña, como se muestra a la derecha. **Cuidado:** Asegúrate de no mancharte la ropa con el marcador. Mide de la marca a la base de la uña. Anota esta medida en el dibujo. Rotúlala como "Día 1".

4. Repite el paso 3 con el dedo índice de la mano izquierda. Luego cambia de lugar con tu compañero de laboratorio.

5. Deja que tus uñas crezcan durante 2 días incluyendo hoy. Las actividades cotidianas y normales, como lavarte las manos, no quitarán la mancha de la uña por completo. Quizás necesites volver a poner la marca periódicamente hasta que acabe el experimento.

6. Después de 2 días, mide la distancia de la marca hasta la base de la uña. Anota la distancia en unidades métricas en tu dibujo. Rotúlala como "Día 3".

7. Continúa midiendo y registrando el crecimiento de tus uñas durante 2 semanas. Vuelve a poner la marca en la uña, según sea necesario. Puedes limarte o arreglarte las uñas como siempre durante este experimento.

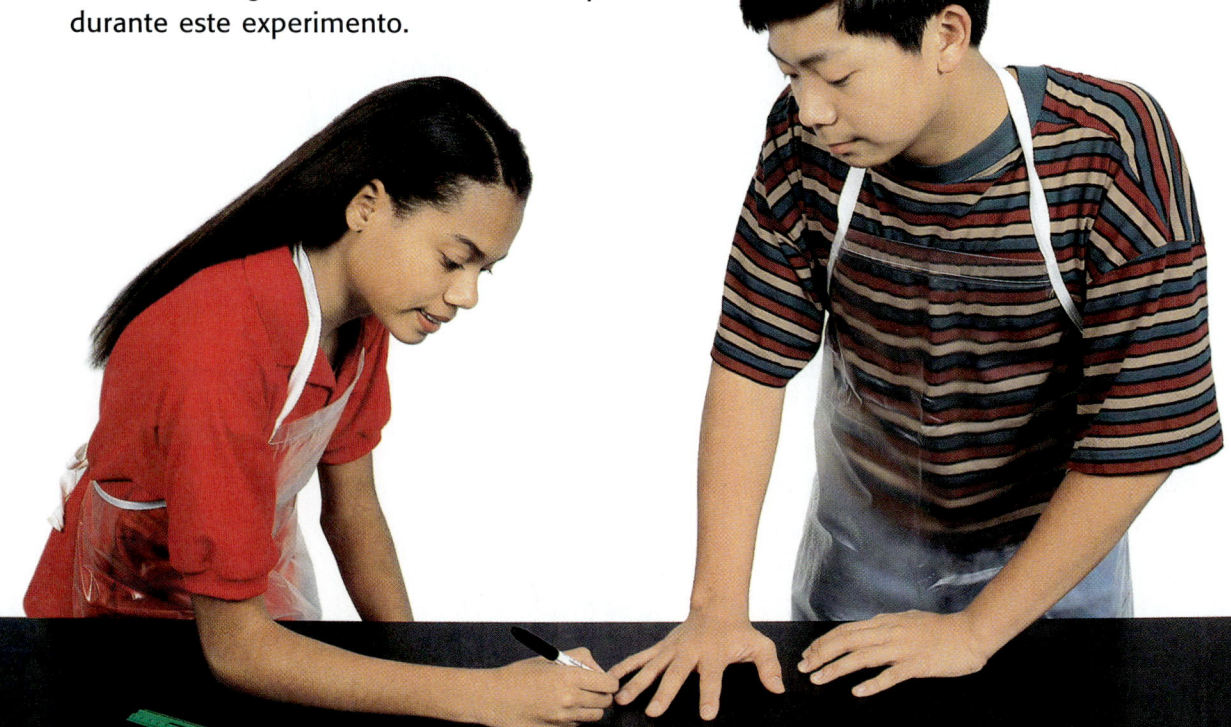

8. Después de completar y registrar tus medidas en el dibujo, prepara una gráfica similar a ésta para mostrar tus descubrimientos. Cada compañero de laboratorio hará una gráfica de sus propias medidas.

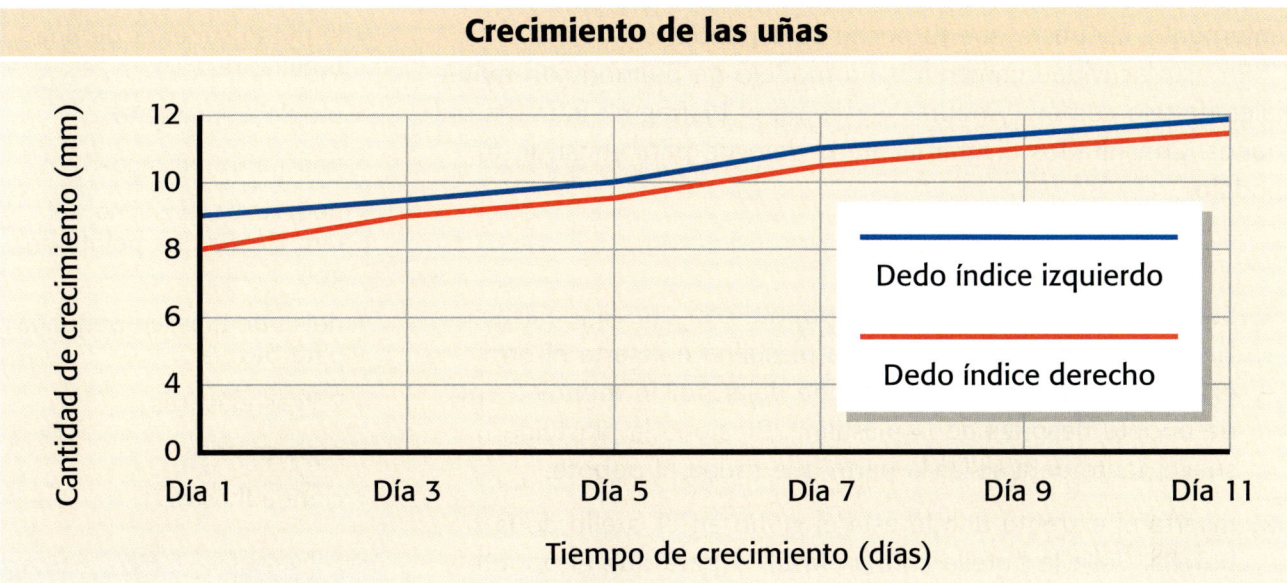

Análisis

9. ¿A qué mano le creció más rápido la uña? Escribe dos explicaciones posibles de por qué una uña podría crecer más rápido que la otra.

10. ¿A qué compañero le crecen más rápido las uñas? ¿A quién le crecen más despacio? ¿Cuál es la diferencia en el crecimiento total de las uñas entre estos dos estudiantes?

11. Entre tus compañeros, ¿hay alguna relación entre la velocidad de crecimiento de las uñas de hombres y de mujeres? ¿Hay una relación entre el crecimiento de las uñas y otras características físicas, como la altura?

Profundizar

Investiga en la biblioteca o en Internet para encontrar las respuestas a las siguientes preguntas:

- ¿Por qué son importantes las uñas? ¿Para qué te sirven? Da por lo menos tres ejemplos que apoyen tus descubrimientos.
- ¿Indican las uñas tu estado de salud o de nutrición?

Diseña un experimento para descubrir la velocidad de crecimiento del cabello. ¿Cómo se compara con la velocidad del crecimiento de las uñas? Repasa tu diseño experimental con tu maestra antes de empezar la investigación.

Construye un pulmón

Ya sabes que al respirar llevas aire al interior de tus pulmones porque el diafragma hace que tu pecho se expanda. Para comprobar que esto es así, pon las manos sobre las costillas e inhala lentamente. ¿Sentiste que tu pecho se expandía?

En esta actividad construirás un modelo de pulmón con materiales de uso común, y podrás ver cómo el diafragma infla tus pulmones. Consulta los diagramas de la derecha para construir tu modelo.

Materiales

- la mitad superior de una botella de 2 L
- un globo pequeño
- popote de plástico
- pedazo de plastilina del tamaño de una pelota de golf
- bolsa de plástico pequeña para basura
- 2 ligas elásticas
- regla métrica
- cinta adhesiva

Procedimiento

1. Sujeta el globo al extremo del popote con una liga elástica. Haz un agujero que atraviese la plastilina e inserta el otro extremo del popote. Asegúrate de dejar por lo menos 8 cm de popote después de la plastilina. Presiona la plastilina suavemente para sellar la parte que rodea al popote.

2. Inserta el extremo donde está el globo en el cuello de la botella. Sella la botella con la plastilina para que el popote y el globo queden adentro.

3. Acuesta la botella con cuidado. Coloca la bolsa de basura sobre el extremo cortado de la botella. Coloca una liga alrededor del fondo de la botella para sujetar el plástico en el extremo. Si lo deseas, refuérzalo con cinta adhesiva. Antes de que el plástico esté completamente sellado, junta lo que sobra de la bolsa en la mano y presiona suavemente hacia el interior de la botella. (Es posible que tengas que hacer un nudo en la mitad de la bolsa para recoger el sobrante.) Con la bolsa en esta posición, termina de sellarla con cinta adhesiva. Esto empujará el exceso de aire fuera de la botella.

Análisis

4. ¿Cómo puedes hacer que el "pulmón" se infle?

5. ¿Qué representan el globo, la envoltura de plástico y el popote de tu modelo?

6. Demuéstra a la clase cómo entra y sale aire del pulmón.

Profundizar

Investiga qué es un "pulmón de acero" y por qué se usaba antes. Averigua qué se usa actualmente para ayudar a las personas con dificultades respiratorias.

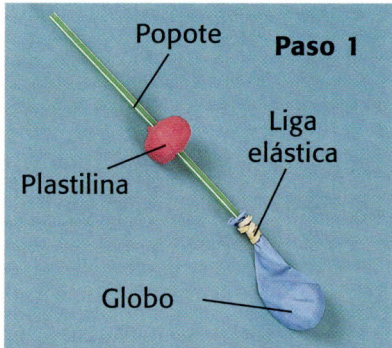

Paso 1

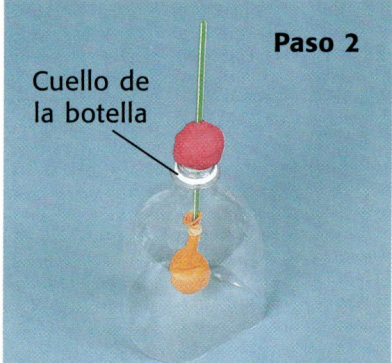

Paso 2

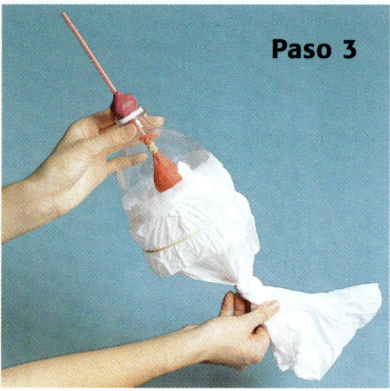

Paso 3

Dióxido de carbono en el aliento

Las plantas absorben dióxido de carbono y liberan oxígeno como subproducto de la fotosíntesis. Los animales, incluyéndote a ti, utilizan este oxígeno y liberan dióxido de carbono como subproducto de la respiración.

En esta actividad investigarás el dióxido de carbono que exhalas. La solución con la que trabajarás (rojo de fenol) se vuelve amarilla en presencia de dióxido de carbono. Con esta solución detectarás la presencia de dióxido de carbono en tu aliento.

Procedimiento

1. Durante todo el experimento debes tener puestos los guantes, el delantal y los lentes protectores.

2. Coloca 100 mL de agua en un vaso de precipitados de 150 mL. Con un gotero, agrega con cuidado 4 gotas de solución indicadora de rojo de fenol al agua. El rojo de fenol hace que el agua se vuelva naranja.

3. Pon un popote en la solución de agua con rojo de fenol y sopla cuidadosamente. Pon una toalla de papel sobre el vaso de precipitados para evitar salpicaduras. **Cuidado:** No inhales por el popote. No bebas la solución. No compartas el popote.

4. Pídele a tu compañero de laboratorio o a otro compañero o compañera de clase que mida el tiempo requerido para que la solución cambie de color. Debe comenzar a medirlo cuando empieces a soplar. Anota este número en tu cuaderno de ciencias. ¿De qué color se vuelve la solución?

Análisis

5. Compara tus datos con los de tus compañeras y compañeros. ¿Cuál fue el tiempo más largo para ver el cambio de color en la solución de rojo de fenol? ¿Cuál fue el más corto? ¿Cómo explicas la diferencia?

6. ¿Hay relación entre el tiempo que toma el cambio de naranja a amarillo y las características de quien sopla, como su sexo o complexión física?

Profundizar

Haz tijeras o abdominales por 3 minutos y repite el experimento. ¿Cambió el tiempo? Describe y explica cualquier cambio.

Materials

- agua
- vaso de precipitados de 150 mL
- probeta de 100 mL
- popote
- solución indicadora de rojo de fenol
- gotero
- reloj con segundero o cronómetro
- guantes protectores

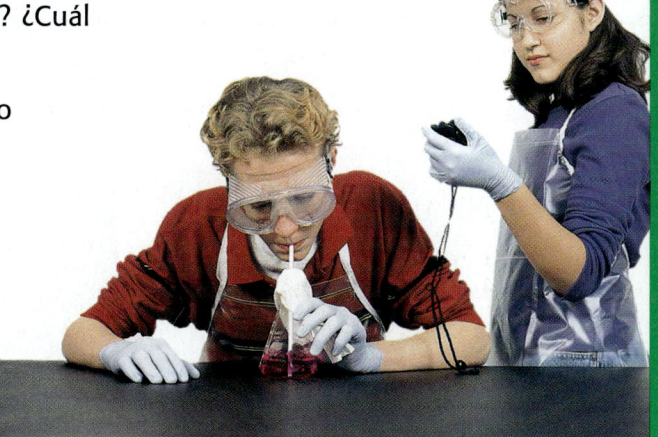

¡Me pones nervioso!

La piel tiene miles de receptores nerviosos que detectan sensaciones como calor, frío y presión. El encéfalo está diseñado para filtrar o ignorar la mayoría de la información que recibe a través de estos receptores; de otro modo, sólo con usar ropa se estimularían tantas reacciones que no podríamos funcionar.

Hay partes de la piel, como el dorso de la mano, que son más sensibles que otras. En esta actividad harás un mapa de los receptores de calor, frío y presión en el dorso de tu mano.

Materiales

- marcador lavable de punta fina
- regla métrica
- aguja de disección con un trocito de corcho o un tapón pequeño de goma en la punta
- agua caliente
- agua muy fría
- gotero
- papel milimetrado

Procedimiento

1. Forma grupos de tres. Uno de ustedes será el voluntario o voluntaria que ponga la mano para el experimento; otro llevará a cabo las pruebas y la última persona anotará los resultados. Pregúntale a tu maestro o maestra si pueden turnarse para que cada miembro del grupo pueda participar en cada parte del experimento.

2. Con un marcador delgado de tinta lavable y una regla métrica, traza un cuadrado de 3 × 3 cm en el dorso de la mano de tu compañero o compañera. Dentro del área del cuadrado, traza una cuadrícula, con un espacio entre líneas de unos 0.5 cm. Cuando termines, tendrás una cuadrícula con 36 cuadritos. Fíjate en la fotografía de abajo para asegurarte de que la cuadrícula que trazaste sea correcta.

3. En papel milimetrado, traza tres áreas de 3 × 3 cm. Traza una cuadrícula en cada una, como hiciste en la mano de tu compañero o compañera. Escribe bajo una de las cuadrículas del papel la palabra "Frío", en la siguiente "Calor" y en la tercera "Presión".

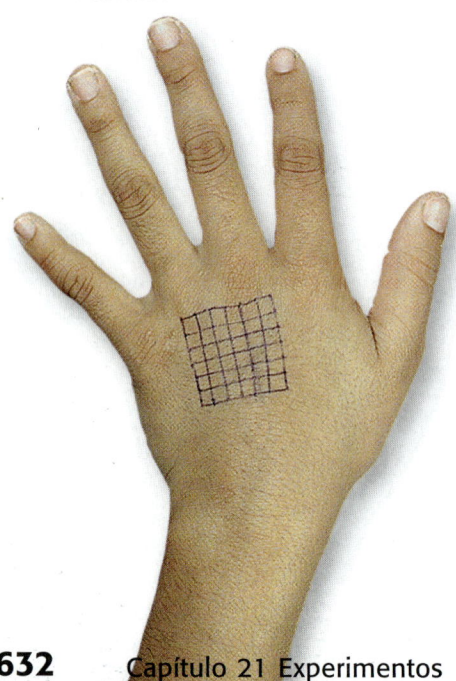
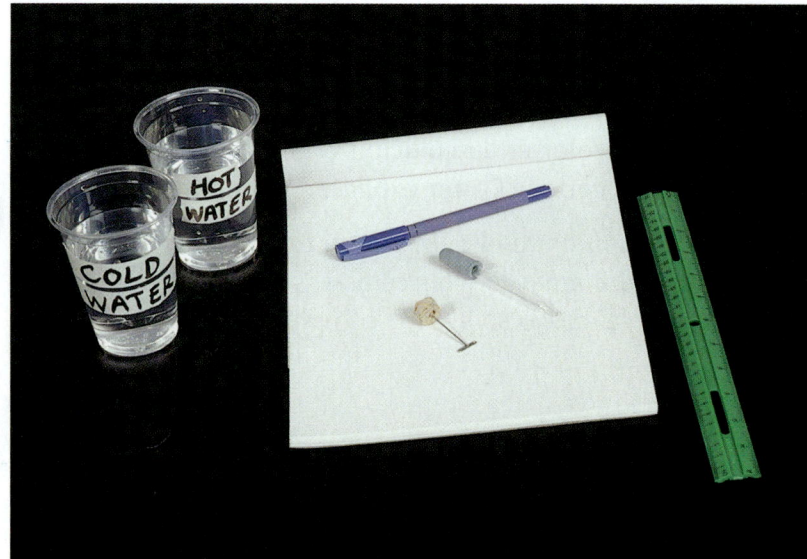

632 Capítulo 21 Experimentos

4. Comienza a ubicar receptores en una esquina de la cuadrícula de la mano. La persona no debe mirarse la mano durante la prueba. ¿Crees que si la persona observara el experimento, esto alteraría los resultados? ¿Cómo? Con el gotero, aplica una gotita de agua fría en cada cuadro de la cuadrícula. Marca con una X en el papel el cuadro que corresponde a la parte de la mano en que la persona sintió frío. Vas a tener que secar cuidadosamente la mano después de unas cuantas gotas.

5. Repite los mismos pasos con el agua caliente. El agua se enfriará lo suficiente al caer del gotero y no te lastimará. De nuevo, marca con una X en el papel milimetrado para indicar la zona en la que se sintió el calor.

6. Repite el procedimiento usando la cabeza (¡no la punta!) de la aguja de disección, con la que tocarás la piel del dorso de la mano para detectar los receptores de presión. Presiona muy suavemente. Marca con una X en el papel para indicar la zona en la que se sintió la presión.

Análisis

7. Cuenta el número de X de cada cuadrícula. ¿Cuántos receptores de calor hay en 3 cm^2? ¿Cuántos de frío? ¿Cuántos de presión?

8. ¿Hay áreas del dorso de la mano en las que se superponen los receptores? Explica tu respuesta.

9. ¿Crees que los resultados serían similares o distintos si trazaras una cuadrícula en tu antebrazo?, ¿y en la nuca?, ¿y en la palma de tu mano?

10. Prepara un informe escrito en el que incluyas una descripción de la investigación y un comentario a las preguntas de la sección de Análisis de este experimento.

Profundizar
Averigua en la biblioteca de la escuela o en Internet qué pasa si un receptor recibe estimulación constante. ¿Importa el tipo de receptor? ¿Importa el tipo de estímulo? Explica por qué.

Capítulo 21 Experimentos

¡Un mundo seguro y agradable!

Antes de nacer, los bebés llevan una vida agradable. Durante el tercer trimestre, se encuentran dentro de su mamita, se chupan el dedo, parpadean y quizá hasta sueñan. Pero, ¿qué tan protegidos están? El pollito, antes de nacer, vive dentro de un cascarón duro y protector hasta que usa todo el suministro de comida. Pero la mayoría de los mamíferos tienen un abdomen suave donde crecen sus bebés, envueltos en un fluido y una placenta dentro del útero, que es un órgano muscular fuerte. ¿Es más seguro el ambiente interno de un mamífero placentario que el del pollito en su huevo? En esta actividad, crearás un modelo del útero de un mamífero placentario y probarás su eficacia en la protección del feto.

Materiales

- bolsas de plástico con cierre
- huevos tibios (pasados por agua), la mitad de ellos sin cascarón
- agua
- aceite mineral, aceite de cocina, jarabe u otro líquido espeso que represente el fluido que rodea al feto
- algodón, tela suave u otros materiales suaves

Procedimiento

1. Piensa en cómo construirás y probarás tu modelo del útero mamífero. Pide a tu maestra o maestro los materiales y construye el modelo. Un huevo tibio sin cascarón representará el feto.

2. Haz una tabla como la de la derecha ("Primera prueba del modelo"). Prueba tu modelo, examina si el huevo sufrió daños y anota los resultados.

3. Modifica el diseño de la tabla, repite la prueba y anota los resultados. Haz la misma prueba del paso 2.

4. Cuando estés de acuerdo con el diseño del modelo, usa otro huevo tibio sin cascarón y uno con cascarón.

5. Haz otra tabla de datos como "Prueba final del modelo" de la derecha. Somete el modelo y el huevo tibio con cascarón a la misma prueba del paso 2. Anota los resultados en la tabla.

Primera prueba del modelo	
Modelo original	Modelo modificado
No escribas en el libro	

Prueba final del modelo	
	Resultados de la prueba
Modelo	*No escribas en el libro*
Huevo con cascarón	

Análisis

6. Explica las diferencias que hayas observado en la habilidad del modelo y del huevo con cascarón para proteger el feto que está en su interior.

7. ¿Qué modificación de las que le hiciste a tu modelo fue la más eficaz en la protección del feto?

Profundizar

Compara el desarrollo de los mamíferos placentarios con el de los mamíferos marsupiales y monotremas.

¡Oh, cuánto has crecido!

DESARROLLAR DESTREZAS

En los bebés humanos, el proceso de desarrollo que tiene lugar entre la fecundación y el nacimiento dura alrededor de 266 días. El nuevo ser crece rápidamente de una simple célula fecundada a un embrión cuyo corazón late y bombea sangre a partir de la 4ª semana. Todos los sistemas y partes del cuerpo del bebé están completamente formados al final del séptimo mes. Durante los últimos 2 meses antes del nacimiento, el bebé crece y sus sistemas maduran. Cuando nace, la masa promedio de un recién nacido es unas 33,000 veces mayor que la de un embrión de dos semanas de desarrollo. En esta actividad descubrirás qué tan rápido crece un feto en poco menos de 9 meses.

Materiales
- papel milimétrico
- lápices de colores

Procedimiento

1. Con hojas de papel milimétrico, haz dos gráficas en tu cuaderno de ciencias, una titulada "Longitud" y la otra "Peso". En la gráfica de longitud, usa intervalos de 25 mm sobre el eje de las *y*. Amplía el eje de las *y* a 500 mm. En la gráfica de peso, usa intervalos de 100 g en el eje de las *y*. Extiende este eje a 3,300 g. Usa intervalos de tiempo de 2 semanas sobre el eje de las *x* para ambas gráficas. Ambos ejes *x* deben ampliarse a 40 semanas.

2. Examina la tabla de datos de la derecha. Marca los datos de la tabla en las gráficas. Usa un lápiz de color para trazar la línea curva que una los puntos de cada gráfica.

Análisis

3. Describe el cambio en la masa de un feto en desarrollo. ¿Cómo puedes explicar este cambio?

4. Describe el cambio en la longitud de un feto en desarrollo. ¿Cómo se compara el cambio de masa con el de longitud?

Aumento de masa y longitud de un feto humano promedio		
Tiempo (semanas)	Peso (g)	Longitud (mm)
2	0.1	1.5
3	0.3	2.3
4	0.5	5.0
5	0.6	10.0
6	0.8	15.0
8	1.0	30.0
13	15.0	90.0
17	115.0	140.0
21	300.0	250.0
26	950.0	320.0
30	1,500.0	400.0
35	2,300.0	450.0
40	3,300.0	500.0

Profundizar

Con la información de las gráficas, calcula la estatura que un niño o niña de 3 años tendría si continuara creciendo a la velocidad promedio a la que crece un feto.

Autoevaluación: Respuestas

Capítulo 1: El mundo de las ciencias biológicas
Página 12: 2. Los insecticidas y fertilizantes causaron las deformidades.
Página 15: El frasco C es el grupo de control.

Capítulo 2: ¡Está vivo! ¿O no...?
Página 37: Tu despertador es un estímulo. Cuando suena, tu respuesta es apagarlo y levantarte de la cama.

Capítulo 3: La luz y los seres vivos
Página 62: El papel se verá azul porque sólo refleja la luz azul.
Página 68: a. la pupila b. la córnea y el cristalino c. la retina

Capítulo 4: La célula: unidad fundamental de la vida
Página 87: Las células necesitan el ADN para controlar los procesos celulares y para hacer nuevas células.
Página 90: 1. La proporción entre la superficie y el volumen disminuye al crecer la célula. 2. Las células eucariotas tienen núcleo y organelos cubiertos por una membrana celular.
Página 94: Algunas células tienen paredes celulares alrededor de la membrana celular. Todas las células tienen membrana celular, pero no todas tienen paredes celulares. La pared celular les da estructura a algunas células.

Capítulo 5: La célula en acción
Página 109: En agua pura, la uva absorbería agua y se hincharía. En agua mezclada con mucha azúcar, la uva perdería agua y se arrugaría.
Página 117: Después de la duplicación, hay dos cromátides: dos de cada uno de los cromosomas homólogos.

Capítulo 6: Herencia
Página 141: 1. cuatro 2. dos 3. Hacen copias de sí mismos una vez. Se dividen dos veces. 4. Dos, o la mitad de los cromosomas de uno de los padres, están presentes al final de la meiosis. Después de la meiosis, quedarían cuatro cromosomas, el mismo número que en la célula madre. 5. Primero, los cromososmas homólogos se separan.

Capítulo 7: Los genes y la tecnología genética
Página 155: TGGATCAAC
Página 161: 1. 1000 aminoácidos 2. códigos del ADN para formar proteínas. Tu cuerpo está hecho de proteínas, y la forma en que estas proteínas están hechas y combinadas tiene mucha influencia en tu aspecto.
Página 166: El gene humano responsable de una proteína en particular puede insertarse en una bacteria que usa el gene para producir la proteína necesaria con gran rapidez y en cantidades grandes. Por eso se dice que las bacterias son fábricas vivientes.

Capítulo 8: La evolución de los seres vivos
Página 191: 1. b 2. a 3. d 4. c

Capítulo 9: La historia de la vida en la Tierra
Página 205: 5 g, 2.5 g
Página 211: b, c, d, a

Capítulo 10: Clasificación

Página 236: 1. Los dos reinos de las bacterias son diferentes de los demás porque las bacterias son procariotas, es decir, organismos unicelulares que no tienen núcleo. 2. Todos los protistas son eucariotas.

Capítulo 11: Introducción a las plantas

Página 252: Las plantas necesitan una cutícula que proteja a las hojas para que no se sequen. Las algas crecen en un medio acuático y no la necesitan.

Página 256: En las plantas no vasculares, el transporte por medio del agua es muy limitado. Necesitan crecer cerca de la tierra para estar en contacto con la humedad y los nutrientes del suelo. Las plantas vasculares tienen xilema y floema para transportar nutrientes y agua a través de la planta; por lo tanto, pueden crecer más.

Página 268: Los tallos sostienen a las hojas de manera que éstas reciban la luz que necesitan para la fotosíntesis.

Capítulo 12: Procesos de las plantas

Página 281: El fruto se desarrolla a partir del ovario, de modo que sólo puede tener una fruta. Las semillas se desarrollan a partir de los óvulos, de así que debería haber seis semillas.

Página 285: El Sol es el orígen de la energía en el azúcar.

Página 288: 1. (Ver el mapa de ideas a la derecha.) 2. En el fototropismo negativo, la planta crecería en dirección opuesta al estímulo (la luz), de modo que crecería hacia la izquierda.

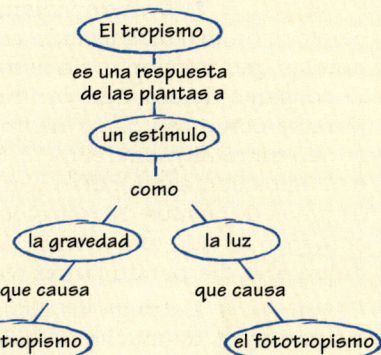

Capítulo 13: Los animales y su conducta

Página 306: Como otros vertebrados, los seres humanos tienen cráneo y columna vertebral.

Página 312: El ritmo circadiano no controla la hibernación. Los ritmos circadianos son ritmos diarios. La hibernación es un comportamiento estacional.

Capítulo 14: Invertebrados

Página 331: Como las medusas contraen su cuerpo para nadar en el agua, deben tener un sistema nervioso que controle esta acción. Los pólipos se mueven muy poco, por lo tanto no necesitan un sistema nervioso complejo.

Página 341: Los gusanos segmentados pertenecen al filo anélidos. Los ciempiés son artrópodos. Los ciempiés tienen patas articuladas, antenas y mandíbulas. Los gusanos segmentados no.

Capítulo 15: Peces, anfibios y reptiles

Página 366: Los anfibios absorben oxígeno a través de la piel. Su piel es delgada, húmeda y está llena de vasos sanguíneos, al igual que un pulmón.

Página 371: 1. La piel gruesa y seca y el huevo amniótico permitieron a los reptiles vivir en la tierra. 2. La cáscara dura del huevo impide la fecundación, así que debe fecundarse antes de que se forme la cáscara.

Capítulo 16: Aves y mamíferos

Página 384: 1. El plumón no es rígido ni liso y, no puede formar la estructura de las alas; está adaptado para abrigar al ave. 2. Las aves necesitan mucho alimento, porque volar requiere mucha energía.

Página 398: Los monotremas son mamíferos que ponen huevos. Los marsupiales dan a luz crías vivas, que llevan en una bolsa o entre los pliegues de la piel antes de que puedan vivir de manera independiente. Los animales placentarios se desarrollan dentro del cuerpo de la madre y reciben nutrientes a través de la placenta.

Página 403: 1. Los murciélagos dan a luz crías vivas, tienen pelo y no tienen plumas. 2. Los roedores y los lagomorfos son pequeños mamíferos que tienen largos y sensibles bigotes, y dientes para roer. Los lagomorfos tienen dos pares de incisivos y cola corta.

Capítulo 17: Los ecosistemas de la Tierra

Página 421: Los bosques de árboles de hoja caduca suelen crecer en latitudes medias o en climas templados, mientras que los bosques de coníferas crecen al Norte, cerca del polo.

Página 426: Las respuestas incluyen: la cantidad de luz que penetra en el agua, su distancia de la tierra, la profundidad del agua, la salinidad del agua, y la temperatura del agua. 2. Hay varias respuestas posibles. Algunos organismos tienen adaptaciones para cazar a grandes profundidades; otros se alimentan de plancton muerto y otros organismos más grandes que se filtran desde arriba, y algunos, como las bacterias que viven alrededor de las fuentes termales, producen alimentos a partir de substancias químicas en el agua.

Capítulo 18: Problemas ambientales y soluciones

Página 443: 1. Cuando viajamos en coche o quemamos carbón en la calefacción estamos usando recursos no renovables. Cuando usamos minerales que provienen de minas, estamos usando recursos no renovables. El consumo de agua de yacimientos subterráneos también puede considerarse como uso de un recurso no renovable, si se bombea más agua de la que entra al yacimiento. 2. Si se agota un recurso no renovable, ya no contamos con ese recurso para satisfacer las necesidades de la Tierra. Algunos depósitos de petróloeo y carbón se han ido formando desde que comenzó la vida en la Tierra. Un bosque maduro que se tala por completo en un sólo día puede tardar cientos de años en crecer de nuevo.

Página 449: 1. Apaga las luces, tocadiscos, radios y computadoras cuando sales de una habitación. Baja un poco el termostato en invierno (y abrígate bien). No dejes la puerta del refrigerador abierta mientras decides qué quieres comer. 2. Bolsas de plástico, pilas recargables, agua, ropa, juguetes, la diferencia entre reutilizar y reciclar es que el artículo que se reutiliza no se transforma, excepto quizás para limpiarlo. Un artículo reciclado se ha procesado para convertirlo en otro producto útil.

Capítulo 19: La organización y estructura del cuerpo

Página 474: Las abdominales ejercitan a los músculos flexores; las lagartijas ejercitan a los músculos extensores.

Página 477: Los vasos sanguíneos pertenecen al sistema cardiovascular.

Capítulo 20: Circulación y respiración

Página 492: La estructura de las venas y arterias, en forma de tubos huecos, permite que la sangre llegue a todas partes del cuerpo. Las válvulas en las venas evitan que la sangre fluya en sentido contrario.

Página 496: Como los vasos sanguíneos, los capilares linfáticos reciben líquidos de los espacios entre las células. Los líquidos que absorben los capilares linfáticos fluyen hacia los vasos capilares. Estos vasos se comunican con las grandes venas del cuello y no con los órganos, como el corazón. El líquido linfático no transporta oxígeno y nutrientes.

Capítulo 21: Comunicación y control

Página 515: 1. cerebro 2. cerebelo 3. para proteger la médula espinal

Capítulo 22: Reproducción y desarrollo

Página 535: En la reproducción asexual, el animal produce crías que son genéticamente idénticas a él. En la reproducción sexual, normalmente se mezclan los genes de por lo menos dos individuos cuando los gametos se unen para formar un cigoto. El cigoto se convierte en un individuo único.

Página 543: 1. El embrión recibe nutrientes de la placenta. Los vasos sanguíneos en el cordón umbilical absorben oxígeno y nutrientes de los vasos sanguíneos de la madre. 2. La matriz proporciona los nutrientes y la protección que el embrión necesita para continuar su crecimiento. La matriz es también el único lugar donde se puede formar la placenta.

CONTENIDO

Organizar conceptos 640
Sistema Internacional de Unidades 641
Escalas de temperatura 642
Técnicas de medición 643
Método científico 644
Hacer tablas y gráficas 647
Repaso de matemáticas 650
Tabla periódica de los elementos 654
Repaso de ciencias físicas 656
Los seis reinos 658
Cómo usar el microscopio 660

Organizar conceptos: una forma de relacionar ideas

¿Qué es un mapa de ideas?

¿Alguna vez has tratado de contarle a alguien un libro o un capítulo que acabas de leer y te diste cuenta de que sólo puedes recordar unas palabras o ideas aisladas? O quizá has memorizado unos datos para una prueba y semanas después ni siquiera recuerdas los temas de que se trataban.

En ambos casos, puede que hayas entendido las ideas o los conceptos por sí solos, pero no los relacionaste. Si pudieras unir las ideas de alguna manera, podrías entenderlas mejor y recordarlas por más tiempo. Un mapa de ideas te permite hacer esto. Es una manera de ver cómo las ideas o los conceptos se unen. Te ofrecen una "visión global."

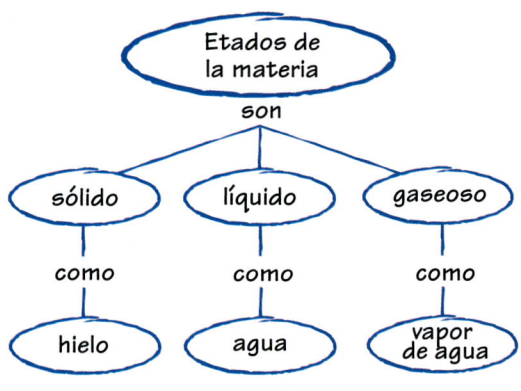

Como hacer un mapa de ideas

1 **Haz una lista de las ideas o conceptos principales.**

Podría ser útil escribir cada concepto en una hoja de papel aparte. Esto facilitará la reorganización de los conceptos tantas veces como sea necesario para saber cómo se relacionan. Una vez que hayas preparado algunos mapas de ideas de esta forma, puedes pasar directamente de la lista a construir el mapa.

2 **Separa las hojas de papel y organiza los conceptos del más general al más específico.**

Pon el concepto más general encima y enciérralo en un círculo. Debes preguntarte, "¿Cómo se relaciona este concepto con los demás?" A medida que veas las relaciones, organiza los conceptos del más general al más específico.

3 **Une los conceptos relacionados con una línea recta.**

4 **En cada línea, escribe un verbo o una frase corta para demostrar cómo se relacionan los conceptos. Observa los mapas de ideas de esta página y luego intenta preparar uno para los siguientes términos:**

plantas, agua, fotosíntesis, dióxido de carbono, energía solar

Se da una respuesta posible a la derecha, pero no la veas hasta que intentes preparar tu propio mapa.

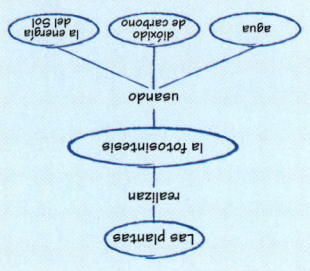

Sistema Internacional de Unidades

El Sistema Internacional de Unidades, o SI, es el sistema de medidas estándar para muchos científicos. El uso de las mismas medidas estándares facilita la comunicación entre ellos.

El SI funciona mediante la combinación de prefijos y unidades básicas. Cada unidad básica puede ser utilizada con distintos prefijos para definir mayor y menor cantidad. La siguiente tabla enumera los prefijos más comunes del SI.

Prefijos SI

Prefijo	Abreviatura	Factor	Ejemplo
kilo-	k	1,000	kilogramo, 1kg = 1,000 g
hecto-	h	100	hectolitro, 1 hL = 100 L
deca-	da	10	decámetro, 1 dam = 10m
		1	metro, litro
deci-	d	0.1	decigramo, 1 dg = 0.1 g
centi-	c	0.01	centímetro, 1 cm = 0.01 m
mili-	m	0.001	mililitro, 1 mL = 0.001 L
micro-	μ	0.000001	micrómetro, 1 μm = 0.000 001 m

Tabla de conversión SI

Unidades del SI	Del SI al Sistema Inglés	Del Sistema Inglés al SI
Longitud		
kilómetro (km) = 1,000 m	1 km = 0.621 mi	1 mi = 1.609 km
metro (m) = 100 cm	1 m = 3.281 pies	1 pie = 0.305 m
centímetro (cm) = 0.01 m	1 cm = 0.394 pulgadas	1 pulgada = 2.540 cm
milímetro (mm) = 0.001 m	1 mm = 0.039 pulgadas	
micrómetro (μm) = 0.000 001 m		
nanómetro (nm) = 0.000 000 001 m		
Área		
kilómetro cuadrado (km^2) = 100 hectáreas	1 km^2 = 0.386 mi^2	1 mi^2 = 2.590 km^2
hectárea (ha) = 10,000 m^2	1 ha = 2.471 acres	1 acre = 0.405 ha
metro cuadrado (m^2) = 10,000 cm^2	1 m^2 = 10.765 pies^2	1 pie^2 = 0.093 m^2
centímetro cuadrado (cm^2) = 100 mm^2	1 cm^2 = 0.155 pulgadas^2	1 pulgada^2 = 6.452 cm^2
Volumen		
litro (L) = 1,000 mL = 1 dm^3	1L = 1.057 fl qt	1 fl qt = 0.946 L
mililitro (mL) = 0.001 L = 1 cm^3	1 mL = 0.034 fl oz	1 fl oz = 29.575 mL
microlitro (μL) = 0.000 001 L		
Masa		
kilogramo (kg) = 1,000 g	1 kg = 2.205 lb	1 lb = 0.454 kg
gramo (g) = 1,000 mg	1 g = 0.035 oz	1 oz = 28.349 g
miligramo (mg) = 0.001 g		
microgramo (μg) = 0.000 001 g		

Escalas de temperatura

La temperatura se puede expresar con tres escalas distintas: Fahrenheit, Celsius y Kelvin. La unidad SI para medir la temperatura es el kelvin (K). A pesar de que 0 K es más frío que 0°C, un cambio de 1 K equivale a un cambio de 1°C.

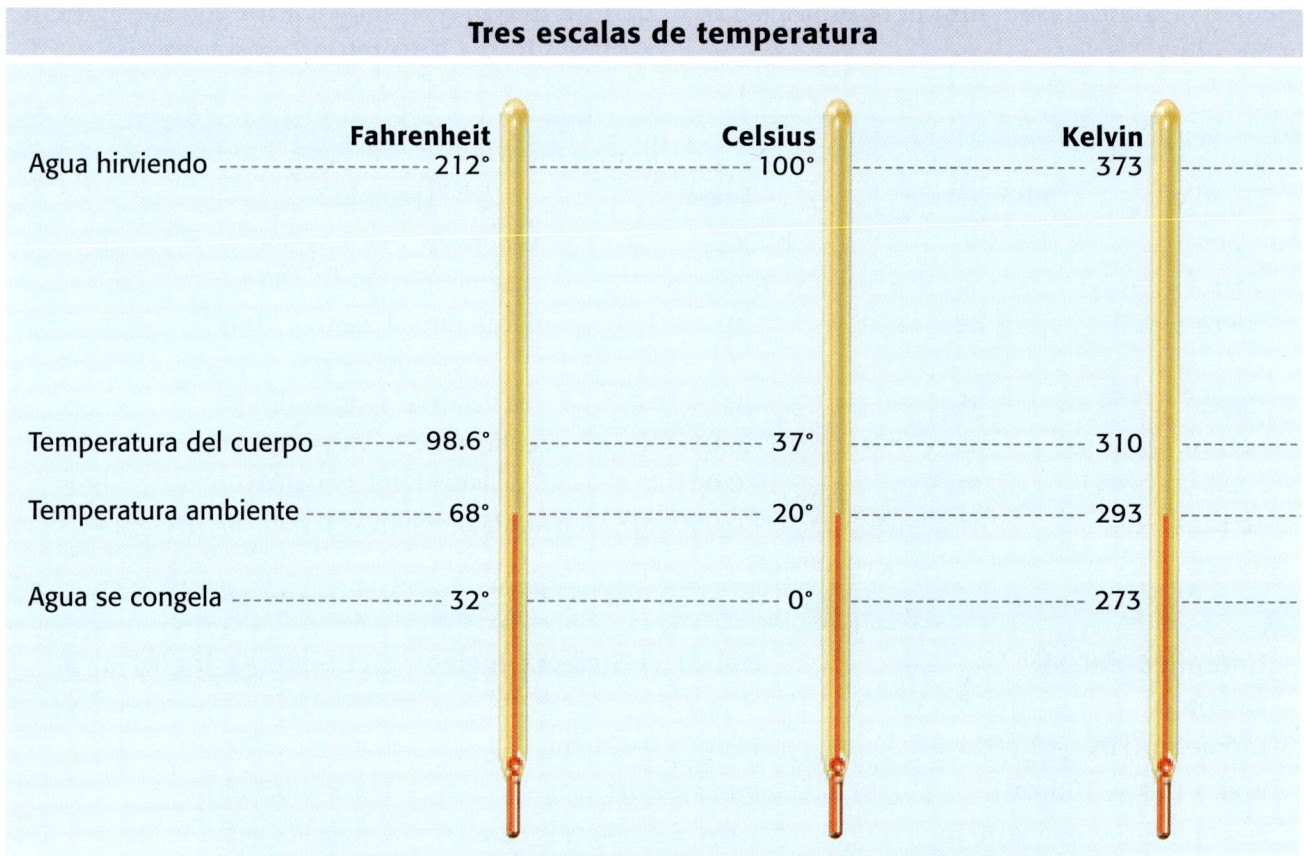

Tres escalas de temperatura

	Fahrenheit	Celsius	Kelvin
Agua hirviendo	212°	100°	373
Temperatura del cuerpo	98.6°	37°	310
Temperatura ambiente	68°	20°	293
Agua se congela	32°	0°	273

Tabla de conversión de temperaturas

Para convertir	Utiliza esta ecuación:	Ejemplo
Celsius a Fahrenheit °C ⟶ °F	$°F = \left(\frac{9}{5} \times °C\right) + 32$	Convertir 45°C a °F $°F = \left(\frac{9}{5} \times 45°C\right) + 32 = 113°F$
Fahrenheit a Celsius °F ⟶ °C	$°C = \frac{5}{9} \times (°F - 32)$	Convertir 68°F a °C $°C = \frac{5}{9} \times (68°F - 32) = 20°C$
Celsius a Kelvin °C ⟶ K	$K = °C + 273$	Convertir 45°C a K $K = 45°C + 273 = 318 K$
Kelvin a Celsius K ⟶ °C	$°C = K - 273$	Convertir 32 K a °C $°C = 32 K - 273 = -241°C$

Técnicas de medición

Cómo usar un cilindro graduado

Cuando utilizas un cilindro graduado para medir el volumen, debes tener en cuenta los siguientes procedimientos:

1. Asegúrate de que el cilindro esté sobre una superficie plana y nivelada.
2. Mueve la cabeza de modo que tus ojos estén al mismo nivel que la superficie del líquido.
3. Lee la marca que se encuentra cerca del nivel del líquido. En los cilindros de vidrio, lee la marca más cercana al centro de la curva.

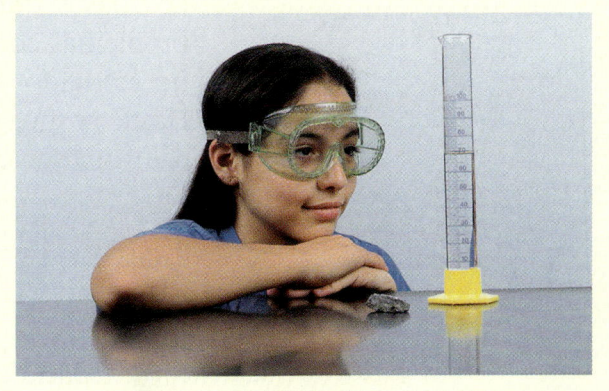

Cómo usar una vara o regla métrica

Al usar una vara o regla métrica, debes tener en cuenta los siguientes procedimientos:

1. Coloca la regla contra el objeto que deseas medir.
2. Debes alinear un borde del objeto con el cero del extremo de la regla.
3. Observa el otro borde del objeto para ver qué marca de la regla está más cerca de este borde. **Nota:** Cada línea entre los centímetros representa un milímetro, que es un décimo de centímetro.

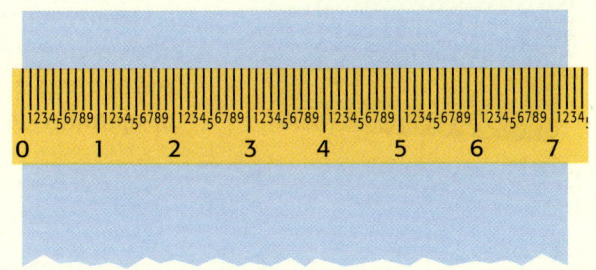

Cómo utilizar una balanza de triple tablón

Al usar una balanza de triple tablón debes tener en cuenta los siguientes procedimientos:

1. Asegúrate de que la balanza esté sobre una superficie plana y nivelada.
2. Coloca todas las contramasas en cero. Ajusta la perilla de balance hasta que la manecilla indique cero.
3. Coloca el objeto que quieres medir sobre el recipiente. **Cuidado:** No pongas objetos calientes o substancias químicas directamente sobre el recipiente de la balanza.
4. Mueve la contramasa más grande a lo largo del tablón hasta que alcance la última hendidura sin inclinar la balanza. Sigue el mismo procedimiento con la siguiente contramasa.
5. Luego, mueve la contramasa más pequeña hasta alcanzar el cero. Suma las lecturas obtenidas de los tres tablones para determinar la masa del objeto.
6. Al determinar la masa de cristales o polvos, debes utilizar un pedazo de papel de filtro. Primero, mide la masa del papel. Luego, agrega los cristales o el polvo sobre el papel y mide la masa nuevamente. La masa real de los cristales o el polvo es la masa total menos la masa del papel. Para encontrar la masa de líquidos, primero mide la masa de sus recipientes vacíos. Luego, mide la masa del líquido y el recipiente. La masa real del líquido es la masa total menos la masa del papel.

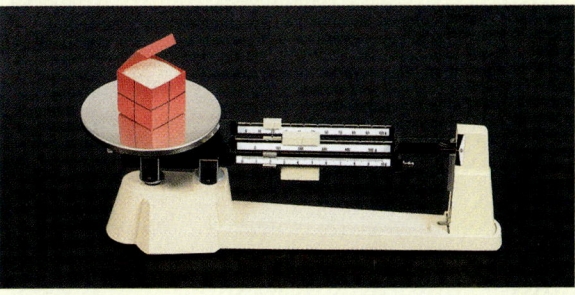

Método científico

Los pasos que se siguen para responder preguntas y resolver problemas constituyen el **método científico.** El método científico no es rígido. Se pueden seguir todos los pasos o sólo algunos. Hasta se pueden repetir algunos pasos. La meta del método científico es obtener respuestas y soluciones confiables.

Los seis pasos del método científico

1 Hacer una pregunta Las buenas preguntas son el producto de observaciones **cuidadosas.** Las observaciones se realizan al utilizar los sentidos para recopilar información. A veces puedes usar instrumentos, como microscopios y telescopios, para extender el alcance de tus sentidos. A medida que observas el mundo natural, descubrirás que tienes más preguntas que respuestas. Estas preguntas son el motor que impulsa el método científico.

Las preguntas *qué, por qué, cómo* y *cuándo* son importantes al enfocar una investigación y muchas veces llevan a una hipótesis. (Aprenderás acerca de las hipótesis en el próximo paso.) Aquí tienes un ejemplo de una pregunta que podría llevar a una investigación.

Pregunta: ¿Cómo afecta la precipitación ácida al crecimiento de las plantas?

2 Formular una hipótesis Después de hacer una pregunta, debes convertirla en una **hipótesis.** Una hipótesis es una afirmación clara de lo que tú crees que puede ser la respuesta a tu pregunta. Tu hipótesis representa tu mejor conjetura considerando tus observaciones y los conocimientos de que dispones. Una buena hipótesis debe poderse comprobar. Si no se pueden recopilar observaciones e información, o si no se puede diseñar un experimento para comprobar la hipótesis, ésta no es comprobable y no se puede continuar con la investigación.

He aquí una hipótesis que pudo haber derivado de la pregunta: "¿Cómo afecta la precipitación ácida al crecimiento de las plantas?"

Hipótesis: La precipitación ácida provoca el crecimiento lento de las plantas.

La hipótesis da información que conduce a distintos métodos de comprobación y también puede dar lugar a predicciones. Una **predicción** es lo que tú crees que resultará de tu experimento o recopilación de información. Generalmente se expresan en el formato: "Si…, entonces…". Por ejemplo: **Si** se deja la carne a temperatura ambiente, **entonces** se pudrirá más rápido que la que se guarda en el refrigerador. Es posible hacer más de una predicción para cada hipótesis. A continuación se presenta un ejemplo de predicción para la hipótesis que afirma que la precipitación ácida provoca el crecimiento lento de las plantas.

Predicción: Si una planta se riega solamente con precipitación ácida (que tiene un pH de 4), crecerá a la mitad de su velocidad normal.

3 **Comprobar la hipótesis** Una vez que hayas formulado una hipótesis y una predicción, debes comprobar tu hipótesis. Hay varias maneras de hacerlo. Quizá la más conocida sea la realización de un **experimento controlado.** En un experimento controlado se prueba un solo factor a la vez. Un experimento controlado consta de un **grupo de control** y uno o más **grupos experimentales.** Todos los factores de los grupos (control y experimental) son iguales con excepción de uno, llamado la **variable.** Al cambiar sólo un factor (la variable), se pueden ver los resultados sólo de ese cambio.

A menudo, la naturaleza de una investigación hace imposible un experimento controlado. Por ejemplo, los dinosaurios se extinguieron hace millones de años y el núcleo terrestre está cubierto de miles de metros de roca. Sería difícil, si no imposible, realizar experimentos controlados sobre este tipo de asuntos. En estas circunstancias, una hipótesis se puede comprobar mediante observaciones detalladas. Tomar medidas es una forma de hacer observaciones.

4 **Analizar los resultados** Cuando hayas finalizado tus experimentos y observaciones y recopilado tus datos, analiza toda la información reunida. A menudo se utilizan tablas y gráficas en este paso para organizar los datos.

5 **Sacar conclusiones**
Basándote en el análisis de tus datos, debes concluir si los resultados corroboran tu hipótesis. Si tu hipótesis se ve corroborada, es posible que tú (u otras personas) quieran repetir las observaciones o experimentos para verificar los resultados obtenidos. Si los datos no corroboran tu hipótesis, es posible que tengas que revisar si tu procedimiento tenía errores. Es probable que tengas que rechazar tu hipótesis y formular otra. Si no puedes llegar a una conclusión a partir de tus resultados, quizá tengas que realizar la investigación nuevamente o llevar a cabo otras observaciones o experimentos.

6 **Comunicar los resultados** Después de cualquier investigación científica, comunica los resultados. En un informe escrito u oral, puedes comunicar a los demás lo que has aprendido. Quizá ellos quieran repetir tu investigación para ver si obtienen los mismos resultados. Es posible que tu informe lleve a otra pregunta, que a su vez podría llevar a otra investigación.

El método científico en acción

El método científico no es una sucesión continua de pasos. Hay pasos que se pueden repetir una y otra vez, y otros pueden no ser necesarios. A menudo, los científicos descubren que al comprobar una hipótesis surgen nuevas preguntas e hipótesis que deben ser comprobadas. Otras veces, la comprobación de una hipótesis puede llevar directamente a una conclusión. Además, los pasos del método científico no siempre se siguen en el mismo orden. Sigue los pasos del siguiente diagrama y observa todos los trayectos que puede presentar el método científico.

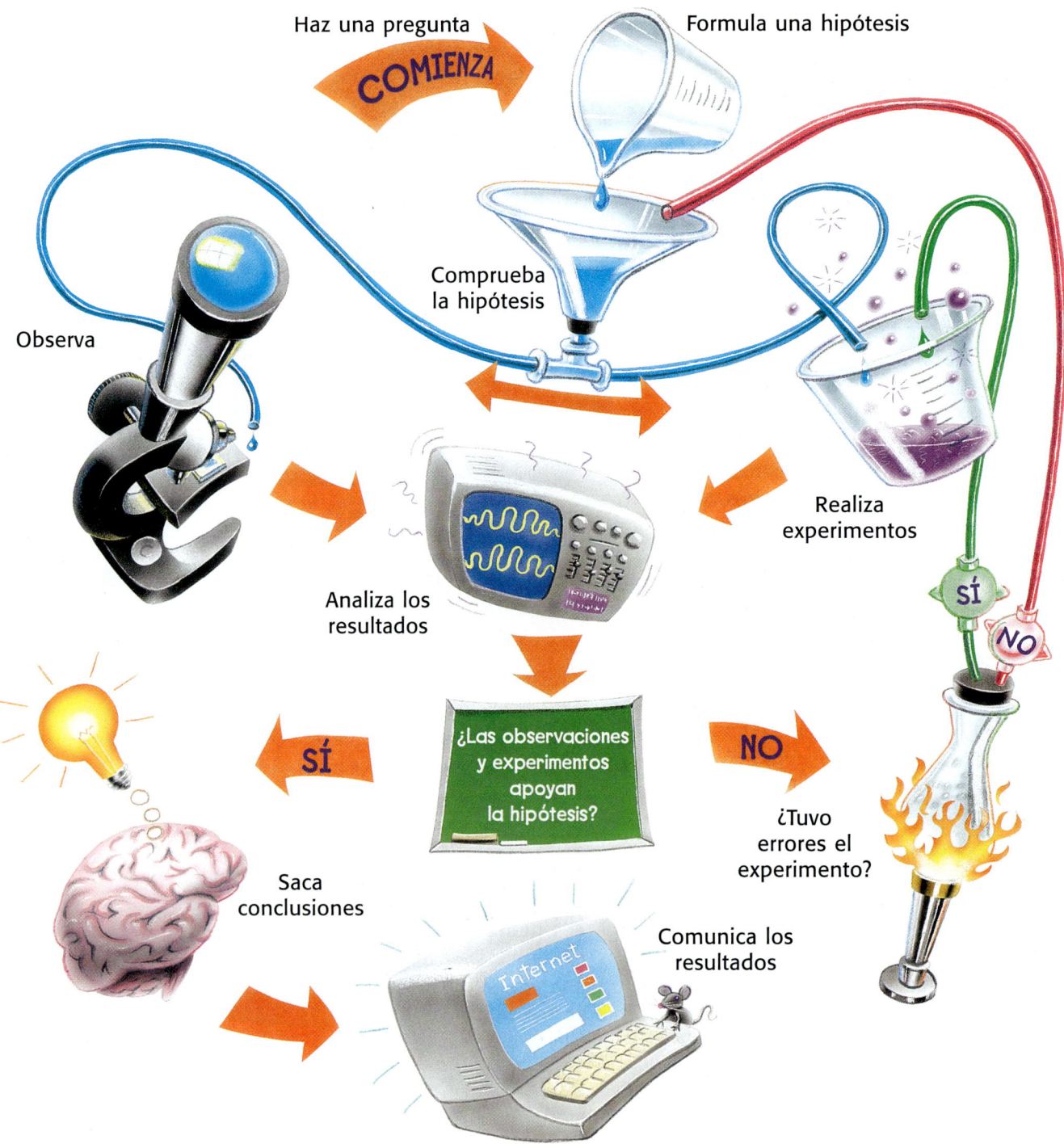

Hacer tablas y gráficas

Diagramas circulares

Un diagrama circular muestra cómo cada grupo de datos se relaciona con la totalidad. Cada parte del círculo representa una categoría de datos. El círculo entero representa todos los datos. Por ejemplo, un biólogo estudia un bosque de árboles de madera dura en Wisconsin y descubre cinco tipos de árboles diferentes. La tabla de datos de la derecha resume sus observaciones.

Árboles de madera dura de Wisconsin

Tipo de árbol	Cantidad encontrada
Roble	600
Arce	750
Haya	300
Abedul	1,200
Nogal americano	150
Total	3,000

Cómo hacer un diagrama circular

1 Para construir un diagrama circular con estos datos, primero debes encontrar el porcentaje de cada tipo de árbol. Para hacer esto, divide el número de árboles individuales entre el número total y multiplica por 100.

$$\frac{600 \text{ robles}}{3{,}000 \text{ árboles}} \times 100 = 20\%$$

$$\frac{750 \text{ arces}}{3{,}000 \text{ árboles}} \times 100 = 25\%$$

$$\frac{300 \text{ hayas}}{3{,}000 \text{ árboles}} \times 100 = 10\%$$

$$\frac{1{,}200 \text{ abedules}}{3{,}000 \text{ árboles}} \times 100 = 40\%$$

$$\frac{600 \text{ nogales americanos}}{3{,}000 \text{ árboles}} \times 100 = 5\%$$

2 Ahora, determina el tamaño de los círculos que constituyen el diagrama. Esto se puede lograr multiplicando cada porcentaje por 360°. Recuerda que un círculo tiene 360°.

20% × 360° = 72°   25% × 360° = 90°
10% × 360° = 36°   40% × 360° = 144°
5% × 360° = 18°

3 Luego, revisa que la suma de los porcentajes sea 100 y que la suma de los grados sea 360.

20% + 25% + 10% + 40% + 5% = 100%
72° + 90° + 36° + 144° + 18° = 360°

4 Con un compás, dibuja un círculo y marca el centro.

5 Luego, utiliza un transportador para dibujar los ángulos de 72°, 92°, 36°, 144° y 18° en el círculo.

6 Finalmente, rotula cada parte del diagrama y elige un título apropiado.

Una comunidad de árboles de madera dura de Wisconsin

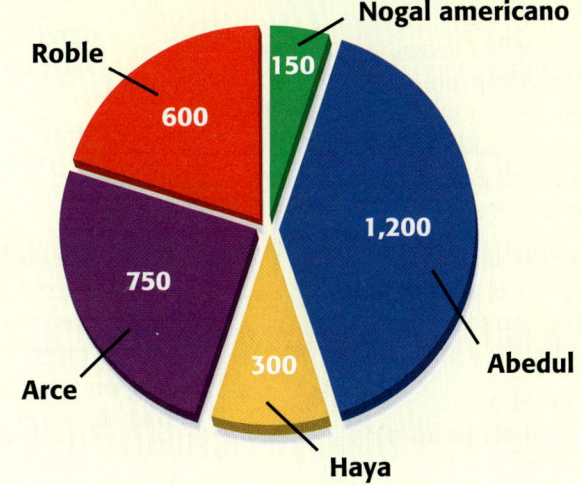

Apéndice **647**

Gráfica lineal

La población de Appleton, 1900 a 2000	
Año	Población
1900	1,800
1920	2,500
1940	3,200
1960	3,900
1980	4,600
2000	5,300

Las gráficas lineales se usan generalmente para representar un cambio continuo. Por ejemplo, la clase de ciencias del Sr. Gómez analizó los registros de población para su ciudad, Appleton, entre 1900 y 2000. Examina los datos de la izquierda.

El año y la población son las *variables* ya que ambas cambian. La población está determinada por el año o depende de él. Así, la población es la **variable dependiente** y el año la **variable independiente**. Cada conjunto de datos se denomina **par de datos**. Para preparar una gráfica lineal, primero se deben organizar los pares de datos en una tabla similar a la de la izquierda.

Cómo hacer una gráfica lineal

1. Coloca la variable independiente a lo largo del eje (*x*) horizontal. Coloca la variable dependiente a lo largo del eje (*y*) vertical.

2. Rotula el eje *x* "Año" y el eje *y* "Población" Observa los valores más altos y más bajos de la población. Determina una escala para el eje *y* que provea el espacio suficiente para colocar estos valores. Debes usar la misma escala a lo largo de todo el eje. También debes encontrar una escala apropiada para el eje *x*.

3. Elige puntos de inicio razonables para cada eje.

4. Traza los pares de datos de la forma más precisa posible.

5. Elige un título que represente los datos en forma precisa.

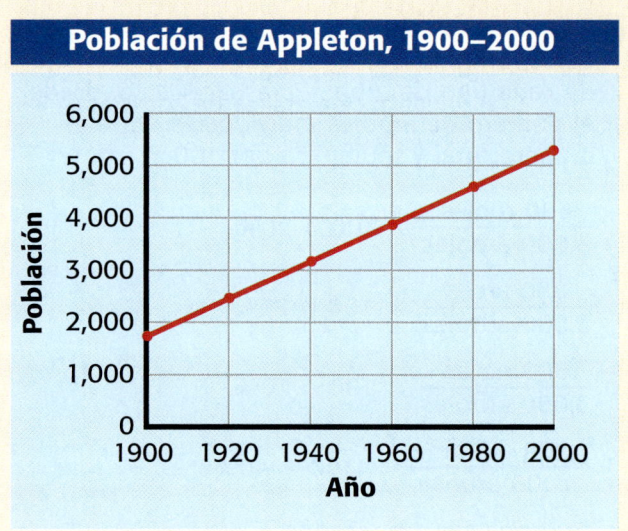

Cómo se determina la pendiente

La pendiente es la relación entre el cambio en el eje *y* el cambio en el eje *x*, o la "elevación sobre el curso".

1. Elige dos puntos en la gráfica lineal. Por ejemplo, la población de Appleton en el año 2000 fue de 5,300 personas. Por lo tanto, puedes definir el punto *a* como (2000, 5,300). En 1900, la población fue de 1,800 personas. Define el punto *b* como (1900, 1,800).

2. Encuentra el cambio en el eje *y*.
(*y* en el punto *a*) − (*y* en el punto *b*)
5,300 personas − 1,800 personas = 3,500 personas.

3. Encuentra el cambio en el eje *x*.
(*x* en el punto *a*) − (*x* en el punto *b*)
2000 − 1900 = 100 años

4. Calcula la pendiente de la gráfica dividiendo el cambio en *y* entre el cambio en *x*.

$$\text{pendiente} = \frac{\text{cambio en } y}{\text{cambio en } x}$$

$$\text{pendiente} = \frac{3{,}500 \text{ personas}}{100 \text{ años}}$$

pendiente = 35 personas por año.

En este ejemplo, la población de Appleton aumenta en una cantidad fija cada año. La gráfica para estos datos es una línea recta. Por lo tanto, la relación es **lineal**. Cuando la gráfica para un conjunto de datos no es una línea recta, la relación **no es lineal**.

Cómo usar el álgebra para determinar la pendiente

La ecuación del paso 4 también se puede organizar así:

$$y = kx$$

en donde y representa el cambio en el eje y, k representa la pendiente y x representa el cambio en el eje x.

$$\text{pendiente} = \frac{\text{cambio en } y}{\text{cambio en } x}$$

$$k = \frac{y}{x}$$

$$k \times x = \frac{y \times x}{x}$$

$$kx = y$$

Gráfica de barras

Las gráficas de barras se utilizan para demostrar cambios que no son continuos. Dichas gráficas se pueden utilizar para representar tendencias cuando los datos han sido recopilados durante largos períodos de tiempo. Un meteorólogo recopiló los registros de precipitación que aparecen a la derecha para Hartford, Connecticut, entre el 1 y el 15 de abril de 1996 y utilizó una gráfica de barras para representar los datos.

Precipitación en Hartford, Connecticut, del 1 al 15 de abril de 1996

Fecha	Precipitación (cm)	Fecha	Precipitación (cm)
1 de abril	0.5	9 de abril	0.25
2 de abril	1.25	10 de abril	0.0
3 de abril	0.0	11 de abril	1.0
4 de abril	0.0	12 de abril	0.0
5 de abril	0.0	13 de abril	0.25
6 de abril	0.0	14 de abril	0.0
7 de abril	0.0	15 de abril	6.50
8 de abril	1.75		

Cómo hacer una gráfica de barras

1. Utiliza una escala apropiada y un punto de inicio razonable para cada eje.
2. Rotula los ejes y traza los datos.
3. Elige un título que represente los datos en forma precisa.

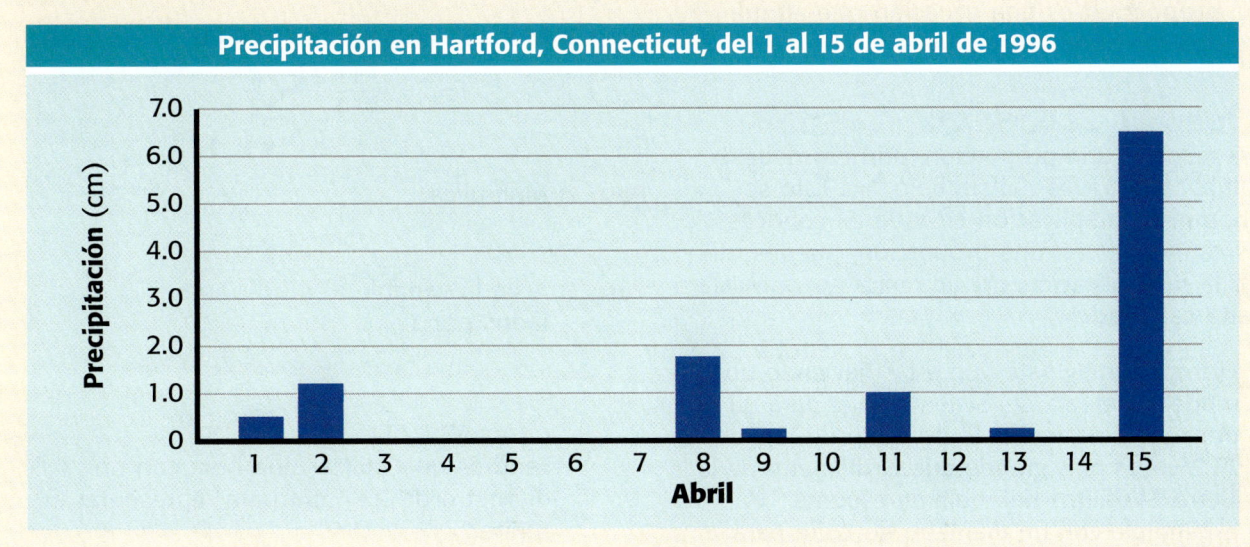

Apéndice

Repaso de matemáticas

Las ciencias requieren el conocimiento de muchos conceptos de matemáticas. Las siguientes páginas te ayudarán a repasar algunas técnicas matemáticas.

Promedios

El **promedio,** o la **media,** reduce una lista de números a una sola cifra que *aproxima* su valor.

Ejemplo: Encuentra el promedio del siguiente conjunto de números: 5, 4, 7, 8.

Paso 1: Encuentra la suma.

$$5 + 4 + 7 + 8 = 24$$

Paso 2: Divide la suma entre la cantidad de números en el conjunto. Debido a que existen cuatro números en este ejemplo, divide la suma entre 4.

$$\frac{24}{4} = 6$$

El promedio, o la media, es **6.**

Relaciones

Una **relación** es una comparación entre números y generalmente está escrita como fracción.

Ejemplo: Encuentra la relación que existe entre termómetros y estudiantes, si hay 36 termómetros y 48 estudiantes en tu clase.

Paso 1: Haz una relación.

$$\frac{36 \text{ termómetros}}{48 \text{ estudiantes}}$$

Paso 2: Reduce la fracción a su forma más simple.

$$\frac{36}{48} = \frac{36 \div 12}{48 \div 12} = \frac{3}{4}$$

La relación de termómetros en función de los estudiantes es de **3 a 4,** o $\frac{3}{4}$. La relación también se puede expresar como 3:4.

Proporciones

Una **proporción** es una ecuación que afirma que dos relaciones son iguales.

$$\frac{3}{1} = \frac{12}{4}$$

Para resolver una proporción, primero debes multiplicar a través del símbolo "=". Esto se denomina multiplicación cruzada. Si conoces tres cantidades en una proporción, puedes utilizar la multiplicación cruzada para encontrar la cuarta cantidad.

Ejemplo: Imagínate que estás haciendo un modelo a escala del Sistema Solar para un proyecto de ciencias. El diámetro de Júpiter es 11.2 veces más grande que el diámetro de la Tierra. Si utilizas una bola de espuma expandible con un diámetro de 2 cm para representar la Tierra, ¿qué diámetro debe tener la bola que representa a Júpiter?

$$\frac{11.2}{1} = \frac{x}{2 \text{ cm}}$$

Paso 1: Multiplica en forma cruzada.

$$\frac{11.2}{1} \diagup\!\!\!\!\diagdown \frac{x}{2}$$

$$11.2 \times 2 = x \times 1$$

Paso 2: Multiplica.

$$22.4 = x \times 1$$

Paso 3: Aísla la variable al dividir ambos lados por 1.

$$x = \frac{22.4}{1}$$

$$x = 22.4 \text{ cm}$$

Tendrás que utilizar una bola con un diámetro de **22.4 cm** para representar a Júpiter.

Porcentajes

Un **porcentaje** es la relación entre un número determinado y 100.

Ejemplo: ¿Cuál es el 85 por ciento de 40?

Paso 1: Escribe el porcentaje nuevamente moviendo el decimal dos espacios a la izquierda.

$$.85$$

Paso 2: Multiplica el decimal por el número con el cual estás calculando el porcentaje.

$$0.85 \times 40 = 34$$

El 85% de 40 es **34.**

Decimales

Para **sumar** o **restar decimales,** alinea los dígitos en forma vertical de modo que los decimales también estén alineados. Luego, suma o resta las columnas de derecha a izquierda, llevando o tomando prestados números si es necesario.

Ejemplo: Suma los siguientes números: 3.1415 y 2.96.

Paso 1: Alinea los dígitos en forma vertical de modo que los decimales también estén alineados.

$$\begin{array}{r} 3.1415 \\ + \ 2.96 \ \ \ \\ \hline \end{array}$$

Paso 2: Suma las columnas de derecha a izquierda, llevando números cuando sea necesario.

$$\begin{array}{r} 1\ 1 \ \ \ \ \ \\ 3.1415 \\ + \ 2.96 \ \ \ \\ \hline 6.1015 \end{array}$$

El total es **6.1015.**

Fracciones

Los números te indican cuántos; **las fracciones** te indican *qué parte de un todo.*

Ejemplo: El salón de clases tiene 24 plantas. Tu maestro o maestra te pide que coloques 5 en un lugar con sombra. ¿A qué fracción corresponde esta cifra?

Paso 1: Escribe una fracción con el número total de partes del todo como el denominador.

$$\frac{?}{24}$$

Paso 2: Escribe el número de partes del todo representadas como el numerador.

$$\frac{5}{24}$$

$\frac{5}{24}$ de las plantas estarán en la sombra.

Reducir fracciones

Generalmente es mejor expresar una fracción en su forma más simple. Esto se denomina *reducción* de una fracción.

Ejemplo: Reduce la fracción $\frac{30}{45}$ a su forma más simple.

Paso 1: Encuentra el número entero más grande que puede dividir tanto al numerador como al denominador sin residuo. Este número se denomina el máximo factor común (MFC).

factores del numerador 30: 1, 2, 3, 5, 6, 10, 15, 30

factores del denominador 45: 1, 3, 5, 9, 15, 45

Paso 2: Divide tanto el numerador como el denominador entre el máximo factor común, que en este caso es 15.

$$\frac{30}{45} = \frac{30 \div 15}{45 \div 15} = \frac{2}{3}$$

$\frac{30}{45}$ reducida a su forma más simple es $\frac{2}{3}$.

Apéndice

Sumar y restar fracciones

Para **sumar** o **restar fracciones** que tienen el **mismo denominador,** simplemente suma o resta los numeradores.

Ejemplos:
$$\frac{3}{5} + \frac{1}{5} = ? \quad y \quad \frac{3}{4} - \frac{1}{4} = ?$$

Paso 1: Sumar o restar los numeradores.
$$\frac{3}{5} + \frac{1}{5} = \frac{4}{} \quad y \quad \frac{3}{4} - \frac{1}{4} = \frac{2}{}$$

Paso 2: Escribe la suma o diferencia sobre el denominador.
$$\frac{3}{5} + \frac{1}{5} = \frac{4}{5} \quad y \quad \frac{3}{4} - \frac{1}{4} = \frac{2}{4}$$

Paso 3: Si fuese necesario, reduce la fracción a su forma más simple.
$$\frac{4}{5} \text{ no se puede reducir y } \frac{2}{4} = \frac{1}{2}$$

Para **sumar** o **restar fracciones** que tienen **diferentes denominadores,** primero debes encontrar el denominador común.

Ejemplos:
$$\frac{1}{2} + \frac{1}{6} = ? \quad y \quad \frac{3}{4} - \frac{2}{3} = ?$$

Paso 1: Escribe las fracciones equivalentes con un denominador común.
$$\frac{3}{6} + \frac{1}{6} = ? \quad y \quad \frac{9}{12} - \frac{8}{12} = ?$$

Paso 2: Suma o resta.
$$\frac{3}{6} + \frac{1}{6} = \frac{4}{6} \quad y \quad \frac{9}{12} - \frac{8}{12} = \frac{1}{12}$$

Paso 3: Si fuese necesario, reduce la fracción a su forma más simple.
$$\frac{4}{6} = \frac{2}{3}, \quad y \quad \frac{1}{12} \text{ no se puede reducir.}$$

Multiplicar fracciones

Para **multiplicar fracciones,** debes multiplicar los numeradores y los denominadores y luego reducir la fracción a su forma más simple.

Ejemplo:
$$\frac{5}{9} \times \frac{7}{10} = ?$$

Paso 1: Multiplica los numeradores y los denominadores.
$$\frac{5}{9} \times \frac{7}{10} = \frac{5 \times 7}{9 \times 10} = \frac{35}{90}$$

Paso 2: Reduce.
$$\frac{35}{90} = \frac{35 \div 5}{90 \div 5} = \frac{7}{18}$$

Dividir fracciones

Para **dividir fracciones,** primero debes escribir nuevamente el divisor (el número con el cual *se divide*) en forma invertida. Esto se denomina el recíproco del divisor. Luego puedes multiplicar y reducir si fuese necesario.

Ejemplo:
$$\frac{5}{8} \div \frac{3}{2} = ?$$

Paso 1: Escribe el divisor nuevamente como su recíproco.
$$\frac{3}{2} \rightarrow \frac{2}{3}$$

Paso 2: Multiplica.
$$\frac{5}{8} \times \frac{2}{3} = \frac{5 \times 2}{8 \times 3} = \frac{10}{24}$$

Paso 3: Reduce.
$$\frac{10}{24} = \frac{10 \div 2}{24 \div 2} = \frac{5}{12}$$

Notación científica

La **notación científica** es una forma abreviada de representar números muy grandes o muy pequeños sin necesidad de agregar todos los ceros.

Ejemplo: Escribe 653,000,000 en notación científica.

Paso 1: Escribe el número sin los ceros.
653

Paso 2: Coloca el decimal después del primer dígito.
6.53

Paso 3: Encuentra el exponente contando el número de espacios que tuviste que correr el decimal.

6.53000000

El decimal se corrió ocho espacios hacia la izquierda. Por lo tanto, el exponente de 10 es 8 positivo. Recuerda que si el decimal se hubiese corrido a la derecha, el exponente sería negativo.

Paso 4: Escribe el número en notación científica.

6.53×10^8

Área

El **área** es el número de unidades cuadradas que se requieren para cubrir la superficie de un objeto.

Fórmulas:
Cuadrado = lado × lado
Rectángulo = longitud × ancho
Triángulo = $\frac{1}{2}$ base × altura
Ejemplos: Encuentra las áreas.

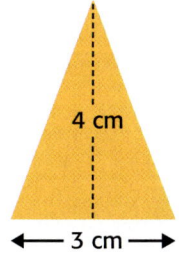

Triángulo
Área = $\frac{1}{2}$ × base × altura
Área = $\frac{1}{2}$ × 3 cm × 4 cm
Área = **6 cm²**

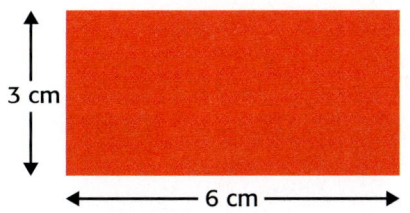

Rectángulo
Área = longitud × ancho
Área = 6 cm × 3 cm
Área = **18 cm²**

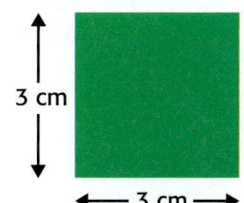

Cuadrado
Área = lado × lado
Área = 3 cm × 3 cm
Área = **9 cm²**

Volumen

El **volumen** es la cantidad de espacio que ocupa un objeto.

Fórmulas:
Cubo = lado × lado × lado

Prisma = área de la base × altura

Ejemplos: Encuentra el volumen de los sólidos.

Cubo
Volumen = lado × lado × lado
Volumen = 4 cm × 4 cm × 4 cm
Volumen = **64 cm³**

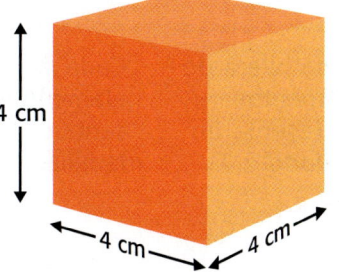

Prisma
Volumen = área de la base × altura
Volumen = (área de un triángulo) × altura
Volumen = $\left(\frac{1}{2} \times 3\text{ cm} \times 4\text{ cm}\right) \times 5$ cm
Volumen = 6 cm² × 5 cm
Volumen = **30 cm³**

Apéndice

Tabla periódica de los elementos

Cada cuadro de la tabla contiene el nombre del elemento y su símbolo químico, número atómico y masa atómica.

Número atómico — 6
Símbolo químico — C
Nombre del elemento — Carbono
Masa Atómica — 12.0

El color de fondo indica el tipo de elemento. El carbono es un no metal.

El color del símbolo químico indica el estado físico del elemento a temperatura ambiente. El carbono es un sólido.

Fondo
- Metales
- Metaloides
- No metales

Símbolo químico
- Sólido
- Líquido
- Gas

	Grupo 1	Grupo 2	Grupo 3	Grupo 4	Grupo 5	Grupo 6	Grupo 7	Grupo 8	Grupo 9
Período 1	1 H Hidrógeno 1.0								
Período 2	3 Li Litio 6.9	4 Be Berilio 9.0							
Período 3	11 Na Sodio 23.0	12 Mg Magnesio 24.3							
Período 4	19 K Potasio 39.1	20 Ca Calcio 40.1	21 Sc Escandio 45.0	22 Ti Titanio 47.9	23 V Vanadio 50.9	24 Cr Cromo 52.0	25 Mn Manganeso 54.9	26 Fe Hierro 55.8	27 Co Cobalto 58.9
Período 5	37 Rb Rubidio 85.5	38 Sr Estroncio 87.6	39 Y Itrio 88.9	40 Zr Circonio 91.2	41 Nb Niobio 92.9	42 Mo Molibdeno 95.9	43 Tc Tecnecio (97.9)	44 Ru Rutenio 101.1	45 Rh Rodio 102.9
Período 6	55 Cs Cesio 132.9	56 Ba Bario 137.3	57 La Lantano 138.9	72 Hf Hafnio 178.5	73 Ta Tántalo 180.9	74 W Wolframio 183.8	75 Re Renio 186.2	76 Os Osmio 190.2	77 Ir Iridio 192.2
Período 7	87 Fr Francio (223.0)	88 Ra Radio (226.0)	89 Ac Actinio (227.0)	104 Rf Ruterfordio (261.1)	105 Db Dubnio (262.1)	106 Sg Seaborgio (263.1)	107 Bh Bohrio (262.1)	108 Hs Hassio (265)	109 Mt Meitnerio (266)

Cada hilera de elementos representa un período.

Cada columna de elementos representa un grupo o familia.

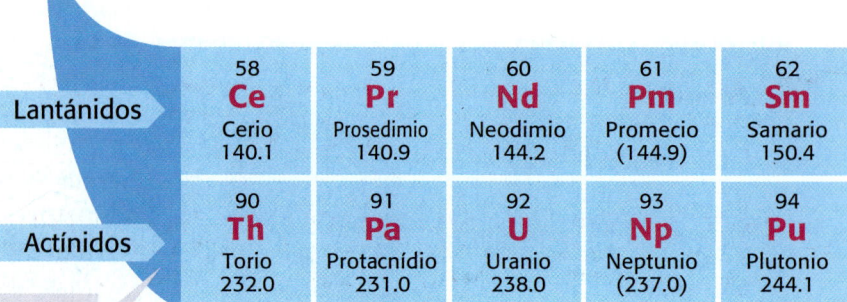

Lantánidos	58 Ce Cerio 140.1	59 Pr Prosedimio 140.9	60 Nd Neodimio 144.2	61 Pm Promecio (144.9)	62 Sm Samario 150.4
Actínidos	90 Th Torio 232.0	91 Pa Protacnídio 231.0	92 U Uranio 238.0	93 Np Neptunio (237.0)	94 Pu Plutonio 244.1

Estos elementos se escriben debajo de la tabla para que ésta no se extienda.

APÉNDICE

Las líneas en zigzag nos recuerdan dónde se encuentran los metales, los no metales y los metaloides.

			Grupo 13	Grupo 14	Grupo 15	Grupo 16	Grupo 17	Grupo 18
								2 **He** Helio 4.0
			5 **B** Boro 10.8	6 **C** Carbono 12.0	7 **N** Nitrógeno 14.0	8 **O** Oxígeno 16.0	9 **F** Flúor 19.0	10 **Ne** Neón 20.2
Grupo 10	Grupo 11	Grupo 12	13 **Al** Aluminio 27.0	14 **Si** Silicio 28.1	15 **P** Fósforo 31.0	16 **S** Azufre 32.1	17 **Cl** Cloro 35.5	18 **Ar** Argón 39.9
28 **Ni** Níquel 58.7	29 **Cu** Cobre 63.5	30 **Zn** Zinc 65.4	31 **Ga** Galio 69.7	32 **Ge** Germanio 72.6	33 **As** Arsénico 74.9	34 **Se** Selenio 79.0	35 **Br** Bromo 79.9	36 **Kr** Criptón 83.8
46 **Pd** Paladio 106.4	47 **Ag** Plata 107.9	48 **Cd** Cadmio 112.4	49 **In** Indio 114.8	50 **Sn** Estaño 118.7	51 **Sb** Antimonio 121.8	52 **Te** Telurio 127.6	53 **I** Yodo 126.9	54 **Xe** Xenón 131.3
78 **Pt** Platino 195.1	79 **Au** Oro 197.0	80 **Hg** Mercurio 200.6	81 **Tl** Talio 204.4	82 **Pb** Plomo 207.2	83 **Bi** Bismuto 209.0	84 **Po** Polonio (209.0)	85 **At** Astato (210.0)	86 **Rn** Radón (222.0)
110 **Uun** Ununnilium (271)	111 **Uuu** Unununium (272)	112 **Uub** Ununbium (277)						

Los nombres y símbolos de los elementos 110 – 112 son temporales. Están basados en el número atómico del elemento. Los nombres y los símbolos oficiales serán aprobados por un comité internacional de científicos.

63 **Eu** Europio 152.0	64 **Gd** Gadolíneo 157.3	65 **Tb** Terbio 158.9	66 **Dy** Disprosio 162.5	67 **Ho** Holmio 164.9	68 **Er** Erbio 167.3	69 **Tm** Tulio 168.9	70 **Yb** Iterbio 173.0	71 **Lu** Lutecio 175.0
95 **Am** Americio (243.1)	96 **Cm** Curio (247.1)	97 **Bk** Berkelio (247.1)	98 **Cf** Californio (251.1)	99 **Es** Einstenio (252.1)	100 **Fm** Fermio (257.1)	101 **Md** Mendelevio (258.1)	102 **No** Nobelio (259.1)	103 **Lr** Lawrencio (262.1)

El número en paréntesis es la masa del isótopo más estable del elemento.

Apéndice

Repaso de ciencias físicas

Átomos y elementos

Todos los objetos en el universo están compuestos de partículas de algún tipo de materia. La **materia** es todo lo que ocupa un espacio y tiene masa. Toda materia está compuesta de elementos. Un **elemento** es una substancia que no puede ser dividida en componentes más simples por medios químicos comunes. Esto se debe a que cada elemento sólo está compuesto de un tipo de átomo. Un **átomo** es la unidad más pequeña en la que se puede dividir un elemento sin que pierda sus propiedades.

Estructura atómica

Los átomos están compuestos de pequeñas partículas denominadas partículas subatómicas. Los tres tipos principales de partículas subatómicas son **electrones, protones** y **neutrones.** Los electrones tienen cargas eléctricas negativas mientras que los protones tienen cargas positivas y los neutrones no tienen carga eléctrica. Los protones y los neutrones se encuentran muy unidos para formar el **núcleo.** Los protones le dan al núcleo una carga positiva. Los electrones de un átomo se mueven en una región alrededor del núcleo conocida como **nube de electrones.** Los electrones de carga negativa son atraídos a los núcleos de carga positiva. Un átomo puede tener muchos niveles de energía en donde se pueden ubicar los electrones.

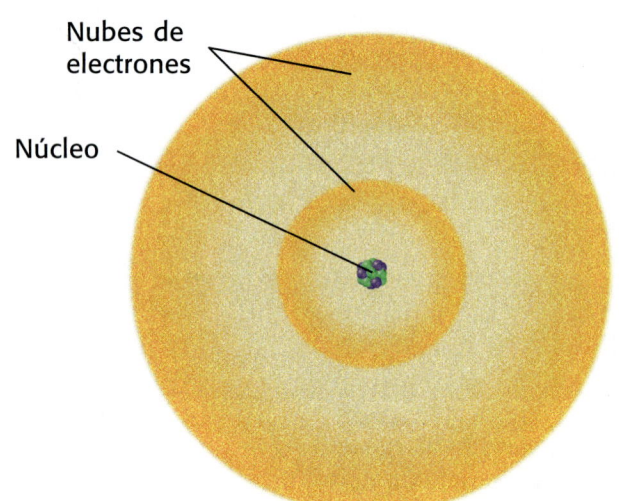

Número atómico

Para facilitar la identificación de los elementos, los científicos le han asignado un **número atómico** a cada tipo de átomo. El número atómico es equivalente al número de protones en un átomo. Los átomos que presentan el mismo número de protones son el mismo tipo de elemento. En un átomo no cargado, o neutro, existe un número equivalente de protones y electrones. Por lo tanto, el número atómico también equivale al número de electrones en un átomo no cargado. El número de neutrones, sin embargo, puede variar en un elemento determinado. Los átomos de un mismo elemento que tienen distintos números de neutrones se denominan **isótopos.**

Tabla periódica de los elementos

En la tabla periódica, los elementos están dispuestos de izquierda a derecha en orden de menor a mayor número atómico. Cada elemento en la tabla se encuentra en un cuadro separado. Cada elemento tiene uno o más electrones y uno o más protones que el elemento que se encuentra a su izquierda. Cada hilera horizontal de la tabla se denomina un **período.** Los cambios en las propiedades químicas a través de un período corresponden a los cambios en las disposiciones de los electrones de un elemento. Cada columna vertical de la tabla, llamada **grupo,** enumera los elementos con propiedades similares. Los elementos de un grupo tienen propiedades químicas similares porque tienen el mismo número de electrones en su nivel exterior de energía. Por ejemplo, los elementos helio, neón, argón, criptón, xenón y radón tienen propiedades similares y se conocen como gases nobles.

Moléculas y compuestos

Cuando los átomos de dos o más elementos se unen químicamente, la substancia resultante se denomina **compuesto.** Un compuesto es una substancia nueva con propiedades distintas a las de los elementos que lo componen. Por ejemplo, el agua (H_2O) es un compuesto que se forma cuando se unen los átomos de hidrógeno (H) y oxígeno (O). La unidad más pequeña de un compuesto que contiene todas sus propiedades se denomina **molécula.** Una fórmula química indica los elementos de un compuesto. También indica el número relativo de átomos de cada elemento presente. La fórmula química del agua es H_2O, lo cual indica que cada molécula de agua contiene dos elementos de hidrógeno y uno de oxígeno. El subíndice se usa después de un símbolo para indicar cuántos átomos de ese elemento se encuentran en una molécula del compuesto.

Ácidos, bases y pH

Un ion es un átomo o grupo de átomos que tiene una carga eléctrica debido a la pérdida o ganancia de uno o más electrones. Cuando un ácido como el ácido hidroclórico (HC1), se mezcla con agua, se divide en iones. Un **ácido** es un compuesto que produce iones de hidrógeno (H^+) en el agua. Luego, los iones de hidrógeno se mezclan con una molécula de agua para formar un ion hidronio (H_3O^+). Una **base,** sin embargo, es una substancia que produce iones hidróxido (OH^-) en el agua.

Para determinar si una solución es ácida o básica, los científicos utilizan el pH. El **pH** es la medida de la concentración de iones hidronio en una solución. La escala de pH fluctúa entre 0 y 14. El punto medio, pH = 7, es neutral, es decir ni ácido ni básico. Los ácidos tiene un pH de menos 7, las bases tienen un pH mayor de 7. Mientras menor sea el número, más ácida es la solución. Mientras más elevado sea el número, más básica será la solución.

Ecuaciones químicas

Una reacción química ocurre cuando sucede un cambio químico. (En un cambio químico, se forman nuevas substancias con nuevas propiedades.) Una ecuación química es una manera útil de describir una reacción química por medio de fórmulas químicas. La ecuación indica las substancias que reaccionan y los productos que se forman. Por ejemplo, cuando el carbono y el oxígeno se mezclan forman dióxido de carbono. A continuación se presenta la ecuación de la reacción: $C + O_2 \rightarrow CO_2$.

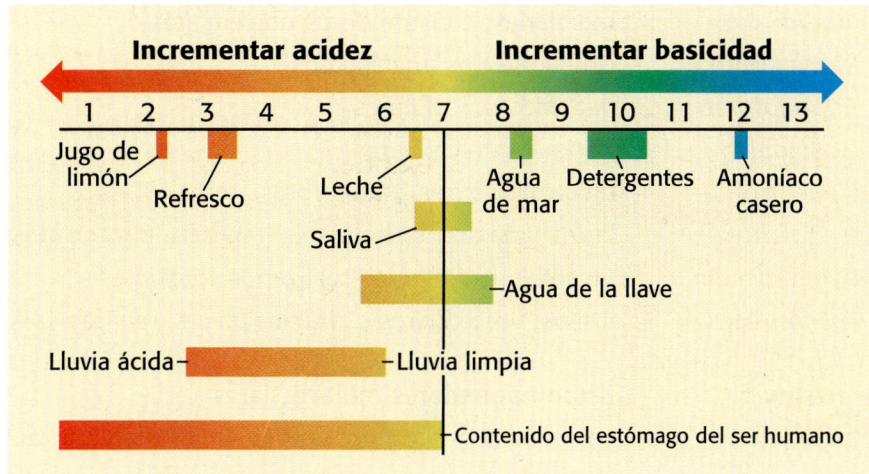

Los seis reinos

Reino de las arqueobacterias
Los organismos de este reino son procariotas unicelulares.

Arqueobacterias		
Groupo	**Ejemplos**	**Características**
Metanógenos	Methanococcus	se encuentran en la tierra, pantanos, el aparato digestivo de los mamíferos; producen gas metano; no pueden vivir donde hay oxígeno
Termófilos	Sulpholobus	se encuentran en ambientes demasiado calientes; requieren azufre, no pueden vivir donde hay oxígeno
Halófilos	Halococcus	se encuentran en ambientes con alto contenido de sal, como el mar Muerto; casi todos pueden vivir donde hay oxígeno

Reino de las eubacterias
En este reino se conocen más de 4,000 especies de procariotas unicelulares.

Eubacterias		
Groupo	**Ejemplos**	**Características**
Bacilos	Escherichia coli	forma de bastones; viven libres, simbióticos o parásitos; algunos pueden fijar nitrógeno; algunos causan enfermedades
Cocos	Streptococcus	en forma esférica, causan enfermedades; forman esporas para resistir ambientes desfavorables
Espirilos	Treponema	en forma de espiral; responsables de varias enfermedades serias, como la sífilis y la enfermedad de Lyme

Reino de los protistas
Los organismos de este reino son eucariotas. Hay organismos unicelulares y multicelulares.

Protistas		
Groupo	**Ejemplos**	**Características**
Sarcodinas	Amiba	radiolarias; consumidores unicelulares
Ciliados	Paramecium	consumidores unicelulares
Flagelados	Trypanosoma	parásitos unicelulares
Esporozoarios	Plasmodium	parásitos unicelulares
Euglenas	Euglena	unicelulares; realizan la fotosíntesis
Diatomeas	Pinnularia	la mayoría son unicelulares; realizan la fotosíntesis
Dinoflagelados	Gymnodinium	unicelulares; algunos realizan la fotosíntesis
Algas	Volvox, algas de coral	4 filos; unicelulares o multicelulares; realizan la fotosíntesis
Moho viscoso	Physarum	descomponedores multicelulares
Moho de agua	mal blanco	parásitos o descomponedores, unicelulares o multicelulares

Reino de los hongos

En este reino hay eucariotas unicelulares y multicelulares. Como las plantas, los hongos se clasifican en divisiones y no en filos. Hay cuatro tipos principales de hongos.

Hongos		
Groupo	**Ejemplos**	**Características**
Hongos filiformes	moho del pan	esféricos; descomponedores
Hongos de sacos	levadura, hierba mora	en forma de saco; parásitos y descomponedores
Setas	champiñones, tizones, royas	en forma de sombrilla; parásitos y descomponedores
Líquenes	musgo de los renos	simbióticos con algas fotosintéticas

Reino vegetal

Los organismos de este reino son eucariotas multicelulares. Tienen sistemas especializados para procesos de vida diferentes. Se clasifican en divisiones y no en filos.

Plantas		
Groupo	**Ejemplos**	**Características**
Briofitas	musgos, hepáticas	se reproducen por esporas
Musgos	*Lycopodium*, pinillo	se reproducen por esporas
Colas de caballo	juncos	se reproducen por esporas
Helechos	lenguas de ciervo, helecho sensorial	se reproducen por esporas
Coníferas	pinos, abetos, cedros	se reproducen por semillas; conos
Cicadáceas	*Zamiase*	reproducen por semillas
Gnetáceas	*Welwitschiase*	reproducen por semillas
Ginkgos	*Ginkgos*	reproducen por semillas
Angiospermas	todas las plantas con flores	se reproducen por semillas; flores

Reino animal

Este reino contiene eucariotas multicelulares. Tienen tejidos especializados y sistemas complejos.

Animales		
Groupo	**Ejemplos**	**Características**
Esponjas	esponjas vítreas	sin simetría ni segmentación; acuáticas
Cnidarios	medusa, coral	simetría radial; acuáticos
Tenias	planaria, solitaria, trematodo	simetría bilateral; sistemas
Gusanos cilíndricos	*Trichina*, anquilostomas	simetría bilateral; sistemas
Anélidos	lombrices, sanguijuelas	simetría bilateral; sistemas
Moluscos	caracoles, pulpos	simetría bilateral; sistemas
Equinodermos	estrella de mar, erizo de mar aplanado	simetría radial; sistemas
Artrópodos	insectos, arañas, langostas	simetría bilateral; sistemas
Cordados	peces, anfibios, reptiles, aves, mamíferos	simetría bilateral; sistemas complejos

Cómo usar el microscopio

Partes del microscopio compuesto

- El **ocular** amplía la imagen 10×.
- El **objetivo de poco aumento** amplía la imagen 10×.
- El **objetivo de gran aumento** amplía la imagen ya sea 40× ó 43×.
- El **dispositivo de revólver** sostiene los objetivos y se puede girar para cambiar de un aumento a otro.
- El **tubo** mantiene la distancia correcta entre el ocular y los objetivos.
- El **tornillo macrométrico** mueve el tubo hacia arriba y hacia abajo para permitir enfocar la imagen.
- El **tornillo micrométrico** mueve el tubo ligeramente para agudizar el enfoque de la imagen.
- La **platina** sostiene la laminilla.
- Las **pinzas de la platina** sujetan la laminilla que se va a observar.
- El **condensador** controla la cantidad de luz que entra a través del portaobjetos.
- La **fuente de luz** proporciona luz para observar la laminilla.
- La **columna** sostiene el tubo.
- La **base** sostiene el microscopio.

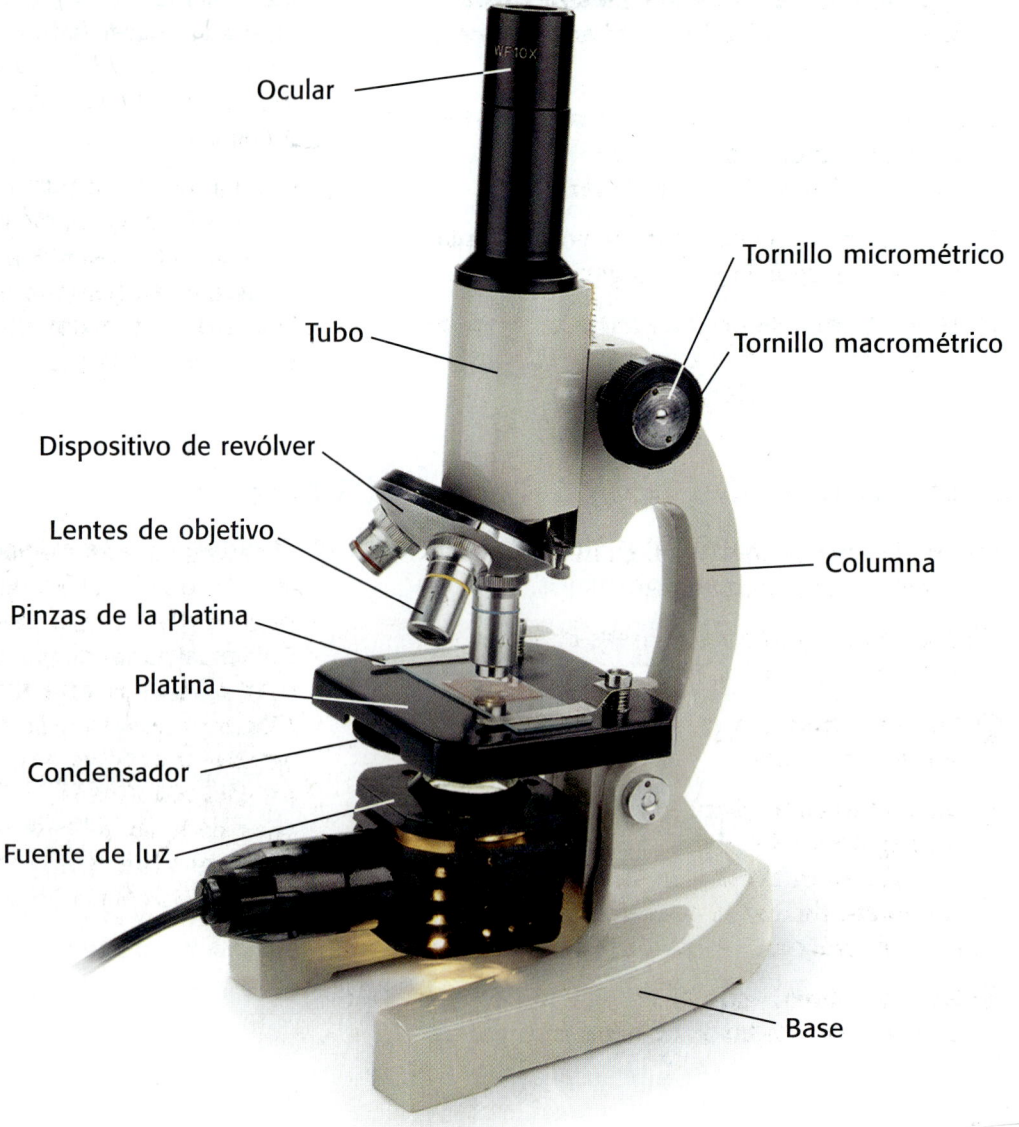

Uso adecuado del microcoscopio

1. Lleva el microscopio a la mesa del laboratorio; sujétalo con las dos manos. Con una mano sostén la base y con la otra agarra la columna del microscopio. Trata de que el microscopio esté cerca de tu cuerpo mientras lo llevas a la mesa.

2. Coloca el microscopio sobre la mesa, asegúrate de que quede a unos 5 cm de la orilla.

3. Revisa qué tipo de fuente de luz usa el microscopio. Si usa una lámpara, conéctala y asegúrate de que el cable no te estorbe. Si el microscopio tiene un espejo, ajústalo para reflejar la luz a través del orificio de la platina.
   Cuidado: Si el microscopio tiene un espejo, no uses luz solar directa como fuente de luz. Esta luz te puede lastimar los ojos.

4. Siempre empieza a trabajar con el objetivo de bajo aumento alineado con el tubo. Ajusta el dispositivo de revólver.

5. Coloca una laminilla sobre el orificio de la platina y asegúrala con las pinzas.

6. Mira a través del ocular. Mueve el condensador para ajustar la cantidad de luz que entra a través de la platina.

7. Observa la platina al nivel de tus ojos. Gira lentamente el tornillo macrométrico para bajar el objetivo hasta que casi toque la laminilla. No permitas que el objetivo la toque.

8. Mira a través del ocular. Gira el tornillo macrométrico para levantar el objetivo de bajo aumento hasta que se enfoque la imagen. Siempre enfoca levantando el objetivo a partir de la laminilla. *Nunca enfoques hacia abajo.* Con el tornillo micrométrico, perfecciona el enfoque. Mantén los ojos abiertos mientras observas la laminilla.

9. Asegúrate de que la imagen esté exactamente en el centro de tu campo de visión. Luego cambia al objetivo de gran aumento. Enfoca la imagen sólo con el tornillo micrométrico. *Nunca uses el tornillo macrométrico con el objetivo de gran aumento.*

10. Cuando acabes de usar el microscopio, quita la laminilla. Limpia el ocular y los objetivos con papel especial para lentes. Guarda el microscopio en su lugar. Recuerda que debes cargar el microscopio con las dos manos.

Examinar una preparación húmeda

1. Limpia una laminilla y un cubreobjetos con papel especial para lentes.

2. Coloca la muestra que deseas observar en el centro de la laminilla.

3. Con un gotero, pon una gota de agua sobre la muestra.

4. Mantén el cubreobjetos al filo del agua y a un ángulo de 45° de la laminilla. Colócalo de manera que roce con la gota de agua. Asegúrate de que el agua fluya por la orilla del cubreobjetos.

5. Baja el cubreobjetos lentamente para evitar que se hagan burbujas de aire.

6. El agua se puede evaporar de la laminilla a medida que trabajas. Agrega más agua para que la muestra se mantenga fresca. Coloca la punta del gotero en la orilla del cubreobjetos. Agrega una gota de agua. (También puedes usar este método para agregar colorantes o soluciones a una preparación húmeda.) Elimina el exceso de agua de la laminilla con la punta de una toalla de papel. No levantes el cubreobjetos para agregar o eliminar agua.

Glosario

A

abdomen parte del cuerpo de un animal que contiene los intestinos y otros órganos del aparato digestivo (339)

abiótico se refiere a los factores del medio ambiente que no forman parte de los seres vivos (416)

absorción transporte de energía hacia las partículas que forman la materia, realizado por ondas luminosas (60)

ácido nucleico compuesto bioquímico, formado por subunidades llamadas nucleótidos, que almacena la información que se necesita para fabricar proteínas y otros ácidos nucleicos (45)

adaptación característica que le ayuda a un organismo a sobrevivir en su medio ambiente (176)

adenina una de las cuatro bases que se combinan con azúcares y fosfatos para formar una subunidad de nucleótidos del ADN; la adenina forma un par con la timina (152)

ADN abreviatura del ácido desoxirribonucleico, que es el material hereditario que controla todas las actividades de una célula, contiene la información para la creación de nuevas células y da las instrucciones para la síntesis de proteínas (38, 93, 152)

afluente arroyo o río pequeño que desemboca en uno más grande (428)

alelos formas alternativas de un gene que regulan las mismas características (135)

aletas estructuras en forma de abanico que les ayudan a los peces a moverse, dar la vuelta, detenerse y mantener el equilibrio (360)

alvéolos pequeños sacos que forman las ramificaciones de los bronquiolos de los pulmones (499)

amígdalas masas pequeñas de tejido blando situadas en la parte de atrás de la cavidad nasal, dentro de la garganta, detrás de la lengua (497)

anaeróbico que no necesita oxígeno (209)

anfibio tipo de vertebrado heterotérmico que por lo general comienza su vida en el agua con branquias y más tarde desarrolla pulmones (364)

angiosperma planta cuyas flores producen semillas (253)

antenas apéndices de la cabeza de los artrópodos que responden al tacto o al gusto (340)

aparato de Golgi organelo celular que modifica, prepara y transporta materiales al exterior de la célula (96)

árbol genealógico diagrama de la historia de una familia que se utiliza para seguir la trayectoria de un rasgo a través de varias generaciones (164)

área medida de la superficie de un objeto (24)

arqueobacterias bacterias que prosperan en un medio ambiente con condiciones extremas (235)

arreglo de las plumas actividad en la que un ave utiliza el pico para esparcir aceite en sus plumas (383)

arterias vasos sanguíneos que transportan la sangre del corazón al resto el cuerpo (491)

articulación parte donde se unen dos o más huesos (470)

asimétrico sin simetría (326)

ATP abreviatura del adenosin trifosfato que es la molécula que le suministra energía a la célula para realizar sus actividades (45)

aurícula una de las cámaras superiores del corazón (490)

australopitco homínido primitivo que evolucionó hace más de 3.6 millones de años (216)

autopolinizante planta que contiene las estructuras reproductoras femeninas y masculinas (131)

axón fibra celular larga del sistema nervioso que transfiere mensajes de una célula a otra (511)

B

bacterias organismos unicelulares muy pequeños que carecen de núcleo; se llaman también células procariotas (90, 235)

bastoncitos fotorreceptores que detectan la luz tenue (518)

bazo órgano que filtra la sangre y produce los linfocitos (497)

biodegradable que se puede descomponer por la acción del medio ambiente (446)

biodiversidad número y variedad de los seres vivos (445)

bioma región de grandes dimensiones caracterizada por un tipo de clima específico y ciertos tipos de comunidades animales y vegetales (416)

branquias órganos que extraen el oxígeno del agua y sacan el dióxido de carbono de la sangre (360)

662 Glosario

bronquios los dos tubos que conectan los pulmones a la tráquea (499)

bulbo raquídeo parte del cerebro que se une a la médula espinal (514)

C

cabeza parte del cuerpo de los animales en donde se encuentra el cerebro (339)

camuflaje coloración o textura que le permite a un animal pasar desapercibido en su medio ambiente (309)

capilares los vasos sanguíneos más pequeños (491)

capilares linfáticos los vasos más pequeños del sistema linfático (496)

carbohidrato substancia bioquímica formada por dos o más azúcares enlazados que se usa para suministrar y almacenar energía (43)

carnívoro que come animales (401)

cartílago tejido flexible que da apoyo y protección sin tener la rigidez de los huesos (470)

cefalotórax parte del cuerpo de los arácnidos formado por la cabeza y el tórax y que tiene, por lo general, cuatro pares de patas (341)

celoma cavidad del cuerpo de algunos animales en donde están localizados los intestinos y los órganos (327)

célula estructura cubierta por una membrana que contiene todos los materiales necesarios para la vida (36)

célula eucariota célula que contiene un núcleo central y una estructura interna compleja (91, 210)

célula procariota célula que no posee núcleo ni ningún otro organelo cubierto por membranas; también conocida como bacteria (90, 209)

centrómero región que mantiene unidas las cromátidas cuando se duplica un cromosoma (117)

cerebelo parte del cerebro que controla la posición del cuerpo (514)

cerebro parte del encéfalo que detecta el tacto, la visión, el sonido, el olor, el gusto, el dolor, el calor y el frío (513)

ciclo celular ciclo de vida de una célula; en las eucariotas, consiste en la duplicación de los cromosomas, la mitosis y citoquinesis (116)

ciclo de las rocas proceso continuo mediante el cual una clase de roca se transforma en otra (202)

ciénaga ecosistema pantanoso en el que crecen árboles y plantas trepadoras (430)

ciencias naturales estudio de los seres vivos

cigoto óvulo fertilizado (535)

circulación pulmonar circulación de la sangre entre el corazón y los pulmones (492)

circulación sistémica circulación de sangre entre el corazón y el cuerpo que no incluye los pulmones (492)

citoplasma líquido que rodea los organelos de una célula (87)

citoquinesis proceso de división del citoplasma después de la mitosis (119)

citosina una de las cuatro bases que se combina con azúcares y fosfatos para formar una subunidad de nucleótidos del ADN; la citosina forma un par con la guanina (152)

clase nivel de clasificación que le sigue al filo; los organismos de un filo están organizados en clases (229)

clasificación organización de los seres vivos en grupos según sus similitudes y presuntas relaciones de evolución (228)

clave dicotómica sistema para identificar organismos desconocidos que consiste en un par de oraciones descriptivas, de las cuales sólo una se aplica al organismo desconocido y conduce a otra serie de oraciones, hasta que se identifica el organismo desconocido (232)

clorofila pigmento verde de los cloroplastos que absorbe la energía de la luz para realizar la fotosíntesis (284)

cloroplasto organelo de las células de plantas y algas en el cual tiene lugar la fotosíntesis (95)

cóclea órgano del oído que convierte las ondas sonoras en impulsos eléctricos y los envía a la parte del cerebro que procesa el sonido (520)

comportamiento aprendido comportamiento que se ha aprendido en base a la experiencia u observación (310)

comportamiento innato comportamiento que no responde a la influencia de los genes ni depende del aprendizaje (310)

comportamiento social interacción entre animales de la misma especie (314)

comunicación transferencia de una señal de un animal a otro, que provoca un tipo de respuesta (314)

comunidad conjunto formado por todas las poblaciones de especies diferentes que viven e interactúan en un área determinada (84)

conducto deferente tubo del sistema reproductor masculino en donde los espermatozoides se mezclan con algunos líquidos para formar el semen (539)

Glosario **663**

coníferas árboles que producen las semillas en frutos de forma cónica (418)

conos fotorreceptores que pueden detectar la luz brillante y contribuyen a que podamos ver los colores (518)

conservación el uso y la preservación inteligentes de los recursos naturales (447)

consumidor organismo que obtiene su energía comiéndose a los productores o a otra clase de organismos (40, 307)

contaminación presencia de substancias perjudiciales en el medio ambiente (440)

contaminante substancia perjudicial presente en el medio ambiente (440)

controles de retroalimentación sistemas que hacen que las glándulas endocrinas comiencen a funcionar o dejen de hacerlo (524)

cordón umbilical cordón que une el embrión con la placenta (543)

cotiledón hoja de una plántula dentro de una semilla (263)

Cro-Magnon tipo de seres humanos con rasgos modernos que probablemente migraron de África hace unos 100,000 años y eventualmente llegaron a todos los continentes (218)

cromátidas copias idénticas de los cromosomas (117)

cromosoma estructura en forma de espiral formada por ADN y proteínas que se produce en el núcleo de la célula durante la división celular (116)

cromosomas homólogos cromosomas cuya información se corresponde entre sí (117)

cromosomas sexuales cromosomas que contienen los genes que determinan el sexo de las crías (143)

cruza real planta que siempre produce otras que poseen los mismos rasgos (132)

cruza selectiva cruza de organismos que tienen rasgo determinado (186)

cuadrícula de Punnett tabla que se utiliza para representar todas las posibles combinaciones de los alelos provenientes de los padres (135)

cutícula capa cerosa que cubre la superficie de los tallos, las hojas y otras partes de la planta que se encuentran expuestas al aire (251)

D

deforestación tala y limpieza de los bosques (445)

dendrita prolongación corta y ramificada de una neurona que le sirve para recibir las señales de otras células (511)

dentículos estructuras pequeñas y afiladas, parecidas a los dientes, que se encuentran en la piel de los peces cartilaginosos (361)

depredador animal que se come a otros animales (308)

dermis capa de piel que se encuentra bajo la epidermis (477)

descomponedor organismo que para obtener energía descompone los restos de organismos muertos y consume y absorbe los nutrientes (40)

desechos radioactivos desechos peligrosos que tardan cientos o miles de años en volverse inofensivos (441)

desierto bioma caluroso y seco habitado por organismos que se han adaptado a sobrevivir en temperaturas muy altas durante el día y largos períodos sin lluvia (421)

diafragma músculo que se encuentra por debajo de los pulmones de los mamíferos y cuya contracción ayuda a inhalar el aire dentro de los pulmones (395, 500)

difusión movimiento de partículas de un área de alta concentración a otra de baja concentración (108)

dispersión liberación de luz producida por partículas de materia que han absorbido un exceso de energía (61)

diversidad medida del número de especies contenida en un área (419)

E

ecosistema comunidad de organismos y su medio ambiente (84)

edad absoluta cálculo de la edad de un objeto o suceso que se hace midiendo la cantidad de átomos inestables en las rocas que rodean la muestra (203)

edad relativa cálculo de la anterioridad o posterioridad de un suceso u objeto, por ejemplo un fósil, con relación a otros sucesos u objetos (203)

embrión organismo en su más temprana etapa de desarrollo (306, 542)

empollar sentarse un ave sobre sus huevos hasta que nacen los pichones (387)

encéfalo el órgano más importante del sistema nervioso (513)

endocitosis proceso en el que la membrana celular rodea una partícula y la encierra en una vesícula para llevarla al interior de la célula (111)

endoesqueleto esqueleto interno (345)

enfermedades de transmisión sexual enfermedades que se transmiten durante el contacto sexual (541)

enzima proteína que permite que ciertas reacciones químicas ocurran rápidamente (42)

epidermis capa exterior de la piel (477); capa de células que cubre el exterior de las raíces, los tallos, las hojas y algunas partes de las flores (265)

epidídimo lugar de los testículos en que se almacena el esperma antes de pasar al conducto deferente (538)

época precámbrica período en la escala de tiempo geológico que comienza con el origen de la Tierra, hace 4,600 millones de años, y termina en el momento en que aparecieron los organismos complejos, hace unos 540 millones de años (208)

era cenozoica período en la escala del tiempo geológico que comenzó hace unos 65 millones de años y se extiende hasta el presente (213)

era mesozoica período de la escala de tiempo geológico que comenzó hace unos 248 millones de años y que duró aproximadamente 183 millones de años (212)

era paleozoica período en la escala de tiempo geológico que comenzó hace unos 570 millones de años y terminó hace aproximadamente 248 millones de años (211)

escala de tiempo geológico división de la historia de la Tierra en intervalos diferenciados de tiempo (204)

escamas estructuras óseas que cubren la piel de los peces (362)

escroto saco cubierto de piel que cuelga del cuerpo de los machos y que contiene los testículos (538)

especiación proceso por el que dos poblaciones de la misma especie se vuelven tan diferentes que ya no pueden cruzarse (192)

especie el más específico de los siete niveles de clasificación, caracterizado por organismos que pueden aparearse para producir crías fértiles (176, 229)

espectro electromagnético rango completo de las ondas electromagnéticas (56)

espermatozoide gameto producido por el macho (535)

esporofito etapa del ciclo de vida de una planta durante el cual se producen las esporas (251)

estambre órgano sexual masculino de la flor, que consta de un filamento que termina en una antera productora de polen (271)

estigma parte de la flor situada en la punta del pistilo (271)

estímulo cualquier cosa que afecta la actividad de un organismo, órgano o tejido (37)

estivación período de poca actividad que algunos animales experimentan en el verano (311)

estomas aberturas de la epidermis de la hoja que permiten la entrada del dióxido de carbono y la salida del agua y del oxígeno (269)

estuario lugar donde el agua dulce de los arroyos y ríos desemboca en el océano (427)

eubacterias clasificación que contiene la mayoría de las bacterias de vida independiente que se encuentran en diferentes hábitats (235)

evolución proceso por el cual las poblaciones acumulan los cambios heredados a través del tiempo (177)

exocitosis proceso por el que la célula extrae partículas grandes de su interior; durante la exocitosis, una vesícula que contiene las partículas se funde con la membrana celular (111)

exoesqueleto esqueleto externo de los artrópodos, compuesto por proteína y quitina (340)

experimento controlado experimento que ensaya un solo factor a la vez (14)

extensor músculo que hace que una parte del cuerpo se enderece (473)

extinción masiva período en que un gran número de especies desaparece al mismo tiempo (205)

extinto especie de organismo que ha desaparecido por completo (205)

F

factor cualquier elemento que puede afectar el resultado de un experimento (14)

familia nivel de clasificación que viene después del orden; los organismos de un orden están organizados en familias (229)

faringe porción superior de la garganta (499)

fenotipo caracteres visibles que un organismo ha heredado de sus padres (135)

fermentación descomposición de azúcares para producir ATP en ausencia de oxígeno (113)

feromona substancia química producida por los animales para comunicarse entre ellos mismos (315)

fertilización externa fertilización de un óvulo que ocurre fuera del cuerpo de la hembra (360, 536)

fertilización interna fertilización del óvulo que ocurre dentro del cuerpo de la hembra (360, 536)

feto embrión en las últimas etapas de desarrollo dentro del útero (544)

filo nivel de clasificación que viene después de reino; los organismos de un reino están organizados en filos (229)

fisión binaria método de división simple de las células utilizado por las bacterias, en el que una célula se divide en dos (116)

fitoplancton organismo microscópico capaz de realizar fotosíntesis que flota cerca de la superficie del océano (423)

flexor músculo que permite que una parte del cuerpo se doble (473)

floema tejido vegetal especializado que transporta moléculas de azúcar de una parte a otra de la planta (264)

flotación fuerza ascendente sobre un objeto causada por las diferencias de presión arriba y abajo del mismo; la flotación se opone a la fuerza de la gravedad (386)

folículo piloso órgano pequeño de la capa dérmica de la piel que produce pelo (478)

fosfolípido tipo de lípido que constituye gran parte de la membrana celular (44)

fósil resto o impresión solidificada de un organismo que vivió hace mucho tiempo (178, 202)

fotorreceptores neuronas especializadas de la retina que detectan la luz (518)

fotosíntesis proceso por el cual las plantas capturan la energía de la luz del Sol y la convierten en azúcar (112, 210)

fototropismo cambio en el crecimiento de una planta como respuesta a la luz (287)

fragmentación tipo de reproducción en la que un organismo se divide en dos o más partes, cada una de las cuales puede llegar a ser un individuo independiente (534)

G

gameto óvulo o espermatozoide; un gameto tiene la mitad del número de cromosomas que se encuentra en las demás células del cuerpo (138)

gametofito período del ciclo de vida de una planta durante el cual se producen los gametos de ambos sexos (251)

ganglios grupos de células nerviosas (327)

gemación tipo de reproducción asexual en la que una pequeña parte del cuerpo del progenitor se desarrolla como un organismo independiente (534)

género nivel de clasificación que viene después de familia; los organismos de una familia están organizados en géneros

genes segmentos de ADN localizados en los cromosomas que contienen las instrucciones de la herencia y pasan de padres a hijos (135)

genotipo combinación de alelos que se hereda de los padres (135)

gestación tiempo durante el cual un embrión se desarrolla dentro de la madre (398)

gimnosperma planta que produce semillas pero no produce flores (253)

glándula grupo de células que fabrica substancias químicas especiales para el cuerpo (522)

glándulas mamarias glándulas que secretan un líquido alimenticio llamado leche (393)

glándulas sudoríparas órganos pequeños de la dermis que producen el sudor (476)

glóbulos blancos células sanguíneas que protegen el cuerpo contra los agentes patógenos (489)

glóbulos rojos células que llevan el oxígeno de los pulmones a todas las células del cuerpo y que devuelven el dióxido de carbono a los pulmones para que éstos lo eliminen (488)

gravitropismo cambio en el crecimiento de una planta como respuesta a la fuerza de gravedad (288)

guanina una de las cuatro bases que se combina con azúcares y fosfatos para formar una subunidad de nucleótidos del ADN; la guanina forma un par con la citosina (152)

H

herencia la transferencia de rasgos de padres a hijos (38, 130)

heterotermo animal cuya temperatura corporal varía con la temperatura del medio ambiente (358)

hibernación período de inactividad que experimentan algunos animales en invierno, durante el cual sobreviven consumiendo la grasa que han acumulado en el cuerpo (311)

hipótesis explicación o respuesta posible a una pregunta (12)

homeostasis mantenimiento de un medio ambiente interno estable (37, 464)

homínido familia a la que pertenecen los seres humanos y algunas especies similares que se han extinguido, algunas de los cuales fueron antepasados de los seres humanos (215)

homotermo animal que mantiene una temperatura corporal constante a pesar de los cambios de temperatura de su medio ambiente (358)

hongos grupo de organismos complejos que obtienen alimento al descomponer y absorber los nutrientes de otras substancias de su medio ambiente (238)

hormona mensajero químico que lleva la información de una parte a otra del organismo; en los mamíferos, las hormonas se producen en las glándulas endocrinas (293, 522)

hueso compacto tipo de tejido óseo que no tiene espacios vacíos (469)

hueso esponjoso clase de tejido óseo que tiene muchos espacios libres y que contiene médula (469)

huésped organismo en el que vive un parásito (332)

huevo amniótico huevo que contiene líquido amniótico para proteger al embrión en desarrollo; por lo general está rodeado de una cáscara dura (370)

I

implantación proceso por el cual un embrión se fija en el interior del útero (542)

impresiones de ADN análisis de fragmentos de ADN con fines de identificación (166)

impulso mensaje eléctrico que pasa por una neurona (511)

infértil condición de no poder tener hijos (541)

ingeniería genética manipulación de los genes que les permite a los científicos poner genes de un organismo en otro (165)

intestino órgano donde se digiere la comida en el cuerpo de los animales (327)

invertebrado animal que carece de columna vertebral (305, 326)

involuntario movimiento muscular que no está bajo control consciente (472)

iris parte pigmentada del ojo (519)

L

laringe parte de la garganta que contiene las cuerdas vocales (499)

latente estado inactivo de una semilla (282)

lente cóncavo lente que es más delgado en el centro que en los bordes (67)

lente convexo lente que es más grueso en el centro que en los bordes (67)

lente objeto curvo y transparente que forma una imagen al refractar la luz (67, 519)

ligamento banda fuerte de tejido que conecta a los huesos entre sí (470)

linfa líquido y partículas absorbidas por los capilares linfáticos (496)

linfocito leucocito que destruye algunos organismos patógenos (497)

lípidos compuestos bioquímicos, entre los que se encuentran las grasas y los aceites, que no se disuelven en agua; los lípidos almacenan la energía y forman parte de la membrana celular (44)

lisosoma vesícula especial de la célula que digiere las partículas de alimento, los desechos y los invasores que provienen del exterior (98)

litoral área de un lago o laguna que está más cerca de tierra firme (429)

longitud de onda distancia entre un punto determinado de una onda y el punto correspondiente que se encuentra en una onda adyacente (56)

M

mamífero placentario mamífero que posee una placenta para alimentar al feto dentro del útero y cuyas crías están bien desarrolladas al nacer (398, 537)

mandíbula maxilar inferior de algunos artrópodos (341)

marino ecosistema de agua salada (423)

marisma ecosistema pantanoso y sin árboles, donde crecen plantas como las aneas y los juncos (430)

marsupial mamífero que da a luz crías vivas, parcialmente desarrolladas, que continúan desarrollándose dentro de una bolsa o pliegue de la piel de la madre (397, 537)

masa cantidad de materia que forma parte de un objeto; su valor es el mismo, independientemente de la posición del objeto (26)

medusa forma del cuerpo de algunos cnidarios parecida a un hongo con tentáculos (330)

meiosis división celular que produce células sexuales (139)

melanina substancia química que determina el color de la piel (476)

membrana celular capa de fosfolípidos que cubre la superficie de la célula y actúa como barrera entre el interior de la célula y su medio ambiente (87)

menstruación pérdida mensual de sangre y tejidos del útero (539)

metabolismo procesos químicos combinados que se efectúan en una célula o en un organismo vivo (38)

metamorfosis proceso por el cual un insecto u otro animal cambia de forma al desarrollarse de embrión o larva a adulto (343, 366)

método científico serie de pasos que utilizan los científicos para responder preguntas y resolver problemas (10)

metro unidad básica de longitud del sistema métrico decimal (23)

microscopio compuesto miscroscopio formado por un tubo con lentes, una platina y una fuente de luz (19)

microscopio electrónico microscopio que usa pequeñas partículas de materia para producir imágenes aumentadas (20)

migrar viajar de un lugar a otro como respuesta a las estaciones o a las condiciones ambientales (311)

mitocondrias organelos celulares rodeados una membrana doble que descomponen las moléculas de alimento para producir ATP (95)

mitosis división nuclear de las células eucariotas en la que cada célula recibe una copia de los cromosomas originales (117)

monotrema mamífero que pone huevos (396, 537)

multicelular formado por muchas células (83, 305)

músculo cardíaco el tipo de músculo que se encuentra en el corazón (472)

músculo esquelético clase de músculo que mueve los huesos y protege los órganos internos (472)

músculo liso clase de músculo que se encuentra en los vasos sanguíneos y el sistema digestivo (472)

mutación cambio en el orden de las bases del ADN de un organismo; eliminación, inserción, o sustitución (162, 189)

mutágeno que puede alterar o causar cambios en el ADN (162)

N

naturalizado organismo que establece su hogar en un lugar diferente de donde vive normalmente (444)

Neandertal especie de homínido que vivió en Europa y en el oeste de Asia de 230,000 a 30,000 años atrás (218)

nervio axón a través del cual viajan los impulsos nerviosos; los nervios están agrupados en haces con vasos sanguíneos y tejido conjuntivo (512)

nervio óptico nervio que transfiere impulsos eléctricos del ojo al cerebro (518)

neurona célula especializada que lleva mensajes a través del cuerpo en forma de energía eléctrica que se traslada con rapidez (511)

neurona motora neurona que envía impulsos del cerebro y de la médula espinal a otros sistemas (512)

neurona sensorial neurona especial que reúne información sobre lo que está pasando dentro y alrededor del cuerpo y la envía al sistema nervioso central (512)

nódulos linfáticos órganos pequeños en forma de frijol en cuyo interior hay fibras minúsculas que funcionan como redes para retirar partículas de la linfa (497)

núcleo organelo de las células eucariotas cubierto por una membrana que contiene el ADN y que sirve como centro de control de la célula (90)

nucleótido subunidad de ADN formada por un azúcar, un fosfato y una base nitrogenada (152)

O

ojo compuesto ojo formado por muchas células idénticas que trabajan en conjunto (340)

onda perturbación que transmite energía a través de la materia o el espacio (54)

onda electromagnética onda que no necesita un medio para desplazarse (55)

orden nivel de clasificación que le sigue a clase; los organismos en una clase están organizados en órdenes (229)

organelo estructura interna de una célula que en ocasiones está rodeada por una membrana (87)

organismo ser que puede realizar independientemente los procesos necesarios para la vida (83)

órgano combinación de dos o más tejidos que trabajan juntos para llevar a cabo una función específica en el cuerpo (81, 306, 465)

orientarse determinar la dirección que debe seguirse para ir de un lugar a otro (312)

ósmosis difusión de agua a través de la membrana celular (109)

ovario órgano del sistema reproductor femenino de los animales que produce óvulos (539); estructura de las flores que contiene los óvulos y que se va a convertir en fruta después de la fertilización (271)

ovulación proceso por el cual un huevo se expulsa a través de la pared del ovario (539)

óvulo gameto producido por la hembra (535)

ozono molécula de gas formada por tres átomos de oxígeno que absorbe los rayos ultravioleta del Sol (210)

P

palanca máquina simple que consiste en una barra rígida que puede girar sobre un punto fijo denominado punto de apoyo; existen tres clases de palancas según la ubicación de la fuerza aplicada, la fuerza producida y el punto de apoyo en relación con la resistencia: palancas de primera clase, de segunda clase y de tercera clase (471)

paleontólogo científico que estudia los fósiles para reconstruir la historia de la vida durante los millones de años previos a la aparición de los seres humanos (202)

Pangea masa de tierra que hace 200 millones de años contenía todos los continentes que existen en la actualidad (206)

pantano área de terreno donde el nivel del agua está cerca o por encima de la superficie del suelo durante la mayor parte del año (431)

parásito organismo que se alimenta de otro ser vivo sin matarlo (332)

pared celular estructura que rodea y le suministra resistencia y apoyo a la membrana celular de algunas células (93)

pene órgano reproductor masculino que transfiere el semen al cuerpo de la hembra durante las relaciones sexuales (538)

permafrost parte profunda del suelo de la tundra ártica que está permanentemente congelada (422)

pétalos estructuras de la flor que participan generalmente en la atracción de los polinizadores y que con frecuencia son de colores brillantes (270)

pistilos estructuras reproductoras femeninas de la flor, formadas por el estigma, el estilo, y el ovario (271)

placenta órgano especial de intercambio que le suministra al feto en desarrollo nutrientes y oxígeno (398, 543)

plancton organismos muy pequeños que flotan en la superficie del mar o cerca de ella y constituyen la base de la red alimenticia del mismo (423)

planta no vascular planta que depende de los procesos de difusión y de ósmosis para el traslado de materiales de un lugar a otro (252)

planta vascular planta que posee tejidos especializados llamados xilema y floema, que transportan materiales de una parte de la planta a otra (253)

plantas de hoja caduca árboles cuyas hojas cambian de color en otoño y se caen en invierno (290, 417)

plantas de hoja perenne árboles que conservan las hojas durante todo el año (290)

plaquetas fragmentos de células que ayudan a coagular la sangre (489)

plasma parte líquida de la sangre (488)

plumas de contorno plumas formadas por una varita central dura, con muchas ramificaciones en los costados, llamadas barbas (383)

plumón plumas livianas y aislantes que están en contacto directo con el cuerpo de un ave (383)

población grupo de individuos de la misma especie que conviven al mismo tiempo en un área determinada (83)

polen partículas con apariencia de un polvo fino que contienen los gametofitos masculinos de las plantas productoras de semillas (258)

polinización transferencia de polen al fruto femenino de las coníferas o al estigma de las angiospermas (261)

pólipo, la forma de florero del cuerpo de algunos cnidarios (330)

pollito altricial pollito que al salir del huevo se encuentra débil, sin plumas e indefenso (388)

pollito precoz pollito totalmente activo que sale del nido inmediatamente después de nacer (388)

presa organismo que le sirve de alimento a otro organismo (308)

presión sanguínea fuerza que la sangre ejerce sobre las paredes interiores de un vaso sanguíneo (493)

primate grupo de mamífero al que pertenecen los seres humanos, los simios y los monos y que se caracteriza por la presencia de pulgares oponibles y visión binocular (214, 405)

probabilidad posibilidad matemática de que ocurra un evento (136)

productor organismo que utiliza la energía solar para producir azúcares (40)

prosimio primeros antepasados de los primates; también se conoce como prosimios a un grupo de primates que existe en la actualidad, entre los que se encuentran los lemures y los lemures africanos (216)

proteínas compuestos bioquímicos formados por aminoácidos que regulan las reacciones químicas, transportan y almacenan materiales y proporcionan apoyo en distintos lugares del organismo (42)

Proyecto del Genoma Humano esfuerzo conjunto de científicos de todo el mundo para descubrir la ubicación de cada gene y crear un mapa de la totalidad del genoma humano (167)

pubertad momento de la vida en que los órganos sexuales alcanzan la madurez (538)

pulmón órgano parecido a una bolsa que toma el oxígeno del aire y lo envía a la sangre (364)

punto de referencia objeto fijo que se usa para determinar la posición durante la navegación (313)

pupila abertura del iris en la parte anterior del ojo (519)

GLOSARIO

R

raíz central raíz principal que crece hacia abajo de la cual salen muchas ramificaciones pequeñas (265)

raíz fibrosa tipo de raíz en la que hay varias raíces del mismo tamaño que se separan de la base del tallo (265)

rasgo dominante se observa cuando se hereda por lo menos un alelo dominante para una característica determinada (133)

rasgo recesivo rasgo que se manifiesta solamente cuando dos alelos recesivos se heredan para la misma característica (133)

rasgo cualidad distintiva que puede pasar de una generación a otra (186)

receptor célula especializada, como las dendritas, que detecta cambios dentro o fuera del cuerpo (512)

reciclaje técnica que consiste en volver a procesar productos usados para obtener productos nuevos (449)

recuperación de recursos transformar en electricidad las cosas que normalmente se desechan (450)

recurso no renovable recurso natural que no se puede remplazar o que sólo se puede remplazar en miles o millones de años (443)

recurso renovable recurso natural que se puede usar y remplazar en un período de tiempo relativamente corto (443)

reflejo respuesta rápida e involuntaria a un estímulo (59)

reflexión cambio de dirección que sufre una onda al chocar con una barrera u objeto (59)

registro fósil secuencia histórica de la vida indicada por los fósiles que se han encontrado en las capas de la corteza terrestre (178)

reino el más general de los siete niveles de clasificación (229)

reino animal grupo de organismos complejos, multicelulares, formados por células que no tienen pared celular; estos organismos pueden desplazarse de un lado a otro y poseen un sistema nervioso que les permite percibir y reaccionar a lo que pasa a su alrededor (239)

reino de los protistas reino de organismos eucariotas unicelulares o multicelulares simples que contiene todos los eucariotas que no son plantas, animales ni hongos (236)

reino vegetal reino que contiene las plantas, que son organismos complejos y multicelulares que utilizan la energía solar para fabricar azúcares por medio de la fotosíntesis (237)

relación de superficie a volumen superficie exterior de una célula en relación con su volumen (88)

reloj biológico control interno de los ciclos naturales (312)

renacuajo larva acuática de un anfibio (366)

rendimiento mecánico medida de las veces que una máquina multiplica la fuerza que se aplica sobre una resistencia (471)

reproducción asexual reproducción en la cual un solo progenitor produce crías genéticamente idénticas al progenitor (38, 534)

reproducción sexual reproducción en la que dos gametos se unen para forman un cigoto (38, 535)

reptil vertebrado heterotérmico que se desarrolla a partir de un huevo amniótico y se caracteriza por tener la piel gruesa y seca (369)

respiración intercambio de gases entre las células vivas y su medio ambiente; incluye la respiración y la respiración celular (498); ver *respiración celular*

respiración celular proceso durante el cual la célula produce ATP a partir de oxígeno y glucosa, liberando dióxido de carbono y agua (113, 285, 500)

retículo endoplásmico organelo celular cubierto por membranas que produce lípidos, descompone medicamentos y otras substancias y prepara las proteínas para sacarlas de la célula (94)

retina capa de células sensibles a la luz que se encuentra en la parte posterior del ojo (518)

ribosoma organelo de la célula en donde se realiza la síntesis de proteínas a partir de aminoácidos (94, 161)

ritmo circadiano ciclo diario (312)

rizoides pequeños filamentos que mantienen las plantas no vasculares en su lugar (254)

rizoma tallo subterráneo de un helecho (256)

S

sabana bioma tropical cubierto de hierba con algunos grupos de árboles aislados (420)

saco amniótico membrana delgada, llena de líquido, que rodea al feto de un mamífero (543)

sangre tejido conjuntivo formado por glóbulos rojos, glóbulos blancos, plaquetas y plasma (488)

sargazo alga que forma plataformas flotantes enormes; le da su nombre al mar de los Sargazos, un ecosistema de algas del océano Atlántico (426)

sedimento partículas finas de arena, polvo o barro que el viento o el agua depositan a través del tiempo (202)

segmento parte del cuerpo que se repite varias veces (337)

selección natural proceso por el cual los organismos que poseen un rasgo favorable sobreviven y se reproducen más rápidamente que los organismos que carecen del mismo (188)

semen líquido que contiene los espermatozoides (538)

sépalos estructuras parecidas a hojas que cubren y protegen una flor que no ha madurado (270)

simetría bilateral propiedad de un organismo que consiste en que sus dos mitades son imágenes idénticas la una de la otra (326)

simetría radial propiedad de un organismo en el que las partes del cuerpo están organizadas en un círculo alrededor de un punto central (327)

sistema grupo de órganos que trabajan juntos para llevar a cabo funciones determinadas dentro del cuerpo (82, 465)

sistema cardiovascular conjunto de órganos que transporta la sangre, formado por el corazón, las arterias y las venas (488)

sistema circulatorio abierto sistema circulatorio formado por un corazón que bombea la sangre a través de espacios llamados senos (336)

sistema circulatorio cerrado sistema circulatorio en que la sangre circula a través de una red de vasos sanguíneos que forman un sistema cerrado (336)

sistema de líneas laterales hilera o hileras de pequeños órganos de los sentidos localizadas en los costados del cuerpo de un pez (360)

sistema endocrino conjunto de glándulas que controlan el equilibrio de los fluidos del cuerpo, el crecimiento y el desarrollo sexual (522)

sistema esquelético conjunto de órganos cuya función primaria es darle apoyo y protección al cuerpo; entre ellos están los huesos, los cartílagos, los ligamentos y los tendones (468)

sistema integumentario conjunto de órganos que le ayudan al cuerpo a mantener un medio ambiente interno estable y sano; entre ellos están la piel, el pelo y las uñas (476)

sistema linfático conjunto de órganos que reúnen los líquidos extracelulares y los devuelven a la sangre; entre ellos están los nódulos y vasos linfáticos (496)

sistema muscular conjunto de órganos cuya función principal es el movimiento; entre ellos están los músculos y el tejido conjuntivo que los une a los huesos (472)

sistema nervioso conjunto de órganos que recopilan e interpretan información sobre el medio ambiente interno y externo del cuerpo y responden a esa información; entre ellos están el cerebro, los nervios y la médula espinal (510)

sistema nervioso central conjunto de órganos que procesa todos los mensajes que pasan por los nervios; el cerebro y la médula espinal son dos órganos que forman parte de este sistema (510)

sistema nervioso periférico conjunto de nervios cuya función principal es llevar información de todas las áreas del cuerpo y el medio ambiente exterior al sistema nervioso central y del sistema nervioso central al resto del cuerpo (510)

sistema respiratorio conjunto de órganos cuya función principal es tomar el oxígeno y expeler el dióxido de carbono; entre estos órganos están los pulmones, la garganta y las vías que llevan a los pulmones (498)

sistema vascular de agua sistema de bombas de agua y canales de los equinodermos que les permite moverse, comer y respirar (346)

superpoblación condición que se presenta cuando el número de individuos de un medio ambiente crece tanto que no hay suficientes recursos para todos (444)

T

taxonomía ciencia de identificar, clasificar y darle un nombre a los seres vivos (230)

tecnología aplicación del conocimiento, los instrumentos y los materiales necesarios para resolver problemas y realizar tareas; objetos que se utilizan para realizar determinadas tareas (18)

tectónica de placas estudio de las fuerzas que producen el movimiento de los trozos de la corteza terrestre en la superficie del planeta (207)

tejido conjuntivo uno de los cuatro principales grupos de tejido del cuerpo; entre sus funciones están el apoyo, la protección, el aislamiento y la alimentación (465)

tejido epitelial uno de los cuatro tipos de tejido del cuerpo; cubre y protege los tejidos que están debajo (464)

tejido muscular uno de los cuatro tipos principales de tejido del cuerpo; contiene células que se contraen y relajan para producir movimiento (465)

tejido nervioso uno de los cuatro tipos principales de tejido del cuerpo, cuya función consiste en enviar señales eléctricas a través del cuerpo (464)

tejido grupo de células similares que se unen para llevar a cabo una función específica en el cuerpo (306)

temperatura medida de lo caliente o frío que es algo (26)

tendón tejido conjuntivo fuerte que une los músculos esqueléticos a los huesos (473)

teoría celular teoría que afirma que: (1) todos los organismos están compuestos de una o más células, (2) la célula es la unidad fundamental de la vida en todos los seres vivos, y (3) todas las células provienen de otras ya existentes (86)

teoría explicación que unifica una gran variedad de hipótesis y observaciones que se han sometido a verificación a través de experimentos (18)

terápsido reptil prehistórico, antepasado de los mamíferos (369, 392)

territorio área ocupada por un animal o un grupo de animales, de la cual se excluyen otros miembros de la especie (314)

testículos órganos del sistema reproductor masculino que producen los espermatozoides y la testosterona (538)

tiamina una de las cuatro bases que se combinan con azúcares y fosfatos para formar una subunidad de nucleótidos del ADN; la tiamina forma un par con la adenina (152)

tiempo de generación período entre el nacimiento de una generación y el de la siguiente (190)

timo órgano linfático que libera linfocitos (497)

tórax parte central del cuerpo de un artrópodo o de otro animal que contiene el corazón y los pulmones (339)

tóxico venenoso (441)

transpiración pérdida de agua de las hojas de una planta a través de los estomas (286)

transporte activo movimiento de partículas a través de las proteínas de la membrana celular en sentido opuesto a la difusión; requiere que las células utilicen energía (110)

transporte pasivo difusión de partículas a través de las proteínas de la membrana celular de las áreas de alta concentración a las de baja concentración (110)

tráquea tubo por donde pasa el aire de la laringe a los pulmones (499)

trompas de Falopio tubos que van de los ovarios al útero (539)

tropismo cambio en el crecimiento de una planta como respuesta a un estímulo (287)

tubos seminíferos tubos en forma de espiral del interior de los testículos en donde se producen los espermatozoides (538)

tundra bioma del extremo norte de la Tierra, caracterizado por inviernos largos y fríos, permafrost, y pocos árboles (422)

U

unicelular formado por una sola célula (83)

uretra tubo delgado que lleva la orina y el semen al exterior a través del pene de los machos (538)

útero órgano del sistema reproductor femenino donde crece y se desarrolla un cigoto (539)

V

vacuola estructura grande del interior de las células vegetales, encerrada por una membrana, que sirve para almacenar agua y otros líquidos (97)

vagina órgano del sistema reproductor femenino que recibe el semen durante las relaciones sexuales (539)

variable factor que cambia en un experimento controlado (14)

vasos linfáticos vasos grandes del sistema linfático (496)

vejiga natatoria órgano similar a un globo, lleno de oxígeno y otros gases, que les da a los peces óseos la capacidad de flotar (363)

venas vasos sanguíneos que llevan la sangre de los diferentes sitios del cuerpo al corazón (491)

ventrículos cámaras inferiores del corazón (490)

vertebrados animales que poseen cráneo y columna vertebral, como los mamíferos, las aves, los reptiles, los anfibios y los peces (304, 356)

vértebras segmentos de hueso o cartílago que forman la columna vertebral (357)

vesícula compartimento cubierto por una membrana que se forma cuando parte de la membrana celular de una célula eucariota rodea un objeto y se separa del cuerpo de la célula (97)

vestigio resto de una estructura anatómica que cumplió una función en algún momento (179)

vida media tiempo que tarda en desintegrarse la mitad de una muestra radioactiva determinada (203)

volumen cantidad de espacio que ocupa o que contiene un cuerpo (24)

voluntario movimiento muscular que está bajo el control del individuo (472)

X

xilema tejido vegetal especializado que transporta el agua y los minerales de una parte de la planta a otra (264)

Z

zona de aguas abiertas zona de un lago o laguna que se extiende por toda la superficie del agua desde el litoral y cuya profundidad está determinada por la distancia que la luz penetra dentro del agua (429)

zona de aguas profundas área de un lago o laguna donde no llega la luz (429)

zooplancton animales diminutos que, junto con el fitoplancton que consumen, forman la base de la red alimenticia de los océanos (423)

Índice

Los números en **negrita** se refieren a una ilustación en dicha página.

A

abeto, 258, 260
abeto falso, 258, **260**
abdomen
   de arácnidos, 341, **341**
   de artrópodos, 339, **339,** 343, **343**
abejas, 54, **54**, 262, **262,** 305, 308-309, 316, 344
   abeja melífera, 317
   abejorro, **342**
   danza de agitación, 316, **316**
ABO, 494, **494**
aceites, 44, **44**
ácido del estómago, **465**
ácido láctico, 90, 115, **115**
ácidos nucleicos, 45
adición de colores, 63
ADN (ácido desoxirribonucleico), 38, 45, 87, 93, **93**
   apareamiento de bases en el 154-155, **154**
   ciclo celular y, 116-117
   código para fabricar proteínas, 160-161, **160-161**
   como material genético, 152
   comparaciones entre distintas especies, 182
   de las aves, 385
   de las células eucarióticas, 91, 117, **117**
   de las células procarióticas, 90, **90**
   doble hélice, 153-154, **154-155**
   en los cromosomas, 117, 156-157
   estructura del, 152-155, **154**
   genes y 156, **156-157**
   mutaciones del, 162-163, **162-163**
   recombinante, 166, **166**
   replicación del, 155, **155**
   subunidades del, 152, **152**
ácido, definición, 657
adaptación, 176
   especiación por, 192, **192**
adenina, 152-153, **152**
adolescencia, 546, **546**
adrenalina, 522
adultez, **546,** 547
advertencia, coloración de, 309, **309**
afluente, 428
agricultura orgánica, 448
agua
   agotamiento del, 443
   como necesidad para la vida, 40
   en la fotosíntesis, 112, **112,** 114, 284-285, **285**
   ósmosis, 109, **109**
   pérdida de agua en la hoja, 286
   punto de congelación del, **26**
   punto de ebullición del, **26**
   producción en la respiración celular, 113
   reserva subterránea de, 443
   reutilización del, 449, **449**
aguamala, **305,** 308, 326, 330-331, **330**
águila, **239,** 384, 390
águila pescadora, 390, **390**
agujas
   de las coníferas, 418, **418**
aire
   a gran altitud, 499
   composición del, 41
   contaminación del, 440, **440**
alantoides, **371**
alas
   de las aves, 385-387, **386-387**
   de los insectos, 343
albúmina, **371**
alcohol, 115, **115**
alelo dominante, 135
alelo recesivo, 135
alelos, 135
aletas, 360, **360**
alimentación
   de aves, 383
   de cnidarios, 331
   de esponjas, 329, **329**
   de moluscos, 335
alimento
   como necesidad vital, 40, **40**
   energía del, 113, **113**
   métodos para encontrar o atrapar, 308, **308**
algas (verdes), 252, **252**
almejas, 307, 326, 334-335, **334,** 424, 427-429
almidón, 43, **43**
   detección con yodo, 43
   en semillas, 137
alvéolos, 499, **499**
Ambulocetus, 180-181, **180**
amígdalas, 497, **497**
aminoácidos, 42, **42,** 94, **94**
   fabricación de proteínas, 160-161, **160-161**
anaeróbico, 209
análisis de datos, 16, **16**
anemia drepanocítica, 163, **163**
anémona de mar, 307, 327, **330,** 331, 424
anfibios, 364-368
   adaptaciones al medio terrestre, 364
   características de los, 365-366
   clases de, 367-368
   metamorfosis, 366, **366**
   piel de los, 365
angiospermas, 253, **253,** 258, 262-263
   monocotiledóneas y dicotiledóneas, 263, **263**
anguila, 363
ángulo de incidencia, 59, **59**
ángulo de reflexión, 59, **59**
anillo nervioso, 331, 346
anillos de los árboles, 267
animal, 326-327, **327**
animal (reino), **229,** 239, **239,** 304-305, **304-305**
animales, 304-305, **304-305**
   aparición en la tierra, 211
   características de los, 304-307
   comportamiento de supervivencia de los, 308-309, **308-309**
   comportamiento estacional de los, 311, **311**
   consumidores, 307, **307**
   desarrollo de los, 306, **306**
   evolución de los, 211-213
   movimiento de los, 307, **307**
   naturaleza multicelular de los, 305
   navegación de los, 312-313, **312**
   partes especializadas de los, 306
   polinización por los, 262

reproducción sexual en los, 306, **306**
Annelida (filo), 337
antenas, 340, **341**
antera, 131, **131-132, 270,** 271
antibióticos
    microorganismos resistentes a los, 190
anticuerpos, 489, 494, **494**
antígenos, 494, **494**
aparato de Golgi, 96, **96,** 98-99, **98-99,** 111
arácnidos, 341-342, **341-342**
araña, **305, 307,** 341-342, **341**
árbol genealógico, 164, **164**
arce, 262, 290, **290**
Archaeopteryx, 380, **380-381**
arcoiris, 66, **66**
área, 24, **24,** 653
arqueobacterias, 235, **235**
arrecife de coral, **331,** 331, 426, **426**
    protección del, 331
arreglo de las plumas, 383
arteria, 491, **491-492**
articulación, 470, **470**
    deslizante, **470**
    en bisagra, **470**
    esférica, **470**
artritis, 470
artrópodos, **305,** 339-344
    apéndices articulados de los, 339
    características de los, 339-340, **339-340**
    clases de, 340-341
    exoesqueleto de los, 340
    segmentación de los, 339
    sistema nervioso de los, 340
asesoría genética, 164
asimétrico, 326
aterosclerosis, 495, **495**
atmósfera
    de la Tierra, 115
    de la Tierra primitiva, 209, **209**
    dióxido de carbono en la, 442
átomos, 42, 203, **203,** 656, **656**
ATP (adenosín trifosfato), 45, **45**
    producción de, 95, 113-114, **113**
atrapamoscas, **37,** 414, **414**
aumento, 19, **19**
australopitecinos, 216-217, **217,** 219, 219
auxina, 293
aves
    acuáticas, 390

ADN de las, 385
alas de las, **385-386,** 386
alimentación de las, 383
cantoras, 391
características de las, 382-388
clases de, 389-391
de percha, 391
de presa, 390
evolución de las, 380, 382
huevos de las, 382
migración de las, 387, **387**
nidos de las, 387, **387**
no voladoras, 389
temperatura corporal de las, 383
vuelo de las, 384, **384-386,** 386-387
aves (clase), 382
avestruz, 389, **389**
avispas, 278, **305,** 309, 343, **344**
axón, 511, **511**
axón del calamar gigante, 512
azúcar, 43, **43**

B

babosas, 334-335, **335**
bacterias, 90, **90,** 235, **235**
    genes humanos en las, 166
balanza gravimétrica, 26, **26**
balanza de triple tablón, 643
ballena jorobada, 315, **423**
ballenas, 310, 315, 394, 404, **404, 423, 425**
    evolución de las, 179-181, **179-181**
bases, 657
bastoncitos (fotorreceptores), 518
basura, 440-441, **440**
bilirrubina, 52
biodegradable, 446, 448, **448**
biodiversidad, 419, 445
    conservación de la, 451, **451**
bioma, 416, **416**
bipedación, 215-216, **216**
bloqueador solar, 58
bosque, 84, **84**
    de coníferas, **416,** 418, **418**
    destrucción del, 9, 443, 445, **445**
    templado de hoja caduca, **416-417,** 417
    tropical lluvioso, **416,** 419, **419,** 443
bosque lluvioso
    bóveda del, 419, **419**

    tropical, **416,** 419, **419,** 443
bosque tropical lluvioso, **416,** 419, **419,** 443
    bóveda, 419, **419**
bóveda
    del bosque lluvioso, 419, **419**
branquias
    de los anfibios, 366, 367, **367**
    de los crustáceos, 341, **341**
    de los peces, 360, **360**
bazo, 497, **497**
bronquio, **498,** 499, **499**
bronquiolos, 499, **499**
buche (ave), 383, **383**
buey almizclero, 317, 422
búho, 308, 390, **390**
bulbo raquídeo, 513-514, **514**

C

caballo, 393, 402
cabello, **42,** 159, 478
    color del, 478, **478**
cabeza
    de los artrópodos, 339-340, **339**
    de los gusanos planos, 332
    de los insectos, 343, **343**
cactus, 258, 263, **266,** 269, **421**
caimán, 371-372, **372**
caja torácica, 500, **500**
calamar, 334-336, **334,** 353, **353,** 425
calambre, 474
calentamiento global, 442
cámara, 67-68, **68**
camarón, 326, 341, **341**
cambios climáticos
    extinciones masivas y, 205, 212
camuflaje, **176,** 309, **309,** 426
canal anular, **346**
canales radiales, **346**
cáncer, 446, 479
    de piel, 58, **58,** 162, 210, 442, 476, 479, **479**
    de próstata, 541
    de pulmón, 501
    de seno, 541
cangrejo, **339, 325,** 341, 424, 426
canguro, 397, **397,** 532
capa de ozono, 162, 210, **210**
    destrucción de la, 210, 441-442
capacidad de flotación, 362
capilar, 491, **491-492**

Índice **675**

cápsula cefálica dura, 340
caracoles, 334-335, **334-335**
carbohidratos, 43, **43**
    complejos, 43, **43**
    energía contenida en los, 45, **45**
    simples, 43, **43**
carga, 471, **471**
caribú, 422, **422**
Carnívoros, **229**
carnívoro, **401**
Carson, Rachel, 441, **441**
cartílago, 357, **469-470**, 470
cáscara del huevo, **355**
    del huevo amniótico, 370-371, **371**, 382
cebolla, 263, **265**
cebra, 402, 420, **420**, 536, **536**
cecilias, 367, **367**
células, 36, **36**, 42-45, **83**, **87**
    descubrimiento de las, 85-86
    especializadas, 36, 80, 89
    eucariotas, 91, **91**
    forma de las, 89
    intercambio de substancias con el medio, 108-111
    ósmosis, 109, **109**
    procariotas, 90, **90**
    relación de superficie a volumen, 88, **88**, 89
    semejanzas entre las, 87
    tamaño de las, 80, 87-89
células animales, 305
    comparadas con las células vegetales, 99, **99**
células de la piel, 80
células eucarioticas, 90, 91, **91**, **210**, 305
    ADN de las, 117, **117**
    ciclo celular de las, 117-119, **118-119**
    comparadas con las células procarioticas, 91
    estructura de las, 92-99, **92-99**
células musculares, 36
células nerviosas, 36
    de la sanguijuela, 324
células oclusivas, 269, **269**, 286
células olfativas, 521
células procariotas, 90, **90**
    comparadas con las células eucariotas, 91
células sanguíneas, 80, 86
    formación de las, 468-469, 488-489
células urticantes, 330-331
células vegetales
    comparadas con las células animales, 99, **99**
    pared celular de las, 93, **93**, 99, **99**, 251, **251**
    vacuolas en las, 97, **97**
cefalotórax de los arácnidos, 341, **341**
celoma, 327, **327**, 337
centrómero, 117, **117**
cerdo, 402
cerebelo, 513-514, **514**
cerebro, 513, **513-514**
cetáceos, 404, **404**
CFC (clorofluorocarbonos), 441-442
Chargaff, Erwin, 153
chícharo
    altura de la planta de, 132, **132**
    autopolinización del, 131, **131**
    características de la semilla del, 132-134, **132-133**, 142, **142**
    características de la vaina, 134
    color de la flor, 132-136, **132-136**
    plantas de cruce puro, 132, **132**, 135, **135**
    primer experimento de Mendel, 133
    segundo experimento de Mendel, 133-136
chimpancé, 182, 215, 308, **308**, 311
cordados (filo), **229**, 356
cianobacterias, 210, **210**
ciclo celular, 116-119, **118-119**
ciclo de las rocas, 202, 224, **224**
ciempiés, 34, 339-340, **340**
ciénaga, 431, **431**
ciencias de la vida, 6
    beneficios de las, 8-9
    herramientas de las, 19-22
    importancia de las preguntas para las, 6-7, **7**
cigoto, 535
circulación
    pulmonar, 492, **492**
    sistémica, 492, **492**
citoplasma, 87, **87**
citoquinesis, 119
    en células animales, 119
    en células vegetales, 119, **119**
citosina, 152-153, **152**
clase, 229, **229**, 325
clase de los mamíferos, **229**, 230, **230**
clasificación, 227, 325

bases para la, 230
    definición, 228
    en seis reinos, 234-239
    importancia de la, 228
    niveles de, 229, **229**
clave dicotómica, 232-233, **233**
clorofila, 64, 95, 250, 284, **284**, 291, **291**
cloroplasto, 95, **95**, 98, **99**, 112, **112**, 114, 250, 284
    antepasados del, 96, **96**
Cnidaria (filo), 330
cnidarios, 330, **330**
    alimentación de los, 331, **331**
    clases de, **330**, 331
    pólipo y medusa de los, 330, **330**
    sistema nervioso de los, 331
coagulación de la sangre, 338, 489, **489**
coanocitos, 329, **329**
cochinilla, 34, 341
cocodrilo, 370-372, **372**
cofia, 265, **265**
cola, 356, **356**
    prensil, **405**
colágena, **465**, 477
colas de caballo, 253, **253**, 255, **255**, 257, **257**
colesterol, 495
color
    de la luz visible, 57, **57**
    de los objetos, 62, **62**
    luz y, 53, 61-62, 63, **63**
    primario, 63, **63**
    secundario, 63, **63**
    y pigmento, 64, **64**
color de las flores
    de chícharo, 132, **132**, 134-136, **135-136**
    de dragón, 158, **158**
coloración de advertencia, 309, **309**
colores primarios, 63, **63**
colores secundarios, 63, **63**
columna vertebral, 357, **357**, 468
combustible fósil, 257, 443
compuesto, 42, 657
comunicación, 314-316, **314-316**
    por el olfato, 315
    por el sonido, 315, **315**
    por el tacto, 316
    visual, 316, **316**
comunidad, 84, **84**
concha
    del huevo amniótico, 355, **355**, 370-371, **371**

de los moluscos, **335**
de la tortuga, 372
conducta
   aprendida, 310, **310**
   estacional, 311, **311**
   innata, 310, **310**
   social, 314-317, **314, 316**
conducta de supervivencia, 308-309, **308-309**
conducto deferente, 538, **538**
conejos, 307, 393, **400**
conífera, 260-261, **260-261,** 418, **418**
cóndor de California, 451, **451**
conos (fotorreceptores), 518
conos (plantas), **260-261,** 261
conservación, 447, **447**
   estrategias para la, 452
   papel del individuo en la, 453
consumidores, 40, **40,** 307, **307**
contaminación, 9, 440-442, **440,** 452
   efectos en los seres humanos, 446
contaminación del agua, 9, **440**
contaminación por el ruido, 442, **442**
contaminantes, 440, **440**
   químicos, 441
   similares a las hormonas femeninas, 541
continentes
   formación de los, 206, **206,** 397
conteo de espermatozoides, 541, **541**
controles de retroalimentación, 524, **524**
Cooley, Denton, 486
coral, 331, 424, 426
corazón
   artificial, 486
   aurícula, 490, **490,** 492
   de las aves, **384**
   de los mamíferos, 395
   de los moluscos, 336
   de los seres humanos, 486, 490, **490,** 492
   ejercicio y, 487
   flujo sanguíneo a través del, 490, **490**
   insuficiencia del, 486, 495
   válvulas del, 490, **490**
   ventrículo, 490, **490,** 492
conversión en bosque, 431, **431**
cordados, 356-357
cordón nervioso, 327, **327,** 337

hueco, 356
cordón umbilical, 543, **543,** 545, **545**
córnea, 65, **67, 518**
cortejo, 314-315, **314**
corteza, 267
corteza de la Tierra, 178, 207
cosechas de alimento, 263
costillas, **468**
cotiledón, 263, **263**
coyote, 401, **401**
crecimiento
   característica de los seres vivos 39, **39**
   de las plantas, 279, 292-293, **292-293**
   de los seres humanos, 533, 542-547, **546**
crecimiento de la población, 187, **187**
   humana, 187, **187,** 444, **444**
   sobrepoblación, 444
Crick, Francis, 153, **153**
crisantemo, 289, 292, **292**
Cro-Magnon, 200, 214, 218-219, **218-219**
cromátidas, 117, **117,** 139-140
cromosoma X, 143, **143**
cromosoma Y, 143, **143**
cromosomas, 116-118, **117,** 535
   ADN en los, 156-157, **157**
   genes en los, 139
   homólogos, 117, **117,** 138-141, **138, 140**
   humanos, 535
   sexuales, 143, **143**
crustáceo, 341, **341**
cruza selectiva, 128, 165, 186
cubierta de las branquias, **360**
cuerdas vocales, 499
cuidado parental
   entre las aves 387-388
   entre los mamíferos, 395, **395**
culebras, 310, 370-371, **370,** 373, **373,** 429
curación de heridas, 479, **479**
curruca, 41, **41**
cutícula (de planta), 250, **269,** 286, **286**

D

Darwin, Charles, 184-189, **184**
   teoría de la selección natural, 188
   y su viaje en el HMS *Beagle,* 185, **185**

deforestación, 445, **445**
delfín, **239,** 315, 404, **404,** 424, 521
delfín tornillo, 404, **404**
dendrita, 511, **511**
dentículos, 362, **362**
depredador, 308-309, 317
dermis, 477, **477**
derrame cerebral, 495
derrame de petróleo, 9, 445, **445**
desarrollo, **80,** 98, 532
   como característica de los seres vivos, 39, **39**
   de las aves, 387-388
   de las semillas, 281, **281**
   de los anfibios, 365-366, **366**
   de los equinodermos, 345
   de los insectos, 343-344, **343-344**
   de los mamíferos, 396-398
   de los reptiles, 370-371
   de los seres humanos, 542-547, **542-546**
   del fruto, 281, **281**
desarrollo fetal, 544-545, **544**
descomponedores, 40, **40**
desechos peligrosos, 440-441
desechos radioactivos, 441
desierto, 84, **416,** 421, **421**
diafragma (músculo), 395, **498,** 500, **500**
dicotiledóneas, 263, **263,** 265
dientes
   caninos, 394, **394**
   de leche, 394
   de mamíferos, 394, **394**
   incisivos, 394, **394**
   molares, 394
difractor, 53
difusión, 108-110, **108**
digestión, **465**
dinosaurios, 204-205, **205,** 212, **212,** 244, 369, 380, 392
dióxido de carbono
   como producto de la transformación del azúcar, 107
   difusión al interior de la hoja, 286, **286**
   en la atmósfera, 442
   producción en la fermentación, 115, **115**
   producción en la respiración celular, 113-114, 500, **500**
   transporte en la sangre, **492,** 500, **500**

y la fotosíntesis, 41, 112, **112**, 114, **114**, 285, **285**
diversidad
　biológica, 419, 445, 451-452, **451**
dólar de arena, 345, 347, **347**
dominancia incompleta, 158-159, **158-159**
donador universal, 494
duelas, 332-333, **332**

E

Equinodermata (filo), 345
ecolocación
　en los cetáceos, 404
　en los murciélagos, 400
ecosistemas
　acuáticos, 84
　de agua dulce, 428-431, **429**
　marinos, 423-427
　terrestres, 84, 416-422 **416-422**
ecuaciones químicas, 657
edad
　absoluta, 203
　relativa, 203
Edad de los Mamíferos, 213
Edad de los Reptiles, 204, 212
efecto Bernoulli, 386
ejercicio
　aeróbico, 474, **474**
　corazón y, 493
　efecto sobre el sistema muscular, 474
　flujo sanguíneo y, 493
　resistencia, 474, **474**
electrolitos
　y función muscular, 474
electrón, 20, 124, 656
elefante, **89,** 315, **315,** 394, 403, **403,** 420
elemento, 42, 656
embarazo, 542-545
　ectópico, 540
embrión, 183, **183,** 306, **306,** 542-543, **542-543**
empalizada, 269, **269**
empollar, 387
encéfalo, 508, 513, **513**
　de los gusanos planos, 332, **332**
　de los invertebrados, 327, **327**
　de los mamíferos, 395
　de los moluscos, 336, **336**
　regiones en el humano, 514
　TC del, 21, **21**

endocitosis, 111, **111**
endoesqueleto
　de los equinodermos, 345
energía
　de la célula, 112-115
　de los alimentos, 113, **113**
　del ATP, 45, **45,** 95, 113-114, **113**
　del sulfuro de hidrógeno, 34
　fuentes alternativas de la, 448, **448,** 450, 452
　producción en la respiración celular, 113
　respuestas de las plantas al, 287-291, **287-288**
　transferencia de, 55
　uso en los seres vivos, 34, 38
　y olas, 54-55, **55**
energía celular, 112-115
energía solar, 448, **448**
enfermedad hereditaria, 8, 163, **163,** 164, **164**
　identificación de genes de, 167, **167**
enfermedades de transmisión sexual, 541
entierro de residuos, 441
enzimas, 42, 74, 162
epidermis
　de la hoja, 269, **269**
　de la piel, 477, **477**
　de la raíz, 265
epidídimo, 538, **538**
epinefrina, 522
equidna, 396, **396,** 537, **537**
equinodermos, 345-347, **345-347**
　clases de, 347, **347**
　desarrollo de los, 345
　endoesqueleto de los, 345
era, 204
era cenozoica, 174, **204,** 213, **213**
era mesozoica, 204, **204,** 212, **212**
era paleozoica, **204,** 211, **211**
erizo de mar, 345, **345,** 347, 426
erosión, 443
escala de temperatura Celsius, 22, 26, **26,** 642
escala de temperatura Fahrenheit, 26, **26,** 642 **642**
escala del tiempo geológico, 201, 204, **204**
　eras de la, 208-213
escala Kelvin, 26, 642
escarabajos, **305,** 344

Escherichia coli, 235, **235**
escroto, 538, **538**
esófago, 499
especiación
　por adaptación, 192, **192**
　por división de la población 193, **193**
　por separación, 192, **192**
especies, 229, **229,** 231
　cambio con el tiempo, 177
　definición, 176
　número de especies conocidas, 177, **177**
especies en peligro de extinción, 451, **451**
espectro electromagnético, 56-58, **56-57**
espectro visible, 57
espectroscopio, 53
espermatozoides, 138-139, 142, **142,** 306, 306, 535, **535,** 538, **540-542**
esponjas, 304-306, **304,** 327, 424, 426
　alimentación de las, 329, **329**
　clases de, 328, **328**
　regeneración de las, 328
espongina, 328
espora
　de planta, 251, **251**
esporofito, 251, **251,** 258
estaciones
　causas de las, 289
　comportamiento de los animales en las, 311, **311**
　respuestas de las plantas a las, 289-291
estambre, 270-271, **270**
estepa, 420
esteroides
　anabólicos, 475, **475**
estigma, 131, **131-132, 270-271,** 271, 280, **280**
estímulo, 37, **37**
estivación, 311
estómago, 465, **465**
estomas, 269, 286, **286**
estrella de mar, 306, 345-346, **345-346,** 424, **424, 426, 427,** 534, **534**
estrella del género Ophiothrix, 345, **345,** 347
estrógeno, 539
estructuras embrionarias
　como pruebas de la evolución, 183, **183**
estuario, 427

eubacterias, 235, **235**
eucariotas, 210, 236
   evolución de los, 210
Euglena, 234, **234,** 236
evolución, 175, 177, **177**
   de la fotosíntesis, 115, 210
   de las aves, 244, 382
   de las ballenas, 179-181, **179-181**
   de las plantas, 211-212, 252, **252**
   de los anfibios, 364
   de los animales, 211-213
   de los eucariotas, 210, **210**
   de los homínidos, 216-219, **216-218**
   de los mamíferos, 392
   de los procariotas, 209
   de los reptiles, 369, **369**
   de los seres humanos, 214-219, **214-219**
   mutación y, 189
   organismos y pruebas de la, 182-183, **182-183**
   por selección natural, 188-189
   pruebas fósiles de la, 178-179, **179**
   taxonomía y, 230
evolución y, 189
   inserción, 162, **162**
   substitución, 162-163, **162-163**
exocitosis, 111, **111**
exoesqueleto, 340
experimento
   análisis de los resultados de un, 16, 645
   comunicación de los resultados de un, 17, **17,** 645
   controlado, 14-15, **15,** 645
extinción, 9, 211, 212, 446, 451
   masiva, 205, **205,** 211-212
extinto, 178, 205

F

factor, 14
factores abióticos
   en ecosistemas marinos, 423
   en ecosistemas terrestres, 416
   grupo sanguíneo
familia (clasificación), 229, **229**
faringe, **498,** 499
fenotipo, 135-136, 158, **158**
   medio ambiente y, 159, **159**
fermentación, 113, 115, **115**

feromonas, 315, **315**
fertilización, 142, **142,** 306, **306,** 535, **535,** 542, **542**
   en las aves, 387
   en las plantas, 131, **131,** 251, **251,** 280, **280**
   en los anfibios, 365
   en los mamíferos, 345
   en los peces, 360
   en los reptiles, 371
   externa, 360, 536, **536**
   interna, 360, 536
   y gemelos, 540, **540-545**
feto, 544, **544-545**
fibrosis cística, 8, 164, **164,** 167
filamento
   del estambre, **270,** 271
filo, 229, **229,** 304, 325
fisión binaria, 116, **116**
fitoplancton, 423-424, **423-424,** 429
flagelos, 234
floema, 264, **265,** 266-267, **267**
flor, **54,** 131, **131,** 262-263, **263,** 270-271, **270-271,** 289, **289**
flotación, 386, **386**
flujo sanguíneo, 474, 493
   a través del corazón, 490, **490**
   a través del cuerpo, 21, 492, **492**
   ejercicio y, 493
focas, 393, 401
forma de la semilla
   contenido de almidón y, 137
fosfolípidos, 44, **44**
   de las membranas celulares, 44, **44, 92,** 110
fósiles, 174, 177-178, **178,** 184, **184,** 202, **202,** 208, **208,** 357
   Archeopteryx, 244, **244,** 380, **380-381**
   de la era paleozoica, 211
   de los antepasados de las ballenas, 180-181, **180**
   del cenozoico, 213, **213**
   del periodo precámbrico, 208, **208**
   edad de los, 203, **203**
   eucarióticos, 210
   formación de los, 175, 178-179, 202, **202**
   huellas, 216, **216**
fotorreceptores, 518, **518**
fotosíntesis, 41, 95, 112, **112, 114,** 237, 250, 266, 268-269
   captura de la energía de la

   luz, 57, 284, **284**
   comparada con la respiración celular, **114**
   evolución y, 115, 210
   producción de azúcar en la, 285, **285**
fototropismo, 287, **287,** 293
FPS (factor de protección solar), 58
fracciones
   definición, 651
   división, 652
   multiplicación, 652
   reducción, 651
   resta, 652
   suma, 652
fragmentación, 534, **534**
Franklin, Rosalind, 153, **153**
frecuencia, 56, **56**
fronda, **256**
fruto, 258, 262, 271
   desarrollo del, 281, **281**
   dispersión, 262, **262**
   maduración del, 293
fuentes de energía alternativa, 448, **448,** 452
fumar cigarrillos, 162, 495, 501, **501,** 545

G

Gage, Phineas, 508
gallina, 80, 388
   embrión de la, 183, **183**
gametofito, 251, **251,** 258
gametos, 138-139, 251, **251,** 535, **535**
ganglios, 327, **327,** 336
ganso canadiense, 387, **387**
garrapatas, 341-342, **342**
gasterópodos, 334, **334**
gatos, 394, 401, **401**
   clasificación de los, 229-230, **229-230**
   evolución de los, 230, **230**
   ojos de los, 59
gemación, **38,** 306, 534, 534
gemelos, 540, **540**
generación parental, **133**
género, 229, **229,** 231
genes, 135
   ADN y, 156
   cambios en los, 162-163, **162-163**

en los cromosomas, 139
funciones del material
   genético, 152
muchos genes que influyen
   en un solo rasgo, 159, **159**
proteínas y, 160, **160**
un gen que influye en varios
   rasgos, 158, **158**
genética
   aplicada, 165-167
genoma, 8, 167
genotipo, 135-136, 142, **142**
germinación de semillas, 259,
   282, **282**
giberelina, 293, **293**
gimnospermas, 253, **253**, 258,
   260-261
   ciclo vital de las, 261, **261**
   importancia de las, 261
glándula, 522
glándula adrenal, 522, **523**
glándula paratiroides, **523**
glándula pituitaria, **523**, 525
glándulas mamarias, 393,
   396-398
glándulas sebáceas, **477**, 479
glándulas sudoríparas, 476, **477**
glóbulos blancos, 97, **97**,
   488-489, **488-489**, 497
glóbulos rojos, 43, **81**, 163,
   163, 468-469, 488, **488**, 491
   anemia drepanocítica, 163, **163**
   efectos de distintas
      concentraciones de agua
      sobre los, 109, **109**
   tipo sanguíneo y, 494, **494**
   transformación de los, 52, 497
glucosa
   en la sangre, 37, **522, 524,** 525
   fotosíntesis y, 112, **112**, 114,
      114, 285, **285**
   uso en la respiración celular,
      113, 114, **114**
gnetófitos, 260
Golgi, Camillo, 96
Gondwana, 206
gorila, 182, **215**, 394
gráfica de barras, 649, **649**
gráfica de líneas, 648, **648**
gráfica de pastel, 647, **647**
grasas, 44, **44**
gravitropismo, 287-288, **288**
grupos
   de elementos, 656
grulla, 314, **314**, 390
grupo control, 14, 645
grupo experimental, 14, 645

guías (planta), **283**
guanina, 152-153, **152**
gusanos anélidos, 337-338, **337**
gusanos con cerdas, 337-338, **338**
gusanos planos, 332-333,
   332-333
   clases de, 332-333
   sistema nervioso de los 332,
      332
gusanos cilíndricos, 333, **333**
gusto, 395, 521, **521**
   amargo, 521, **521**
   dulce, 521, **521**
   salado, 521, **521**

H

hábitat
   destrucción del, 9, 443,
      445-446
   protección del, 452, **452**
Harmon, Tatum, 159, **159**
helechos, 250, **250**, 253,
   255-256, **255-256**
   ciclo vital de los, 256, **256**
   importancia de los, 257
hembra (ser humano)
   cromosomas de la, 138, 143
   sistema reproductor de la,
      539, **539**
hemisferios
   cerebrales, 513, **513**
hemoglobina, 42, 488
hendidura branquial faríngea,
   356, **357**
hepáticas, 252-255, **252-253**,
   255, 257
herencia, 38, **38**, 129-130
   en las plantas, 292
   excepciones a las leyes de
      Mendel, 158-159, **158-159**
herpes genital, 541
heterotermo, 358, **358**, 379
hibernación, 311-312, **311**
hidra, **38**, **330**, 331, 534, **534**
hidrógeno, 42
hielo polar, **416**, 427, **427**
hiena, 317, 401, **420**
hipermetropía, 67, 519, **519**
hipertensión, 495
hipótesis, 12-15, **12-13, 15,** 18
HMS *Beagle* (barco de Darwin),
   184-185, **184-185**
hoja, 81, 268-269, **268**
   adaptaciones de la, 269, **269**
   cambios estacionales en la,
      290-291, **290-291**

estructura de la, 269, **269**
funciones de la, 268
fósil, **178**
hoja caduca, 290, 417, **417**
   árbol de, **290**
homeostasis, 37, 464
homotermo, 358, **358**, 383, 393
homínidos, 215
   evolución de los, 216-219,
      216-219
hongos
   venenosos, 238, **238**
hongos
   pared celular de los, 93
   reino de los, 238, **238**
hormigas, **305**, 309, 315, 327,
   344, 398
hormona de crecimiento, 525,
   525
hormonas, 522-525, **523-525**
   definición, 522
   desequilibrios de las, 525
   vegetales, 293, **293**
hormonas sexuales, 479, 522
huesos
   células de los, 80
   compactos, 469, **469**
   composición de los, 469, **469**
   crecimiento de los, 470
   de las aves, **385**
   esponjosos, 469, **469**
   funciones de los, 468, **468**
huésped, 332
huevo(s), 80, **80**, 138-139, 142,
   142, 306, **306**, 355, 535,
   535, 539
   amniótico, 370-371, **371**, 382
   de anfibios, 365, **370**,
      530, **536**
   de aves, **373**, 382, 387, **387**
   de insectos, 343-344
   de monotremas, 396, **396**,
      537, **537**
   de reptiles, 370-371, **370**

I

impresiones
   del ADN, 150, 166, **166**, 172
impulso, 511, **511**
incineración de desechos, 441
infancia, 545-546, **546**
infértil, 541
ingeniería genética, 165-166,
   165-166
intercambio gaseoso

680 Índice

en las plantas, 286, **286**
intestino, 327, **327**
insecticida, 190, **190**
insectívoros, 399, **399**
insectos, **305**, 342-344, **342**
    cuerpo de los, 343, **343**
    desarrollo de los, 343-344, **343-344**
    polinización por, 262, **262**, 343
instrumentos ópticos, 68-69, **68-69**
insulina, **524**, 525, **525**
    producida por ingeniería genética, 166, **166**
invertebrados, 305, **305**, 324-347
    intestino de los, 327, **327**
    plan estructural de, 326-327, **326-327**
    tipos de, 328-347
iones, 657
iris (ojo), **67,** 519, **519**
IRM (imagen por resonancia magnética), 21, **21**
islas Galápagos, 185, **185**
    pinzones, 185, **185**, 193, **193**

J

jirafa, 402, **402**, 420

K

kilogramo, 22, 26, 641
koala, 308, 397, **397**

L

lagartijas, 358, **358**, 370-371, 373, **373**
lago, 84, 428-429, **428-429**
    conversión en bosque, 431, **431**
lagomorfos, 400, **400**
laguna, 84, 429
lamprea, 361, **361**
laringe, **498**, 499
larvas, 343-344, **343-344**
Laurasia, **206**
leche, 393, **393**, 396-398
lengua, 521, **521**
lenguaje, 310, 314
lenguaje corporal, 316, **316**
lente, 19, **19,** 67, **67**
    cóncava, 67, **67-68**, 519
    convexa, 67, **67-68**, 519
    de la cámara, 68, **68**
    de lupa, 20
    del microscopio, 19, **19,** 69, **660**
    del ojo, 65, 67, **67, 518-519**, 519
    del telescopio, 69, **69**
lentes, 65, 67, 519, **519**
lentes de contacto, 65, 519
león, 230, **230**, 307, 317, **317**, 401, **420**
levaduras
    fermentación, 115, **115**
ley de la reflexión, 59, **59**
ley de Protección de las Especies en Peligro de Extinción, 451-452
licopodios, 253, **253**, 255, **255**, 257, **257**
ligamento, 470
    daño al, 470
limo, 236, **236**
linfocitos, 497
Linneaus, Carolus, 230-231, **230**
lípidos, 44, **44**
    energía contenida en los, **45**
líquen, 307, 422
líquido cefalorraquídeo, **357**
líquidos
    volumen de los, 24
lirio acuático, 250, 429, 431
lisosomas, 98, **98,** 99
litoral, 429, **429**
litro, 22, 24
lobos, 314, **314,** 394, 401, 422
lóbulos sensoriales
    de los gusanos planos, 332, **332**
lombriz de tierra, 326, **327, 334,** 337, **337**
longitud, 22-23, **23**
    unidades del SI, 22, 641
longitud de onda, 56, **56,** 62
loros, 391, **391**
Lucy (fósil), 217, **217**
lunar (piel), 479, **479**
luz
    absorción de la, 60, **60, 61**
    blanca, 57, **57,** 62-63, **63,** 66, **66**
    color y, 61-63, **62**
    colores de la, 53, 63, **63**
    dispersión de la, 61
    en la fotosíntesis, 112, **112,** 114, 284-285, **285**
    materia y, 61
    reflexión, **59,** 59-60, **60-61**
    refracción, **66,** 66-67, **67**
    respuesta de los ojos a la, 35, 518-519, **518-519**
    transmisión de la, 61, **61**
    trayectoria de las ondas de, 65, **65**
luz ultravioleta, 54, **54,** 57-58, **57,** 209, 442
    absorción por la capa de ozono, 210, **210**, 442
    daño al ADN y, 162
luz visible, 57, **57**
    colores de la, 57, **57**

M

madera, 261, 267
maduración de los frutos, 293
macho (humano)
    cromosomas del, 143, **143**
    sistema reproductor del, 538, **538**
mamíferos, **305,** 392-405, **392-405**
    características de los, 393-395
    clases de, 396-405, **396-405**
    cuidado parental en los, 395, **395**
    dientes de los, 394, **394**
    encéfalo de los, 395
    evolución de los, 392
    reproducción de los, 395, 537, **537**
    respiración de los, 395
    temperatura corporal de los, 393-394
mamíferos con pezuñas, 402
mamíferos con trompa, 403, **403**
mamíferos placentarios, 398
    clases de, 398-405, **398-405**
    reproducción de los, 537
mamíferos sin dientes, 398, **398**
mandíbula, peces sin, 361
mandíbulas
    de los artrópodos, 340
    de los crustáceos, 341, **341**
    de los insectos, 343
manta bili, 52
manto
    de los moluscos, **335**
mapache, 401, **401**
mar de los Sargazos, 426, **426**

ÍNDICE

marchitarse, 97, 109, 286
marino, 423
   ecosistema, 423-427
   destrucción del hábitat, 445-446, **445**
mariposas, **305,** 307, 315, **315, 326, 344**
   monarca, 311, **311**
   reina, 315, **315**
marisma, 430, **430**
   conversión en bosque, 431
marismas, 206, **206**
marsupiales, 206, 397, **397**
   reproducción de los, 532, 536-537, **537**
masa, 22, 26, **26**
   unidades del SI, 22, 641
materia, 656
material hereditario, 87, 152
medidas
   sistemas de, 22-26
   unidades, 641
medio, 55, 66
   transferencia de energía a través de un, 55
medio ambiente
   crecimiento de las plantas y, 292, **292**
   fenotipo y, 159
   protección del, 9, 447-453
   respuestas de los seres humanos al, 517-521
médula, 469, 488-489
médula espinal, **357, 512,** 515, **515**
   daño a la, 324, 515
medusa, 330-331, **330**
meiosis, 138-143, **138-143,** 535
   descubrimientos de Mendel, 142
   etapas de la, 140-141, **140-141**
mejillón cebra, 444, **444**
melanina, 64, 476, **476,** 478
membrana celular, 36, 44, **44,** 87, **87,** 90-92, **90, 92, 99,** 110, **110,** 111, **111**
membrana nuclear, 93, **93,** 118-119, 139-141
Mendel, Gregor, 130-137, **130**
menstruación, 539, 546
metabolismo, 38
   dependencia del agua, 40
metamorfosis
   completa, 343-344, **344**
   de los anfibios, 366, **366**
   de los insectos, 343-344, **343-344**

incompleta, 343, **343**
meteorito
   colisión con la superficie de la Tierra, 205, **205,** 209, 212
método científico, 10-17, **10,** 644-646
   analizar los resultados 16, **16**
   comprobar la hipótesis, 14-15, **15**
   comunicar los resultados, 17, **17**
   hipótesis, 12, **12**
   observaciones, 11
   predicciones, 13
   recopilar información, 11, **11**
   resumen, 17
   sacar conclusiones, 16
metro, 22-23, **23**
microscopio, **11,** 563
   de barrido, 20, **20**
   de Hooke, 85, **85**
   electrónico, 20, **20**
   electrónico de transmisión, 20, **20**
   óptico, 19, **19,** 69, **69,** 660-661, **660**
   partes del, 660, **660**
   preparación de muestras húmedas, 661
   uso del, 661
microscopio compuesto, 19, **19,** 660-661, **660**
microscopio electrónico, 20, **20**
microondas, 56, **56**
miembros articulados, 339
migración, 311-312, **311**
   de las aves, 387, **387**
milpiés, 34, 340, **340**
miopía, 67, 164, 519, **519**
mitocondrias, **94,** 95, **95,** 98, 113, **113**
   antepasados de las, 96, **96**
mitosis, 117-119, **118-119,** 138-139, **139**
moléculas, 42, 657
moluscos, **305,** 334-336, **334-336**
   alimentación de los, 335
   bivalvos, 334, **334**
   cefalópodos, 334, **334**
   corazón de los, 336
   gasterópodos, 334, **334**
   partes del cuerpo de los, 335, **335**
   sistema nervioso de los, 336, **336**
molleja, 383, **383**

Mollusca (filo), 334
mono, 36, **36,** 214, 310, **310,** 393, 405
monocotiledóneas, 263, **263,** 265
monotremas, 396, **396,** 537
   reproducción de las, 537
morsa, 401, **401**
mosca, **340,** 343-344
mosquito, 307, **339,** 343
movimiento
   de los animales, 307, **307**
   huesos y, 468
   sistema muscular y, 473, **473**
multiplicación de las células, 116, **116**
murciélago, 311, 400, **400**
musaraña, 399, 422
músculo
   control neuronal del, 512, **512**
   de la piel, 477, 478
   esguince, 475, **475**
   espasmo del, 474
   fermentación en el, 115, **115**
   involuntario, 472
   tipos de, 472, **472**
   voluntario, 472
músculo esquelético, 468, 472-473, **472-473,** 496
músculo involuntario, 472
músculo liso, 472, **472**
musgos, 252-255, **252-254,** 422
   ciclo vital de los, **254**
   importancia de los, 255
mutaciones, 162-163, **162-163**
   deleción, 162, **162**
mutágenos, 162

N

nacimiento, 545
nariz, 498, **498,** 521, **521**
navegar, 312-313, **312**
Neandertal, 18, **18,** 218, **218**
néctar, 307, 308, 316
nematocisto, 331, **331**
nematodos, 333
nervio, 327, 510, 512, **512**
   auditivo, **520**
   óptico, 518, **518**
nervios radiales
   de los equinodermos, 346
neumonía, 235, 501
neurona, 511
   estructura de la, 511, **511**
   motora, 512, **512,** 515

682 Índice

sensorial, 512, 515
neurona sensorial, 512, 515
neutrones, 656
nidos
    de las aves, 387, **387**
niñez, 546, **546**
nitrógeno, 42
nivel de azúcar en la sangre, 37, **524**, 525
nochebuena, 289, **289**
nombre científico, 231-232, **232**
nombre común, 231-232
notación científica, 653
notocordio, 356, **357**
nubes de electrones, 656, **656**
núcleo, 90, 91, **91**, 93, **93**, 98, **99**, 656
nucléolo, 93, **93**
nucleótidos, 45, 152, **152**
número atómico, 656

Ñ

ñú, 420

O

observaciones, 11, 646
obturador (cámara), **68**
ocelos
    de los gusanos planos, 332, **332**
oído, 395, 520, **520**
    pérdida del, 442, **442**
oído medio, 520, **520**
ojos
    color de los, 159, **159**, 519, **519**
    compuestos, 340-341, **340**
    de las aves, **384**
    de los arácnidos, 341, **341**
    de los peces, 360, **360**
    humanos, **67, 518**, 519
    lentes de los, 65, **67, 518,** 519
    que resplandecen en la obscuridad, 59
olfato, 395, 521, **521**
onda, 54-55, **55**
onda electromagnética, 54-56, **55**
onda sonora, 520, **520**
ondas de radio, 56
ondas infrarrojas, **56**
ondas mecánicas, 55
orden, 229, **229**
organelos, 87, **87**, 91, **91**

organismo, 83, **83**
    multicelular, 83, **83**, 89
    unicelular, 83, **83**
organismo multicelular, 36, **36, 80**, 83, **83**, 89, **89**, 305
organizar conceptos, 640
órgano, 81, **81, 83**, 306, **306**, 465, **465**
    trasplante, 82
origen de la vida, 209, **209**
ornitólogo, 302
ornitorrinco, 230, **230**, 396, **396**, 537
orquídea, 263, **270**
oruga, 307, 309, **309**, 344, **344**
ósculo, 329, **329**
ósmosis, 109, **109**
oso, **38**, 230, **230, 311**, 395, **395**, 401
ovario
    de la flor, **270-271**, 271, 280-282, **280-282**
    del ser humano, **523**, 539, **539**
ovulación, 539
óvulo, **270-271**, 271, 280-282, **280-282**
óvulo (humano), 143, 535, 539-540, **542**
oxígeno, 42
    en el aire a gran altitud, 499
    en la atmósfera, 210
    fotosíntesis y, 112, **112, 114,** 210, **210**, 285, **285**
    liberación de las hojas, **286**
    transporte en la sangre, 488, **488, 492,** 500, **500**
    y respiración, 41
    y respiración celular, 113, **114,** 500, **500**
ozono, 210, **210**

P

pájaro pitohui, 309, **309**
palanca, 471, **471**
    de primera clase, 471, **471**
    de segunda clase, 471, **471**
    de tercera clase, 471, **471**
paleontólogo, 202, **202,** 204
palma rafia, 268, **268**
páncreas, **523-524**, 525
pantano, 427
pantanos, 414, 430-431, **430-431**
    destrucción de los, 445
papa, 43, **43,** 266, **283**

papel
    elaboración de, 438
    reciclado, 439
papilas gustativas, 517, 521, **521**
paramecio, **19-20,** 236, **236**
parásito, 332-333
pared celular, 90-91, **90**, 93, **93, 99,** 119, 251, **251**
pares de bases en el ADN, 154-155, **154-155**
parto (nacimiento de un niño), 545
pasto, 262-263, 420, **420**
patas
    huesos de los miembros frontales, 182, **182**
    y evolución de las ballenas, 180-181
pato, 388, 390, **390**
patógenos, 489
peces, 359-363, **359-363**
    características de los, 359-360
    cartilaginosos, 361, **361,** 362
    clases de, 361
    fertilización en los, 360
    ojos de los, 360, **360**
    óseos, 362, **362,** 363, **363**
    sin mandíbula, 361, **361**
peces con aletas lobuladas, 363
peces óseos, 362, **362**
peces pulmonados, 363
pelaje, 394, **394**
    color de los tigres, 158
película
    fotográfica, **68**
pelo, 394, **477,** 478
    color del, 478
    folículo piloso del, **477,** 478
    funciones del, 478
pelo radicular, 265, **265**
pelvis, **215, 468**
pendiente, 648
pene, 538, **538**
penicilina, **238**
pepino de mar, 345, 347, **347**
percebe, 341
período, 656
período cámbrico, **204**
período carbonífero, **204**
período cretácico, **204**
período cuaternario, **204**
período de gestación, 398
período devónico, **204**
período jurásico, **204**
período ordóvico, **204**

período pérmico, **204**
período precámbrico, 208-210, **208-210**
período silúrico, **204**
período terciario, **204**
permafrost, 422
perros, 316, **316**, 394
   reproducción, 186, **186**
pesticida, 441, 452
pétalo, 270, **270**, 280, **280**
pH, 657, **657**
piel, 81
   capas de la, 477, **477**
   color de la, 476, **476**
   como barrera protectora, 479
   curación de heridas, 479, **479**
   de los anfibios, 365, **365**
   de los reptiles, 370, **370**
   funciones de la, 476
   infecciones de la, 479
   receptores en la, 517, **517**
pies ambulacrales, 346, **346**
pigmentos, 112
   mezcla de, 64, **64**
pigmentos primarios, 64
pika, 400, **400**
pingüinos, 389, **389**, 536, **536**
pino, 258, 260-261, **260-261**, 418
pinnípedos, 401
pinzones de Darwin, 185, **185**
pistilo, **270**, 271
pixeles, 63
placa celular, 119, **119**
placa madrepórita, **346**
placas tectónicas, 207, **207**, 397
placenta, 398, 543, **543**, 545
planaria, 332, **332**
planicies, 420, **420**
planta autopolinizante, 131, **131**
planta de cruce puro, 132, **132**, 135, **135**
planta del tabaco
   ingeniería genética de la, **165**
plantas
   alimentos a partir de las, 249
   características de las, 250-251
   ciclo vital de las, 251, **251**
   clasificación de las, 252-253, **253**
   con semillas, 258-271, **258-271**
   crecimiento de las, 279, 292-293, **292**
   cruza, 186
   evolución de las, 211-212, 252, **252**

   fertilización en las, 280, **280**
   hormonas de las, 293, **293**
   ingeniería genética de las, **165**
   intercambio gaseoso en las, 286, **286**
   no vasculares, 252, **252**, 253
   reproducción asexual de las, 283, **283**
   reproducción de las, 251, **251**, 280-283, **280-283**
   respuestas al medio ambiente, 287-291, **287-291**
   respuestas estacionales de las, 289-291, **289-291**
   sin semillas, 254-257, **254-257**
   sistemas de órganos de las, 82, **82**, 264-267
   tejidos de las, 81
   vasculares, 252-253, **253**
plantas con flores. Ver angiospermas trematodos,
plantas con semillas, 258-263
plantas de día largo, 289
plaquetas, 488-489, **488-489**
plasma, 488, **488**
playa arenosa, 424, 427
plexo nervioso, 331
plumas, **42, 358,** 382-383, **382-383**
   de contorno, **382-383**, 383
   plumón, **382**, 383
población, 83, **83**
población humana
   crecimiento de la, 444, **444**
   tamaño de la, 187, **187**
polen, 131, **131-133**, 258, 261, **261, 270,** 280, **280,** 501
polilla obscura 191, **191**
polinización, 131-132, **131-132**, 261-262, **261,** 280, **280**
   por animales, 262
   por el viento, 262, **262,** 271, **271**
   por insectos, 262, **262,** 343
polinización cruzada, 132, **132**
pólipo, 330-331, **330**
pollito altricial, 388, **388**
pollito precoz, 388, **388**
porcentajes, 253, 651
poros
   de las esponjas, 329, **329**
Porífera (filo), 329
postura erguida, **215,** 405
pradera, 84, 420, **420**

templado, **416,** 420, **420**
predicción, 13-16, 18
prefijos
   del SI, 22-23, 641
presa, 308-309
presión diastólica, 493
presión sanguínea, 493, **493,** 514
presión sistólica, 493
primates, 214-215, **214-215,** 405, **405**
prisma, **66**
probabilidad, 136, 137
   y genotipo, 137
probeta, 24, 643, **643**
problemas ambientales, 9, 440-446
procariotas, 90, **90,** 209, **209,** 235
   evolución de los, 209, **209**
proceso de envejecimiento, 98, 106, 547, **547**
proceso involuntario, 513
proceso voluntario, 513
productores, 40, **40**
profesiones, 7
   biólogo, 458
   ecólogo, 437
   etnobotánico, 277
   paleobotánico, 225
   paleontólogo, 202, **202,** 204
   zoólogo, 32
promedios, 16, 650
proporciones, 134, 650
prosimios, 216, **216**
proteínas, 38, 42, **42,** 94, **94**
   fabricación de, 161, **161**
   funciones de las, 160
   genes y, 160, **160**
protistas (reino de los), 234, 236, **236**
protones
   carga eléctrica, 656
protozoarios, 236
Proyecto Genoma Humano, 167, **167**
proyector de películas, 67
pubertad, 538, 546
pulgar
   del pie oponible, 214
pulgar oponible, **214,** 405
pulmones, **466,** 498-501, **498-501**
   circulación pulmonar, 492, **492**
   de anfibios, 364
pulpo, 309, 334-336, **336**
pulso, 487, 491

Punnett cuadrícula de, 135-136, **135-136**
punto de apoyo, 471, **471**
puntos de referencia, 313
pupila (ojo), **35, 67,** 518-519, **518-519**
    respuesta a la luz, 35

Q

quemadura de sol, 58, **58**
quelíceros, 341, **341**

R

rádula, 335, **335**
raíces, 264-265
    estructura de las, 265, **265**
    funciones de las, 264
    gravitropismo, 288, **288**
    tipos de, 265, **265**
raíz central, 265, **265**
raíz fibrosa, 265, **265**
rana *Agalychin callidryas*, **176**
rana *Dendrobates pumilio,* 176, **176,** 309, 365, **365**
ranas, 311, **364-366,** 368, **368,** 429-430, 536, **536**
    deformes, 4, 917
    distintas especies de, 176-177, **176**
ranas *Leptodactylus pentadactylus,* 176, **176**
rasgo dominante, 133-134, **134**
rasgo recesivo, 133-134, **134**
rasgos, 186, 132-137, **132-137**
rata canguro, 40, **421**
ratón, 399, 420
    embrión del, **306**
rayo (luz), 65, **65**
rayo incidente, **59**
rayos gamma, 57-58, **58**
rayos X, 21, **21, 57**
    daño al ADN y, 162
receptor universal, 494
receptores, 512, 517, **517**
receptores sensoriales, 517, **517**
reciclado, 449-450, **449**
    de basura, 450, **450**
    de papel, 439, 450
    de periódico, 450
    de recursos, 450, **450**
    de vidrio, 450
recopilar información, 11, **11**
recursos
    empobrecimiento, 443, **443**
    no renovables, 443, 448

    reciclado de, 450, **450**
    recuperación de, 450, **450**
    renovables, 443
red nerviosa, 327
reducción de desechos, 448
reflejo, 509, 516, **516**
reflejo automático de la rodilla, 516
reflexión, 59-60, **60-62,** 62, 64
    difusa, 60, **60**
    ley de la, 59, **59**
    regular, 60, **60**
refracción, 65-69, **66-67**
    separación de colores y, 66, **66**
registro fósil, 178
    huecos en el, 179, **179**
reglas de Chargaff, 153
reglas de seguridad, 27, 556-559
reino, 229, **229,** 234-239, 658-659
    animal, 239, **239,** 304-305, **304-305,** 659
    arqueobacterias, 235, **235,** 658
    eubacterias, 235, **235,** 658
    hongos, 238, **238,** 659
    protista, 236, **236,** 658
    vegetal, 237, **237,** 659
relación de superficie a volumen, 88-89, **88,** 91
reloj biológico, 312
renacuajo, 98, 366, **366**
rendimiento mecánico, 471
reproducción
    como característica de los seres vivos, 38, **38**
    en humanos, 538-541
    en mamíferos, 395, 537, **537**
    en mamíferos placentarios, 537
    en marsupiales, 532, 536-537, **537**
    en monotremas, 537, **537**
    en plantas, 251, **251,** 280-283
    sexual, 38, **38,** 138, 535, **535**
reproducción animal, 186, **186**
reproducción asexual, 38, **38,** 138, 283, **283,** 306, 534, **534**
reproducción exitosa, 188
reproducción selectiva, 165 *Ver también* cruza selectiva
reptiles, 369-373

    características de los, 370-371, **370-371**
    evolución de los, 369, **369,** 392
    huevos de los, 370-371, **370-371**
    piel de los, 370, **370**
    temperatura corporal de los, 370
    tipos de, 371-373
reservas de alimento semilla, 259, **259**
resistencia, 471, **471**
respiración, 41, 498. *Ver también* respiración celular.
respiración, 113, 395, 498-500, **500**
respiración celular, 113, 285, 498, 500
    comparada con la fotosíntesis, 114
respuesta de huir o luchar, 522, **522**
retículo endoplásmico, 94, **94,** 96, 98, **98,** 111
retina, 65, **67,** 518, **518**
rinoceronte, **392,** 402, **402**
ritmo circadiano, 312
ribosomas, 90, **90,** 94, **94,** 98, **98, 99,** 161, **161**
río, 84, 428, **428**
rizoides, 254-255
rizoma, 256
roble, **39,** 83, 258, 431
roedores, 399, **399**
rosa, 258, 262-263
rótula, **468**

S

sabana, **416,** 420, **420**
saco amniótico, 543, **543**
saco vocal, 368, **368**
sacos aéreos, **384**
salamandras, **364-367,** 365, 367, 429
salicaria morada, 444, **444**
saltamontes, 326, **339,** 343, **343**
sangre, **81, 465,** 488-489, **488-489**
sanguijuela, 324, **324,** 327, **327,** 337-338, **338**
    usos medicinales de la, 338, **338**
sapos, 368, **368**
Sargassum, 426
Schleiden, Matthias, 86

Schwann, Theodor, 86
sedimento, 202, **202**
segmentos
 de los anélidos, 337, **337**
 de los artrópodos, 339
selección artificial, 186, **186**
selección natural, 188-189, **188**
 adaptación a la contaminación, 191, **191**
 especiación y, 192, **192**
 para la resistencia a insecticidas, 190, **190**
 razonamiento detrás de la teoría de la, 186-187
semen, 538, **538**
semilla, 259, **259,** 271
 características en el chícharo, 132-134, **132-134,** 142, **142**
 desarrollo de la, 281, **281**
 estructura de la, 259, **259**
 germinación de la, 259, 282, **282**
 latente, 282
senos, 336
sentidos, 517-521
sépalo, 270, **270**
Sereno, Paul, 202, **202**
seres humanos
 clasificación de los, 214
 crecimiento y desarrollo de los, 533, 542-547, **542-547**
 cromosomas de los, 535
 efectos de la contaminación sobre los, 446
 embrión de los, 183, **183**
 evolución de los, 214-219, **214-219**
 reproducción de los, 538-541
 respuestas al medio ambiente, 517-521, **517-521**
seres vivos, 36-39
 células, 36, **36,** 86
 necesidades de los, 40-41, **40-41**
 origen de los, 209, **209**
 química de los, 42-45
 uso de la energía, 34, 38
SIDA (síndrome de inmunodeficiencia adquirida), 8, **8,** 541
símbolos de seguridad, **27, 556-559**
simetría
 bilateral, 326-327, **327,** 345, **345**
 radial, 326-327, **327,** 345, **345**

simetría de los, 345, **345**
sinusitis, 235
sirénidos, 404
sistema cardiovascular, **466,** 488-495, **488,** 501
sistema circulatorio
 abierto, 336
 cerrado, 336-337
sistema de líneas laterales, 360, **360**
sistema de órganos, 82, **82-83,** 465, **466-467**
sistema digestivo, 82, **82,** 467
 de las aves, 383, **383**
 de los gusanos cilíndricos, 333
sistema endocrino, **467,** 522-525, **523**
sistema esquelético, 466, 468-471, **468-471**
 comparación de estructuras de distintas especies, 182, **182**
 diferencias entre los homínidos y otros primates, 215, **216**
 función de almacenamiento, 468
 función de sostén, 468
sistema estándar de medidas, 641
sistema integumentario, **466,** 476-479, **476-479**
sistema linfático, **467,** 496-497, **496-497**
sistema muscular, **466,** 472-475
 ejercicio y, 474, **474, 475**
 espasmos y calambres, 474
 movimiento y, 473, **473**
 tipos de músculo, 472, **472**
sistema nervioso, 82, **467,** 510-516, **510**
 de los anélidos, 337
 de los equinodermos, 346, **346**
 de los gusanos planos, 332, **332**
 de los gusanos cilíndricos, 333
 de los humanos, 510-516
 de los moluscos, 336, **336**
sistema nervioso central, 510, **510,** 513-515
sistema nervioso periférico, 510-512, **510**
sistema reproductor (humano)

 enfermedades del, 541
 masculino, **466,** 538, **538**
 femenino, **466,** 539, **539**
sistema respiratorio, **466,** 498-501, **498-500**
 enfermedades del, 501, **501**
 flujo del aire a través del, 498-500, **498, 500**
 partes del, 498-499, **498-499**
sistema urinario, 466
sistema vascular de agua de los, 346, **346**
sobrepoblación, 444
subíndices, 657
sudar, 37
sudor, 476, **477**
suelo, 414
 formación del, 255, 257
sulfuro de hidrógeno, 34
sustracción de colores, 64
Sutton, Walter, 139

T

tabla periódica, **654-655**
tablas de conversión
 SI, 641
tacto, 395
 para la comunicación, 316
tallo, 266-267, **266**
 estructura del, 267, **267**
 funciones del, 266
 gravitropismo, 288, **288**
 herbáceo, 267, **267**
 leñoso, 267, **267**
 que se dobla hacia la luz, 287, **287**
 subterráneo, 266
tángara escarlata, 391, **391**
tapir, 402
taxonomía, 230
tecnología, 18
tectónica de placas, 207, **207,** 397
tejido, 81, **81, 83,** 306, 464
 tipos de, 464-465, **464-465**
tejido conectivo, 464, **465,** 477
tejido epitelial, 464, **464-465,** 477
tejido muscular, **81,** 464, **465**
tejido nervioso, 464, **464-465**
telaraña, **42,** 342
telescopio, 67, 69, **69**
 reflector, 69, **69**
 refractor, 69, **69**
temperatura, 22, 26, **26**
 escalas de, 642

tabla de conversiones, 642
unidades del SI, 22, 642
temperatura corporal, 358, 462
de las aves, 383
de los humanos, **26**
de los mamíferos, 393-394
de los reptiles, 370
regulación de la, 37, 476, 478
tendón, 473, **473**
daño al, 475
tenias, 332-333, **333**
teoría, 18
teoría celular, 86
teoría endosimbiótica, 78, 96, **96**
terápsido, 369, **369**, 392, **392**
terminaciones nerviosas
en la piel, 476, **477**
termómetro, **11**, 26, **26**
territorio, 314, **314**
testa, 259, **259**
testículos, **523**, 538, **538**
testosterona, 475, 538
Thayer, Jack, 462
tiburón, **306**, **361**, 361-362, **470**
dentículos del, 362, **362**
esqueleto del, 470
Tierra
atmósfera temprana, 209
cambios en la vida sobre la, 177, **177**
capas de la, 178
edad de la, 177, 187
historia de la, 204
tigre, 9, **9**, 317
color del pelaje, 158
tigre siberiano, 9, **9**, 401
timina, 152-153, **152**
timo, 497, **497**, 523
tipo sanguíneo, 43, 494, **494**
tiroides, **523**, 525
tomate, 267, 282, **282**
tonelada métrica, 26
topo, 399, **399**
tórax
de los artrópodos, 339, **339**
de los insectos, 343, **343**
tortuga, **239**, 371-372
tortuga de mar, 372, **372**, 424, **424**
tortugas, 370-372, **372**, 429-430, **430**
tóxico, 441
transfusión, 494
transpiración, 286, **286**
transporte
activo, 110, **110**

pasivo, 110, **110**
tráquea, **498**, 499, **499**
trilobites, **178**, 211
trompa de falopio, 539, **539**
tropismo, 287, **287-288**
tubérculo, **283**
tuberculosis, 8, 190
tubo polínico, 280, **280**
túbulos seminíferos, 538, **538**
Tumlinson, Jim, 278
tumor, 501
tundra, **416**, 422
alpina, 422
ártica, 422, **422**
Tyrannosaurus rex, 231, **231**

U

unicelular
organismo, 83, **83**
unidades del SI, 22, **22**, 641
prefijos, 641
tabla de conversión, 641
uñas, 478, **478**
uretra, 538, **538**
útero, 398, 539, **539**, 542, **542**

V

vacuolas, 97-99, **97**, **98-99**
vagina, 539, **539**
válvula
del corazón, 490, **490**
venosa, 491
vara métrica, 643
variable, 14, 645
variación genética, 188, **188**
vaso de precipitados graduado, 24
vasos sanguíneos, 491, **491**
de la piel, **477**
vegetal (reino), 237, 659
vejiga natatoria, 362, **362**
vena
de la hoja, 269, **269**
sistema circulatorio, 491, **491-492**
vertebrado, 304, 356-358
vértebras, 357, **357**, 515, **515**
vesículas, 97, 111, **111**
vestigios, 179, **179**
vida media del, 203, **203**
Virchow, Rudolf, 86
visión, 65, 395, 518-519, **518-519**
binocular, 214, **214**
vitamina A, 518

vitamina D, 58
vitamina K, 235
vivir en grupos
beneficios de, 317
desventaja de, 317
volumen, 22, 24-25, **25**, 88, **88** 653, **653**
cálculo del, 653
de objetos irregulares, 25, **25**
de objetos rectangulares, 25, **25**
unidades del SI, 22, 641
vuelo
de las aves, 384-385, **384-386**, 386-387
mecánica del, 386, **410**
músculos de, **385**

W

Wallace, Alfred Russel, 188
Watson, James, 153, **153**
Wegener, Alfred, 206
Wilkins, Maurice, 153

X

xilema, 264, **265**, 266-267, **267**

Y

yema, 80, **371**

Z

zarigüeya, 397, **397**, 537
zona bentónica, 425, **425**
zona de aguas abiertas, 429, **429**
zona de aguas profundas, 429, **429**
zona intermareal 424, **424**, 427, **427**
zona nerítica, 424, **424**
zona oceánica, 425, **425**
zooplancton, 423
zorrillo, 226, 232, 309

Índice **687**

Créditos

Abbreviations used: (t) top, (c) center, (b) bottom, (l) left, (r) right, (bkgd) background

ILLUSTRATIONS

All illustrations, unless otherwise noted below, by Holt, Rinehart and Winston.

Table of Contents Page viii(tr), Morgan Cain & Associates; ix(tl), Marty Roper/Planet Rep; (bl), Frank Ordaz/Dimension; (br), John White/The Neis Group; xv(cl), Christy Krames; xix(tl), Carlyn Iverson.

Unit One Page 2(bl), Kip Carter. **Chapter One** Page 12(cr), Michael Morrow; 13(all), Michael Morrow; 15(c), Ralph Garafola; 16(c), Ross, Culbert and Lavery/The Mazer Corporation Corporation; 18(bl), The Mazer Corporation; 20(tl), Blake Thornton/Rita Marie; 22(tl), Blake Thornton/Rita Marie; (cl, bl), Stephen Durke/Washington Artists/Washington Artists; (b), The Mazer Corporation; 23(c), Susan Johnston Carlson; (c), Frank Ordaz/Dimension; (c), Steve Roberts; (c), Morgan Cain & Associates; (cl), Ross, Culbert and Lavery; 24(bl), Terry Kovalcik; 26(bl), Stephen Durke/Washington Artists; 31(cr), Annie Bissett; (bl), Mark Heine.

Chapter Two Page 39(c), Will Nelson/Sweet Reps; (br), Terry Kovalcik; 42(cl), Morgan Cain & Associates; 43(all), Morgan Cain & Associates; 44(cl), Blake Thornton/Rita Marie; (bl, br), Morgan Cain & Associates; 45(tr), David Merrill/Suzanne Craig; (cr), The Mazer Corporation; (cr), John White/The Neis Group; (cr, br), Morgan Cain & Associates; 47(tr), Morgan Cain & Associates; 48(bl), Morgan Cain & Associates.

Chapter Three Page 55(tl), Will Nelson/Sweet Reps; (br), Blake Thornton/Rita Marie; 56(cl, b), Sidney Jablonski; (cl), Mike Carroll; 57(b), Sidney Jablonski; 58(cl), Blake Thornton/Rita Marie; 59(bl), Dan Stuckenschneider/Uhl Studios/Preface; 60(all), Dan Stuckenschneider/Uhl Studios/Preface; 62(cl), Gary Ferster; 65(bl), Stephen Durke/Washington Artists; 66(b), Stephen Durke/Washington Artists; 67(cr), Keith Kasnot; 68(c), Dan Stuckenschneider/Uhl Studios; 69(all), Dan Stuckenschneider/Uhl Studios; 70(c), Blake Thornton/Rita Marie; 71(cr), Dan Stuckenschneider/Uhl Studios; 72(tr), Stephen Durke/Washington Artists.

Chapter Four Page 82(c), Michael Woods; (br), Christy Krames; 83(c, cl), Morgan Cain & Associates; (cr), Christy Krames; 84(bl), Yuan Lee; 86(bl), David Merrill/Suzanne Craig; 88(tl), Terry Kovalcik; (c, b), Morgan Cain & Associates; 89(cr), Morgan Cain & Associates; (bc), Terry Kovalcik; 90(br), Morgan Cain & Associates; 91(tr), Morgan Cain & Associates; 92(all), Morgan Cain & Associates; 93(all), Morgan Cain & Associates; 94(all), Morgan Cain & Associates; 95(all), Morgan Cain & Associates; 96(all), Morgan Cain & Associates; 97(br), Morgan Cain & Associates; 98(all), Morgan Cain & Associates; 99(c), Morgan Cain & Associates; (br), Blake Thornton/Rita Marie; 103(all), Morgan Cain & Associates.

Chapter Five Page 107(all), Mark Heine; 109(tr), Stephen Durke/Washington Artists; 110(tl), Terry Kovalcik; (bl, br), Morgan Cain and Associates; 111(all), Morgan Cain and Associates; 112(bl), Morgan Cain and Associates; 113(bc), Morgan Cain and Associates; 114(tl), Robin Carter; (tl) The Mazer Corporation; (tr, cl, cr, bl, br), Morgan Cain and Associates; 118, 119(all), Alexander and Turner; 123(cr), Morgan Cain and Associates.

Unit Three Page 127(all), John White/The Neis Group. **Chapter six** Page 131(b), Mike Wepplo/Das Group; 132(tl), Michael Woods; (tl, cl, b), John White/The Neis Group; 133(c), Michael Woods; (cr, bc, br, r), John White/The Neis Group; 134(tl, cl, cr, bl, br), John White/The Neis Group; (tl, tr, cl), Michael Woods; (cr), The Mazer Corporation; 135(tr, cr), John White/The Neis Group; (br), The Mazer Corporation; 136(tl), John White/The Neis Group; 139(r), Alexander and Turner; 140,141(all), Alexander and Turner; 142(cr), Alexander and Turner; 143(bc), Alexander and Turner; (br), Rob Schuster/Hankins and Tegenborg; (br), Blake Thornton/Rita Marie; 144(br), The Mazer Corporation; 145(cr), Blake Thornton/Rita Marie; (cr), Rob Schuster/Hankins and Tegenborg; 146(tr), John White/The Neis Group; 147(bl), John White/The Neis Group.

Chapter Seven Page 150(t), The Mazer Corporation; (c), The Mazer Corporation; (c), Stephen Durke/Washington Artists; 152(b), Rob Schuster/Hankins and Tegenborg; 154(tl), Marty Roper/Planet Rep; (c), Alexander and Turner; 155(cl), Alexander and Turner; 156(c), Morgan Cain & Associates; 157(br) Alexander and Turner; 158(all), John White/The Neis Group; 160,161(c), Rob Schuster/Hankins and Tegenborg; 162(tl), Rob Schuster/Hankins and Tegenborg; 163(cl), Rob Schuster/Hankins and Tegenborg; 166(cl), The Mazer Corporation; 167(cr), The Mazer Corporation; 168(cl) Marty Roper/Planet Rep.

Chapter Eight Page 174(tl), Michael Morrow; (br, l), Will Nelson/Sweet Reps; 177(b), Steve Roberts; 179(tr, cr), Ross, Culbert and Lavery; (b, br), Rob Wood/Wood, Ronsaville, Harlin; 180(all), Rob Wood/Wood, Ronsaville, Harlin; 181(all), Rob Wood/Wood, Ronsaville, Harlin; 182(cl), Christy Krames; 183(tc, c), Sarah Woods; (tr, cr), David Beck; (cr), Frank Ordaz/Dimension; 185(tr, c), Tony Morse/Ivy Glick; (bl, bc, br), John White/The Neis Group; 186(tl), Carlyn Iverson; 187(bl), Ross, Culbert and Lavery; 188(all), Will Nelson/Sweet Reps; 190(cl), Frank Ordaz/Dimension; (bl, bc, br), Carlyn Iverson; 192(c, cl, cr), Mike Wepplo/Das Group; (bl, br), Will Nelson/Sweet Reps; 193(all), Carlyn Iverson; 194(tc), Rob Wood/Wood, Ronsaville, Harlin; 195(cr), Carlyn Iverson; 197(all), Ross, Culbert and Lavery.

Chapter Nine Page 201(c), Michael Morrow; 202(all), Mike Wepplo/Das Group; 203(br), Mike Wepplo/Das Group; (br), The Mazer Corporation; 204(tc, c, bc), Barbara Hoopes-Ambler; (cl), The Mazer Corporation; 205(t), John White/The Neis Group; 206(cl), MapQuest.com; 207(tr), MapQuest.com; (br), Walter Stuart; 209(c), John White/The Neis Group; 210(cr), Craig Attebery/Jeff Lavaty; 211(all), Barbara Hoopes-Ambler; 212(all), Barbara Hoopes-Ambler; 213(tr, cr), John White/The Neis Group; (br), Terry Kovalcik; 214(bl), Todd Buck; (br), Will Nelson/Sweet Reps; 215(all), Christy Krames; 219(cr), The Mazer Corporation; (cr), Christy Krames; 220(cr), Barbara Hoopes-Ambler; 223(tr), The Mazer Corporation; (tr), John White/The Neis Group; (bl), The Mazer Corporation; 224(br), Greg Harris.

Chapter Ten Page 227(bl), Terry Kovalcik; 229(c), Michael Woods; (c), David Ashby; (c), Ponde and Giles; (c), Frank Ordaz/Dimension; (c), Will Nelson/Sweet Reps; (c), Graham Allen; (c), Chris Forsey; (c), The Mazer Corporation; 230(tl, cl), Will Nelson/Sweet Reps; (cl), Michael Woods; (cl), Ponde and Giles; (bl), The Mazer Corporation; 231(tr), Blake Thornton/Rita Marie; (b), John White/The Neis Group; 232(c), Marty Roper/Planet Rep; (bl, tl), John White/The Neis Group; 233(tr), John White/The Neis Group; (bc), Cy Baker/WAA; (br), The Mazer Corporation; 239(br), Will Nelson/Sweet Reps; (br), Chris Forsey; (br), Michael Woods; (br), Frank Ordaz/Dimension; (br), The Mazer Corporation; 240(cr), John White/The Neis Group; 242(cr), Marty Roper/Planet Rep; 243(tr), Cy Baker/WAA; (tr), The Mazer Corporation; 244(tr), Barbara Hoopes-Ambler; (cl), John White/The Neis Group.

Chapter Eleven Page 248(tc), Marty Roper/Planet Rep; 251(tr), Morgan Cain and Associates; (bl), The Mazer Corporation; 253(c), The Mazer Corporation; (c, cl, cr), John White/The Neis Group; 254(bc), The Mazer Corporation; (bc), Ponde and Giles; 256(bc), The Mazer Corporation; (bc), Ponde and Giles; 259(tl), Sarah Woods; (tr), Keith Locke/Suzanne Craig; (br), James Gritz/Photonicia; 261(bc), The Mazer Corporation; (bc), Will Nelson/Sweet Reps; 262(tl), Marty Roper/Planet Rep; 263(tr), The Mazer Corporation; (tc, tr, c, cr), John White/The Neis Group; 264(bl), Will Nelson/Sweet Reps; 265(tc), John White/The Neis Group; 267(all), Will Nelson/Sweet Reps; 269(all), Will Nelson/Sweet Reps; 270(c), Will Nelson/Sweet Reps; 272(br), Sarah Woods; 274(br), John White/The Neis Group; 275(all), Will Nelson/Sweet Reps.

Chapter Twelve Page 278(cl), Dan McGeehan/Koralick Associates; 280(all), Will Nelson/Sweet Reps; 281(all), Will Nelson/Sweet Reps; 282(br), Will Nelson/Sweet Reps; 284(all), Stephen Durke/Washington Artists; 285(bl), Ponde and Giles; 286(cr), Ponde and Giles; 287(bl), Carlyn Iverson; 289(cl, bl), Rob Schuster/Hankins and Tegenborg; (cr), Stephen Durke/Washington Artists; 291(all), Rob Schuster/Hankins and Tegenborg; 294(cl), Will Nelson/Sweet Reps; 296(tr), Will Nelson/Sweet Reps; 297(all), Carlyn Iverson.

Chapter Thirteen Page 302(tr), Tony Morse/Ivy Glick; 305(c), Sidney Jablonski; (c), Barbara Hoopes-Ambler; (c), Sarah Woods; (c), Steve Roberts; (c), Bridgette James; (c), Michael Woods; 306(bl), Kip Carter; 310(cl), Keith Locke/Suzanne Craig; 312(tr), Gary Locke/Suzanne Craig; (bl), Tony Morse/Ivy Glick; 316(all), John White/The Neis Group; 318(br), John White/The Neis Group; 321(bl), Sidney Jablonski.

Chapter Fourteen Page 327(tl), Barbara Hoopes-Ambler; (tc), Sarah Woodward; (tr, cr, br), Alexander and Turner; 329(all), Alexander and Turner; 330(all), John White/The Neis Group; 331(all), Morgan Cain & Associates; 332(cl), Alexander and Turner; 335(tr), The Mazer Corporation; (c, cl, cr), Alexander and Turner; 339(br), Felipe Passalacqua; 341(c), John White/The Neis Group; (cr), Will Nelson/Sweet Reps; 343(bl), Steve Roberts; (br), Marty Roper/Planet Rep; 344(all), Bridgette James; 346(all), Alexander and Turner; 351(cr), The Mazer Corporation; (cr), Barbara Hoopes-Ambler.

Chapter Fifteen Page 355(cr), Kip Carter; 357(tc), Alexander and Turner; 360(cl), Will Nelson/Sweet Reps; 362(br), Kip Carter; 364(br), Peg Gerrity; 366(all), Will Nelson/Sweet Reps; 368(bl), Marty Roper/Planet Rep; 369(c), Barbara Hoopes-Ambler; (c), Chris Forsey; (c), Ponde and Giles; (c), Morgan Cain & Associates; 371(c), Kip Carter; 374(br), Will Nelson/Sweet Reps; 376(bl), Will Nelson/Sweet Reps; 377(tr), Rob Schuster/Hankins and Tegenborg; (bl), Marty Roper/Planet Rep; 378(bc), Ron Kimball; 379(bc), Ka Botz.

Chapter Sixteen Page 381(tr), John White/The Neis Group; 383(tr), Will Nelson/Sweet Reps; (cr, br), Kip Carter; (br), Will Nelson/Sweet Reps; 384(all), Will Nelson/Sweet Reps; 385(all), Will Nelson/Sweet Reps; 386(cr), Will Nelson/Sweet Reps; 391(all), Kip Carter; 392(bl), Howard Freidman; 406(br), Will Nelson/Sweet Reps; 409(cr), Sidney Jablonski.

Chapter Seventeen Page 416(b), MapQuest.com; 417(b), Will Nelson/Sweet Reps; 418(all), Will Nelson/Sweet Reps; 419(all), Will Nelson/Sweet Reps; 421(tr), Marty Roper/Planet Rep; (b), Will Nelson/Sweet Reps; 424(all), Yuan Lee; 425(all), Yuan Lee; 428(all), Will Nelson/Sweet Reps; 429(br), Mark Heine; 431(br), Rob Schuster/Hankins and Tegenborg; 432(tc), Will Nelson/Sweet Reps; 433(cl) Mark Heine; 434(bc), Will Nelson/Sweet Reps; 435(all), Rob Schuster/Hankins and Tegenborg.

Chapter Eighteen Page 444(bl), Morgan Cain & Associates; 457(t), John White/The Neis Group.

Chapter Nineteen: Page 464(all), Morgan Cain & Associates; 465(all), Morgan Cain & Associates; 466(all), Christy Krames; 467(all), Christy Krames; 469(bc), Keith Kasnot; 470(all), John Huxtable/Black Creative; 471(all), Annie Bissett; 473(bl), Christy Krames; 477(tr), Marty Roper/Planet Rep; (bl), Morgan Cain & Associates; 479(all), Morgan Cain & Associates; 480(all), John Huxtable/Black Creative; 482(br), Christy Krames; 483(tr), Morgan Cain & Associates.

Chapter Twenty Page 488(tr), Christy Krames; (cl), Todd Buck; 489(b), Keith Kasnot; 490(all), Kip Carter; 491(tc), Kip Carter; 492(bc), Kip Carter; 494(tl), Jared Schneidman/Wilkinson Studios; (br), Marty Roper/Planet Rep; 496(br), Kip Carter; 497(tr), Christy Krames; 498(bl), Christy Krames; 499(bl), Christy Krames; (br), John Karapelou; 500(tl, br), Christy Krames; (c, bc), Kip Carter; (cl), Eyewire, Inc.; 502(br), Kip Carter; 505(tr), Kip Carter.

Chapter Twenty-One Page 510(bl), Christy Krames; 511(bc), Scott Barrows/The Neis Group; 512(bc), Scott Barrows/The Neis Group; 513(all), Brian Evans; 514(all), Brian Evans; 515(tr), Christy Krames; 517(br), Morgan Cain and Associates; 518(cl), Carlyn Iverson; (br), Keith Kasnot; 519(all), Keith Kasnot; 520(b), Christy Krames; 521(tr), Keith Kasnot; 522(b), Dan McGeehan/Koralick Associates; 523(all), Christy Krames; 524(all), Christy Krames; 526(br), Keith Kasnot; 527(c), Dan McGeehan/Koralick Associates; 528(tr), Christy Krames; 529(tr), Christy Krames.

Chapter Twenty-Two Page 535(bl), Rob Schuster/Hankins and Tegenborg; 538(bl), Keith Kasnot; 539(tr), Keith Kasnot; 540(br), Rob Schuster/Hankins and Tegenborg; 542(cl), David Fischer; 543(cr), Christy Krames; (bc), Mary Kate Denny; 551(cr), Sidney Jablonski; 552(bl), Morgan Cain and Associates.

LabBook Page 554 (tl), Stephen Durke/Washington Artists; 562(br), The Mazer Corporation; 565(cr), Keith Locke/Suzanne Craig; 567(cr), Blake Thornton/Rita Marie; 568(br), Stephen Durke/Washington Artists; 570(tl), David Merrill/Suzanne Craig; (cr), Rob Schuster/Hankins and Tegenborg; 573(all), Morgan Cain & Associates; 580(cr), The Mazer Corporation; (br), Kip Carter; 582(cl), Rob Schuster/Hankins and Tegenborg; 584(cr), Frank Ordaz/Dimension; 585(all), John White/The Neis Group; 586(br), Keith Locke/Suzanne Craig; 587(cr), Keith Locke/Suzanne Craig; 591(cr), The Mazer Corporation; (cr, br), Rob Schuster/Hankins and Tegenborg; 592(all), Rob Schuster/Hankins and Tegenborg; 593(tl), The Mazer Corporation; (cr), Keith Locke/Suzanne Craig; 594(cr), Rob Schuster/Hankins and Tegenborg; 595(cr), Rob Schuster/Hankins and Tegenborg; 596(cr), Will Nelson/Sweet Reps; 597(cr), Will Nelson/Sweet Reps; 599(cr), Sarah Woodward; 601(br), John White/The Neis Group; 605(br), Carlyn Iverson; 606(br), Keith Locke/Suzanne Craig; 607(tr), John White/The Neis Group; (cr), The Mazer Corporation; 609(br), Marty Roper/Planet Rep; 611(bc), Keith Locke/Suzanne Craig; 613(tr), John Huxtable/Black Creative; (br), David Merrill/Suzanne Craig; 616(cr), Will Nelson/Sweet Reps; 617(b), Blake Thornton/Rita Marie; 618(cr), John White/The Neis Group; 620(all), Carlyn Iverson; 627(cr), Morgan Cain & Associates; (b), Rob Schuster/Hankins and Tegenborg; 628(tr), Kip Carter; 629(t), Rob Schuster/Hankins and Tegenborg.

Appendix Page 639(cl), Blake Thornton/Rita Marie; 642(t), Terry Guyer; 646(all), Mark Mille/Sharon Langley; 654, 655(all) Kristy Sprott; 656(bl), Stephen Durke/Washington Artists; 657(b), Bruce Burdick.

PHOTOGRAPHY

Cover and Title Page (cl), Frans Lanting/Minden Pictures; (c), Peter Peterson/Tony Stone Images; (cr), Chris Jaffe; (bl), Carr Clifton; (br), ©Gerry Ellis/GerryEllis.com owl: (cover, spine, back, title page), Kim Taylor/Bruce Coleman.

Table of Contents Page v(br), Uniphoto; vi(cl), Leonard Lessin/Photo Researchers; vii(tl), Dr. Jeremy Burgess/Science Photo Library/Photo Researchers; (tr), E.R. Degginger/Color-Pic; (cr), Robert Brons/BPS/Tony Stone Images; viii(tl), Frans Lanting/Minden Pictures; ix(tr), Biophoto Associates/Photo Researchers; x(tl), Centre National de Prehistoire, Perigueux, France; (bl), David B. Fleetham/Tom Stack & Associates; xi(tl), SuperStock; (tr), Runk/Schoenberger/Grant Heilman Photography; xii(tl), Richard R. Hansen/Photo Researchers; (bl), Darryl Torckler/Tony Stone Images; xiii(tl), Brian Parker/Tom Stack & Associates; (tr), James Beveridge/Visuals Unlimited; (bl), Tui De Roy/Minden Pictures; (br), Konrad Wothe/Westlight; xiv(tl), Rob & Ann Simpson/Visuals Unlimited; (bl), David Young/Tony Stone Images; xv(tr), Dr. Dennis Kunkel/Phototake; (cr), Enrico Ferorelli; xvi(bl), Lennart Nilsson/Albert Bonniers Forlag AB, A CHILD IS BORN; xxi(bl), S.C. Bisserot/Bruce Coleman.

Feature Borders Unless otherwise noted below, all images copyright ©2001 PhotoDisc/HRW. Pages(104, 124, 224, 378, 410, 436, 552), Across the Sciences: all images by HRW. Pages(32, 225, 277, 437, 458), Careers: sand bkgd and saturn, Corbis Images; DNA, Morgan Cain & Associates; scuba gear, ©1997 Radlund & Associates for Artville. Pages(485, 531), Eureka. Pages(198, 299, 322, 353), Eye on the Environment: clouds and sea in bkgd, HRW; bkgd grass and red eyed frog, Corbis Images; hawks and pelican, Animals Animals/Earth Scenes; rat, John Grelach/Visuals Unlimited; endangered flower, Dan Suzio/PhotoResearchers, Inc. Pages(105, 149, 507), Health Watch: dumbell, Sam Dudgeon/HRW Photo; aloe vera and EKG, Victoria Smith/HRW Photo; basketball, ©1997 Radlund & Associates for Artville; shoes and Bubbles, Greg Geisler. Pages(50, 244, 459), Scientific Debate: Sam Dudgeon/HRW Photo. Pages(33, 51, 125, 199), Science Fiction: saucers, Ian Christopher/Greg Geisler; book, HRW; Dave Cutler Studios/

Stock Illustration Source bkgd. Pages(148, 276, 484, 530, 553), Science Technology and Society:robot, Greg Geisler. Pages(245, 298, 323, 352, 379, 411, 506), Weird Science: mite, David Burder/Tony Stone; atom balls, J/B Woolsey Associates; walking stick and turtle, EclectiCollection.

Unit One Page 2(tc), O.S.F./Animals Animals Earth Scenes; (br), University of Pennsylvania/Hulton Getty Images/Liaison International; 3(tl), Hulton Getty Images/Liaison International; (tr), National Portrait Gallery, Smithsonian Institution/Art Resource, NY; (bl), Peter Veit/DRK Photo; (br), O. Louis Mazzatentangs/National Geographic Image Collection. **Chapter One** Page 4(br), Minnesota Pollution Control Agency; 7(tl), NASA; (tc), Gerry Gropp; (tr), Chip Simons Photography; (br), Charles C. Place/Image Bank; 8(tl), Hank Morgan/Photo Researchers; (bl), Mark Lennihan/AP Wide World Photos; 9(cr), Dale Miquelle/National Geographic Image Collection; (br), George Holton/Photo Researchers; 12(tl), Fernando Bueno/Image Bank; 13(br), Mark Gibson; 14(tl), (br), John Mitchell/Photo Researchers; 18(tl), John Reader/Photo Researchers; (cl), Greg Greico/PENN State; 19(bl), CENCO; (bc), Robert Brons/Tony Stone Images; 20(cl), Sinclair Stammers/Science Photo Library/Photo Researchers; (cr), RJ Lee Instruments Ltd.; (bl), Microworks/Phototake; (br), Karl Aufderheide/Visuals Unlimited; 21(tr), Scott Camazine/Photo Researchers; (cr), Alfred Pasieka/Photo Researchers; (br), Howard Sochurek/Stock Market; 23(tr), David Austen/Publisher's Network; 25(tr), Science Kit & Boreal Laboratories; 27(br), Dr. Jeremy Burgess/Science Photo Library/Photo Researchers; 29(cr), CENCO; 30(tr), Charles C. Place/Image Bank; 32(tl), Eric Pianka/University of Texas; (br), Charles C. Place/Image Bank.

Chapter Two Page 34(tr), Patrick Landmann/Liasion International; (cl), Chris Landmann/Liaison International; (br), Chris Landmann/Liaison International; 35(bl), Steve Dunwell/Image Bank; 36(tr), Cabisco/Visuals Unlimited; (cl), VU Science/Visuals Unlimited; (br), Wolfgang Kaehler/Liaison International; 37(cl, cr), David M. Dennis/Tom Stack & Associates; (br), Fred Rhode/Visuals Unlimited; 38(tl), Stanley Flegler/Visuals Unlimited; (cr), James M. McCann/Photo Researchers; (bl), Lawrence Migdale/Photo Researchers; 40(cl), Robert Dunne/Photo Researchers; 41(tr), Wolfgang Bayer/Bruce Coleman; (cr), Rob & Ann Simpson/Visuals Unlimited; 42(cl), Hans Reinhard/Bruce Coleman; (bl), L. West/Photo Researchers; 46(cr), Stanley Flegler/Visuals Unlimited; 47(tl), Wolfgang Bayer/Bruce Coleman; 49(bl), Dede Gilman/Unicorn Stock Photos; 50(tc), NASA.

Chapter Three Page 52(t), Visuals Unlimited; (bc), Cindy Roesinger/Photo Researchers; 54(c), Michael Fogden and Patricia Fogden/Corbis; (cl, cr), Leonard Lessin/Photo Researchers; 56(bl), Robert Wolf/HRW Photo; 57(tr), Cameron Davidson/Tony Stone Images; (bl), Leonide Principe/Photo Researchers; (bc), Hugh Turvey/Science Photo Library/Photo Researchers; (br), Blair Seitz/Photo Researchers; 62(c), ©2001 PhotoDisc; (bl), Renee Lynn/Davis/Lynn Images; 63(cl), Leonard Lessin/Peter Arnold; (br), Daniel Schaefer/HRW Photo; 64(c), Index Stock Imagery; 66(tl), Richard Megna/Fundamental Photographs; 67(all), E.R. Degginger/Color-Pic; 74(all), E.R. Degginger/Color-Pic; 75(tr), NASA; (tr), SuperStock.

Unit Two Page 76(tr), Kevin Collins/Visuals Unlimited; (c), Ed Reschke/Peter Arnold; (cl), Glen Allison/Tony Stone Images; (br), Cold Spring Harbor Laboratory; 77(tc), Ed Reschke/Peter Arnold; (cl), Matthew Brady/National Archives/Corbis; (cr), Keith Porter/Photo Researchers; (bc), Dan McCoy/Rainbow; (br), Dr. Ian Wilmut/Liaison International. **Chapter Four** Page 78(cr), Biology Media/Photo Researchers; 80(cl), ©2001 PhotoDisc; (bl, bcl, bc), Dr. Yorgos Nikas/Science Photo Library/Photo Researchers; (br), Lennart Nilsson/Albert Bonniers Forlag AB, A CHILD IS BORN; 81(tc), Fred Hossler/Visuals Unlimited; (tr), G.W. Willis/BPS/Tony Stone Images; (tl), National Cancer Institute/Science Photo Library/Photo Researchers; (br), G. Shih-R. Kessel/Visuals Unlimited; 83(tr), Robert Brons/BPS/Tony Stone Images; (tc), Michael Abbey/Visuals Unlimited; (tl), David M. Phillips/Photo Researchers; (br), Edward S. Ross; 84(cl), Joe McDonald/DRK Photo; 85(c, cl), C.C. Lockwood/DRK Photo; (bc), Kevin Collins/Visuals Unlimited; (br), Leonard Lessin/Peter Arnold; 86(tl), Doug Sokell/Visuals Unlimited; (inset, b), K.G. Murti/Visuals Unlimited; (inset, r), D.M. Phillips/Visuals Unlimited; (cl), Dr. Jeremy Burgess/Photo Researchers; 87(tr), Dr. Petit/Rapho/Gamma Liasion International; (br), Biophoto Associates/Science Source/Photo Researchers; 89(tr), AP/Wide World Photos; 97(tr), Photo Researchers; 100(tr), Michael Abbey/Visuals Unlimited; (c), Joe McDonald/DRK Photo; 102(br), Biophoto Associates/Science Source/Photo Researchers; 104(cl), Hans Reinhard/Bruce Coleman; (bkgd), Andrew Syred/Tony Stone Images; 105(tc), Dr. Smith/University of Akron.

Chapter Five Page 107(cl), David M. Phillips/Visuals Unlimited; 109(cr), Stanley Flegler/Visuals Unlimited; (bc), David M. Phillips/Visuals Unlimited; 111(tr), Michael Abbey/Science Source/Photo Researchers; (cr), Dr. Birgit H. Satir; 112(cl), Runk/Schoenberger from Grant Heilman Photography; 113 (br), E.R. Degginger/Color-Pic; 115(tr), Clive Brunskill/ALLSPORT; 116(bl), CNRI/Science Photo Library/Photo Researchers; 117(tr), L. Willatt, East Anglian Regional Genetics Service/Science Photo Library/Photo Researchers; (br), Biophoto Associates/Photo Researchers; 118(all), Ed Reschke/Peter Arnold; 119(tr, cr), Biology Media/Photo Researchers; (br), R. Calentine/Visuals Unlimited; 120(tc), Stanley Flegler/Visuals Unlimited; 121(tr), Ed Reschke/Peter Arnold; 122(br), CNRI/Science Photo Library/Photo Researchers; 123(all), Biophoto Associates/Science Source/Photo Researchers; 124(tr), Lee D. Simon/Photo Researchers.

Unit Three Page 126(tc), Library of Congress/Corbis; (c), Kenneth Eward/Science Source/Photo Researchers; (bl), John Reader/Science Photo Library/Photo Researchers; (br), NASA; 127(c), Marine Biological Laboratory Archives; (cl), John Reader/Science Photo Library/Photo Researchers; (cr), Ted Thai/Time Magazine; (bc), Biophoto Associates/Science Source/Photo Researchers. **Chapter Six** Page 128(tl), Gerard Lacz/Peter Arnold; (tr), Dr. Paul A. Zahl/Photo Researchers; (bl), Runk/Schoenberger/Grant Heilman Photography; (br), SuperStock; 130(cl), Frans Lanting/Minden Pictures; (br), Corbis; 131(tr), Runk/Schoenberger/Grant Heilman Photography; 135(tl), Archive Photos; 137(tr), Gerard Lacz/Animals Animals Earth Scenes; (br), ©2001 Photodisc; 138(cl), Phototake/CNRI/Phototake; (bc), Biophoto Associates/Photo Researchers; 142(tl), Dr. F. R. Turner, Biology Dept., Indiana University; 143(tr), CNRI/Phototake; 144(tr), Frans Lanting/Minden Pictures; 148(tc), Hank Morgan/Rainbow; 149(tc, c), Dr. F. R. Turner, Biology Dept., Indiana University;, Dr. F. R. Turner, Biology Dept., Indiana University.

Chapter Seven Page 151(cr, whorl), Leonard Lessin/Peter Arnold; (cr, arch), Reprinted from "The Science of Fingerprints" courtesy of the FBI; (br, loop), Archive Photos; 153(tr), Science Photo Library/Photo Researchers; (cr), Science Source/Photo Researchers; (br), Archive Photos; 155(c), Dr. Gopal Murti/Science Photo Library/Photo Researchers; 156(tl), Phil Jude/Science Photo Library/Photo Researcher; 157(tc, tr), U.K. Laemmli/Universite de Geneve; (c), Biophoto Associates/Photo Researchers; (cl), Dan McCoy/Rainbow; 158(br), Lawrence Migdale/Photo Researchers; 159(br), Sara Krulwich/New York Times Permissions; 163(cr, br), Jackie Lewin/Royal Free Hospital/Science Photo Library/Photo Researchers; 165(c), Dr. Chris R. Somerville/Science Photo Library/Photo Researchers; (cl), Remi Benali & Stephen Ferry/Liaison International; (cr), Science VU/Monsanto/Visuals Unlimited; (bl), Science VU/Keith Wood/Visuals Unlimited; 166(tl), Biophoto Associates/Science Source/Photo Researchers; (cl), R.Kessel-G.Shih/Visuals Unlimited; (cr), see ON PAGE credit; (bl), SIU/Visuals Unlimited; 167(c), Biophoto Associates/Photo Researchers; (cl), Science Photo Library/Custom Medical Stock Photo; 169(tr, cr), Science VU/Monsanto/Visuals Unlimited; (c), Dr. Chris R. Somerville/Science Photo Library/Photo Researchers; (cl), Remi Benali & Stephen Ferry/Liaison International; 170(bc), Kenneth Eward/Science Source/Photo Researchers; 172(tc), Volker Steger/Peter Arnold.

Chapter Eight Page 176(c), Doug Wechsler/Animals Animals Earth Scenes; (cl), James Beveridge/Visuals Unlimited; (cr), Gail Shumway/FPG International; 178(c), Ken Lucas/Visuals Unlimited; (cr), John Cancalosi/Tom Stack & Associates; 183(br), H.W. Robinson/Visuals Unlimited; 184(cl), Jonathan S. Blair/National Geographic Image Collection; (bl), William E. Ferguson; (b), Christopher Ralling; 186(tl), Stephanie Hedgepath/Jimanie; (tr), Jeanne White/Photo Researchers; (cr), Fritz Prenzel/Animals Animals Earth Scenes; (cl), John Daniels/Bruce Coleman; (bc), Dennis & Catherine Quinn; (bl), Yann Arthus-Bertrand/Corbis; (br), Robert Pearcy/Animals Animals Earth Scenes; 187(tl), Library of Congress/Corbis; 189(cr), ©2001 Photodisc; 191(t, c), M.W.F. Tweedie/Photo Researchers; 193(br), Susan Van Etten/PhotoEdit; 197(bl), Breck P. Kent/Animals Animals Earth Scenes; (bc), Pat & Tom Leeson/Photo Researchers; 198(tr), Doug Wilson/Westlight; (c), Thomas W. Martin/Photo Researchers.

Chapter Nine Page 200(t), Centre National de Prehistoire, Perigueux, France; (br), Jerome Chatin/Liaison International; 202(cr), Louis Psihoyos/Matrix International; 208(cr), SuperStock; (bl), Ken Lucas/Visuals Unlimited; 209(br), Science VU/NMSM/Visuals Unlimited; 210(tl), M. Abbey/Photo Researchers; (bl), Andrew H. Knoll/Harvard University; 214(c), Art Wolfe/Tony Stone Images; (cl), Daniel J. Cox/Tony Stone Images; (cr), Renee Lynn/Photo Researchers; 216(tl), Daniel J. Cox/Liaison International; (bl), John Reader/Science Photo Library/Photo Researchers; 217(tr), John Reader/Science Photo Library/Photo Researchers; (cr), David L. Brill; (bl), John Gurche; 218(tl), Neanderthal Museum/Mettman, Germany; (bl), John Reader/Science Photo Library/Photo Researchers; (bl), E.R. Degginger/Bruce Coleman; (br), Neanderthal Museum/Mettman, Germany; 219(tr), David L. Brill; 221(tr), Daniel J. Cox/Tony Stone Images; 222(br), John Reader/Science Photo Library/Photo Researchers; 225(all), Bonnie Jacobs/Southern Methodist University.

Chapter Ten: Page 226(t), Jeff Lepore/Photo Researchers; 228(bl), Ethnobotany of the Chacobo Indians, Beni, Bolivia, Advances in Economic Botany/The New York Botanical Gardens; 230(tl), Library of Congress/Corbis; 234(cl), Biophoto Associates/Photo Researchers; 235(tr), Sherrie Jones/Photo Researchers; 235(bl, bc), Dr. Tony Brian & David Parker/Science Photo Library/Photo Researchers; 236(tl), M. Abbey/Visuals Unlimited; 236(cl), Stanley Flegler/Visuals Unlimited; 236(bl), Chuck Davis/Tony Stone Images; 237(cl), Corbis; 237(bc), Art Wolfe/Tony Stone Images; 238(tl), Robert Maier/Animals Animals Earth Scenes; 238(cr), Sherman Thomson/Visuals Unlimited; 238(br), Richard Thom/Visuals Unlimited; 239(tr), SuperStock; 239(cl), G. Randall/FPG International; 239(cr), FPG International; 241(tc), Robert Maier/Animals Animals Earth Scences; 245(cl), Peter Funch.

Unit Four Page 246(tc), David L. Brown/Tom Stack & Associates; (c), AP/Photos; (bc), Dr. Jeremy Burgess/Science Photo Library/Photo Researchers; 247(tc), Larry Ulrich/DRK Photo; (tr), National Graphic Center; (cr), Runk/Schoenberger/Grant Heilman Photography; (bl), Greg Vaughn; (br), Debra Ferguson/AG Stock USA. **Chapter Eleven** Page 250(cl), Robert Schafer/Tony Stone Images; (bl, br), SuperStock; (bc), Tom & Michelle Grimm/Tony Stone Images; 251(br), Peter Guttman/Corbis; 252(tl), Roland Birke/Peter Arnold; (tc), Runk/Schoenberger/Grant Heilman Photography; (bl), John Gerlach/Animals Animals Earth Scenes; 254(cl), Doug Sokell/Tom Stack & Associates; 255(tr), Runk/Schoenberger/Grant Heilman Photography; (br), John Weinstein/The Field Museum, Chicago, IL/GEO85637c; 256(tl), Larry Ulrich/DRK Photo; (c), SuperStock; 257(tr), Ed Reschke/Peter Arnold; (br), Runk/Schoenberger/Grant Heilman Photography; 258(tr), Robert Barclay/Grant Heilman Photography; (bl), Heather Angel; (br), Phil Degginger/Color-Pic; 260(tl), Tom Bean; (cr), Jim Strawer/Grant Heilman Photography; (bl), Walter H. Hodge/Peter Arnold; (br), John D. Cunningham/Visuals Unlimited; 261(tr), Patti Murray/Animals Animals Earth Scenes; 262(cl), William E. Ferguson; (bl), Werner H. Muller; (bc), Grant Heilman/Grant Heilman Photography; (br), SuperStock; 265(tr), Runk/Rannels/Grant Heilman Photography; (cr), Ed Reschke/Peter Arnold; (bl), Dwight R. Kuhn; (bc), Runk/Schoenberger/Grant Heilman Photography; (br), Nigel Cattlin; 266(tc), Harry Smith Collection; (cl), Larry Ulrich/DRK Photo; (bc), Albert Visage; (br), Dale E. Boyer; 267(tr), Stephen J. Krasemann/Photo Researchers; (cr), Tom Bean; 268(tl), E. R. Degginger/Color-Pic; (tr), Index Stock Imagery; (c), E. R. Degginger/Color-Pic; (cl), Gary A. Braasch/Braasch Photos; (cr), William E. Ferguson; 269(br), Ken W. Davis/Tom Stack & Associates; 270(tl), SuperStock; (bl), Kevin Adams; 271(tr), George Bernard/Science Photo Library/Photo Researchers; (bl), Galen Rowell/Corbis; (br), Patrick Jones/Corbis; 272(c), The Field Museum, Chicago, IL/GEO85637c; 273(tr), SuperStock; 276(bl), Sanford Scientific, Waterloo, NY; 277(tl), Mark Philbrick/Brigham Young University); (br), Phillip-Lorca DiCorcia.

Chapter Twelve Page 282(tl), W. Ormerod/Visuals Unlimited; (tc), George Bernard/Animals Animals Earth Scenes; (tr), ©2001 Photodisc; 283(tr), Paul Hein/Unicorn Stock Photos; (cl), George Bernard/Animals Animals Earth Scenes; (cr), Jerome Wexler/Photo Researchers; 284(br), Gregg Hadel/Tony Stone Images; (c), David Parker/Science Photo Library/Photo Researchers; 286(tl), Dr. Jeremy Burgess/Science Photo Library/Photo Researchers; 287(br), Cathlyn Melloan/Tony Stone Images; 288(all), R.F. Evert/University of Wisconsin; 289(c), Dick Keen/Unicorn Stock Photos; (bc), E. Webber/Visuals Unlimited; 290(tr), W. Cody/WestLight; (bl, bc, br), Rich Iwasaki/Tony Stone Images; 291(all), Bill Beatty/Visuals Unlimited; 292(bl), R.F. Evert/University of Wisconsin; 293(br), Sylvan Wittwer/Visuals Unlimited; 295(c), R.F. Evert/University of Wisconsin; 297(bl), W. Cody/WestLight; 298(all), David Liittschwager & Susan Middleton/Discover Magazine; 299(cr), Cary S. Wolinsky.

Unit Five Page 300(tr), Runk/Schoenberger/Grant Heilman Photography; (c), M. Gunther Bios/Peter Arnold; (cr), Grant Heilman/Grant Heilman Photography; 301(tl), Johnny Johnson/DRK Photo; (tr), Gail Shumway/FPG International; (cl), M. Corsetti/FPG International; (cr), John James Audobon/Collection of the New-York Historical Society; (bl), Art Wolfe/Tony Stone Images; (br), Susan Erstgaard. **Chapter Thirteen** Page 302(b), Doug Wechsler/VIREO; (bc), G. Bilyk/ANSP/VIREO; 303(t), James L. Amos/Peter Arnold; 304(br), David Fleetham/FPG International; 306(tl), David M. Phillips/Photo Researchers; (cr), Fred Hossler/Visuals Unlimited; 307(tr), Stephen Dalton/Photo Researchers; (cl), Gerard Lacz/Peter Arnold; (cr), Manoj Shah/Tony Stone Images; (crb), Keren Su/Tony Stone Images; (br), Stephen Dalton/Photo Researchers; 308(bl), Tim Davis/Tony Stone Images; 309(tr), J.H. Robinson/Photo Researchers; (bl), W. Peckover/Academy of Natural Sciences/VIREO; (br), Leroy Simon/Visuals Unlimited; 310(tl), Breck Kent/Animals Animals Earth Scenes; (bl), A.J. Copley/Visuals Unlimited; 311(tr), George D. Lepp/Tony Stone Images; (bl), Michio Hoshino/Minden Pictures; 313(tr), FPG International; (cr), Breck P. Kent; 314(cl), Fernandez & Peck/Adventure Photo & Film; (bl), Peter Weimann/Animals Animals Earth Scenes; 315(tr), Lee F. Snyder/Photo Researchers; (br), Johnny Johnson/Animals Animals Earth Scenes; 316(tl), Ron Kimball/Ron Kimball Photography; 317(tr), Matthews & Purdy/Planet Earth Pictures; (cr), Richard R. Hansen/Photo Researchers; 318(tr), Stephen Dalton/Photo Researchers; (c), Keren Su/Tony Stone Images; 319(cr), Lee F. Snyder/Photo Researchers; 320(bc), Leroy Simon/Visuals Unlimited; 322(tr), Wayne Lankinen/DRK Photo; 323(tc), Wayne Lawler/Auscape.

Chapter Fourteen Page 324(cl), Tim Branning/Topic Productions; 325(tl), Barbara Gerlach/Visuals Unlimited; (tc), Norbert Wu/Peter Arnold; (tr, cr), Larry West/FPG International; (cl), Tom Corner/Unicorn Stock; (bl), James H. Carmichael, Jr./Image Bank; (bc), E. R. Degginger/Color-Pic; (br), G.K. & Vikki Hart/Image Bank; 326(tr), SuperStock; (c), J. Carmichael/Image Bank; (cl), Carl Roessler/FPG International; (bl), David B. Fleetham/Tom Stack & Associates; 328(tl), Jeffrey L. Rotman/Peter Arnold; (bl), Keith Philpott/Image Bank; (br), E.R. Degginger/Color-Pic; 329(br), Nigel Cattlin/Holt Studios/Photo Researchers; 330(tl), Lee Foster/FPG International; (cl), Biophoto Associates/Science Source/Photo Researchers; (bl), Randy Morse/Tom Stack & Associates; 331(cr), Charles Seaborn/Woodfin Camp & Associates; 332(tl), T.E. Adams/Visuals Unlimited; (br), CNRI/Science Photo Library/Photo Researchers; 333(tr), R. Calentine/Visuals Unlimited; (br), A.M. Siegelman/Visuals Unlimited; 334(tr), Holt Studios International/Photo Researchers; (c), E. R. Degginger/Color-Pic; (cl), SuperStock; (cr), Stephen Frink/Corbis; 335(br), David M. Phillips/Visuals Unlimited; 336(cl), David Fleetham/FPG International; (bl), North Wind Picture Archives; 337(tr), Milton Rand/Tom Stack & Associates; (br), Daniel Schaefer/HRW Photo; 338(tl), Mary Beth Angelo/Photo Researchers; (cr), St Bartholomew's Hospital/Science Photo Library/Photo Researchers; 339(tr), SuperStock; (cl), Will Crocker/Image Bank; (bl), Sergio Purcell/FOCA/HRW Photo; 340(tl), CNRI/Science Photo Library/Photo Researchers; (cl), A. Kerstitich/Visuals Unlimited; (bl), E.R. Degginger/Color-Pic; 341(bl), David Scharf/Peter Arnold; 342(tl), R. Calentime/Visuals Unlimited; (c), Stephen Dalton/NHPA; (tc), Dwight Kuhn; (tr), SuperStock; (bc), Oliver Meckes/Photo Researchers; (bl), Gail Shumway/FPG

SuperStock; (bc), Oliver Meckes/Photo Researchers; (bl), Gail Shumway/FPG International; (br), Uniphoto; 343(cr), Joe McDonald; 345(tr), Robert Dunne/Photo Researchers; (c), Chesher/Photo Researchers; (cl), Darryl Torckler/Tony Stone Images; (blt), Paul McCormick/The Image Bank; (bl), Cabisco/Visuals Unlimited; 347(tr), Andrew J. Martinez/Photo Researchers; (cr), Marty Snyderman/Visuals Unlimited; (bc), Daniel W. Gotshall/Visuals Unlimited; 349(tc), SuperStock; (cl), Uniphoto; 350(br), Keith Philpott/Image Bank; 352(c), Diane R. Nelson/Visuals Unlimited; 353(bl), Dr. Mark Norman.

Chapter Fifteen Page 354(tr), Visuals Unlimited; (bc, br), K.Hissmann & H. Fricke/Max-Planck-Institute; 355(tr), Dale Jackson/Visuals Unlimited; 356(cr), Louis Psihoyos/Matrix International; (bl), Randy Morse/Tom Stack & Associates; (bc), Norbert Wu/Peter Arnold; 357(br), Grant Heilman Photography; 358(tl), Stephen J. Krasemann/Photo Researchers; (cr), Uniphoto; 359(c), Doug Perrine/DRK Photo; (cl), Steven David Miller/Animals Animals Earth Scenes; (tl), Jane Burton/Bruce Coleman; (tr), Brian Parker/Tom Stack & Associates; (cr), Ken Lucas/Visuals Unlimited; 361(tr), Hans Reinhard/Bruce Coleman; (cr), Index Stock Imagery; (br), Martin Barraud/Tony Stone Images; 362(tl), Science VU/Visuals Unlimited; (cl), Navaswan/FPG International; 363(tr), Bruce Coleman; (cl), Steinhart Aquarium/Photo Researchers; 364(cl), Michael Fogden/DRK Photos; (bl), Nathan W. Cohen/Visuals Unlimited; 365(tr), David M. Dennis/Tom Stack & Associates; (br), C. K. Lorenz/Photo Researchers; 366(bl), Michael & Patricia Fogden; 367(tr), Bruce Coleman; (c), Stephen Dalton/NHPA; (cr), Zig Leszczynski/Animals Animals Earth Scenes; 368(tc), Leonard Lee Rue, III/Photo Researchers; (cl), FPG International; 368(tr), Breck P. Kent; 369(tr), Rob & Ann Simpson/Visuals Unlimited; 370(tl, cl), Gail Shumway/FPG International; (bc), Stanley Breeden/DRK Photo; (br), Joe McDonald/Visuals Unlimited; 372(tl), Leonard Lee Rue, III/Bruce Coleman; (cr), Mike Severns/Tony Stone Images; (bl), Kevin Schafer/Peter Arnold; (br), Wayne Lynch/DRK Photo; 373(tc), Wolfgang Kaehler Photography; (cr), Michael Fogden/DRK Photo; 374(cl), Uniphoto; 375(tr), Brian Parker/Tom Stack & Associates; (cl), Michael Fogden/DRK Photos; 376(tr), Steven David Miller/Animals Animals Earth Scenes.

Chapter Sixteen Page 380(bl), James L. Amos/Photo Researchers; (bc), O. Louis Mazzatenta/National Geographic Image Collection; 382(tr), Stan Osolinski/FPG International; (c), James Brandenberg/Minden Pictures; (cl), Anthony Mercieca Photo/Photo Researchers; (cr), Gail Shumway/FPG International; (bl-inset), Runk/Schoenberger/Grant Heilman Photography; (bl), Douglas Faulkner/Photo Researchers; 386(br), Ben Osborne/Tony Stone Images; 387(tr), George H. Harrison/Grant Heilman Photography; (cr), Frans Lanting/Minden Pictures; (c), D. Cavagnaro/DRK Photo; (bc), Joe McDonald/DRK Photo; 388(tl), Thomas McAvoy/Time Life Syndication; (bl), Hal H. Harrison/Grant Heilman Photography; 389(cl), Kevin Schafer/Tony Stone Images; (cr), APL/J. Carnemolla/Westlight; (br), Gavriel Jecan/Tony Stone Images; 390(tr), S. Nielsen/DRK Photo; (cl), Tui De Roy/Minden Pictures; (cr), Wayne Lankinen/Bruce Coleman; (bl), Greg Vaughn/Tony Stone Images; (br), Fritz Polking/Bruce Coleman; 391(tr), Frans Lanting/Minden Pictures; (cl), Stephen J. Krasemanni/DRK Photo; (cr), S. Maslowski/Visuals Unlimited; 392(tr), ©2001 Photodisc; (c), Nigel Dennis/Photo Researchers; (cl), Gerard Lacz/Animals Animals Earth Scenes; (cr), Tim Davis/Photo Researchers; 393(cl), Hans Reinhard/Bruce Coleman; 394(tl), David E. Myers/Tony Stone Images; (cl), Tom Tietz/Tony Stone Images; (bc), Konrad Wothe/Westlight; 395(cr), Kathy Bushue/Tony Stone Images; 396(cl), Erwin & Peggy Bauer/Bruce Coleman; (bl), Dave Watts/Tom Stack & Associates; 397(tr), Jean-Paul Ferrero/AUSCAPE International; (c), Hans Reinhard/Bruce Coleman; (bl), Art Wolfe/Tony Stone Images; 398(cr), John D. Cunningham/Visuals Unlimited; (bl), Wayne Lynch/DRK Photo; 399(tr), Gail Shumway/FPG International; (cl), D.R. Kuhn/Bruce Coleman; (bl), Frans Lanting/Minden Pictures; (br), Lynda Richardson/Peter Arnold; 400(tr), David Cavagnaro/Peter Arnold; (cl), John Cancalosi; (cr), S.C. Bisserot/Bruce Coleman; 401(tr), Gail Shumway/FPG International; (cl), Uniphoto; (cr), Joe McDonald/Bruce Coleman; (bl), Arthur C. Smith III/Grant Heilman Photography; 402(tr), Scott Daniel Peterson/Liaison International; (cl), S. R. Maglione/Photo Researchers; (cr), Roberto Arakaki/International Stock; (bl), Gail Shumway/FPG International; 403(c), Art Wolfe/Tony Stone Images; 404(tr), Flip Nicklin/Minden Pictures; (cl), Francois Gohier; (br), Tom & Therisa Stack/Tom Stack & Associates; 405(tr), Inga Spence/Tom Stack & Associates; (cl), J. & P. Wegner/Animals Animals Earth Scenes; (br), World Perspective/Tony Stone Images; 406(cr), Frans Lanting/Minden Pictures; 407(cl), Gerard Lacz/Animals Animals Earth Scenes; 408(br), S.C. Bisserot/Bruce Coleman; 410(tc), Tom & Pat Leeson/Photo Researchers; (br), Will & Deni McIntyre/Tony Stone Images; 411(bl), Raymond A. Mendez/Animals Animals Earth Scenes.

Unit Six Page 412(tr), Carr Clifton/Minden Pictures; (cr), SuperStock; (bc), Tom Blakefield/Corbis; 413(tl), SuperStock; (tr), St. Meyers/Okapia/Photo Researchers; (c), Keystone View Company/FPG International; (cl), Erich Hartmann/Magnum Photos; (bc), David Young/Tony Stone Images; (br), Tom Smart/Liaison International. **Chapter Seventeen** Page 414(t), David Sieren/Visuals Unlimited; (cl), J. H. Robinson/Photo Researchers; (br), Runk/Schoenberger/Grant Heilman Photography; 420(cr), Grant Heilman/Grant Heilman Photography; (br), Tom Brakefield/Bruce Coleman; 422(cl), Kathy Bushue/Tony Stone Images; 423(bl-inset), Manfred Kage/Peter Arnold; (bl), Stuart Westmorland/Tony Stone Images; 426(tl), Jeff Hunter/Image Bank; (br), Zig Leszczynski/Animals Animals Earth Scenes; 427(tr), Johnny Johnson/DRK Photo; (br), H. Richard Johnston/Tony Stone Images; 430(tr), Phyllis Ked/Unicorn Stock; (br), Dwight R. Kuhn; 431(tr), Hardie Truesdale/International Stock; (cr), Don & Pat Valenti/DRK Photo; 433(tl), Jeff Hunter/Image Bank; 436(tl), Dr. Verena Tunnicliffe; 437(all), Lincoln P. Brower.

Chapter Eighteen Page 438(b), Richard Aldorasi; 440(cr), Grant Heilman/Grant Heilman Photography; (bl), Arthur Tilley/Tony Stone Images; 441(tr), National Wildlife Magazine; (br), Ken Griffiths/Tony Stone Images; 442(tl), 1999 NASA GSFC 916; (cr), Roy Morsch/Stock Market; 443(cl), Jacques Jangoux/Tony Stone Images; 444(tl, cl), Runk/Schoenberger/Grant Heilman Photography; (tc), John Eastcott/Woodfin Camp & Associates; 445(tr), Rex Ziak/Tony Stone Images; (br), Martin Rogers/Uniphoto; 446(cl), Fred Bavendam/Peter Arnold; 448(tl), Argonne National Laboratory; (bl), Emile Luider/Rapho/Liaison International; 449(tr), Jeff Greenberg/PhotoEdit; (cr), Kay Park-Rec Corp.; (br), J. Conteras Chacel/International Stock; 450(cl), Martin Bond/Science Photo Library/Photo Researchers; 451(tr), Toyohiro Yamada/FPG International; (cl), Uniphoto; (br), K.W. Fink/Bruce Coleman; 452(tl), Stephen J. Krasemann/DRK Photo; 453(tr), Will & Deni McIntyre/Tony Stone Images; (cr), Stephen J. Krasemann/DRK Photo; 454(cl), Arthur Tilley/Tony Stone Images; (cr), K.W. Fink/Bruce Coleman; 456(bc), Runk/Schoenberger/Grant Heilman Photography; 458(all), Karen M. Allen; 459(bc), Art Wolfe.

Unit Seven Page 460(tc), Geoffrey Clifford/Woodfin Camp & Associates; (cr), CNRI/Science Photo Library/Photo Researchers; (bl), Brown Brothers; (br), SuperStock; 461(tl), J & L Weber/Peter Arnold; (tr), Liaison International; (bl), AP/ Photos; (br), Enrico Ferorelli. **Chapter Nineteen** Page 462(tr), New York Times/Corbis; 462(b), C. J. Ashford/Denis Cochrane Collection/e.t. archive; 463(tr), Simon Fraser/Science Photo Library/Photo Researchers; 464, 465(b), David Madison/Tony Stone Images; 470(tl), Peter Dazeley/Tony Stone Images; (c, cl, cr), Sergio Purcell/FOCA/HRW Photo; 472(cl), G.W. Willis/Tony Stone Images; (b), Bob Torrez/Tony Stone Images; (bl), E. R. Degginger/Color-Pic; (br), Manfred Kage/Peter Arnold; 474(bl), Chris Hamilton; 475(tr), Shelby Thorner/David Madison; (cr), Wally McNamee/Corbis; 478(cl), Robert Becker/Custom Medical Stock Photo; 479(cr), Dr. P Marazzi/Science Photo Library/Photo Researchers; 481(cl), Peter Dazeley/Tony Stone Images; 484(tr), Dan McCoy/Rainbow; 485(tr), Huntsville Times; (cl), Liaison International.

Chapter Twenty Page 486(t), Enrico Ferorelli; 488(bl), Dr. Dennis Kunkel/Phototake; 489(tr), Don Fawcett/Photo Researchers; (cr), Custom Medical Stock Photo; 491(tl, tr), Meckes/Nicole Ottawa/Photo Researchers; (br), David Phillips/Science Source/Photo Researchers; 493(tr), Custom Medical Stock Photo; (br), James Wilson/Woodfin Camp & Associates; 495(tr), Ken Wagner/Phototake; (br), Russell Dian/HRW Photo; 501(cr, br), Matt Meadows/Peter Arnold; 502(tr), Dr. Dennis Kunkel/Phototake; 503(cr), Don Fawcett/Photo Researchers; 504(tr), Custom Medical Stock; 505(bl), Dr. Dennis Kunkel/Phototake; 506(tr), Index Stock Imagery; 507(tr), Russell Dian/HRW Photo; (bl), Jim Gipe.

Chapter Twenty-One Page 508(tr), Warren Anatomical Museum/Harvard Medical School; (b), Vermont Historical Society Library; 519(br), Bruno Joachim/Liaison International; 521(cr), Louis Psihoyos/Matrix International; 525(tr), Will & Deni McIntyre/Photo Researchers; (br), Ted Spiegel/National Geographic Image Collection; 531(all), Journal of Nuclear Medicine.

Chapter Twenty-Two Page 532(cl), SuperStock; 534(cl), Cabisco/Visuals Unlimited; (br), Innerspace Visions; 536(tl), Michael Fogden/Animals Animals Earth Scenes; (cl), Guy Mannering/Bruce Coleman; (br), Clem Haagner/Photo Researchers; 537(tr), CSIRO Wildlife & Ecology; (cr), E. R. Degginger/Bruce Coleman; 540(tl), Chip Henderson/Tony Stone Images; 541(all), James King-Holmes/Science Photo Library/Photo Researchers; 542(bc), Lennart Nilsson/Albert Bonniers Forlag AB, A CHILD IS BORN; 543(bc), Petit Format/Nestle/Science Source/Photo Researchers; 544(tl), Lennart Nilsson/Albert Bonniers Forlag AB, BEING BORN; 545(tr), Lennart Nilsson/Albert Bonniers Forlag AB, A CHILD IS BORN; (cr), Keith/Custom Medical Stock Photo; (br), Sergio Purcell/FOCA/HRW Photo; 547(cl), NASA/Liaison International; (br), ©2001 Photodisc; 548(cr), Guy Mannering/Bruce Coleman; 550(br), Lennart Nilsson/Albert Bonniers Forlag AB, BEING BORN; 553(cr), Tom McCarthy/Rainbow; (inset), Vince Viverito, Jr./Richard Wolf Medical Instruments Corp., Vernon Hills, IL.

LabBook "LabBook Header": "L", Corbis Images, "a", Letraset Phototone, "b" and "B", HRW, "o" and "k",images copyright ©2001 PhotoDisc/HRW Page 544(tc), Scott Van Osdol/HRW Photo; 557(cl), Michelle Bridwell./HRW Photo; (br), ©2001 PhotoDisc; 559(tr), Jane Birchum/HRW Photo; 572(tl), Runk/Schoenberger/Grant Heilman Photography; (tc), Runk/Schoenberger/Grant Heilman Photography; (tr), Michael Abbey/Photo Researchers; (br), Runk/Schoenberger/Grant Heilman Photography; 598(tr), Runk/Schoenberger/Grant Heilman Photography; (cr), R. Calentine/Visuals Unlimited; (bc), Breck P. Kent; (br), Stephen J. Krasemann/Photo Researchers; 612(cl), Navaswan/FPG International; 614(br), Rod Planck/Photo Researchers; 621(br), David Hoffman/Tony Stone Images; 623(tr), Tom Bean/DRK Photo; (br), Darrell Gulin/DRK Photo; 634(br), E.R. Degginger/Color-Pic.

Appendix Page 660(c), CENCO

Sam Dudgeon/HRW Photos v(bl), vii(bl), viii(bl), xvi(tl, br), xvii(b), xviii(br), xix(br), 5(bl), 11(b), 12(bl), 17(tr), 26(c), 35(tr), 42(bc), 43(cr), 44(tl), 49(tr, cr, br), 53(bl), 56(bc), 64(bl), 72(bl), 73(bl), 79(all), 81(bl), 106(t), 108(bc), 115(cr), 134(tl), 150(cl), 151(tr), 156(bl), 158(tl), 159(tr), 249(tr), 279(all), 284(bl), 285(tr), 415(bs), 446(tr), 453(cr, br), 466(tl), 468(bc), 473(all), 474(cr), 479(br), 487(all), 509(br), 514(tl), 516(tl), 517(cl), 519(tr, cr), 523(br), 524(all), 526(cl), 533(br), 544(tl, tr, br), 546(bl), 549(cr), 556(bl), 557(b), 558(tr, br), 559(tl), 560(br), 561(br), 563(all), 564(c), 567(t), 569(tr), 571(tr), 572(cr), 574(cr), 575(br), 576(all), 577(br), 578(all), 579(br), 586(cr), 589(b), 590(b), 591(bkgd), 600(cr), 602(br), 605(all), 608(cr), 610(all), 626(br), 628(b), 630(all), 631(br), 632(all), 633(b), 640(all), 643(b) Systems of the Body background photos by Sam Dudgeon/HRW Photos: 82, 83, 466, 467, 473, 488, 497, 498, 510, 520, 523, 529, 500

Peter Van Steen/HRW Photos v(tr, bl), xx(cr), 4(t), 5(br), 6(bl), 9(tr), 11(tr), 25(bl, br), 28(c), 129(tr, br), 175(br), 303(br), 304(cl), 381(all), 393(br), 439(all), 447(bl, bc, br), 450(tl), 455(tr), 463(bc), 471(all), 476(all), 478(bl, br), 546(t), 559(b), 612(br), 615(b), 619(bl), 622(b), 625(br), 643(t)

John Langford/HRW Photos xi(bl), 56(br), 60(bl), 91(br), 113(br), 120(cr), 557(tr), 604(all)

Stephanie Morris/HRW Photos 61(br), 70(br), 558(bl)

Victoria Smith/HRW Photos 150(c), 249(br), 453(cr), 583(b), 558(cl)

Reconocimientos continúan de la página iv.

Bert J. Sherwood
Science Teacher
Socorrow Middle School
El Paso, Texas

Patricia McFarlane Soto
Science Teacher and Dept. Chair
G. W. Carver Middle School
Miami, Florida

David Sparks
Science Teacher
Redwater Junior High School
Redwater, Texas

Elizabeth Truax
Science Teacher
Lewiston-Porter Central School
Lewiston, New York

Ivora Washington
Science Teacher
Hyattsville Middle School
Hyattsville, Maryland

Elsie N. Waynes
Science Teacher and Dept. Chair
R. H. Terrell Junior High School
Washington, D.C.

Nancy Wesorick
Science Teacher
Sunset Middle School
Longmont, Colorado

Christopher Wood
Science Teacher
Western Rockingham Middle School
Madison, North Carolina

Alexis S. Wright
Middle School Science Coordinator
Rye Country Day School
Rye, New York

John Zambo
Science Teacher
E. Ustach Middle School
Modesto, California

Gordon Zibelman
Science Teacher
Drexel Hill Middle School
Drexell Hill, Pennsylvania

estupid is Juan and Andres

estupid is Juan and Andres